W0329889

Inhalt

■ Lernfeld 1
Privates und rechtliches Handeln am rechtlichen Bezugsrahmen ausrichten

■ Lernfeld 1
Privates und rechtliches Handeln am rechtlichen Bezugsrahmen ausrichten

■ Lernfeld 6
Modelle für Marktentscheidungen nutzen

■ Lernfeld 6
Modelle für Marktentscheidungen nutzen

Haben Sie Anregungen oder Kritikpunkte zu diesem Produkt?
Dann senden Sie eine E-Mail an 8920_008@bv-1.de
Autoren und Verlag freuen sich auf Ihre Rückmeldung.

1 Rechtliche und soziale Rahmenbedingungen menschlicher Arbeit im Betrieb

1.1 Wandel der Arbeitsbedingungen

1.1.1 Entwicklung der Arbeitswelt

Im Verlauf seiner Entwicklung hat der Mensch stets versucht, seine Arbeit durch technische Hilfsmittel und organisatorische Maßnahmen produktiver zu gestalten.
Die Erfindung neuer Maschinen und Produktionsverfahren ermöglichte im 19. Jahrhundert den Übergang von den handwerklichen zu den industriellen Herstellungsverfahren und leitete den tiefgreifenden Wandel von einer **Agrar-** in eine **Industriegesellschaft** ein. Fabriken in den Städten ersetzten die alten Handwerksbetriebe. Die notwendigen Arbeitskräfte fanden sich in der vom Land in die Städte strömenden arbeitslosen Bevölkerung.
Die **Maschinisierung und Mechanisierung der Arbeitswelt** führte nicht nur zu einer grundlegenden Veränderung der traditionellen Arbeits- und Produktionsverfahren, sondern auch zu einer hochgradig arbeitsteiligen Wirtschaft mit industrieller Massenproduktion. Hierbei ist der Mensch der technischen Apparatur zugeordnet, er bedient die Maschine und stellt sich auf ihren Takt ein. Bei der **Fließbandarbeit** verrichtet er am vorbeilaufenden Werkstück bestimmte Handgriffe, meist nach vorgegebener Zeiteinteilung. Durch diese Produktionsweise wurde eine erhebliche Steigerung der Arbeitsproduktivität erreicht.
In der 2. Hälfte des letzten Jahrhunderts stand die Entwicklung der industriellen Produktion im Zeichen der **Automatisierung des Arbeitsprozesses.** Unter der Automation versteht man technische Verfahren, die darauf abzielen, die Produktion von selbstständig arbeitenden Maschinen durchführen zu lassen. Menschliche Arbeit wurde dadurch nicht überflüssig, aber sie änderte sich in ihrer Qualität und Quantität. Dem Menschen kam vorrangig die Aufgabe der Planung, Lenkung und Kontrolle des Produktionsprozesses zu. Die aufgrund der Automation freigesetzten Arbeitskräfte fanden zunehmend Beschäftigung im **Dienstleistungsbereich** der Wirtschaft.
Der Wandel in der Arbeitswelt blieb und bleibt nicht ohne Folgen für die soziale Situation des Menschen. Das anfängliche Fehlen sozialen Schutzes führte im 19. Jahrhundert zu gesellschaftlichen Missständen:

- mangelnde Fürsorge bei Krankheit und Arbeitslosigkeit,
- keine Alterssicherung,
- niedrige Masseneinkommen,
- Kinderarbeit,
- unzureichende Ernährung,
- schlechte Wohnverhältnisse.

Ausgehend von Zusammenschlüssen der Arbeiterschaft bildeten sich Mitte des 19. Jahrhunderts die **Gewerkschaften** und **politischen Parteien**, die eine Verbesserung der Arbeits- und Lebensbedingungen forderten.
Mithilfe einer entsprechenden Gesetzgebung gelang es nach und nach, die negativen Begleiterscheinungen und Fehlentwicklungen der Industrialisierung zu korrigieren. Einzelne Arbeitnehmer wurden und werden heute durch eine umfangreiche **Arbeits- und Sozialgesetzgebung** geschützt.

Seit Ende des 20. und zu Beginn des 21. Jahrhunderts verändert sich die Arbeitswelt dahingehend, dass

- die Industriegesellschaft sich immer mehr zur Wissens- und Dienstleistungsgesellschaft wandelt.
- die Dienstleistungen Industrieprodukten immer mehr vorgeschaltet und nachgelagert werden bzw. sie diese immer mehr begleiten.
- die Globalisierung der Wirtschaft zu einem immer stärkeren Austausch von Gütern und Dienstleistungen auf internationaler Ebene und zu immer stärkeren Verzahnungen der Wirtschaften verschiedener Länder führt.
- die Gesellschaft zunehmend pluralisiert wird. Gleichzeitig wird die Individualisierung im privaten und beruflichen Bereich zunehmen. Dies führt zu neuen Wertmaßstäben und zu Änderungen der sozialen Beziehungen.
- sich aufgrund des Geburtenrückgangs zwangsläufig die Altersstruktur in den Unternehmen ändern wird. Weibliche und ausländische Mitarbeiter werden neue Zielgruppen für die Arbeitgeber.

Beispiel

- Heute ist es bereits normal, dass die Bestellung der Pizza über ein Callcenter z. B. in Indien erfolgt. Von dort wird die Bestellung an den örtlichen Lieferanten in Deutschland weitergeleitet.
- Callcenter aus der Ukraine befragen in Deutschland im Auftrag eines deutschen Unternehmens Kunden nach ihrer Kundenzufriedenheit.

1.1.2 Arbeitsbedingungen

Die **Arbeitsbedingungen** umfassen die Arbeitsgestaltung und die Humanbeziehungen (zwischenmenschliche Beziehungen) im Unternehmen.

Arbeitsbedingungen	
Arbeitsgestaltung	**Humanbeziehungen**
■ Arbeitsort ■ Arbeitsplatz- und Arbeitsumgebung ■ Arbeitsbeginn, Arbeitsende, Arbeitszeit, Höchstarbeitszeiten, Mindestruhezeiten ■ Arbeitsabläufe, Beschreibung der zu leistenden Arbeit ■ Arbeitssicherheit und Hygiene am Arbeitsplatz ■ Schutzmaßnahmen ■ Gleichbehandlung ■ altersgerechte Arbeitsbedingungen (z. B. in Krankenhäusern und Altenheimen) ■ Arbeitsentgelt, Urlaubsdauer, Kündigungsfristen, Hinweis auf Tarifvertrag, evtl. Betriebsvereinbarungen	■ Führungsstil ■ Sozialleistungen, sozialer Kontakt ■ Betriebsklima ■ Mitbestimmung ■ Entlohnung ■ Anerkennung, Einfluss, Erfolgsbeteiligung ■ Selbstverwirklichungsmöglichkeiten

Die Leistung des einzelnen Mitarbeiters hängt zum einen ab von den **objektiven Bedingungen**, also der Arbeitsorganisation und Arbeitsplatzgestaltung, und zum anderen von den **subjektiven Bedingungen**, also von den Kenntnissen, Fertigkeiten, der Leistungsbereitschaft (Motivation) des Mitarbeiters selbst. Gerade die **Bestimmungsgründe der Motivation** wie Lob, Verantwortung, Erfolgserlebnis, leistungsgerechte Entlohnung und berufliches Vorwärtskommen wirken sich positiv auf die Zufriedenheit eines Mitarbeiters am Arbeitsplatz aus. Sie bilden die Grundlage für ein besseres **Betriebsklima**.

Aus wirtschaftlichen Überlegungen können Unternehmen geneigt sein, technische und soziale Arbeitsbedingungen zum Nachteil der Mitarbeiter zu verändern. Um dem zu begegnen, gibt es in Deutschland eine Vielzahl besonderer Arbeitsschutzvorschriften.

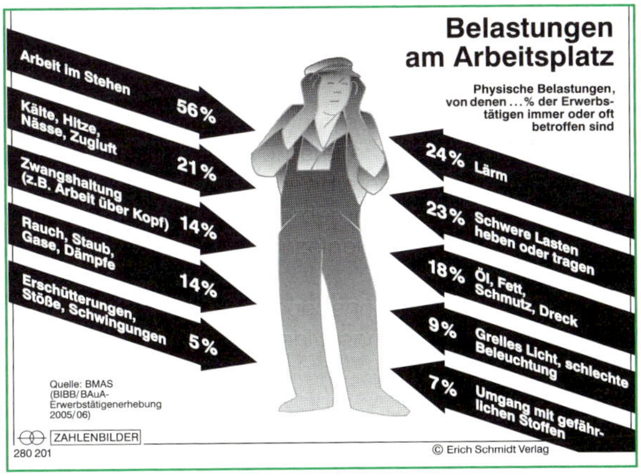

1.1.3 Arbeitsschutz

Mit der Anmeldung eines Gewerbebetriebes oder einer freiberuflichen Tätigkeit erfolgt automatisch die Anmeldung bei der für die jeweilige Branche zuständigen Berufsgenossenschaft (BG). Jeder Arbeitgeber ist für den Arbeits- und Gesundheitsschutz der Mitarbeiter/-innen verantwortlich.
Der betriebliche Arbeitsschutz verfolgt das Ziel, Sicherheit und Gesundheitsschutz der Beschäftigten bei der Arbeit zu gewährleisten und zu verbessern.

Arbeitsschutz

technischer Arbeitsschutz

- Beratung und Überwachung von Industrie, Gewerbe und Verwaltung in arbeitsschutzrechtlichen Fragen,
- Erteilen von Erlaubnissen und die Überwachung von gefährlichen Anlagen (z. B. Aufzüge),
- Beratung und Überwachung von Unternehmen in Fragen des Umgangs mit Gefahrstoffen,
- Stellungnahme zu Bauvorhaben auf Grundlage der Arbeitsstättenverordnung.

sozialer Arbeitsschutz

- Überwachung von Arbeitgebern nach dem Arbeitszeitrecht mit seinen Regelungen zu den täglichen Arbeits- und Pausenzeiten sowie zu Ausnahmen für Arbeiten an Sonn- und Feiertagen,
- der Überwachung der Vorschriften zum Kinder- und Jugendarbeitsschutz.

Arbeitsschutz beruht in Deutschland auf zwei Säulen:
- dem staatlichen Arbeitsschutz sowie EU-Normen zum Arbeitsschutz und
- dem Arbeitsschutz der gesetzlichen Unfallversicherungsträger.

Zu unterscheiden sind deshalb
- nationalstaatliche und europäische Arbeitsschutzvorschriften und
- die Unfallverhütungsvorschriften der Berufsgenossenschaften als Träger der gesetzlichen Unfallversicherung.

Die Arbeitsschutzvorschriften beinhalten Gebote und Verbote, zu deren Beachtung der Arbeitgeber verpflichtet ist. Die wichtigsten Vorschriften sind den Mitarbeitern in den betroffenen Betrieben durch Auslegung oder Aushang zugänglich zu machen.

Gesetzliche Arbeitsschutzvorschriften		
Allgemeine Schutzvorschriften	**Sonderschutzvorschriften**	**Überwachungsorgane**
■ Bürgerliches Gesetzbuch ■ Arbeitsschutzgesetz ■ Arbeitszeitgesetz ■ Bundesurlaubsgesetz ■ Kündigungsschutzgesetz ■ Gewerbeordnung ■ SGB XII ■ Betriebsverfassungsgesetz ■ Gleichbehandlungsgesetz	■ für Jugendliche *(JArbSchG)* ■ für Mütter *(MuSchG, BEEG)* ■ für Schwerbehinderte *(SchwbG)* ■ für langjährig Beschäftigte ■ für Feuerwehr- und Wehrdienstleistende *(FWG)*	■ Staatliche Überwachung – Gewerbeaufsichtsämter[1] – Umweltamt – Ämter für Arbeitsschutz – Integrationsämter ■ Berufsgenossenschaften

1.1.3.1 Jugendarbeitsschutzgesetz

Beispiel Der 17-jährige Auszubildende Gabriel Frey soll wegen des erhöhten Arbeitsanfalls ab dem 1. Oktober täglich 10 Stunden arbeiten.

Der Jugendliche ist wegen der noch nicht abgeschlossenen körperlich-geistig-seelischen Entwicklung nur begrenzt leistungsfähig. Deshalb gewährt ihm das **Jugendarbeitsschutzgesetz** *(JArbSchG)* einen besonderen Schutz und will den Einstieg in die Arbeitswelt erleichtern. Die Gewerbeaufsichtsämter und Kammern sind für die Überwachung der Einhaltung des *JArbSchG* zuständig.

Schutzbestimmungen des Jugendarbeitsschutzgesetzes *(JArbSchG)*	
Geltungsbereich *(§ 1 JArbSchG)*	■ Das JArbSchG gilt für alle Arbeitgeber, die Jugendliche beschäftigen, soweit sie mindestens 15 Jahre, aber noch keine 18 Jahre alt sind (Auszubildende, Arbeiter, Angestellte). ■ Die Beschäftigung Jugendlicher im Familienhaushalt sowie geringfügige Hilfeleistungen fallen nicht unter das *JArbSchG.*
Arbeitszeit *(§§ 4, 8, 12 JArbSchG)*	■ höchstens: 8 Std. täglich, 40 Std. wöchentlich bei einer verbindlichen 5-Tage-Woche *Ausnahme:* 8,5 Std. täglich, wenn freitags nur 6 Stunden gearbeitet wird. Soweit Tarifverträge längere Arbeitszeiten vereinbaren, muss innerhalb von zwei Monaten ein Ausgleich erfolgen. ■ samstags: keine Beschäftigung *Ausnahme:* Betriebe mit Samstagsarbeit, jedoch Ausgleich an einem Wochentag; zwei Samstage im Monat sollen mindestens beschäftigungsfrei bleiben. ■ an Sonn- u. Feiertagen: grundsätzlich Beschäftigungsverbot *Ausnahme:* wie samstags, jedoch müssen mindestens zwei Sonntage im Monat beschäftigungsfrei bleiben.

[1] Soweit regional das Staatliche Amt für Arbeitsschutz und das Staatliche Umweltamt als Nachfolgeinstitution für das Gewerbeaufsichtsamt eingerichtet sind, übernimmt als Überwachungsorgan das Staatliche Amt für Arbeitsschutz die Aufgaben.

Schutzbestimmungen des Jugendarbeitsschutzgesetzes *(JArbSchG)*	
Arbeitsbeginn/ -ende Freizeit, Ruhepausen *(§§ 4, 5, 8, 12 JArbSchG)*	■ keine Beschäftigung vor 6:00 und nach 20:00 Uhr *Ausnahme:* über 16-Jährige in Bäckereien, Gastronomie-, Landwirtschafts-, Schichtbetrieben ■ mindestens 12 Std. täglich Freizeit ■ bei 4,5 bis 6 Std. Arbeitszeit: mindestens 30 Minuten Pause nach 4,5 Std. Arbeitszeit bei mehr als 6 Arbeitsstunden: mindestens 60 Minuten Pause ■ nach 4,5 Std. spätestens erste Pause ■ Mindestdauer je Pause: 15 Minuten
Bezahlter Urlaub *(§ 19 JArbSchG)*	■ Alter des Jugendlichen zu Beginn des Kalenderjahres • unter 16 Jahre: 30 Werktage • unter 17 Jahre: 27 Werktage • unter 18 Jahre: 25 Werktage
Beschäftigungs-verbot *(§§ 2, 5, 7, 16, 17 JArbSchG)*	■ Arbeiten, die objektiv die physische und psychische Leistungsfähigkeit übersteigen *(z. B. Akkord- und Fließbandarbeit mit vorgegebenem Arbeitstempo)* ■ gefährliche Arbeiten (Gefahrstoffe, biologische Arbeitsstoffe) *Ausnahme:* zulässig bei Jugendlichen über 16 Jahren zu Ausbildungszwecken ■ Beschäftigung Minderjähriger bis zur Vollendung des 15. Lebensjahres und Vollzeitschulpflichtige (Kinderarbeitsverbot) *Ausnahme:* die nicht mehr der Vollzeitschulpflicht unterliegenden Kinder 7 Std. pro Tag und 35 Std. in der Woche
Berufs-schulbesuch *(§ 9 Abs. 1–2 JArbSchG, § 15 BBiG)*	■ Anrechnung der Berufsschulzeit auf Ausbildungs- und Arbeitszeit ■ Freistellung für den Berufsschulunterricht bei Fortzahlung der Vergütung Für **Jugendliche** (unter 18 Jahre) gilt *Beschäftigungsverbot:* • soweit der Unterricht vor 9:00 Uhr beginnt; dies gilt auch für Personen, die über 18 Jahre alt und noch berufsschulpflichtig sind, • an einem Berufsschultag pro Woche mit mehr als 5 Unterrichtsstunden von mindestens je 45 Minuten, • in Berufsschulwochen mit mindestens 25 Std. planmäßigem an mindestens 5 Tagen, ■ Volljährige Berufsschulpflichtige[1] müssen **im Anschluss** an den Berufsschulunterricht – auch bei Blockunterricht – auf Verlangen des Arbeitgebers wieder in den Betrieb. Überschreitet die Dauer des Berufsschulunterrichts die an diesem Tag zu leistende Ausbildungszeit im Betrieb, so ist bei Volljährigen die darüber hinaus aufgewendete Zeit für den Berufsschulunterricht **nicht** auf die wöchentliche Ausbildungszeit anzurechnen *(vgl. BAG v. 13.02.2003).*
Prüfung *(§ 10 JArbSchG, § 15 BBiG)*	Der Ausbilder hat **jugendliche** Auszubildende • für die Teilnahme an Prüfungen und Ausbildungsmaßnahmen, • an dem Arbeitstag unmittelbar vor dem Tag der schriftlichen Abschlussprüfung frei zu stellen. Diese Zeiten gelten als Arbeitszeit und sind zu vergüten.
Ärztliche Untersuchung *(§§ 32–46 JArbSchG)*	■ erste Untersuchung frühestens 14 Monate vor Beginn der Beschäftigung ■ Nachuntersuchung in den letzten 3 Monaten des ersten Ausbildungsjahres

[1] Die Berufsschulpflicht Volljähriger ist nicht bundeseinheitlich geregelt, sondern unterliegt höchst unterschiedlichen landesgesetzlichen Bestimmungen.

1.1.3.2 Arbeitszeitgesetz

Arbeitszeit ist die Zeitspanne, für die Arbeitnehmer/-innen die Arbeitskraft dem/der Arbeitgeber/-in zur Verfügung stellen. Im Arbeitszeitrecht ist zu unterscheiden zwischen

- öffentlich-rechtlichen Vorschriften

Beispiel Arbeitszeitgesetz

- zivilrechtlichen Regelungen

Beispiel Arbeitsvertrag, Tarifvertrag

Das Arbeitszeitgesetz *(ArbZG)* enthält Mindestregelungen

- zur Gewährleistung der Sicherheit und des Gesundheitsschutzes von Arbeitnehmern bei der Arbeitszeitgestaltung,
- zu Verbesserungen der Rahmenbedingungen für flexible Arbeitszeiten von Arbeitnehmern,
- zum Schutz der Sonntage und gesetzlichen Feiertage als Tage der Arbeitsruhe sowie
- Grunddefinitionen wie z. B. Arbeitszeit, Nachtarbeit, Überarbeit, Mehrarbeit, Ruhepausen.

Diese Regelungen können durch tarifvertragliche Vereinbarungen oder Betriebsvereinbarungen zugunsten der Arbeitnehmer geändert werden.

Die früheren **Beschäftigungsverbote** und -beschränkungen für **Frauen** sind mit Ausnahme des Beschäftigungsverbots für Frauen im Bergbau unter Tage **aufgehoben** worden. Damit können nun Frauen alle anerkannten Ausbildungsberufe erlernen und ausüben.

Zum Schutz und zur Vorsorge bei gesundheitlichen Belastungen gelten die gesetzlich normierten Regelungen gleichermaßen für Frauen und Männer:

- arbeitsmedizinische Untersuchungen
- Umsetzungsanspruch auf einen Tagesarbeitsplatz bei gesundheitlicher Gefährdung sowie bei Betreuung von Kindern unter zwölf Jahren und schwerpflegebedürftigen Angehörigen im Rahmen der betrieblichen Möglichkeiten

Werktage i. S. des *ArbZG* sind alle Tage von Montag bis einschließlich Samstag (6-Tage-Woche!).

Schutzbestimmungen nach dem Arbeitszeitgesetz *(ArbZG)*

- **gilt für alle Arbeitnehmer über 18 Jahre in Betrieben und Verwaltungen**
  Ausnahmen: Jugendliche (unter 18 Jahre), Auszubildende, leitende Angestellte, Personal- und Dienststellenleiter im öffentlichen Dienst, Chefärzte, bestimmtes Personal in der Luftfahrt und Schifffahrt, Arbeitnehmer in Bäckereien und Konditoreien, Arbeitnehmer des öffentlichen Dienstes mit hoheitlichen Aufgaben
- **Arbeitszeit ist die Zeit vom Beginn bis zum Ende der Arbeit ohne Ruhepausen *(§ 2 Abs. 1 ArbZG)*.**

Tägliche Arbeitszeit	Sonn- und Feiertagsarbeit
■ höchstens 8 Stunden *(§ 3 S. 1 ArbZG)* *Ausnahme:* Die tägliche Arbeitszeit kann auf bis zu 10 Stunden verlängert werden, wenn die Verlängerung innerhalb eines Ausgleichszeitraums von 6 Monaten auf durchschnittlich 8 Stunden ausgeglichen wird *(§ 3 S. 2 ArbZG)*. ■ wöchentliche Arbeitzeit nicht über 48 Stunden ■ ununterbrochene Mindestruhezeit von 11 Stunden nach Beendigung der täglichen Arbeitszeit *(§ 5 Abs. 1 ArbZG)* *Ausnahme:* Fälle des *§ 5 Abs. 2–4 ArbZG*	■ Grundsätzlich für alle Beschäftigungsbereiche verboten *(§ 9 Abs. 1 ArbZG)* ■ 16 *Ausnahmetatbestände*; insbesondere in folgenden Fällen *(§§ 9, 10, 13, 14 ArbZG)*: • technische Erfordernisse machen eine ununterbrochene Produktion erforderlich • internationale Konkurrenz zwingt nachweislich zur Produktion auch an Sonn- und Feiertagen, damit die Arbeitsplätze gesichert bleiben • im Dienstleistungsbereich wie Gaststätten, Hotels, Krankenhäusern, Pflegeeinrichtungen, Verkehrsbetrieben

Tägliche Arbeitszeit	Sonn- und Feiertagsarbeit
■ Ruhepausen: • mindestens 30 Minuten bei einer Arbeitszeit von über 6 bis 9 Stunden *(§ 4 ArbZG)* • mindestens 45 Minuten bei einer Arbeitszeit über 9 Stunden. Eine Aufteilung der Ruhezeiten in jeweils 15 Minuten ist möglich.	■ Für die betroffenen Arbeitnehmer gilt: • mindestens 15 Sonntage im Jahr beschäftigungsfrei • für jeden arbeitspflichtigen Sonn- und Feiertag zwingend einen Ersatzruhetag • mindestens einmal wöchentlich zusammenhängend 35 Stunden Ruhezeit • Arbeitszeit maximal 8 Stunden (verlängerbar auf 10 Stunden, wenn innerhalb von 6 Monaten ein Ausgleich erfolgt)

Die früheren **Beschäftigungsverbote** und **-beschränkungen** für **Frauen** sind mit Ausnahme des Beschäftigungsverbots für Frauen im Bergbau unter Tage **aufgehoben** worden. Damit können Frauen alle anerkannten Ausbildungsberufe erlernen und ausüben. Zum Schutz und zur Vorsorge bei gesundheitlichen Belastungen gelten die gesetzlich normierten Regelungen gleichermaßen für Frauen und Männer:

- arbeitsmedizinische Untersuchungen
- Umsetzungsanspruch auf einen Tagesarbeitsplatz bei gesundheitlicher Gefährdung sowie bei Betreuung von Kindern unter zwölf Jahren und schwerpflegebedürftigen Angehörigen im Rahmen der betrieblichen Möglichkeiten.

Weitere Arbeitszeitvorschriften sind zu finden im Ladenschlussgesetz *(LadSchlG)*, im Jugendarbeitschutzgesetz *(JArbSchG)*, in Sozialvorschriften über den Straßenverkehr, dem Fahrpersonalgesetz *(FPersG)* und der Fahrpersonalverordnung *(FPersV)*.

1.1.3.3 Mutterschutzgesetz

Für **weibliche Arbeitnehmer** gelten bezüglich der Arbeitszeit und der Ausübung der Beschäftigung besondere Vorschriften, um einen höheren Schutz während der Schwangerschaft und für die Zeit nach der Geburt eines Kindes zu gewährleisten. *Art. 6 GG* garantiert jeder Mutter den Anspruch auf den Schutz und die Fürsorge der Gemeinschaft. Dem tragen das **Mutterschutzgesetz** *(MuSchG)* und das **Bundeselterngeld- und Elternzeitgesetz** *(BEEG)* Rechnung.

Schutzvorschriften

Kündigungsschutz	Beschäftigungsverbot	Gefahrenschutz	Mutterschaftshilfe	Urlaubsanspruch
■ keine Kündigung während der Schwangerschaft und 4 Monate nach der Geburt *(§ 9 MuSchG)* ■ Kündigungsschutz während der Elternzeit *(§ 18 BEEG)*	■ Beschäftigungsverbot[1] während der Mutterschutzfrist von insgesamt 14 Wochen: 6 Wochen vor und 8 Wochen (bei Früh- und Mehrlingsgeburten 12 Wochen) nach der Geburt. Nicht beanspruchte Fristen vor der Geburt werden nach der Geburt hinzugerechnet. *(§§ 3 Abs. 2, 6 MuSchG)* ■ bei Gefahr von Berufskrankheiten (§ 4 Abs. 2 MuSchG) ■ Verbot schwerer körperlicher Arbeit *(§ 4 Abs. 1 MuSchG)* ■ Verbot der Mehrarbeit, Sonntags- und Nachtarbeit *(§ 8 Abs. 3, 4, 6 MuSchG)*	■ keine Arbeiten, die das Leben und die Gesundheit der Mutter und ihres Kindes gefährden *(§ 3 Abs. 1 MuSchG)* ■ Vorschriften für die Arbeitsplatzgestaltung von Schwangeren und stillenden Müttern *(§ 2 MuSchG)*	■ Anspruch auf ärztliche Betreuung und Hebammenhilfe ■ Anspruch auf Mutterschaftsgeld während der Schutzfrist in Höhe des bisherigen Nettoeinkommens *(§ 11 MuSchG)* ■ Anspruch auf Elternzeit und Elterngeld	■ Mutterschutzfristen und Zeiten mit Beschäftigungsverbot für schwangere Frauen und Mütter sind bei der Berechnung des Jahresurlaubes wie Beschäftigungszeiten zu berücksichtigen *(§ 17 MuSchG)* ■ ein Resturlaub kann auf das Jahr, in dem die Mutterschaftsfrist endet, oder auf das nächstfolgende Urlaubsjahr übertragen werden.

[1] Auf ausdrücklichen Wunsch der Mutter ist eine Beschäftigung möglich *(§ 3 Abs. 2 MuSchG)*.

1.1.3.4 Elterngeld und Kinderbetreuungskosten

Im Rahmen der Förderung von Familien werden neben Kindergeld gewährt

- Elterngeld und
- Kinderbetreuungskosten

Elterngeld

Elternteile, die für die Erziehung ihres Kindes aus dem Beruf vorübergehend aussteigen, erhalten als Lohnersatz für 12 Monate ein Elterngeld vom Staat.

Anspruch auf Elterngeld haben Elternteile,

- die ihren Wohnsitz oder gewöhnlichen Aufenthaltsort in Deutschland haben,
- denen die Personensorge für das Kind zusteht,
- bei denen das Kind im Haushalt lebt,
- die ihr Kind selbst erziehen und betreuen,
- die keine oder eine Erwerbstätigkeit bis 30 Wochenstunden ausüben (auch Auszubildende und Arbeitslose haben Anspruch auf Elterngeld).

Höhe des Elterngeldes	■ Der Elternteil, der wegen der Erziehung des Neugeborenen auf eine Erwerbstätigkeit verzichtet oder diese einschränkt (laufendes Nettoarbeitsentgelt aus einer Erwerbstätigkeit wird angerechnet), erhält im ersten Lebensjahr des Kindes 67 % seines früheren Nettolohnes, aber höchstens 1.800,00 EUR. *Ausnahme:* Alleinerziehende erhalten ein erhöhtes Elterngeld, wenn sie vor der Geburt des Kindes unter 1.000,00 EUR Nettolohn erhalten haben. Je 20,00 EUR, die der Nettolohn unter 1.000,00 EUR liegt, steigt der Prozentsatz um einen Prozentpunkt. **Beispiel** *Nettolohn 880,00 EUR 1.000 – 880 = 120 Mindestlohn* *120 : 20 = 6 Prozentpunkte* *Statt 67 % werden 73 % (= 67 + 6) des letzten Nettolohnes als Elterngeld gezahlt.* ■ Erzielt das Ehepaar kein oder nur ein geringes Einkommen, so bekommt es einen Mindestbetrag von 300,00 EUR. ■ Das Mindestelterngeld von 300,00 EUR wird nicht auf das Arbeitslosengeld II angerechnet. ■ Arbeiten Mutter und Vater des neugeborenen Kindes nach der Geburt mehr als 30 Stunden in der Woche, wird kein Elterngeld gezahlt.
Bonus	■ Wenn zusätzlich der andere Partner vorübergehend aus dem Beruf aussteigt und die Kindererziehung übernimmt, wird als Bonus ein Elterngeld für zwei zusätzliche Monate gezahlt. ■ Wird innerhalb von 24 Monaten nach der Geburt eines Kindes ein weiteres Kind zur Welt gebracht und wird deshalb keine berufliche Tätigkeit aufgenommen, wird zusätzlich zum Mindestelterngeld von 300,00 EUR die Hälfte der Differenz zwischen dem Mindestelterngeld und dem Elterngeld für das erste Kind gezahlt. Nach diesem Prinzip wird auch das Elterngeld für das nächste Neugeborene Kind erhöht, wenn die Mutter nach der Elternzeit des zuvor geborenen Kindes nur Teilzeit gearbeitet hat.
Dauer der Zahlungen	Das Elterngeld wird als steuerfreier und sozialversicherungsfreier Lohnersatz für ein Jahr gezahlt, zuzüglich zwei „Vätermonate", wenn die Mutter für diesen Zeitraum an ihren Arbeitsplatz zurückkehrt. Sonderregelungen gelten für Alleinerziehende: Sie erhalten das Elterngeld für 14 Monate.
Wahlrecht	Der Bezugszeitraum von 12 Monaten kann zwischen den Eltern aufgeteilt werden.
Anrechnung	In der Mutterschutzfrist während der ersten acht Wochen nach der Geburt wird das Elterngeld mit dem Mutterschaftsgeld der Krankenkasse und der Zuzahlung durch den Arbeitgeber verrechnet. Das Elterngeld gilt nicht als Einkommen im Rahmen des Wohngeldes.

<table>
<tr><td>Elternzeit</td><td>Die Elternzeit beträgt 3 Jahre und gilt für Mütter/Väter[1],
■ die ihr Kind – nach Ablauf der Mutterschutzfrist – selbst (durch Mutter oder Vater oder beide gleichzeitig) betreuen,
■ die erwerbstätig sind.
Während der Gesamtdauer der Elternzeit besteht
■ das Arbeitsverhältnis fort,
■ Kündigungsschutz.</td></tr>
<tr><td>Einkommensteuer, Sozialversicherung</td><td>■ Das Elterngeld ist einkommensteuerfrei, unterliegt jedoch dem steuerlichen Progressionsvorbehalt.
■ Vom Elterngeld werden keine Sozialversicherungsbeiträge erhoben.</td></tr>
</table>

Kinderbetreuungskosten

Kinderbetreuungskosten sind Aufwendungen für Dienstleistungen, die Alleinerziehende oder berufstätige (angestellte und selbstständige) Eltern für die Betreuung ihres zum Haushalt gehörenden Kindes bezahlen.

Für die steuerliche Anerkennung der Betreuungskosten sind verschiedene Fallgruppen zu unterscheiden (siehe hierzu die Darstellung in der folgenden Tabelle).

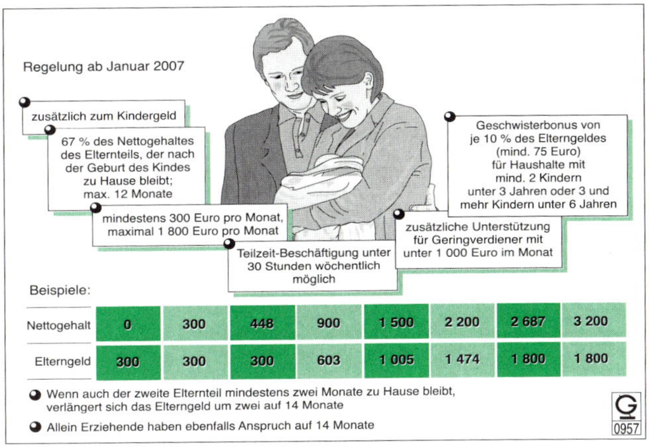

<table>
<tr><th>Fallgruppen</th><th colspan="2">Steuerliche Anerkennung Betreuungskosten für ...</th></tr>
<tr><td></td><td>Kindergartenkinder (Kinder zwischen 3 bis 6 Jahren)</td><td>■ Kinder, die das 14. Lebensjahr noch nicht vollendet haben,
■ Kinder, die wegen einer vor Vollendung des 27. Lebensjahres eingetretenen körperlichen oder seelischen Behinderung außerstande sind, sich selbst zu unterhalten.</td></tr>
<tr><td>■ Beide Elternteile sind erwerbstätig</td><td rowspan="4">Eltern können für das zu ihrem Haushalt gehörende Kind zwei Drittel der Betreuungskosten, höchstens jedoch 4.000,00 EUR pro Kind und Jahr als Sonderausgaben vom Gesamtbetrag ihrer Einkünfte abziehen (§ 10 Abs. 1 Nr. 5 EStG).</td><td rowspan="2">Zwei Drittel der Kinderbetreuungskosten, höchstens aber 4.000,00 EUR pro Kind und Jahr sind „wie“ Werbungskosten bzw. Betriebsausgaben abzugsfähig (§ 4 f EStG)</td></tr>
<tr><td>■ Der Alleinerziehende ist erwerbstätig</td></tr>
<tr><td>■ Eheleute, nur ein Partner ist erwerbstätig</td><td>Kein Ansatz von Werbungskosten oder Betriebsausgaben</td></tr>
<tr><td>■ Eheleute, ein Partner ist entweder in der Ausbildung oder dauerhaft erkrankt</td><td>Zwei Drittel der Kinderbetreuungskosten, höchstens aber 4.000,00 EUR pro Kind und Jahr sind nur als Sonderausgaben vom Gesamtbetrag der Einkünfte abzuziehen (§ 10 Abs. 1 Nr. 8 EStG)</td></tr>
<tr><td>■ haushaltsnahe Beschäftigung</td><td colspan="2">Im Rahmen von haushaltsnahen Beschäftigungen und Dienstleistungen können nach § 35 a EStG Kinderbetreuungskosten abzugsfähig sein. Die Aufwendungen dürfen allerdings keine Kinderbetreuungskosten i. S. d. §§ 4 f., 9 Abs. 5 oder 10 Abs. 5 oder 8 EStG sein, die wie Betriebsausgaben oder Werbungskosten oder als Sonderausgaben abzugfähig sind.
Nicht abzugfähig sind Aufwendungen für die Erteilung von Unterricht.</td></tr>
</table>

[1] Großeltern können seit 2009 unter sehr engen Voraussetzungen Anspruch auf Elternzeit haben, nicht jedoch auf Elterngeld.

Kinderbetreuungskosten werden steuerlich anerkannt. Bis 2007 mussten sie durch Vorlage einer Rechnung und Zahlung an den Erbringer der Betreuungsleistung nachgewiesen werden. Seit 2008 reichen nachprüfbare Angaben durch Erklärung, dass eine Rechnung vorliegt und die Zahlung geleistet wurde, um eine steuerliche Anerkennung der Kinderbetreuungskosten zu erhalten.

1.2 Berufsausbildung

Beispiel

Die 17-jährige Auszubildende Sabrina Maler möchte nach dem Besuch der Höheren Handelsschule eine Berufsausbildung als Bankkauffrau bei der Commerzbank AG beginnen. Der Berufsausbildungsvertrag, ein Formular der zuständigen Industrie- und Handelskammer, wird von

- dem Ausbildungsbetrieb, der Commerzbank AG,
- der Auszubildenden, Sabrina Maler,
- dem gesetzlichen Vertreter der Auszubildenden, ihren Eltern Ludwig und Lotti Maler,

unterzeichnet.

1.2.1 Duale Ausbildung

Berufsbildung umfasst die Berufsausbildung, die berufliche Fortbildung und Umschulung. Es gelten die normalen arbeitsrechtlichen Regelungen, soweit das Berufsbildungsgesetz *(BBiG)* keine abweichenden Vorschriften enthält.

Berufsbildung *(§ 1 BBiG)*			
Berufsausbildungsvorbereitung	**Berufsbildung**	**Berufliche Fortbildung**	**Berufliche Umschulung**
Heranführung an eine Berufsausbildung durch Vermittlung von Grundlagen zum Erwerb beruflicher Handlungskompetenz	■ berufliche Grundbildung ■ Erwerb von Berufserfahrung sowie fachlichen Fertigkeiten und Kenntnissen **Lernort: Praxis/Berufsschule[1]**	Erhaltung und Erweiterung beruflicher Kenntnisse und Fertigkeiten	Befähigung zu einer anderen beruflichen Tätigkeit

Die Berufsausbildung in Deutschland erfolgt im **Dualen Ausbildungssystem.** Die praktische Ausbildung wird im *Ausbildungsbetrieb* durchgeführt. Parallel dazu erfolgt die Vermittlung der theoretischen Kenntnisse in der *Berufsschule* in Form des Teilzeit- oder Blockunterrichts.

[1] Seit 1998 in NRW „Berufskolleg"; in den folgenden Ausführungen wird vereinfachend von „Berufsschule" gesprochen.

Grundstruktur des Bildungswesens in der Bundesrepublik Deutschland

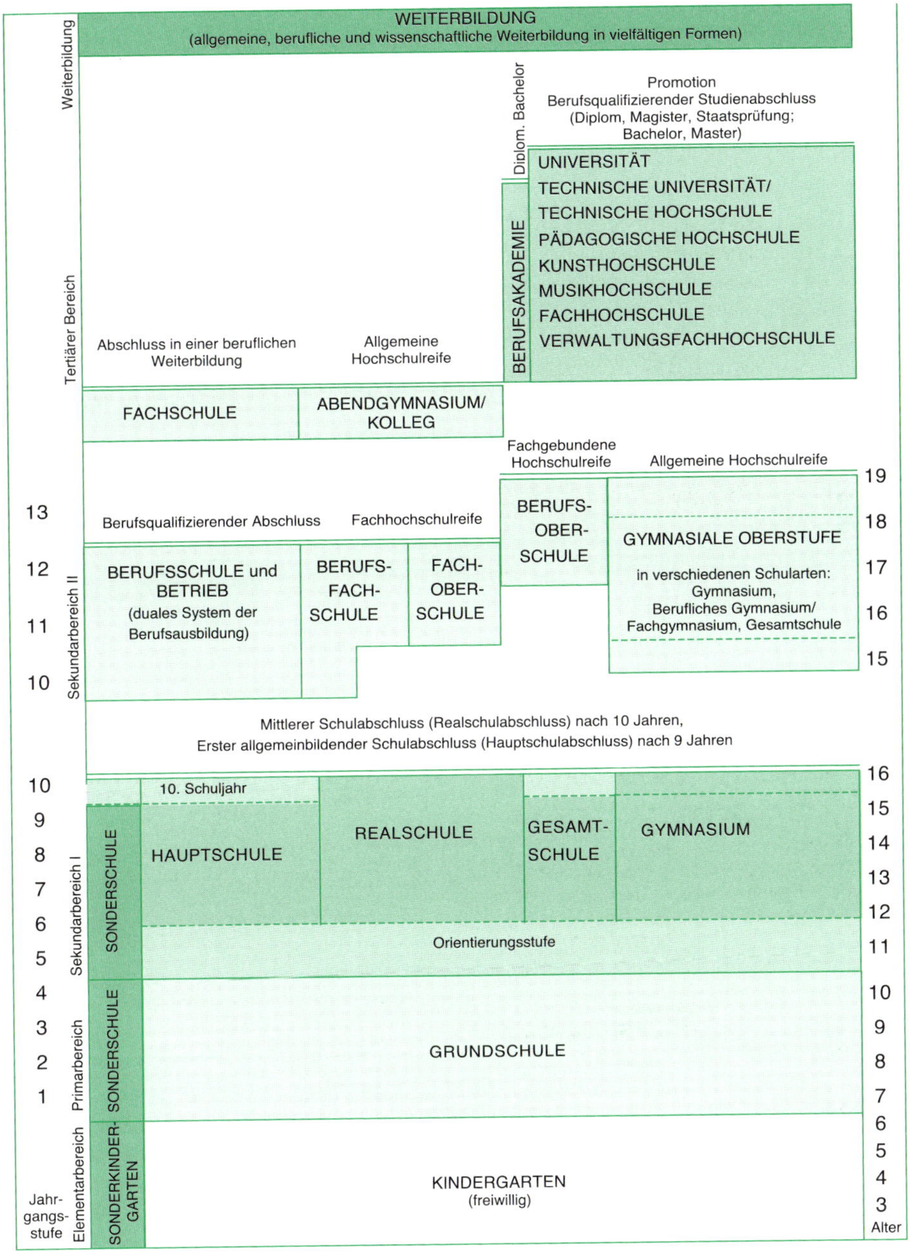

Quelle: Sekretariat der Ständigen Konferenz der Kultusminister der Länder in der Bundesrepublik Deutschland (Hrsg.): Grundstruktur des Bildungswesens in der Bundesrepublik Deutschland – Diagramm, S. 2 © KMK Januar 2009

1.2.2 Rechtsgrundlagen der Berufsausbildung

Rechtliche Grundlagen für die Berufsausbildung zum/zur Bankkaufmann/-frau sind:

- das **Berufsbildungsgesetz** *(BBiG)* vom 1. April 2005,
- die **Ausbildungsordnung** für den zugelassenen Ausbildungsberuf,
- der **Rahmenlehrplan** auf Bundesebene und die **Lehrpläne** der Länder,
- die Regelungen der **berufsständischen Einrichtungen** *(z. B. Prüfungsordnungen der einzelnen IHKs),*
- der **Berufsausbildungsvertrag,**
- sonstige **Schutzvorschriften** *(z. B. JArbSchG).*

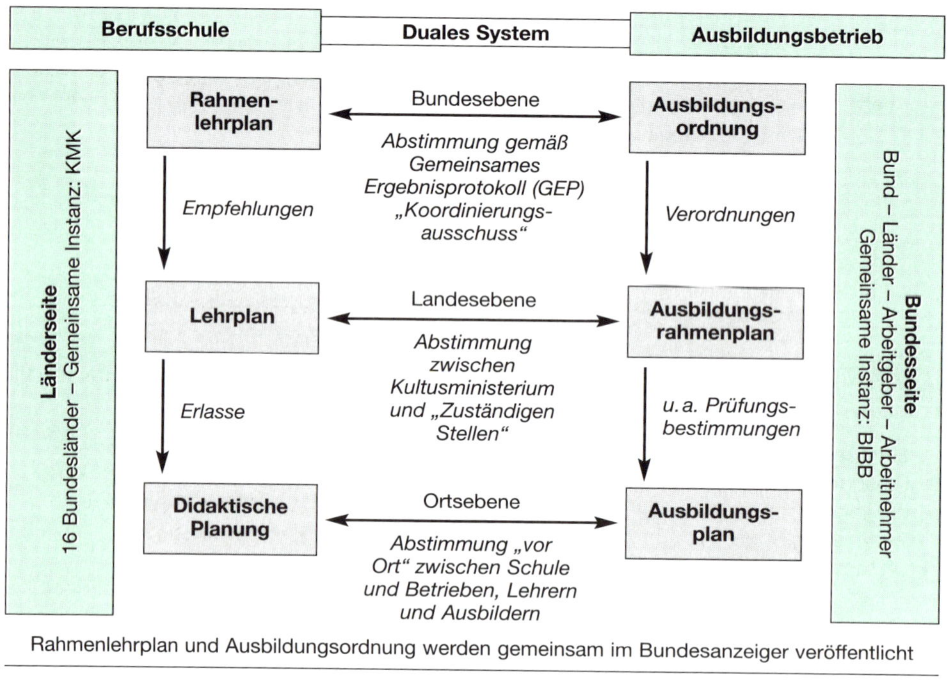

Quelle: Wirtschaft und Erziehung

Berufsbildungsgesetz

Das Berufsbildungsgesetz bildet die gesetzliche Grundlage für die Ausbildungsberufe im Dualen System. Die Einzelvorschriften konkretisieren die Eignung der Ausbildungsstätte, die persönliche und fachliche Eignung der Ausbilder, die Entstehung und die Inhalte des Berufsausbildungsvertrages, die Ordnung der Berufsausbildung, das Prüfungswesen und die Regelung sowie die Überwachung der Berufsausbildung. Insbesondere regelt das BBiG 2005 gegenüber dem BBiG 1969 die Verpflichtung zur Lernortkooperation, die „gestreckte“ Abschlussprüfung, die Antragsmöglichkeit zum zusätzlichen Ausweis der berufsschulischen Leistungsfeststellungen auf dem Zeugnis für die abgelegte Abschlussprüfung, einen Rechtsanspruch auf Zulassung zur Abschlussprüfung nach dem Besuch einer Vollzeitschule, Erleichterungen bei der Abnahme der Berufsabschlussprüfung sowie der Schaffung von Ausbildungsverbünden.

Ausbildungsverordnung

Die Ausbildungsverordnung regelt Dauer und Inhalt der Ausbildung sowie die Prüfungsanforderungen. Sie wird von Ministerien erlassen und durch die zuständigen Kammern überwacht.

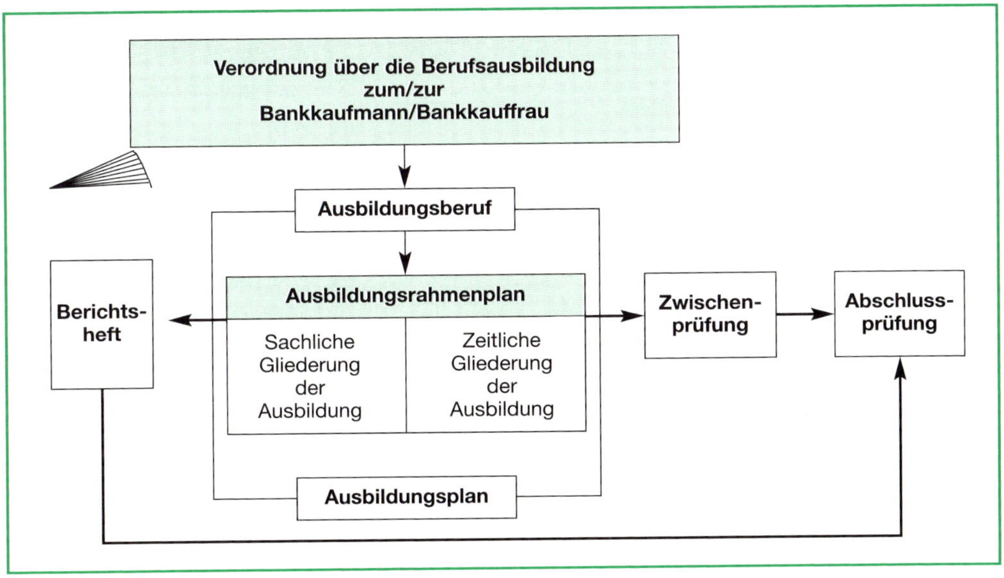

Nach dem **Ausbildungsberufsbild** sind für den Ausbildungsberuf Bankkaufmann/-frau folgende Kenntnisse und Fertigkeiten Gegenstand der Berufsausbildung:

1 **Das ausbildende Unternehmen**
1.1 Stellung, Rechtsform und Organisation
1.2 Personalwesen und Berufsbildung
1.3 Informations- und Kommunikationssysteme
1.4 Sicherheit und Gesundheitsschutz bei der Arbeit
1.5 Umweltschutz
2 **Markt- und Kundenorientierung**
2.1 Kundenorientierte Kommunikation
2.2 Marketing
2.3 Verbraucher- und Datenschutz
3 **Kontoführung und Zahlungsverkehr**
3.1 Kontoführung
3.2 Nationaler Zahlungsverkehr
3.3 Internationaler Zahlungsverkehr
4 **Geld- und Vermögensanlage**
4.1 Anlage auf Konten
4.2 Anlage in Wertpapieren
4.3 Anlage in anderen Finanzprodukten
5 **Kreditgeschäft**
5.1 Standardisierte Privatkredite
5.2 Baufinanzierung
5.3 Firmenkredite
6 **Rechnungswesen und Steuerung**
6.1 Rechnungswesen
6.2 Steuerung

Der Ausbildende hat unter Zugrundelegung des Ausbildungsrahmenplans für den/die Auszubildende(n) einen **Ausbildungsplan** zu erstellen.
Außerdem ist vom Auszubildenden ein **Berichtsheft** in Form eines Ausbildungsnachweises zu führen.
In der Mitte des zweiten Ausbildungsjahres wird eine schriftliche **Zwischenprüfung** anhand praxisbezogener Fälle oder Aufgaben in einer Prüfungsdauer von 120 Minuten in den Prüfungsgebieten

- Kontoführung und nationaler Zahlungsverkehr
- Anlage auf Konten
- Wirtschafts- und Sozialkunde

durchgeführt. Sie erstreckt sich auf die im Ausbildungsrahmenplan für das erste Ausbildungsjahr aufgeführten Kenntnisse und Fertigkeiten sowie auf den im Berufsschulunterricht entsprechend dem Rahmenlehrplan zu vermittelnden Lehrstoff, soweit er für die Berufsausbildung wesentlich ist. Das Ergebnis der Zwischenprüfung hat keinen Einfluss auf die Dauer der Ausbildung. Die Zwischenprüfung dient allein der Ermittlung des Ausbildungsstandes und soll dem Auszubildenden sowie dem Ausbildenden Gelegenheit geben, festgestellte Mängel bis zur Abschlussprüfung zu beseitigen.

Am Ende der Ausbildungszeit legt der/die Auszubildende vor dem Prüfungsausschuss der zuständigen IHK die **Abschlussprüfung** ab, die sich auf alle im Ausbildungsrahmenplan angegebenen Kenntnisse und Fertigkeiten sowie auf den im Berufsschulunterricht für die Berufsausbildung notwendigen Lerninhalte bezieht.

Die **Zulassung** zur Abschlussprüfung setzt voraus:
- absolvierte Ausbildungszeit oder eine nicht später als 2 Monate nach dem Prüfungstermin endende Ausbildungszeit,
- Teilnahme an der Zwischenprüfung,
- geführtes Berichtsheft (Ausbildungsnachweis),
- eingetragenes Berufsausbildungsverhältnis.

Die **schriftliche Prüfung** erstreckt sich auf folgende Prüfungsfächer:
- Bankwirtschaft (Bearbeitungszeit 150 Minuten),
  - Bankwirtschaft I: Konventionelle Aufgaben (90 Minuten)
  - Bankwirtschaft II: Programmierte Aufgaben (60 Minuten)
- Rechnungswesen und Steuerung (Bearbeitungszeit 60 Minuten),
- Wirtschafts- und Sozialkunde (Bearbeitungszeit 60 Minuten).

Das **mündliche Prüfungsfach** „Kundenberatung" besteht aus einem Beratungsgespräch von höchstens 20 Minuten Dauer. Der Prüfling soll nach Auswahl aus zwei Fällen anhand einer Aufgabenstellung mit einer Vorbereitungszeit von höchstens fünfzehn Minuten zeigen, dass er in der Lage ist, Kundengespräche systematisch und situationsbezogen vorzubereiten und zu führen. Hierbei sind die betrieblichen Ausbildungsschwerpunkte zu berücksichtigen. Für das Prüfungsgespräch kommen insbesondere folgende Gebiete in Betracht:
- Kontoführung und Zahlungsverkehr,
- Geld- und Vermögensanlage,
- Kreditgeschäft.

Ergänzungsprüfung: Sind in der schriftlichen Prüfung die Prüfungsleistungen in bis zu zwei Prüfungsfächern mit „mangelhaft" und in den weiteren Prüfungsfächern mit mindestens „ausreichend" bewertet worden, so ist auf Antrag des Prüflings oder nach Ermessen des Prüfungsausschusses in einem der mit „mangelhaft" bewerteten Prüfungsfächer die schriftliche Prüfung durch eine mündliche Prüfung von etwa 15 Minuten zu ergänzen, wenn diese für das Bestehen der Prüfung den Ausschlag geben kann. Das Prüfungsfach ist vom Prüfling zu bestimmen. Bei der Ermittlung des Ergebnisses für dieses Prüfungsfach sind die Ergebnisse der schriftlichen Arbeit und der mündlichen Ergänzungsprüfung im Verhältnis 2 : 1 zu gewichten.

Bei der **Ermittlung des Gesamtergebnisses** haben die Prüfungsfächer Bankwirtschaft und Kundenberatung gegenüber jedem der übrigen Prüfungsfächer das doppelte Gewicht.

Zum Bestehen der Abschlussprüfung müssen im Gesamtergebnis und in drei der vier genannten Prüfungsfächer mindestens ausreichende Leistungen erbracht werden. Werden die Prüfungsleistungen in einem Prüfungsfach mit „ungenügend" bewertet, ist die Prüfung nicht bestanden.

Rahmenlehrplan

Der Rahmenlehrplan ist nach Ausbildungsjahren gegliedert. Er umfasst Lernfelder, Zeitrichtwerte, Zielformulierungen und Lerninhalte.

- **Lernfelder** sind thematische Einheiten, die sich an konkreten beruflichen Aufgabenstellungen und Handlungsabläufen orientieren, die mit dem Berufsbild verbunden sind.
- **Zeitrichtwerte** geben an, wie viele Unterrichtsstunden für die Behandlung der Lernfelder einschließlich der Leistungsfeststellung vorgesehen sind.
- **Zielformulierungen** beschreiben die angestrebten Ergebnisse, die von den Lernenden in einem Lernfeld erreicht werden sollen. Sie werden als Elemente der beruflichen Handlungskompetenz unter Beachtung des Ausbildungsberufsbildes und des Ausbildungsrahmenplanes beschrieben.
- **Lerninhalte** sind die Unterrichtsinhalte, durch deren Behandlung die für ein Lernfeld angegebenen Zielformulierungen zu erreichen sind.

Übersicht über die Lernfelder für den Ausbildungsberuf Bankkauffrau/Bankkaufmann

	Lernfelder	Zeitrichtwerte[1]			
		gesamt	1. Jahr	2. Jahr	3. Jahr
1	**Privates und betriebliches Handeln am rechtlichen Bezugsrahmen ausrichten**	**80**	**80**		
2	**Konten führen**	**80**	**80**		
3	**Unternehmensleistungen erfassen und dokumentieren**	**60**	**60**		
4	**Geld und Vermögensanlagen anbieten**	**100**	**100**		
5	**Besondere Finanzinstrumente anbieten und über Steuern informieren**	**60**		**60**	
6	**Modelle für Marktentscheidungen nutzen**	**60**		**60**	
7	**Privatkredite bearbeiten**	**80**		**80**	
8	**Kosten und Erlöse ermitteln und beeinflussen**	**80**		**80**	
9	**Dokumentierte Unternehmensleistungen auswerten**	**40**			**40**
10	**Baufinanzierungen und Firmenkredite bearbeiten**	**80**			**80**
11	**Auslandsgeschäfte abwickeln**	**40**			**40**
12	**Einflüsse der Wirtschaftspolitik beurteilen**	**120**			**120**
Summen		**880**	**320**	**280**	**280**

1.2.3 Berufsausbildungsvertrag

Ein **Berufsausbildungsverhältnis** als privatrechtliches Verhältnis zwischen dem Auszubildenden (bei Minderjährigen dem gesetzlichen Vertreter: Vater, Mutter, Vormund) und dem Ausbildenden wird durch Vertrag begründet *(§ 10 Abs. 1 BBiG)*. Der **Berufsausbildungsvertrag** kommt durch die Einigung der Vertragsparteien zustande und ist in **schriftlicher** Form abzufassen *(§ 11 Abs. 1 BBiG)*.

[1] Unterrichtsstunden

Ausbildender ist derjenige, der einen anderen zur Berufsausbildung einstellt. Vom Ausbildenden ist derjenige zu unterscheiden, der die Ausbildung durchführt. Das kann der Ausbildende selbst oder ein von ihm beauftragter **Ausbilder** sein. Der **Auszubildende** ist derjenige, der ausgebildet wird.

Als **Mindestangaben** muss der Berufsausbildungsvertrag folgende Angaben enthalten *(§ 11 Abs. 1 S. 2 BBiG):*

- Art, sachliche und zeitliche Gliederung sowie Ziel der Berufsausbildung, insbesondere die Berufstätigkeit, für die ausgebildet werden soll,
- Beginn und Dauer der Berufsausbildung,
- Ausbildungsmaßnahmen außerhalb der Ausbildungsstätte (Besuch der Berufsschule),
- Dauer der regelmäßigen täglichen Ausbildungszeit,
- Dauer der Probezeit (mindestens 1 Monat, maximal 4 Monate; *§ 20 BBiG*),
- Zahlung und Höhe der Vergütung *(§§ 17–19 BBiG)*,
- Dauer des Urlaubs,
- Voraussetzungen, unter denen der Berufsausbildungsvertrag gekündigt werden kann:
  - Kündigung in der Probezeit *(§ 22 Abs. 1 BBiG)*
  - Kündigung nach der Probezeit
    - aus wichtigem Grund *(§ 22 Abs. 2 Nr. 1 u. 4 BBiG)*
    - durch Aufgabe **dieser** Berufsausbildung mit einer Kündigungszeit von 4 Wochen *(§ 22 Abs. 2 Nr. 2 BBiG)*

Die Beteiligten (Ausbildender, Auszubildender, Erziehungsberechtigte) übernehmen mit dem Abschluss des Berufsausbildungsvertrages **Pflichten,** die gleichzeitig die **Rechte** der anderen Vertragspartner sind *(§§ 13–19, 27–33 BBiG)*.

Pflichten der Vertragsparteien	
Auszubildender	Dienstleistungspflicht, Gehorsamspflicht, Sorgfaltspflicht, Schweige- und Treuepflicht, Berufsschulpflicht, Lernpflicht, Führung des Berichtsheftes, Haftpflicht
Ausbildender	Ausbildungspflicht, Fürsorgepflicht, Vergütungspflicht, Zeugnispflicht, Meldepflicht
Erziehungsberechtigte	Unterstützungspflicht, Haftpflicht

Die **Ausbildungsdauer** beträgt grundsätzlich 3 Jahre.
Verkürzungsmöglichkeiten nach dem *BBiG* bleiben hiervon jedoch unberührt. Die Ausbildungszeit soll zwei Jahre nicht unterschreiten. Der Auszubildende kann nach Anhörung des Ausbildenden und der Berufsschule vor Ablauf seiner Ausbildungszeit zur Abschlussprüfung zugelassen werden, wenn seine Leistungen dies rechtfertigen.
Andererseits ist auf Antrag des Auszubildenden die Ausbildungsdauer zu **verlängern,** wenn die Verlängerung erforderlich ist, um das Ausbildungsziel zu erreichen.

Die **Ausbildungsdauer endet**

- mit Ablauf der vereinbarten Ausbildungszeit oder
- mit dem Tage der Feststellung des Prüfungsergebnisses (kann vor oder nach dem Ablauf der vereinbarten Ausbildungszeit liegen).

Besteht der Auszubildende die Abschlussprüfung nicht, **so verlängert** sich das Ausbildungsverhältnis auf sein Verlangen bis zur nächstmöglichen Wiederholungsprüfung, im Falle des Nichtbestehens der Wiederholungsprüfung bis zu einer evtl. zulässigen erneuten Wiederholungsprüfung, höchstens jedoch um ein Jahr.

1.2.4 Berufsausübung

Die beruflichen **Tätigkeitsbereiche** von Bankkaufleuten umfassen im Wesentlichen die kaufmännischen Aufgabenbereiche der Kreditinstitute.

Beispiel	Der/die Bankkaufmann/-frau kann als Kundenberater, Kreditsachbearbeiter, Vermögensberater, Devisenhändler, Buchhalter, Controller, in der Personalabteilung oder der Informationswirtschaft/Datenverarbeitung tätig werden.

Die Aufgaben des/der Bankkaufmanns/-frau erfordern selbstständige Sachbearbeitung in Form funktionsübergreifender und zum Teil komplexer Fall- bzw. Vorgangsbearbeitung sowie Team- und Gruppenarbeit. Dabei werden die modernen Informations- und Kommunikationstechniken im Rahmen computergesteuerter und computergestützter Sachbearbeitung aufgabengerecht genutzt.

Traditionell wurde unter dem Begriff **Qualifikation** die Gesamtheit der Kenntnisse, Fähigkeiten, Fertigkeiten und Werthaltungen verstanden, über die Bankkaufleute für die Ausübung der beruflichen Tätigkeiten verfügen müssen. Heute wird Qualifikation sehr viel weiter definiert – nämlich als Voraussetzung für eine ausreichende Breite in der beruflichen Einsetzbarkeit. Die Akzentverschiebung geht dabei deutlich in Richtung Schlüsselqualifikationen.

Schlüsselqualifikationen: Die Elemente	
Kenntnisse und Fertigkeiten	■ Berufsübergreifende Kenntnisse und Fertigkeiten – wie Kulturtechniken, Fremdsprachen, technische, wirtschaftliche und soziale Allgemeinbildung ■ Neu aufkommende Kenntnisse und Fertigkeiten – wie Befähigung zum Umgang mit elektronischer Datenverarbeitung und neuen Technologien ■ Vertiefte Kenntnisse und Fertigkeiten, das heißt Ausbau von Grundlagen, die wenig veränderbar sind – wie Fachfremdsprachen ■ Berufsausweitende, das heißt über den Einzelberuf hinausgehende Kenntnisse und Fertigkeiten – wie Arbeitsschutz und Umweltschutz
Fähigkeiten	■ Selbstständiges, logisches, kritisches, kreatives Denken ■ Gewinnen und Verarbeiten von Informationen ■ Selbstständiges Lernen, das Lernen lernen, sich etwas erarbeiten können ■ Anwendungsbezogenes Denken und Handeln, Einsatz der eigenen Sensibilität und Intelligenz – bei Umstellungen und Neuerungen, im Vorschlags- und Erfindungswesen ■ Entscheidungsfähigkeit, Führungsfähigkeit, Gestaltungsfähigkeit – wie Selbstständigkeit bei Planung, Durchführung und Kontrolle
Verhaltensweisen	■ Verhaltensqualifikationen mit **einzelpersönlicher** Betonung – wie Selbstvertrauen, Optimismus, Wendigkeit, Anpassungsfähigkeit, Gestaltungskraft, Leistungsbereitschaft, Eigenständigkeit ■ Verhaltensqualifikationen mit **zwischenmenschlicher** Betonung – wie Kooperationsbereitschaft, Fairness, Verbindlichkeit, Gerechtigkeit, Aufrichtigkeit, Dienstbereitschaft, Teamgeist, Solidarität ■ Verhaltensqualifikationen mit **gesellschaftlicher** Betonung – wie Fähigkeit und Bereitschaft zu wirtschaftlicher Vernunft, technologischer Akzeptanz und zum sozialen Konsens ■ Arbeitstugenden – wie Genauigkeit, Sauberkeit, Zuverlässigkeit, Exaktheit, Pünktlichkeit, Ehrlichkeit, Ordnungssinn, Konzentration, Ausdauer, Pflichtbewusstsein, Fleiß, Disziplin, Hilfsbereitschaft, Rücksichtnahme
Quelle: Klein, Wandel der Arbeitswelt – Wandel der Qualifikationen, in: Thema Wirtschaft	

Die in der beruflichen Ausbildung erworbene **Handlungskompetenz** befähigt die Bankkaufleute, das erworbene kaufmännische Wissen gemäß ihren Fähigkeiten und Einsichten verantwortungsbewusst in den jeweiligen Geschäftszweigen anzuwenden und die vielfältigen kaufmännischen Arbeitsaufgaben selbstständig zu planen, durchzuführen und zu kontrollieren.

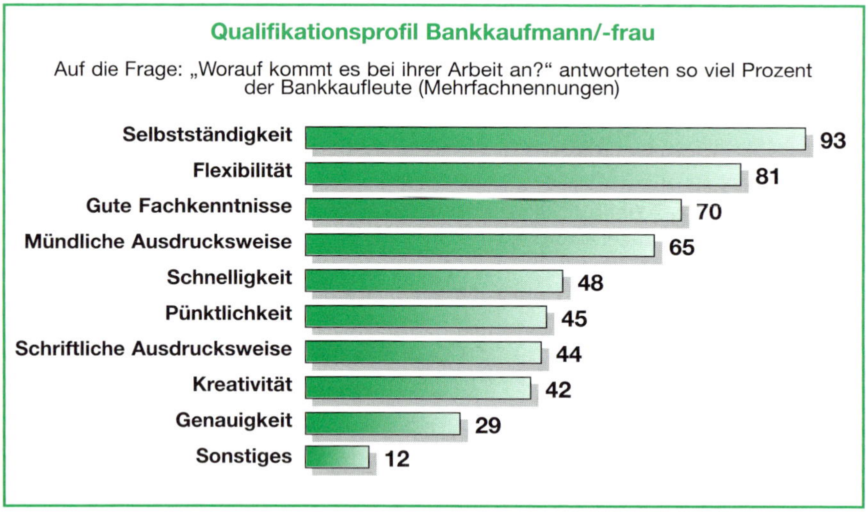

Eignung und Bewährung sowie die überdurchschnittliche berufliche Bereitschaft zur Fortbildung erlauben es dem/der Bankkaufmann/-frau, Gruppen-, Abteilungs-, Hauptabteilungsleiter/-in, Mitglied der Geschäftsführung oder Mitglied des Vorstandes zu werden. Grundsätzlich obliegt ihm/ihr dann die Aufgabe, den reibungslosen Ablauf der kaufmännischen Aufgaben zu organisieren. Weitere Aufgabenübertragungen sind abhängig von der Größe des Kreditinstituts.

1.2.5 Fort- und Weiterbildungsmöglichkeiten

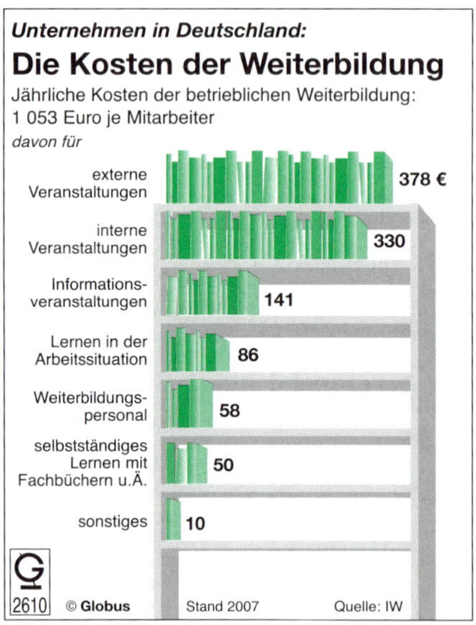

Ohne berufliche Fortbildung wird der/die Bankkaufmann/-frau seinen (ihren) Beruf auf Dauer mit Erfolg nicht ausüben können. Deshalb bieten viele Institutionen Fortbildungskurse für Bankkaufleute an. Dazu zählen die Verbände der Kreditinstitutsgruppen sowie die IHKs. Der Blick in die Fachzeitschriften und Publikationen der Verbände/Institutionen gibt einen ersten Überblick. Auskünfte erteilen zudem die jeweiligen Geschäftsstellen der IHKs.

Zum Nachweis von Kenntnissen, Fertigkeiten und Erfahrungen, die durch berufliche Fortbildung erworben werden, bietet die Kreditwirtschaft Fortbildungsprogramme zum Bank-/Sparkassenfachwirt und – darauf aufbauend – zum Bank-/Sparkassenbetriebswirt an. Darüber hinaus besteht die Möglichkeit zum Studium an einer staatlichen Fachschule mit dem Schwerpunkt Finanzdienstleistungen.

1.3 Aufgaben und Grundlagen des Arbeitsrechts

Das **Arbeitsrecht** regelt die Rechtsbeziehungen zwischen Arbeitnehmern und Arbeitgebern. **Arbeitnehmer** ist, wer aufgrund eines privatrechtlichen Vertrages *(§ 611 ff. BGB)* für einen **Arbeitgeber** weisungsgebunden und fremdbestimmt Dienste leistet.

Beispiel

Die 38-jährige Bankkauffrau Ellen Maurer bearbeitet seit vielen Jahren Zahlungsverkehrsaufträge. Nach Einführung der automatisierten Erfassung der Überweisungsaufträge sollen die verbleibenden Tätigkeiten durch eine halbtagsbeschäftigte Mitarbeiterin erledigt werden. Der Arbeitgeber kündigt das Arbeitsverhältnis und beabsichtigt, eine Bankkauffrau einzustellen, die gerade ihre Berufsausbildung abgeschlossen hat. Frau Maurer wehrt sich gegen die Kündigung und behauptet, die Kündigung sei sozial ungerechtfertigt, verstoße gegen das Kündigungsschutzgesetz und verletze die Grundprinzipien des Arbeitsrechts.

Arbeitgeber(innen) sind Personen, die
- Arbeitnehmer(innen) beschäftigen (einschließlich der zu ihrer Berufsbildung Beschäftigten),
- die Arbeitsleistung von Arbeitnehmer(innen) aufgrund des Arbeitsvertrages fordern,
- Arbeitnehmer(innen) das Arbeitsentgelt schulden,
- Arbeitgeber(innen) gleichgestellt sind und in sonstiger Weise selbstständig tätig werden.

Arbeitnehmer(innen) im arbeitsrechtlichen Sinn sind Personen, die aufgrund eines privatrechtlichen Vertrages verpflichtet sind, ihre Arbeitskraft weisungsgebunden und abhängig gegen Entgelt zur Verfügung zu stellen.

Steuerrechtlich und sozialversicherungsrechtlich sind zum Teil abweichende Definitionen möglich.

Als **arbeitnehmerähnlich** *(§ 12 a TVG)* gelten Personen, auf die Teile des Arbeitsrechts anzuwenden sind. Hierzu zählen insbesondere Heimarbeiter(innen) und ihnen Gleichgestellte.
Die *Unterscheidung* in Arbeiter(in) und Angestellte(r) hat heute rechtlich kaum noch Bedeutung.

Die Einordnung als **leitende/r Angestellte/r** nach *§ 5 Abs. 3 BetrVG* erfolgt insbesondere
- nach der Befugnis der selbstständigen Einstellung und Entlassung von Arbeitnehmern(innen),
- nach der Wahrnehmung unternehmerisch bedeutsamer Aufgaben in eigener Verantwortung,
- aufgrund weitgehender Vollmachten (z. B. Generalvollmacht, Prokura)

Für leitende Angestellte
- ist grundsätzlich das Betriebsverfassungsgesetz nicht anwendbar *(§ 5 Abs. 3 BetrVG)*,
- muss in Betrieben mit mindestens 10 leitenden Angestellten ein Sprecherausschuss errichtet werden *(§ 1 SprAuG)*,
- gilt nicht das Arbeitszeitgesetz *(§ 18 Abs. 1 Nr. 1 ArbZG)*,
- muss mindestens ein/e leitende/r Angestellte/r dem Aufsichtsrat einer mitbestimmten Gesellschaft angehören,
- gilt u. U. ein verminderter Kündigungsschutz *(§ 14 Abs. 2 KSchG)*.

Vom Arbeitnehmer sind zu unterscheiden
- Beamte, Richter, Soldaten,
- Familienangehörige gem. *§§ 1619, 1360 BGB,*
- Gesellschafter von Personengesellschaften,
- Organmitglieder von juristischen Personen,
- Strafgefangene.

Das **Arbeitsrecht** ist in keinem umfassenden Arbeitsgesetzbuch geregelt, sondern ergibt sich aus einer **Vielzahl von Einzelgesetzen**.

Rechtliche Grundlagen des Arbeitsrechts

Individual- und kollektivarbeitsrechtliche Vereinbarungen
Arbeitsvertrag zwischen Arbeitnehmer und Arbeitgeber, Betriebsvereinbarungen zwischen Betriebsrat und Arbeitgeber, Tarifverträge zwischen Gewerkschaft und Arbeitgeber bzw. Arbeitgeberverband

Einzelgesetze
BGB, HGB, Gewerbeordnung, Kündigungs-, Mutter- und Jugendarbeitsschutzgesetz, Berufsbildungsgesetz, Schwerbehindertengesetz, Arbeitszeitgesetz, Bundesurlaubsgesetz, Tarifvertragsgesetz, Betriebsverfassungs-, Mitbestimmungs- und Montan-Mitbestimmungsgesetz

Verfassungsbestimmungen
Anspruch auf Unantastbarkeit der menschlichen Würde, freie Entfaltung, Gleichberechtigung von Mann und Frau, Meinungsfreiheit, Koalitionsfreiheit, freie Wahl von Beruf, Arbeitsplatz und Ausbildungsstätte

EU-Recht
EU-Vertrag, EU-Verordnungen, EU-Richtlinien

Arbeitsrecht

Individualarbeitsrecht	**Kollektivarbeitsrecht**
Regelung der Beziehungen zwischen dem Arbeitgeber und dem einzelnen Arbeitnehmer ■ Arbeitsvertragsrecht ■ Kündigungsschutzrecht	Regelung der Beziehungen zwischen dem Arbeitgeber und der Gesamtheit der Belegschaft bzw. den Arbeitgeberverbänden und Gewerkschaften ■ Tarifvertragsrecht ■ Betriebsverfassungsrecht ■ Arbeitskampf-/Schlichtungsrecht ■ Arbeitsgerichtsbarkeit

1.3.1 Individualarbeitsrecht

1.3.1.1 Arbeitsvertragsrecht

> Der **Arbeitsvertrag** (Einzelarbeitsvertrag) bildet die Rechtsgrundlage für ein individuell geschlossenes Arbeitsverhältnis zwischen dem einzelnen Arbeitnehmer und dem Arbeitgeber.

Der **Arbeitsvertrag ist ein Dienstvertrag** im Sinne von *§ 611 ff. BGB*. Das Arbeitsverhältnis selbst stellt rechtlich gesehen ein auf Austausch von Arbeitsleistung und Vergütung gerichtetes Dauerschuldverhältnis zwischen Arbeitnehmer und Arbeitgeber dar.
Prinzipiell gilt für das Arbeitsvertragsrecht der **Grundsatz der Vertragsfreiheit** *(Art. 12 GG)* und die inhaltliche **Gestaltungsfreiheit,** die jedoch durch Arbeitsrechtsvorschriften eingeschränkt wird. Obwohl **Formfreiheit** für arbeitsrechtliche Vertragsabschlüsse besteht, war aus Beweisgründen allgemein die Schriftform üblich. Nach dem *„Gesetz über den Nachweis der für ein Arbeitsverhältnis geltenden wesentlichen Bedingungen – Nachweisgesetz“* haben grundsätzlich alle Arbeitnehmer einen Anspruch auf eine in Schriftform gehaltene Vertragsausfertigung.

Der Arbeitgeber hat spätestens 1 Monat nach dem vereinbarten Beginn des Arbeitsverhältnisses die wesentlichen Vertragsbedingungen schriftlich niederzulegen, die Niederschrift zu unterzeichnen und dem Arbeitnehmer auszuhändigen *(§ 2 Abs. 1 S. 1 Nachweisgesetz)*. Verstößt der Arbeitgeber gegen dieses Schriftformerfordernis, wird der Arbeitsvertrag allerdings nicht unwirksam, er ist vielmehr auch ohne Einhaltung der Schriftform gültig. Der Arbeitnehmer kann allerdings seinen Arbeitgeber auf Fertigung und Herausgabe einer Niederschrift **verklagen.** Bei Arbeitsverträgen mit Minderjährigen ist die Zustimmung des gesetzlichen Vertreters notwendig. Durch Kenntnis ihrer Rechte und Pflichten aus dem Arbeitsverhältnis sollen Arbeitnehmer besser in ihren Rechten geschützt werden.

Mindestpflichten für den Arbeitgeber

In die **Niederschrift** muss der Arbeitgeber mindestens aufnehmen:

- Name und Anschrift der Vertragsparteien
- den Zeitpunkt des Beginns des Arbeitsverhältnisses
- bei befristeten Arbeitsverhältnissen die vorhersehbare Dauer
- den Arbeitsort oder, falls der Arbeitnehmer nicht nur an einem bestimmten Arbeitsort tätig sein soll, einen Hinweis darauf, dass der Arbeitnehmer an verschiedenen Orten beschäftigt werden kann
- die Bezeichnung oder allgemeine Beschreibung der vom Arbeitnehmer zu leistenden Tätigkeit
- die Zusammensetzung und die Höhe des Arbeitsentgeltes einschließlich der Zuschläge, der Zulagen, Prämien und Sonderzahlungen sowie anderer Bestandteile des Arbeitsentgeltes und deren Fälligkeit
- die vereinbarte Arbeitszeit
- die Dauer des jährlichen Erholungsurlaubs
- die Fristen für die Kündigung des Arbeitsverhältnisses
- einen in allgemeiner Form gehaltenen Hinweis auf die Tarifverträge, Betriebs- oder Dienstvereinbarung, die auf das Arbeitsverhältnis anzuwenden sind

Bestehende Arbeitsverträge

Für bereits bestehende, mündliche Arbeitsverträge gilt das Nachweisgesetz nur bedingt. Nur dann, wenn der Arbeitnehmer ausdrücklich eine Niederschrift, also einen schriftlichen Arbeitsvertrag verlangt, ist der Arbeitgeber verpflichtet, innerhalb von zwei Monaten eine solche Niederschrift, die im Wesentlichen einem Arbeitsvertrag gleicht, dem Arbeitnehmer auszuhändigen.

Ausnahmen

Arbeitet der Arbeitnehmer nur bis zu 400 Stunden im Jahr als vorübergehende Aushilfe oder ist er ausschließlich im Familienhaushalt tätig (Haushaltshilfe, Pflegehilfe), so ist ein schriftlicher Arbeitsvertrag nicht notwendig. Voraussetzung hierfür ist aber, dass nur geringfügig gearbeitet wird. Nur in diesen Fällen darf auch weiterhin auf mündlicher Vertragsbasis gearbeitet werden.

Der Arbeitgeber wird durch **den Arbeitsvertrag erheblich gebunden**. Aus diesem Grund steht dem Arbeitgeber ein **Fragerecht** zu. Der Arbeitnehmer hat zulässige Fragen zu seiner Ausbildung, zu seinen früheren Arbeitsverhältnissen, Fähigkeiten und zu seiner Gesundheit zu beantworten.

Das Fragerecht des Arbeitgebers bestimmt sich nach dem Umfang und den Grenzen des Aufgabenkreises, das dem Arbeitnehmer übertragen werden soll.

Beispiel

Die Frage nach einer bestehenden Schwangerschaft ist grundsätzlich nicht zulässig und braucht deswegen nicht beantwortet werden.

Als Gegenleistung kann der Arbeitnehmer umfassend Auskunft über Pflichten und Rechte seitens des Arbeitgebers erwarten. Der **Betriebsrat** hat Mitwirkungs- und Mitbestimmungsrechte vor und bei der Begründung des Arbeitsverhältnisses.

Mitwirkung des Betriebsrats bei Einstellungen

Geltungsbereich

Nur in Unternehmen mit in der Regel mehr als 20 wahlberechtigten Arbeitnehmern.

Der Arbeitgeber muss den Betriebsrat von der geplanten Einstellung unterrichten und seine Zustimmung einholen *(§ 99 Abs. 1 BetrVG)*. Hierbei hat der Arbeitgeber

- die Bewerbungsunterlagen aller Bewerber vorzulegen und über alle Bewerber Auskunft zu geben,
- über die Auswirkung der Einstellung zu informieren,
- den in Aussicht genommenen Arbeitsplatz und die vorgesehene Eingruppierung mitzuteilen.

Unterlässt der Arbeitgeber die Unterrichtung, dann ist der Vertrag wirksam, doch besteht ein Beschäftigungsverbot; der Betriebsrat kann die tatsächliche Beschäftigung über *§ 101 BetrVG* verhindern.

Der Betriebsrat kann die Zustimmung schriftlich **verweigern** *(§ 99 Abs. 3 BetrVG)*
- innerhalb 1 Woche ab Unterrichtung,
- aus den in *§ 99 Abs. 2* genannten sechs Gründen

Der Betriebsrat hat **zugestimmt** oder nicht ordnungsgemäß widersprochen: Der Arbeitgeber kann den Bewerber einstellen.

Grundsatz: Die Einstellung soll vorerst unterbleiben.

Der Arbeitgeber kann beim Arbeitsgericht beantragen, die Zustimmung zu ersetzen *(§ 99 Abs. 4 BetrVG)*.

Das Arbeitsgericht lehnt den Antrag ab

Der Arbeitgeber darf den Bewerber nicht einstellen.

Das Gericht gibt dem Antrag statt

Der Bewerber kann eingestellt werden.

Ausnahme: Einstellung in Eilfällen *(§ 100 BetrVG)*

Dagegen kann der Betriebsrat protestieren *(§ 100 Abs. 2 Satz 2 BetrVG)*

Will der Arbeitgeber die Einstellung trotzdem vorläufig aufrechterhalten, muss er binnen 3 Tagen beim Arbeitsgericht die in *§ 100 Abs. 2 Satz 3 BetrVG* genannten Anträge stellen.

Das Arbeitsgericht ersetzt die Zustimmung nicht.

Die vorläufige Einstellung endet mit Ablauf von 2 Wochen nach Rechtskraft der Entscheidung *(§ 100 Abs. 3 BetrVG)*.

Das Arbeitsgericht bestätigt die vorläufige Einstellung.

Quelle: Das Personalbüro

1.3.1.2 Pflichten und Rechte aus dem Arbeitsverhältnis

Die Pflichten und Rechte des Arbeitnehmers und Arbeitgebers ergeben sich inhaltlich aus den Arbeitsrechtsbestimmungen, es sei denn, im Arbeitsvertrag werden zulässige Abweichungen vereinbart. Aus den Pflichten des Arbeitgebers ergeben sich einerseits die Rechte des Arbeitnehmers und aus den Rechten des Arbeitgebers die Pflichten des Arbeitnehmers.

Pflichten des Arbeitgebers = Rechte des Arbeitnehmers
Vergütungspflicht *(§§ 612, 614, 616 BGB, 64 HGB)* ■ Pünktliche Zahlung des Lohnes bzw. Gehaltes unter der Voraussetzung, dass die Arbeitsleistung tatsächlich erbracht wurde. ■ Unverschuldete Verhinderung berechtigt nicht zur Kürzung der Entgeltzahlung *(z. B. Lohnfortzahlung im Krankheitsfall bis 6 Wochen, Ladung als Zeuge vor Gericht).*
Fürsorgepflicht *(§§ 617 ff. BGB, 62 HGB)* ■ Anmeldung des Arbeitnehmers bei der Krankenkasse und Abführung der Sozialversicherungsbeiträge. ■ Schutz der Gesundheit des Arbeitnehmers sowie Beachtung der Unfallverhütungsvorschriften und der Arbeitsgesetze. ■ Gleichbehandlungspflicht von Frauen und Männern, Teilzeit- und Vollzeitbeschäftigten.
Urlaub *(§§ 19 JArbSchG, 3 ff. BUrlG)* ■ Gewährung bezahlten Urlaubs unter Beachtung der Mindestbestimmungen des *JArbSchG*[1] und des Bundesurlaubsgesetzes, soweit der Arbeitnehmer dem Betrieb mindestens 6 Monate angehört.
Informations- und Anhörungspflicht *(§§ 81–85 BetrVG)* ■ Unterrichtung über Aufgaben und Gestaltung des Arbeitsplatzes. ■ Unterrichtung über Gesundheits- und Unfallgefahren am Arbeitsplatz. ■ Erörterung der Leistungsbeurteilung und Einsicht in die Personalakte. ■ Beschwerderecht bei ungerechter Behandlung oder Benachteiligung.
Zeugnispflicht *(§ 630 Abs. 1 BGB, §§ 109 GewO, 73 HGB)* ■ Ausstellung eines Zeugnisses über Art und Dauer der Beschäftigung; auf Wunsch des Arbeitnehmers sind Angaben über Führung und Leistung aufzunehmen. ■ Inhaltlich muss das Zeugnis wahrheitsgemäß, aber wohlwollend sein. Gute Leistungen sind zu erwähnen, schlechte nur, wenn sie schwerwiegend und wesentlich für die Tätigkeit sind.
Pflichten des Arbeitnehmers = Rechte des Arbeitgebers
Pflicht zur Arbeitsleistung *(§ 611 Abs. 1 BGB)* ■ Verrichtung der nach dem Arbeitsvertrag vereinbarten Arbeiten. Die Arbeit ist nach bestem Wissen und Gewissen zu erbringen. Bei schuldhafter Pflichtverletzung ist der Arbeitnehmer schadenersatzpflichtig.
Gehorsamspflicht ■ Der Arbeitnehmer hat die Weisungen des Arbeitgebers zu befolgen. Dem Arbeitgeber steht ein Weisungsrecht/Direktionsrecht zu.
Treue- und Verschwiegenheitspflicht ■ Wahrnehmung und Vertretung der Interessen des Arbeitgebers. ■ Verbot der Weitergabe von Geschäfts- und Firmengeheimnissen. ■ Verbot der Annahme von Zahlungen zum eigenen Vorteil (Schmiergeldzahlungen). ■ Schadenersatzpflicht bei Pflichtverletzung, Möglichkeit der fristlosen Kündigung oder ggf. strafrechtliche Verfolgung.

[1] Vgl. Seite 14.

Wettbewerbsverbot:
(§§ 60, 61 HGB, 133 f. GewO)

- Verbot der Geschäfte auf eigene oder fremde Rechnung im gleichen Geschäftszweig des Arbeitgebers (Ausnahme: Der Arbeitgeber gibt die Einwilligung).
- Verbot eigener Geschäfte durch kaufmännische Angestellte in einem beliebigen Geschäftszweig.
- Die „Konkurrenzklausel" im Arbeitsvertrag erlaubt für eine gewisse Zeit nach dem Ausscheiden aus dem Arbeitsverhältnis ein Wettbewerbsverbot (bei kaufmännischen Angestellten maximal 2 Jahre). Pflichtverletzungen können Schadenersatzforderungen nach sich ziehen.

1.3.1.3 Beendigung des Arbeitsverhältnisses

Beendigungsgründe des Arbeitsverhältnisses

Aufhebungsvertrag	Zeitablauf	Kündigung	Tod
(§ 623 BGB) durch übereinstimmende Willenserklärung	*(§ 620 Abs. 1 BGB)* beim befristeten Arbeitsverhältnis	durch einseitige Willenserklärung	des Arbeitnehmers

Befristetes Arbeitsverhältnis

Ein befristeter Arbeitsvertrag muss schriftlich vereinbart werden. Fehlt die Schriftform, ist die Befristung unwirksam und der Arbeitsvertrag gilt als unbefristet abgeschlossen.
Die Zulässigkeit befristeter Arbeitsverträge ist im Teilzeit- und Befristungsgesetz *(TzBfG)* geregelt. Nach *§ 3 Abs. 1 TzBfG* ist ein Arbeitnehmer befristet beschäftigt, wenn ein Arbeitsvertrag auf bestimmte Zeit geschlossen wurde, d. h. die Dauer des Arbeitsvertrags ist kalendermäßig bestimmt (kalendermäßig befristeter Arbeitsvertrag) oder ergibt sich aus Art, Zweck oder Beschaffenheit der Arbeitsleistung (zweckbefristeter Arbeitsvertrag).

Die Befristung eines Arbeitsverhältnisses ist grundsätzlich nur dann zulässig, wenn es dafür eine sachliche Rechtfertigung nach *§ 14 Abs. 1 TzBfG* gibt.

Ein **sachlicher Grund** liegt insbesondere vor, wenn

- der betriebliche Bedarf an der Arbeitsleistung nur vorübergehend besteht (Saisonarbeiten, zeitlich begrenzte Arbeitsaufgaben),
- die Befristung im Anschluss an eine Ausbildung oder ein Studium erfolgt, um den Übergang des Arbeitnehmers in eine Anschlussbeschäftigung zu erleichtern,
- der Arbeitnehmer zur Vertretung eines anderen Arbeitnehmers beschäftigt wird,

Beispiele Vertretung bei Elternzeit, Mutterschutz, Krankheit von Arbeitnehmer(innen)

- die Eigenart der Arbeitsleistung die Befristung rechtfertigt,
- die Befristung zur Erprobung erfolgt,
- in der Person des Arbeitnehmers liegende Gründe die Befristung rechtfertigen,
- der Arbeitnehmer aus Haushaltsmitteln vergütet wird, die haushaltsrechtlich für eine befristete Beschäftigung bestimmt sind, und er entsprechend beschäftigt wird, oder
- die Befristung auf einem gerichtlichen Vergleich beruht.

Ohne sachlichen Grund ist die Befristung eines Arbeitsvertrages nur bei einer Neueinstellung in zwei Fällen zulässig:

- Befristung bis zu einer Dauer von zwei Jahren *(§ 14 Abs. 2 TzBfG)*,
  - Während der Gesamtdauer von 2 Jahren kann die Befristung insgesamt dreimal verlängerwerden.
  - Auszubildende können nach Abschluss ihrer Ausbildung beim gleichen Arbeitgeber nur mit sachlichem Grund befristet weiterbeschäftigt werden, weil bereits ein befristetes Arbeitsverhältnis zu diesem Arbeitgeber bestanden hat.
- Befristung bei Arbeitnehmern, die das 58. Lebensjahr vollendet haben *(§ 14 Abs. 3 TzBfG)*

Aufhebungsvertrag

Arbeitgeber und Arbeitnehmer vereinbaren in einem Aufhebungsvertrag, dass das **auf unbestimmte Zeit** vereinbarte Arbeitsverhältnis zu einem bestimmten Zeitpunkt enden soll *(§§ 305, 623 BGB)*. Während eine Kündigung eine einseitige Erklärung ist und daher auch dann wirkt, wenn der Gekündigte mit ihr nicht einverstanden ist, ist ein Aufhebungsvertrag nur dann wirksam, wenn beide Vertragsparteien zustimmen.

Der Aufhebungsvertrag muss gemäß *§ 623 BGB* zwingend in **schriftlicher Form** erfolgen.

Bietet der Arbeitgeber dem Arbeitnehmer einen Aufhebungsvertrag an, muss er den Arbeitnehmer darauf hinweisen, dass möglicherweise eine Sperrfrist für den Bezug von Arbeitslosengeld besteht. Unterlässt der Arbeitgeber diese Aufklärung, könnte dieser dazu verpflichtet werden, dem Arbeitnehmer das dadurch entgangene Arbeitslosengeld zu ersetzen.

Aus steuerlichen und/oder sozialversicherungsrechtlichen Gründen sollte der vereinbarte Beendigungszeitpunkt und der Anlass für die Beendigung eindeutig im Vertrag genannt werden. Weiterhin sollten Vertragsbestandteile sein:

- Höhe und Fälligkeit der Abfindung für noch ausstehende Zahlungen (Provisionen, Überstundenausgleich, Reisekosten etc.),
- Abreden bezüglich des Resturlaubs,
- etwaige Freistellung von der Arbeit bis zum Ende des Arbeitsverhältnisses,
- Verschwiegenheitspflicht des Arbeitnehmers, insbesondere wenn dieser bereits eine neue Arbeitsstelle in Aussicht hat,
- die Rückgabe von Firmeneigentum, (Firmenhandys, Notebooks, Firmenfahrzeug),
- Abreden über Erfindungen des Arbeitnehmers.

Das Widerrufsrecht der *§§ 312, 355 BGB* findet auf Aufhebungsverträge keine Anwendung.

Kündigung

Die Kündigung ist eine einseitige empfangsbedürftige Willenserklärung eines Vertragspartners, dass er das Arbeitsverhältnis lösen will. Sie wird wirksam, wenn sie dem anderen Vertragspartner **zugegangen** ist, sie muss nicht angenommen werden. Zugang verlangt, dass die Willenserklärung so in den Empfangsbereich des Empfängers gelangt, dass dieser unter regelmäßigen Umständen davon hätte Kenntnis erlangen müssen.

Beispiele

- Einwurf in den Briefkasten
- persönliche Übergabe
- Übergabeeinschreiben (mit der Aushändigung durch den Postboten bzw. Abholung bei der Post)

Die Kündigungserklärung muss eindeutig und unmissverständlich sein; sie braucht den Kündigungsgrund nicht unbedingt zu enthalten. Bei Kündigung von Berufsausbildungsverhältnissen nach der Probezeit ist der Kündigungsgrund jedoch stets anzugeben. Die Kündigung bedarf der **Schriftform** *(§ 623 BGB)* **und** der **eigenhändigen Unterschrift** (eine unter Beachtung des Signaturgesetzes gegebene *elektronische Unterschrift* ist *nicht zulässig*). Die Nichtbeachtung der Schriftform bedeutet die Unwirksamkeit der Kündigung *(§§ 123, 623 BGB)*.

Kündigungsarten

ordentliche Kündigung (bestimmte Kündigungsfristen)

Kündigung durch den

Arbeitgeber

erfordert triftigen Kündigungsgrund unter Beachtung von sozialen Gesichtspunkten:

- betriebsbedingte Gründe
  - Arbeitsmangel
  - Auflösung des Unternehmens
- verhaltensbedingte Gründe
  - Unzuverlässigkeit des Arbeitnehmers
  - häufige Fehler des Arbeitnehmers
- personenbedingt
  - Verlust des Führerscheins
  - Ablauf einer Aufenthaltsgenehmigung

Arbeitnehmer

erfordert keinen Kündigungsgrund

außerordentliche Kündigung (fristlose Kündigung)

Kündigung durch den

Arbeitgeber / **Arbeitnehmer**

erfordert wichtigen Grund, wobei dem Vertragspartner die Fortsetzung des Arbeitsverhältnisses nicht mehr zumutbar ist:

Arbeitgeber:

- Straftaten des Arbeitnehmers im Betrieb
- Tätlichkeiten des Arbeitnehmers
- Arbeitsverweigerung
- grobe Beleidigung durch den Arbeitnehmer

Arbeitnehmer:

- Nichtzahlung der Vergütung
- mangelnder Arbeitsschutz
- grobe Beleidigung durch den Arbeitgeber
- Tätlichkeiten gegen den Arbeitnehmer

Kündigungsfristen

Die Kündigungsfristen können sich bei einer ordentlichen Kündigung aus dem Gesetz, Tarifvertrag oder Arbeitsvertrag ergeben.

Kündigungsfristen

- **gesetzlich** *(§ 622 Abs. 1–3 BGB)*
- **tarifvertraglich** *(§ 622 Abs. 4 BGB)*
- **einzelvertraglich** *(§ 622 Abs. 5 BGB)*

Gesetzliche Kündigungsfristen

Das Arbeitsverhältnis eines Arbeitnehmers kann mit einer Frist von vier Wochen zum 15. oder zum Ende eines Kalendermonats gekündigt werden. Für eine Kündigung durch den Arbeitgeber bestehen nach der Dauer der Betriebszugehörigkeit gestaffelte, längere Fristen *(§ 622 BGB).*

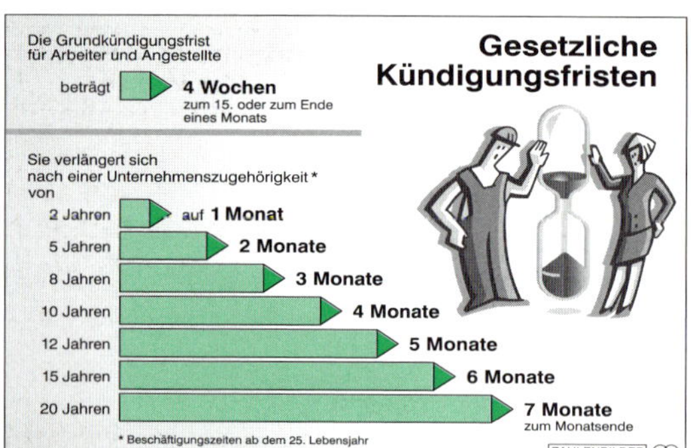

© Erich Schmidt Verlag

Die gesetzlichen Mindestfristen bei Kündigungen durch Arbeitgeber sind nach der Dauer der Betriebszugehörigkeit gestaffelt. Bei der Berechnung der Beschäftigungsdauer werden Zeiten, die **vor der Vollendung des 25. Lebensjahres** des Arbeitnehmers liegen, nicht berücksichtigt *(§ 622 Abs. 2 BGB).*

Beispiel

Die Bankkauffrau Thekla Breuer ist 34 Jahre alt und seit dem 21. Lebensjahr ununterbrochen bei der Deutschen Bank AG beschäftigt. Die gesetzliche Kündigungsfrist für das unbefristete Arbeitsverhältnis beträgt für den Arbeitgeber 3 Monate zum Monatsende, weil die Arbeitnehmerin mehr als 8 Jahre ab Vollendung des 25. Lebensjahres beschäftigt war.

Während einer Probezeit von bis zu längstens 6 Monaten kann das Arbeitsverhältnis mit einer Frist von zwei Wochen gekündigt werden *(§ 622 Abs. 3 BGB)*. Bei einer längeren Probezeit gelten die gesetzlichen Kündigungsfristen aus *§ 622 BGB*.

Tarifvertragliche Kündigungsfristen

Tarifverträge können abweichende Regelungen vorsehen. Im Geltungsbereich eines solchen Tarifvertrages gelten die abweichenden tarifvertraglichen Bestimmungen zwischen nichttarifgebundenen Arbeitgebern und Arbeitnehmern, wenn ihre Anwendung zwischen ihnen vereinbart ist.

Einzelvertragliche Kündigungsfristen

Einzelvertraglich ist eine kürzere Kündigungsfrist nur vereinbar, wenn

- ein Arbeitnehmer zur vorübergehenden Aushilfe eingestellt ist; das gilt nicht, wenn das Arbeitsverhältnis über die Zeit von 3 Monaten hinaus fortgesetzt wird;
- der Arbeitgeber in der Regel nicht mehr als 20 Arbeitnehmer (ohne Auszubildende) beschäftigt und die Kündigungsfrist 4 Wochen nicht unterschreitet. Bei der Feststellung der Zahl der beschäftigten Arbeitnehmer sind nur Arbeitnehmer zu berücksichtigen, deren regelmäßige Arbeitszeit wöchentlich 10 Stunden oder monatlich 45 Stunden übersteigt.

Tarif- und einzelvertragliche Vereinbarungen, die längere Kündigungsfristen festlegen, bleiben von der Neufassung unberührt.

Kündigungsschutz

Allgemeiner Kündigungsschutz

Die **Kündigung eines Arbeitnehmers ist rechtsunwirksam**, wenn das Arbeitsverhältnis in demselben Betrieb oder Unternehmen **länger als 6 Monate bestand und sozial ungerechtfertigt** ist *(§ 1 Abs. 1 KSchG)*. Das *KSchG* gilt erst in Betrieben ab 11 Beschäftigten *(§ 23 KSchG)*.[1]

Eine Kündigung ist sozial ungerechtfertigt

wenn **nicht bedingt** durch:

Gründe in der **Person des Arbeitnehmers**	Gründe in dem **Verhalten des Arbeitnehmers**	dringende **betriebliche Erfordernisse**

Zulässige Kündigungsgründe

- **Gründe in der Person:** mangelnde körperliche und geistige Leistung, mangelnde Ausbildung, mangelnde Fähigkeit, sich die erforderlichen Kenntnisse anzueignen, lang dauernde Erkrankung ohne Erkennbarkeit der baldigen Genesung

[1] Teilzeitbeschäftigte Arbeitnehmer werden bis zu 30 Wochenstunden nur mit einem Faktor von 0,75; bis 20 Wochenstunden mit einem Faktor von 0,5 berücksichtigt.

- **Verhaltensbedingte Gründe:** wiederholte Unpünktlichkeit, Schlechtarbeit, Verstöße gegen Gehorsams- und Verschwiegenheitspflicht
- **Dringende betriebliche Erfordernisse:** Absatzschwierigkeiten, Produktionseinschränkungen, Stilllegung einzelner Abteilungen, Änderung von Produktionsmethoden

Soziale Auswahl

Verstößt die Kündigung gegen eine gerechtfertigte soziale Auswahl (§ 95 BetrVG) oder wird die Umsetzungsmöglichkeit innerhalb des Unternehmens oder Betriebsteiles nicht berücksichtigt, steht dem Betriebsrat ein Widerspruchsrecht zu.

Abmahnung

Bevor eine ordentliche Kündigung ausgesprochen wird, verlangt die ständige Rechtsprechung des Bundesarbeitsgerichts (keine gesetzliche Regelung) eine Abmahnung des Arbeitgebers an den Arbeitnehmer.

Die **Abmahnung**

- ist eine Warnung des Arbeitgebers an den Arbeitnehmer; der Arbeitgeber weist den Arbeitnehmer darauf hin, dass dieser seine arbeitsvertraglichen Pflichten nicht oder nicht vollständig erfüllt (genaue Beschreibung des einzelnen **Fehlverhaltens**, Nennung des konkreten Fehlverhaltens unter Angabe von Ort, Datum und Uhrzeit),
- muss den Hinweis enthalten, dass im Wiederholungsfall der Bestand des Arbeitsverhältnisses gefährdet ist,
- fordert den Arbeitnehmer auf, sich in **Zukunft vertragsgetreu** zu verhalten und droht für den Fall der erneuten Pflichtverletzung mit arbeitsrechtlichen Konsequenzen,
- hat **keine gesetzliche Grundlage** (sie ist aus Richterrecht entstanden),
- kann **formlos** erteilt werden; sie sollte aber aus Beweisgründen schriftlich erfolgen und der **Zugang nachweisbar** sein,
- muss den abgemahnten **Lebenssachverhalt** detailliert **beschreiben**.

Beispiele

- „Sie sind im zurückliegenden Monat 5-mal zu spät am Arbeitsplatz erschienen."
- „Sie führten täglich während der Arbeitszeit private Telefongespräche."
- „Sie benutzten den PC an Ihrem Arbeitsplatz für Computerspiele."
- „Sie haben Dienstgeheimnisse weitergegeben."
- „Sie verletzten die Anzeigepflicht bei Krankheit."

Voraussetzung für eine verhaltensbedingte Kündigung ist eine zuvor wirksam erteilte Abmahnung, weil dem Arbeitnehmer durch eine Abmahnung die Gelegenheit gegeben werden soll, die Arbeitsleistung bzw. sein Verhalten zu ändern.

Nach der **Rechtsprechung** des Bundesarbeitsgerichtes seit dem Jahre 1997 erfordern auch Störungen im Vertrauensbereich des Arbeitsverhältnisses eine Abmahnung, es sei denn der Vertrauensbereich ist erheblich gestört. In diesen Fällen kann die Kündigung ohne den vorherigen Ausspruch einer Abmahnung erteilt werden. Die verhaltensbedingte Kündigung aufgrund von Störungen im betrieblichen Bereich, sowie die personen- und betriebsbedingten Kündigungsgründe erfordern keine Abmahnung.

Es gibt keine **zeitliche Grenze**, innerhalb derer die Abmahnung ausgesprochen werden muss. Eine längere Zeitspanne von einigen Monaten, in welcher der Arbeitgeber das Verhalten akzeptiert zu haben scheint, verwirkt allerdings das Recht zur Abmahnung.

Wenn der Arbeitnehmer sich nach einer berechtigten Abmahnung längere Zeit vertragstreu verhält, verwirkt das Recht aus der Abmahnung. Wann dieser Zeitpunkt gekommen ist, hängt von der Art und Schwere des Vorwurfs ab (OLG Hamm 2 Jahre, BVG 3–5 Jahre).

In Kleinbetrieben und während der ersten sechs Monate der Beschäftigung kann die Abmahnung entfallen.

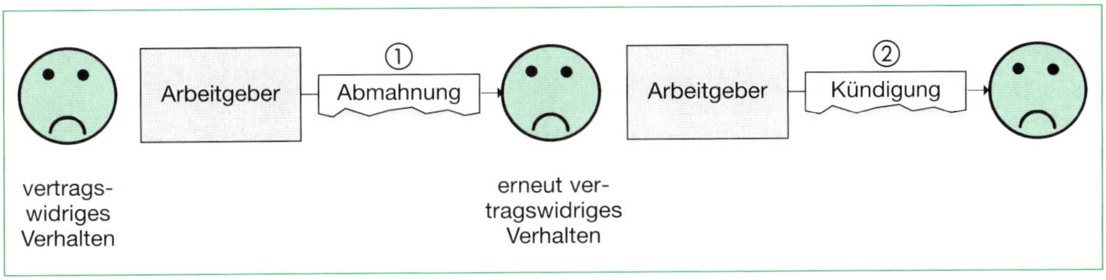

Besonderer Kündigungsschutz

Auszubildende	■ **In der Probezeit:** Das Berufsausbildungsverhältnis kann innerhalb der vertraglich vereinbarten Probezeit (mindestens 1 Monat, maximal 4 Monate) jederzeit vom Arbeitgeber oder vom Auszubildenden ohne Einhaltung einer Frist zu jedem beliebigen Termin gekündigt werden *(§ 22 Abs. 1 BBiG)*. Die Kündigung muss schriftlich erfolgen *(§ 22 Abs. 3 BBIG)*. Kündigungsgründe müssen nicht angegeben werden. ■ **Nach der Probezeit:** Der **Arbeitgeber** kann nur kündigen, wenn er einen wichtigen Grund hat. Die Kündigung muss innerhalb von 2 Wochen nach Bekanntwerden des Kündigungsgrundes ohne Einhaltung einer Frist erfolgen *(§ 15 Abs. 2 u. 4 BBiG)*. Der **Auszubildende** kann kündigen, wenn er • einen wichtigen Grund hat. Die Kündigung muss innerhalb von 2 Wochen nach Eintritt des Kündigungsgrundes ohne Einhaltung einer Frist erfolgen *(§ 22 Abs. 2 u. 4 BBiG)*. • die Berufsausbildung beenden will oder sich für eine andere Berufstätigkeit ausbilden lassen will. In diesen Fällen hat der Auszubildende eine Kündigungsfrist von 4 Wochen einzuhalten *(§ 22 Abs. 2 Nr. 2 BBiG)*.
Probearbeits-verhältnisse	Wurde einzelvertraglich eine Probezeit (max. 6 Monate) vereinbart, so verkürzt sich die Kündigungsfrist während dieser Probezeit auf 2 Wochen.
Aushilfen	Bei Aushilfsarbeitsverhältnissen, die bis zu drei Monaten dauern, kann nach *§ 622 Abs. 5 BGB* durch Vereinbarung im Arbeitsvertrag die Kündigungsfrist verkürzt werden.
Betriebsratsmitglieder/Jugend- und Auszubildendenvertreter	Der Arbeitgeber kann nur aus wichtigem Grund kündigen. Die in Berufsausbildung stehenden BR-Mitglieder und Jugend- und Auszubildendenvertreter sind in ein unbefristetes Arbeitsverhältnis zu übernehmen, wenn der Ausbildungsbetrieb nicht 3 Monate vor Ausbildungsabschluss schriftlich kündigt *(§ 78 a BetrVG)*.
Schwerbehinderte	Kündigung nur mit Zustimmung des Integrationsamtes, Kündigungsfrist mindestens vier Wochen; ab 20 Beschäftigten sind 5 % bzw. 6 %[1] der Arbeitsplätze mit Schwerbehinderten zu besetzen, sonst hat der Arbeitgeber eine abnehmend gestaffelte Ausgleichsabgabe je nicht besetzter Stelle im Monat zu zahlen *(§ 71 ff. SGB IX)*.

[1] Die anzuwendende Quote ist abhängig von der Ende 2002 festgestellten Zahl arbeitsloser Schwerbehinderter.

Werdende Mütter	Kündigung während der Schwangerschaft und bis zum Ablauf von 4 Monaten nach der Entbindung ist unzulässig, die Arbeitnehmerin kann jedoch während der Schwangerschaft zum Ende der Schutzfrist kündigen *(§ 9 MuSchG)*.
Wehrdienst-/Zivildienstleistende	Eine Kündigung während der Wehr- bzw. Zivildienstzeit ist nicht zulässig, das Beschäftigungsverhältnis ruht nur *(§ 2 ArbPlSchG)*.
Junge Mütter/Väter	Eine Kündigung während der Elternzeit ist unzulässig *(§ 18 BErzGG)*. Arbeitnehmer, die erziehungsberechtigt sind, können nach *§ 19 BErzGG* das Arbeitsverhältnis zum Ende der Elternzeit mit einer Frist von 3 Monaten kündigen.
Geltung des Kündigungsschutzgesetzes	Der gesetzliche Kündigungsschutz nach dem Kündigungsschutzgesetz gilt erst in Betrieben, die mehr als 10 Mitarbeiter beschäftigen *(§ 23 KSchG)*.

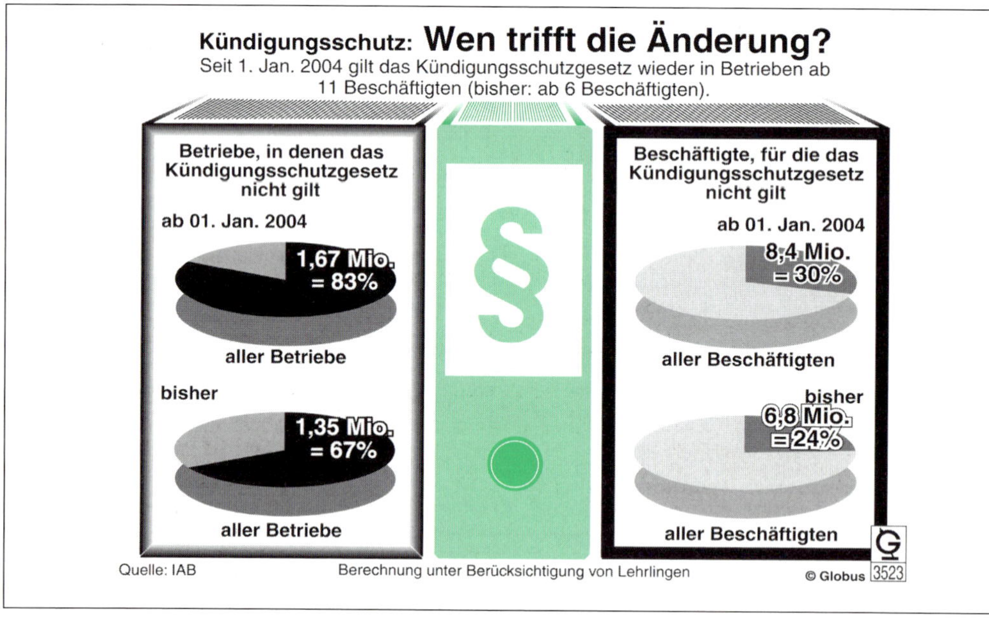

Statistische Angaben: Institut für Arbeitsmarkt- und Berufsforschung

Mehr Arbeitnehmer ohne Kündigungsschutz?

Ist das Kündigungsschutzgesetz eine Jobbremse? Diese Meinung vertreten vor allem Arbeitgeber.

Das Kündigungsschutzgesetz gilt in Betrieben mit elf und mehr Beschäftigten. Es besagt beispielsweise, dass bei sogenannten betriebsbedingten Kündigungen (zum Beispiel wegen schlechter Auftragslage) eine Sozialauswahl getroffen werden muss. Dem Arbeitgeber ist es also nicht freigestellt, welchem Arbeitnehmer er kündigt.

Nach Ansicht der Kritiker sind vor allem kleinere Betriebe so zurückhaltend, in wirtschaftlich guten Zeiten zusätzliche Arbeitskräfte einzustellen, weil es in schlechten Zeiten nur schwer möglich ist, Arbeitskräfte zu entlassen.

Kündigungsschutzverfahren

Hält der Arbeitnehmer eine Kündigung für ungerechtfertigt, hat er folgende Möglichkeiten:

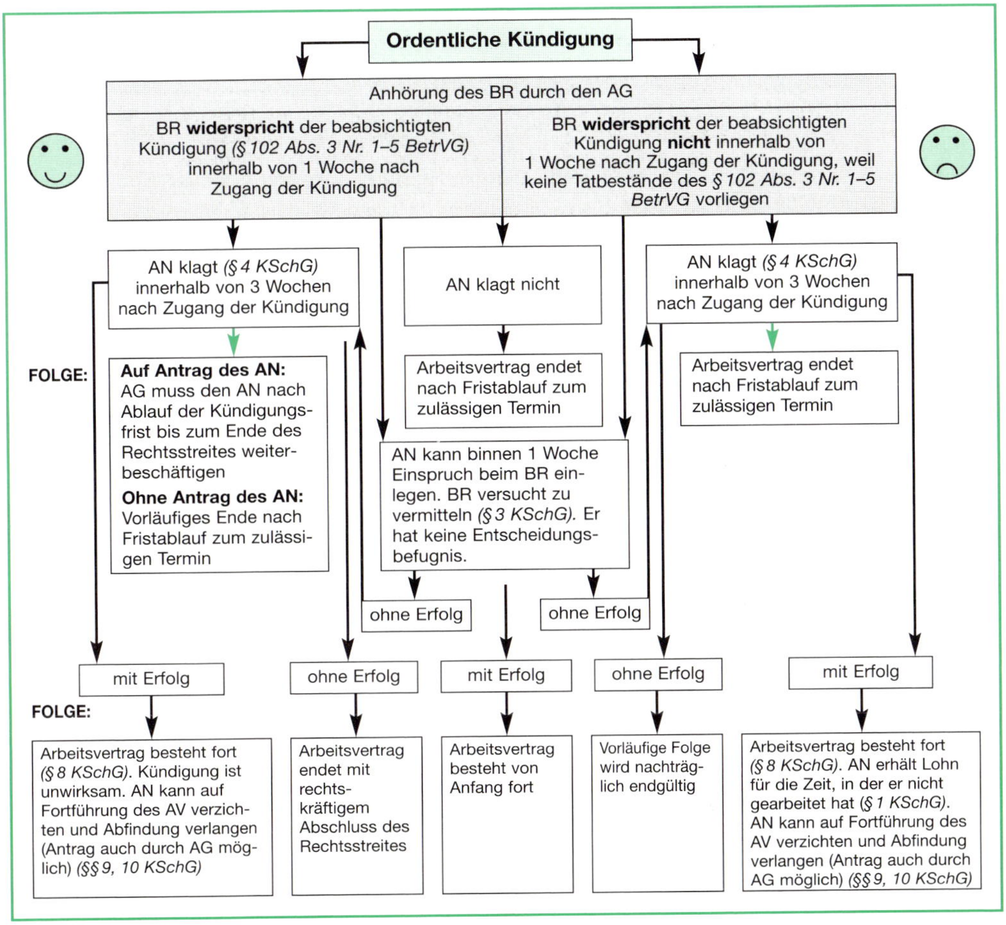

Das Kündigungsschutzverfahren ist bei einer **außerordentlichen Kündigung** bis auf die nicht bestehende Kündigungsfrist seitens des Arbeitgebers und der nur bestehenden dreitägigen Widerspruchsfrist des Betriebsrates identisch.

Arbeitszeugnis

Bei Beendigung des Arbeitsverhältnisses hat der Arbeitnehmer Anspruch auf Ausstellung eines Zeugnisses *(§§ 630 BGB, 109 GewO)*. Die elektronische Form ist nicht zulässig.

Arbeitszeugnis	
einfaches Arbeitszeugnis	**qualifiziertes Arbeitszeugnis**
■ Angaben zur Person, ■ Dauer der Beschäftigung, ■ evtl. zugewiesene Kompetenzen	■ Angaben wie beim einfachen Arbeitszeugnis **und** ■ Beurteilung der Leistungen und des Sozialverhaltens

1.3.1.4 Besondere Formen des Arbeitsverhältnisses

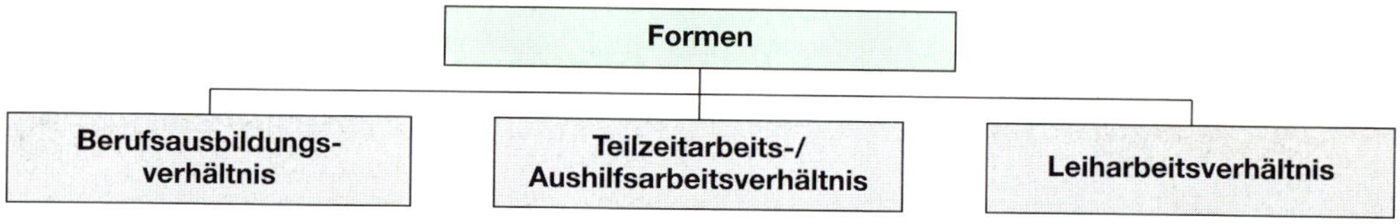

Berufsausbildung ist nach dem *BBiG* eine berufliche Erstausbildung in einem staatlich anerkannten Ausbildungsberuf.[1]

Beim **Teilzeitarbeitsverhältnis** liegt in der Regel eine kürzere Arbeitszeit vor als bei einer vergleichbaren Vollbeschäftigung. Arbeitsrechtlich entspricht die Absicherung der einer Vollbeschäftigung. Der Arbeitnehmer hat einen Rechtsanspruch auf die Verringerung seiner vertraglich vereinbarten Arbeitszeit, soweit bei dem Arbeitgeber mehr als 15 Arbeitnehmer beschäftigt sind *(§ 8 TzBfG).*

Liegt eine **Arbeitsplatzteilung** (Jobsharing) vor, wird die vorhandene Arbeitsaufgabe eines Arbeitsplatzes unter Abstimmung von zwei Arbeitnehmern gemeinschaftlich erfüllt.

Bei einem echten **Leiharbeitsverhältnis** wird der Arbeitnehmer mit seiner Zustimmung vorübergehend in dem Betrieb eines Dritten eingesetzt, während bei einem unechten Leiharbeitsverhältnis der Arbeitnehmer von vornherein zur Arbeitsleistung bei einem Dritten eingestellt wird. Die entsprechenden Vorschriften des Arbeitnehmerüberlassungsgesetzes sind zu beachten.

Eine **Aushilfsbeschäftigung** (Minijob) wird angenommen, wenn die Beschäftigung nur in regelmäßig geringem Umfang oder kurzfristig unregelmäßig stattfindet.

Exkurs: Geringfügige Beschäftigungsverhältnisse (Minijobs)

Das zweite Gesetz für moderne Dienstleistungen am Arbeitsmarkt (Hartz II) regelt geringfügige **Beschäftigungsverhältnisse (Minijobs)** seit dem 1. April 2003.

Die Eckpunkte sind:

- **Die Verdienstgrenze für geringfügig Beschäftigte** *(§ 8 Abs. 1 Nr. 1 SGB IV)* bzw. geringfügig Beschäftigte in Privathaushalten *(§ 8a SGB IV)* beträgt ab April 2003 monatlich **400,00 EUR.** Entrichtet der Arbeitgeber hierfür pauschal 28 % Sozialabgaben[2] *(KV 13 %, RV 15 %, Umlage U1, U2, Insolvenzgeldumlage insgesamt 0,77 %)*, kann er für das Arbeitsentgelt unter Verzicht auf die Vorlage einer Lohnsteuerkarte die Lohnsteuer einschließlich Solidaritätszuschlag und Kirchensteuer mit einem einheitlichen **Pauschalsteuersatz** in Höhe von insgesamt 2 % erheben *(§ 40a Abs. 2 EStG).*
  In diesen Fällen sind die pauschalen Sozialabgaben und die pauschale Steuer vom Arbeitgeber an die Bundesknappschaft zu entrichten *(§ 40a Abs. 6 EStG).*
- Für die Sozialabgaben wird bei einem monatlichen Arbeitsentgelt von **400,01 EUR bis zu einer Grenze von 800,00 EUR** eine sogenannte **Gleitzone** eingeführt. Oberhalb von Arbeitsentgelten von 400,00 EUR besteht danach Versicherungspflicht in allen Zweigen der Sozialversicherung. Der **Arbeitgeber** muss in diesem Fall den **vollen** Arbeitgeberanteil zur Sozialversicherung für das gesamte Arbeitsentgelt entrichten. Beim Arbeitnehmer hingegen steigen die Beiträge linear bis zum vollen Arbeitnehmeranteil an. In steuerlicher Hinsicht erfolgt ab einem Arbeitsentgelt von 400,01 EUR die individuelle Besteuerung, eine Pauschalierung ist nicht möglich.

---

[1] Vgl. Seite 20 ff.

[2] Vgl. §§ 8, 8 a SGB IV, § 249 b SGB V, § 168 Abs. 1 b SGB VI

Der Niedriglohnsektor auf einen Blick

		Arbeitnehmer	Arbeitgeber
Minijobs *(früher 325,00 EUR)* *auch als Nebenjob wieder möglich*	**bis 400,00 EUR**	• steuer- und abgabenfrei	**Pauschalabgabe** **30,77 %** *davon 13 % Krankenversicherung, 15 % Rentenversicherung, 2 % Steuer, 0,77 % Umlage*
haushaltsnahe Minijobs[1] *auch als Nebenjob wieder möglich*	**bis 400,00 EUR**	• steuer- und abgabenfrei	**Pauschalabgabe** **12 %** *davon 5 % Krankenversicherung, 5 % Rentenversicherung, 2 % Steuer zzgl. 1,6 % Unfallversicherung*
erweiterter Niedriglohn-Sektor *Gleitzone*	**400,01 EUR bis 800,00 EUR**	• Sozialbeiträge steigen stufenweise von 11,5 % auf ca. 21 % • Steuer wie bisher	**Sozialbeiträge** **ca. 21 %** *Steuer wie bisher*
Dienstmädchen-Privileg	**Privathaushalte können Kosten eines sozialversicherungspflichtigen Angestellten bis 20 % der Aufwendungen, max. 4.000,00 EUR, von der tariflichen Einkommensteuer absetzen *(§ 35 a Abs. 1 Nr. 2 EStG)*.**		

[1] Von der tariflichen Einkommensteuer absetzbar sind 20 % der in Privathaushalten entstandenen Kosten, maximal 510,00 EUR *(§ 35 a Abs. 1 Nr. 1 EStG)*. Bei Einschaltung einer Dienstleistungsagentur: 20 % bis max. 600,00 EUR *(§ 35 a Abs. 2 EStG)*.

1.3.2 Kollektivarbeitsrecht

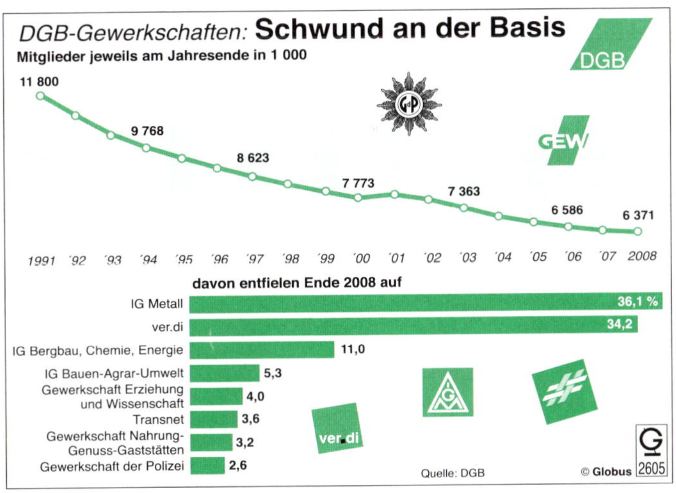

Arbeitnehmer und Arbeitgeber haben das Recht, sich in Organisationen zusammenzuschließen, um einen sozialen Ausgleich zwischen den unterschiedlichen Interessenlagen der Vertragsparteien herbeizuführen. Dieses Recht auf **Koalitionsfreiheit** ist verfassungsrechtlich garantiert *(Art. 9 Abs. 3 GG)*.

Die Arbeitnehmer organisieren sich in **Gewerkschaften,** die Arbeitgeber gleicher Wirtschaftszweige in **Arbeitgeberverbänden** (Fachverbänden) mit der Dachorganisation Bundesverband der Deutschen Arbeitgeberverbände (BDA als tarifrechtlicher Zusammenschluss). Sie werden als **Tarifvertragsparteien**, **Tarifpartner oder Sozialpartner** bezeichnet.

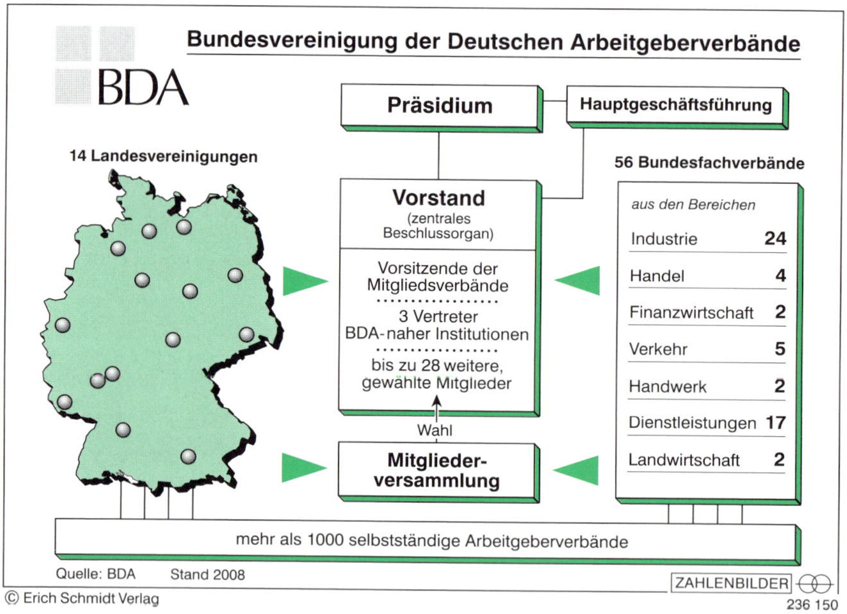

Aufgaben der Gewerkschaften

In Deutschland haben sich ab Mitte des 19. Jahrhunderts zahlreiche Gewerkschaften oder berufsständische Verbände als Arbeitnehmerorganisationen entwickelt. Alle diese Organisationen haben in den letzten Jahren auch auf europäischer Ebene ihre Aktivitäten und Kooperationen ausgebaut.

Allgemeine Aufgaben

- Verbesserung der sozialen und wirtschaftlichen Lage der Mitglieder durch Wochenarbeitszeitverkürzung, Verlängerung der Urlaubsdauer, Anhebung der Löhne und Gehälter
- Intensivierung der beruflichen Aus- und Weiterbildung
- Verstärkung des Schutzes vor Arbeitslosigkeit, bei Arbeitsunfällen, Insolvenz des Arbeitgebers
- Mitwirkung bei der Erstellung neuer Ausbildungsordnungen
- Mitwirkung bei der Besetzung von Prüfungsausschüssen

Rechtliche Aufgaben

- Tarifvertragsabschluss
- Durchführung von Arbeitskämpfen
- Mitgliedervertretung vor Arbeitsgerichten

Wirtschaftspolitische Aufgaben

- Einkommens- und Vermögensumverteilung zugunsten der Mitglieder
- Mitwirkung bei wirtschaftspolitischen Entscheidungen im Gesetzgebungsverfahren wie Wirtschafts- und Steuergesetze
- Mitbestimmungserweiterung in den Unternehmen

Aufgaben der Arbeitgebervereinigungen

Arbeitgebervereinigungen

öffentlich-rechtliche Arbeitgebervereinigungen

- Industrie- und Handelskammern
- Handwerkskammern
- Steuerberaterkammern
- Wirtschaftsprüferkammern
- Ärztekammern
- Rechtsanwaltskammern

privatrechtliche Arbeitgebervereinigungen

- berufliche-fachliche Zusammenschlüsse (BDI)
- tarifrechtliche Zusammenschlüsse (BDA)

Pflichtmitgliedschaft

Aufgaben

freiwillige Mitgliedschaft

Pflichtmitgliedschaft:

- Beratung der Mitglieder
- Beratung von Behörden
- Überwachung der Berufsausbildung
- Einrichtung und Führung der Verzeichnisse der Berufsausbildungsverhältnisse
- Errichtung von Prüfungsausschüssen
- Durchführung von Berufsausbildungsprüfungen
- Bildung einer Gütestelle
- Abgabe von Stellungnahmen
- Ausstellung einiger Exportpapiere

Freiwillige Mitgliedschaft:

- Tarifvertragsabschluss
- Interessenvertretung (Lobby)
- Öffentlichkeitsarbeit (PR)
- Mitwirkung bei der Erstellung neuer Ausbildungsordnungen
- Mitwirkung bei der Besetzung von Prüfungsausschüssen

Die Organisation der gewerblichen Wirtschaft

Gemeinschaftsausschuss der Deutschen Gewerblichen Wirtschaft

- Bundesverband Deutscher Banken
- Bundesverband der Deutschen Industrie
- Bundesverband der Deutschen Volksbanken und Raiffeisenbanken
- Bundesverband des Deutschen Groß- und Außenhandels
- Bundesvereinigung der Deutschen Arbeitgeberverbände
- Bundesverband Deutscher Zeitungsverleger
- Centralvereinigung Deutscher Handelsvertreter- und Handelsmaklerverbände
- Deutscher Hotel- und Gaststättenverband
- Deutscher Industrie- und Handelstag
- Deutscher Sparkassen- und Giroverband
- Gesamtverband der Deutschen Versicherungswirtschaft
- Hauptverband des Deutschen Einzelhandels
- Verband Deutscher Reeder
- Zentralverband Gewerblicher Verbundgruppen
- Zentralverband der deutschen Seehafenbetriebe
- Zentralverband des Deutschen Handwerks

Gastverband
Deutscher Bauernverband

Organisationsstruktur Industrie- und Handelskammer (IHK)

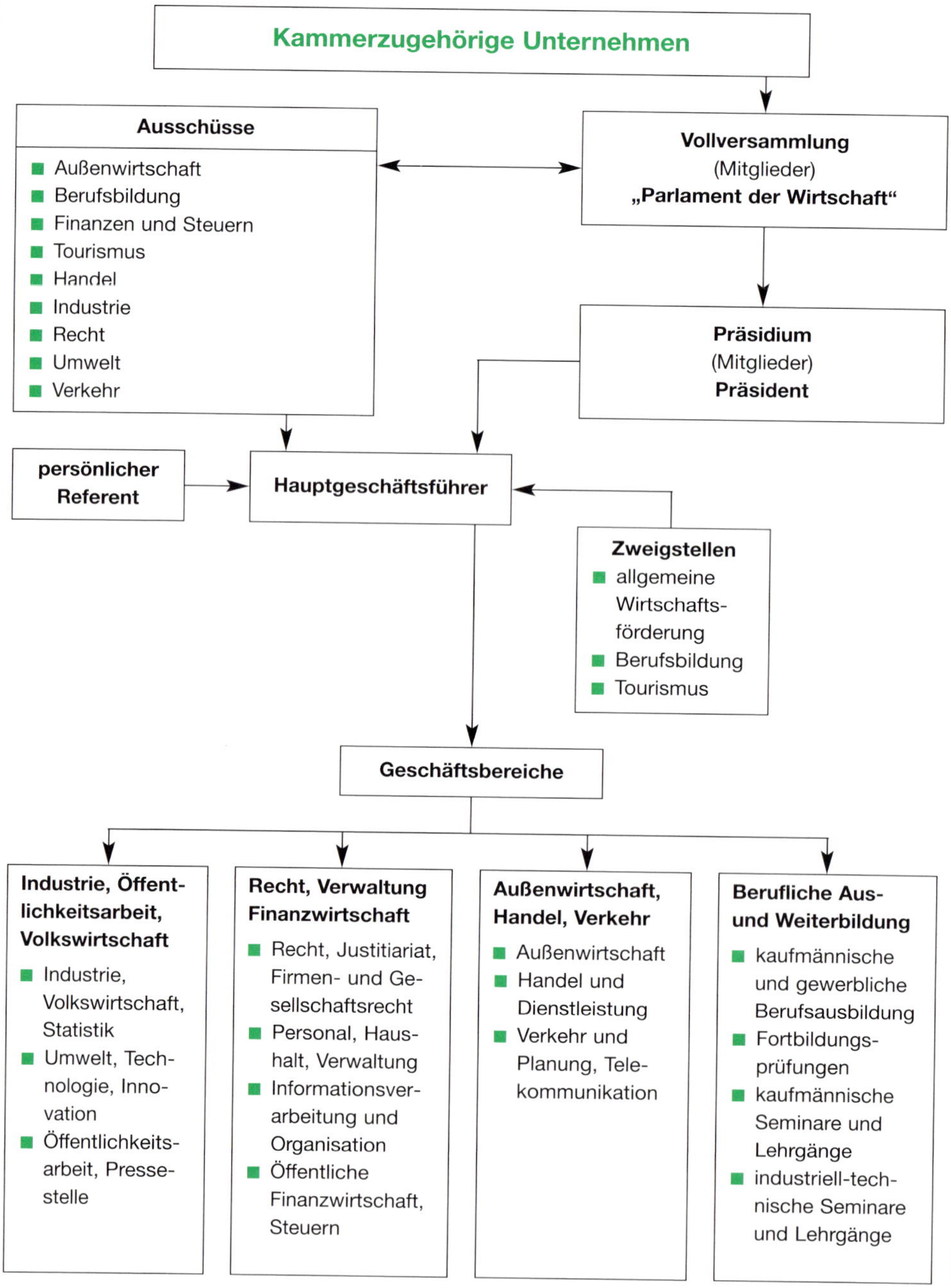

1.3.2.1 Tarifverträge

Gewerkschaften und Arbeitgeberverbände bzw. die einzelnen Arbeitgeber haben nach dem **Tarifvertragsgesetz** *(TVG)* das Recht, **Tarifverträge** abzuschließen.

Tarifverträge sind für alle angeschlossenen Mitglieder verbindliche kollektive Arbeitsverträge, in denen Abmachungen über Löhne, Gehälter und andere arbeitsrechtliche Regelungen enthalten sind. Sie bedürfen der **Schriftform** und sind im vom Bundesminister für Arbeit und Sozialordnung geführten **Tarifregister** einzutragen.

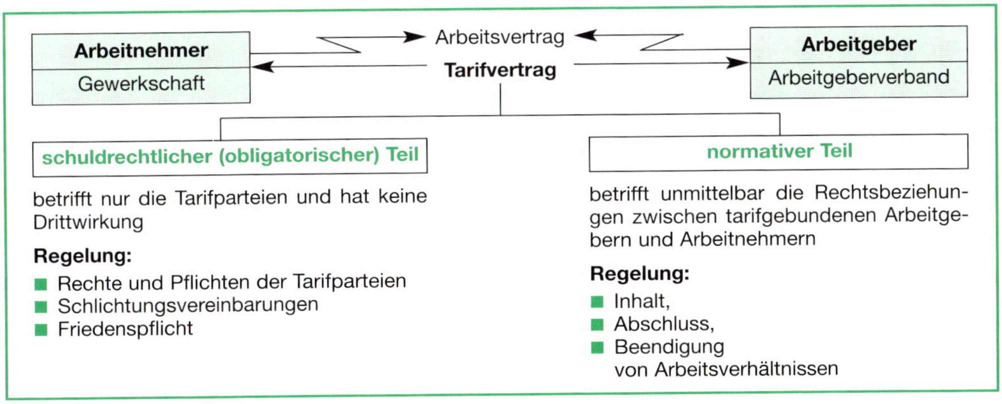

Bei **Haustarifverträgen** schließen einzelne Arbeitgeber den Tarifvertrag ab.
Weil die Tarifvertragsparteien die Tarifverträge in eigener Verantwortung schließen, spricht man von **Tarifautonomie**. Die Tarifautonomie ist das im Grundgesetz verankerte Recht, Tarifverträge frei von staatlichen Eingriffen abzuschließen.

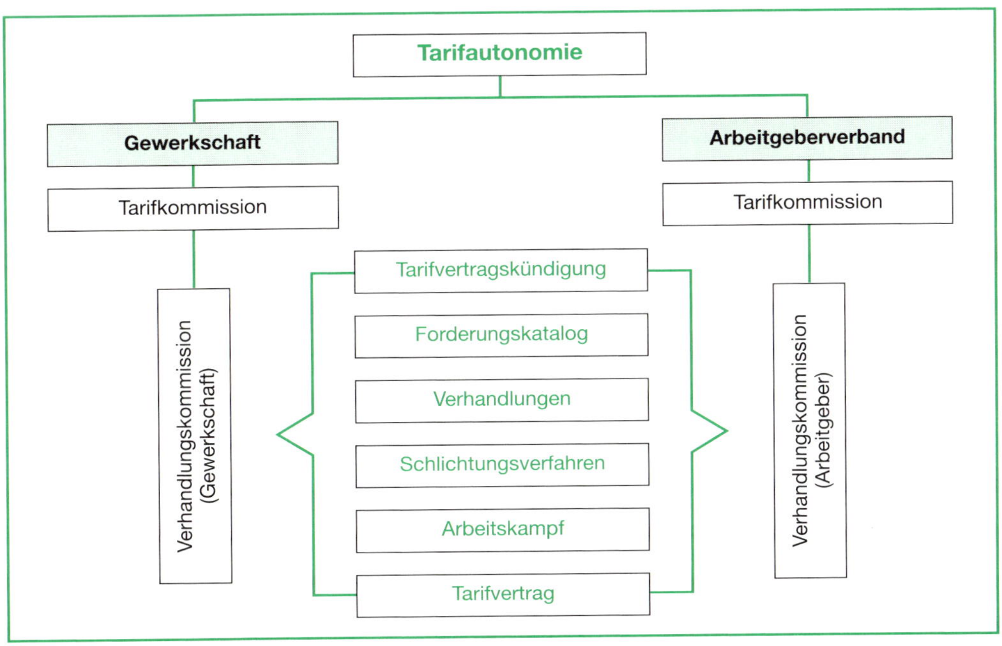

Tarifvertragsarten

Manteltarifverträge beinhalten grundlegende Vereinbarungen, die in der Regel über einen Zeitraum von mehreren Jahren gültig sind.

Der Manteltarif für das private Bankgewerbe regelt u. a.:

- Regelmäßige Arbeitszeit
- Bankfeiertage *(z. B. 24. und 31. Dezember)*
- Mehrarbeit/Mehrarbeitsvergütung
- Urlaub/Arbeitsbefreiungen
- Tarifgruppen
- Teilzeitarbeit
- Sonderzahlung *(z. B. „Weihnachtsgeld“)*
- Entgeltfortzahlung/Krankengeldzuschuss
- Kündigung

Gehalts- bzw. Lohntarifverträge haben in der Regel eine Laufzeit von bis zu zwei Jahren und legen die Höhe der Vergütungen fest.

Tarifgruppe 6

Tätigkeiten, die vertiefte gründliche und/oder vielseitige Kenntnisse voraussetzen und deren Ausübung in begrenztem Umfang eigene Entscheidungen erfordert.

Beispiele

- Schalterangestellte/Kontoführer/Disponenten mit abschließender Beratung für bestimmte Sparten wie programmierte Kredite bzw. Dienstleistungen
- Sachbearbeiter in Kredit-, Wertpapier-, Auslands- und Stabsabteilungen
- Kassierer mit erhöhten Anforderungen

*Auszug aus dem **Manteltarif** für das private Bankgewerbe*

Gehaltstabelle private und öffentliche Banken (gültig ab 1. Dezember 2007); Angaben in EUR

Berufsjahre	TG 1	TG 2	TG 3	TG 4	TG 5	TG 6	TG 7	TG 8	TG 9
im 1.–2.	1.853	1.919	2.015	2.102	2.186	–	–	–	–
im 3.–4.	1.957	2.039	2.115	2.208	2.304	2.429	–	–	–
im 5.–6.	2.059	2.154	2.212	2.312	2.423	2.577	2.752	–	–
im 7.–8.	2.186	2.293	2.309	2.418	2.545	2.725	2.936	3.174	–
im 9.	–	–	2.433	2.524	2.662	2.880	3.115	3.378	3.637
im 10.	–	–	–	2.629	2.782	3.033	3.299	3.580	3.865
im 11.	–	–	–	–	2.909	3.187	3.480	3.787	4.092

Quelle: ver.di – Vereinte Dienstleistungsgewerkschaft, Berlin; http://banken.verdi.de/tarifpolitik/gehaltstabellen; abgerufen am 06.03.2009.

Weitere Unterteilung der Tarifverträge nach Geltungsbereichen:

Geltungsbereiche	
Tarifbereich	■ Bundes-, Landes-, Bezirks- und Ortstarifverträge ■ Werktarifverträge
Tarifpartner	■ Verbandstarifvertrag (Normalfall) • eine Gewerkschaft und ein Arbeitgeberverband ■ Haustarifvertrag (Firmentarif) • eine Gewerkschaft und ein Arbeitgeber ■ Branchentarifvertrag (je Wirtschaftszweig) • eine Gewerkschaft und die Vertreter einer Branche
Gültigkeit	■ fachlich • nach Produktionsgebieten eines Industriezweiges ■ personalbezogen • nach Angestellten und Arbeitern ■ räumlich • Bundes-/Landesebene oder -region ■ zeitlich • ein-/zwei- oder mehrjährig

Bindung	■ Normalfall: • Mitglieder der tarifschließenden Gewerkschaft (in der Praxis: Anwendung meist auf alle Mitarbeiter) • Arbeitgeber, die Mitglieder des tarifabschließenden Arbeitgeberverbandes sind • Arbeitgeber mit Abschluss eines Firmentarifvertrages ■ Möglichkeit nach dem Tarifvertragsgesetz: **Allgemeinverbindlichkeitserklärung** Die Erklärung erfolgt nach dem im *TVG* geregelten Verfahren durch den Bundesminister für Arbeit und Sozialordnung. Nach Eintragung im Tarifregister und Veröffentlichung im Bundesanzeiger gelten die Rechtsnormen des Tarifvertrages auch für bisher nicht tarifgebundene Arbeitgeber des Tarifbezirkes.

Tarifvertragliche Wirkungen	
Vorteile	**Nachteile**
■ Richtlinienfunktion: klare Regelung von Pflichten und Rechten ■ Friedenspflicht: sozialer Friede der Tarifpartner und Gleichbehandlung während der Laufzeit ■ kalkulierbare Lohnkosten bei den Arbeitgebern ■ Vereinfachung bei Arbeitsvertragsabschluss ■ Sicherheit bei den Arbeitnehmern: Mindestlohn, Mindestarbeitsbedingungen, soziale Gesichtspunkte	■ Gefahr von Machtkonzentrationen bei ungenügender Kontrolle ■ starrer Lohn nach unten

1.3.2.2 Betriebsvereinbarungen

Eine Betriebsvereinbarung ist ein Vertrag nach BGB zwischen Arbeitgeber und Betriebsrat, der Rechte und Pflichten für alle Arbeitnehmer eines Unternehmens formuliert *(§ 77 Abs. 4 S. 2 BetrVG)*.

Regelung durch Betriebsvereinbarung	
Bindungen	**Regelungsmöglichkeiten**
■ Schriftform *(§ 77 Abs. 2 BetrVG)* ■ Der Betriebsrat muss in einem ordentlichen Beschluss über den Inhalt und Abschluss der Betriebsvereinbarung, die das Ergebnis der Verhandlung darstellt, abstimmen. Dieser Beschluss ist die Willenserklärung des Betriebsrats, aus der dann zusammen mit der übereinstimmenden Willenserklärung des Arbeitgebers der Vertrag „Betriebsvereinbarung" entsteht. ■ Der Betriebsrat muss einen Beschluss fassen, mit dem er den Betriebsratsvorsitzenden ermächtigt, stellvertretend für den Betriebsrat die Betriebsvereinbarung abzuschließen. ■ Die Einigung zwischen Arbeitgeber und Betriebsrat muss jeweils von einer vertretungsberechtigten Person der beiden Parteien – beim Betriebsrat i. d. R. dem Betriebsratsvorsitzenden – unterschrieben werden. ■ Offenlegung im Unternehmen ■ keine Schlechterstellung als der Tarifvertrag; nur Ergänzung, ■ keine Geltung für leitende Angestellte	Gegenstand einer Betriebsvereinbarung können alle Fragen sein, bei denen dem Betriebsrat ein gesetzliches Mitbestimmungsrecht zusteht. **Regelungsmöglichkeiten** ■ soziale Angelegenheiten • Beginn und Ende der täglichen Arbeitszeit • Pausenregelungen • Zeit, Ort und Zahlung des Lohnes • Aufstellung allgemeiner Urlaubsgrundsätze • Fragen der betrieblichen Lohngestaltung • Förderung der Vermögensbildung • Sonderfall: Sozialplan ■ personelle Angelegenheiten • Personalplanung • Vorschläge zur Sicherung und Förderung der Beschäftigung • Personalfragebögen • Beurteilungsgrundsätze • Förderung der Berufsbildung ■ wirtschaftliche Angelegenheiten bei Betrieben mit mehr als 100 ständig Beschäftigten Unterrichtung über • die wirtschaftliche und finanzielle Lage des Unternehmens, • die Absatzlage, • Rationalisierungsmaßnahmen

Wurden durch Einzelvereinbarung für den Arbeitnehmer günstigere Regelungen vereinbart, gehen diese der Betriebsvereinbarung vor. Jeder Vertragspartner kann eine bestehende Betriebsvereinbarung nach § 77 Abs. 5 BetrVG mit einer Frist von drei Monaten kündigen. Abweichende Kündigungsfristen können vereinbart werden.

1.3.2.3 Tarifkonflikte

Tarifverträge enden entweder durch Zeitablauf oder durch Kündigung eines Tarifpartners. Jeder Tarifpartner ernennt Vertreter für die Tarifkommission, in der die Forderungen vorgetragen und beraten werden. In den **Tarifverhandlungen** begründet jede Partei ihre wirtschaftliche Lage und erläutert, worauf es ihr bei dem Verhandlungsergebnis ankommt. Kommt keine Einigung zustande, versuchen die Gewerkschaften durch Demonstrationen, Streikdrohungen, Betriebsversammlungen und Warnstreiks Druck auf die Arbeitgeber auszuüben. In den meisten Wirtschaftsbereichen können die Tarifparteien frei vereinbaren, wie sie Tarifverhandlungen führen. Dabei beantragt oft nach Scheitern der Tarifverhandlungen eine Partei die **Schlichtung,** um den Arbeitsfrieden zu erhalten. Die aus Vertretern der Tarifparteien zu bildende Kommission kann einen unparteiischen Schlichter heranziehen, dem die schwierige Aufgabe zukommt, die gescheiterten Tarifverhandlungen zu einem guten Ende zu bringen. Gibt es keine Einigung, kommt es zum Arbeitskampf. Zulässige Kampfmittel sind **Streik** auf der Arbeitnehmerseite und **Aussperrung** auf der Arbeitgeberseite.

Suche nach dem Kompromiss

Bei jeder neuen Tarifrunde ist es das gleiche Ritual: Die Gewerkschaften fordern mehr, als sie durchsetzen können; die Arbeitgeber bieten weniger an, als sie schließlich zugestehen müssen. Die Suche nach einem Kompromiss, der für beide Seiten tragbar ist, verläuft nach Regeln, die in Satzungen und Verträgen festgelegt sind. Kampfmaßnahmen sind nur unter ganz bestimmten Voraussetzungen möglich. Damit soll die andere Seite wieder an den Verhandlungstisch gezwungen werden. Der normale Ablauf sieht so aus: Wenn die Tarifverhandlungen zu keinem Ergebnis führen und eine Seite sie für gescheitert erklärt, kann versucht werden, den Streit mithilfe eines unbeteiligten Dritten zu schlichten. Eine besondere Regelung kennt der öffentliche Dienst: Scheitern die Verhandlungen und fordert eine Seite die Schlichtung, dann muss sich die Gegenseite auf Schlichtungsgespräche einlassen. Wenn auch diese Schlichtung scheitert, setzt die Gewerkschaftsführung eine Urabstimmung über Streik an, dem in der Regel drei Viertel aller Mitglieder zustimmen müssen. Auf den Streik können die Arbeitgeber mit Aussperrung reagieren. (Im öffentlichen Dienst gab es noch nie Aussperrungen; sie sind juristisch umstritten.) Der Streik endet, wenn in neuen Verhandlungen ein Kompromiss gefunden wird und in einer zweiten Urabstimmung mindestens ein Viertel der Gewerkschaftsmitglieder zustimmt.

Globus

■ Streik

Der **Streik** (Ausstand) ist eine kollektive Arbeitsniederlegung mit dem Ziel, Forderungen nach höheren Löhnen oder besseren Arbeitsbedingungen gegen Arbeitgeber durchzusetzen, um danach die Arbeit wieder aufzunehmen.

Das **Streikrecht** ist ein aus *Art. 9 Abs. 3 GG* abgeleitetes erlaubtes Mittel des Arbeitskampfes. Ein Streik gilt nur als genehmigt, wenn mindestens 75 %[1] der gewerkschaftlich organisierten Arbeitnehmer in der vom Gewerkschaftsvorstand eingeleiteten **Urabstimmung** dem Streik zustimmen. Die von der **Streikleitung** ernannten **Streikposten** sollen **Streikbrecher** beeinflussen und Streikende von strafbaren Handlungen abhalten.

[1] Sofern die Gewerkschaftssatzung keine abweichende Regelung zulässt.

Das Arbeitsverhältnis wird durch den Streik nicht gelöst. Jeder Arbeitnehmer (auch Nichtorganisierte) ist streikberechtigt. Streikgeldzahlungen erhalten nur Gewerkschaftsmitglieder. Ein **Streikende** ist dann beschlossen, wenn in einer erneuten Urabstimmung mindestens 25 % der Gewerkschaftsmitglieder sich dafür aussprechen.

Streikformen

- **Organisierter Streik**: von der Gewerkschaft beschlossener und organisierter Streik mit Streikgeldzahlungen und Streikposten
- **„Wilder" Streik (unzulässig)**: von der Gewerkschaft nicht gebilligter Streik
- **Generalstreik (unzulässig)**: alle oder „lebenswichtige" Unternehmen eines Landes werden bestreikt
- **Schwerpunktstreik**: Schlüsselunternehmen werden bestreikt
- **Teilstreik**: umfasst nur Teile der Arbeitnehmer oder Betriebsteile
- **Warnstreik**: Demonstration der Streikbereitschaft durch kurze Arbeitsniederlegung
- **Sympathiestreik**: zur Unterstützung anderer Streikender unzulässig

Aussperrung

Im Arbeitskampf gilt der **Grundsatz der Verhältnismäßigkeit der Mittel.** Aus diesem Grund steht dem Arbeitgeber das Kampfmittel der Aussperrung zu.

> Die **Aussperrung** ist der Ausschluss der Arbeitnehmer von der Arbeit bei gleichzeitiger Verweigerung der Lohn- und Gehaltszahlung.

Auswirkungen von Arbeitskämpfen

Der Arbeitskampf sollte immer das letzte Mittel in einem Tarifkonflikt darstellen. Er erfordert von beiden Tarifparteien großen Einsatz und hohe Kosten:

für den **Arbeitgeber:**

- Produktionsausfall,
- Gewinneinbußen.

für die **Gewerkschaften:**

- Streikgeldzahlungen,
- Einkommenseinbußen bei den Arbeitnehmern,
- Sympathieverlust bei der vom Streik mittelbar betroffenen Öffentlichkeit.

Für die **Bundesagentur für Arbeit** gilt das **Neutralitätsgebot** *(§ 146 SGB III)*. Arbeitskämpfe dürfen durch Arbeitslosen- und Kurzarbeitergeldzahlungen an unmittelbar am Arbeitskampf betroffene Arbeitnehmer nicht unterlaufen werden. Soweit eine mittelbare Beteiligung von Arbeitnehmern vorliegt, regelt das *„Gesetz zur Sicherung der Neutralität der Bundesanstalt für Arbeit bei Arbeitskämpfen"* den Leistungsanspruch. Mittelbar ist ein Arbeitnehmer eines Betriebes betroffen, wenn der Betrieb weder bestreikt noch er selbst ausgesperrt ist, aber wegen eines Arbeitskampfes seine Tätigkeit einstellen muss.

Beispiel Zulieferungen bleiben wegen des Arbeitskampfes aus.

Ein **Leistungsanspruch** auf Arbeitslosen- und Kurzarbeitergeld liegt heute nur noch bei mittelbar vom Arbeitskampf betroffenen Arbeitnehmern vor, wenn der Betrieb außerhalb des räumlichen und fachlichen Geltungsbereichs des umkämpften Tarifbereichs liegt.

1.4 Mitwirkung und Mitbestimmung der Arbeitnehmer

1.4.1 Gesetzliche Grundlagen

Die Forderung nach Mitwirkung und Mitbestimmung der Arbeitnehmer beruht auf der Erkenntnis, dass die Produktionsfaktoren Arbeit und Kapital für die Erstellung der betrieblichen Leistungen erforderlich sind. Daraus wird abgeleitet, dass neben den Eigentümern des Unternehmens auch die **Arbeitnehmer Anspruch auf Mitwirkung und Mitbestimmung** bei betrieblichen Entscheidungsprozessen haben.

Mitwirkung und Mitbestimmung der Arbeitnehmer		
auf der Ebene des Arbeitsplatzes Beteiligungsrechte durch den Arbeitnehmer	**auf der Ebene des Betriebes** Beteiligungsrechte durch den Betriebsrat	**auf der Ebene der Unternehmensleitung** Kontrolle durch Sitze im Aufsichtsrat bei Kapitalgesellschaften
Rechtsgrundlagen		
Betriebsverfassungsgesetz *(BetrVG)* von 1972 und 2001		■ Drittelbeteiligungsgesetz *(DrittelbG)* von 2004 ■ Mitbestimmungsgesetz *(MitbestG)* von 1976 ■ Montan-Mitbestimmungsgesetz *(Montan-MitbestG)* von 1951

1.4.2 Beteiligungsrechte auf der Ebene des Arbeitsplatzes

Dem Arbeitnehmer stehen auf der Ebene des Arbeitsplatzes individuelle **Mitwirkungs- und Beschwerderechte** *(§§ 81–86 a BetrVG)* zu:

Recht

- auf Unterrichtung über Aufgaben (Tätigkeit, Verantwortung) seines Arbeitsbereiches,
- auf Unterrichtung über Gesundheits- und Unfallgefahren an seinem Arbeitsplatz,
- auf Anhörung, soweit er persönlich in betrieblichen Angelegenheiten betroffen ist,
- auf Erörterung seiner Leistungsbeurteilung,
- auf Einsicht in seine Personalakte,
- zur Beschwerde wegen Benachteiligung durch Arbeitgeber oder Arbeitskollegen,
- zum Vorschlag von Beratungsthemen an den Betriebsrat.

1.4.3 Beteiligungsrechte auf der Ebene des Betriebes

Das Betriebsverfassungsgesetz regelt auf der Betriebsebene die Zusammenarbeit zwischen Arbeitgeber und Arbeitnehmern. Zum Zwecke des gerechten Interessenausgleichs kann in Unternehmen mit mindestens fünf wahlberechtigten und mindestens drei wählbaren Arbeitnehmern ein Betriebsrat mit einer Amtszeit von vier Jahren gewählt werden.
Der Betriebsrat ist geschlechtsspezifisch im zahlenmäßigen Verhältnis der Belegschaft zu besetzen, wenn der Betriebsrat aus mehr als 3 Personen besteht.
Auf einer ersten **Wahlversammlung** wird ein Wahlvorstand gewählt. Eine Woche später wird auf einer zweiten Wahlversammlung der Betriebsrat geheim und unmittelbar gewählt (zweistufiges Wahlverfahren). Wahlberechtigt sind alle volljährigen Arbeitnehmer und außerdem Leiharbeitnehmer, die länger als 3 Monate im Betrieb eingesetzt werden. Wählbar sind alle Wahlberechtigten mit einer Betriebszugehörigkeit von mindestens 6 Monaten.

Der **Betriebsrat** übt als gesetzliche Vertretungsmacht im Rahmen der betrieblichen Mitbestimmung für die Arbeitnehmerschaft eines Betriebes Beteiligungsrechte aus.

Stellung des Betriebsrates nach dem BetrVG

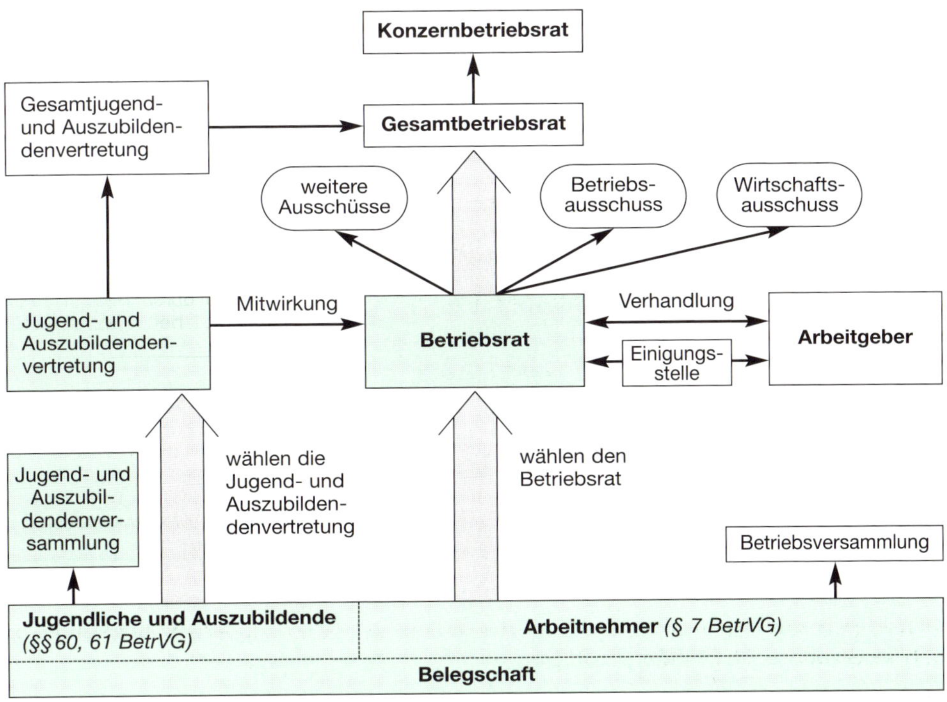

Zusammensetzung des Betriebsrates

Wahlberechtigte	Betriebsratsmitglieder	
5 – 20	ein Betriebsobmann	Bei über 9.000 Wahlberechtigten kommen je angefangene 3.000 zwei Betriebsratsmitglieder hinzu. Der Betriebsrat bildet ab 9 Mitgliedern einen **Betriebsausschuss**, der die Geschäfte des Betriebsrates führt. Bei Betrieben mit mehr als 100 Arbeitnehmern können nach Maßgabe einer mit dem Arbeitgeber zu treffenden **Rahmenvereinbarung** Aufgaben auf **Arbeitsgruppen** übertragen werden.
21 – 50	3 Mitglieder	
51 – 100	5 Mitglieder	
101 – 200	7 Mitglieder	
201 – 400	9 Mitglieder	
401 – 700	11 Mitglieder	
701 – 1.000	13 Mitglieder	
1.000 – 1.500	15 Mitglieder	
1.501 – 2.000	17 Mitglieder	
2.001 – 2.500	19 Mitglieder	
2.501 – 3.000	21 Mitglieder	
3.001 – 3.500	23 Mitglieder	
3.501 – 4.000	25 Mitglieder	
4.001 – 4.500	27 Mitglieder	
4.501 – 5.000	29 Mitglieder	
5.001 – 6.000	31 Mitglieder	
6.001 – 7.000	33 Mitglieder	
7.001 – 9.000	35 Mitglieder	

<table>
<tr><th colspan="5">Aufgaben des Betriebsrates</th></tr>
<tr><th>Sozialer Bereich</th><th colspan="2">Personeller Bereich</th><th colspan="2">Wirtschaftlicher Bereich</th></tr>
<tr><th rowspan="2">Mitbestimmung</th><th colspan="4">Mitwirkung</th></tr>
<tr><th colspan="2">Widerspruchsrecht</th><th>Beratungsrecht</th><th>Informationsrecht</th></tr>
<tr>
<td>■ Soziale Angelegenheiten (§ 87 BetrVG)
• Betriebsordnung
• Urlaubsregelung
• Beginn und Ende der Arbeitszeit
• Zeit, Ort, Art der Entgeltzahlung
• Entlohnungsgrundsätze
• Akkord- und Prämiensätze
• Vorschlagswesen
• Pausenregelung
• Soziale Einrichtungen, Kantine, Aufenthaltsraum, sanitäre Anlagen, Überstunden
■ betriebliche Bildungsmaßnahmen (§ 98 BetrVG)
■ Sozialplan bei Betriebsveränderung (§§ 112, 112 a BetrVG)
■ Arbeits- u. betrieblicher Umweltschutz (§ 89 BetrVG)</td>
<td colspan="2">■ Personelle Einzelmaßnahmen (§ 99 BetrVG)
• Versetzung
• Ein- und Umgruppierungen
• Kurzarbeit
• Fremdenfeindlichkeitsfragen
• Einstellungen (bei Betrieben mit mehr als 20 Arbeitnehmern)
■ Kündigungen (§ 102 BetrVG)</td>
<td>■ Arbeitsplatzgestaltung (§ 90 BetrVG)
• Baumaßnahmen
• technische Anlagen
• Arbeitsablauf
■ Personalplanung, Förderung betrieblicher Bildung (§ 92 ff. BetrVG)
■ Betriebsänderungen, Stilllegung (§§ 106, 111–113 BetrVG)</td>
<td>■ Einstellung leitender Angestellter (§ 105 BetrVG)
■ Einsichtnahme in die Personalakte einzelner Mitarbeiter (§ 83 BetrVG)
■ Wirtschaftliche Angelegenheiten (§ 106 BetrVG)
• wirtschaftliche und finanzielle Lage,
• Produktions- und Absatzlage
• Einführung neuer Arbeits- und Rationalisierungsmethoden</td>
</tr>
<tr>
<td>wenn der Betriebsrat nicht zustimmt:</td>
<td>wenn der Betriebsrat nicht angehört wird:</td>
<td>der Betriebsrat muss angehört werden, aber wenn er widerspricht:</td>
<td>mit Beratung, aber ohne Zustimmung des Betriebsrates:</td>
<td>ohne Zustimmung des Betriebsrates:</td>
</tr>
<tr><th colspan="3">unwirksam</th><th colspan="2">wirksam</th></tr>
</table>

Zusammenarbeit

Betriebsversammlung
(§ 42 ff. BetrVG)

- Einberufung jedes Quartal mit Einladung an die Arbeitgeberseite
- Gewerkschaft und Arbeitgeberverband können beratend teilnehmen
- einmal jährlich Bericht des Arbeitgebers über die wirtschaftliche Lage des Unternehmens

Einigungsstelle
(§ 76 BetrVG)

- bei Bedarf oder auf Dauer eingerichtete Stelle mit einer vom Arbeitgeber und Betriebsrat bestellten gleichen Anzahl von Mitgliedern sowie einem unparteiischen Vorsitzenden zur Beilegung von Meinungsverschiedenheiten
- die Möglichkeit einer Klage vor dem Arbeitsgericht bleibt unberührt

Wirtschaftsausschuss
(§ 106 BetrVG)

- Beratung von wirtschaftlichen Angelegenheiten zwischen Ausschuss und Arbeitgeber mit anschließender Unterrichtung des Betriebsrates
- Besetzung bei mehr als 100 Beschäftigten mit drei, maximal sieben sachverständigen Personen, von denen mindestens eine Person Betriebsratsmitglied sein muss

Jugend- und Auszubildendenvertretung

Zusammensetzung

- **aktives Wahlrecht:**
  Wahl alle 2 Jahre zwischen dem 1. Oktober und 30. November durch alle Jugendlichen, die das 18. Lebensjahr oder Auszubildende, die das 25. Lebensjahr noch nicht vollendet haben.
- **passives Wahlrecht:**
  wählbar sind alle Arbeitnehmer, die das 25. Lebensjahr noch nicht vollendet haben.
- **Zahl der Jugend- und Auszubildendenvertreter:**
  - hängt ab von der Mitarbeiteranzahl dieser Personengruppe
  - mindestens ein Vertreter, höchstens 15 Vertreter

Mitwirkung über den Betriebsrat

- Maßnahmen, die den Jugendlichen und Auszubildenden dienen.
- Überwachung der Einhaltung der zum Schutz der Jugendlichen und Auszubildenden dienenden Gesetze.
- Weiterleitung der von Jugendlichen und Auszubildenden gegebenen Anregungen.
- Entsendung eines Jugend- und Auszubildendenvertreters zu Betriebsratssitzungen
  - vierteljährliche Jugend- und Auszubildendenversammlung
  - Abhaltung von Sprechstunden (Betriebsratsmitglied kann beratend teilnehmen)

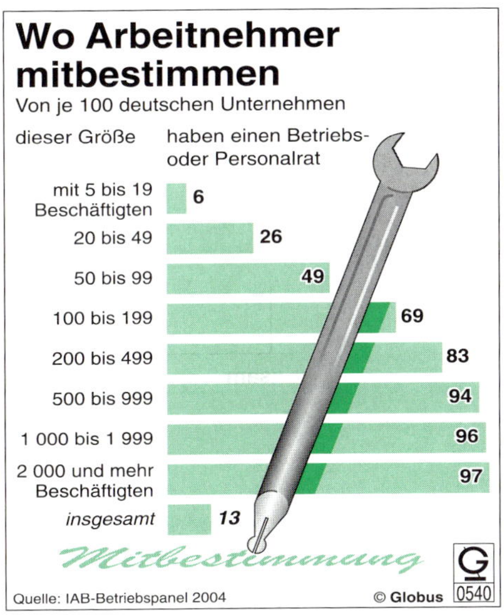

Besonderer Schutz von Betriebsratsmitgliedern und Mitgliedern des Wahlvorstandes nach dem BetrVG

- Unkündbarkeit bis einschließlich ein Jahr nach ihrer Tätigkeit als Betriebsratsmitglied oder als Mitglied des Wahlvorstandes (nur außerordentlich kündbar mit Zustimmung des Betriebsrates oder des Arbeitsgerichts – *§ 15 KSchG*),
- Weiterzahlung des Arbeitsentgelts bei der Interessenvertretung,
- Betriebsratkosten trägt der Arbeitgeber, *z. B. Wahlkosten (§ 20 Abs. 3 BetrVG), Kosten und Sachaufwand für Tätigkeit und Sprechstunden (§ 40 BetrVG), Kosten der Einigungsstelle (§ 76 a BetrVG).*
- Recht der Betriebsratsmitglieder auf dreiwöchigen bezahlten Bildungsurlaub.
- Schutz vor Versetzung, wenn dies zum Verlust des Mandats oder der Wählbarkeit führen würde.

1.4.4 Beteiligungsrechte auf der Ebene der Unternehmensleitung

Die Arbeitnehmer haben nach dem Betriebsverfassungsgesetz **Mitbestimmungsrechte durch Beteiligung im Aufsichtsrat** (Unternehmensmitbestimmung). Die auch als **wirtschaftliche Mitbestimmung** bezeichnete Unternehmensmitbestimmung erfährt ihre Rechtfertigungsgründe in dem

- Schutz der Persönlichkeit der Mitarbeiter,
- Interessenausgleich zwischen „Arbeit und Kapital“ und „der Kontrolle unternehmerischer Macht“,
- Demokratisierungsprinzip im Unternehmensbereich.

Mitbestimmung nach dem Drittelbeteiligungsgesetz (frühere Bezeichnung: BetrVG von 1952)

Nach dem *BetrVG* wird der Einfluss der Arbeitnehmer neben der allgemeinen Mitbestimmung durch den Betriebsrat auch durch die Verpflichtung, bei Gesellschaften mit beschränkter Haftung mit mehr als 500 Arbeitnehmern einen Aufsichtsrat zu bilden, und durch die Entsendung von Arbeitnehmern in den Aufsichtsrat von Kapitalgesellschaften geregelt. Wegen des Aufteilungsverhältnisses zwischen den Sitzen der Anteilseigner und der Arbeitnehmervertreter im Aufsichtsrat spricht man von einer **„Drittelparität“.**

Mitbestimmung nach dem Mitbestimmungsgesetz von 1976

Nach dem *MitbestG* setzt sich der Aufsichtsrat in mitbestimmten Unternehmen (Kapitalgesellschaften mit mehr als 2.000 Arbeitnehmern) **paritätisch** aus der gleichen Zahl von Mitgliedern der Anteilseigner und der Arbeitnehmer zusammen. Es herrscht trotzdem kein **völliger Kräfteausgleich,** weil

- die Stimme des Aufsichtsratsvorsitzenden bei Abstimmungen mit Stimmengleichheit nach dem zweiten Wahlgang den Ausschlag gibt,
- den Arbeitnehmervertretern zwingend ein leitender Angestellter angehören muss (sachliche Nähe seines Tätigkeitsbereiches zur Unternehmensleitung),
- die Anteilseigner auch gegen den Willen der Arbeitnehmer den Aufsichtsratsvorsitzenden bestimmen können.

Mitbestimmung nach dem Montan-Mitbestimmungsgesetz von 1951

Die Montan-Mitbestimmung für Unternehmen des Bergbaus sowie der eisen- und stahlverarbeitenden Industrie lässt sich als **gleichgewichtige Mitbestimmung** bezeichnen. Der Aufsichtsrat ist **paritätisch** besetzt. Die Anteilseigner können ihre Ziele im Gegensatz zum *MitbestG* nicht ohne die Zustimmung mindestens eines Teils der Gegenseite oder des **„neutralen Mannes“** durchsetzen. Das Gleiche gilt für die Zielsetzung der Arbeitnehmerseite. Ein **Kräftegleichgewicht** ist vollzogen. Der neutrale Mann wird auf Vorschlag der übrigen Aufsichtsratsmitglieder mit Mehrheit aller Aufsichtsratvertreter gewählt. Es bedarf jedoch der Zustimmung von mindestens je 3 Arbeitnehmer- und Anteilseignervertretern.

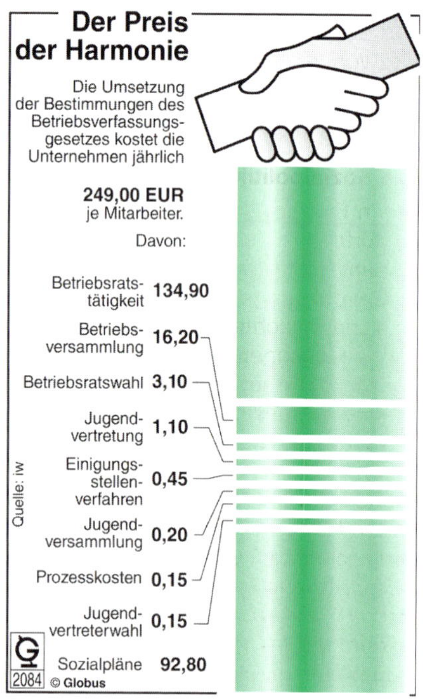

Statistische Angaben: Institut der deutschen Wirtschaft (iw)

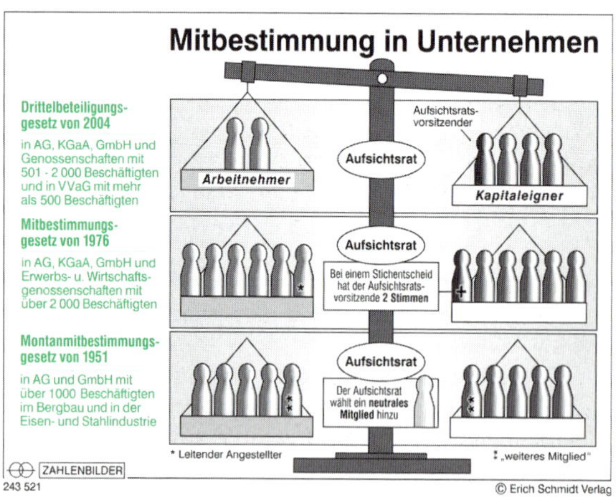

Kosten der Mitbestimmung

Die gesetzliche Mitbestimmung in den Unternehmen hat ihren Preis (siehe hierzu Abb. rechts auf S. 56). Als größte Einzelposten sind die Ausgaben für die Tätigkeit des Betriebsrates und für die Durchführung von Sozialplänen zu vermerken.

Betriebsrat größter Einzelposten

Nach Berechnungen des Instituts der deutschen Wirtschaft (iw) entstehen durch die Umsetzung der gesetzlichen Mitbestimmung in den Unternehmen jährlich Kosten in Milliardenhöhe. Je Mitarbeiter errechnet das Institut Ausgaben in Höhe von 249,00 EUR pro Jahr. Größter Einzelposten ist die Tätigkeit des Betriebsrates (134,90 EUR je Mitarbeiter, darunter 83,85 EUR für die Freistellung der Betriebsräte). Zweitgrößter Posten sind die Ausgaben für Sozialpläne mit 92,80 EUR je Mitarbeiter. Daneben nehmen sich die übrigen Kosten bescheiden aus: Sie reichen von der Betriebsversammlung (16,20 EUR) bis zur Jugendvertreterwahl (mit 0,15 EUR).

Globus

1.5 Soziale Sicherung

1.5.1 Entwicklung der Sozialpolitik

Das im Grundgesetz verankerte **Sozialstaatsprinzip** *(Art. 20 und 28 GG)* verpflichtet den Staat, für soziale Sicherheit und Gerechtigkeit innerhalb der Gesellschaft zu sorgen. Mit dem Sozialstaatsprinzip wird der Staat in seinem Verhältnis zur Gesellschaft auf eine aktive Rolle als Sozialstaat verpflichtet. Das Ziel der Gesetzgebung ist die Herstellung sozialer Gerechtigkeit im Rahmen der rechtsstaatlichen Ordnung und die Gesetzesauslegung nach dem sozialstaatlichen Auftrag. Historisch betrachtet führte die Idee der Aufklärung in Verbindung mit dem Liberalismus zu der Vorstellung, dass der Einzelne in der Gesellschaft seine persönlichen Angelegenheiten selbst regeln könne. Der Staat hatte die notwendigen Freiräume für die freie individuelle Entwicklung zu schaffen und sich nur auf die äußeren Sicherheitsbedürfnisse zu konzentrieren. Die Wirtschaftsordnung war nach den Grundsätzen der **freien Marktwirtschaft** gestaltet.
Die Entwicklung führte jedoch zu sozialen Ungerechtigkeiten. Der Staat sah sich zum Handeln gezwungen. Rechtliche Voraussetzung der Maßnahmen des Staates war eine umfassende **Sozialgesetzgebung,** welche die Gewährung von Sozialleistungen regelt und die Grundlage zahlreicher Schutzbestimmungen sowie der Rechte der Arbeitnehmer im Betrieb bildet.

Die **Sozialpolitik** des Staates zielt insbesondere darauf ab:

- ein **System der sozialen Sicherung** in der Grundversorgung zu schaffen, das der Schutzbedürftigkeit des Einzelnen bei Krankheit, Unfall, Invalidität, Arbeitslosigkeit, Ausscheiden aus dem Erwerbsleben Rechnung trägt sowie wirtschaftlich benachteiligte oder schwächere Bevölkerungskreise finanziell unterstützt,
- soziale Nachteile auszugleichen und für **Chancengleichheit** in Aus- und Fortbildung zu sorgen,
- menschengerechte **Lebens- und Arbeitsbedingungen** anzustreben,
- eine angemessene **betriebliche Mitbestimmung** der Arbeitnehmer zu verwirklichen,
- eine ausgewogene **Einkommens- und Vermögensverteilung** unter den großen sozialen Gruppen herbeizuführen.

Neben diesen sozialpolitischen Maßnahmen des Staates zur Grundsicherung der Bevölkerung treten heute verstärkt die individuellen vorbeugenden Maßnahmen des Einzelnen hinzu, um eine ausreichende Gesamtversorgung sicherzustellen.
Aufgrund des Rückgangs der Geburtenrate (→ weniger Beitragszahler), längeren Ausbildungszeiten (→ kürzere Beitragszeiten), hoher Arbeitslosigkeit (→ weniger Beitragseinnahmen), Frühverrentung (→ kürzere Beitragszeiten), steigender Lebenserwartung (→ längere Rentenzahlungen und mehr Rentenempfänger) muss das gesetzliche Rentensystem geändert werden, weil es sonst nicht mehr finanzierbar bleibt.

1957 finanzierten drei Arbeitnehmer einen Rentner. 2035 wird ein Arbeitnehmer einen Rentner finanzieren. Durch diese Entwicklung wird die staatliche Rente an Bedeutung verlieren und die private Altersvorsorge an Bedeutung gewinnen. Die Altersvorsorge sollte in drei Schichten aufgebaut werden:

1. Schicht: Basisversorgung	Gesetzliche Rentenversicherung	Berufsständische Altersversorgung	Versorgung der Landwirtschaftlichen Alterskassen	Private kapitalgedeckte Leibrentenversicherung *(Rürup-Rente)*		
2. Schicht: staatlich geförderte Zusatzversorgung	**Betriebliche Altersversorgung:**					Private kapitalgedeckte Altersversorgung *(Riester-Rente)*
	Pensionszusage	Unterstützungskasse	Pensionskasse	Pensionsfonds	Direktversicherung	
3. Schicht: private Kapitalanlage	rein privat finanzierte Altersvorsorge durch private Kapitalansammlung					
	Beispiele Kapitallebensversicherungen, private Rentenversicherungen mit Kapitalwahlrecht, Anlage in Bundesschatzbriefen, Investmentfonds, Aktien, Ratensparverträge, Immobilien					

1.5.2 Zweige der sozialen Sicherung

Gefahren vieler Art begegnen dem Menschen auf seinem ganzen Lebensweg.

Beispiele Unfälle, Krankheit, Arbeitslosigkeit, Diebstahl, Pflegebedürftigkeit

Der Mensch wünscht Sicherheit nicht nur vor dem Eintritt der Gefahr, sondern Sicherheit auch vor den wirtschaftlichen Folgen nachteiliger Ereignisse, wie sie sich trotz aller vorbeugenden Maßnahmen unvermeidlich immer wieder ereignen. Eine solche Vorsorge ermöglicht die Versicherung. Ihr Grundgedanke liegt darin, dass viele, die von einer gleichartigen Gefahr bedroht sind, sich zu einer Gefahrengemeinschaft zusammenschließen.

Eine **Versicherung** ist der Zusammenschluss von Wirtschaftssubjekten, die selbst oder deren Eigentum einer gleichen Gefahr ausgesetzt sind, zur gemeinsamen Deckung des bei dem Einzelmitglied durch den zufälligen Gefahreneintritt verursachten Schadens.

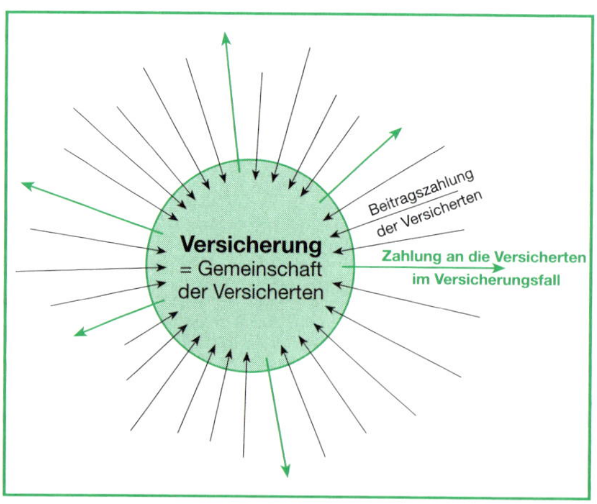

Durch die Beitragszahlungen aller Versicherten wird ein Geldfonds geschaffen, aus dem diejenigen Versicherten, die der Eintritt einer solchen Gefahr (= Versicherungsfall) tatsächlich betroffen hat, Zahlungen zum Ausgleich des dadurch entstandenen finanziellen Schadens erhalten.

Versicherungsträger können sein:

- Versicherungs-Aktiengesellschaften,
- Versicherungsvereine auf Gegenseitigkeit (VVaG),
- Körperschaften des öffentlichen Rechts,
- Anstalten des öffentlichen Rechts.

Ein möglichst weitgehender Versicherungsschutz hat sich auf vielen Gebieten im Interesse der Allgemeinheit als notwendig erwiesen. Deshalb hat der Staat bestimmte Versicherungen zwingend vorgeschrieben.

Beispiele

Alle Kfz-Halter müssen Mitglied einer Kfz-Haftpflichtversicherung sein. Damit soll erreicht werden, dass bei selbstverschuldeten Unfällen die Schadenforderungen auf alle Fälle gedeckt sind. Das Einkommen der Autofahrer würde in der Regel nicht ausreichen, um die bei schweren Unfällen entstehenden finanziellen Verpflichtungen tragen zu können.

Möglichkeiten der Gefahrenvorsorge

Persönliche Vorsorgemaßnahmen

- vorbeugende Schadenverhütung
- Vorsorgesparen: Rücklage von Geldbeträgen für den Fall des Schadeneintritts

Mitgliedschaft in einer Gemeinschaft von Versicherten (Gefahrengemeinschaft)

aufgrund freier Entscheidung

- Private Lebensversicherung
- Rechtsschutzversicherung
- Feuerversicherung

aufgrund gesetzlicher Verpflichtung

- Kfz-Haftpflichtversicherung
- Sozialversicherung

Überblick über das Versicherungswesen

Das Versicherungswesen unterscheidet die Bereiche **Individualversicherung** und **Sozialversicherung.** Beide Bereiche sind in mehrere Versicherungszweige untergliedert.

Versicherungszweige

Individualversicherung

Versicherungsschutz beruht auf einem individuell abgeschlossenen Versicherungsvertrag.

Sachversicherung

- Feuer-
- Einbruchdiebstahl-
- Sturm-
- Glas-
- Transport-

versicherung

Personenversicherung

- Private Krankenversicherung
- Private Unfallversicherung
- Lebensversicherung

Vermögensversicherung

- Haftpflichtversicherung
- Rechtsschutzversicherung
- Kreditversicherung

Sozialversicherung

Versicherungsschutz beruht prinzipiell auf staatlich verordneter Zwangsmitgliedschaft bei den jeweiligen Sozialversicherungsträgern.

- Gesetzliche Krankenversicherung
- Gesetzliche Rentenversicherung
- Gesetzliche Arbeitslosenversicherung
- Gesetzliche Pflegeversicherung
- Gesetzliche Unfallversicherung

Die fünf Säulen der Sozialversicherung

Die **Sozialversicherung** ist eine gesetzliche Versicherung (Zwangsversicherung) für große Bevölkerungsgruppen zur Absicherung ihres Alters, ihrer Hinterbliebenen und der Lage in finanziellen Notsituationen wie Krankheit, Erwerbsminderung, Arbeitslosigkeit, Pflegebedürftigkeit und Unfall.

Freiwillig würden sich viele Menschen nicht gegen Krankheit, Unfall und Arbeitslosigkeit versichern. Auch wäre die Mehrzahl der Arbeitnehmer nicht in der Lage, für sich und ihre Angehörigen eine geeignete Alters- oder Pflegevorsorge aufzubauen. Das Bestehen einer **Versicherungspflicht** ist deswegen unumgänglich.

In den Jahren zwischen 1883 und 1889 schuf die Regierung des Deutschen Reiches unter dem damaligen Reichskanzler *Otto von Bismarck* das erste Sozialversicherungssystem der Welt. Bis zum Beginn der Industrialisierung hatte keine Notwendigkeit zur Einrichtung einer Sozialversicherung bestanden: Der Großteil der hauptsächlich von der Landwirtschaft lebenden Bevölkerung fand seine Sicherheit und sein – wenn auch bescheidenes – Auskommen innerhalb der Großfamilie. Wer aufgrund seines Alters oder infolge von Krankheit oder Unfall nicht mehr arbeiten konnte, wurde vom übrigen Teil der Familie versorgt.

Mit der Industrialisierung änderten sich die Lebensverhältnisse grundlegend: Viele Menschen verließen die Landwirtschaft und zogen in die Städte, wo sie in den Fabriken Arbeit fanden. Die rasch wachsende Zahl der Fabrikarbeiter bestritt ihren Lebensunterhalt ausschließlich aus den täglichen oder wöchentlichen Lohnzahlungen. Wenn nun die Lohnzahlung infolge von Krankheit, Unfall oder Arbeitslosigkeit ausblieb, so bedeutete dies gleichzeitig bitterste Armut und Elend für die ganze Familie.

Vorbild

Vor über 100 Jahren wurde die Sozialversicherung geboren. Damals richtete Kaiser Wilhelm I. eine Botschaft an den Reichstag, die eine umfassende Gesetzgebung zur sozialen Sicherung der Arbeitnehmer einleitete. Soziale Sicherung als staatliche Aufgabe – das war weltweit neu. Der Weg zum sozialen Staat begann. Noch im vorigen Jahrhundert wurden gesetzliche Krankenversicherung, Unfallversicherung sowie Invaliditäts- und Altersversicherung für Arbeiter geschaffen. Die Angestelltenversicherung folgte im Jahre 1911. Die Arbeitslosenversicherung von 1927 löste die bis dahin bestehende Erwerbslosenfürsorge ab. Nach dem Zweiten Weltkrieg wurde mit Gründung der Bundesrepublik Deutschland der Gedanke des sozialen Staates ins Grundgesetz übernommen. Herausragendes Ereignis war die Einführung der dynamischen Rente im Jahr 1957, die die Rentner an der allgemeinen wirtschaftlichen Entwicklung teilhaben ließ. Als letzter Baustein wurde im Jahr 1995 die gesetzliche Pflegeversicherung in unser Sozialsystem eingefügt. – Das soziale Sicherungssystem, das zum Vorbild für viele andere Länder wurde, hat im Laufe der Jahrzehnte manche Belastungsprobe überstanden – nicht zuletzt, weil es sich immer wieder als reformfähig erwiesen hat. Auch die Situation zum Ausgang des Jahrhunderts ist gekennzeichnet vom Reformbedarf: Hohe Arbeitslosigkeit, angespannte Lage der öffentlichen Kassen und die Überalterung der Gesellschaft machen einen Umbau des Sozialstaats notwendig.

Globus

Statistische Angaben: Bundesarbeitsministerium

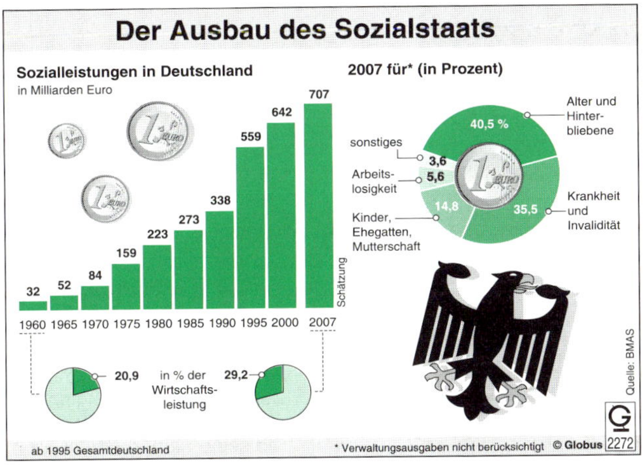

Die Einrichtung der Sozialversicherung gehört in Deutschland zu den unverzichtbaren Bestandteilen des Sozialstaats.[1]

In allen Versicherungszweigen herrscht der Gedanke der Solidarität: Die Gemeinschaft der Versicherten hilft denjenigen, die sich in einer Notsituation befinden (die Gesunden zahlen für die Kranken, die Arbeitenden für die Arbeitslosen, Pflegebedürftigen und Rentner).

Beispiele

Monatliche Gehaltsabrechnung eines Arbeitnehmers, verheiratet, 1 Kind, Lohnsteuerklasse[2] drei, rk:

Bruttogehalt	Lohnsteuer	Solidaritätszuschlag	Kirchensteuer	Sozialversicherung	Summe der Abzüge	Nettogehalt
3.400,00 EUR	371,16 EUR	3,90 EUR	16,33 EUR	697,85 EUR	1.089,24 EUR	2.310,76 EUR

Für die Sozialversicherung sind folgende Beiträge zu entrichten:

15,5 %[3] des Bruttogehalts für die Krankenversicherung:	527,00 EUR
19,9 % des Bruttogehalts für die Rentenversicherung:	676,60 EUR
2,8 % des Bruttogehalts für die Arbeitslosenversicherung:	95,20 EUR
1,95 % des Bruttogehalts für die Pflegeversicherung:[4]	66,30 EUR
	1.365,10 EUR

Davon tragen Arbeitnehmer und Arbeitgeber jeweils die Hälfte, außer für die Krankenversicherung (AG 7,3 %, AN 8,2 % = halber Beitragssatz + Zuschlag 0,9 %)[5]:

der Arbeitnehmer zahlt	697,85 EUR
der Arbeitgeber zahlt	667,25 EUR
	1.365,10 EUR

Der Beitrag zur Unfallversicherung wird vom Arbeitgeber in voller Höhe allein aufgebracht.

[1] Vgl. zur sozialen Marktwirtschaft Seite 301 ff.

[2] Die Werte für Lohn- und Kirchensteuer sowie Solidaritätszuschlag sind rechnergestützt auf der Basis des ESt-Tarifes des *§ 32 a EStG* unter Berücksichtigung der an die jeweiligen Steuerklassen anknüpfenden Freibeträge des *§ 38 c EStG* zu berechnen. Arbeitnehmer mit Kindern erhalten Kindergeld oder Kinder-/Betreuungsfreibeträge, soweit die ersparte Einkommensteuer/Lohnsteuer durch die gewährten Freibeträge höher ist als das ausgezahlte Kindergeld.

[3] Gültig seit 01. Januar 2009; ab 01. Juli 2009 erfolgt im Rahmen des Konjunkturpaketes II u. a. eine Absenkung des Krankenversicherungssatzes auf 14,9 %.

[4] Der Pflegeversicherungsbeitrag entspricht 2,20 %, wenn der Arbeitnehmer kinderlos ist (Ausnahme: noch keine 23 Jahre oder vor 1940 geboren). Der Arbeitnehmer hat den Erhöhungsbetrag von 0,25 % selbst zu zahlen.

[5] Ab 01. Juli 2009: AG 7 %, AN 7,9 % (= halber Beitragssatz + Zuschlag 0,9 %).

	Krankenversicherung	Rentenversicherung	Arbeitslosenversicherung	Pflegeversicherung	Unfallversicherung
Versicherungsträger	■ Allgemeine Ortskrankenkassen ■ Betriebskrankenkassen ■ Innungskrankenkassen ■ Bundesknappschaft ■ Ersatzkassen ■ Seekrankenkasse ■ Landwirtschaftliche Krankenkassen	■ Deutsche Rentenversicherung Bund (Berlin) ■ mit den jeweiligen regionalen Trägern (früher LVA) ■ Deutsche Rentenversicherung Knappschaft–Bahn–See (Bochum)	■ Bundesagentur für Arbeit (BA)	■ Pflegekassen bei den gesetzlichen Krankenkassen ■ Verband der privaten Krankenversicherung e. V. (§ 75 SGB XI)	■ Gewerbliche Berufsgenossenschaften ■ Landwirtschaftliche Berufsgenossenschaften ■ Unfallversicherungsträger der öffentlichen Hand
Rechtsgrundlage	4. u. 5. Buch Sozialgesetzbuch	4. u. 6. Buch Sozialgesetzbuch	4. u. 3. Buch Sozialgesetzbuch	4. u. 11. Buch Sozialgesetzbuch	4. u. 7. Buch Sozialgesetzbuch
Aufgaben	Erhaltung und Wiederherstellung der Gesundheit des Einzelnen und seiner Familie ■ Krankenhilfe ■ Vorsorgeuntersuchungen ■ Mutterschaftshilfe ■ Familienhilfe	Sicherung der Arbeitnehmer und ihrer Familien bei Erwerbsminderung, Alter und Tod ■ Rentenzahlungen ■ Rehabilitation ■ Zahlung von Beiträgen an die Krankenkasse für die Rentner	Sicherung der Beschäftigung des Einzelnen und der Beschäftigungslage innerhalb der Wirtschaft sowie finanzieller Schutz bei Arbeitslosigkeit ■ Arbeitslosenunterstützung ■ Sicherung von Arbeitsplätzen ■ Arbeitsförderung	Kostenübernahme für Pflegeleistungen an jene Menschen, die zu alltäglichen Verrichtungen ohne fremde Hilfe nicht mehr fähig sind und der regelmäßigen Hilfe bedürfen. ■ häusliche Pflege ■ stationäre Pflege in Form von • Geldleistungen • Sachleistungen	Schutz weiter Bevölkerungskreise vor Unfallgefahren und den wirtschaftlichen Folgen bei Unfällen ■ Unfallverhütung ■ Milderung bzw. Beseitigung der Unfallfolgen
Beitragshöhe	15,5 % Gesamtbeitragssatz des Bruttoarbeitsentgeltes[1], höchstens von der Beitragsbemessungsgrenze[2] für KV	19,9 % des Bruttoarbeitsentgeltes, höchstens von der Beitragsbemessungsgrenze[2] für RV	2,8 % des Bruttoarbeitsentgeltes, höchstens von der Beitragsbemessungsgrenze[2] für RV	1,95 % des Bruttoarbeitsentgeltes, höchstens von der Beitragsbemessungsgrenze[2,3,4] für KV	Beitragshöhe richtet sich nach der Gefahrenklasse für den jeweiligen Beruf
Beitragsaufbringung	AN 0,9 %[5] + 50 % v. Beitragssatz AG 50 % vom Beitragssatz	Arbeitgeber und Arbeitnehmer tragen den Beitrag je zur Hälfte; bei geringfügigen Beschäftigungsverhältnissen gelten Sonderregelungen			Beitrag wird in voller Höhe vom Arbeitgeber aufgebracht

[1] Ab 01. Juli 2009 erfolgt im Rahmen des Konjunkturpaketes II u. a. eine Absenkung des Krankenversicherungssatzes auf 14,9 %.

[2] Die Beitragsbemessungsgrenze gibt den monatlichen Einkommenshöchstbetrag an, von dem Beiträge berechnet werden. In der Rentenversicherung und der Arbeitslosenversicherung beträgt die Beitragsbemessungsgrenze für 2009 5.400,00 EUR (neue Länder: 4.550,00 EUR), in der Krankenversicherung und in der Pflegeversicherung 3.675,00 EUR.

[3] Als Ausgleich für den Arbeitgeberanteil: Verzicht auf einen gesetzlichen Feiertag durch die Arbeitnehmer oder je nach Landesentscheidungen andere Kompensationsmöglichkeiten zur Arbeitgeberentlastung.

[4] Für Kinderlose erhöht sich der Beitragssatz auf 2,20 %, wobei der Versicherungsnehmer den Erhöhungsbetrag von 0,25 % allein zahlen muss.

[5] Der Sonderbeitrag dient zur Finanzierung der Aufwendungen für Zahnersatz und Krankengeld.

1.5.2.1 Gesetzliche Krankenversicherung

Die Krankenversicherung tritt in erster Linie ein, wenn es darum geht, die Gesundheit des Einzelnen und seiner Familie zu erhalten und wiederherzustellen.

Aufgabenbereiche der gesetzlichen Krankenversicherung

- **Gesundheitserhaltung**
- **Gesundheitswiederherstellung**

Versicherte

In der gesetzlichen Krankenversicherung unterscheidet man zwei Arten der Mitgliedschaft:

Versicherte

Pflichtversicherte[1]

- **Arbeiter und Angestellte**[2]**,** deren Einkommen die Jahresarbeitsentgeltgrenze von monatlich 4.050,00 EUR im Jahresdurchschnitt der letzten aufeinanderfolgenden 3 Jahre nicht übersteigt;
- **Rentner**
- **Auszubildende und Studenten**
- **einige Selbstständige** *(z. B. Hausgewerbetreibende, Artisten, Krankenpfleger, Hebammen),* sofern ihr durchschnittliches Einkommen die o. g. Grenzen nicht übersteigt. Gründungszuschussempfänger sind nur in dem Sozialversicherungszweig der Rentenversicherung versicherungspflichtig.
- **Landwirte**
- **Arbeitslose**
- **Rehabilitanten**
- **Praktikanten**

freiwillig Versicherte

- **Weiterversicherung**
  möglich für:
  ehemalige Pflichtmitglieder, die wegen der Höhe ihres Einkommens nicht mehr versicherungspflichtig sind und unmittelbar vorher mindestens 12 Monate versichert waren oder aber in den letzten 5 Jahren mindestens 24 Monate der Pflichtversicherung angehörten;
- **freiwilliger Beitritt**
  möglich für:
  - Witwen, Witwer und die geschiedenen Ehegatten eines Versicherten, frühere Familienversicherte
  - Besucher von berufsbildenden und studienvorbereitenden Schulen, Studienplatzbewerber, deren Gesamteinkommen eine bestimmte Höhe nicht überschreitet.

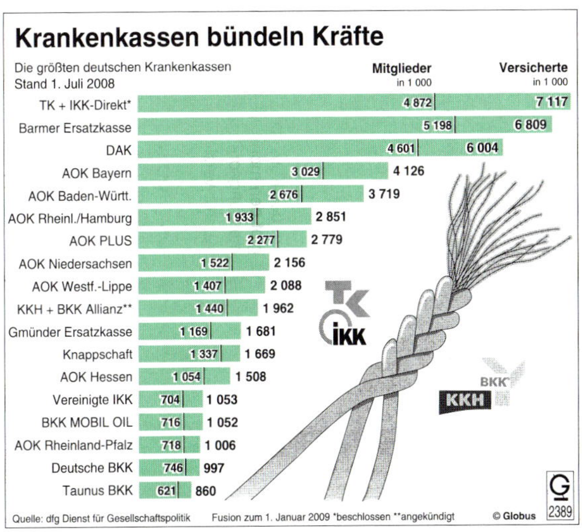

Die Versicherten dürfen ihre **Krankenkasse frei wählen.**

[1] Ca. 87 % der Bevölkerung sind pflichtversichert; mtl. Beitragsbemessungsgrenze für Pflichtversicherte: 3.675,00 EUR (2009)

[2] Seit 2003 sind Beschäftigte bis zu einer **Jahresarbeitsentgeltgrenze** von 48.600,00 EUR krankenversicherungspflichtig. Wer seit 2007 dauerhaft mindestens 3 Jahre lang mehr verdient, kann sich freiwillig in der gesetzlichen Krankenkasse oder privat krankenversichern. Versicherungspflichtgrenze oder Beitragsbemessungsgrenze (mtl. 3.675,00 EUR) fallen also auseinander. Wer älter als 55 Jahre und privat versichert ist, aber z. B. durch Arbeitslosigkeit, Vorruhestand, Teilzeitarbeit nicht mehr als die Jahresentgeltgrenze verdient, kann in die gesetzliche Krankenversicherung nur noch unter ganz besonderen Voraussetzungen wechseln. Zur Kompensation müssen die privaten Krankenversicherungen ab 2009 diesem Personenkreis einen Standardtarif – ohne gesundheitliche Vorprüfung – anbieten, der ungefähr dem Leistungsumfang der gesetzlichen Krankenversicherungen entspricht (Kontrahierungszwang). Die Beiträge dürfen nicht die Höchstsätze der gesetzlichen Versicherungen übersteigen.

Leistungen

Zwischen den Ärzten, Krankenhäusern und Krankenkassen bestehen Verträge, welche den Umfang der ärztlichen Versorgung und somit die Leistungserbringung regeln.

Leistungen

Regelleistungen	**Mehrleistungen**

Sachleistungen *(z. B. ärztliche Behandlung)*
Geldleistungen *(z. B. Zahlung von Krankengeld)*

Regelleistungen sind durch Gesetz vorgeschrieben; es handelt sich um Mindestleistungen, die von allen Krankenkassen in gleichem Umfang gewährt werden:

- **Krankenbehandlung**[1]**:** ärztliche/zahnärztliche Behandlung, Arznei-, Verband-, Heil-, Hilfsmittel, Zuschuss zum Zahnersatz, häusliche Krankenpflege und -Pflegehilfe[2], Krankenhausbehandlung, Hauspflege, Kinderpflege, Krankengeld[3], Haushaltshilfe, Fahrtkosten, Rehabilitation, Belastungserprobung, Arbeitstherapie
- **Gesundheitsuntersuchungen:** Früherkennungsuntersuchungen für Kinder bis zum 6. Lebensjahr, Krebsvorsorgeuntersuchungen für Frauen ab dem 20., für Männer ab dem 45. Lebensjahr, Gesundheits-Check-Up und Hautkrebsscreening für Männer und Frauen alle 2 Jahre ab dem 35. Lebensjahr, zweimal jährlich Vorsorgeuntersuchungen zur Erhaltung gesunder Zähne.
- **Mutterschaftshilfe:** Ärztliche Behandlung, Entbindungskostenbeitrag, Hebammenhilfe, Arzneimittel, Krankenhausbehandlung und -aufenthalt bei Schwangerschaft und Niederkunft; Arbeitnehmerinnen, Arbeitslose und andere Versicherte mit Krankengeldanspruch erhalten grundsätzlich für die Zeit der Mutterschutzfrist (6 Wochen vor der Geburt bis 8 Wochen nach der Geburt) ihr Arbeitsentgelt weiter (Familienversicherte erhalten einen einmaligen Festbetrag).
- **Familienhilfe:** Mitversichert sind ohne besonderen Beitrag die Familienangehörigen des Versicherten, soweit deren Einkommen eine bestimmte Grenze nicht überschreitet bzw. diese nicht anderweitig abgesichert sind.

Mehrleistungen gehen über die gesetzlichen Mindestleistungen hinaus:

- Kuraufenthalte[1]
- Härtefallregelungen durch volle oder teilweise Übernahme des Versicherteneigenanteils bei
  - Zahnersatz
  - Fahrtkosten
  - Rezeptkosten
- Erweiterung der häuslichen Krankenpflege, Haushaltshilfe, Rehabilitationsmaßnahmen
- sonstige Vorsorgemaßnahmen, z. B. Kostenübernahme zur Teilnahme an Gesundheitskursen von zertifizierten externen Dienstleistern

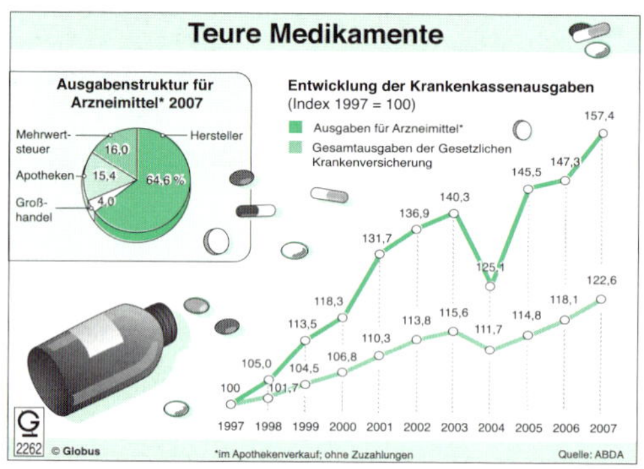

[1] Zum Teil sind Versicherteneigenanteile vorgeschrieben; ab 2004 sind Leistungskürzungen bis zum vollständigen Ausschluss bei nicht zwingender medizinischer Notwendigkeit möglich.
[2] Weitgehende Übernahme durch die gesetzliche Pflegeversicherung.
[3] Im Krankheitsfall ist der Arbeitgeber nach dem Entgeltfortzahlungsgesetz verpflichtet, nach einer Wartezeit von 4 Wochen nach der Aufnahme einer neuen Beschäftigung mindestens 6 Wochen lang den vollen Lohn unter Berücksichtigung der regelmäßig geleisteten Überstunden und Sonderzahlungen für Arbeitnehmer (Arbeiter, Angestellte, Auszubildende) weiterzuzahlen; ab der 7. Krankheitswoche erfolgt die Zahlung des Krankengeldes an Pflichtversicherte für längstens 78 Wochen wegen derselben Krankheit in Höhe von ca. 70 % des Bruttoarbeitsverdienstes, max. jedoch in Höhe des 90%igen Nettoarbeitsverdienstes abzüglich des Arbeitnehmeranteils zur Renten- und Arbeitslosenversicherung. Freiwillig Versicherte können ab 2009 gegen Prämienzahlung bei der gesetzlichen Krankenkasse eine Absicherung im Krankheitsfall vereinbaren.

Nimmt der Versicherte eine ärztliche Behandlung in Anspruch, muss er seine **Krankenversicherungskarte** vorlegen, die ausschließlich folgende Angaben enthält:

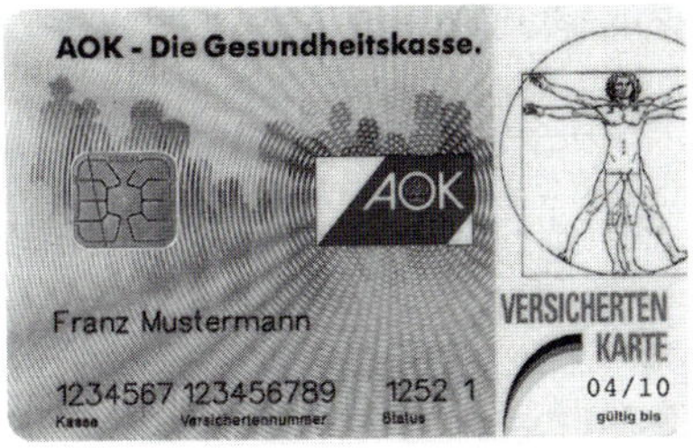

- Bezeichnung der ausstellenden Krankenkasse,
- Familien- und Vorname des Versicherten,
- Geburtsdatum,
- Anschrift,
- Krankenversicherungsnummer (die Rentenversicherungsnummer ist hierfür nicht mehr zu verwenden),
- Versicherungsstatus,
- Tag des Beginns des Versicherungsschutzes,
- bei ihrer befristeten Gültigkeit das Datum des Fristablaufs und
- Unterschrift des Versicherten (auf der Rückseite der Karte).

Gesundheitsreform

Ab 2009 tritt in verschiedenen Schritten eine Gesundheitsreform in Kraft.

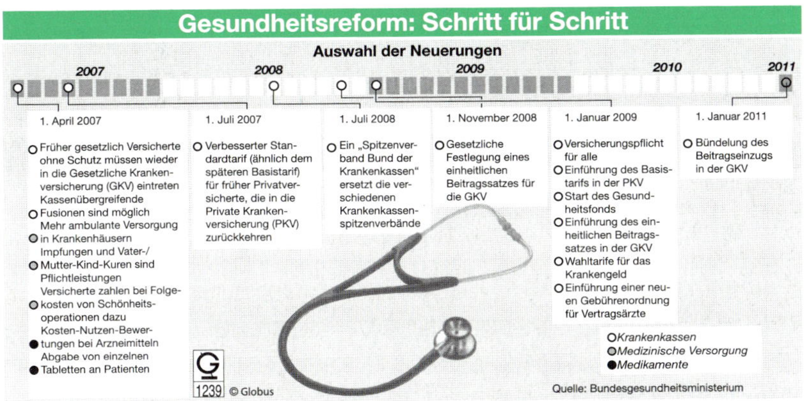

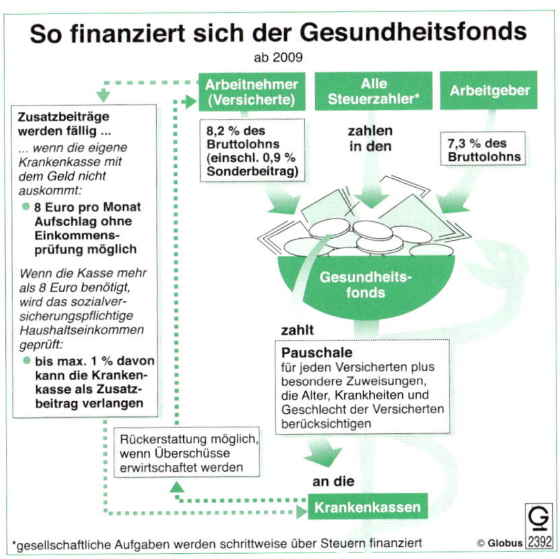

Umlageverfahren

Nach dem Aufwendungsausgleichsgesetz *(AAG)* haben Arbeitgeber, die nicht mehr als 30 Arbeitnehmer beschäftigen, einen Ausgleichsanspruch an die jeweilige Krankenkasse des Arbeitnehmers. Dafür entrichtet der Arbeitgeber für alle Mitarbeiter eine Umlage (U1 = Arbeitgeberaufwendungen für Entgeltfortzahlung im Krankheitsfall und U2 = Arbeitgeberaufwendungen für Mutterschaftsleistungen). Die Höhe des Beitragssatzes U1 richtet sich nach dem prozentualen Ausgleichsanspruch (zwischen 40–80 %) und wird von der jeweiligen Krankenkasse autonom festgesetzt. Der Beitragssatz U2 bezieht sich immer auf eine Erstattungsleistung von 100 % für Mutterschaftsleistungen. Seit 2006 nehmen alle Unternehmen, unabhängig von der Anzahl der Mitarbeiter, am Umlageverfahren U2 teil.

Die Insolvenzgeldmenge (U3 = Arbeitgeberaufwendungen) in Höhe von 0,1 % ist von 2009 an in die monatlichen Beitragsnachweise an die jeweilige Krankenkasse einzubeziehen, bei der der Arbeitnehmer versichert ist. Die Einzugsstellen leiten die Umlage an die Bundesagentur weiter.

Meldewesen

Sozialversicherungsbeiträge und Insolvenzgeldumlage (ohne Berufsgenossenschaftsbeiträge) sind spätestens 5 Bankwerktage vor dem letzten des Kalendermonats an die Krankenkassen zu melden, damit die Zahlung 3 Bankwerktage vor Monatsende durch Lastschriftverfahren/Überweisung/Scheck (valutagenau) sichergestellt ist.

Finanzierung

Die Ausgaben der gesetzlichen Krankenversicherung werden finanziert über die Beiträge der Mitglieder (Arbeitgeber zahlen 50 % des Beitragssatzes, Arbeitnehmer 50 % des Beitragssatzes zuzüglich 0,9 %) und der Rentner. Da die sogenannte Rentnerlastquote oder Rentnerdichte in den einzelnen Kassen unterschiedlich hoch ist, wird ein Finanzierungsausgleich über alle gesetzlichen Krankenkassen, also einschließlich der Ersatzkassen und Betriebskrankenkassen, durchgeführt, um die Kosten gleichmäßig zu verteilen. Dennoch steigen die Leistungsausgaben ständig.

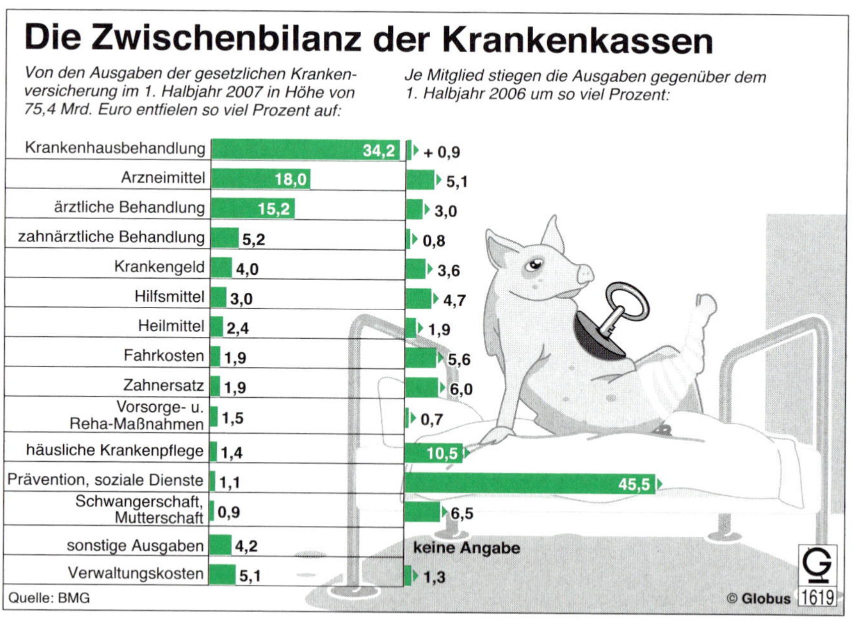

Nicht häufigere oder länger andauernde Krankheiten sind Ursache der ausufernden Krankheitskosten, sondern

- das Leistungsangebot durch immer mehr Ärzte und Krankenhäuser,
- hochwertigere und teurere Ausstattungen der Arztpraxen und Krankenhäuser,
- Ausweitung des Arzneimittelbedarfs,
- geringere Einnahmen durch mehr Arbeitslose und Frührentner/Vorruheständler.

Um die Krankheitskosten auf ein vertretbares Maß zurückzuführen, sehen Gesetze des Gesundheitswesens Sach- und Geldleistungskürzungen der Krankenkassen, Zuzahlungen/Selbstbeteiligungen der Versicherten, Eigenvorsorge durch Zusatzversicherungen, eine Deckelung der Krankenkassenausgaben und die Budgetierung der Arztpraxen vor.

1.5.2.2 Gesetzliche Rentenversicherung

Aufgabe der **gesetzlichen Rentenversicherung** ist die finanzielle Sicherung der Arbeitnehmer und ihrer Familie bei Berufs- und Erwerbsunfähigkeit, Alter und Tod.

Versicherte

Die gesetzliche Rentenversicherung unterscheidet ebenso wie die gesetzliche Krankenversicherung zwischen Pflichtversicherten und freiwillig Versicherten.

Versicherte	
Pflichtversicherte	**freiwillig Versicherte**
■ **Arbeiter, Angestellte** ■ **Auszubildende** ■ **Studenten** bei Einkommen über der Geringfügigkeitsgrenze von 400,00 EUR ■ **Behinderte** in anerkannten Werkstätten ■ **einige Selbstständige** *(z. B. Hausgewerbetreibende, Künstler[1], Publizisten, Existenzgründungszuschussempfänger)* ■ **Bezieher von Krankengeld, Arbeitslosengeld, Vorruhestandsgeld** ■ **Wehr- und Zivildienstleistende** ■ **Mütter oder Väter** während der max. 3-jährigen Elternzeit nach der Geburt eines Kindes	**Jedermann,** der der Rentenversicherung nicht schon als Pflichtmitglied angehört, kann **für Zeiten von der Vollendung des 16. Lebensjahres an die freiwillige Mitgliedschaft beantragen** *(z. B. Selbstständige).*

Leistungen

Leistungen aus der Rentenversicherung werden nur gewährt, wenn der Versicherte ihr eine Mindestanzahl von Versicherungsjahren angehört hat. Diese sogenannte Wartezeit schwankt je nach Art der beantragten Rente zwischen 5 und 15 Jahren.
Witwen und **Witwer** erhalten ohne Rücksicht auf Alter und Erwerbsfähigkeit 60 % des Gesamtrentenanspruchs des Versicherten. Die Höhe der Renten wird Jahr für Jahr der allgemeinen Einkommensentwicklung angepasst. Höhere Verdienste der Arbeitnehmer ziehen daher auch eine Erhöhung der Renten nach sich (Dynamisierung der Renten).

---
[1] Die Träger der Deutschen Rentenversicherung haben seit 2008 die Befugnis, Abgabepflicht, Höhe und Vorauszahlungen nach dem Künstlersozialversicherungsgesetz (KSVG) festzustellen.

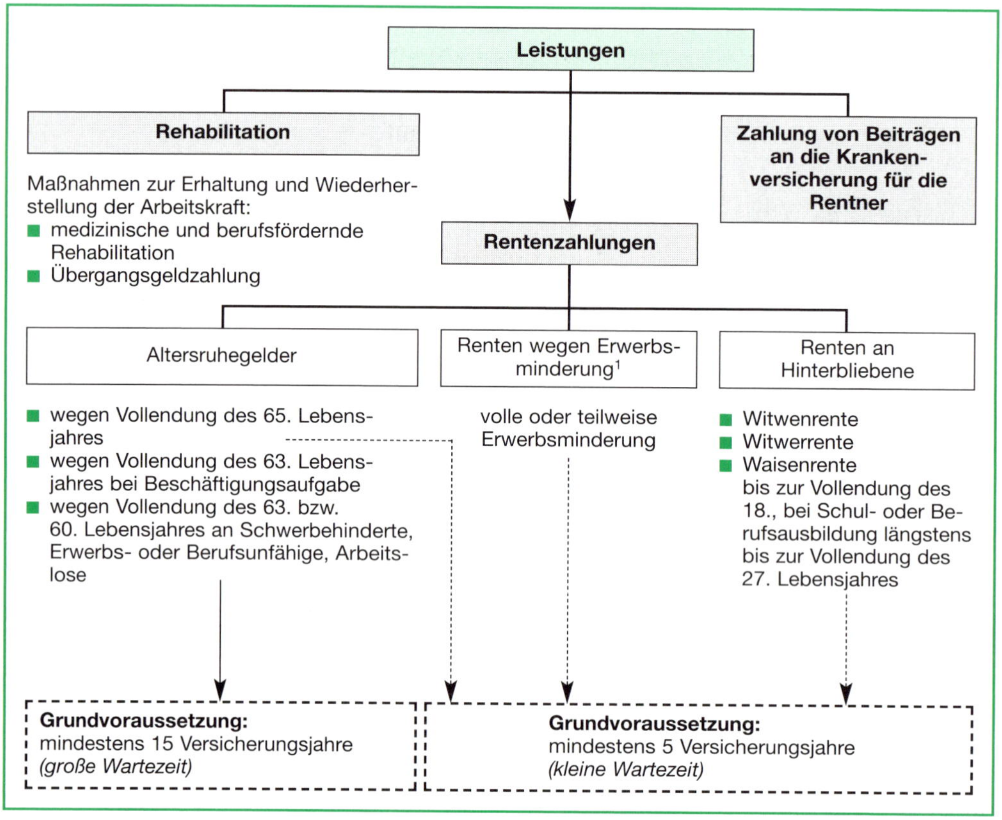

Die Regelaltersgrenze von 65/67 Jahren ist aber nicht bindend. Versicherte können bis zu drei Jahre vor der jeweils maßgebenden Altersgrenze in Rente gehen. Ihre Rente fällt dann für jedes vorzeitige Jahr des Rentenbezugs um 3,6 % des jeweiligen Rentenanspruches geringer aus.

Außerdem kann die Altersrente ab dem 60. Lebensjahr als **Altersteilrente** von 1/3, 1/2 oder 2/3 der Vollrente bezogen werden. Dadurch wird ein Hineingleiten in den Ruhestand ermöglicht, denn ein Hinzuverdienst ist in bestimmten Grenzen zulässig.

[1] Seit 2001 gibt es nur noch Erwerbsminderungsrenten in zwei Stufen: abhängig davon, ob ein Erkrankter nicht mehr als 3 Stunden täglich (dann volle Erwerbsminderungsrente) oder mehr als 3 bis 6 Stunden täglich (dann halber Anspruch) arbeiten kann.

Rentenberechnung

Zugangsrenten (neu festzusetzende Renten) werden unter Berücksichtigung der allgemeinen Einkommensentwicklung nach der neuen Rentenformel berechnet.

Die Rentenformel

Diese Faktoren bestimmen die Höhe einer Rente

Ep – Entgeltpunkte

Abhängig von individueller Versicherungsdauer und Beitragsleistung. Ein Durchschnittsverdiener erwirbt pro Jahr 1 Entgeltpunkt.

Zf – Zugangsfaktor

Bewirkt Minderung der Altersrente bei vorzeitigem Rentenbeginn (erstmals ab 2001) bzw. Erhöhung bei aufgeschobenem Rentenbeginn

Persönliche Entgeltpunkte

Rentenformel: **(Ep · Zf) · Raf · aRw** = *Monatsrente*

Raf – Rentenartfaktor

Gewichtung der Rentenarten, z. B. Altersrente, Erwerbsminderungsrente, Hinterbliebenenversorgung: Faktor 1,0 Teilrente: 0,5

Dynamischer Faktor

aRw – aktueller Rentenwert

Monatlicher Rentenbetrag für 1 Beitragsjahr eines Durchschnittsverdieners (d. h. für 1 Entgeltpunkt). Wird jährlich zum 1. Juli angepasst.*

* aRw ab 1. Juli 2008 = 26,56 EUR (neue Bundesländer 23,34 EUR)

Die **Renten** werden nach einer vereinfachten Formel berechnet. Danach hängt die Höhe der Monatsrente von vier Faktoren ab. Mit den **Entgeltpunkten** wird die individuelle Arbeits- und damit Beitragsleistung der Versicherten bei der Rentenfestsetzung berücksichtigt: Ein Versicherungsjahr mit durchschnittlichem Arbeitsverdienst ergibt einen vollen Entgeltpunkt. Je länger die Lebensarbeitszeit und je höher das beitragspflichtige Einkommen, desto größer ist die Zahl der erworbenen Entgeltpunkte und damit die Rente. Auch für bestimmte beitragsfreie Zeiten werden Entgeltpunkte gutgeschrieben. Durch den **Zugangsfaktor** erhöhen oder vermindern sich die Entgeltpunkte, wenn die Altersrente erst nach dem gesetzlich vorgesehenen Rentenbeginn oder schon vorher in Anspruch genommen wird. Im **Rentenartfaktor** kommt das unterschiedliche „Gewicht“ der verschiedenen Renten zum Ausdruck: Die Altersrente, Erwerbsminderungsrente und Hinterbliebenenversorgung hat den Faktor 1,0; die Teilrente dagegen 0,5.

Über den jährlich neu zu bestimmenden **aktuellen Rentenwert** werden die persönlichen Entgeltpunkte schließlich mit der allgemeinen Einkommensentwicklung verknüpft: Er gibt an, welcher monatliche Rentenbetrag auf einen Entgeltpunkt (d. h. auf ein Versicherungsjahr mit Durchschnittseinkommen) entfällt. Die Monatsrente ergibt sich durch Multiplikation der Entgeltpunkte mit dem aktuellen Rentenwert.

Beispiel

Herr Müsig vollendet am 28. Dez. 2008 sein 65. Lebensjahr und bezieht seit 1. Jan. 2009 eine Altersrente für langjährig Versicherte . Seine Rentenberechnung führt zu folgendem Ergebnis:

im Jahre	Verdienst	geteilt durch Durchschnitts-entgelt	= Entgelt-punkte (EP)
1967–1990	...	...	24,2395
1991	38.100,00	22.712,10	1,6775
1992	41.000,00	23.938,70	1,7127
1993	42.400,00	24.633,02	1,7213
1994	44.500,00	25.125,91	1,7711
1995	44.600,00	25.904,60	1,7217
1996	44.900,00	26.422,54	1,6993
1997	45.500,00	26.660,30	1,7067
1998	46.000,00	27.060,12	1,6999
1999	46.300,00	27.357,70	1,6924
2000	47.000,00	27.740,55	1,6943
2001	48.000,00	28.231,49	1,7002
2002	48.000,00	28.626,00	1,6768
2003	49.000,00	28.938,00	1,6933
2004	50.000,00	29.060,00	1,7206
2005	50.000,00	29.202,00	1,7122
2006	51.000,00	29.494,00	1,7292
2007	51.000,00	29.951,00	1,7028
2008	52.000,00	30.084,00	1,7285
Summe der Entgeltpunkte			55,0000

Sowohl der maßgebliche Zugangsfaktor bei einer Altersrente mit 65 Jahren als auch der Rentenartfaktor für eine Altersrente betragen 1,0. Die Monatsrente ergibt sich mithin aus

(55,0000	· 1,0)	· 1,0	· 26,56[1]	= 1.460,80 EUR
Ep	Zf	Raf	aRw	
Entgeltpunkte	Zugangsfaktor	Rentenartfaktor	aktueller Rentenwert	Monatsrente

Finanzierung

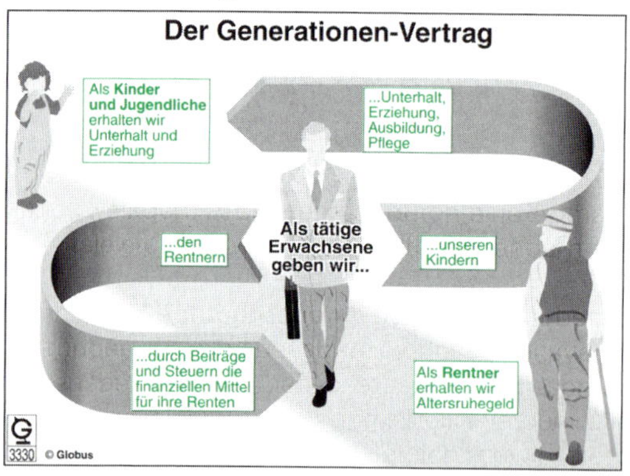

Die zur Hälfte von Arbeitnehmern und Arbeitgebern getragenen Beiträge zur gesetzlichen Rentenversicherung finanzieren ca. 80 % der Gesamtausgaben der Rentenversicherungsträger. Den restlichen Teil von ca. 20 % decken Zuschüsse des Bundes.

Die Beitragsentrichtungen durch die jetzt arbeitende Generation führen zu Rentenzahlungen an die nicht mehr erwerbstätige Generation. Es gilt der **Generationenvertrag.** Nach dem BVG-Urteil vom 3. April 2001 musste bis zum Jahr 2005 durch den Gesetzgeber sichergestellt sein, dass bei Eltern mit Kindern die Kindererziehung als Beitrag zur Sicherung der Rentenleistungen zu werten ist und ihnen deshalb nicht die gleichen Kassenbeiträge abverlangt werden dürfen wie von Kinderlosen. Durch die zunehmende **Überalterung** der Bevölkerung ergeben sich Probleme für den Vertrag zwischen den Generationen. Die Frührent-

[1] Stand 2. Halbjahr 2008.

ner und das Lebensalter der Rentner nehmen ständig zu, die Erwerbstätigen aufgrund des Geburtenrückganges jedoch ab. Die so zunehmende Alterslast für die Erwerbstätigen führt automatisch zu sozialen Spannungen bei der Lösung der Finanzierung.

Maßnahmen und diskutierte **Vorschläge** zur Lösung:

- Erhöhung der Versicherungsbeiträge
- Senkung des Rentenniveaus durch temporäre Abkoppelung von der Einkommensentwicklung und Gewährung eines reinen Inflationsausgleichs
- Anhebung der Altersgrenze von 65 Jahre stufenweise auf 67 Jahre
- Bundeszuschusserhöhung, -festschreibung, Kreditaufnahme, Vermögensveräußerungen
- steuerfinanzierte anstatt beitragsfinanzierte Rente (z. B. „Riester-Rente")
- Zahlung einer Grundrente nach Aufbau einer eigenveranlassten Vorsorge (Dreisäulen-System durch Grundrente, Betriebsrente, private Altersvorsorge durch Lebensversicherung, Sparguthaben, Immobilien etc.)
- private oder tariflich abgesicherte Vorsorge mit und ohne staatliche Zuschüsse oder Freibetragsgewährung

1.5.2.3 Arbeitslosenversicherung

Träger der Arbeitslosenversicherung ist die **Bundesagentur für Arbeit (Zentrale)** mit Sitz in Nürnberg. Sie befasst sich mit den Problemen des Arbeitsmarktes sowie der Beschäftigung des Einzelnen und der allgemeinen Beschäftigungslage innerhalb der Wirtschaft. Neben der Zentrale gibt es 10 Regionaldirektionen, 180 **Agenturen für Arbeit** und 660 Geschäftstellen.

Leistungen der Bundesagentur für Arbeit

an Arbeitnehmer/-innen

- Ausbildungs- und Arbeitsvermittlung[1]
- Arbeitsberatung
- Arbeitsmarktbeobachtung
- Arbeitsmarkt- und Berufsforschung
- Bekämpfung der illegalen Beschäftigung
- Berufsberatung
- Entgeltsicherung für ältere Arbeitnehmer
- Erteilung von Arbeitserlaubnissen an Ausländer
- Förderung
  - der beruflichen Weiterbildung
    - Unterhaltsgeld
    - Bildungsgutscheine
    - Weiterbildungskosten
  - der Teilhabe behinderter Menschen am Arbeitsleben
- Leistungen der aktiven Arbeitsförderung
  - Arbeitsbeschaffungsmaßnahmen
  - Strukturanpassungsmaßnahmen
  - Personal Service Agenturen
  - Zahlung von Lohnkostenzuschüssen
  - Zuschüsse für Eingliederungen
  - Mobilitätshilfen
  - Existenzgründungszuschüsse
- Leistungen zur Förderung der ganzjährigen Beschäftigung in der Bauwirtschaft
- Rehabilitationsleistungen
- Verwaltung der Beiträge der Arbeitslosenversicherung
- Zahlung von Kindergeld (als Familienkasse)
- Zahlung von Lohnersatzleistungen
  - Arbeitslosengeld I (früher Arbeitslosenunterstützung)
  - Arbeitslosengeld II (früher Arbeitslosenhilfe)
  - Zahlung von Saisonkurzarbeiter-, Kurzarbeiter-, Insolvenzgeld

Über bestimmte Träger erfolgt zusätzlich die Förderung

- der Berufsausbildung durch z. B. ausbildungsbegleitende Maßnahmen,
- von Einrichtungen der beruflichen Aus- und Weiterbildung,
- von Jugendwohnheimen,
- von Arbeitsbeschaffungsmaßnahmen,
- von Eingliederungsmaßnahmen.

an Arbeitgeber/-innen

- Arbeitsberatung
- Einstellungszuschuss bei Neugründungen
- Eingliederungszuschüsse
- Förderung der beruflichen Weiterbildung durch Zuschüsse zum Arbeitsentgelt für Ungelernte, Zuschüsse zum Arbeitsentgelt für bedrohte Arbeitnehmer
- Förderung der Teilhabe behinderter Menschen am Arbeitsleben
- Leistungen zur beruflichen Eingliederung schwerbehinderter Personen
- Kurzarbeitergeld
- Förderung der ganzjährigen Beschäftigung in der Bauwirtschaft
- Leistungen nach dem Altersteilzeitgesetz
- Zuschüsse zu Sozialplanmaßnahmen
- Zuschüsse zu Infrastrukturmaßnahmen

[1] Nach dem *Beschäftigungsförderungsgesetz* werden auch private Arbeitsvermittler zugelassen.

Versicherte

Die Arbeitslosenversicherung kennt ausschließlich Pflichtversicherte.

Versicherte

- **Arbeiter**
- **Angestellte**
- **Auszubildende**

Nicht erfasst werden von der Arbeitslosenversicherung Selbstständige, Beamte, Studierende, Schüler und Beschäftige in einem geringfügigen Beschäftigungsverhältnis.

Finanzielle Leistungen an Arbeitslose

Die finanzielle Sicherung in Zeiten der Arbeitslosigkeit ist eine unabdingbare Voraussetzung, um den unverschuldet arbeitslos gewordenen Arbeitnehmer und seine Familie nicht in wirtschaftliche Not geraten zu lassen.

Arbeitslosengeld I ist eine Entgelt- oder Lohnersatzleistung, die über die Arbeitslosenversicherung abgedeckt wird *(SGB III)*.

Arbeitslosengeld II ist eine Grundsicherung für **erwerbsfähige, hilfsbedürftige** Arbeitssuchende *(SGB II)*. Träger des Arbeitslosengeldes II ist der Bund.

Erwerbsfähige Hilfsbedürftige

Die Leistungen umfassen:

- **Regelleistung**

Regelleistung Arbeitslosengeld II/Sozialgeld			
■ Alleinstehend ■ Alleinerziehend ■ Personen mit minderjährigem Partner	■ Partner ab Beginn des 19. Lebensjahres	■ Kinder ab Beginn des 15. Lebensjahres bis Vollendung des 18. Lebensjahres	■ Kinder bis zur Vollendung des 14. Lebensjahres
100 %	90 %	80 %	60 %

- evtl. **Mehrbedarf** für z. B. werdende Mütter ab der 13. Schwangerschaftswoche, Behinderte,
- Leistungen für angemessenen Unterhalt und Heizung,
- Leistungen in Notfällen als Darlehen,
- einmalige Leistungen z. B. für mehrtägige Klassenfahrten.

Bezieher von Arbeitslosengeld II sind kranken-, pflege- und rentenversichert. Die Beiträge zahlt i. d. R. der Bund pauschal.

Nicht erwerbsfähige Hilfsbedürftige

Nicht erwerbsfähige Mitglieder der Bedarfsgemeinschaft von Arbeitslosengeld-II-Empfängern (z. B. minderjährige Kinder, Eltern) erhalten **Sozialgeld** von der Gemeinde/Stadt, wenn sie keinen Anspruch auf Leistungen nach dem *SGB XII* haben.

Das Sozialgeld soll

- den Lebensunterhalt sichern,
- einen evtl. Mehrbedarf ausgleichen,
- die angemessene Unterkunft und Heizung ermöglichen.

Arbeitslosengeld

Arbeitslosengeld I (ALG I) (Versicherungsleistung)

Anspruch auf **Arbeitslosengeld I** hat, wer ...

- unfreiwillig arbeitslos ist, eine neue Beschäftigung sucht und arbeitsbereit ist,
- sich persönlich bei der Agentur für Arbeit arbeitslos gemeldet hat,
- die Anwartschaftszeit erfüllt,
- das 65. Lebensjahr noch nicht vollendet hat,
- Arbeitslosengeld **beantragt** hat *(§§ 117–122 SGB III).*

Anspruchsdauer *(§ 127 SGB III)*:
Die Anspruchsdauer auf Arbeitslosengeld richtet sich nach der vorhergehenden versicherungspflichtigen Beschäftigungsdauer, der Rahmenfrist, dem vollendeten Lebensjahr (max. 12–24 Monate).

Höhe
Die Höhe richtet sich nach dem versicherungspflichtigen Bruttoarbeitsentgelt, das in den letzten 52 Wochen vor der Arbeitslosigkeit erzielt wurde. Von diesem durchschnittlichen Bruttoarbeitsentgelt werden pauschaliert gesetzliche Abzüge (Steuern nach Steuerklasse, SV-Beiträge) abgezogen.

Von dem ermittelten Nettobezug beträgt das Arbeitslosengeld 60 % bzw. 67 % für Arbeitslose mit mindestens einem Kind *(§§ 129–130 SGB III).*
Vorhandenes Vermögen hat keinen Einfluss auf die Höhe von Arbeitslosengeld I, weil es sich um eine versicherungsähnliche Leistung handelt, die aus den Beiträgen finanziert wird.

Pflichten von Arbeitslosengeldbeziehern

- Meldepflicht
- Hinterlegung des Sozialversicherungsausweises
- Mitwirkungspflicht
- Erstattungspflicht für zu Unrecht erhaltene Leistungen

> Wer vom Arbeitslosengeld I zum Arbeitslosengeld II wechseln muss, kann für eine Übergangszeit einen Zuschlag beantragen.

Arbeitslosengeld II (ALG II = Hartz IV) + evtl. Sozialgeld (Fürsorgeleistung)

Anspruch auf **Arbeitslosengeld II** hat, wer ...

- arbeitslos gemeldet ist,
- bei Beantragung von Arbeitslosengeld II den Anspruch auf Arbeitslosengeld I ausgeschöpft hat,
- hilfebedürftig ist, d. h. bestimmte Vermögens- und Einkommensgrenzen – auch des Ehegatten – dürfen nicht überschritten werden,
- zwischen 15 und 65 Jahre alt ist,
- erwerbsfähig ist und täglich mindestens 3 Stunden arbeiten kann,
- in Deutschland den gewöhnlichen Aufenthalt hat,
- als ausländischer Arbeitnehmer eine Arbeitserlaubnis hat,
- einen **Antrag** auf Arbeitslosengeld II gestellt hat, zusätzlich sind Formulare für Unterkunfts- und Heizungskosten, für Einkommenserklärungen, zur Vermögensfeststellung und für weitere Angehörige auszufüllen.

Sozialgeld erhalten nicht erwerbsfähige Mitglieder, die in einer Bedarfsgemeinschaft mit dem Empfänger von Arbeitslosengeld II leben.
Zu einer Bedarfsgesellschaft rechnen

- erwerbsfähige Hilfsbedürftige,
- im Haushalt lebende Eltern,
- Alleinerziehende von Minderjährigen,
- Ehepartner, Partner in eheähnlicher Gemeinschaft,
- minderjährige, unverheiratete bedürftige Kinder, die im Haushalt leben.

Anspruchsdauer
Das Arbeitslosengeld II wird zeitlich unbegrenzt gewährt, wenn die Anspruchsvoraussetzungen dauerhaft erfüllt sind.
Die Leistungen werden für ca. sechs Monate bewilligt. Die Hilfsbedürftigkeit wird fortlaufend überprüft.

Höhe
Die Höhe richtet sich nach dem Bedarf des Empfängers.
Eigenes Vermögen und Einkommen der im Haushalt lebenden Angehörigen werden in die Berechnung einbezogen. Vermögensgegenstände zur Alterssicherung bleiben i. d. R. unberücksichtigt.

Rechte und Pflichten der Empfänger von Arbeitslosengeld II

Empfänger von Arbeitslosengeld II erhalten bei der Suche nach einem Arbeitsplatz einen persönlichen Ansprechpartner bzw. einen „Fallmanager“. Im Ermessen der Agentur für Arbeit können Arbeitssuchende folgende Leistungen erhalten:

- Erstattung von Bewerbungs- und Reisekosten für Vorstellungsgespräche,
- Kosten für Teilnahme an Trainingsseminaren,
- Umzugshilfen,
- Weiterbildung,
- Eingliederungszuschüsse,
- Vermittlungsgutscheine,
- Unterstützung bei Betreuung von Kindern und pflegebedürftigen Angehörigen.

Empfänger von Arbeitslosengeld II müssen jede zumutbare Arbeitsstelle annehmen, die ihnen von der Bundesagentur für Arbeit vermittelt wird. Angebotene Jobs können nur abgelehnt werden, wenn nachgewiesen wird, dass der Arbeitssuchende seelisch, körperlich und geistig nicht in der Lage ist, diese Tätigkeit auszuüben. Zumutbar sind auch sogenannte Arbeitsangelegenheiten der Gemeinden/Städte.

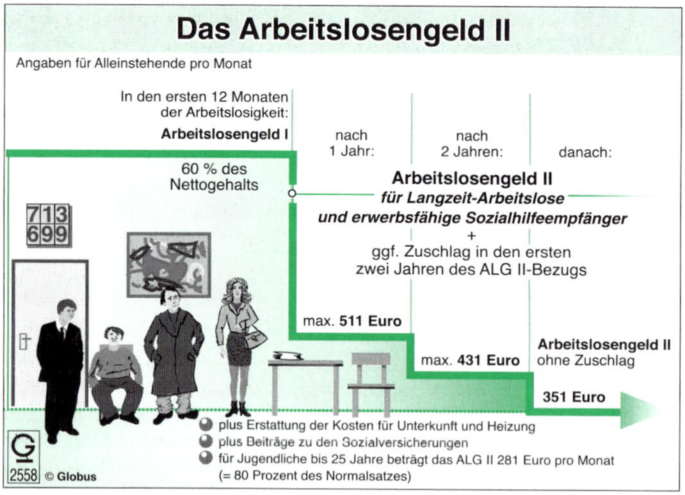

Es muss mit der Agentur für Arbeit eine Eingliederungsvereinbarung getroffen werden.
Pflichtverletzungen führen zu Kürzungen des Arbeitslosengeldes II.

Beispiele

- wiederholte Weigerung, eine Arbeit anzunehmen
- Regelverstöße

Sicherung von Arbeitsplätzen

Die Maßnahmen zur Arbeitsplatzsicherung sollen dazu dienen, bestehende Arbeitsverhältnisse auch in ungünstigen Wirtschaftslagen und während vorübergehender Arbeitsausfälle zu erhalten. Daneben können solche Unternehmen Zuschüsse erhalten, die für Arbeitslose und ältere Arbeitnehmer zusätzlich Arbeitsplätze schaffen.

Maßnahmen zur Arbeitsplatzsicherung

Kurzarbeitergeld	**Saison-Kurzarbeitergeld** (früher Winterausfallgeld)	**Maßnahmen zur Arbeitsbeschaffung**
Zahlungen an Arbeitnehmer und Auszubildende, die infolge von unvermeidbaren Arbeitsausfällen keinen oder nur einen gekürzten Lohn erhalten.	Um die Entlassung von Mitarbeitern des Baugewerbes, der Gerüstbauer, der Dachdecker und der Garten- und Landschaftsbauer aus witterungsbedingten Gründen in der Zeit vom 1. Dezember bis zum 31. März des Folgejahres zu vermeiden, wird ein Saison-Kurzarbeitergeld bezahlt *(§ 175 Abs. 3 SGB III)*: Es tritt an die Stelle des früheren Winterausfallgeldes und wird aus der Arbeitslosenversicherung finanziert. Zum Saison-Kurzarbeitergeld gibt es ergänzende Leistungen (Mehraufwand-Wintergeld, Zuschuss–Wintergeld), die zusätzliche Anreize für eine durchgehende Beschäftigung in den Wintermonaten schaffen sollen *(§ 175 a SGB III)*.	Zuschüsse zur Einrichtung von Arbeitsplätzen für Arbeitslose und ältere Arbeitnehmer bis maximal 90 % des Tariflohnes.

↓ **Ziel: Verhinderung von Entlassungen** (Kurzarbeitergeld, Saison-Kurzarbeitergeld)

Sofortmeldung für schwarzarbeitsträchtige Branchen

Am 1. Januar 2009 wurde eine **Sofortmeldung** für besonders schwarzarbeitsträchtige Branchen eingeführt. Der Arbeitgeber ist verpflichtet, noch vor der Aufnahme eines Beschäftigungsverhältnisses der Datenstelle der Deutschen Rentenversicherung eine Meldung zu erstatten, wenn die Beschäftigung in einer besonders schwarzarbeitsträchtigen Branche erfolgt (Baugewerbe, Gaststätten- und Beherbergungsgewerbe, Personenbeförderungsgewerbe, Speditions-, Transport- und damit verbunden Logistikgewerbe, Schaustellergewerbe, Unternehmen der Forstwirtschaft, Gebäudereinigungsgewerbe, Fleischwirtschaft, Auf- und Abbauunternehmen von Messen und Ausstellungen).

Auf die gemeldeten Daten können die mit der Bekämpfung der Schwarzarbeit betrauten Ermittlungsbehörden und Prüfdienste (Zoll, Arbeitsämter, Rentenversicherungsträger) sowie Unfallversicherungsträger zugreifen.

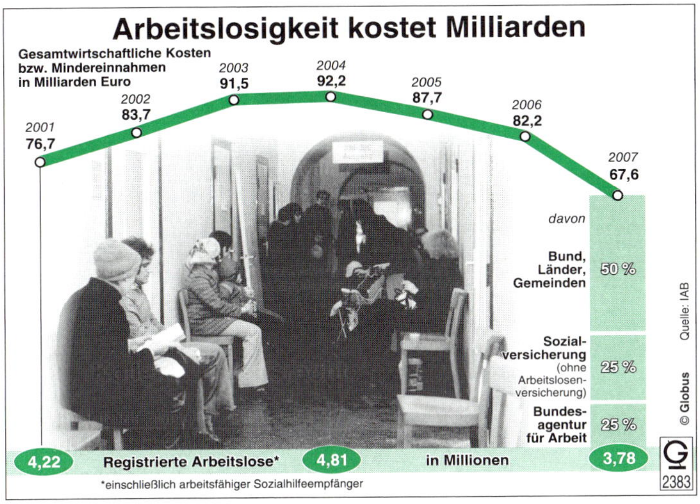

Finanzierung

Die Bundesagentur für Arbeit finanziert sich aus den Beiträgen aus der Arbeitslosenversicherung, aus Zahlungen des Bundes z. B. für Arbeitslosengeld II, Kindergeld und aus Steuermitteln. Der Bund garantiert die Zahlungsfähigkeit der Bundesagentur für Arbeit.

1.5.2.4 Gesetzliche Pflegeversicherung

Aufgabe der **gesetzlichen Pflegeversicherung** ist die **finanzielle Sicherung der Pflegeleistungen** für jene Menschen, die bei den alltäglichen Verrichtungen der ständigen Hilfe bedürfen.

Versicherte

gesetzliche Pflegeversicherung

- gesetzlich Krankenversicherungspflichtige
- freiwillig Krankenversicherte

freiwillige Pflegeversicherung

- Privatversicherte
- Beamte

Leistungen

Die **Leistungen** richten sich nach einem 3-stufigen Grad der Bedürftigkeit.

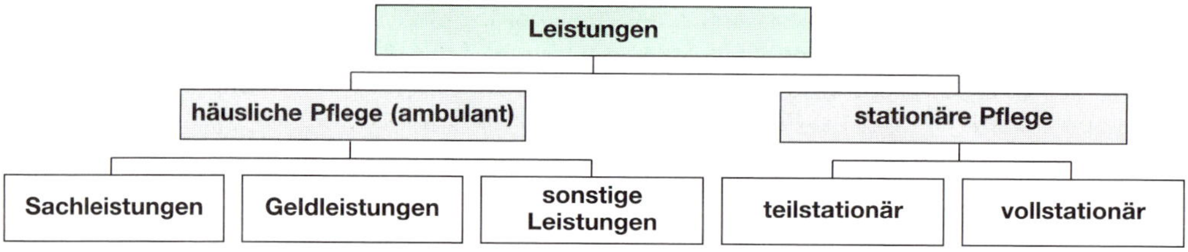

Die neuen Leistungen der Pflegeversicherung

Ab Juli 2008 werden die Leistungen der gesetzlichen Pflegeversicherung stufenweise angehoben.
Angaben in Euro pro Monat

Übernahme der Kosten für ambulante Pflegedienste (Sachleistungen)

	bis Juni 2008	ab Juli 2008	ab 2010	ab 2012
Pflegestufe I	384	420	440	450
Pflegestufe II	921	980	1 040	1 100
Pflegestufe III*	1 432	1 470	1 510	1 550

*Härtefälle weiterhin 1 918 Euro pro Monat

Zuschuss für pflegende Angehörige, Nachbarn oder Freunde (Pflegegeld)

	bis Juni 2008	ab Juli 2008	ab 2010	ab 2012
Pflegestufe I	205	215	225	235
Pflegestufe II	410	420	430	440
Pflegestufe III	665	675	685	700

Stationäre Pflege in Heimen

	bis Juni 2008	ab Juli 2008	ab 2010	ab 2012
Pflegestufe I	1 023	unverändert	unverändert	unverändert
Pflegestufe II	1 279	unverändert	unverändert	unverändert
Pflegestufe III	1 432	1 470	1 510	1 550
Härtefälle	1 688	1 750	1 825	1 918

Quelle: BMG dpa•5143

Eine Kombination zwischen Sach- und Pflegegeldleistungen ist möglich. Einmal jährlich (höchstens 4 Wochen) werden Kosten für eine Ersatzpflegekraft bis zu 1.432,00 EUR übernommen.
Sonstige Leistungen im Rahmen der ambulanten (häuslichen) Pflege liegen vor im Rahmen von:

- Tag- und Nachtpflege
- Kurzzeitpflege
- Pflegehilfsmitteln
- Zuschüssen zu pflegebedingtem Wohnungsbau
- unentgeltlichen Pflegekursen
- Schutz in der gesetzlichen Unfallversicherung
- Beitragsübernahmen in der gesetzlichen Rentenversicherung

Zum 01.07.2008 ist die Pflegereform mit dem Gesetz zur strukturellen Weiterentwicklung der Pflegeversicherung – Pflegeweiterentwicklungsgesetz *(PfWG)* – und dem Pflegezeitgesetz *(PflegeZG)* in Kraft getreten. Kernpunkte der Gesetze sind:

- **Pflegestützpunkte**: Mit neuartigen, wohnortnah gelegenen „Pflegestützpunkten“ soll Rat suchenden Personen (insbesondere Pflegebedürftigen und ihren Angehörigen) eine fachkompetente Beratung „aus einer Hand“ angeboten werden. Als Mitarbeiter der Pflegekassen sollen „Pflegeberater“ fungieren.
- **Preisvergleichsliste**: Die Pflegekassen werden dazu verpflichtet, Pflegebedürftigen, die Leistungen aus der sozialen Pflegeversicherung beantragen, unverzüglich eine Vergleichsliste über die Leistungen und Vergütungen der im Wohnortbereich zugelassenen Pflegeheime und ambulanten Pflegeeinrichtungen zu übermitteln.

- **Verbesserung der Rahmenbedingungen für neue Wohnformen**: Durch Fördermöglichkeiten werden das sogenannte betreute Wohnen und Wohngemeinschaften ermöglicht. Pflegekassen können nun leichter Verträge mit sogenannten Einzelpflegekräften schließen.
- **Leistungserhöhungen**: Zu den Stichtagen 01.07.2008, 01.01.2010 und 01.01.2012 werden die Leistungen der Pflegeversicherung in bestimmter (genau festgelegter) Höhe angehoben. Ab dem Jahr 2015 soll dann zu einer regelmäßigen „Dynamisierung" der Leistungen übergegangen werden (ähnlich wie z. B. bei Renten aus der gesetzlichen Rentenversicherung).
- **Anspruch auf unbezahlte Freistellung**: Pflegende nahe Angehörige haben einen Anspruch auf sechs Monate unbezahlte Freistellung (Pflegezeit). Ein Recht auf Rückkehr sichert den Arbeitsplatz. Für Betriebe mit bis zu 15 Beschäftigten ist eine solche Regelung freiwillig *(§ 7 Abs. 2 PflegeZG)*. Außerdem gewährt *§ 2 Abs. 1 PflegeZG* jedem Beschäftigten das Recht, bei einer **akut auftretenden Pflegesituation eines nahen Angehörigen** bis zur Höchstdauer von zehn Arbeitstagen der Arbeit fernzubleiben. Berufstätige sollen in einem solchen Fall die Möglichkeit haben, sich über Pflegeleistungsangebote zu informieren und die erforderlichen organisatorischen Vorkehrungen zu treffen oder ihre Angehörigen zunächst kurzfristig selbst zu Hause zu versorgen, bis diese in einer geeigneten Pflegeeinrichtung untergebracht werden können.
- **Erfolgsprämie für Heime**
- **Vermittlung privater Pflege-Zusatzversicherungen durch Heime**
- **Schulungen für freiwillige Helfer**

Finanzierung

Die Finanzierung erfolgt durch anteilige Beiträge der Arbeitnehmer (AN) und der Arbeitgeber (AG). Der Beitragsanteil zur gesetzlichen Pflegeversicherung beträgt bis zur Beitragsbemessungsgrenze:

			Sachsen
1. Personengruppe ■ Arbeitnehmer, die ihre Elternschaft gegenüber dem Arbeitgeber nachweisen, ■ Arbeitnehmer bis zum Ablauf des Monats, in dem sie das 23. Lebensjahr vollendet haben, ■ Arbeitnehmer, die vor dem 01.01.1940 geboren wurden, ■ Wehr- und Zivildienstleistende	Anteil AN + Anteil AG = Gesamtanteil	0,975 % 0,975 % 1,950 %	1,475 0,475 1,950
2. Personengruppe ■ Kinderlose Arbeitnehmer, die nicht unter die 1. Personengruppe fallen	Anteil AN + Anteil AG = Gesamtanteil	1,225 % 0,975 % 2,200 %	1,725 0,475 2,200

1.5.2.5 Gesetzliche Unfallversicherung

Die gesetzliche Unfallversicherung umfasst zwei Aufgabenbereiche:

Aufgabenbereiche der gesetzlichen Unfallversicherung

Unfallverhütung

- Erlass und Überwachung von Unfallverhütungsvorschriften
- Sicherstellung einer wirksamen Ersten Hilfe bei Arbeitsunfällen
- Auskunfts- und Beratungswesen
- Schulungen

Minderung oder Beseitigung der Unfallfolgen

- Zahlung von Renten und Entschädigungen bei Unfällen
- Verletztengeld, Verletztenrente, Übergangsgeld
- Witwen-, Witwer-, Waisengeld, Hinterbliebenenbeihilfe
- Maßnahmen zur Wiederherstellung und Wiedereingliederung in das Arbeitsleben
- medizinische Leistungen zur Rehabilitation
- Berufsfindung
- Berufshilfe
- berufliche Eingliederung durch Um-, Aus-, Fortbildung

Versicherte

Die gesetzliche Unfallversicherung unterscheidet zwischen Pflichtversicherten und freiwillig Versicherten.

Versicherte

Pflichtversicherte		**freiwillig Versicherte**
■ alle Arbeitnehmer ■ Unternehmer, deren Unternehmen eine bestimmte Größe nicht überschreitet	während der beruflichen Tätigkeit und auf dem Weg zur und von der Arbeit	nicht versicherungspflichtige Unternehmer
■ Kinder	während des Kindergartenbesuchs	
■ Schüler und Studenten	während des Besuchs der Schule/Hochschule und auf dem Hin- und Rückweg	
■ Lebensretter	während der Hilfeleistung	
■ sonstige: Heimarbeiter, Hausgewerbetreibende, Artisten, Hebammen, Masseure ■ Arbeitslose		

Nahezu die gesamte Bevölkerung ist in der gesetzlichen Unfallversicherung pflichtversichert. Nur einige Personengruppen, die anderweitig abgesichert sind *(z. B. Beamte)*, fallen nicht unter die Zwangsmitgliedschaft.

Maßnahmen im Bereich der Unfallverhütung

Die Unfallverhütung ist ein Schwerpunkt der Unfallversicherung. Zu diesem Zweck werden von den **Berufsgenossenschaften** (Unfallversicherungsträgern) Unfallverhütungsvorschriften erlassen, die für die betroffenen Unternehmen verbindlich und den Arbeitnehmern bekannt zu geben sind. Ziel der Vorschriften ist der Schutz der Arbeitnehmer vor Unfällen und Berufskrankheiten und die ordnungsgemäße Einrichtung und Erhaltung der Betriebsstätten, Maschinen und Gerätschaften. Die Berufsgenossenschaften überwachen die Einhaltung der Vorschriften. Bei Verstößen können hohe Bußgelder (bis 10.000,00 EUR) verhängt werden.

Maßnahmen zur Milderung und Beseitigung der Unfallfolgen

Der Unternehmer ist verpflichtet, jeden Unfall unverzüglich zu melden. In einem anschließenden Untersuchungsverfahren werden Art, Umfang und Ursache der Schädigung festgestellt. Gleichzeitig wird geklärt, ob und in welcher Form die Erwerbsfähigkeit des Versicherten wiederhergestellt werden kann bzw. in welcher Höhe bei bleibenden Unfallfolgen oder bei Tod des Versicherten Rente zu zahlen ist.

Leistungen

Leistungsansprüche entstehen durch:

- Arbeitsunfälle,
- Wegeunfälle,
- Berufskrankheiten.

Der Versicherte bzw. seine Hinterbliebenen können folgende **Leistungen** erhalten:

- **Heilbehandlung,**
- **Übergangsgeld** für die Dauer der unfallbedingten Arbeitsunfähigkeit, sofern der Versicherte keinen Arbeitsverdienst oder Krankengeld erhält,
- **Berufshilfe** zur Wiedereingliederung in das Arbeitsleben; kann der Versicherte seine bisherige Berufstätigkeit nicht wieder aufnehmen, so werden ggf. die Ausbildungskosten für einen anderen Beruf übernommen,
- **Verletztenrente,** wenn die Unfallfolgen eine Erwerbsminderung von mindestens 20 % verursachen,
- **Sterbegeld,**
- **Hinterbliebenenrente,** wenn der Versicherte an den Unfallfolgen oder einer Berufskrankheit gestorben ist (Anspruchsberechtigte sind Witwer, Witwen, Eltern und Kinder),
- **Abfindungszahlungen** anstelle von Verletztenrenten bzw. Hinterbliebenenrenten.

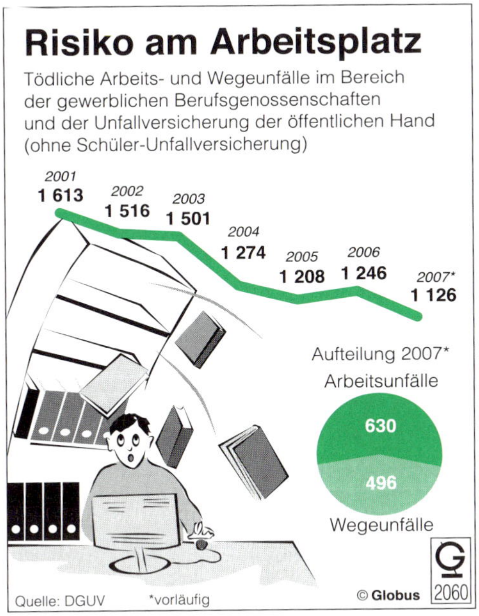

Erweitertes Meldeverfahren

Neben dem ab 2012 entfallenden Lohnnachweis an den Unfallversicherungsträger zur Beitragsfestsetzung wurde das DEÜV-Meldeverfahren zwischen Arbeitgeber und Einzugsstellen 2009 bei Entgeltmeldungen (Jahres-, Ab-, Ummeldungen) um folgende Angaben erweitert:

- Mitgliedsnummer beim zuständigen Unfallversicherungsträger
- Betriebsnummer des zuständigen Unfallversicherungsträgers
- Gefahrtarifstelle, der der Arbeitnehmer zuzuordnen ist
- vom Mitarbeiter geleistete Arbeitsstunden
- an den Arbeitnehmer gezahltes Unfallversicherungsentgelt

Der Prüfdienst der Deutschen Rentenversicherung übernimmt zusammen mit der Prüfung der Gesamtsozialversicherung die ordnungsgemäße Entgeltermittlung.

Finanzierung

Die gesetzliche Unfallversicherung wird über ein **Umlageverfahren** nach dem Prinzip der nachträglichen Bedarfsdeckung[1] allein durch die **Beiträge der Unternehmen** finanziert. Die Lohnsumme, gestaffelt nach Gefahrenklassen, gilt als Bemessungsgrundlage für die Beitragshöhe. Unternehmen, die geringere Unfallquoten und -kosten als vergleichbare Betriebe aufweisen, werden Beitragsnachlässe oder auch Prämien für den Ausbau der betrieblichen Sicherheit gewährt. Trotz der rückläufigen Zahl der Unfälle und Rentenempfänger steigen die Leistungen und damit die Ausgaben an und auch für die Zukunft ist mit einem weiteren Anstieg zu rechnen. Oft ergeben sich aus den persönlichen Schicksalen der Unfallopfer und der Hinterbliebenen Probleme, weil die Versorgung aus der gesetzlichen Unfallversicherung nicht mehr zur Aufrechterhaltung des früheren Lebensstandards ausreicht, auch wenn diese Leistungen vielfach über denen der übrigen gesetzlichen Sozialversicherungsträger liegen.

[1] Die Feststellung der nicht gedeckten Aufwendungen führt zum Umlagesoll und zur Verteilung auf die angehörigen Unternehmen durch Bescheiderteilung im Folgejahr. Die Unternehmen bilden eine Rückstellung für die Nachzahlung des Veranlagungsjahres.

1.5.2.6 Sonstige Maßnahmen der sozialen Sicherung

Sozialhilfe

Sozialhilfe umfasst nach dem *SGB XII* alle Hilfen, die einem Menschen in einer individuellen Notlage von öffentlicher oder privater Seite für eine selbstbestimmte und menschenwürdige Lebensführung gewährt werden, soweit keine Hilfe für Arbeitsfähige nach dem *SGB XII* auf Arbeitslosengeld II besteht.

Die staatliche Sozialhilfe ist das letzte vom Staat gewährte Mittel, Notlagen eines Bedürftigen, der keine Hilfe mehr von anderen erhält, zu beheben.

Träger der Sozialhilfe	
öffentlich örtliche Träger	Kreisfreie Städte und Landkreise mit ihren Sozialämtern
öffentlich überörtliche Träger	Landschaftsverbände, Landeswohlfahrtsverbände
nichtstaatliche Träger	Freie Wohlfahrtsverbände in Kooperation mit den öffentlichen Trägern

Leistungen

Geld- und Sachleistungen, individuelle Betreuung

Hilfe zum Lebensunterhalt

- **laufend**
  nach Regelsätzen
- **einmalig**[1]
  Beispiele:
  Kleidung, Hausrat

Hilfe in besonderen Lebenslagen

Beispiele:
Aufbau/Sicherung der Lebensgrundlagen, Ausbildungs-, Gesundheits-, Kranken-, Eingliederungs-, Blinden- und Altenhilfe, Hilfe zur Pflege

Grundsicherung

Die Grundsicherung ist eine **eigenständige, bedürftigkeitsabhängige Sozialleistung** (Grundsicherung geht vor Sozialhilfe).

Jedem, der durch Alter oder dauerhafte Erwerbsminderung endgültig aus dem Erwerbsleben ausgeschieden ist und dessen Einkommen oder Vermögen für den notwendigen Lebensunterhalt nicht ausreicht, soll es nach dem *SGB XII, Kap. 4* durch einen menschenwürdigen Unterhalt ermöglicht werden, keine Sozialhilfe beantragen zu müssen. **Anspruch** auf Grundsicherung besteht immer dann, wenn die Rente bzw. das Gesamteinkommen einen nach der Sozialhilfe berechneten Leistungsanspruch (Regelsatz, angemessene Aufwendungen für Heizung und Unterkunft, Mehrbedarf, Kranken- und Pflegeversicherungsbeiträge) nicht übersteigt. Die Leistungen der Grundsicherung beginnen mit der Antragstellung und sind steuerfrei. Eigene Einkommens- und Vermögensbestandteile (außer geringem Barvermögen, Hausrat, angemessenem Grundstück mit Haus) werden angerechnet. Jährliche Einkommensgrößen von Kindern und Eltern des Bedürftigen über 100.000,00 EUR verhindern einen Anspruch auf Grundsicherung *(§ 16 SGB IV)*.

[1] Seit 2005 mit integriert in den Regelsatz.

Wohngeld

Wohngeld wird auf Antrag als Zuschuss zu den Wohnraumaufwendungen zur Sicherung angemessenen und familiengerechten Wohnens gewährt.

Formen

- **Mietzuschuss an einen Mieter**
- **Lastenzuschuss an einen Eigentümer**

Kindergeld

Kindergeldzahlungen sind eine familienpolitische Maßnahme des Staates, Lasten von Erziehungsberechtigten mit Kindern gegenüber denjenigen ohne Kinder auszugleichen oder zu mildern. Mit Kindergeld und Steuererleichterungen will der Staat dafür sorgen, dass niemand aus wirtschaftlichen Gründen auf Kinder verzichten muss. Seit dem 1. Januar 2009 beträgt das Kindergeld für das erste und zweite Kind 164,00 EUR, für das dritte Kind 170,00 EUR und ab dem vierten Kind 195,00 EUR pro Monat. Das Geld wird auf Antrag von den Arbeitsagenturen aus Mitteln des Bundes gezahlt. Öffentliche Arbeitgeber zahlen das Kindergeld direkt an die Bediensteten aus.

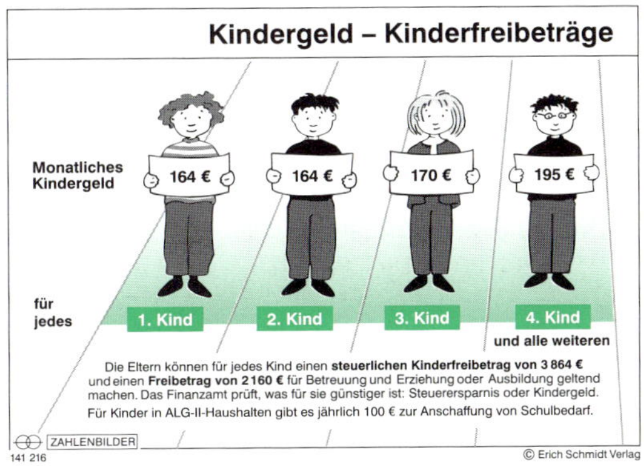

Ausbildungsförderung

Wer an einer Ausbildung teilnimmt, die seiner Neigung, Eignung und Leistung entspricht, hat ein Recht auf individuelle Förderung seiner Ausbildung, wenn ihm die hierfür erforderlichen Mittel nicht anderweitig zur Verfügung stehen *(§ 3 SGB I)*.

Die Förderung erfolgt

- bei **beruflicher** Ausbildung im Rahmen der Arbeitsförderung,
- bei **schulischer** Ausbildung und **Hochschulausbildung** nach den Bestimmungen des Bundesausbildungsförderungsgesetzes (BAföG).

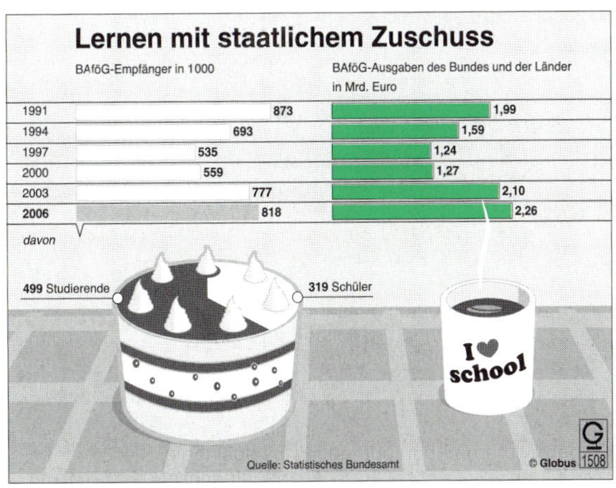

1.5.2.7 Altersvorsorge nach dem Altersvermögensgesetz (AVmG)

Das gesetzliche Rentensystem funktioniert nach dem Umlagesystem auf der Grundlage des Generationenvertrages. Die Erwerbstätigen bezahlen mit ihren Beiträgen weitestgehend die Renten der Rentner. Die **gesamte Altersvorsorge** sollte neben der **gesetzlichen** Rentenversicherung auch die **private** und **betriebliche** Altersvorsorge umfassen.

Private Altersvorsorge

Zur Sicherung des Lebensstandards im Alter fördert der Staat eine stärkere eigenständige Altersvorsorge nach dem sogenannten **Drei-Schichten-Modell.**[1]
Die private Vorsorge baut sich nach dem Prinzip der Kapitaldeckung auf, d. h. die Versicherten zahlen Beiträge ein und erhalten im Alter diese angesparten Kapitalerträge (vermehrt um Zinsen und vermindert um Verwaltungsaufwendungen) als Rente ausgezahlt. Die Bundesanstalt für Finanzdienstleistungsaufsicht **(BaFin)** kontrolliert und zertifiziert, ob die am Markt angebotenen Produkte den gesetzlichen Vorgaben entsprechen. Die **Basis-Rente** (auch **„Rürup-Rente"** genannt) ist eine steuerlich geförderte Altersvorsorge im Rahmen einer freiwilligen, privaten kapitalgedeckten Rentenversicherung. Die Basis-Rente ist insbesondere für Freiberufler und Selbstständige interessant, die in der Regel nicht in die gesetzliche Rentenversicherung einzahlen. Die Beiträge zum Aufbau einer Basis-Rente sind im Rahmen der gesetzlichen Höchstbeträge als Sonderausgaben **absetzbar**, wenn

- der Versicherungsvertrag nur die Zahlung einer monatlichen lebenslangen Leibrente vorsieht,
- die Rente erst nach Vollendung des 60. Lebensjahres beginnt,
- die Ansprüche aus dem Versicherungsvertrag weder vererbt, beliehen, veräußert noch kapitalisiert werden können.

Steuerlich begünstigte zertifizierte Vertragstypen sind:

- Private Rentenversicherungsverträge
- Banksparpläne
- Investmentfonds-Sparpläne

Zu den Altersvorsorgebeiträgen gehören auch die aus dem individuell versteuerten Arbeitslohn des Arbeitnehmers geleisteten Beträge an einen Pensionsfonds, eine Pensionskasse oder eine Direktversicherung zum Aufbau einer kapitalgedeckten betrieblichen Altersversorgung **(„Riester-Rente")**. Nach *§ 82 Abs. 4 AVmG* scheiden solche Aufwendungen aus der zusätzlichen Förderung aus, wenn für die Aufwendungen

- eine Arbeitnehmersparzulage nach dem *5. VermBG* gewährt wird,
- eine Wohnungsbauprämie gezahlt wird oder
- ein Sonderausgabeabzug nach *§ 10 EStG* möglich ist.

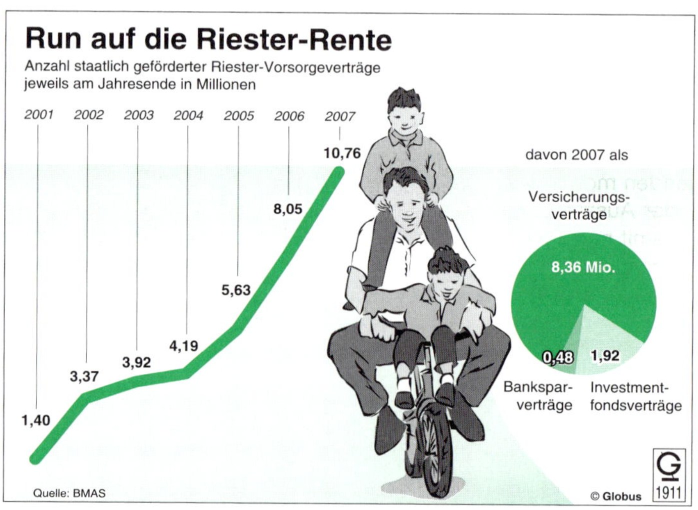

[1] Vgl. Seite 58

Betriebliche Altersvorsorge nach dem Betriebsrentengesetz (BetrAVG)

Man spricht von betrieblicher Altersversorgung *(§ 1 BetrAVG)*, wenn der Arbeitgeber Arbeitnehmern aufgrund eines Arbeitsverhältnisses Versorgungsleistungen bei Alter, Invalidität oder Tod zusagt. Die Finanzierung kann durch den Arbeitgeber und/oder den Arbeitnehmer **(Entgeltumwandlung)** erfolgen.

Für die Abwicklung stehen mehrere Möglichkeiten zur Verfügung:
- Direktversicherung, berufsständische Versorgungswerke, öffentliche rechtliche Versorgungswerke *(§ 3 Nr. 62 EStG)*,
- Pensionsfonds, Pensionskassen und Direktversicherungen *(§ 3 Nr. 63 EStG)*,
- Unterstützungskassen *(§ 4 d EStG)*,
- Pensionsfonds *(§ 4 e EStG)*,
- Direktzusagen *(§ 6 a EStG)*,
- bestimmte Pensionsfonds, Pensionskassen und Direktversicherungen *(§ 10 a EStG)*,
- Pensionskassen *(§ 40 b EStG)*

Steuer- und sozialversicherungsrechtliche Auswirkungen

In diesem Zusammenhang sind neben den finanziellen und verwaltungsmäßigen Belastungen der einzelnen Durchführungswege auch deren steuer- und sozialversicherungsrechtliche Behandlung von Bedeutung.
Begünstigte Arbeitnehmer sind alle Arbeitnehmer in einem abhängigen Beschäftigungsverhältnis, Versicherte während einer anzurechnenden Kindererziehungszeit bis 3 Jahre, Wehr- und Zivildienstleistende, geringfügig Beschäftigte (soweit sie auf die Rentenversicherungsfreiheit verzichtet haben), Bezieher von Lohnersatzleistungen *(z. B. Kranken- und Arbeitslosengeldbezieher)* sowie rentenversicherungspflichtige Selbstständige.
Die Einzahlungen erfolgen auf der Grundlage eines betrieblichen **Altersvorsorgevertrages** *(§§ 10 a Abs. 1, 82 EStG)*, der vom Bundesbeaufsichtigungsamt für das Versicherungswesen nach dem **Altersvorsorgeverträge-Zertifizierungsgesetz** genehmigt ist. Die Verträge müssen folgende **Bedingungen** erfüllen:
- während der Ansparphase sind laufend Beiträge zu leisten,
- die Auszahlung erfolgt nicht vor Erreichen des 60. Lebensjahres oder vor Beginn einer verminderten Rente,
- für das eingezahlte Kapital ist eine Einlagensicherung vorgesehen,
- der Anbieter des Altersvorsorgevertrages muss mit Vertragsbeginn zusichern, dass
  - zu Beginn der Auszahlungsphase mindestens die eingezahlten Beiträge vorhanden sind,
  - die Auszahlung bis zur Vollendung des 85. Lebensjahres in Form einer gleich bleibenden oder steigenden monatlichen Leistung erbracht werden kann,
  - zu Beginn der Auszahlungsphase ein Teil des Kapitals in eine Rentenversicherung eingezahlt wird, damit nach dem 85. Lebensjahr eine lebenslange Rente gezahlt wird.
- der Altersvorsorgevertrag muss die Möglichkeit bieten,
  - den Vertrag ruhen zu lassen oder
  - mit einer Frist von 3 Monaten zum Ende des Kalenderjahres zu kündigen, um das bisher gebildete Kapital auf einen anderen Altersvorsorgevertrag eines anderen Anbieters zu übertragen,
- die Abtretung oder Übertragung von Forderungen oder Eigentumsrechten aus dem Altersvorsorgevertrag an Dritte muss ausgeschlossen sein.

Der zertifizierte Altersvorsorgevertrag berechtigt zu einer **Altersvorsorgezulage** (Grund- und Kinderzulage) oder zum Abzug der Sparleistung als **Sonderausgabe** von der Einkommensteuer, wenn die Beiträge zur Altersvorsorge aus dem versteuerten Arbeitslohn des Arbeitnehmers geleistet werden *(§§ 10 a, 79–99 EStG)*.

Im Rahmen der Einkommensteuerveranlagung ist zu prüfen, welcher Weg für den Steuerpflichtigen günstiger ist. Die gewährten Zulagen werden dabei als eigene Zahlungen angesetzt. Belässt der Arbeitgeber die Altersversorgungsbeträge steuer- und sozialversicherungsfrei (echte Entgeltumwandlung oder Zuzahlung), entfällt zunächst der Anspruch auf Zulage bzw. Sonderausgabenabzug.

Stellt der Arbeitnehmer dennoch einen Antrag auf Zulage bzw. Sonderausgabenabzug, weil dadurch die Förderung höher ist, wird eine Nacherhebung von Lohnsteuer und Sozialversicherung vorgenommen.

Eine **betriebliche** Altersvorsorgung **eignet** sich für Arbeiter, Angestellte, Geschäftsführer, Vorstände; sie gilt nicht für Beamte, Selbstständige und Freiberufler.

Bei der betrieblichen Altersversorgung (bAV) gilt zu beachten:
- der Arbeitgeber übernimmt für seine Mitarbeiter die Zahlung der Beiträge in Versorgungseinrichtungen, aus denen die Mitarbeiter/Hinterbliebenen später eine Rente erhalten,
- Teile des Bruttolohnes des Mitarbeiters werden in Vorsorgebeiträge umgewandelt.

Direktversicherung, Pensionskasse, Unterstützungskasse und Pensionsfonds werden nicht in der Unternehmensbilanz berücksichtigt. Die Direktzusage führt zur Bildung von Pensionsrückstellungen.

Bei **Insolvenz** des Arbeitgebers
- kann bei betrieblicher Altersversorgung in Form der Direktversicherung oder Pensionskasse der Arbeitnehmer die Versicherung privat weiterführen,
- erfolgt bei betrieblicher Altersversorgung in Form der Unterstützungskasse, der Direktzusage und des Pensionsfonds eine Absicherung über den Pensionsversicherungsverein.

1.5.3 Risiken im Netz der sozialen Sicherheit

Alle sozialen Leistungen des Staates zusammen bilden das **„Netz der sozialen Sicherheit“.**

Zunehmend wird diskutiert, ob das System der sozialen Sicherung hinreichend an die wirtschaftlichen und gesellschaftlichen Veränderungen anpassungsfähig ist und ob die Übersichtlichkeit des Systems noch gegeben ist.

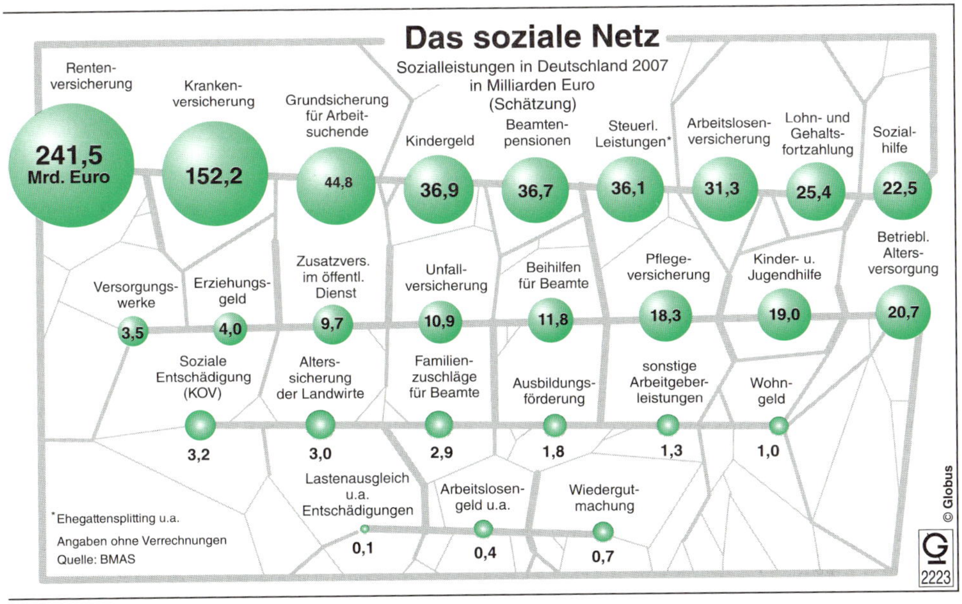

Abhängigkeit der Sozialleistungen von veränderten Wachstumsbedingungen	
Ursachen	Verlangsamtes wirtschaftliches Wachstum führt zu geringerem Zuwachs bei den Arbeitsentgelten, Einkommenseinbußen, erhöhter Arbeitslosigkeit und damit zur Verringerung der Beiträge und Einnahmen der Träger der sozialen Einrichtungen unter gleichzeitiger Zunahme der Sozialausgaben an die Leistungsempfänger
Maßnahmen	■ Überprüfung der sozialen Leistungen ■ Absicherung einer notwendigen Grundversorgung ■ Förderung der privaten Altersvorsorge ■ Ausweitung des Beitragspotenzials ■ Einschränkung der Sozialausgaben

Obwohl von einer ausgezeichneten wirtschaftlichen Entwicklung seit dem 2. Weltkrieg für die Bundesrepublik Deutschland gesprochen werden kann, ist die Beschäftigungspolitik nicht immer in der Lage, Arbeitslosigkeit und ihre Folgen zu verhindern.

Betroffen von den veränderten Arbeitsmarktbedingungen sind insbesondere die Arbeitnehmer mit keinen oder geringen Ausbildungsqualifikationen, gesundheitlichen Einschränkungen und ältere Arbeitnehmer. Der Sozialpolitik obliegt dabei die Aufgabe, abgestimmt auf die jeweilige Situation, die **Defizite der Beschäftigungspolitik** auszugleichen.

1.6 Datenschutz und Datensicherheit

Kaum ein anderer Dienstleister verfügt über so detaillierte und umfassende Informationen über die wirtschaftlichen und persönlichen Verhältnisse von natürlichen und juristischen Personen wie die Kreditinstitute. Aufgrund des außergewöhnlich stark ausgeprägten Vertrauensverhältnisses zwischen Kreditinstitut und Kunden sowie aus gesetzlichen Anforderungen heraus ist bei Kreditinstituten eine besonders hohe Sensibilität im Umgang mit Daten erforderlich.
Die einzelnen Geschäftsabläufe im Kreditinstitut sind durch den intensiven Einsatz von Systemen der Informationstechnik geprägt. Hard- und Software sind unverzichtbare Hilfsmittel für die Mitarbeiter der Kreditinstitute.
Die Kunden erwarten bei den Dienstleistungen der Kreditinstitute ein hohes Maß an Qualität. Qualitätsmerkmale sind vor allem der vertrauliche Umgang mit ihren Informationen, die korrekte Abwicklung ihrer Einlagen- und Kreditgeschäfte sowie die pünktliche Dienstleistungserbringung. Die Kreditinstitute müssen erstklassige Qualität sicherstellen, um eine hohe „Kundenzufriedenheit" bei ihren Kunden herzustellen. Dies hat die Folge, dass die Kreditinstitute ihre Kunden langfristig an sich binden können.
Außerdem müssen die Kreditinstitute die ordnungsmäßige Dienstleistungserbringung gewährleisten. Dies ergibt sich aus gesetzlichen Anforderungen *(z. B. BDSG, StGB, KWG, HGB, GoB, GoBS).*

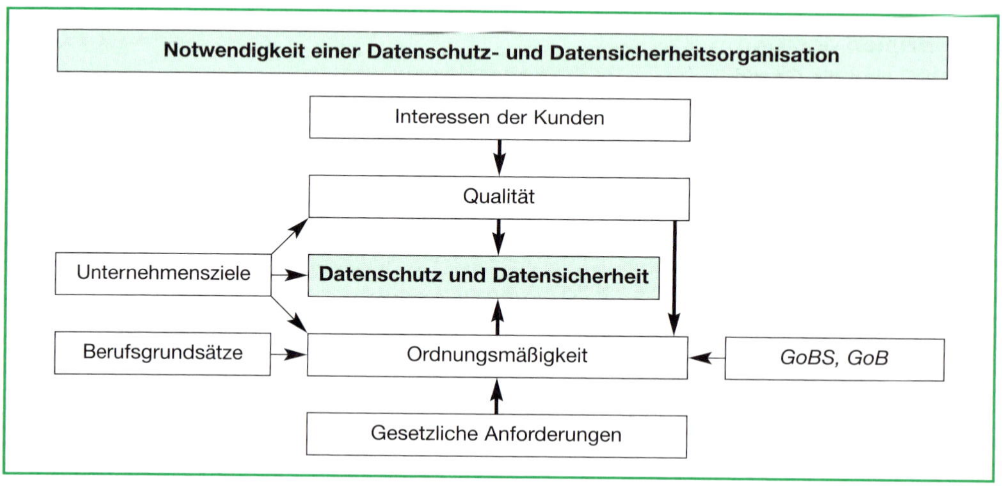

1.6.1 Datenschutz

Datenschutz ist der **gesetzliche Schutz des Persönlichkeitsrechts** und zielt damit ausschließlich auf Informationen, die sich unmittelbar oder mittelbar auf natürliche Personen beziehen. Dabei stehen vor allem die Zulässigkeit der Erhebung, Verarbeitung und Nutzung sowie die Vertraulichkeit der personenbezogenen Daten im Vordergrund.

Der **Datenschutz** umfasst alle Maßnahmen zum Schutz personenbezogener Daten vor missbräuchlicher Verwendung.

Rechtsgrundlagen

Begriff	Definition	Erläuterung
Bundesdatenschutzgesetz *(BDSG)*	Verkündet als Art. 1 des „Gesetzes zur Fortentwicklung der Datenverarbeitung und des Datenschutzes“.	Das *BDSG* regelt in Form eines Auffanggesetzes den Umgang mit personenbezogenen Daten der nichtöffentlichen Stellen, also vornehmlich im Bereich der privaten Wirtschaft und gilt damit grundsätzlich auch für die Datenverarbeitung bei Kreditinstituten. Es betrifft weiter den Umgang mit personenbezogenen Daten durch die öffentlichen Stellen des Bundes.
Landesdatenschutzgesetz	Jedes Bundesland verfügt über ein eigenes Landesdatenschutzgesetz (insgesamt 16 in Deutschland).	Die Landesdatenschutzgesetze betreffen den Umgang mit personenbezogenen Daten ausschließlich durch öffentliche Stellen der Länder, also vornehmlich der Verwaltung der Länder und Kommunen. Sie sind in der Regel für die Kreditinstitute unbeachtlich.

Prinzipien des Datenschutzes

Im *BDSG* sind die **Grundprinzipien des Datenschutzes** umgesetzt:

Prinzip	Erläuterung
Verbotsprinzip	Der Umgang mit personenbezogenen Daten ist danach zunächst grundsätzlich immer verboten. Er ist nur dann erlaubt, wenn sich eine Befugnis hierzu aus ■ speziellen Regelungen zur Datenverarbeitung außerhalb des *BDSG,* ■ dem als Auffanggesetz konzipierten *BDSG* selbst, ■ der Einwilligung des Betroffenen ergibt.
Zweckbindung	Das Kreditinstitut darf die Angaben seines Kunden grundsätzlich nur zur Erfüllung seines Auftrages *(z. B. Kauf von Effekten)* und den hiermit unmittelbar in Zusammenhang stehenden Tätigkeiten verarbeiten. Die Zweckbindung gilt auch für Daten, die durch eine Übermittlung erlangt wurden.
Erforderlichkeitsprinzip	Die Datenerhebung, -verarbeitung und -nutzung ist auf den für die Zweckbestimmung des Erlaubnisrahmens erforderlichen Umfang zu beschränken. Hieraus ergibt sich, dass nicht alle Informationen, die man über einen Kunden erlangt, auch gespeichert werden dürfen. Sie sind auf das zur Auftragserfüllung erforderliche Maß zu beschränken. **Beispiel** Erfährt der Kundenbetreuer während des Gesprächs mit seinem Kunden, dass er seinen nächsten Urlaub in Monaco verbringen möchte, mag dies für ihn interessant sein. Der Mitarbeiter des Kreditinstituts will seinen nächsten Urlaub auch dort verbringen und ist an entsprechenden Urlaubstipps interessiert. Dies hat jedoch nichts mit dem übernommenen Auftrag zu tun und darf daher nicht mit den Angaben zur Kontoführung gespeichert werden.

Prinzip	Erläuterung
Verhältnismäßigkeitsprinzip	Der mit der Verarbeitung personenbezogener Daten verbundene Eingriff in das Persönlichkeitsrecht des Einzelnen gebietet eine fallweise Abwägung der widerstreitenden Grundrechte auf informationelle Selbstbestimmung und auf Informationsfreiheit. **Beispiel** Der Versand von Rundschreiben mit allgemeinen Informationen stellt eine Nutzung der Adressdaten dar, die nicht zur Erfüllung des Auftragsverhältnisses erforderlich ist. Der eindeutig geäußerte Wille des Kunden, keine Rundbriefe zu erhalten, würde hier zu einer Abwägung gegen die Nutzung führen.
Technischer und organisatorischer Schutz	Das Kreditinstitut (Normadressat) hat Vorkehrungen zu treffen, dass durch technische und organisatorische Anforderungen die Rechte der Betroffenen hinreichend geschützt werden. Es hat durch entsprechende Maßnahmen und Maßgaben die konkrete Umsetzung durch die einzelnen Mitarbeiter zu bewirken. Soweit es einen betrieblichen Datenschutzbeauftragten zu bestellen hat, hat dieser sie durch Ausübung der ihm zugewiesenen Aufgaben zu unterstützen. Da dem betrieblichen Datenschutzbeauftragten jedoch eigene Kompetenzen fehlen, ändert sich an der Verantwortlichkeit nichts.

1.6.1.1 Ziel des Datenschutzes

Jede Verarbeitung personenbezogener Daten tangiert Persönlichkeitsrechte des Betroffenen, d. h. kollidiert ggf. mit dem jedem Einzelnen verfassungsrechtlich verbürgten Recht auf **informationelle Selbstbestimmung.**

Danach gilt folgende Aussage des Bundesverfassungsgerichts *(BVG)*

> „Wer nicht mit hinreichender Sicherheit überschauen kann, welche ihn betreffenden Informationen in bestimmten Bereichen seiner sozialen Umwelt bekannt sind, und wer das Wissen möglicher Kommunikationspartner nicht einigermaßen abzuschätzen vermag, kann in seiner Freiheit wesentlich gehemmt werden, aus eigener Selbstbestimmung zu planen oder zu entscheiden. Mit dem Recht auf informationelle Selbstbestimmung wären eine Gesellschaftsordnung und eine diese ermöglichende Rechtsordnung nicht vereinbar, in der Bürger nicht mehr wissen können, wer was wann bei welcher Gelegenheit über sie weiß …“

Das *Bundesdatenschutzgesetz (BDSG)* realisiert den Schutz des Einzelnen, indem es den Umgang mit personenbezogenen Daten in drei Stufen – Erhebung, Verarbeitung und Nutzung – regelt.

Die Stufe der **Verarbeitung** betrifft den eigentlichen Umgang mit personenbezogenen Daten in der betrieblichen Praxis.

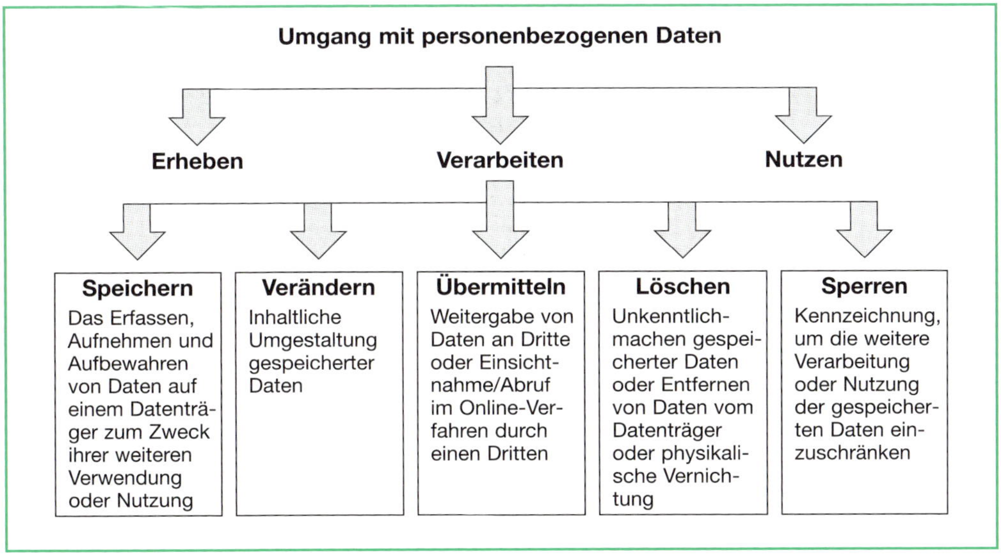

1.6.1.2 Bundesdatenschutzgesetz

Grundregeln des BDSG

- Die Verarbeitung ist zulässig, wenn der Betroffene zustimmt oder eine Rechtsvorschrift sie gestattet.
- Das Speichern von Daten muss grundsätzlich mitgeteilt werden.
- Dem Betroffenen muss grundsätzlich Auskunft erteilt werden über seine Daten, den Zweck der Speicherung und mitgeteilt werden, an wen die Daten regelmäßig weitergegeben werden.
- Unrichtige Daten sind zu berichtigen. Überflüssige, unzulässige und bestrittene Daten sind zu löschen oder zu sperren.
- Die Daten sind vor Missbrauch zu schützen (sichern).
- Die Einhaltung des Datenschutzes ist durch interne Kontrollinstanzen – neben den externen – zu überwachen.

Bestimmungen des BDSG

Die Bestimmungen des BDSG kommen zunächst dann nicht zur Anwendung, wenn andere Vorschriften des Bundes die Verarbeitung personenbezogener Daten inklusive deren Veröffentlichung bereits regeln *(§ 1 Abs. 4 Satz 1 BDSG).*

Das **BDSG** und die **berufsständischen Verschwiegenheitspflichten** erstrecken sich damit auf alles, was den Mitarbeitern des Kreditinstitutes hinsichtlich ihrer Berufstätigkeit anvertraut worden oder sonst bekannt geworden ist. Hierzu zählen auch solche Tatsachen bezüglich eines Kunden, die keine unmittelbare Verbindung zur Berufstätigkeit haben, *z. B. private Äußerungen anlässlich eines Gespräches mit dem Kunden.*

Daneben gilt für die bei der Verarbeitung geschützter personenbezogener Daten beschäftigen Mitarbeiter das **Datengeheimnis** nach *§ 5 BDSG.* Hiernach ist den bei der Datenverarbeitung beschäftigten Mitarbeitern untersagt, geschützte personenbezogene Daten unbefugt zu verarbeiten oder zu nutzen. Sie dürfen z. B. nicht Unbefugten bekannt gegeben oder zugänglich gemacht werden – auch nicht innerhalb des Kreditinstitutes!

Die „Befugnis" des Mitarbeiters zur Verarbeitung von Daten ergibt sich zunächst aus den Regelungen des *BDSG* bzw. spezieller Datenschutzvorschriften. Für den einzelnen Mitarbeiter ergibt sie sich ferner aus seiner Aufgabenstellung im Kreditinstitut und den zur Wahrung des Datenschutzes und der Datensicherheit bestehenden *internen Richtlinien.* Ein Missbrauch von Daten liegt daher auch vor, wenn beruflich bekannt gewordene Angaben zu privaten Zwecken verwandt werden.

Gemäß gesetzlicher Bestimmung muss der bei der Verarbeitung personenbezogener Daten beschäftigte Mitarbeiter ausdrücklich formell auf das Datengeheimnis hingewiesen werden. Die Verpflichtung zur Wahrung des Datengeheimnisses besteht auch nach Beendigung der jeweiligen Tätigkeit, d. h. auch nach Ausscheiden aus dem Kreditinstitut, weiter.

Verstöße gegen das Datengeheimnis können gemäß *§ 43 BDSG* und anderen einschlägigen Rechtsvorschriften, z. B. *§ 203 StGB,* mit Freiheits- oder Geldstrafen geahndet werden. Ferner können Schadenersatzverpflichtungen des Mitarbeiters sowie arbeitsrechtliche Konsequenzen entstehen.

■ Kontrollmaßnahmen nach dem BDSG

Es werden **zehn Kontrollmaßnahmen** bei automatisierter Datenverarbeitung in einer Anlage zu *§ 9 Satz 1 BDSG* ausdrücklich erwähnt. Die einzelnen Anforderungen und mögliche Sicherungsmaßnahmen werden gegenübergestellt:

Maßnahme	Anforderungen	Sicherungsmaßnahmen
Zugangskontrolle	Unbefugten Personen den Zugang zu Datenverarbeitungsanlagen, mit denen personenbezogene Daten verarbeitet werden, zu verwehren	■ Bei Abwesenheit Geräte abschließen oder in den Räumen einschließen ■ Datenträger (CDs, DVDs, USB-Sticks, DV-Listen) vor dem Zugang Unberechtigter schützen und bei Abwesenheit verschließen ■ Einblick auf den Bildschirm nur berechtigten Benutzern gewähren
Datenträgerkontrolle	Verhinderung, dass Datenträger unbefugt gelesen, kopiert, verändert oder entfernt werden	Datenträger (CDs, DVDs, USB-Sticks, Streamer, EDV-Ausdrucke) ordnungsgemäß verwalten **Beispiele:** ■ eindeutige Kennzeichnung ■ sichere Verwahrung ■ Beachtung der Aufbewahrungspflichten ■ physisches Löschen nicht mehr benötigter Daten/Dateien ■ gesicherte Entsorgung ■ Datenträgeraustausch nur auf dem vorgesehenen Weg

Maßnahme	Anforderungen	Sicherungsmaßnahmen
Speicher-kontrolle	Unbefugte Eingabe in den Speicher sowie die unbefugte Kenntnisnahme, Veränderung oder Löschung gespeicherter personenbezogener Daten verhindern	■ Verwendung von Benutzerkennung (Identifikation) und Passwort (Authentisierung), die geheimzuhalten sind ■ Verhinderung von unberechtigter Einsichtnahme ■ Einsatz geeigneter vorhandener Sicherheitssoftware
Benutzer-kontrolle	Verhinderung, dass Datenverarbeitungssysteme mithilfe von Einrichtungen zur Datenübertragung von Unbefugten genutzt werden	■ Geheimhaltung der Benutzerkennung und des Passwortes ■ Terminal-Identifikation/Ausweisleser ■ Überprüfung eines persönlichen Merkmals
Zugriffs-kontrolle	Gewährleistung, dass die zur Benutzung eines Datenverarbeitungssystems Berechtigten ausschließlich auf die ihrer Zugriffsberechtigung unterliegenden Daten zugreifen können	■ Protokollieren unberechtigter Zugriffsversuche ■ Sorgsamer Umgang mit Benutzerkennung und Passwort ■ Sicherheitscode für Transaktionen ■ Einschränkung der Zugriffsrechte
Übermitt-lungs-kontrolle	Gewährleistung, dass überprüft und festgestellt wird, an welche Stellen personenbezogene Daten durch Einrichtungen zur Datenübertragung übermittelt werden können	■ Protokollierung der Datenübermittlungen ■ Dokumentation der Empfänger ■ Autorisierung der Benutzer
Eingabe-kontrolle	Gewährleistung, dass nachträglich überprüft und festgestellt werden kann, welche personenbezogenen Daten zu welcher Zeit von wem in Datenverarbeitungssysteme eingegeben worden sind	■ Eingabe-Protokolle (automatisiert oder manuell) ■ Urbeleg-Aufbewahrung ■ Bearbeitungsrichtlinien
Auftrags-kontrolle	Gewährleistung, dass personenbezogene Daten, die im Auftrag verarbeitet werden, nur entsprechend den Weisungen des Auftraggebers verarbeitet werden können	■ Beachtung der Anweisungen des Auftraggebers ■ Vertragsgestaltung ■ Kontrolle der Einhaltung der Richtlinien
Transport-kontrolle	Verhinderung, dass bei der Übertragung personenbezogener Daten sowie beim Transport von Datenträgern die Daten unbefugt gelesen, kopiert, verändert oder gelöscht werden können	■ Verpackungs- und Versandvorschriften für Datenträger ■ Nutzung nur hierzu bestimmter besonderer Versandarten ■ Legitimationsprüfung bei Direktabholung/Kurierdienst ■ Datenverschlüsselung für den Transportweg ■ Daten gegen Verfälschungen sichern
Organi-sations-kontrolle	Interne Organisation des Kreditinstitutes so gestalten, dass es den besonderen Anforderungen des Datenschutzes gerecht wird	■ Funktionstrennung ■ Beachtung vorhandener Bedienungs- und Benutzeranweisungen ■ Beachtung der Richtlinien zu Datenschutz und Datensicherheit ■ Beachtung der vorgesehenen Maßnahmen zu Datenschutz und Datensicherheit ■ Beachtung der Aufbewahrungsrichtlinien

1.6.1.3 Datenschutzbeauftragter

Der Datenschutzbeauftragte ist in Privatunternehmen zu bestellen, wenn mindestens 20 Arbeitnehmer mit der Erhebung, Verarbeitung und Nutzung personenbezogener Daten beschäftigt werden.

Aufgabe des Datenschutzbeauftragten ist es, für die Beachtung des *BDSG* sowie anderer Vorschriften des Datenschutzes im Unternehmen zu sorgen. Er soll auf die Wahrung der Rechte der Betroffenen bei der Verarbeitung ihrer personenbezogenen Daten achten.

Hierzu hat er für den Vollzug des *BDSG* betriebsinterne Verfahren, Anweisungen und Richtlinien zu erarbeiten und deren Einhaltung zu kontrollieren. Das Gesetz legt ihm darüber hinaus drei besonders genannte Pflichten auf. Er muss:

- die ordnungsgemäße Anwendung der Datenverarbeitungsprogramme, mit deren Hilfe personenbezogene Daten verarbeitet werden, überwachen,
- die bei der Verarbeitung personenbezogener Daten tätigen Personen durch geeignete Maßnahmen mit den Vorschriften des Gesetzes wie auch anderen Vorschriften im Datenschutz vertraut machen,
- bei der Auswahl der bei der Verarbeitung personenbezogener Daten tätigen Personen beratend mitwirken.

Die Tätigkeit des Datenschutzbeauftragten ist also die eines **innerbetrieblichen Kontrollorgans.** Die für allgemeine Fragen der Organisation oder der Sicherheit im Unternehmen zuständigen Organisationseinheiten sowie die datenverarbeitenden Stellen im Unternehmen werden aus ihrer primären Verantwortung für den Datenschutz und die Datensicherung durch den Datenschutzbeauftragten nicht entlassen. Sie haben den Datenschutzbeauftragten bei der Wahrnehmung seiner Kontrollfunktionen zu unterstützen und insbesondere

- eine Übersicht über die DV-Anlage und die stattfindenden Verarbeitungen zur Verfügung zu stellen (Dateiübersicht),
- über neue Vorhaben automatisierter Datenverarbeitung rechtzeitig vorher zu informieren,
- die für die Tätigkeit erforderlichen Hilfskräfte, Räume, Einrichtungen und Mittel zur Verfügung zu stellen.

Zehn Gebote der Europäischen Datenschützer

1. Die Diensteanbieter sollten jeden Benutzer des Internet unaufgefordert über die Risiken für seine Privatsphäre informieren. Der Benutzer wird dann diese Risiken gegen die erwarteten Vorteile abwägen müssen.
2. In vielen Fällen ist die Entscheidung, am Internet teilzunehmen und wie es zu benutzen ist, durch nationales Datenschutzrecht geregelt. Dies bedeutet, dass personenbezogene Daten nur auf eine nachvollziehbare Art und Weise gespeichert werden dürfen. Geheimzahlen von Kreditkarten, medizinische und andere besonders sensible personenbezogene Daten sollten nur in verschlüsselter Form im Internet übertragen oder auf den an das Internet angeschlossenen Computer gespeichert werden. Polizeiliche Steckbriefe und Fahndungsaufrufe sollten nicht im Internet veröffentlicht werden.
3. Initiativen für eine engere internationale Zusammenarbeit, ja sogar für eine internationale Konvention, die den Datenschutz im Zusammenhang mit grenzüberschreitenden Computernetzen und Diensten regelt, sollten unterstützt werden.
4. Es sollte ein internationaler Kontrollmechanismus geschaffen werden, der auf bereits existierenden Strukturen wie der Internet Society und anderer Einrichtungen aufbauen könnte. Die Verantwortung für den Schutz personenbezogener Daten muss in einem gewissen Ausmaß institutionalisiert werden.
5. Nationale und internationale Gesetze sollten unmissverständlich regeln, dass auch der Vorgang der Übermittlung (zum Beispiel durch elektronische Post) vom Post- und Fernmeldegeheimnis geschützt wird.
6. Darüber hinaus ist es notwendig, technische Mittel zur Verbesserung des Datenschutzes der Benutzer auf dem Netz zu entwickeln. Es ist zwingend, Entwurfskriterien für Informations- und Kommunikationstechnologien und Multimedia-Hard- und -Software zu entwickeln, die den Benutzer befähigen, die Verwendung seiner personenbezogenen Daten selbst zu kontrollieren. Generell sollten die Benutzer jeden-

falls in den Fällen die Möglichkeit haben, auf das Internet ohne Offenlegung ihrer Identität zuzugreifen, in denen personenbezogene Daten nicht erforderlich sind, um eine bestimmte Dienstleistung zu erbringen.

7. Auch für den Schutz der Vertraulichkeit sollten technische Mittel entwickelt werden. Insbesondere die Nutzung sicherer Verschlüsselungsmethoden muss eine rechtmäßige Möglichkeit für jeden Benutzer des Internets werden und bleiben.
8. Die Arbeitsgruppe würde eine Studie über die Machbarkeit eines neuen Zertifizierungsverfahrens durch die Ausgabe von „Qualitätsstempeln“ für Diensteanbieter und Produkte im Hinblick auf ihre Datenschutzfreundlichkeit unterstützen. Diese könnten zu einer verbesserten Transparenz für die Benutzer der Datenautobahn führen.
9. Anonymität ist ein wichtiges zusätzliches Gut für den Datenschutz im Internet. Einschränkungen des Prinzips der Anonymität sollten strikt auf das begrenzt werden, was in einer demokratischen Gesellschaft notwendig ist, ohne jedoch das Prinzip als solches infrage zu stellen.
10. Schließlich wird es entscheidend sein, herauszufinden, wie Selbstregulierung im Wege einer erweiterten „Netiquette“ und datenschutzfreundliche Technologie die Implementierung nationaler und internationaler Regelung über den Datenschutz ergänzen und verbessern können. Es wird nicht ausreichen, sich auf eine dieser Handlungsmöglichkeiten zu beschränken: Sie müssen effektiv kombiniert werden, um zu einer globalen Informations-Infrastruktur zu gelangen, die das Menschenrecht auf Datenschutz und unbeobachtete Kommunikation respektiert.

Quelle: Global Online

1.6.2 Datensicherheit

Die **Datensicherheit** wird hauptsächlich aus dem eigenen Sicherheitsbedürfnis angestrebt, auch wenn sich ihre Notwendigkeit aus vielen gesetzlichen Anforderungen ableiten lässt. Diese beziehen sich allerdings meistens nur auf den Umgang mit Informationen. Die Datensicherheit bezieht sich aber nicht nur auf **Daten,** sondern auch auf alle übrigen **Komponenten eines Informationssystems** und berücksichtigt neben technischen auch organisatorische sowie personelle Aspekte.

Die **Datensicherung** (im weiteren Sinne) ist die Summe der technischen, organisatorischen und personellen Maßnahmen, um die Datensicherheit zu gewährleisten. Datensicherung im engeren Sinne (auch Bestandssicherung genannt) kann mit Backup gleichgesetzt werden.

Ziele

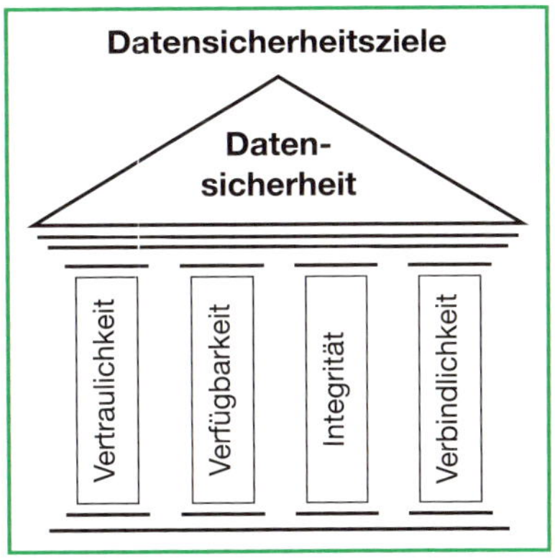

Datensicherheit ist der **Zustand,** in dem die Vertraulichkeit, die Verfügbarkeit und die Integrität der Informationen und aller Komponenten eines Informationssystems gewährleistet sind. Bei der Kommunikation kommt die Verbindlichkeit als viertes Datensicherheitsziel hinzu.

- Die **Vertraulichkeit** ist gewahrt, wenn Informationen nur von Berechtigten zur Kenntnis genommen werden können. Hierdurch soll ein Informationsabfluss ausgeschlossen werden.
- Die **Verfügbarkeit** ist gewahrt, wenn Informationen und IT-Komponenten von Berechtigten bei Bedarf genutzt werden können.
- Die **Integrität** ist gewahrt, wenn Daten und Programme nur bestimmungsgemäß erzeugt und verändert werden können.
- Die **Verbindlichkeit** ist gewahrt, wenn die Urheberschaft und der Empfang beweisbar sind sowie die Korrektheit (oder Unversehrtheit) der übertragenen Informationen gewährleistet ist.

Bedrohungen

Die Datensicherheit ist durch verschiedene Bedrohungen gefährdet. Diese gehen von der Technik, der Natur oder von den Menschen aus. Die Ursachen für Schadenereignisse an den unterschiedlichsten IT-Systemen der Kreditinstitute können in folgende Kategorien eingeteilt werden:

- Technisches Versagen *(z. B. Stromausfall, defekte ISDN-Karte)*
- Höhere Gewalt *(z. B. Brand, Hochwasser, Wasserrohrbruch)*
- Vorsätzliches Handeln *(z. B. Mitnahme von Daten nach Kündigung)*
- Irrtum, Nachlässigkeit, Fehlbedienung, Organisationsversäumnisse *(z. B. Verwechselung der Laufwerksbezeichnung bei der Formatierung eines Datenträgers, Lagerung von Datenträgern auf der Fensterbank, versehentliches Verschütten von Kaffee in die Lüftungsschlitze eines PC, Eingabefehler)*
- schadenstiftende Software *(z. B. Viren)*

Nachfolgend werden einige Bedrohungen aufgezählt, denen die einzelnen IT-Objekte ausgesetzt sind.

Beispiele

Einsatz von DV-gestützten Arbeitsstationen

- Diebstahl
- Virenimplantation
- Einspielen von unlizensierter Software
- Unberechtigter Zugriff von Externen
  - bei der Installation
  - bei der Reparatur
  - bei/nach der Entsorgung
  - von Handwerkern
  - von Reinigungskräften
- Fehlbedienung, Irrtum und Nachlässigkeit
- Mitnahme von Daten durch Mitarbeiter
- Diebstahl von Datenträgern
- Technischer Defekt *(z. B. Controller-Defekt)*

Netzwerk-Server

- Unberechtigter Zugriff durch Mitarbeiter auf Daten
- Versehentliche Löschung von Programmen oder Daten
- Fehler beim Backupverfahren
- Ausführbarer Code wird mit einem Virus infiziert
- Technischer Defekt *(z. B. Festplatten-Crash)*
- Unberechtigter Zugriff von Externen z. B. bei
  - Fernwartung
  - Wartung
  - Installation
- Diebstahl des Servers
- Keine Trennung von Programmen und Daten
- Einspielen von unlizensierter Software
- Kennungen und Passwörter werden weitergegeben
- Fehler bei der Administration

DFÜ-Server

- Das Passwort für die Dateneinreichung an das Rechenzentrum ist nicht aktiviert und Kundendaten werden unter einer falschen Zweigstellennummer eingereicht
- Ausfall des DFÜ-Servers wegen eines technischen Defekts
- Aufspielen von Kommunikationssoftware, die das Eindringen von Hackern ermöglicht

Datenträger

- Diebstahl von Datenträgern
- Äußere Störeinflüsse durch Feuchtigkeit, Hitze, Kälte und magnetische Felder werden bei der Aufbewahrung nicht beachtet

Datenträgeraustausch

- Import und Export von Computerviren
- Bei Wiederverwendung von Datenträgern wird der alte Inhalt nicht endgültig gelöscht

Kommunikation

- Aufzeichnen der Datenströme (Auslesen der Daten)
- Abhören
- Unberechtigte Kenntnisnahme bei der Zwischenspeicherung von Datenpaketen *(z. B. im Internet)*

■ Fehlerhafte Nutzung von Backup-Datenträgern aufgrund einer unzureichenden Kennzeichnung ■ Lesbarkeit der Backup-Medien wird nicht kontrolliert ■ Keine datenschutzgerechte Entsorgung ■ Backup-Kopien können nach einer Konfigurationsveränderung *(z. B. einem Betriebssystemwechsel)* nicht mehr gelesen werden ■ Entmagnetisierung von Datenträgern ■ Lesefehler aufgrund von Alterungsprozessen	■ Datenträger wird nicht an den richtigen Kunden geschickt ■ Datenträger werden nicht unter Verschluss aufbewahrt ■ Diebstahl von Datenträgern ■ Datenträger werden unversiegelt verschickt ■ Datenträger sind unzureichend gekennzeichnet	■ Unterbrechung der Übertragung ■ Fehlleiten von Datenpaketen *(z. B. im Internet)* ■ Verfälschung von Datenpaketen bei der Übertragung
Ausdrucke, Listen und sonstige Paperware ■ Produktion im ungeschützten Bereich (Aufstellung des Druckers im Büroflur) ■ Unsichere Aufbewahrung von Handakten und anderen Unterlagen ■ Unberechtigtes Kopieren ■ Diebstahl von Unterlagen ■ Einsicht durch Besucher oder andere Externe, wenn die Unterlagen nicht gesichert aufbewahrt werden ■ Kenntnisnahme von Kundeninformationen durch unberechtigte Mitarbeiter	**Organisatorische Schwachstellen** ■ Keine Regelungen oder Anweisungen für den Umgang mit der Informationstechnik ■ Unzureichende Ausbildung oder Information der Mitarbeiter ■ Passwörter werden aufgeschrieben und der Zettel wird am Arbeitsplatz *(z. B. unter der Tastatur)* aufbewahrt ■ Zu kurze oder leicht zu erratende Passwörter ■ Passwörter von Herstellern oder Technikern werden nicht geändert bzw. gelöscht ■ Fehlerprotokolldateien *(z. B. beim Backup)* werden nicht ausgewertet ■ Vorhandene Sicherheitsfunktionen werden nicht genutzt oder ausgeschaltet *(z. B. keine Zugangskontrolle für den Netzbetrieb)* ■ Internet und Online-Dienste werden von Mitarbeitern nicht nur zur betrieblichen Aufgabenerfüllung genutzt ■ Mitarbeiter können unlizenzierte Programme oder Dateien mit strafrechtlich relevanten Inhalten auf die Arbeitsplatzrechner kopieren	**Nutzung von Online-Diensten im Internet** ■ E-Mails können von Unberechtigten gelesen werden ■ Einzelne Dateien können vireninfiziert sein (auch Text-Dokumente oder Tabellen aus Kalkulationsprogrammen) ■ Integrität und Qualität von Software und Informationen sind zweifelhaft ■ Die Vertraulichkeit der übertragenen Informationen ist nicht gewährleistet ■ Mitarbeiter erhalten Supervisorrechte und damit Schreibberechtigung auf Programmbestände (hohes Virenrisiko mit schwerwiegenden Folgen) ■ Wartungs- und Fernwartungsarbeiten werden nicht kontrolliert

Handlungsbedarf

Neben den gesetzlichen Anforderungen und dem Verhältnis zum Kunden ergibt sich die Notwendigkeit für eine **Datensicherheitskonzeption** auch aus den unternehmerischen Zielen des Kreditinstitutes.

Kaum ein anderer Bereich verfügt über so eine große Dynamik wie die Informationstechnik. Durch die zunehmende Leistungsfähigkeit der Technik kommen stets neue Nutzungsmöglichkeiten hinzu. Diese **neuen Technologien** sind bei vielen Kunden eine Selbstverständlichkeit und werden mittels der Online-Dienste auch für die Informationsbeschaffung genutzt. Doch der Einsatz neuer Techniken bringt stets neue **Risiken** mit sich.

Gründe für den Handlungsbedarf aus Sicht der Kreditinstitute
- Gesetzliche Anforderungen müssen beachtet werden.
- Die Kunden erwarten eine Datenschutz- und Datensicherheitsorganisation bei ihrem Kreditinstitut.
- Die Anzahl der Anwendungen wird immer größer.
- Die Anwendungssysteme werden komplexer.
- Die Abhängigkeit von der Informationsverarbeitung steigt zunehmend und damit auch die Anfälligkeit.
- Die Systeme werden offener (Internet, Intranet usw.).

1.6.3 Zusammenhang zwischen Datenschutz und Datensicherheit

Datenschutz und Datensicherheit stehen in keinem konkurrierenden Verhältnis zueinander, sondern **nebeneinander.** Sie verfügen über eine **gemeinsame Schnittmenge.** Falls personenbezogene Daten verarbeitet werden, muss in Bezug auf die Sicherheitsziele vor allem die Vertraulichkeit gewährleistet sein. Wenn IT-Systeme eingesetzt werden, sind entsprechende Datensicherheitsaspekte zu berücksichtigen. Letztendlich hat dies zur Folge, dass jedes Kreditinstitut für sich eine **individuelle Datensicherheitskonzeption** erstellen muss, um sich vor Schadenereignissen zu schützen oder die Folgen eines Schadenereignisses verkraftbar zu machen.

Der Zusammenhang zwischen Datenschutz und Datensicherheit

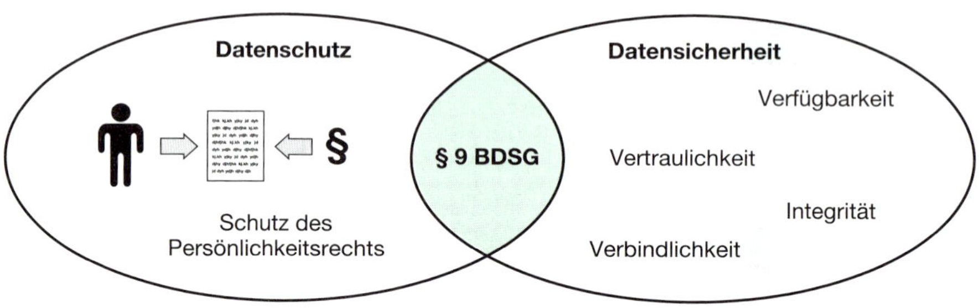

1.7 Gerichtsbarkeit[1]

1.7.1 Arbeitsgerichtsbarkeit

Beispiel

Sonja Stern ist davon überzeugt, dass die fristgerechte Kündigung zum 30. Juni nicht nach sozialen Gesichtspunkten erfolgte. Auch das Gespräch mit ihrem Arbeitgeber, der Sparkasse Neumünster, führt nicht zur Zurücknahme der Kündigung. Frau Stern will gerichtlich gegen die Kündigung vorgehen.

Das **Arbeitsgericht** ist **sachlich zuständig** für alle Streitigkeiten aus:

- dem Arbeitsvertrag,
- dem Tarifvertrag,
- den Betriebsvereinbarungen,
- den Bestimmungen des Betriebsverfassungsgesetzes *(BetrVG),*
- den Bestimmungen des Mitbestimmungsgesetzes *(MitbestG).*

Örtlich ist das Arbeitsgericht zuständig, in dessen Bezirk sich der Erfüllungsort für das Arbeitsverhältnis (Niederlassung, Zweigniederlassung des Arbeitgebers) befindet.

Vor Beginn des Prozesses findet eine **Güteverhandlung** vor dem „Vorsitzenden Richter" statt, um die Parteien zu einer Klagerücknahme, -anerkennung oder zu einem Vergleich zu bewegen, um ohne Urteilsspruch das Gerichtsverfahren abzukürzen sowie Gerichtskosten und Arbeit zu sparen.

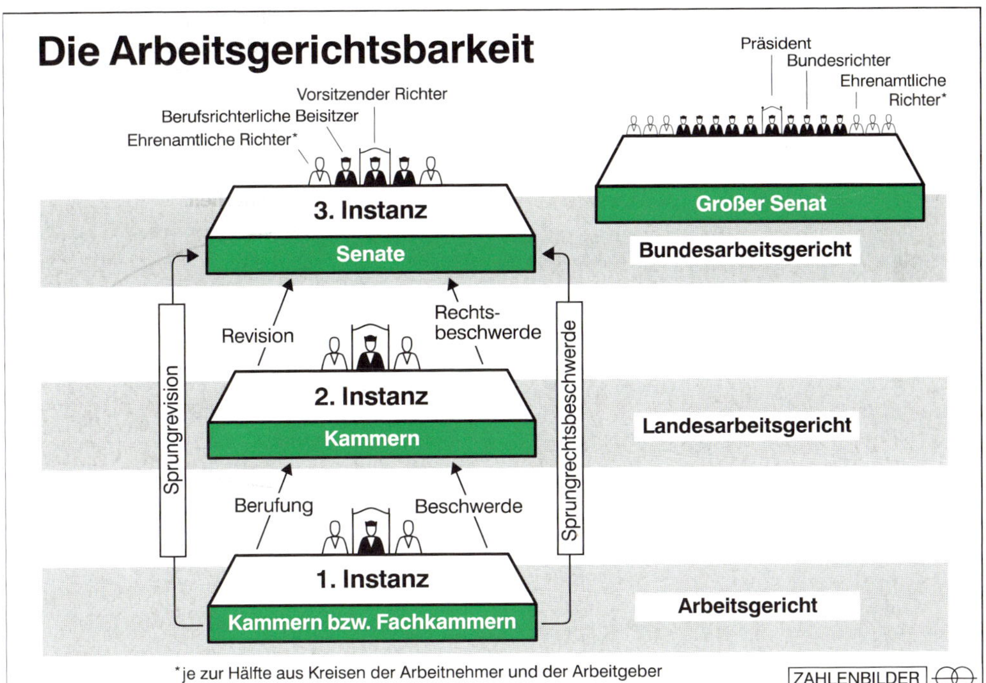

© Erich Schmidt Verlag 129 160

[1] Das Justizkommunikationsgesetz vom 1. April 2005 ermöglicht einen umfassenden elektronischen Rechtsverkehr mit den Gerichten und die Führung von elektronischen Gerichtsakten.

Im **ersten Rechtszug** entscheidet das **Arbeitsgericht** nach mündlicher Verhandlung durch Urteil (oder Vergleich), in Angelegenheiten des *BetrVG* und *MitbestG* durch *Beschluss.* Sofern der Streitwert 600,00 EUR übersteigt, ist die *Berufung* gegen Urteile und die *Beschwerde* gegen Beschlüsse beim **Landesarbeitsgericht** möglich. Gegen das Urteil des Landesarbeitsgerichts ist die *Revision* bzw. gegen einen Beschluss die *Rechtsbeschwerde* beim **Bundesarbeitsgericht** in Erfurt als höchste Instanz möglich, soweit die Vorinstanz das Rechtsmittel wegen grundsätzlicher Bedeutung der Rechtssache zugelassen hat.
Die Parteien müssen alle Tatsachen vorbringen und Beweismittel beibringen, auf deren Grundlage das Gericht ohne eigene Nachforschungen einen Vergleich herbeiführt oder ein Urteil verkündet. Im **Beschlussverfahren** stellt das Gericht von sich aus Ermittlungen an und klärt den Sachverhalt. Bei der **Berufung** wird der gesamte Streitfall erneut geprüft, bei der **Revision** jedoch nur die richtige Rechtsanwendung der Vorinstanzen.

1.7.2 Sozialgerichtsbarkeit

Das Sozialgericht ist sachlich zuständig für Streitigkeiten aus der Sozialversicherung, der Arbeitsvermittlung und Arbeitslosenversicherung sowie der Kriegsopferversorgung.
Die Dreigliedrigkeit des Instanzenweges ist wie bei der Arbeitsgerichtsbarkeit durch **Sozialgericht, Landessozialgericht und Bundessozialgericht** gegeben. Das Verfahren unterscheidet sich nur insofern von der Arbeitsgerichtsbarkeit, dass mit wenigen Ausnahmen ein **Vorverfahren** durchgeführt wird. Dabei entscheidet die bei dem Versicherungsträger eingerichtete Widerspruchsstelle über einen gegen einen Verwaltungsakt (Bescheid) gerichteten **Widerspruch** durch **Widerspruchsbescheid.**

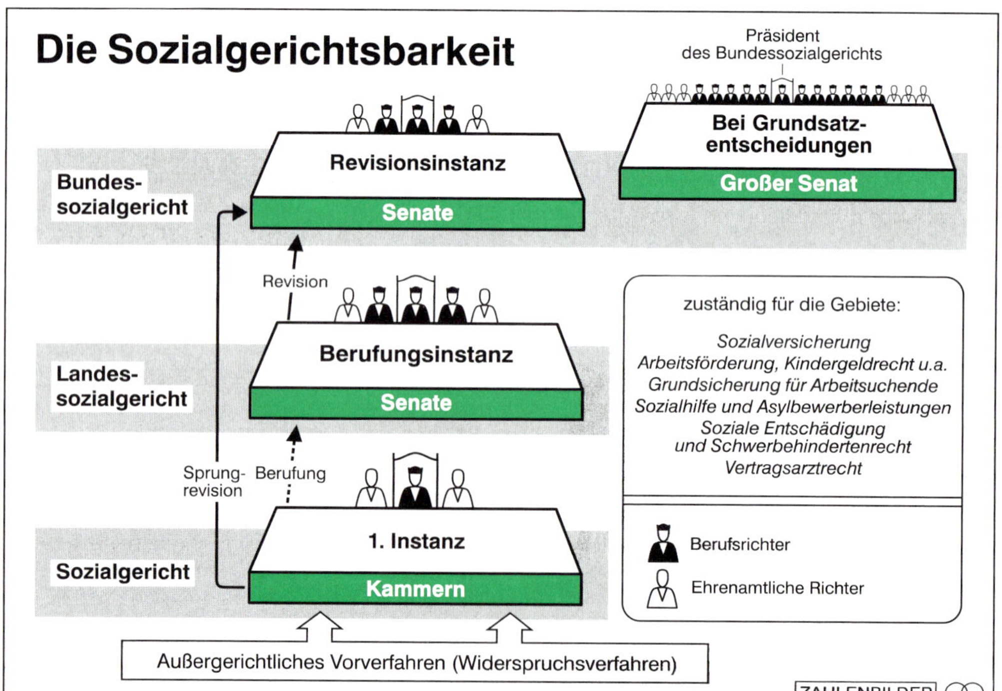

© Erich Schmidt Verlag

2 Rechtliche Rahmenbedingungen des Wirtschaftens

2.1 Rechtsgrundlagen

2.1.1 Die Rechtsordnung als Bestandteil der Gesellschaftsordnung

Jede „lebensfähige" menschliche Gemeinschaft ist nur auf der Grundlage einer allgemeinen Ordnung möglich, welche die „Spielregeln" für das Zusammenleben festlegt. Dies gilt für sämtliche Bereiche des Zusammenlebens, ob innerhalb der Familie, des Betriebes oder der Gesellschaft. Werden diese Spielregeln auf die Dauer nicht eingehalten, so wird die Gemeinschaft zwangsläufig auseinanderbrechen.

Immer wenn Menschen in einer Gemeinschaft zusammenleben, stoßen unvermeidlich gegensätzliche Interessen aufeinander. Es entstehen Interessenkonflikte. Um die Gemeinschaft aufrechtzuerhalten und ein geordnetes Zusammenleben überhaupt erst zu ermöglichen, muss daher geklärt werden,

- auf welche Weise verschiedenartige Interessen miteinander in Einklang gebracht werden sollen,
- wann sich der Einzelne mit seinen Interessen dem Interesse der Gemeinschaft unterzuordnen hat,
- in welchen Fällen das persönliche Interesse des Einzelnen Vorrang vor den Interessen anderer hat.

> Die Gesamtheit aller Verhaltensregeln, denen der Einzelne unterworfen ist, bezeichnet man als **Gesellschaftsordnung.**

Diese Ordnung ist keineswegs ausschließlich durch Verfassung, Gesetzesvorschriften und vertragliche Vereinbarungen festgelegt. Vielmehr bestimmen auch *Sitten, Brauchtümer* und *kulturelles Erbe* die Ordnung, innerhalb derer sich das gesellschaftliche Leben vollzieht. Allerdings sind die wichtigsten Grundsätze der Gesellschaftsordnung in Form von **Rechtsnormen** allgemeinverbindlich geregelt.

Insgesamt stellt die Gesellschaftsordnung die Zusammenfassung vielfältig verflochtener, ineinandergreifender Regeln dar. Gedanklich lassen sich innerhalb der Gesellschaftsordnung vier verschiedene Teilbereiche unterscheiden:

- Die **Rechtsordnung** beinhaltet die Gesamtheit sämtlicher Rechtsvorschriften innerhalb der Gesellschaft.
- Die **politische Ordnung** spiegelt die politischen Herrschafts- und Machtverhältnisse innerhalb der Gesellschaft wider.
- Die **Sozialordnung** regelt den Schutz der sozial Schwachen und Benachteiligten sowie den Schutz vor wirtschaftlichen Folgen von Krankheit, Arbeitslosigkeit und Erwerbsunfähigkeit.
- Die **Wirtschaftsordnung** legt die Rahmenbedingungen fest, die für das wirtschaftliche Handeln der Wirtschaftssubjekte gelten.

Alle vier Bereiche sind voneinander abhängig. Sie bedingen sich teilweise gegenseitig: Geänderte Auffassungen innerhalb der politischen Führung über die Sozialordnung schlagen sich in einer entsprechenden Sozialgesetzgebung nieder. Hieraus können wiederum Rückwirkungen auf die Wirtschaftsordnung entstehen. Umgekehrt bleibt der wirtschaftliche Wandel nicht ohne Auswirkungen auf die Wirtschafts- und Sozialordnung.

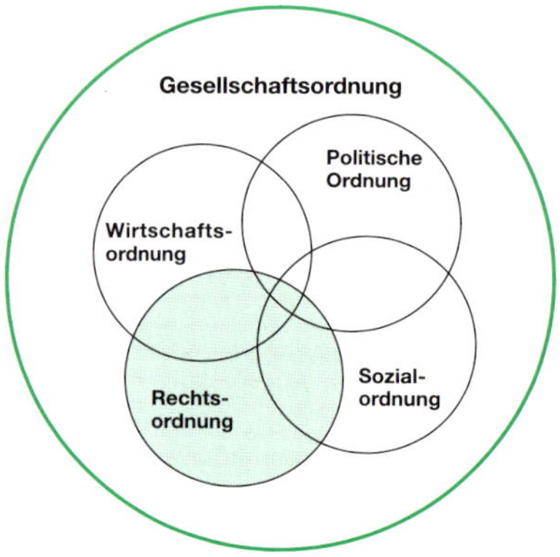

- **Rechtsnormen** regeln verbindlich die Beziehungen der Menschen zueinander und begrenzen die Rechte des Einzelnen innerhalb der Gesellschaft.
- Die **Rechtsordnung** als Gesamtheit aller Rechtsnormen ist Bestandteil sämtlicher Verhaltensregeln, denen der Einzelne unterworfen ist.

2.1.2 Rechtsquellen

Rechtsnormen können

- sich durch ständige allgemeine Praxis und Rechtsanschauungen entwickeln *(= Gewohnheitsrecht),*
- durch individuelle Vereinbarungen zwischen einzelnen Personen entstehen *(= Vertragsrecht),*
- ausdrücklich vom Gesetzgeber (Legislative) geschaffen werden *(= Gesetzesrecht, „kodifiziertes Recht").*

Während Gewohnheitsrecht und Gesetzesrecht für die Allgemeinheit verbindlich sind, gelten vertragliche Vereinbarungen nur für die beteiligten Parteien.

Gewohnheitsrecht	Gesetzesrecht	Vertragsrecht
Ungeschriebene Rechtsnormen, die sich durch langjährige, stetige Gewohnheiten und Rechtsanschauungen innerhalb einer Gesellschaft entwickelt haben. Sie sind mit dem Gesetzesrecht gleichrangig. Gegenüber dem Gesetzesrecht bestehen heute nur noch wenige Rechtsnormen, die ausschließlich gewohnheitsrechtlich abgesichert sind. **Beispiel:** Nicht im Grundbuch eingetragene, aber aufgrund langjähriger Gewöhnung bestehende Wegerechte.	Geschriebene Rechtsnormen, die in einem förmlichen Verfahren von den dafür zuständigen staatlichen Organen erlassen werden. ■ **Gesetze** werden von den Trägern der gesetzgebenden Gewalt, den Parlamenten (Legislative), erlassen. ■ **Rechtsverordnungen** werden von einer Behörde, die der Gesetzgeber eigens ermächtigt hat, erlassen. Sie sind an ein bestimmtes Gesetz gebunden und dienen zur Ergänzung des Gesetzes. Inhalt, Zweck und Ausmaß der Ermächtigung zum Erlass einer Rechtsverordnung sind im betreffenden Gesetz festgelegt. **Beispiele:** ■ Verordnung über die Rechnungslegung der Kreditinstitute ■ Börsenzulassungsverordnung Die **autonome Satzung** ist eine Sonderart des Gesetzesrechts; sie beruht auf der Rechtsetzungsbefugnis, die u.a. den Anstalten und Körperschaften des öffentlichen Rechts zusteht. **Beispiel:** Sparkassensatzung	Geschriebene und ungeschriebene Rechtsnormen, die aufgrund individueller Absprachen zwischen den Rechtssubjekten entstehen. ■ Der **Grundsatz der Vertragsfreiheit** bedeutet Abschluss- und Inhaltsfreiheit: Es steht den Beteiligten frei, Verträge mit wem auch immer und beliebigen Inhalts zu schließen. Die Vertragsfreiheit findet dort ihre Grenzen, wo gegen bestehende Gesetze und die Rechte Dritter verstoßen wird. ■ Der **Grundsatz von „Treu und Glauben"** bedeutet, dass Verträge so auszulegen und zu erfüllen sind, wie es den allgemeinen Verkehrssitten entspricht *(§§ 157, 242 BGB).* ■ Der **Grundsatz der Vertragstreue** verpflichtet die Vertragspartner zur Erfüllung der eingegangenen Verpflichtungen. Eine schuldhafte Verletzung der Vertragspflichten löst ggf. Schadenersatzpflicht aus.

2.1.3 Rechtsprechung

Die **Rechtsprechung** (Judikative) geschieht durch die Gerichte. Die Richter sind unabhängig und nur dem Gesetz verpflichtet *(Art. 97 GG)*. Sie haben die Aufgabe, in einem geregelten Verfahren (Prozess) das vorhandene Recht auf den Einzelfall anzuwenden und darüber zu entscheiden, wie in Streitfällen Gesetze bzw. Verträge auszulegen sind, d. h.was bei konkreten Sachverhalten rechtens ist.

Beispiel

Die Finanzgerichte (FG) als spezielle Verwaltungsgerichte sind zuständig für abgabenrechtliche Streitigkeiten zwischen Steuerpflichtigen und Finanzbehörden.

Ständige Rechtsprechung liegt vor, wenn die Gerichte in einer bestimmten Rechtsfrage wiederholt im gleichen Sinn entscheiden. Eine bestimmte Rechtsanschauung kann auf diese Weise zum Gewohnheitsrecht erstarken.

Höchstrichterliche Rechtsprechung erfolgt durch die höchsten Gerichte.

Beispiele

Es sind zuständig:
- der **Europäische Gerichtshof** *(EuGH)* für europäische und überstaatliche Angelegenheiten der Gemeinschaftsmitglieder
- das **Bundesverfassungsgericht** *(BVG)* für Verfassungsstreitigkeiten
- der **Bundesgerichtshof** *(BGH)* für Zivil- und Strafsachen
- der **Bundesfinanzhof** *(BFH)* für Streitigkeiten über Abgabenangelegenheiten
- das **Bundesarbeitsgericht** *(BAG)* für arbeits- und tarifrechtliche Angelegenheiten

Die Endurteile der höchsten deutschen Gerichte sind zwar endgültig für den betreffenden Fall, binden aber in einem neuen Fall weder die höchsten Gerichte selbst noch die untergeordneten Gerichte.
Hiervon ausgenommen sind nur die Entscheidungen des Bundesverfassungsgerichts: Sie binden die Verfassungsorgane des Bundes und der Länder und haben grundsätzlich Gesetzeskraft.

Gewaltenteilung

Seit der klassischen Gewaltenteilungslehre, die vor allem auf John Locke (1632–1704) und Charles de Montesquieu (1689–1755) zurückgeht, wird unter Gewaltenteilung die Aufteilung der staatlichen Gewalt in mehrere, sich gegenseitig kontrollierende und beschränkende Gewalten, die von verschiedenen Personen ausgeübt werden, verstanden. Herkömmlich wird dabei zwischen legislativer, exekutiver und judikativer Gewalt unterschieden.

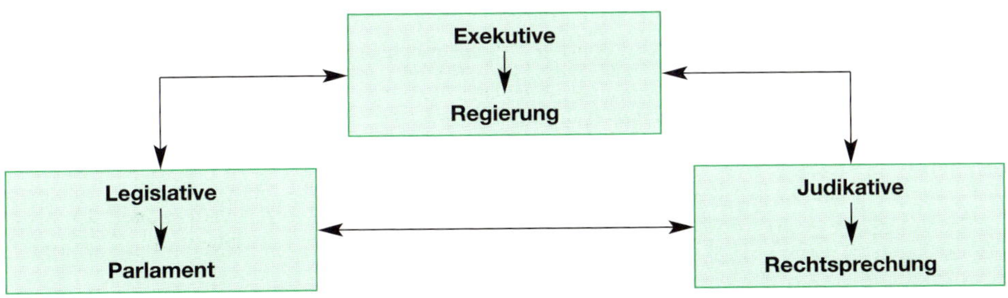

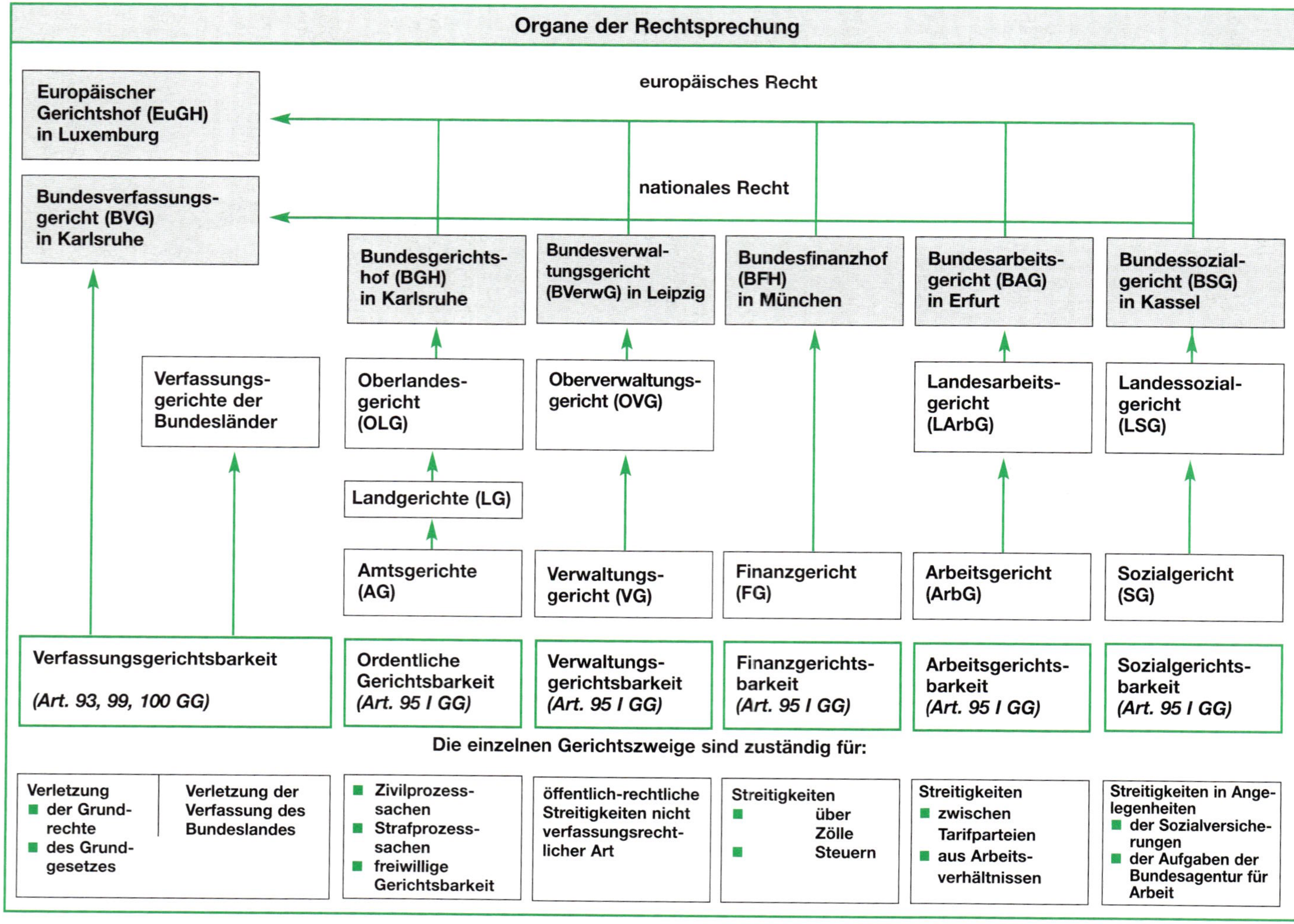
Organe der Rechtsprechung
europäisches Recht
nationales Recht
Europäischer Gerichtshof (EuGH) in Luxemburg
Bundesverfassungsgericht (BVG) in Karlsruhe
Bundesgerichtshof (BGH) in Karlsruhe
Bundesverwaltungsgericht (BVerwG) in Leipzig
Bundesfinanzhof (BFH) in München
Bundesarbeitsgericht (BAG) in Erfurt
Bundessozialgericht (BSG) in Kassel
Verfassungsgerichte der Bundesländer
Oberlandesgericht (OLG)
Oberverwaltungsgericht (OVG)
Landesarbeitsgericht (LArbG)
Landessozialgericht (LSG)
Landgerichte (LG)
Amtsgerichte (AG)
Verwaltungsgericht (VG)
Finanzgericht (FG)
Arbeitsgericht (ArbG)
Sozialgericht (SG)
Verfassungsgerichtsbarkeit (Art. 93, 99, 100 GG)
Ordentliche Gerichtsbarkeit (Art. 95 I GG)
Verwaltungsgerichtsbarkeit (Art. 95 I GG)
Finanzgerichtsbarkeit (Art. 95 I GG)
Arbeitsgerichtsbarkeit (Art. 95 I GG)
Sozialgerichtsbarkeit (Art. 95 I GG)
Die einzelnen Gerichtszweige sind zuständig für:
Verletzung ■ der Grundrechte ■ des Grundgesetzes
Verletzung der Verfassung des Bundeslandes
■ Zivilprozesssachen ■ Strafprozesssachen ■ freiwillige Gerichtsbarkeit
öffentlich-rechtliche Streitigkeiten nicht verfassungsrechtlicher Art
Streitigkeiten ■ über Zölle ■ Steuern
Streitigkeiten ■ zwischen Tarifparteien ■ aus Arbeitsverhältnissen
Streitigkeiten in Angelegenheiten ■ der Sozialversicherungen ■ der Aufgaben der Bundesagentur für Arbeit

2.1.4 Privatrecht und öffentliches Recht

Rechtsnormen können privatrechtlicher oder öffentlich-rechtlicher Natur sein.

Das **Privatrecht** regelt auf der Basis der Gleichberechtigung die rechtlichen Beziehungen der Privatpersonen und privaten Einrichtungen untereinander.
Wichtigste Gesetzesgrundlage ist das **Bürgerliche Gesetzbuch** *(BGB)*.

Privatrechtliche Beziehungen werden in erster Linie durch **Verträge** gestaltet. Niemand kann zum Abschluss eines Vertrages gezwungen werden. Die Vertragspartner können im Rahmen der bestehenden Gesetze ihre Verträge beliebig ausgestalten (dispositives Recht). Auch öffentlich-rechtliche Institutionen können privatrechtliche Beziehungen eingehen.

Beispiel Die Stadt Köln kauft von einem Möbelhersteller Computertische.

Das **öffentliche Recht** regelt auf der Basis der Über-/Unterordnung die rechtlichen Beziehungen zwischen dem Staat und den übrigen Trägern der öffentlichen Gewalt auf der einen Seite und den Privatpersonen und privaten Einrichtungen auf der anderen Seite.

Öffentlich-rechtliches Handeln vollzieht sich durch Verwaltungsakte.
Verwaltungsakte sind hoheitliche Maßnahmen, die eine Behörde zur Regelung eines Einzelfalles trifft und denen der Betroffene, wenn kein Rechtsbehelf mehr möglich ist, sich nicht entziehen kann.

Beispiele

- Steuerbescheid des Finanzamtes
- Bußgeldbescheid des Amtes für öffentliche Ordnung wegen Falschparkens

Privatrecht (Zivilrecht)	Öffentliches Recht
■ regelt die Rechtsbeziehungen der Privatpersonen und privaten Einrichtungen untereinander ■ dient dem Individualinteresse	■ regelt die Rechtsbeziehungen der Privatpersonen und privaten Einrichtungen zu den öffentlichen Einrichtungen (Staat, Gemeinden usw.) und der öffentlichen Einrichtungen untereinander ■ dient dem öffentlichen Interesse
Die im Gesetz stehenden Rechtsnormen können durch individuelle vertragliche Abmachungen geändert werden. Die gesetzlichen Regelungen gelten nur insoweit, als keine anderweitigen vertraglichen Vereinbarungen getroffen wurden.	Die im Gesetz stehenden Rechtsnormen sind für die Bürger bzw. die betroffenen öffentlichen Einrichtungen zwingend. Bei Straftatbeständen muss der Staat – vertreten durch den Staatsanwalt – Klage bei Gericht erheben.
Grundsätze: ■ Gleichberechtigung der Beteiligten ■ Vertragsfreiheit ■ Vertragstreue	**Grundsatz:** Über- bzw. Unterordnung
Rechtsgebiete: ■ *Bürgerliches Recht* ■ *Eherecht* ■ *Handelsrecht* ■ *Scheckrecht* ■ *Wertpapierrecht* ■ *Urheberrecht*	**Rechtsgebiete:** ■ *Verfassungsrecht* ■ *Prozessrecht* ■ *Verwaltungsrecht* ■ *Steuerrecht* ■ *Strafrecht* ■ *Schulrecht*

2.1.5 Objektives und subjektives Recht

Das **objektive Recht** umfasst die Gesamtheit der durch **Gesetze** oder **Gewohnheitsrecht** verankerten Rechtsnormen.

Beispiele

- Grundgesetz *(GG)*
- Bürgerliches Gesetzbuch *(BGB)*
- Handelsgesetzbuch *(HGB)*
- Strafgesetzbuch *(StGB)*
- Straßenverkehrsordnung *(StVO)*

Im Gegensatz zum objektiven Recht versteht man unter dem **subjektiven Recht** eine Befugnis oder einen Anspruch, der sich für den Berechtigten aus dem objektiven Recht unmittelbar ergibt oder aufgrund eines objektiven Rechts erworben wird.

Subjektive Rechte

Herrschaftsrecht	Ansprüche	Gestaltungsrechte
Beispiele: ■ Eigentumsrecht ■ Urheberrecht ■ Vermieterpfandrecht	**Beispiel:** Der Eigentümer eines Grundstücks kann von seinem Nachbarn verlangen, dass der vorgeschriebene Bauabstand zur Grundstücksgrenze eingehalten wird.	**Beispiele:** ■ Abschluss eines Kaufvertrages ■ Kündigung eines Mietvertrages ■ Anfechtung einer Willenserklärung ■ Niederschrift eines Testamentes

2.1.6 Dispositives und zwingendes Recht

Dispositives Recht (nachgiebiges Recht) erlaubt, dass geltende allgemeine Rechtsvorschriften durch die Beteiligten abgeändert oder ausgeschlossen werden.
Unter **zwingendem Recht** sind Rechtsvorschriften zu verstehen, deren Abänderung oder Ausschluss gesetzlich verboten (= unabdingbar) ist.

Beispiele

- Dispositives Recht: Beim Kauf eines Pkw wird die gesetzliche Gewährleistungsfrist von 24 Monaten *(§ 438 BGB)* vertraglich auf 36 Monate verlängert.
- Zwingendes Recht: Verbraucherdarlehensverträge bedürfen der Schriftform *(§ 492 BGB)*.

2.1.7 Aufbau des Bürgerlichen Gesetzbuches

Das Bürgerliche Gesetzbuch ist in fünf Büchern aufgeteilt. Diese Bücher sind wiederum in Abschnitte untergliedert.

Bürgerliches Gesetzbuch

5 Bücher

Allgemeiner Teil	Schuldrecht	Sachenrecht	Familienrecht	Erbrecht
§§ 1–240	*§§ 241–853*	*§§ 854–1296*	*§§ 1297–1921*	*§§ 1922–2385*

Erstes Buch: **Allgemeiner Teil**	Allgemeine Rechtsbegriffe werden geklärt. ■ Personen ■ Sachen ■ Rechtsgeschäfte ■ Fristen, Termine ■ Verjährung ■ Selbstverteidigung, Selbsthilfe ■ Sicherheitsleistung
Zweites Buch: **Schuldrecht**	Das Recht der Schuldverhältnisse behandelt die schuldrechtlichen Beziehungen zwischen Schuldner und Gläubiger. ■ Inhalt der Schuldverhältnisse ■ Schuldverhältnisse aus Verträgen ■ Erlöschen der Schuldverhältnisse ■ Übertragung der Forderung ■ Schuldübernahme ■ Mehrheit von Schuldnern und Gläubigern ■ einzelne Schuldverhältnisse
Drittes Buch: **Sachenrecht**	Im Sachenrecht werden Besitz, Eigentum an Sachen, Erwerb und Verlust von Eigentum an Sachen, Eigentumsbeschränkungen und Belastungen behandelt. ■ Besitz ■ allgemeine Vorschriften über Rechte an Grundstücken ■ Eigentum ■ Erbbaurecht ■ Dienstbarkeiten ■ Vorkaufsrecht ■ Reallasten ■ Hypothek, Grund- und Rentenschuld ■ Pfandrecht an beweglichen Sachen und an Rechten
Viertes Buch: **Familienrecht**	Im Familienrecht sind die familienrechtlichen Beziehungen einer Person geregelt. ■ bürgerliche Ehe ■ Verwandtschaft ■ Vormundschaft ■ Betreuung
Fünftes Buch: **Erbrecht**	Im Erbrecht wird der Übergang von Vermögen eines Verstorbenen auf die Erben festgeschrieben. ■ Erbfolge ■ Rechtliche Stellung der Erben ■ Testament ■ Erbvertrag ■ Pflichtteil ■ Erbunwürdigkeit ■ Erbverzicht ■ Erbschein ■ Erbschaftskauf

2.2 Rechtssubjekte und Rechtsobjekte

2.2.1 Rechtssubjekte

Rechtssubjekte sind die natürlichen und juristischen Personen.

Rechtsfähigkeit ist die Fähigkeit der Rechtssubjekte, Träger von Rechten und Pflichten zu sein.

Natürliche Personen sind die Menschen. Die Rechtsfähigkeit natürlicher Personen beginnt mit Vollendung der Geburt und endet mit Eintritt des Todes *(§ 1 BGB).*

Beispiel

Ein Säugling kann Eigentümer einer Sache werden.

Juristische Personen sind Personenvereinigungen oder Vermögensmassen mit eigener Rechtspersönlichkeit. Man unterscheidet zwischen juristischen Personen des privaten Rechts und juristischen Personen öffentlichen Rechts. Juristische Personen brauchen Menschen als „Organe" zum rechtsgeschäftlichen Handeln (nach außen), d. h. ein **Vertretungsorgan**. Die Rechtsfähigkeit juristischer Personen beginnt und endet mit einem Rechtsakt.

Beispiele

- Eintragung einer GmbH ins Handelsregister
- Entstehung einer kommunalen Sparkasse durch einen Verwaltungsakt

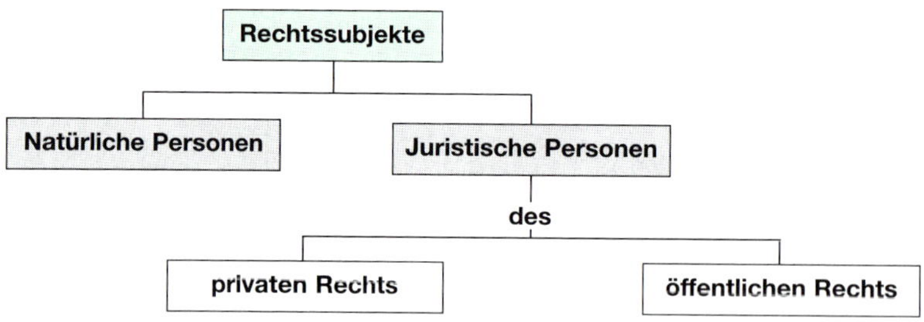

Natürliche und juristische Personen sind **parteifähig**, d. h. sie können in einem Zivilprozess klagen oder beklagt werden.

Verbraucher ist jede natürliche Person, die ein Rechtsgeschäft zu einem Zweck abschließt, der weder ihrer gewerblichen noch ihrer selbstständigen beruflichen Tätigkeit zugeordnet werden kann *(§ 13 BGB).*

Unternehmer ist jede natürliche oder juristische Person oder eine Personengesellschaft, die bei Abschluss eines Rechtsgeschäftes in Ausübung ihrer gewerblichen oder selbstständigen beruflichen Tätigkeit handelt *(§ 14 BGB).*

Nicht rechtsfähige Personenvereinigungen sind:

- nicht eingetragene Vereine *(§ 54 BGB)*
- Erbengemeinschaften *(§ 2032 ff. BGB)*

Träger der Rechte und Pflichten ist in diesem Fall nicht die Personenvereinigung selbst, sondern vielmehr die Gesamtheit ihrer Mitglieder.

Quasi juristische Personen sind die Personenhandelsgesellschaften OHG und KG sowie die Partnerschaftsgesellschaft. Sie besitzen keine Rechtsfähigkeit, werden aber weitgehend wie juristische Personen behandelt.

Beispiele

- Personenhandelsgesellschaften führen eine Firma.
- Personenhandelsgesellschaften können unter ihrer Firma klagen und beklagt werden.

Juristische Personen des privaten Rechts

dienen privaten Interessen

Rechtsfähige Vereine und Gesellschaften

- sind mitgliedschaftlich organisiert, d. h.werden durch die Willensbildung ihrer Mitglieder und der von ihnen gewählten Organe gelenkt
- erlangen Rechtsfähigkeit durch Eintragung in ein öffentliches Register beim zuständigen Amtsgericht
- sind in ihrer Existenz vom Wechsel ihrer Mitglieder unabhängig

eingetragener Verein (e.V.)

Aktiengesellschaft (AG)

Kommanditgesellschaft auf Aktien (KGaA)

Gesellschaft mit beschränkter Haftung (GmbH)

eingetragene Genossenschaft (eG)

Stiftungen des privaten Rechts

- rechtliche Verselbstständigung einer privaten Vermögensmasse, die dauerhaft einem bestimmten, vom privaten Stifter in der Stiftungsurkunde festgelegten Stiftungszweck gewidmet ist
- erlangen Rechtsfähigkeit durch Genehmigung des Bundeslandes, in dem die Stiftung verwaltet wird

Beispiele:

- Bertelsmann-Stiftung
- Stiftung Deutsche Schlaganfall-Hilfe

Juristische Personen des öffentlichen Rechts

- nehmen öffentliche Aufgaben wahr
- unterliegen staatlicher Aufsicht
- erlangen Rechtsfähigkeit durch Gesetz oder staatlichen Hoheitsakt

Körperschaften des öffentlichen Rechts

- sind mitgliedschaftlich organisiert, d. h.werden durch die Willensbildung ihrer Mitglieder und der von ihnen gewählten Organe gelenkt
- sind in ihrer Existenz vom Wechsel ihrer Mitglieder unabhängig

Gebietskörperschaften

Beispiele:

- Bund
- Bundesländer
- Gemeinden

Personalkörperschaften

Beispiele:

- Religionsgemeinschaften
- Kammern
- Ortskrankenkassen
- Hochschulen
- Berufsgenossenschaften

Anstalten des öffentlichen Rechts

- rechtliche Verselbstständigung einer öffentlichen Verwaltungs- oder Versorgungseinrichtung
- besitzen Selbstverwaltungsrecht, d. h.Befugnis zur selbstständigen Regelung ihrer Organisation und des Verhältnisses zu ihren Benutzern

Beispiele:

- öffentliche Sparkassen
- Rundfunk-/Fernsehanstalten
- Bundesanstalt für Finanzdienstleistungsaufsicht

Die **nicht rechtsfähigen Anstalten** und **Behörden** sind Teil eines übergeordneten Gemeinwesens. Sie bilden nur organisatorisch, nicht aber rechtlich selbstständige Einheiten der öffentlichen Hand.

Beispiele:

- Landesmuseum
- städtische Schulen

Stiftungen des öffentlichen Rechts

- rechtliche Verselbstständigung einer öffentlichen Vermögensmasse, die dauerhaft einem bestimmten Zweck gewidmet ist

Beispiele:

- Stiftung Bauhaus Dessau
- Stiftung Preußischer Kulturbesitz

Von der Rechtsfähigkeit ist die **Handlungsfähigkeit** zu unterscheiden.

Handlungsfähigkeit ist die Fähigkeit, durch eigenes verantwortliches Handeln Rechtswirkungen hervorzurufen.

Sie ist Voraussetzung für die **Geschäftsfähigkeit** und **Deliktsfähigkeit.**

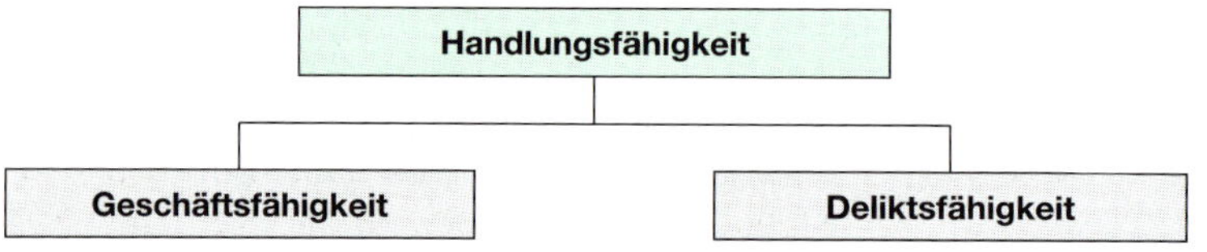

2.2.1.1 Geschäftsfähigkeit

Geschäftsfähigkeit ist die Fähigkeit, durch eigenes Handeln wirksam Rechtsgeschäfte abzuschließen.

Geschäftsfähigkeit natürlicher Personen

Bei natürlichen Personen richtet sich die Geschäftsfähigkeit nach dem Lebensalter:

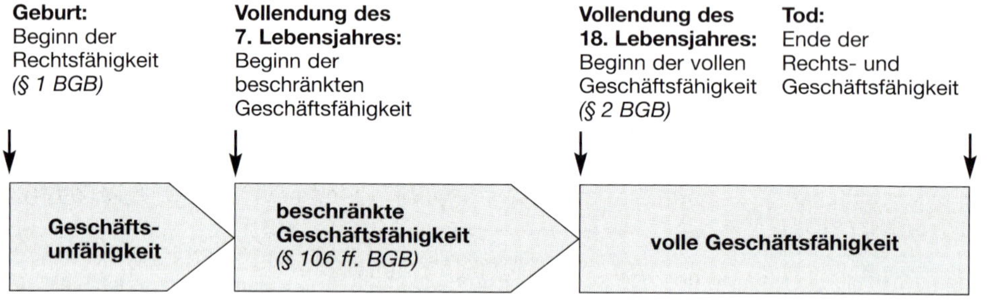

Geschäftsunfähigkeit

Willenserklärungen von Geschäftsunfähigen sind grundsätzlich **nichtig** *(§ 105 BGB).*

Willenserklärungen, die eine geschäftsunfähige Person binden, können nur durch den gesetzlichen Vertreter erfolgen.

Gesetzlicher Vertreter für Minderjährige sind grundsätzlich die Eltern gemeinsam.

Beispiele

Der 5-jährige Florian soll von seinem Onkel Max ein Skateboard geschenkt bekommen. Die Schenkung wird erst wirksam, wenn Florians Eltern stellvertretend für ihren Sohn das Geschenk annehmen.

Die **elterliche Sorge** umfasst die Sorge für die Person und das Vermögen des Kindes sowie die Vertretung des Kindes. Die Eltern vertreten das Kind **gemeinschaftlich** *(§§ 1626, 1629 BGB).*

Ein Elternteil kann vom anderen Elternteil bevollmächtigt werden, bei Willenserklärungen für das Kind im Namen beider Elternteile zu handeln.

Ein Elternteil vertritt das Kind allein, wenn

- der andere Elternteil gestorben, beschränkt geschäftsfähig oder geschäftsunfähig ist,
- der andere Elternteil verhindert ist, die elterliche Sorge wahrzunehmen,
- das Vormundschaftsgericht die elterliche Sorge einem Elternteil allein übertragen hat.

Kreditinstitute verlangen bei der Eröffnung von Konten und Depots die Unterschrift beider Elternteile.
Sind die Eltern verstorben, so wird für das Kind *(Mündel)* vom *Vormundschaftsgericht* eine andere Person zum **Vormund** bestellt. Der Vormund hat das Recht und die Pflicht, für die Person und das Vermögen des Mündels zu sorgen, insbesondere das Mündel zu vertreten *(§§ 1773, 1793 BGB)*. Vermögensanlagen für das Mündel müssen verzinslich und mündelsicher erfolgen *(§§ 1806, 1807 BGB)*.
Willenserklärungen gegenüber einem Geschäftsunfähigen sind erst wirksam, wenn sie dem gesetzlichen Vertreter zugehen *(§ 131 BGB)*.

Beispiel Der 5-jährige Florian hat ein Mehrfamilienhaus geerbt. Die Kündigung durch einen Mieter ist nur wirksam, wenn sie Florians Eltern übermittelt wird.

Beachten Sie jedoch:

Für die Erledigung von Botengängen spielt die Frage der Geschäftsfähigkeit keine Rolle. Der **Bote** gibt keine eigene Willenserklärung ab, sondern übermittelt nur die bereits fertige Willenserklärung seines Auftraggebers. Der Bote kann somit auch geschäftsunfähig sein.

Beispiel Der 5-jährige Florian wird von seinem Vater zum Einkaufen geschickt. Florian gibt selber keine Willenserklärung ab, sondern übermittelt nur die Willenserklärung seines Vaters.

Nicht in allen Fällen können die Eltern bzw. der Vormund allein Rechtsgeschäfte im Namen des Kindes abschließen. Zum Schutz des Kindes bedürfen vielmehr bestimmte „gefährliche“ Rechtsgeschäfte zusätzlich der Genehmigung des Vormundschafts- oder Familiengerichts *(§§ 1643, 1821 BGB)*.

Beispiele

- Kreditaufnahmen auf den Namen des Mündels
- Grundstücksgeschäfte
- Eingehung von Scheckverbindlichkeiten
- Übernahme einer fremden Verbindlichkeit, insbesondere Übernahme einer Bürgschaft

Beschränkte Geschäftsfähigkeit

Willenserklärungen beschränkt geschäftsfähiger Personen sind **schwebend unwirksam.** Sie sind wirksam, wenn der gesetzliche Vertreter seine **Zustimmung** *(vorherige Zustimmung = Einwilligung* oder *nachträgliche Zustimmung = Genehmigung)* erteilt *(§§ 107, 108, 182 ff. BGB)*.

Beispiel Der 16-jährige Robert kauft mit Erlaubnis seiner Eltern ein Mountainbike zum Preis von 600,00 EUR.

Wird die Zustimmung erteilt, ist die Willenserklärung von Anfang an wirksam, wird sie verweigert, ist die Willenserklärung von Anfang an unwirksam.
In vier Ausnahmefällen können beschränkt geschäftsfähige Personen auch ohne Zustimmung ihres gesetzlichen Vertreters wirksam Rechtsgeschäfte abschließen:

1. Ausnahme: Rechtliche Vorteilsgeschäfte

Rechtsgeschäfte, die dem beschränkt Geschäftsfähigen lediglich einen rechtlichen Vorteil bringen *(§ 107 BGB)*.

Beispiel

Die 11-jährige Susanne bekommt von ihrer Tante ein Armband geschenkt. Weil die Eltern das Armband geschmacklos finden und darüber hinaus die Tante nicht leiden können, sind sie gegen das Geschenk. Susanne freut sich jedoch darüber. Die Schenkung ist wirksam, wenn Susanne das Armband annimmt.

2. Ausnahme: Taschengeldgeschäfte

Rechtsgeschäfte, die der beschränkt Geschäftsfähige mit Mitteln bewirkt, die ihm von seinem gesetzlichen Vertreter oder mit dessen Zustimmung von einem Dritten zur freien Verfügung überlassen worden sind (Taschengeldparagraf, *§ 110 BGB*).

Beispiel

Der 11-jährige Philipp kauft sich von seinem Taschengeld ein Piratenschiff.

3. Ausnahme: Selbstständiger Geschäftsbetrieb

Rechtsgeschäfte, die der beschränkt Geschäftsfähige im Rahmen eines Geschäftsbetriebes abschließt, zu dessen selbstständiger Leitung er von seinem gesetzlichen Vertreter mit Genehmigung des Vormundschaftsgerichts ermächtigt worden ist *(§ 112 BGB)*.

Beispiel

Der 17-jährige Moritz soll die Leitung des elterlichen Betriebes übernehmen, da sein Vater krank geworden ist. Nachdem die Genehmigung des Vormundschaftsgerichts vorliegt, kann er alle Rechtsgeschäfte selbstständig abschließen, die den Betrieb betreffen.

4. Ausnahme: Dienst-/Arbeitsverhältnis

Rechtsgeschäfte im Rahmen eines Dienst- oder Arbeitsverhältnisses, das der beschränkt Geschäftsfähige mit Einwilligung seines gesetzlichen Vertreters eingegangen ist *(§ 113 BGB)*.

Beispiel

Die 16-jährige Andrea hat mit Einwilligung ihrer Eltern eine Stelle als Blumenbinderin angetreten. Sie kann daraufhin selbstständig bei einem Kreditinstitut ein Girokonto eröffnen, auf das ihr Gehalt überwiesen werden soll.

Beachten Sie: Ein **Ausbildungsverhältnis** ist nach herrschender Meinung kein Dienst-/Arbeitsverhältnis im Sinne des *§ 113 BGB*.

Beispiel

Zur Kontoeröffnung für minderjährige Auszubildende ist die Zustimmung des gesetzlichen Vertreters notwendig.

Geistesstörung

Eine Willenserklärung ist stets **nichtig,** wenn diese in einem Zustand abgegeben wird, der eine freie Willensbildung ausschließt (dauerhafte oder vorübergehende Störung der Geistestätigkeit; „Blackout“, *§§ 104, 105 BGB*).

Beispiel

Der 21-jährige Oliver hat seine Prüfung zum Bankkaufmann erfolgreich abgelegt. Als er am anderen Morgen einem Staubsaugervertreter die Tür öffnet, ist er noch vom übermäßigen Alkoholgenuss beduselt und kauft einen Staubsauger zum Preis von 250,00 EUR.

Betreuung

Kann ein **Volljähriger** aufgrund einer psychischen Krankheit oder einer körperlichen, geistigen oder seelischen Behinderung seine Angelegenheiten ganz oder teilweise nicht besorgen, kommt auf seinen Antrag oder von Amts wegen die Bestellung eines **Betreuers** durch das **Vormundschaftsgericht** in Betracht.

- Die Geschäftsfähigkeit des Betroffenen wird dadurch nicht aufgehoben. Im Einzelfall kann das Gericht aber die Teilnahme des Betreuten am Rechtsverkehr einschränken *(§ 1896 BGB)*.
- Ein Betreuer darf nur für Aufgabenkreise bestellt werden, in denen eine Betreuung erforderlich ist.
- Soweit eine Betreuung für Geld- und Vermögensangelegenheiten bestellt wurde, können sowohl der Betreute als auch der Betreuer über Konten und Depots des Betreuten verfügen. Bei widersprechenden Verfügungen ist grundsätzlich die Verfügung rechtswirksam, die zeitlich zuerst abgegeben wurde.
- Das Vormundschaftsgericht ordnet einen **Einwilligungsvorbehalt** an, soweit dies zur Abwendung einer erheblichen Gefahr für die Person oder das Vermögen des Betreuten erforderlich ist. Willenserklärungen des Betreuten sind in diesem Fall schwebend unwirksam. Die Einwilligung ist bei geringfügigen Angelegenheiten des täglichen Lebens nicht erforderlich *(§ 1903 BGB)*.

Geschäftsfähigkeit juristischer Personen

Juristische Personen erlangen mit dem Erwerb der Rechtsfähigkeit gleichzeitig auch die unbeschränkte Geschäftsfähigkeit.

Sie werden Dritten gegenüber vertreten durch:

- das **kraft Gesetz** hierzu bestimmte Organ (= gesetzlicher Vertreter)

Beispiele
- Vorstand des eingetragenen Vereins
- Geschäftsführer der GmbH

oder

- **kraft Vollmacht** hierzu bestimmte Personen (= rechtsgeschäftliche Vertreter)

Beispiele
- Handlungsbevollmächtigte
- Prokuristen
- Generalbevollmächtigte

2.2.1.2 Deliktsfähigkeit

Deliktsfähig ist, wer für einen von ihm durch eine unerlaubte Handlung angerichteten Schaden zur Haftung herangezogen werden kann.

Beispiel
Ein Kunde stößt in einem Porzellangeschäft durch eigene Unachtsamkeit eine Vase vom Regal.

Nicht deliktsfähig ist,

- wer das 7. Lebensjahr noch nicht vollendet hat,
- wer im Zustand der nicht selbst verschuldeten Bewusstlosigkeit (Alkoholrausch ist in der Regel selbst verschuldet!) handelt,
- wer aufgrund einer krankhaften Störung der Geistestätigkeit zu einer freien Willensbestimmung nicht in der Lage ist.

Wer das 7., aber noch nicht das 18. Lebensjahr vollendet hat, ist für eine unerlaubte Handlung nicht verantwortlich, wenn er bei deren Begehung nicht die zur Erkenntnis der Verantwortlichkeit erforderliche Einsicht hatte *(§§ 827, 828 BGB)*.

Juristische Personen (gewohnheitsrechtlich analog auch **quasi juristische Personen:** OHG, KG) sind durch ihre **Organe** und **Vertreter** deliktsfähig *(§§ 31, 89 BGB)*.

Beispiele

- Vorstand der Aktiengesellschaft
- Geschäftsführer der GmbH
- Gesellschafter der OHG

2.2.1.3 Personenvereinigungen nach dem BGB

Verfolgen mehrere Personen ein gemeinschaftliches Ziel, so können sie sich zu einer Gesellschaft zusammenschließen oder einem Verein beitreten.

Gesellschaft bürgerlichen Rechts[1] *(§§ 705–740 BGB)*	**Eingetragener Verein** *(§§ 21–79 BGB)*
■ **Rechtsgrundlage:** *formfreier Gesellschaftsvertrag* ■ dient der Erreichung ökonomischer oder außerökonomischer Ziele ■ ist an die Person der Gesellschafter gebunden; Auflösung grundsätzlich bei Tod, Insolvenz, Kündigung eines Gesellschafters oder automatisch nach Erreichung des vereinbarten Zieles („Gelegenheitsgesellschaft“) ■ ist keine juristische Person; ist nicht eintragungsfähig ■ führt keinen eigenen Namen; Verträge werden im Namen der Gesellschafter abgeschlossen ■ Gesellschaftsvermögen gehört den Gesellschaftern zur gesamten Hand; diese haften gegenüber den Gläubigern der Gesellschaft persönlich und gesamtschuldnerisch ■ Geschäftsführung und Vertretung der Gesellschaft gegenüber Dritten geschieht durch die Gesellschafter gemeinschaftlich, soweit nichts anderes vertraglich vereinbart wurde	■ **Rechtsgrundlage:** *schriftliche Satzung* ■ dient der Erreichung außerökonomischer („ideeller“) Ziele ■ ist auf längere Dauer angelegt und vom Wechsel seiner Mitglieder (Mindestzahl bei der Gründung: 7) unabhängig; Auflösung: Mitgliederzahl sinkt unter 3 Personen ■ ist eine juristische Person; sie entsteht durch Eintragung ins Vereinsregister ■ führt einen Vereinsnamen; Verträge werden im Namen des Vereins abgeschlossen ■ Vereinsvermögen gehört dem Verein; nur dieses haftet gegenüber den Gläubigern des Vereins (keine persönliche Haftung der Vereinsmitglieder) ■ Geschäftsführung und Vertretung des Vereins gegenüber Dritten geschieht durch den Vorstand (= gesetzlicher Vertreter); die Mitgliederversammlung wählt den Vorstand, überwacht ihn und entscheidet nur über Fragen besonderer Wichtigkeit

2.2.2 Rechtsobjekte

Rechtsobjekte sind Gegenstände, die der Rechtsmacht der Rechtssubjekte unterliegen.

Beispiel Michaela (= Rechtssubjekt) verleiht eine CD (= Rechtsobjekt) an ihre Freundin Sabine.

Arten der Rechtsobjekte

- **Sachen** *(§ 90 BGB)*
- **Tiere** *(§ 90 a BGB)*
- **Rechte**

[1] Vgl. ausführlich hierzu Seite 168 ff.

2.2.2.1 Sachen

Sachen sind nur körperliche Gegenstände *(§ 90 BGB)*.

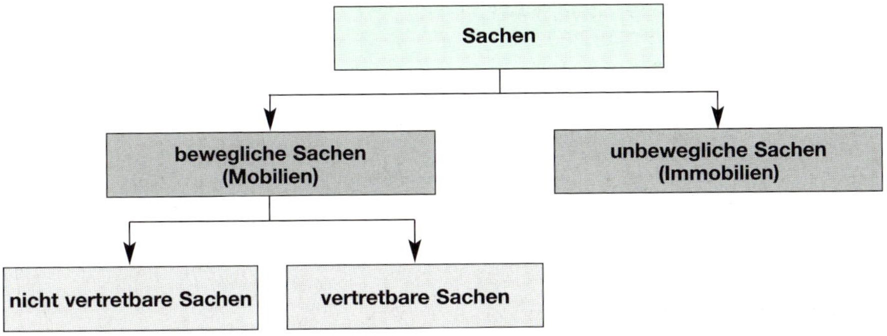

Nicht vertretbare Sachen sind Einzelstücke mit individueller Prägung. Sie existieren in dieser Form nur einmal.

Beispiele Ein selbstgestrickter Pullover, ein Gemälde, eine Stradivari-Geige

Vertretbare Sachen sind bewegliche Gegenstände, die im Geschäftsleben nach Maß, Zahl oder Gewicht bestimmt werden *(§ 91 BGB)*. Sie sind untereinander austauschbar (fungibel).

Beispiele industrielle Massenprodukte, Aktien der Bayer AG

Unbewegliche Sachen sind die Grundstücke.

Ein **Grundstück** ist ein abgegrenzter Teil der Erdoberfläche.
Für jedes Grundstück ist im **Grundbuch** des zuständigen Grundbuchamtes eine besondere Akte, ein **Grundbuchblatt,** angelegt, aus dem die rechtlichen Verhältnisse des Grundstücks hervorgehen.
Wohnungseigentum und **Erbbaurechte**[1] sind grundstücksgleiche Rechte. Sie werden wie Grundstücke behandelt.

Wesentliche Bestandteile sind solche Teile einer Sache, die voneinander nicht getrennt werden können, ohne dass der eine oder andere zerstört oder in seinem Wesen verändert wird *(§ 93 BGB)*.

Beispiele
- der Einband eines Buches
- ein Gebäude auf einem Grundstück

Wesentliche Bestandteile einer Sache können nicht Gegenstand besonderer Rechte sein.

Beispiel Der Eigentümer eines Grundstücks ist auch Eigentümer der darauf wachsenden Bäume.

[1] Der Erbbauberechtigte hat eine für bestimme Zeit (i. d. R. 99 Jahre) das vererbliche und veräußerbare Recht, auf einem Grundstück ein Gebäude zu errichten und zu unterhalten.

Zubehör sind selbstständige bewegliche Sachen, die – ohne Bestandteil der Hauptsache zu sein – dem wirtschaftlichen Zweck der Hauptsache zu dienen bestimmt sind und zu ihr in einem dieser Bestimmung entsprechenden räumlichen Verhältnis stehen *(§ 97 BGB).*

Für Hauptsache und Zubehör existiert in der Regel die gleiche Rechtslage, insbesondere besteht einheitliches Eigentum.

Beispiele

- Landwirtschaftsmaschinen, die zu einem Bauernhof gehören
- Inventar, das zu einer Gaststätte gehört
- der zu einem Auto gehörende Ersatzreifen

Bei einer Veräußerung oder Belastung der Sache erstreckt sich die Verpflichtung im Zweifel auch auf das Zubehör der Sache *(§§ 311 c, 926, 1120 BGB).*

2.2.2.2 Rechte

Rechte sind unkörperliche (immaterielle) Gegenstände.

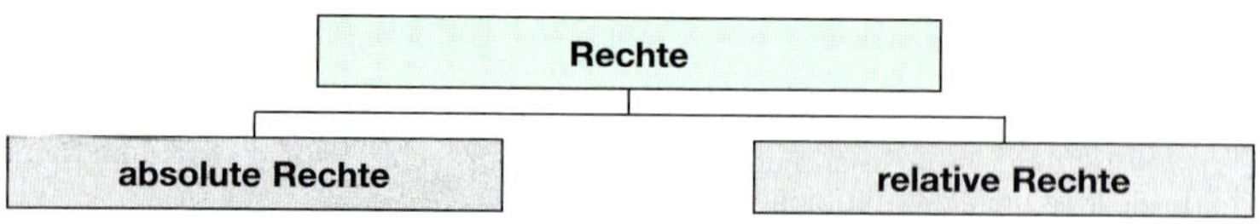

Absolute Rechte bestehen gegenüber jedermann.
Sie betreffen die Beziehungen einer Person zu einer Sache. Man spricht daher auch von **dinglichen** Rechten (Sachenrechten).

Beispiele Eigentumsrecht an einer Sache, Urheberrecht an einem Buch

Relative Rechte bestehen nur zwischen bestimmten Personen. Sie resultieren aus Schuldverhältnissen. Man spricht daher auch von **schuldrechtlichen** Ansprüchen.

Beispiele Ansprüche aus einem Kaufvertrag, Mietvertrag, Ausbildungsvertrag

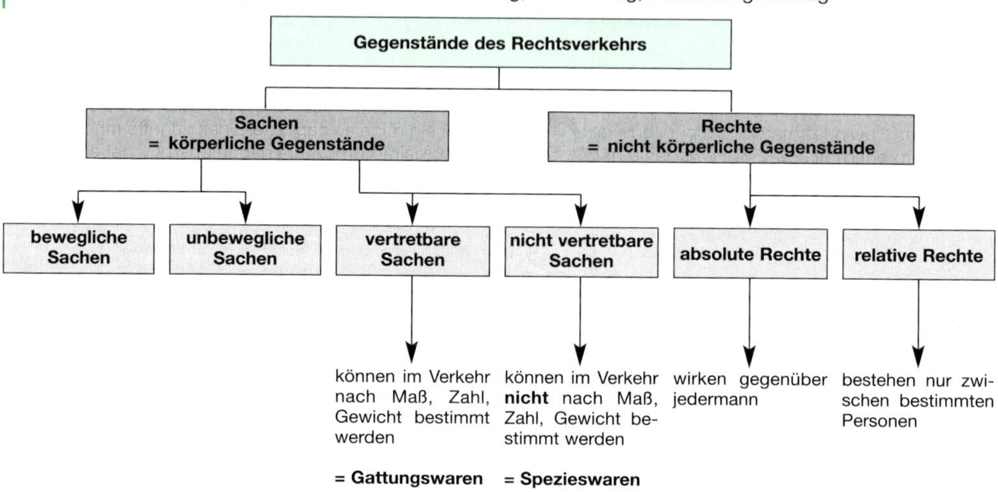

Körperliche Gegenstände (Sachen)

= unpersönliche, körperliche, für sich bestehende Stücke der beherrschbaren Natur

bestehen meist aus deutlich unterscheidbaren Bestandteilen *(§§ 93–95 BGB)*

wesentliche Bestandteile	**unwesentliche Bestandteile**
■ Eine Trennung würde zur Zerstörung der wirtschaftlichen Werte führen. ■ können **nicht** Gegenstand besonderer (dinglicher) Rechte sein	■ Eine Trennung ist leicht möglich, wobei ihre wirtschaftliche Verwertbarkeit erhalten bleibt. ■ können Gegenstand besonderer Rechte sein.
Beispiele: ■ Gebäude auf Grundstück ■ Eisenträger in Gebäuden ■ Pflanzen im Boden	**Beispiel:** Räder und Motor eines Serienautos

Beachten Sie:
Zubehör ist nicht Bestandteil einer Sache, aber dazu bestimmt, der Hauptsache zu dienen. Ein räumlicher Zusammenhang zur herrschenden Sache muss gegeben sein *(§§ 97, 98 BGB)*.

Sachinbegriffe

- Zusammenfassung von Sachen zu einer *Sachgesamtheit*
- belastbar ist nur jede Einzelsache für sich (Bestimmtheit der Sachen)

Beispiele:
- Inventar
- Warenlager
- Schafherde
- Briefmarkensammlung

2.2.2.3 Eigentum und Besitz

■ Eigentum

Eigentum ist die rechtliche Herrschaft über eine Sache.

Der Eigentümer kann, soweit nicht das Gesetz oder Rechte Dritter entgegenstehen, mit der Sache nach Belieben verfahren *(§ 903 BGB)*.

Arten des Eigentums

- **Alleineigentum**
- **Miteigentum nach Bruchteilen**
- **gesamthänderisches Eigentum**

Beim **Alleineigentum** ist nur eine Person Eigentümer einer Sache.
Beim **Miteigentum** steht das Eigentum mehreren Personen gemeinschaftlich zu.
Jeder Miteigentümer hat einen bestimmten ideellen Anteil an der Sache und kann über seinen Anteil allein verfügen (Bruchteilseigentum).

Beispiel Miteigentum an einem Bestand gleichartiger Wertpapiere (Wertpapiersammelbestand, *§ 6 Depotgesetz)*

Beim **Gesamthandseigentum** besteht ein ungeteiltes Eigentumsrecht mehrerer Personen an der Sache. Verfügungen über das Eigentum können grundsätzlich nur gemeinschaftlich von den Miteigentümern *(Gesamthändern)* vorgenommen werden.

Beispiel Die Geschwister Rolf und Ines haben gemeinsam ein Grundstück geerbt. Mit jeder Verfügung über das Grundstück müssen beide einverstanden sein.

Gesamthandsgemeinschaften sind:

- Erbengemeinschaften *(§§ 2032–2063 BGB)*
- BGB-Gesellschaften *(§§ 705–740 BGB)*
- Partnerschaftsgesellschaften *(§§ 1–11 Partnerschaftsgesellschaftsgesetz)*
- Offene Handelsgesellschaften *(§§ 105–160 HGB)*
- Kommanditgesellschaften *(§§ 161–177 a HGB)*
- eheliche Gütergemeinschaften *(§ 1416 BGB)*

Besitz

Besitz ist die tatsächliche Herrschaft über eine Sache *(§ 854 BGB)*.

Eigentümer und Besitzer können identische oder verschiedene Personen sein.
Der Besitz wird durch Erlangung der tatsächlichen Gewalt über eine Sache erworben, einerlei, ob dies auf rechtmäßige Weise *(z. B. durch Leihe)* oder unrechtmäßige Weise *(z. B. durch Diebstahl)* geschieht.

Arten des Besitzes

Alleinbesitz

Nur eine Person ist Besitzer.

Mitbesitz

Mehrere Personen haben eine Sache gemeinschaftlich in Besitz

Beispiel:
Drei Auszubildende gründen eine Wohngemeinschaft und mieten gemeinsam eine Wohnung.

Mittelbarer Besitzer ist, wer einem anderen auf Zeit den unmittelbaren Besitz so überlassen hat, dass dieser Entleiher, Mieter, Pächter, Verwahrer, Nießbraucher oder Pfandgläubiger ist *(§ 868 BGB)*.

Beispiel Michael hat seinem Freund Klaus sein Fahrrad geliehen. Michael ist mittelbarer Besitzer, Klaus ist unmittelbarer Besitzer.

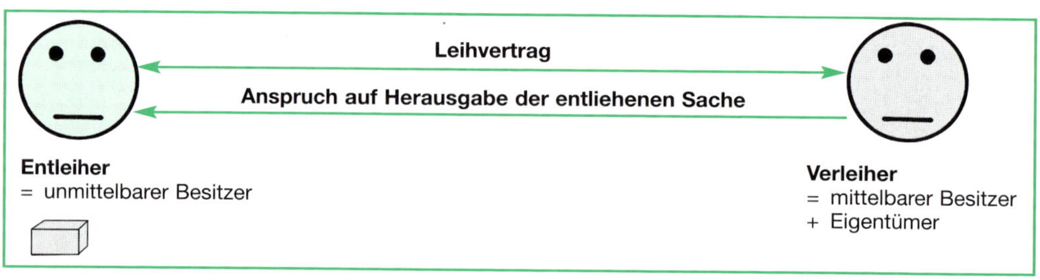

2.2.2.4 Eigentumserwerb an beweglichen Sachen

Das Eigentum an beweglichen Sachen wird übertragen durch:

- **Einigung über den Eigentumsübergang und Übergabe der Sache**

Beispiel Peter möchte seiner Freundin Clara ein Buch schenken. Mit der Übergabe des Buches erwirbt Clara das Eigentum.

- **bloße Einigung über den Eigentumsübergang**, wenn sich die Sache bereits im Besitz des Erwerbers befindet.

Beispiel Peter schenkt seiner Freundin Clara eine CD, die diese sich vorher schon von ihm geliehen hatte.

- **Einigung über den Eigentumsübergang und Vereinbarung eines Besitzkonstitutes** *(z. B. Leih-, Miet-, Verwahrvertrag)*, wenn die Sache weiterhin im Besitz des Veräußerers bleiben soll.

Beispiel Peter veräußert sein Fahrrad an seinen Freund Michael. Die beiden vereinbaren, dass Peter das Fahrrad noch ein halbes Jahr weiterbenutzen darf.

- **Einigung über den Eigentumsübergang und Abtretung des Herausgabeanspruchs**, wenn sich die Sache im Besitz eines Dritten befindet.

Beispiel Peter hat seinen alten Motorroller in der Garage seines Freundes Michael abgestellt. Er möchte ihn an seine Freundin Clara veräußern. Die beiden werden sich einig, und Peter teilt seinem Freund Michael mit, dass er den Motorroller an Clara herausgeben soll.

Situation	Abwicklung der Eigentumsübertragung	Rechtsgrundlage
1. Fall Der Gegenstand befindet sich beim Veräußerer (Normalfall).	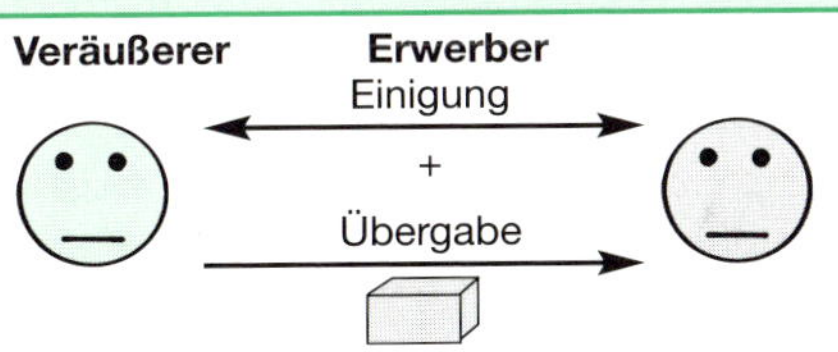	*§ 929 BGB*
2. Fall Der Gegenstand befindet sich bereits beim Erwerber.	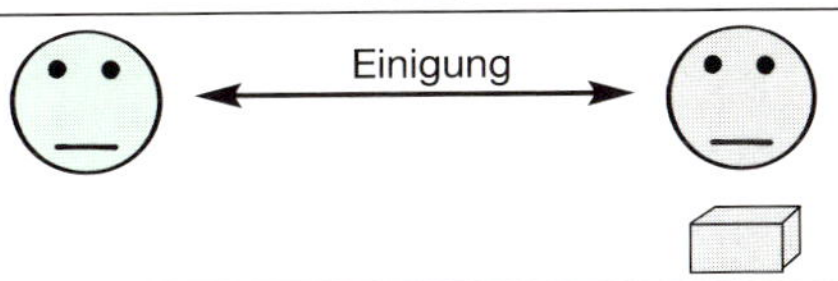	*§ 929 BGB*
3. Fall Der Gegenstand soll weiterhin im Besitz des Veräußerers bleiben.	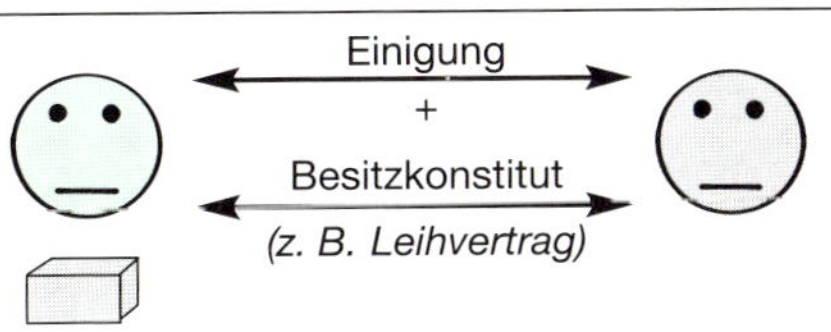	*§ 930 BGB*

Situation	Abwicklung der Eigentumsübertragung	Rechtsgrundlage
4. Fall Der Gegenstand befindet sich im Besitz eines Dritten.	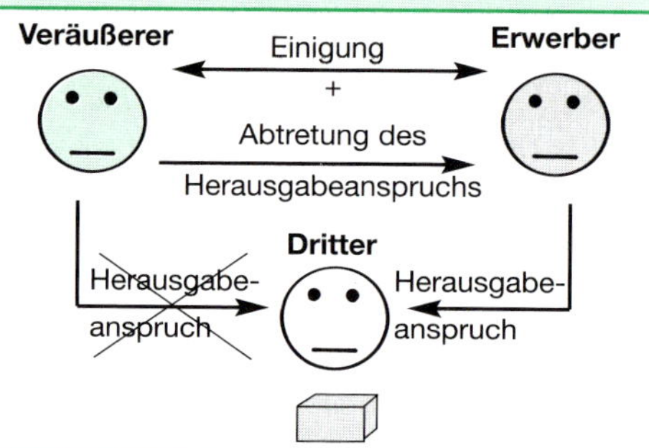	*§ 931 BGB*

2.2.2.5 Sonderformen des Eigentumserwerbs an beweglichen Sachen

■ **Eigentumserwerb durch Verbindung oder Vermischung** *(§§ 947, 948 BGB)*
Werden bewegliche Sachen so miteinander verbunden oder vermischt, dass sie wesentliche Bestandteile einer einheitlichen Sache werden, so werden die bisherigen Eigentümer Miteigentümer dieser Sache (z. B. Wein). Ist eine der Sachen als die Hauptsache anzusehen, so erwirbt ihr Eigentümer das Alleineigentum (z. B. in eine Maschine eingebaute Schraube).

■ **Eigentumserwerb durch Verarbeitung** *(§ 950 BGB)*
Wer durch Verarbeitung eines Gegenstandes eine neue bewegliche Sache herstellt, erwirbt das Eigentum an dieser Sache, sofern der Wert der Verarbeitung den Wert des Ausgangsmaterials übertrifft (z. B. Dosen aus Blech).

■ **Gutgläubiger Eigentumserwerb** *(§§ 932, 935 BGB)*
Veräußert jemand eine Sache, die ihm nicht gehört, so wird der Erwerber unter folgenden drei Voraussetzungen dennoch Eigentümer:

- Die Sache darf nicht gestohlen, verloren oder sonst abhanden gekommen sein, d. h.der Veräußerer war rechtmäßiger Besitzer *(z. B. infolge Leihe, Miete).*

  Ausnahme: Es handelt sich um Geld, Inhaberpapiere oder in einer öffentlichen Versteigerung erworbene Sachen.
- Der Erwerber muss den Veräußerer für den Eigentümer halten.
- Die Sache muss dem Erwerber vom Veräußerer übergeben werden *(§ 933 BGB).*

Ist ein **Wertpapier** dem Eigentümer abhanden gekommen, so kann dieser durch Einleitung des Oppositionsverfahrens (öffentliche Verlustanzeige), im zweiten Schritt durch Einleitung des gerichtlichen Aufgebotsverfahrens (Kraftloserklärung) seine Rechte zu wahren versuchen.
Ein **Kreditinstitut** kann an mit Opposition belegten Wertpapieren kein Eigentum erwerben, wenn der Verlust im Bundesanzeiger veröffentlicht worden ist und seit dem Ablauf des Jahres, in dem die Veröffentlichung erfolgt ist, nicht mehr als ein Jahr verstrichen ist *(§ 367 HGB).*

2.2.2.6 Eigentumsübertragung von Grundstücken

Zur Übertragung des Eigentums an einem Grundstück ist zwischen dem Erwerber und dem Veräußerer des Grundstücks die **Einigung** über den Eintritt der Rechtsänderung und die **Eintragung** der Rechtsänderung in das **Grundbuch** erforderlich *(§ 873 BGB).*

Das Grundbuchamt führt für jedes Grundstück ein gesondertes Grundbuchblatt (bestehend aus mehreren Seiten), aus dem die Rechtsverhältnisse an dem Grundstück hervorgehen.

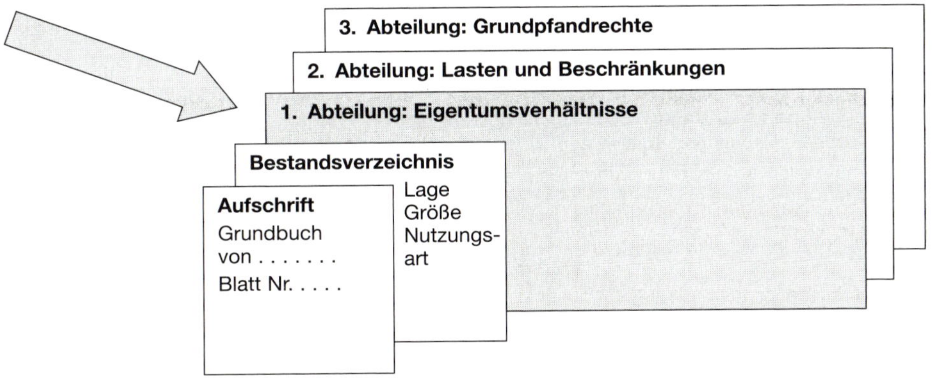

Die Einigung über den Eigentumsübergang (= Auflassung) muss bei gleichzeitiger Anwesenheit des Erwerbers und des Veräußerers vor einem Notar erklärt werden *(§ 925 BGB)*.
Der Notar weist die Auflassung nach und veranlasst aufgrund des Antrags des Erwerbers und der Bewilligung des Veräußerers die Eintragung des neuen Eigentümers in das Grundbuch. Der Eigentumsübergang ist erst dann vollzogen, wenn die Eintragung erfolgt ist. Die Eintragung hat somit **konstitutive** (= rechtserzeugende) Wirkung.

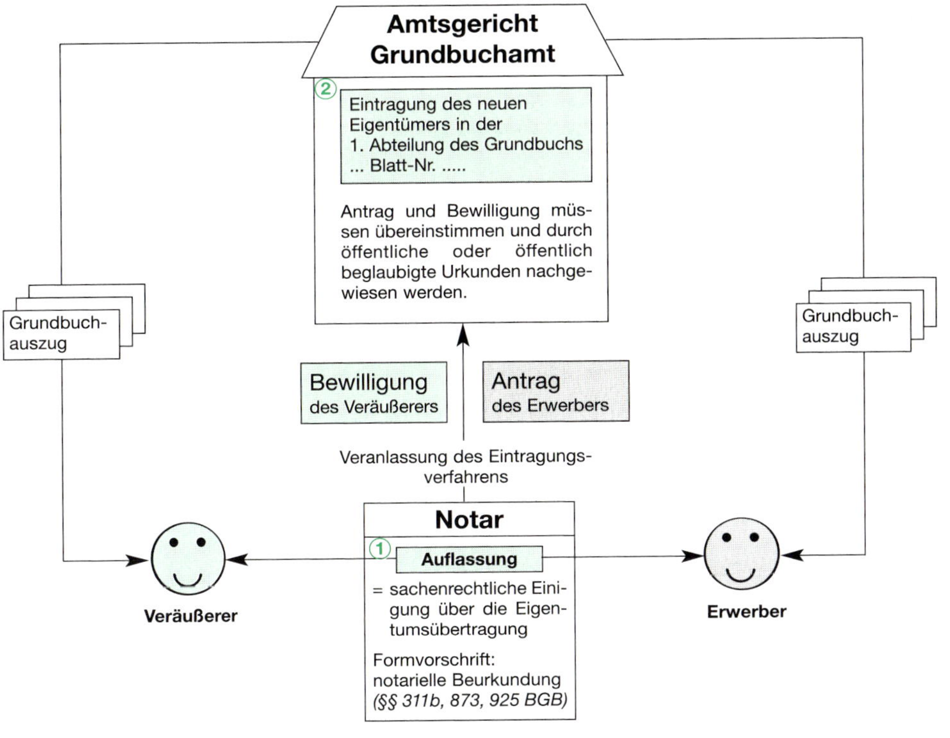

2.3 Rechtsgeschäfte

2.3.1 Arten und Zustandekommen von Rechtsgeschäften

Rechtsgeschäfte entstehen aufgrund von Willenserklärungen, die in der Absicht abgegeben werden, eine bestimmte Rechtswirkung herbeizuführen.

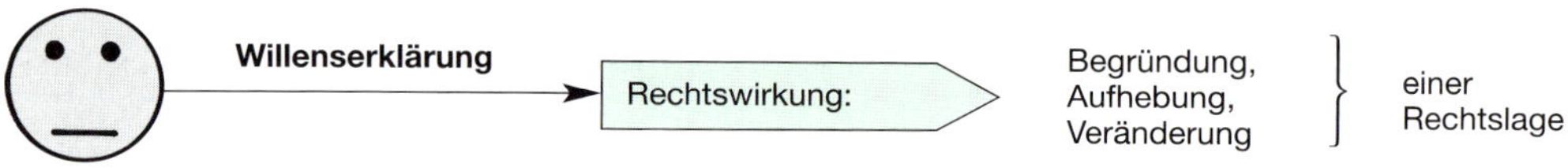

Rechtsgeschäfte können unter verschiedenen Gesichtspunkten eingeteilt werden.

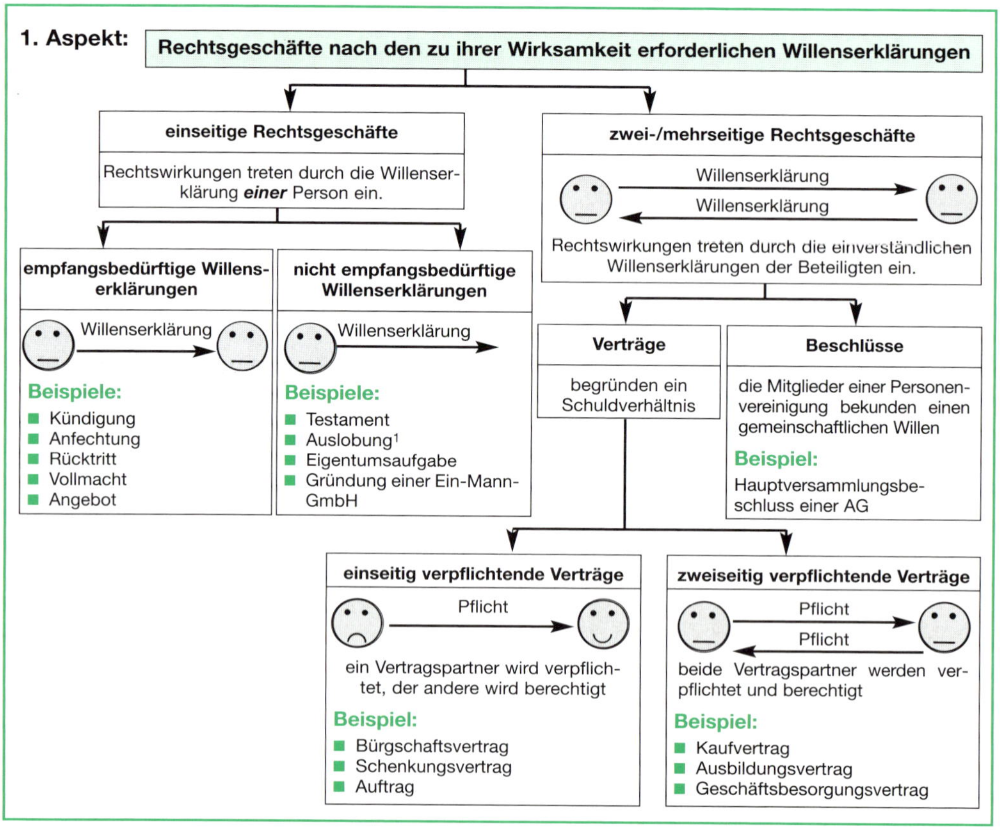

Empfangsbedürftige Willenserklärungen

Willenserklärungen *gegenüber* **Anwesenden** werden sofort mit der Abgabe der Willenserklärung wirksam.

Willenserklärungen *gegenüber* **Abwesenden** werden zu dem Zeitpunkt wirksam, zu dem sie dem Empfänger zugehen *(§ 130 BGB)*.

[1] z. B. ein öffentlicher Aushang: „50,00 EUR Belohnung für denjenigen, der meine Katze ‚Sally' zurückbringt" oder der Hinweis bei einer Tombola: „1. Preis: Eine Waschmaschine".

Beispiel Die schriftliche Kündigung eines Zeitschriftenabonnements wird wirksam, sobald das Kündigungsschreiben in den Machtbereich des Empfängers (z. B. Einwurf in seinen Briefkasten) gelangt.

Nicht empfangsbedürftige Willenserklärungen

Sie werden zu dem Zeitpunkt wirksam, zu dem sie abgegeben werden.

Beispiel Das handschriftliche Testament wird mit seiner Niederschrift und nachfolgender Unterschrift wirksam.

2. Aspekt:

Rechtsgeschäfte nach der Art der erzielten Rechtswirkungen

Verpflichtungsgeschäfte

begründen ein Schuldverhältnis

Beispiel:
Abschluss eines Kaufvertrages

die eingegangenen Verpflichtungen werden erfüllt durch:

Verfügungsgeschäfte (Erfüllungsgeschäfte)

übertragen, verändern, belasten unmittelbar das Recht an einem Gegenstand

Beispiel:
Erfüllung eines Kaufvertrages
Käufer: Zahlung des Kaufpreises
Verkäufer: Lieferung der Ware

Bei den meisten Käufen des täglichen Lebens erfolgen Verpflichtungs- und Verfügungsgeschäft in unmittelbarem zeitlichen Zusammenhang.

Beispiel Ein Kunde entnimmt in einem Supermarkt einem Verkaufsregal eine Tüte Milch und bezahlt den Kaufpreis anschließend an der Kasse.

2.3.2 Form der Rechtsgeschäfte

Die Abgabe einer Willenserklärung kann grundsätzlich formlos erfolgen. Entscheidend ist nur, dass der Erklärende seinen Willen deutlich zum Ausdruck bringt.
Die Abgabe einer Willenserklärung kann erfolgen:

- **mündlich** (unter Anwesenden)
- **schriftlich**
- durch **konkludentes** (schlüssiges) Verhalten

Viele alltägliche Rechtsgeschäfte kommen durch konkludentes Verhalten zustande.

Beispiele Die Vorlage der Milch an der Kasse, das Eintippen des Kaufpreises, das Bezahlen und die Aushändigung der Ware an den Kunden sind konkludent für das Zustandekommen eines Kaufvertrages und die Erfüllung der daraus resultierenden Vertragspflichten.

Aus Beweissicherungsgründen empfiehlt sich häufig eine schriftliche Form.

Beispiele

- Kauf eines Gebrauchtwagens
- Darlehensgewährung an einen Freund

Formvorschriften

In einigen Fällen schreibt der Gesetzgeber die Einhaltung einer bestimmten äußeren Form vor. Er will damit erreichen, dass sich die Erklärenden über die Tragweite ihrer Willenserklärungen bewusst werden. Die Nichtbeachtung einer Formvorschrift hat grundsätzlich die Nichtigkeit des Rechtsgeschäfts zur Folge *(§ 125 BGB)*.

Formvorschriften

Textform *(§ 126 b BGB)*

Urkunde
bzw. andere zur dauerhaften Wiedergabe in Schriftzeichen geeignete Weise (z. B. E-Mail, CD)/keine Unterschrift

Beispiele:
- Vertragsinhalt bei Ratenlieferungsverträgen *(§ 505, Abs. 2 BGB)*
- Widerruf eines Verbrauchervertrages *(§ 355, Abs. 1 BGB)*
- Zinssatzänderungen bei Überziehungskrediten *(§ 493 BGB)*

Schriftform/elektronische Form *(§§ 126, 126 a BGB)*

Schriftform

Urkunde
\+
eigenhändige Unterschrift des Erklärenden oder seines Vertreters

elektronische Form

elektronisches Dokument
\+
elektronische Signatur

Beispiele:
- Bürgschaft *(§ 766 BGB)*
- Verbraucherdarlehensverträge *(§ 492 BGB)*
- Schuldversprechen *(§ 780 BGB)*
- Schuldanerkenntnis *(§ 781 BGB)*
- Kündigung eines Arbeitsverhältnisses *(§ 623 BGB)*
- Privates Testament (die **gesamte** Urkunde muss eigenhändig abgefasst und unterschrieben sein *(§§ 2231, 2247 BGB)*

} elektronische Form nicht möglich

- Kündigung eines Mietverhältnisses *(§ 568 BGB)*

Öffentliche Beglaubigung *(§ 129 BGB)*

Urkunde
\+
eigenhändige Unterschrift des Erklärenden oder seines Vertreters
\+
Beglaubigung der Echtheit der Unterschrift durch einen Notar

Es wird bestätigt, dass die Unterschrift des Erklärenden tatsächlich von diesem stammt (Identitätsnachweis).

Nicht ausreichend ist die „amtliche" Beglaubigung durch eine siegelführende Stelle (Gemeindebehörde, Polizei, Pfarramt u. ä. öffentliche Dienststelle).

Beispiele:
- Anmeldungen zur Eintragung ins Handels-, Vereins-, Güterrechtsregister *(§ 12 HGB)*
- Ausschlagung einer Erbschaft *(§ 1945 BGB)*
- Bewilligung von Grundbucheintragungen *(§ 29 GBO)*

Notarielle Beurkundung *(§ 128 BGB)*

Urkunde
\+
eigenhändige Unterschrift des Erklärenden oder seines Vertreters
\+
Beurkundung des gesamten Inhalts durch einen Notar

Es wird bestätigt, dass
- die Beteiligten an einem bestimmten Tag vor dem Notar erschienen sind,
- die in der Urkunde niedergelegten Erklärungen abgegeben haben,
- der Inhalt ihnen vorgelesen wurde,
- und sie ihn durch ihre Unterschrift genehmigt haben.

Beispiele:
- Erbvertrag *(§ 2276 BGB)*
- Ehevertrag *(§ 1410 BGB)*
- Schenkungsversprechen *(§ 518 BGB)*
- Grundstückskaufvertrag und -belastung *(§§ 311 b, 873, 925 BGB)*
- Feststellung der Satzung einer AG *(§ 23 AktG)*
- Gründungsverträge von juristischen Personen des privaten Rechts *(GmbH, e.V.)*

Eine **Urkunde** ist die schriftliche Festlegung eines rechtlich bedeutsamen Sachverhalts.

Die Schriftform kann durch eine öffentliche Beglaubigung oder eine notarielle Beurkundung ersetzt werden *(§ 126 BGB).* Die öffentliche Beglaubigung kann durch eine notarielle Beurkundung ersetzt werden *(§ 129 BGB).* Die schriftliche Form kann durch die elektronische Form ersetzt werden, wenn sich nicht aus dem Gesetz etwas anderes ergibt *(§ 126 Abs. 3 BGB).*

2.3.3 Nichtigkeit und Anfechtbarkeit von Rechtsgeschäften

Nichtigkeit

Ein Rechtsgeschäft ist **nichtig,** wenn es so schwere Mängel aufweist, dass das Gesetz ihm von Anfang an keinerlei Rechtskraft zubilligt.

Nichtigkeit von Rechtsgeschäften	
Geschäftsunfähigkeit *(§ 105 BGB)*	Die Willenserklärung eines Geschäftsunfähigen ist nichtig. Nichtig ist auch eine Willenserklärung, die im Zustand der Bewusstlosigkeit oder der vorübergehenden Störung der Geistestätigkeit abgegeben wird.
Scherzgeschäft *(§ 118 BGB)*	Das Rechtsgeschäft wurde nur zum Scherz abgeschlossen. **Beispiel:** Nach glücklich bestandener Abschlussprüfung ruft Thomas in einer Gastwirtschaft dem Kellner zu: „Ein Chappi, ein Bier". Wenn der Kellner nicht erkennt, dass Thomas nur scherzen wollte, und eine geöffnete Dose Hundefutter bringt, muss Thomas für den Schaden einstehen.
Scheingeschäft *(§ 117 BGB)*	Das Rechtsgeschäft wurde nur zum Schein abgeschlossen. **Beispiel:** Um gegenüber dem Finanzamt höhere Werbungskosten nachzuweisen, schließt ein vermögender Kapitalanleger „nur auf dem Papier" mit seinem Freund einen kostspieligen Beratervertrag ab.
Formmangel *(§ 125 BGB)*	Die für das Rechtsgeschäft gesetzlich vorgeschriebene oder vertraglich vereinbarte Form wurde nicht beachtet.
Gesetzliches Verbot *(§ 134 BGB)*	Das Rechtsgeschäft verstößt gegen ein gesetzliches Verbot. **Beispiel:** Mehrere Unternehmen derselben Branche treffen eine Absprache über die Höhe ihrer Verkaufspreise. Es liegt in diesem Fall ein verbotenes Preiskartell vor *(§ 1 GWB).*
Sittenwidrigkeit *(§ 138 BGB)*	Ein Rechtsgeschäft, das gegen die guten Sitten verstößt, ist nichtig. Nichtig ist insbesondere ein Rechtsgeschäft, das jemand unter Ausnutzung der Zwangslage, der Unerfahrenheit, des Mangels an Urteilsvermögen oder der erheblichen Willensschwäche eines anderen sich Vermögensvorteile versprechen lässt, die in einem auffälligen Missverhältnis zu der Leistung stehen. **Beispiel:** Ein privater Kreditvermittler vereinbart mit seinem Kunden für die Gewährung eines Ratenkredites 5 % Zinsen pro Monat.

Anfechtbarkeit

Eine Willenserklärung ist **anfechtbar,** wenn der Erklärende eine Erklärung dieses Inhalts nicht abgeben wollte, d. h.sein *wirklicher* Wille ein anderer war.

Die abgegebene Willenserklärung ist bis zur Anfechtung gültig und wird durch die Anfechtung von Anfang an ungültig. Eine Anfechtung ist ausgeschlossen, wenn seit der Abgabe der Willenserklärung zehn Jahre verstrichen sind.

Anfechtbarkeit von Rechtsgeschäften	
Inhalts-, Erklärungs-, Eigenschafts-, Übermittlungs-irrtum *(§§ 119, 120 BGB)*	Wer bei der Abgabe einer Willenserklärung über deren Inhalt im Irrtum war oder eine Erklärung dieses Inhalts überhaupt nicht abgeben wollte, kann die Erklärung anfechten, wenn anzunehmen ist, dass er sie bei Kenntnis der Sachlage nicht abgegeben haben würde. Die Anfechtung muss unverzüglich nach Erkennen des Irrtums erfolgen. Der Anfechtungsberechtigte ist schadenersatzpflichtig zugunsten desjenigen, der auf die Gültigkeit der Willenserklärung vertraut hat. **Beispiele:** ■ Stefan will für seinen bevorstehenden Urlaub in Kanada 500,00 EUR in Can-Dollar umtauschen. Versehentlich tauscht er die 500,00 EUR jedoch in US-Dollar um. ■ Die Sekretärin schreibt 1.000 statt 100 Flaschen Wein in die Bestellung.
Arglistige Täuschung, widerrechtliche Drohung *(§§ 123, 124 BGB)*	Wer durch arglistige Täuschung oder widerrechtliche Drohung zur Abgabe einer Willenserklärung gebracht worden ist, kann die Willenserklärung anfechten. Die Anfechtung muss binnen Jahresfrist nach Erkennen der Täuschung bzw. Wegfall der Zwangslage erfolgen. **Beispiele:** ■ Marco kauft einen Gebrauchtwagen, der laut Aussage des Verkäufers unfallfrei sein soll. Später stellt sich heraus, dass der Wagen einen Totalschaden hatte und der Käufer vom Verkäufer belogen worden war. ■ Carla wird von einem Erpresser zum Unterschreiben eines Schuldscheins gezwungen.

Motivirrtum

Nicht anfechtbar sind Willenserklärungen, bei denen ein *Irrtum im Motiv* vorliegt.

Beispiel

Stefan hat für seine Freundin Clara ein Goldkettchen gekauft. Als er erfährt, dass Clara sich heimlich mit seinem Freund Oliver getroffen hat, will er seinen Kauf rückgängig machen.

Stefan befand sich hier nur über seine Freundin Clara im Irrtum, nicht jedoch über den Inhalt seiner Willenserklärung beim Kauf des Goldkettchens.

2.3.4 Stellvertretung

Bei der Vornahme von Rechtsgeschäften kann eine Person durch eine andere Person vertreten werden. Der Stellvertreter kann einem Dritten gegenüber Rechtshandlungen vornehmen, die den Vertretenen rechtlich binden.

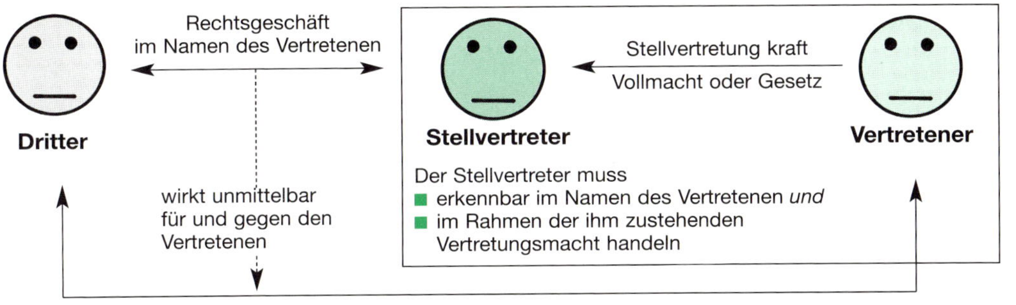

Stellvertretung nach dem rechtlichen Entstehungsgrund

Gesetzlicher Vertreter

Vertretungsmacht ist unmittelbar aus dem Gesetz abgeleitet

- bei nicht vollgeschäftsfähigen natürlichen Personen:
  Eltern bzw. **Vormund**
- bei juristischen Personen und Personenhandelsgesellschaften:
  die durch Gesetz hierfür vorgesehenen Personen

Beispiele:
- Gesellschafter einer OHG
- Vorstand eines e. V.

Rechtsgeschäftlicher Vertreter

Vertretungsmacht ist durch ein Rechtsgeschäft erteilt (= Vollmacht)

- nach den Rechtsvorschriften des *BGB (§ 164 ff. BGB):*
  Bevollmächtigter
- nach den Rechtsvorschriften des *HGB:*
  - **Handlungsbevollmächtigter**
  - **Prokurist**

Beschränkt geschäftsfähiger Vertreter: Die Wirksamkeit einer von oder gegenüber einem Vertreter abgegebenen Willenserklärung wird nicht dadurch beeinträchtigt, dass der Vertreter nur beschränkt geschäftsfähig ist *(§ 165 BGB).*

Bote: Anders als der Vertreter gibt der Bote keine eigene Willenserklärung im Namen des Vertreters ab, sondern übermittelt nur die bereits fertige Willenserklärung des Vertretenen. Der Bote kann somit auch geschäftsunfähig *(z. B. ein 5-jähriges Kind)* sein.

Umfang der Vertretungsmacht

Der Umfang der Vertretungsmacht kann vom Vollmachtgeber beliebig bestimmt werden.
In der Praxis kommen vor:

- **Spezialvollmacht:** gilt nur für ein einzelnes Rechtsgeschäft
- **Artvollmacht:** gilt für einen bestimmten Geschäftsbereich
- **Generalvollmacht:** gilt für alle Geschäftsbereiche

Vollmachterteilung

Die Vollmachterteilung ist ein einseitiges, empfangsbedürftiges Rechtsgeschäft. Sie erfolgt:

- ausdrücklich oder stillschweigend (konkludentes Verhalten)
- durch Erklärung gegenüber dem zu Bevollmächtigenden *oder* dem Dritten, dem gegenüber die Vertretung stattfinden soll.

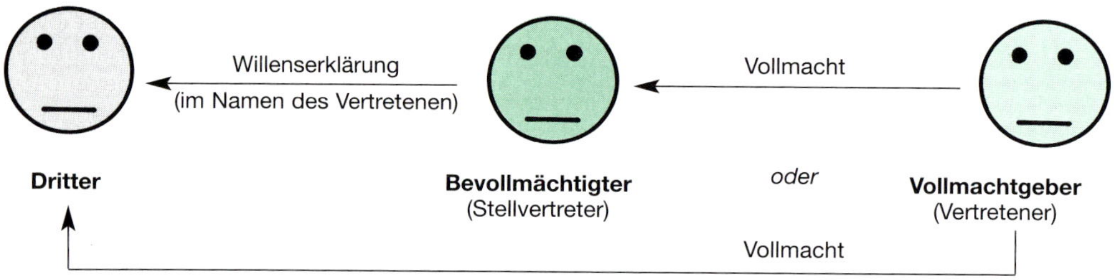

Grenzen der Vollmacht

Bei besonderen Rechtsgeschäften ist eine rechtsgeschäftliche Vertretung nicht zulässig:

- Testament,
- Unterschreiben der Bilanz, der GuV-Rechnung und der Steuererklärung,
- Anmeldung von Handelsregistereintragungen,
- Insolvenzanmeldung,
- Verkauf des gesamten Geschäftes,
- Erteilung der Prokura,
- Aufnahme neuer Gesellschafter in eine Personengesellschaft.

Erlöschen der Vollmacht

Das Erlöschen der Vollmacht erfolgt durch:

- Widerruf,
- Zeitablauf,
- Auftragserledigung (bei Einzelvollmacht),
- Beendigung des Dienstverhältnisses, in dessen Rahmen die Vollmacht erteilt wurde,
- Tod des Bevollmächtigten.

AGB der Kreditinstitute:

Zur ordnungsgemäßen Abwicklung des Geschäftsverkehrs ist es erforderlich, dass der Kunde dem Kreditinstitut Änderungen seines Namens und seiner Anschrift sowie das Erlöschen oder die Änderung einer gegenüber dem Kreditinstitut erteilten Vertretungsmacht (insbesondere einer Vollmacht) unverzüglich mitteilt. Diese Mitteilungspflicht besteht auch dann, wenn die Vertretungsmacht in ein öffentliches Register (zum Beispiel in das Handelsregister) eingetragen ist und ihr Erlöschen oder ihre Änderung in dieses Register eingetragen wird.

2.3.5 Zustandekommen eines Vertrages

Ein **Vertrag** kommt zustande durch **zwei übereinstimmende Willenserklärungen** (= Einigung), die in der Absicht abgegeben werden, einen bestimmten rechtlichen Erfolg zu erzielen.

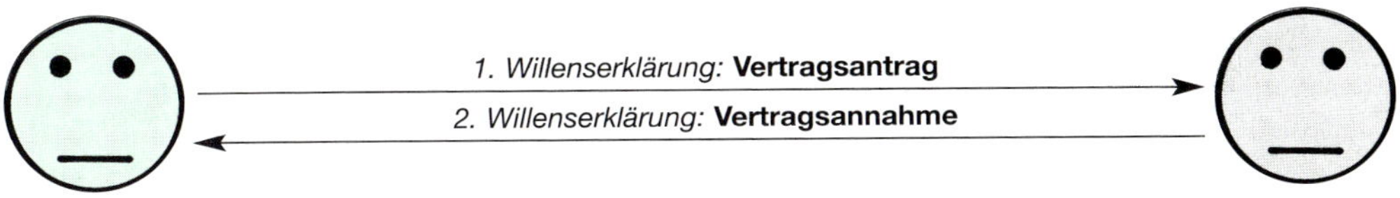

- Der **Antrag** muss an eine bestimmte Person gerichtet sein.
- Der Antrag muss so formuliert sein, dass die Annahme durch ein bloßes „JA" zustande kommen kann.
- Ein rechtlicher Bindungswille des Antragstellers muss gegeben sein *(§ 145 ff. BGB).*

- Die **Annahme** muss sofort bzw. in angemessener Zeit erfolgen. Befristete Anträge gelten bis zum Ablauf der Frist *(§§ 147, 148 BGB).*
- Bei einem Kaufmann, dessen Gewerbebetrieb die Besorgung von Geschäften für andere mit sich bringt, gilt das Schweigen auf einen solchen Antrag als Annahme *(§ 362 HGB).*
- Eine abgeänderte oder verspätete Annahme gilt als neuer Antrag *(§ 150 BGB).*

- **Verpflichtungsgeschäft:** Der **Vertrag** begründet ein Schuldverhältnis. Die Vertragspartner werden hierdurch zur Erfüllung der versprochenen Leistung verpflichtet.
- **Erfüllungsgeschäft:** Das Schuldverhältnis erlischt, indem die Vertragspartner die jeweils geschuldete Leistung erbringen.

2.3.6 Vertragstypen des BGB

Zum 1. Januar 2002 wurden auf DM laufende Verträge auf der Grundlage des offiziellen Umrechnungskurses auf EUR umgestellt. Eine Änderung der Verträge war nicht notwendig.

Vertragstyp	Vertragspartner	Vertragsinhalt	Rechtsgrundlage	Beispiele
		Veräußerungsverträge		
Kaufvertrag	Käufer – Verkäufer	*Entgeltliche* Veräußerung von Sachen oder Rechten	*§§ 433–479 BGB*	Verkauf von Goldbarren
Verbrauchsgüterkaufvertrag	Verbraucher – Unternehmer	*Entgeltliche* Veräußerung von beweglichen Sachen an einen Verbraucher	*§§ 474–479 BGB*	Verkauf eines Tisches durch ein Möbelhaus an einen Studenten
Schenkungsvertrag	Schenker – Beschenkter	*Unentgeltliche* Veräußerung von Sachen oder Rechten	*§§ 516–534 BGB*	Schenkung einer Armbanduhr

Überlassungsverträge				
Mietvertrag	Mieter – Vermieter	*Entgeltliche* Überlassung von Sachen zum Gebrauch	*§§ 535–580 BGB*	*Vermietung eines Banksafes*
Pachtvertrag	Pächter – Verpächter	*Entgeltliche* Überlassung von Sachen zum Gebrauch und Überlassung der bei ordnungsgemäßer Bewirtschaftung anfallenden Erträge	*§§ 581–597 BGB*	*Verpachtung einer Gaststätte*
Leihvertrag	Entleiher – Verleiher	*Unentgeltliche* Überlassung von Sachen zum Gebrauch	*§§ 598–606 BGB*	*Entleihung von Büchern aus einer Bücherei*
Darlehensvertrag	Darlehensgeber – Darlehensnehmer	Überlassung von Geld gegen Zinszahlung und Rückzahlungsverpflichtung	*§§ 488–498 BGB*	*Gewährung eines Kredites* *Leistung einer Spareinlage*
Sachdarlehensvertrag	Darlehensgeber – Darlehensnehmer	Entgeltliche Überlassung von vertretbaren Sachen gegen die Verpflichtung zur Rückerstattung in Sachen von gleicher Art, Güte und Menge	*§§ 607–609 BGB*	*Wertpapierleihe: zeitlich befristete Überlassung von Wertpapieren gegen Entgelt*

Betätigungsverträge				
Dienstvertrag	Dienstverpflichteter – Dienstberechtigter	Entgeltliche Leistung von Diensten (*ohne* Erfolgsgarantie); verspricht jemand, unentgeltliche Dienste zu leisten, so liegt ein Auftragsverhältnis vor	*§§ 611–630* *§§ 662–674 BGB*	*Anstellung eines Mitarbeiters*
Werkvertrag	Unternehmer – Besteller	Entgeltliche Leistung von Diensten (*mit* Erfolgsgarantie)	*§§ 631–650 BGB*	*Anfertigung eines Maßanzuges, zu dem der Besteller den Stoff liefert*
Geschäftsbesorgungsvertrag	Auftraggeber – Beauftragter	Besorgung eines Geschäftes gegen Entgelt und Aufwendungsersatz	*§§ 675, 676 BGB*	*Erledigung eines Inkassoauftrages*
Überweisungsvertrag	überweisendes Kreditinstitut – Überweisender (Auftraggeber)	Ausführung eines Überweisungsauftrages	*§§ 675 a, 676 a–c BGB*	*Bezahlung einer Rechnung durch Banküberweisung*
Verwahrungsvertrag	Verwahrer – Hinterleger	Aufbewahrung einer beweglichen Sache ggf. gegen Entgelt	*§§ 688–700 BGB*	*Verwahrung von Wertpapieren*
Gesellschaftsvertrag	Gesellschafter	Gegenseitige Verpflichtung der Gesellschafter, die Erreichung eines gemeinsamen Zwecks in der durch den Vertrag bestimmten Weise zu fördern	*§§ 705–740 BGB*	*Gründung einer Steuerberatersozietät* *Gründung eines Kreditkonsortiums*

2.4 Kaufvertrag

Der **Kaufvertrag** ist ein zweiseitig verpflichtender Vertrag:
Der **Verkäufer** einer Sache wird verpflichtet,
- dem Käufer die Sache zu übergeben und
- das Eigentum an der Sache zu verschaffen, welche frei von Sach- und Rechtsmängeln sein muss.

Der **Käufer** ist verpflichtet,
- dem Verkäufer den vereinbarten Kaufpreis zu zahlen und
- die gekaufte Sache abzunehmen *(§ 433 BGB).*

Gegenstand des Kaufvertrages kann auch ein Recht sein.

2.4.1 Zustandekommen eines Kaufvertrages – Verpflichtungsgeschäft

1. Fall: Der Antrag zum Abschluss des Kaufvertrages geht vom Verkäufer aus.

Der **Verkäufer** macht ein **Angebot** (= Vertragsantrag), der **Käufer** nimmt eine **Bestellung** vor (= Vertragsannahme).
Dem Angebot des Verkäufers kann eine rechtlich unverbindliche Anfrage des Käufers vorausgehen, der Bestellung des Käufers kann eine Auftragsbestätigung des Verkäufers folgen.
Durch das Angebot erklärt der Verkäufer, unter welchen Bedingungen er bereit ist, einen Kaufvertrag abzuschließen.
Seine Willenserklärung ist rechtlich bindend, wenn sie an eine bestimmte Person gerichtet ist und alle wesentlichen Vertragspunkte enthält:
- Art, Güte und Beschaffenheit der Ware,
- Menge der Ware,
- Preis der Ware.

Das Angebot muss so formuliert sein, dass es durch ein bloßes **„Ja"** des Käufers angenommen werden kann.

2. Fall: Der Antrag zum Abschluss des Kaufvertrages geht vom Käufer aus.

Der **Käufer** macht eine **Bestellung** (= Vertragsantrag), der **Verkäufer** erteilt eine **Auftragsbestätigung** (= Vertragsannahme).
Der Bestellung des Käufers kann ein rechtlich unverbindliches *Angebot* des Verkäufers *(z. B. durch Katalogangebot, Schaufensterauslage, Zeitungsinserat, Internetangebot)* oder eine rechtlich unverbindliche Anfrage beim Verkäufer vorausgehen.
Antrag und Annahme begründen das Verpflichtungsgeschäft, durch das sich die Vertragspartner zur Erfüllung der geschuldeten Leistungen verpflichten.

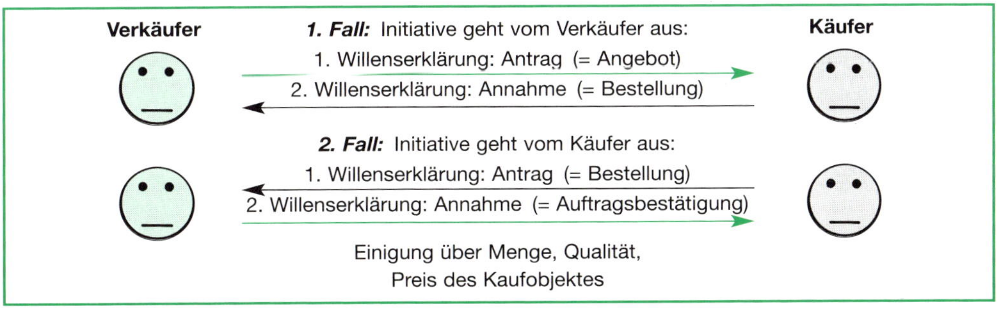

Wer einem anderen die Schließung eines Vertrages anbietet, ist an den Antrag gebunden *(§ 145 BGB)*.

Es besteht **keine rechtliche Bindung** an den Vertragsantrag, wenn

- die Annahmeerklärung des Vertragspartners nicht rechtzeitig erfolgt,
- ein rechtzeitiger Widerruf vonseiten des Antragstellers erfolgt.
- das im Antrag enthaltene Angebot zeitlich befristet war und die Frist abgelaufen ist
- der rechtliche Bindungswille vom Antragsteller durch eine Freizeichnungsklausel ausdrücklich eingeschränkt worden ist

Beispiele

- „unverbindliches Angebot“
- „freibleibend“
- „solange der Vorrat reicht“

Ein **mündlicher oder telefonischer Antrag** muss sofort angenommen werden. **Schweigen** gilt als Ablehnung.

Ein **schriftlicher Antrag** gilt so lange, wie der Eingang einer Antwort unter gewöhnlichen Umständen erwartet werden darf.

Die **verspätete Annahme** eines Antrags gilt als neuer Antrag. Eine Annahme unter Erweiterungen, Einschränkungen oder sonstigen Änderungen gilt als Ablehnung des alten Antrags, verbunden mit einem neuen Antrag *(§ 150 BGB)*.

Die **Zusendung unbestellter Ware** gilt als Antrag, Schweigen als Ablehnung des Antrags, die Bezahlung des Kaufpreises als Annahme.

Aus der Lieferung unbestellter Sachen wird ein Anspruch gegen den Verbraucher nicht begründet *(§ 241 a BGB)*. Der Anspruchsausschluss umfasst insbesondere Ansprüche auf Gegenleistung und Rücksendung. Der Gesetzgeber nimmt in Kauf, dass auf diese Weise Eigentum und Besitz auf Dauer auseinanderfallen können. Der Empfänger kann die Ware in Besitz nehmen oder vernichten, ohne dass ihm daraus ein Nachteil entsteht.

Haustürgeschäfte

Zum Schutz des Verbrauchers besteht bei **Haustürgeschäften** ein **Widerrufsrecht** des Kunden *(§§ 312, 355 BGB)*: Wenn der Kunde einen solchen Vertrag widerrufen will, so muss er sein Recht innerhalb einer **Frist von zwei Wochen** wahrnehmen. Der Widerruf muss nicht begründet werden. Er kann schriftlich oder in Textform (vgl. S. 116) bzw. durch Rücksendung der Ware erfolgen. Zur Wahrung der Frist genügt die rechtzeitige Absendung. Der Lauf der Frist beginnt aber erst, wenn dem Verbraucher zuvor von der anderen Vertragspartei die schriftliche Belehrung über sein Recht zum Widerruf ausgehändigt wurde. Der Verbraucher muss die Widerrufsbelehrung unterschreiben und der anderen Vertragspartei aushändigen. Diese kann dann beweisen, dass der Verbraucher über seine Rücktrittsmöglichkeit belehrt wurde. Der besondere Schutz der Verbraucher bei Haustürgeschäften gilt auch für alle Kredite *(EuGH-Urteil)*.

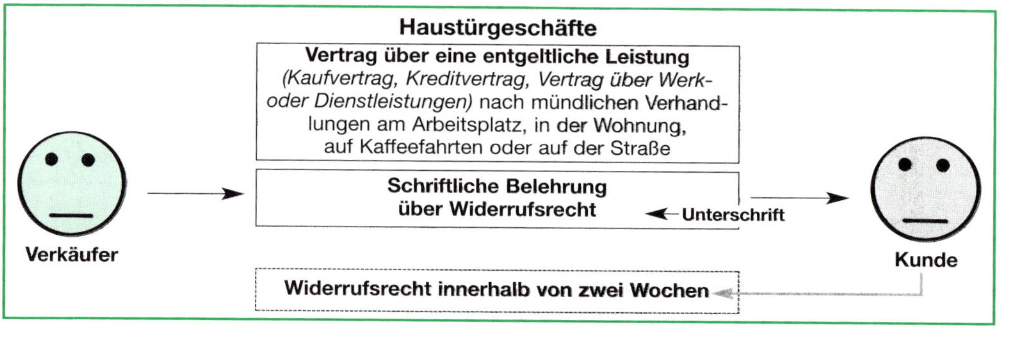

Es besteht jedoch nach § 312, Abs. 3 BGB kein Widerrufsrecht

- wenn der Kunde den Vertreter selbst bestellt hat
- bei Bagatellgeschäften (Wert bis 40,00 EUR)
- bei notariell beurkundeten Verträgen
- beim Abschluss von Versicherungsverträgen

2.4.2 Erfüllungsgeschäft

Das durch den Abschluss des Kaufvertrages entstandene Schuldverhältnis erlischt, indem die Vertragspartner die jeweils eingegangenen Verpflichtungen erfüllen *(§ 362 BGB).*

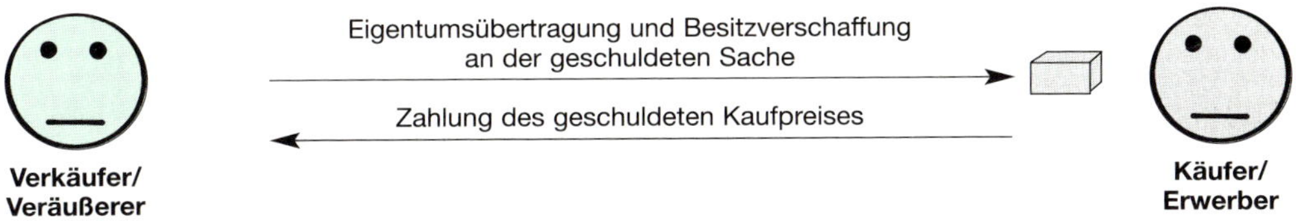

Kaufvertrag

Verpflichtungsgeschäft

Der Verkäufer verpflichtet sich ...
- die Ware zu liefern und das Eigentum zu übertragen
- den Kaufpreis anzunehmen

→ **Pflicht**

Der Käufer verpflichtet sich ...
- die Ware anzunehmen
- den Kaufpreis zu zahlen

→ **Gegenpflicht**

Erfüllungsgeschäft

Der Verkäufer erfüllt, indem er ...
- einwandfreie Ware fristgerecht, am richtigen Ort und in der richtigen Art und Weise übergibt
- dem Käufer das Eigentum überträgt

→ **Leistung**

Der Käufer erfüllt, indem er ...
- die Ware annimmt
- dem Verkäufer fristgerecht den Kaufpreis schickt

→ **Gegenleistung**

Durch den Kaufvertrag werden beide Vertragspartner zu gegenseitigen Schuldnern. Durch ihre Leistung am Erfüllungsort werden sie von ihren jeweiligen Verpflichtungen befreit.

Erfüllungsort

Erfüllungsort ist grundsätzlich der Sitz des Schuldners zum Zeitpunkt des Vertragsabschlusses *(§ 269 BGB)*:
Warenschulden sind „Holschulden": Der Verkäufer hat lediglich die Kosten der Übergabe zu tragen. Die Kosten und Gefahren der Abnahme und der Versendung der Sache an einen anderen Ort als den Erfüllungsort trägt der Käufer *(§ 448 BGB).*

Gefahrenübergang: Mit der Übergabe der verkauften Sache am Erfüllungsort geht die Gefahr des zufälligen Untergangs und der zufälligen Verschlechterung der Ware auf den Käufer über *(§ 446 BGB).*

Beispiel Sebastian hat bei einem Gebrauchtwagenhändler einen Pkw gekauft. Als er zu seiner Freundin fährt, um den Wagen vorzuführen, gerät er in einen Hagelschauer, der auf dem Dach seines Autos einige Dellen hinterlässt. Den dadurch verursachten Schaden trägt Sebastian, da Erfüllungsort der Sitz des Kfz-Händlers war.

Durch vertragliche Vereinbarung kann jeder beliebige Ort als Erfüllungsort vereinbart werden. Der Vertragspartner mit der wirtschaftlich stärkeren Position wird versuchen, seinen Sitz als Erfüllungsort durchzusetzen.

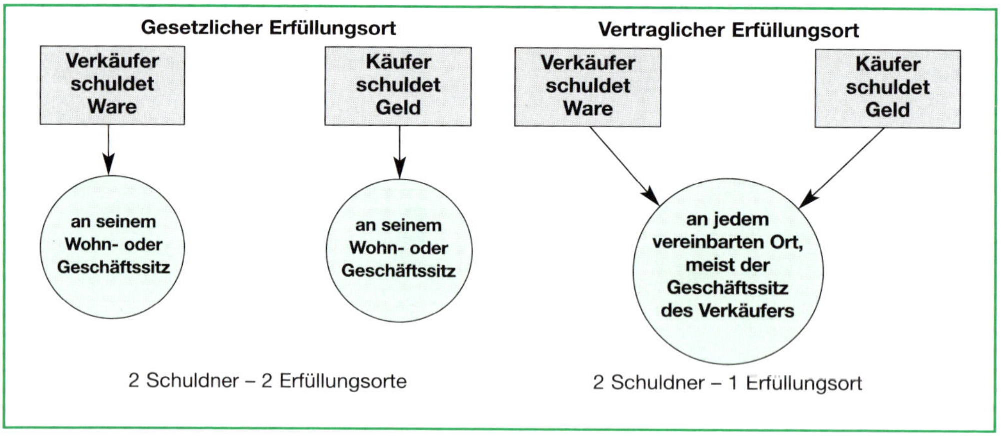

Natürlicher Erfüllungsort: Der Erfüllungsort ergibt sich aus der Natur des Schuldverhältnisses.

Beispiel Lieferung von Heizöl in den Tank des Käufers

Versendungskauf *(§ 447 BGB):* Bei einer Ware, die auf Verlangen des Käufers an einen anderen Ort als den Erfüllungsort verschickt wird, erfolgt der Gefahrenübergang mit der Übergabe der Ware an die mit dem Versand beauftragte Person *(z. B. Frachtführer, Spediteur)*.

Zahlungsort ist grundsätzlich der Sitz des Gläubigers *(§ 270 BGB):*
Geldschulden sind „Bring-/Schickschulden“: Der Käufer hat, obwohl sein Sitz für die Geldschuld gesetzlicher Erfüllungsort ist, seine Zahlung auf eigene Kosten und Gefahren dem Verkäufer zu übermitteln. Außerdem muss der Käufer nach einem Urteil des Europäischen Gerichtshofs dafür Sorge tragen, dass das Geld dem Gläubiger rechtzeitig zur Verfügung steht, also frühzeitig gutgeschrieben wird. Dabei haftet der Käufer natürlich nicht in den Fällen, in denen die nicht rechtzeitige Gutschrift auf einen Fehler seiner Bank zurückzuführen ist.

„Der Käufer bringt das Geld und holt die Ware.“

Gerichtsstand

Ergeben sich zwischen den Vertragspartnern Streitigkeiten über die Auslegung und die Erfüllung der Vertragspflichten, so können sie die Hilfe des zuständigen Gerichts in Anspruch nehmen.

Der **gesetzliche Erfüllungsort** ist gleichzeitig **gesetzlicher Gerichtsstand,** sodass eine Warenklage am Sitz des Verkäufers, eine Zahlungsklage am Sitz des Käufers erfolgen muss.

Gesetzlicher Gerichtsstand ist damit der Sitz des Gerichts, in dessen Bezirk der Beklagte seinen Sitz hat.

Beispiel

Zwischen der Volksbank Olpe eG und der WEKO-Büroausstattung GmbH, Düsseldorf, ist ein Kaufvertrag über die Lieferung von diversen Büromöbeln abgeschlossen worden.

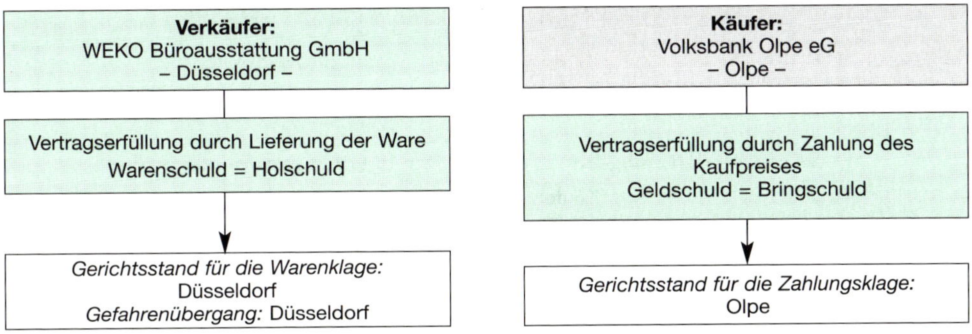

Kaufleute können einen Gerichtsstand frei vereinbaren.

Für Streitigkeiten ist das Gericht zuständig, in dessen Bezirk der Erfüllungsort liegt. Durch Vereinbarung eines Erfüllungsortes kann daher zugleich indirekt auch der Gerichtsstand bestimmt sein.

Beispiel

Zwischen der Treuhand AG, Berlin, und der Electronic GmbH, Ulm, ist ein Kaufvertrag über die Lieferung und Installierung eines EDV-Systems geschlossen worden.
Laut Vertrag (AGB der Electronic GmbH) ist Erfüllungsort für beide Teile Ulm.

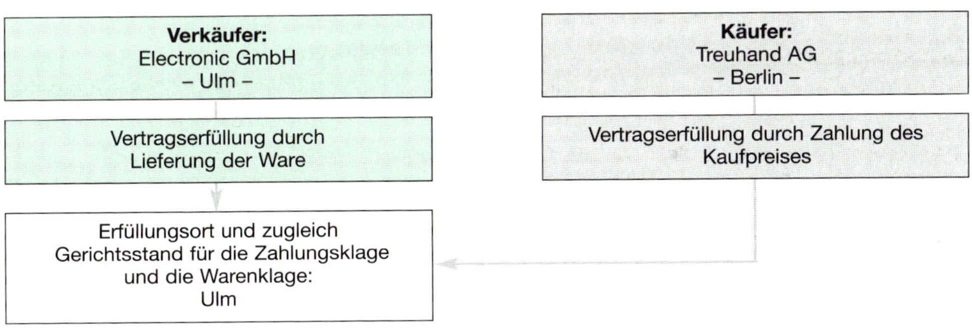

2.4.3 Besondere Lieferungs- und Zahlungsbedingungen

Abweichend von den gesetzlichen Regelungen können zwischen Käufer und Verkäufer besondere Lieferungs- und Zahlungsbedingungen vereinbart werden.

Die **Lieferungsbedingung** regelt den Zeitpunkt der Lieferung und die Übernahme der Transportkosten.

Bei einem **Fixkauf** ist die Lieferung zu einem kalendermäßig genau bestimmten Zeitpunkt ausdrücklich vereinbart und der Kaufvertrag steht und fällt mit der Einhaltung des Termins.

Beispiel

Lieferung der als Weihnachtspräsent vorgesehenen Taschenkalender am 15. November.

Bei einem **Terminkauf** ist eine bestimmte Lieferfrist vereinbart.

Beispiel Lieferung der bestellten Büromöbel innerhalb einer Frist von 6 Wochen.

Besondere Lieferungsbedingungen	
ab Werk **ab Lager**	Der Käufer trägt sämtliche Beförderungskosten.
frei .... **(benannte Bahnstation)**	Der Verkäufer trägt die Beförderungskosten bis zur benannten Bahnstation.
frei Haus	Der Verkäufer trägt sämtliche Beförderungskosten.

Die **Zahlungsbedingung** regelt Zeitpunkt und Art der Zahlung.

Besondere Zahlungsbedingungen	
Vorauszahlung/Anzahlung	Der Käufer muss bereits vor der Lieferung den Kaufpreis ganz oder teilweise zahlen.
Zahlungsziel (Zielkauf)	Der Käufer braucht erst nach Ablauf einer bestimmten Zeit nach Lieferung den Kaufpreis zu zahlen. Falls der Käufer in einem solchen Fall sofort zahlen möchte, wird ihm in der Regel vom Verkäufer ein Preisnachlass (Skonto) gewährt.
Ratenzahlung	Der Käufer kann den Kaufpreis nach und nach in mehreren Teilbeträgen zahlen.

2.4.4 Störungen bei der Erfüllung des Kaufvertrages

Eine Störung der Vertragserfüllung liegt vor, wenn ein Partner seinen Vertragspflichten nicht nachkommt.

2.4.4.1 Pflichtverletzungen des Verkäufers

Schlechtleistung (mangelhafte Lieferung)

Der Verkäufer ist verpflichtet, die verkaufte Ware mangelfrei zu liefern. Falls die Ware Mängel aufweist, hat der Käufer gegenüber dem Verkäufer einen **Gewährleistungsanspruch.**

Durch Prüfung können Mängel in der *Art, Menge* oder *Qualität* festgestellt werden.
Voraussetzung für die Geltendmachung eines Gewährleistungsanspruchs ist, dass der Käufer innerhalb der gesetzlich vorgeschriebenen Fristen eine **Mängelrüge** vornimmt.
Die Rüge sollte aus Beweissicherungsgründen schriftlich unter Beschreibung aller festgestellten Mängel erteilt werden.

Eine Sache ist **mangelfrei**, wenn sie bei Gefahrenübergang die vereinbarte Eigenschaft hat bzw. wenn sie sich für die nach dem Vertrag vorausgesetzte Verwendung eignet. Zu den zu erwartenden Eigenschaften gehören auch die Eigenschaften, die der Käufer nach den öffentlichen Äußerungen des Verkäufers bzw. des Herstellers *(z. B. Werbung, Prospektmaterial)* erwarten kann.

Ein **Sachmangel** liegt auch dann vor, wenn
- der Verkäufer eine andere Sache oder eine zu geringe Menge liefert,
- die vereinbarte Montage durch den Verkäufer unsachgemäß durchgeführt worden ist oder die Montageanleitung mangelhaft ist *(§ 434 BGB)*.

Ein **Rechtsmangel** *(§ 435 BGB)* liegt z. B. vor, wenn die Sache mit einem Pfandrecht belastet ist, von dem der Käufer nichts weiß.

Die gesetzliche Gewährleistungsfrist beträgt
- **zwei Jahre bei einer beweglichen Sache**
- **fünf Jahre bei einem Bauwerk und für Baumaterialien**, die üblicherweise für ein Bauwerk verwendet werden.

Die Verjährungsfrist beginnt mit der Lieferung der Sache *(§ 438 BGB)*.

Nicht zulässig ist die vertragliche Abkürzung der Gewährleistungsfrist unter zwei Jahre, bei **gebrauchten Sachen** unter einem Jahr *(§ 475 BGB)*.

Beachten Sie:
Bei einem **zweiseitigen Handelskauf** hat der Käufer abweichend von den BGB-Bestimmungen die Ware unverzüglich nach der Ablieferung durch den Verkäufer auf Ordnungsmäßigkeit zu untersuchen und, wenn sich ein Sachmangel zeigt, den Verkäufer **unverzüglich** zu informieren. Unterlässt der Käufer die Anzeige, so gilt die Ware als genehmigt, es sei denn, dass es sich um einen Mangel handelt, der bei der Untersuchung nicht erkennbar war *(§ 377 HGB)*.

Beweislastumkehr: Zeigt sich innerhalb von sechs Monaten seit Gefahrübergang ein Sachmangel, so wird vermutet, dass die Sache bereits bei Gefahrübergang mangelhaft war, es sei denn, diese Vermutung ist mit der Art der Sache oder des Mangels unvereinbar *(§ 476 BGB)*.

Beispiel

Bei einer Reklamation innerhalb von sechs Monaten nach dem Verkauf muss der Verkäufer nachweisen, dass die Sache beim Verkauf keine Mängel hatte. Wenn er diesen Nachweis nicht erbringen kann, ist davon auszugehen, dass diese bereits zum Zeitpunkt des Kaufs vorhanden waren.

Bei einem **arglistigen Verschweigen** des Mangels gilt die regelmäßige Verjährungsfrist von drei Jahren *(§ 438 BGB)*. Hat der Verkäufer eine **Garantie** für die Sache bzw. für das Vorhandensein einer Eigenschaft übernommen, haftet er auch ohne eigenes Verschulden *(§ 276 BGB)*.

Bei einem Sachmangel hat der Käufer folgende Rechtsansprüche:

■ Nacherfüllung

Der Käufer kann als Nacherfüllung nach seiner Wahl die **Nachbesserung** (Beseitigung des Mangels) oder die **Neulieferung** (Lieferung einer mangelfreien Sache) verlangen. Der Verkäufer hat die hierbei erforderlichen Aufwendungen *(z. B. Transport-, Materialkosten)* zu tragen *(§ 439 BGB)*.
Eine Nachbesserung gilt nach dem erfolglosen zweiten Versuch als fehlgeschlagen.
Der Verkäufer kann die vom Käufer gewählte Art der Nacherfüllung verweigern, wenn sie nur mit unverhältnismäßigen Kosten möglich ist. Der Anspruch des Käufers beschränkt sich in diesem Fall auf die andere Art der Nacherfüllung.

■ Rücktritt vom Vertrag und Schadenersatz

Der Käufer kann vom Vertrag zurücktreten, wenn er dem Verkäufer zuvor erfolglos eine angemessene Frist zur Nacherfüllung eingeräumt hat *(§§ 440, 325, 281 BGB)*. Die gekaufte Sache wird zurückgegeben, der ggf. schon bezahlte Kaufpreis wird zurückerstattet *(§ 346 BGB)*. Der Verkäufer ist dem Käufer darüber hinaus zum Ersatz des ggf. entstandenen Schadens verpflichtet.
Eine Fristsetzung ist nicht notwendig, wenn der Schuldner die Leistung verweigert oder die Nacherfüllung fehlgeschlagen bzw. unzumutbar ist.

Minderung des Kaufpreises

Unter einer Minderung versteht man die Herabsetzung des Kaufpreises.
Statt des Rücktritts kann der Käufer den Kaufpreis durch eine Erklärung gegenüber dem Verkäufer mindern, wenn er dem Verkäufer erfolglos zuvor eine angemessene Frist zur Nacherfüllung eingeräumt hat. Der Verkäufer ist dem Käufer darüber hinaus zum Ersatz des ggf. entstandenen Schadens verpflichtet *(§§ 441, 281 BGB)*.

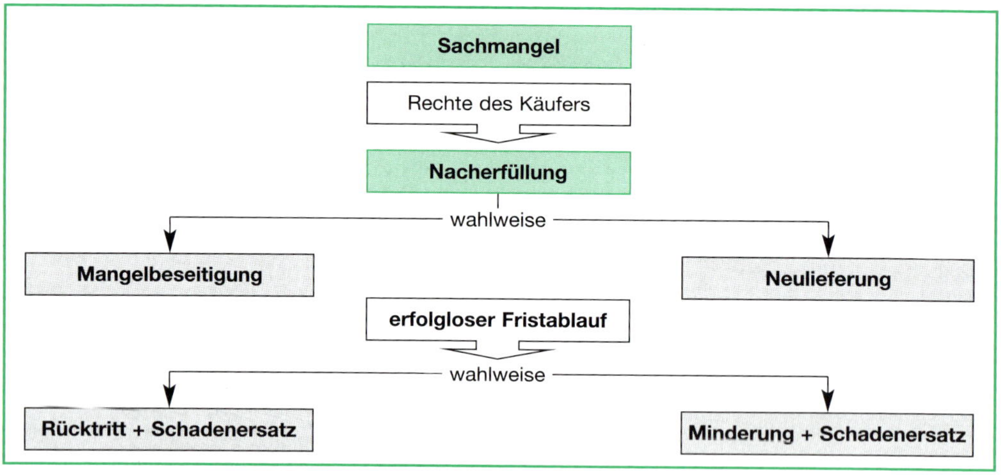

Nicht-rechtzeitig-Lieferung (Lieferungsverzug)

Fehlt die Vereinbarung einer Lieferzeit, kann der Käufer die sofortige Lieferung der Ware verlangen und der Verkäufer sofort liefern *(§ 271 BGB)*.

Der Verkäufer gerät in **Lieferungsverzug**, wenn
- er trotz Fälligkeit die Ware nicht geliefert hat,
- er die Schuld an der Verzögerung trägt und
- die Lieferung vom Käufer angemahnt worden ist *(§ 286 BGB)*.

Welche Ansprüche der Käufer bei einem Lieferungsverzug wahrnimmt, hängt davon ab, ob er an der Lieferung noch interessiert ist.

Ist der Käufer an der Lieferung weiterhin interessiert *(z. B. weil er die Ware von keinem anderen Lieferanten erhalten kann)*, wird er auf der Lieferung bestehen. Schadenersatz wegen verzögerter Lieferung kann der Käufer allerdings nur verlangen, wenn er dem Verkäufer zuvor eine angemessene Frist zur nachträglichen Lieferung gesetzt hat und diese Frist erfolglos verstrichen ist *(§§ 280, 286 BGB)*.

Ist der Käufer an der Lieferung nicht mehr interessiert, so muss er dem Verkäufer zunächst eine angemessene Frist zur nachträglichen Lieferung setzen. Liefert der Verkäufer trotz der Fristsetzung nicht, so kann der Käufer vom Vertrag zurücktreten und **Schadenersatz statt der Leistung wegen nicht oder nicht wie geschuldet erbrachter Leistung** verlangen.

Die Fristsetzung ist nicht erforderlich, wenn
- der Verkäufer die Lieferung endgültig verweigert oder besondere Umstände vorliegen, die unter Abwägung der beiderseitigen Interessen die sofortige Geltendmachung des Schadenersatzanspruchs rechtfertigen,
- ein **Fixkauf** vorliegt, d. h. für die Lieferung eine bestimmte Zeit *(Datum, Uhrzeit)* vereinbart worden ist *(§§ 280, 281, 286 BGB)*.

Beispiel Der Käufer benötigt die Ware äußerst dringend und sieht sich gezwungen, die Ware bei einem anderen Lieferanten zu kaufen, wenn nicht rechtzeitig geliefert wird. Der Käufer setzt dem Verkäufer eine kurze Frist zur nachträglichen Lieferung und droht ihm die Ablehnung der Lieferung für den Fall an, dass bis zum Ablauf der Frist nicht geliefert wird. Danach kann der Käufer bei einem anderen Lieferanten die Ware kaufen. Wenn für diesen Deckungskauf ein höherer Preis gezahlt werden muss, kann er Schadenersatz in Höhe des Differenzbetrages verlangen.

Rechte des Käufers beim Lieferungsverzug

nach angemessener Fristsetzung und Fristablauf

nachträgliche Lieferung und Schadenersatz wegen Verzögerung der Leistung	**Rücktritt vom Vertrag und Schadenersatz wegen Pflichtverletzung**

2.4.4.2 Pflichtverletzungen des Käufers

Annahmeverzug

Der Käufer gerät in **Annahmeverzug**, wenn er die ordnungsgemäß (d. h.zur rechten Zeit, am rechten Ort, frei von Mängeln) gelieferte Ware nicht annimmt *(§§ 293, 294 BGB)*.

Durch den Annahmeverzug geht die Gefahr des zufälligen Untergangs oder der zufälligen Wertminderung der Ware auf den Käufer über. Der Verkäufer hat während des Verzugs nur Vorsatz und grobe Fahrlässigkeit zu verantworten *(§ 300 BGB)*.

Selbsthilfeverkauf: Eine Ware, die nicht hinterlegungsfähig ist, kann der Verkäufer durch eine öffentliche Versteigerung versteigern lassen. Der Verkäufer muss dem Käufer zuvor eine Frist zur Abnahme der Ware einräumen und ihm die Versteigerung androhen. Ort und Zeitpunkt der Versteigerung sind dem Käufer mitzuteilen *(§§ 372, 383, 384 BGB)*.

Ein ggf. entstehender *Mehrerlös* steht nach Abzug der Kosten dem Käufer zu.

Notverkauf: Verderbliche Ware kann der Verkäufer sofort und ohne vorherige Mitteilung auf Rechnung des Käufers versteigern lassen.

Nicht-rechtzeitig-Zahlung (Zahlungsverzug)

Zahlt der Käufer auf eine Mahnung des Verkäufers nicht, die nach Fälligkeit erfolgt, so kommt er durch die Mahnung in **Zahlungsverzug**.
Der Mahnung bedarf es nicht, wenn ein bestimmter Zahlungszeitpunkt vereinbart worden ist.
Unabhängig davon gerät der Käufer in Zahlungsverzug, wenn er nicht innerhalb von 30 Tagen nach Fälligkeit und Zugang der Rechnung zahlt. Ist der Schuldner ein Verbraucher, muss er darauf in der Rechnung besonders hingewiesen worden sein *(§ 286 BGB)*.

Der Verkäufer kann dem Käufer zusätzlich zum Verkaufspreis Verzugszinsen in Rechnung stellen. Der **Verzugszinssatz** beträgt bei Kaufverträgen, an denen ein Verbraucher beteiligt ist, 5 Prozentpunkte über dem Basiszinssatz[1], ansonsten 8 Prozentpunkte über dem Basiszinssatz *(§ 288, § 247 BGB)*.

[1] Vgl. Seite 554

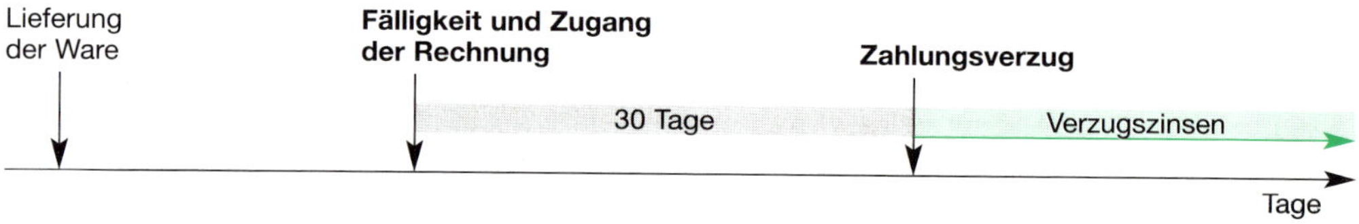

Beispiel

Das Kreditinstitut hat einen abgeschriebenen Firmen-Pkw an einen Gebrauchtwagenhändler verkauft. Die Übergabe des Fahrzeugs erfolgt am 20. Juni, die Rechung über 6.250,00 EUR geht bei dem Händler am 22. Juni ein. Das Geld wird erst am 16. August dem Zahlungsempfänger gutgeschrieben. Ab dem 23. Juli befindet sich der Gebrauchtwagenhändler im Zahlungsverzug. Das Kreditinstitut kann ab diesem Tag Verzugszinsen für die Zeit vom 23. Juli (einschließlich) bis einschließlich zum 15. August in Rechnung stellen. Der Basiszinssatz beträgt 2,7 % p.a.

$$\text{Verzugszinsen} = \frac{6.250{,}00 \cdot 10{,}7 \cdot 24}{100 \cdot 365} = \underline{\underline{43{,}97 \text{ EUR}}}$$

Zusammenfassung: Erfüllungsstörungen beim Kaufvertrag

Pflichtverletzungen des Verkäufers		Pflichtverletzungen des Käufers	
Schlechtleistung (mangelhafte Lieferung; Mängel in Art, Menge, Qualität)	**Nicht-rechtzeitig-Lieferung** (Lieferungsverzug)	**Annahmeverzug**	**Nicht-rechtzeitig-Zahlung** (Zahlungsverzug)
Voraussetzungen für die Geltendmachung von Rechtsansprüchen durch den Käufer		**Voraussetzungen für die Geltendmachung von Rechtsansprüchen durch den Verkäufer**	
Auftreten eines **Sachmangels** innerhalb der gesetzlichen Gewährleistungsfrist von zwei Jahren *(§§ 434, 438 BGB)*	**Nichtlieferung** trotz Mahnung bzw. Nichteinhaltung des vereinbarten Liefertermins *(§ 286 BGB)*	**Ordnungsgemäße Lieferung** der bestellten Ware *(§§ 293, 294 BGB)*	**Nichtzahlung** trotz Mahnung bzw. Nichtzahlung am vereinbarten Zahlungstermin bzw. Nichtzahlung des Kaufpreises innerhalb von 30 Tagen nach Fälligkeit und Zugang der Rechnung *(§ 286 BGB)*
Rechtsansprüche des Käufers		**Rechtsansprüche des Verkäufers**	
■ **Nacherfüllung (= Mangelbeseitigung oder Neulieferung)** oder nach angemessener Fristsetzung und Fristablauf bzw. ohne Frist, wenn der Verkäufer die Nacherfüllung verweigert oder die Nacherfüllung fehlgeschlagen bzw. unzumutbar ist: ■ **Rücktritt vom Vertrag und Schadenersatz** oder ■ **Minderung (= Herabsetzung des Kaufpreises) und Schadenersatz** *(§§ 437, 439, 440, 441, 281, 325 BGB)*	■ **Nachträgliche Lieferung und Schadenersatz wegen verzögerter Lieferung** nach angemessener Fristsetzung und Fristablauf: ■ **Rücktritt vom Vertrag und Schadenersatz wegen nicht oder nicht wie geschuldet erbrachter Leistung** *(§§ 280, 323 BGB)*	■ **Hinterlegung** der Sache auf Kosten und Gefahr des Käufers und Klage auf Abnahme oder bei hinterlegungsunfähigen Sachen nach vorhergehender Androhung und Benachrichtigung: ■ **Selbsthilfeverkauf** im Wege der öffentlichen Versteigerung. Ein Mindererlös ist vom Käufer zu erstatten, einen Mehrerlös erhält der Käufer. *(§§ 372, 383, 384 BGB)*	**Forderung der Zahlung zuzüglich Mahnkosten und Verzugszinsen** ■ Käufer ist ein Verbraucher: Basiszinssatz plus 5 % p.a. ■ Käufer ist kein Verbraucher: Basiszinssatz plus 8 % p.a. *(§ 288 BGB)*

2.4.5 Eigentumsvorbehalt

Für den Fall der Nichtzahlung kann der Anspruch des Verkäufers auf Rückgabe der Ware durch die ausdrückliche **Vereinbarung eines Eigentumsvorbehalts** abgesichert werden. Der Käufer erlangt in diesem Fall das Eigentum an der Ware erst mit der vollständigen Bezahlung des Kaufpreises *(§ 449 BGB)*.

Bei Insolvenz des Käufers hat der Verkäufer ein **Aussonderungsrecht.**

Einfacher Eigentumsvorbehalt

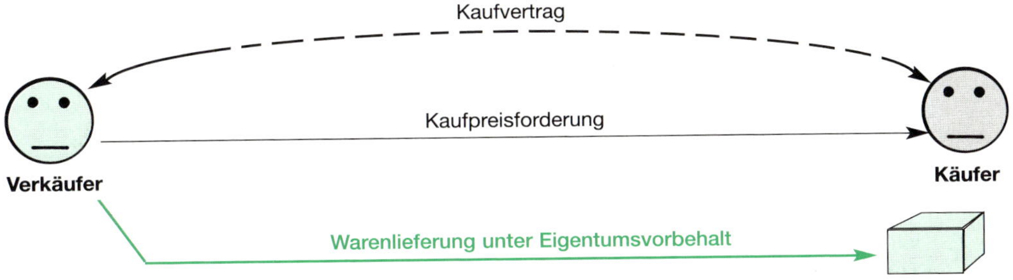

Der **Verkäufer** behält sich das Eigentum an der gelieferten Ware bis zur vollständigen Bezahlung des Kaufpreises vor.

Der **Käufer** ist berechtigt, die Ware in Besitz zu nehmen. Mit der Bezahlung des Kaufpreises geht das Eigentum automatisch auf ihn über.

Verlängerter Eigentumsvorbehalt

Eigentumsvorbehalt mit Verarbeitungsklausel

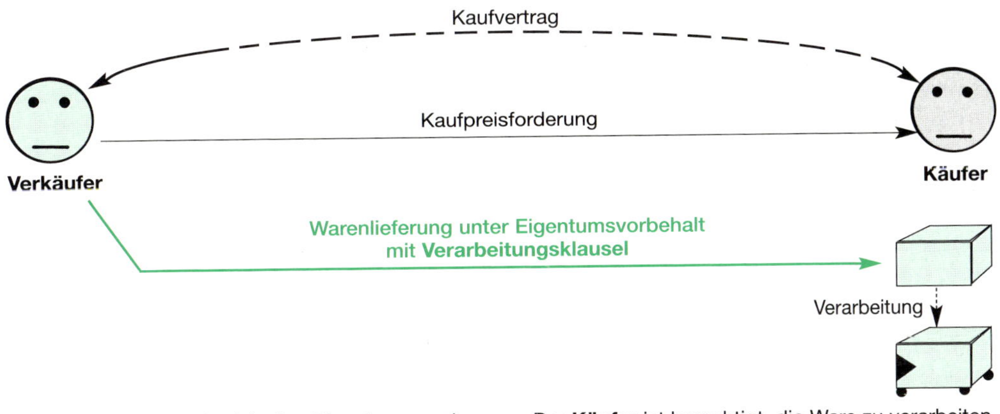

Der **Verkäufer** behält sich das Eigentum an der durch die Verarbeitung geschaffenen Sache bis zur vollständigen Bezahlung des Kaufpreises vor.

Der **Käufer** ist berechtigt, die Ware zu verarbeiten. Mit der Bezahlung des Kaufpreises geht das Eigentum an der geschaffenen Sache automatisch auf ihn über.

Eigentumsvorbehalt mit Vorausabtretungsklausel

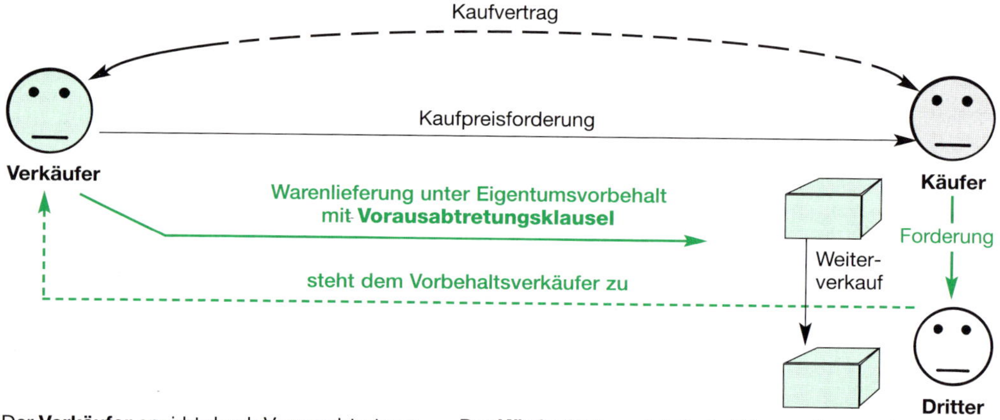

Der **Verkäufer** erwirbt durch Vorausabtretung die Forderungen aus dem Weiterverkauf der Ware an Dritte.

Der **Käufer** ist berechtigt, die Ware weiterzuverkaufen. Mit der Bezahlung des Kaufpreises geht die Forderung aus dem Weiterverkauf der Ware automatisch auf ihn über.

Zur Finanzierung des betrieblichen Umsatzprozesses bedienen sich die Unternehmen häufig des **Lieferantenkredits.** Hierbei gewährt der Lieferant einer Ware seinem Abnehmer ein **Zahlungsziel,** d.h. dieser braucht erst nach Ablauf eines vereinbarten Zeitraums die Rechnung zu bezahlen.

Beispiel

Die DETA Stahl AG beliefert die Rusche Maschinenbau AG mit Stahlprodukten, Rechnungsbetrag 65.000,00 EUR.
Die Zahlungsbedingung der DETA Stahl AG lautet: Sofortzahlung unter Abzug von 3 % Skonto oder Zahlung nach 90 Tagen rein netto Kasse.

Die Kosten des Lieferantenkredits entsprechen damit dem Skontoabzug, der bei Sofortzahlung gewährt wird.

Beispiel

Die Zinskosten des Lieferantenkredits betragen bei der Zahlungsbedingung der DETA Stahl AG:

$\textit{Zinssatz p. a.} = \frac{\textit{Skontosatz in \%} \cdot 360}{\textit{Zahlungsziel in Tagen}} = 12\,\%$	$\textit{effektiv: } \frac{12 \cdot 100}{97} = 12{,}37\,\%$

Die Besicherung des Lieferantenkredits erfolgt durch ausdrückliche Vereinbarung eines **Eigentumsvorbehalts.**

2.4.6 Electronic Commerce – Kaufverträge im Internet

Unter **Electronic Commerce** (E-Commerce) versteht man den elektronischen Handel mit Waren und Dienstleistungen über das Internet.

Zustandekommen des Kaufvertrages

Internet-Angebot ist einem Katalog- bzw. Schaufensterangebot gleichzusetzen. Es handelt sich hier also nur um die rechtlich unverbindliche Aufforderung zur Abgabe eines Vertragsantrages. Die erste verbindliche Willenserklärung gibt der Kunde ab. In dem Moment, wo er auf „Bestellen" klickt, hat er einen Vertragsantrag abgegeben. Das Zustandekommen des Kaufvertrages erfolgt durch den Anbieter, indem er die gewünschte Ware zustellt oder eine Auftragsbestätigung zusendet. Mit seiner Bestellung hat der Kunde die Allgemeinen Geschäftsbedingungen des Anbieters akzeptiert. Vor dem entscheidenden Mausklick sollte er die genauen Konditionen suchen und prüfen. Häufig sind diese auf den Internetseiten des Anbieters schlecht zu finden, manchmal gar nicht erst vorhanden oder wenig transparent. Unliebsame Überraschungen bei auftretenden Problemen sind vorprogrammiert. Hilfe bieten die Vorschriften der deutschen Verbraucherschutzgesetzgebung. Doch diese stoßen beim Onlineshopping buchstäblich an die Grenzen. Hat der Anbieter seinen Geschäftssitz nämlich im Ausland, gelten die dortigen Bestimmungen. Eine Klage *(z. B. aufgrund mangelhafter Lieferung)* muss im jeweiligen Land geführt werden. Man sollte vor dem Kauf auf jeden Fall auch Name, Adresse und Telefonnummer des Anbieters ausfindig machen. Treten hier Unklarheiten auf: Hände weg von einem solchen Anbieter.

Preisvergleich

Das Internet ist nicht unbedingt günstiger als der klassische Einkauf. Nicht immer sind die Endpreise angegeben. Bei Warenbestellung zahlt der Käufer immer zusätzlich die Versandkosten. Möglicherweise entstehen weitere Kosten in Form einer Nachnahmegebühr oder es ist, wenn die Sendung aus dem Ausland kommt, unter Umständen Zoll zu entrichten. Wer vorschnell bestellt, kauft teurer als kalkuliert. Beim Preisvergleich sollte man auch die Kosten berücksichtigen, die durch Internetgebühren und – im Falle von Rückfragen und Reklamationen – Telefongebühren entstehen. Nicht berücksichtigt sind Stress und Zeitaufwand, den die Inanspruchnahme einer meist überlasteten Hotline mit sich bringt.

Erfüllung des Kaufvertrages

Erst die Ware, dann das Geld, so lautet die klassische Regel. Wenn man die Zuverlässigkeit seines Vertragspartners nicht einschätzen kann, bietet ebenfalls die Zug-um-Zug-Abwicklung die gewünschte Sicherheit. Anders im Internet. Meist gilt hier die umgekehrte Regel: Erst das Geld, dann die Ware. Bei Vorkasse hat der Kunde jedoch nur eine geringe Chance, sein Geld bei einer Reklamation zurückzubekommen. Der Onlinekäufer ist nur bei einer Lieferung gegen Rechnung auf der sicheren Seite. Selbst die Zahlung per Nachnahme weist ihre Tücken auf: Eine Prüfung der Ware vor Bezahlung ist hier nicht möglich. Vorausscheck oder Vorausüberweisung ist unbedingt zu vermeiden. Auch das Bezahlen mit der Kreditkarte kann kritisch sein. Man sollte auf den Kauf verzichten, wenn der Anbieter unbekannt ist oder die Daten der Kreditkarte nicht ausreichend verschlüsselt und damit gesichert sind. Es empfiehlt sich, im Zweifelsfall die Sicherheit der Übertragungswege zu prüfen. Günstiger ist die Erteilung einer Lastschrifteinzugsermächtigung. Hier kann der Käufer bei einer Reklamation einer Belastung widersprechen und erhält somit sein Geld zurück.

Datenschutz

Der Käufer sollte bei einem Kauf so wenig persönliche Angaben wie möglich preisgeben. Informationen, die über die unerlässlichen Mindestangaben hinausgehen, dienen nur dazu, ein Kundenprofil zu erstellen. Unerwünschte Werbesendungen können die Folge sein. Zudem sind im Netz übermittelte Informationen selten ausreichend geschützt und somit auch Dritten zugänglich.

Fernabsatzverträge

Für Kaufverträge, die über das Internet abgeschlossen werden, gelten die besonderen BGB-Bestimmungen über Fernabsatzverträge *(§ 312 b BGB)*. Sie schützen den Verbaucher vor unseriösen Anbietern und übereilten Vertragsabschlüssen.

> **Fernabsatzverträge** sind Verträge über die Lieferung von Waren oder über die Erbringung von Dienstleistungen (einschließlich Finanzdienstleistungen), die zwischen einem Unternehmer und einem Verbraucher unter ausschließlicher Verwendung von Fernkommunikationsmitteln abgeschlossen werden, es sei denn, dass der Vertragsabschluss nicht im Rahmen eines für den Fernabsatz organisierten Vertriebs- oder Dienstleistungssystems erfolgt.

Fernkommunikationsmittel sind Kommunikationsmittel, die zur Anbahnung oder zum Abschluss eines Vertrages zwischen dem Verbraucher und einem Unternehmer ohne gleichzeitige körperliche Anwesenheit der Vertragsparteien eingesetzt werden können.

Beispiele Briefe, E-Mails, Kataloge, Telefonanrufe, Telefax, Tele- und Mediendienste

Es liegt kein Fernabsatzvertrag vor, wenn der Vertragsabschluss nur gelegentlich oder ausnahmsweise unter Einschaltung eines Fernkommunikationsmittels erfolgt.

Die Vorschriften über Fernabsatzverträge gelten nicht für

- Versicherungen sowie deren Vermittlung,
- Verträge über die Lieferung von Lebensmitteln und anderen Haushaltsgegenständen des täglichen Bedarfs, sofern diese im Rahmen häufiger und regelmäßiger Fahrten am Wohnsitz oder am Aufenthaltsort eines Verbrauchers geliefert werden,
- Verträge über die Erbringung von Dienstleistungen in den Bereichen Unterbringung, Lieferung von Speisen und Getränken und Freizeitgestaltung, wenn sich der Unternehmer verpflichtet, die Leistung zu einem bestimmten Zeitpunkt oder innerhalb eines genau angegebenen Zeitraums zu erbringen *(z. B. Pizza-Service, Buchung von Hotels, Reisen und Eintrittskarten),*
- Verträge, die unter Benutzung von Warenautomaten oder automatisierten Geschäftsräumen geschlossen werden.

Unabdingbarkeit: Zum Nachteil des Verbrauchers abweichende Vereinbarungen sind unwirksam *(§ 312f BGB).*

Informationspflichten *(§ 312 c BGB)*

bei Vertragsanbahnung:

- Dem Verbraucher müssen *(z. B. am Anfang eines Telefonsgesprächs)* der geschäftliche Zweck und die Identität des Unternehmers eindeutig offengelegt werden.

vor Vertragsabschluss:

Der Unternehmer muss den Verbraucher in Textform klar und verständlich informieren über

- seine Identität und Anschrift,
- die wesentlichen Merkmale der Ware oder Dienstleistung,
- den Preis einschließlich aller Steuern und Preisbestandteile einschließlich Lieferkosten,
- Einzelheiten hinsichtlich der Zahlung und Lieferung,
- das Bestehen eines Widerrufs- oder Rückgaberechts.

Spätestens unmittelbar nach Vertragsabschluss, bei Waren spätestens bei Lieferung, muss der Unternehmer dem Verbraucher diese Informationen auf einem dauerhaften Datenträger *(z. B. Schriftstück, E-Mail)* zur Verfügung stellen. Dabei muss der Verbraucher zusätzlich u. a. auf folgende Informationen in einer hervorgehobenen und deutlich gestalteten Form aufmerksam gemacht werden:

- Bedingungen, Einzelheiten der Ausübung und Rechtsfolgen des Widerrufs- und Rückgaberechts,
- Anschrift des Unternehmers, bei der der Verbraucher Beanstandungen vorbringen kann,
- Informationen über den Kundendienst und Gewährleistungs- und Garantiebedingungen.

Widerrufs- und Rückgaberecht *(§§ 312 d, 355 BGB)*

Der Verbraucher kann den Fernabsatzvertrag ohne Angabe von Gründen widerrufen. Der Widerruf muss schriftlich, auf einem dauerhaften Datenträger oder durch Rücksendung der Sache innerhalb von zwei Wochen erfolgen. Zur Fristwahrung genügt die rechtzeitige Absendung. Die Rücksendung erfolgt grundsätzlich auf Kosten und Gefahr des Unternehmers.

Die Frist beginnt nicht vor Erfüllung der Informationspflichten;

- bei Waren nicht vor dem Tag ihres Eingangs beim Empfänger,
- bei der wiederkehrenden Lieferung gleichartiger Waren nicht vor dem Tage des Eingangs der ersten Teillieferung,
- bei Dienstleistungen nicht vor dem Tag des Vertragsabschlusses.

Die Widerrufsbelehrung bedarf keiner Unterzeichnung durch den Verbraucher.
Anstelle des Widerrufsrechts kann für Verträge über die Lieferung von Waren ein Rückgaberecht eingeräumt werden *(§ 356 BGB)*. Das Rückgaberecht kann nur durch Rücksendung der Sache oder durch Rücknahmeverlangen (wenn ein Paketversand nicht möglich ist) ausgeübt werden.

Finanzierte Verträge *(§ 358 BGB)*

Wird der Preis, den der Verbraucher zu zahlen hat, ganz oder teilweise durch einen Kredit des Unternehmers finanziert, so ist der Verbraucher an seine auf Abschluss des Kreditvertrages gerichtete Willenserklärung nicht gebunden, wenn er von einem Widerrufs- oder Rückgaberecht fristgerecht Gebrauch gemacht hat. Dies gilt auch, wenn der Preis ganz oder teilweise von einem Dritten finanziert wird und der Fernabsatzvertrag und der Kreditvertrag als wirtschaftliche Einheit anzusehen sind.

2.5 Mahn- und Klageverfahren

2.5.1 Außergerichtliches Mahnverfahren

Durch die **Mahnung** erinnert der Gläubiger den Schuldner an die Fälligkeit seiner Verbindlichkeit.

Grund für die Zahlungsverzögerung kann Vergesslichkeit bzw. Nachlässigkeit, Zahlungsunwilligkeit oder Zahlungsunfähigkeit des Schuldners sein.

2.5.2 Gerichtliches Mahnverfahren

Wenn der Schuldner seine Zahlungspflicht nicht erfüllt, kann der Gläubiger versuchen, im Wege des **gerichtlichen Mahnverfahrens** seine Forderung geltend zu machen.

Das gerichtliche Mahnverfahren wird durch einen *Antrag* auf Erlass eines *Mahnbescheides* eingeleitet.
Zuständig ist grundsätzlich das Amtsgericht, bei dem der Antragsteller seinen Sitz hat *(§ 689 ZPO)*. Die Höhe der Forderung spielt dabei keine Rolle.
In einigen Bundesländern werden Mahnsachen aus Rationalisierungsgründen bei *zentralen Amtsgerichten* EDV-mäßig bearbeitet. Anträge auf Erlass eines Mahnbescheides können hier im Wege des Datenträgeraustauschs auf elektronischen Medien *(z. B. CD-ROM)* eingereicht werden.

Der **Mahnbescheid** enthält die Aufforderung an den Schuldner,

- innerhalb von 2 Wochen seit Zustellung des Mahnbescheides die behauptete Verbindlichkeit zu begleichen
  oder
- dem Gericht mitzuteilen, ob und in welchem Umfang dem Anspruch des Gläubigers widersprochen wird.

Der Mahnbescheid wird dem Antragsgegner zugestellt, ohne dass vom Gericht geprüft wird, ob der Anspruch tatsächlich berechtigt ist.
Das Mahnverfahren soll für einen möglicherweise nicht bestrittenen Anspruch rasch und ohne mündliche Verhandlung zu einem Vollstreckungstitel führen.

Der **Vollstreckungstitel** berechtigt den Gläubiger (= Antragsteller) zur Zwangsvollstreckung in das Vermögen des Schuldners (= Antragsgegner).

Die **Zwangsvollstreckung** geschieht durch **Pfändung** von Sachen *(z. B. Betriebsmittel, Schmuck)*, die dem Schuldner gehören, oder Forderungen *(z. B. Sparguthaben)*, die der Schuldner an Dritte hat. Bewegliche Sachen werden vom Gerichtsvollzieher, Forderungen vom Vollstreckungsgericht gepfändet.

Nicht pfändbar sind bestimmte Teile des Arbeitseinkommens, die dem Lebensunterhalt des Schuldners dienen sollen, sowie Gegenstände, die zur Aufrechterhaltung eines angemessenen Existenzminimums notwendig sind.

Bei einer ergebnislosen Zwangsvollstreckung kann der Gläubiger beim Amtsgericht beantragen, dass der Schuldner eine **eidesstattliche Versicherung** abgeben muss. Der Schuldner wird gezwungen, ein genaues Verzeichnis seiner Vermögenswerte aufzustellen und dessen Richtigkeit an Eides statt zu versichern. Verweigert der Schuldner die Abgabe der eidesstattlichen Versicherung, kann der Gläubiger gegen den Schuldner einen Haftbefehl beantragen.

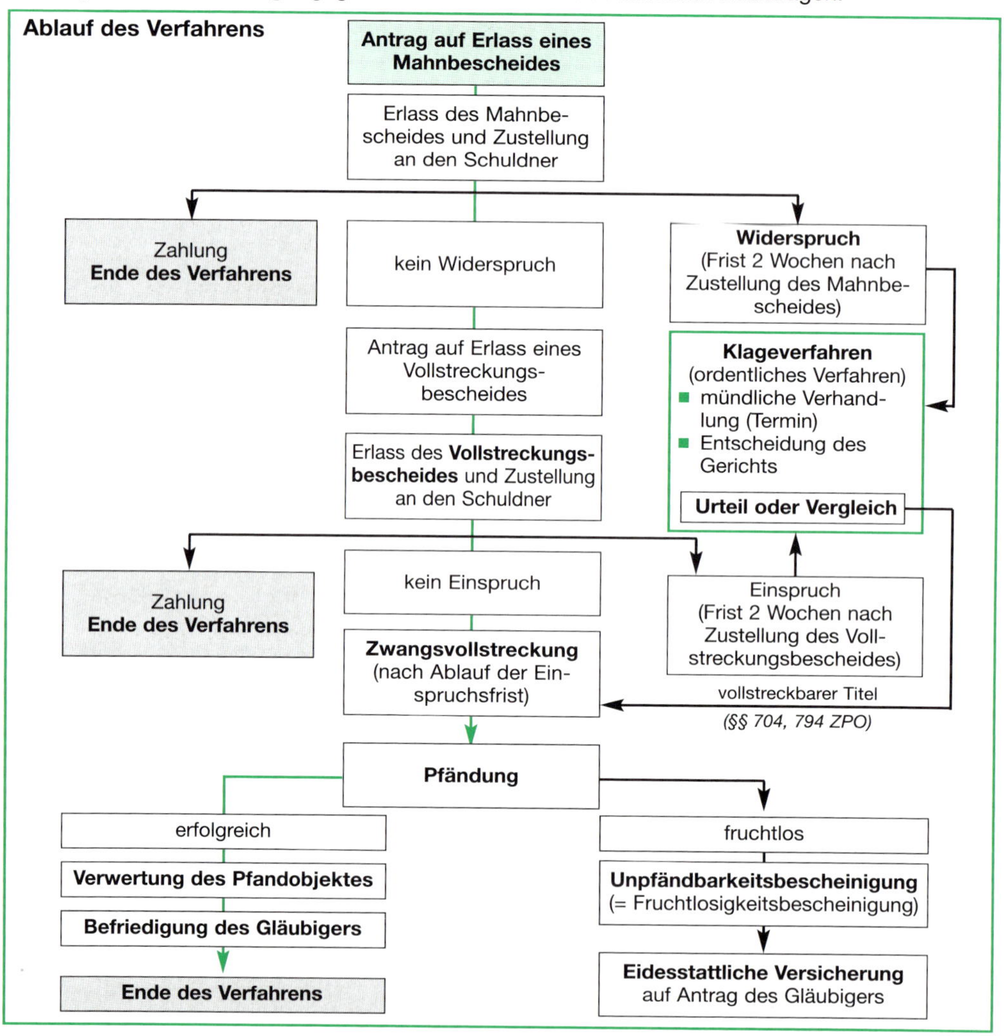

Bei einem streitigen Verfahren (Widerspruch, Einspruch) ist das Gericht zuständig, bei dem der Antragsgegner seinen allgemeinen Gerichtsstand hat. Dies ist in der Regel das Gericht, in dessen Bezirk der Antragsgegner wohnt oder seinen Sitz hat.
Rechnet der Gläubiger von vornherein mit einem Widerspruch oder Einspruch des Schuldners, wird er zur Durchsetzung seiner Forderung sofort das Klageverfahren einleiten.

2.5.3 Klageverfahren

Das Klageverfahren ist das ordentliche Verfahren der Gerichte zur Klärung von zivilen Rechtsstreitigkeiten und zur Durchsetzung von Rechtsansprüchen.

Zuständigkeit

sachlich	örtlich (Gerichtsstand)
■ **Amtsgericht:** Streitwert bis einschließlich 5.000,00 EUR (ohne Zinsen und Nebenkosten) ■ **Landgericht:** Streitwert über 5.000,00 EUR	**Gericht des Erfüllungsortes** **Grundsatz:** Wohnort bzw. Sitz des Schuldners *(§ 29 Abs. 1 ZPO)* **Ausnahme:** Eine Erfüllungsortvereinbarung mit Gerichtsstandsfolge ist nur möglich, wenn die Vertragspartner Kaufleute oder juristische Personen des öffentlichen Rechts sind und die Vereinbarung schriftlich erfolgte *(§§ 29, 38 ZPO).*

■ Klageschrift

Die **Klageschrift** muss enthalten:

- **Bezeichnung der Parteien (wer gegen wen?)**
- **Klageantrag**

Beispiel „... den Beklagten zu verurteilen, an den Kläger 15.000,00 EUR nebst 6 % p.a. Zinsen seit dem 15. Januar 20.. zu zahlen.“

- **Klagegrund**

Beispiel „... wegen einer Forderung in Höhe von 15.000,00 EUR aus dem Kaufvertrag zwischen Kläger und Beklagtem ...“

- **Unterschrift des Klägers bzw. seines Rechtsanwalts**
  In Zivilprozessen vor dem Landgericht, dem Oberlandesgericht und dem Bundesgerichtshof herrscht *Anwaltszwang,* d. h., die Parteien müssen sich durch einen beim betreffenden Gericht zugelassenen Rechtsanwalt vertreten lassen. In Zivilprozessen vor dem Amtsgericht besteht kein Anwaltszwang.

Ablauf des Verfahrens

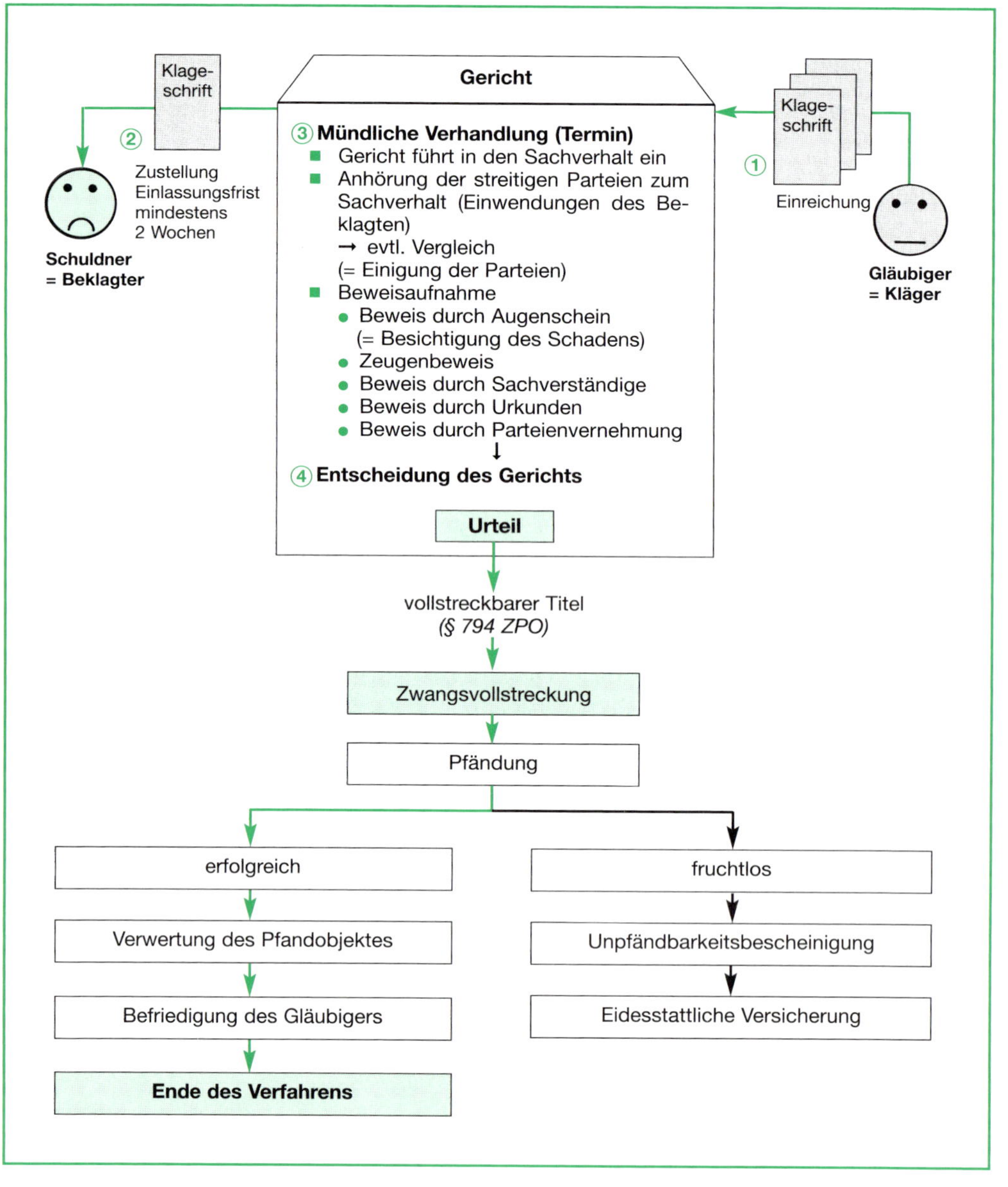

Rechtsmittel

Falls die unterlegene Partei mit dem Urteil nicht einverstanden ist, kann sie beim jeweils übergeordneten Gericht Rechtsmittel einlegen. Das übergeordnete Gericht muss dann das Urteil überprüfen.

Rechtsmittel

Berufung	**Revision**
Die angefochtene Entscheidung wird in **tatsächlicher** und **rechtlicher Hinsicht** neu beurteilt.	Die angefochtene Entscheidung wird in **rechtlicher Hinsicht** überprüft (= korrekte Anwendung der Gesetze). Die tatsächlichen Feststellungen werden von der Vorinstanz übernommen.
1. Instanz / **2. Instanz (Berufungsgericht)**	**3. Instanz (Revisionsgericht)**

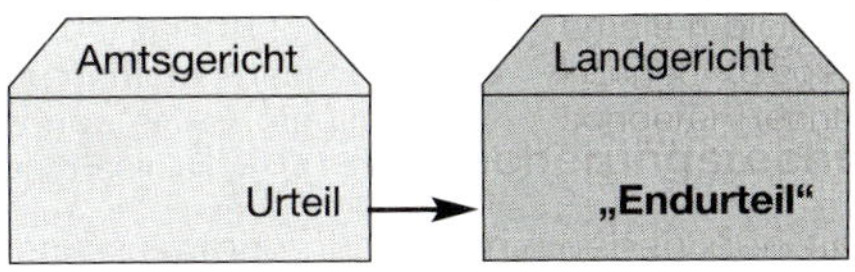

Urteile, die ein Landgericht als Berufungsgericht in zweiter Instanz erlassen hat, können nicht mehr angefochten werden.

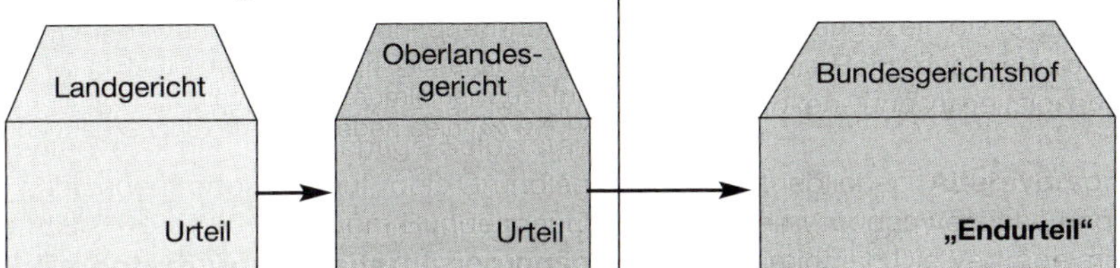

Ein Urteil ist rechtskräftig und vollstreckbar, wenn es nicht durch Rechtsmittel angefochten werden kann. Ein noch nicht rechtskräftiges Urteil kann jedoch im Urteilsspruch für vorläufig vollstreckbar erklärt werden. Es soll damit verhindert werden, dass der Schuldner durch Einlegung von Rechtsmitteln die Vollstreckung verzögert. Das Gericht kann die vorläufige Vollstreckbarkeit des Urteils gegen Sicherheitsleistung des Gläubigers anordnen. Im Urteilsspruch kann bestimmt werden, dass die Sicherheitsleistung durch Stellung einer selbstschuldnerischen Bürgschaft eines Kreditinstituts erbracht werden kann.

2.6 Verjährung

Der Schuldner muss nicht mehr zahlen, wenn die im Gesetz vorgeschriebene **Verjährungsfrist** abgelaufen ist. Er hat ein Leistungsverweigerungsrecht, indem er die **Einrede der Verjährung** geltend macht.

2.6.1 Verjährungsfristen

Regelmäßige Verjährungsfrist	**Besondere Verjährungsfrist**	
3 Jahre *(§ 195 BGB)*	**2 Jahre** *(§§ 438, 634 a BGB)*	**30 Jahre** *(§ 197 BGB)*
	Ansprüche	
Alle Ansprüche, die nicht ausdrücklich anderen Verjährungsfristen unterliegen. **Beispiele:** Darlehensforderungen, Zinsforderungen, Mietforderungen, Kaufpreisforderungen	Mängel bei ■ Kaufverträgen ■ Werkverträgen ■ Reiseverträgen Ausnahmen ■ 5 Jahre bei Bauwerkmängeln ■ 1 Jahr bei gebrauchten Sachen und entsprechender vertraglicher Vereinbarung	■ Herausgabeansprüche aus dinglichen Rechten *(z. B. Eigentum)* ■ Familien- und erbrechtliche Ansprüche ■ Vollstreckbare Ansprüche aus Vergleichen, Urkunden und Insolvenzverfahren
	Beginn der Verjährungsfrist	
■ am Schluss des Jahres, ■ in dem der Anspruch entstanden ist, und ■ der Kenntnisnahme des Gläubigers von der Person und den Umständen des Anspruchs	mit ■ Fälligkeit des Anspruchs ■ Lieferung der Sache ■ Abnahme des Werkes	■ mit Entstehung (Fälligkeit) des Anspruchs ■ Rechtskraft der Entscheidung ■ Zustellung des vollstreckbaren Titels ■ Feststellung des Insolvenzverfahrens
Beispiel: Fälligkeit einer Darlehensforderung: 20.05.2009 Ende der Verjährungsfrist: 31.12.2012, 24:00 Uhr	**Beispiel:** Lieferung einer mangelhaften Ware am 16.11.2009 Ende der Verjährungsfrist: 16.11.2011, 24:00 Uhr	**Beispiel:** Fälligkeit eines Anspruchs aus einer Urteilsverkündung: 12.06.2009 Ende der Verjährungsfrist: 12.06.2039, 24:00 Uhr

⇩

Nach Eintritt der Verjährung ist der Schuldner berechtigt, die Leistung zu verweigern.

2.6.2 Neubeginn und Hemmung der Verjährung

Neubeginn der Verjährung *(§ 212 BGB)*

- Der Schuldner erkennt die Schuld an.
  Beispiele:
  Förmliches Schuldanerkenntnis, Sicherheitsleistung, Abschlagszahlung, Zinszahlung, Stundungsgesuch
- Vornahme oder Beantragung einer gerichtlichen oder behördlichen Vollstreckungshandlung

⇩

Die bis zum Neubeginn der Verjährung verstrichene Zeit bleibt unberücksichtigt.
Die Verjährungsfrist beginnt von Neuem zu laufen.

Beispiel:

Eine am 16. April 2008 fällige Kaufpreisforderung mit dreijähriger Verjährungsfrist wurde am 10. Juli 2009 durch eine Abschlagszahlung unterbrochen.

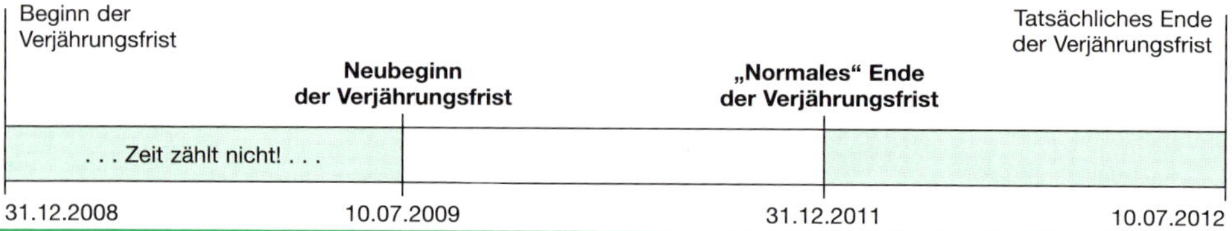

Hemmung der Verjährung *(§ 203 ff. BGB)*

Der Zeitraum, währenddessen die Verjährung gehemmt ist, wird in die Verjährungsfrist nicht eingerechnet.

⇩

Die Verjährungsfrist verlängert sich um die Dauer der Hemmung.

- **Hemmung der Verjährung bei höherer Gewalt**
  Der Gläubiger ist innerhalb der letzten 6 Monate der Verjährungsfrist durch höhere Gewalt an der Rechtsverfolgung gehindert.
- **Hemmung der Verjährung bei Leistungsverweigerungsrecht**
  Der Schuldner ist aufgrund einer Vereinbarung mit dem Gläubiger vorübergehend zur Verweigerung der Leistung berechtigt.
  Beispiel: Stundungsvereinbarung
- **Hemmung der Verjährung aus familiären und ähnlichen Gründen**
  Ansprüche zwischen Ehegatten und Lebenspartnern, solange die Ehe bzw. Lebenspartnerschaft besteht.
- **Hemmung der Verjährung durch Rechtsverfolgung**
  u. a.
  - Erhebung der Klage auf Leistung
  - Zustellung des Mahnbescheids im Mahnverfahren
  - Anmeldung des Anspruchs im Insolvenzverfahren
  - Geltendmachung der Aufrechnung des Anspruchs im Prozess

⇩

Die Hemmung endet 6 Monate nach der rechtskräftigen Entscheidung oder anderweitigen Erledigung des eingeleiteten Verfahrens.

Beispiel: Hemmung der Verjährung durch Rechtsverfolgung
10.07.2009: Fälligkeit einer Kaufpreisforderung
31.12.2009: Beginn der Verjährungsfrist
20.05.2010: Zustellung eines gerichtlichen Mahnbescheides = Beginn der Hemmung
05.06.2010: Widerspruch des Schuldners

+ 6 Monate

05.12.2010: Ende der Hemmung

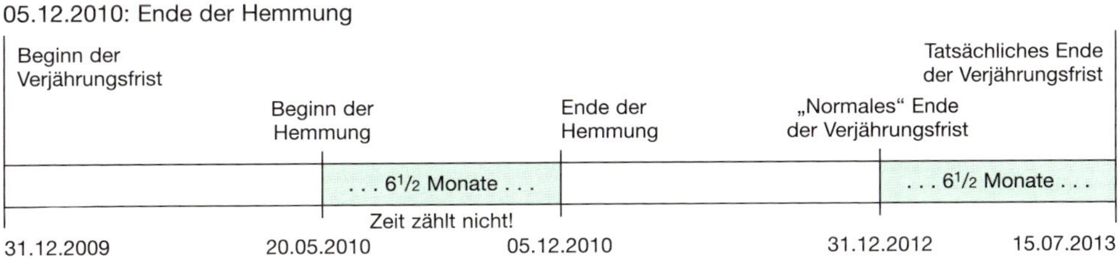

2.7 Grundlagen des Handelsrechts

2.7.1 Überblick über das Handelsrecht

Für Unternehmungen hat der Gesetzgeber ein spezielles Wirtschaftsrecht geschaffen. Es baut auf den allgemeinen Rechtsnormen des Bürgerlichen Gesetzbuches (*BGB*) auf und dient der **Sicherheit, Vereinfachung** und **Beschleunigung** des Geschäftsverkehrs innerhalb der Wirtschaft.

Wichtigste Gesetzesgrundlage ist das **Handelsgesetzbuch** *(HGB).*

Statt von der Unternehmung wird im *HGB* vom Kaufmann gesprochen.

Handelsrecht ist nur anzuwenden, wenn die Kaufmannseigenschaft gegeben ist.

Kaufleute können sein:

- natürliche Personen,
- Personenhandelsgesellschaften,
- juristische Personen.

Handelsgesetzbuch	
Aufgaben	**Inhalte**
■ Sicherstellung eines geordneten Ablaufs kaufmännischer Geschäfte ■ Schaffung von Rechtssicherheit im Geschäftsverkehr der Kaufleute untereinander und der Kaufleute mit Dritten.	■ Handelsstand *(§§ 1–104)* ■ Handelsgesellschaften und stille Gesellschaft *(§§ 105–237)* ■ Handelsbücher *(§§ 238–342 a)* ■ Handelsgeschäfte *(§§ 343–475 h)* ■ Seehandel *(§§ 474–905)*

Das *HGB* wird durch eine Vielzahl von Spezialgesetzen ergänzt. Das Spezialrecht für Unternehmungen kann sich auf bestimmte Unternehmensrechtsformen oder auf bestimmte kaufmännische Geschäfte beziehen.

Hierbei gilt stets der Grundsatz:

Spezialrecht („lex specialis") hat **Vorrang** vor dem **allgemeinen Recht** („lex generalis").

Aktiengesetz *(AktG)*	GmbH-Gesetz *(GmbHG)*	Genossenschaftsgesetz *(GenG)*	Spezialrecht für die Wirtschaft
Handelsgesetzbuch *(HGB)*		Scheckgesetz *(ScheckG)* Wertpapierhandelsgesetz *(WpHG)*	
Bürgerliches Gesetzbuch *(BGB)*			allgemeine Rechtsnormen

Die **Bedeutung des Handelsrechts für das Steuerrecht** zeigt sich u. a. darin, dass die steuerliche Gewinnermittlung von Kaufleuten nach den handelsrechtlichen Grundsätzen ordnungsgemäßer Buchführung erfolgen muss (Grundsatz der Maßgeblichkeit der Handelsbilanz für die Steuerbilanz, *§ 5 Abs. 1, S. 2 EStG*).

Das **Maßgeblichkeitsprinzip** bedeutet, dass

- bei buchführenden Gewerbetreibenden
- für den Schluss des Wirtschaftsjahres
- das Betriebsvermögen anzusetzen ist,
- das sich nach den handelsrechtlichen Grundsätzen ordnungsgemäßer Buchführung ermittelt *(§ 5 Abs. 1 EStG)*.

Handelsrechtliche Bilanzierungs- und Bewertungsvorschriften sind somit für die Steuerbilanz verbindlich, sofern nicht besondere steuerliche Vorschriften eine andere Behandlung erfordern.

2.7.2 Gründung und Anmeldung der Unternehmung

In einer Marktwirtschaft kann grundsätzlich jedermann eine Unternehmung gründen *(§ 1 GewO, Art. 12 GG)*. Die **Gewerbefreiheit** ist Voraussetzung für den Wettbewerb innerhalb der Wirtschaft. Die Unternehmungen müssen bei ihrer Geschäftstätigkeit jedoch die gesetzlichen Rahmenbedingungen beachten, die der Gesetzgeber im Interesse der Allgemeinheit festgelegt hat.

Die Unternehmensgründung setzt umfangreiche wirtschaftliche und rechtliche Überlegungen voraus. Aus übergeordneten Interessen und zum Schutz der Allgemeinheit ist in besonderen Fällen die Aufnahme des Geschäftsbetriebs von der Erfüllung bestimmter Voraussetzungen abhängig und nur aufgrund einer staatlichen Konzession zulässig.

Beispiele Kreditinstitute, Versicherungsgesellschaften, Spielhallen

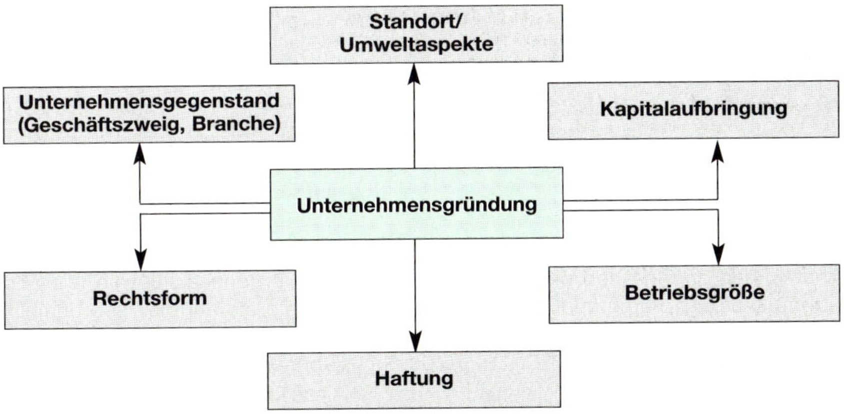

Die Unternehmensgründung muss bei der zuständigen Ordnungsbehörde durch eine **Gewerbeanmeldung** angezeigt werden *(§ 14 GewO).*
Über die Gewerbeanmeldung werden anschließend die nachfolgenden Institutionen informiert:

- die zuständige **Kammer,**

  Beispiele Industrie- und Handelskammer, Handwerkskammer

- das zuständige **Finanzamt** *(§ 138 AO),*
- die zuständige **Berufsgenossenschaft** *(§§ 659, 661 RVO),*
- die gesetzliche **Krankenkassen**, wenn Arbeitnehmer eingestellt werden,
- das **Gewerbeaufsichtsamt,**
- **Agentur für Arbeit** (Betriebsnamen, Schlüsselverzeichnis),
- das **Statistische Landesamt,**
- das zuständige **Amtsgericht** zur Eintragung ins Handelsregister, sofern es sich bei der zu gründenden Unternehmung um einen Kaufmann handelt *(§ 14 HGB).*
- **Versorgungsbetriebe** (Stadtwerke, Elektrizitätswerke)
- **Bauamt** bei evtl. Nutzungsänderungen des Gebäudes

2.7.3 Kaufmannseigenschaft

Istkaufmann

Kaufmann ist, wer ein Handelsgewerbe betreibt. Als **Handelsgewerbe** gilt **jeder Gewerbebetrieb**, es sei denn, dass das Unternehmen nach Art und Umfang einen in kaufmännischer Weise eingerichteten Geschäftsbetrieb nicht erfordert *(§ 1 HGB).*

Typische Merkmale eines Handelsgewerbes sind:

- eine selbstständige,
- auf **Dauer** angelegte,
- nach **außen** in Erscheinung tretende Tätigkeit
- in der Absicht, **Gewinn** zu erzielen.

Die Entscheidung, ob ein in kaufmännischer Weise eingerichteter Geschäftsbetrieb notwendig ist, trifft das zuständige Amtsgericht mit Unterstützung der IHK oder Handwerkskammer.

Die *pflichtgemäße* Eintragung ins Handelsregister hat lediglich **rechtsbekundende** (= deklaratorische) Wirkung.

Gelegentliche Erwerbsgeschäfte begründen kein Handelsgewerbe.

Nicht als Gewerbe gilt die Tätigkeit der **Freien Berufe**: Steuerberater, Wirtschaftsprüfer, Rechtsanwälte, Notare, Ärzte, Architekten, Künstler usw.

Diese Personen sind keine Kaufleute, obwohl sie am Wirtschaftsleben in der Regel wie Kaufleute teilnehmen. Ihnen wird nicht die Gewinnerzielungsabsicht als primäres Motiv ihrer Tätigkeit unterstellt.

Wenn Angehörige eines Freien Berufs ihre Tätigkeit in der Rechtsform einer GmbH oder AG ausüben, so ist die Gesellschaft Kaufmann kraft Rechtsform (Formkaufmann).

Kannkaufmann

Kannkaufleute sind Kaufleute kraft freiwilliger Eintragung ins Handelsregister *(§§ 2, 3 HGB)*.

Kleingewerbetreibende sind Unternehmen, die aufgrund der Art und des Umfangs ihrer Geschäfte einen in kaufmännischer Weise eingerichteten Geschäftsbetrieb nicht benötigen. Sie haben jedoch die Möglichkeit zum Erwerb der Kaufmannseigenschaft, indem sie sich freiwillig als Kaufmann ins Handelsregister eintragen lassen können *(§ 2 HGB)*.

Beispiele kleine Gaststätten, kleine Ladengeschäfte, kleine Bäckereien

Scheinkaufmann: Wer mit seiner Firma im Handelsregister eingetragen ist, oder sich im Wirtschaftsleben den Anschein eines Kaufmanns gibt, muss sich wie ein Kaufmann behandeln lassen *(§ 5 HGB)*.

Land- und forstwirtschaftliche Unternehmen oder damit verbundene Nebengewerbe, die nach Art und Umfang einen in kaufmännischer Weise eingerichteten Geschäftsbetrieb erfordern, sind berechtigt, aber nicht verpflichtet, sich ins Handelsregister eintragen zu lassen *(§ 3 HGB)*.

Beispiele

- land- und forstwirtschaftliche Unternehmen: Gutshöfe, Weingüter, Baumschulen
- land- und forstwirtschaftliche Nebengewerbe: Molkereien, Mühlen, Sägewerke

Die *freiwillige* Eintragung ins Handelsregister hat **rechtserzeugende** Wirkung und begründet die Kaufmannseigenschaft.

Formkaufmann

Formkaufleute sind Unternehmen, die bereits aufgrund der von ihnen gewählten Rechtsform die Kaufmannseigenschaft erlangen *(§ 6 HGB)*.

Alle **Kapitalgesellschaften** und **Genossenschaften** sind Formkaufleute, unabhängig davon, ob sie eine gewerbliche Tätigkeit ausüben oder nicht:

- im Handelsregister eingetragene *OHG* und *KG (§ 6 Abs. 1 HGB)*
- Gesellschaften mit beschränkter Haftung *(§ 6 Abs. 2 HGB i. V. m. § 13 Abs. 3 GmbHG)*
- Aktiengesellschaften *(§ 6 Abs. 2 HGB i. V. m. § 3 AktG)*,
- eingetragene Genossenschaften *(§ 6 Abs. 2 HGB i. V. m. § 17 Abs. 2 GenG)*.

Personenhandelsgesellschaften, also offene Handelsgesellschaften und Kommanditgesellschaften, sind dagegen Kaufleute kraft ihres Gewerbes: Sie erlangen die Kaufmannseigenschaft entweder mit Aufnahme des Geschäftsbetriebes oder kraft Eintragung ins Handelsregister *(§§ 105, 123 HGB)*.

Alle Kaufleute haben die Pflicht

- zur Führung einer Firma unter Hinzufügung eines die Rechtsform der Unternehmung kennzeichnenden Zusatzes,
- zur Angabe der Firma, des Ortes ihrer Niederlassung, des Registergerichts und der Nummer, unter der sie im Handelsregister eingetragen sind, in allen Geschäftsbriefen, die an einen bestimmten Empfänger gerichtet sind,
- zur Führung der Handelsbücher entsprechend den Grundsätzen ordnungsgemäßer Buchführung,
- zur selbstschuldnerischen Bürgschaft bei Übernahme einer Bürgschaftserklärung.

Alle Kaufleute haben die Möglichkeit

- zur Abgabe einer mündlichen Bürgschaftserklärung,
- zur Festsetzung eines vom Kalenderjahr abweichenden Geschäftsjahres,
- zur Erteilung von Handlungsvollmacht und Prokura.

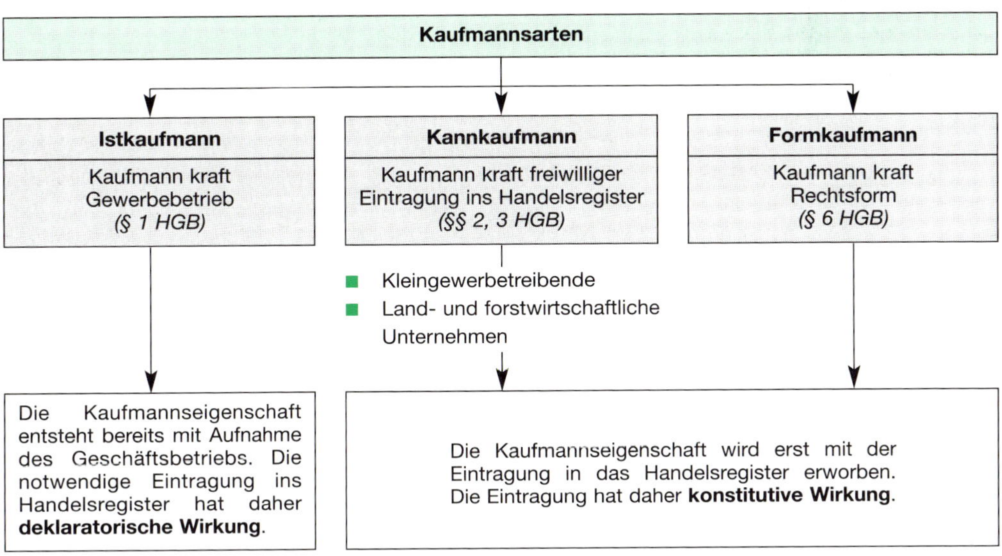

2.7.4 Firmenrecht

> Die **Firma** ist der geschäftliche Name (Unternehmensname) eines Kaufmanns, unter dem er seine Geschäfte betreibt, unterschreibt, klagen und verklagt werden kann *(§ 17 HGB).*

Die Firma muss zur Kennzeichnung des Kaufmanns geeignet sein und Unterscheidungskraft besitzen.

Firmenarten		
Personenfirma	**Sachfirma**	**Fantasiefirma**
Die Firma besteht aus einem oder mehreren bürgerlichen Namen. **Beispiele:** ■ Kirchner & Quack OHG ■ Michaela Meierling, e. Kfr. ■ Rheindorf & Co. Steuerberatungsgesellschaft mbH	Die Firma ist dem Gegenstand der Unternehmung entlehnt. **Beispiele:** ■ EXACTA Wirtschaftsprüfungsaktiengesellschaft ■ Fashion Textil AG ■ Volksbank Brühl eG	Die Firma ist ein reines Phantasieprodukt und lässt keine Rückschlüsse auf Unternehmensgegenstand und Geschäftsinhaber zu. **Beispiele:** ■ Sonnenschein e. K. ■ Kolossos GmbH ■ Dagobert Duck Vermögensverwaltung AG

Firmengrundsätze	
Firmenöffentlichkeit *(§§ 29, 370 HGB)*	Die Firma muss zum Handelsregister angemeldet, eingetragen und bekannt gemacht werden.
Firmenwahrheit und -klarheit *(§§ 18, 19 HGB)*	Die Firma darf keine Angaben enthalten, die geeignet sind, über geschäftliche Verhältnisse, die für die angesprochenen Verkehrskreise wesentlich sind, irrezuführen. **Beispiel:** Eine kleine Steuerberatungsgesellschaft darf sich nicht Deutsche Treuhand GmbH nennen.
Firmenbeständigkeit *(§§ 21, 22, 24 HGB)*	Eine einmal existierende Firma darf bei einem Inhaberwechsel, ggf. unter Beifügung eines Zusatzes, der auf das Nachfolgeverhältnis hinweist, weitergeführt werden. Voraussetzung hierfür ist die ausdrückliche Einwilligung des bisherigen Inhabers bzw. seiner Erben. Firmenbeständigkeit hat Vorrang vor Firmenwahrheit. **Beispiel:** Eisenwaren Wilhelm Keuser e. K. Inh. Bernd Hopp
Firmenausschließlichkeit *(§ 30 HGB)*	Die gewählte Firma muss sich von allen anderen Firmen am selben Ort deutlich unterscheiden. **Beispiele:** ■ Peter Schmitz, Sanitäranlagen GmbH ■ Sanitäre Installationen Peter Schmitz e. K.

Firmenschutz

Die Eintragung begründet den *Schutz der Firma.* Das Recht auf die Firma ist ein absolutes Recht und wirkt gegenüber jedermann. Wer eine ihm nicht zustehende Firma führt, kann von der bereits existierenden Firma auf Unterlassung ggf. Schadenersatz verklagt und vom Registergericht mit einem Ordnungsgeld belegt werden *(§ 37 HGB, § 16 UWG).*

Notwendige Bestandteile der Firma

Die Firma kann nicht ohne das Handelsgeschäft, für welches sie geführt wird, veräußert werden. Die notwendigen Bestandteile der Firma richten sich nach der jeweiligen Rechtsform der Unternehmung.
Die Firma eines Kaufmanns muss bei der Gründung die Bezeichnung der Rechtsform der Unternehmung oder eine allgemein verständliche Abkürzung dieser Bezeichnung enthalten.

Rechtsform	Abkürzung
eingetragener Kaufmann	e. K., e. Kfm., e. Kfr.
offene Handelsgesellschaft	OHG
Kommanditgesellschaft	KG
Gesellschaft mit beschränkter Haftung	GmbH
Aktiengesellschaft	AG
Kommanditgesellschaft auf Aktien	KGaA
eingetragene Genossenschaft	eG
haftungsbeschränkte Unternehmergesellschaft	UG (haftungsbeschränkt)

Auf allen **Geschäftsbriefen** des Kaufmanns, die an einen bestimmten Empfänger gerichtet werden, müssen seine Firma, der Ort seiner Handelsniederlassung und die Nummer, unter der die Firma in das Handelsregister eingetragen ist, angegeben werden *(§ 37a HGB).*

Firmenwert

Für renommierte Unternehmen mit großem Bekanntheitsgrad bedeutet die Firma oft einen erheblichen Wert; insoweit handelt es sich um ein **immaterielles Wirtschaftsgut.** Ihr Wert ist vor allem bestimmt durch den guten Ruf *(Goodwill),* über den die Unternehmung bei ihren Kunden verfügt.

Der Firmenwert kann betragsmäßig bestimmt werden: Es ist der Betrag, den ein Käufer im Rahmen der Übernahme einer Unternehmung als Ganzes über den Wert der einzelnen Vermögensgegenstände hinaus zu zahlen bereit ist. Beim Kauf einer Unternehmung ist der Firmenwert in der Steuerbilanz *aktivierungspflichtig*, in der Handelsbilanz aktivierungsfähig *(§ 255 Abs. 4 HGB).*

2.7.5 Öffentliche Register

2.7.5.1 Handelsregister

Das **Handelsregister** (HR) ist das amtliche Verzeichnis der Kaufleute eines Amtsgerichtsbezirks (Beweis-, Kontroll-, Publizitäts-, Publikationsfunktion).

Das Handelsregister bezweckt die Information des Rechtsverkehrs durch vollständigen und zuverlässigen Nachweis der tatsächlichen und rechtlichen Verhältnisse von Kaufleuten, d. h. das Handelsregister bietet die Möglichkeit, sich über wichtige Rechtsverhältnisse eines Geschäftspartners wie z. B. Firma, Sitz, Vertretungsverhältnisse zu informieren.

Zuständigkeit

Die Landesregierungen können für mehrere Amtsgerichtsbezirke die Führung des Registers durch Rechtsverordnung einem Amtsgericht übertragen.
Örtlich zuständig ist das Amtsgericht, in dessen Bezirk der Sitz des Unternehmens liegt *(§ 36 AktG, § 7 GmbHG, §§ 19, 106, 161 HGB)*.

Verfahren

Handels-, Genossen- und Partnerschaftsregister werden ab 2007 elektronisch bei den zuständigen Amtsgerichten geführt. Die Register sind über eine einheitliche vernetzte Internetseite **www.handelsregister.de** zugänglich. Der Ablauf der Registereintragung läuft in folgender Weise ab:

- Anmeldungen zur Eintragung in das Handelsregister sind in öffentlich beglaubigter Form ab 2007 zwingend als elektronische Dokumente einzureichen *(§ 12 HGB)*.
  Notwendige Unterzeichnungen müssen in qualifizierter elektronischer Form nach *§ 126 a BGB* erfolgen.
  Die Eintragung im HR wird wirksam, sobald sie gespeichert und inhaltlich unverändert in lesbarer Form wiedergegeben werden kann *(§ 8 a HGB)*.
- Das Registergericht fordert in Zweifelsfällen ein Gutachten von der Industrie- und Handelskammer bei einem Handelsgewerbe[1], von der Handwerkskammer bei einem Handwerksbetrieb, von der Landwirtschaftskammer bei einem land- und forstwirtschaftlichem Betrieb an *(§ 23 HRV)*.
- Das Registergericht prüft alle Eintragungsvoraussetzungen, evtl. müssen Genehmigungsbehörden gehört werden.
- In einer Eintragungsverfügung stellt das Gericht den Wortlaut der Eintragung fest *(§ 27 HRV)*.
- Die Eintragungen und Änderungen werden veröffentlicht *(§§ 10, 11 HGB)*
  - unter **www.handelsregister.de**
  - im elektronischen Bundesanzeiger (**www.e-bundesanzeiger.de**),
  - im elektronischen Unternehmensregister (**www.unternehmensregister.de**).

  Über den elektronischen Bundesanzeiger als Internet-Publikationsplattform werden Unternehmensmeldungen weltweit zugänglich.
  Bereits seit 2002 sind aktienrechtliche Mitteilungen (z. B. Jahresabschlüsse aller publizitätspflichtigen Unternehmen) im elektronischen Bundesanzeiger bekannt zu machen.

Öffentlichkeit des Handelsregisters

Das Handelsregister wird beim Amtsgericht (Registergericht) geführt und unterrichtet die Öffentlichkeit über die grundlegenden Rechtsverhältnisse der Unternehmungen.
Jedermann – nicht nur der Kaufmann – hat das Recht auf Einsichtnahme und kann gegen eine Gebühr eine Kopie der Eintragungen und der eingereichten Schriftstücke verlangen (*§ 9 HGB*).

[1] Geprüft wird insbesondere die Buchführungspflicht.

Öffentlicher Glaube der Eintragungen

Jede **Eintragung** erzeugt die Vermutung der Richtigkeit und rechtlichen Zulässigkeit *(§ 15 HGB)*.

- **Positive Publizität:** Eingetragene und bekanntgemachte Tatsachen muss ein Dritter gegen sich gelten lassen. Dies gilt nicht bei Rechtshandlungen, die innerhalb von 15 Tagen nach der Bekanntmachung vorgenommen werden, sofern der Dritte beweist, dass er die Tatsache weder kannte noch kennen musste.

Beispiel Aufgrund häufiger Fehler wird einem Mitarbeiter die Prokura entzogen. Der Widerruf wird ordnungsgemäß eingetragen und bekannt gemacht. Drei Wochen nach der Bekanntmachung verkauft der Ex-Prokurist aus Enttäuschung über den Prokuraentzug die gesamte EDV-Einrichtung der Unternehmung.
Das Rechtsgeschäft ist für die Unternehmung nicht bindend.

- **Negative Publizität:** Solange eine einzutragende Tatsache nicht eingetragen und bekannt gemacht worden ist, kann sie einem Dritten nicht entgegengesetzt werden, es sei denn, dass sie diesem bekannt war.

Beispiel Einem Prokuristen wird gekündigt, das Erlöschen der Prokura wird jedoch versehentlich nicht zur Eintragung angemeldet. Aus Verärgerung über die Entlassung verkauft der Ex-Prokurist unberechtigterweise seinen Dienstwagen zu einem günstigen Preis an einen Geschäftsfreund, der von dem Entzug der Prokura nichts wusste.
Das Rechtsgeschäft ist für die Unternehmung bindend.

- Ist eine einzutragende Tatsache **unrichtig** bekannt gemacht, so kann sich ein gutgläubiger Dritter auf den Inhalt der Bekanntmachung berufen.

Eine Eintragung kann **rechtserzeugend** *(konstitutiv)* oder **rechtsbekundend** *(deklaratorisch)* wirken.

Konstitutive Eintragungen	Deklaratorische Eintragungen
Die Eintragung erzeugt den beabsichtigten Rechtszustand.	Die Eintragung bekundet einen bereits bestehenden Rechtszustand.
Beispiele: ■ Entstehung einer GmbH bzw. AG und Erlangung der Rechtsfähigkeit *(§ 7 GmbHG, § 36 AktG)* ■ Herabsetzung oder Haftungsbeschränkung der Einlage eines Kommanditisten *(§§ 174, 176 Abs. 1, S. 1 HGB)* ■ Eintragung eines Kleingewerbetreibenden oder eines land- oder forstwirtschaftlichen Betriebes *(§§ 2, 3 HGB)*	**Beispiele:** ■ Erteilung und Widerruf einer Prokura *(§ 48 HGB)* ■ Eintritt eines neuen Gesellschafters in eine OHG *(§ 107 HGB)* ■ Gesamtvertretung der Gesellschafter einer OHG *(§ 125 Abs. 3 und 4 HGB)*

Aufbau des Handelsregisters

Abteilung A (HRA)	Abteilung B (HRB)
Einzelunternehmungen **Personenhandelsgesellschaften** ■ offene Handelsgesellschaften ■ Kommanditgesellschaften	**Kapitalgesellschaften** ■ Aktiengesellschaften ■ Gesellschaften mit beschränkter Haftung

Inhalt der Eintragungen	
Firma und Sitz der Unternehmung *bei der KG:* die Einlagen der Kommanditisten	Firma, Sitz und Gegenstand der Unternehmung *bei der GmbH:* das Stammkapital *bei der AG:* das Grundkapital
bei der Einzelunternehmung: der Geschäftsinhaber *bei der OHG und KG:* die Gesellschafter	*bei der GmbH:* der/die Geschäftsführer *bei der AG:* der Vorstand
ggf. Prokuristen Art der Vertretung (Einzel-/Gesamtvertretung)	ggf. Prokuristen Art der Vertretung (Einzel-/Gesamtvertretung)

- Eintragungsfähig und -pflichtig sind nur die gesetzlich zulässigen und vorgesehenen Tatbestände.
- Eintragungen erfolgen auf Antrag, ggf. von Amts wegen. Die Anmeldung zur Eintragung ist in öffentlich (notariell) beglaubigter Form einzureichen *(§ 12 HGB)*. Sie kann ggf. durch Ordnungsgeld erzwungen werden.
- Die Eintragungen werden vom Amtsgericht durch Veröffentlichung im elektronischen Bundesanzeiger und in mindestens einem weiteren Blatt im Amtsgerichtsbezirk bekanntgemacht *(§§ 10, 11 HGB)*.
- Gelöschte Eintragungen sind unterstrichen.

Handelsregister Amtsgericht Köln

Für die in () gesetzte Angabe der Anschrift und des Geschäftszweiges keine Gewähr

NEUEINTRAGUNGEN

■ HRA 15216 – 7.8.20..:
INTRO GmbH & Co. KG, Köln. (Geschäftszweig: unter anderem die Herstellung und der Vertrieb der Musikmagazine INTRO und INTRO festival guide sowie das Anbieten sonstiger Dienstleistungen. Geschäftsräume: Herwarthstraße 12, 50672 Köln.) Kommanditgesellschaft, die am 1. Januar 1999 begonnen hat. Persönlich haftender Gesellschafter: INTRO Beteiligungsgesellschaft mbH, Köln (HRB 33812). Der Sitz ist von Osnabrück nach Köln verlegt. Ein Kommanditist ist vorhanden.

■ HRA 15217 – 7.8.20..:
IAK Vierte Immobilienfonds Köln GmbH & Co. Projekte Ehrenstraße KG, Köln. (Geschäftszweig: der Erwerb von unbebauten Grundstücken und grundstückseigenen Rechten, die Bebauung von Grundstücken durch Dritte, der Erwerb von bebauten Grundstücken, die Vermietung, Verpachtung und Verwaltung von Grundstücken, insbesondere der Projekte Ehrenstraße. Die Gesellschaft ist berechtigt, gleichartige oder ähnliche Unternehmen zu gründen, zu erwerben und zu pachten sowie sich an anderen Unternehmen zu beteiligen. Sie kann Geschäfte jeder Art tätigen, die dem Gesellschaftszweck unmittelbar oder mittelbar dienen. Geschäftsräume: Hohenstaufenring 29–37, 50674 Köln.) Kommanditgesellschaft. Beginn: 7. August 20... Persönlich haftender Gesellschafter: IAK Vierte Immobilienfonds Köln GmbH, Köln (HRB 33694). Gesamtprokuristen: Ingeborg Kelly, * 2. September 1958, Rösrath, Jürgen Krawetzke, * 1. Juni 1953, Köln, jeder in Gemeinschaft mit einem Prokuristen oder einem persönlich haftenden Gesellschafter. Ingeborg Kelly und Jürgen Krawetzke sind zur Veräußerung und Belastung von Grundstücken und grundstücksgleichen Rechten ermächtigt. Die persönlich haftende Gesellschafterin ist befugt, im Namen der Gesellschaft mit sich im eigenen Namen oder als Vertreter eines Dritten Rechtsgeschäfte vorzunehmen. Drei Kommanditisten sind vorhanden.

■ HRA 33849 – 8.8.20..:
kobayshi advertising GmbH, Köln. Gegenstand des Unternehmens: die Tätigkeit als Werbeagentur in den Bereichen Werbung, Verkaufsförderung, Marketing, Public Relation, Anzeigenexpedition, MultiMedia einschließlich damit verbundener Online-, Telekommunikations- und Internetdienstleistungen. Stammkapital: 25.000,– EUR. Geschäftsführer: Christoph Brüning. * 4. Mai 1967, Königstein/Taunus;Georg Roth, * 22. Juli 1967, Köln; Dirk Fliesgen, * 26. November 1971, Düsseldorf; Michael Grundheber, * 13. September 1959, Köln. Gesellschaft mit beschränkter Haftung. Gesellschaftsvertrag vom 15. Juni 20... Ist nur ein Geschäftsführer berufen, so vertritt dieser die Gesellschaft allein. Sind mehrere Gesellschafter bestellt, so wird die Gesellschaft durch zwei Geschäftsführer in Gemeinschaft mit einem Prokuristen vertreten. Christoph Brüning, Georg Roth, Dirk Fliesgen und Michael Grundheber sind befugt, im Namen der Gesellschaft mit sich im eigenen Nahmen oder als Vertreter eines Dritten Rechtsgeschäfte vorzunehmen. Nicht eingetragen: Die Bekanntmachungen der Gesellschaft erfolgen im Bundesanzeiger. (Geschäftsräume: Max-Planck-Straße 42, 50858 Köln)

Handelsregister A des Amtsgerichts Neustadt	Abteilung A Wiedergabe des aktuellen Registerinhalts – Abruf vom 12.09.2008 12:10 –	Nummer der Firma HRA 675
– Ausdruck –	Seite 1 von 1	

1. Anzahl der bisherigen Eintragungen:
4
2. a) Firma:
Heller und Co. KG
b) Sitz, Niederlassung, Zweigniederlassungen:
Neustadt
3. a) Allgemeine Vertretungsregelung:
-----
b) Inhaber, persönlich haftende Gesellschafter, Geschäftsführer, Vorstand (...):
Persönlich haftende Gesellschafter: Josef Heller, Neustadt, * 23.03.1960, Peter Lauer, Wiesingen, * 01.07.1958
4. Prokura:
Einzelprokura für Hans Berger, Neustadt, * 04.05.1970
5. a) Rechtsform, Beginn und Satzung:
Kommanditgesellschaft; Beginn 28.08.2005
b) Sonstige Rechtsverhältnisse:
-----
c) Kommanditisten:
Kaufmann Egon Laupichler, Neustadt. * 19.11.1950, Einlage 20.000,00 EUR
Notar Karl Sendburg, Neustadt, * 20.01.1955, Einlage 60.000,00 EUR
6. Tag der letzten Eintragung:
07.05.2008

Handelsregister A des Amtsgerichts Neustadt	Abteilung A Wiedergabe des aktuellen Registerinhalts – Abruf vom 27.10.2008 14:15 –	Nummer der Firma HRB 6877
– Ausdruck –	Seite 1 von 1	

1. Anzahl der bisherigen Eintragungen:
0
2. a) Firma:
Schuette Schleifmaschinen GmbH
b) Sitz, Niederlassung, Zweigniederlassungen:
Neustadt
c) Gegenstand des Unternehmens:
Herstellung und Vertrieb von Werkzeugschleifmaschinen sowie entsprechendem Zubehör
3. Grund- oder Stammkapital:
25.000,00 EUR
4. a) Allgemeine Vertretungsregelung:
Ist nur ein Geschäftsführer bestellt, so vertritt er die Gesellschaft allein. Sind mehrere Geschäftsführer bestellt, so wird die Gesellschaft durch zwei Geschäftsführer sowie durch einen Geschäftsführer gemeinsam mit einem Prokuristen vertreten.
b) Vorstand, Leitungsorgan, geschäftsführende Direktoren, persönlich haftende Gesellschafter, Geschäftsführer, Vetretungsberechtigte und besondere Vertretungsbefugnis:
Einzelvertretungsbefugnis mit der Befugnis im Namen der Gesellschaft mit sich im eigenen Namen oder als Vertreter eines Dritten Geschäfte abzuschließen: Geschäftsführer Karl Schuette, Neustadt, * 06.05.1968
5. Prokura:
Gesamtprokura gemeinsam mit einem anderen Geschäftsführer oder einem anderen Prokuristen: Paul Weber, Neustadt, * 04.05.1970, Martina Kruschnik, Neustadt, * 25.12.1969
6. a) Rechtsform, Beginn, Satzung oder Gesellschaftsvertrag:
Gesellschaft mit beschränkter Haftung; Gesellschaftsvertrag vom 20.09.2007
b) Sonstige Rechtsverhältnisse:

2.7.5.2 Andere öffentliche Register

Andere beim Amtsgericht geführte öffentliche Register sind das:

Partnerschaftsregister	**www.handelsregister.de**
■ Inhalt:	Rechtsverhältnisse der Partnerschaftsgesellschaften (PG)
■ Eintragungstatbestände:	Name und Sitz der Partnerschaft, Name und Vorname sowie der in der Partnerschaft ausgeübte Beruf und der Wohnort jedes Partners *(§§ 3, 4, 5 PartGG)*
■ öffentlicher Glaube:	positive und negative Publizität *(§ 5 PartGG i. V. m. § 15 HGB)*
■ Einsichtnahme:	jedermann
Genossenschaftsregister	**www.handelsregister.de**
■ Inhalt:	Rechtsverhältnisse der eingetragenen Genossenschaften (eG)
■ Eintragungstatbestände:	Firma, Sitz, Statut, Vorstand
■ öffentlicher Glaube:	positive Publizität (eingetragene Tatsachen gelten gutgläubigen Dritten gegenüber als richtig) und negative Publizität (nicht eingetragene Tatsachen geltend als nicht bestehend)
■ Einsichtnahme:	jedermann
Vereinsregister	**www.handelsregister.de**
■ Inhalt:	Rechtsverhältnisse der eingetragenen Vereine (e.V.)
■ Eintragungstatbestände:	Name, Sitz, Satzung, Vorstand
■ öffentlicher Glaube:	nur negative Publizität *(§ 68 BGB)*
■ Einsichtnahme:	jedermann
Güterstands(rechts)register	
■ Eintragungstatbestände:	Abweichungen vom gesetzlichen Güterstand der Ehe und Eheverträge (nur auf Antrag)
■ öffentlicher Glaube:	nur negative Publizität *(§ 1412 BGB)*
■ Einsichtnahme:	jedermann
Grundbuch	
■ Inhalt:	Rechtsverhältnisse der im Amtsgerichtsbezirk gelegenen Grundstücke
■ Eintragungstatbestände:	u. a. Eigentumsverhältnisse, Lasten und Beschränkungen, Grundpfandrechte
■ öffentlicher Glaube:	positive und negative Publizität *(§ 892 BGB)*
■ Einsichtnahme:	berechtigtes Interesse muss nachgewiesen werden bzw. Einwilligung des Grundstückseigentümers

2.7.6 HGB-Vollmachten

2.7.6.1 Handlungsvollmacht

Die allgemeine **Handlungsvollmacht** berechtigt zu allen Geschäften und Rechtshandlungen, die der Betrieb dieses Handelsgewerbes gewöhnlich mit sich bringt *(§ 54 HGB).*

Nicht ermächtigt ist der Handlungsbevollmächtigte folglich zu allen für dieses Handelsgewerbe *außergewöhnlichen* Geschäften und Rechtshandlungen.
Eine ausdrückliche Sondervollmacht ist notwendig für die:

- Veräußerung und Belastung von Grundstücken,
- Eingehung von Wechselverbindlichkeiten,
- Aufnahme von Darlehen,
- Prozessführung.

Der Umfang der Handlungsvollmacht kann vom Vollmachtgeber auf einzelne oder eine bestimmte Art von Geschäften und Rechtshandlungen beschränkt werden.

Spezialvollmacht	Artvollmacht
einmalige Vollmacht zur Erledigung eines besonderen Geschäftes **Beispiel:** einmalige Vollmacht zum Kauf eines Fahrzeuges	*auf Dauer* erteilte Vollmacht zur Erledigung einer bestimmten Art wiederkehrender Geschäfte **Beispiele:** ■ Kontovollmacht ■ Einkaufsvollmacht

Die Vertretungsvollmacht kann darüber hinaus in der Weise beschränkt werden, dass der Handlungsbevollmächtigte nur im Zusammenwirken mit einer anderen Person *(z. B. mit einem Prokuristen)* zeichnungsberechtigt ist.

Einzelvertretungsvollmacht	Gesamtvertretungsvollmacht
Vollmachtausübung *ohne* Zusammenwirken mit einer anderen Person	Vollmachtausübung nur im Zusammenwirken *mit* einer anderen vertretungsberechtigten Person

Erteilung	Die Erteilung kann nach *§ 167 BGB* erfolgen durch ■ Kaufleute, Handlungsbevollmächtigte, Kleingewerbetreibende, ■ den Vorstand einer AG bzw. eG, ■ den/die Gesellschafter einer GmbH, ■ Prokuristen, und zwar ■ schriftlich, ■ mündlich, ■ stillschweigend (konkludentes = schlüssiges Verhalten).
Eintragung ins Handelsregister	nicht eintragungsfähig
Unterschrift (Zeichnung) *(§ 57 HGB)*	Der Handlungsbevollmächtigte muss unter der Firma mit einem das Vollmachtverhältnis andeutenden Zusatz unterschreiben. **Beispiele:** Firmenbezeichnung: *Modeboutique Elvira Ellis GmbH* i. A. (im Auftrag) Name: *i. A. Thöler* i. V. (in Vertretung) Name: *i. V. Meier*
Erlöschen	Die Handlungsvollmacht erlischt ■ durch Widerruf, ■ mit Beendigung des Dienstvertrages, ■ mit Erledigung des Auftrages (bei Spezialvollmacht), ■ bei Befristung nach Ablauf der Frist, ■ bei bedingter Vollmacht bei Wegfall der Bedingung, ■ mit Auflösung der Unternehmung.

2.7.6.2 Prokura

> Die **Prokura** ermächtigt eine natürliche Person zu allen Arten von gerichtlichen und außergerichtlichen Geschäften und Rechtshandlungen, die der Betrieb (irgend)eines Handelsgewerbes mit sich bringt *(§§ 48–53 HGB)*.

Eine ausdrückliche Spezialvollmacht ist notwendig für die Veräußerung und Belastung von Grundstücken.

Nicht ermächtigt ist der Prokurist

- zur Erteilung und zum Entzug einer Prokura,
- zu Handlungen außerhalb des Geschäftsbetriebes (z. B. Verkauf, Schließung, Branchenänderung),
- zu Handlungen, die sich der Kaufmann persönlich vorbehalten hat,
- zur Veräußerung und Belastung von Grundstücken,
- zur Anmeldung von Eintragungen ins Handelsregister,
- zur Unterzeichnung der Bilanz und der Steuererklärungen,
- zur Aufnahme neuer Gesellschafter,
- zum Verkauf der Unternehmung,
- zum Antrag auf Eröffnung des Insolvenzverfahrens.

Die Prokura ist nicht übertragbar.
Sie erlischt nicht durch den Tod des Inhabers des Handelsgeschäfts.

Arten der Prokura

Einzelprokura

Einzelvertretungsvollmacht:
Vollmachtausübung *ohne* Mitwirkung einer anderen Person

Gesamtprokura

Gesamtvertretungsvollmacht:
Vollmachtausübung nur im Zusammenwirken *mit* einer anderen vertretungsberechtigten Person.

Filialprokura

Die Vertretungsmacht ist auf den Betrieb einer Niederlassung beschränkt.

Im **Außenverhältnis,** d. h. im Verhältnis zwischen dem Prokuristen und den Geschäftspartnern des Arbeitgebers, ist die Vertretungsmacht des Prokuristen darüber hinaus nicht weiter beschränkbar *(§ 50 HGB)*.
Anders verhält es sich im **Innenverhältnis,** d. h. im Verhältnis zwischen dem Prokuristen und seinem Arbeitgeber. Hier ist in der Regel dem Prokuristen ein bestimmtes Ressort zugeteilt, für das er als leitender Angestellter zuständig ist. Den ihm zugewiesenen Kompetenzrahmen darf er nicht überschreiten.

Beispiel

Frau Simone Brühl ist Personalchefin der Fashion Textil AG. Ihr ist Einzelprokura erteilt worden. Im Innenverhältnis darf sie ihren Arbeitgeber nur in Personalangelegenheiten vertreten. Im Außenverhältnis gilt diese Beschränkung nicht, d. h. sie könnte ihren Arbeitgeber auch in allen anderen Geschäften (mit Ausnahme der ihr gesetzlich nicht erlaubten) rechtswirksam vertreten.

Erteilung *(§ 48 HGB)*	Die Prokura kann nur erteilt werden von ■ einem Kaufmann (Inhaber eines Handelsgewerbes, dem gesetzlichen Vertreter oder Erben) ■ dem Geschäftsführer einer GmbH, und zwar ■ persönlich und ausdrücklich ■ schriftlich oder mündlich. Bei der GmbH erfolgt die Bestellung von Prokuristen (ebenso wie von Handlungsbevollmächtigten) durch Gesellschafterbeschluss.
Eintragung ins Handelsregister *(§ 53 HGB)*	eintragungspflichtig (deklaratorische Wirkung)
Unterschrift (Zeichnung) *(§ 51 HGB)*	Der Prokurist muss unter der Firma mit einem die Prokura andeutenden Zusatz unterschreiben. **Beispiel:** Firmenbezeichnung: *Fashion Textil AG* pp. oder ppa. (per procura) Name: *pp. Simone Brühl*
Erlöschen	Die Prokura erlischt durch ■ Widerruf *(§ 52 Abs. 1 HGB)*, ■ Beendigung des Dienstvertrages, ■ Tod des Prokuristen (aber nicht durch Tod des Vertretenen), ■ Einstellung, Veräußerung oder Auflösung der Unternehmung.

AGB der Kreditinstitute:
Zur ordnungsgemäßen Abwicklung des Geschäftsverkehrs ist es erforderlich, dass der Kunde dem Kreditinstitut Änderungen seines Namens und seiner Anschrift sowie das Erlöschen oder die Änderung einer gegenüber dem Kreditinstitut erteilten Vertretungsmacht (insbesondere einer Vollmacht) unverzüglich mitteilt. Diese Mitteilungspflicht besteht auch dann, wenn die Vertretungsmacht in ein öffentliches Register (zum Beispiel in das Handelsregister) eingetragen ist und ihr Erlöschen oder ihre Änderung in dieses Register eingetragen wird.

2.8 Unternehmensformen

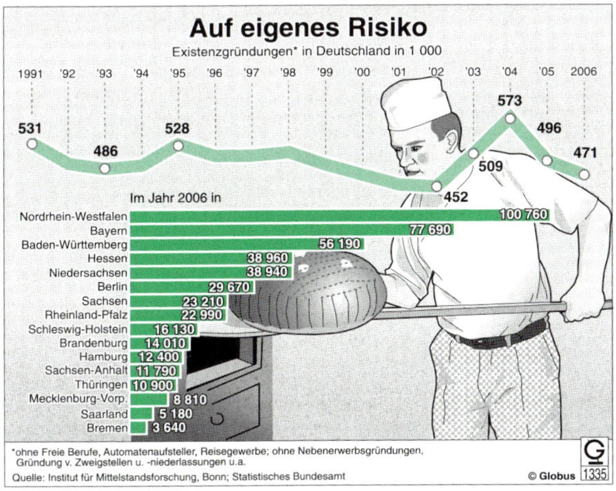

Unternehmen können von natürlichen und/oder juristischen Personen gegründet werden.

Beispiel

- Volkswagen AG: An diesem privatrechtlichen Unternehmen sind natürliche Personen, juristische Personen des Privatrechts (z. B. eine Privatbank) und juristische Personen des öffentlichen Rechts (z. B. das Land Niedersachsen) beteiligt.
- Stadtwerke Bonn GmbH: Alleinige Eigentümerin dieses privatrechtlichen Unternehmens ist die Gebietskörperschaft Stadt Bonn.

Unternehmensformen

- **privatrechtliche Unternehmensformen**
  - **Einzelunternehmung**
    - eingetragener Kaufmann
    - Kleingewerbetreibende
  - **Gesellschaften** (Personenvereinigungen)
    - **Personengesellschaften**
      - Gesellschaft bürgerlichen Rechts
      - offene Handelsgesellschaft
      - Kommanditgesellschaft
      - Partnerschaftsgesellschaft
      - stille Gesellschaft
    - **Kapitalgesellschaften**
      - Aktiengesellschaft
      - Gesellschaft mit beschränkter Haftung
      - haftungsbeschränkte Unternehmergesellschaft
      - Kommanditgesellschaft auf Aktien
    - **Mischformen**
      - GmbH & Co KG
      - GmbH & Co OHG
      - AG & Co KG
    - **Sonstige Gesellschaften**
      - eingetragene Genossenschaft
      - eingetragener Verein
      - Versicherungsverein auf Gegenseitigkeit
- **öffentlich-rechtliche Unternehmensformen**
  - Anstalt des öffentlichen Rechts
  - Körperschaft des öffentlichen Rechts
  - Stiftung des öffentlichen Rechts

2.8.1 Gründe für die Wahl der Unternehmensform

Die Frage, welche Rechtsform für ein privatwirtschaftliches Unternehmen sinnvoll erscheint, stellt sich, wenn

- ein Unternehmen gegründet wird,
- sich für das Unternehmen wesentliche persönliche, rechtliche, wirtschaftliche oder steuerliche Faktoren ändern.

Beispiele

- persönliche Faktoren: die Geschäftsführung soll Angestellten übertragen werden,
- rechtliche Faktoren: die Haftung der Gesellschafter soll beschränkt werden,
- wirtschaftliche Faktoren: die Kapitalbeschaffung soll erleichtert werden,
- steuerliche Faktoren: eine GmbH soll in eine KG umgewandelt werden, um Erbschaftsteuer zu sparen oder um gewerbesteuerliche Freibeträge auszunutzen.

Es kommt im Wirtschaftsleben auch vor, dass ein einzelner persönlicher Grund zu einer Umwandlung der Unternehmensform führt.

Beispiel

Ein großes deutsches Handelsunternehmen wird in der Unternehmensform der GmbH geführt. Die Gesellschafter legen großen Wert auf Geheimhaltung aller Angaben über den Jahresabschluss. Mit Einführung des „Gesetzes über die Rechnungslegung von bestimmten Unternehmen und Konzernen“ (Publizitätsgesetz) muss der Jahresabschluß der GmbH veröffentlicht werden. Die Gesellschafter beschließen, die GmbH in eine KG umzuwandeln, weil für diese Unternehmensform das Publizitätsgesetz (noch) nicht gilt.

Um im Einzelfall die richtige Wahl der Unternehmensform zu treffen, sollte ein Katalog von **Entscheidungskriterien** zusammengestellt, vergleichend gegenübergestellt und gewertet werden. Eine Reihe von Entscheidungsfaktoren beeinflussen sich gegenseitig.

Beispiel Je stärker die Haftungsbeschränkung, desto schwieriger ist die Fremdkapitalbeschaffung.

Entscheidungskriterien für die Wahl der Unternehmensform

betriebswirtschaftliche Gründe

Finanzierung des Unternehmens
- Kapitalbeschaffungsmöglichkeiten
- Höhe des Eigenkapitals
- Entnahme- und Einlagerechte
- Beteiligung am Vermögen, insbesondere an den stillen Reserven und am Firmenwert
- Gewinn- und Verlustbeteiligung
- Anzahl der Gesellschafter
- Gründungsaufwand

Führung des Unternehmens
- Leitungsbefugnis
- Willensbildung
- Mitbestimmung
- Prüfungspflichten
- Publizität
- Art, Umfang und Kosten der Rechnungslegung

Standort des Unternehmens
- Rohstoffe, Grundstücke Energie, Verkehr, Absatz
- Arbeitskräfte
- Steuerbelastung

zivilrechtliche Gründe
- Rechtsform
- Geschäftsführung
- Vertretungsbefugnis
- Kapitalausstattung
- Haftungsbeschränkung
- Änderungen der Beteiligungsverhältnisse
- Unternehmensnachfolge, Nachlassregelung
- Art und Umfang des Handelsgewerbes
- Form und Inhalt des Gesellschaftsvertrages
- Anzahl der Gesellschafter

handels- und steuerrechtliche Gründe
- lokale, regionale und nationale Steuern und Steuertarife
- Unterschiede in der Besteuerung der Personen- und Kapitalgesellschaften bei ertragsabhängigen Steuern *(ESt, KSt, KiSt, GewSt)*
- steuerliche Belastungen bei Umwandlungen
- Unterschiede in der Belastung durch Erbschaft- und Schenkungsteuer
- Kosten der Abschlussprüfer, evtl. des Notars, Gerichtskosten
- Publizitätspflichten und -kosten
- steuerliche Gesamtbelastung
- Fördermaßnahmen (Investitionszulagen, Sonderabschreibungen)
- Ertragsteuerbelastung auf der Ebene der Gesellschaft und der Gesellschafter

persönliche Gründe
- persönliche Präferenzen
- Image der Rechtsform
- Publizität
- Rechnungslegung
- Offenlegung der Rechnungslegung
- Umfang, Form und Kosten der Gründung
- Registerkosten
- Beurkundungskosten
- Sicherung des Unternehmens
- Sicherung der Unternehmernachfolge
- Alterssicherung der Gesellschafter
- Haftungsverhältnisse
- ehelicher Güterstand
- Scheidungsfolgen
- Leitungsbefugnisse
- Beratungsfähigkeit/-willigkeit

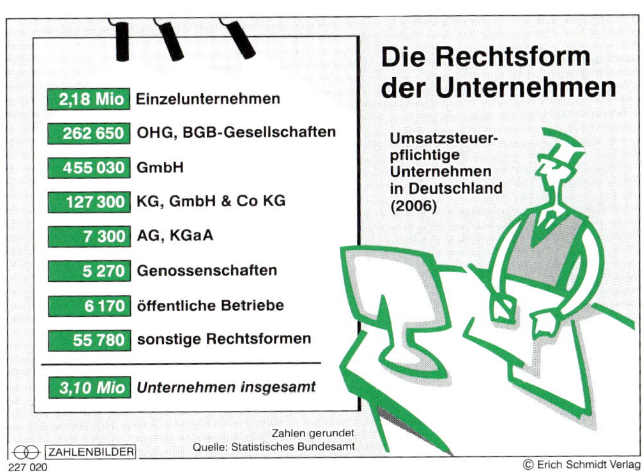

Die Unternehmung ist in der Wahl ihrer Rechtsform grundsätzlich frei. Die Entscheidung hängt letztlich von folgenden Umständen ab:	
Eigentumsverhältnisse:	■ Zahl der Gesellschafter ■ Entscheidungsgewalt
Geschäftsführung/Vertretung:	■ einzeln ■ gemeinschaftlich
Finanzierung:	■ Möglichkeiten der Beschaffung von Fremd- und Eigenkapital
Kreditwürdigkeit:	■ Bereitschaft von Geldgebern, Fremdkapital zur Verfügung zu stellen
Haftung:	■ Haftungsumfang bei Verlusten
Steuerbelastung:	■ Ertragsteuern ■ Substanzsteuern

2.8.2 Einzelunternehmung

Rechtsgrundlagen: *§§ 1–104 HGB*
BGB
GewO

■ Kennzeichen und Bedeutung

Bei der **Einzelunternehmung** ist eine einzelne natürliche Person – der (die) Einzelunternehmer(in) – selbstständig
- gewerblich,
- land- bzw. forstwirtschaftlich oder
- freiberuflich

tätig.

Eine einzelne Person ist **Eigentümer** und **Inhaber,** trägt allein das unternehmerische Risiko und übernimmt allein die Verantwortung und Entscheidungsbefugnis. Träger von Rechten und Pflichten ist nur der Einzelunternehmer.
Die Rechtsform ist besonders geeignet für kleine und mittlere Unternehmen.
Der Einzelunternehmer kann Kaufmann oder Kleingewerbetreibender sein.
Die Einzelunternehmung ist die häufigste Unternehmensrechtsform in Deutschland.

■ Firma

Ist der Einzelunternehmer als eingetragener Kaufmann tätig, ist er verpflichtet eine Firma anzunehmen.
Die Firma muss die Bezeichnung **„eingetragener Kaufmann"**, **„eingetragene Kauffrau"** oder eine allgemein verständliche Abkürzung dieser Bezeichnung, insbesondere **„e. K."**, **„e. Kfm."** oder **„e. Kfr."** enthalten *(§ 18 HGB)*.

Beispiele Clara Rheindorf e. Kfr., Sunshine Studio e. K., Klaus Leesten Gebrauchtfahrzeuge e. Kfm.

Nicht eingetragene Kleingewerbetreibende führen **keine** Firma.

■ Kapital

Ein Mindestkapital ist nicht vorgeschrieben. Einlagen und Entnahmen werden über das Privatkonto, ein Unterkonto des Eigenkapitalkontos, gebucht.

Geschäftsführung und Vertretung

Geschäftsführung und Vertretung liegen **allein** beim Einzelunternehmer. Kaufleute können Prokura und Handlungsvollmacht erteilen *(§§ 48–58 HGB).*

Haftung

Der Einzelunternehmer haftet für alle Verbindlichkeiten des Unternehmens

- **alleine,**
- **persönlich** und
- **unbeschränkt**

mit seinem Geschäfts- und Privatvermögen.

Beim Verkauf des Unternehmens unter Fortführung der Firma haftet er für Verbindlichkeiten im Zeitpunkt des Ausscheidens, wenn die bis dahin begründeten Verbindlichkeiten vor Ablauf von 5 Jahren nach Ausscheiden fällig und daraus Ansprüche gegen ihn gerichtlich geltend gemacht worden sind. Bei öffentlich-rechtlichen Verbindlichkeiten genügt der Erlass eines Verwaltungsaktes. Die Frist beginnt mit dem Ende des Tages, an dem das Ausscheiden in das Handelsregister eingetragen worden ist *(§§ 25, 26 HGB).* Die Verjährungsfrist von 5 Jahren gilt allerdings nur, soweit nicht nach den allgemeinen gesetzlichen Bestimmungen kürzere Verjährungsfristen gelten *(§ 196 ff. BGB).*

Bei einer **Einzelunternehmung** ...
- ist eine einzelne natürliche Person alleiniger Inhaber,
- übernimmt der Einzelunternehmer Geschäftsführung und Vertretung,
- haftet der Einzelunternehmer persönlich und unbeschränkt,
- muss – sofern kein Kleingewerbe vorliegt – eine Eintragung ins Handelsregister, Abteilung A, erfolgen,
- muss – sofern eine Handelsregistereintragung erfolgt – eine Firma mit dem Zusatz „e. K.", „e. Kfm." oder „e. Kfr." geführt werden,
- gelten die Vorschriften des *HGB* in vollem Umfang.

Vorteile	Nachteile
■ Entscheidungskompetenz und Verantwortung liegen alleine in der Hand der Inhaberin/des Inhabers ■ Vertretungs- und Geschäftsführungsbefugnis obliegt der Einzelunternehmerin/dem Einzelunternehmer ■ dadurch schnelle Entscheidungs- und Reaktionsmöglichkeiten ■ Gründung ist billig und unkompliziert, ■ der Gewinn steht alleine dem Unternehmer zu ■ kein Mindestkapital erforderlich ■ Einzelunternehmer kann jederzeit Eigenkapital aus Privatvermögen oder durch Aufnahme stiller Gesellschafter erhöhen ■ vorhandenes Eigenkapital kann jederzeit durch die Einzelunternehmerin/den Einzelunternehmer entnommen werden ■ anzuwenden sind nur die Vorschriften des Betriebsverfassungsgesetzes (bei mind. 5 ständig Beschäftigten) und das Gesetz über Sprecher-Ausschüsse für leitende Angestellte (mind. 10 leitende Angestellte) ■ gute Akzeptanz als Geschäftspartner	■ begrenzte Erweiterungsmöglichkeiten ■ persönliche Haftung des Unternehmers mit seinem Geschäfts- und Privatvermögen ■ Gefahr von Fehlentscheidungen, ■ Existenz ist an die Person des Unternehmers gebunden ■ begrenzte Erweiterungsmöglichkeiten, sie sind abhängig von der Vermögenslage des Unternehmers ■ alleinige Übernahme des Verlustrisikos ■ begrenzte, vom Vermögen und der Kreditwürdigkeit des Unternehmers abhängige Kapitalaufbringungsmöglichkeit ■ Abhängigkeit von der Persönlichkeit der/des Einzelunternehmer/in ■ Unternehmerlohn, Miet- und Pachtzinsen für vom Einzelunternehmer überlassene Wirtschaftsgüter dürfen nicht als Betriebsausgaben ausgewiesen werden

2.8.3 Personengesellschaften

Personengesellschaften entstehen durch Vertrag zwischen *mindestens zwei Personen*, die sich zur Erfüllung eines gemeinsamen Zwecks zusammenschließen.

Die beteiligten Personen sind zugleich die Gesellschafter und die Eigentümer des Unternehmens. Ihre Einlagen bilden das Gesellschaftsvermögen.

Anlässe zur Gründung einer Gesellschaft können sein:
- Verbreiterung der Eigenkapitalbasis,
- Ausweitung der Kreditaufnahmemöglichkeiten infolge der Erhöhung des Eigenkapitals und der Aufnahme neuer Gesellschafter,
- Verteilung des unternehmerischen Risikos und des Arbeitsanfalls auf mehrere Personen,
- Bindung von Führungspersönlichkeiten und Fachleuten an das Unternehmen,
- Ausnutzung steuerlicher Vorteile *(z. B. durch Gründung von Familiengesellschaften),*
- Absicherung der Existenz des Unternehmens über den Tod des Einzelunternehmers hinaus,
- persönliche Gründe des einzelnen Unternehmers *(z. B. Altersabsicherung, Alter, Krankheit, Tod),*
- Erhöhung der Wettbewerbsfähigkeit durch Zusammenschluss mit anderen Unternehmen,
- Beteiligung von Mitarbeitern.

2.8.3.1 Gesellschaft bürgerlichen Rechts

Rechtsgrundlagen: *§§ 705–740 BGB*

Kennzeichen und Bedeutung

Durch den **Gesellschaftsvertrag** schließen sich **mindestens 2 oder mehr Personen** zu einer **GbR** zusammen. Die Gesellschafter verpflichten sich gegenseitig, die Erreichung eines gemeinsamen Zwecks in der im Vertrag bestimmten Weise zu fördern, insbesondere die vereinbarten Beiträge zu leisten *(§ 705 BGB).*

Die GbR (auch: **BGB-Gesellschaft**) kann zu jedem beliebigen Zweck gegründet werden. Dieser darf nicht gegen ein Gesetz verstoßen *(§ 134 BGB)* und nicht sittenwidrig sein *(§ 138 BGB).* Der **Gesellschaftszweck** kann auf Dauer oder auf eine vorübergehende Zeit gerichtet sein.

Der Zweck muss
- gemeinsam erreicht werden, d. h. Förderung eines von **allen** Gesellschaftern gemeinsam angestrebten Zweckes,
- durch Zusammenwirken **aller** Gesellschafter zustande kommen.

Der Zweck kann erwerbswirtschaftlicher, religiöser, wissenschaftlicher, sportlicher oder politischer Art sein.

Die GbR kommt in der Praxis häufig vor. Die Gesellschafter wissen oft gar nicht, dass eine Gesellschaft vorliegt.

Beispiele
- Fahrgemeinschaften zum Arbeitsplatz,
- Tippgemeinschaft beim Lotto und Toto.
- nicht eheliche Gemeinschaften,

Auch Kaufleute benutzen bei Gelegenheitsgeschäften, Arbeitsgemeinschaften, erlaubten Kartellen und sonstigen Interessengemeinschaften diese Rechtsform.

Beispiele

- Kreditkonsortium zur Gewährung eines Großkredits,
- Arbeitsgemeinschaft (ARGE) in der Bauwirtschaft,
- Bauherrengemeinschaft,
- Investment-Club,
- Vorgründungsgesellschaft einer GmbH (Gründerzusammenschluss vor Erstellung des notariellen Vertrages),
- Ehepartner besitzen und bewirtschaften eine gewerbliche Immobilie.

Die GbR kann eine reine **Innengesellschaft** sein.

Beispiel

Der Tiefbauunternehmer Brock schließt mit der Gemeinde Rondorf einen Vertrag zur Erstellung einer Altentagesstätte. Danach führt er gemeinsam mit den beiden Bauunternehmern Maurer und Hölzer die Arbeiten durch. Zwischen der Gemeinde Rondorf und den Unternehmern Maurer und Hölzer besteht keine vertragliche Beziehung.

Die GbR kann eine **Außengesellschaft** sein.

Beispiel

Die Bauunternehmer Marx, Probst und Winter bilden eine Arbeitsgemeinschaft, die mit der Gemeinde Rondorf einen Vertrag zur Erstellung einer Altentagesstätte schließt.

Gründung

Die GbR entsteht durch einen **Gesellschaftsvertrag,** d. h. durch einander entsprechende Willenserklärungen der Gesellschafter. Der Gesellschaftsvertrag ist **formfrei**. Er kann schriftlich, mündlich oder durch konkludentes Handeln wirksam werden. Es erfolgt i. d. R. **keine** Eintragung in ein Register. Der Abschluss bzw. die Änderung des Gesellschaftsvertrages erfordert Einstimmigkeit unter den Gesellschaftern. Wegen steuerlicher Mitwirkungs- und Nachweispflichten (§§ 90 AO), aus Beweissicherungsgründen und aus Gründen der langfristigen Erhaltung der Gesellschaft erscheint ein schriftlicher Gesellschaftsvertrag zweckmäßig.

Gesellschafter

Es müssen mindestens zwei Personen Gesellschafter sein. Dies können natürliche Personen, juristische Personen, eine andere GbR, eine OHG oder eine KG sein.

Rechtsverhältnis[1]

Die GbR ist

- **rechtsfähig**, d. h. Träger der in ihrem Namen begründeten Rechte und Pflichten *(BGH-Urteil)*,
- **parteifähig**, d. h. sie kann in einem Zivilprozess als Gesellschaft klagen und verklagt werden *(BGH-Urteil)*,
- **keine** juristische Person,
- **keine** Handelsgesellschaft im Sinne des HGB.

Die GbR kann unter eigenem Namen Rechte erwerben oder Verbindlichkeiten eingehen *(§ 14 Abs. 2 BGB)*; sie kann klagen und verklagt werden. Das Gesellschaftsvermögen gehört nicht der GbR, sondern allen Gesellschaftern zur gesamten Hand. Die Rechtsfähigkeit erlangt die GbR ohne jede Eintragung in ein Register. Die GbR kann durch konstitutive **Eintragung** in das elektronische Handelsregister bzw. Unternehmensregister die Kaufmannseigenschaft erwerben; es gelten dann die Vorschriften für die OHG bzw. die KG. Zur Vollstreckung in das Vermögen der GbR genügt ein Vollstreckungstitel gegen die Gesellschafter. Ein Vollstreckungstitel gegen die Gesellschafter ist zusätzlich nur notwendig, wenn der Gläubiger auch in das Privatvermögen der Gesellschafter vollstrecken will.

[1] Soweit eine Eintragung ins HR erfolgte, vgl. zur rechtlichen Stellung S. 174.

Firma

Die GbR ist **keine** Handelsgesellschaft und darf deshalb **keine** Firma führen. Sie hat den Eindruck einer Firma zu vermeiden. Die GbR ist nur berechtigt, eine Geschäftsbezeichnung zu führen. Sie kann aber unter gemeinschaftlichem Namen auftreten und unter ihrem Namen Rechte erwerben und Pflichten eingehen.

Beispiel Heiner Hofman und Karin Hauer GbR

Kapital

- Es ist kein Mindestkapital vorgeschrieben.
- Das Vermögen der GbR ist Gesamthandsvermögen, über das die Gesellschafter nur gemeinsam verfügen können *(§§ 718, 719 BGB).*
- Die Gesellschafter sind am Gesellschaftsvermögen anteilig beteiligt.
- Das Gesamthandsvermögen wird bei der Besteuerung den einzelnen Gesellschaftern anteilig zugerechnet *(§ 39 Abs. 2 Nr. 2 AO).*

Geschäftsführung

Gesetzliche Regelung

Die Geschäftsführung der GbR steht allen Gesellschaftern grundsätzlich gemeinschaftlich zu *(§ 709 BGB)* und wirkt im **Innenverhältnis.**

Vertragliche Regelung

Die Geschäftsführung kann im Gesellschaftsvertrag einem oder mehreren Gesellschaftern übertragen werden. Dadurch sind die übrigen Gesellschafter von der Geschäftsführung ausgeschlossen *(§ 710 BGB).*

Widerspruchsrecht

Ein von der Geschäftsführung ausgeschlossener Gesellschafter kann der Vornahme eines Geschäfts widersprechen; in diesem Fall muss das Geschäft unterbleiben *(§ 711 BGB).*

Vertretung

Die Vertretungsmacht wirkt im **Außenverhältnis,** d. h. im rechtsgeschäftlichen Verkehr mit Dritten.

Gesamtvertretungsmacht

Das Recht zur Vertretung steht grundsätzlich allen Gesellschaftern gemeinsam zu. Rechtsgeschäfte mit Dritten sind somit nur wirksam, wenn alle Gesellschafter zugestimmt haben.

Vertretungsvollmacht

Steht einem Gesellschafter nach dem Gesellschaftsvertrag die Geschäftsführung zu, so ist im Zweifel anzunehmen, dass dieser Gesellschafter auch die Vertretungsmacht besitzt *(§ 714 BGB).*

Haftung

Die Gesellschafter haben die Pflicht zur Übernahme der **Gesellschaftsschulden** *(§§ 733 Abs. 1, 735, Abs. 1 BGB).* Sie haften für Schulden der Gesellschaft gegenüber Dritten als **Gesamtschuldner** mit ihrem **Gesellschafts- und Privatvermögen** *(§§ 421, 427, 705 BGB).*

Vertragliche Ansprüche lassen sich jedoch bei entsprechenden Gestaltungsvoraussetzungen wirksam durch **Haftungsausschluss** begrenzen. Die Rechtsprechung lässt unter zwei Voraussetzungen den Haftungsausschluss zu:

- Haftungsbeschränkung im Gesellschaftsvertrag
- Erkennbarkeit der Haftungsbeschränkung für Dritte *(z. B. Hinweis auf den Geschäftsbriefen und bei vertraglichen Vereinbarungen: „Die Haftung ist auf das Gesellschaftsvermögen begrenzt.“)*

Wer als Gesellschafter in eine bestehende GbR eintritt, haftet für bereits bestehende Verbindlichkeiten persönlich, d. h. mit dem eingebrachten Kapital sowie mit dem Privatvermögen *(BFH v. 7. April 2003).*

Beschlüsse

Beschlüsse verlangen Einstimmigkeit nach Köpfen, wenn keine vertragliche Regelung vorhanden ist. Mehrheitsbeschlüsse sind möglich, wenn dies im Gesellschaftsvertrag bestimmt ist.

Auflösung der Gesellschaft

Auflösungsgründe können sein:

- Beschluss aller Gesellschafter,
- Zeitablauf,
- Erreichung bzw. Nichterreichung des Gesellschaftszwecks,
- Kündigung eines Gesellschafters,
- Tod eines Gesellschafters *(§ 727 BGB),* wenn der Gesellschaftsvertrag keine andere Regelung vorsieht,
- Vereinigung der Gesellschaftsanteile in einer Hand *(§§ 723–729 BGB).*

Die **GbR ...**

- entsteht durch einen Gesellschaftsvertrag, der formlos von mindestens zwei Personen geschlossen werden kann,
- ist rechts- und parteifähig; d. h. sie kann unter ihrem Namen Rechte erwerben, Pflichten eingehen, klagen und verklagt werden,
- verpflichtet ihre Gesellschafter zur gemeinschaftlichen Geschäftsführung und Vertretung; Einzelgeschäftsführung und -vertretung können vereinbart werden,
- führt keine Firma und wird nicht ins Handelsregister eingetragen,
- verpflichtet ihre Gesellschafter zur unbeschränkten, unmittelbaren und gesamtschuldnerischen Haftung.

Vorteile	Nachteile
■ einfache Gründung, geringe Gründungskosten, keine Handelsregister-Eintragung, keine notarielle Beurkundung ■ kein Mindestkapital ■ viel Spielraum bei der Vertragsgestaltung ■ Verantwortung wird auf mehrere Schultern verteilt ■ das Risiko und die Haftung werden geteilt ■ Erhöhung der Eigenkapitalbasis ■ Erweiterung der Kreditbasis ■ der Verlust wird von mehreren getragen	■ Einschränkung der Selbstständigkeit ■ der Gewinn ist zu teilen ■ Gefahr von Unstimmigkeiten ■ unbeschränkte Haftung jedes einzelnen Gesellschafters auch bei Verschulden von Mitgesellschaftern ■ fehlende oder unvollständige Gesellschaftsverträge sind oft existenzbedrohend

2.8.3.2 Offene Handelsgesellschaft

Rechtsgrundlagen: *§§ 105–160 HGB*
§§ 705–740 BGB

Kennzeichen und Bedeutung

Die **OHG** ist eine **Personenhandelsgesellschaft** *(§ 105 Abs. 1 HGB)*:

- ihr Zweck ist auf den Betrieb eines Handelsgewerbes unter gemeinschaftlicher Firma gerichtet,
- ihre Gesellschafter haften unbeschränkt mit ihrem Geschäfts- und Privatvermögen gegenüber den Gesellschaftsgläubigern,
- die Gesellschafter der OHG sind Kaufleute.

Die Gesellschafter der OHG sind gleichberechtigte, gleichverpflichtete, risikofreudige Personen, die sich gegenseitig vertrauen müssen. Die OHG ist für jeden Geschäftszweig vorstellbar. Infolge der unbegrenzten Haftung der Gesellschafter gilt sie als besonders kreditwürdig.

Gründung

Innenverhältnis

Die OHG entsteht durch einen **Gesellschaftsvertrag** zwischen mindestens zwei Personen. Gesellschafter können natürliche und/oder juristische Personen, eine OHG oder KG sein. Die Vorschriften der GbR finden auf die OHG Anwendung, soweit das *HGB* nichts anderes vorschreibt *(§ 105 Abs. 2 HGB, § 705 BGB)*.

Der Gesellschaftsvertrag

- führt die Rechte und Pflichten der Gesellschafter auf,
- ist formfrei, d. h. kann schriftlich, mündlich oder durch konkludentes Handeln wirksam werden.

Im Geschäftsleben ist für den Gesellschaftsvertrag die Schriftform üblich. Alle grundlegenden

Beispiel Vier Erben eines Einzelunternehmers führen den Großhandel für Kfz-Zubehör weiter. Die stillschweigende Fortführung des Handelsgewerbes unter gemeinschaftlicher Firma ist als stillschweigende Errichtung einer OHG anzusehen.

Vereinbarungen der Gesellschafter sollten klar, eindeutig und zweifelsfrei formuliert werden, um Streitigkeiten zu vermeiden.
Eine notarielle Beurkundung des Gesellschaftsvertrages ist erforderlich, wenn ein Gesellschafter ein Grundstück als Einlage einbringt *(§ 311 b BGB)*.

Außenverhältnis

Die OHG entsteht nach außen bereits mit **Aufnahme** der Geschäftstätigkeit. Die nachfolgende, pflichtgemäße **Eintragung** ins elektronische Handelsregister bzw. Unternehmensregister hat nur noch *deklaratorische* Wirkung. Auch **Kleingewerbetreibende** können sich zu einer OHG zusammenschließen. Die Kaufmannseigenschaft entsteht in diesem Fall erst mit der Eintragung ins Handelsregister.

Gesellschaftsvertrag

§ 1 Firma, Sitz

(1) Die Firma der Gesellschaft lautet Hinrichs & Reichelt OHG.
(2) Sitz der Gesellschaft ist Cloppenburg.

§ 2 Gegenstand des Unternehmens

(1) Gegenstand des Unternehmens ist die Herstellung von Möbelbeschlägen aller Art.
(2) Die Gesellschaft ist berechtigt, sämtliche zur Erreichung des Unternehmensgegenstandes zweckdienlichen Geschäfte durchzuführen.

§ 3 Dauer, Geschäftsjahr

(1) Die Gesellschaft wird zum 1. August 20.. auf unbestimmte Dauer errichtet.
(2) Geschäftsjahr ist das Kalenderjahr.

§ 4 Einlagen

(1) Die Gesellschafter Karl Hinrichs und Julius Reichelt haben eine Bareinlage in Höhe von jeweils 30.000,00 EUR zu leisten.
(2) Die Einlagen sind innerhalb von 14 Tagen nach Unterzeichnung des Gesellschaftsvertrages zur Zahlung fällig und auf das Konto der Gesellschaft einzuzahlen.

§ 5 Geschäftsführung und Vertretung

(1) Zur Geschäftsführung und Vertretung ist jeder Gesellschafter allein berechtigt und verpflichtet.
(2) Maßnahmen, die über den üblichen Rahmen des Geschäftsbetriebes hinausgehen, dürfen nur von beiden Gesellschaftern gemeinsam vorgenommen werden. Dies gilt insbesondere für den Erwerb, die Veräußerung und die Belastung von Grundstücken und grundstücksgleichen Rechten, die Bestellung von Prokuristen, den Abschluss von Rechtsgeschäften aller Art zwischen der Gesellschaft auf der einen sowie den Gesellschaftern oder deren Angehörigen i.S.d. § 15 Abgabenordnung auf der anderen Seite sowie den Abschluss von Verträgen mit einmaligen oder laufenden Verpflichtungen, die einen Gesamtbetrag von 20.000,00 EUR übersteigen.

§ 6 Jahresabschluss

Der Jahresabschluss ist als Handels- und Steuerbilanz innerhalb von sechs Monaten seit Ende des Geschäftsjahres zu erstellen. Soweit nicht zwingende handelsrechtliche Vorschriften entgegenstehen, hat die Handelsbilanz der für Zwecke der Einkommensteuerbesteuerung aufzustellenden Steuerbilanz zu entsprechen.

§ 7 Ergebnisverteilung

Von dem festgestellten Jahresgewinn erhält jeder Gesellschafter vorab einen Anteil in Höhe eines 3 % über dem jeweiligen Diskontsatz der Deutschen Bundesbank liegenden Prozentsatzes seines Kapitalanteils. Der darüber hinausgehende Gewinn entfällt je zur Hälfte auf Hinrichs und Reichelt.

§ 8 Entnahmen
Jeder Gesellschafter ist berechtigt, 75 % des auf ihn entfallenden Gewinnanteils für das letzte Geschäftsjahr zu entnehmen. Während des Geschäftsjahres kann monatlich darüber hinaus $^{1}/_{24}$ des Vorjahresgewinns entnommen werden. Darüber hinausgehende Entnahmen sind nur mit Zustimmung aller Gesellschafter zulässig.

§ 9 Kündigung
(1) Die Gesellschaft kann von jedem Gesellschafter unter Einhaltung einer Frist von sechs Monaten zum Ende eines Geschäftsjahres gekündigt werden, erstmals jedoch zum 31. Dezember 20... Die Kündigung bedarf der Schriftform.

(2) Der verbleibende Gesellschafter ist berechtigt, das Geschäft mit allen Aktiva und Passiva zu übernehmen. Er muss dem ausscheidenden Gesellschafter den Kapitalanteil auszahlen, der sich aus der Auseinandersetzungsbilanz zum Tag der Auflösung ergibt. Von diesem Betrag sind 40 % sofort, 30 % nach einem Jahr und 30 % nach zwei Jahren zuzüglich 6 % Zinsen fällig.

§ 10 Schlussbestimmungen
(1) Änderungen und Ergänzungen dieses Vertrages bedürfen der Schriftform.
(2) Sollten sich einzelne Bestimmungen dieses Vertrages als ungültig erweisen, wird dadurch die Gültigkeit dieses Vertrages im Übrigen nicht berührt.

Cloppenburg, den 21. Juli 20..

Hinrichs (Karl Hinrichs) Reichelt (Julius Reichelt)

Rechtliche Stellung

Die OHG ist

- **quasi juristische Person,** d. h. sie hat zwar keine eigene Rechtspersönlichkeit, sie ist ihr aber angenähert *(§ 124 HGB)*. Das hat zur Folge, dass die OHG unter ihrer Firma
  - Rechte erwerben und veräußern,
  - Verträge abschließen,
  - Verbindlichkeiten eingehen,
  - Eigentum erwerben und übertragen kann,
  - klagen und verklagt werden kann.
- **grundbuchfähig,**
- **scheck-** und **wechselfähig.**

Handelsregister

Die OHG ist unverzüglich bei dem Amtsgericht, in dessen Bezirk sie ihren Sitz hat, zur Eintragung ins elektronische Handelsregister, Abteilung A, anzumelden *(§ 106 HGB)*.

Die Anmeldung muss enthalten:

- Namen, Vornamen, Geburtsdatum und Wohnort jedes Gesellschafters,
- die Namensunterschriften,
- evtl. staatliche Genehmigungen,
- die Firma der Gesellschaft und den Ort, wo sie ihren Sitz hat,
- den Zeitpunkt, an welchem die Gesellschaft begonnen hat *(§ 106 HGB)*,
- ggf. Abweichungen von der Einzelvertretungsbefugnis eines jeden Gesellschafters,
- den Geschäftszweig.

Wer seiner Pflicht zur Anmeldung nicht nachkommt, kann vom Registergericht durch Festsetzung von Zwangsgeld dazu angehalten werden *(§ 14 HGB)*.

Firma

Die Firma muss die Bezeichnung **„offene Handelsgesellschaft"** oder eine allgemein verständliche Abkürzung dieser Bezeichnung, insbesondere **„OHG"** enthalten *(§ 19 Abs. 1 HGB).*
Der Zusatz **„und Partner"** ist unzulässig *(§ 11 PartGG).*

Beispiele	Kölnbank OHG, Gebrüder Schneider OHG, Schulze & Ludwig OHG, Siegfried Neu OHG, Tele Entertainment OHG.

Wenn in einer OHG keine natürliche Person persönlich haftet, muss die Firma eine Bezeichnung enthalten, welche die Haftungsbeschränkung kennzeichnet *(§ 19 HGB Abs. 2).*

Kapital

Für jeden Gesellschafter ist mindestens ein **Kapitalkonto** zu führen. Eine Mindesteinlage ist dabei nicht vorgeschrieben.
Kapitalerhöhungen sind möglich durch Erhöhung der Kapitaleinlagen der Gesellschafter, Aufnahme neuer Gesellschafter oder durch Gewinnthesaurierung, d. h. Ansammlung von Gewinnen auf den Kapitalkonten.
Das Gesellschaftsvermögen der OHG ist **Gesamthandsvermögen** aller Gesellschafter, d. h. die Gesellschafter sind anteilig am Vermögen der OHG beteiligt und können nur gemeinschaftlich über das Vermögen verfügen.

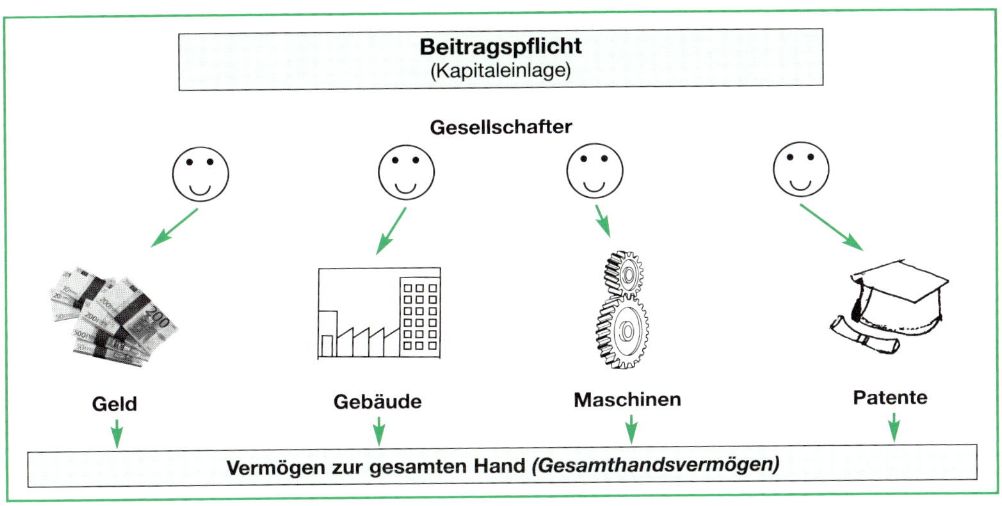

Geschäftsführung

Die Geschäftsführung bezieht sich auf das **Innenverhältnis** der Gesellschafter. Dieses Verhältnis kann durch Vertrag individuell vereinbart werden *(§ 109 ff. HGB).*

Gesetzliche Regelung

Zur Geschäftsführung der OHG sind **alle Gesellschafter** berechtigt und verpflichtet *(§ 114 Abs. 1 HGB)*. Jeder einzelne Gesellschafter kann alleine tätig werden *(§ 115 Abs. 1 HGB)*, wenn es um Handlungen geht, die der gewöhnliche Betrieb des Handelsgewerbes mit sich bringt *(§ 116 Abs. 1 HGB)*. Durch diese Regelung wird die OHG im täglichen Geschäftsleben beweglich, es kann schnell entschieden und gehandelt werden. Geschäfte, die ungewöhnlich sind und die Grundlage und den Kernbereich der Gesellschaft betreffen, können nur von allen Gesellschaftern gemeinsam beschlossen werden *(§§ 116 Abs. 2, 119 Abs. 1 HGB).*

Beispiele

- Der Kauf eines neuen Grundstücks verlangt die Mitwirkung aller Gesellschafter.
- Die Errichtung einer neuen Filiale bedarf der Zustimmung aller Gesellschafter.
- Der Einkauf von üblichen Waren kann von einem Gesellschafter allein entschieden werden.
- Der Reparaturauftrag für den Lieferwagen kann von einem Gesellschafter allein erteilt werden.

Wettbewerbsverbot: Ein Gesellschafter darf ohne Einwilligung der anderen Gesellschafter
- weder sich als persönlich haftender Gesellschafter an einer anderen OHG beteiligen
- noch in der Branche der OHG Geschäfte auf eigene Rechnung tätigen *(§ 112 Abs. 1 HGB)*.

Vertragliche Regelung

Art und Umfang der Geschäftsführung sind im Gesellschaftsvertrag **beliebig** vereinbar. *Abweichend* von der gesetzlichen Regelung kann die Geschäftsführung von
- allen/mehreren Gesellschaftern gemeinschaftlich oder
- nur einem einzelnen Gesellschafter ausgeübt werden *(§ 114 Abs. 2 HGB)*.

Der Gesellschaftsvertrag kann bestimmen, dass
- die Geschäftsführungsbefugnis des einzelnen Gesellschafters auf ein bestimmtes Ressort *(z. B. Personal, Beschaffung, Fertigung, Marketing)* beschränkt ist,
- bei grundlegenden und ungewöhnlichen Geschäften Mehrheitsbeschlüsse notwendig sind *(§ 119 HGB)*,
- Gesellschafter von der Geschäftsführung ausgeschlossen werden. Diesen steht dann das Recht zu, zur Kontrolle Einsicht in die Handelsbücher und Unterlagen zu nehmen. Eine Einschränkung des Kontrollrechts ist möglich, es darf aber nicht Grund zu der Annahme unredlicher Geschäftsführung bestehen *(§ 118 Abs. 1, 2 HGB)*.

Der **Bestellung eines Prokuristen** müssen *alle* geschäftsführenden Gesellschafter zustimmen. Der Widerruf der Prokura kann dagegen durch einen der geschäftsführenden Gesellschafter erfolgen *(§ 116 Abs. 3 HGB)*.

Vertretung

Die Vertretung der OHG gegenüber Dritten erfolgt durch die Gesellschafter oder durch bevollmächtigte Personen wie Prokuristen und Handlungsbevollmächtigte *(§ 123 ff. HGB)*.

Gesetzliche Regelung

Zur Vertretung der Gesellschaft nach außen ist **jeder einzelne Gesellschafter** allein berechtigt (Grundsatz der Einzelvertretung), wenn dies nicht durch den Gesellschaftsvertrag ausgeschlossen ist *(§ 125 Abs. 1 HGB)* oder eingeschränkt worden ist.
Abweichungen von der Einzelvertretung müssen im Handelsregister eingetragen werden. Die Eintragung hat deklaratorische Wirkung *(§ 15 HGB)*.

Vertragliche Regelung

Der Gesellschaftsvertrag kann bestimmen, dass
- alle/mehrere Gesellschafter (Gesamtvertretungsmacht, *§ 125 Abs. 2 HGB*) oder
- ein/mehrere Gesellschafter nur gemeinsam mit einem Prokuristen (unechte Gesamtvertretungsmacht, *§ 125 Abs. 3 HGB*) zur Vertretung der OHG ermächtigt sind.

Häufig wird im Geschäftsleben vereinbart, dass zwei geschäftsführende Gesellschafter zusammenwirken müssen. Es kann auch bestimmt werden, dass einzelne Gesellschafter Einzelvertretungsmacht haben, andere Gesellschafter hingegen nur in Zusammenwirken mit anderen Gesellschaftern die OHG vertreten dürfen.
Jede **Änderung** der Vertretungsbefugnisse ist von allen Gesellschaftern zur Eintragung ins Handelsregister anzumelden.
Bei Vorliegen eines wichtigen Grundes kann einem Gesellschafter die Vertretungsmacht nur durch einen gerichtlichen Beschluss entzogen werden *(§ 127 HGB).*

Vertretung der OHG gegenüber Dritten

Einzelvertretungsbefugnis (Grundsatz)	**Abweichungen (sind im HR einzutragen)**
■ jeder Gesellschafter allein gegenüber Dritten ■ Vertragsabschlüsse durch einen Gesellschafter binden die OHG	■ Gesellschafter dürfen die OHG nur gemeinschaftlich vertreten ■ ein Gesellschafter darf nur mit einem Prokuristen zusammen die OHG vertreten ■ ein Gesellschafter ist von der Vertretung ausgeschlossen

Der **Umfang der Vertretungsmacht** kann zum Schutz unternehmensfremder Personen (Dritter) **nicht eingeschränkt** werden *(§ 126 Abs. 2 HGB).*

Die Vertretungsmacht der Gesellschafter erstreckt sich auf alle gerichtlichen und außergerichtlichen Geschäfte und Rechtshandlungen *(§ 126 Abs. 1 HGB)*, d. h. auf alle gewöhnlichen und ungewöhnlichen Geschäfte einschließlich der Veräußerung und Belastung von Grundstücken sowie der Erteilung und des Widerrufs einer Prokura.
Die Vertretungsmacht kann auf eine oder mehrere Niederlassungen vertraglich beschränkt werden *(§ 126 Abs. 3 i. V. m. § 50 Abs. 3 HGB).*

Beachten Sie:

- Die Vertretungsmacht beinhaltet nicht das Recht, Änderungen des Gesellschaftsvertrages vorzunehmen. Deshalb umfasst die Vertretungsmacht nicht das Recht, neue Gesellschafter aufzunehmen oder die Kündigung eines Gesellschafters zu bestätigen.
- Die Vertretungsmacht berechtigt aber dazu, einen stillen Gesellschafter aufzunehmen, weil dieser nicht die vollen Rechte eines Gesellschafters hat.
- Die Vertretungsmacht umfasst nie den Kernbereich des Unternehmens.

Beispiel Verkauf des gesamten Unternehmens

Gewinnverteilung

Gesetzliche Regelung

Vom Jahresgewinn erhält jeder Gesellschafter 4 % auf seinen Kapitalanteil. Der Rest wird nach Köpfen auf die Gesellschafter verteilt. Reicht der Jahresgewinn hierzu nicht aus, so bestimmt sich der Anteil nach einem entsprechend niedrigeren Satz *(§ 121 Satz 1 HGB).*

Beispiel

Gesellschafter der Gebrüder Löfferth OHG sind Heinz und Paul Löfferth. Der Jahresgewinn beträgt 264.000,00 EUR. Heinz Löfferth hat monatlich 7.000,00 EUR und Paul Löffert hat monatlich 10.500,00 EUR Gewinn vorab entnommen.

Gesellschafter	Kapital-anteile (alt) EUR	4 % Zinsen EUR	Rest-gewinn EUR	Gesamt-gewinn EUR	Privat-entnahmen EUR	Kapital-anteil (neu) EUR
Heinz Löfferth	300.000,00	12.000,00	120.600,00	132.600,00	84.000,00	348.600,00
Paul Löfferth	270.000,00	10.800,00	120.600,00	131.400,00	126.000,00	275.400,00
	570.000,00	**22.800,00**	**241.200,00**	**264.000,00**	**210.000,00**	**624.000,00**

Vertragliche Regelung

Die gesetzliche Gewinnverteilung wird im Geschäftsleben überwiegend durch vertragliche Regelungen (dispositives Recht) ersetzt, um ggf. die unterschiedlichen Arbeitsleistungen und Kapitaleinlagen der einzelnen Gesellschafter, den besonders angesehenen Namen, Kreditwürdigkeit, persönliche Eigenschaften, Leistungs- und Führungsqualitäten usw. eines Gesellschafters *angemessen* zu berücksichtigen.
Häufig werden deshalb Vereinbarungen nach folgendem Muster getroffen:

1. Schritt: Zahlung von besonderen Tätigkeits-/Erfolgsvergütungen *(Tantiemen)* an geschäftsführende Gesellschafter
2. Schritt: Verzinsung des eingesetzten Kapitals
3. Schritt: Verteilung des Restgewinns

Recht auf Entnahme

Jeder Gesellschafter kann bis zu 4 % des Kapitalanteils des Vorjahres und – soweit dies nicht der Gesellschaft schadet – die übrigen Gewinnanteile entnehmen. Den Kapitalanteil kann ein Gesellschafter nur mit Einwilligung der anderen Gesellschafter vermindern *(§ 122 HGB)*.
Das Entnahmerecht wird i. d. R. im Gesellschaftsvertrag gesondert geregelt.

Beschlüsse

Beschlüsse bedürfen der Zustimmung aller zur Mitwirkung bei der Beschlussfassung berufenen Gesellschafter, d. h. es wird Einstimmigkeit gefordert. Mehrheitsbeschlüsse sind zulässig, wenn dies im Gesellschaftsvertrag bestimmt ist *(§ 119 HGB)*.

Haftung

Die Gesellschafter haften den Gläubigern für alle Verbindlichkeiten der Gesellschaft als **Gesamtschuldner** persönlich. Eine entgegenstehende Vereinbarung ist Dritten gegenüber unwirksam *(§ 128 HGB)*.

Auswirkungen der Haftung:

- Jeder Gesellschafter haftet **persönlich** und **unbeschränkt** mit seinem Gesamtvermögen.
- Ein Gläubiger kann **unmittelbar** von jedem Gesellschafter die Befriedigung seiner gesamten Ansprüche verlangen. Er kann gleichzeitig gegen die OHG klagen und eine Zwangsvollstreckung in das Privatvermögen eines Gesellschafters erwirken.
- Alle Gesellschafter haften **gesamtschuldnerisch** *(solidarisch)*, d. h. ein Gläubiger kann die Schuld nach seinem Belieben von jedem Gesellschafter ganz oder zu einem Teil fordern. Die

Gesellschafter sind im Verhältnis zueinander zu gleichen Teilen verpflichtet, wenn nicht etwas anderes vereinbart ist *(§§ 421, 426 BGB).*

Haftung der OHG-Gesellschafter

unbeschränkt (Gesamtvermögen)	unmittelbar (direkt)	gesamtschuldnerisch (solidarisch)

Auflösung der Gesellschaft

Auflösungsgründe

persönliche

- Alter der Gesellschafter
- Streitigkeiten der Gesellschafter untereinander
- Kündigung eines Gesellschafters
- Tod eines Gesellschafters
- ungeklärte Unternehmensnachfolge
- Erbauseinandersetzung

sachliche

- schlechte Ertragslage
- Erreichen/Fortfall des Unternehmenszieles
- Erschöpfung der nötigen Rohstoffe
- Insolvenz der OHG

Gesetzliche Auflösungsgründe sind *(§ 131 Abs. 1 HGB)*:

- Zeitablauf,
- Beschluss der Gesellschafter,
- Eröffnung des Insolvenzverfahrens über die OHG.

Folgende Gründe führen mangels abweichender vertraglicher Bestimmung zum **Ausscheiden eines Gesellschafters** *(§ 131 Abs. 3 HGB)*:

- Tod des Gesellschafters,
- Eröffnung des Insolvenzverfahrens über das Vermögen des Gesellschafters,
- Kündigung des Gesellschafters.

Die **OHG** …

- ist eine Personenhandelsgesellschaft mit mindestens zwei Gesellschaftern,
- ist stets Kaufmann,
- ist ins Handelsregister Abteilung A einzutragen; alle Gesellschafter sind zur Anmeldung verpflichtet,
- führt eine Firma mit dem Zusatz „OHG“,
- erfordert weder Mindesteinlagen noch Mindestkapital.

Weitere Merkmale der OHG sind:

- Das Vermögen der OHG ist Gesamthandsvermögen der Gesellschafter.
- Die Gesellschafter haften für Verbindlichkeiten der OHG unbeschränkt, unmittelbar und gesamtschuldnerisch.
- Die Geschäftsführung steht bei gewöhnlichen Geschäften allen Gesellschaftern grundsätzlich einzeln zu.
- Die Vertretung der OHG geschieht grundsätzlich durch die Gesellschafter einzeln.
- Wenn keine andere vertragliche Regelung getroffen wurde, wird zur Gewinnverteilung zuerst die Kapitaleinlage jedes Gesellschafters mit 4 % verzinst, der verbleibende Gewinn wird nach Köpfen verteilt. Ein Verlust wird nach Köpfen verteilt.

Vorteile	Nachteile
■ Gründung ohne Mindestkapital ■ differenzierte Kenntnisse der Gesellschafter verbessern die Geschäftsführung ■ erhöhte Kreditwürdigkeit durch die Vollhaftung der Gesellschafter ■ großes Interesse der Gesellschafter an der Geschäftsführung und dem Unternehmensbestand durch die gesamthänderische Haftung und Kapitalbildung ■ Verteilung des Unternehmensrisikos ■ leichte Umwandlung von einer Einzelunternehmung in eine OHG durch Aufnahme von Gesellschaftern ■ Eignung für kleinere und mittlere Unternehmungen	■ Meinungsverschiedenheiten der Gesellschafter (Kündigung, Abfindungsansprüche) ■ zu geringe Kapitalausstattung ■ finanzielle Grenzen bei Unternehmenswachstum (Kreditsicherheiten betrieblicher und privater Art reichen für weitere Kreditzusagen nicht aus) ■ unbeschränkte, unmittelbare und gesamtschuldnerische Haftung ■ fehlende Kontrollorgane ■ Aushöhlung des Haftungsvolumens durch aufwendige Lebensführung der Gesellschafter ■ Handelsregistereintragung ist zwingend ■ Gewinnteilung

2.8.3.3 Kommanditgesellschaft

Rechtsgrundlagen: *§§ 161–177 a HGB*
§§ 105–160 HGB
§§ 705–740 BGB

■ Kennzeichen und Bedeutung

Die **KG** ist eine **Personenhandelsgesellschaft,**

- deren Zweck auf den Betrieb eines Handelsgewerbes unter gemeinschaftlicher Firma gerichtet ist,
- wobei bei einem oder mehreren Gesellschaftern, den **Kommanditisten,** die Haftung gegenüber den Gesellschaftsgläubigern auf eine bestimmte Vermögenseinlage beschränkt ist,
- während bei dem anderen Teil der Gesellschafter, den **Komplementären,** die Haftung unbeschränkt ist *(§ 161 HGB).*

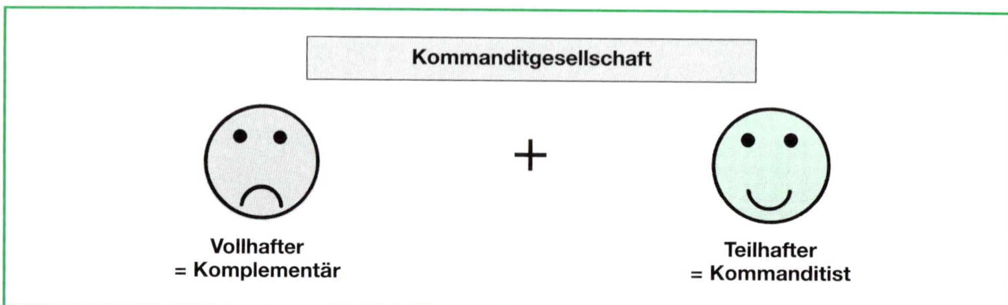

Die KG ist sehr beliebt und bei kleineren und mittleren Unternehmen verbreitet. Die KG bietet die Möglichkeit, die Eigenkapitalbasis zu erweitern, ohne gleichzeitig Geschäftsführung und Vertretung erweitern zu müssen. Das Publizitätsgesetz gilt für die KG nicht, soweit nicht zwei Grenzen für Großunternehmen nach dem Publizitätsgesetz überschritten sind.
Soweit in den §§ 161–177 a HGB nichts anderes bestimmt ist, gelten für die KG die Rechtsvorschriften der OHG.

Gründung

Innenverhältnis

Die KG entsteht im Innenverhältnis durch einen **Gesellschaftsvertrag** zwischen mindestens zwei Personen. Dies können natürliche und/oder juristische Personen, eine OHG, eine KG oder eine BGB-Gesellschaft sein. Der Gesellschaftsvertrag ist **formfrei,** d. h. kann schriftlich, mündlich oder durch konkludentes Handeln wirksam werden. Im Geschäftsleben ist die Schriftform üblich. Alle grundlegenden Vereinbarungen der Gesellschafter sollten klar, eindeutig und zweifelsfrei aufgeführt werden, um Streitigkeiten möglichst zu vermeiden.

Außenverhältnis

Die KG entsteht nach außen bereits mit Aufnahme der Geschäftstätigkeit. Bis zur Eintragung ins Handelsregister haften die Kommanditisten für alle Verbindlichkeiten wie Gesellschafter der OHG, es sei denn, dem Gläubiger ist die Beteiligung als Kommanditist bekannt *(§ 176 HGB).*
Auch **Kleingewerbetreibende** können sich zu einer KG zusammenschließen. Die Kaufmannseigenschaft entsteht in diesem Fall erst mit der Eintragung ins Handelsregister.

Rechtliche Stellung

Die KG ist

- wie die OHG **keine juristische Person,** sie ist aber der juristischen Person angenähert, d. h. sie hat keine eigene Rechtspersönlichkeit, ist ihr aber angenähert. Dies hat zur Folge, dass die KG unter ihrer Firma
  - Rechte erwerben und veräußern,
  - Verträge abschließen,
  - Verbindlichkeiten eingehen,
  - Eigentum erwerben und übertragen kann,
  - klagen und verklagt werden kann,
- **deliktsfähig** *(§ 31 BGB analog, § 1 UWG).*
- **grundbuchfähig,** d. h. sie kann unter ihrer Firma Eigentum an Grundstücken erwerben.
- **scheck- und wechselfähig.**

Handelsregister

Die KG ist unverzüglich bei dem Amtsgericht, in dessen Bezirk sie ihren Sitz hat, zur Eintragung ins elektronische Handelsregister, Abteilung A, anzumelden *(§ 162 HGB).*

Die **Anmeldung** muss enthalten:

- den Namen, Vornamen, das Geburtsdatum und den Wohnort jedes Gesellschafters,
- die Firma der Gesellschaft und den Ort, wo sie ihren Sitz hat,
- den Zeitpunkt, mit welchem die Gesellschaft begonnen hat,
- die Bezeichnung der Kommanditisten,
- den Betrag der Einlage eines jeden Kommanditisten.

Bei der Bekanntmachung der Gesellschaftseintragung sind keine Angaben zu den Kommanditisten zu machen *(§ 162 Abs. 2 HGB).*

Firma

Die Firma muss die Bezeichnung **„Kommanditgesellschaft"** oder eine allgemein verständliche Abkürzung dieser Bezeichnung, insbesondere **„KG"** enthalten *(§ 19 Abs. 1 HGB).* Wenn in einer KG keine natürliche Person persönlich haftet, muss die Firma eine Bezeichnung enthalten, welche die Haftungsbeschränkung kennzeichnet *(§ 19 Abs. 2 HGB).*

Beispiele

Allbank KG, Delbrück & Co KG, Meyer & Meyer KG, KölnMiet KG, Rein & Reicheld KG (Reicheld ist Kommanditist, seine Angabe im Firmennamen ist ebensfalls möglich).

Kapital

Auf die *Komplementäre* treffen die gleichen Regelungen zu wie auf die Gesellschafter der OHG. Für die *Kommanditisten* sind zunächst feste Kapitalkonten in Höhe des Haftungskapitals, das im Handelsregister eingetragen ist, zu führen. Daneben weist die KG variable „Kapital"-Konten als Darlehens- oder Verrechnungskonten aus, auf denen die ausgeschütteten Gewinne und Entnahmen der Kommanditisten erfasst werden und die aus der Sicht der KG Verbindlichkeitscharakter haben. Ein eventueller Verlust vermindert die Kapitaleinlagen.

Geschäftsführung

Gesetzliche Regelung

Zur Geschäftsführung der KG sind nur die *Komplementäre* berechtigt und verpflichtet *(§ 164 i. V. m. § 114 Abs. 1 HGB)*. Der Gesetzgeber unterstellt, dass diese Gesellschafter ihre Arbeitskraft der KG voll zur Verfügung stellen.
Die *Kommanditisten* sind von der Geschäftsführung ausgeschlossen (dispositiv). Geschäfte jedoch, die ungewöhnlich sind und die Grundlage und den Kernbereich der Gesellschaft betreffen, bedürfen der Zustimmung der Kommanditisten *(§ 164 HGB)*.

Vertragliche Regelung

Für die *Komplementäre* bestehen die gleichen Gestaltungsmöglichkeiten wie für die Gesellschafter der OHG.
Einem *Kommanditisten* kann zwar Geschäftsführungsbefugnis *(§§ 115, 116 HGB)*, nicht jedoch Vertretungsmacht *(§ 170 HGB)* erteilt werden (zwingend).
Sind an einer KG viele Kommanditisten beteiligt, so kann der Gesellschaftsvertrag vorsehen, dass ein **Beirat** (Aufsichtsrat, Verwaltungsrat oder Ähnliches) neben oder anstelle der Kommanditisten deren Zustimmungsrechte *(§ 164 HGB)* und Kontrollrechte *(§ 166 HGB)* wahrnimmt.

Vertretung

Zur Vertretung der Gesellschaft nach außen ist jeder einzelne geschäftsführende *Komplementär* allein berechtigt (Einzelvertretung). Gesetzliche und vertragliche Regelungen gelten für die Komplementäre analog den Bestimmungen über die OHG.
Kommanditisten können durch Gesellschaftsvertrag jede Art von Vollmacht – auch Prokura – erhalten. Die Prokura kann jederzeit aus wichtigem Grund entzogen werden *(§ 52 Abs. 1 HGB)*.

Pflichten der Gesellschafter

Aufgrund fehlender gesetzlicher Vorschriften gelten die Pflichten der Gesellschafter der OHG weitgehend auch für die Gesellschafter der KG. Besonderheiten ergeben sich nur für die Kommanditisten.
Kommanditisten unterliegen nicht dem Wettbewerbsverbot *(§ 165 HGB)*, weil sie von der Geschäftsführung ausgeschlossen sind und somit keine betriebsinternen Daten weiterverwerten können. Sofern im Gesellschaftsvertrag eine Geschäftsführung für Kommanditisten vorgesehen ist, kann davon ausgegangen werden, dass in diesem Fall das Wettbewerbsverbot auch gilt.
Der Verlust eines Wirtschaftsjahres wird angemessen verteilt *(§ 168 HGB)*, wenn keine andere vertragliche Regelung vereinbart ist. Der *Kommanditist* nimmt aber am Verlust nur bis zur Höhe seines im Handelsregister eingetragenen Kapitalanteils und seiner noch rückständigen Einlage teil *(§ 167 Abs. 3 HGB)*.

Rechte der Gesellschafter

Die *Komplementäre* werden wie die Gesellschafter der OHG behandelt. Besonderheiten ergeben sich nur für die *Kommanditisten.*

Gewinnverteilung

Vom Jahresgewinn erhält jeder Gesellschafter zunächst 4 % Zinsen auf seinen Kapitalanteil, der Restgewinn wird in angemessenem Verhältnis auf die Gesellschafter verteilt *(§ 168 HGB)*. Sollte eine Verzinsung von 4 % nicht möglich sein, ist eine niedrigere Verzinsung anzusetzen.

Beispiel

Der Jahresgewinn der Horst Wenz KG beträgt 64.000,00 EUR.
Komplementär ist Horst Wenz, Kommanditistin ist Ute Kohl.

Gesellschafter	Kapitalanteile	4 % Zinsen	Anteil Restgewinn	Gesamtgewinn
Horst Wenz	90.000,00 EUR	3.600,00 EUR	54.000,00 EUR	57.600,00 EUR
Ute Kohl	10.000,00 EUR	400,00 EUR	6.000,00 EUR	6.400,00 EUR
	100.000,00 EUR	**4.000,00 EUR**	**60.000,00 EUR**	**64.000,00 EUR**

Die Verteilung des Restgewinns im Verhältnis der Kapitalanteile erscheint angemessen, da der Komplementär einer unbeschränkten Haftung unterliegt und persönlich mitarbeitet.

Die gesetzliche Gewinnverteilung wird im Geschäftsleben überwiegend durch vertragliche Regelungen ersetzt.
Die zurechenbaren Gewinnanteile eines *Kommanditisten* dürfen seinem Kapitalkonto nur solange gutgeschrieben werden, bis die vereinbarte Kapitaleinlage erreicht ist. Ist die Kapitaleinlage bereits vollständig eingezahlt, so ist der Gewinnanteil dem Darlehenskonto bzw. Verrechnungskonto des Kommanditisten gutzuschreiben. Wird das Kapitalkonto eines Kommanditisten durch Verluste gekürzt, muss dieses Konto in der Zukunft durch Gewinngutschriften wieder aufgefüllt werden. An einem Verlust nimmt der Kommanditist nur bis zum Betrage seines Kapitalanteils und seiner noch rückständigen Einlage teil *(§ 167 Abs. 3 HGB)*.

Entnahmerecht

Das Entnahmerecht gilt nicht für *Kommanditisten (§ 169 Abs. 1 HGB)*. Dieser hat nur Anspruch auf Auszahlung des ihm zustehenden Gewinnanteils, wenn die vertraglich vereinbarte Kapitaleinlage bereits voll geleistet worden ist. Das Entnahmerecht des Kommanditisten ist aus seiner Treuepflicht heraus zu versagen, wenn sein Kapitalanteil durch vorherige Verluste die vereinbarte Kapitaleinlage unterschreitet oder unterschreiten würde.
Hat ein Kommanditist aufgrund einer im guten Glauben ordnungsgemäß erstellten Bilanz gutgläubig Gewinnanteile erhalten, so ist er nicht zur Rückzahlung verpflichtet *(§ 172 Abs. 5 HGB)*. Im Gesellschaftsvertrag können andere Regelungen getroffen werden.

Kontrollrecht der Kommanditisten

Den Kommanditisten steht nur das Recht zu,

- Abschriften des Jahresabschlusses, d. h. der Handels- und Steuerbilanz sowie der Gewinn- und Verlustrechnung zu verlangen *(§ 242 Abs. 1, 2 HGB)*,
- Einsichtnahme in Handelsbücher und -papiere zu nehmen, wenn dies zum Verständnis der Angaben im Jahresabschluss notwendig ist *(§ 166 Abs. 3 HGB)*.

Bei Vorliegen eines wichtigen Grundes *(z. B. Verdacht der nicht ordnungsgemäßen Buchführung oder erhebliches Misstrauen gegenüber der Geschäftsführung)* kann auf Antrag eines Kommanditisten das Gericht das Kontrollrecht erweitern *(§ 166 Abs. 3 HGB)*.

Widerspruchsrecht des Kommanditisten

Die Kommanditisten können einer Handlung der Komplementäre nicht widersprechen, es sei denn, dass die Handlung über den gewöhnlichen Geschäftsbetrieb hinausgeht *(§ 164 HGB)*.

Haftung

Die Haftung der **Komplementäre** ist entsprechend den Bestimmungen über die Gesellschafter der OHG geregelt.

Der **Kommanditist** haftet bis zur Höhe der im Gesellschaftsvertrag vereinbarten und in das Handelsregister eingetragenen Kapitaleinlage *(§§ 171, 172 HGB)*.

Änderungen des Haftungskapitals gelten erst ab Eintragung ins Handelsregister für die Zukunft *(§§ 174, 175 HGB)*. Ist der neu eingetretene Kommanditist noch nicht in das Handelsregister eingetragen, so haftet er wie ein Vollhafter *(§ 176 Abs. 2 HGB)*.
Der Kommanditist haftet den Gläubigern der Gesellschaft bis zur Höhe seine Einlage unmittelbar. Eine Haftung, die über die Kommanditeinlage hinausgeht, ist ausgeschlossen *(§ 171 Abs. 1 HGB)*.

Beispiel

Die vereinbarte Einlage des Kommanditisten Weinert beträgt 50.000,00 EUR. Eingezahlt wurden im Jahre 01 30.000,00 EUR. Im Jahre 02 erfolgte eine Zuschreibung aus Gewinnanteilen von 5.000,00 EUR, d. h. Herr Weinert hat bisher nur 35.000,00 EUR an Einlagen erbracht. Seine unmittelbare Haftung beträgt 15.000,00 EUR; eine darüber hinausgehende Haftung besteht nicht.

Vereinbarungen über den Erlass oder Stundung der Kapitaleinlage des Kommanditisten sind Gläubigern gegenüber unwirksam *(§ 172 Abs. 3 HGB)*.

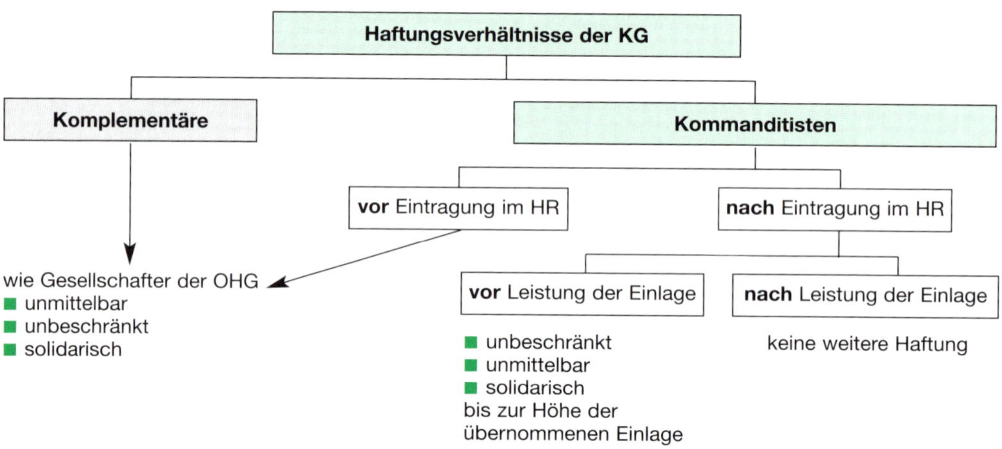

	Rechte der Gesellschafter	Pflichten der Gesellschafter
Komplementäre	wie bei der OHG	wie bei der OHG
Kommanditisten	▪ Gewinnanteilsrecht (4 % + Rest im angemessenen Verhältnis) ▪ Kontrollrecht ▪ Widerspruchsrecht ▪ Kündigungsrecht (wie OHG)	▪ Kapitalanlagepflicht ▪ Verlustbeteiligung (im angemessenen Verhältnis bis zur Höhe der übernommenen Einlageverpflichtung) ▪ Haftung bis zur Höhe der Einlage (unmittelbar) ▪ Haftungsausschluss nach Erbringung der Einlage

Wechsel der Gesellschafter/Auflösung der Gesellschaft/Auseinandersetzung

Es gelten die gleichen Bestimmungen wie für die Gesellschafter der OHG (*§ 131 Abs. 2 HGB).* Die Auseinandersetzung beim Ausscheiden eines Kommanditisten bzw. bei der Liquidation entspricht den Regelungen für einen Komplementär.

Die **KG** ...

- ist eine Personenhandelsgesellschaft mit mindestens zwei Gesellschaftern, von denen einer Komplementär (Vollhafter) und einer Kommanditist (Teilhafter) ist.
- entsteht durch formlosen Gesellschaftsvertrag,
- ist stets Kaufmann und muss ins Handelsregister – Abteilung A – eingetragen werden,
- führt eine Firma mit dem Zusatz „KG“,
- erfordert keine Mindesteinlagen und kein Mindestkapital.

Weitere Merkmale der **KG** sind:

- Die Rechte und Pflichten der Komplementäre entsprechen denen der Gesellschafter der OHG.
- Die Komplementäre haften unbeschränkt, unmittelbar und gesamtschuldnerisch. Die Haftung der Kommanditisten ist auf die im Gesellschaftsvertrag vereinbarten und im Handelsregister eingetragenen Einlagen beschränkt.
- Das Vermögen der Gesellschaft ist Gesamthandsvermögen der Gesellschafter.
- Geschäftsführung und Vertretung erfolgen grundsätzlich einzeln durch die Komplementäre.
- Die Kommanditisten sind von der Geschäftsführung und Vertretung ausgeschlossen. Sie haben jedoch ein:
  - Kontrollrecht,
  - Widerspruchsrecht,
  - Gewinnanteilsrecht,
  - Kündigungsrecht.
- Zur Gewinnverteilung werden, falls nicht wie üblich vertraglich anders geregelt, zuerst die Kapitaleinlagen der Gesellschafter mit 4 % verzinst; der verbleibende Gewinn wird – ebenso wie ein eventueller Verlust – in angemessenem Verhältnis aufgeteilt.

Vorteile	Nachteile
zusätzlich zu den Vorteilen wie bei der OHG: ■ Beteiligungsmöglichkeit ohne Mitarbeitsverpflichtung (Teilhafter) ■ Haftungsbegrenzung auf die Höhe der Einlage (Teilhafter) ■ Erweiterung der Kapitalbasis durch Kommanditeinlagen, ohne die Herrschaftsrechte der Komplementäre einzuschränken ■ besonders geeignet für Familienunternehmen, die ihre Geschäftsführungs- und Vertretungsbefugnisse nicht aufteilen wollen	zusätzlich zu den Nachteilen wie bei der OHG: ■ je geringer die Haftungssubstanz der Komplementäre bei Volleinzahlung der Kommanditisteneinlagen, desto weniger kreditwürdig die KG ■ nur Kontrollrecht und eingeschränktes Widerspruchsrecht (Teilhafter)

2.8.3.4 Partnerschaftsgesellschaft

Rechtsgrundlagen: *Gesetz über Partnerschaftsgesellschaften Angehöriger Freier Berufe (PartGG)*
§§ 105–160 HGB
§§ 705–740 BGB

■ Kennzeichen und Bedeutung

Die **Partnerschaftsgesellschaft** soll es Angehörigen der Freien Berufe ermöglichen, sich in einer Rechtsform zusammenzuschließen, die dem Charakter freiberuflicher Berufsausübung gerecht wird und auf die Bedürfnisse dieser Berufsgruppe zugeschnitten ist.

Beispiele

- Die OHG ist als Kaufmann mit den Wesensmerkmalen des Freien Berufes nicht vereinbar.
- Häufig schließen sich Freiberufler zu einer GbR zusammen. Diese ist aber in ihrer Struktur rechtlich wenig verfestigt und normalerweise nicht auf Dauer angelegt.

Die **Partnerschaft** ist eine Gesellschaft, in der sich Angehörige Freier Berufe zur Ausübung ihrer Berufe zusammenschließen. Sie übt kein Handelsgewerbe aus *(§ 1 PartGG).*

■ Gründung

Angehörige der Freien Berufe schließen einen schriftlichen **Partnerschaftsvertrag.** Partner können nur natürliche Personen sein *(§§ 1, 3 PartGG).*

Die Partnerschaftsgesellschaft wird im Verhältnis zu Dritten mit ihrer Eintragung in das beim Amtsgericht geführte **Partnerschaftsregister** wirksam. In der Anmeldung müssen die einzelnen Partner die Zugehörigkeit zu dem Freien Beruf, den sie in der Partnerschaft ausüben, nachweisen *(§§ 1, 4 Abs. 2, 7 PartGG).*

Im Partnerschaftsvertrag müssen mindestens aufgeführt werden:
- Name, Sitz und Gegenstand der Partnerschaftsgesellschaft,
- Name, Vorname und Wohnort eines jeden Partners,
- der in der Partnerschaftsgesellschaft ausgeübte Beruf eines jeden Partners.

Die Partner erbringen ihre beruflichen Leistungen unter Beachtung des für sie geltenden Berufsrechts. Darüber hinaus richtet sich das Rechtsverhältnis der Partner untereinander nach dem Partnerschaftsvertrag. Fehlen hierüber Vereinbarungen, so gelten die gesetzlichen Regelungen für die Gesellschafter der OHG *(§§ 6 PartGG, 110–116 Abs. 2 HGB, 117–119 HGB).*

Rechtsverhältnis

Die Partnerschaftsgesellschaft ist

- **keine** Handelsgesellschaft im Sinne des *HGB,*
- zwar namensrechtsfähig, führt aber **keine** Firma,
- **parteifähig,**
- **grundbuchfähig,**
- **scheck-** und **wechselfähig.**

Name der Partnerschaft

Die Partnerschaftsgesellschaft führt **keine Firma,** sondern **einen Namen.** Der Name der Partnerschaftsgesellschaft muss enthalten:

- den Nachnamen mindestens eines Partners,
- den Zusatz *„und Partner“* oder *„Partnerschaft“* und
- die Berufsbezeichnung aller in der Partnerschaftsgesellschaft vertretenen Berufe *(§ 2 PartGG).*

Der Partnerschaftsname darf bei Tod und Ausscheiden eines Partners fortgeführt werden. Ein Namensschutz für die Partnerschaftsgesellschaft gilt analog dem Firmenschutz *(§ 2 Abs. 2 PartGG i. V. m. § 37 HGB).*

Kapital

Es wird **keine Mindesteinlage** und **kein Mindestkapital** gefordert. Die Partnerschaft ist Trägerin des Gesellschaftsvermögens.

Geschäftsführung und Vertretung

Jeder Partner ist im Rahmen seiner berufsrechtlichen Möglichkeiten zur Geschäftsführung berechtigt und kann die Partnerschaftsgesellschaft allein vertreten. Im Übrigen gelten die Vorschriften der OHG *(§§ 124, 125 Abs. 1, 2 u. 4; 126, 127 HGB i. V. m. § 7 PartGG).*

Haftung

Gesetzliche Regelung

Für Verbindlichkeiten der Gesellschaft haften

- das Vermögen der Partnerschaftsgesellschaft und
- die Partner als Gesamtschuldner *(§ 8 Abs. 1 PartGG).*

Durch Gesetz kann für einzelne Berufe die Haftung wegen fehlerhafter Berufsausübung auf einen bestimmten Höchstbetrag beschränkt werden, wenn die Pflicht zum Abschluss einer Berufshaftpflichtversicherung der Partner oder der PG begründet wird *(§ 8 Abs. 3 PartGG).*

Vertragliche Regelung

Die Partner können durch Einzelvertrag oder mittels vorformulierter Vertragsbedingungen die **Haftung** auf den Partner **beschränken,** der die berufliche Leistung zu erbringen hat oder verantwortlich leitet und überwacht *(§ 8 Abs. 2 PartGG).* Diese in der Praxis übliche Norm besagt, dass der benannte Partner neben dem Vermögen der Partnerschaftsgesellschaft persönlich haftet.

Ausscheiden eines Partners/Auflösung der Partnerschaft

- Für das Ausscheiden eines Partners sind die *§§ 131–144 HGB* entsprechend anzuwenden.
- Tod, Kündigung, Insolvenz eines Partners bewirken nur das Ausscheiden dieses Partners.
- Verliert ein Partner die Zulassung zu dem Freien Beruf, so muss er aus der Partnerschaft ausscheiden.
- Die Beteiligung an einer Partnerschaftsgesellschaft ist nicht vererblich, es sei denn, die Erben sind Angehörige des Freien Berufes *(§ 9 PartGG).*

Die **Partnerschaftsgesellschaft** ...
- kann nur von natürlichen Personen gegründet werden, die einen Freien Beruf ausüben.
- wird in das beim Amtsgericht geführte Partnerschaftsregister eingetragen.
- tritt nach außen unter dem Nachnamen eines Partners mit dem Zusatz „und Partner“ bzw. „Partnerschaft“ auf.

Weitere Merkmale der **Partnerschaftsgesellschaft** sind:
- Es gelten Einzelgeschäftsführung und Einzelvertretung.
- Für die Verbindlichkeiten der Partnerschaftsgesellschaft haften neben dem Gesellschaftsvermögen die Partner persönlich und gesamtschuldnerisch, soweit keine andere vertragliche Regelung vorliegt.

2.8.3.5 Stille Gesellschaft

Rechtsgrundlage: *§§ 230–237 HGB*

Kennzeichen der stillen Gesellschaft sind:
- Beteiligung eines Kapitalgebers (natürliche oder juristische Person) am Handelsgewerbe eines Kaufmannes (Einzelunternehmung oder Handelsgesellschaft)
- Gesellschaftsverhältnis zwischen dem stillen Gesellschafter („Stiller“) und Kaufmann tritt nach außen nicht in Erscheinung. Es erfolgt **keine Eintragung ins Handelsregister.**

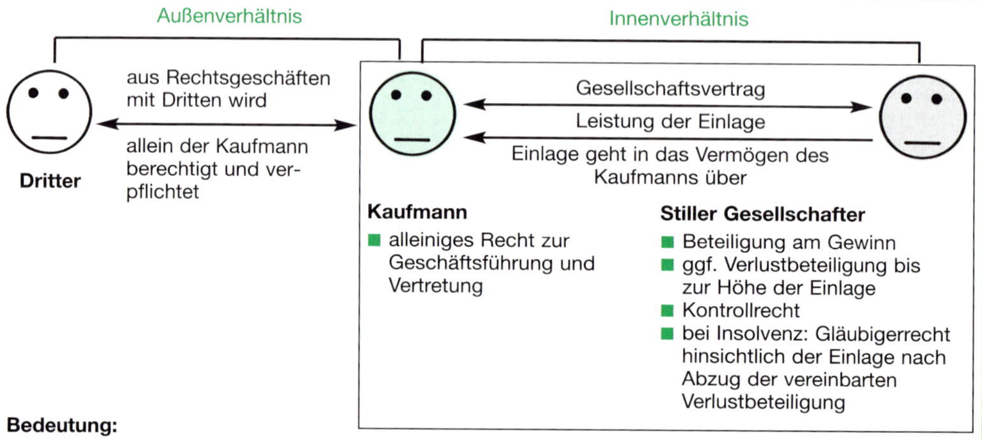

Bedeutung:

Möglichkeit eines Kaufmanns, das Eigenkapital seiner Unternehmung zu erhöhen, ohne dass die Aufnahme des stillen Gesellschafters für Außenstehende erkennbar ist und die Herrschaftsverhältnisse in der Unternehmung verändert werden. Durch den Tod des stillen Gesellschafters wird die stille Gesellschaft nicht aufgelöst.

2.8.4 Kapitalgesellschaften

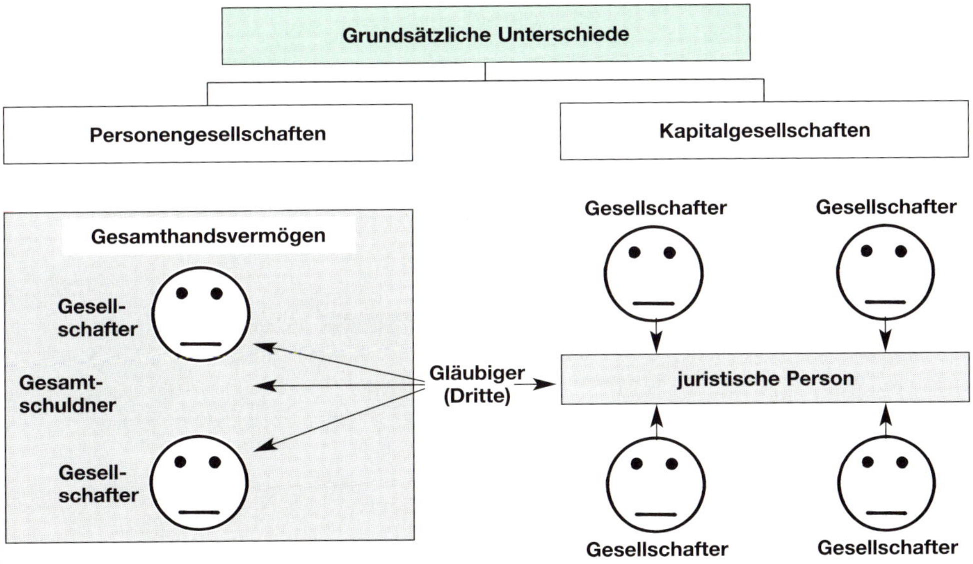

Personengesellschaften

- keine eigene Rechtspersönlichkeit
- Gründung durch mindestens zwei Personen
- üblicherweise natürliche Personen
- Gesamthandsvermögen der Gesellschafter
- Haftung
  - Gesamthandsvermögen
  - Privatvermögen der Vollhafter
  - Privatvermögen der Teilhafter bis zur Höhe der noch nicht eingezahlten Einlageverpflichtung
- Gesellschafter haben Geschäftsführungsbefugnis und Vertretungsmacht
- Unternehmungsexistenz ist vom Gesellschafterbestand abhängig
- einkommensteuerpflichtig sind die einzelnen Gesellschafter
- Anrechnung des 3,8-fachen anteiligen GewSt-Messbetrages auf die tarifliche ESt der Mitunternehmer

Kapitalgesellschaften

- eigene Rechtspersönlichkeit
- Gründung durch eine oder mehrere Personen
- juristische Personen
- Vermögen der juristischen Personen
- Haftung
  - Gesamtvermögen der juristischen Person
- Leitungsorgane nehmen Geschäftsführungsbefugnis und Vertretungsmacht wahr
- Unternehmungsexistenz ist vom Gesellschafterbestand unabhängig
- körperschaftsteuerpflichtig ist die Unternehmung
- Tarifbelastung auf der Ebene der KapGes 15 % KSt und 5,5 % SolZ
- Steuerbelastung auf der Ebene der Gesellschafter bei Ausschüttung versteuerter Gewinne ab 2009
  - Anteilsbesitz im Privatvermögen: 25 % Abgeltungsteuer *(§ 32 d EStG)*
  - Anteilsbesitz im Betriebsvermögen: 40 % der Einnahmen bleiben steuerfrei (Teileinkünfteverfahren), der Rest wird mit dem individuellen Steuersatz versteuert *(§ 3 Nr. 40 EStG)*

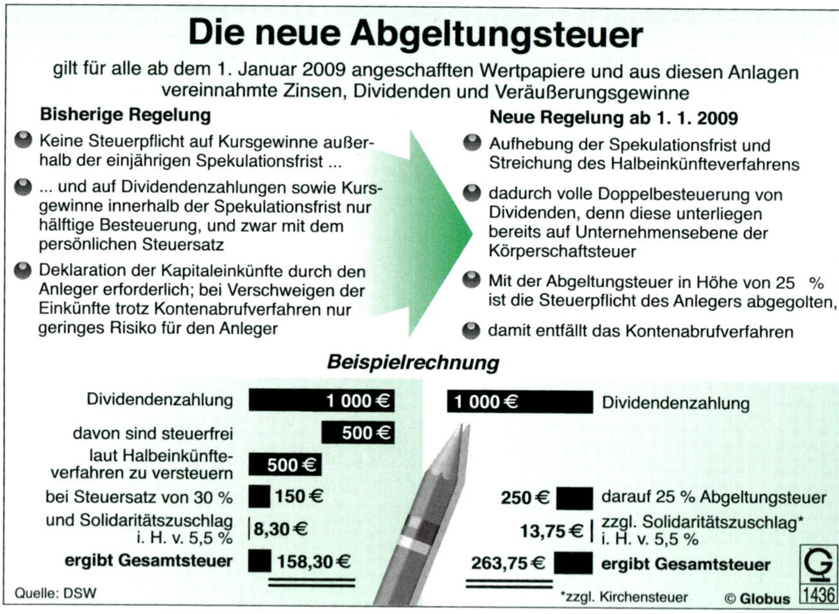

Alle Kapitalgesellschaften[1] haben sämtliche Unterlagen spätestens vor Ablauf von 12 Monaten nach Abschluss des Geschäftsjahres im elektronischen Bundesanzeiger zu veröffentlichen. Umfang und Art der Offenlegung richten sich nach den Größenklassen.

Nach ihrer Größe werden Kapitalgesellschaften in **drei Gruppen** eingeteilt *(§ 267 HGB)*:

	Größenmerkmale	Publizitätspflichten	Quellen nach *HGB*
	Kleine Kapitalgesellschaft *§ 267 Abs. 1 HGB*		
Bilanzsumme Umsatzerlöse Anzahl der Arbeitnehmer	bis 4.015.000,00 EUR bis 8.030.000,00 EUR bis 50 Arbeitnehmer *nach dem Bilanzrechtsmodernisierungsgesetz (BilMoG) 2009 folgende Grenzen:* *bis 4.840.000,00 EUR* *bis 9.860.000,00 EUR* *bis 50 Arbeitnehmer*	■ Aufstellung des Jahresabschlusses spätestens 6 Monate nach dem Bilanzstichtag ■ Offenlegung des Jahresabschlusses durch Einreichung und Bekanntmachung im elektronischen Bundesanzeiger innerhalb von 12 Monaten nach Bilanzstichtag ■ Bekanntmachung der Einreichung im Bundesanzeiger ■ Bilanz, ggf. Kurzform ■ G + V: keine Veröffentlichung ■ Anhang: Kurzform, keine Erläuterung ■ kein Anlagespiegel/Anlagegitter ■ kein Ausweis von Damnum, Disagio als aktive RAP ■ keine Veröffentlichung eines Lageberichts ■ kein Bestätigungsvermerk ■ nicht erforderlich sind Angaben zum Jahresergebnis und seiner Verwendung ■ kein Gewinnverwendungsbeschluss ■ kein Bericht des Aufsichtsrates	*§ 264* *§§ 325, 326* *§ 266* *§ 326* *§ 326* *§ 274 a* *§ 274 a Nr. 4* *§ 325 Abs. 1 S. 1*

[1] Kapitalmarktorientierte Kapitalgesellschaften des EU-Raumes spätestens vor Ablauf von 4 Monaten veröffentlichungspflichtig.

	Größenmerkmale	Publizitätspflichten	Quellen nach *HGB*
		Mittelgroße Kapitalgesellschaft *§ 267 Abs. 2 HGB*	
Bilanzsumme Umsatzerlöse Anzahl der Arbeitnehmer	bis 16.060.000,00 EUR bis 32.120.000,00 EUR bis 250 Arbeitnehmer *nach dem Bilanzrechts-modernisierungsgesetz (BilMoG) 2009 folgende Grenzen:* *bis 19.250.000,00 EUR* *bis 38.500.000,00 EUR* *bis 250 Arbeitnehmer*	■ Aufstellung des Jahresabschlusses spätestens 3 Monate nach dem Bilanzstichtag ■ Offenlegung des Jahresabschlusses durch Einreichung und Bekanntmachung im elektronischen Bundesanzeiger innerhalb von 12 Monaten nach Bilanzstichtag ■ Bekanntmachung der Einreichung im Bundesanzeiger ■ Prüfung durch einen Wirtschaftsprüfer oder vereidigten Buchprüfer ■ Bilanz: ggf. Kurzform unter Angabe der Posten nach *§ 327 HGB* ■ G + V: ggf. in Kurzform ■ Anhang: ggf. Kurzform, keine Aufgliederung der Umsätze nach Tätigkeitsbereichen ■ Anlagespiegel/Anlagegitter ■ vollständige Veröffentlichung eines Lageberichts ■ Bestätigungsvermerk ■ Gewinnverwendungsbeschluss ■ Bericht des Aufsichtsrates	*§ 264* *§§ 325, 327* *§ 266* *§ 327* *§ 276* *§ 327*
		Große Kapitalgesellschaft *§ 267 Abs. 3 HGB*	
Bilanzsumme Umsatzerlöse Anzahl der Arbeitnehmer	über 16.060.000,00 EUR über 32.120.000,00 EUR über 250 Arbeitnehmer *nach dem Bilanzrechts-modernisierungsgesetz (BilMoG) 2009 folgende Grenzen:* *über 19.250.000,00 EUR* *über 38.500.000,00 EUR* *über 250 Arbeitnehmer*	■ Aufstellung des Jahresabschlusses spätestens 3 Monate nach dem Bilanzstichtag ■ Offenlegung des Jahresabschlusses durch Einreichung und Bekanntmachung im elektronischen Bundesanzeiger innerhalb von 12 Monaten nach Bilanzstichtag ■ Prüfung durch einen Wirtschaftsprüfer ■ Bilanz: Vollständige Fassung ■ G + V: Vollständige Fassung ■ Anhang: Vollständige Fassung ■ Anlagespiegel/Anlagegitter ■ vollständige Veröffentlichung eines Lageberichts ■ Bestätigungsvermerk ■ Gewinnverwendungsbeschluss ■ Bericht des Aufsichtsrates	*§ 264* *§ 325* *§ 266 Abs. 2* *§ 275 Abs. 2*

Der Einzelabschluss großer Kapitalgesellschaften i. S. d. *§ 267 Abs. 3 HGB* kann für die Pflichtveröffentlichung wählen zwischen entweder

- dem traditionellen HGB-Abschluss oder
- dem testierten IFRS-Abschluss *(§ 325 Abs. 2 a HGB)*

Diese Größenmerkmale gelten auch für Personengesellschaften i. S. d. *§ 264 HGB (z. B. bestimmte GmbH & Co. KGs).*

Für die **Einordnung** ist zu beachten:

- müssen mindestens zwei der drei genannten Größenmerkmale über- oder unterschritten worden sein,
- es treten die Rechtsfolgen nur ein, wenn die Merkmale an den Abschlussstichtagen von zwei aufeinanderfolgenden Geschäftsjahren über- oder unterschritten werden *(§ 267 HGB).*

Bei Nichtbeachtung der Publizitätspflichten kann ein Zwangsgeld/Ordnungsgeld gegen die vertretungsberechtigten Mitglieder der Kapitalgesellschaft festgesetzt werden *(§§ 334, 335, 335 a HGB, § 140 a FGG).*

Jahresabschluss und **Lagebericht** sind bei

- kleinen Kapitalgesellschaften von der Pflicht zur Abschlussprüfung ausgenommen *(§ 316 Abs. 1 HGB),*

- mittelgroßen Kapitalgesellschaften von Wirtschaftsprüfern, Wirtschaftsprüfungsgesellschaften, vereidigten Buchführern oder Buchprüfungsgesellschaften zu prüfen *(§ 319 Abs. 1 HGB)*,
- großen Kapitalgesellschaften von Wirtschaftsprüfern oder Wirtschaftsprüfungsgesellschaften zu prüfen *(§ 316 Abs. 1 HGB)*.

In verschiedenen EU-Richtlinien zum Gesellschaftsrecht sind verbindlich Grundlagen für die nationalen Gesetze zur *„Gesellschaft mit beschränkter Haftung"* und zur *„Aktiengesellschaft"* festgelegt, um bereits bei Kapitalgesellschaften eine teilweise Koordinierung der Rechts- und Verwaltungsvorschriften zu erzielen. Allerdings gibt es in den einzelnen Ländern noch viele weitgehend national bestimmte unterschiedliche Regelungen wie z. B. über die Anzahl der Organe bei der AG (Deutschland: HV, AR und Vorstand; Vereinigtes Königreich: HV und Board) oder den Umfang der Mitbestimmung der Arbeitnehmer.

Seit 2005 sind aufgrund der Verordnung des EU-Ministerrats vom 19. Juli 2002 die **IFRS**[1] (International Financial Reporting Standards, vormals IAS = International Accounting Standards) bei der Jahresabschlussaufstellung verpflichtend von kapitalmarktorientierten Unternehmen anzuwenden. Während die Fokussierung auf kapitalmarktorientierte Unternehmen den Anforderungen internationaler Kapitalmärkte entspricht, gewinnen die IFRS auch für mittelständische Unternehmen zunehmend an Bedeutung. So sprechen erhöhte Transparenzanforderungen im Zuge von Basel II, Informationsbedürfnisse ausländischer Investoren und Geschäftspartner und Erleichterungen bei der Aufstellung des Konzernabschlusses in grenzüberschreitenden Konzernen für die Bilanzierung nach IFRS.

2.8.4.1 Gesellschaft mit beschränkter Haftung[2]

Rechtsgrundlagen: *Gesetz betreffend die Gesellschaften mit beschränkter Haftung (GmbHG)*
Handelsgesetzbuch (HGB)
Gesetz über die Rechnungslegung von bestimmten Unternehmen und Konzernen (PublG)
EU-Richtlinien zum Gesellschaftsrecht

Kennzeichen und Bedeutung

Die **GmbH** ist eine Gesellschaft mit **eigener Rechtspersönlichkeit:**

- Die Haftung der Gesellschafter ist auf die Höhe der vertraglich vereinbarten Stammeinlage begrenzt.
- Für die Verbindlichkeiten der Gesellschaft haftet den Gläubigern nur das Gesellschaftsvermögen *(§ 13 GmbHG)*.
- Sie gilt als Handelsgesellschaft und kann zu jedem gesetzlich zulässigen Zweck durch eine oder mehrere Personen gegründet werden *(§§ 1, 13 GmbHG)*.
  Beispiele:
  wirtschaftliche, wissenschaftliche, kulturelle, sportliche, gemeinnützige Zwecke

Die GmbH ist Formkaufmann *(§ 6 HGB)*.

Die Rechtsform der GmbH ist aus folgenden Gründen **vorteilhaft:**

- Die Gründung der GmbH erfordert einen geringen Kapital- und Gründungsaufwand.
- Die Haftung der Gesellschafter ist auf die Stammeinlage beschränkt.
- Die GmbH eignet sich zur Ausgliederung bestimmter Funktionen *(z. B. Vertrieb, Forschung, EDV)* aus mehreren Unternehmen und Zusammenfassung in einer Unternehmung.

[1] Sammlung von international anerkannten Rechnungslegungsstandards und Interpretationen.
[2] Die „GmbH-Reform" trat 2008 in Kraft und hat gewisse Vorbildfunktion für die neue „Europäische Privatgesellschaft" (EPG) als „Europäische GmbH".

- Die Gesellschafter können steuerliche Vorteile in Anspruch nehmen *(z. B. bei der Gewerbesteuer durch Erfassung der Geschäftsführergehälter als Betriebsausgabe).*
- Als juristische Person sichert sie die Fortführung der Unternehmung.

Aber: Die Haftungsbeschränkung beeinträchtigt die Kreditwürdigkeit der GmbH. Dieser **Nachteil** kann beseitigt werden, indem einzelne Gesellschafter Kredite an die GmbH durch ihr Privatvermögen *(z. B. Grundpfandrechte, persönliche Bürgschaftserklärungen)* absichern.

Gründung

Die Gründung der GmbH erfolgt in drei Stufen:

1. Stufe:	2. Stufe:	3. Stufe:
Vorgründungsgesellschaft →	**Vorgesellschaft** →	**GmbH**
↓	↓	↓
Beschluss der Gründer, eine GmbH zu errichten	Erstellung des notariell beurkundeten Gesellschaftsvertrages (Satzung)	Eintragung der GmbH in das Handelsregister, Abteilung B

1. Vorgründungsgesellschaft

Die Gesellschaft befindet sich in der ersten Phase der Gründung. Die Gründer verpflichten sich, für die künftige GmbH tätig zu werden. Es werden nur interne Regelungen getroffen oder vorbereitet; Außenkontakte fehlen noch. Die Vorgründungsgesellschaft besteht vor der notariellen Beurkundung und wird als GbR geführt.

2. Vorgesellschaft

Sie betrifft die Zeit ab Abschluss des Notarvertrages bis zur Eintragung ins Handelsregister. Der **GmbH-Vertrag** ist von einem Notar zu beurkunden. Die Gesellschaft ist errichtet, aber noch nicht eingetragen. Die Vorgesellschaft wird ebenfalls grundsätzlich als GbR geführt. Sie wird wie eine OHG behandelt, wenn sie geschäftlich nach außen in Erscheinung tritt und ein Handelsgewerbe betreibt. Ist vor der Eintragung im Namen der Gesellschaft gehandelt worden, so haften die Handelnden persönlich und gesamtschuldnerisch *(§ 11 GmbHG).*

GmbH Vertrag	
Der GmbH-Vertrag **muss** beinhalten	Der GmbH-Vertrag **sollte** weiterhin beinhalten Regelungen über
■ Firma, ■ Inländische Geschäftsanschrift sowie eine inländische Anschrift einer für Willenserklärungen und Zustellungen empfangsberechtigten natürlichen Person wie z. B. Gesellschafter, Steuerberater, Wirtschaftsprüfer oder Notar, ■ Gegenstand des Unternehmens, ■ Höhe des Stammkapitals, ■ Stammeinlage eines jeden Gesellschafters, ■ Art und Umfang der Vertretungsbefugnis der Geschäftsführer.	■ die Berufung von Geschäftsführern, ■ die Zeichnung der Namensunterschriften der Geschäftsführer, ■ die Versicherung der Geschäftsführer über das Nichtvorliegen von Umständen, die die Untauglichkeit als Geschäftsführer zur Folge haben, ■ den Umfang der Vertretungsbefugnis, ■ die Beschlussfassung der Gesellschafter, ■ die Einberufung der Gesellschafterversammlung, ■ die Verteilung der Gewinne und Verluste, ■ die Verfügung der Geschäftsanteile, ■ die Vererbung von Geschäftsanteilen, ■ die Erstellung des Jahresabschlusses, ■ das Ausscheiden von Gesellschaftern und ■ eine Schiedsklausel.

Die **Unternehmergesellschaft (haftungsbeschränkt)**, die sogenannte **Mini-GmbH** erfordert bei einfachen Standardgründungen (Bargründung mit max. drei Gesellschaftern) nur ein im Anhang des Gesetzes abgebildetes Musterprotokoll mit notarieller Beurkundung.

3. Entstehung der GmbH

Die juristische Person, die Körperschaft „GmbH“, entsteht mit dem Tag der **Eintragung** ins Handelsregister, Abteilung B *(§ 11 Abs. 1 GmbHG, § 8 a HGB).*

Der **Anmeldung zum elektronischen Handelsregister bzw. Unternehmensregister** müssen beigefügt werden:

- der Gesellschaftsvertrag,
- die Legitimation der Geschäftsführer, wenn diese nicht im Gesellschaftsvertrag bestellt sind,
- eine Namensliste aller Gesellschafter mit ihren Unterschriften und Angabe ihres Geburtsdatums und Wohnortes sowie die von den Gesellschaftern jeweils übernommene Stammeinlage, bei Sacheinlagen:
  - die Verträge über die Sacheinlage sowie der Sachgründungsbericht,
  - Unterlagen darüber, dass der Wert der Sacheinlage dem Betrag der übernommenen Stammeinlage entspricht *(§ 8 Abs. 1 Nr. 1–6 GmbHG),*
- die Versicherung, dass die vorgeschriebenen Stammeinlagen *(§ 7 Abs. 2 und Abs. 3 GmbHG)* bewirkt worden sind *(§ 8 Abs. 2 GmbHG).* Die Vorlage von Einzahlungsnachweisen ist nur bei erheblichen Zweifeln an der ordnungsmäßigen Kapitalaufbringung *(§ 8 Abs. 2 S. 2 GmbHG)* oder dem Verdacht der „nicht unwesentlichen“ Überbewertung der Sacheinlagen *(§ 9 c Abs. 1 S. 2 GmbHG)* zu verlangen.
- eine Versicherung der Geschäftsführer, dass sie seit Rechtskraft des Urteils in den letzten fünf Jahren nicht wegen Insolvenzstraftaten *(§§ 283–283 d StGB)* verurteilt worden sind *(§ 8 Abs. 3 GmbHG),*
- die Angabe der Vertretungsbefugnis der Geschäftsführer und ihre Unterschriftsprobe *(§ 8 Abs. 4, 5 GmbHG).*

Pflichtangaben auf Geschäftsbriefen

Die GmbH muss auf ihren Geschäftsbriefen und E-Mails (§ 35 a GmbHG) folgende Angaben machen:

- vollständiger Firmenname in Übereinstimmung mit dem im Handelsregister eingetragenen Wortlaut,
- Rechtsform der Gesellschaft,
- Sitz der Gesellschaft,
- Registergericht des Sitzes der Gesellschaft und die Nummer, unter der die Gesellschaft in das Handelsregister eingetragen ist,
- alle Geschäftsführer und – sofern die Gesellschaft einen Aufsichtsrat gebildet und dieser einen Vorsitzenden hat – der Vorsitzende des Aufsichtsrates mit Familiennamen und mindestens einem ausgeschriebenen Vornamen.

Rechtsverhältnis

Die GmbH ist

- **Kapitalgesellschaft,**
- **juristische Person,**
- stets **Formkaufmann** und sie gilt auch dann als Handelsgesellschaft, wenn sie kein Handelsgewerbe betreibt *(§§ 13 GmbHG, 6 HGB),*
- **parteifähig,**
- **deliktsfähig,**
- **grundbuchfähig,**
- **scheck-** und **wechselfähig.**

Firma

Die Firma muss die Bezeichnung **„Gesellschaft mit beschränkter Haftung"** oder eine allgemein verständliche Abkürzung dieser Bezeichnung, insbesondere **„GmbH"** enthalten.

Beispiel	Frau Zilke, Herr Kelz und Herr Lins betreiben in Neuß eine Brotfabrik. Mögliche Firmenbezeichnungen sind u. a.: Personenfirma: Zilke, Kelz & Lins GmbH Sachfirma: Backwaren Neuß GmbH Fantasiefirma: Leckerland GmbH

Kapital

Die Kapitaleinlage eines jeden Gesellschafters wird **Stammeinlage** genannt. Die Summe der Stammeinlagen bildet das **Stammkapital.** Es müssen im Gesellschaftsvertrag *mindestens* übernommen werden als

- Stammkapital: 25.000,00 EUR,
- Mindest-Stammeinlage eines Gesellschafters: 1,00 EUR.

Jeder Gesellschafter kann nur eine Stammeinlage leisten *(§ 5 Abs. 2 GmbHG),* die immer auf volle EUR lauten muss. Die einzelnen Stammeinlagen können unterschiedlich hoch sein.

Vor Anmeldung der Gesellschaft beim Handelsregister muss ein Viertel jeder Stammeinlage an die Gesellschaft geleistet worden sein. Der Gesamtbetrag der geleisteten Stammeinlagen muss mindestens 12.500,00 EUR betragen *(§ 7 Abs. 2 GmbHG).* Die Einlagen werden Vermögen der GmbH. Eine Nachschusspflicht der Gesellschafter kann vertraglich vereinbart werden *(§ 26 GmbHG).*

Einmann-GmbH: Wird die GmbH nur durch eine Person errichtet, muss der alleinige Gesellschafter mindestens 12.500,00 EUR einzahlen.

Die **Einlagen** können in verschiedenen **Formen** erbracht werden:

- durch Bareinlagen. Dies sind Einlagen, die in Geld erbracht werden.
- durch Sacheinlagen. Hier werden Sachen oder Rechte eingebracht, so z. B. Wertgegenstände, Maschinen, Forderungen usw.
- durch gemischte Einlagen. Unter einer gemischten Einlage versteht man die Verbindung von Bar- und Sacheinlagen. Der Gesellschafter kann also z. B. einen Teil der Einlage in Maschinen oder anderen Sachen leisten und einen Teil in bar.

Die *Einlagen* müssen zum Zeitpunkt der Anmeldung der Eintragung der GmbH in das Handelsregister in folgendem *Umfang* erbracht sein:

- Bareinlagen brauchen nicht in voller Höhe erbracht, sondern nur zu einem Viertel eingezahlt sein.
- Sacheinlagen sind immer in voller Höhe zu erbringen. Darüber hinaus muss der Wert der Sacheinlage in einem Sachgründungsbericht nachgewiesen werden. Werden gebrauchte Gegenstände eingebracht, wird zum Nachweis der Werthaltigkeit in aller Regel ein Sachverständigengutachten verlangt.
- Bei der gemischten Einlage sind die Sachen vollständig zu erbringen, die Bareinlagen zu einem Viertel.

Das Stammkapital ist in der Bilanz als **gezeichnetes Kapital** aufzuführen. Ausstehende Stammeinlagen sind auf der Aktivseite der Bilanz gesondert als ausstehende Einlagen auf das gezeichnete Kapital auszuweisen. **GmbH-Anteile** sind nicht teilbar, nicht wertpapierrechtlich verbrieft und damit **nicht börsenfähig**. Die Übertragung von GmbH-Anteilen erfordert notarielle Beurkundung. Ein gutgläubiger Erwerb ist möglich, soweit die Gesellschafterliste mindestens drei Jahre unrichtig ist. Die GmbH in der Variante **Unternehmergesellschaft (haftungsbeschränkt)** (Abkürzung UG haftungsbeschränkt), die sog. **Mini-GmbH**, kann ohne Einhaltung des Mindestkapitals gegründet werden. Sacheinlagen sind nicht zulässig. Es ist solange ein Viertel des Jahresüberschusses in die gesetzliche Rücklage einzustellen, bis diese die Höhe des normalen Mindeststammkapitals erreicht hat. Existenzgründern soll es diese Gründungsform vereinfachen, ihre unternehmerischen Ziele unbürokratisch in Angriff zu nehmen. Es handelt sich hierbei um keine neue Rechtsform.

Organe der GmbH

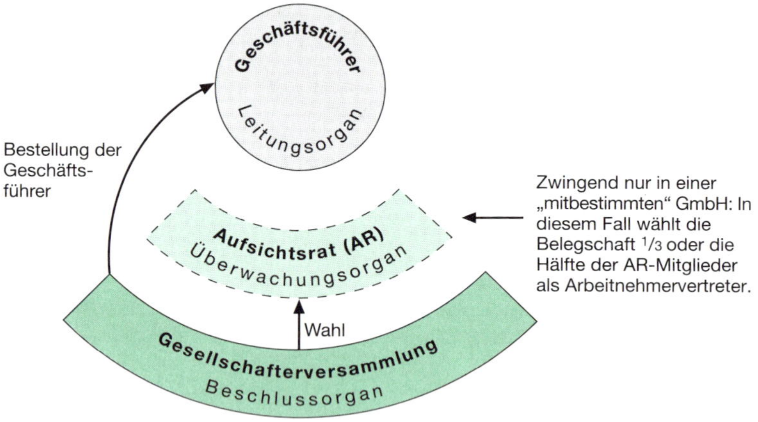

Die **Gesellschafterversammlung** ist oberstes Gesellschaftsorgan.
Ihr Aufgabenkreis umfasst *(§ 46 GmbHG)*:

- Grundsatzentscheidungen,
- Beschluss über die Festsetzung des Jahresabschlusses und die Verwendung des Ergebnisses,
- Bestellung und Abberufung von Geschäftsführern,
- Änderungen des Gesellschafter-Geschäftsführer-Dienstvertrages,
- Aufstellung von Regeln zur Prüfung und Überwachung der Geschäftsführung,
- Beschluss über die Einforderung von Einzahlungen auf die Stammeinlagen,
- Bestellung von Prokuristen und Handlungsbevollmächtigten.

Beschlüsse erfordern die **einfache** Mehrheit der abgegebenen Stimmen. Jeder volle EUR-Betrag eines Geschäftsanteils gewährt eine Stimme *(§ 47 GmbHG)*. Beschlüsse, die zur **Änderung des Gesellschaftsvertrages** führen *(z. B. Erhöhung der Stammeinlagen)*, erfordern eine $^3/_4$-Mehrheit (= **qualifizierte**) und notarielle Beurkundung *(§§ 53, 60 GmbHG)*.
Die Einladung zur Gesellschafterversammlung muss durch einen eingeschriebenen Brief mit einer Frist von mindestens einer Woche erfolgen *(§ 51 Abs. 1 GmbHG)*.

Ein **Aufsichtsrat**

- **kann** bei bis zu 500 Arbeitnehmern unter Beachtung aktienrechtlicher Vorschriften bestellt werden *(§ 52 GmbHG)*,
- **muss** bei mehr als 500 Arbeitnehmern bestellt werden und zu $^1/_3$ aus Arbeitnehmervertretern bestehen *(§ 129 BetrVG i. V. m. §§ 1 u. 4 DrittelbG)*,
- **muss** bei mehr als 2.000 Arbeitnehmern bestellt werden und zur Hälfte aus Arbeitnehmervertretern bestehen *(§ 1 MitbestG)*.

Die Aufgaben des Aufsichtsrates richten sich

- bei freiwilligen Aufsichtsräten im Fall von bis zu 500 Arbeitnehmern nach dem Gesellschaftsvertrag *(BetrVG 1952)*,
- bei vorgeschriebenen Aufsichtsräten nach dem Drittelbeteiligungsgesetz *(§§ 1–15 DrittelbG)*, dem Mitbestimmungsgesetz und den Vorschriften des Aktienrechts *(§ 52 GmbHG)*.

Geschäftsführung

Die **Geschäftsführung** betrifft das **Innenverhältnis** der GmbH und umfasst das Recht zum Handeln für die Gesellschaft. Die Geschäftsführung wird vom **Geschäftsführer** der GmbH ausgeübt. Es können auch mehrere Geschäftsführer bestellt werden. Der Geschäftsführer handelt mit Wirkung für und gegen die GmbH. Durch ihn wird die GmbH handlungsfähig.

Möglich sind
- angestellte Geschäftsführer, die nicht gleichzeitig Gesellschafter sind,
- Geschäftsführer, die gleichzeitig Gesellschafter sind (Gesellschafter-Geschäftsführer).

Der Geschäftsführer wird **bestellt**
- im Gesellschaftsvertrag *(§ 6 Abs. 2 GmbHG)* oder
- durch Beschluss der Gesellschafter *(§ 35 ff. GmbHG).*

Jede Bestellung oder Abberufung eines Geschäftsführers ist zur Eintragung ins Handelsregister anzumelden.

Die Geschäftsführung kann ausgeübt werden
- bei Einzelgeschäftsführung durch einen Geschäftsführer allein,
- bei Gesamtgeschäftsführung durch mehrere Geschäftsführer gemeinsam.

Fehlen Vereinbarungen über die Geschäftsführung, so gilt Gesamtgeschäftsführung.

Die Geschäftsführung kann im Innenverhältnis beschränkt werden.
Die **Aufgaben** der Geschäftsführer werden festgelegt durch Dienstvertrag, *GmbHG* und Gesellschafterbeschlüsse. Der Geschäftsführer ist Angestellter der GmbH und erhält ein Gehalt, das als Betriebsausgabe absetzbar ist.

Die Geschäftsführer haben insbesondere die **Pflicht,**
- die Geschäftsführung entsprechend den Weisungen der Gesellschafter und unter Beachtung des Gesellschaftsvertrages auszuüben,
- die Gesellschaft nach außen zu vertreten und im Innenverhältnis die Unternehmensleitung auszuüben,
- die Mitarbeiter auszuwählen und zu überwachen,
- sich loyal gegenüber der GmbH zu verhalten (Treuepflicht, Wettbewerbsverbot),
- für eine ordnungsgemäße Buchführung und Bilanzierung zu sorgen *(§§ 41, 42 GmbHG)*; dies umfasst die Inventarpflicht, die Pflicht zur Aufstellung des Jahresabschlusses und des Lageberichtes, die Erteilung des Prüfungsauftrages an die Abschlussprüfer, die Mitwirkung an der Abschlussprüfung durch Auskunfts- und Vorlagepflichten, die Pflicht zur Offenlegung des Jahresabschlusses sowie die Aufbewahrung dieser Unterlagen,
- die Steuererklärungen der GmbH abzugeben *(§§ 34, 69 AO)*,
- das Stammkapital vor verbotenen Auszahlungen zu bewahren *(§§ 30, 43 Abs. 3 GmbHG),*
- den verbotenen Erwerb eigener Anteile zu verhindern *(§§ 33, 43 Abs. 3 GmbHG)*,
- die Gesellschafterversammlung einzuberufen *(§ 49 GmbHG),*
- bei Zahlungsunfähigkeit oder Überschuldung den Insolvenzeröffnungsantrag zu stellen (§ 64 GmbHG).

Für Geschäftsführer besteht ein **Wettbewerbsverbot,** das aber vertraglich aufgehoben werden kann. In Angelegenheiten der Gesellschaft hat der Geschäftsführer die Sorgfalt eines ordentlichen Kaufmanns anzuwenden *(§ 43 Abs. 1 GmbHG).*

In **Missbrauchfällen haften** die **Geschäftsführer**
- bei Vorsatz oder grober Fahrlässigkeit,
- Zahlungsvornahme nach Insolvenzreife,
- Zahlungsvornahme an Gesellschafter, die erkennbar zur Zahlungsunfähigkeit der Gesellschaft führen.

Aufgaben des/der Geschäftsführer als Leitungsorgan der GmbH	
Geschäftsführung im **Innenverhältnis**	Vertretung im **Außenverhältnis**
▪ Geschäftsleitung: Wahrnehmung der Managementfunktion, Organisation und Überwachung des Geschäftsbetriebes ▪ Verantwortung für die Buchführung, Vorbereitung und Aufstellung des Jahresabschlusses und des Lageberichts ▪ Einberufung der Gesellschafterversammlung ▪ Durchführung der Gesellschafterbeschlüsse ▪ Auskunftserteilung gegenüber Gesellschaftern	▪ Anmeldung zum Handelsregister ▪ Einreichung einer veränderten Gesellschafterliste zum Handelsregister ▪ Vertretung der GmbH gegenüber Dritten in allen gerichtlichen und außergerichtlichen Angelegenheiten *(§ 35 Abs. 1 GmbHG)* ▪ Der Umfang der Vertretungsmacht ist unbeschränkt und unbeschränkbar. ▪ Stellung des Antrags auf Eröffnung eines Insolvenzverfahrens bei Zahlungsunfähigkeit oder Überschuldung

Vertretung

Die **Vertretung** betrifft das Außenverhältnis der GmbH. Sie geschieht

- bei Einzelvertretungsmacht durch einen Geschäftsführer allein,
- bei Gesamtvertretungsmacht durch alle Geschäftsführer gemeinsam,
- bei unechter Gesamtvertretungsmacht durch mindestens zwei Geschäftsführer oder einen Geschäftsführer zusammen mit einem Prokuristen.

Gesetzliche Regelung

Fehlen Vereinbarungen über die Vertretung der Gesellschaft, so gilt Gesamtvertretungsmacht.

Haftung

Gegenüber Dritten haftet grundsätzlich nur das Vermögen der GmbH *(§ 13 Abs. 2 GmbHG)*, d. h. die Haftung der GmbH umfasst nur das Gesellschaftsvermögen. Die Haftungsbeschränkung auf das Gesellschaftsvermögen gilt erst ab Eintragung der GmbH in das Handelsregister *(zuvor haften die Gründungsmitglieder auch mit ihrem Privatvermögen).*

Beachten Sie:

- Die Haftungsbeschränkung hat zwar rechtliche, aber im Normalfall keine tatsächlichen Folgen, weil Gläubiger *(z. B. Banken)* verlangen, dass die Haftungsbeschränkungen durch persönliche Bürgschaften oder Kreditsicherheiten aus dem Privatvermögen der Gesellschafter indirekt wieder aufgehoben werden.
- Es empfiehlt sich bei Eheleuten den Güterstand zu überdenken. Im Rahmen eines notariellen Ehevertrages *(§§ 1408, 1410 BGB)* sollte der gesetzliche Güterstand der Zugewinngemeinschaft derart abgeändert werden, dass ein Zugewinnausgleich aus dem betrieblichen Bereich für den Fall der Scheidung der Ehe ausgeschlossen oder gemindert wird *(§ 1372 ff. BGB).*

Rechte der Gesellschafter

- Teilnahme an der Gesellschafterversammlung und Stimmrecht *(§ 45 ff. GmbHG)*
- Auskunfts- und Einsichtsrecht *(§ 51 a GmbHG)*
- Anfechtung von Gesellschafterbeschlüssen
- Anspruch auf Gewinnanteil *(§ 29 GmbHG)*
- Anspruch auf Anteil am Liquidationserlös *(§ 72 GmbHG)*

Pflichten der Gesellschafter

- Leistung der vereinbarten Stammeinlage *(§ 19 GmbHG)*
- Zahlung von Verzugszinsen bei verspäteter Einzahlung *(§ 20 ff. GmbHG)*
- Nachschusspflicht bei vertraglicher Vereinbarung *(§ 26 GmbHG)*

- Weitere Pflichten können vertraglich begründet werden, z. B.
  - Gewährung eines Darlehens an die GmbH,
  - Nutzungsüberlassung von Rechten und Sachen,
  - Übernahme von Geschäftsführertätigkeiten,
  - Wettbewerbsverbot.
- Haftungserweiterung bei Führungslosigkeit der Gesellschaft

Gewinnverteilung

Der **Jahresüberschuss** ist im Verhältnis der Gesellschaftsanteile zu verteilen *(§ 29 Abs. 1 und 3 GmbHG)*. Im Gesellschaftsvertrag können andere Regelungen vereinbart werden.

Beispiele

- Verwendung des Jahresüberschusses zur Bildung von Gewinnrücklagen oder eines Gewinnvortrages *(§ 21 Abs. 2 GmbHG)*
- Erfassung der Gewinnanteile der Gesellschafter auf Kontokorrentkonten mit Verbindlichkeitscharakter

Der/Die Geschäftsführer der GmbH haben den Jahresabschluss und den Lagebericht für die GmbH zu erstellen und der Gesellschafterversammlung vorzulegen.

Jahresabschluss und Lagebericht

Der Jahresabschluss und Lagebericht

- sind von allen Geschäftsführern aufzustellen *(§ 264 HGB)*,
- werden unter Beachtung der Grundsätze ordnungsgemäßer Buchführung erstellt und
- haben ein den tatsächlichen Verhältnissen entsprechendes Bild der Vermögens-, Finanz- und Ertragslage der GmbH zu vermitteln,
- müssen nach Erstellung unverzüglich den Gesellschaftern vorgelegt werden *(§ 42 a GmbHG)*,
- müssen bei mittelgroßen GmbHs dem vereidigten Buchprüfer/Wirtschaftsprüfer, bei großen GmbHs dem Wirtschaftsprüfer zur Prüfung vorgelegt werden; nach Prüfung ist der Prüfungsbericht den Gesellschaftern vorzulegen,
- müssen bei Vorhandensein eines Aufsichtsrates von diesem geprüft werden; über die Prüfung ist ein Bericht zu erstellen, der von den Geschäftsführern den Gesellschaftern vorgelegt werden muss.

	kleine GmbH	mittelgroße GmbH	große GmbH
zu erstellen sind	■ Jahresabschluss	■ Jahresabschluss ■ Lagebericht	■ Jahresabschluss ■ Lagebericht
Frist zur Aufstellung	6 Monate	3 Monate	3 Monate
Pflicht zur Prüfung durch ...	entfällt	vereidigten Buchprüfer oder Wirtschaftsprüfer	Wirtschaftsprüfer
Frist zur Feststellung	11 Monate	8 Monate	8 Monate
Offenlegung	12 Monate	12 Monate	12 Monate
Offen zu legen sind ...	Bilanz und Anhang	Jahresabschluss und Lagebericht	Jahresabschluss und Lagebericht

Der Jahresabschluss besteht bei Kapitalgesellschaften aus der Bilanz, der Gewinn- und Verlustrechnung sowie dem Anhang *(§ 284 HGB)*. Zusätzlich ist für mittelgroße und große GmbHs ein Lagebericht zu erstellen *(§ 289 i. V. m. § 264 HGB)*.

Auflösung der Gesellschaft

Gesetzliche Auflösungsgründe sind *(§ 60 GmbHG):*

- Ablauf der vereinbarten Dauer,
- Gesellschafterbeschluss mit $^3/_4$-Mehrheit der abgegebenen Stimmen, sofern der Gesellschaftsvertrag nichts anderes bestimmt,
- gerichtliches Urteil oder gerichtliche Beschlüsse,
- Verfügungen des Registergerichtes,
- Insolvenzeröffnung.

Die **GmbH** ...
- ist eine juristische Person des Privatrechts,
- gilt unabhängig von ihrem Gegenstand als Handelsgesellschaft,
- kann von nur einer Person gegründet werden (Einmann-GmbH),
- entsteht durch Eintragung ins Handelsregister, Abteilung B,
- führt eine Firma mit dem Zusatz „GmbH",
- ist selbstständiges Steuersubjekt,
- hat zwei, ggf. drei Organe:
  - die Gesellschafterversammlung als Beschlussorgan,
  - der/die Geschäftsführer als Leitungsorgan,
  - ggf. der Aufsichtsrat als Überwachungsorgan (nur zwingend in einer mitbestimmten GmbH).

Weitere Merkmale der **GmbH** sind:
- Der Gesellschaftsvertrag bedarf notarieller Beurkundung.
- Das gezeichnete Kapital heißt Stammkapital, die Einlagen der Gesellschafter heißen Stammeinlagen.
- Für die Verbindlichkeiten der GmbH haftet nur das Gesellschaftsvermögen.
- Die Haftung der Gesellschafter ist auf die Höhe ihrer Stammeinlagen beschränkt.
- Geschäftsführung und die Vertretung obliegen dem/den Geschäftsführer(n).
- Für die GmbH gilt die abgestufte Publizitätspflicht.

Vorteile	Nachteile
■ Gründung mit geringem oder keinem Kapital und geringen Gründungskosten als Kapitalgesellschaft ■ Beschränkung des Verlustrisikos auf Stammeinlage (Firmenkapital, mindestens Stammkapital) ■ keine persönliche Haftung ■ Anteile können veräußert und vererbt werden ■ Möglichkeit der Eigenkapitalerweiterung durch Aufnahme neuer Gesellschafter ■ Gesellschafter haben weitgehendes Mitverwaltungsrecht ■ abgestufte Publizitäts- und Rechnungslegungspflichten ■ geeignet für kleinere und mittlere Unternehmungen sowie Familiengesellschaften oder als Ein-Mann-GmbH zur Begrenzung des Haftungsrisikos ■ Vergütungen an Geschäftsführer (i. d. R. gleichzeitig Gesellschafter) sind steuerlich abziehbare Betriebsausgaben ■ Die GmbH kann auch als Handwerksbetrieb gegründet werden, wenn weder Gesellschafter noch Geschäftsführer Handwerksmeister sind, wenn ein Handwerksmeister oder Ingenieur mit mindestens dreijähriger Praxis eingestellt wird.	■ geringe Kreditwürdigkeit (Banken verlangen i. d. R. die persönliche Haftungsübernahme durch die Gesellschafter bei Kreditzusagen) ■ ggf. Nachschusspflicht ■ Gesellschaftsanteile sind nicht über die Börse handelbar ■ fehlendes Kontrollorgan bei nicht zwingend mitbestimmungspflichtigen Gesellschaftern ■ strenge formale Anforderungen und umständliche Übertragung von Anteilen wegen notarieller Beurkundung ■ kein Zwang zur Bildung gesetzlicher Rücklagen ■ kein Freibetrag bei der Gewerbesteuer ■ Aufwendige formelle Erfordernisse bei der Gründung. *Ausnahme*: UG (haftungsbeschränkt) ■ Die steuerliche Abwicklung ist komplizierter als bei Personengesellschaften ■ Der Freibetrag bei der Gewerbesteuer nach dem Gewerbeertrag gilt nicht für die GmbH, ■ Höhere Anforderungen an Bilanzierung und Offenlegung

2.8.4.2 Aktiengesellschaft (nach deutschem Recht)

Rechtsgrundlagen: *Aktiengesetz (AktG)*
Handelsgesetzbuch (HGB)
EU-Richtlinien zum Gesellschaftsrecht

■ Kennzeichen und Bedeutung

Die **Aktiengesellschaft** ist eine Gesellschaft mit eigener Rechtspersönlichkeit.
- Für die Verbindlichkeiten der AG haftet den Gläubigern nur das Gesellschaftsvermögen.
- Die Gesellschafter (= Aktionäre) sind mit Einlagen auf das in Aktien zerlegte Grundkapital beteiligt, ohne für die Verbindlichkeiten der AG zu haften *(§ 1 AktG)*.

Bei der AG erfolgt eine Trennung zwischen Kapitalgebern, den Aktionären (Eigentümern), und der Unternehmensleitung. Die Zerlegung des Grundkapitals in kleine Beträge ermöglicht es der AG, sich über den Kapitalmarkt große Geldbeträge zu beschaffen. Daher ist die AG besonders für Großunternehmen mit einem hohen Kapitalbedarf geeignet.
Zu unterscheiden sind
- börsennotierte und
- nicht börsennotierte Aktiengesellschaften.

Von den zurzeit etwa 7.200 Aktiengesellschaften einschließlich KGaA in Deutschland sind rund 800 börsennotiert. Von den gesamten Unternehmen werden nur 0,25 % in der Rechtsform der AG geführt, in ihnen sind aber ca. 20 % der Arbeitnehmer beschäftigt. Rund 20 % der Gesamtumsätze aller Unternehmen werden von Aktiengesellschaften erwirtschaftet.

■ Gründung

Zum Schutz der Kapitalanleger gibt es für die Gründung der AG genaue Rechtsvorschriften *(§§ 23–53 AktG)*.
Die Gründung erfolgt in 2 Stufen.

1. Stufe: Vorgesellschaft

- An der Feststellung des Gesellschaftsvertrages, der Satzung, müssen sich eine oder mehrere Personen beteiligen, welche die Aktien gegen Einlagen übernehmen *(§ 2 AktG)*.
- Die Satzung muss mindestens enthalten *(§ 23 Abs. 3 AktG)*:
  - die Firma, den Gegenstand und den Sitz der AG,
  - die Höhe des Grundkapitals,
  - den Nennbetrag, die Anzahl und die Art der Aktien,
  - die Zahl der Mitglieder des Vorstandes.
- Die Satzung muss durch notarielle Beurkundung festgestellt werden *(§ 23 AktG)*.
- Die Satzung legt fest, ob eine Bar-, Sachgründung oder gemischte Gründung erfolgen soll *(§§ 54, 27 AktG)*.
- Mit der Übernahme aller Aktien durch die Gründer ist die Gesellschaft errichtet *(§ 29 AktG)*.
- Die Gründer bestellen den ersten Aufsichtsrat und den Abschlussprüfer für das erste Geschäftsjahr. Der Aufsichtsrat bestellt sodann den ersten Vorstand *(§ 30 AktG)*.
- Die Vorgesellschaft wird als GbR handlungsfähig. Die Gründer haften persönlich und gesamtschuldnerisch *(§ 41 AktG)*.

2. Stufe: Entstehung der AG

Die AG ist bei dem Amtsgericht, in dessen Bezirk sie ihren Sitz hat, von allen Gründern und Mitgliedern des Vorstandes und des Aufsichtsrates zur Eintragung in das elektronische Handelsregister, Abteilung B, anzumelden *(§ 36 Abs. 1 AktG).* Die Eintragung wirkt konstitutiv, d. h. rechtsbegründend *(§ 41 Abs. 1, S. 1 AktG)*.

Die AG tritt in die Rechte der Vorgesellschaft ein. Sie übernimmt nur die Verbindlichkeiten der Vorgesellschaft, die in der Satzung oder im Gesetz vorgesehen sind.

Für die **Anmeldung** zur Eintragung ins elektronische Handelsregister bzw. Unternehmensregister ist erforderlich *(§ 37 AktG):*

- Bestellung der Organe und des Abschlussprüfers *(§ 30 AktG)*,
- Einzahlung der eingeforderten Einlagen *(§§ 36, 36 a AktG)* – eine Vorlage von Einzelnachweisen ist nur bei erheblichen Zweifeln an der ordnungsmäßigen Kapitalaufbringung oder dem Verdacht der „nicht unwesentlichen“ Überbewertung der Sachanlagen zu verlangen,
- Vorlage eines schriftlichen Gründungsberichts *(§ 32 AktG),*
- Prüfung der Gründung durch Vorstand, Aufsichtsrat und die Gründungsprüfer *(§ 33 AktG),*
- Anmeldung der Gesellschaft durch alle Gründer, den Vorstand und den Aufsichtsrat *(§ 36 AktG),*
- eine fehlende verwaltungsrechtliche Genehmigung bei einem genehmigungspflichtigen Unternehmungsgegenstand hindert nicht an der Eintragung ins Handelsregister.

Pflichtangaben auf Geschäftsbriefen

Die AG muss nach *§ 80 AktG* auf ihren Geschäftsbriefen und E-Mails folgende Angaben machen:

- Vollständiger Firmenname in Übereinstimmung mit dem im Handelsregister eingetragenen Wortlaut,
- Rechtsform der Gesellschaft,
- Sitz der Gesellschaft,
- Registergericht des Sitzes der Gesellschaft und die Nummer, unter der die Gesellschaft in das Handelsregister eingetragen ist.
- alle Vorstandsmitglieder sowie der Vorsitzende des Aufsichtsrats mit dem Familiennamen und mindestens einem ausgeschriebenen Vornamen. Der Vorsitzende des Vorstands muss als Vorstandsvorsitzender bezeichnet werden.
- Falls die Gesellschaft abgewickelt wird, ist ein entsprechender Hinweis notwendig.

Es sind keine Angaben über das Kapital der Gesellschaft zu machen.
Sollen Angaben über das Kapital auf Geschäftsbriefen aufgeführt werden, so muss in jedem Fall das Grundkapital angegeben werden. Darüber hinaus ist vorgeschrieben, den Gesamtbetrag der ausstehenden Einlagen anzugeben, wenn auf die Aktien der Nennbetrag oder der höhere Ausgabebetrag nicht vollständig eingezahlt ist.

Rechtsverhältnis

Die AG ist

- eine **juristische Person**, d. h. Träger von Rechten und Pflichten,
- eine **Kapitalgesellschaft**,
- **partei-**, aber **nicht prozessfähig**, d. h., sie muss im Prozess durch den Vorstand vertreten werden,

- **deliktsfähig, grundbuchfähig, insolvenzfähig,**
- **scheck- und wechselfähig,**
- **buchführungspflichtig** nach *§ 238 ff. HGB,*
- **publizitätspflichtig,** der Umfang richtet sich nach der Größenklasse *(§ 267 Abs. 1 HGB).*

Firma

Die Firma muss die Bezeichnung **„Aktiengesellschaft"** oder eine allgemein verständliche Abkürzung dieser Bezeichnung, insbesondere **„AG"** enthalten *(§ 4 AktG).*

Beispiele

- Lukas Mollidor möchte eine AG gründen. Zweck der Gesellschaft ist der Vertrieb von Neu- und Gebrauchtwagen. Mögliche Firmenbezeichnungen u. a.: Mollidor Autohaus AG, Lukas Auto AG, Molli Fahrzeug AG
- Die Müller KG soll in der Rechtsform der AG weitergeführt werden. Firma: Müller AG

Kapital

Die Höhe des **Grundkapitals** (= *gezeichnetes Kapital*) wird in der Satzung festgelegt.

- Die **Aktie** ist – im Gegensatz zum Geschäftsanteil der GmbH – ein Wertpapier.
- Eine Aktie verbrieft das Mitgliedsrecht an der AG. Aus diesem Recht werden abgeleitet:
  - ein Vermögensrecht, d. h. ein Recht auf Anteil am Bilanzgewinn (Dividende), ggf. Anteil am Liquidationserlös, Bezugsrecht bei Ausgabe neuer Aktien,
  - ein Organschaftsrecht, d. h. Recht auf Teilnahme an der Hauptversammlung, Stimmrecht, Mitverwaltungsrecht, Auskunftsrecht *(§§ 12, 60 Abs. 1, 134 Abs. 1, 271 Abs. 2 AktG).*
- Der Nennbetrag je Aktie beträgt mindestens 1,00 EUR *(§ 8 Abs. 1 AktG).*
- Das Grundkapital muss mindestens 50.000,00 EUR betragen *(§ 7 AktG).*
- Eine AG kann immer nur eine Aktienform laut Satzung festlegen.
- Aktien sind börsennotiert *(§ 3 Abs. 2 AktG)*, wenn sie an einem Markt gehandelt werden, der von staatlich anerkannten Stellen geregelt und überwacht wird. An diesem Markt müssen regelmäßig Aktien gehandelt werden und für das Publikum muss der Markt unmittelbar oder mittelbar zugänglich sein (⇒ „Notierung im geregelten Markt und im amtlichen Handel").
- Die Aktionäre haben die Pflicht, ihre Einlageleistung so zu erbringen, dass entweder der Nennbetrag oder ein höherer Ausgabewert gezahlt wird *(§ 54 AktG)*; Unterpari-Emissionen sind somit unzulässig. Das bei der Emission erzielte Aufgeld (Agio) ist in die Kapitalrücklage einzustellen.
- Die Aktie ist ein Wertpapier (security) und kann nach den sachenrechtlichen Vorschriften übertragen werden *(§ 929 ff. BGB).*

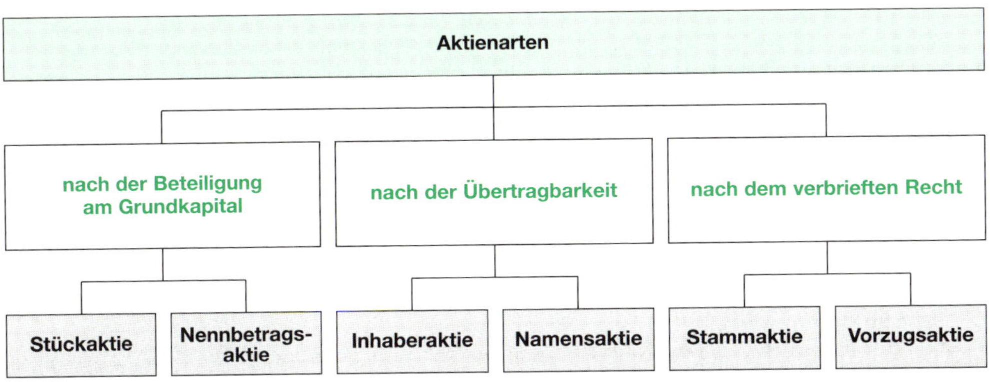

Stückaktie	Nennbetragsaktie
■ Die Gesellschaft verfügt über ein nennbetragsmäßig festgesetztes Grundkapital, das in Aktien zerlegt wurde. ■ Der Aktionär ist zu einem Bruchteil am Grundkapital der AG beteiligt. ■ Die Gesamtzahl der ausgegebenen Aktien ist in der Satzung angegeben. Durch Division des Grundkapitals durch die Zahl der ausgegebenen Aktien kann rechnerisch der Anteil einer Aktie am Grundkapital ermittelt werden. Er muss mindestens 1,00 EUR betragen. **Beispiel:** *Das Grundkapital der DETA AG beträgt 5.755.000,00 EUR. Es wurden 1.825.000 Stückaktien ausgegeben. Julia Schmücker besitzt 30.000 Aktien.* $\frac{5.755.000}{1.825.000} = 3{,}15342$ gerundet: $\underline{\underline{3{,}15\ EUR}}$ *Der rechnerische Anteil einer Aktie am Grundkapital beträgt 3,15 EUR (= rechnerischer Nennwert).* $30.000 \cdot 3{,}15342 = 94.602{,}60$ EUR *Die Aktionärin ist rechnerisch mit 94.602,60 EUR am Grundkapital der AG beteiligt.* $\frac{30.000 \cdot 100}{1.825.000} = \underline{\underline{1{,}644\ \%}}$ *Die Aktionärin besitzt eine Beteiligung von 1,64 % an der AG.*	■ Der Aktionär ist mit dem Nennwert am Grundkapital der AG beteiligt. ■ Die Summe der Nennwerte aller ausgegebenen Aktien entsprechen dem Grundkapital der AG. ■ Der Mindestnennwert je Aktie beträgt 1,00 EUR. **Beispiel:** *Das Grundkapital der GenTec 2000 AG beträgt 47.500.000,00 EUR. Der Nennwert der Aktie beträgt 1,00 EUR. Paul Decker besitzt 12.000 Aktien.* $\frac{12.000 \cdot 100}{47.500.000} = \underline{\underline{0{,}025\ \%}}$ *Der Aktionär besitzt eine Beteiligung von 0,025 % an der AG.*

Stammaktie	Vorzugsaktie
Die Aktie gewährt alle satzungsmäßigen und gesetzlichen Aktionärsrechte: ■ Recht auf Dividende (Gewinnbeteiligung) ■ Teilnahme an der Hauptversammlung ■ Stimmrecht in der Hauptversammlung ■ Bezugsrecht bei der Ausgabe junger Aktien ■ Anspruch auf Auskunft durch den Vorstand ■ Anspruch auf Anteil am Liquidationserlös	Die Aktie ist mit einem besonderen Vorrecht ausgestattet. Von Bedeutung ist in Deutschland die kumulative, stimmrechtslose Vorzugsaktie. Die AG beschafft sich hierdurch neues Eigenkapital, ohne dass sich die Stimmrechtsverhältnisse in der Hauptversammlung ändern. ■ Es wird ein Vorrecht in Form eines nachzuzahlenden Dividendenvorzugs (Mehr- oder Mindestdividende) gewährt. ■ Bevor die Stammaktionäre eine Dividende erhalten, muss zunächst die Zahlung des Dividendenvorzugs gesichert sein. ■ Wenn die Ertragsverhältnisse der AG eine Ausschüttung in der versprochenen Höhe nicht zulassen, ist der Dividendenvorzug im nächsten Jahr nachzuzahlen. ■ Falls die Nachzahlung nicht möglich ist, haben die Aktionäre das Stimmrecht, bis alle Rückstände der vergangenen Jahre nachgezahlt sind.

Namensaktie	Inhaberaktie
Die Übertragung der Aktie (Orderpapier) erfolgt durch Einigung und Übergabe der **indossierten** Aktie. Zusätzlich muss der Aktionär mit Namen, Anschrift und Geburtsdatum in das **Aktienregister** der Gesellschaft eingetragen werden. **Vorteile:** ■ Verbesserung der Investor Relations durch namentliche Kenntnis der Aktionäre ■ Stärkung der Bindung des Aktionärs an die Gesellschaft ■ Frühzeitiges Erkennen feindlicher Übernahmen durch die Gesellschaft ■ Leichte Identifizierbarkeit von Insidergeschäften durch die Börsenaufsicht ■ International übliche Aktienart	Die Übertragung der Aktie erfolgt durch Einigung und Übergabe der Aktie. **Vorteile:** ■ leichte Übertragbarkeit der Aktie ■ Anonymität des Aktionärs gegenüber der Gesellschaft
In den meisten Fällen existieren heute Aktien nicht mehr in physischen Einzelurkunden. Stattdessen sind die Rechte der Aktionäre in einer **Globalurkunde** zusammengefasst, die bei einer Wertpapiersammelbank hinterlegt ist. Der einzelne Aktionär erlangt ein Miteigentumsrecht nach Bruchteilen an dem auf diese Weise zusammengefassten Wertpapiersammelbestand. Bei einer Eigentumsübertragung tritt anstelle der Übergabe der Aktie die Umschreibung im Depotbuch der Wertpapiersammelbank.	

Organe

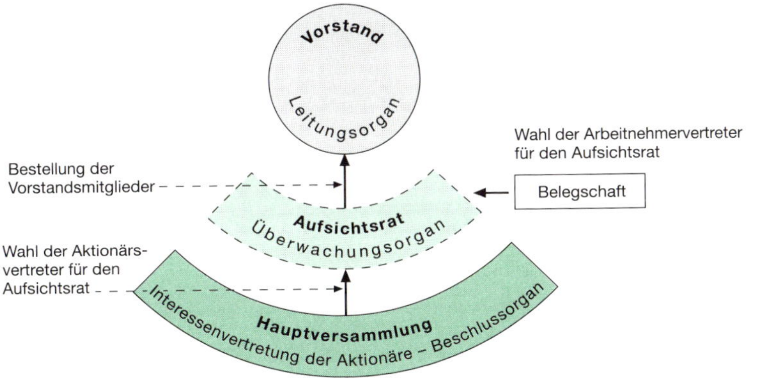

Vorstand

Der Vorstand leitet die AG aus eigener Verantwortung. Er muss aus mindestens einer natürlichen Person, bei einer AG mit einem Grundkapital von mehr als 3.000.000,00 EUR aus mindestens zwei natürlichen Personen bestehen *(§ 76 AktG)*. Der Vorstand wird vom Aufsichtsrat für 5 Jahre bestellt. Weitere Bestellungen für jeweils höchstens 5 Jahre sind zulässig *(§ 84 Abs. 1 AktG)*. Werden mehrere Personen zum Vorstand berufen, so kann der Aufsichtsrat eine Person zum Vorstandsvorsitzenden ernennen *(§ 84 Abs. 2 AktG)*.

Pflichten des Vorstandes

- Geschäftsführung und Vertretung *(§ 76–78 AktG)*,
- regelmäßige, mindestens vierteljährliche Berichterstattung an den Aufsichtsrat über die geschäftliche Lage der AG *(§ 90 AktG)*,
- Aufstellung des Jahresabschlusses und Lageberichtes,
- Vorlage des Jahresabschlusses, Lageberichtes und Prüfungsberichtes sowie eines Vorschlages für die Verwendung des Bilanzgewinns, über den die Hauptversammlung beschließen soll, an den Aufsichtsrat *(§ 170 AktG)*,

- Offenlegung des Jahresabschlusses mit Bestätigungsvermerk durch Einreichung beim Handelsregister innerhalb von 9 Monaten nach Ende des Geschäftsjahres *(§ 325 ff. HGB)*,
- Einberufung der ordentlichen Hauptversammlung in den ersten 8 Monaten des Geschäftsjahres *(§ 175 AktG)*,
- Sorgfaltspflicht und Wettbewerbsverbot *(§§ 93, 88 AktG)*.

Die Vorstandsmitglieder sind regelmäßig Angestellte der AG. Ihre Bezüge, in der Regel Festgehalt und Beteiligung am Gewinn (Tantieme), sind Einkünfte aus nicht selbstständiger Arbeit *(§ 19 EStG)*.

Aufsichtsrat

Der Aufsichtsrat besteht aus mindestens drei, höchstens 21 Mitgliedern *(§ 95 AktG)*.

bei einem Grundkapital			
bis zu	1.500.000,00 EUR	→	höchstens 9 Mitglieder,
bis zu	10.000.000,00 EUR	→	höchstens 15 Mitglieder,
mehr als	10.000.000,00 EUR	→	höchstens 21 Mitglieder.

Die Anzahl der Aufsichtsratsmitglieder muss durch 3 teilbar sein. Der Aufsichtsrat wird von der Hauptversammlung für 4 Jahre gewählt, soweit diese nicht als Aufsichtsratsmitglieder der Arbeitnehmer *(§ 101 AktG, § 76 BetrVerfG, MitbestG, MontanMitbestG)* zu wählen sind.
Ein Aufsichtsratsmitglied kann nicht zugleich Vorstandsmitglied, Stellvertreter eines Vorstandsmitgliedes, Prokurist oder Generalbevollmächtigter der AG sein *(§ 105 AktG)*.

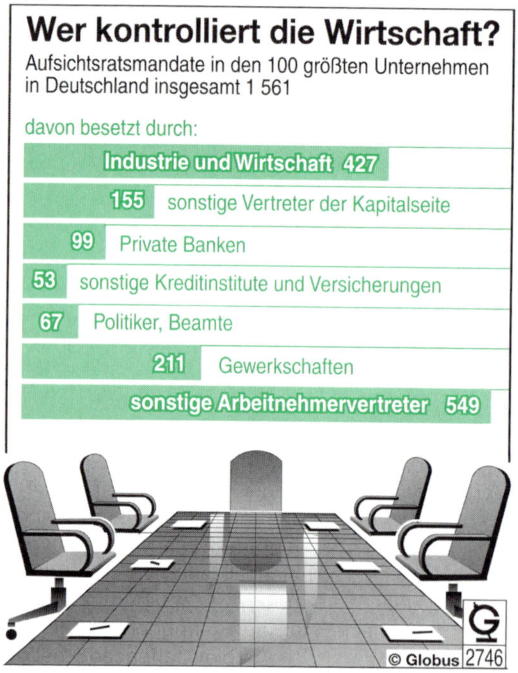

Aufgaben des Aufsichtsrates

- Bestellung des Vorstandes *(§ 84 AktG)*,
- Überwachung der Geschäftsführung des Vorstandes *(§ 111 Abs. 1 AktG)*,
- Abberufung des Vorstandes aus wichtigem Grund *(§ 84 Abs. 3 AktG)*,
- Einsichtnahme und Prüfung der Bücher, Schriften und Vermögensgegenstände *(§ 111 Abs. 2 AktG)*,
- Prüfung des Jahresabschlusses, des Lageberichtes und des Vorschlages zur Verwendung des Bilanzgewinns und der Berichterstattung über das Ergebnis der Prüfung an die Hauptversammlung *(§ 171 AktG)*,
- Einberufung einer außerordentlichen Hauptversammlung, wenn es das Wohl der Gesellschaft erfordert *(§ 111 Abs. 3 AktG)*,
- Vertretung der Gesellschaft in gerichtlichen und außergerichtlichen Angelegenheiten gegen die Vorstandsmitglieder *(§ 112 AktG)*.
- Insolvenzantragspflicht bei Führungslosigkeit der Gesellschaft.

Die Anzahl der Aufsichtsratsmandate, die eine Person innehaben kann, ist auf zehn begrenzt *(§ 100 Abs. 2 AktG)*.

Hauptversammlung

Die Hauptversammlung ist die Interessenvertretung der Aktionäre der AG und zugleich das oberste Beschlussorgan der Gesellschaft.

Die Hauptversammlung **beschließt** über *(§ 119 AktG)*:

- die Bestellung der Aktionärsvertreter für den Aufsichtsrat,
- die Verwendung des Bilanzgewinns,
- die Entlastung des Vorstandes und des Aufsichtsrates,
- Satzungsänderungen,
- Kapitalerhöhungen bzw. -herabsetzungen,
- Auflösung der Gesellschaft.

Die **ordentliche Hauptversammlung** wird vom Vorstand einberufen *(§§ 120, 121 AktG)* und vom Aufsichtsratsvorsitzenden geleitet. Sie hat jährlich in den ersten 8 Monaten des Geschäftsjahres stattzufinden. Eine **außerordentliche Hauptversammlung** kann auf Verlangen einer Minderheit von Aktionären, deren Anteile 5 % des Grundkapitals erreichen, einberufen werden *(§§ 111, 122 AktG)*.

Die Aktionäre üben ihr Stimmrecht nach Stückzahlen oder Aktiennennbeträgen des in der Hauptversammlung vertretenen (anwesenden) Kapitals aus. Es ist ein Verzeichnis aller erschienenen und vertretenen Aktionäre zu erstellen *(§ 129 AktG)*. Gewöhnliche Beschlüsse der Hauptversammlung bedürfen der **einfachen Mehrheit** *(§ 133 Abs. 1 AktG)*, satzungsändernde Beschlüsse einer **qualifizierten Mehrheit** *(§ 179 AktG)*. Eine mehr als 25%ige Beteiligung in der Hand eines Aktionärs bezeichnet man als **Sperrminorität.** Jeder Beschluss der Hauptversammlung ist durch eine notariell aufgenommene Niederschrift zu beurkunden *(§ 130 AktG)*.

Rechte und Pflichten der Aktionäre	
Rechte	**Pflichten**
■ Mitwirkungsrechte: ● Teilnahme an der Hauptversammlung *§ 118 Abs. 1 AktG* ● Stimmrecht *§§ 12, 134 AktG* ● Auskunftsrecht *§§ 131, 132 AktG* ● Anfechtung von HV-Beschlüssen *§ 245 AktG* ■ Vermögensrechte: ● Anspruch auf Dividende *§§ 58 Abs. 4, 60, 174 Abs. 2, Nr. 2 AktG* ● Bezugsrecht bei Kapitalerhöhungen *§ 186 AktG* ● Anspruch auf Liquidationserlös *§ 271 AktG* ■ Minderheitenrechte: ● Ersatzansprüche *§§ 50, 93 Abs. 4, 3, 116, 117 Abs. 4, 147 AktG* ● Einberufung der Hauptversammlung *§ 122 AktG* ● Bestellung von Sonderprüfungen *§§ 142 Abs. 2, 256 Abs. 2 AktG*	■ Leistung der übernommenen Kapitaleinlage *§ 54 Abs. 2 AktG* ■ Treuepflicht ■ Haftung mit dem Wert der Aktien

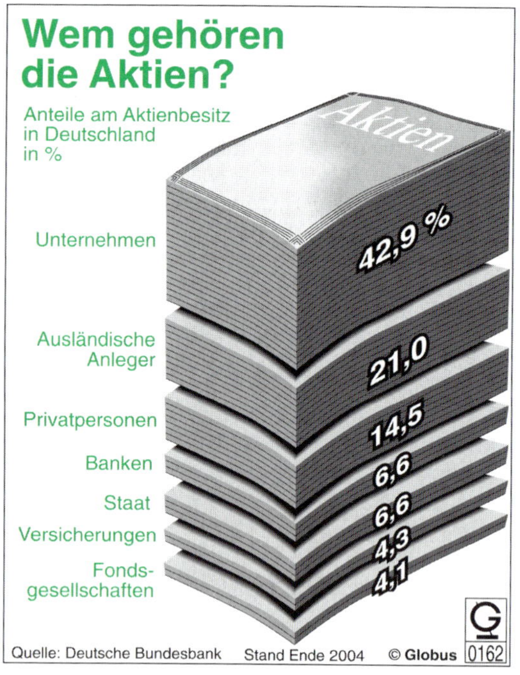

Weil der Gesamtbetrag des Grundkapitals in eine Vielzahl von Aktien zerlegt ist, die jeweils nur einen Bruchteil des gesamten Grundkapitals ausmachen, ist eine breite Streuung der Aktien innerhalb der Bevölkerung möglich. Dadurch wird auch weniger vermögenden Kapitalanlegern die Gelegenheit geboten, sich am Erfolg und am Wachstum einer großen Unternehmung zu beteiligen.

Die gemeinsame Mittelaufbringung durch die Aktionäre führt dazu, dass insgesamt sehr hohe Beträge zusammengetragen werden können. Die Zahl der deutschen Aktionäre liegt bei 11,32 Millionen. Das bedeutet, dass nahezu jeder 6. Bundesbürger Aktionär ist.

An einer Reihe von Aktiengesellschaften sind mehr als 100.000 Aktionäre beteiligt. Diese sog. Publikumsgesellschaften zählen zu den größten deutschen Unternehmungen überhaupt.

Beispiele Daimler AG, Siemens AG, VW AG, Bayer AG, E.ON AG, Telekom AG

Verwaltungstätigkeiten der Kreditinstitute bei depotverwahrten Aktien

Die meisten Aktionäre geben ihre Aktienbestände ihrem Kreditinstitut in ein **offenes Depot.**

Aufgrund eines zwischen Kreditinstitut (= Verwahrer) und Kunde (= Hinterleger) abgeschlossenen **Depotvertrages** übernimmt das Kreditinstitut die **Verwahrung** *(§ 688 BGB)* und **Verwaltung** *(§ 675 BGB)* der Aktien.

Im Zusammenhang mit den im Kundendepot befindlichen Aktien führt das Kreditinstitut die erforderlichen Verwaltungstätigkeiten durch:

- **Dividendeninkasso:** Inkasso und Gutschrift fälliger Gewinnanteilscheine,
- Benachrichtigung des Kunden bei Kapitalerhöhungen und daraus resultierenden **Bezugsangeboten** sowie Ausführung der entsprechenden Bezugsrechtsdispositionen des Aktionärs,
- bei Inhaberaktien sowie bei Namensaktien, wenn die Depotbank als „Legitimationsaktionär“ im Aktienregister eingetragen ist: Weiterleitung von **Zwischen- und Geschäftsberichten** der AG an die Aktionäre,
- Weiterleitung der **Einladung zur Hauptversammlung** und der vom Vorstand der AG hierzu ergehenden Mitteilungen (Tagesordnung, Vorschläge der Verwaltung, Gegenanträge),
- Besorgung einer **Eintrittskarte** zur Hauptversammlung einschließlich der erforderlichen **Stimmkarten** für den Fall, dass der Aktionär an der Hauptversammlung teilnehmen möchte,
- **Stimmrechtsausübung** für den Fall, dass der Aktionär an der Hauptversammlung nicht teilnehmen möchte (Vollmachtstimmrecht, *§§ 128, 135 AktG).*

Vom **Vollmachtstimmrecht** macht das Kreditinstitut grundsätzlich nur bei **inländischen Inhaberaktien** Gebrauch, wenn

- es sich zur Ausübung des Stimmrechts anbietet,
- dem Aktionär einen Vorschlag zur Ausübung des Stimmrechts mitteilt und ihm vor der jeweiligen Hauptversammlung die Unterlagen der Gesellschaft (Tagesordnung, Gegenanträge von Aktonären) übermittelt.

Voraussetzung für das Vollmachtstimmrecht ist *eine* **schriftliche Stimmrechtsvollmacht** *des Aktionärs.*

Zwei Möglichkeiten der Vollmachtserteilung sind zu unterscheiden:

- die allgemeine, jederzeit widerrufliche Vollmacht für alle im Depot des Kunden befindlichen inländischen Aktien,
- die Einzelvollmacht, gültig für eine Hauptversammlung.

Die Stimmrechtsausübung erfolgt ohne Offenlegung des Namens des Aktionärs, d. h. *„im Namen dessen, den es angeht".*

Das Kreditinstitut muss den Kunden um Weisungen für die Ausübung des Stimmrechts zu den einzelnen Tagesordnungspunkten (TOP) bitten und ihm eigene Vorschläge für die Ausübung des Stimmrechts hierzu unterbreiten, wobei es sich vom Interesse des Aktionärs leiten lassen muss. Der Kunde ist darauf hinzuweisen, dass das Kreditinstitut entsprechend diesen Vorschlägen stimmen wird, wenn er keine Weisungen erteilt. Erteilt der Kunde Weisungen, muss das Kreditinstitut diese befolgen.

In der eigenen Hauptversammlung darf das bevollmächtigte Kreditinstitut das Stimmrecht aufgrund der Vollmacht nur ausüben, soweit der Aktionär eine ausdrückliche Weisung zu den einzelnen Tagesordnungspunkten erteilt hat.

Geschäftsführung

Der **Vorstand** führt die Geschäfte der AG in eigener Verantwortung. Zur Geschäftsführung sind alle Vorstandsmitglieder nur gemeinschaftlich befugt, wenn die Satzung oder die Geschäftsordnung des Vorstandes keine abweichende Regelung bestimmt *(§§ 77 Abs. 1, 82 Abs. 2 AktG).*

Die Vorstandsmitglieder haben bei ihrer Geschäftsführung die Sorgfalt eines ordentlichen und gewissenhaften Geschäftsleiters anzuwenden. Bei Verletzung dieser Pflicht können sie zum Ersatz des entstandenen Schadens als Gesamtschuldner verpflichtet werden *(§ 93 AktG).*

Vertretung

Der **Vorstand** vertritt die Aktiengesellschaft in allen gerichtlichen und außergerichtlichen Angelegenheiten. Wenn die Satzung nichts anderes bestimmt, so erfolgt die Vertretung gemeinschaftlich *(§ 78 AktG).*

Die Vertretungsbefugnis des Vorstandes kann nicht beschränkt werden *(§ 82 Abs. 1 AktG).*

Gewinnverwendung

Der Vorstand hat dem Aufsichtsrat den Jahresabschluss und den Lagebericht vorzulegen. Zugleich hat der Vorstand dem Aufsichtsrat den Vorschlag vorzulegen, den er der Hauptversammlung für die Verwendung des Bilanzgewinns machen will *(§ 170 AktG).*
Der Bilanzgewinn ist der nach Abzug eines etwaigen Verlustvortrages und nach Dotierung der gesetzlichen Rücklage und anderer Rücklagen verbleibende Teil des **Jahresüberschusses.**

Gesetzliche Rücklagen

5 % des um einen etwaigen Verlustvortrag geminderten Jahresüberschusses müssen so lange der gesetzlichen Rücklage zugeführt werden, bis die gesetzliche Rücklage und die Kapitalrücklagen zusammen 10 % des Grundkapitals erreichen *(§ 150 Abs. 2 AktG).*

Freiwillige Rücklage

Vorstand und Aufsichtsrat können bis zur Hälfte des Jahresüberschusses in die freiwilligen Rücklagen einstellen, wenn die Satzung es vorsieht *(§ 58 Abs. 2 AktG).* Beträge, die in die gesetzliche Rücklage einzustellen sind, sowie ein Verlustvortrag sind vorab vom Jahresüberschuss abzuziehen.

Bilanzgewinn

Der verbleibende Restgewinn wird gemäß des Beschlusses der Hauptversammlung in weitere freiwillige Rücklagen eingestellt, an die Aktionäre als Dividende ausgeschüttet und/oder als Gewinn auf das nächste Jahr vorgetragen *(§ 58 Abs. 3 AktG).*
Billigt der Aufsichtsrat den Jahresabschluss, so ist er **festgestellt,** sofern nicht Vorstand und Aufsichtsrat beschließen, die Feststellung des Jahresabschlusses der Hauptversammlung zu überlassen *(§ 172 AktG).*
Die Hauptversammlung beschließt über die Verwendung des Bilanzgewinns *(§ 174 AktG).* Die Anteile der Aktionäre am Bilanzgewinn bestimmen sich nach der Anzahl ihrer Aktien bzw. dem Verhältnis der Aktiennennbeträge. Den auf die einzelne Aktie entfallenden Gewinnteil bezeichnet man als **Dividende.**

Rechnerische Ermittlung des bilanziellen Eigenkapitals vor erfolgter Gewinnverwendung

	Gezeichnetes Kapital
./.	nicht eingeforderte Einlagen
+	Kapitalrücklage
+	Gewinnrücklagen
./.	eigene Anteile
+	Eigenkapitalanteil der „Sonderposten mit Rücklageanteil" und der „Baukostenzuschüsse"
+	Jahresüberschuss
./.	Jahresfehlbetrag
+	Gewinnvortrag (alt)
./.	Verlustvortrag (alt)
./.	auszuschüttender Betrag
=	Bilanzielles Eigenkapital

Rechnerische Ermittlung des bilanziellen Eigenkapitals nach erfolgter Gewinnverwendung

	Gezeichnetes Kapital
./.	nicht eingeforderte Einlagen
+	Kapitalrücklage
+	Gewinnrücklagen
./.	eigene Anteile
+	Eigenkapitalanteil der „Sonderposten mit Rücklageanteil" und der „Baukostenzuschüsse"
+	Bilanzgewinn
./.	Bilanzverlust
./.	auszuschüttender Betrag
=	Bilanzielles Eigenkapital

Für den Jahresabschluss der AG gelten erweiterte Rechnungslegungsvorschriften *(§§ 264–335 HGB):*

- Der Vorstand einer AG hat einen Jahresabschluss *(§ 242 HGB)* mit einem **Anhang** sowie einen **Lagebericht** aufzustellen *(§ 264 Abs. 1 HGB)*.
- Die gesonderten Gliederungsvorschriften sind zu beachten *(§ 265 ff. HGB).*

- Die Form der Darstellung und die Gliederung der aufeinanderfolgenden Bilanz sowie der GuV-Rechnung sind beizubehalten *(§ 265 Abs. 1 HGB)*, um einen Vergleich zu ermöglichen.
- In der Bilanz und der GuV-Rechnung ist zusätzlich zu jedem Posten der entsprechende Betrag des vorhergehenden Geschäftsjahres anzugeben *(§ 265 Abs. 2 HGB),* um die Entwicklung nachvollziehen zu können.
- Der Jahresabschluss ist innerhalb von drei Monaten des neuen Geschäftsjahres (bei kleinen Kapitalgesellschaften innerhalb von 6 Monaten) aufzustellen *(§ 265 Abs. 1 HGB)*. Eine derartige Frist fehlt für Einzelunternehmen und Personengesellschaften.
- Zusätzlich zum Jahresabschluss ist ein Lagebericht zu erstellen *(§ 289 HGB).* Dieser hat einzugehen auf:
  - Vorgänge von besonderer Bedeutung, die nach Ende des Geschäftsjahres eingetreten sind,
  - die voraussichtliche Entwicklung der AG,
  - den Bereich der Forschung und Entwicklung,
  - bestehende Zweigniederlassungen der AG.
- Der Jahresabschluss der AG ist durch einen Wirtschaftsprüfer oder eine Wirtschaftsprüfungsgesellschaft zu prüfen *(§ 319 Abs. 1 HGB)*. Der **Abschlussprüfer** hat über das Ergebnis der Prüfung schriftlich zu berichten. Es ist festzustellen, ob die Buchführung, der Jahresabschluss und der Lagebericht den gesetzlichen Vorschriften entspricht. Die Posten des Jahresabschlusses sind aufzugliedern und ausreichend zu erläutern. Über Verstöße gegen Gesetz, Satzung oder Gesellschaftsvertrag sowie über den Bestand des Unternehmens gefährdende oder beeinträchtigende Entwicklungen muss berichtet werden *(§ 321 HGB).*

  Hat der Abschlussprüfer keine Einwendungen gegen das Ergebnis des Jahresabschlusses, so erteilt der Abschlussprüfer den **Bestätigungsvermerk,** sein Testat *(§ 322 HGB).*

Die AG unterliegt wie die GmbH der abgestuften **Publizitätspflicht**.[1]

Die **AG** ...
- ist eine Gesellschaft mit eigener Rechtspersönlichkeit,
- hat ein in Aktien zerlegtes Grundkapital,
- entsteht mit der Eintragung ins Handelsregister, Abteilung B,
- gilt unabhängig von ihrem Gegenstand als Handelsgesellschaft,
- führt eine Firma mit dem Zusatz „AG“,
- ist als juristische Person selbstständiges Steuersubjekt,
- haftet ihren Gläubigern nur mit ihrem Gesellschaftsvermögen.

Weitere Merkmale der AG sind:
- Aktionäre können natürliche Personen, Personengesellschaften und juristische Personen sein.
- Das Risiko der Aktionäre ist auf die Höhe ihrer Einlagen begrenzt.
- Der Gesellschaftsvertrag wird Satzung genannt.
- Eine bestehende Firma kann unter Hinzufügung des Zusatzes „AG“ fortgeführt werden.
- Inhaberaktien können frei übertragen werden.
- Organe der AG sind:
  - der Vorstand als Leitungsorgan,
  - der Aufsichtsrat als Überwachungsorgan,
  - die Hauptversammlung als Interessenvertretung der Aktionäre.
- Geschäftsführung und Vertretung der AG obliegen dem Vorstand.
- Für die AG gelten erweiterte Vorschriften für die Rechnungslegung, Prüfung und Offenlegung.
- Für kleinere Aktiengesellschaften gelten Erleichterungen.

[1] Vgl. hierzu Seite 190 f.

Vorteile	Nachteile
▪ große Risikostreuung ▪ hohe formale und sachliche Anforderungen ▪ geringes Haftungsrisiko für Aktionäre ▪ leichter Erwerb und einfache Veräußerbarkeit der Kapitalbeteiligung (Aktie) ▪ einfache Kapitalbeschaffung durch Ausgabe „junger Aktien“ oder Fremdkapitalaufnahme als emissionsfähiges Unternehmen über die Börse ▪ keine persönliche Bindung zwischen Teilhabern (Aktionären) und Gesellschaft ▪ der Bestand des Unternehmens ist unabhängig von der Zusammensetzung der Aktionäre ▪ die Leitung kann gut von außen kommenden Personen übertragen werden ▪ Trennung von Unternehmensleitung und Kapital ▪ breite Streuung des Eigentums an Produktionsmitteln durch Stückelung des Kapitals in viele kleine Kapitalanteile ▪ starke Marktstellung ermöglicht hohe soziale Leistungen und überdurchschnittliche Investitionen in Forschung und Entwicklung ▪ geeignet für große Unternehmen mit hohem Kapitalbedarf	▪ umfangreiche Gründungsmodalitäten ▪ hohe Gründungskosten ▪ bei der Gründung der Unternehmung hohe Publizitätspflichten ▪ teure und umfangreiche Auflagen, z. B. Abhaltung der Hauptversammlung, Börsenauflagen ▪ hohe laufende Kosten für umfangreiche Prüfungs- und Publizitätspflichten ▪ ausgeweitete Rechnungslegungs- und Prüfungsvorschriften ▪ Machtkonzentration durch Unternehmenszusammenschlüsse (Konzernbildung) ▪ weitreichende Mitbestimmungsmöglichkeiten der Arbeitnehmer

▪ Kleine Aktiengesellschaft

Die Vereinfachung des Aktienrechtes hatte das Ziel, mittelständischen Unternehmungen die Eigenkapitalbeschaffung zu erleichtern, die Chancen für die Sicherung der Unternehmenskontinuität zu erhöhen und gleichzeitig die Vorteile sowohl der GmbH als auch der börsennotierten AG in einer Rechtsform zu vereinen. Durch die Entschlackung der Rechtsvorschriften wurde bürokratischer Ballast entfernt, um die Hürden für die Gründung einer kleinen AG abzusenken.

Kleine Aktiengesellschaft

Die rechtlichen Grundlagen für die Kleine AG wurden durch das Gesetz für Kleine Aktiengesellschaften und zur Deregulierung des Aktienrechts vom 2. August 1994 sowie das Gesetz zur Bereinigung des Umwandlungsrechts vom 29. Oktober 1994 gelegt. Die wichtigsten Vorteile gegenüber den Regelungen für die börsennotierte AG:

Kleine AG		Vorteile
▪ **Mindestanzahl der Gründer:**	Eine Person genügt	Gleichstellung mit GmbH-Gründung, Vereinfachung, „Strohmänner“ nicht erforderlich
▪ **Gewinnverwendung:**	Bis zu 50 Prozent können durch Vorstand und Aufsichtsrat in die Rücklage eingestellt werden; Satzung kann Vorstand und Aufsichtsrat zur Einstellung eines größeren oder kleineren Teils ermächtigen	Mehr Flexibilität bei Ausschüttungen
▪ **Hauptversammlung:** • **Einberufung**	Soweit Aktionäre namentlich bekannt, genügt eingeschriebener Brief	Vereinfachung, Kosteneinsparung, da Bekanntmachung einschließlich Tagesordnung und etwaiger Gegenanträge von Minderheitsaktionären in den Gesellschaftsblättern nicht erforderlich ist
• **Protokoll**	Notarielle Beurkundung der Beschlüsse nur, wenn mindestens Drei-Viertel-Mehrheit für Beschlussfassung erforderlich ist	Vereinfachung, Kosteneinsparung, da obligatorische Beurkundung der Beschlüsse durch notariell aufgenommene Niederschrift entfällt

Kleine AG		Vorteile
■ **Mitbestimmung:**	Bei bis zu 500 Beschäftigten keine drittelparitätische Arbeitnehmervertretung im Aufsichtsrat für nach dem 10. August 1994 gegründete AG – im Unterschied zur börsennotierten AG. Für ältere gilt eine Übergangsregelung von 5 Jahren bis zum Wegfall der Mitbestimmung	Gleichstellung mit GmbH-Regelung, Vermeidung psychologischer (Umgründungs-)Hemmnisse, Kosteneinsparung

Die **Kleine AG** ist **nicht** börsennotiert.

Vorteile	Nachteile
■ verbessert die Bonität, weil der Finanzbedarf durch einen überschaubaren Personenkreis gedeckt wird, spätere Kapitalerhöhungen sowie der Gang zur Börse können einfacher umgesetzt werden; ■ strikte Trennung zwischen Aufsichtsrat und Vorstand, der Aufsichtsrat berät und kontrolliert den Vorstand, ■ erleichtert die Unternehmernachfolge, ■ der Gründungsaufwand entspricht etwa dem der GmbH, ■ Geschäftsanteile können ohne juristische und notarielle Beurkundung übertragen werden.	■ kostenintensive notarielle Beurkundung notwendig ■ vergrößert den bürokratischen Aufwand, ■ verlangt höhere Transparenz, ■ erschwert die Steuergestaltung.

2.8.4.3 Europäische Aktiengesellschaft – Societas Europaea (SE)

Rechtsgrundlagen: *Verordnung über das Statut der Europäischen Aktiengesellschaft*
Richtlinie über die Stellung der Arbeitnehmer in der Europäischen Aktiengesellschaft
Nationales Recht, d. h. in Deutschland insbesondere HGB *und* AktG

■ Kennzeichen und Bedeutung

Die SE ist eine Rechtsform für Unternehmen, die in verschiedenen Mitgliedsstaaten der Europäischen Union tätig sind oder tätig werden wollen. Sie ist eine Option für bestehende, grenzüberschreitend tätige Gesellschaften.

■ Gründung

Die SE kann nur von bestehenden AGs und GmbHs gegründet werden.
Es gibt vier **Möglichkeiten** der Gründung:
- Gründung einer Holdinggesellschaft,
- Gründung einer gemeinsamen Tochtergesellschaft,
- Verschmelzung von Aktiengesellschaften aus mindestens zwei Mitgliedsstaaten,
- Umwandlung einer nationalen AG, die seit mindestens zwei Jahren eine Tochtergesellschaft in einem EU-Mitgliedsland hat, in eine SE.

Eine Bar- oder Sachgründung durch natürliche Personen ist nicht möglich.

Register

Die SE wird in das Register des Mitgliedsstaates eingetragen, in dem sie satzungsmäßig den Sitz hat. Der Sitz muss der Ort der Hauptverwaltung sein. Die Eintragung wird im Amtsblatt der Europäischen Gemeinschaft veröffentlicht.

Rechtsverhältnis

Die Verordnung über das Statut regelt Gründung und Organisation der SE; sie verweist immer wieder auf das Recht des Staates, in dem die SE ihren Sitz hat.

Kapital

Das Mindestkapital der SE beträgt 120.000,00 EUR.

Leitungsorgane

Zwei verschiedene Leitungssysteme sind zulässig:

- das **dualistische System** (z. B. in Deutschland)
  Dieses System ist gekennzeichnet durch ein Leitungsorgan (= Vorstand) und ein Aufsichtsorgan (= Aufsichtsrat).
- das **monoistische System** (z. B. in Großbritannien)
  Dieses System kennt nur ein Verwaltungsorgan (= Verwaltungsrat).

Im dualistischen System sind die Arbeitnehmervertreter im Aufsichtsrat vertreten.
Beim monoistischen System ist in Deutschland ebenfalls die Mitbestimmung zu beachten, d. h. Arbeitnehmervertreter sind in das Leitungsorgan einzubauen.

Rechnungslegung

Die SE muss einen Jahresabschluss erstellen, der aus der Bilanz, Gewinn- und Verlustrechnung, dem Anhang zum Jahresabschluss, dem Bericht zum Geschäftsablauf und zur Lage der Gesellschaft besteht.
Das hierzu gültige Recht ist europaweit zu vereinheitlichen.

2.8.4.4 Kommanditgesellschaft auf Aktien

Rechtsgrundlagen: *Aktiengesetz (AktG)*
Handelsgesetzbuch (HGB)

Die **Kommanditgesellschaft auf Aktien** *(§§ 278–290 AktG)* ist eine Gesellschaft mit eigener Rechtspersönlichkeit (Sonderform einer AG), bei der

- mindestens ein Gesellschafter den Gesellschaftsgläubigern unbeschränkt haftet,
- die übrigen Gesellschafter (= Kommanditaktionäre) an dem in Aktien zerlegten Grundkapital beteiligt sind, ohne persönlich für die Verbindlichkeiten der Gesellschaft zu haften.

Gesellschafter der KGaA

persönlich haftende Gesellschafter	+	**Kommanditaktionäre**
■ entsprechen in ihrer Rechtsstellung den Komplementären der KG ■ Vorschriften des *HGB* über die Komplementäre der KG finden Anwendung, soweit es sich um deren Rechtsbeziehungen untereinander, mit Dritten und der Gesamtheit der Kommanditaktionäre handelt		■ entsprechen in ihrer Rechtsstellung den Aktionären der AG ■ Vorschriften des *AktG* über die Aktionäre finden grundsätzlich Anwendung

Bedeutung

Die KGaA hat nur geringe Verbreitung gefunden. Sie entwickelt sich in der Regel aus einer Personenhandelsgesellschaft, die infolge Eigenkapitalknappheit auf Wachstumsgrenzen stößt. Die persönliche Haftung der Komplementäre verleiht der KGaA ein hohes Maß an Kreditwürdigkeit. Die Fähigkeiten der grundsätzlich unabsetzbaren Komplementäre entscheiden letztlich über die Unternehmensentwicklung.

Beispiele

- Sal. Oppenheim jr. & Cie. KGaA
- Henkel & Co. KGaA

Geschäftsührung und Vertretung

Die Geschäftsführung und Vertretung obliegt den **Komplementären.** Sie übernehmen die Aufgaben des Vorstandes wie bei der Aktiengesellschaft. Ihre rechtliche Stellung ist aber stärker, weil sie nicht vom Aufsichtsrat gewählt, sondern nur beaufsichtigt werden.

Eigenkapital

Zu unterscheiden sind

- die „Kapitalanteile der Komplementäre" und
- das „Grundkapital" aus den Einlagen der Kommanditaktionäre.

2.8.5 Eingetragene Genossenschaft

Rechtsgrundlage: *Genossenschaftsgesetz (GenG)*

Kennzeichen und Bedeutung

Die **eingetragene Genossenschaft** ist eine juristische Person. Ihr Zweck ist die Förderung des Erwerbs oder der Wirtschaft der Mitglieder mittels gemeinschaftlichen Geschäftsbetriebs *(§ 1 GenG).*

Ursprünglicher Gedanke der Genossenschaftsidee ist es, dass sich Landwirte oder kleinere Gewerbebetriebe zusammenschließen, um gemeinschaftlich günstiger einkaufen oder verkaufen zu können und damit gegenüber Großunternehmen konkurrenzfähig zu bleiben. Ab 2006 ist die Rechtsform der Genossenschaft auch für soziale und kulturelle Zwecke geöffnet.

Beispiele

- Kreditgenossenschaften (Volks- und Raiffeisenbanken)
- Wohnungsbaugenossenschaften
- Vertriebsgenossenschaften für landwirtschaftliche Betriebe einer Gegend
- Einkaufsgenossenschaften für Maler, Dachdecker, Bäcker, Metzger, Landwirte

Die Genossenschaften fühlen sich heute zunehmend nicht mehr nur der Förderung ihrer Mitglieder verpflichtet, sondern verfolgen in der Regel wie andere Unternehmen die Absicht, Gewinn zu erzielen.

Gründung

Mindestens **drei Personen** *(§ 4 GenG)* beschließen, eine Genossenschaft zu gründen. Sie erstellen einen schriftlichen Gesellschaftsvertrag, die sogenannte **Satzung** (früher: Statut) *(§ 5 GenG)*. Eine notarielle Beurkundung ist hierfür nicht erforderlich.
Nach der Wahl eines Vorstandes und des Aufsichtsrates sowie dem Erwerb der Mitgliedschaft in einem genossenschaftlichen Prüfungsverband kann die Eintragung in das Genossenschaftsregister beantragt werden.[1]
Die eG erlangt die Rechtsfähigkeit mit der Eintragung ins **Genossenschaftsregister** *(§ 13 GenG)* und muss den Zusatz e. G. in ihrer Firma führen. Der Kreis der Mitglieder der Genossenschaft ist nicht geschlossen, d. h. die eG kann durch Aufnahme neuer Mitglieder erweitert werden. Die **Mitgliedschaft** wird durch schriftliche Beitrittserklärung und Eintragung in eine beim Amtsgericht geführte Mitgliederliste erworben. Jedes Mitglied muss einen **Geschäftsanteil** übernehmen, dessen Höhe in der Satzung festgelegt ist *(§ 15 GenG)*.

In der **Satzung** müssen bestimmt werden *(§§ 6, 7, 36 GenG)*:

- Gegenstand, Firma und Sitz der eG,
- Regelungen über
  - die Form der Berufung der Generalversammlung,
  - den Vorsitz in Versammlungen,
  - die Protokollierung von Beschlüssen,
  - die Form der Bekanntmachungen,
  - die Veröffentlichungsorgane,
- die Höhe des Geschäftsanteiles jedes Mitgliedes sowie Regelungen über die Einzahlungs- und Haftpflicht,
- Grundsätze über die Aufstellung und Prüfung der Bilanz,
- die Bildung eines Reservefonds zur Deckung ggf. sich ergebender Verluste,
- die Anzahl der zur Beschlussfassung erforderlichen Aufsichtsratsmitglieder.

Register

Die Satzung sowie die Mitglieder des Vorstandes sind in das **Genossenschaftsregister** bei dem Gericht einzutragen, in dessen Bezirk die eG ihren Sitz hat *(§ 10 GenG)*. Die Anmeldung hat durch alle Vorstandsmitglieder zu erfolgen *(§ 11 Abs. 1 GenG)*.

Der **Anmeldung** sind beizufügen

- die von allen Mitgliedern unterschriebene Satzung,
- eine Liste der Mitglieder,
- eine Abschrift der Urkunden über die Bestellung des Vorstandes und des Aufsichtsrates,
- die Bescheinigung über den Beitritt zu einem genossenschaftlichen Prüfungsverband,
- Zeichnung der Unterschriften des Vorstandes in öffentlich-beglaubigter Form.

Rechtsverhältnis

Die eG ist

- eine **juristische Person** *(§ 17 GenG)*, d. h. Träger von Rechten und Pflichten,
- ist stets **Formkaufmann**, auch wenn sie kein Gewerbe betreibt *(§ 17 GenG, § 6 HGB)*,
- **deliktsfähig,**
- **grundbuchfähig,**
- **scheck-** und **wechselfähig.**

[1] Genossenschaften mit bis zu 20 Mitgliedern können auf den Aufsichtsrat verzichten. Bei einer Bilanzsumme bis 1 Mio. EUR oder Umsatzerlösen bis 2 Mio. EUR entfällt die Prüfungspflicht für den Jahresabschluss.

Firma

Die Genossenschaft nimmt als **Kaufmann** i. S. d. HGB am Geschäftsverkehr teil und muss deshalb als Genossenschaft einen Namen führen, über den sie eindeutig identifizierbar ist, unter dem sie klagen und verklagt werden kann. Hierfür gelten die Gründzüge des Firmenrechts. Die Genossenschaft ist verpflichtet auf ihre Rechtsnatur hinzuweisen, d. h. die Genossenschaft muss nach *§ 3 GenG* als **Firma**

- eine Sach-, Fantasie- oder eine Personenbezeichnung führen und
- den Zusatz „eingetragene Genossenschaft" oder die Abkürzung „e. G." enthalten.

Pflichtangaben auf Geschäftsbriefen

Für Genossenschaften gelten entsprechend die für die AG und die GmbH dargestellten Regeln. Sofern der Aufsichtsrat der Genossenschaft einen Vorsitzenden hat, muss dieser mit dem Familiennamen und mit mindestens einem ausgeschriebenen Vornamen angegeben werden *(§ 25 a GenG)*.

Kapital

Es gibt weder Mindestkapitalvorschriften für die einzelnen Geschäftsanteile der Mitglieder (Genossen) der Genossenschaft noch für die eG insgesamt, soweit die Satzung kein Mindestkapital in Form der Bar- oder Sachgründung oder der Mittelaufbringung durch rein investierende Mitglieder vorschreibt. Durch die Aufnahme oder das Ausscheiden von Genossen kann sich das Gesamtkapital immer wieder verändern. Die Summe der eingezahlten Geschäftsanteile und die Rücklagen bilden das Eigenkapital der Genossenschaft.

In der Satzung sind **Geschäftsanteil, Mindesteinzahlungsbetrag** und **Haftsumme** für einen Genossenschaftsanteil festgelegt.

Die Einzahlungen, die Gewinngutschriften und ggf. die Reduzierungen aufgrund von Verlusten bilden das **Geschäftsguthaben** (= tatsächlicher Betrag, mit dem sich der Genosse beteiligt). Gewinne werden so lange gutgeschrieben, bis der Geschäftsanteil erreicht ist.

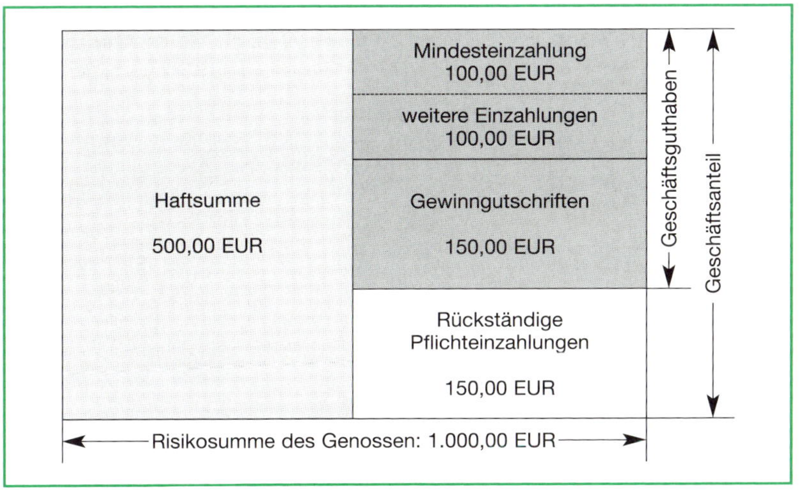

Die Satzung kann für den Insolvenzfall die unbeschränkte oder beschränkte Nachschusspflicht bis zur Höhe der Haftsumme des Genossen bestimmen. Durch die Satzung kann ein Mindestkapital *(§ 8 a GenG)* eingeführt werden, bei dessen Unterschreitung keine Auseinandersetzungsguthaben mehr ausgezahlt werden.

Organe

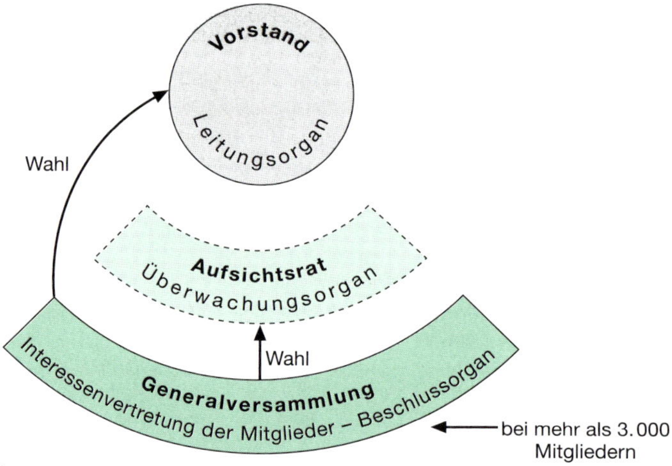

Vorstand

Der **Vorstand** wird – je nachdem wie es die Satzung vorsieht – von der Generalversammlung oder dem Aufsichtsrat gewählt.

Aufgaben des Vorstandes:

- vertritt die Genossenschaft in allen gerichtlichen und außergerichtlichen Angelegenheiten,
- wird von der Generalversammlung gewählt und besteht aus mindestens zwei Mitgliedern *(§ 24 GenG),*
- nur Mitglieder der Genossenschaft können Vorstandsmitglieder werden *(§ 9 Abs. 2 GenG),*
- **Vorstandsmitglieder** sind, soweit die Satzung keine andere Regelung vorsieht, nur gemeinschaftlich zur Vertretung der Genossenschaft berechtigt *(§ 25 Abs. 1 GenG),*
- Vorstandsmitglieder haben bei ihrer Geschäftsführung die Sorgfalt eines ordentlichen und gewissenhaften Geschäftsleiters anzuwenden. Bei Verletzungen ihrer Pflichten sind sie als Gesamtschuldner zum Ersatz des Schadens verpflichtet *(§ 34 GenG).*

Aufsichtsrat

Der **Aufsichtsrat** bei mehr als 20 Mitgliedern besteht, soweit die Satzung keine höhere Zahl festsetzt, aus drei von der Generalversammlung zu wählenden Mitgliedern *(§ 36 GenG).* Bei mehr als 500 Arbeitnehmern sind die für die AG geltenden Vorschriften über die Mitbestimmung anzuwenden *(§§ 76, 77 BetrVG).*

Aufgaben des Aufsichtsrats sind *(§ 38 GenG):*

- Überwachung der Geschäftsführung des Vorstandes,
- Einsichtnahme in Bücher und Schriften der eG,
- Prüfung der Vermögensverhältnisse, des Jahresabschlusses und des Lageberichtes, des Vorschlags über die Verwendung des Jahresüberschusses oder die Deckung des Jahresfehlbetrages,
- Bericht der Generalversammlung über die Prüfung,
- Einberufung einer außerordentlichen Generalversammlung, wenn dies im Interesse der Gesellschaft notwendig ist.

Weitere Aufgaben können durch die Satzung bestimmt werden. Der Aufsichtsrat ist berechtigt, die eG bei Abschlüssen von Verträgen mit dem Vorstand zu vertreten *(§ 39 GenG).*

Generalversammlung

Die Generalversammlung ist das **beschlussfassende Organ** der Genossenschaft. Sie beschließt mit einfacher Mehrheit. Die Abstimmung erfolgt nach Köpfen (1 Mitglied = 1 Stimme), wenn die Satzung keine andere Regelung vorsieht *(§ 43 Abs. 2 GenG).*

Die Generalversammlung
- wählt den Vorstand und den Aufsichtsrat (mindestens 3 Mitglieder aus ihrer Mitte),
- entscheidet über die Gewinnverteilung,
- kann Weisungen erteilen,
- stellt den Jahresabschluss fest *(§ 48 Abs. 1 GenG),*
- beschließt Satzungsänderungen und ggf. die Auflösung der eG.

Bei mehr als 3.000 Mitgliedern **muss,** bei mehr als 1.500 Mitgliedern **kann** eine **Vertreterversammlung** eingerichtet werden. Sie übernimmt dann die Aufgaben der Generalversammlung *(§ 43 a GenG).*

Rechte der Mitglieder	Pflichten der Mitglieder
■ Benutzung der Genossenschaftseinrichtungen ■ Teilnahme an der Generalversammlung ■ Gewinnanteilsrecht ■ Kündigungsrecht ■ Auszahlung des Geschäftsguthabens bei Ausscheiden ■ ggf. Anteil am Liquidationserlös	■ Leistung des übernommenen Geschäftsanteils ■ ggf. Nachschusspflicht im Insolvenzfall in Höhe der vereinbarten Haftsumme ■ Beachtung der Beschlüsse der Generalversammlung

Haftung

Die Genossenschaft haftet für ihre Verbindlichkeiten nur bis zur Höhe ihres Vermögens *(§ 2 GenG).* Das Vermögen setzt sich aus den Einlagen der Mitglieder, den Geschäftsanteilen, zusammen. Diese werden auch Genossenschaftsanteile genannt, die in der Regel als Geldleistungen oder Sacheinlagen erbracht werden. Sollte im Falle der Insolvenz das Vermögen der Genossenschaft die Gläubiger nicht befriedigen, kann durch die Satzung eine Nachschusspflicht der Mitglieder bestimmt sein. Das Gesetz bestimmt für diesen Fall, dass die Summe des festgelegten Nachschusses nicht geringer sein darf als der Geschäftsanteil.
Die Gründungsmitglieder sind aber nicht verpflichtet, eine Nachschusspflicht in der Satzung zu regeln. Ebenso besteht die Möglichkeit, ein Mindestkapital satzungsmäßig festzuschreiben.
Bei Kreditgenossenschaften tritt im Fall von Verlusten ggf. ein Garantiefonds ein. Die Haftung der Mitglieder ist auf die Höhe ihrer Geschäftsguthaben, ggf. zusätzlich auf die Höhe der vereinbarten Haftsumme beschränkt.

Eintritt in die Genossenschaft – Austritt einzelner Mitglieder

Personen, die nach Gründung der Genossenschaft Mitglied werden möchten, können dies durch schriftliche, unbedingte **Beitrittserklärung** erreichen. Die Beitritterklärung muss zugelassen werden. Sofern nicht die Satzung etwas anderes vorsieht, erfolgt die Zulassung über die Generalversammlung beziehungsweise die Vertreterversammlung.
Ist die Genossenschaft auf unbestimmte Zeit gegründet worden, ist die Mitgliedschaft ebenfalls zeitlich nicht begrenzt (Dauerschuldverhältnis). Ein Austritt ist durch **Kündigung**, in Abhängigkeit von der Satzung, möglich *(§ 65 GenG).* Nach der gesetzlichen Regel kann eine Kündigung nur mit einer dreimonatigen Frist zum Ende des Geschäftsjahres erfolgen. Die Auseinandersetzung

mit dem ausscheidenden Gesellschafter erfolgt sodann auf Grundlage der Jahresabschluss-Bilanz. Dadurch soll verhindert werden, dass die Genossenschaft bei Ausscheiden eines Mitglieds während des laufenden Jahres zwecks Auseinandersetzung eigens eine Austrittbilanz anfertigen muss.

Zum anderen soll die Genossenschaft vor dem plötzlichen Ausfall von Mitgliedern, insbesondere dem Abfließen von Kapital, geschützt werden. Längere Kündigungsfristen können durch die Satzung vereinbart sein. Neben der ordentlichen Kündigung kann ein Mitglied aus wichtigem Grund außerordentlich kündigen. Diese Kündigungsgründe hat der Gesetzgeber im *GenG* abschließend aufgeführt *(§ 67 a GenG)*.
Die Kündigung eines einzelnen Mitgliedes führt **nicht zur Auflösung** der Gesellschaft, da diese in ihrem Bestand von den Personen ihrer Mitglieder unabhängig ist.
Eine weitere Möglichkeit aus der Genossenschaft auszutreten, ist die **Übertragung** des Geschäftsguthabens durch schriftlichen Vertrag *(§ 76 GenG)*.

■ Gewinn- und Verlustbeteiligung

Ein Gewinn oder Verlust ist entsprechend den auf die Geschäftsanteile geleisteten Einzahlungen zu verteilen *(§ 19 GenG)*.

■ Verbandsprüfung

Jede Genossenschaft muss einem genossenschaftlichen Prüfungsverband angehören *(§ 54 GenG)*. Die Verbandsprüfer prüfen die handelsrechtliche Ordnungsmäßigkeit des Jahresabschlusses und des Lageberichtes *(§ 58 GenG)*.

■ Rechnungslegung

Es gelten die Vorschriften des *§ 33 GenG* und die Vorschriften des *§ 238 ff. HGB* unter besonderer Ergänzung des *§ 336 ff. HGB*.

Die **eG** ...
- ist juristische Person,
- verfolgt als Formalziel die Förderung des Erwerbs oder der Wirtschaft ihrer Mitglieder (Genossen),
- muss immer aus mindestens drei Mitgliedern bestehen,
- wird in das Genossenschaftsregister des zuständigen Amtsgerichts eingetragen,
- führt eine Firma mit dem Zusatz „eingetragene Genossenschaft“ oder „eG“,
- muss einem genossenschaftlichen Prüfungsverband angehören,
- hat drei Organe: die Generalversammlung, den Aufsichtsrat und den Vorstand,
- erfordert kein Mindestkapital.

Es gilt:
- die Satzung (früher: Statut) der Genossenschaft bedarf der Schriftform,
- die auf die Geschäftsanteile der Mitglieder eingezahlten Beiträge heißen Geschäftsguthaben,
- die Satzung kann eine beschränkte oder unbeschränkte Nachschusspflicht der Mitglieder vorsehen,
- Geschäftsführung und Vertretung obliegen dem Vorstand.

Vorteile	Nachteile
■ das Haftungsrisiko ist für jeden Genossen begrenzbar ■ für Schulden der eG haftet nur die Genossenschaft ■ bei der Genossenschaft gilt das Prinzip der Selbstorganschaft. Dadurch bleibt die Leitung dieser Unternehmensform in den Händen der Mitglieder. ■ flache Hierarchien, Mitbestimmung ■ finanzielle Sicherheit für den Einzelnen	■ mindestens 3 Gründer ■ Eintragung in das Genossenschaftsregister

2.8.6 GmbH & Co. KG

Rechtsgrundlagen: *§§ 161 – 177 a, 238 – 263, 264 a – 335 b HGB*
GmbHG
Kapitalgesellschaften- und Co. Richtlinien Gesetz (KapCoRiLiG)

Im Gesellschaftsrecht können die Parteien die Rechtsverhältnisse selbstständig gestalten, soweit keine zwingenden Rechtsvorschriften vorhanden sind. Das ist vom Gesetzgeber beabsichtigt, damit die rechtlichen, wirtschaftlichen und sonstigen Gegebenheiten des Einzelfalles berücksichtigt werden können.
Infolge der zum Teil erheblichen Unterschiede im Haftungs- und Steuerrecht sind in der Praxis **Kombinationen** aus Personengesellschaften und Kapitalgesellschaften entstanden.

Kennzeichen und Bedeutung

Die GmbH & Co. KG ist eine **Personenhandelsgesellschaft**. Komplementär (Vollhafter) dieser KG ist eine GmbH.

Gründe für die Wahl dieser Rechtsform können sein:

- Haftungsbeschränkung der Gesellschafter,
- Verbindung der steuerlichen Vorteile von Personen- und Kapitalgesellschaften,
- Sicherung des Bestandes des Unternehmens für den Fall des Todes des Unternehmers unter weitgehender Erhaltung der Firma,
- Ausnutzung der Möglichkeit, einen fachlich kompetenten Geschäftsführer als leitenden Angestellten einzustellen,
- Erleichterung der Kapitalbeschaffung, wenn die Gesellschafter bereit sind, weitere Einlagen in Form von Kommanditeinlagen zu leisten.

In der Rechtsprechung wird die GmbH & Co. KG immer mehr den Kapitalgesellschaften angenähert, weil einerseits die persönliche Haftung fehlt und andererseits die Haftungsmasse begrenzt wird.

Beispiele

- Die Firma muss einen auf die Haftungsbeschränkung hinweisenden Vermerk beinhalten, wenn keine natürliche Person unbeschränkt haftet *(§ 19 Abs. 5 HGB)*.
- Überschuldung ist, anders als bei Personengesellschaften, Insolvenzgrund.
- In den Geschäftsbriefen müssen alle Angaben wie bei Kapitalgesellschaften enthalten sein *(§§ 177 a i. V. m. 125 a HGB, 35 a HGB, 35 a GmbHG)*.
- Gewährt die Komplementär-GmbH der GmbH & Co. KG ein Darlehen, so kann sie ihre Forderung im Insolvenzfall nicht als Insolvenzforderung anmelden *(§§ 172 a HGB i. V. m. 32 a GmbHG)*.
- Einbeziehung in die Publizitätspflicht nach den Regelungen für Kapitalgesellschaften mit geringen Ausnahmen.

Gründung

Die GmbH & Co. KG ist eine **Kommanditgesellschaft.** Aus diesem Grund sind zu ihrer Gründung zwei Gesellschafter notwendig:

- der Komplementär und
- der Kommanditist.

1. Modell: Eine einzelne Person gründet eine GmbH & Co. KG

Eine Person gründet zuerst eine GmbH. Nach Eintragung der GmbH in das elektronische Handelsregister gründet dieselbe Person, die alleinige Inhaberin der GmbH ist, zusammen mit der bereits gegründeten GmbH eine Kommanditgesellschaft, d. h. der alleinige Gesellschafter der GmbH (= hier Komplementär) ist gleichzeitig auch Kommanditist.

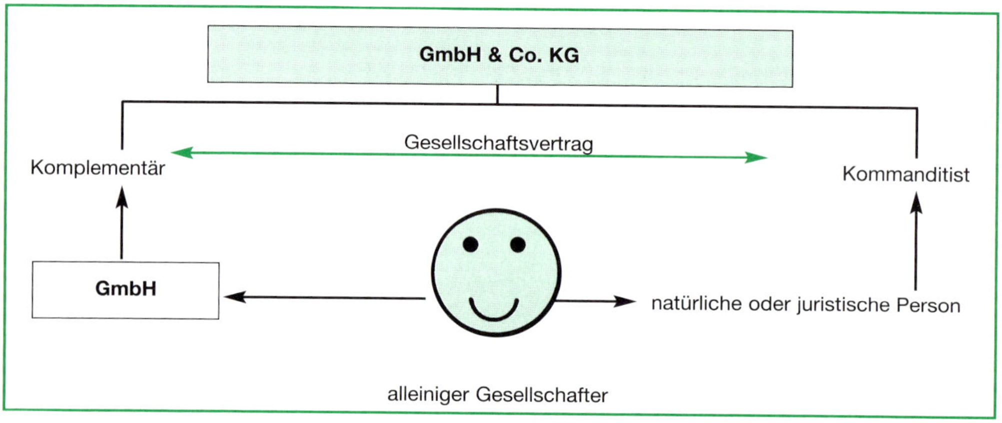

2. Modell: Zwei oder mehr Personen gründen eine GmbH & Co. KG

Zwei oder mehr Personen gründen zuerst eine GmbH. Nach Eintragung in das elektronische Handelsregister gründet die GmbH zusammen mit denselben Personen und ggf. weiteren Personen eine Kommanditgesellschaft.

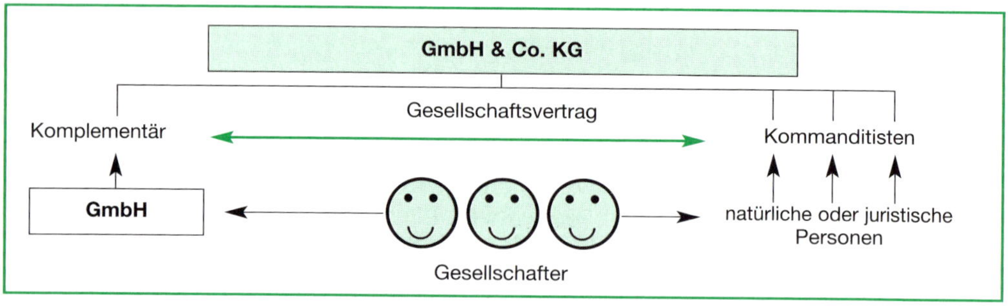

Für die Gründung der GmbH gelten die Vorschriften des *GmbHG,* für die Gründung der KG die Vorschriften des *HGB (§§ 161–177 a HGB).*

Gesellschafter

Gesellschafter der GmbH & Co. KG sind
- die juristische Person „GmbH“ als Komplementär und
- andere Personen als Kommanditisten.

Kommanditisten können natürliche Personen oder juristische Personen sein. Kommanditisten und Gesellschafter der Komplementär-GmbH können verschiedene Personen sein oder es kann Personenidentität bestehen.

Zur Gründung ist mindestens eine natürliche oder juristische Person notwendig.

Gesellschaftsvertrag

Es ist zu erstellen
- der Gesellschaftsvertrag der GmbH-Gesellschafter,
- der Gesellschaftsvertrag der KG-Gesellschafter.

Der Gesellschaftsvertrag der GmbH muss notariell beurkundet werden *(§ 2 GmbHG),* der Gesellschaftsvertrag der KG ist dagegen formfrei.

Handelsregister

- Die **GmbH** ist ins Handelsregister *Abteilung B* einzutragen.
- Die Personenhandelsgesellschaft **GmbH & Co. KG** ist ins Handelsregister *Abteilung A* einzutragen.

Rechtsverhältnis

Die GmbH & Co. KG ist
- eine **Personenhandelsgesellschaft,**
- **quasi juristische Person,** besitzt also keine eigene Rechtspersönlichkeit,
- **deliktsfähig,**
- **grundbuchfähig,**
- **scheck- und wechselfähig**.

Firma

Wenn in einer KG keine natürliche Person (persönlich) haftet, muss die Firma eine Bezeichnung enthalten, welche die Haftungsbeschränkung kennzeichnet *(§ 19 Abs. 2 HGB).*

Beispiel		
	Komplementär:	Dach GmbH
	Kommanditist:	Herr Manfred Meise
	mögliche Firma:	Dach GmbH & Co. KG

Geschäftsführung

Das Recht zur Geschäftsführung steht nur den persönlich haftenden Gesellschaftern zu *(§§ 114, 161 Abs. 2, 164 HGB)*, in diesem Fall den **Komplementären.** Komplementär ist die GmbH, die Geschäftsführung übt innerhalb der GmbH deren Geschäftsführer aus, demnach muss dieser die Geschäfte der KG führen *(§§ 6, 35 GmbHG)*. Es können mehrere Geschäftsführer bestellt werden. Möglich ist auch die Bestellung eines Kommanditisten zum Geschäftsführer.

Geschäftsbriefe

Aus den *§§ 125 a, 177 a HGB* und *34 a GmbHG* ergibt sich, dass auf allen Geschäftsbriefen einer Gesellschaft, bei der keine natürliche Person als persönlich haftender Gesellschafter, sondern eine GmbH oder eine Aktiengesellschaft beteiligt ist, folgende **Angaben** zu machen sind:

- der vollständige Firmenname in Übereinstimmung mit dem im Handelsregister eingetragenen Wortlaut,
- die Rechtsform der Gesellschaft (GmbH & Co. KG, GmbH & Co., OHG, AG & Co. KG, AG & Co. oHG),
- Sitz der Gesellschaft,
- Registergericht des Sitzes der Gesellschaft und die Nummer, unter der die Gesellschaft in das Handelsregister eingetragen ist.

Zusätzlich muss die persönlich haftende Gesellschaft mit Rechtsformzusatz, Sitz, Registergericht des Sitzes und der Nummer, unter der die Gesellschaft eingetragen ist, sowie allen Geschäftsführern und, sofern die Gesellschaft einen Aufsichtsrat gebildet und dieser einen Vorsitzenden hat, der Vorsitzende des Aufsichtsrates mit dem Familiennamen und mindestens einem ausgeschriebenen Vornamen bezeichnet werden.

Vertretung

Allein dem/den Geschäftsführer/n steht unmittelbar für die GmbH Dritten gegenüber die unbeschränkbare Vertretung *(§ 37 Abs. 2 GmbHG)* zu, mittelbar auch für die KG.

Haftung

Die Komplementäre haften unbeschränkt für die Verbindlichkeiten der GmbH sowie der KG. Für die Komplementär-GmbH als juristische Person bedeutet dies, dass die Haftung der GmbH auf das Gesellschaftsvermögen der GmbH beschränkt ist. Somit haftet die **Komplementär-GmbH** umfangmäßig unbegrenzt bis zur Höhe ihres Vermögens *(§§ 128, 161 Abs. 2 HGB)*.

Hat der **Kommanditist** seine Einlage in vollem Umfang erbracht, so ist die Haftung auf die Kommanditeinlage begrenzt, die im Handelsregister eingetragen ist.

Sollte die vereinbarte Einlage noch nicht in voller Höhe vom Kommanditisten geleistet worden sein, haftet dieser Dritten gegenüber unmittelbar und unbeschränkt bis zur Höhe der im Handelsregister eingetragenen Kapitaleinlage, d. h. auch mit seinem Privatvermögen *(§ 171 Abs. 2 HGB)*.

Gewinnverteilung

Sie erfolgt entsprechend den im Gesellschaftsvertrag getroffenen **Vereinbarungen.** Im Zweifel gelten die Vorschriften der KG *(§ 168 HGB)*.

2.8.7 Vergleichbare Rechtsformen in anderen Ländern

Land	Deutsche Rechtsform	Abkürzung	Rechtsform
Belgien	AG GmbH	S.A./N.V. SPRL BVBA	Societé anonyme/Naamlase Vennotschap Societé privée à responsabilité limitée Besloten vennootschap met beperkte aansprakelijkheid
Dänemark	OHG KG AG GmbH e.G.	IS KS AS ApS Amba	Interessentskab Kommanditselskab Aktieselskap Anspartselskap Andelsselskab
Finnland	OHG KG AG GmbH e.G.	 Oy Oy 	Avoin Ighitó Kommamditiyhió Osakeyhitó Osakeyhitó Osuuskunta
Frankreich	GbR OHG KG AG GmbH Einmann GmbH e.G.	SC SNC SNC SA SARL EURL (EUARL) 	Societé civile Societé en nom collectif Societé en commandite simple Societé anonyme Societé à responsabilité limitée Enterprise unipersonelle à responsabilité limitée Societé Coopérative
Griechenland	GmbH AG	EPE AE	Eteria periorismenis Anonymos Eteria
Großbritannien Irland	GbR OHG KG GmbH AG e.G.	 Ltd Plc 	Unlimited Company Partnership Limited Partnership Private Company limited by shares Joint stock Company, public limited company (PLC) Cooperative Society
Italien	KG KGaA GmbH AG	S.a. Sapa SRI. SpA	Societá in accomandita Societá in accomandita per azioni Societá a Responsabilitá limitata Societá per Azioni
Luxemburg	OHG KG GmbH AG KGaA e.G.	S.e.n.C. S.e.c.s. S.a.r.l. S.A. S.e.c.a. S.c.	Societé en nome collectif Societé en commandite simple Societé à responsabilité limitée Societé anonyme Societé en commandite par actions Societé coopérative
Niederlande	OHG KG GmbH AG KGaA	VbF CV BV NV CVbA	Vennotschap onder Firma Commanditaire Vennootschap Besloten Vennootschap met beperkte aansprakeijkheid Naamloze Vennootschap Commanditaire Vennootschap op Andelen
Österreich	OHG KG GmbH AG	OHG KG Ges.m.b.H. AG	Offene Handelsgesellschaft Kommanditgesellschaft Gesellschaft mit beschr. Haftung Aktiengesellschaft
Polen	GbR OHG KG GmbH AG	 Sp.z.o.o. S.A.	Spólka Akcyjna Spólka handlowa jawna Spólka komandytowa Spólka z ograniczona odpowiedzialnoscia Spólka Akcyjna
Portugal	GbR IHG KG GmbH AG		Sociedade Civil Sociedade em nome colectivo Sociedade de Comandita Sociedade por Quotas A sociedade anónima de responsabilidade limitade
Schweden	GbR OHG KG AG	 AB	Enkeltbolag Handelsbolag Kommanditbolag Aktienbolag
Schweiz	GbR OHG KG GmbH AG	 KG GmbH AG/SA	Einfache Gesellschaft Kollektivgesellschaft Kommanditgesellschaft Gesellschaft mit beschr. Haftung Aktiengesellschaft/Société anonyme
Spanien	OHG KG GmbH AG	SRC SC SRL SA	Sociedad Regular Colectiva Comp. Sociedad en Comandita Sociedad de Responsabilidad Limitada Sociedad Anónima
USA	OHG KG GmbH AG	 LP Ltd. Corp. Inc.	General Partnership Limited Partnership Limited Company/Close Corporation Stock Corporation Public Corporation/Business Corp.

Übersicht

	Einzelunternehmung	Gesellschaft bürgerlichen Rechts (BGB-Gesellschaft/GbR)	Offene Handelsgesellschaft (OHG)
Rechtsgrundlagen	Allgemeine Vorschriften im *BGB, § 1 ff. HGB*	*§§ 705–740 BGB*	*§§ 105–160 HGB*
Allgemeine Merkmale	■ Einzelkaufmann ■ Kleingewerbetreibender	■ Personengesellschaft nach *BGB* ■ zu jedem beliebigen Zweck errichtbar	■ Personenhandelsgesellschaft ■ Betrieb eines Handelsgewerbes
	unbeschränkte Haftung	unbeschränkte Haftung aller Gesellschafter oder Haftung auf das Gesellschaftsvermögen beschränkt	unbeschränkte Haftung aller Gesellschafter
	natürliche Person	—	quasi juristische Person
Gründung	formfrei	formfreier Gesellschaftsvertrag	formfreier Gesellschaftsvertrag
	1 Person	2 und mehr Personen	2 und mehr Personen
	Entstehung mit der Aufnahme der werbenden Tätigkeit nach außen		Entstehung nach außen mit dem Zeitpunkt der Geschäftsaufnahme, spätestens mit der Eintragung ins Handelsregister
Mindestkapital	keine Vorschriften	keine Vorschriften	keine Vorschriften
Firma (Mindestinhalt)	Soweit im Handelsregister eingetragen mit Zusatz: e. K. e. Kfm. e. Kfr.	keine, soweit im Handelsregister eingetragen mit Zusatz: GbR	Zusatz: OHG
Gesetzliche Regelung der Geschäftsführerbefugnis (betrifft das Innenverhältnis und ist vertraglich änderbar)	Inhaber zur Geschäftsführung berechtigt und verpflichtet	■ alle Gesellschafter gemeinschaftlich ■ Widerspruchsrecht des einzelnen Gesellschafters	■ jeder Geschäftsführer allein (Einzelgeschäftsführerbefugnis) ■ Widerspruchsrecht des einzelnen Gesellschafters ■ bei außergewöhnlichen Geschäften: Zustimmung aller Gesellschafter

Kommanditgesellschaft (KG)	Gesellschaft mit beschränkter Haftung (GmbH)	Aktiengesellschaft (AG)	eingetragene Genossenschaft (eG)
§§ 161–177 HGB	*GmbH-Gesetz (GmbHG)*	*Aktiengesetz (AktG)*	*Genossenschaftsgesetz (GenG)*
■ Personenhandelsgesellschaft ■ Betrieb eines Handelsgewerbes	■ Kapitalgesellschaft ■ zu jedem beliebigen Zweck errichtbar	■ Kapitalgesellschaft ■ zu jedem beliebigen Zweck errichtbar	Gesellschaft zum Zweck der Förderung des Erwerbs und der Wirtschaft ihrer Mitglieder (= Genossen) mittels gemeinschaftlichen Geschäftsbetriebs (soziale und kulturelle Zwecke möglich)
■ unbeschränkte Haftung bei mindestens einem Gesellschafter (= Komplementär) ■ beschränkte Haftung bei mindestens einem Gesellschafter (= Kommanditist)	GmbH-Gesellschafter sind entsprechend ihren Geschäftsanteilen (= Stammeinlagen) an der GmbH beteiligt; ihre Haftung ist auf die Höhe ihrer Stammeinlagen beschränkt.	Aktionäre sind entsprechend ihren Aktienanteilen an der AG beteiligt; ihre Haftung ist auf die Höhe ihrer Aktieneinlagen beschränkt.	Mitglieder sind entsprechend ihren Geschäftsguthaben an der eG beteiligt; ihre Haftung ist auf die Höhe ihrer Geschäftsguthaben, ggf. zusätzlich auf die Höhe der festgelegten Haftsumme beschränkt.
quasi juristische Person	juristische Person	juristische Person	juristische Person
formfreier Gesellschaftsvertrag	notarielle Beurkundung des Gesellschaftsvertrages oder Mustervertrages	notarielle Beurkundung der Satzung	schriftliche Festlegung der Satzung
2 und mehr Personen	1 und mehr Personen	1 und mehr Personen	3 und mehr Personen
wie bei OHG	Entstehung mit der Eintragung ins Handelsregister	Entstehung mit der Eintragung ins Handelsregister	Entstehung mit der Eintragung ins Genossenschaftsregister
keine Vorschriften	■ Stammkapital (Gezeichnetes Kapital) mind. 25.000,00 EUR ■ Mindeststammeinlage je Gesellschafter: 1,00 EUR; höhere Geschäftsanteile müssen durch volle EUR teilbar sein ■ Mindesteinzahlung auf jede Stammeinlage 25 %, insgesamt mind. 12.500,00 EUR ■ bei UG (haftungsbeschränkt) 0,00 EUR + $^1/_4$ des JÜ in die gesetzliche Rücklage bis zur Höhe der Mindesteinzahlung	■ Grundkapital (Gezeichnetes Kapital) mind. 50.000,00 EUR ■ Mindestnennwert je Aktie: 1,00 EUR	■ keine Vorschriften ■ Geschäftsguthaben muss mindestens 10 % des Geschäftsanteils betragen ■ die Satzung kann ein Mindestkapital bestimmen (Bar-, Sachgründung oder rein investierende Mitglieder)
Zusatz: KG	Zusatz: GmbH	Zusatz: AG	Zusatz: eG
■ jeder Komplementär allein (Einzelgeschäftsführungsbefugnis) ■ Kontrollrecht des Kommanditisten ■ Widerspruchsrecht des einzelnen Komplementärs ■ bei außergewöhnlichen Geschäften: Zustimmung aller Komplementäre, Widerspruchsrecht der Kommanditisten	der Geschäftsführer bzw. die Geschäftsführer gemeinsam (Gesamtgeschäftsführungsbefugnis)	alle Vorstandsmitglieder gemeinsam (Gesamtgeschäftsführungsbefugnis)	alle Vorstandsmitglieder gemeinsam (Gesamtgeschäftsführungsbefugnis)

	Einzelunternehmung	Gesellschaft bürgerlichen Rechts (BGB-Gesellschaft/GbR)	Offene Handelsgesellschaft (OHG)
Gesetzliche Regelung der Vertretungsbefugnis (betrifft das Außenverhältnis und ist vertraglich änderbar; in diesem Fall eintragungspflichtig; ihr Umfang ist jedoch unbeschränkt und unbeschränkbar)	Inhaber zur Vertretung berechtigt und verpflichtet	alle Gesellschafter gemeinschaftlich	jeder Gesellschafter allein
Haftung	■ Betriebs- und Privatvermögen ■ unbeschränkt	■ Gesellschaftsvermögen und Privatvermögen der Gesellschafter ■ Gesellschafter haften unbeschränkt, unmittelbar und solidarisch ■ Gesellschaftsvermögen, wenn die Haftung beschränkt wird	■ Gesellschaftsvermögen und Privatvermögen der Gesellschafter ■ Gesellschafter haften unbeschränkt, unmittelbar und solidarisch
Gesetzliche Regelung der Gewinnverteilung (vertraglich änderbar)	insgesamt	gleiche Anteile am Gewinn und Verlust	■ 4 % auf die Kapitaleinlage ■ Rest nach Köpfen ■ Verlust nach Köpfen
Auflösungsgründe	■ Entscheidung des Inhabers ■ Insolvenzeröffnung	■ Gesellschafterbeschluss ■ Vertragsablauf ■ Erreichung/Nichterreichung des Gesellschaftszweckes ■ Insolvenzeröffnung über das Vermögen eines Gesellschafters, Tod oder Kündigung eines Gesellschafters (soweit nichts anderes vereinbart ist)	■ Gesellschafterbeschluss ■ Vertragsablauf ■ Insolvenzeröffnung über das Vermögen der OHG
Organe	keine	keine	keine

Kommanditgesellschaft (KG)	Gesellschaft mit beschränkter Haftung (GmbH)	Aktiengesellschaft (AG)	eingetragene Genossenschaft (eG)
■ jeder Komplementär allein ■ Prokuraerteilung an Kommanditisten möglich	der Geschäftsführer bzw. die Geschäftsführer gemeinsam	alle Vorstandsmitglieder gemeinsam	alle Vorstandsmitglieder gemeinsam (Gesamtvertretungsbefugnis)
■ Gesellschaftsvermögen und Privatvermögen der Komplementäre ■ Komplementäre haften wie OHG-Gesellschafter (Kommanditisten haften in Höhe ihrer Kommanditeinlage)	Gesellschaftsvermögen (Gesellschafter haften in Höhe ihrer Stammeinlage)	Gesellschaftsvermögen (Aktionäre haften in Höhe ihrer Aktieneinlage)	Gesellschaftsvermögen ggf. zusätzlich Haftung der Mitglieder bis zur Höhe der in der Satzung festgelegten Haftungssumme; diese muss mindestens der Höhe des Geschäftsanteils entsprechen
■ 4 % auf die Kapitaleinlage ■ Rest in angemessenem Verhältnis ■ Verlust in angemessenem Verhältnis	im Verhältnis der Geschäftsanteile	im Verhältnis der Aktiennennbeträge	im Verhältnis der Geschäftsguthaben
■ wie bei OHG	■ Gesellschafterbeschluss (75 % Stimmenmehrheit der abgegebenen Stimmen) ■ Vertragsablauf lt. Gesellschaftsvertrag ■ Insolvenzeröffnung über das Vermögen der Gesellschaft	■ Hauptversammlungsbeschluss (75 % Stimmenmehrheit der abgegebenen Stimmen) ■ Vertragsablauf lt. Satzung ■ Insolvenzeröffnung über das Vermögen der Gesellschaft	■ Generalversammlungsbeschluss (75 % Stimmenmehrheit der erschienenen Mitglieder) ■ Vertragsablauf lt. Satzung ■ Insolvenzeröffnung über das Vermögen der Gesellschaft
	Geschäftsführer ■ geschäftsführendes Organ (= gesetzl. Vertreter) ■ 1 oder mehrere Geschäftsführer ■ Bestellung durch die Gesellschafter	Vorstand ■ geschäftsführendes Organ (= gesetzl. Vertreter) ■ 1 oder mehrere Mitglieder ■ Bestellung durch den Aufsichtsrat	Vorstand ■ geschäftsführendes Organ (= gesetzl. Vertreter) ■ mind. 2 Mitglieder ■ Wahl durch die Generalversammlung
keine	Aufsichtsrat (bei mehr als 500 Arbeitnehmern zwingend) ■ überwachendes Organ ■ mind. 3 Mitglieder	Aufsichtsrat ■ überwachendes Organ ■ mind. 3 Mitglieder	Aufsichtsrat bei mehr als 20 Mitgliedern ■ überwachendes Organ ■ mind. 3 Mitglieder
	Für die Wahl und Zusammensetzung des Aufsichtsrates gelten ergänzend die Bestimmungen des Drittelbeteiligungsgesetzes, des Mitbestimmungsgesetzes von 1976 und bei Kapitalgesellschaften das Montan-Mitbestimmungsgesetz von 1951		
	Gesellschafterversammlung ■ beschlussfassendes Organ (Interessenvertretung der Gesellschafter) ■ 1,00 EUR Geschäftsanteil = 1 Stimme	Hauptversammlung ■ beschlussfassendes Organ (Interessenvertretung der Aktionäre) ■ 1 Aktie = 1 Stimme	Generalversammlung ■ beschlussfassendes Organ (Interessenvertretung der Mitglieder) ■ 1 Mitglied = 1 Stimme; bei mehr als 3.000 Mitgliedern besteht die Generalversammlung aus Vertretern der Mitglieder (= Vertreterversammlung)

3 Grundlagen des Wirtschaftens

3.1 Bedürfnisse, Bedarf, Nachfrage

Bedürfnisse

Jeder Mensch empfindet eine Vielzahl von Wünschen, die in der Sprache der Wirtschaft Bedürfnisse genannt werden. Bedürfnisse entstehen gefühlsmäßig. Sie sind zwar individueller Natur, werden aber in hohem Maße durch die Umwelt beeinflusst, in der der einzelne Mensch lebt.

> Ein **Bedürfnis** ist das Gefühl des Mangels, verbunden mit dem Bestreben, diesen Mangel zu beseitigen.

Beispiel

Das Bedürfnis nach Nahrungsaufnahme entsteht aus dem Empfinden eines Mangels, den wir als Hunger bezeichnen. Dieses Mangelempfinden löst Handlungen des Menschen aus, um den Hunger zu stillen, d. h. den Mangel zu beseitigen.

Bedürfnis (Mangelempfinden)	löst Handlungen aus →	**Bedürfnisbefriedigung** (Mangelbeseitigung)

Bedürfnisarten

Die Bedürfnisse des Menschen unterscheiden sich in ihrer Dringlichkeit. Da der Mensch mit den begrenzt vorhandenen Mitteln nicht alle seine Bedürfnisse zugleich befriedigen kann, wird er die Bedürfnisse entsprechend ihrer Dringlichkeit zu befriedigen suchen.
Nach der Dringlichkeit der Bedürfnisse unterscheidet man zwischen Existenz- und Wahlbedürfnissen.

> **Existenzbedürfnisse** (Grundbedürfnisse) sind Bedürfnisse, deren Befriedigung zur Sicherung der Lebensgrundlagen des Menschen notwendig ist.

Beispiel

Niemand kann auf Dauer ohne Unterkunft, Kleidung und ohne Grundnahrungsmittel wie Brot, Gemüse, Fett, Milch usw. leben.

> **Wahlbedürfnisse** sind die Kultur- und Luxusbedürfnisse.

Beispiele

Verfügt der Einzelne über mehr Geldmittel, als zum „nackten" Leben erforderlich sind, so kann er wählen, welche Bedürfnisse er darüber hinaus befriedigen will. Der eine legt besonderen Wert auf modische Kleidung, der andere besucht gerne Feinschmeckerlokale, ein Dritter erfüllt sich den Wunsch nach einer Videokamera.

Mit zunehmendem Wohlstand und fortschreitender kultureller und technischer Entwicklung treten die Wahlbedürfnisse in den Vordergrund.

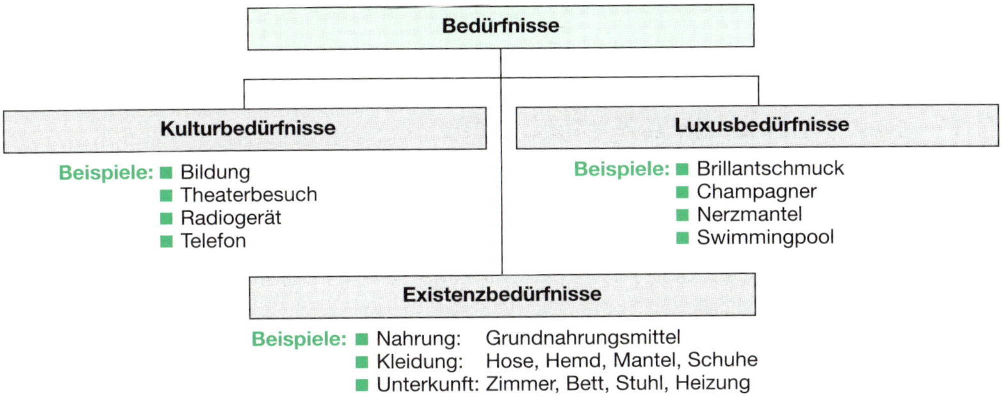

Es ist nicht immer leicht, Existenz-, Kultur- und Luxusbedürfnisse voneinander abzugrenzen.

Beispiele

- Die unterschiedlichen Lebens- und Umweltbedingungen führen dazu, dass das Verlangen nach Pelzkleidung von den Eskimos als Existenzbedürfnis, in unseren Breitengraden dagegen als Luxusbedürfnis empfunden wird.
- Auch wird der Wunsch nach einem zuverlässigen Auto in seiner Dringlichkeit von einem Taxifahrer höher eingestuft werden als von jemandem, der das Auto nur zu Ausflugsfahrten benutzt.

Vielfach richtet sich das Streben der Menschen auf die Erlangung von Statussymbolen, um den eigenen Wohlstand und gesellschaftlichen Rang zu demonstrieren.
Eine differenzierte Rangordnung hat der amerikanische Psychologe **Maslow** aufgestellt. Es entspricht der Natur des Menschen, zunächst die niedrigen, existentiell jedoch wichtigsten Bedürfnisse zu befriedigen. Erst danach wird der Mensch seine Kräfte einsetzen, die höheren Bedürfnisse Stufe für Stufe zu befriedigen.
In der sich daraus ergebenden **Bedürfnishierarchie** sind **ökonomische** (wirtschaftliche) und **außerökonomische** (nicht wirtschaftliche) Bedürfnisse enthalten.

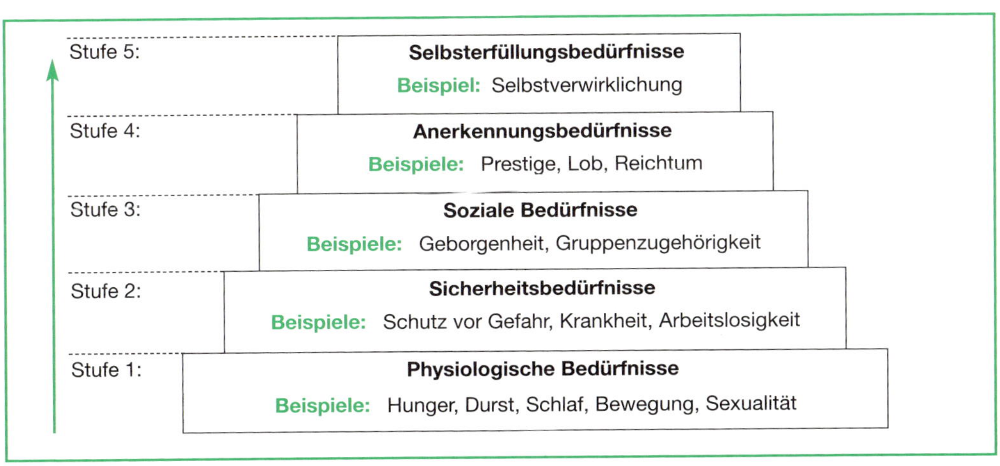

Die Erforschung der Kundenbedürfnisse ist Voraussetzung für ein zielgruppenorientiertes **Bankmarketing**[1].

Die Bedürfnisse der Bankkunden nach den Bankprodukten werden beeinflusst durch Alter, Lebensphase, Verbrauchertyp, sozialen Status, andererseits durch die individuelle Einkommens- und Vermögenssituation.

Dabei unterliegen diese Größen einem stetigen Wandel, wie der folgende Text zeigt:

Demografischer Wandel – strategische Herausforderung für die Banken

(...) Eine Folge der demografischen Entwicklung ist die Verschiebung der Nachfrage von traditionellen Bankprodukten hin zu Produkten der privaten Altersvorsorge: Der heute schon bestehende Trend zu Investmentfonds und anderen kapitalmarktnahen Produkten auf Kosten des Sparbuchs wird sich durch den Bevölkerungswandel verstärken. Kredite und Einlagen werden zurückgehen zugunsten vermehrter integrierter Produkte und Dienstleistungen (d. h. Lösungen zur Vermögensverwaltung, garantierte Produkte, Annuitäten), umfassender Beratungsleistungen (z. B. zur Abwicklung von Erbschaften) und nichtfinanzieller Dienstleistungen (z. B. Kranken- und Pflegeversicherung).

Des Weiteren wird es eine Renaissance der Filialen geben, denn die persönliche, qualifizierte Beratung für komplexe Produkte wird zunehmend nachgefragt werden. Der Kostenfaktor tritt dabei zurück und die Rolle als Vertriebskanal gewinnt an Bedeutung. (...)

Quelle: www.visavis.de/finanzen; Christoph Blome, 04.09.2007

Aufgrund von Marktuntersuchungen lassen sich verschiedene „Geldtypen“ mit jeweils spezifischen finanziellen Zielen und Wünschen unterscheiden.

Beispiele

- sicherheitsbedachter Spartyp
- zukunftsorientierter Vorsorgetyp
- ausgabefreudiger Kredittyp

Die Überlegungen zur Bedürfnishierarchie der Menschen können somit bankspezifisch angewendet werden.

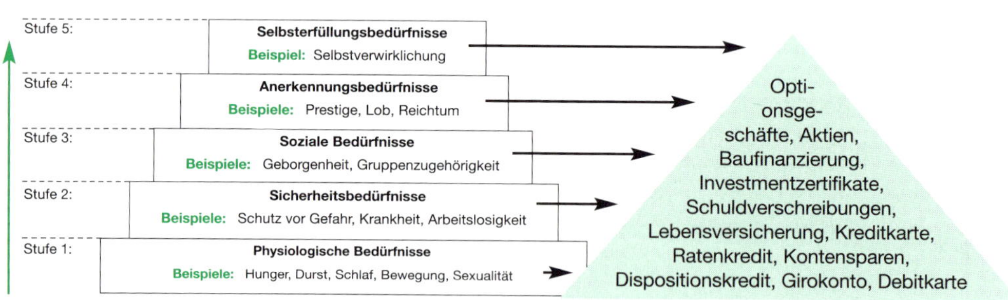

[1] Vgl. hierzu Seite 365 ff.

Nach der **Bewusstheit der Bedürfnisse** unterscheidet man zwischen offenen und latenten Bedürfnissen:

- **Offene Bedürfnisse** sind dem Menschen bewusst.
- **Latente Bedürfnisse** sind Wünsche, die erst durch die Umwelt geweckt werden müssen, bevor sie als Bedürfnis empfunden werden.

Beispiel Die Werbung versucht, die Bedürfnisse der Menschen zu beeinflussen. Andererseits erforschen die Unternehmen die offenen und latenten Bedürfnisse der Verbraucher, um die gewünschten Produkte herzustellen und für sie einen Absatzmarkt zu finden.

Nach der **Art der Bedürfnisbefriedigung** unterscheidet man zwischen Individual- und Kollektivbedürfnissen:

- **Individualbedürfnisse** kann der Einzelne im Rahmen seiner finanziellen Möglichkeiten allein befriedigen.
- **Kollektivbedürfnisse** kann der Einzelne nur mithilfe der Gesellschaft decken.

Beispiele Straßen, Schulen, geordnete Rechtsprechung, saubere Umwelt

Einteilung der Bedürfnisse		
nach der Dringlichkeit	**nach der Bewusstheit**	**nach der Art der Befriedigung**
■ Existenzbedürfnisse ■ Wahlbedürfnisse	■ offene Bedürfnisse ■ latente Bedürfnisse	■ Individualbedürfnisse ■ Kollektivbedürfnisse

Art und Zahl der Bedürfnisse unterliegen im Verlauf der wirtschaftlichen, technischen und kulturellen Entwicklung einem ständigen Wandel.

Beispiel Galt vor 50 Jahren ein Schwarzweißfernsehgerät als ausgesprochener Luxusartikel, den sich nur Besserverdienende „leisten" konnten, so ist heute der Besitz eines CD-Players oder eines Videogerätes für viele bereits zur Selbstverständlichkeit geworden.

Die Bedürfnisse des Menschen sind unbegrenzt. Sie bilden den Ausgangspunkt wirtschaftlichen Handelns.

Bedarf

Nur ein Teil der Bedürfnisse kann befriedigt werden, denn das Ausmaß der Bedürfnisbefriedigung hängt davon ab, ob die hierzu notwendigen Geldmittel zur Verfügung stehen. Angesichts der begrenzten finanziellen Möglichkeiten des Einzelnen bleiben deshalb viele Bedürfnisse unerfüllt. Zur sinnvollen Verwendung seiner Mittel wird der Mensch seine Bedürfnisse zunächst ihrer Dringlichkeit nach ordnen und sodann entscheiden, mit welchen Gütern er diese Bedürfnisse befriedigen will.

Der **Bedarf** ist die Summe aller Bedürfnisse, die mit den vorhandenen Geldmitteln befriedigt werden sollen.

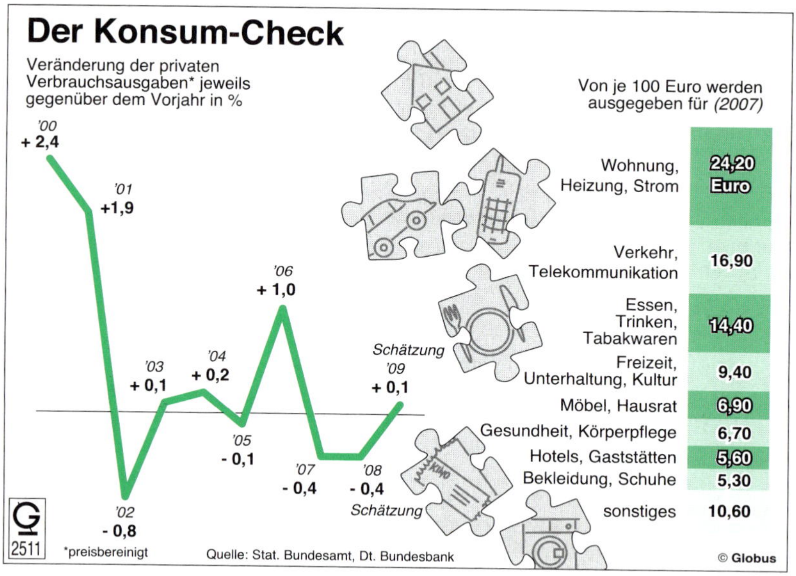

Nachfrage

Der individuelle Bedarf tritt auf dem **Markt** als **Nachfrage** in Form von Kaufwünschen in Erscheinung.

Bedürfnisse	. . . sind unbegrenzt und unbestimmt
↓ **Bedarf**	. . . . ist konkret
↓ **Nachfrage**	. . . . ist am Markt wirksam

Beispiel

- Nach einem anstrengenden Berufsschultag hat die Bankauszubildende Julia Schmücker Lust, ins Kino oder Theater zu gehen.
- Sie informiert sich über das Angebot, prüft, ob sie genügend Geld hat, und entscheidet sich für einen Kinobesuch.
- Sie löst an der Kinokasse eine Eintrittskarte zum Preis von 10,00 EUR für den Film „Fluch der Karibik 2“.

3.2 Güterangebot

Als **Güter** bezeichnet man die Mittel, die der Bedürfnisbefriedigung des Menschen dienen. Sie stiften einen Nutzen, indem sie helfen, die vorhandenen Bedürfnisse zu befriedigen.

Güter — stiften einen Nutzen im Hinblick auf → **Befriedigung der Bedürfnisse**

Nach der **Verfügbarkeit der Güter** unterscheidet man zwischen freien und knappen Gütern.

Güter	
Freie Güter	**Knappe Güter = Wirtschaftsgüter**
■ sind im Verhältnis zu den Bedürfnissen reichlich vorhanden ■ können ohne Einschränkungen von jedermann erlangt werden **Beispiele:** ■ Tageslicht ■ Regenwasser ■ Luft	■ ihre Bereitstellung verursacht Kosten ■ haben einen Preis **Beispiele:** ■ elektrisches Licht ■ Leitungswasser ■ Straßenbahnfahrkarte

Freie Güter

Es gibt nur wenige Güter, zu deren Beschaffung der Mensch keine Arbeit leisten muss und die von der Natur im Überfluss bereitgestellt werden. Mit diesen sogenannten freien Gütern braucht nicht gewirtschaftet zu werden. Niemand ist bereit, für sie einen Preis zu zahlen.

Knappe Güter

Nahezu alle Güter, die der Mensch benötigt, stellt die Natur entweder nicht in ausreichender Menge oder nicht in sofort verwertbarem Zustand zur Verfügung. Die Knappheit dieser Güter zwingt den Menschen, mit ihnen zu wirtschaften. Er muss versuchen, seine unbegrenzten Bedürfnisse mit den nur in begrenzter Menge vorhandenen Gütern durch sparsames und planvolles Handeln in Einklang zu bringen.

Nur die knappen Güter sind Gegenstand des Wirtschaftslebens; man bezeichnet sie daher auch als **Wirtschaftsgüter**. Gradmesser für die Knappheit bzw. den Wert der Wirtschaftsgüter ist die Höhe des Preises, den man bezahlen muss, um in ihren Besitz zu gelangen.

Nach der **Beschaffenheit der Güter** lassen sich materielle und immaterielle Güter unterscheiden:

- **Materielle** (stoffliche) Güter sind Sachgüter.
- **Immaterielle** (stofflose) Güter sind Dienstleistungen und Rechte.

Beispiele

- Dienstleistungen sind der Haarschnitt durch einen Friseur, ebenso wie die Geschäfte der Kreditinstitute und Versicherungen. Auch die Leistungen, die von den Angehörigen der Freien Berufe (Ärzte, Rechtsanwälte, Steuerberater usw.) erbracht werden, sind Dienstleistungen.
  Charakteristisch für die Dienstleistungen ist, dass sie im Gegensatz zu den Sachgütern nicht auf Vorrat produziert werden können. Ihre Bereitstellung und Inanspruchnahme erfolgen deshalb gleichzeitig.
- Zu den Rechten zählen Patente, Lizenzen, Geldforderungen, Wegerechte usw.

Nach der wirtschaftlichen **Verwendung der Güter** unterscheidet man zwischen Konsumgütern und Produktionsgütern:

- **Konsumgüter** dienen unmittelbar der Bedürfnisbefriedigung des Menschen.

Beispiele Lebensmittel, Haushaltsgeräte, Kinobesuch

- **Produktionsgüter** (Investitionsgüter) dienen dagegen nur mittelbar der Bedürfnisbefriedigung. Sie werden hergestellt und eingesetzt, um damit andere Güter zu produzieren und gegen Entgelt zu verkaufen.

Beispiele Maschinen, Rohstoffe, automatischer Kassentresor (AKT) im Kreditinstitut

Ein Gut kann sowohl als Produktions- als auch als Konsumgut verwendet werden.

Beispiel Das Auto, das ein Steuerberater zum Besuch von Mandanten benötigt, ist Produktionsgut. Benutzt der Steuerberater das Auto zu einer Urlaubsreise, so ist es Konsumgut.

Nach der **Nutzungsdauer der Güter** unterscheidet man schließlich zwischen Gebrauchs- und Verbrauchsgütern:

- **Gebrauchsgüter** können über einen längeren Zeitraum genutzt werden.
- **Verbrauchsgüter** können nur einmal verwendet werden.

Beispiele

- Zur Herstellung von Schreibtischen werden in einer Möbelfabrik laufend Kreissägen, Fräs- und Schleifmaschinen, Werkzeuge usw. **gebraucht,** dabei werden Holz, Leim, Lack, Strom usw. **verbraucht.**
- Zur Datenverarbeitung wird der PC **gebraucht,** dabei werden Papier und Tonermaterial für den Drucker **verbraucht.**

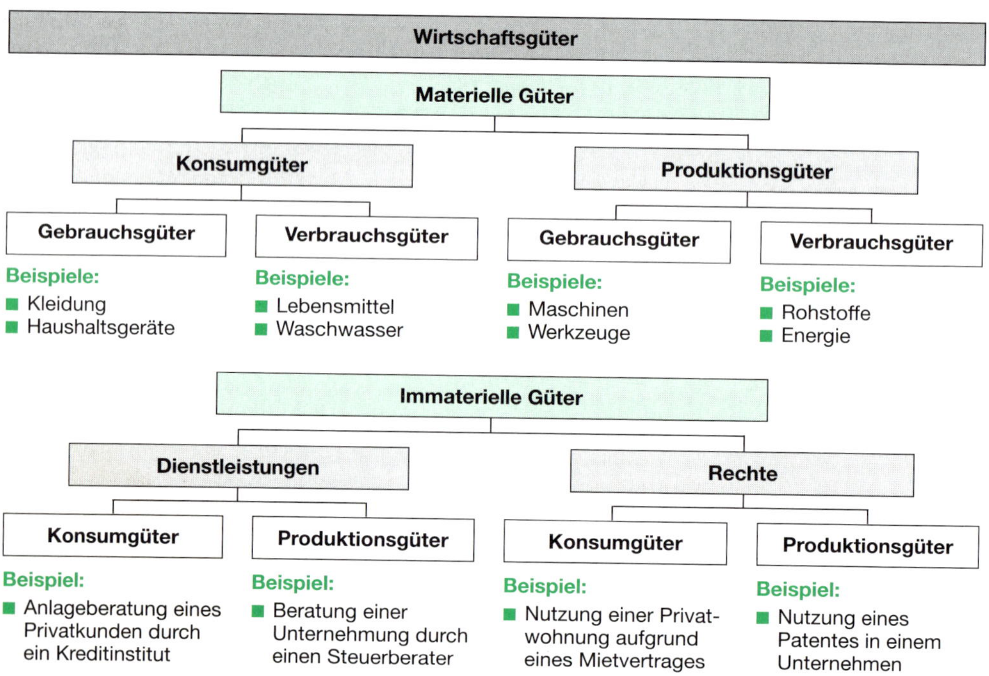

3.3 Wirtschaftliches Handeln im Spannungsfeld von Markt, ökologischer Nachhaltigkeit und sozialer Verantwortung

Zwischen der Knappheit der Güter auf der einen Seite und der tendenziellen Unbegrenztheit der menschlichen Bedürfnisse auf der anderen Seite besteht ein naturgegebenes Spannungsverhältnis, das die Menschen zwingt, mit den vorhandenen Mitteln zu wirtschaften.

> **Wirtschaften** ist die planvolle Beschaffung und Verwendung knapper Güter zur bestmöglichen Befriedigung menschlicher Bedürfnisse.

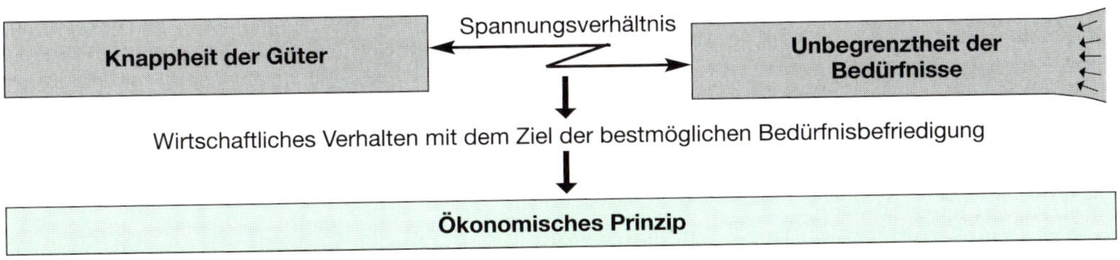

3.3.1 Ökonomisches Prinzip

Wirtschaftliches Verhalten vollzieht sich nach dem ökonomischen Prinzip, welches das menschliche Verhalten in vielen alltäglichen Verrichtungen bestimmt.
Das ökonomische Prinzip kann als **Maximum-** oder **Minimumprinzip** formuliert werden: Es entspricht vernunftgemäßem Verhalten, wenn der Mensch versucht, mit den ihm gegebenen Mitteln einen möglichst großen Erfolg zu erzielen oder aber einen bestimmten Zweck mit einem möglichst geringen Einsatz von Mitteln zu erreichen.

Ökonomisches Prinzip	
Maximumprinzip	**gegebener Mitteleinsatz** → **maximaler Erfolg** **Beispiele:** ■ Ein Sparer legt sein Kapital bei dem Kreditinstitut an, das ihm den höchsten Zins gewährt. ■ Ein Kaufmann ist bestrebt, seine Ware zu einem möglichst hohen Preis zu verkaufen. ■ Ein Auszubildender versucht, im Rahmen der ihm zur Verfügung stehenden Zeit ein möglichst großes Lernpensum zu bewältigen.
Minimumprinzip	**minimaler Mitteleinsatz** → **bestimmter Erfolg** **Beispiele:** ■ Ein Akkordarbeiter ist bestrebt, in möglichst kurzer Zeit seine Arbeitsziele zu erreichen. ■ Eine Schulklasse versucht, die Kosten für den geplanten Ausflug möglichst gering zu halten. ■ Ein Lkw-Fahrer macht die kürzeste Strecke ausfindig, um sein Fahrziel zu erreichen.

Die Beachtung des ökonomischen Prinzips trägt dazu bei, das Spannungsverhältnis zwischen der Knappheit der Güter und der Unbegrenztheit der Bedürfnisse zu mildern.

3.3.2 Leitmaximen wirtschaftlichen Handelns

Alle Teilnehmer am Wirtschaftsleben verfolgen mit ihrem wirtschaftlichen Handeln charakteristische Ziele.

Private Haushalte

Die privaten Haushalte versuchen, sich durch die Erzielung von Einkommen die Geldmittel für
- die Sicherung ihrer Existenz,
- ein angenehmes, finanziell sorgenfreies Leben,
- die Erlangung von Eigentum und Ansehen

zu beschaffen.
Dies hat zur Folge, dass die privaten Haushalte auf der einen Seite bestrebt sind, ein möglichst hohes Einkommen zu erzielen. Auf der anderen Seite versuchen sie, ihr Einkommen so zu verwenden, dass möglichst viele Bedürfnisse befriedigt werden, d. h. ihren **Nutzen zu maximieren.**

Unternehmungen in der Marktwirtschaft

Erwerbswirtschaftliches Prinzip: Das langfristige Ziel der Unternehmen in der Marktwirtschaft besteht in der **Maximierung des Gewinns** („Erwerbs"), d. h. sie versuchen, eine möglichst hohe Differenz zwischen den betrieblichen Aufwendungen und Erträgen zu erzielen. Um dieses Ziel zu erreichen, sind die Unternehmungen einerseits bestrebt, die Kosten der Produktion möglichst gering zu halten, andererseits aus dem Verkauf ihrer Produkte einen möglichst hohen Erlös zu erzielen.

Öffentliche Unternehmen und Versorgungsbetriebe

Öffentliche Unternehmen und Versorgungsbetriebe stehen im Dienste der Allgemeinheit. Für sie gilt das Bedarfsdeckungsprinzip.

Beispiele Krankenhäuser, Verkehrsbetriebe, Schulen

Bedarfsdeckungsprinzip: Das Handeln öffentlicher Unternehmen und Versorgungsbetriebe ist in erster Linie auf die Deckung des öffentlichen Bedarfs ausgerichtet, d. h. sie versuchen, eine angemessene Versorgung der Bevölkerung sicherzustellen und gleichzeitig die Kosten der Produktion möglichst gering zu halten.
Wer die Dienstleistungen öffentlicher Unternehmen und Versorgungsbetriebe in Anspruch nehmen möchte, muss zwar in aller Regel hierfür einen Beitrag leisten, doch reichen diese Beiträge gewöhnlich nicht aus, um die Kosten zu decken.
Wird die Kostendeckung nicht erreicht, sind Subventionen der öffentlichen Hand notwendig, um den Betrieb aufrechtzuerhalten.

Beispiel Die Deutsche Bahn AG hat in den vergangenen Jahren versucht, durch die Aufgabe unrentabler Strecken ihre Kosten zu senken. Dieses Handeln ist am erwerbswirtschaftlichen Prinzip ausgerichtet.
Kritiker der Streckenstilllegungen fordern dagegen, dass die Deutsche Bahn AG ihr Handeln in erster Linie am gemeinwirtschaftlichen Prinzip zu orientieren habe, d. h. so lange Beförderungsdienstleistungen anzubieten habe, wie ein entsprechender Bedarf existiert.

Öffentliche Haushalte und Verwaltungseinrichtungen und sonstige **staatliche Institutionen** sind notwendig, um die Volkswirtschaft funktionsfähig zu erhalten, die öffentliche Ordnung sicherzustellen sowie Rechtssicherheit und Gerechtigkeit zu gewährleisten.

Sie erfüllen ihre Aufgaben aufgrund eines öffentlichen (= gesetzlichen) Auftrags.

Beispiele Bund, Länder, Gemeinden, Einwohnermeldeämter, Finanzämter, Gerichte

Die notwendigen Geldmittel entstammen dem Steueraufkommen der Bevölkerung. Der **Bundesrechnungshof** bzw. die **Landesrechnungshöfe** wachen darüber, dass die Kosten des Betriebs möglichst gering gehalten und keine unnötigen Ausgaben getätigt werden.

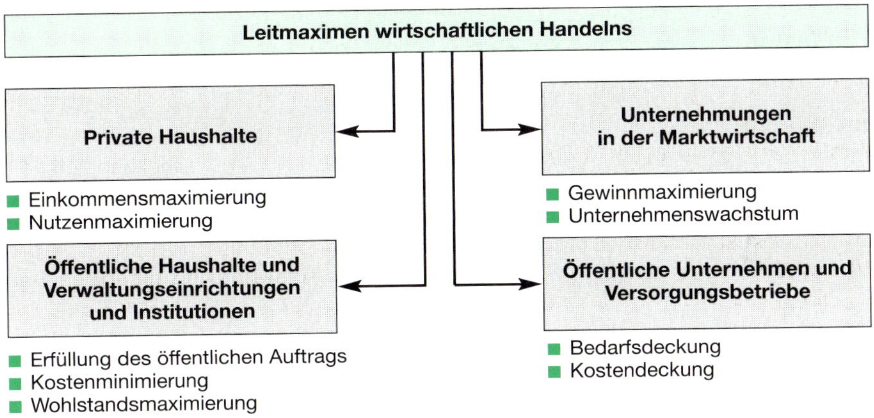

3.3.3 Ziele unternehmerischen Handelns im System der sozialen Marktwirtschaft

Die Unternehmung ist innerhalb der sozialen Marktwirtschaft Bestandteil eines komplexen gesellschaftlichen Umfeldes. Sie muss bei ihren Entscheidungen und Zielsetzungen die Interessen der unterschiedlichen Bezugsgruppen berücksichtigen. Wirtschaftliches Handeln ist immer ein bewusster, durch rationales Denken gesteuerter Prozess. Unternehmungen verfolgen dabei **Zielsetzungen,** die sich nach den grundsätzlichen Aufgaben, die sie zu erfüllen haben, richten.

Erwerbswirtschaftliches Prinzip: Das langfristige Ziel der Unternehmungen in der Marktwirtschaft besteht in der **Maximierung des Gewinns** (Erwerbs), d.h. sie versuchen, eine möglichst hohe Differenz zwischen den betrieblichen Aufwendungen und Erträgen zu erzielen.

Um dieses Oberziel zu erreichen, streben die Unternehmungen zwei wichtige Zwischenziele an:

- **Kostenminimierung** (kostengünstigste Produktion)
- **Umsatzmaximierung** (größtmöglicher Umsatz)

Bei der Verfolgung seiner Ziele steht die Unternehmung in einem Spannungsfeld der Ansprüche unterschiedlicher Interessengruppen.

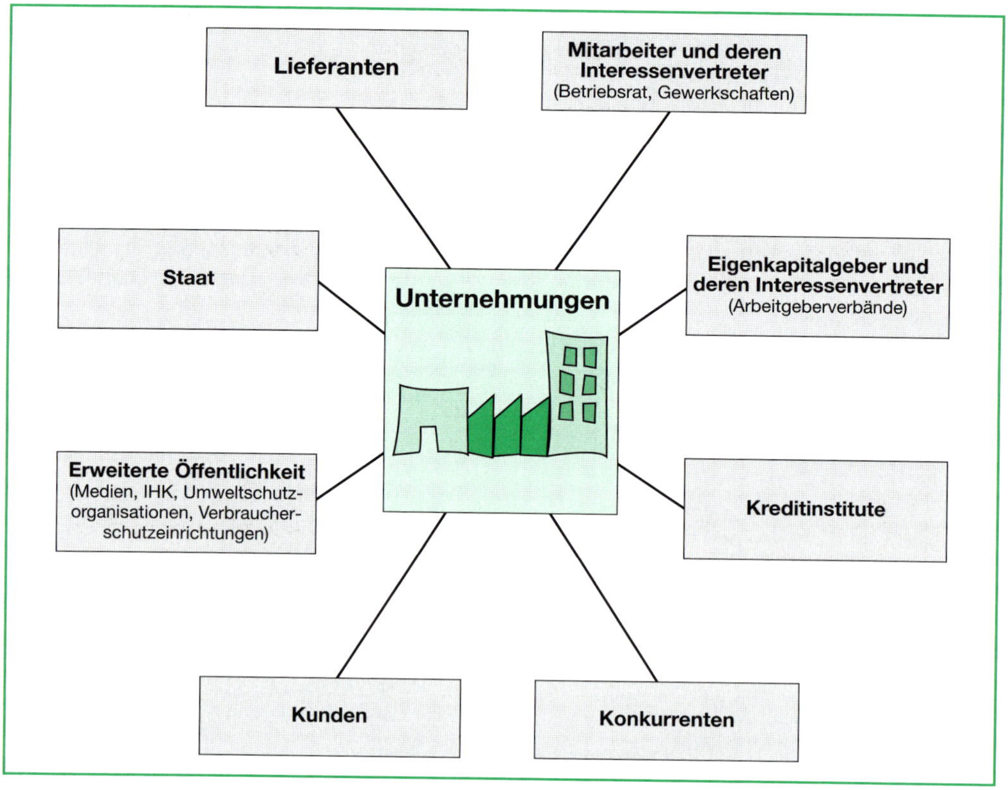

Das Gewinnstreben wird von anderen Formalzielen begleitet oder steht teilweise mit ihnen in Konkurrenz.

Konkurrierende Formalziele

Marktmacht	**Sicherung**	**Image**	**Ökologie**	**Sozialverträglichkeit**
■ Ausweitung des Marktanteils ■ Einflussnahme auf Menschen (Kunden, Lieferanten, Politiker)	■ Sicherung der Zahlungsfähigkeit (Liquidität) ■ Sicherung des Vermögens	■ Ansehen in der Öffentlichkeit ■ Bewahrung der Unternehmenstradition	■ Schonung der natürlichen Ressourcen ■ Reduzierung der Umweltbelastungen (Kontaminierung)	■ Arbeitsplatzsicherung ■ Verbesserung des Betriebsklimas

Formalziele sind allgemeine Handlungsgrundsätze, an denen die Unternehmung ihre langfristigen Entscheidungen ausrichtet. Sie sind nur zu erreichen, wenn die Unternehmung bedarfsgerechte Leistungen (Sachgüter, Dienstleistungen) anbieten kann. Nur für solche Güter ist der Nachfrager bereit, den von der Unternehmung kalkulierten (berechneten) Preis zu zahlen. Die erzielten Einnahmen ermöglichen dem Unternehmen die Beschaffung und den Einsatz der benötigten Produktionsfaktoren.

Sachziel der Unternehmung ist die Produktion nachfragewirksamer Leistungen.

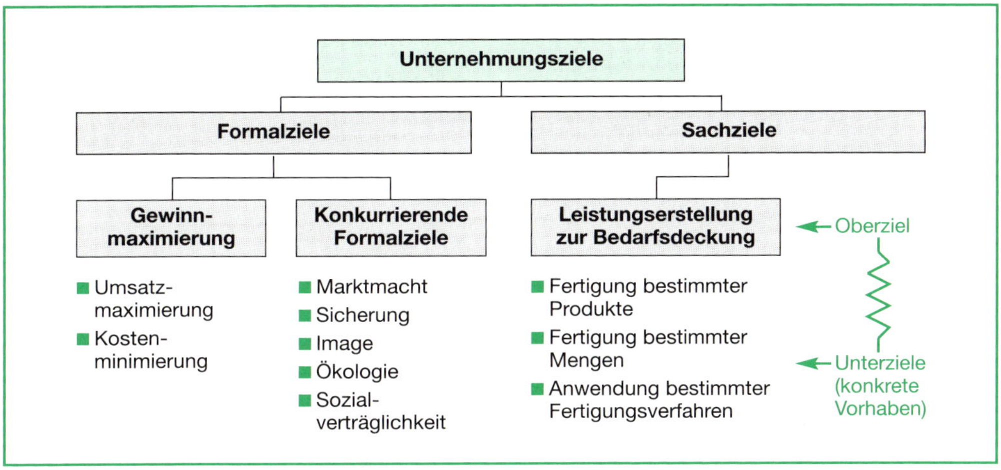

Aus den **Oberzielen** *(z. B. Gewinnmaximierung)* leiten sich **Zwischenziele** ab, aus diesen wiederum die Unterziele als konkrete (greifbare) Vorhaben, die der Zielerreichung dienen.
Unternehmen sind bemüht, mehrere Ziele gleichzeitig zu erfüllen. Häufig jedoch ist eine **Zielharmonie** nicht festzustellen, sondern es liegen **Zielkonflikte** vor.

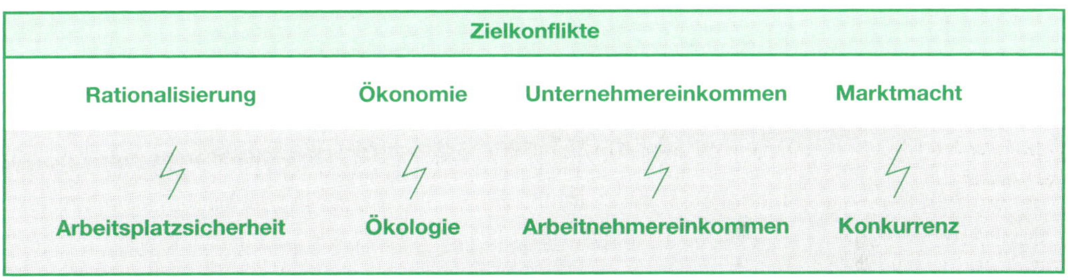

Vielfältige **gesellschaftliche Sicherungen** sorgen innerhalb des Systems der sozialen Marktwirtschaft dafür, dass das Gewinnstreben der Unternehmungen nicht einseitig zulasten der Arbeitnehmer und Verbraucher geht:
So findet in den alljährlichen Tarifverhandlungen zwischen Arbeitgeberverbänden und Gewerkschaften stets ein Tauziehen statt, das den Arbeitnehmern ein angemessenes Stück am Unternehmenserfolg sichern soll. Auf den Konsumgütermärkten suchen zahlreiche Verbraucherverbände und Aufklärungsaktionen durch den Staat, den Sachverstand des Verbrauchers gegenüber der Produktvielfalt der Anbieter zu schärfen.

Kreditinstitute im Spannungsfeld der verschiedenen Interessengruppen	
Interessengruppe	**Ansprüche**
Eigenkapitalgeber ■ Aktionäre bei Banken in der Rechtsform der AG ■ Mitglieder der Kreditgenossenschaften ■ öffentliche Gewährträger bei Sparkassen	■ hohe Gewinnausschüttung ■ Werterhaltung/-steigerung des eingesetzten Kapitals ■ Mitsprache
Kunden	■ Einlagensicherheit ■ hohe Verzinsung der Einlagen ■ preisgünstige Kredite ■ umfassender Service ■ Wahrung des Bankgeheimnisses
Mitarbeiter	■ leistungsgerechte Entlohnung ■ Arbeitsplatzsicherheit ■ gutes Betriebsklima ■ Mitbestimmungsmöglichkeiten ■ Aufstiegschancen ■ attraktive Arbeitszeiten
Staat	■ Zahlung von Steuern ■ Schaffung von Arbeitsplätzen ■ Unterstützung der Konjunktur-, Sozial- und Umweltpolitik ■ Erfüllung des öffentlichen Auftrags (bei Sparkassen)
Erweiterte Öffentlichkeit	■ Bereitstellung von Ausbildungsplätzen ■ Hilfen bei Existenzgründungen ■ Spenden für gemeinnützige Aufgaben ■ Unterstützung der Schulen mit Informationsmaterial ■ Umweltschutz ■ Kultursponsoring
Konkurrenzinstitute	■ faires Wettbewerbsverhalten ■ Kooperation

Zur Diskussion: **Shareholder-Value und Stakeholder-Value – alternative Unternehmensführungskonzepte?**

Unternehmen stehen stets in einem Spannungsfeld zwischen betriebswirtschaftlichem Erfolgsdenken und Verantwortung gegenüber Gesellschaft und Umwelt.
In der Debatte „Shareholder Value – Stakeholder Value“ geht es um die Frage, welche Ansprüche ein Unternehmen primär befriedigen muss – die Ansprüche seiner Eigentümer, der **shareholder**, oder die Ansprüche aller am Unternehmensgeschehen direkt und indirekt Beteiligten, der **stakeholder**.

Was sind die Kernaussagen der alternativen Konzepte?

Shareholder-Value-Konzept

Als Shareholder-Value-Konzept bezeichnet man eine Strategie, die bei uns als wertorientierte Unternehmensführung bekannt ist. Ihr Ziel ist es, den Wert eines Unternehmens für den Eigenkapitalgeber, also den Aktionär, zu maximieren. Im Shareholder-Value drückt sich das Aktionärsvermögen, der Wert eines Unternehmens an der Börse aus. Basis für die Ermittlung des Shareholder-Value ist der Free Cashflow. Hierbei werden, vereinfacht ausgedrückt, die Zahlungsmittelabflüsse den Zahlungsmittelzuflüssen gegenübergestellt und anschließend unter Berücksichtigung der Kapitalkosten und des Risikos auf ihren Barwert, den Shareholder-Value, abgezinst. Der Free Cashflow ist Grundlage möglicher Dividendenzahlungen an die Aktionäre. Er soll nur dann nicht ausgeschüttet werden, wenn seine Verwendung im Unternehmen eine höhere Rendite garantiert, als auf dem Kapitalmarkt mit einer vergleichbaren Anlage erzielt werden kann.

Stakeholder-Value-Konzept

Das Stakeholder-Konzept ist die Antwort auf die einseitige Orientierung des Shareholder-Konzeptes an den Interessen der Aktionäre und fordert stattdessen eine umfassende Berücksichtigung anderer Interessengruppen, die in die betrieblichen Prozesse eingebunden oder von diesen betroffen sind.

Stakeholder sind Personen oder Gruppen, die die Erreichung von Unternehmenszielen beeinflussen können oder selbst von der Zielerreichung des Unternehmens betroffen sind.

Das Stakeholder-Value-Konzept geht davon aus, dass die verschiedenen mit dem Unternehmen kooperierenden Personen und Gruppen (Mitarbeiter, Lieferanten, Kapitalgeber, Abnehmer, Staat, Öffentlichkeit, Konkurrenten) durch eben diese Kooperation ihre eigenen Bedürfnisse/ Ziele besser befriedigen können als ohne sie. Deswegen halten sie dem Unternehmen „die Stange", den *stake*. Weil auf der anderen Seite ohne die Kooperation mit den Stakeholdern die Unternehmensziele dauerhaft nicht realisiert werden können, sind ihre Interessen angemessen zu berücksichtigen.

Bewertung der Debatte: Was ist nun das „richtige" Konzept?

Die Konzepte erscheinen nur auf den ersten Blick gegensätzlich zu sein. Bei näherem Hinsehen wird deutlich, dass auch mit dem Stakeholder-Value-Konzept ohne Weiteres vereinbar ist, wenn z. B. ein Unternehmen bei hohem Arbeitskräfteangebot (oder hoher Arbeitslosigkeit) Versuche unternimmt, Löhne zu drücken, oder wenn in Zeiten zunehmender Kapitalmobilität Unternehmen ihre Produktion dorthin verlagern, wo die Steuerbelastung am geringsten ist.

Umgekehrt kann kein Unternehmen langfristig überleben, wenn es nicht die Wünsche seiner Kunden nach qualitativ hochwertigen Produkten zu erschwinglichen Preisen, verbunden mit attraktivem Service erfüllt. In ähnlicher Weise ist es für innovative Unternehmen ein Muss, ihre Mitarbeiter durch hohe Löhne, angenehmes Betriebsklima und gute Aufstiegschancen an das Unternehmen zu binden, wenn weiterhin erfolgreich Produkte auf den Markt gebracht werden sollen.

Die Frage, welches der beiden Konzepte das richtige ist, scheint theoretischer bzw. ideologischer Natur zu sein: In der Realität ist eine Befriedigung der Shareholder-Interessen in den meisten Fällen nur durch die Berücksichtigung der Ansprüche zahlreicher Stakeholder möglich. Umgekehrt ist die angemessene Berücksichtigung der Shareholder-Ansprüche eine Grundbedingung für jede erfolgreiche unternehmerische Betätigung und damit für die Befriedigung der Interessen ihrer Stakeholder. Somit können Shareholder- und Stakeholder-Konzept sogar zu einem identischen Ergebnis führen, wenn die Befriedigung der Aktionärsinteressen zum entscheidenden Problem des Unternehmens wird und hiervon die Sicherheit der Arbeitsplätze, die Versorgung des Marktes und die Kontinuität der Steuereinnahmen abhängt.

3.3.4 Nachhaltiges Wirtschaften – ökologische Ziele

Nach den beiden verheerenden Weltkriegen, der Weltwirtschaftskrise und der Phase des Wiederaufbaus in Europa hat das westliche Wirtschaftssystem mit seinen Prinzipien des Freihandels, des Wachstums und der sozialen Sicherheit beispiellose Erfolge erzielt. Währungsstabilität, Kranken- und Arbeitslosenversicherung, Rentensystem sowie staatlich geförderte Ausbildungsgänge haben vor allem in der Bundesrepublik Deutschland für einen gesellschaftlichen Konsens und Wohlstand gesorgt, der die soziale Marktwirtschaft als gerade vorbildhaftes und alternativloses Modell erscheinen lässt.

Doch ist der **wirtschaftliche Wohlstand** mit einem ebenso beispiellosen Raubbau an der Natur, einer Verschwendung der Ressourcen und einer Ökonomisierung nahezu sämtlicher Lebensbereiche erkauft worden. Noch niemals sind so viele Waren produziert, umgesetzt und verbraucht worden wie heute. Noch kein Jahrhundert ist so leichtfertig mit Rohstoffen, Energien und ererbten Naturwerten umgegangen wie unseres.

Wirtschaft und Gesellschaft sind vor die Aufgabe gestellt, **Ökonomie und Ökologie in Einklang** zu bringen und gleichzeitig den sozialen Grundkonsens innerhalb der Gesellschaft zu erhalten.
Im Einzelnen geht es darum, das Spannungsverhältnis zwischen
- traditionellem ökonomischen Wachstums- und ökologischem Nachhaltigkeitsdenken,
- sozialstaatlicher Sicherung und individueller Verantwortung,
- ökologischer Regionalität und Globalisierung der Märkte und Umweltprobleme

auszugleichen.

Um zu einer Konfliktlösung zwischen den Zielen der Wohlstandsmehrung und Umwelterhaltung zu gelangen, ist 1987 von der Weltkommission für Umwelt und Entwicklung in dem Abschlussbericht „Unsere gemeinsame Zukunft" (Brundland-Bericht) erstmals das Prinzip der Nachhaltigkeit als Leitvorstellung formuliert worden. Nachhaltige Entwicklung wird von dieser Kommission als „Sustainable Development" bezeichnet.

Unter **nachhaltigem Wirtschaften – Sustainable Development –** versteht man eine wirtschaftliche Entwicklung, die die Bedürfnisse der Gegenwart befriedigt, ohne zu riskieren, dass künftige Generationen ihre eigenen Bedürfnisse nicht befriedigen können. Es ist der Versuch, wegzukommen von einer ausschließlich wachstumsorientierten Wirtschaft, die zumindest teilweise auf einem unwiederbringlichen Ressourcenabbau und einer starken Ungleichverteilung der verfügbaren Ressourcen basiert.

Diese Definition wird inzwischen allgemein verwendet. Gemeint ist ein Wirtschaftsprozess, der langfristig aufrechterhalten werden kann, ohne das „Ökosystem Erde" zu überlasten.

Beispiel

Das Prinzip der Nachhaltigkeit stammt ursprünglich aus der Forstwirtschaft, wo es bereits seit Hunderten von Jahren praktiziert wird. Dort gilt die Regel, dass der jährliche Holzeinschlag nicht größer sein darf als die nachwachsende Holzmenge.

Umweltkonflikte entstehen immer dann, wenn Wirtschaftssubjekte zwischen alternativen Verhaltensweisen entscheiden können und ein ökologisch sinnvolles Verhalten zu individuellen Nachteilen führt.

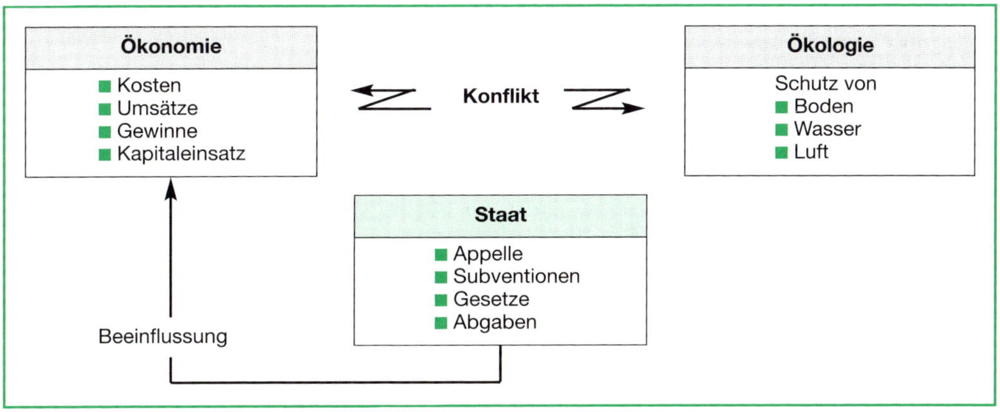

Es besteht die vorrangige Aufgabe darin, Wege eines ökologisch verträglichen Wirtschaftens zu finden. Das bedeutet zunächst, ganzheitlich statt wachstumsorientiert zu denken und den effektiven Naturverbrauch und die erforderlichen Reparaturkosten des Ökosystems in die **wirtschaftliche Gesamtrechnung** einzubeziehen. Ein kurzfristiges Gewinn- und Erfolgsstreben verhindert langfristiges „nachhaltiges Wachstum" unter Einschluss vertretbarer **ökologischer Kosten**. Um nachhaltiges Wachstum zu erreichen, sind tiefgreifende Reformen des Energie-, Verkehrs- und Steuersystems und die Verbesserung der Umweltverträglichkeit der Güterproduktion und des Konsums vonnöten.

Die **Vernachlässigung der Umwelt** kann – vordergründig betrachtet – oftmals den wirtschaftlichen Interessen der Wirtschaftsteilnehmer durchaus entsprechen:

- Umweltverträgliche Güter sind oft teurer.
- Umweltverträgliche Güter genügen vielfach nicht den Qualitätsansprüchen *(z. B. Recyclingpapier)*.
- Umweltverträgliche Fertigungsverfahren erfordern einen höheren Kapitaleinsatz.
- Umweltverträgliche Produktionsmengen führen zu geringeren Absatzmengen und damit zu höheren Kosten pro Stück.

Mit der Lösung dieser Konflikte im Sinne der Umwelt sind die privaten Wirtschaftssubjekte oft überfordert. Hier greift der Staat mit mehr oder weniger scharfen Maßnahmen ein.[1]

[1] Vgl. zur Umweltpolitik Seite 565 ff.

3.3.5 Unternehmensleitlinien – Corporate Identity

Das Zielsystem der Unternehmung findet seinen Ausdruck häufig in Unternehmensleitlinien.

Unternehmensleitlinien sind schriftlich formulierte Grundsätze, die dazu dienen, gemeinsame Vorstellungen von Management und Mitarbeitern zu artikulieren und den unternehmerischen Kurs für die Zukunft festzulegen.

Sie bieten Orientierungshilfen bei der Tätigkeit jedes einzelnen Mitarbeiters in der Weise, dass alle Beteiligten ihr Verhalten daraufhin überprüfen können, ob es mit den Unternehmensleitlinien übereinstimmt.

Die Umsetzung der Unternehmensleitlinien verleiht der Unternehmung eine spezielle **Corporate Identity,** also eine spezifische, möglichst unverwechselbare Identität. Die Unternehmensleitlinien werden – um akzeptiert zu werden – im Idealfall von Mitarbeitern und Management gemeinsam entwickelt. Nur so lässt sich die gewünschte Identifikation mit der Unternehmung und mit der von dem einzelnen Mitarbeiter jeweils übernommenen Aufgabe erreichen.
Unternehmensleitlinien prägen somit nicht nur das Selbstverständnis und die Unternehmenskultur nach innen, sondern auch das Erscheinungsbild der Unternehmung nach außen.
Die Verpflichtung der Mitarbeiter auf klar definierte Unternehmensleitlinien ist besonders dann wichtig, wenn

- Selbstständigkeit, Eigenverantwortung und Teambildung gefördert,
- Hierarchieebenen im Unternehmen abgebaut,
- Entscheidungskompetenzen delegiert werden.

Nur so ist gewährleistet, dass die Unternehmung ihre klare Orientierung gegenüber den Marktpartnern behält.
Unternehmensleitlinien bedürfen von Zeit zu Zeit einer Überprüfung und gegebenenfalls einer Aktualisierung, um nicht ihre Leitbildfunktion zu verlieren.

Kreissparkasse Ostalb
Ein starker Partner für Sie und die Region

Unternehmensgrundsätze

Wir sind der führende Finanzdienstleister im Ostalbkreis
mehr Info . . .

Zufriedene Kunden sind unser Erfolg
mehr Info . . .

Wir sind für unsere Kunden da
mehr Info . . .

Wir bieten die Kompetenz der Finanzgruppe
mehr Info . . .

Standort hier: Wir stärken und fördern die heimische Region
mehr Info . . .

Wir engagieren uns für umweltfreundlichen Fortschritt
mehr Info . . .

Die Leistung aller Mitarbeiter ist die Basis für unseren Erfolg
mehr Info . . .

Wir wollen ständig besser werden
mehr Info . . .

Führungsgrundsätze

Vertrauen und Kooperation sind die Basis unseres Erfolgs
mehr Info . . .

Gemeinsam sind wir stark
mehr Info . . .

Offener Dialog bringt uns zusammen
mehr Info . . .

Wir zeigen uns gegenseitig auf, wo wir stehen
mehr Info . . .

Wir übernehmen und übertragen Verantwortung
mehr Info . . .

Soziale Verantwortung ist uns wichtig
mehr Info . . .

Wir wollen uns weiterentwickeln
mehr Info . . .

Wir über uns

VR-Bank Würzburg
Qualität ist Ihr Anspruch – und unser Ziel

- Der Kunde steht im Mittelpunkt unseres Denkens und Handelns. Eine hohe Kundenzufriedenheit ist unser oberstes Ziel, denn der Kunde bestimmt unseren Erfolg.
- Der Kunde ist für uns ein Partner und keine Nummer. Jeder Kunde wird von uns persönlich betreut. Freundliche und objektive Beratungen sind für uns selbstverständlich – auch außerhalb der Öffnungszeiten.
- Auf das Verhalten und die Umgangsformen zwischen Mitarbeitern und Kunden sowie zwischen den Mitarbeitern selbst legen wir großen Wert. Hierzu zählen neben gegenseitigem Respekt, Freundlichkeit, Kommunikationsfähigkeit und Zuverlässigkeit auch die persönliche und telefonische Erreichbarkeit.
- Die angenehme Atmosphäre zwischen Kunde, Mitarbeiter und Bank ist uns wichtig. Unser Ziel ist es, uns überzeugend, offen und individuell zu präsentieren.
- Unser Qualitätsziel ist es, fehlerfrei zu arbeiten. Jede Aufgabe sollte zeitnah und einwandfrei erledigt werden.
- Wir streben nach hoher Kundenzufriedenheit. Wir sind dankbar für jede Reklamation, werden sie positiv aufnehmen und unverzüglich und fachgerecht bearbeiten.
- Unsere Dienstleistungen sind transparent, flexibel und mit marktgerechten Konditionen ausgestattet.
- Moderne Technik ist für eine gute Betreuung unserer Kunden Voraussetzung und dient der Unterstützung der Mitarbeiter.
- Kurze und schnelle Entscheidungen sind uns wichtig. Eine marktorientierte Organisation ermöglicht unseren Mitarbeitern rationelles Arbeiten und lässt gleichzeitig Spielraum für Flexibilität und Kreativität.
- Für Vorschläge und Ideen, die unsere Qualität verbessern können, sind wir unseren Kunden und Mitarbeitern dankbar.
- Die großen qualitativen Anforderunen an uns erfordern eine hohes Maß an
  - fachlicher Kompetenz
  - Vertrauen und Selbstvertrauen
  - Mitdenken und eigenständigem Handeln
  - unternehmerischem Denken
  - Führungskompetenz
- Qualität ergibt sich nicht von selbst. Sie muss erarbeitet werden – jeden Tag von Jedem aufs Neue.

3.3.6 Kreditinstitute und Umweltschutz

Die Kreditinstitute erzielen mit ihrem unternehmerischen Handeln interne und externe umweltbezogene Wirkungen. Ein dem Umweltgedanken sich verpflichtendes Kreditinstitut berücksichtigt neben den ökonomischen und sozialen Aspekten auch die ökologischen Aspekte seiner Geschäftstätigkeit.

Interne umweltbezogene Wirkungen der Bankgeschäftstätigkeit

Die **internen umweltbezogenen Wirkungen** der Bankgeschäftstätigkeit beziehen sich auf den eigenen Ressourcenverbrauch und die durch das Kreditinstitut und seine Mitarbeiter verursachten Umweltbelastungen.

Indikatoren der internen umweltbezogenen Wirkungen sind:

- Energieverbrauch,
- Wasserverbrauch,
- Papierverbrauch,
- Abfallaufkommen/Abfallentsorgung,
- Dienstfahrten *(Pkw, Bahn, Flugzeug).*

Eine Umweltbilanz/Umweltberichterstattung hat den Zweck, den Ressourcenverbrauch des Kreditinstituts zu erfassen, zu analysieren und aus den ermittelten Umweltkennzahlen Ansatzpunkte zu einer Effektivierung des Ressourcenverbrauchs und der Minderung von Umweltbelastungen abzuleiten.

Durch die Festlegung von **Umweltregeln** für die Geschäftstätigkeit und das Mitarbeiterverhalten im Zusammenhang mit dem betrieblichen Ressourcenverbrauch kann das ökologische Bewusstsein der Mitarbeiter geschärft werden.
Regelmäßige Veröffentlichungen umweltrelevanter Daten helfen dabei, das eigene wirtschaftliche Handeln auch unter dem Aspekt der Nachhaltigkeit zu betrachten.

Beispiel: Nachhaltigkeitsbericht 2006/2007 der Landesbank Baden-Württemberg (LBBW)

LBBW Umweltbilanzdaten/Kennzahlen Übersicht.

Grundlage 2005: Verbräuche 2005 ab 01.08.05 inkl. BW-Bank.

Positionen	2001	2002	2003	2004	2005
Input					
Energie (kWh)	99 752 626	99 071 425	106 998 004	113 839 415	144 954 746
davon: Strom	57 133 859	57 902 702	63 362 796	66 676 122	83 975 316
davon: Heizenergie	42 618 767	41 168 723	43 606 928	47 163 293	60 979 430[1)]
Wasser (m^3)	305 533	285 833	300 454	297 403	343 872[2)]
Papier (Blatt)*	247 359 270	204 858 665	237 044 376	218 572 538	228 386 877
Kopierpapier in kg	433 206	420 390	405 395	454 280	412 338
Werbedrucksachen in kg	474 155	278 679	298 045	392 167	493 758
Verkehr in km	20 767 354	20 729 017	21497 378	22 774 935	25 303 587[3)]
Output					
Abfall (kg) LBBW o. Gastro Event	1860 550	1895 600	1 888 720	1 869 305	2 169 908
Abfall (kg) Gastro Event	nicht erfasst	nicht erfasst	215 847	294 535	248 728
Abfall (kg) LBBW u. Gastro Event	2 104 567	2 163 840	2 418 636		
davon Abfälle zur Verwertung	nicht erfasst	nicht erfasst	1 292 198	1 481 751	1 621 193
Bestand					
Mitarbeiter VÄ	8 844	8 987	8 200	7 978	8 762
Flächen (m^2)	299 763	307 065	293 303	339 989	419 833
Flächen pro Mitarbeiter (m^2)	34	34	36	43	48
Kennzahlen					
Stromverbrauch in kWh/m^2	191	189	216	196	200
Heizenergieverbrauch in kWh/m^2	142	134	149	139	160[4)]
Stromverbrauch in kWh/MA	6 460	6 433	7 727	8 358	9 584
Heizenergieverbrauch in kWh/MA	4 819	4 581	5 318	5 911	7 477[5)]
Wassereinsatz in Liter/MA/Tag	138	127	147	149	161[6)]

Papierverbrauch in Blatt*/MA	27 966	22 795	28 908	27 396	29 424[7)]
Kopierpapier in kg/MA	49	47	49	56	53[8)]
Werbedrucksachen in kg/MA	54	31	36	49	56
Geschäftsverkehr in km/MA	2 348	2 307	2 621	2 855	2 888[9)]
Abfallaufkommen in kg/MA	210	211	256	271	276
CO_2-Emissionen aus Strom, Heizung	4 418 kg/MA	4 349 kg/MA	5 736 kg/MA	5 621 kg/MA**	6 471 kg/MA**[10)]
CO_2-Emissionen aus Verkehr	518 kg/MA	523 kg/MA	569 kg/MA	511 kg/MA***	409 kg/MA

* Gesamter Büropapierverbrauch (Brief-, Kopierpapier, Umschläge, Formulare) in Blatt. Dabei parallele Erfassung in kg nur für Kopierpapier. Werbedrucksachen werden nur in kg erhoben.

** Umrechnungsfaktoren nach VfU-Indicators 2005; für Heizenergie wurde der lokale Umrechnungsfaktor des Versorgers verwendet.

*** Umrechnungsfaktoren nach VfU-Indicators 2005; Kennzahl nicht vergleichbar mit VJ, da Flugverkehr in 2004 erstmals aufgeteilt. nach Kurz- u. Langstrecke (andere CO2-Äquivalente).

1) Ohne Mannheim und Tübinger Straße.

2) Ohne Kronprinz- und Tübinger Straße.

3) Zeitkarten Bahn nur zu 10 % berücksichtigt.

4) Gebäude Tübinger Straße und Mannheim nicht enthalten, da Daten nicht vorliegen.

5) Bezieht sich auf 8155,3 VÄ.

6) Bezieht sich auf 8529,2 VÄ.

7) Bezieht sich auf 7762 MA (pauschaler Abschlag von 1000 MA von Gesamtmitarbeiterzahl zum Jahresende), da die Verbräuche der BW-Bank alt in 2005 noch nicht integriert sind.

8) Bezieht sich auf 7762 MA (pauschaler Abschlag von 1000 MA von Gesamtmitarbeiterzahl zum Jahresende), da die Verbräuche der BW-Bank alt in 2005 noch nicht integriert sind.

9) Zeitkarten zu 10 % berücksichtigt.

10) Kennzahlenermittlung Heizenergie auf Basis von 8 155,3 Mitarbeitern, da Verbrauchsdaten für Mannheim und Tübinger Straße fehlen.

Quelle: Landesbank Baden-Württemberg (Hrsg.): Der Nachhaltigkeitsbericht 2006/2007, S. 82.

Externe umweltbezogene Wirkungen der Bankgeschäftstätigkeit

Die **externen umweltbezogenen Wirkungen** der Bankgeschäftstätigkeit beziehen sich auf die durch das Leistungsprogramm und die Geschäftspolitik des Kreditinstituts verursachten Umweltwirkungen.

Aufgrund der weitreichenden geschäftlichen Beziehungen der Kreditinstitute mit Unternehmen sowie mit privaten und öffentlichen Haushalten übertreffen die externen umweltbezogenen Wirkungen eines Kreditinstitutes die internen deutlich.

Die einzel- und gesamtwirtschaftlichen Aufwendungen zur Vermeidung und Beseitigung von Umweltschäden nehmen stetig zu. Damit steigen automatisch auch die Ansprüche der Unternehmen und der öffentlichen Haushalte an ein entsprechendes finanzielles Engagement der Kreditinstitute. Die Bereitschaft der Kreditinstitute, die ökologischen Aspekte bei Kredit- und Anlageentscheidungen einzubeziehen, steigt in dem Maße, wie ein Engagement auf diesem Gebiet den Unternehmenserfolg positiv beeinflusst bzw. Versäumnisse den Unternehmenserfolg negativ beeinflussen.
Hinzu kommt, dass ein wesentlich verschärftes **Umwelthaftungsgesetz** die Unternehmen und damit indirekt auch die Kreditinstitute zur Auseinandersetzung mit den umweltrelevanten Konsequenzen ihrer Geschäftstätigkeit zwingt.

Welche Auswirkungen kann die Einbeziehung ökologischer Aspekte auf die Geschäftspolitik eines Kreditinstituts haben?

Welche Chancen bietet die sich entwickelnde Umweltbranche?

- Die Auflegung **ökologischer Kreditangebote** setzt Akzente und lässt die ökologische Mitverantwortung des Kreditinstituts erkennen.

Beispiel Förderkredite zur Begrenzung von Umweltrisiken und Beseitigung von Umweltschäden

- **Ökologische Geldanlagemöglichkeiten** für die Privatkundschaft stoßen auf ein zunehmendes Interesse und eröffnen ein entsprechendes Akquisitionspotenzial.

Beispiele Ökosparbuch, Ökofonds, Umweltaktien

Geldanlagen und Umweltschutz

Meinungsumfragen bestätigen, dass Geldanleger mitunter bereit sind, eine Rendite unterhalb des üblichen Marktniveaus hinzunehmen, wenn die Geldanlage ethische und ökologische Gesichtspunkte angemessen berücksichtigt. Das bedeutet nun nicht, dass eine unter ökologischen Gesichtspunkten getroffene Geldanlage automatisch eine geringere Rendite aufweist. Es gibt im Gegenteil genügend Hinweise dafür, dass für Umweltaktien und Umweltfonds ein hohes Wachstumspotenzial besteht. In Europa werden zurzeit mehr als 70 verschiedene ökologieorientierte Fonds aufgelegt, die sich verglichen mit anderen Aktienfonds überdurchschnittlich gut entwickelt haben.

- Mit speziellen **Umweltberatungs- und Betreuungsangeboten** für die gewerbliche Kundschaft können nicht nur neue Kunden gewonnen werden, sondern auch der Umweltschutz in den Unternehmen gefördert werden.
- Ein ökologisch verantwortlich handelndes Kreditinstitut kann in der Öffentlichkeit mit einem erheblichen **Imagegewinn** rechnen. Umgekehrt muss ein Kreditinstitut, das mit einem „Umweltsünder" geschäftlich in Verbindung gebracht wird, damit rechnen, einen Imageverlust hinnehmen zu müssen.

Beispiel Die Internationale Bank für Wiederaufbau und Entwicklung (Weltbank) versuchte Anfang der 90er-Jahre, ihr Image durch Umarbeitung der bestehenden Unternehmensleitlinien unter Einbeziehung des Umweltthemas zu verbessern.

- Die **Beeinträchtigung des Wertes eingeräumter Sicherheiten** kann durch Verwendung gesundheitsgefährdender Rohstoffe und Baumaterialien, Altlasten im Boden sowie durch mangelhaft entsorgte oder falsch deklarierte Abfälle verursacht werden. Unternehmen, die durch präventive Maßnahmen Umweltrisiken vermindern, sind bessere Schuldner, weil hierdurch ein eventuelles Bonitätsrisiko des Kreditinstituts reduziert wird.

Beispiel Das Betriebsgelände einer Unternehmung ist durch eine jahrelang unzureichende Entsorgung von Chemieabfällen belastet. Nach Stilllegung der Produktionsanlagen erweist sich die Immobilie aufgrund der Altlasten als unvermietbar bzw. unverkäuflich.

Kreditwürdigkeitsprüfung und Umweltrisiken

Jede Kreditvergabe birgt für das Kreditinstitut ein Risiko. Um das Ausfallrisiko möglichst genau einschätzen zu können, führt das Kreditinstitut eine Kreditwürdigkeitsprüfung durch.
Nur in Einzelfällen wird bisher bei den Kreditinstituten der Risikofaktor „Umwelt" in die Kreditwürdigkeitsprüfung einbezogen. Doch der Faktor „Umwelt" kam in der Vergangenheit bereits manches Kreditinstitut teuer zu stehen. In diesem Zusammenhang am bekanntesten ist die Gefahr, die von im Boden verborgenen Altlasten ausgeht. Das Risiko besteht darin, dass ein Kreditnehmer, auf dessen Grundstück eine Altlast lokalisiert wird, seiner Kreditverpflichtung möglicherweise nicht mehr nachkommen kann und die vermeintliche Sicherheit nicht mehr in der veranschlagten Höhe realisierbar ist. Ein Kreditinstitut, das einen erheblichen Einfluss auf die Unternehmensführung des Kreditkunden ausübt, kann unter Umständen selbst zur Umwelthaftung herangezogen werden.

Kreditinstitute noch nicht im „grünen Bereich"

Ob es sich um den Bau von Staudämmen oder gefährlichen Industrieanlagen handelt oder nur um die Finanzierung eines neuen Autos und der sommerlichen Flugreise geht, das Geld für die Zerstörung der Umwelt kommt in vielen Fällen von der Bank. Allerdings kann das für die Kreditinstitute schief gehen. Die Umweltrisiken der Gläubiger tragen auch die Kreditinstitute. Wenn ein neues Produkt aus ökologischen Gründen ein Flop wird oder ein Unfall in einer Chemiefabrik riesige Umweltschäden verursacht, können die Kreditinstitute in vielen Fällen die von ihnen gewährten Kredite abschreiben. Trotzdem spielen Umweltrisiken bei der Vergabe von Darlehen bisher nur eine untergeordnete Rolle.
Spätestens seit man gemerkt hat, dass Umweltschutz auch finanzielle Vorteile bieten kann, wächst das Umweltbewusstsein in vielen Unternehmen. Die Kreditinstitute haben diese Entwicklung lange Zeit ignoriert. Erst allmählich öffnen sie sich für diese Thematik. Die Kreditinstitute müssen ökologische Risiken identifizieren und bewerten. Im zweiten Schritt sollte die Prüfung der Kreditwürdigkeit auf diesen Bereich ausgedehnt werden und in das bestehende Bewertungssystem für die Vergabe von Darlehen einfließen. Der Vorteil für die Kreditinstitute liegt auf der Hand: Durch mehr Transparenz lassen sich mögliche Kreditverluste minimieren bzw. die Darlehenskonditionen praxisnäher gestalten. Ein ambitioniertes Kreditvergabesystem, in dem Umweltaspekten ein höherer Stellenwert eingeräumt wird, stellt zudem einen verstärkten Anreiz für die Kunden dar, umweltschonend zu wirtschaften.

Checkliste zur Überprüfung der umweltrelevanten Kriterien im Rahmen der Kreditwürdigkeitsprüfung

Management und Öffentlichkeitsarbeit

1. Ist das Unternehmen auf zukünftige Entwicklungen im Umweltschutz vorbereitet?
2. Wie ernst nimmt das Unternehmen seine eigenen ökologischen Maßnahmen?
3. Ist der Umweltschutzgedanke im Unternehmensleitbild verankert?
4. Bemerkt man im Unternehmen Änderungen im Umweltbewusstsein bei den Verbrauchern und reagiert man darauf?
5. Nutzt das Unternehmen Methoden des Umweltmarketings oder des Umwelt-Sponsorings?
6. Hat das Unternehmen eine(n) Umweltschutzbeauftragte(n)?
7. Gibt es ein Umwelt-Vorschlagswesen?
8. Hat das Unternehmen eine Umweltabteilung?
9. Verwendet man im Unternehmen umweltfreundliche Arbeitsmittel?

Controlling und Planung

1. Erstellt das Unternehmen eine Ökobilanz oder führt es einen Umwelt-Audit durch?
2. Ist das Unternehmen von den Bestimmungen der Umweltgesetzgebung betroffen?
3. Kann ein Betrieb notwendige Investitionen oder mögliche Sanktionen, die durch eine Verschärfung der Umweltgesetzgebung ausgelöst werden könnte, aus den Erlösen seiner üblichen Geschäftstätigkeit finanzieren?
4. Werden in der Bilanz Rückstellungen für Umweltmaßnahmen gebildet?
5. Arbeitet das Unternehmen mit einem Umweltinformationssystem?

Produktentwicklung

1. Betreibt das Unternehmen eine innovative Produktentwicklung?
2. Gibt es umweltfreundlichere Produktalternativen auf dem Markt?
3. Werden die Produkte mit Qualitätsgütesiegeln oder Umweltzeichen versehen? Auf welchen Kriterien beruhen diese Auszeichnungen?
4. Bestehen möglicherweise Produkthaftungsrisiken mit Umweltrelevanz?

Technologie

1. Welche Rohstoffe werden verwendet? Aus welchen Lieferländern stammen sie?
2. Wie ist das Verhältnis von Materialeinsatz zu Produkt? Könnte Material eingespart werden?
3. Werden Energie- und Wassersparmaßnahmen ausgeschöpft?
4. Werden Produktlinienanalysen durchgeführt?
5. Gibt es integrierte Produktionskreisläufe oder wird versucht, die Emissionen durch End-of-the-Pipe-Maßnahmen zu verringern?
6. Entstehen beim Produktionsprozess gefährliche Abfälle oder Abwässer?
7. Werden die Abfälle und Abwässer ordnungsgemäß entsorgt?
8. Besteht die Gefahr der Bodenverunreinigung und der Entstehung von „neuen" Altlasten?
9. Werden recyclingfähige Materialien verwendet?

Absatzmarkt

1. Sind eventuelle Übergänge auf andere Produkte möglich?
2. Werden bei der Wahl der Vertriebssysteme Alternativen offengehalten?
3. Woraus besteht die Verpackung?
4. Wird in Länder mit anders entwickelter Umweltgesetzgebung exportiert?
5. Sind die Abnehmer (bei Zwischenprodukten) ihrerseits von Umweltschutzmaßnahmen betroffen?
6. Wie sieht die Auftragslage vor allem im Umwelttechnologiesektor aus?
7. Betreibt das Unternehmen aktive Öffentlichkeitsarbeit mit Umweltbezug? Stellt sich das Unternehmen in dieser Hinsicht glaubhaft dar?

Quelle: Manski, Ernst-Eberhard: Ökologische Kriterien der Kreditvergabe; in: Die Bank – Zeitschrift für Bankpolitik und Praxis

3.4 Volkswirtschaftliche Arbeitsteilung – die Wirtschaftsbereiche

An der Bereitstellung des in seiner Fülle und Differenziertheit kaum noch überschaubaren Güterangebots sind verschiedene Bereiche der Wirtschaft beteiligt, die sich auf die Erstellung bestimmter Güter spezialisiert haben.
Eine Vielzahl von Unternehmen muss in der Regel zusammenwirken, um ein einzelnes Wirtschaftsgut zu produzieren.

Beispiel

Die vereinfachte Darstellung des Weges eines Möbelstückes in allen seinen Produktionsstufen, angefangen von der Gewinnung der Rohstoffe bis hin zur Belieferung des Konsumenten durch den Einzelhandel, vermittelt einen Eindruck von der Kooperation und Arbeitsteilung innerhalb der Wirtschaft

Die Arbeitsteilung innerhalb der Wirtschaft, der wir unseren hohen Lebensstandard verdanken, nimmt mit dem technischen Fortschritt zu. Sie bewirkt aber auch, dass niemand mehr in der Lage ist, sich mit den zum Leben benötigten Wirtschaftsgütern selbst zu versorgen.

Unter der **volkswirtschaftlichen Arbeitsteilung** versteht man die Spezialisierung der Unternehmen auf die Produktion bestimmter Güter.

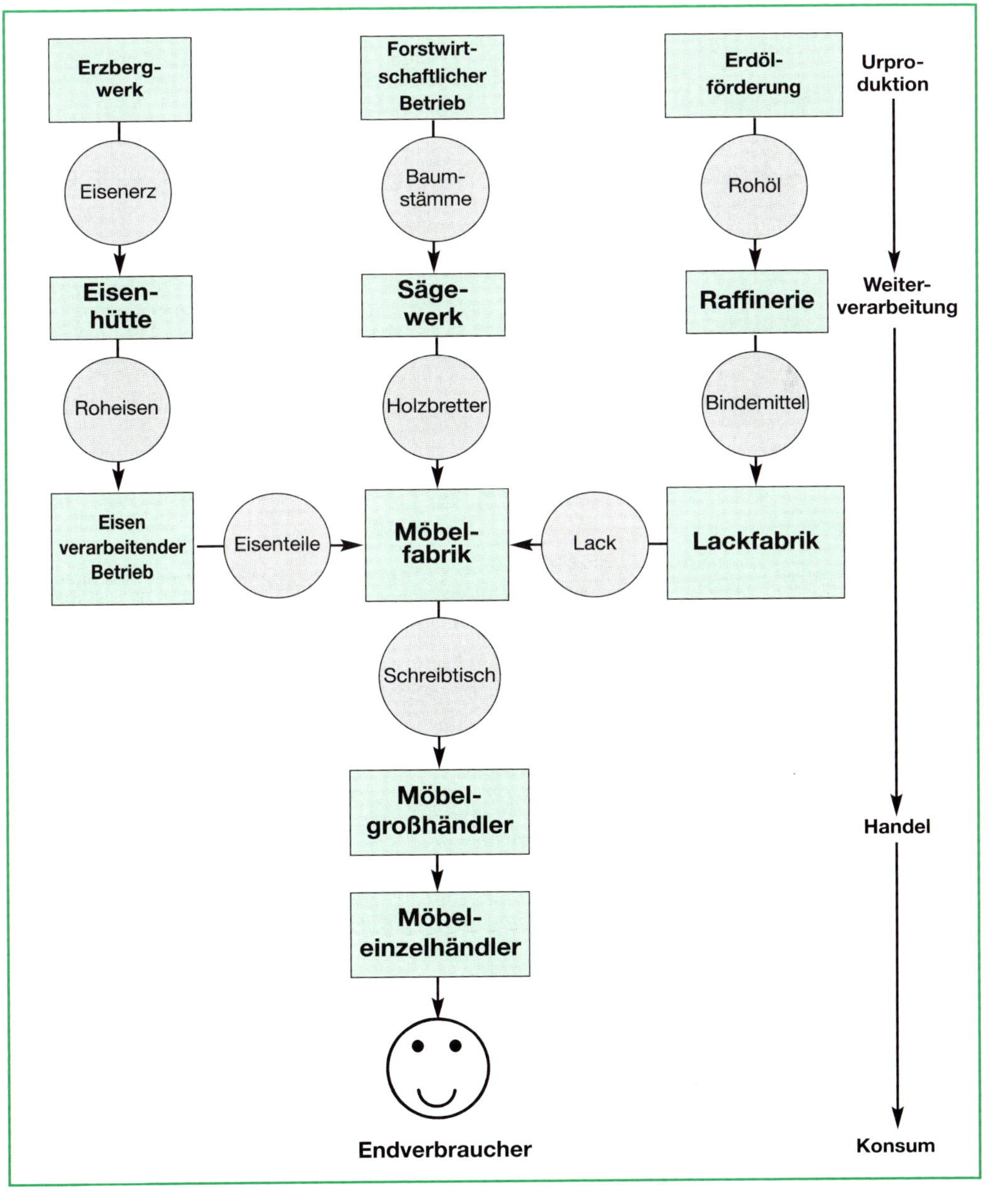

Jede arbeitsteilige Volkswirtschaft weist drei **Wirtschaftsbereiche** auf:

■ **Urerzeugung**

Gegenstand der Urerzeugung, des **primären Wirtschaftsbereichs**, ist die Gewinnung von Rohstoffen und Erzeugnissen, wie sie von der Natur geboten werden.

■ **Weiterverarbeitung**

Nur selten sind die Produkte der Urerzeugung konsumreif, d. h. ohne weitere Be- bzw. Verarbeitung zur unmittelbaren Befriedigung menschlicher Bedürfnisse geeignet, wie dies z. B. bei Obst und Weihnachtsbäumen der Fall ist.
Die Weiterverarbeitung der Urprodukte zu Fertigerzeugnissen geschieht innerhalb des **sekundären Wirtschaftsbereiches** in den Industrie- und Handwerksbetrieben.

■ **Dienstleistungen**

Zum **tertiären Wirtschaftsbereich** zählen schließlich alle Betriebe, die Dienstleistungen „produzieren", wie Handelsbetriebe, Kreditinstitute und Versicherungen.

Erwerbstätige nach Wirtschaftsbereichen

Wendet man die traditionelle Aufgliederung der Wirtschaftsbereiche in primären (Land- und Forstwirtschaft, Fischerei), sekundären (produzierendes Gewerbe) und in tertiären Bereich (Dienstleistungen) auf die wirtschaftliche Zugehörigkeit der Erwerbstätigen an, werden tief greifende Wandlungen im Zeitablauf offenkundig. Änderungen in den Produktions- und Fertigungsverfahren, zunehmende Automatisierung und Rationalisierung sowie die veränderte Nachfrage nach Gütern und Dienstleistungen haben zu einer erheblichen Umverteilung der Erwerbstätigen geführt. Am auffälligsten ist die Schrumpfung des primären Bereichs: Vor etwa 120 Jahren arbeitete dort mit über 8 Mill. Menschen der größte Teil der Erwerbspersonen. War 1882 im damaligen Reichsgebiet nahezu jeder zweite Erwerbstätige im primären Bereich beschäftigt, galt dies 2007 in Deutschland nur noch für jeden 47. Erwerbstätigen.
Insgesamt arbeiteten 2007 in Deutschland gut 840.000 Menschen in der Landwirtschaft.
Der Abnahme der Erwerbstätigenzahlen im Agrarbereich steht eine starke Zunahme im tertiären Bereich gegenüber. Hier arbeiten heutzutage in Deutschland mehr als 70 % aller Erwerbstätigen, vor 120 Jahren war es nicht einmal ein Viertel.
Nachdem das produzierende Gewerbe im früheren Bundesgebiet in den 60er- und 70er-Jahren die meisten Arbeitsplätze bot (ca. 50 %), ist der Beschäftigtenanteil in den vergangenen Jahrzehnten auf rund 25 % im Jahr 2007 gefallen.

Erwerbstätige nach Wirtschaftsbereichen im Vergleich

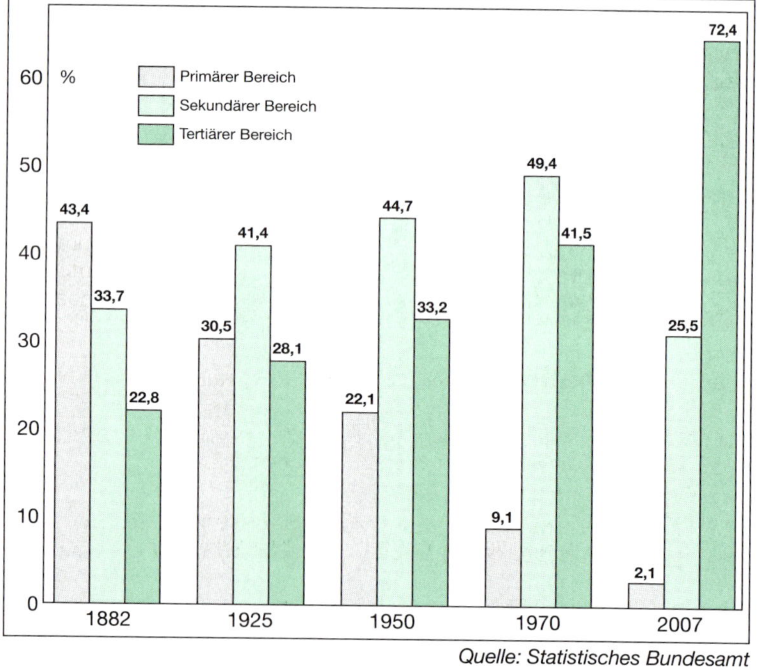

Quelle: Statistisches Bundesamt

Wirtschaftsbereiche		
Urproduktion ↓ **Primärer Bereich**	**Produzierendes Gewerbe** ↓ **Sekundärer Bereich**	**Dienstleistungen** ↓ **Tertiärer Bereich**
■ Landwirtschaft ■ Forstwirtschaft ■ Fischerei	■ Bergbau[1] ■ Energieversorgung ■ Grundstoff-, ■ Investitions-, ■ Konsumgüterindustrie ■ Baugewerbe ■ Handwerk	■ Handel ■ Verkehr ■ Gastgewerbe ■ Kreditinstitute ■ Versicherungen ■ Sonstige Dienstleistungen • Ärzte, Krankenhäuser • Steuerberater, Wirtschaftsprüfer • Medien

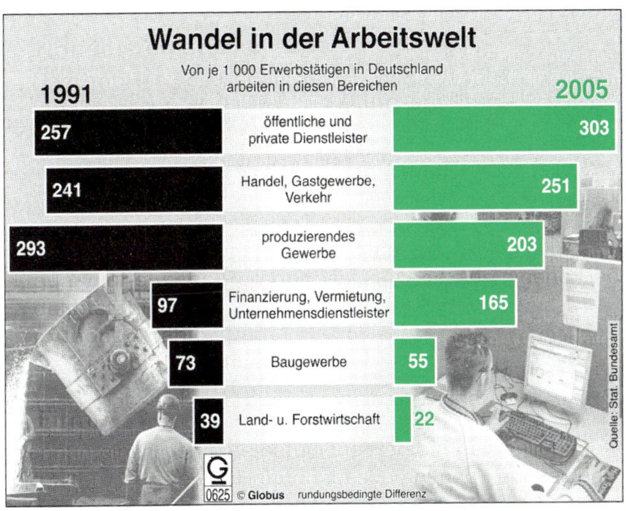

Wandel in der Arbeitswelt

Der Wandel zur Dienstleistungsgesellschaft geht weiter. Nur noch zwanzig Prozent der Arbeitnehmer verdienen Lohn und Gehalt in der Industrie. 1991 waren es noch rund 30 %. Die Dienstleistungen im weitesten Sinne, also Handel, Gastgewerbe und Verkehr zusammen mit den öffentlichen, privaten und Unternehmensdienstleistern beschäftigen heute 72 % der Erwerbstätigen. Den stärksten Zuwachs erfuhr die Branche „Finanzierung, Vermietung, Unternehmensdienstleister“ mit einem Sprung von knapp sieben Prozentpunkten auf 16,5 %. Darunter fallen so unterschiedliche Unternehmen wie Banken und Leasinggesellschaften, Steuerberater und Werbeagenturen, aber auch Reinigungsfirmen und Personaldienstleistungen. *Globus*

3.5 Internationale Arbeitsteilung

Neben der Arbeitsteilung zwischen den Unternehmen innerhalb einer Volkswirtschaft existiert auch eine weltweite Arbeitsteilung zwischen den Ländern.
Zwei Gründe sind hierfür vorhanden:

- Manche Güter sind aufgrund der **natürlichen Gegebenheiten** (Klima, geografische Lage) in einzelnen Ländern überhaupt nicht oder nur in sehr geringem Umfang verfügbar.

Beispiele	Bodenschätze, Pflanzen, Tiere

[1] In offiziellen Statistiken wird der Bergbau in der Regel nicht unter der Urproduktion, sondern unter dem produzierenden Gewerbe erfasst.

- Der **Entwicklungsstand** der einzelnen Volkswirtschaften ist unterschiedlich. Dies führt zu unterschiedlichen Produktionsergebnissen und -kosten.

Beispiele

- Die Produktionskosten können im Ausland aufgrund des niedrigeren Lohnniveaus geringer als im Inland sein.
- Voraussetzung für die Entwicklung und Nutzung moderner Technologien bei der Produktion ist ein hoher Stand beruflichen Wissens und Könnens, über den die Entwicklungsländer vielfach nicht verfügen.

Voraussetzung für die internationale Arbeitsteilung ist der ungehinderte **Import** und **Export** von Gütern. Der freie Welthandel sorgt für das Funktionieren des internationalen Güteraustauschs. Durch eine sinnvolle internationale Arbeitsteilung kann das Güterangebot in den einzelnen Volkswirtschaften zum Nutzen der dort lebenden Menschen verbessert und erhöht werden.

Die **Globalisierung** ist Ausdruck für die weltweite Öffnung der Märkte, das Entstehen multinational operierender Unternehmungen („Global Players") und den freien Austausch von Gütern, Dienstleistungen und Informationen. Heute können sich die Unternehmungen für ihre Aufgaben den optimalen Standort aussuchen:

Beispiel

Forschen in den USA, Entwickeln in Indien, Produzieren in Deutschland, Finanzieren in London und Vertrieb weltweit.

Globalisierung ist jedoch kein neues Phänomen: Seit Jahrtausenden schon entwickelt sich die Globalisierung durch Reisen, Handel und Migration (Ein- und Auswanderung) sowie den Austausch von Kultur, wissenschaftlichen Erkenntnissen und technischem Know-how. Neu ist lediglich die Geschwindigkeit, mit der sich der Globalisierungsprozess in den letzten Jahrzehnten beschleunigt hat. Deshalb befürchten die Globalisierungskritiker, die immer schneller wachsende Weltwirtschaft könne auch zu immer krasseren sozialen Schieflagen führen.

Beispiel

In den Volkswirtschaften Portugal und Deutschland werden jeweils Wein und Fahrräder produziert. Für die folgenden Überlegungen gilt die Prämisse, dass der Wert von 100 Liter Qualitätswein dem Wert eines Fahrrades entspricht.

Benötigte Arbeitsstunden für die Produktion von …

	10.000 Liter Wein	100 Fahrräder	Summe
in Portugal	80 Stunden	110 Stunden	190 Stunden
in Deutschland	120 Stunden	100 Stunden	220 Stunden

Es wird nun unterstellt, dass sich jede dieser Volkswirtschaften auf die Produktion derjenigen Güterart spezialisiert, die im eigenen Land aufgrund der vorhandenen Gegebenheiten mit dem geringsten Arbeitsaufwand produziert werden kann. Gleichzeitig wird die produzierte Menge verdoppelt.

Benötigte Arbeitsstunden für die Produktion von ...

	20.000 Liter Wein	200 Fahrräder	Summe
in Portugal	160 Stunden	–	160 Stunden
in Deutschland	–	200 Stunden	200 Stunden

Deutschland exportiert nun 100 Fahrräder nach Portugal und importiert aus Portugal 10.000 Liter Wein.

Für beide Volkswirtschaften ergibt sich daraus eine Arbeitsersparnis:

in Portugal	30 Stunden
in Deutschland	20 Stunden

Die Ausgangssituation wird nun insoweit verändert, als jetzt unterstellt wird, dass Portugal bei der Produktion beider Güterarten Produktionsvorteile gegenüber Deutschland aufweist.

Benötigte Arbeitsstunden für die Produktion von...

	10.000 Liter Wein	100 Fahrräder	Summe
in Portugal	80 Stunden	90 Stunden	170 Stunden
in Deutschland	120 Stunden	100 Stunden	220 Stunden

Es wird erneut davon ausgegangen, dass sich jede dieser Volkswirtschaften auf die Produktion derjenigen Güterart spezialisiert, die im eigenen Land aufgrund der vorhandenen Gegebenheiten mit dem geringsten Arbeitsaufwand produziert werden kann. Wiederum wird auch die produzierte Menge verdoppelt.

Benötigte Arbeitsstunden für die Produktion von ...

	20.000 Liter Wein	200 Fahrräder	Summe
in Portugal	160 Stunden	–	160 Stunden
in Deutschland	–	200 Stunden	200 Stunden

Für beide Volkswirtschaften ergibt sich auch in diesem Fall eine Arbeitsersparnis:

in Portugal	10 Stunden
in Deutschland	20 Stunden

3.6 Produktionsfaktoren

So wie die Güter in der Natur vorgefunden werden, stehen sie noch nicht für den Konsum bereit. Der Einsatz von Arbeit und Geräten ist notwendig, um die Güter konsumreif zu machen.

Beispiel Das Obst muss geerntet werden. Die Bäume müssen gefällt und zu Möbelstücken verarbeitet werden.

Grundlage der Gütererzeugung sind die Produktionsfaktoren: **Arbeit, Boden** und **Kapital.**

3.6.1 Arbeit

3.6.1.1 Begriff und Arten der Arbeit

Ohne menschliche Arbeit ist jede wirtschaftliche Tätigkeit undenkbar. In den Produktionsfaktor Arbeit gehen die Fähigkeiten des Menschen in unterschiedlicher Weise ein.

Arbeit nach der Beanspruchung der Kräfte und Fähigkeiten

- körperliche Arbeit
- geistige Arbeit

Arbeit nach der Stellung in der Betriebshierarchie

- dispositive (leitende) Arbeit
- exekutive (ausführende) Arbeit

Arbeit nach der Intensität der Ausbildung

- ungelernte Arbeit
- angelernte Arbeit
- gelernte Arbeit

Arbeit nach der steuerlichen Systematik

selbstständige Arbeit (Tätigkeit)	nicht selbstständige Arbeit
Merkmale: ■ freie Wahl von Zeit, Ort und Dauer der Arbeit ■ eigenes unternehmerisches Risiko ■ Einsatz von eigenem Kapital ■ Entgelt = Gewinn ■ mehrere Auftraggeber ■ eigene Mitarbeiter	**Merkmale:** ■ Bindung an feste Zeit und bestimmten Ort der Arbeit ■ Eingliederung in eine betriebliche Organisation ■ Weisungsgebundenheit ■ Entgelt = Lohn, Gehalt

Beispiele

- Ein Bankangestellter verrichtet exekutive Arbeit. Er erzielt Einkommen aus nicht selbstständiger Arbeit.
- Der Geschäftsführer einer GmbH verrichtet dispositive Arbeit. Auch er erzielt als Arbeitnehmer Einkommen aus nicht selbstständiger Arbeit.

Volkswirtschaftlich versteht man unter **Arbeit** auf Entgelterzielung gerichtete menschliche Tätigkeit.

3.6.1.2 Bestimmungsgrößen des volkswirtschaftlichen Arbeitspotenzials

Quantität und Qualität des Arbeitspotenzials einer Volkswirtschaft werden bestimmt durch:

- die Bevölkerungszahl,
- die Bevölkerungsstruktur hinsichtlich Alter und Geschlecht,
- die Erwerbsquote,
- die Qualifikation,
- die Arbeitsmentalität,
- die Mobilität der Erwerbspersonen.

Die Bevölkerung im Spiegel der Statistik

Daten über Struktur und Entwicklung der Bevölkerung gehören zum grundlegenden Informationsbedarf für fast alle Bereiche von Staat, Wirtschaft und Gesellschaft. Die Politik benötigt sie, weil viele Entscheidungen – etwa im Bildungs- und Gesundheitswesen – nur auf der Grundlage exakter bevölkerungsstatistischer Angaben getroffen werden können. Für das wirtschaftliche Geschehen sind demografische Gegebenheiten von Bedeutung, weil sie u. a. Informationen über den Menschen als Arbeitskraft, Einkommensbezieher und Konsumenten liefern.

Hinter den bloßen Zahlen verbergen sich aber auch Werthaltungen und Lebenseinstellungen, die ihrerseits wieder Rückwirkungen auf die Bevölkerungsstruktur haben. So spiegelt sich z. B. in der Zahl der Eheschließungen und -scheidungen, der Geburtenentwicklung und der Familiengröße die Einstellung der Gesellschaft zur Familie und zu Kindern wider. Der Altersaufbau hat direkte Auswirkungen auf die Bildungs- und Beschäftigungsmöglichkeiten der Bevölkerung und beeinflusst daher unmittelbar ihre Lebensweise.

Zwischen dem Altersaufbau der Bevölkerung und der Zahl der Geburten wie der Sterbefälle bestehen enge Wechselbeziehungen. So beeinflusst die Stärke der einzelnen Altersjahrgänge die Zahl der Geburten und Sterbefälle. Umgekehrt wirken sich Veränderungen der Geburtenhäufigkeit oder der Sterblichkeit unmittelbar auf die zahlenmäßige Besetzung der jeweiligen Jahrgänge aus. Langfristig führen solche Veränderungen u. a. zu einer Verschiebung der Relationen zwischen den Bevölkerungsgruppen im Kindes- bzw. Jugendalter, im erwerbsfähigen Alter und im Rentenalter. Gleichzeitig ändern sich damit auch die Quoten zwischen dem Teil der Bevölkerung, der sich aktiv am Erwerbsleben beteiligt, und dem, der von den Erwerbstätigen unterhalten werden muss. Wie gravierend sich der Altersaufbau in Deutschland geändert hat und ändern wird, zeigt die folgende Gegenüberstellung:

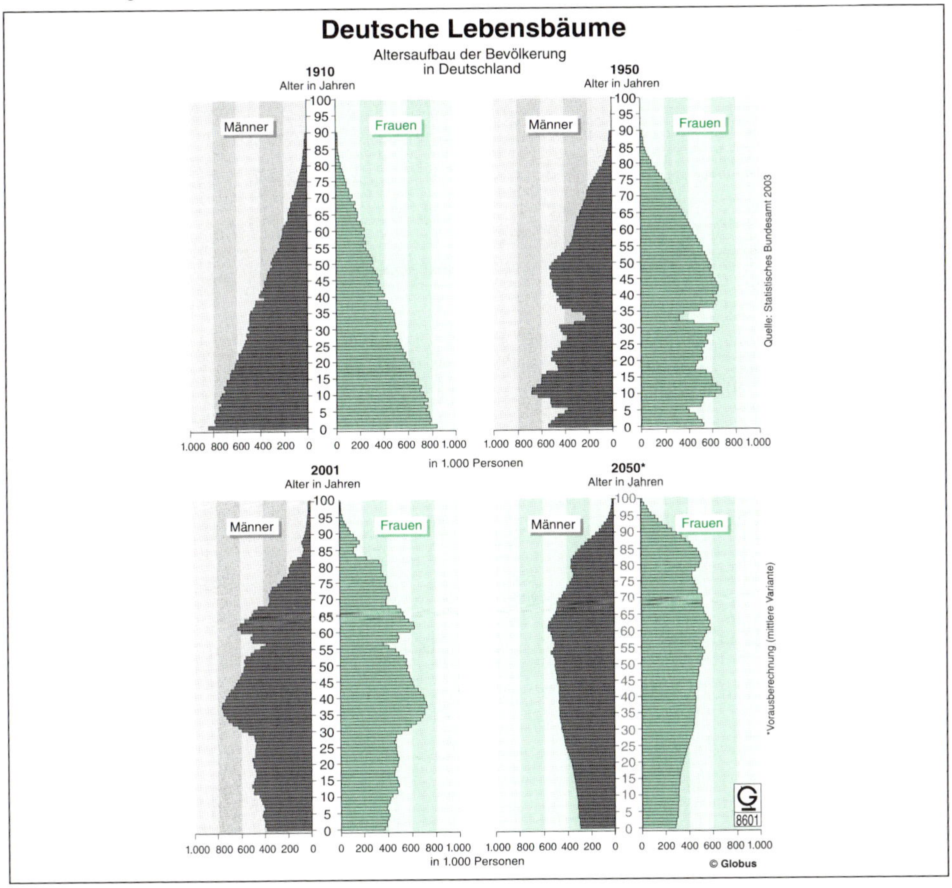

Um den Altersaufbau der Bevölkerung zu veranschaulichen, verwendet man in der Statistik eine grafische Darstellungsform, die als Alterspyramide beschrieben wird. Während sie zu Beginn des 20. Jahrhunderts noch deutlich die klassische Pyramidenform erkennen ließ, gleicht ihr Bild heute eher einer „zerzausten Wettertanne". Für die Zukunft ist zu befürchten, dass sich eine auf den Kopf gestellte Pyramide ergeben wird.

Eine andere Frage ist, welche Einsatzmöglichkeiten sich in unserer Volkswirtschaft für Arbeitskräfte ergeben. Das früher verbreitete „lebenslange" Arbeitsverhältnis bei einem Arbeitgeber ist inzwischen fast zur Ausnahme geworden. Auf der anderen Seite nimmt nicht nur die Fluktuation von Arbeitskräften zu; darüber hinaus ist auch der Anteil sogenannter atypischer Beschäftigungen in den letzten Jahren stark angestiegen. Darunter werden alle abhängigen Beschäftigungsverhältnisse verstanden, die eines oder mehrere der folgenden Merkmale aufweisen:

- Befristung
- Teilzeitbeschäftigung mit 20 oder weniger Stunden
- Zeitarbeitsverhältnis
- geringfügige Beschäftigung[1]

Atypische Beschäftigung kann häufig mit prekärer Beschäftigung einhergehen, ist mit dieser aber nicht gleichzusetzen. Prekäre Beschäftigungsverhältnisse sind nicht geeignet, auf Dauer den Lebensunterhalt einer Person sicherzustellen und/oder deren soziale Sicherung zu gewährleisten. Bei der Einstufung als prekär sind auch persönliche Lebensumstände des Arbeitnehmers oder der Arbeitnehmerin, wie bisheriger Verlauf des Arbeitslebens und Haushaltskontext, zu beachten.

Atypisch und normal Beschäftigte in der Haupterwerbstätigkeit, 1997–2007
– 15- bis 64-Jährige nicht in Bildung oder Ausbildung –

Abhängig Beschäftigte			
Jahr	insgesamt	normal	atypisch
	in 1000		
1997	29 120	24 020	5 100
1999	29 450	23 640	5 810
2001	29 730	23 740	5 990
2003	28 960	22 830	6 130
2005	28 830	22 080	6 750
2007	30 180	22 490	7 680
Anteile in %			
1997	100,0	82,5	17,5
1999	100,0	80,3	19,7
2001	100,0	79,9	20,1
2003	100,0	78,8	21,2
2005	100,0	76,6	23,4
2007	100,0	74,5	25,5

Quelle: Statistisches Bundesamt

[1] sogenannte „Minijobs"; vgl. S. 42

Erwerbstätige nach Stellung im Beruf in Prozent

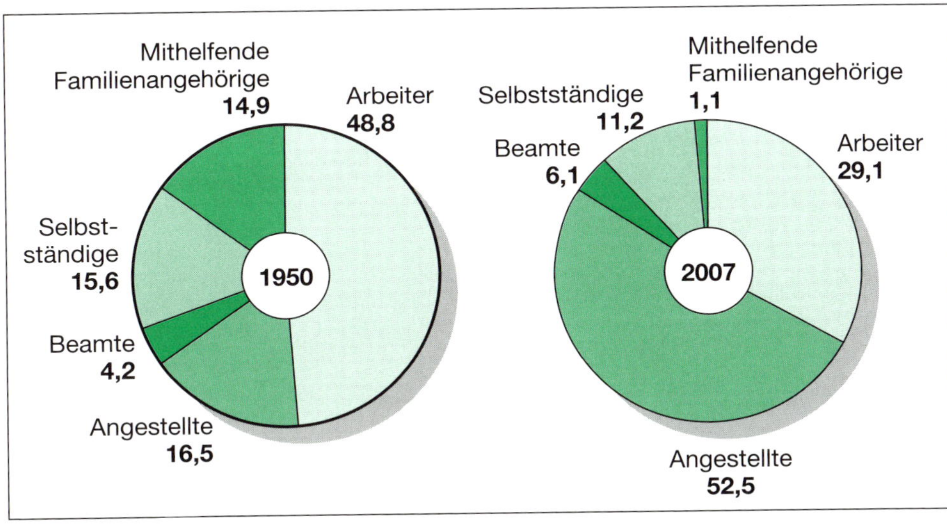

Quelle: Statistisches Bundesamt

Die Leistungsfähigkeit des Produktionsfaktors Arbeit ist zunächst bestimmt durch die beruflichen Fertigkeiten und Kenntnisse, über die der Einzelne verfügt. Auf der anderen Seite ist sie abhängig vom Ausmaß der praktizierten **Arbeitsteilung**, die eine Spezialisierung auf bestimmte Arbeitsbereiche erlaubt und eine Steigerung der **Arbeitsproduktivität** (= Produktionsmenge je Arbeitsstunde) ermöglicht.

3.6.1.3 Entwicklung der Arbeitsteilung

Bereits in der frühen Menschheitsgeschichte gab es einfache Formen der Arbeitsteilung. Die Menschen lebten damals in **geschlossenen Hauswirtschaften**, die aus einem größeren Familienverbund, einer Sippe bestand. In einer solchen Gemeinschaft produzierte man in erster Linie für den eigenen Konsum. Ein Güteraustausch mit anderen Hauswirtschaften kam nur ausnahmsweise vor.
Die Arbeitsteilung blieb daher auf die Angehörigen einer solchen Hauswirtschaft beschränkt.

Beispiel Der Mann jagte, die Frau nähte die Kleider aus dem Fell der erlegten Tiere.

Aufgrund der besonderen Kenntnisse und Fähigkeiten, die von einigen Menschen im Laufe der Zeit erworben wurden, entstanden die ersten **Berufe**. Die Entstehung der Berufe und die damit verbundene Spezialisierung auf einen engeren Arbeitsbereich führte zur Notwendigkeit des **Tauschhandels**.

Beispiel Jemand, der die Kunst der Metallerzeugung und -bearbeitung erlernt hatte, betätigte sich als Schmied. Die von ihm zum Leben benötigten Güter tauschte er gegen die von ihm hergestellten Güter ein.

Die Entstehung neuer Techniken und die Weiterentwicklung des beruflichen Wissens und Könnens führte im Laufe der Zeit zu einer weiteren **Spezialisierung** innerhalb eines Berufes.

Beispiel Aus dem Beruf des Schmieds entstanden die Berufe des Waffenschmieds, des Hufschmieds usw.

Es zeigte sich bald, dass durch die Zerlegung eines Arbeitsvorgangs in einzelne Teilverrichtungen die Produktivität der menschlichen Arbeitsleistung noch weiter gesteigert werden konnte.

Beispiel Bei der Fließbandarbeit ist der einzelne Arbeiter auf bestimmte Handgriffe spezialisiert. Er ist innerhalb des Produktionsprozesses nur für einen eng umrissenen Teilvorgang verantwortlich, nicht mehr jedoch für das ganze Endprodukt.

Die **Arbeitszerlegung** und der begleitende Einsatz hochwertiger Maschinen ermöglichen die **Massenproduktion**. Einfache Verrichtungen, die früher von den Menschen ausgeführt wurden, werden von hochtechnisierten Produktionsanlagen übernommen. Die Automation des Produktionsprozesses reduziert die Aufgabe des Menschen zunehmend auf die Übernahme von Steuerungs- und Kontrollfunktionen.

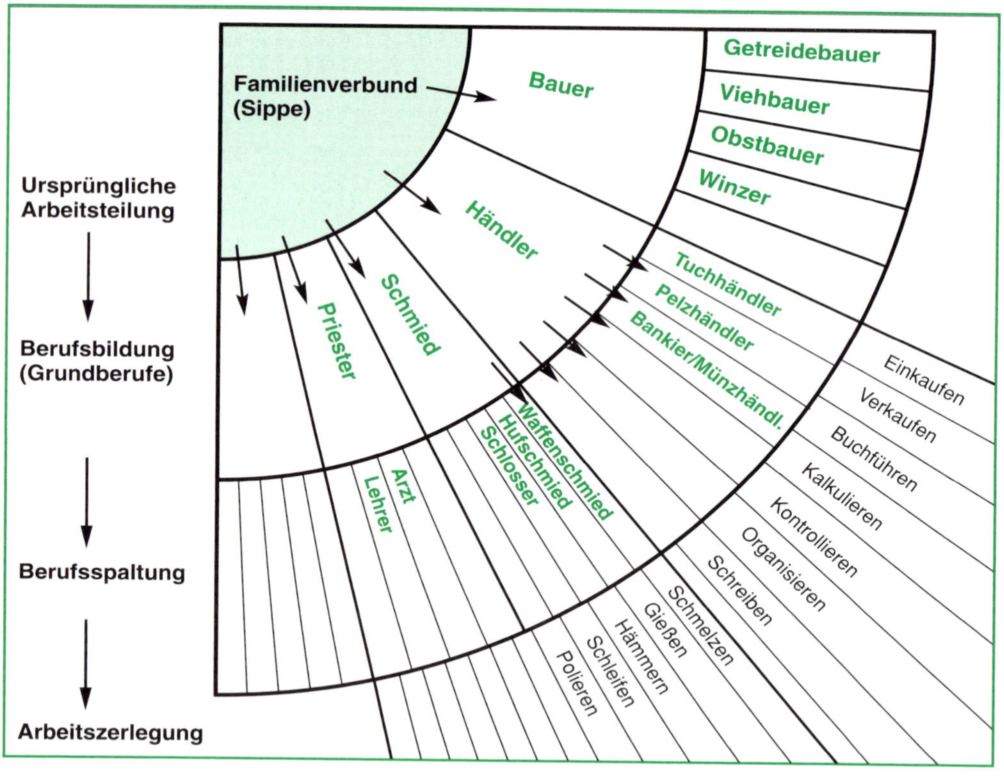

3.6.1.4 Grundbegriffe der Arbeitsmarktstatistik

Begriff	Erläuterung	Zahlen für Deutschland
Wohn-bevölkerung	Alle innerhalb der Volkswirtschaft lebenden Menschen. Subtrahiert man von der Wohnbevölkerung die Personen, die im nicht erwerbsfähigen Alter sind (= Personen, die jünger als 15 und älter als 64 Jahre sind), so erhält man die **Erwerbsbevölkerung.**	**82.218**[1]
Erwerbspersonen	Alle Personen zwischen 15 und 65 Jahren, die bereit sind, eine auf Entgelterzielung gerichtete Tätigkeit anzunehmen $$\textbf{Erwerbsquote} = \frac{\text{Erwerbspersonen}}{\text{Wohnbevölkerung}} \cdot 100$$ Die Erwerbspersonen setzen sich zusammen aus den **Erwerbstätigen:** ■ abhängig Beschäftigte ■ Selbstständige ■ mithelfende Familienangehörige und den **Arbeitslosen:** ■ Arbeitslose ■ Umschüler	**42.042**[1] **(Erwerbs-quote: 51,1%[1])**
Nichterwerbs-personen	Alle Personen bis zu 15 Jahren und über 64 Jahren sowie Schüler, Studenten, Erwerbsunfähige, Hausfrauen/-männer.	**40.176**[1]
Selbstständige	Erwerbspersonen, die sich unternehmerisch oder freiberuflich betätigen.	**4.447**[1]
Abhängige Erwerbstätige	Personen, die in einem abhängigen Beschäftigungsverhältnis stehen (Arbeiter, Angestellte, Beamte)	**35.319**[1]
Erwerbstätige	Selbstständige und Personen, die in einem abhängigen Beschäftigungsverhältnis stehen (= abhängig Beschäftigte).	**39.766**[1]
Arbeitslose	Personen, die vorübergehend in keinem Beschäftigungsverhältnis stehen oder nur eine kurzzeitige Beschäftigung (bis zu 15 Stunden pro Woche) ausüben. In Deutschland gilt als arbeitslos, wer ■ das 15. Lebensjahr vollendet und das 65. Lebensjahr nicht vollendet hat, ■ vorübergehend ohne festes Beschäftigungsverhältnis ist, ■ arbeitswillig und arbeitsfähig ist, ■ sich bei einer Arbeitsagentur arbeitslos gemeldet hat ■ und für die Arbeitsvermittlung verfügbar ist. $$\textbf{Arbeitslosenquote}^2 = \frac{\text{Arbeitslose}}{\text{Erwerbspersonen}} \cdot 100$$	**3.776**[1] **9,0 %**[1]

[1] Zahlen in Tsd. für 2007.
[2] Weitere Ausführungen zur Berechnung der Arbeitslosenquote s. S. 506.

Arbeitslose	Anspruch auf **Arbeitslosengeld** haben ■ arbeitslose Personen, die ■ der Arbeitsvermittlung zur Verfügung stehen, ■ die Anwartschaftszeit erfüllt haben, ■ sich bei einer Arbeitsagentur arbeitslos gemeldet haben ■ und Arbeitslosengeld beantragt haben.	
„stille Reserve“	Die Arbeitslosenquote misst nur die offene, also die von den Arbeitsagenturen statistisch erfasste Arbeitslosigkeit. Arbeitslos im weiteren Sinne ist aber auch, wer eine Arbeit sucht, sich aber bei einer Arbeitsagentur nicht gemeldet hat, weil er die Voraussetzungen für den Bezug von Arbeitslosengeld nicht erfüllt oder weil er den Weg zur Arbeitsagentur scheut. Diese Zahl der sonstigen Erwerbslosen kann nur geschätzt werden. Man spricht hier auch von der **verdeckten Arbeitslosigkeit.**	**??**
Kurzarbeiter	Abhängig Beschäftigte, die unterhalb der vereinbarten Arbeitszeit beschäftigt sind und von einer Arbeitsagentur als Lohnausgleich **Kurzarbeitergeld** erhalten.	**68** [1]
Offene Stellen	die von den Unternehmen gemeldeten unbesetzten Arbeitsplätze (Stellenangebote)	**621** [1]

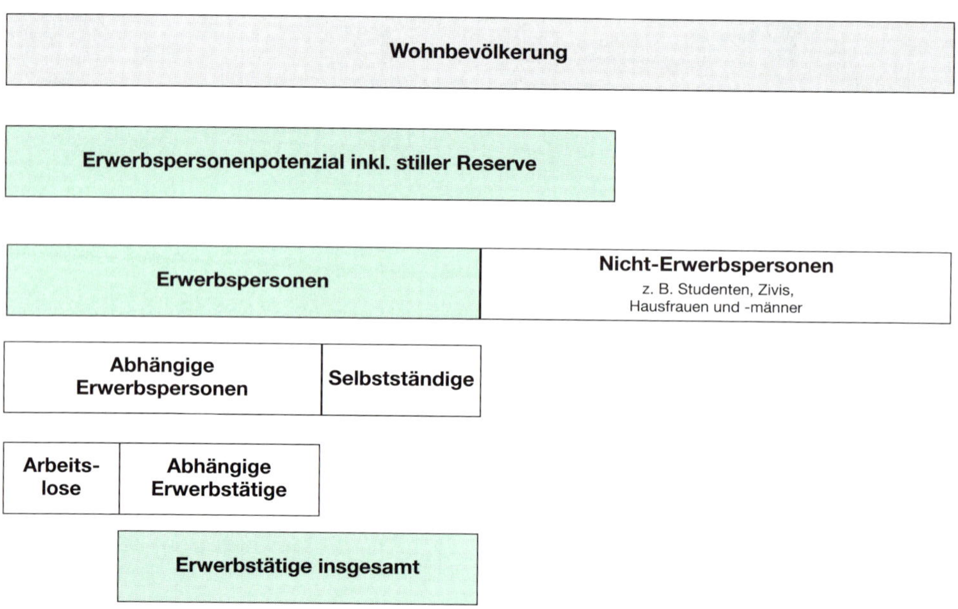

[1] Zahlen in Tsd. für 2007.

Zeit	Erwerbstätige Tsd.	Erwerbstätige Veränderung gegen Vorjahr %	Erwerbstätige Veränderung gegen Vorjahr Tsd.	Arbeitnehmer Tsd.	Arbeitnehmer Veränderung gegen Vorjahr %	Beschäftigte Bergbau und verarbeitendes Gewerbe Tsd.	Beschäftigte Bauhauptgewerbe Tsd.	Kurzarbeiter Tsd.	Beschäftigte in beschäftigungschaffenden Maßnahmen Tsd.	Personen in beruflicher Weiterbildung Tsd.	Arbeitslose Tsd.	Arbeitslose Veränderung gegen Vorjahr Tsd.	Arbeitslosenquote %	Offene Stellen Tsd.
Deutschland														
2005	38.847	– 0,1	– 33	34.490	– 0,5	5.931	719	126	61	114	4.861	+ 480	11,7	413
2006	39.089	+ 0,6	+ 242	34.694	+ 0,6	5.249	710	67	51	124	4.487	– 374	10,8	564
2007	39.766	+ 1,7	+ 677	35.319	+ 1,8	5.301	714	68	42	131	3.776	– 711	9,0	621
2007 Juni	39.747	+ 1,5	+ 589			5.286	720	46	42	133	3.688	– 711	8,8	648
Juli.	39.739	+ 1,5	+ 586			5.322	723	39	42	123	3.715	– 671	8,9	650
Aug.	39.849	+ 1,6	+ 627	35.458	+ 1,6	5.353	730	32	43	116	3.706	– 666	8,8	648
Sept.	40.171	+ 1,7	+ 664			5.365	735	34	43	125	3.544	– 694	8,5	629
Okt.	40.393	+ 1,8	+ 664			5.364	728	36	44	142	3.434	– 650	8,2	609
Nov.	40.458	+ 1,8	+ 716	35.933	+ 1,9	5.361	723	37	43	147	3.379	– 617	8,1	577
Dez.	40.304	+ 1,7	+ 714			5.347	708	78	40	148	3.406	– 602	8,1	546
2008 Jan.	39.756	+ 1,7	+ 682			5.366	681	126	36	139	3.659	– 625	8,7	528
Febr.	39.789	+ 1,8	+ 689	35.386	+ 1,9	5.385	678	159	35	143	3.617	– 630	8,6	565
März	39.925	+ 1,7	+ 683			5.402	684	156	35	148	3.507	– 617	8,4	588
April	40.112	+ 1,6	+ 649			5.404	693	...	36	152	3.414	– 563	8,1	592
Mai	40.267	+ 1,6	+ 618	...	...	5.409	...	...	37	150	3.283	– 529	7,8	579
Juni	...	...	...			...	...	...	38	151	3.160	– 528	7,5	596

Quelle: Monatsbericht Juli 2008 der Deutschen Bundesbank

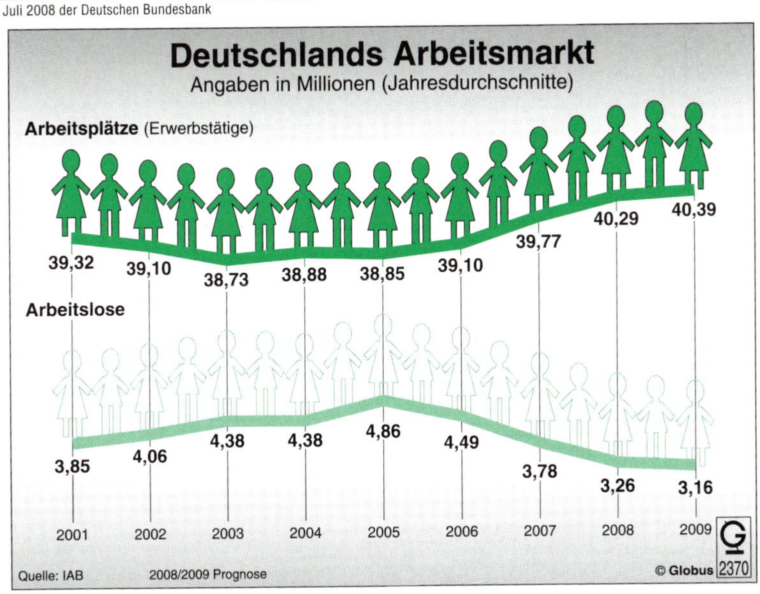

3.6.2 Boden, Umweltnutzung, Umweltressourcen

> Der Produktionsfaktor **Boden** ist im weitesten Sinne die zu wirtschaftlichen Zwecken genutzte Natur. Er umfasst alle natürlichen Ressourcen.

Beispiele Bodenschätze, Bodenfläche, Gewässer, Klima

Die zunehmende Bevölkerungsdichte und die wachsende Produktion hat den Produktionsfaktor Boden zu einem besonders knappen und wertvollen Gut gemacht. Gegenüber den anderen Produktionsfaktoren weist er die Besonderheit auf, dass er weder vermehrbar noch transportierbar ist. Sein Wert ist damit von seiner Lage und seiner natürlichen Beschaffenheit abhängig.[1]

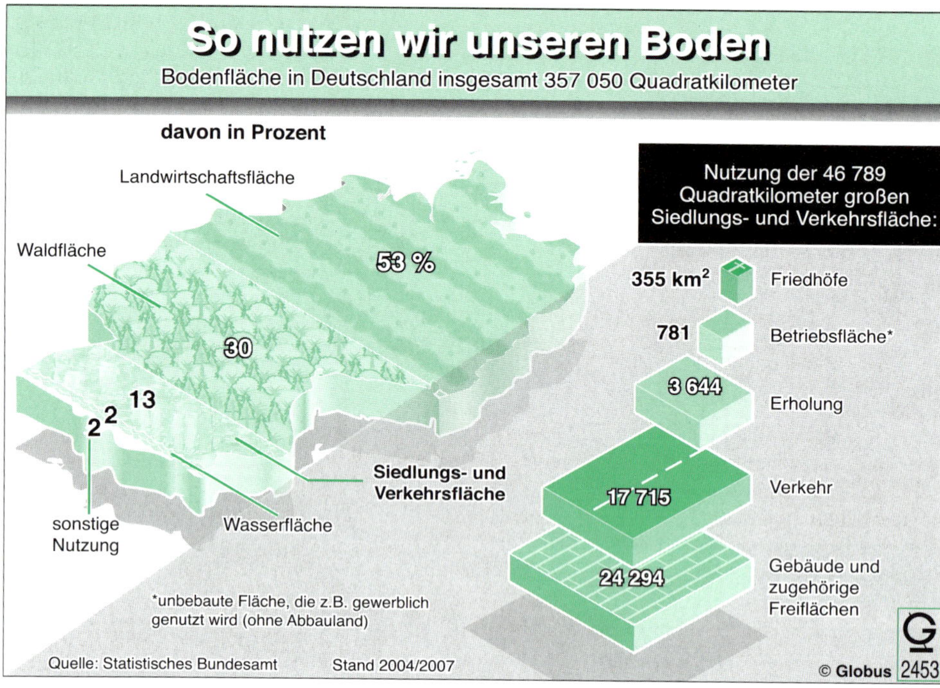

Mit natürlichen Ressourcen ging man in der Vergangenheit sehr verschwenderisch um. Heute haben wir umzudenken. Nicht nur ökonomische Gesichtspunkte sind zu berücksichtigen, sondern gerade die ökologischen Gründe führen dem Menschen täglich vor, in einem abgeschlossenen endlichen System zu leben, und verpflichten dazu, einen verantwortungsvollen Umgang mit der Natur bzw. Boden sicherzustellen.

Ressourcen

bedingt regenerierbar

Beispiele:
- Wald
- Tierbestand

nicht regenerierbar

Beispiele:
- fossile Energieträger
- Mineralien

Wann eine Ressource tatsächlich erschöpft ist, hängt im Wesentlichen von der Preisentwicklung der Ressource ab, von den Möglichkeiten des Recyclings, von der Erfindung alternativer Technologien und der Ersetzbarkeit knapper Ressourcen durch solche, die noch ausreichend verfügbar sind.

[1] Vgl. zur Umweltpolitik Seite 565 ff.

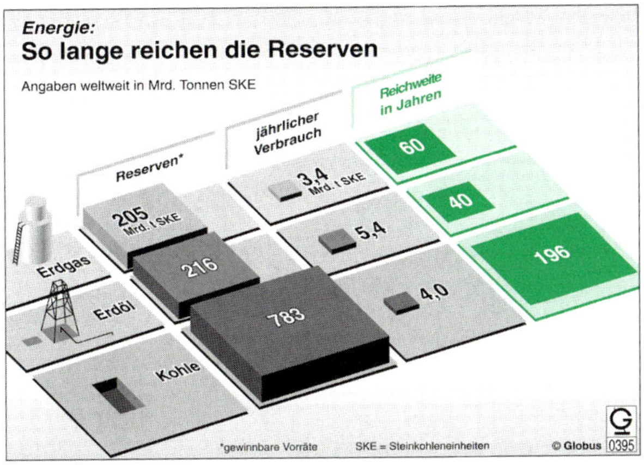

Rund 25 % der Weltbevölkerung verbrauchen gegenwärtig rund 80 % der endlichen Ressourcen. Daraus folgt, dass auch die Industriestaaten als Erste gefordert sind, ihre Wirtschaft umweltverträglich weiterzuentwickeln und damit zugleich den Ländern der Dritten Welt die Chance zu erhalten, marktwirtschaftliche und ökologisch verantwortbare Wirtschaftsstrukturen aufzubauen. Globale Umweltvorsorge und Überwindung der Unterentwicklung gehören untrennbar zusammen.

3.6.2.1 Nutzungsmöglichkeiten des Produktionsfaktors Boden

Im Wirtschaftsleben wird der Boden in dreierlei Weise genutzt.

Anbauboden

Der Boden ist land- und forstwirtschaftliche Nutzfläche.

Beispiele Getreide-, Gemüse-, Obstanbau, Weideland, Teichanlagen für die Fischzucht, Waldfläche

Der Boden kann hier dauernd genutzt werden, weil er sich selbstständig, ggf. durch geeignete Düngemethoden beschleunigt, regeneriert.

Abbauboden

Der Boden ist Quelle wichtiger Rohstoffe.

Beispiele Kohle- und Erzbergwerke, Öl- und Gasvorkommen, Steinbrüche, Kiesgruben

Die einmal abgebauten Rohstoffe sind nicht mehr regenerierbar. Diese „Einmaligkeit“ zeigt den Menschen die Grenzen eines auf der Ausbeutung der Natur begründeten Wirtschaftswachstums auf und verpflichtet sie gegenüber den nachfolgenden Generationen zum Schutz der Natur und zur weitgehenden Erhaltung der natürlichen Ressourcen.

Standortboden

Der Boden ist Grundfläche für jeden wirtschaftlichen Zweck.

Beispiele Der Boden ist Standort für die Produktionsstätten der Industrie, für Handelsbetriebe, Verkehrs- und Freizeitanlagen und nicht zuletzt für die Wohnungen und Häuser der Menschen.

3.6.2.2 Standortwahl der Unternehmung

Für jede Unternehmung muss genau überlegt werden, welcher Standort für sie der günstigste ist. Je nach dem Unternehmensgegenstand können bei der Wahl des geeigneten Standortes die einzelnen **Standortfaktoren** eine unterschiedliche Bedeutung haben.

- Beschaffungsmöglichkeiten für die benötigten Rohstoffe

Beispiel Stahlindustrie in räumlicher Nähe zu Bergbauunternehmen

- Vorhandensein eines quantitativ und qualitativ ausreichenden Arbeitskräftereservoirs

Beispiel Derivatehändler am Finanzplatz Frankfurt

- Absatzmöglichkeiten für die angebotenen Produkte bzw. Dienstleistungen

Beispiel Großmärkte in Ballungsgebieten

- Anbindung an Verkehrswege und -mittel

Beispiele Autobahnanschluss, Haltestellen öffentlicher Verkehrsmittel, gute Parkmöglichkeiten

- steuerliche Gegebenheiten

Beispiele Höhe der Gewerbesteuersätze, Investitionszulagen, Sonderabschreibungsmöglichkeiten

Kundennähe, Subventionen, Lohnkosten

Kundennähe, Subventionen und Höhe der Lohnkosten – das sind die wichtigsten Standortfaktoren für die ostdeutschen Industrieunternehmen. Dies hat eine Umfrage des Deutschen Instituts für Wirtschaftsforschung (DIW) ergeben. Daneben gibt es eine Reihe weiterer Rahmenbedingungen, die für die Standortentscheidung bedeutsam sind, wie zum Beispiel qualifizierte Arbeitskräfte, die Nähe zu den Lieferanten, ein guter Autobahnanschluss sowie die Energiekosten. Unterschiedliche Meinungen gibt es zwischen Klein- und Großbetrieben. So ist bei den Kleinen die Kundennähe der alles andere überragende Punkt auf der Bewertungsskala. Bei den Großen dagegen steht das Geld an erster Stelle: Lohnkosten und Subventionen. Als Standortnachteile werden von den Unternehmen die Energiekosten, die kommunalen Abgaben und die Leistungsfähigkeit der kommunalen Verwaltung empfunden. Hierin sind sich Klein- und Großbetriebe einig.

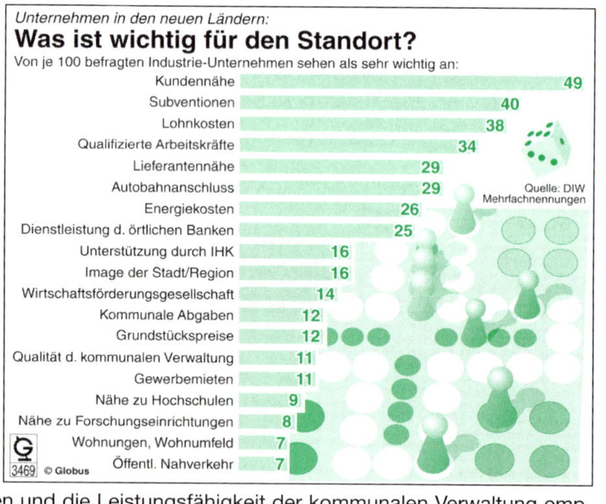

Globus

Statistische Angaben: Deutsches Institut für Wirtschaftsforschung (DIW).

Unser Standort – warum gerade hier?

Zur Durchführung ihrer Geschäftstätigkeit benötigen Unternehmungen einen festen Standort.

Bei der Wahl des geeigneten Standorts orientiert sich das Unternehmen an vielfältigen Standortfaktoren. Die Standortentscheidung muss bewusst vorbereitet werden, da sie langfristigen Bestand haben soll und sich nur unter großen Kosten revidieren lässt.

Häufig tritt bei der Standortentscheidung ein Faktor in den Vordergrund, während andere vernachlässigt werden. Es ist offensichtlich, dass sich den einzelnen Unternehmensbranchen spezifische Standortfaktoren zuordnen lassen.

So sind die Unternehmen im primären Bereich an *natürliche Gegebenheiten* wie Bodenqualität, Klima, Niederschlagsmengen gebunden. Die Standortwahl kann auch *arbeitskräfteorientiert* sein: Unternehmen werden in diesem Fall dort errichtet, wo die entsprechend qualifizierten Arbeitskräfte gefunden werden können und/oder wo die Kosten für die Arbeitskräfte vergleichsweise günstig sind. Eindeutig *absatzorientiert* sind die meisten Handelsunternehmen, weil sie die räumliche Nähe zu ihren Kunden, den Nachfragern für ihre Produkte suchen.

Beispiel

Bei der Volkswagen AG stieg ab 1960 der Export von Fahrzeugen in die USA kräftig an. Dabei verursachte der umständliche Transport der Wagen zu den Überseehäfen hohe Kosten. So beschloss der Vorstand der AG die Errichtung eines Zweigwerkes in Emden, wo in erster Linie für den amerikanischen Markt produziert werden sollte. Neben der günstigen Verkehrslage sprachen noch andere Gründe für den Standort Emden:

- Die Bodenpreise waren niedrig,
- es gab ausreichend Gelände für eventuelle Erweiterungsbauten,
- der Bund und das Land Niedersachsen gewährten Steuervergünstigungen und Investitionshilfen,
- Arbeitskräfte konnten aus dem Umland und aus dem Ausland angeworben werden,
- die Bedeutung des Umweltschutzes spielte noch keine entscheidende Rolle.

3.6.2.3 Internationale Standortfaktoren

Mit den politischen Umwälzungen in Mittel- und Osteuropa und mit der zunehmenden Konkurrenz durch die südostasiatischen Schwellenländer haben sich auch die Strukturen der internationalen Arbeitsteilung verändert.

Der zunehmende Wettbewerbsdruck aus dem Ausland hat in Deutschland eine Diskussion um die Attraktivität des Wirtschaftsstandorts Deutschland ausgelöst. Die Standortfaktoren im internationalen Wettbewerb um Investitionen sind quantitativer und qualitativer Natur.

Quantitative Standortfaktoren	Qualitative Standortfaktoren
■ Arbeitskosten	■ Qualifikation der Arbeitskräfte
■ Arbeitsproduktivität	■ Produktqualität
■ Wochenarbeitszeit	■ Service
■ verlorene Arbeitstage durch Arbeitskämpfe	■ Rechtssicherheit
■ Steuerbelastung	■ Infrastruktur
■ Umweltschutzaufwand	■ Lebensqualität
■ Umsatzrentabilität	■ politische Stabilität

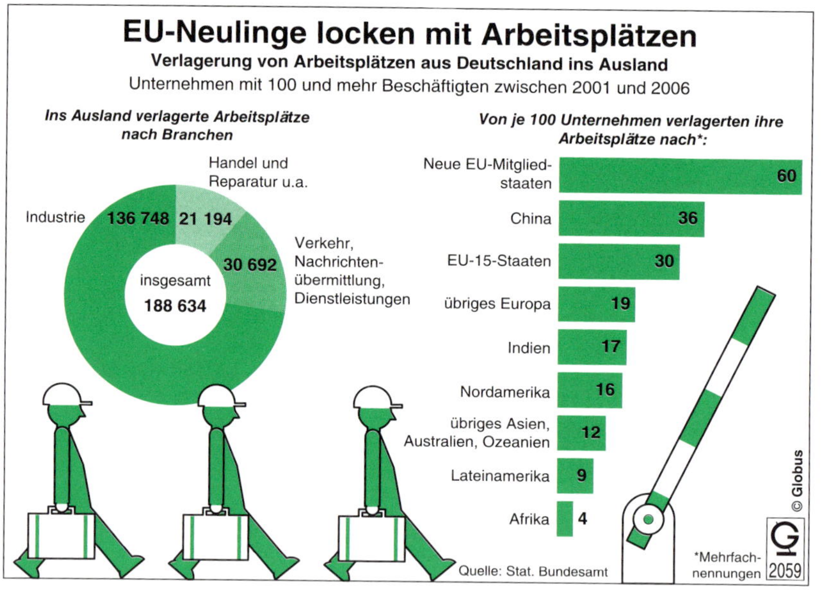

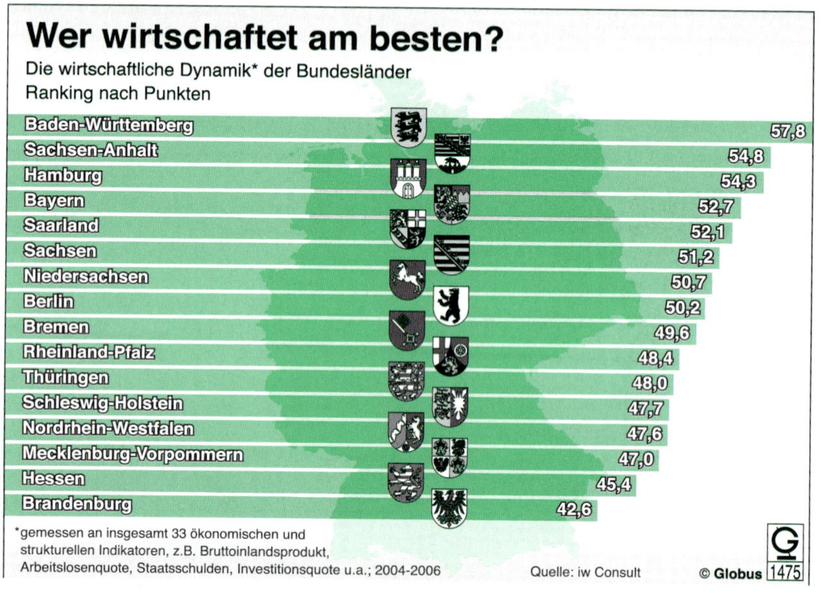

3.6.2.4 Standortentscheidung bei Kreditinstituten

Die Frage nach der Standortentscheidung bei Kreditinstituten ist nicht allgemeingültig zu beantworten. Vielmehr bedarf es hierzu einer genauen Analyse der **geschäftspolitischen Strategie** des betreffenden Kreditinstituts.

Die Standortwahl eines Kreditinstitutes reicht von der Entscheidung über den Sitz der Zentrale bis hin zur Festlegung der Standorte der einzelnen Geschäftsstellen und der institutseigenen Geldautomaten.
Die folgende Fragenliste gibt ein Bild von der Komplexität der Standortentscheidung. Die jeweilige Standortentscheidung ist immer multikausal, wobei erschwerend ist, dass die einzelnen Entscheidungskriterien natürlich nicht unabhängig voneinander sind.

- **Welche Kundengruppe soll angesprochen werden?**
  Liegen die Schwerpunkte im Geschäft mit Privatkunden oder Geschäftskunden? Sucht das Kreditinstitut seinen Erfolg im Absatz von Standardprodukten für Lohn- und Gehaltsempfänger (Retailbanking) oder in individuellen, maßgeschneiderten Produkten für vermögende Privatkunden (Wholesalebanking)?
  Welche Bevölkerungsdichte und Bevölkerungsstruktur existiert im vorgesehenen Absatzgebiet?

- **Welche Bankprodukte sollen angeboten werden?**
  Operiert das Kreditinstitut als Universalbank mit dem klassischen Einlagen-, Kredit- und Effektengeschäft?
  Oder handelt es sich um ein Spezialinstitut, wie ein Realkreditinstitut, eine Kapitalanlagegesellschaft oder eine Leasing-Gesellschaft?

- **Welche Vertriebskanäle sollen genutzt werden?**
  Handelt es sich um ein örtlich operierendes Kreditinstitut mit möglichst großer Kundennähe und damit dichtem Zweigstellennetz?
  Oder erschließt sich der Kundenkontakt im Homebanking über das Telefon oder den heimischen PC? Werden die Produkte über andere Kreditinstitute als Verbundpartner oder durch Kundenberater abgesetzt, die den Kunden zu Hause aufsuchen?

- **Ist das Kreditinstitut bei seiner Geschäftstätigkeit auf bestimmte Einrichtungen des finanziellen Sektors angewiesen?**
  Ist für das Kreditinstitut die räumliche Nähe zu anderen Kreditinstituten, zu bestimmten Verbundpartnern, zur Börse oder zu einer Landeszentralbank notwendig?

- **Wie ist die Wettbewerbssituation in dem vom Kreditinstitut anvisierten Marktsegment?**
  Wie ist die bereits vorhandene Bankstellendichte in dem vorgesehenen Absatzgebiet? Gibt es – räumlich gesehen – eine Marktnische?

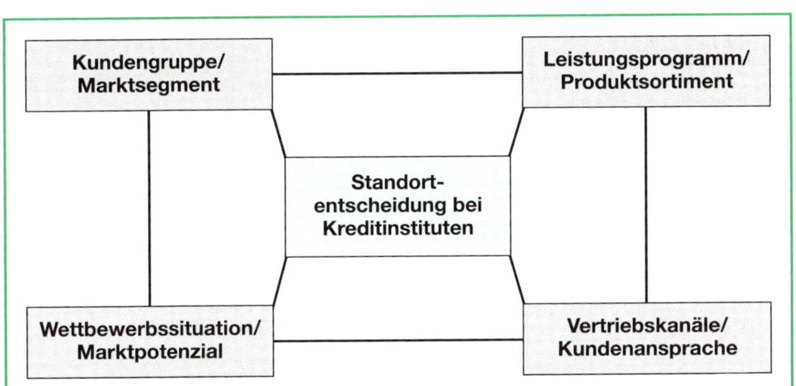

3.6.3 Kapital

Arbeit und Boden werden als **ursprüngliche** Produktionsfaktoren bezeichnet. Wäre der Mensch nur auf sie allein gestellt, könnte er seine Lebensbedingungen nur in geringem Umfang verbessern. Durch seinen Erfindungsgeist angespornt, sucht der Mensch jedoch ständig nach Möglichkeiten, den Erfolg seiner Arbeit zu steigern. Durch die Herstellung und den Einsatz von Werkzeugen, Maschinen, Transportmitteln, Mikroprozessoren usw. wird die Produktivität, das Ergebnis der Arbeitsleistung, erheblich gesteigert.
Kapital wird als **abgeleiteter** (derivativer) Produktionsfaktor bezeichnet, weil zu seiner Entstehung die Kombination von Arbeit und Boden notwendig ist.

Der Produktionsfaktor **Kapital** umfasst alle Produktionsmittel, die bei der Gütererzeugung eingesetzt werden.

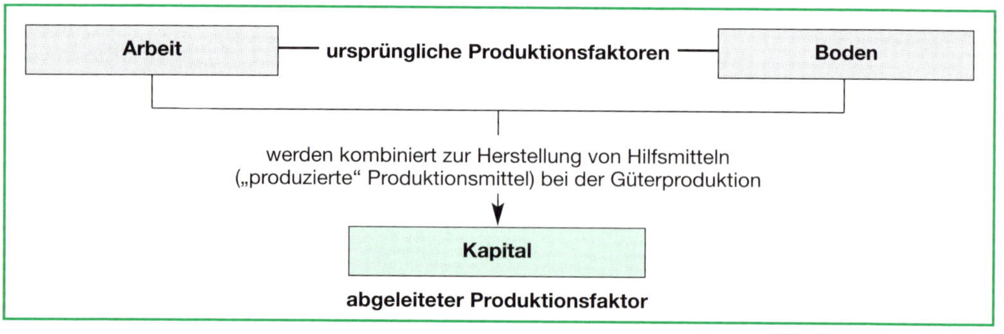

3.6.3.1 Sparen – Voraussetzung der Kapitalbildung

Beispiel

Als Robinson Crusoe auf der einsamen Insel strandete, hatte er zunächst nur seine Arbeitskraft und die Natur mit ihren Pflanzen, Tieren und Bodenschätzen – so wie er sie vorfand – zur Verfügung, um sein Leben zu fristen.
Anfangs ernährte sich Robinson von Fischen, die er mit seinen bloßen Händen mühselig aus dem Wasser griff. Bald überlegte er, wie er seinen Fischfang verbessern könnte.
Er verbrauchte in den nächsten Tagen nicht seine gesamte Fischbeute, sondern legte so lange einen Teil der gefangenen Fische als Vorrat zurück, bis er eine ganze Tagesration „gespart“ hatte. Als er so weit war, konnte er einen Tag lang seine ganze Arbeitskraft in die Herstellung einer Angel stecken. Zur Ernährung verbrauchte er seinen Fischvorrat. Mit der neu geschaffenen Angel gelang es ihm, in kurzer Zeit seinen Tagesbedarf an Fischen zu decken. In der gewonnenen Zeit stellte er als Nächstes eine Reuse, ein Netz und ein kleines Boot her. Jetzt konnte er nicht nur in noch kürzerer Zeit, sondern auch wesentlich bequemer seinen Bedarf an Fischen decken. Er wäre sogar in der Lage gewesen, weitaus mehr an Fischen zu fangen, als er selbst zu seinem eigenen Lebensunterhalt benötigte.
Bald darauf baute er Geräte und Werkzeuge, die ihn beim Bau einer Hütte, bei der Bestellung des Ackers und der Viehhaltung unterstützten.
Durch die Schaffung und den Einsatz des Produktionsfaktors Kapital gelang es Robinson, seine Lebensbedingungen im Laufe der Jahre immer weiter zu verbessern.

Das Beispiel macht deutlich: Die Entstehung des Produktionsfaktors Kapital ist nur möglich, wenn der Mensch auf die konsumtive Verwendung eines Teils seines Einkommens verzichtet.

Beispiel Robinson musste zunächst seinen Fischkonsum einschränken und einen Vorrat anlegen.

In einer modernen Volkswirtschaft geschieht die Schaffung des Produktionsfaktors Kapital nicht mehr unmittelbar durch die Bildung eines Gütervorrates, sondern durch das Sparen von Geld.

Sparen bedeutet Konsumverzicht, der in der Regel zur Bildung von Geldkapital führt.

Durch die Vermittlung von **Kapitalsammelstellen** (Kreditinstitute, Lebensversicherungen) wird dieses Geldkapital den Unternehmen zur Verfügung gestellt.
Die Unternehmen verwenden das Geldkapital für ihre Investitionen, d. h. zum Erwerb von Maschinen, Fabrikanlagen und Vorräten.
Voraussetzung für das Sparen innerhalb einer Volkswirtschaft sind **Sparfähigkeit** und **Sparwille** der Bevölkerung.
Kein Sparen im volkswirtschaftlichen Sinne ist das Horten, bei dem zwar auch Konsumverzicht geleistet wird, aber keine produktive Geldverwendung erfolgt (*„Strumpfsparen“*).

Freiwilliges Sparen

Der Konsumverzicht wird aufgrund der freiwilligen Entscheidung der Sparer geleistet.
Die gesparten Geldmittel können in verschiedenen Formen angelegt werden.

Sparformen sind:

- Spar- und Termineinlagen
- Wertpapiere
- Bausparen
- Kapitallebensversicherungen

Sparmotive sind:

- Vorsorge für die Zukunft
- Erzielung von Kapitaleinkünften *(Zinsen, Dividenden)*
- Geldansammlung für konkrete Anschaffungen und größere Ausgaben *(Autokauf, Urlaubsreise)*

Auch Unternehmen können „sparen“, wenn auf die Ausschüttung eines Teils der erwirtschafteten Gewinne verzichtet wird. Diese Geldmittel stehen damit für weitere unternehmerische Zwecke zur Verfügung.

Zwangssparen

Der Konsumverzicht wird unfreiwillig geleistet, indem von den Einkommensbeziehern ein bestimmter Teil ihres Einkommens in Form von **Steuern** und **Sozialabgaben** (Renten-, Kranken-, Pflege-, Arbeitslosenversicherung) an den Staat bzw. die Sozialversicherungsträger abzuführen ist.
Das Steigen der Preise führt ebenfalls zu einem unfreiwilligen Konsumverzicht und bedeutet Zwangssparen: Die Inflation „verzehrt“ Einkommen, das für den Konsum hätte ausgegeben werden können.

3.6.3.2 Investieren – Voraussetzung für wirtschaftliches Wachstum

Die der Unternehmung von ihren Kapitalgebern (Kreditinstituten, Eigentümern) zur Verfügung gestellten Geldmittel werden durch Investitionen in Realkapital (Sachkapital) umgewandelt.

> **Investieren** bedeutet die Verwendung von Geldkapital für Unternehmenszwecke.

Konsumverzicht —sparen→ **Geldkapital** —investieren→ **Realkapital**

Anlageinvestitionen

Das Geld wird für die Beschaffung von dauerhaft verwendbaren Produktionsmitteln verwendet. Die Anlageinvestitionen umfassen *Ausrüstungen, Bauten* und *sonstige Anlagen*.

Beispiele

Ausrüstungen:	Maschinen, Betriebsausstattungen, Geschäftseinrichtungen, Werkzeuge, Fahrzeuge
Bauten:	Fabrikbauten, Lagerhallen, Verwaltungsgebäude, Stromleitungen
Sonstige Anlagen:	EDV-Software, Urheberrechte

Ersatzinvestitionen dienen der Erhaltung des vorhandenen Anlagenbestandes (Kapitalerneuerung), indem abgenutzte oder veraltete Anlagen durch neue ersetzt werden (Reinvestition). Die ursprüngliche Produktionskapazität bleibt gleich.
Erweiterungsinvestitionen dienen dem Wachstum der Unternehmung (Kapitalneubildung), indem zusätzliche Produktionsanlagen angeschafft werden. Die vorhandene Produktionskapazität wird erweitert.

Anlageinvestitionen
- **Ersatzinvestitionen**
- **Erweiterungsinvestitionen**

Rationalisierungsinvestitionen dienen der Kostensenkung und der Steigerung der Produktivität. Häufig wird hierbei der Produktionsfaktor Arbeit durch den Produktionsfaktor Kapital ersetzt.

Beispiel Durch die Anschaffung einer computergesteuerten Produktionsanlage werden weniger Arbeitskräfte benötigt.

Vorrats-/Lagerinvestitionen

Das Geld wird für die Beschaffung von Vorräten bzw. Warenlagern verwendet.

Beispiele Roh-, Hilfs- und Betriebsstoffe, Fertigerzeugnisse

Die Unternehmensinvestitionen entscheiden über die Entwicklung und die Zukunft einer Volkswirtschaft.

Das Ausmaß der Investitionstätigkeit hängt ab von den

- Absatzmöglichkeiten für die erzeugten Produkte,
- Investitionskosten,
- allgemeinen Zukunftserwartungen (politische Stabilität, sozialer Friede, Höhe der Unternehmenssteuern).

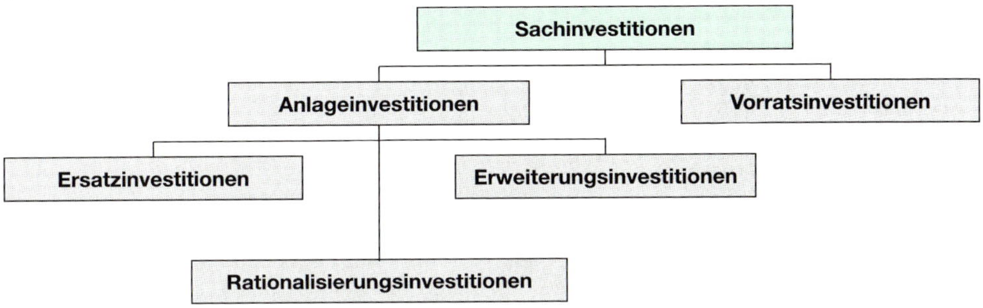

Exkurs: Betriebswirtschaftlicher Kapitalbegriff

Die volkswirtschaftlichen Begriffe Geldkapital und Realkapital sind von den in der Betriebswirtschaftslehre und im Rechnungswesen benutzten Begriffen Eigenkapital und Fremdkapital zu unterscheiden. Hier versteht man unter dem Kapital die auf der Passivseite der Bilanz ausgewiesene Finanzierung (Mittelherkunft) der Unternehmung:

- Das **Fremdkapital** umfasst die Schulden der Unternehmung, d. h. die von den *Gläubigern (z. B. Kreditinstituten)* zur Verfügung gestellten Geldmittel. Das Fremdkapital steht der Unternehmung *zeitlich befristet* zur Verfügung. Für die Dauer der Kapitalüberlassung muss die Unternehmung *Zinsen* zahlen.
- Das **Eigenkapital** ist die Differenz zwischen dem Vermögen und dem Fremdkapital der Unternehmung. Das Eigenkapital gehört den an der Unternehmung beteiligten Personen und steht der Unternehmung *zeitlich unbegrenzt* zur Verfügung. Den Eigentümern fließt der *Gewinn* zu, sie tragen aber auch das *Verlustrisiko*.

Bilanz

Aktiva (Vermögen)	**Passiva (Kapital)**
Anlagevermögen = langfristig gebundene Vermögensteile	**Eigenkapital**
Umlaufvermögen = kurzfristig gebundene Vermögensteile	**Fremdkapital** ■ langfristig ■ kurzfristig
Mittelverwendung = Investitionen	**Mittelbeschaffung** = Finanzierung

3.6.3.3 Abschreibungen

Das Anlagevermögen einer Unternehmung besteht aus Vermögensteilen, die in der Regel über einen mehrjährigen Zeitraum genutzt werden.

Der Wert dieser Sachanlagen nimmt durch die laufende Nutzung, aber auch durch ihre technische und wirtschaftliche Überholung allmählich ab. Die Nutzungsdauer von Sacheinlagen ist daher beschränkt. Die Unternehmung muss dafür Sorge tragen, dass nach Ablauf der Nutzungsdauer Geldmittel für die Durchführung einer Ersatzinvestition zur Verfügung stehen.

> Die Wertminderungen der Sachanlagen werden in Form von **Abschreibungen als Aufwand** erfasst. Durch die Abschreibungen werden die Anschaffungskosten der Sachanlagen auf die Jahre ihrer Nutzung verteilt.

Bei einer sachgerechten Preiskalkulation werden daher auch die Abschreibungen als Kostenbestandteil miteinbezogen.
Die Abschreibungsgegenwerte fließen der Unternehmung somit laufend über die Umsatzerlöse zu und können bis zum Zeitpunkt der Ersatzbeschaffung angelegt oder für weitere Finanzierungszwecke verwendet werden.

Beispiel

Der Bauunternehmer Helmut Sindermann hat einen Kran für 240.000,00 EUR angeschafft. Die Nutzungsdauer wird auf 8 Jahre veranschlagt, die jährliche Einsatzzeit beträgt 1.200 Stunden.
Die jährliche Abschreibung beträgt bei linearer Abschreibung 30.000,00 EUR. Herr Sindermann kalkuliert seinen Angebotspreis für eine Kranstunde:

Arbeitslohn (inkl. Lohnnebenkosten)	55,00 EUR
Abschreibungen (30.000 : 1.200)	25,00 EUR
sonstige Kosten	15,00 EUR
Gewinnzuschlag	10,00 EUR
Angebotspreis	105,00 EUR

Die Finanzierung aus Abschreibungserlösen wird auch als **Finanzierung durch Vermögensumschichtung** bezeichnet: Der Wert der Sachanlagen nimmt durch die Abschreibungen ab, während der Wert der Finanzaktiva durch den Eingang der Abschreibungserlöse zunimmt (Aktivtausch).

Kapazitätserhaltungseffekt

Die Finanzierung aus Abschreibungserlösen dient in erster Linie zur Finanzierung von Ersatzinvestitionen. Nach Ablauf der Nutzungsdauer der Investitionsobjekte sollten die zur Ersatzbeschaffung erforderlichen Geldmittel über die Verkaufserlöse in die Unternehmung zurückgeflossen sein.
Eine einmal vorhandene Unternehmenskapazität kann auf diese Weise ohne Zuführung neuer Mittel erhalten werden.

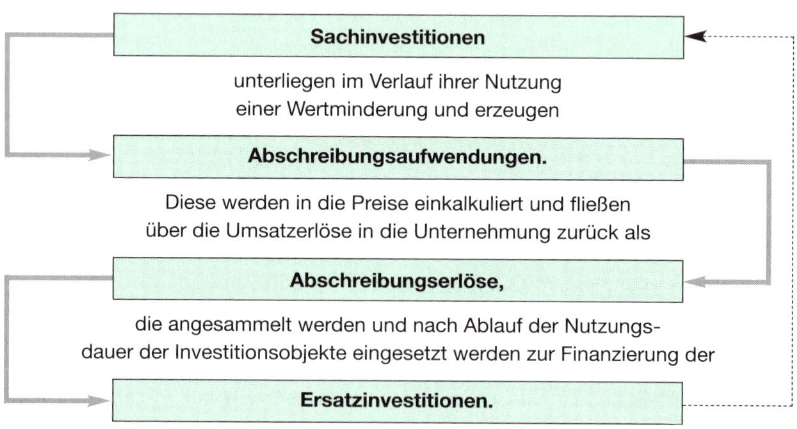

Beispiel

Die Anschaffungskosten für eine EDV-Anlage betragen 30.000,00 EUR. Die Nutzungsdauer wird auf 5 Jahre geschätzt.

Bei linearer Abschreibungsmethode beträgt der jährliche Abschreibungsaufwand 6.000,00 EUR. Vorausgesetzt, die Unternehmung konnte die Abschreibungen über den Umsatzprozess „verdienen", verfügt sie nach Ablauf der Nutzungsdauer über den zur Ersatzinvestition erforderlichen Geldbetrag.

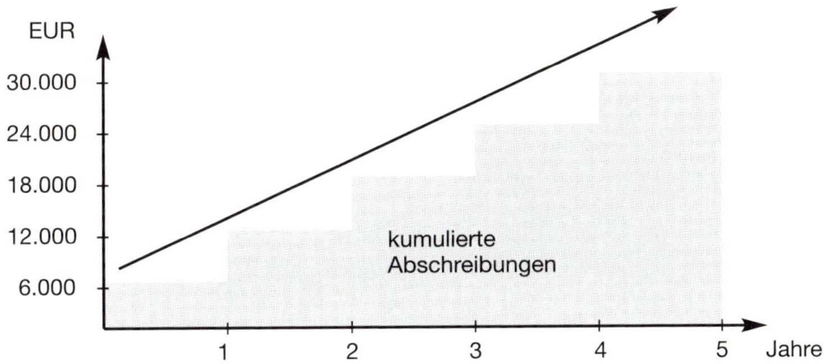

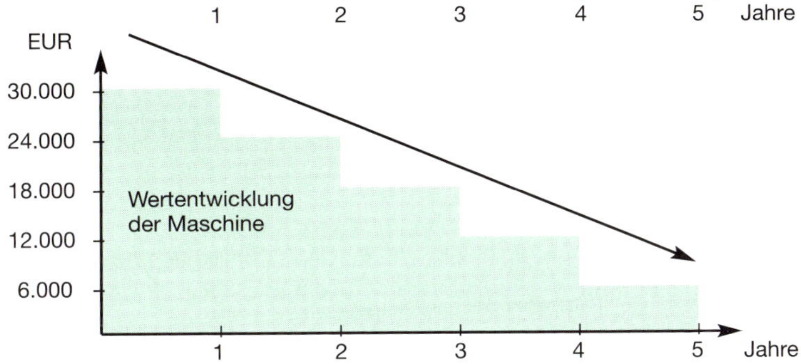

Bei einer Preissteigerung für die erforderliche Ersatzinvestition entsteht eine sogenannte **Abschreibungslücke**. Die Summe der Abschreibungswerte ist in diesem Fall niedriger als der Wiederbeschaffungspreis für den Anlagegegenstand. Eine Abschreibung vom voraussichtlich höheren Wiederbeschaffungspreis ist steuerlich unzulässig. Die Abschreibungslücke kann nur durch zusätzliche Außenfinanzierung oder durch Selbstfinanzierung aus Gewinnen gefüllt werden. Eine zu hohe Gewinnausschüttung kann daher die Substanz der Unternehmung gefährden.

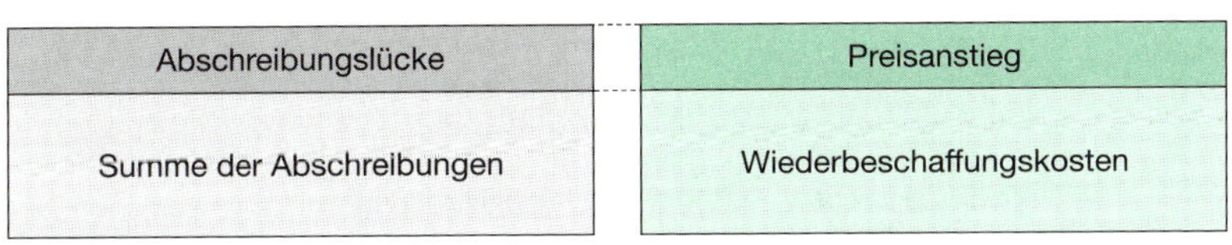

Kapazitätserweiterungseffekt

Werden in einer größeren Unternehmung mehrere gleichartige Anlagegegenstände eingesetzt, so können die eingehenden Abschreibungsgegenwerte bereits vor dem Ablauf der Nutzungsdauer der Gegenstände zur Finanzierung von Erweiterungsinvestitionen eingesetzt werden. Die vorhandene Unternehmenskapazität könnte auf diese Weise ohne zusätzliche Fremd- oder Eigenmittel erweitert werden.

Beispiel

Eine Unternehmung beschafft in fünf aufeinanderfolgenden Jahren je eine Maschine im Wert von 10.000,00 EUR. Die Finanzierung erfolgt aus eigenen Mitteln. Die Nutzungsdauer der Maschinen beträgt 5 Jahre. Die Abschreibung soll linear erfolgen.

$$\text{Abschreibungsbetrag pro Jahr} = \frac{\text{Anschaffungskosten}}{\text{Nutzungsdauer}} = 2.000{,}00\ \text{EUR}$$

Maschine	1. Jahr	2. Jahr	3. Jahr	4. Jahr	5. Jahr	6. Jahr
	EUR	EUR	EUR	EUR	EUR	EUR
Nr. 1	2.000,00	2.000,00	2.000,00	2.000,00	2.000,00	2.000,00
Nr. 2	–	2.000,00	2.000,00	2.000,00	2.000,00	2.000,00
Nr. 3	–	–	2.000,00	2.000,00	2.000,00	2.000,00
Nr. 4	–	–	–	2.000,00	2.000,00	2.000,00
Nr. 5	–	–	–	–	2.000,00	2.000,00
jährliche Abschreibung	2.000,00	4.000,00	6.000,00	8.000,00	10.000,00	10.000,00
liquide Mittel	2.000,00	6.000,00	12.000,00	20.000,00	30.000,00	30.000,00
– Reinvestition	–	–	–	–	10.000,00	10.000,00
freigesetzte Mittel	**2.000,00**	**6.000,00**	**12.000,00**	**20.000,00**	**20.000,00**	**20.000,00**

Die im 5. (6., 7. usw.) Jahr insgesamt verdienten Jahresabschreibungen entsprechen den Wiederbeschaffungskosten für die im 1. (2., 3. usw.) Jahr angeschafften Maschinen. Die Abschreibungsbeträge der ersten vier Jahre sind dauerhaft freigesetzt und können für Erweiterungsinvestitionen eingesetzt werden.

Voraussetzungen für den Kapazitätserweiterungseffekt sind:

- Die jährlichen Abschreibungen fließen tatsächlich über die Verkaufserlöse in die Unternehmung zurück. Das bedeutet, das Unternehmen muss in der Lage sein, sein Absatzvolumen entsprechend der gestiegenen Kapazität auszuweiten.
- Die Anschaffungskosten bzw. Wiederbeschaffungskosten der Maschinen bleiben konstant.

3.6.4 Produktionsprozess – Kombination der Produktionsfaktoren

Der **Produktionsprozess** vollzieht sich durch Kombination der Produktionsfaktoren Arbeit, Boden und Kapital.

Beispiele

- In der Landwirtschaft wirken Arbeitskräfte, landwirtschaftliche Anbaufläche und Maschinen zusammen, um die Felder bewirtschaften zu können.
- Ein Automobilunternehmen benötigt eine Vielzahl von Fachkräften wie Ingenieure, Kaufleute und Facharbeiter, um mit geeigneten Produktionsanlagen Fahrzeuge produzieren zu können.
- Ein Kreditinstitut benötigt hoch qualifizierte Mitarbeiter, geeignete Geschäftsräume und EDV-Geräte, um seine Kunden betreuen zu können.

Je nach Art der Güter, die produziert werden sollen, müssen die Produktionsfaktoren in unterschiedlichem Umfang eingesetzt werden.

Bei einer **arbeitsintensiven** Produktionsweise liegt der Schwerpunkt auf dem Einsatz des Produktionsfaktors Arbeit.

Beispiel Die Tätigkeit der Kreditinstitute, Versicherungen und der Freien Berufe wie Ärzte, Rechtsanwälte, Notare, Steuerberater, Wirtschaftsprüfer usw. erfordert einen hohen Arbeitseinsatz und besonders geschultes Personal. Die Kosten für die Betriebsausstattung sind demgegenüber vergleichsweise gering.

Bei einer **kapitalintensiven** Produktionsweise liegt der Schwerpunkt auf dem Einsatz des Produktionsfaktors Kapital.

Beispiel Energie kann nur unter großem Kapitaleinsatz erzeugt werden. Die Kosten für das Personal sind im Vergleich dazu relativ gering.

3.6.4.1 Minimalkostenkombination

In welchem Umfang die einzelnen Produktionsfaktoren eingesetzt werden, hängt nicht nur von den technischen Gegebenheiten sondern auch von ihren Kosten ab. Die kostengünstigste Faktorkombination ist die **Minimalkostenkombination**.

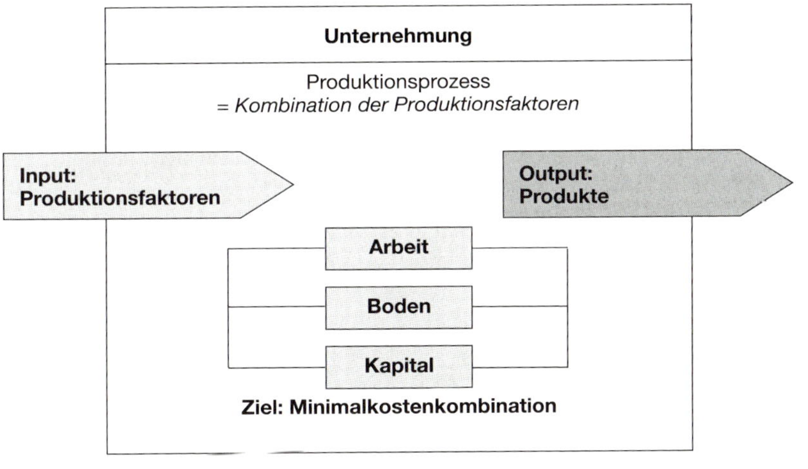

Beispiel Ein Tabakwarenhersteller will sich auf die Produktion der Nobelzigarre „Al Capone" spezialisieren.

Es ist technisch möglich, die Zigarren in Handarbeit mit vielen Arbeitskräften und geringem Kapitaleinsatz (arbeitsintensiv) oder mit Spezialmaschinen und wenigen Arbeitskräften (kapitalintensiv) herzustellen.

Die Einsatzmenge des Produktionsfaktors Boden ist umso geringer, je weniger Arbeitskräfte eingesetzt werden.

Für die Herstellung von 600.000 Zigarren pro Jahr sind folgende vier Faktorkombinationen technisch möglich:

Faktorkombination	Kapitaleinheiten (Menge)	Arbeitseinheiten (Menge)	Bodeneinheiten (Menge)
(1)	1	120	20
(2)	2	60	15
(3)	4	30	10
(4)	12	10	5

Die Kosten betragen für eine
- Kapitaleinheit 10.000,00 EUR
- Arbeitseinheit 2.000,00 EUR
- Bodeneinheit 1.000,00 EUR

Faktor-kombination	Kosten für PF Kapital (EUR)	Kosten für PF Arbeit (EUR)	Kosten für PF Boden (EUR)	Gesamtkosten (EUR)
(1)	10.000,00	240.000,00	20.000,00	270.000,00
(2)	20.000,00	120.000,00	15.000,00	155.000,00
(3)	**40.000,00**	**60.000,00**	**10.000,00**	**110.000,00**
(4)	120.000,00	20.000,00	5.000,00	145.000,00

Faktorkombination (3) ist die Minimalkostenkombination mit Gesamtkosten in Höhe von 110.000,00 EUR.

3.6.4.2 Faktorsubstitution

In Industrieländern ist zu beobachten, dass bei steigenden Arbeitskosten aufgrund von Rationalisierungsinvestitionen industrielle Produkte zunehmend in voll- bzw. teilautomatisierten Produktionsprozessen erstellt werden. Der Produktionsfaktor Arbeit wird hier durch den Produktionsfaktor Kapital ersetzt. Die dadurch steigende Arbeitsproduktivität hat einerseits Arbeitszeitverkürzungen ermöglicht, andererseits aber auch Arbeitsplätze vernichtet und zu Arbeitslosigkeit geführt.

Eine andere Wirkung steigender Arbeitskosten ist die Verlagerung besonders arbeitsintensiver Produktionsprozesse in solche Regionen und Länder *(sog. „Billiglohnländer“)*, in denen Arbeitskräfte reichlich vorhanden und die Arbeitskosten deutlich geringer sind.

Beispiel

Aufgrund von allgemeinen Lohnsteigerungen steigen im oben aufgeführten Beispiel die Kosten für den Produktionsfaktor Arbeit auf 4.000,00 EUR pro Arbeitseinheit.

Faktor-kombination	Kosten für PF Kapital (EUR)	Kosten für PF Arbeit (EUR)	Kosten für PF Boden (EUR)	Gesamtkosten (EUR)
(1)	10.000,00	480.000,00	20.000,00	510.000,00
(2)	20.000,00	240.000,00	15.000,00	275.000,00
(3)	40.000,00	120.000,00	10.000,00	170.000,00
(4)	**120.000,00**	**40.000,00**	**5.000,00**	**165.000,00**

Faktorkombination (4) ist jetzt die Minimalkostenkombination mit Gesamtkosten in Höhe von 165.000,00 EUR.

Um die neue Minimalkostenkombination zu erreichen sind notwendig:

- Investitionen in Höhe von 80.000,00 EUR (8 zusätzliche Kapitaleinheiten zu je 10.000,00 EUR),
- Freisetzung von 20 Arbeitseinheiten,
- Verringerung der Bodenfläche um 5 Einheiten.

Es sind somit technische und wirtschaftliche Gründe, die zu einer bestimmten Kombination der Produktionsfaktoren führen. Ändern sich die technischen Voraussetzungen *(z. B. Erfindung einer neuen Maschine)* oder die wirtschaftlichen Gegebenheiten *(z. B. steigende Löhne),* wird die Unternehmung versuchen, die Kombination der Produktionsfaktoren den geänderten Bedingungen anzupassen.

Wettkampf ums Krabbenpulen

Die Ostfriesen setzen auf moderne Maschinen, die Niederländer dagegen auf die schnelle und preiswerte Handarbeit in Marokko

Oldenburg – Mit Chitinpanzer sind Krabben ungenießbar. Zur Delikatesse werden sie erst unverhüllt. Wer sie ausziehen darf, wird in einem spannenden Wettbewerb zwischen Mensch und Maschine entschieden. Dabei führt bislang noch der Mensch: Maximal zwei Prozent der jährlich gut 20 Millionen Kilogramm Nordseekrabben werden maschinell gepult.

Allerdings sind die Frauen, die die Krabbe mit flinken Fingern entkleiden, kaum noch in Europa zu Hause. Neben wenigen Polinnen haben seit 1990 etwa 5.000 Marokkanerinnen die Arbeit übernommen. In drei neuen klimatisierten Fabriken pulen sie zu vergleichsweise niedrigen Löhnen im Auftrag niederländischer Unternehmen das Krabbenfleisch – vor allem für belgische Köche.

Innerhalb von sechs Stunden pulen die Frauen einen niederländischen Tiefkühl-Lkw mit 21 Tonnen Garnelen leer. Die Wochenproduktion liegt bei 35 Tonnen Rohstoff für Krabbencocktails und andere Leckereien. Für die gleiche Leistung müssten 150 Maschinen angeschafft und regelmäßig 75 Arbeitskräfte zum „Nachpulen“ beschäftigt werden, berichtet Robert Carp vom Niederländischen Fischbüro. Das rechne sich nicht.

Anderer Meinung sind die 27 Mitglieder der Fischereigenossenschaft im ostfriesischen Neuharlingersiel. Sie haben mit öffentlicher Unterstützung und Kosten von mindestens 90.000,00 EUR je Stück acht in den Niederlanden entwickelte Krabbenpulmaschinen aufgestellt. Unter Höllenlärm packen die Maschinen Krabbe für Krabbe beim Schwanz und trennen das Fleisch von Kopf und Chitinhülle. Damit lasse sich der Delikatessenbedarf von Restaurants und Läden bundesweit innerhalb von 48 Stunden bedienen, sagt der Genossenschafts-Geschäftsführer Gerhard Frerichs. Auch bei den Preisen könne die maschinengepulte Krabbe weitgehend mithalten. Vorteilhaft im Vergleich zur Handarbeit in Marokko seien die kurzen Wege vom Kutter zum Käufer.

Nachteil des Maschinenpulens ist der unvollkommene Wirkungsgrad. Ein Reinheitsgrad von 95 Prozent macht eine Nachlese per Hand erforderlich. Dafür setzen auch die Neuharlingersieler Fischereigenossen zusätzlich wieder Frauen ans Band. (dpa)

Nicht in allen Fällen ist die Substitution von Produktionsfaktoren möglich. Insbesondere im Dienstleistungsbereich ist bei vielen Unternehmen ein festes Einsatzverhältnis der Produktionsfaktoren vorgegeben.

Beispiel

Man kann zwar in einem Kreditinstitut im Servicebereich durch die Anschaffung von Geldautomaten und Kontoauszugsdruckern die Arbeitsproduktivität erhöhen und damit Mitarbeiter durch Maschinen substituieren. Anders verhält es sich jedoch bei erklärungsbedürftigen und komplexen Bankprodukten in der Kredit- oder Anlageberatung. Hier lässt sich der Kundenberater nicht ohne Weiteres durch technische Einrichtungen ersetzen. Allenfalls wird die Qualität der Beratung hierdurch erhöht.

Limitationale Produktionsfaktoren sind gegeben, wenn das Einsatzverhältnis der Produktionsfaktoren durch technische Gegebenheiten fest vorgegeben ist.

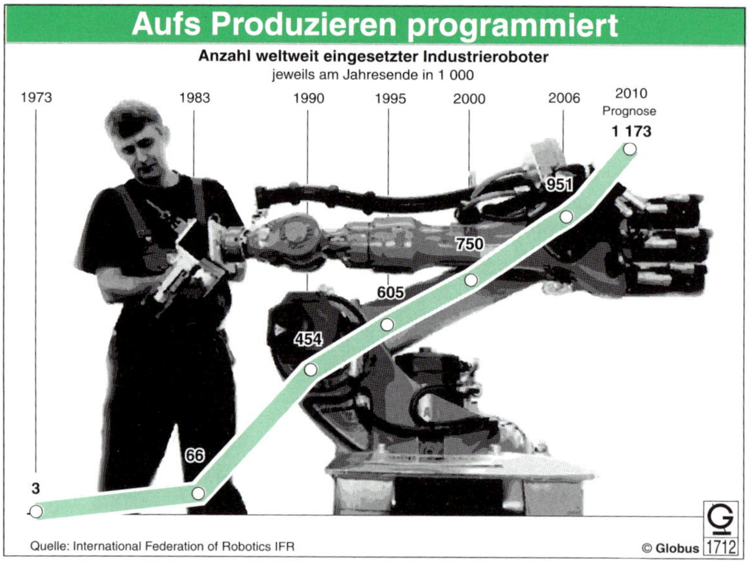

3.6.4.3 Besonderheiten in Kreditinstituten – der monetäre Faktor

Das System der Produktionsverfahren weist bei Kreditinstituten Besonderheiten auf.
Die Marktleistungen der Kreditinstitute lassen sich in Wertleistungen und Betriebsleistungen unterscheiden.

Wertleistungen	Betriebsleistungen
■ **Kreditgeschäfte** ■ **Einlagengeschäfte (Sicht-, Termin- und Spareinlagen)**	■ **Zahlungsverkehrsleistungen** ■ **Effektenkommissionsgeschäfte** ■ **Effektendepotgeschäfte**

Der Erstellung der **Wertleistungen** erfolgt im **liquiditätsmäßig-finanziellen Bereich (Wertbereich),** die Erstellung der **Betriebsleistungen** im **technisch-organisatorischen Bereich (Betriebsbereich).**

Betriebsleistungen werden durch die Kombination der Produktionsfaktoren Arbeit, Boden und Kapital erstellt. Sie können stückzahlmäßig erfasst werden.

Beispiele

- Erstellung eines Kontoauszuges
- Ausführung eines Überweisungsauftrages
- Verfügung am Geldautomaten

Wertleistungen entstehen durch die Nutzung des **monetären Faktors.** Sie werden stückzahlmäßig *und* wertmäßig erfasst.

Beispiele

- Gewährung eines Ratenkredites über 10.000,00 EUR
- Hereinnahme eines Festgeldes über 20.000,00 EUR
- Verkauf von zehn Sparbriefen im Nennwert von 50.000,00 EUR

Die meisten Leistungen der Kreditinstitute berühren sowohl den Wertbereich als auch den Betriebsbereich.

Beispiel

Unter Ausnutzung einer Kontokorrentlinie von 10.000,00 EUR führt das Kreditinstitut im Auftrag des Kunden eine Überweisung über 500,00 EUR aus.
Wertleistung: Kreditgewährung über 500,00 EUR
Betriebsleistung: Ausführung des Überweisungsauftrages

Im **liquiditätsmäßig-finanziellen Bereich** steht die Nutzung der **Liquidität** im Mittelpunkt, sodass man hier von einem eigenständigen **monetären Faktor** sprechen kann.

Der Produktionsfaktor „Arbeit" ist bei Kreditinstituten wegen ihrer personalintensiven Tätigkeit von besonderer Bedeutung. Er betrifft den Betriebs- und den Wertbereich.

Beispiele

Ca. 75 % der Betriebskosten sind bei Kreditinstituten Personalkosten.

Die Rationalisierungsbemühungen der Kreditinstitute zielen darauf ab, insbesondere im technisch-organisatorischen Bereich den teuren Produktionsfaktor Arbeit durch entsprechende Sachmittelinvestitionen zu ersetzen. Aufgrund des Electronic Banking sind in den vergangenen Jahren eine Vielzahl derartiger Arbeitsplätze verloren gegangen.

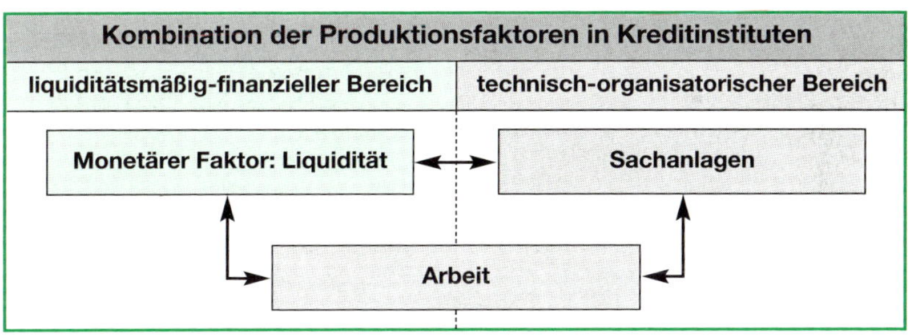

3.6.5 Betriebliche Kennzahlen zur Messung der Effizienz des Faktoreinsatzes

Betriebliche Kennzahlen sollen messen, in welchem Ausmaß die betrieblichen Ziele erreicht worden sind. Sie geben Aufschluss darüber, wie sich die Entscheidungen des Managements im Zeit- oder Branchenvergleich ausgewirkt haben. Sie dienen der Planung künftiger und der Kontrolle vergangener Maßnahmen.
Wichtige betriebliche Kennzahlen sind die **Produktivität**, die **Wirtschaftlichkeit** und die **Rentabilität**.

3.6.5.1 Produktivität

Unter der **Produktivität** versteht man das Verhältnis von *mengenmäßigem* Produktionsergebnis und dem Einsatz an Produktionsfaktoren.

$$\textbf{Arbeitsproduktivität} = \frac{\text{Ausbringungsmenge}}{\text{Arbeitseinsatz}}$$

Die Arbeitsproduktivität kann gemessen werden in Ausbringungsmenge je Arbeitsstunde oder Arbeitnehmer.

$$\textbf{Kapitalproduktivität} = \frac{\text{Ausbringungsmenge}}{\text{Kapitaleinsatz}}$$

Die Kapitalproduktivität kann gemessen werden in Ausbringungsmenge je Maschinenstunde oder Maschine.

Um die Produktivität zwischen Volkswirtschaften vergleichen zu können, wird die gesamtwirtschaftliche Produktivität berechnet.

$$\textbf{Gesamtwirtschaftliche Produktivität} = \frac{\text{Bruttoinlandsprodukt}}{\text{Erwerbstätige} \cdot \text{durchschnittliche Arbeitszeit je Erwerbstätigem}}$$

Produktivitätskennziffern drücken lediglich ein mengenmäßiges Verhältnis aus. Sie stellen keinen Ursache-Wirkung-Zusammenhang her.

Beispiel

Die Arbeitsproduktivität einer Kreditsachbearbeiterin wird durch die Anschaffung eines neuen DV-Systems gesteigert: Während vorher 50 Kreditanträge pro Monat bearbeitet werden konnten, können bei gleicher Arbeitszeit jetzt 55 Kreditanträge bearbeitet werden.

Weil über den Wert der erzeugten Ausbringungsmenge, die Leistung und den Wert des Faktoreinsatzes, die Kosten, nichts ausgesagt wird, lässt sich mit einer Produktivitätskennziffer auch keine Aussage über die Wirtschaftlichkeit oder die Rentabilität der Produktion treffen. So kann eine Produktivitätssteigerung durchaus unwirtschaftlich sein, wenn sie mit hohen Kosten verbunden ist oder wenn sie aus Absatzmangel nicht genutzt werden kann.

3.6.5.2 Lohnstückkosten

Häufig wird argumentiert, dass in Deutschland die Löhne zu hoch seien und deshalb die Produktion im Ausland günstiger sei. Diese auf den ersten Blick einleuchtende Aussage greift zu kurz, da sie nicht die Produktivitätsunterschiede zwischen In- und Ausland berücksichtigt. Man berechnet daher die Lohnstückkosten, weil sie das Verhältnis von Lohnkosten und Produktivität in einer Messgröße zusammenfassen.

Unter **Lohnstückkosten** versteht man die Lohnkosten je produzierter Einheit.

$$\textbf{Lohnstückkosten} = \frac{\text{Lohnkosten}}{\text{produzierte Stückzahl}}$$

Beispiel

Ein deutscher Automobilhersteller hat Lohnkosten von 40,00 EUR je Stunde und für die Produktion eines Fahrzeuges werden 25 Arbeitsstunden benötigt. Ein ausländischer Mitbewerber hat nur 25,00 EUR Lohnkosten je Stunde, aber für ein vergleichbares Fahrzeug werden 45 Arbeitsstunden gebraucht. In diesem Fall betragen die Lohnstückkosten des deutschen Herstellers 1.000,00 EUR und die Lohnstückkosten des ausländischen Herstellers 1.125,00 EUR.

3.6.5.3 Wirtschaftlichkeit

Die **Wirtschaftlichkeit** ist das wertmäßige Verhältnis von Leistung (= Wert der Produktion) und Kosten (= Wert der eingesetzten Produktionsfaktoren).

$$\textbf{Wirtschaftlichkeit} = \frac{\text{Leistung}}{\text{Kosten}}$$

Beispiel

Von einer Kreditsachbearbeiterin werden pro Monat 50 Kreditanträge bearbeitet. Der Betriebserlös beträgt jeweils 250,00 EUR. Die monatlichen Kosten für Gehalt, Arbeitsmittel usw. betragen 11.000,00 EUR. Aufgrund der Anschaffung eines neuen DV-Systems könnte die Anzahl der bearbeiteten Kreditanträge monatlich um 5 erhöht werden. Gleichzeitig steigen die monatlichen Kosten um 288,00 EUR.

$$W_1 = \frac{50 \text{ Stück} \cdot 250{,}00 \text{ EUR}}{11.000{,}00 \text{ EUR}} = \mathbf{1{,}14}$$

$$W_2 = \frac{55 \text{ Stück} \cdot 250{,}00 \text{ EUR}}{11.288{,}00 \text{ EUR}} = \mathbf{1{,}22}$$

Die Anschaffung des neuen DV-Systems ist wirtschaftlich, da mit jedem als Kosten eingesetzten EUR nach der Rationalisierungsmaßnahme 0,08 EUR mehr erwirtschaftet werden kann.

Eine höhere Produktivität führt also nur dann auch zu einer Verbesserung der Wirtschaftlichkeit, wenn die Ausbringungsmenge in einem stärkeren Maß steigt als die Produktionskosten.

3.6.5.4 Rentabilität

Die Wirtschaftlichkeit ist die Leitmaxime für das Handeln nach dem ökonomischen Prinzip. Sie sagt jedoch nichts darüber aus, ob mithilfe des eingesetzten Kapitals ein Gewinn erwirtschaftet wird.

Über die Rentabilität entscheidet letztlich der Markterfolg der Unternehmung, also die am Markt tatsächlich erzielten Umsatzerlöse.

Die **Eigenkapitalrentabilität** misst die Verzinsung des eingesetzten Eigenkapitals.

$$\textbf{Eigenkapitalrentabilität} = \frac{\text{Gewinn bzw. Jahresüberschuss}}{\text{eingesetztes Eigenkapital (EUR)}} \cdot 100$$

Beispiel

Die Bilanz der Hecker & Schmuck Handelsgesellschaft weist ein Eigenkapital von 180.000,00 EUR aus.

Summe der jährlichen Erträge	1.323.200,00 EUR
Summe der jährlichen Aufwendungen	1.280.000,00 EUR
Gewinn	43.200,00 EUR

$$\text{Eigenkapitalrentabilität} = \frac{43.200{,}00 \text{ EUR} \cdot 100}{180.000{,}00 \text{ EUR}} = 24\,\%\ \text{p.a.}$$

Die **Umsatzrentabilität** gibt den Gewinn je 100,00 EUR Umsatz (= die prozentuale Gewinnspanne) an.

$$\textbf{Umsatzrentabilität (Umsatzrendite)} = \frac{\text{Gewinn}}{\text{Umsatzerlöse}} \cdot 100$$

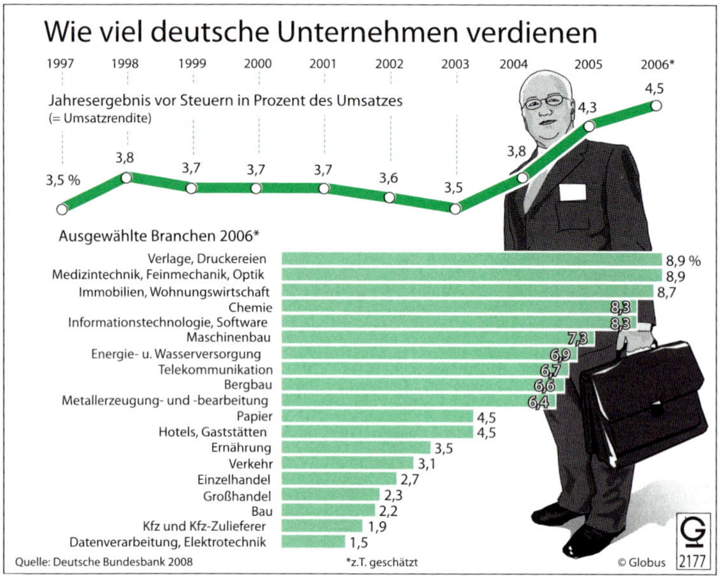

Im Umsatz kommt der Erfolg der Unternehmung im Wettbewerb um Absatz und Marktanteile zum Ausdruck. Die Umsatzrentabilität eignet sich daher besonders gut als Vergleichskennziffer und Erfolgsmaßstab für verschiedene Unternehmen derselben Branche. Eine Unternehmung mit einer im Branchenvergleich überdurchschnittlichen Umsatzrentabilität verfügt über eine gesicherte Marktposition. Sie kann Kostensteigerungen leichter verkraften und ist bei einer Verschärfung der Wettbewerbssituation eher zu Preiszugeständnissen in der Lage bzw. bei einem Preisrückgang vor Verlusten geschützt.

Die **Gesamtkapitalrentabilität** (Unternehmungsrentabilität) gibt an, mit wie viel Prozent sich das gesamte eingesetzte Kapital, also die Summe aus Eigenkapital und Fremdkapital, verzinst hat.

Positiver Leverage-Effekt:

$$\textbf{Gesamtkapitalrentabilität} = \frac{\text{Gewinn} + \text{Fremdkapitalzinsen}}{\text{Eigenkapital} + \text{Fremdkapital}} \cdot 100$$

Durch einen Vergleich der Eigenkapitalrentabilität mit der Gesamtkapitalrentabilität lässt sich feststellen, wie sich der Einsatz von Fremdkapital auf die Eigenkapitalrentabilität ausgewirkt hat.

Fremdkapitalzinssatz < Gesamtkapitalrentabilität

Folge: Die Eigenkapitalrentabilität steigt aufgrund der Fremdkapitalaufnahme.

Negativer Leverage-Effekt:

Fremdkapitalzinssatz > Gesamtkapitalrentabilität

Folge: Die Eigenkapitalrentabilität sinkt aufgrund der Fremdkapitalaufnahme.

Beispiel

1. Jahr

Dem Jahresabschluss einer Unternehmung sind folgende Zahlenangaben entnommen:

Eigenkapital	90.000,00 EUR	Gewinn	10.800,00 EUR
Fremdkapital	60.000,00 EUR	Zinsaufwand	6.000,00 EUR
Gesamtkapital	150.000,00 EUR	Kapitalkosten	16.800,00 EUR

2. Jahr

Die Unternehmensleitung nimmt zur Finanzierung einer Erweiterungsinvestition einen Kredit in Höhe von 50.000,00 EUR auf. Es wird unterstellt, dass die Fremdkapitalzinsen unverändert 10 % betragen.
Der Abschluss des folgenden Geschäftsjahres weist daraufhin folgende Zahlenangaben auf:

Eigenkapital	90.000,00 EUR	Gewinn	11.400,00 EUR
Fremdkapital	110.000,00 EUR	Zinsaufwand	11.000,00 EUR
Gesamtkapital	200.000,00 EUR	Kapitalkosten	22.400,00 EUR

Positiver Leverage-Effekt: Der gestiegene Fremdkapitaleinsatz hat zu einer Erhöhung der Eigenkapitalrentabilität geführt. Sie ist von 12 % auf 12,67 % gestiegen.

3. Jahr

Im darauffolgenden Jahr kommt es zu einer Erhöhung der Kapitalmarktzinsen. Es wird unterstellt, dass der Zinssatz für Fremdkapital auf 12 % steigt. Der Jahresabschluss weist jetzt folgende Zahlenangaben auf:

Eigenkapital	90.000,00 EUR	Gewinn	9.200,00 EUR
Fremdkapital	110.000,00 EUR	Zinsaufwand	13.200,00 EUR
Gesamtkapital	200.000,00 EUR	Kapitalkosten	22.400,00 EUR

Negativer Leverage-Effekt: Der Zinsanstieg geht zulasten des Gewinns. Die Zinssteigerung hat zu einer Verringerung der Eigenkapitalrentabilität geführt. Sie ist von 12,67 % auf 10,22 % gesunken.

	FK-Zinssatz	EK-Rentabilität	GK-Rentabilität
1. Jahr	10 %	12,00 %	11,2 %
2. Jahr	10 %	12,67 %	11,2 %
3. Jahr	12 %	10,22 %	11,2 %

4 Wirtschaftsordnungen, Markt und Preisbildung, Wettbewerb und Marketing

4.1 Wirtschaftsordnung als Bestandteil der - Gesellschaftsordnung

4.1.1 Individuum – soziale Gruppe – Gesellschaft

Kein Mensch kann völlig losgelöst von anderen Menschen existieren. In seiner Eigenschaft als soziales Wesen lebt der Mensch inmitten von sozialen Gruppen (Gemeinschaften), die sich durch Zusammengehörigkeitsgefühl *(Wir-Gefühl)*, gleich gelagerte Interessen und Anschauungen oder gleich gerichtetes Handeln auszeichnen.

Die sozialen Gruppen, denen der Einzelne angehört, reichen von Familie, Nachbarschaft und Freundeskreis über Betriebsgemeinschaft, Sportverein, Partei bis hin zur Religionsgemeinschaft und der Gemeinschaft der Bürger eines Landes.

Die Zugehörigkeit zu derartigen sozialen Gruppen äußert sich in **sozialen Bindungen,** die je nach Art der Gruppe teils lockerer, flüchtiger, teils intensiver, dauerhafter Natur sein können.

Beispiele

- Jeder zwischenmenschliche Kontakt, auch das flüchtige Gespräch in der Straßenbahn mit den zufällig gegenübersitzenden Fahrgästen, bedeutet schon eine soziale Beziehung. Zur Bildung einer eigenständigen Gruppe reichen diese sozialen Beziehungen jedoch nicht aus, da die hierfür typischen Bindungen fehlen.
- Vergleichsweise intensiver sind die sozialen Beziehungen, die zwischen den Mitarbeitern eines Unternehmens bestehen. Die Häufigkeit der Kontakte und das tägliche Zusammenarbeiten lassen eine soziale Gruppe, die Betriebsgemeinschaft, entstehen. Arbeitsanweisungen der Vorgesetzten an die ihnen unterstellten Mitarbeiter, das gemeinsame Arbeiten an einer Aufgabe, die Weitergabe von Informationen, aber auch das gemeinschaftliche Mittagessen in der Kantine, persönliche Gespräche, der Betriebsausflug usw. begründen diese Gemeinschaft.

Eine sehr umfassende Gemeinschaft ist die **Gesellschaft** eines Landes. Man versteht darunter die Gesamtheit der Menschen, die allein aufgrund einer gemeinsamen Kultur, der Zugehörigkeit zu einem bestimmten Volk, eines gemeinsamen Staatsgebietes miteinander verbunden sind.

Die **Gesellschaft** bildet den Rahmen für das Zusammenleben der Menschen. Jeder Mensch ist über ein vielfältiges Netz sozialer Beziehungen in die Gesellschaft und das gesellschaftliche Leben eingebunden.

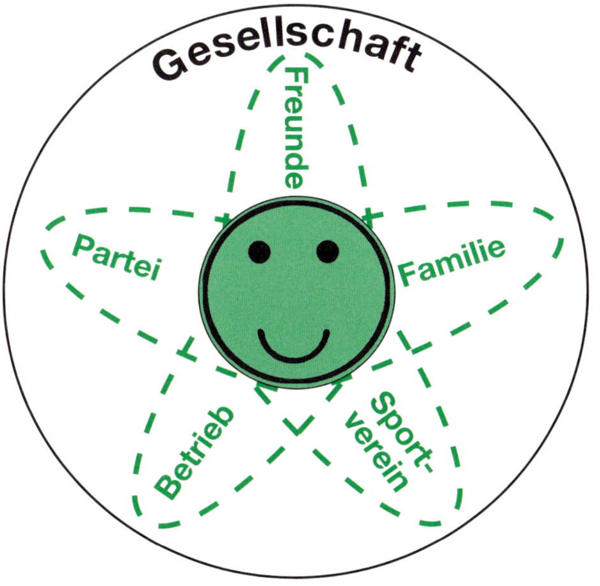

4.1.2 Gesellschaftsordnung

Jede „lebensfähige" menschliche Gemeinschaft ist nur auf der Grundlage einer allgemeinen Ordnung möglich, welche die „Spielregeln" für das Zusammenleben festlegt. Dies gilt für sämtliche Bereiche des Zusammenlebens, ob innerhalb der Familie, des Betriebes oder der Gesellschaft. Werden diese Spielregeln innerhalb der Gruppe auf die Dauer von den Gruppenmitgliedern nicht eingehalten, so wird die Gruppe zwangsläufig auseinanderbrechen.
Immer wenn Menschen in einer Gemeinschaft zusammenleben, stoßen unvermeidlich gegensätzliche Interessen aufeinander. Es entstehen Interessenkonflikte. Um die Gemeinschaft aufrechtzuerhalten und ein geordnetes Zusammenleben überhaupt erst zu ermöglichen, muss daher geklärt werden,

- auf welche Weise verschiedenartige Interessen miteinander in Einklang gebracht werden sollen,
- wann sich der Einzelne mit seinen Interessen dem Interesse der Gemeinschaft unterzuordnen hat,
- in welchen Fällen das persönliche Interesse des Einzelnen Vorrang vor den Interessen anderer hat.

> Die **Gesellschaftsordnung** umfasst die Gesamtheit aller Verhaltensregeln, denen der Einzelne unterworfen ist.

Diese Ordnung ist keineswegs ausschließlich durch Verfassung, Gesetzesvorschriften und vertragliche Vereinbarungen festgelegt. Vielmehr bestimmen auch Sitten, Brauchtümer und kulturelles Erbe die Ordnung, innerhalb derer sich das gesellschaftliche Leben vollzieht. Allerdings sind die wichtigsten Grundsätze der Gesellschaftsordnung in Form von Rechtsnormen allgemeinverbindlich geregelt.
Insgesamt stellt die Gesellschaftsordnung die Zusammenfassung vielfältig verflochtener, ineinandergreifender Regeln dar. Gedanklich lassen sich innerhalb der Gesellschaftsordnung vier verschiedene Teilbereiche unterscheiden:

- Die **Rechtsordnung** beinhaltet die Gesamtheit sämtlicher Rechtsvorschriften innerhalb der Gesellschaft.
- Die **politische Ordnung** spiegelt die politischen Herrschafts- und Machtverhältnisse innerhalb der Gesellschaft wider.
- Die **Sozialordnung** regelt den Schutz der sozial Schwachen und Benachteiligten sowie den Schutz vor den wirtschaftlichen Folgen von Krankheit, Arbeitslosigkeit, Erwerbsunfähigkeit usw.
- Die **Wirtschaftsordnung** legt die Rahmenbedingungen fest, die für das wirtschaftliche Handeln der Wirtschaftssubjekte gelten.

Alle vier Bereiche sind voneinander abhängig. Sie bedingen sich teilweise gegenseitig: Geänderte Auffassungen innerhalb der politischen Führung über die Sozialordnung schlagen sich in einer entsprechenden Sozialgesetzgebung nieder. Hieraus können wiederum Rückwirkungen auf die Wirtschaftsordnung entstehen. Umgekehrt bleibt der wirtschaftliche Wandel nicht ohne Auswirkungen auf die Wirtschafts- und Sozialordnung.

> Die **Wirtschaftsordnung** ist ein Ausschnitt aus dem gesamten Ordnungsgefüge einer Gesellschaft. Sie wird beeinflusst durch allgemeine gesellschaftliche Normen und Entwicklungen, durch die politische Ordnung, die Rechtsordnung und die Sozialordnung.

4.1.3 Grundfragen der Wirtschaftsordnung

Die Hauptaufgabe jeder Volkswirtschaft besteht darin, den umfangreichen und vielseitigen Bedarf der in ihr lebenden Menschen an Gütern und Dienstleistungen zu decken. Um dieses Ziel zu erreichen, sind drei Grundfragen zu lösen:

- **Welche Güter sollen produziert werden und in welchen Mengen?**
  Da sich nicht alle Bedürfnisse befriedigen lassen, muss entschieden werden, welche Güter vorrangig produziert werden sollen.

- **Wie sollen die Güter produziert werden?**
  Mit welchen Arbeitskräften, mit welchen technischen Mitteln, in welchen Produktionsstätten soll die Produktion erfolgen?
- **Für wen sollen die Güter produziert werden?**
  Wie soll das gesamte Produktionsergebnis der Volkswirtschaft, das Inlandsprodukt, auf die verschiedenen Wirtschaftssubjekte verteilt werden?

In einer kleinen, geschlossen lebenden Gemeinschaft, die sich selbst mit allen lebensnotwendigen Gütern versorgt, wäre die Beantwortung dieser Fragen vergleichsweise einfach. Die erforderlichen Entscheidungen blieben überschaubar und könnten ohne übermäßige Fehlerquellen in gemeinschaftlichem Beschluss rasch und von Fall zu Fall getroffen werden.

Nun bestehen die Volkswirtschaften der Gegenwart nicht aus Selbstversorgern, sondern aus einer Fülle von hoch spezialisierten Betrieben, die Erzeugnisse für eine Vielzahl von Haushalten oder anderen Betrieben herstellen. Jede Wirtschaftseinheit, ob Betrieb, Haushalt oder Staat, ist auf vielfältige Weise in das Wirtschaftsgeschehen eingebunden. Ein Netz wirtschaftlicher **Abhängigkeitsbeziehungen,** verursacht durch die Kooperation und Arbeitsteilung innerhalb der Wirtschaft, verbindet die verschiedenen Wirtschaftssubjekte.

Um kein Chaos innerhalb der Wirtschaft entstehen zu lassen, müssen allgemein verbindliche Regeln existieren, welche die Wirtschaftssubjekte bei ihren Entscheidungen zu berücksichtigen haben und ein reibungsloses Ablaufen des Wirtschaftsprozesses gewährleisten.

Beispiel

In jeder arbeitsteiligen Wirtschaft ist offenbar irgendeine Art von gegenseitiger Abstimmung zwischen den Millionen von Produzenten und Konsumenten erforderlich. Wie wird erreicht, dass die Vielzahl der verschiedenen Betriebe genau das produziert, was die Haushalte wünschen? Wie wird erreicht, dass z. B. eine Textilfabrik nicht zu wenige, nicht zu viele Oberhemden herstellt, dass die für die Produktion erforderlichen Maschinen, Vorprodukte und die geeigneten Arbeitskräfte in der nötigen Anzahl zur Verfügung stehen? Wie werden schließlich die produzierten Hemden auf die Verbraucher verteilt? Wer bestimmt die Preise?

Die **Wirtschaftsordnung** legt fest, in welcher Weise das Wirtschaftsgeschehen gesteuert, d. h. wie das wirtschaftliche Handeln der Wirtschaftssubjekte zur bestmöglichen Bedarfsdeckung koordiniert (aufeinander abgestimmt) wird.

4.1.4 Grundtypen der Wirtschaftsordnung

In jeder Volkswirtschaft werden zur Lösung ihrer Versorgungs- und Verteilungsprobleme unterschiedliche Wege beschritten. Die Wirtschaftsordnungen der einzelnen Länder unterscheiden sich deswegen zum Teil erheblich.

Beispiel

In Deutschland läuft das wirtschaftliche Geschehen nach grundsätzlich anderen Regeln ab als z. B. in der Volksrepublik China. Einander ähnlich sind die Wirtschaftsordnungen der EU-Staaten, der USA und Japans. Umgekehrt weisen die Wirtschaftsordnungen Chinas und Kubas relativ große Gemeinsamkeiten auf.

Vergleicht man die Wirtschaftsordnungen der einzelnen Länder, so werden zwei verschiedene Grundmuster der für zweckmäßig gehaltenen Steuerung des Wirtschaftsablaufs sichtbar, die völlig gegensätzlicher Natur sind.

In einer **zentralgelenkten Wirtschaft** wird der gesamte Wirtschaftsablauf nach einem umfassenden Plan gesteuert. Eine zentrale staatliche Behörde bestimmt *(befiehlt)*, welche Investitionen vorgenommen, welche Güter und Dienstleistungen produziert und wie diese verteilt werden.

In einer **Marktwirtschaft** bleiben die Verteilung der Güter und ihr Konsum dem freien Ermessen der Unternehmen und Haushalte überlassen. Die Koordination der Produzenten- und Konsumentenentscheidungen erfolgt grundsätzlich über die Kräfte des Marktes.

Reine Marktwirtschaften und **reine Zentralverwaltungswirtschaften** kommen allerdings in der Realität nicht vor. Es handelt sich jeweils um (idealtypische) **Modelle,** von denen die Wirtschaftsordnungen der Wirklichkeit in mehr oder weniger großem Ausmaß abweichen.
Es ist allerdings möglich, die verschiedenartigen Wirtschaftsordnungen in zwei Gruppen einzuteilen, in denen jeweils die eine oder die andere Auffassung vorherrscht.
Man unterscheidet daher zwischen:

- Volkswirtschaften mit **überwiegend marktwirtschaftlicher Steuerung** des Wirtschaftsablaufs,
- Volkswirtschaften mit **überwiegend zentraler Planung und Steuerung** des Wirtschaftsablaufs.

<table>
<tr><th colspan="4">Wirtschaftsordnungen</th></tr>
<tr><th>Reine Form</th><th colspan="2">Realität: Mischformen</th><th>Reine Form</th></tr>
<tr><td>Modell der freien Marktwirtschaft</td><td>Volkswirtschaften mit überwiegend marktwirtschaftlicher Steuerung, z. B. Deutschland</td><td>Volkswirtschaften mit überwiegend zentraler Planung und Steuerung durch den Staat, z. B. Volksrepublik China</td><td>Modell der Zentralverwaltungswirtschaft</td></tr>
<tr><td colspan="2">Marktwirtschaft</td><td colspan="2">Zentralverwaltungswirtschaft</td></tr>
</table>

Individualismus und Kollektivismus

Ob in einem Land eine überwiegend marktwirtschaftliche oder zentralgelenkte Wirtschaft existiert, ist weitgehend abhängig von der jeweiligen Auffassung über das Wesen des Menschen, seine Stellung innerhalb der Gesellschaft und das Verhältnis der Menschen zueinander. Die Wirtschaftsordnung ist daher immer zugleich auch Ausdruck der im betreffenden Land vorherrschenden Gesellschaftsauffassung und Ideologie (Weltanschauung).
Die beiden Extreme sind in diesem Zusammenhang **Individualismus** und **Kollektivismus.** Der **Individualismus** betont die Interessen und Werte des Einzelnen, ob in Politik, Erziehung, Wirtschaft oder den anderen Bereichen der Gesellschaft. Im Mittelpunkt der individualistischen Geisteshaltung steht deswegen der einzelne Mensch, das Individuum.
Für den Individualismus ist die **Freiheit** des Einzelnen oberster Grundsatz. Staat und Gesellschaft sind nur Hilfsmittel zum Erreichen der Ziele des Einzelnen. Individualismus und liberale Wirtschaftsordnung, in der jeder private Haushalt und jedes Unternehmen seine wirtschaftlichen Entscheidungen grundsätzlich im Hinblick auf eigene Nutzenvorstellungen trifft, sind daher eng miteinander verknüpft.

Als Gegenposition hierzu stehen beim **Kollektivismus** nicht Freiheit und Eigennutz des Einzelnen, sondern vielmehr die gesellschaftlichen Interessen im Mittelpunkt. Die kollektivistische Geisteshaltung geht davon aus, dass sich die Einzelinteressen vielfach nicht mit dem Gesamtinteresse decken. Der Einzelne hat seine persönlichen Interessen den Zielen der Gesellschaft unterzuordnen. Es gilt daher der Grundsatz: **Gemeinnutz geht vor Eigennutz.**
Für das Wirtschaftsleben hat dies zur Folge, dass die gesellschaftlichen Bedürfnisse Vorrang vor den persönlichen Bedürfnissen haben und deswegen die wirtschaftliche Entscheidungsfreiheit des Einzelnen weitgehend aufgehoben wird. Die besondere Aufgabe des Staates besteht darin, die gesellschaftlichen Bedürfnisse zu erfassen und mithilfe eines zentralen Planes die Güterproduktion und -verteilung zu steuern.

4.2 Idealtypische Modelle der Wirtschaftsordnungen

4.2.1 Modell der freien Marktwirtschaft

Im Modell der freien Marktwirtschaft ist die wirtschaftliche Freiheit der Wirtschaftssubjekte uneingeschränkt. Die Wirtschaft ist ganz sich selbst überlassen. Es herrscht **wirtschaftlicher Liberalismus.**

Alle **Wirtschaftssubjekte planen** und **entscheiden selbstständig**, ohne dass der Staat unmittelbar in das Wirtschaftsgeschehen eingreift.

Beispiel

Der Konsument kann kaufen, was, wann und wo er will. Jeder kann seine Arbeitskraft, Geldmittel und Vermögenswerte verwenden, wie es ihm beliebt. Wer die nötigen finanziellen Mittel besitzt, kann eine Unternehmung gründen. Der Unternehmer kann ganz nach seinen eigenen Vorstellungen investieren, produzieren, Arbeitskräfte einstellen und entlassen usw.

Weil in einer solchen Wirtschaft jeder tun und lassen kann was er will, scheint überhaupt keine Ordnung zu existieren. Auf den ersten Blick scheint ein vollkommenes Chaos zu herrschen. Tatsächlich gibt es aber auch in der Marktwirtschaft einen **Steuerungsmechanismus,** der die Entscheidungen der Vielzahl von Konsumenten und Produzenten koordiniert, nur bleibt er unsichtbar. Der Steuerungsmechanismus, der das Wirtschaftsgeschehen in geordnete Bahnen lenkt, ist der **Markt** mit der sich dort vollziehenden **Preisbildung.** Hier stoßen Angebot und Nachfrage aufeinander. Die Preisbildung auf den Märkten sorgt für den Ausgleich von Angebot und Nachfrage. Der Marktmechanismus ist die **„unsichtbare Hand“**, die das wirtschaftliche Verhalten der Marktteilnehmer lenkt.

4.2.1.1 Bausteine der freien Marktwirtschaft

Erwerbswirtschaftliches Prinzip

Innerhalb der Marktwirtschaft strebt jeder Einzelne seinen höchstmöglichen Nutzen an. Er handelt nach dem **erwerbswirtschaftlichen Prinzip:**
Der **Unternehmer** versucht, den höchstmöglichen Gewinn zu erzielen, d. h. seinen **Gewinn** zu **maximieren.** Deshalb ist er bestrebt, einerseits die Kosten der Produktion möglichst gering zu halten, andererseits einen möglichst hohen Preis für seine Erzeugnisse zu erzielen.

Beispiel

Peter Klein hat sich als Hersteller von Lampenschirmen selbstständig gemacht. Als Unternehmer muss er sich genau überlegen, wie viele Lampenschirme in welcher Qualität und zu welchen Preisen am Markt absetzbar sind.
Er glaubt den Geschmack und die Wünsche der Nachfrager gut zu kennen, über günstige Bezugsquellen für die benötigten Produktionsmittel und Herstellungsmaterialien zu verfügen und geeignete Mitarbeiter gefunden zu haben.
Bei richtiger Einschätzung der Marktlage hat er die Chance, hohe Gewinne zu erzielen. Findet er für seine Lampenschirme jedoch keine Käufer, weil diese nicht der augenblicklichen Mode entsprechen oder in der Produktion zu teuer waren, dann droht das Risiko des Verlustes.
Die Chance, einen Gewinn zu erzielen, aber auch das Risiko, einen Verlust zu erleiden, veranlasst ihn, sehr gründlich zu planen, zu kalkulieren und seine wirtschaftlichen Entscheidungen sorgfältig gegeneinander abzuwägen.

Der **Verbraucher** versucht, mit den ihm zur Verfügung stehenden Geldmitteln möglichst viele Bedürfnisse zu befriedigen, d. h. seinen **Nutzen** zu **maximieren.** Bevor er einen Kauf tätigt, wird er sich genau überlegen, welche Güter für ihn besonders dringlich, welche weniger wichtig sind. Weil er als Nachfrager bestrebt ist, möglichst günstig einzukaufen, wird er gründliche Preis- und Qualitätsvergleiche anstellen. Auf der anderen Seite ist er daran interessiert, seine Arbeitskraft möglichst teuer zu „verkaufen“.

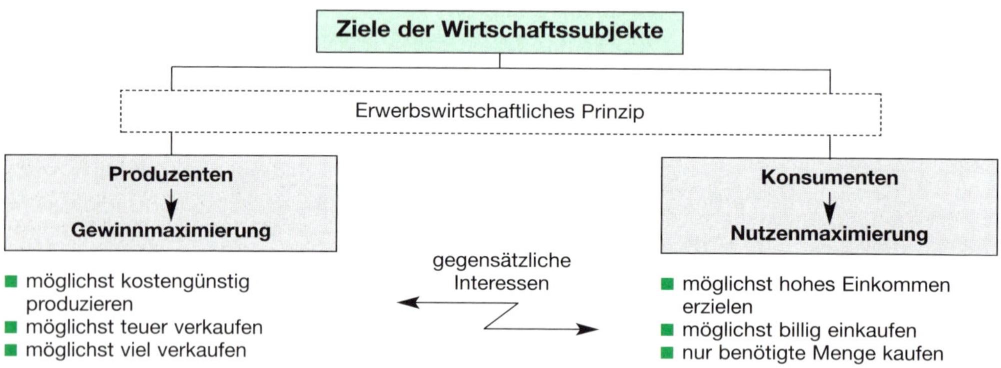

Freie Marktpreisbildung

Anbieter und Nachfrager treten sich am Markt mit gegensätzlichen Interessen gegenüber: Die Anbieter sind an möglichst hohen Preisen interessiert, weil davon weitgehend die Höhe ihres Gewinns abhängt. Die Nachfrager sind an möglichst niedrigen Preisen interessiert, weil sie dann umso mehr Güter kaufen können. Erscheint der Preis, den die Anbieter verlangen, den Nachfragern zu hoch, so werden nur wenige dieses Gut kaufen. Ist umgekehrt der Preis, den die Anbieter verlangen, in den Augen der Nachfrager günstig, so werden viele auf das Angebot zurückgreifen.
Der Interessenausgleich zwischen Anbietern und Nachfragern geschieht durch die Bildung des Marktpreises[1].

[1] Vgl. zur Preisbildung Seite 318 ff.

Wettbewerb als „Motor" der Marktwirtschaft

Im Mittelpunkt der marktwirtschaftlichen Ordnung steht der **Wettbewerb.** Er ist gleichsam der Motor, der die Wirtschaft antreibt.
Der Wettbewerb zwingt die Unternehmen, sich ganz auf die Wünsche der Konsumenten einzustellen. Um am Markt bestehen zu können, müssen die Produzenten Güter oder Dienstleistungen herstellen, die nach Art, Qualität und Preis den Vorstellungen der Verbraucher entsprechen. Das Gewinnstreben und der Druck des Wettbewerbs lassen zwischen den Unternehmen einen harten **Konkurrenzkampf** entstehen. Allerdings wird dieser Kampf mit friedlichen Mitteln ausgetragen, denn einzig erlaubte **Kampfmittel** sind Preise, Produktqualitäten, Konditionen, Serviceleistungen, Werbung. Nutznießer des Wettbewerbs sind allein die Konsumenten.

Der **Wettbewerb** erfüllt folgende gesamtwirtschaftlich wichtige Funktionen:

Der Nutzen des Wettbewerbs

Im Einzelnen hat der Wettbewerb einmal eine **Kostenkontrollfunktion**. Er hält die Kosten der Produktion in Schach und zwingt schon im unternehmerischen Eigeninteresse zum sparsamen Einsatz knapper Ressourcen. Der Produzent, der billiger anbietet, ist auf dem Markt erfolgreich. Aber gleichzeitig bleibt dem Rivalen keine andere Wahl, als auch seinen Betrieb zu rationalisieren, will er nicht an Marktanteil verlieren. Es kommt zur Senkung der Produktionskosten.

Zur Frage steht jedoch nicht allein der rationelle Umgang mit einem gegebenen Produktionsapparat. Der Wettbewerb besitzt auch eine unmittelbare **Fortschrittsfunktion**. Die zu Buche schlagenden Pioniergewinne winken jenen Unternehmen, die jeweils aus dem Tross der traditionell Produzierenden ausbrechen und grundlegende Innovationen im Produktionsverfahren oder bei der Produktionsart bzw. Produktqualität entdecken und anwenden. Da aber kein Anbieter sicher sein kann, wie und mit welchem Erfolg die Konkurrenten auf diesem Feld aktiv sind, gebietet es schon die unternehmerische Vorsicht, ebenfalls selbst in die Forschung und Entwicklung von Neuerungen zu investieren, um gegen die Gefahr eines plötzlichen Wettbewerbsvorsprunges der Rivalen gewappnet zu sein. Demgegenüber hat der nach allen Seiten abgeschottete monopolistische Anbieter kaum Veranlassung, sich um Innovationen zu bemühen.

Allerdings ist es mit Produktionssteigerungen allein nicht getan. Es kommt darauf an, dass sie an die Konsumenten „weitergegeben" werden. Hier stoßen wir auf eine dritte, nämlich die **Entmachtungsfunktion** des Wettbewerbs. Er sorgt dafür, dass die Pioniergewinne nicht unbesehen wachsen und ewig dauern. Je nach dem Wettbewerbsgrad werden sie früher oder später „sozialisiert", wobei das Tempo insbesondere davon abhängt, inwieweit Konkurrenten rechtlich (z.B. Patentgesetzgebung) und faktisch in der Lage sind, ihrerseits mit Neuerungen nachzuziehen. „Entmachtung" bedeutet aber nicht minder, dass da, wo eine Mehrzahl von Anbietern in Konkurrenz steht, der Abnehmer vom einzelnen Produzenten unabhängig wird. Es bieten sich ihm in wechselnder Zusammensetzung Wahlchancen. Wettbewerb streut die relative Anbietermacht in einer Weise, die kein Staatseingriff je zu erreichen vermöchte.

Aus dem vorgeführten Funktionszusammenhang lässt sich als moralische Maxime ableiten, dass jedermann, der sich als Anbieter von Gütern im Wirtschaftssystem betätigen will, aus Ordnungsgründen sich dem Wettbewerb stellen muss und nicht versuchen darf, Wettbewerb auszuschalten. Dazu wird man sich nicht allein auf moralische Appelle verlassen können. Es muss ein „unbeteiligter Dritter" für Wettbewerbsregeln sorgen und sie notfalls mit legitimer Gewalt durchsetzen. Das kann nur die staatliche Instanz sein, will heißen: das Parlament, das die einschlägigen Satzungen erlässt, und eine regierungsunabhängige Wettbewerbsbehörde („Kartellamt"), der ihre Durchführung obliegt.

Quelle: Molitor, Bruno: Wirtschaftsethik, Vahlen, München

- **Innovationsfunktion:** ***Antrieb zum Fortschritt***
  Um ihren Gewinn zu erhöhen oder um dem Druck der Konkurrenz zu begegnen, suchen die Unternehmen ständig nach günstigeren Produktionsmethoden, nach technischen Neuerungen, nach verbesserten oder neuartigen Produkten. Dies bewirkt einen Fortschritt innerhalb der Wirtschaft, der den allgemeinen Lebensstandard hebt und den Verbrauchern zugute kommt.

- **Ausschaltungsfunktion:** ***Ausschaltung nicht konkurrenzfähiger Unternehmen***
  Unternehmen, die mit der technischen und wirtschaftlichen Entwicklung nicht Schritt halten können, die im Preis von ihren Konkurrenten unterboten werden, die in der Qualität ihrer Produkte hinter anderen Unternehmen zurückstehen, werden vom Markt verdrängt.

- **Lenkungsfunktion:** ***Lenkung der Produktionsfaktoren***
  Der Wettbewerb lenkt die produktiven Kräfte innerhalb der Volkswirtschaft dorthin, wo sie besonders rentabel (ertragbringend) eingesetzt werden können. Die jeweiligen Marktpreise geben ein Bild von der Situation auf den verschiedenen Märkten. Hohe Marktpreise signalisieren den Unternehmen, wo sich Gewinnchancen bieten und Marktlücken existieren. Produktionszweige, die aufgrund einer rückläufigen Nachfrage nicht mehr rentabel sind, werden aufgegeben. Die dabei freigesetzten Produktionsfaktoren finden stattdessen bei der Produktion solcher Güter Verwendung, die besonders gefragt sind und Zukunft haben.

4.2.1.2 Ordnungspolitische Rahmenbedingungen der freien Marktwirtschaft

Der Staat verzichtet auf jegliche Eingriffe in das Wirtschaftsgeschehen. Seine Rolle erschöpft sich darin,

- die notwendigen rechtlichen Rahmenbedingungen zu schaffen,
- für die Einhaltung der Spielregeln des wirtschaftlichen Wettbewerbs zu sorgen,
- ein funktionierendes Geldwesen zu gewährleisten,
- die Volkswirtschaft nach außen hin zu schützen.

Damit sich das freie Spiel der Marktkräfte ungehindert entfalten kann, hat der Staat insbesondere folgende **Freiheitsrechte** zu garantieren:

- **Gewerbefreiheit**

Die Gründung eines Unternehmens und jegliche unternehmerischen Entscheidungen sind frei.

- **Schutz des Privateigentums**

Die Wirtschaftssubjekte haben die volle Verfügungsgewalt über ihr Privateigentum an Produktionsmitteln und Konsumgütern.

- **Freihandel**

Der Handel wird nicht durch Zollschranken, Import- oder Exportbeschränkungen behindert. Der internationale Warenaustausch ist frei. Jeder kann seinen Geschäftspartner frei wählen.

- **Vertragsfreiheit**

Die Ausgestaltung der Verträge bleibt den Kontrahenten (Vertragspartnern) frei überlassen.

- **Konsumfreiheit**

Die Konsumenten sind in ihren Kaufentscheidungen frei.

- **Freie Berufswahl, freie Wahl der Arbeitsstätte**

Die Arbeitnehmer können ihre Arbeitskraft anbieten, in welchem Beruf und bei welchem Arbeitgeber auch immer sie wollen.

4.2.1.3 Probleme der freien Marktwirtschaft

Das Modell der freien Marktwirtschaft ist zwar zu keiner Zeit vollständig in die Wirklichkeit umgesetzt worden, allerdings waren die in den meisten Ländern Europas während des 19. Jahrhunderts bestehenden Wirtschaftsordnungen diesem Modell stark angenähert. Die Französische Revolution und ihre Ausstrahlung auf die übrigen europäischen Länder hatte mit der Durchsetzung liberaler und demokratischer Grundsätze in Staat und Gesellschaft die Voraussetzungen dafür geschaffen, dass sich die Idee des **Liberalismus** auch im wirtschaftlichen Bereich durchsetzen konnte.

Es wurde allgemein die Auffassung vertreten, dass individuelles Gewinnstreben, Eigeninitiative und freier Wettbewerb die wirkungsvollsten Antriebskräfte einer Volkswirtschaft seien und jegliche Eingriffe des Staates in das Spiel der Marktkräfte nur nachteilige Folgen für die Gesamtwirtschaft hätten.

Der Staat stand daher dem Wirtschaftsleben teilnahmslos und passiv gegenüber *(Nachtwächterstaat).*

Diese Zeit des wirtschaftlichen Liberalismus ist zwar einerseits untrennbar verbunden mit einem bis dahin beispiellosen wirtschaftlichen und technischen Fortschritt *(industrielle Revolution)*, zugleich ließ die nahezu unbeschränkte, man kann sagen **ungezügelte wirtschaftliche Freiheit** eine Reihe wirtschaftlicher und vor allem sozialer Folgeprobleme entstehen:

- Die beinahe ausschließliche Geltung des wirtschaftlichen Leistungsprinzips führte zu sozialen Missständen: Kinderarbeit, zum Teil menschenunwürdige Arbeitsbedingungen, übermäßig lange Arbeitszeiten.
- Es bestand kein ausreichender Schutz für sozial schwache und benachteiligte Bevölkerungskreise. Wer durch Arbeitslosigkeit, Krankheit oder Alter aus dem Erwerbsleben ausschied, geriet in wirtschaftliche Not und war auf die Fürsorge seiner Angehörigen angewiesen.
- Die Wirtschaft konnte nicht zu jeder Zeit genügend Arbeitsplätze bereitstellen. Es kam zu erheblicher Arbeitslosigkeit *(industrielle Reservearmee)*. Das Überangebot an Arbeitskräften führte dazu, dass sich die Löhne vielfach nahe am Existenzminimum bewegten. Nur die zum Leben allernotwendigsten Güter konnten gekauft werden.
- Durch Absprachen in Form von Kartellverträgen versuchten die Unternehmen, den Wettbewerb untereinander einzuschränken. Hierdurch entstanden wirtschaftliche Machtstellungen, die von den Unternehmen zum Nachteil der Verbraucher *(z. B. durch künstlich hochgehaltene Preise)* ausgenutzt wurden.
- Das Fehlen der ordnenden Hand des Staates führte zu wirtschaftlichen Krisen und sozialen Spannungen zwischen den Arbeitnehmern *(Arbeit)* und Arbeitgebern *(Kapital)*.

Diese Schwächen ließen die **Forderung nach einem Eingreifen des Staates** immer dringlicher werden. Es boten sich grundsätzlich zwei Lösungswege an:

- Das marktwirtschaftliche System bleibt in seinen Grundzügen bestehen. Mithilfe seiner Sozialpolitik, Wettbewerbspolitik, Konjunkturpolitik und Strukturpolitik versucht der Staat, die negativen Begleiterscheinungen der freien Marktwirtschaft zu beseitigen.
- Das marktwirtschaftliche System wird vollkommen durch eine zentralgelenkte Wirtschaft ersetzt.

4.2.2 Modell der Zentralverwaltungswirtschaft

Die Idee einer zentralen Wirtschaftslenkung durch den Staat entstand im 19. Jahrhundert in der kritischen Auseinandersetzung mit den Schwächen und ungelösten Problemen der freien Marktwirtschaft. Die geistigen Grundlagen hierfür schufen vor allem **Karl Marx** und **Friedrich Engels**, die mit ihrer Kritik am wirtschaftlichen Liberalismus die **kommunistische Bewegung** auslösten.

Nach Ansicht von Karl Marx standen sich innerhalb der damaligen Gesellschaft zwei feindliche Klassen gegenüber: Das Heer der Arbeiter, die allein ihre Arbeitskraft besaßen, und die sie ausbeutenden Eigentümer der Produktionsmittel, die Kapitalisten (Unternehmer).
Dieser Gegensatz führt nach Marx zu einem **Klassenkampf**, der schließlich im Zusammenbruch des kapitalistischen Systems endet. Das Ziel ist die klassenlose **kommunistische Gesellschaft**, in der

- das Privateigentum abgeschafft ist,
- die Produktionsmittel in Gemeineigentum übergeführt sind,
- der Konsum auf der Grundlage einer gemeinschaftlichen Lebensführung und allgemeinen Gütergemeinschaft geregelt ist,
- die materiellen und geistigen Bedürfnisse der Menschen gleichmäßig befriedigt werden.

Wegbereiter und Vorstufe zur kommunistischen Idealgesellschaft ist der **Sozialismus**, der die individualistische Gesellschafts- und Wirtschaftsordnung, den **Kapitalismus**, zu überwinden sucht und durch eine am Gemeinwohl orientierte Ordnung ersetzen will.

4.2.2.1 Ordnungsmerkmale der Zentralverwaltungswirtschaft

Rolle des Staates

Im Mittelpunkt der sozialistischen Gesellschaft steht der **Staat als zentrale Ordnungsinstanz**. Eine staatliche Behörde, die der politischen Führung unmittelbar unterstellt ist, lenkt den gesamten Wirtschaftsprozess nach einem umfassenden Plan. Gleichbedeutend mit der Bezeichnung **Zentralverwaltungswirtschaft** für eine derartige Wirtschaftsordnung sind daher auch die Begriffe *Zentralplanwirtschaft* oder *zentralgelenkte Amtswirtschaft*.

Richtschnur der staatlichen Wirtschaftslenkung ist die Deckung des gesellschaftlichen Bedarfs an Gütern und Dienstleistungen. Ausschlaggebend hierfür sind jedoch nicht die jeweiligen individuellen Bedürfnisse, sondern die Prioritätensetzung und der Wille der politischen Führung.

Die **staatliche Planungsbehörde** weist jeden Betrieb an, welche Produkte herzustellen und welche Produktionszahlen zu erreichen sind, leitet ihm die notwendigen Arbeitskräfte und Produktionsmittel zu und bestimmt über die Verwendung der Erzeugnisse. Die einzelnen Betriebe sind nur noch unselbstständige Glieder des „Mammutunternehmens" Staat. Diese stehen nicht in Konkurrenz miteinander, sondern müssen lediglich innerhalb der Planperiode das vorgeschriebene Plansoll erreichen.

Antriebsfeder des wirtschaftlichen Handelns ist somit nicht mehr das erwerbswirtschaftliche Prinzip, sondern allein die Erfüllung der staatlich festgelegten Produktionsziele.

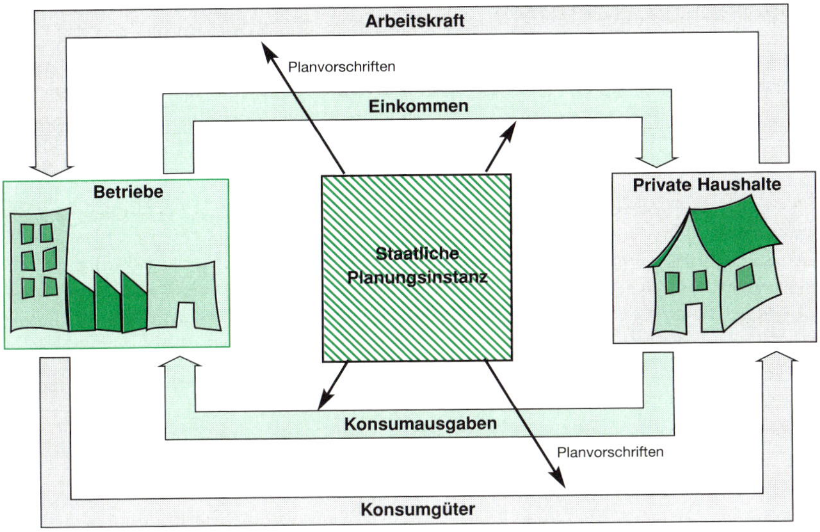

Herzstück der Zentralverwaltungswirtschaft – der volkswirtschaftliche Gesamtplan

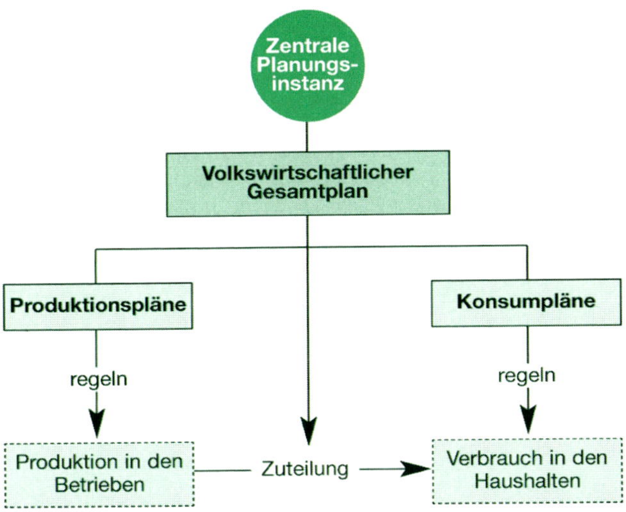

Dreh- und Angelpunkt der Zentralverwaltungswirtschaft ist der **volkswirtschaftliche Gesamtplan.**

Bei der Planerstellung steht die staatliche Planungsinstanz vor der Aufgabe, die Millionen von Daten über Art und Menge der verschiedenen Produkte und der zu ihrer Produktion benötigten Rohstoffe, Produktionsmittel und Arbeitskräfte untereinander abzustimmen und mit dem gesellschaftlichen Bedarf in Einklang zu bringen. Ausgangspunkt der staatlichen Planung ist zunächst die Feststellung des gesellschaftlichen Bedarfs und der verfügbaren Produktionskapazitäten und Arbeitskräfte. Der daraus entwickelte volkswirtschaftliche Gesamtplan gliedert sich auf in eine Vielzahl von **Produktions-** und **Konsumplänen**, die den Produktionsumfang und dessen Zusammensetzung sowie dessen Verteilung regeln.

Die Planung ist lückenlos. Der Planungszeitraum erstreckt sich von kurzfristigen **Jahresplänen** bis hin zu mehrjährigen Plänen, die eine gleichmäßige wirtschaftliche Entwicklung sicherstellen sollen.

Ordnungsmerkmale der Zentralverwaltungswirtschaft

- Der gesamte **Güteraustausch** im Inland und mit dem Ausland wird nicht aufgrund individuell ausgehandelter Verträge der Wirtschaftssubjekte untereinander abgewickelt, sondern ist durch den Staat gebunden.
- Die **Produktionsfaktoren** Boden und Kapital befinden sich im Eigentum des Staates. Privateigentum ist nur an Konsumgütern möglich. Anstelle des freien Unternehmertums tritt das Wirtschaftsunternehmen Staat. Die Güterproduktion erfolgt in staatseigenen Betrieben.
- Der Einsatz der Produktionsfaktoren erfolgt entsprechend den Vorgaben des **volkswirtschaftlichen Gesamtplans**.
- Freie **Berufswahl** und freie Wahl der Arbeitsstätte sind ausgeschlossen. Jeder arbeitsfähige Bürger erhält einen Arbeitsplatz zugewiesen. Die Höhe der Entlohnung ist staatlich festgelegt.
- Der Staat bestimmt die **Verwendung** und die **Preise** der erzeugten Güter. Bei der extremen Ausprägung der Zentralverwaltungswirtschaft ist die freie Konsumwahl ausgeschlossen. Die Konsumgüter werden in diesem Fall mithilfe von Bezugsscheinen zugeteilt.

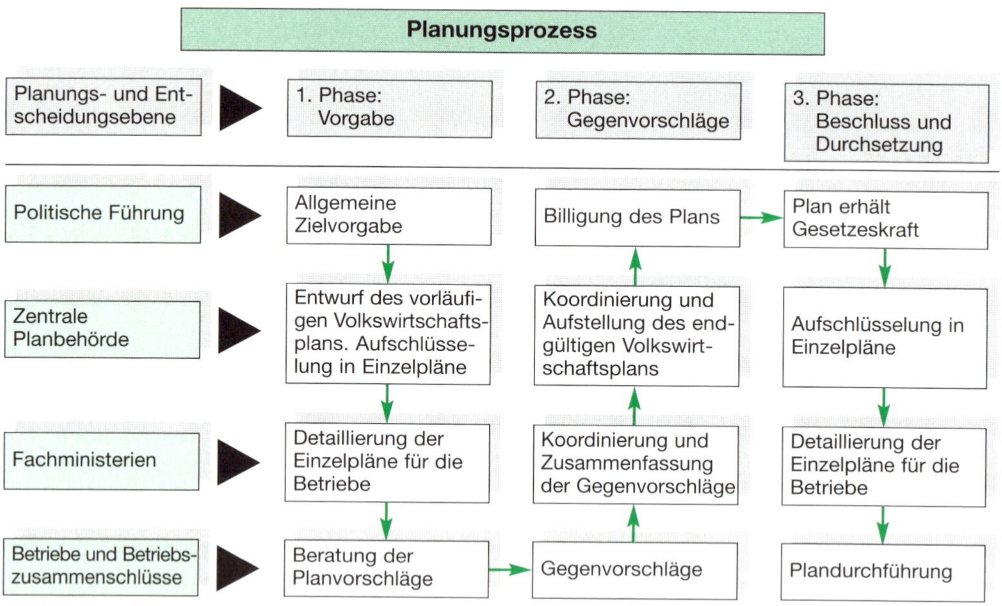

Quelle: Informationen zur politischen Bildung, hrsg. v. Bundeszentrale für politische Bildung

4.2.2.2 Probleme der Zentralverwaltungswirtschaft und Reformprozesse

Länder mit überwiegend zentraler Planung und Steuerung des Wirtschaftsablaufs waren bis 1989/1990 die damalige DDR und die übrigen Staaten des inzwischen aufgelösten Ostblocks. Die Erfahrungen, die in diesen Ländern mit der Zentralverwaltungswirtschaft gemacht wurden, werfen folgende Probleme auf:

- Die Funktionsfähigkeit der Zentralverwaltungswirtschaft setzt ein hohes Maß an Übereinstimmung zwischen Plansoll und -durchführung voraus. Ein reibungsloser Ablauf des Wirtschaftsprozesses ist aufgrund des Ineinandergreifens der verschiedenen Produktionspläne nur dann gewährleistet, wenn das vorgeschriebene Plansoll tatsächlich auch erreicht wird. **Produktionsausfälle** in einzelnen Betrieben infolge unvorhergesehener Störungen ziehen deshalb automatisch Versorgungsengpässe *(z. B. Schwierigkeiten bei der Ersatzteilbeschaffung, Rohstofflieferung)* in anderen Betrieben nach sich.

- Unpräzise oder falsche Einschätzungen der Produktionsmöglichkeiten und des gegenwärtigen bzw. zukünftigen Bedarfs führen zu **Fehlplanungen** oder **Planungsungenauigkeiten**. Dies hat zur Folge, dass den Betrieben unrealistische Produktionsziele vorgeschrieben werden bzw. am Bedarf vorbeiproduziert wird.
- Die **fehlenden Einflussmöglichkeiten** der Verbraucher auf das Konsumgüterangebot führen vielfach dazu, dass die individuellen Kaufwünsche hinsichtlich Qualität und Umfang des Warenangebots nicht erfüllt werden.
- Der fehlende Wettbewerbsdruck zwischen den Betrieben lässt die Wirtschaft in der Suche nach Verbesserungen, Kostensenkungen, technischen Neuerungen erlahmen. Dies macht sich in einem **Technologierückstand** gegenüber den marktwirtschaftlich orientierten Volkswirtschaften bemerkbar.
- Die Einschränkung der wirtschaftlichen Freiheit bedingt zugleich auch eine **Beschneidung** sonstiger **individueller Freiheitsrechte**. Dies führt zu Unzufriedenheit innerhalb der Bevölkerung.

Die offensichtlichen Probleme der Zentralverwaltungswirtschaft und des „real existierenden Sozialismus" haben zuerst in der damaligen UdSSR zu Reformbemühungen geführt, die unter den Bezeichnungen **Perestroika** *(russ. Umgestaltung)* und **Glasnost** *(russ. Offenheit)* bekannt wurden und eine Lockerung der strengen Prinzipien des Zentralismus bedeuten. Die „sanften" Revolutionen in verschiedenen Ostblock-Staaten setzten schließlich im Jahr 1989 einen umfassenden Reformprozess in Gang, der in diesen Ländern zu einer Hinwendung zu marktwirtschaftlichen Ideen und zur Demokratisierung des öffentlichen Lebens verhalf.
Insbesondere durch Privatisierung der Betriebe oder Verleihung beschränkter Autonomierechte an die Betriebe bei ihren wirtschaftlichen Entscheidungen und durch Zulassung der freien Preisbildung in Teilbereichen der Wirtschaft soll die Effizienz der Volkswirtschaft gesteigert werden.

4.3 System der sozialen Marktwirtschaft in der Bundesrepublik Deutschland

4.3.1 Wirtschaftsordnung der Bundesrepublik Deutschland

Die Wirtschaftsordnung der Bundesrepublik Deutschland ist eine Weiterentwicklung der freien Marktwirtschaft. In ihr vereinigen sich die Grundprinzipien des marktwirtschaftlichen Leistungswettbewerbs mit einer um sozialen Ausgleich bemühten staatlichen Beeinflussung des Wirtschaftsgeschehens.

Wesentliche Grundlagen der sozialen Marktwirtschaft sind im **Grundgesetz** verankert.

Artikel 20
(1) Die Bundesrepublik Deutschland ist ein demokratischer und sozialer Bundesstaat.

Artikel 9
(1) Alle Deutschen haben das Recht, Vereine und Gesellschaften zu bilden.
(2) Vereinigungen, deren Zwecke oder deren Tätigkeit den Strafgesetzen zuwiderlaufen oder die sich gegen die verfassungsmäßige Ordnung oder gegen den Gedanken der Völkerverständigung richten, sind verboten.
(3) Das Recht, zur Wahrung und Förderung der Arbeits- und Wirtschaftsbedingungen Vereinigungen zu bilden, ist für jedermann und für alle Berufe gewährleistet. Abreden, die dieses Recht einschränken oder zu behindern suchen, sind nichtig, hierauf gerichtete Maßnahmen sind rechtswidrig.

Artikel 12

(1) Alle Deutschen haben das Recht, Beruf, Arbeitsplatz und Ausbildungsstätte frei zu wählen. Die Berufsausübung kann durch Gesetz oder aufgrund eines Gesetzes geregelt werden.

(2) Niemand darf zu einer bestimmten Arbeit gezwungen werden, außer im Rahmen einer herkömmlichen allgemeinen, für alle gleichen öffentlichen Dienstleistungspflicht.

Artikel 14

(1) Das Eigentum und das Erbrecht werden gewährleistet. Inhalt und Schranken werden durch die Gesetze bestimmt.

(2) Eigentum verpflichtet. Sein Gebrauch soll zugleich dem Wohle der Allgemeinheit dienen.

(3) Eine Enteignung ist nur zum Wohle der Allgemeinheit zulässig. Sie darf nur durch Gesetz oder aufgrund eines Gesetzes erfolgen, das Art und Ausmaß der Entschädigung regelt. Die Entschädigung ist unter gerechter Abwägung der Interessen der Allgemeinheit und der Beteiligten zu bestimmen. Wegen der Höhe der Entschädigung steht im Streitfall der Rechtsweg vor den ordentlichen Gerichten offen.

Artikel 15

Grund und Boden, Naturschätze und Produktionsmittel können zum Zwecke der Vergesellschaftung durch ein Gesetz, das Art und Ausmaß der Entschädigung regelt, in Gemeineigentum oder in andere Formen der Gemeinwirtschaft übergeführt werden. Für die Entschädigung gilt Artikel 14 Absatz 3 Satz 3 und 4 entsprechend.

Das verfassungsrechtlich verankerte **Sozialstaatsprinzip** verpflichtet den Staat, für soziale Sicherheit und Gerechtigkeit innerhalb der Gesellschaft zu sorgen.

Der Staat versucht, möglichen Fehlentwicklungen und den sozialen Folgeproblemen der freien Marktwirtschaft, wie sie unter den Bedingungen des wirtschaftlichen Liberalismus sichtbar wurden, durch seine Sozialpolitik und durch die Festsetzung geeigneter Rahmenbedingungen entgegenzutreten.

Der Wirtschaftswissenschaftler **Alfred Müller-Armack**, einer der geistigen Väter dieser Wirtschaftsordnung, prägte hierfür die Bezeichnung **„soziale Marktwirtschaft". Ludwig Erhard,** der erste Wirtschaftsminister der Bundesrepublik Deutschland, verhalf ihr 1948 zum politischen Durchbruch.

„Sinn der sozialen Marktwirtschaft ist es, das Prinzip der Freiheit auf dem Markt mit dem des sozialen Ausgleichs zu verbinden." (Müller-Armack)

Leitlinien staatlichen Handelns sind danach:

- Schaffung sozialer Gerechtigkeit und Sicherheit,
- Sicherstellung eines störungsfreien Wirtschaftsablaufs unter Aufrechterhaltung der marktwirtschaftlichen Ordnung.

Der erfolgreiche Neuaufbau der deutschen Wirtschaft im Anschluss an den Zweiten Weltkrieg (*„Das deutsche Wirtschaftswunder"*) und der weitgehend gewahrte soziale Frieden innerhalb der Bundesrepublik Deutschland werden größtenteils der Konzeption der sozialen Marktwirtschaft zugeschrieben und haben ihr weltweit Anerkennung eingetragen.

4.3.2 Ordnungsmerkmale der sozialen Marktwirtschaft

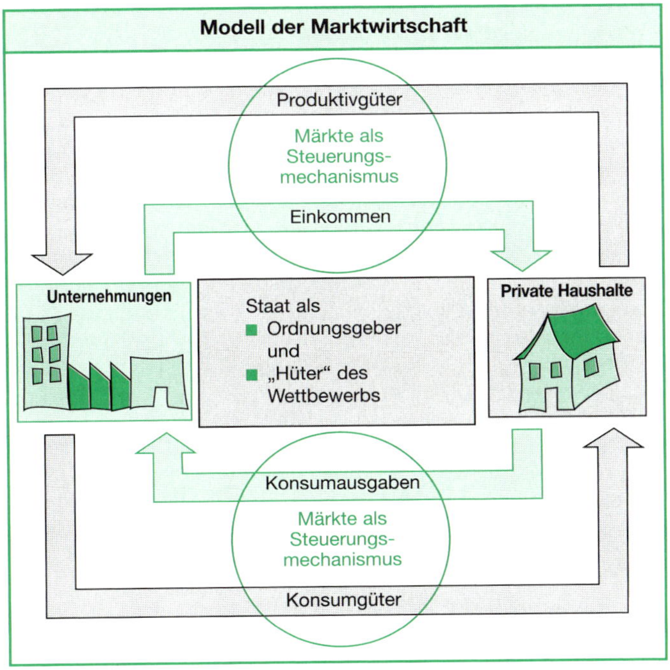

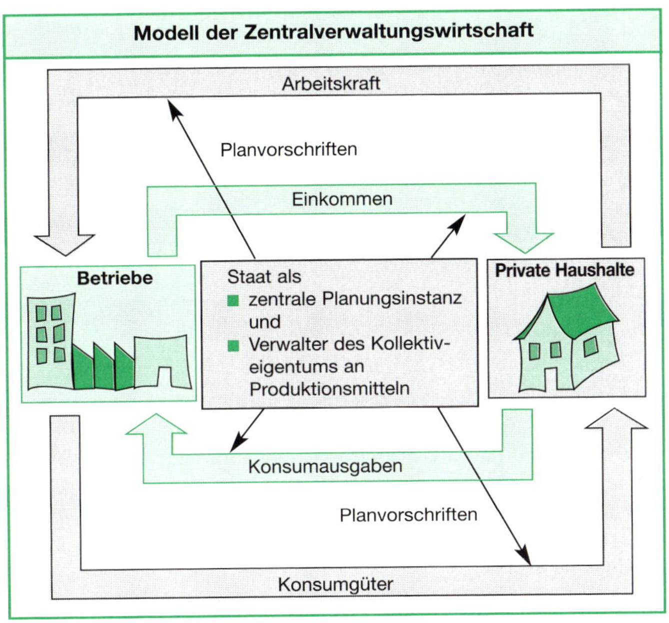

Die Rolle des Staates ist innerhalb der Marktwirtschaft naturgemäß eine andere als innerhalb ihres Gegenmodells, der Zentralverwaltungswirtschaft.
Während innerhalb der Zentralverwaltungswirtschaft der Staat den Wirtschaftsprozess bis ins Detail durch einen umfassenden volkswirtschaftlichen Gesamtplan lenkt, planen und entscheiden innerhalb der Marktwirtschaft die Wirtschaftssubjekte selbstständig. Der Staat verzichtet grundsätzlich auf unmittelbare Eingriffe in das Wirtschaftsgeschehen. Er setzt lediglich die Rahmenbedingungen, die die Wirtschaftssubjekte bei ihren Entscheidungen zu berücksichtigen haben.

Beispiele

- Steuergesetzgebung
- Arbeits- und Sozialgesetzgebung
- Umweltschutzbestimmungen

Zwei **Ordnungsmerkmale** kennzeichnen die soziale Marktwirtschaft:

- **Marktwirtschaft** bedeutet, dass dem freien Spiel der Marktkräfte so weit Raum gegeben wird, wie sich diese zum Nutzen der gesamten Volkswirtschaft auswirken.
  Freie Marktpreisbildung, Privateigentum an den Produktionsmitteln, freies Unternehmertum und freie Konsumwahl werden als geeignete Voraussetzungen einer am Wohl der Bürger ausgerichteten Wirtschaft angesehen.
  Individuelles Gewinnstreben, verbunden mit einem funktionsfähigen Wettbewerb, soll dafür sorgen, dass sich die Unternehmen bei ihren Produktionsentscheidungen an den Bedürfnissen der Konsumenten orientieren und dass der technische und wirtschaftliche Fortschritt letztlich den privaten Haushalten in Form einer laufenden Verbesserung des Lebensstandards zugute kommt.
- Die Beifügung **sozial** bringt zum Ausdruck, dass der Staat ordnend und steuernd in das Wirtschaftsgeschehen eingreift, wenn die sich selbst überlassenen Marktkräfte die sozialen Fragen der Volkswirtschaft nicht zufriedenstellend lösen können.
  Staatliche Betriebe und Einrichtungen, wie öffentliche Verkehrsbetriebe, Schulen, Krankenhäuser usw., decken den Bedarf an solchen Gütern und Dienstleistungen, die für die Gesamtwirtschaft von lebenswichtigem Interesse sind und von privatwirtschaftlich geführten Unternehmen aus Kostengründen nicht oder nur in unzureichendem Umfang bereitgestellt werden können.

4.3.3 Idee und Wirklichkeit der sozialen Marktwirtschaft

Die Gegenüberstellung von **Idee** und **Wirklichkeit** der sozialen Marktwirtschaft zeigt, dass ungeachtet ihrer unbestreitbaren Erfolge in vielen Bereichen von Wirtschaft und Gesellschaft nur teilweise befriedigende Ergebnisse erreicht wurden.

Gemessen an ihren Zielen blieben wichtige **Probleme** vor allem auf den Gebieten der **Konjunktur-**[1], **Wettbewerbs-**[2], **Vermögens-** und **Umweltpolitik**[3] ungelöst.

- Mithilfe der **Konjunkturpolitik** konnten weder Vollbeschäftigung noch Preisniveaustabilität dauerhaft gewährleistet werden.
- Die **Konzentration** innerhalb der Wirtschaft nimmt weiterhin zu und bedroht den marktwirtschaftlichen Leistungswettbewerb.
- Die **Vermögensverteilung** innerhalb der Gesellschaft wird vielfach als ungerecht empfunden.
- **Umweltbelastungen** gefährden die Lebensgrundlagen von Mensch und Natur.
- Die **Sozialversicherungssysteme** (Renten- und Krankenversicherung) bedürfen angesichts der demografischen Entwicklung (höhere Lebenserwartung bei gleichzeitig steigenden Kosten im Gesundheitswesen) einer Reform. Eigeninitiative bei der Alters- und Krankheitsvorsorge ist gefragt, sie droht aber die Bevölkerung in eine „Zweiklassengesellschaft“ zu spalten.

Trotzdem wird die **Erfahrungsbilanz** der sozialen Marktwirtschaft insgesamt **positiv** bewertet. Sämtliche führenden Parteien bekennen sich zu ihren Leitsätzen. Meinungsunterschiede betreffen in erster Linie das wünschenswerte Ausmaß der staatlichen Einflussnahme auf die Wirtschaft.

- Zum Teil wird eine stärkere Betonung der marktwirtschaftlichen Komponente gefordert. Der hohe Staatsanteil berge die Gefahr in sich, dass der marktwirtschaftliche Steuerungsmechanismus behindert werde. Dringendstes Problem sei eine überzeugende Wettbewerbspolitik, welche den Selbststeuerungskräften des Marktes zu mehr Geltung verhelfe und den Konzentrationstendenzen innerhalb der Wirtschaft entschiedener als bisher entgegentrete.

[1] Vgl. hierzu Seite 494 ff.
[2] Vgl. hierzu Seite 355 ff.
[3] Vgl. hierzu Seite 565 ff.

- Auf der anderen Seite wird die Auffassung vertreten, dass die soziale Komponente nicht konsequent genug verwirklicht sei. Nur über eine verstärkte staatliche Einflussnahme könnten die drängenden Probleme des Arbeitsmarktes, des Umweltschutzes, der Vermögensbildung, der Energieversorgung usw. gelöst werden.

4.4 Märkte und Marktformen

4.4.1 Märkte

Die Darstellung des Wirtschaftskreislaufs[1] macht deutlich, dass die privaten Haushalte und die Unternehmungen in einer ständigen Tauschbeziehung zueinander stehen.
Ökonomischer Ort hierfür sind die Märkte: Auf einem Markt vollziehen sich somit Tauschvorgänge, bei denen das Angebot die eine Seite, die Nachfrage die andere Seite des Marktes darstellt.

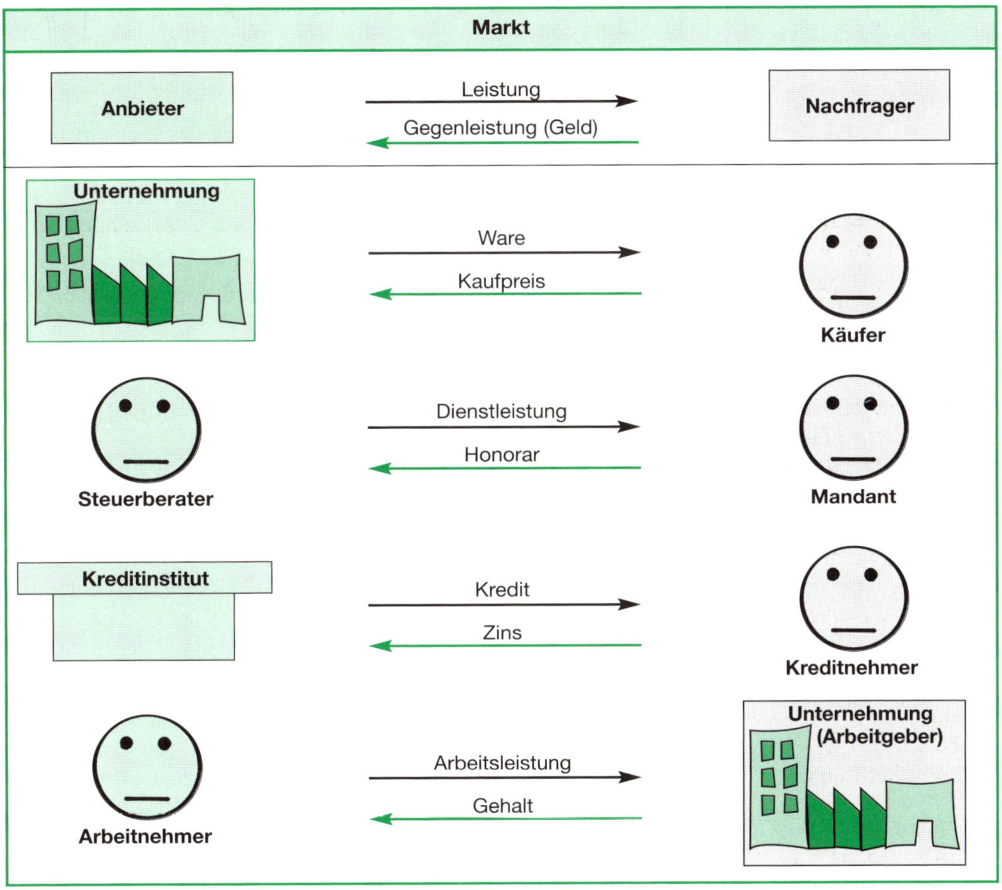

[1] Vgl. hierzu ausführlich Seite 384 ff.

Unter einem **Markt** versteht man jedes Zusammentreffen von Angebot und Nachfrage, gleichgültig an welchem Ort, zu welcher Zeit und unter welchen Umständen dies geschieht.

Aufgabe des Marktes ist der Ausgleich von Angebot und Nachfrage.

Man unterscheidet *organisierte* und *nicht organisierte* Märkte: Bei einem **organisierten Markt** ist das Zusammentreffen von Angebot und Nachfrage lokalisiert und zeitlich begrenzt. Weil hier eine Vielzahl von konkurrierenden Anbietern und Nachfragern gleichzeitig auftreten und für alle Marktteilnehmer eine hohe Markttransparenz (Marktübersicht) besteht, sind gute Voraussetzungen für einen intensiven Wettbewerb geschaffen. Der **nicht organisierte Markt** verfügt hingegen nur über wenige Richtlinien, die Transaktionen sind kaum zu überschauen.

Beispiele Börsen, Messen, Wochenmärkte

Nach der Art der angebotenen und nachgefragten Güter unterscheidet man:

Gütermärkte

- **Konsumgütermarkt** – Marktobjekte sind: die für den Endverbrauch bestimmten Produkte
- **Investitionsgütermarkt** – Marktobjekte sind: die für die Produktion benötigten Güter

Faktormärkte

- **Arbeitsmarkt** – Marktobjekte sind: Arbeitsleistungen
- **Immobilienmarkt** – Marktobjekte sind: bebaute und unbebaute Grundstücke
- **Finanzmarkt** – Marktobjekte sind: kurzfristige Kredite (Geldmarkt); langfristiges Kapital (Kapitalmarkt)

Einen Markt, der von einer starken Position der Anbieter geprägt ist, bezeichnet man als **Verkäufermarkt.** Umgekehrt spricht man von einem **Käufermarkt,** wenn die Nachfrager aufgrund ihrer Verhandlungsstärke auf den Preis und die Qualität des Angebots Einfluss nehmen können.

Beispiel Im Winter ist während einer lang anhaltenden Kälteperiode die Position der Heizöl-Lieferanten relativ stark. Der Marktpreis wird daher deutlich steigen. Im Sommer dagegen besteht für die Anbieter eine Absatzflaute. Die Position der Nachfrager ist dadurch relativ stark. Sie können den Preis drücken und sich günstig einen Vorrat für den Winter anlegen.

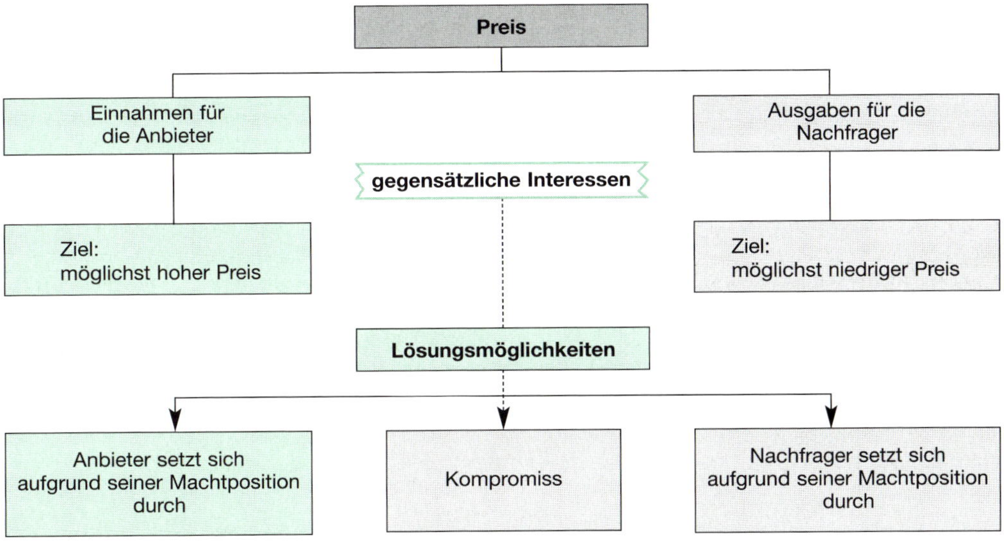

4.4.2 Marktformen

Von zentraler Bedeutung für das Marktgeschehen ist, wie viele Anbieter und wie viele Nachfrager auf dem Markt auftreten.

Beispiel

Wenn ein Top-Profifußballspieler von einem Verein an einen anderen Verein verkauft wird, unterliegt dieser Vorgang anderen Marktgesetzmäßigkeiten, als wenn an einer Wertpapierbörse zwischen einer Vielzahl von Marktteilnehmern Aktien einer großen Chemie-AG gehandelt werden.

Je nach Anzahl und relativer Größe der Marktteilnehmer auf der Angebots- bzw. der Nachfrageseite lassen sich verschiedene Marktformen unterscheiden:

Zahl der Nachfrager / Zahl der Anbieter	viele kleine	wenige mittlere	ein großer
viele kleine	Polypol	Angebots-oligopol	Angebots-monopol
wenige mittlere	Nachfrage-oligopol	zweiseitiges Oligopol	beschränktes Angebotsmonopol
ein großer	Nachfrage-monopol	beschränktes Nachfragemonopol	zweiseitiges Monopol

Beispiele

Polypol	Anbieter: Nachfrager:	viele Gemüsehändler (Wochenmarkt) viele Käufer
Angebotsoligopol	Anbieter: Nachfrager:	wenige Automobilhersteller viele Automobilkäufer
Angebotsmonopol	Anbieter: Nachfrager:	konzessionierte Lottogesellschaften[1] viele Lottospieler
zweiseitiges Oligopol	Anbieter: Nachfrager:	Werften (Schiffshersteller) Reedereien (Schiffsbetreiber)
zweiseitiges Monopol	Anbieter: Nachfrager:	Gewerkschaft Arbeitgeberverband
Nachfragemonopol	Anbieter: Nachfrager:	Straßenbauunternehmen öffentliche Hand

Die Marktform und die Möglichkeit des *Marktzutritts* für neue Marktteilnehmer sind für das Ausmaß des Wettbewerbs von zentraler Bedeutung.

Beispiel

Der einzige Bäcker in einer kleinen, abgelegenen Ortschaft kann, vordergründig betrachtet, den Brötchenpreis weitgehend autonom festsetzen: Wer morgens unbedingt frische Brötchen haben möchte, hat keine Ausweichmöglichkeit. Auf der anderen Seite weiß der Bäcker, dass er als einziger Anbieter unmittelbar keine Konkurrenz zu fürchten hat. Würde der Bäcker jedoch seine Marktstellung zu sehr ausnutzen und einen völlig überzogenen Preis für seine – vielleicht auch noch schlechten – Brötchen verlangen, müsste er damit rechnen, dass sich schon bald ein anderer Bäcker niederlässt und ihm seinen Markt streitig macht.

Für die Beurteilung eines Marktes kommt es deshalb auch darauf an, ob es sich um einen *offenen* oder einen *geschlossenen* Markt handelt.
Während in einen **offenen Markt** jederzeit neue Anbieter bzw. Nachfrager eintreten können, ist bei einem **geschlossenen Markt** neuen Marktteilnehmern der Zugang durch gesetzliche, technische oder finanzielle Barrieren versperrt.

Beispiele

- Nur staatliche Lottogesellschaften dürfen Lotterien durchführen. Anderen Marktteilnehmern ist der Marktzugang gesetzlich versperrt.
- Zum Bau eines Kraftwerkes ist ein Kapitalbedarf in Milliardenhöhe und ein besonderes technisches Wissen erforderlich. Nur ein großes Energieversorgungsunternehmen verfügt über das entsprechende Know-how und ist in der Lage, das notwendige Kapital aufzubringen.

Steht der Marktmacht der einen Marktseite keine entsprechende Gegenmacht gegenüber, so besteht die Gefahr, dass der Wettbewerb eingeschränkt oder im Extremfall sogar aufgehoben wird.
Die relative Stärke eines Marktteilnehmers gegenüber der Marktgegenseite drückt sich in seiner Fähigkeit aus, den Marktpreis beeinflussen zu können.

Beispiel

Auf eine Erhöhung der Wasserpreise können die privaten Haushalte nur durch Wassersparen reagieren. Einen Einfluss auf die Preisgestaltung des Versorgungsunternehmens haben sie nicht.

[1] Nach dem Wegfall des Postmonopols für Briefe bis 50 Gramm zum 01.01.2008 ist das Lottomonopol eines der letzten verbliebenen staatlichen Monopole. Lotterien dürfen aufgrund des „Staatsvertrages zum Lotteriewesen" nur durch die auf Ebene der Bundesländer angesiedelten konzessionierten Lottogesellschaften durchgeführt werden. Diese haben dann in dem jeweiligen Bundesland ein Monopol.

4.4.3 Bestimmungsgründe des Nachfragerverhaltens

In der Nachfrage der privaten Haushalte kommt der Wunsch der Konsumenten zum Ausdruck, eine bestimmte Menge von Gütern zu erwerben.
Der primäre Grund für die Nachfrage der privaten Haushalte ist darin zu sehen, dass jeder Mensch Bedürfnisse hat, die er mit den ihm gegebenen finanziellen Mitteln befriedigen muss bzw. möchte.
Im Einzelnen betrachtet, wird man feststellen, dass die Nachfrage nach einem Gut von mehreren Faktoren abhängig ist.

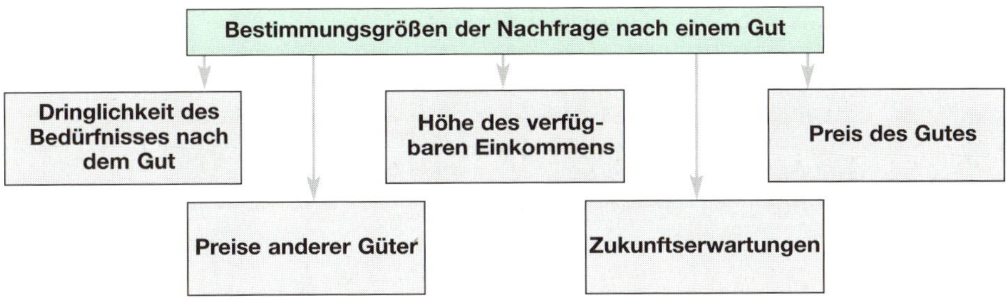

Dringlichkeit des Bedürfnisses nach dem Gut

Die Haushalte versuchen, zunächst die Güter nachzufragen, die sie am dringlichsten benötigen bzw. sich wünschen. Jeder private Haushalt entwickelt dabei unterschiedliche Bedürfnisse.

Beispiel In dem einen Haushalt wird besonderer Wert auf Essen und Trinken gelegt, für den anderen Haushalt ist gute Kleidung besonders wichtig, für einen dritten Haushalt steht die jährliche Urlaubsreise im Vordergrund des Interesses.

Die **Bedürfnisskala**[1] eines Menschen spiegelt die Reihenfolge der Bedürfnisse entsprechend ihrer individuell empfundenen Dringlichkeit wider. Das subjektive Mangelgefühl wird vielfach durch Werbung und das gesellschaftliche Umfeld, in dem der Einzelne lebt, beeinflusst oder sogar erst geweckt.
Je dringlicher der Wunsch nach einem bestimmten Gut empfunden wird, desto höher ist auch der Preis, den man zu zahlen bereit ist.

Höhe des verfügbaren Einkommens

Bei steigendem Einkommen kann man sich mehr Wünsche erfüllen. Dies bedeutet, dass man entweder von einem bestimmten Gut eine größere Menge kauft oder dass man auf höherwertige, teurere Güter umsteigt.

Beispiel Es ist zu beobachten, dass bei steigendem Einkommen die Verbrauchsausgaben für Grundnahrungsmittel wie Brot und Kartoffeln sinken, während für teurere Lebensmittel, wie exotische Obst- und Gemüsesorten, mehr Geld ausgegeben wird.

Ein steigendes Einkommen führt daher in der Regel zu einer Änderung der Bedürfnisskala.
Die absolute Höhe des verfügbaren Haushaltseinkommens begrenzt die Möglichkeiten der Bedürfnisbefriedigung.
Die Haushalte versuchen, ihr Einkommen so aufzuteilen, dass mit den verfügbaren Mitteln möglichst viele Bedürfnisse befriedigt werden können.

[1] Vgl. hierzu Seite 230 f.

Preis des Gutes

Wer sich etwas kaufen möchte, schaut zunächst auf den Preis.
Je höher der Preis eines Gutes, desto geringer wird im Normalfall die Nachfrage nach diesem Gut sein. Umgekehrt wird bei sinkendem Preis die Nachfrage nach dem Gut zunehmen.
Wenn die Nachfrager in dieser Weise auf Preisveränderungen bei einem Gut reagieren, spricht man von einer preiselastischen Nachfrage.

Beispiel Bei deutlich steigenden Benzinpreisen sinkt die Nachfrage nach Benzin.

Die **Preiselastizität** ist von Gut zu Gut unterschiedlich.
Bei nicht so dringlich gewünschten Gütern reagieren die Verbraucher im Allgemeinen preisempfindlicher als bei dringend benötigten Gütern. Bei einer hohen Preiselastizität führen daher bereits kleine Preisveränderungen zu einer großen Veränderung der nachgefragten Menge.
Die Nachfrage nach einem Gut kann auch unabhängig von seinem Preis sein. In diesem Fall spricht man von einer starren (= preisunelastischen) Nachfrage.

Beispiel Ein Medikament, das für die Gesundung des Kranken wichtig ist und für das es kein Ersatzmedikament gibt, wird unabhängig von der Höhe seines Preises in der erforderlichen Menge gekauft.

Den Zusammenhang von Preis und nachgefragter Menge kann man in einer **Nachfragekurve** veranschaulichen. Sie macht deutlich, wie die Käufer auf Preisveränderungen der von ihnen nachgefragten Güter reagieren.

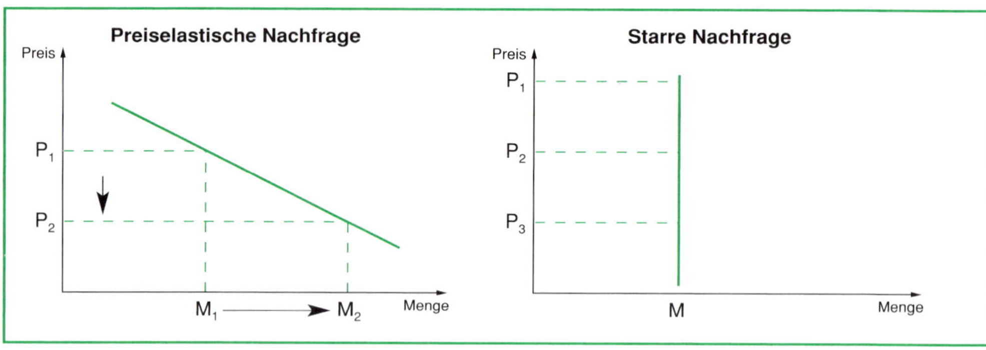

Preise anderer Güter

Es lässt sich beobachten, dass die Nachfrage nach einem bestimmten Gut auch von den Preisen anderer Güter, nämlich den Preisen der *Substitutionsgüter* und *Komplementärgüter*, abhängig ist.
Substitutionsgüter sind untereinander austauschbare Güter. Sie dienen demselben Zweck.

Beispiele
- Butter – Margarine
- Fahrrad – Auto

Bei steigendem Preis eines Gutes besteht die Neigung, auf ein billigeres Substitutionsgut umzusteigen. Es steigt dann die Nachfrage nach dem Substitutionsgut.

Beispiel Bei deutlich steigendem Benzinpreis steigt die Nachfrage nach der Inanspruchnahme öffentlicher Verkehrsmittel.

Komplementärgüter sind sich ergänzende Güter. Das eine Gut bildet mit dem anderen Gut zusammen eine Nutzeneinheit. Es kann nur im Zusammenwirken mit dem anderen Gut sinnvoll genutzt werden.

Beispiele

- Auto – Benzin
- CD-Player – CD

Steigt der Preis des einen Gutes, wird man feststellen, dass nicht nur die Nachfrage nach diesem Gut, sondern auch die Nachfrage nach dem Komplementärgut zurückgeht.

Beispiel

Bei deutlich steigendem Benzinpreis sinkt die Nachfrage nach Autos mit hohem Benzinverbrauch, wohingegen die Nachfrage nach Autos mit günstigen Verbrauchswerten steigt.

Das letzte Beispiel macht deutlich, dass der Preisanstieg bei einem Gut nicht nur Folgen für die Nachfrage nach diesem Gut hat, sondern indirekt zu einer Veränderung der Nachfragestruktur führen kann.

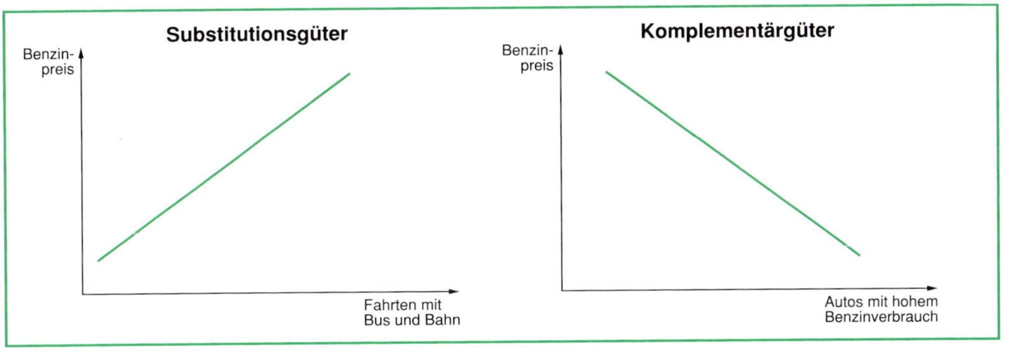

Zukunftserwartungen

Rechnen die Nachfrager damit, dass das Gut bald nicht mehr zu haben ist oder dass es in Zukunft zu einem Anstieg der Preise kommen wird, werden sie unter Umständen bereits heute das Gut kaufen.

Beispiele

- Kauf von Aktien in Erwartung steigender Kurse
- „Hamsterkäufe" in Erwartung einer Wirtschaftskrise

4.4.4 Bestimmungsgründe des Anbieterverhaltens

Primäre Antriebsfeder für das Anbieterverhalten von Unternehmungen in einer Marktwirtschaft ist die Gewinnerzielungsabsicht:
Die Unternehmungen versuchen auf der einen Seite, die Kosten der Produktion möglichst gering zu halten, und auf der anderen Seite, für die von ihnen erzeugten Produkte einen möglichst hohen Preis zu erzielen.

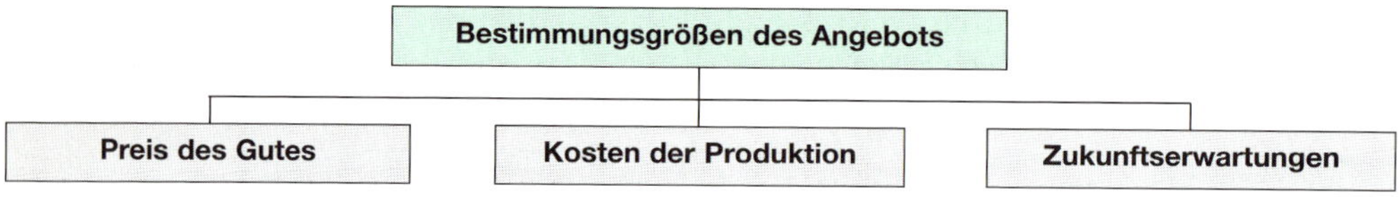

Preis des Gutes

Je höher der am Markt erzielbare Preis für ein Gut ist, desto mehr Unternehmer sind grundsätzlich bereit, dieses Gut zu produzieren. Umgekehrt wird bei sinkendem Preis die Anzahl der Unternehmen, die das Gut produzieren wollen, geringer.
Wenn die Unternehmungen in dieser Weise auf Preisänderungen reagieren, spricht man von einem **preiselastischen** Angebot.

Beispiel Steigen aufgrund einer besonderen Nachfrage die Preise für handgefertigte Marzipanhasen, so führt dies dazu, dass Unternehmen, die diese Marktlücke erkennen, die sich bietenden Gewinnchancen wahrnehmen und ihre Produktion entsprechend ausweiten.

Die Angebotsmenge eines Gutes kann aber auch unabhängig von seinem Preis sein. In diesem Fall spricht man von einem **starren** (preisunelastischen) Angebot.

Beispiel Sind die Produktionskapazitäten der Unternehmen ausgelastet, so kann bei einer Ausweitung der Nachfrage und trotz steigender Preise das Angebot kurzfristig nicht erhöht werden.

Der Zusammenhang zwischen Preis und angebotener Menge lässt sich in einer **Angebotskurve** veranschaulichen. Sie macht deutlich, wie die Verkäufer auf Preisveränderungen der von ihnen angebotenen Güter reagieren.

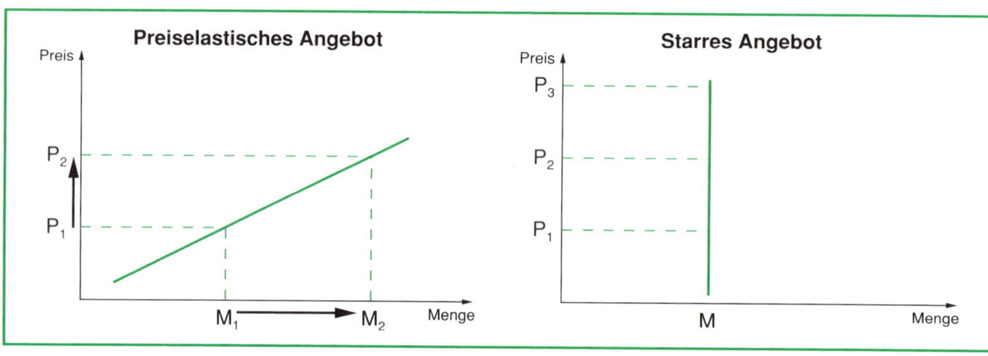

Kosten der Produktion

Die Kosten der Produktion sind für die Produktionsentscheidungen einer Unternehmung ebenso wichtig wie der am Markt erzielbare Preis, denn der Gewinn der Unternehmung ist die Differenz zwischen den Verkaufserlösen und den durch die Produktion verursachten Kosten.

Unter **Kosten** versteht man den bei der betrieblichen Leistungserstellung verursachten wertmäßigen Verbrauch an Gütern und Dienstleistungen.

Man unterscheidet zwischen **fixen** und **variablen** Kosten.
Fixe Kosten sind von der Beschäftigungslage der Unternehmung unabhängig. Man spricht daher auch von den Kosten der Betriebsbereitschaft.

Beispiele Gehälter für die Mitarbeiter, zeitanteilige Abschreibungen für die bei der Produktion eingesetzten Maschinen, Mietkosten

Variable Kosten sind von der Beschäftigungslage abhängig. Sie steigen (sinken) mit zunehmender (abnehmender) Produktionsmenge.

Beispiele Materialkosten, Akkordlöhne

Addiert man die fixen und die variablen Kosten, so ergeben sich die Gesamtkosten der Unternehmung.

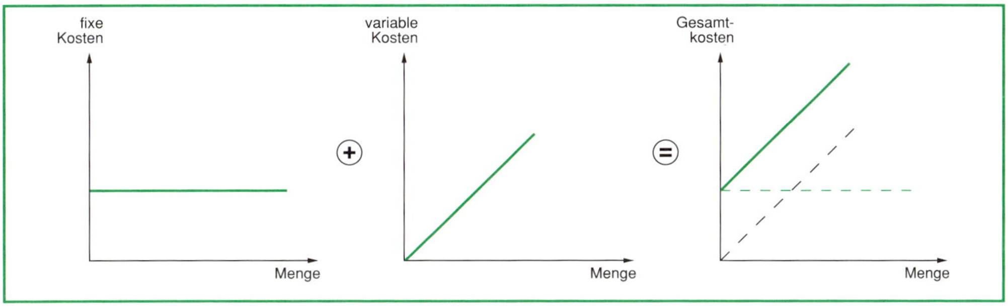

Bei Dienstleistungsbetrieben bestehen die Gesamtkosten überwiegend aus fixen Kosten.

Beispiel In einer Steuerberaterpraxis machen die Mietkosten und die Personalkosten den überwiegenden Teil der Kosten aus. Die Kosten für das Büromaterial und andere variable Kosten sind dabei von untergeordneter Bedeutung.

In Handwerksbetrieben und im Baugewerbe bestehen die Gesamtkosten häufig zum größeren Teil aus variablen Kosten, da derartige Unternehmungen vorwiegend materialaufwendig arbeiten und die Mitarbeiter vielfach nicht fest angestellt sind.

Gesetz der Massenproduktion

Während die variablen Kosten pro Stück unabhängig von der Produktionsmenge konstant bleiben, nehmen die fixen Kosten pro Stück mit zunehmender Kapazitätsauslastung ab. Die Stückkosten sinken daher mit steigender Produktionsmenge (Stückkostendegression).

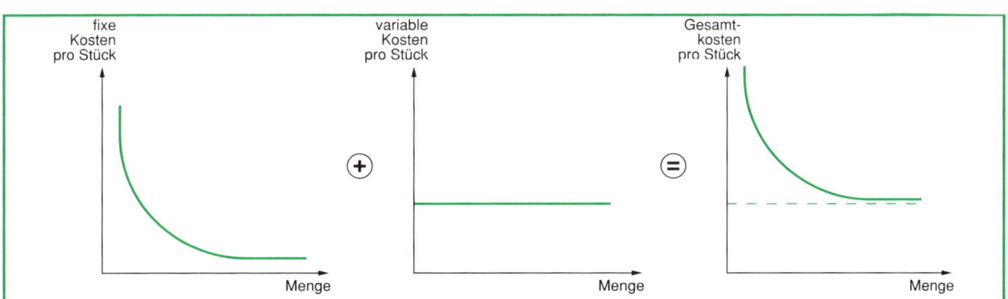

$$\textbf{Stückkosten} = \frac{\text{fixe Kosten}}{\text{Produktionsmenge}} + \text{variable Kosten pro Stück}$$

Beispiel

Die fixen Kosten eines Fahrrad-Produzenten betragen 600.000,00 EUR pro Jahr. Die variablen Kosten je Fahrrad betragen 80,00 EUR.
Die Produktionskapazität beträgt 15.000 Stück pro Jahr.

Produktionsmenge (Stück)	variable Kosten (EUR)	fixe Kosten pro Stück (EUR)	Stückkosten (EUR)
1	80,00	600.000,00	600.080,00
100	80,00	6.000,00	6.080,00
1.000	80,00	600,00	680,00
10.000	80,00	60,00	140,00
15.000	80,00	40,00	120,00

4.4.5 Vollkommener Markt

Das ideale Marktgeschehen spielt sich auf einem Markt ab, der frei von jeglichen Wettbewerbsbeschränkungen ist. Ein solcher Markt wird als vollkommener Markt bezeichnet.

Der **vollkommene Markt** ist kein Markt der Wirklichkeit, sondern nur ein theoretisches Modell, das für das Verständnis des Zusammenspiels von Angebot und Nachfrage besonders hilfreich ist.

Für einen vollkommenen Markt müssen folgende **Voraussetzungen** erfüllt sein:

- **Rationale Verhaltensweisen der Marktteilnehmer**
  Die Marktteilnehmer handeln streng nach dem Rationalprinzip: Die *Anbieter* (Unternehmungen) streben *Gewinnmaximierung*, die *Nachfrager* (Konsumenten) *Nutzenmaximierung* an.

- **Polypolistische Konkurrenz**
  Die Anzahl der Marktteilnehmer ist so groß bzw. die Marktmacht des einzelnen Marktteilnehmers so gering, dass niemand aus seiner Marktposition heraus in der Lage ist, den Marktpreis zu beeinflussen.

- **Homogenität der Güter**
  Beispiel Weizenauszugsmehl Typ 405, abgepackt in einer Standardverpackung zu 1 kg
  Die auf dem Markt gehandelten Güter sind in jeglicher Hinsicht gleichartig. Sie weisen keinerlei Unterschiede hinsichtlich Qualität, Aussehen und Verpackung auf.

- **Keine persönlichen Präferenzen**
  Käufer und Verkäufer dürfen sich nicht gegenseitig bevorzugen. Es kommt auf diesem Markt also nicht vor, dass jemand aufgrund einer besonders freundlichen Bedienung ein bestimmtes Geschäft bevorzugt.

- **Keine räumlichen Präferenzen**
  Angebot und Nachfrage treffen an einem bestimmten Ort zusammen. Zwischen Anbietern und Nachfragern bestehen keine räumlichen Unterschiede. Es handelt sich um einen *Punktmarkt*.

- **Keine zeitlichen Präferenzen**
  Angebot und Nachfrage treffen zeitgleich aufeinander.
- **Vollständige Markttransparenz der Marktteilnehmer**
  Anbieter und Nachfrager verfügen über eine vollständige Marktübersicht: Die Anbieter sind darüber informiert, welche Mengen und zu welchen Preisen die Nachfrager kaufen wollen, umgekehrt wissen die Nachfrager, welche Mengen und zu welchen Preisen die Anbieter verkaufen wollen.
- **Unendlich schnelle Reaktionsgeschwindigkeit der Marktteilnehmer**
  Anbieter und Nachfrager sind in der Lage, auf Preisänderungen sofort zu reagieren: Die Anbieter können ohne zeitlichen Verzug die Güterproduktion aufnehmen oder einstellen. Es gibt hierbei keine produktionstechnischen Hemmnisse.

Ein Markt der Wirklichkeit, der den Bedingungen des vollkommenen Marktes sehr nahe kommt, ist die **Wertpapierbörse:**

- Die Marktteilnehmer handeln weitgehend rational.
- Die gehandelten Wertpapiere sind innerhalb einer bestimmten Wertpapiergattung homogen.
- Persönliche Präferenzen bestehen nicht. Es spielt keine Rolle, von wem ein Wertpapier gekauft bzw. an wen es verkauft wird.
- Angebot und Nachfrage treffen zeitgleich an einem bestimmten Börsenplatz zusammen.
- Die Marktteilnehmer verfügen über eine hervorragende Markttransparenz und reagieren schnell auf Kursveränderungen.

Xetra, das vollelektronische Handelssystem für den Kassamarkt ermöglicht den Handel von Wertpapieren auf einer Plattform – an jedem beliebigen Standort der Welt. Xetra setzt neue Standards in Bezug auf Liquidität, Transparenz, Geschwindigkeit und Flexibilität – zu niedrigsten Kosten. Hiervon profitieren Privatanleger, Intermediäre und institutionelle Investoren.

Xetra Newsboard

07.09. 18:36
Isin+Namensaenderung/Isin+Nan

07.09. 18:18
Caa: New Short Code/Neues Xetra Kuerzel

07.09. 17:27
Cum/Ex Information 2

07.09. 15:44
BC: New Instrument

07.09. 15:40
War: Neue Instrumente/New Instruments

Xetra

	August 2008
Anzahl gehandelter Unternehmen	10.136
Anzahl gehandelter Instrumente	10.984
IPOs FWB[1]	0
Anzahl Xetra-Transaktionen	13.830.882
Anzahl Transaktionen FWB-Parkett[2]	3.718.033

Handelsfreie Tage

24.12.	Heiligabend
25.12.	1. Weihnachtsfeiertag
26.12.	2. Weihnachtsfeiertag
31.12.	Silvester

Handelszeiten

09:00 Uhr	Handelsbeginn Aktien
20:00 Uhr	Handelsschluss Aktien

[1] IPO = Initial Public Offering; Erstinanspruchnahme eines nationalen Aktienmarktes (erstmaliger Börsengang eines Unternehmens); FWB = Frankfurter Wertpapierbörse
[2] Parkett = Präsenzbörse

Außenpolitische Einflüsse

- Importe/Exporte
- Rohstoffpreise
- Devisenkurse
- Zinsniveau Inland–Ausland
- konjunkturelle und politische Lage im Ausland

Unternehmensbezogene Einflüsse

- Ertragslage des Emittenten
- Dividendenpolitik des Emittenten
- Zukunftsaussichten des Emittenten

Gesamtwirtschaftliche Einflüsse

- konjunkturelle Entwicklung
  - Wirtschaftswachstum
  - Beschäftigungsgrad
  - Investitionsneigung
  - Preisniveau
- strukturelle Veränderungen
- Lohnforderungen der Gewerkschaften

Markttechnische Einflüsse

- Kurspflege der Emissionshäuser
- Käufe zur Erlangung einer Aktienmehrheit
- „technische“ Kurssteigerungen nach starken Kursrückgängen bzw. Kursrückgänge nach starken Kurssteigerungen

Effektenbörse

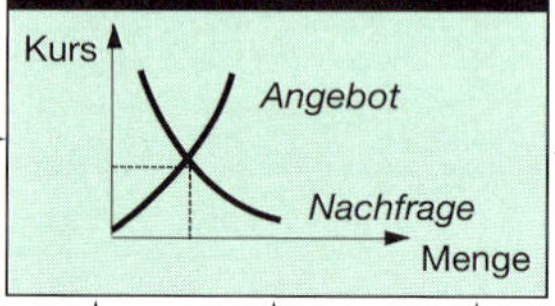

Psychologische Einflüsse

- Grundstimmung der Kapitalanleger
- „Herdentrieb“
  - bei steigenden Kursen wird gekauft,
  - bei fallenden Kursen wird verkauft
- „Börsengerüchte“

Geldmarktpolitische Einflüsse

- Zinsniveau Geldmarkt – Kapitalmarkt
- erwartete Zinsentwicklung
- geldpolitische Maßnahmen der Europäischen Zentralbank

Kapitalmarktpolitische Einflüsse

- Liquidität der Kapitalanleger
- Zinsentwicklung
  - steigende Zinsen ▶ fallende Kurse
  - fallende Zinsen ▶ steigende Kurse
- Besteuerung der Effektenerträge und -vermögen
- Ertragsfähigkeit der Effekten im Vergleich zu alternativen Anlageformen

Innenpolitische Einflüsse

- Wahlausgang/Regierungserklärung
- Besteuerung der Einkommen
- Haushaltssituation und Finanzierungsverhalten der öffentlichen Hand
- Maßnahmen im Bereich der Sozialpolitik
- Umweltschutzauflagen

4.4.6 Unvollkommene Märkte

Ist nur eine der Voraussetzungen des vollkommenen Marktes nicht erfüllt, so liegt ein unvollkommener Markt vor.

Die Märkte der Wirklichkeit sind **unvollkommene Märkte.**

Beispiele

- Wegen der vermeintlich besseren Qualität bevorzugen manche Konsumenten ein ganz bestimmtes Waschmittel. Objektiv betrachtet weisen die Konkurrenzprodukte dieselben Wascheigenschaften auf.
- Manche kaufen dieses Waschmittel im Gemischtwarenladen direkt um die Ecke, weil der Weg zum billigen Discounter zu weit ist, andere kaufen es dort nicht, weil sie nicht wissen, dass dort das Waschmittel billiger ist.
- Wiederum ein anderer kauft das Waschmittel in der teuren Drogerie, weil er sich auf das Wiedersehen mit der netten Verkäuferin freut.
- Ein Dritter kauft das Waschmittel nachts im Bahnhofsgeschäft, weil er für einen Vorstellungstermin am nächsten Morgen noch sein Hemd waschen muss und er vergessen hat, sich das Waschmittel rechtzeitig zu besorgen.

In einem unvollkommenen Markt ist es den Anbietern möglich, innerhalb eines bestimmten Rahmens für ein und dasselbe Gut unterschiedliche Preise zu verlangen.

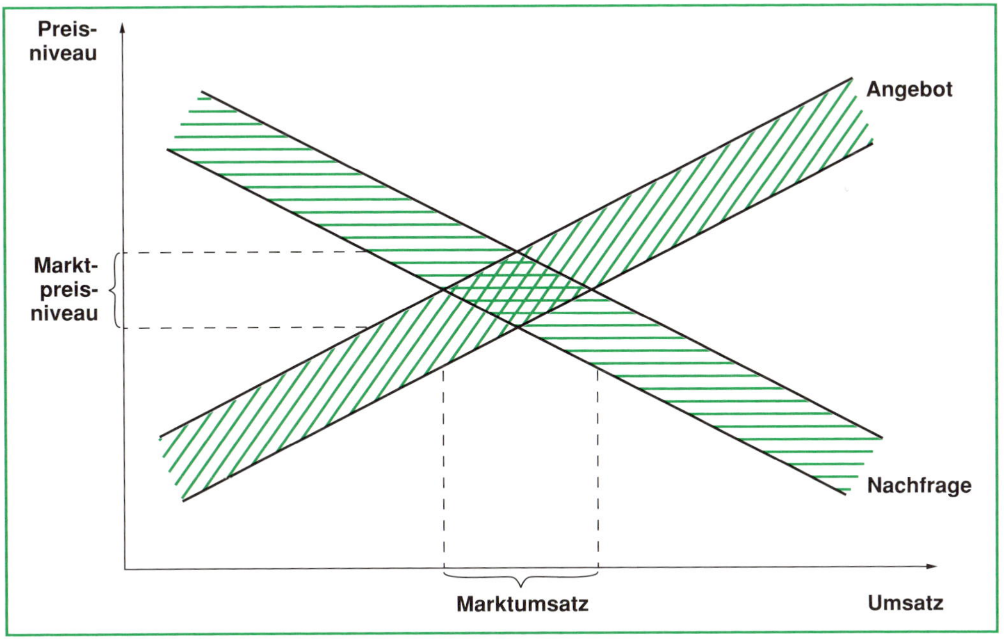

Der einzelne Anbieter ist in der Entscheidung über die Höhe des Preises oder über die Angebotsmenge frei. Setzt er den Preis nach eigenem Ermessen fest, dann können sich die Nachfrager nur mit der Nachfragemenge anpassen. Setzt er die Menge fest, die er anbieten will, dann lässt er den Käufern die Wahl, zu welchem Preis sie nachfragen wollen. Er kann also im Gegensatz zum Anbieter im vollkommenen Markt aktive **Preispolitik** betreiben.

4.5 Preisbildung

4.5.1 Preisbildung im vollkommenen Markt

4.5.1.1 Angebot und Nachfrage als Preisbildungsfaktoren

Die Entstehung des Marktpreises ist das Ergebnis des Zusammentreffens von Angebot und Nachfrage.

Beispiel

Ausgangspunkt für die folgenden Überlegungen ist der Markt für Fahrräder.
Es wird unterstellt, dass die Bedingungen des vollkommenen Marktes erfüllt sind:

- Die Marktteilnehmer handeln rational. Sie haben weder zeitliche, räumliche noch persönliche Präferenzen und verfügen über eine vollständige Markttransparenz.
- Es existiert nur eine Art von Fahrrädern (Typ „Standard").
- Die Anzahl der Anbieter und Nachfrager ist so groß, dass es keine Rolle spielt, ob einer von ihnen ausscheidet oder hinzukommt. Keiner der Marktteilnehmer kann von sich aus den Marktpreis beeinflussen.

Preis (EUR)	**Angebot** **Menge** (Stück)	**Nachfrage** **Menge** (Stück)	**Marktumsatz** **Menge** (Stück)	**Nachfrage-/Angebotsüberhang** **Menge** (Stück)
100,00	10.000	60.000	10.000	NÜ 50.000
150,00	15.000	55.000	15.000	NÜ 40.000
200,00	30.000	50.000	30.000	NÜ 20.000
300,00	40.000	40.000	40.000	–
400,00	50.000	30.000	30.000	AÜ 20.000
500,00	60.000	20.000	20.000	AÜ 40.000
600,00	70.000	10.000	10.000	AÜ 60.000

Die Gegenüberstellung zeigt, dass angebotene und nachgefragte Menge nur beim Preis von 300,00 EUR gleich groß sind. Der mengenmäßige Umsatz beträgt bei diesem Preis 40.000 Stück.

Beim **Gleichgewichtspreis** (= Marktpreis) stimmen angebotene und nachgefragte Menge überein. Die dazugehörige Menge heißt **Gleichgewichtsmenge.**

Im vollkommenen Markt kann kein Anbieter und kein Nachfrager von sich aus den Marktpreis beeinflussen, weil alle in scharfem Wettbewerb zueinander stehen, die Zahl der Mitbewerber groß und der eigene Marktanteil sehr gering ist. Alle müssen sich dem Gleichgewichtspreis anpassen, der durch das Zusammenspiel von Angebot und Nachfrage entsteht.
Es hat deshalb für den einzelnen Anbieter keinen Sinn, den Preis als absatzpolitisches Mittel einzusetzen. Er muss den **Preis als Datum** in seine Entscheidung einbeziehen und kann sich nur mit seiner produzierten Menge an die Bedingungen des Marktes anpassen. Man bezeichnet ihn daher als **Mengenanpasser.** An veränderte Marktdaten passt er sich nur mit seiner Ausbringungsmenge an. Seine Mengenänderungen sind für den Gesamtmarkt wegen seines geringen Marktanteils nicht spürbar und rufen keine Reaktionen der Konkurrenten hervor.

Der Gleichgewichtspreis liegt im Schnittpunkt von Angebots- und Nachfragekurve.

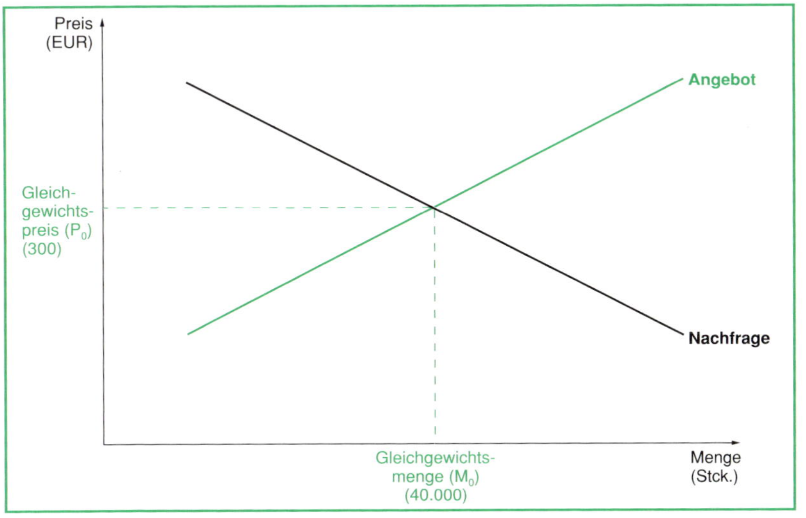

Bei allen Preisen über 300,00 EUR existiert ein **Angebotsüberhang,** der umso größer ist, je höher der Preis ist.

Beispiel

Angenommen, die Unternehmer glaubten, Fahrräder ließen sich zum Preis von 600,00 EUR absetzen. Das Marktangebot betrüge dann insgesamt 70.000 Stück. Die Fahrradhersteller würden jedoch bald feststellen, dass nur wenige Nachfrager bereit sind, diesen hohen Preis zu zahlen, und würden auf dem Großteil der Produktion, nämlich 60.000 Fahrrädern, „sitzen bleiben". Nur durch eine Preissenkung könnten sie ihre Läger von den überteuerten Fahrrädern räumen.
Je weiter der Preis fällt, umso mehr Unternehmer müssten die Produktion von Fahrrädern aufgeben.
Es bleiben schließlich nur solche Unternehmen übrig, die auf Dauer in der Lage sind, zum Preis von 300,00 EUR Fahrräder kostendeckend zu produzieren.

Bei allen Preisen unter 300,00 EUR entsteht ein **Nachfrageüberhang**, der umso größer wird, je niedriger der Preis ist.

Beispiel

Angenommen, die Unternehmen glaubten, Fahrräder ließen sich nur zum Preis von 150,00 EUR absetzen. Das Marktangebot betrüge dann nur 15.000 Stück, da nur wenige, besonders kostengünstig arbeitende Unternehmen in der Lage sind, bei diesem Preis rentabel zu produzieren.
Die Hersteller würden jedoch sofort feststellen, dass ihnen bei diesem Preis die Fahrräder förmlich aus den Händen gerissen werden. Um ihre Gewinne zu erhöhen, würden sie schleunigst die Preise heraufsetzen. Dieser Preisanstieg lockt weitere Unternehmen in diesen Markt. Das Marktangebot würde zunehmen, je höher der Preis steigt. Der Nachfrageüberhang von 40.000 Stück würde so nach und nach abgebaut.

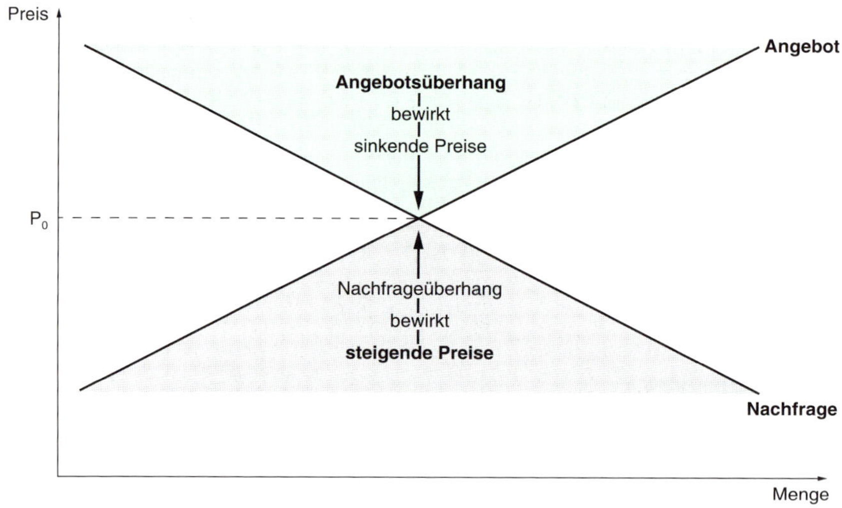

4.5.1.2 Funktionen des Marktpreises

Der Marktpreis erfüllt innerhalb der Volkswirtschaft wichtige Funktionen:

■ Signal-/Lenkungsfunktion

Ein hoher Marktpreis signalisiert die Knappheit eines Gutes und regt die Unternehmen an, dieses Gut zu produzieren.
Die produktiven Kräfte innerhalb der Volkswirtschaft werden dorthin gelenkt, wo sie besonders rentabel (= gewinnbringend) eingesetzt werden können. Die jeweiligen Marktpreise geben ein Bild von der Situation auf den verschiedenen Märkten. Hohe Marktpreise signalisieren den Unternehmungen, wo sich Gewinnchancen bieten und Marktlücken existieren.
Produktionszweige, die aufgrund einer rückläufigen Nachfrage nicht mehr rentabel arbeiten, werden aufgegeben. Die dabei freigesetzten Produktionsfaktoren können jetzt bei der Herstellung solcher Güter eingesetzt werden, die besonders gefragt sind und Zukunft haben.

■ Ausschaltungs-/Innovationsfunktion

Unternehmungen, die mit der technischen und wirtschaftlichen Entwicklung nicht Schritt halten können, weil sie im Preis von ihren Konkurrenten unterboten werden und in der Qualität ihrer Produkte hinter anderen Unternehmen zurückstehen, finden bald nicht mehr genügend Abnehmer und werden vom Markt verdrängt.
Der Druck der Konkurrenz lässt die Unternehmen ständig nach günstigeren Produktionsmethoden, nach technischen Neuerungen, nach verbesserten oder neuartigen Produkten suchen. Dies bewirkt einen Fortschritt in der Wirtschaft, der den allgemeinen Lebensstandard hebt und den Verbrauchern zugutekommt.

Grenzanbieter sind diejenigen Anbieter, die beim Marktpreis gerade noch bereit und in der Lage sind, das Produkt herzustellen. Bei einem Preisrückgang sind sie als Erste von der Ausschaltung bedroht.

Anbieter dagegen, die aufgrund ihrer besonders kostengünstigen Produktionsweise auch unterhalb des Marktpreises anbieten könnten, erzielen einen Geldvorteil, die *Produzentenrente*.
Die **Produzentenrente** ist die Differenz zwischen dem Marktpreis des Gutes und dem Preis, zu dem der Unternehmer gerade noch bereit und in der Lage wäre, das Produkt anzubieten. Sie ist gewissermaßen die „Belohnung" für besondere unternehmerische Tüchtigkeit.

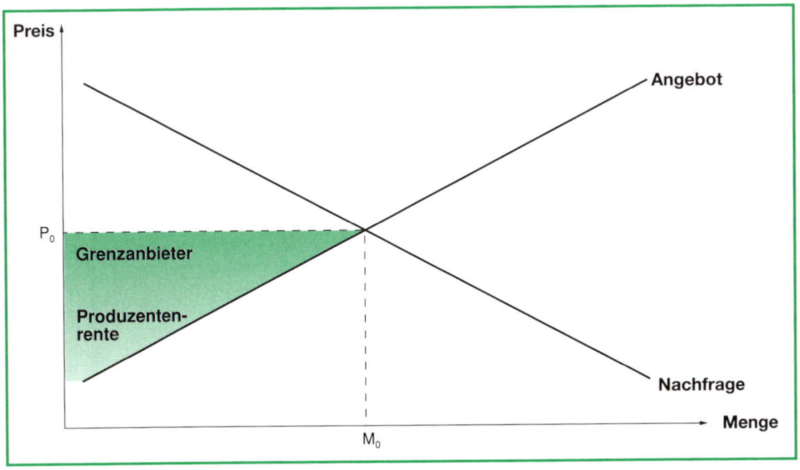

Grenznachfrager sind diejenigen Nachfrager, die beim Marktpreis gerade noch bereit und in der Lage sind, das Produkt zu kaufen. Bei einem Preisanstieg würden sie als erste „leer" ausgehen.

Nachfrager dagegen, die aufgrund ihrer besonders hohen Nutzeneinschätzung für das Gut bereit und in der Lage wären, auch einen höheren Preis als den vorhandenen Marktpreis zu zahlen, erzielen ebenfalls einen Geldvorteil, die *Konsumentenrente*.
Die **Konsumentenrente** ist die Differenz zwischen dem Marktpreis und dem Preis, den der einzelne Nachfrager gerade noch zu zahlen bereit und in der Lage gewesen wäre.

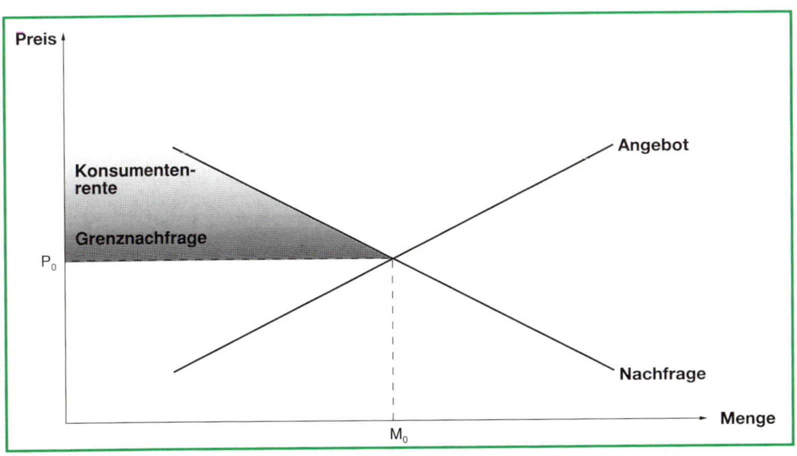

Markträumungsfunktion

Die Preisbildung sorgt dafür, dass angebotene und nachgefragte Menge einander entsprechen. Ein Angebotsüberhang wird durch sinkende Preise und verringerte Güterproduktion, ein Nachfrageüberhang durch steigende Preise und erhöhte Güterproduktion beseitigt.

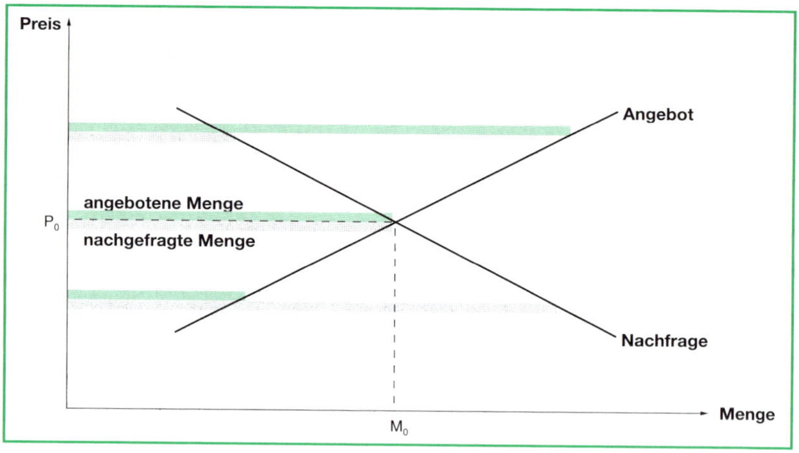

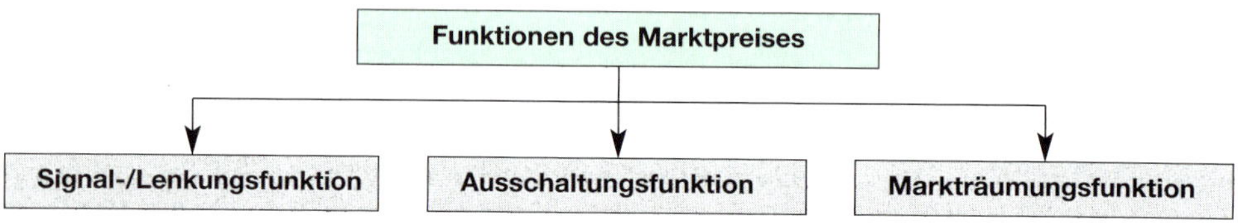

4.5.1.3 Anpassungsreaktionen bei Veränderungen von Angebot und Nachfrage

Ein bestehendes Marktgleichgewicht wird durch Veränderungen des Angebots- und Nachfrageverhaltens aufgehoben. Der Marktmechanismus sorgt dafür, dass sich ein neues Marktgleichgewicht bildet.

Veränderungen der Nachfrage

Erhöhung der Nachfrage durch:	**Verringerung der Nachfrage** durch:
■ gestiegene Nutzeneinschätzung der Nachfrager für das Gut (das Gut ist „in“). ■ Einkommenserhöhung ■ Steuersenkung ■ Preiserhöhung bei einem Substitutionsgut ■ Preissenkung bei einem Komplementärgut Die Nachfragekurve verschiebt sich nach *rechts*. Zum ursprünglichen Preis besteht jetzt eine *größere Nachfrage*.	■ gesunkene Nutzeneinschätzung der Nachfrager für das Gut (das Gut ist „out“). ■ Einkommensrückgang ■ Steuererhöhung ■ Preissenkung bei einem Substitutionsgut ■ Preiserhöhung bei einem Komplementärgut Die Nachfragekurve verschiebt sich nach *links*. Zum ursprünglichen Preis besteht jetzt eine *geringere Nachfrage*.

Erhöhung der Nachfrage:

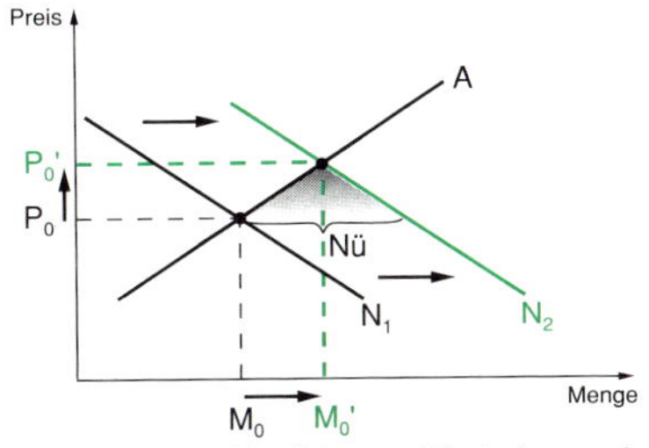

Die Erhöhung der Nachfrage führt dazu, dass zunächst ein *Nachfrageüberhang* entsteht.

Der dadurch hervorgerufene *Preisanstieg* führt zu einer Erhöhung der Angebotsmenge.

Das neue Marktgleichgewicht ist gekennzeichnet durch

- einen höheren Gleichgewichtspreis
- eine höhere Gleichgewichtsmenge

Verringerung der Nachfrage:

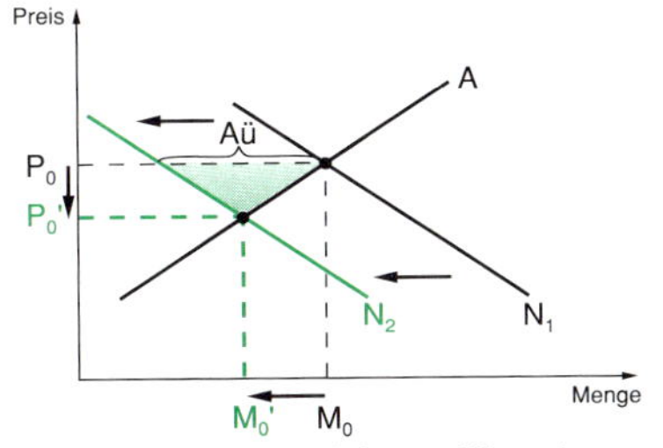

Die Verringerung der Nachfrage führt dazu, dass zunächst ein *Angebotsüberhang* entsteht.

Der dadurch hervorgerufene *Preisrückgang* führt zu einer Verringerung der Angebotsmenge.

Das neue Marktgleichgewicht ist gekennzeichnet durch

- einen niedrigeren Gleichgewichtspreis
- eine niedrigere Gleichgewichtsmenge

Veränderungen des Angebots

Erhöhung des Angebots durch:

- Verringerung der Produktionskosten

  Beispiel:

  fallende Rohstoffpreise

- optimistische Zukunftserwartungen bei den Unternehmungen

Die Angebotskurve verschiebt sich nach *rechts*.

Zum ursprünglichen Preis besteht jetzt ein *größeres Angebot*.

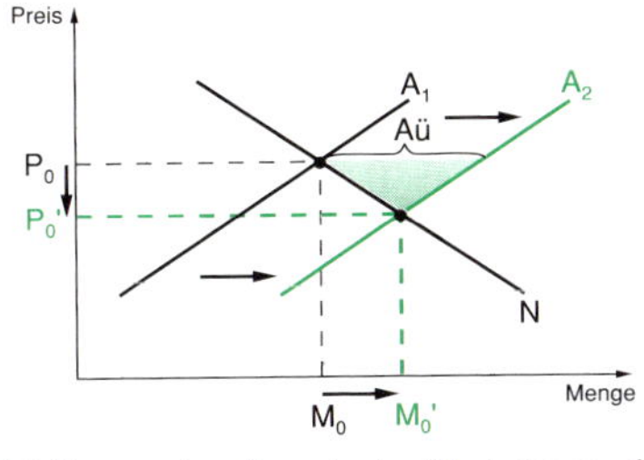

Die Erhöhung des Angebots führt dazu, dass zunächst ein *Angebotsüberhang* entsteht.

Der dadurch hervorgerufene *Preisrückgang* führt zu einer Verringerung des Angebots.

Das neue Marktgleichgewicht ist gekennzeichnet durch

- einen niedrigeren Gleichgewichtspreis
- eine größere Gleichgewichtsmenge

Verringerung des Angebots durch:

- Erhöhung der Produktionskosten

  Beispiel:

  Lohnsteigerungen

- pessimistische Zukunftserwartungen bei den Unternehmungen

Die Angebotskurve verschiebt sich nach *links*.

Zum ursprünglichen Preis besteht jetzt ein *geringeres Angebot*.

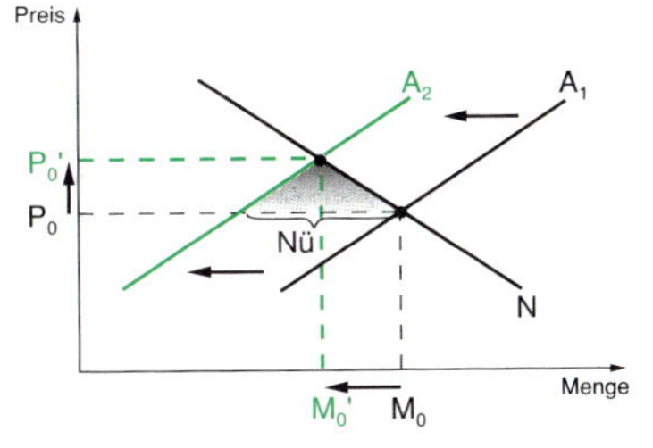

Die Verringerung des Angebotes führt dazu, dass zunächst ein *Nachfrageüberhang* entsteht.

Der dadurch hervorgerufene *Preisanstieg* führt zu einer Verringerung der Nachfrage.

Das neue Marktgleichgewicht ist gekennzeichnet durch

- einen höheren Gleichgewichtspreis
- eine niedrigere Gleichgewichtsmenge

Zucker / Analysten optimistisch

Preisanstieg erwartet

Handelsblatt, Montag, 12.12. ..

London. Der Preis für Zucker wird das Jahr nach einer Wertsteigerung von 35 % auf dem höchsten Niveau seit 5 Jahren beenden. Diese Ansicht vertritt die International Sugar Organisation (ISO). Gleichwohl sieht die Organisation nur beschränkte Chancen für weitere Preissteigerungen, weil vor allem die Entwicklungsländer ihren Verbrauch angesichts der hohen Preise einschränken würden. Analysten und Verbraucher sehen das anders. Sie gehen zum Teil von weiter steigenden Notierungen aus.

preiselastische Nachfrage

Das Produktionsdefizit ist derzeit das stärkste Argument der Zuckerpreis-Optimisten. Im vergangenen Erntejahr betrug das Defizit zwischen Angebot und Nachfrage 1,7 Mill. t. Im laufenden Jahr rechnet die ISO mit 1,9 Mill. t, das amerikanische Landwirtschaftsministerium mit 1,7 Mill. t. „Im Prinzip sorgen diese Zahlen für die Fantasie an den Märkten“, sagt Mark Glickman vom US-Großhändler Brooklyn Sugar Co. Er nennt aber auch noch einen anderen Grund – den steigenden Wohlstand in den Hauptabnehmerländern, den Staaten der Dritten Welt. Dieser zunehmende Wohlstand sorge für eine geringere Preisempfindlichkeit, sagt Glickman.

Angebotslücke Nachfrageüberhang

abnehmende Preiselastizität

Preis-Optimisten verweisen auch auf die sinkenden Lagerbestände in großen Abnehmerländern, die mittelfristig preistreibend wirken würden. Walter Spilka vom Brokerhaus Smith Barney schaut dabei vor allem auf Russland: „Das Land bezieht seinen Zucker normalerweise aus der Ukraine oder aus Kuba. Beide Länder haben schlechte Ernten eingefahren. Russland muss also an den Weltmarkt gehen – und das mit einem hohen Bedarf.“

sinkendes Angebot

steigende Nachfrage

Im vollkommenen Markt kann kein Anbieter und kein Nachfrager von sich aus den Preis beeinflussen, weil alle in scharfem Wettbewerb miteinander stehen, die Zahl der Mitbewerber groß und der eigene Marktanteil sehr gering ist. Alle müssen sich dem Gleichgewichtspreis anpassen, der durch das Zusammenspiel von Angebot und Nachfrage entsteht.

Für den einzelnen Anbieter ist es sinnlos, Preispolitik zu betreiben:

- Setzt der Anbieter einen Preis über dem Marktpreis fest, so verliert er den gesamten Absatz. Der Preis übt eine Ausschaltungsfunktion aus.
- Verkauft der Anbieter dagegen unterhalb des Marktpreises, so würde die gesamte Nachfrage auf ihn übergehen. Das würde seine Kapazität übersteigen. Die Nachfrage könnte nicht befriedigt werden.

Im vollkommenen Markt ist der **Marktpreis** für den Anbieter eine gegebene Größe, die er hinnehmen muss. Er hat nur die Möglichkeit, seine Angebotsmenge so zu wählen, dass sein Gewinn maximiert wird. Er ist *Mengenanpasser.*

Beispiel

Ein Sportartikelhersteller produziert Surfbretter. Diese haben einen Marktpreis von 400,00 EUR.
Die Kapazität der Unternehmung liegt bei 80 Stück im Abrechnungszeitraum.
Die fixen Kosten in diesem Zeitraum betragen 10.000,00 EUR.
Die variablen Stückkosten belaufen sich auf 200,00 EUR.
Die variablen Kosten verlaufen proportional.

Preis	Menge	Erlös	Kosten	Gewinn	
400,00	0	0,00	10.000,00	– 10.000,00	Verlustzone
400,00	10	4.000,00	12.000,00	– 8.000,00	
400,00	20	8.000,00	14.000,00	– 6.000,00	
400,00	30	12.000,00	16.000,00	– 4.000,00	
400,00	40	16.000,00	18.000,00	– 2.000,00	
400,00	50	20.000,00	20.000,00	0,00	← Gewinnschwelle
400,00	60	24.000,00	22.000,00	+ 2.000,00	Gewinnzone
400,00	70	28.000,00	24.000,00	+ 4.000,00	
400,00	80	32.000,00	26.000,00	+ 6.000,00	← Gewinnmaximum

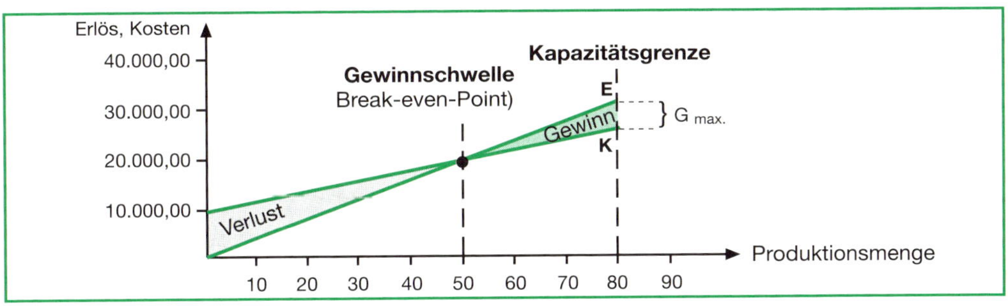

Der **Mengenanpasser** erreicht bei proportionalem Verlauf der variablen Kosten sein Gewinnmaximum, wenn er an der Kapazitätsgrenze produziert.
Steigen die variablen Kosten vor der Kapazitätsgrenze überproportional, so ist die Menge gewinnmaximal, bei der die Differenz aus Erlösen und Kosten am größten ist.

4.5.2 Preisbildung in unvollkommenen Märkten

4.5.2.1 Preisbildung im Polypol

Die vollständige Konkurrenz ist ein praxisfremdes Modell. Die Wirklichkeit zeigt vielmehr die Züge eines Polypols auf unvollkommenem Markt:

- Die angebotenen Güter stimmen in Art, Aufmachung, Qualität nicht völlig überein. Sie sind heterogen.
- Die Käufer haben Präferenzen räumlicher, zeitlicher, persönlicher Art.
- Der Markt lässt sich nicht vollständig überblicken.
- Die Marktteilnehmer reagieren auf Änderungen mit zeitlichen Verzögerungen.

Von der Seite der Unternehmungen her wird diese Uneinheitlichkeit bewusst gefördert: Man darf nicht vergessen, dass das oberste Ziel des **Marketings**[1] das Schaffen und Erhalten eines Marktes ist. Da der Preiswettbewerb oft schmerzhafte Folgen hat, verlagert man den Wettbewerb vielfach von der Preisebene weg auf die Art und Qualität der Leistungen. Vielen Anbietern gelingt es, Leistungen zu produzieren, die alle auf ihre eigene Weise Vorteile bieten:

- gefälliges Design
- gute Verarbeitung
- gute Materialqualität
- vielseitige Verwendbarkeit
- attraktive Verpackung
- guter Service
- günstige Zahlungs- und Lieferungsbedingungen
- besondere Garantieleistungen

Der Käufer ist dadurch nicht mehr in der Lage, den gesamten Markt zu überblicken. Er kann an und für sich gleichartige Erzeugnisse nicht mehr miteinander vergleichen. Er hält sich dann oft an Verkäufer, die ihm aufgrund ihres bekannten Namens vertrauenswürdig erscheinen oder mit denen er bisher gute Erfahrungen gemacht hat. Mit anderen Worten: Er entwickelt Präferenzen (Vorlieben) für bestimmte Anbieter. Damit ist ein wesentliches Marketingziel erreicht. Dem Anbieter gelingt es bei seinen mehr oder weniger sicheren Stammkunden oft, seine Preisvorstellungen auch dann durchzusetzen, wenn sie die Preise von Konkurrenzprodukten übertreffen.

Auf dem **unvollkommenen Markt** versuchen die Anbieter, den einheitlichen Markt für ein Gut durch Leistungsdifferenzierung aufzuspalten und sich einen monopolistischen Teilmarkt zu schaffen.

Die Angebotskurve eines solchen Anbieters erhält einen gewissen **monopolistischen Bereich**. Preisänderungen innerhalb dieses Bereichs haben keine großen Auswirkungen auf die Nachfrage. Die Nachfrage verhält sich **relativ unelastisch**.
Erhöht der Anbieter seinen Preis allerdings zu sehr (über P_1), so lässt die Wirkung der Präferenzen nach. Die Nachfrage reagiert elastisch. Die Nachfrager wandern zur Konkurrenz ab.
Senkt der Anbieter den Preis sehr stark (unter P_2), kann es sein, dass nunmehr die Nachfrage sehr zunimmt. Wegen der begrenzten Kapazität des Anbieters kann die Nachfrage jedoch nur zu einem sehr geringen Teil befriedigt werden.

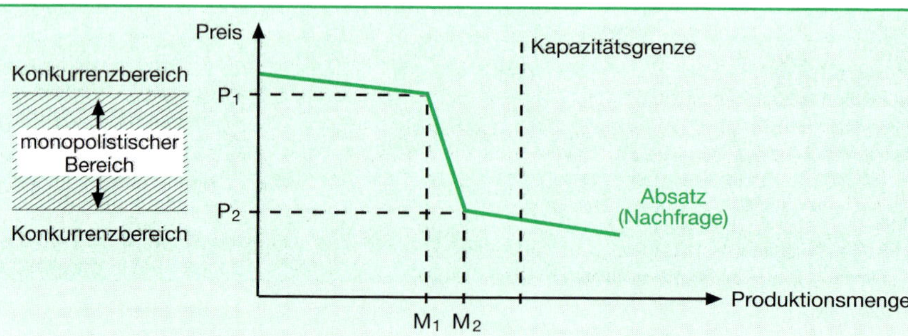

[1] Vgl. Seite 365 ff.

Fazit:

- Der Anbieter im Polypol auf dem unvollkommenen Markt verfügt über einen monopolistischen Freiraum, in dem er aktive Preispolitik betreiben und damit seinen Preis gewinnmaximal festsetzen kann.
- Bei zu hohen Preisen muss der Anbieter damit rechnen, dass die Kunden zur Konkurrenz abwandern.
- Bei sehr niedrigen Preisen muss der Anbieter damit rechnen, dass er die Nachfrage wegen seiner begrenzten Kapazität nicht befriedigen kann.

4.5.2.2 Preisbildung im Angebotsoligopol

Im **Angebotsoligopol** stehen wenigen Anbietern mit großen Marktanteilen und entsprechender Marktmacht viele Nachfrager mit keiner bzw. nur geringer Marktmacht gegenüber.

Beispiel

Der Markt für Kopiergeräte in einem bestimmten Land wird von insgesamt drei Unternehmungen beherrscht. Auf diesem Markt können aufgrund der Nachfragesituation insgesamt 400.000 Geräte abgesetzt werden. Die TeleComfort AG hat bei einem Verkaufpreis von 600,00 EUR pro Stück einen Marktanteil von 34 %.

Die Kosten pro Stück betragen 520,00 EUR.

Die TeleComfort AG variiert jetzt die Preise und sieht sich bei gleichen Kosten folgenden Situationen gegenüber:

Preis (EUR)	500,00	550,00	600,00	650,00
Marktanteil (%)	38,0	36,0	34,0	18,0

Die Oligopole haben in der Realität eine große Bedeutung. Es handelt sich um unvollkommene Märkte: Die Käufer haben Präferenzen und die Anbieter führen Leistungsdifferenzierung durch.

Beispiele

- Typische Oligopolmärkte sind der Mineralöl-, Kraftfahrzeug- und Zigarettenmarkt.

Reaktionsverbundenheit

Oligopolisten müssen die Reaktionen der Nachfrager, aber insbesondere die ihrer fast gleich mächtigen Konkurrenten beachten. Um ihre Marktanteile nicht zu verlieren, werden sie auf Preisheraufsetzungen der Konkurrenz nicht unbedingt, auf Preissenkungen dagegen regelmäßig reagieren.

Ruinöse Konkurrenz

Gelegentlich ist zu beobachten, dass ein Anbieter versucht, die Konkurrenten durch Preisunterbietungen vom Markt zu verdrängen. Der aggressive Anbieter läuft dabei jedoch Gefahr, sich auch selbst zu ruinieren. Für den Oligopolisten gilt insofern das Gleiche wie für den Anbieter im vollkommenen Markt. Wenn durch eigene Maßnahmen oder durch Maßnahmen der Konkurrenz der Marktpreis sinkt, besteht die Gefahr, dass die Kosten nicht mehr gedeckt werden. Die Absatzmenge müsste deutlich steigen, um den Nachteil auszugleichen. Das geht aber wieder auf Kosten der Marktanteile der anderen, sodass erneut Gegenreaktionen provoziert werden.

Geknickte Preis-Absatz-Kurve

Durch Preissenkungen lassen sich aufgrund der Gegenreaktionen der Mitkonkurrenten keine nennenswerte Marktanteile hinzugewinnen. Preiserhöhungen führen dagegen aufgrund der hohen Markttransparenz zu deutlichen Marktanteilsverlusten.

Beispiel

Für die TeleComfort AG ergeben sich folgende Zahlen:

Preis	Marktanteil	Absatzmenge	Erlöse	Kosten	Gewinn
500,00 EUR	38,0 %	152.000 St.	76.000.000,00 EUR	79.040.000,00 EUR	– 3.040.000,00 EUR
550,00 EUR	36,0 %	144.000 St.	79.200.000,00 EUR	74.880.000,00 EUR	4.320.000,00 EUR
600,00 EUR	34,0 %	136.000 St.	81.600.000,00 EUR	70.720.000,00 EUR	10.880.000,00 EUR
650,00 EUR	18,0 %	72.000 St.	46.800.000,00 EUR	37.440.000,00 EUR	9.360.000,00 EUR

Aufgrund dieser Zahlen ergibt sich eine geknickte Preis-Absatz-Kurve:

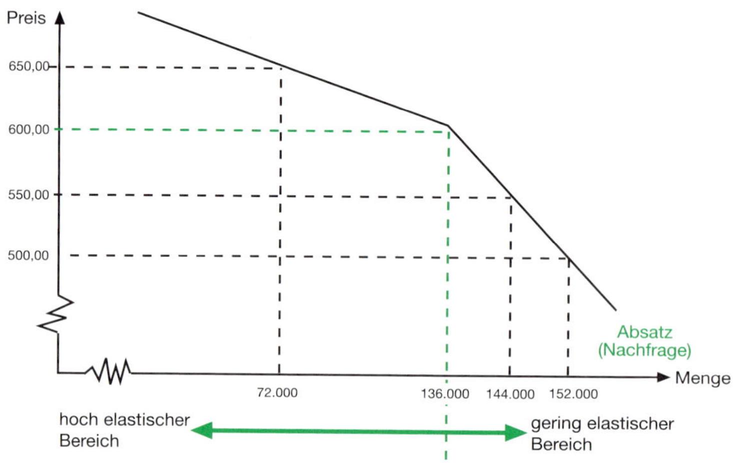

Erhöht die TeleComfort AG ihren Absatzpreis von 600,00 EUR auf 650,00 EUR, so werden die Konkurrenten nicht mitziehen. Die Unternehmung verliert viel Absatz, weil die Kunden zur preisgünstigeren Konkurrenz abwandern.

Senkt die TeleComfort AG ihren Preis auf 550,00 EUR oder sogar auf 500,00 EUR, so werden die Konkurrenten nachziehen und ebenfalls ihren Preis senken. Die Unternehmung gewinnt deshalb nicht viel Absatz hinzu.

„Schlafmützenkonkurrenz" und konzertiertes Marktverhalten

Weil die Auswirkungen von Preissenkungen für den einzelnen Oligopolisten schlecht einzuschätzen sind, wird der Wettbewerb auf der Preisebene häufig durch ein abgestimmtes Marktverhalten („stillschweigendes Kartell") abgelöst. Man fordert die Konkurrenten preislich nicht heraus. Ausnahmen sind lediglich Saisonpreise und Sonderangebote.

Preisführerschaft

Ein Oligopolist mit besonders großem Marktanteil wird häufig von den Mitwettbewerbern stillschweigend als Preisführer anerkannt. Die wirtschaftlich schwächeren Anbieter verändern ihre Preise nur, wenn der Preisführer seinerseits Preisänderungen vornimmt.

Marktstrategien

Weil jeder Anbieter – ähnlich wie im Polypol – versucht, ein heterogenes Gut anzubieten, das sich von dem in Wirklichkeit fast gleichen Gut des Konkurrenten abheben soll, entsteht ein oft intensiver Wettbewerb um den Kunden. Da die Preispolitik dafür – wie aufgezeigt – ausscheidet, bleiben Strategien wie Produktdifferenzierung, Preisdifferenzierung und vor allem Werbung.

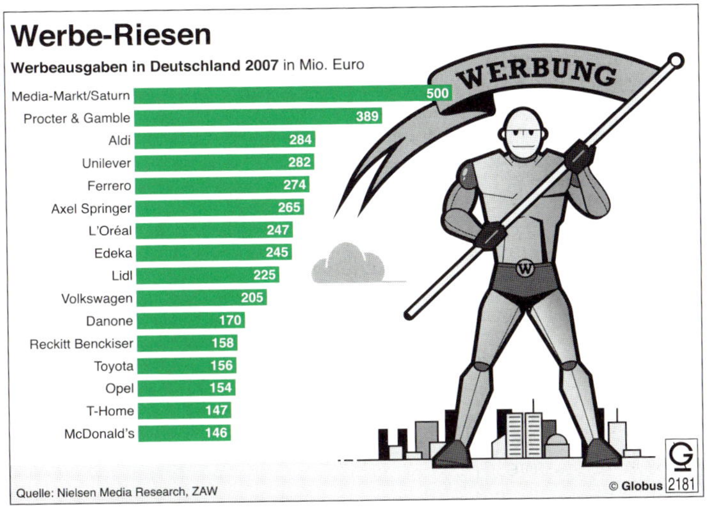

4.5.2.3 Preisbildung im Angebotsmonopol

Beim **Angebotsmonopol** steht ein Anbieter einer Vielzahl von Nachfragern gegenüber.

Man unterscheidet

- **natürliche Monopole**

Beispiel Vorhandensein einmaliger Bodenschätze

- **staatliche Monopole**

Beispiel Lottomonopol[1]

- **entstandene (gewachsene) Monopole**

Beispiel Eine Unternehmung hat im marktwirtschaftlichen Wettbewerbsprozess sämtliche Konkurrenten vom Markt verdrängt (z. B. alleiniger Inhaber eines Patentes).

Da der Monopolist den gesamten Markt beherrscht, kann er die Höhe des Preises oder die Verkaufsmenge in der Weise frei bestimmen, dass er einen größtmöglichen Gewinn erzielt. Dabei muss er lediglich seine Kosten sowie die Reaktionen der Nachfrager beachten.

Daraus sind die **Nachteile des Monopols** erkennbar:

- Der Monopolist kann seinen Preis ohne Rücksicht auf die Konkurrenz festsetzen.
- Er setzt diesen Preis so, dass er einen größtmöglichen Gewinn erzielt.
- Bestünde Konkurrenz zwischen vielen Anbietern, so könnte kein Anbieter so vorgehen wie der Monopolist, sondern er müsste sich nach dem Marktpreis richten.
- Es kann sich eine schlechtere Versorgung der Bevölkerung mit Gütern ergeben, wenn die Kostensituation des Monopolisten zu einem hohen Monopolpreis führt.

[1] Vgl. auch Seite 308

In der Realität sind dem Monopolisten Grenzen gesetzt:

- Der Monopolist wird sich hüten, den Preis unnötig zu sehr zu verteuern. Dies könnte andere Unternehmen veranlassen, Substitutionsgüter zu entwickeln (Ersatzkonkurrenz).
- Auch der Monopolist unterliegt dem Zwang, die Kapazität seines Betriebes möglichst voll auszunutzen. Dies verhindert eine künstliche Verknappung des Angebots.
- Das Bundeskartellamt kann überhöhte Preise, die einen angemessenen Gewinnzuschlag übersteigen, verbieten. Es übt eine Missbrauchsaufsicht über marktbeherrschende Unternehmen aus[1].

4.5.3 Eingriffe des Staates in die Preisbildung

Im vollkommenen Markt bildet sich der Marktpreis automatisch.
Wer als Unternehmer nicht zum Marktpreis anbieten will oder kann, wird von seinen Konkurrenten verdrängt. Wer als Konsument den Marktpreis nicht zahlen will oder kann, geht leer aus.
Marktpreise können aus sozialpolitischen Erwägungen zu hoch oder zu niedrig sein. Oftmals ist der Staat daher daran interessiert, den Preis für bestimmte Güter zu kontrollieren bzw. zu beeinflussen. Dies könnte ihn dazu veranlassen, in die Preisbildung einzugreifen.

Eingriffe des Staates in die Preisbildung

marktinkonforme Eingriffe	**marktkonforme Eingriffe**
Verordnung von ■ Höchstpreisen ■ Mindestpreisen ■ Festpreisen ■ Margenpreisen	Gewährung von ■ Subventionen ■ Transferzahlungen ■ Steuererleichterungen

Durch marktinkonforme Eingriffe wird der Preisbildungsprozess außer Kraft gesetzt, während bei marktkonformen Eingriffen der Preisbildungsprozess im Prinzip erhalten bleibt.
Da die Volkswirtschaft der Bundesrepublik Deutschland eine Marktwirtschaft ist, sind die Eingriffe des Staates in die Preisbildung die Ausnahme.
Sie sind nur dann berechtigt, wenn die marktwirtschaftliche Preisbildung unter sozialen Gesichtspunkten zu Ergebnissen führt, die mit dem im Grundgesetz verankerten **Sozialstaatsprinzip** nicht vereinbar sind.

4.5.3.1 Marktinkonforme Eingriffe

Festpreise

Der Staat schreibt für ein Gut bzw. eine Dienstleistung einen bestimmten Preis vor, der weder über- noch unterschritten werden darf.

Beispiele

- Gebührenordnung für Ärzte
- nach dem Einkommen der Eltern gestaffelte Kindergartengebühren
- Preise für Medikamente

[1] Vgl. hierzu Seite 356

Höchstpreise

Höchstpreise werden zum Schutz der Konsumenten vor zu hohen Preisen verordnet. Der Höchstpreis liegt immer unter dem Gleichgewichtspreis.

Beispiel

Im Zuge einer allgemeinen Lebensmittelknappheit setzt der Staat den Preis für 1 kg Brot auf 2,50 EUR fest, nachdem der Marktpreis auf 10,00 EUR gestiegen war und einkommensschwache Nachfrager bei diesem Preis nicht mehr ausreichend versorgt waren.

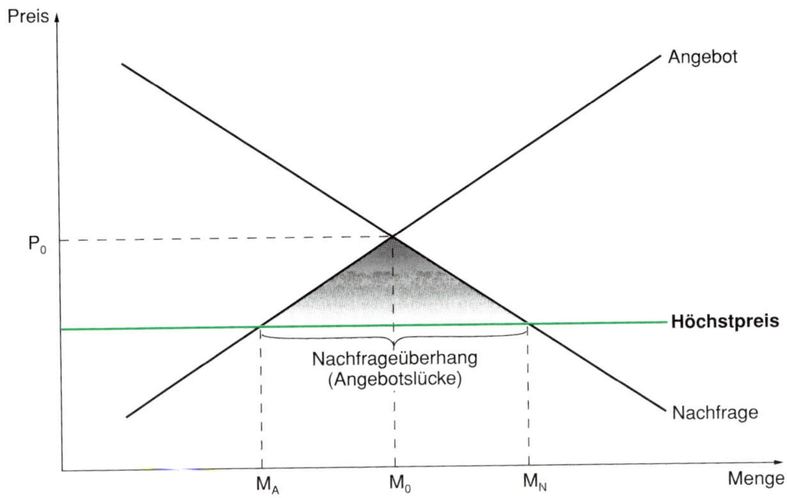

Es zeigt sich, dass der Höchstpreis zu einem **Nachfrageüberhang** führt. Die Angebotsmenge wird gegenüber der Gleichgewichtsmenge durch den Eingriff des Staates verringert, da eine Reihe von Anbietern nicht mehr in der Lage ist, bei diesem Preis noch kostendeckend zu produzieren. Eine Unterversorgung der Bevölkerung ist damit vorprogrammiert.

Nur durch Rationierung des begrenzten Angebots *(z. B. mithilfe von Lebensmittelkarten)* kann der Staat eine gleichmäßige Verteilung des vorhandenen Angebots erreichen.
Warteschlangen vor den Geschäften und die Entstehung illegaler „Schwarzmärkte", auf denen Ware zu „Marktpreisen" gehandelt wird, sind die äußeren Folgen der Höchstpreisverordnung.

Mindestpreise

Mindestpreise werden festgelegt, um den Produzenten ein bestimmtes Mindesteinkommen zu sichern. Der Mindestpreis liegt immer über dem Gleichgewichtspreis.

Beispiel

Zum Schutz der Landwirtschaft setzt der Staat für 1 kg Rindfleisch einen Mindestpreis von 6,00 EUR fest, nachdem der Marktpreis im Zuge einer allgemeinen Produktivitätssteigerung auf 3,00 EUR gefallen war und viele landwirtschaftliche Betriebe dadurch an den Rand ihrer Existenz gedrängt worden waren.

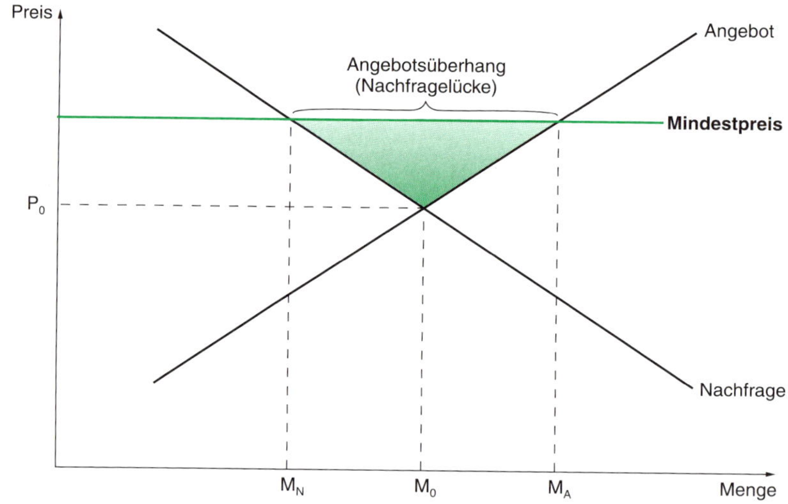

Es zeigt sich, dass der Mindestpreis zu einem **Angebotsüberhang** führt. Die Angebotsmenge wird gegenüber der Gleichgewichtsmenge durch den Eingriff des Staates erhöht, da nun auch solche Anbieter auf dem Markt auftreten können, die ansonsten dem marktwirtschaftlichen Ausleseprozess zum Opfer gefallen wären. Ein Überangebot ist damit vorprogrammiert.

Nur durch Interventionskäufe kann der Staat sein Ziel erreichen: In Höhe der vorhandenen Nachfragelücke müsste er selbst als Nachfrager auftreten und den Produzenten ihre Ware zum garantierten Mindestpreis abnehmen.
Überproduktion, überhöhte Preise und damit ebenfalls eine Unterversorgung der Konsumenten sind die äußeren Folgen der Mindestpreisverordnung.

Die Erfahrungen, die in der Vergangenheit mit marktinkonformen staatlichen Eingriffen gemacht wurden, sind unbefriedigend. Sie zeigen, dass der Staat damit seine ursprüngliche Zielsetzung auf Dauer nicht erreichen kann und lediglich kurzfristig die äußeren Symptome, nicht jedoch die eigentlichen Ursachen einer wirtschaftlichen Fehlentwicklung bekämpfen kann.
Die Außerkraftsetzung der marktwirtschaftlichen Preisbildung führt vielmehr dazu, dass sich die „heilsamen" Funktionen des Marktpreises nicht mehr entfalten können. Ungleichgewichtigkeiten von Angebot und Nachfrage, Verschleuderung volkswirtschaftlicher Ressourcen, Verlust von Innovationsfähigkeit und Unzufriedenheit der Bevölkerung sind die langfristigen Folgen.

4.5.3.2 Marktkonforme Eingriffe

Die marktinkonformen Eingriffe des Staates haben zur Folge, dass nicht mehr die Marktkräfte, sondern staatliche Stellen den Ausgleich von Angebot und Nachfrage regulieren.
Die relative Erfolglosigkeit derartiger Eingriffe hat dazu geführt, dass der Staat versucht, das Marktgeschehen durch marktkonforme Eingriffe zu lenken.

Bei **marktkonformen Eingriffen** bleiben die Funktionen der freien Marktpreisbildung erhalten. Die negativen sozialen Auswirkungen zu hoher oder zu niedriger Marktpreise werden durch Veränderung der Angebots- bzw. Nachfragebedingungen abgefedert.

Maßnahme: Durch Transferzahlungen und Steuererleichterungen werden einkommensschwache Privathaushalte begünstigt.

Folge: Die Nachfragekurve verlagert sich nach rechts.

Beispiel

Die Zahlung von Wohngeld ermöglicht Sozialhilfeempfängern den Bezug solcher Wohnungen, die sie sich normalerweise nicht leisten könnten. Der Vermieter erhält die übliche Marktmiete, sodass der Anreiz, Mietwohnungen zu bauen und zu unterhalten, bestehen bleibt. Würde der Staat stattdessen Miethöchstpreise vorschreiben, die nicht gewinnbringend oder sogar nicht kostendeckend sind, wäre eine Wohnungsnot die langfristige Folge.

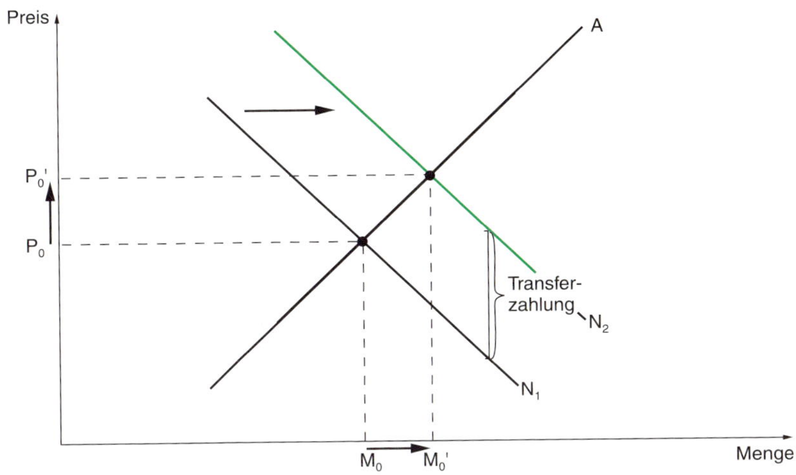

Maßnahme: Um Arbeitsplätze zu erhalten bzw. um die Verbraucherpreise niedrig zu halten, werden an Unternehmen bestimmter Branchen Subventionen gezahlt.

Folge: Die Angebotskurve verlagert sich nach rechts.

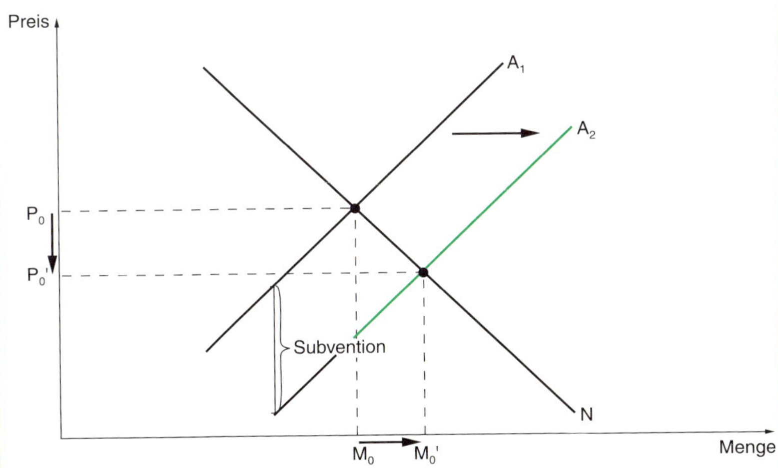

Maßnahme: Durch Erhöhung bestimmter Verbrauchsteuern (Tabaksteuer, Branntweinsteuer, Mineralölsteuer usw.) werden die Marktpreise der betroffenen Produkte künstlich verteuert.

Folge: Die Angebotskurve verlagert sich nach links.

Verbrauchsteuern dienen – wie alle Steuern – grundsätzlich der Finanzierung der öffentlichen Haushalte. Durch gezielte Steuerbelastung bestimmter Produkte kann aber auch unerwünschten Marktverhaltensweisen begegnet werden.

Beispiele

- Eine Erhöhung der Mineralölsteuer bringt viele Autofahrer dazu, auf öffentliche Verkehrsmittel umzusteigen.
- Eine Erhöhung der Tabaksteuer hält mehr Menschen vom Rauchen ab. Die Krankenkassen werden von nikotinbedingten Krankheitskosten entlastet.

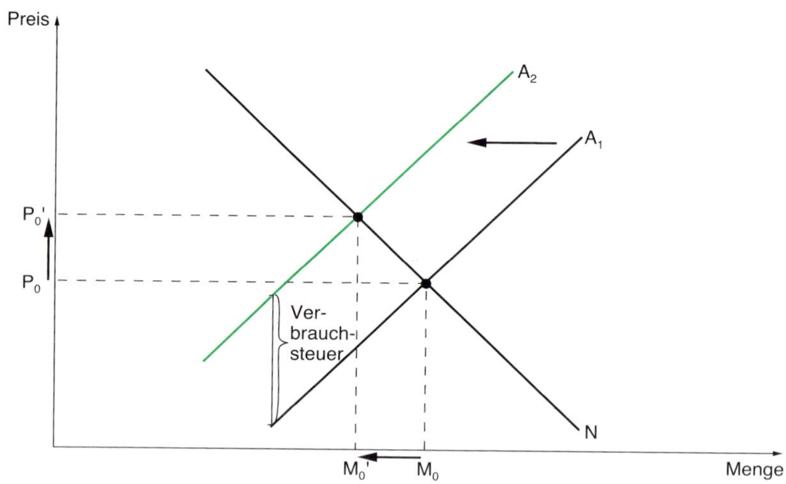

4.5.4 Zinsbildung auf den Geld- und Kapitalmärkten

4.5.4.1 Bestimmungsfaktoren des Angebots und der Nachfrage von Geld und Kapital

So wie auf den Konsum- und Produktionsgütermärkten Preise für die dort gehandelten Güter entstehen, so entstehen die Zinsen aufgrund des Angebots und der Nachfrage von Geld und Kapital.

Der **Zins** ist der Preis für die Bereitstellung von Krediten.

Finanzmärkte

- **Geldmarkt** = Markt für kurzfristige Geldmittel
- **Kapitalmarkt** = Markt für langfristige Geldmittel

- Der **Anbieter erhält Zinsen** für die Überlassung der Geldmittel, weil er auf die gegenwärtige Verwendung seiner Geldmittel verzichtet. Je höher der Zinssatz, desto eher ist die Bereitschaft für diesen Verzicht.
- Der **Nachfrager zahlt Zinsen,** weil er mithilfe der Kreditmittel jetzt bereits Ausgaben tätigen kann, auf die er sonst zu diesem Zeitpunkt noch verzichten müsste. Je niedriger der Zinssatz, desto ausgeprägter ist die Bereitschaft, sich zu verschulden.

> Der **Marktzins** ist das Ergebnis des Zusammentreffens von Angebot und Nachfrage von Geld bzw. Kapital.

Bei den Marktteilnehmern kann grundsätzlich von einem **zinselastischen Nachfrage- bzw. Angebotsverhalten** ausgegangen werden:

- Je höher der Zinssatz, desto geringer ist die Nachfrage und desto größer ist das Angebot.
- Je niedriger der Zinssatz, desto größer ist die Nachfrage und desto geringer ist das Angebot.

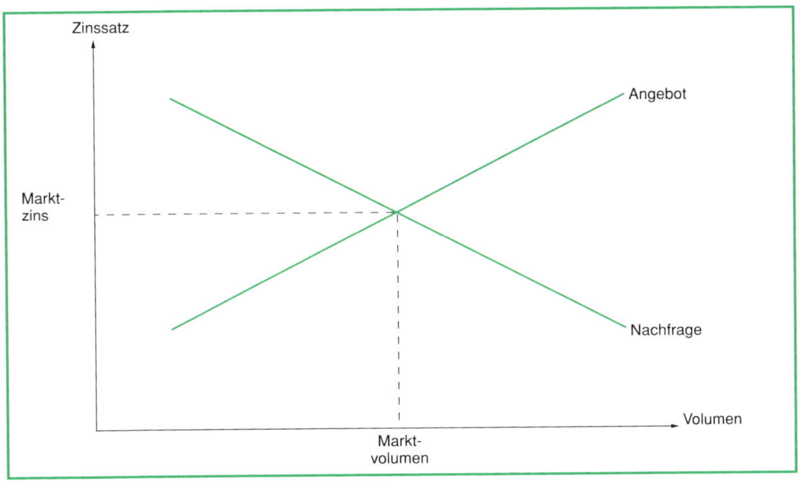

Auch hier gilt, dass der Preis, also der Zinssatz, nicht die alleinige Bestimmungsgröße von Angebot und Nachfrage ist.

Bestimmungsfaktoren des Angebots und der Nachfrage von Geld und Kapital

die Höhe des Zinssatzes

und

bei privaten Haushalten:
- die Kreditmentalität
- die Sparmentalität
- die Einkommenssituation
- die Vermögenssituation
- die Zukunftserwartungen

und

bei Unternehmen:
- die Auftragslage und -entwicklung
- die Gewinnerwartungen
- die Kostensituation
- die Steuerbelastung

und

bei öffentlichen Haushalten:
- der Haushaltsetat
- das Steueraufkommen *und daraus resultierend*
- das Budgetdefizit

Unterstellt man ein konstantes Angebot, so werden bei steigender Nachfrage die Zinsen steigen und umgekehrt bei sinkender Nachfrage die Zinsen fallen.

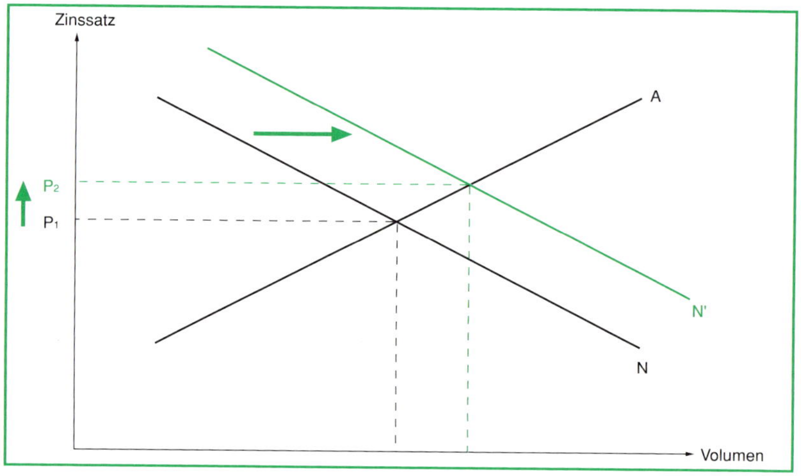

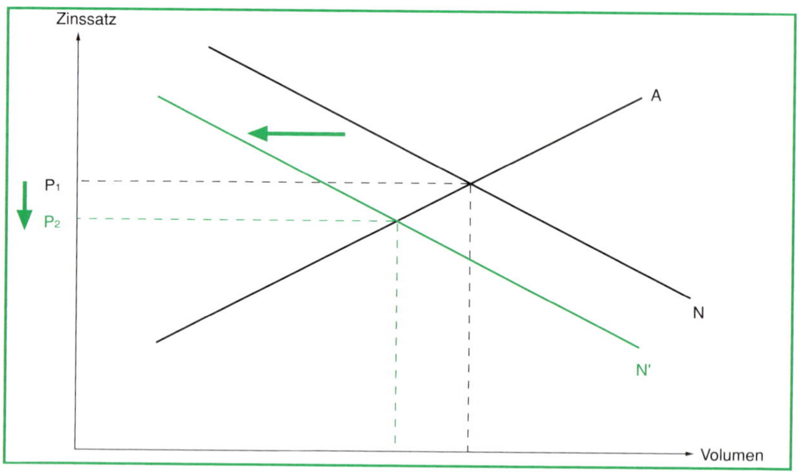

4.5.4.2 Kapitalmarkt

Der **Kapitalmarkt** ist der Markt für langfristige Geldanlagen bzw. langfristige Kredite und Beteiligungskapital.

Kapitalmarkt

- **Wertpapiermarkt**
  - **Rentenmarkt**
  - **Aktienmarkt**
- **Markt für unverbrieftes Kapital**

Beispiele:
- Investitionskredite
- Baufinanzierungskredite
- Spareinlagen
- Kapitallebensversicherungen

Über den Kapitalmarkt fließt den
- Unternehmen ein großer Teil der zur Finanzierung von Investitionen,
- privaten Haushalten ein großer Teil der zur Finanzierung von Bauvorhaben,
- öffentlichen Haushalten ein großer Teil der zur Finanzierung von öffentlichen Investitionen

benötigten Mittel zu.

Wichtigste Anbieter auf dem Kapitalmarkt sind die privaten Haushalte, die dort ihre Ersparnisse in Form von Spareinlagen, Schuldverschreibungen, Aktien usw. anlegen.
- Der **organisierte Kapitalmarkt** vollzieht sich unter Mitwirkung der Kreditinstitute. Das Geschehen auf den Wertpapierbörsen weist hierbei den höchsten Grad der Organisation auf. Hier erfolgt nach genauen organisatorischen Regeln eine tägliche Neubewertung des angelegten Kapitals bzw. hier kann jederzeit das angelegte Kapital durch einen Verkauf wieder liquide gemacht werden.
- Der **nicht organisierte Kapitalmarkt** vollzieht sich ohne Mitwirkung der Kreditinstitute. Hier treffen sich Angebot und Nachfrage von langfristigen Krediten und Beteiligungen zwischen Unternehmen und Privatpersonen *(z. B. über Finanzanzeigen in den Print-Medien und im Internet)* bzw. im Freundes- und Bekanntenkreis.

4.5.4.3 Geldmarkt

Der **Geldmarkt** ist der Markt für kurzfristige Kredite bzw. Geldanlagen.

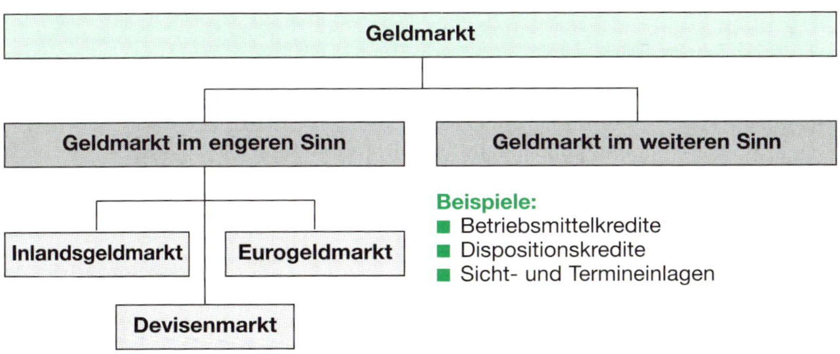

Auf dem Geldmarkt im weiteren Sinne findet der Austausch von Liquidität zwischen Kreditinstituten und Nichtbanken statt.

Zweck dieses Marktes ist es,
- die Wirtschaft mit Liquidität und kurzfristigen Krediten zu versorgen,
- kurzfristige Anlagemöglichkeiten für vorübergehend nicht benötigte Geldmittel zu bieten.

Auf dem **Inlandsgeldmarkt** findet der Liquiditätsausgleich innerhalb des Bankensystems statt. Die Kreditinstitute haben hier die Möglichkeit, Liquiditätsüberschüsse kurzfristig anzulegen bzw. Liquiditätsdefizite zu schließen.

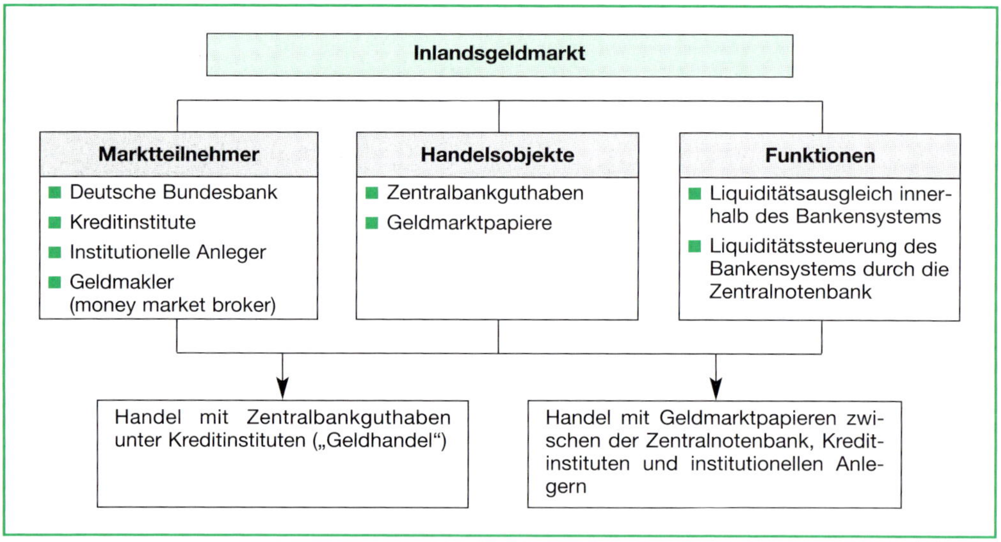

Wichtigstes Teilsegment des Geldmarktes ist der **Geldhandel.**

Der Geldhandel ist ein Interbankenmarkt. Er vollzieht sich nach allgemein anerkannten Marktusancen:

- Die erforderliche Schnelligkeit der Gelddisposition bedingt, dass die Geschäftsabschlüsse ausschließlich telefonisch getätigt („das gesprochene Wort gilt") werden.
- Der Handel findet überwiegend vormittags statt.
- Gehandelt werden Beträge ab 5.000.000,00 EUR.
- Die Marktteilnehmer nennen auf Anfrage Geld- oder Briefsätze („Quotes"), zu denen sie zu kontrahieren bereit sind.

  Geldsatz: Zinssatz, zu dem das Kreditinstitut zur Geldaufnahme (= Nachfrage) bereit ist.
  Briefsatz: Zinssatz, zu dem das Kreditinstitut zur Geldanlage (= Angebot) bereit ist.
- Die Zinsen werden kalendermäßig berechnet.

  (internationale Zinsrechnungsmethode[1]: $Z = \frac{K \cdot p \cdot 365/366}{100 \cdot 360}$)
- Geldmarktadressen sind nur Kreditinstitute von unzweifelhafter Bonität.
- Geldmarktkredite werden im Rahmen interner Limits als Blankokredite gewährt.
- Die Anschaffung („settlement") erfolgt in der Regel durch Kontoübertragung vom Girokonto des Geldgebers auf das Girokonto des Geldnehmers bei der Deutschen Bundesbank (= kürzester Überweisungsweg). Bei Sparkassen und Kreditgenossenschaften erfolgt der Liquiditätsausgleich meist über die eigene Zentrale.

[1] Gleichbedeutend: französische Methode, Eurozinsmethode, act/360.

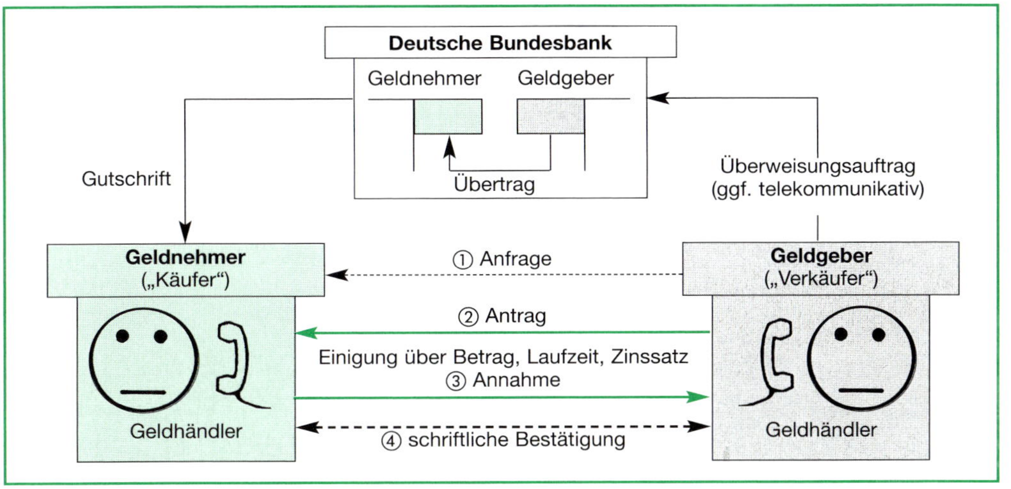

Erscheinungsformen / Merkmale	**b.a.w.-Abschlüsse** Call money	Overnight	TOM/NEXT	SPOT/NEXT	**Termingeld**
Laufzeit	**b**is **a**uf **w**eiteres (1 Tag, ggf. länger)	1 Tag fest	1 Tag fest	1 Tag fest	je nach Vereinbarung: 1 Woche bis 1 Jahr insbesondere 1/3/6 Monate
Valutierungs-usance	*gleichtägig* **heute** gehandelt **heute** angeschafft ■ Rückgabe bzw. Rückforderung muss dem Kontrahenten bis ca. 10:30 Uhr mitgeteilt werden ■ tägliche Zinsanpassung möglich	*gleichtägig* **heute** gehandelt, **heute** angeschafft, **morgen** zurück	*eintägig* **heute** gehandelt, **morgen** angeschafft, **übermorgen** zurück	*zweitägig* **heute** gehandelt, **übermorgen** angeschafft, **am folgenden Tag** („über-übermorgen“) zurück	*zweitägig* **heute** gehandelt, **übermorgen** angeschafft
Zinsgutschrift bzw. -zahlung	■ bei Rückzahlung bzw. Zinsanpassung, mind. 1x wöchentlich	bei Fälligkeit des Kapitals			

Der **EURIBOR** (= **EUR**O **I**nter**b**ank **o**ffered **R**ate) ist ein Durchschnittszinssatz für **Interbankentermingelder.** Er wird auf der Basis der Geldmarktsätze von ca. 50 europäischen Kreditinstituten für 1–12 Monatsgelder (auf 5 Stellen hinter dem Komma) als arithmetisches Mittel täglich errechnet. Er dient als Referenzzinssatz für z. B. zinsvariable Anleihen (Floating-Rate-Notes).
Der **EONIA** (= **E**uro **O**ver**N**ight **I**nterbank **A**verage) ist ein Durchschnittszinssatz für **Interbankentagesgelder.** Zur Ermittlung des EONIA geben repräsentative Kreditinstitute mit Sitz oder Niederlassung im Gebiet der **Europäischen Währungsunion (EWU)** täglich den Durchschnitt ihrer Effektivsätze an, zu denen sie bis 18:00 Uhr MEZ Tagesgeld „über Nacht“ an andere Kreditinstitute vergeben haben. Zur Berechnung des EONIA werden die Satzmeldungen der Referenzbanken mit ihren Tagesgeldvolumina gewichtet. Wegen der Vertraulichkeit dieser Daten wird der EONIA durch die Europäische Zentralbank berechnet und anschließend veröffentlicht.

Beispiel

Am Freitag, den 5. Juli, verkauft die Kölnbank der Stadtsparkasse Domstadt 15.000.000,00 EUR 1 Monatsgeld zum aktuellen EURIBOR in Höhe von 4,63400 % zuzüglich 3/16 % (Prozentpunkte). Die Anschaffung erfolgt Valuta 2-werktägig, also am Dienstag, den 9. Juli. Die Rückzahlung erfolgt am Mittwoch, den 9. August.

$$Z = \frac{15.000.000{,}00 \cdot 4{,}82150 \cdot 31\ (!)}{100 \cdot 360} = \underline{\underline{62.277{,}71\ \text{EUR}}}$$

Der Rückzahlungsbetrag beträgt 15.062.277,71 EUR.

Zinsen

Internationale Renditen

10-jährige Staatsanleihen	10.09.2008	9.9.2008
Australien	5,69	5,68
Belgien	4,47	4,47
Dänemark	4,32	4,32
Deutschland	4,03	4,02
Finnland	4,26	4,23
Frankreich	4,30	4,34
Großbritannien	4,48	4,50
Irland	4,46	4,45
Italien	4,68	4,67
Japan	1,47	1,51
Kanada	3,50	3,50
Neuseeland	5,96	6,06
Niederlande	4,30	4,28
Österreich	4,29	4,26
Schweden	3,85	3,92
Schweiz	2,78	2,78
Spanien	4,56	4,54
USA	3,60	3,67

Sätze im Großgeschäft (in % gerundet) jeweils vom Vormittag.
Quelle: Hauck & Aufhäuser Privatbankiers, Frankfurt/Main.

Eurogeldmarktsätze Unter Banken (in Prozent)

10.09. 2008	Tagesgeld	1 Monat	2 Monate	3 Monate	6 Monate	12 Monate
Euro	4,2600 - 4,3100	4,4200 - 4,5200	4,6700 - 4,7700	4,8600 - 4,9600	5,0700 - 5,1700	5,2300 - 5,3300
US-$	1,9900 - 2,1500	2,4500 - 2,6000	2,6500 - 2,8000	2,8600 - 3,0100	3,0300 - 3,1300	3,1800 - 3,2800
Pfund	4,9700 - 5,1200	5,2500 - 5,3500	5,4400 - 5,5800	5,6200 - 5,7600	5,7100 - 5,8500	5,7700 - 5,9100
sfr	1,8300 - 2,0600	2,1100 - 2,2600	2,3900 - 2,4900	2,5700 - 2,6200	2,7200 - 2,8000	3,0300 - 3,1100
YEN	0,3000 - 0,5000	0,5500 - 0,6500	0,7200 - 0,8800	0,8400 - 1,0000	1,0100 - 1,2100	1,2100 - 1,3700
kan-$	2,9100 - 3,1100	3,0100 - 3,1100	3,1000 - 3,2000	3,2500 - 3,3500	3,4500 - 3,6500	3,8600 - 3,9300
A-$	6,9500 - 7,2500	7,0800 - 7,2300	7,1800 - 7,3300	7,0300 - 7,3300	7,1200 - 7,2700	7,1500 - 7,3000
NZ-$	7,7000 - 8,1000	8,1300 - 8,2300	8,1600 - 8,2600	8,1500 - 8,2500	7,9500 - 8,1500	8,1100 - 8,2100
HK-$	1,1200 - 1,3700	1,7200 - 1,8800	1,7900 - 2,1300	2,1500 - 2,3100	2,5800 - 2,6500	2,8900 - 2,9600
Zloty	5,9000 - 6,1500	6,0200 - 6,2200	6,1400 - 6,3400	6,3200 - 6,5200	6,3800 - 6,5800	6,4100 - 6,6100
SG-$	0,5000 - 0,7500	1,0500 - 1,2700	1,1800 - 1,3800	1,3000 - 1,4900	1,6200 - 1,8400	1,8600 - 2,0600
Rand	11,7000 - 12,2000	12,0500 - 12,5500	12,2000 - 12,7000	12,3000 - 12,8000	12,3000 - 12,8000	12,3000 - 12,8000
tsch. Krone	3,4300 - 3,5300	3,5900 - 3,6900	3,6400 - 3,7400	3,6700 - 3,7700	3,7600 - 3,8600	3,7800 - 3,9300

$ = 24 Monate 3,2600-3,3600, 36 Monate 3,4700-3,5700, Euro = 24 Monate 4,6800-4,7800, 36 Monate 4,4700-4,5700.

Eonia (Euro) = 3,916% (9.9.2008); **Euribor** (Euro) 1 Mon. 4,515%, 2 Mon. 4,765%, 3 Mon. 4,959%, 6 Mon. 5,175%, 12. Mon. 5,336%; **Euro-Libor** (Euro) = 1 Mon. 4,50875%, 2 Mon. 4,75688%, 3 Mon. 4,95313%, 6 Mon. 5,1675%, 12 Mon. 5,33 %; **Libor** ($) = 1 Mon. 2,48688%, 2 Mon. 2,68688%, 3 Mon. 2,81875%, 6 Mon. 3,875%, 12 Mon. 3,14375%

EURO-Renditen

10.9.2008 Laufzeit	gedeckte Bank-schuldverschreibungen[1]	Pfandbriefe[2]
1 Jahr	4,945 - 4,980	4,959
2 Jahre	4,702 - 4,771	4,744
3 Jahre	4,586 - 4,730	4,630
4 Jahre	4,527 - 4,614	4,584
5 Jahre	4,515 - 4,600	4,565
6 Jahre	4,523 - 4,604	4,567
7 Jahre	4,535 - 4,615	4,580
8 Jahre	4,558 - 4,646	4,604
9 Jahre	4,588 - 4,671	4,634
10 Jahre	4,614 - 4,701	4,668

1) Illiquide Pfandbriefe (Tagesspanne) Quelle WestLB;
2) Fixing des VDP

Quelle: Handelsblatt, Nr. 177 vom 11.09.2008, Seite 35.

Normalerweise sind die Zinsen auf dem Geldmarkt niedriger als die Zinsen auf dem Kapitalmarkt. Dies erscheint plausibel (und auch gerecht), wenn man überlegt, dass der langfristig orientierte Kapitalanleger ja auch für einen längeren Zeitraum auf sein Geld verzichtet.

Bei einer **normalen Zinsstruktur** gilt die Regel: Je länger die Laufzeit (Anlagedauer bzw. Kreditlaufzeit), desto höher ist der Zinssatz.

Bei einer **inversen Zinsstruktur** sind dagegen die Zinsen für kurze Laufzeiten höher als für lange Laufzeiten. Eine solche Beobachtung ist auf den Geld- und Kapitalmärkten eher selten.

Beispiel

Ursache hierfür kann die Erwartung einer Zinswende sein. Bei Erwartung fallender Zinsen besteht bei den Kreditnehmern keine bzw. nur geringe Neigung, sich auf hohem Zinsniveau langfristig zu verschulden.

4.5.4.4 Zinsbeeinflussung durch die Zentralnotenbank

Wichtigster Akteur auf dem Geldmarkt ist die **Europäische Zentralbank (EZB)**. Als Mitglied des **Europäischen Systems der Zentralbanken (ESZB)** führt die **Deutsche Bundesbank** als **nationale Zentralbank (NZB)** die in ihren Zuständigkeitsbereich fallenden geldpolitischen Beschlüsse der EZB aus.

Mithilfe ihres **geldpolitischen Instrumentariums**[1] kann die EZB das Geldangebot erweitern oder verknappen und damit auf die Zinsentwicklung Einfluss nehmen.

Bei gegebener Geldnachfrage kann sie durch eine autonome Erhöhung des Geldangebots eine Zinssenkung bewirken bzw. durch eine Reduzierung des Geldangebots eine Zinserhöhung bewirken.

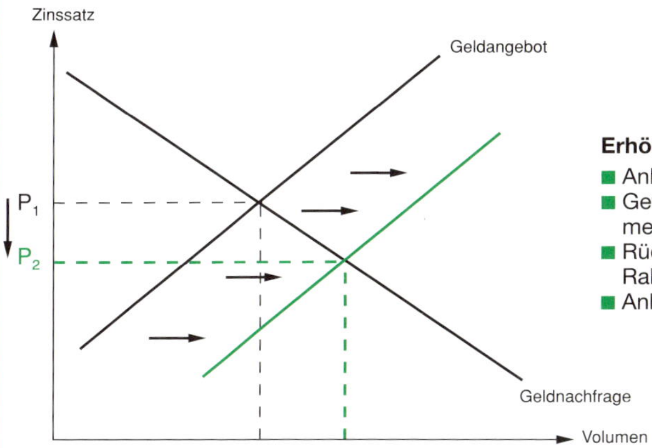

Erhöhung des Geldangebots durch
- Ankauf von Offenmarktpapieren
- Gewährung kurzfristiger Kredite im Rahmen der Spitzenrefinanzierungsfazilität
- Rückzahlung kurzfristiger Einlagen im Rahmen der Einlagefazilität
- Ankauf von Devisen

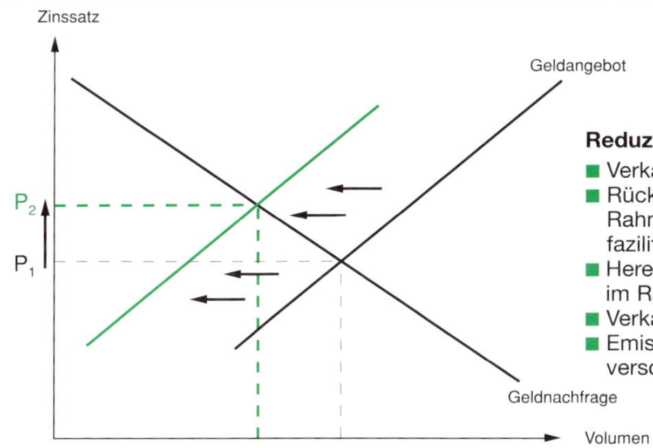

Reduzierung des Geldangebots durch
- Verkauf von Offenmarktpapieren
- Rückzahlung kurzfristiger Kredite im Rahmen der Spitzenrefinanzierungsfazilität
- Hereinnahme kurzfristiger Einlagen im Rahmen der Einlagefazilität
- Verkauf von Devisen
- Emission eigener Schuldverschreibungen

Mithilfe ihrer **Zinspolitik** setzt die EZB innerhalb des Geldmarktes bestimmte Marken, die den **Rahmen für den Zinsbildungsprozess** begrenzen:

Die Zinssätze, die die EZB den Refinanzierungen der Kreditinstitute zugrunde legt, stecken den oberen Rahmen für die Zinsentwicklung auf dem Geldmarkt ab.

[1] Vgl. hierzu Seite 538 ff.

Traditionell gilt dabei für die Zinssätze der Europäischen Zentralbank folgende Abstufung:

Einlagefazilität-Zinssatz	<	Hauptrefinanzierungssatz (1-Wochen-Tender)	<	Spitzenrefinanzierungsfazilität-Zinssatz

Euro-Leitzinsen		
Refinanzierung (Refi)		
Hauptrefi-Satz 1-Wochen-Tender, wöchentlich		3,50%
Langfristiger Refi-Satz 3-Monats-Tender, monatlich		3,58%
Zinskanal für Tagesgeld		
Spitzenrefinanzierungsfazilität	(seit 09.08.20..)	4,50%
Einlagefazilität	(seit 09.08.20..)	2,50%
Mindestreserve		
Verzinsung	(seit 14.04.20..)	3,50%
Basiszins Diskontsatz-Ersatz gem. § 247 BGB	(ab 01.05.20..)	2,7%

Die Leitzinsen der EZB sind für das Bankensystem und die Volkswirtschaft als Ganzes von besonderer Bedeutung, weil zu diesen Zinssätzen der überwiegende Teil der Refinanzierung der Kreditinstitute bei der Zentralnotenbank erfolgt. Die Refinanzierungskosten werden von den Kreditinstituten an ihre Kunden weitergegeben, sodass die Zinssätze der Zentralnotenbank letzten Endes das Zinsniveau generell bestimmen.

Während die Spitzenrefinanzierungsfazilität den Kreditinstituten jederzeit und ohne volumenmäßige Beschränkung zur Überbrückung kurzfristiger Liquiditätsengpässe eingeräumt wird, können Offenmarktgeschäfte nur von Fall zu Fall und nur im Rahmen des von der Zentralnotenbank jeweils festgelegten Zuteilungsvolumens in Anspruch genommen werden. Die **Einlagefazilität** können die Kreditinstitute nutzen, um überschüssige Liquidität kurzfristig anzulegen.

- Der Zinssatz für die Inanspruchnahme der Spitzenrefinanzierungsfazilität stellt daher auf dem Geldmarkt eine **natürliche Obergrenze** dar, da kein Marktteilnehmer einen Geldmarktkredit zu einem darüberliegenden Zinssatz aufnehmen würde, solange er bei der Zentralnotenbank einen billigeren Kredit in Anspruch nehmen kann.
- Der Zinssatz für Geldanlagen innerhalb der Einlagefazilität bildet auf dem Geldmarkt eine **natürliche Untergrenze,** da kein Marktteilnehmer einen Geldmarktkredit zu einem darunterliegenden Zinssatz vergeben würde, solange er mit einer Geldanlage innerhalb der Einlagefazilität eine höhere Rendite erzielen kann.

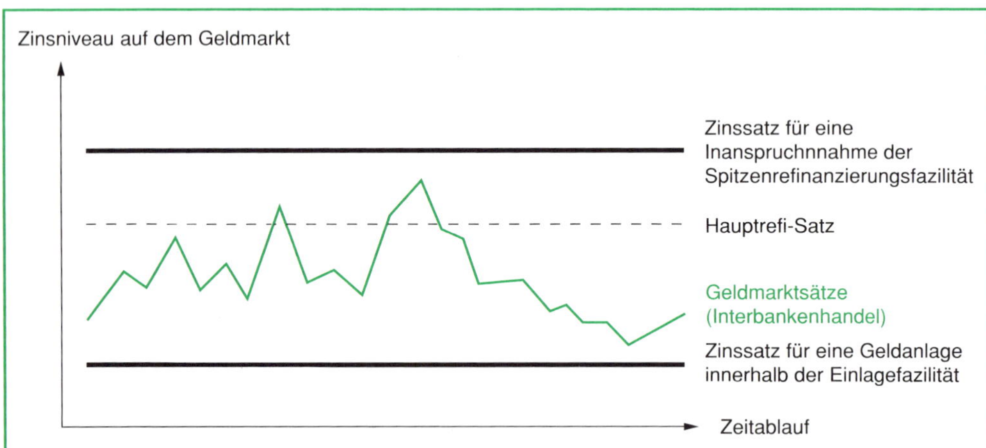

Geldmarkt

Tagesgeld etwas niedriger erwartet

Handelsblatt, Dienstag, 6.7.20..
Frankfurt/M. Mit nachgebenden Tagesgeldsätzen rechnen Gelddisponenten am Geldmarkt für den heutigen Mittwoch. Überrascht hätten Marktteilnehmer gestern die unerwartete Tender-Mehrzuteilung von 9 Mrd. EUR aufgenommen, berichteten Beobachter. Vermutlich wisse die Europäische Zentralbank (EZB) bereits über bevorstehende Zahlungsausgänge, die dem Markt noch nicht bekannt sind, hieß es im Handel. Zudem wolle die EZB die Tagesgeldsätze möglicherweise etwas drücken. Händler deutscher Banken nannten gestern Spannen von 3,19 bis 3,22 %. Disponenten berichten außerdem über ein ruhiges Geschäft. „Das entspricht schon erheblich mehr der aktuellen Liquiditätsausstattung als die hohen Sätze der Vortage", erklärte ein Frankfurter Händler. Am Dienstag waren Tagesgeldsätze bis zu 2,59 % gehandelt worden.

Per Montag lagen die Guthaben der Kreditinstitute effektiv bei 107.148 (112.126) Mio. EUR und kumulativ bei 103.025 (102.652) Mio. EUR. Die Inanspruchnahme der Spitzenrefinanzierungsfazilität betrug 204 (177) Mio. EUR. Die Einlagefazilität wurde mit 245 (95) Mio. EUR beansprucht.

zusätzliches Geldangebot der EZB

aktuelles Zinsniveau auf dem Geldmarkt

Geldnachfrage der Kreditinstitute

Liquiditätsabsorbtion durch die EZB

4.6 Wettbewerbspolitik

4.6.1 Unternehmenszusammenschlüsse

Die wirtschaftliche Realität zeigt, dass sich ein wirksamer Wettbewerb nicht von alleine einstellt und erhält, sondern dass auf der Unternehmensseite häufig die Tendenz besteht, sich dem Konkurrenzdruck durch den Zusammenschluss mit anderen Unternehmen zu entziehen.
Die Wettbewerbskonzentration führt dazu, dass die Anzahl der Wettbewerber abnimmt und sich die Anteile der am Markt verbleibenden Unternehmen auf immer weniger große Anbieter konzentrieren. Sie kann die Innovations-, Ausschaltungs- und Lenkungsfunktion des Wettbewerbs beeinträchtigen.

Unternehmen so groß wie Volkswirtschaften

Umsätze einiger der weltweit größten Firmen im Vergleich zum Bruttoinlandsprodukt (BIP) in US-Dollar ausgewählter Länder – Werte für 2008

Exxon Mobil Umsatz: 406 Mrd. USD	↔	**Polen** BIP: 420,3 Mrd. USD
Petrochina Umsatz: 260 Mrd. USD	↔	**Irland** BIP: 258,6 Mrd. USD
Wal Mart Umsatz: 219 Mrd. USD	↔	**Portugal** BIP: 223,3 Mrd. USD

4.6.1.1 Arten der Zusammenschlüsse nach dem Unternehmensgegenstand

Unternehmenszusammenschlüsse, einerlei in welcher Form sie sich vollziehen, führen zur Konzentration wirtschaftlicher Kraft. Nach der Produktionsstufe lassen sich verschiedene **Arten der Unternehmenszusammenschlüsse** unterscheiden.

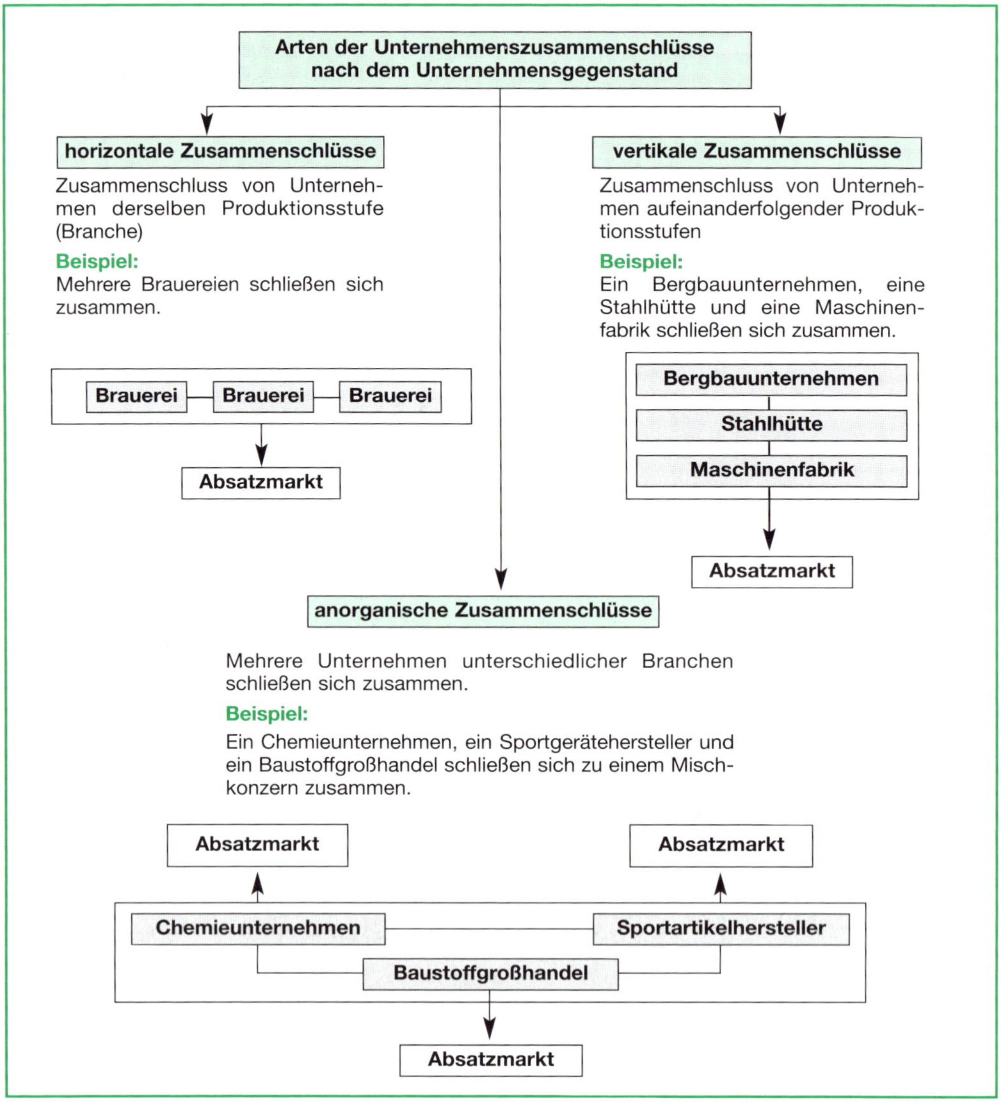

4.6.1.2 Ziele der Unternehmenszusammenschlüsse

Unternehmenszusammenschlüsse können unterschiedlich motiviert sein.
Es kann beabsichtigt sein:

- ein **Ausbau der Machtstellung** auf der Beschaffungsseite und/oder auf der Absatzseite.
- eine **Kostensenkung** in den betrieblichen Teilbereichen: Zusammenschlüsse können von der Beschaffungs-, Produktions- oder Absatzseite ausgehen.

Beispiele

- Nutzung von Synergieeffekten im Verbund von Kreditinstituten und Versicherungsgesellschaften („Allfinanz")
- Erzielung von Kostenvorteilen im DV-Bereich beim Zusammenschluss von Kreditgenossenschaften
- Erlangung günstiger Einkaufskonditionen durch Großaufträge beim Zusammenschluss von kleinen Einzelhandelsunternehmen
- Absatz durch eine gemeinsame Vertriebsgesellschaft bei Winzern

- eine **Verminderung des Risikos**. So kann eine Verbindung mit den Hauptabnehmern das Absatzrisiko verringern, eine Verbindung mit den Hauptlieferanten die Beschaffung sichern.

Ziele bei der Bildung von Kartellen

Der folgende Auszug aus dem Erlaubnisantrag eines geplanten Kartells gibt Hinweise zu den verschiedenen Zielvorstellungen der Antragsteller (Energieversorger)

In einer sieben Punkte umfassenden Präambel werden die Ziele des angestrebten Konsortialvertrages wie folgt umrissen: Eine sichere und preiswerte Stromversorgung der Allgemeinheit hänge zukünftig in steigendem Maß von der Sicherung des Brennstoffkreislaufs ab. Angesichts der übermächtigen Marktstellung der Anbieter auf diesem Markt halte man die Anlage von Vorräten für unerlässlich, wobei gemeinsame Lagervorräte zu erheblichen Rationalisierungsvorteilen führen würden. Darüber hinaus ermöglichten die Vorräte den Ankauf billiger Spotmengen und erlaubten gleichzeitig einen Ausgleich der benötigten Brennstoffmengen in Fällen von Über- oder Unterbedarf einzelner Partner.
Außerdem schaffe die Zusammenfassung der finanziellen Beteiligungen der Partner an Prospektionsgesellschaften wesentlich günstigere Voraussetzungen für die Erschließung neuer Vorkommen und werde daher auch von der öffentlichen Hand begrüßt. Schließlich erhofft man sich durch eine Standardisierung der Brennelemente bei der Vorratshaltung erhebliche Kosteneinsparungen sowie durch eine Zusammenfassung der Aufträge für den Einkauf der Brennstoffe eine preiswertere Stromversorgung.
Zusammenfassend wird erklärt, dass der außerordentlich hohe Personal- und Verwaltungsaufwand, der in diesem Geschäft jetzt noch nötig sei, in hohem Maß reduziert werden könne, wenn alle Aufgaben zusammengefasst und einer einzigen Verwaltungseinheit übertragen werden könnten.

◀ **Marktmacht**
◀ **Risikominderung**
◀ **Rationalisierung**
◀ **Einkaufsvorteile**
◀ **Stärkung der Kapitalkraft**
◀ **Kosteneinsparungen**
◀ **Preissenkung**
◀ **Personaleinsparung**
◀ **Verwaltungsvereinfachung**

Wirtschaftliche Zusammenschlüsse müssen sehr differenziert beurteilt werden. Eine einseitig negative Beurteilung wäre sachlich falsch:

- Oft entsteht erst durch Unternehmenszusammenschlüsse ein leistungsfähiges Unternehmen, das einerseits dem Druck der Konkurrenz standhalten kann, andererseits für etablierte Wettbewerber zu einem ernst zu nehmenden Konkurrenten wird. Zusammenschlüsse können auf diese Weise die Wettbewerbsintensität sogar erhöhen.
- Die industriellen Zusammenschlüsse ermöglichen eine Produktion in großen Stückzahlen. Dadurch können die Stückkosten gesenkt werden (Gesetz der Massenproduktion). Diese Kostenvorteile kommen den Konsumenten in Form niedriger Preise zugute.
- Bestimmte Produkte *(z. B. Flugzeuge, Benzin, Industrieanlagen)* können aus Wirtschaftlichkeitsgründen und aufgrund technischer Gegebenheiten nur von Großunternehmen hergestellt werden.

- Unternehmenszusammenschlüsse führen zu einer größeren Kapitalkraft, die teure Investitionen und umfangreiche Ausgaben für Forschung und Entwicklung erst möglich macht.
- Diversifizierte Unternehmen (Mischkonzerne) sind weniger krisenanfällig, da sie die in einer Geschäftssparte gegebenenfalls entstehenden Verluste durch Gewinne in den anderen Geschäftssparten ausgleichen können. Dies erhöht die Arbeitsplatzsicherheit.

Unternehmenszusammenschlüsse sind vor allem dann negativ zu beurteilen, wenn

- durch sie Wettbewerbsbeschränkungen entstehen, d. h. die Wettbewerbsintensität zum Nachteil der Konsumenten verringert wird,

  und

- sie zur Erlangung von Marktmacht führen.

Unternehmen bzw. Unternehmenszusammenschlüsse mit großer Marktmacht sind zumindest der Versuchung ausgesetzt, ihre Marktmacht zu missbrauchen, d. h. Gewinne zu erzielen, die weniger auf ihrer eigentlichen Marktleistung als vielmehr auf ihrer marktbeherrschenden Stellung beruhen.
Wettbewerbsbeschränkungen können schon aufgrund von eher „lockeren" Absprachen zwischen wirtschaftlich und rechtlich selbstständigen Unternehmen entstehen. Sie entstehen vor allem dann, wenn sich Unternehmen so zusammenschließen, dass sie gemeinsam eine marktbeherrschende Stellung erlangen.

Zusammenschlüsse von Unternehmungen

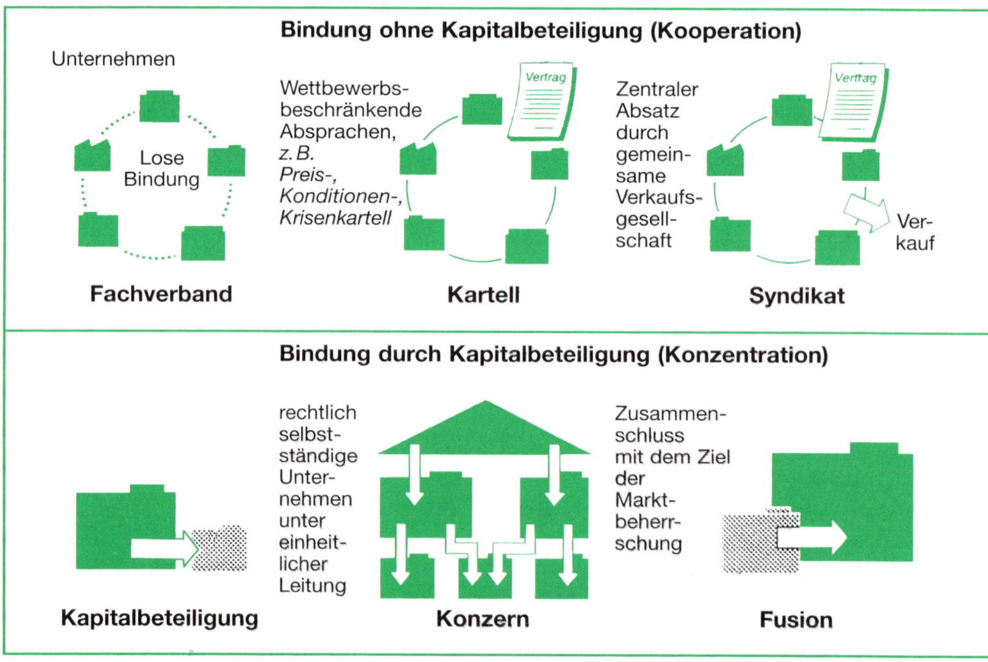

Je nachdem, ob die Unternehmen ihre Selbstständigkeit behalten oder verlieren, spricht man von **Kooperation** oder **Konzentration**.

4.6.1.3 Formen der Kooperation

Kooperation liegt vor, wenn die betreffenden Unternehmen auf bestimmten Gebieten zusammenarbeiten, ihre wirtschaftliche und rechtliche Selbstständigkeit jedoch nicht verlieren.

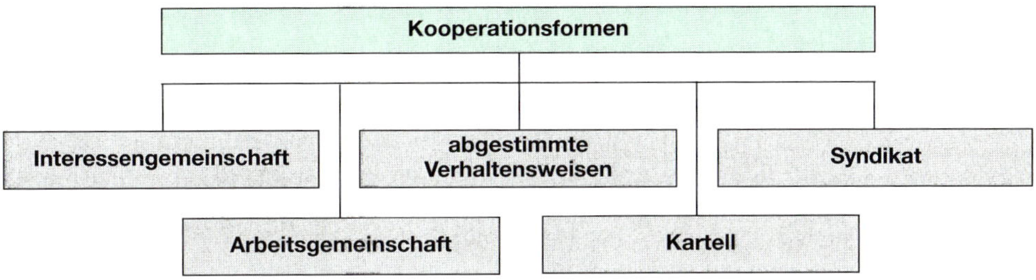

Interessengemeinschaft

Unternehmen, die rechtlich selbstständig bleiben, schließen sich zu einem gemeinsamen wirtschaftlichen Zweck zusammen, meist in der Rechtsform einer GmbH oder eines eingetragenen Vereins (e. V.).

Gemeinsame Zwecke können sein:

- Forschung und Entwicklung
- Werbung und Öffentlichkeitsarbeit (Public Relations)
- Gemeinsame Nutzung von Datenverarbeitungsanlagen
- Durchführung von Marktuntersuchungen
- Ausbeutung von Rohstoffvorkommen
- Aus- und Weiterbildung der Mitarbeiter

Beispiele

- Bundesverband deutscher Banken e. V.
- Bankakademie e. V.

Arbeitsgemeinschaft (ARGE)

Unternehmen, die rechtlich selbstständig bleiben, schließen sich zur Durchführung eines Auftrags zusammen, meist in Form einer BGB-Gesellschaft.

Beispiele

- Bau einer Brücke
- Errichtung eines Kraftwerks

Nach Durchführung
des Auftrags endet die Arbeitsgemeinschaft.
Im Bereich der Kreditwirtschaft spielt das **Konsortium** eine besondere Rolle, bei dem sich Kreditinstitute zusammenschließen, um bei größeren finanzwirtschaftlichen Vorhaben Volumina und Risiken zu verteilen.

Beispiele

Emissionskonsortium, Kreditkonsortium

Kartell

Kartelle sind vertragliche Absprachen zwischen Unternehmen derselben Branche u. a. über Preise, Produktqualitäten oder Produktionsmengen.

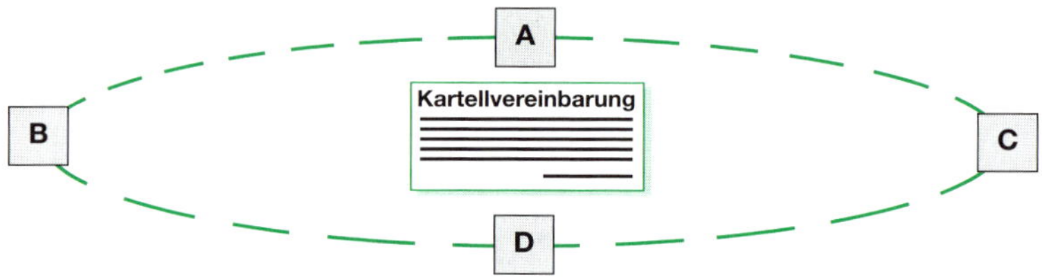

Die Unternehmen behalten ihre rechtliche Selbstständigkeit, geben jedoch ihre wirtschaftliche Selbstständigkeit in den Bereichen auf, die Gegenstand der Kartellabsprache sind.

Kartelle sind in Deutschland grundsätzlich verboten. Welche Vereinbarungen im Einzelnen unter das Kartellverbot fallen, lässt das Gesetz offen.

- Vereinbarungen zwischen Unternehmen,
- Beschlüsse von Unternehmensvereinigungen und
- aufeinander abgestimmte Verhaltensweisen,

die eine Verhinderung, Einschränkung oder Verfälschung des Wettbewerbs bezwecken oder bewirken, sind verboten *(§ 1 GWB).*

Beispiele für kartellrechtlich unzulässige Absprachen:

Preiskartell: Wettbewerber A und Wettbewerber B vereinbaren, dass sie künftig ihre Produkte nicht mehr unter einem bestimmten Mindestpreis anbieten werden.

Quotenkartell: Zwei Baustahlhändler kommen überein, dass innerhalb Bayerns Unternehmen A ausschließlich Kunden beliefern soll, die einen jährlichen Bedarf von mehr als 150.000 t Stahl haben. Kunden mit einem darunterliegenden Jahresbedarf sollen ausschließlich von Unternehmen B versorgt werden.

Gebietskartell: Vier Zementhersteller teilen sich Deutschland in vier Verkaufsgebiete auf und verpflichten sich, die Verkaufsgebiete der jeweils anderen drei Mitbewerber nicht zu beliefern.

Submissionskartell: Bauunternehmen sprechen ihre Preise bei der öffentlichen Ausschreibung einer Flughafenerweiterung ab.

Preisabsprache „aufgedeckt“

Bonn (dpa) – Das Bundeskartellamt hat gegen die sechs führenden deutschen Hersteller von Naturhaardecken wegen verbotener Preisabsprachen Geldbußen von insgesamt 250.000,00 EUR verhängt. Die Bußgeldbescheide sind rechtskräftig. Wie das Amt mitteilt, haben die Unternehmen auf regelmäßigen Sitzungen, zum Teil im Ausland, Preise abgesprochen. Bei Preiserhöhungen in den Produktbereichen Angora-, Kaschmir-, Lama-, Mohair- und Kamelhaardecken vereinbarten sie einheitliche Prozentsätze.

Freistellung vom Kartellverbot

Das GWB erlaubt unter bestimmten Bedingungen eine Freistellung vom Kartellverbot. Es gilt die Generalklausel des § 2 GWB. *Danach ist eine Vereinbarung vom Kartellverbot freigestellt, wenn sie den Wettbewerb fördert und den Beteiligten keine unnötigen Beschränkungen auferlegt (System der Legalausnahme).* Unternehmen müssen daher in allen Fällen eigenverantwortlich selbst beurteilen, ob sich ihr Verhalten spürbar auf den Wettbewerb auswirkt und die Voraussetzungen für eine Freistellung erfüllt. Diese Selbsteinschätzung erfordert umfangreiche Kenntnisse des Wettbewerbsrechtes. Ein Anspruch gegenüber dem Kartellamt auf eine Auskunft über die rechtliche Zulässigkeit der geplanten Vereinbarung besteht nicht.

GWB § 2
Freigestellte Vereinbarungen

(1) vom Verbot des § 1 freigestellt sind Vereinbarungen zwischen Unternehmen, Beschlüsse von Unternehmensvereinigung oder aufeinander abgestimmte Verhaltensweisen, die unter angemessener Beteiligung der Verbraucher an dem entstehenden Gewinn zur Verbesserung der Warenerzeugung oder -verteilung oder zur Förderung des technischen oder wirtschaftlichen Fortschritts beitragen, ohne dass den beteiligten Unternehmen
1. Beschränkungen auferlegt werden, die für die Verwirklichung dieser Ziele nicht unerlässlich sind, oder
2. Möglichkeiten eröffnet werden, für einen wesentlichen Teil der betreffenden Waren den Wettbewerb auszuschalten.

Mittelstandskartelle

Eine Ausnahme von der Freistellung kraft Gesetzes gilt für Vereinbarungen zwischen kleineren und mittleren Unternehmen (bis 250 Mitarbeiter, bis 50 Mio. EUR Umsatz, bis 43 Mio. EUR Bilanzsumme) die im Wettbewerb miteinander stehen. Ihnen ist die Bildung von Mittelstandskartellen nach § 3 GWB gestattet. Um Klarheit über die Zulässigkeit ihrer Kartellbildung zu erlangen, haben sie einen Anspruch auf eine Entscheidung des Kartellamtes, dass kein Anlass zum Eingreifen besteht (Nichttätigkeitsbescheid).

GWB § 3
Mittelstandskartelle

(1) Vereinbarungen zwischen miteinander im Wettbewerb stehenden Unternehmen und Beschlüsse von Unternehmensvereinigungen, die die Rationalisierung wirtschaftlicher Vorgänge durch zwischenbetriebliche Zusammenarbeit zum Gegenstand haben, erfüllen die Voraussetzungen des § 2 Abs. 1, wenn
1. dadurch der Wettbewerb auf dem Markt nicht wesentlich beeinträchtigt wird und
2. die Vereinbarung oder der Beschluss dazu dient, die Wettbewerbsfähigkeit kleiner oder mittlerer Unternehmen zu verbessern.

(2) Unternehmen oder Unternehmensvereinbarungen haben ... einen Anspruch auf eine Entscheidung nach § 32 c (über das Nichttätigwerden der Kartellbehörde, Anm. d. Verf.), wenn sie ein erhebliches rechtliches oder wirtschaftliches Interesse an einer solchen Entscheidung darlegen. Diese Regelung tritt am 30. Juni 2009 außer Kraft.

Beispiel

Mehrere Schreinereibetriebe gründen eine gemeinsame Gesellschaft zur Durchführung von Generalunternehmeraufträgen bei Großprojekten im Bereich von Schreinerausbaugewerken sowie Laden- und Geschäftsausstattungen. Die Gesellschafter haben sich auf unterschiedliche Bereiche des Bauschreinerhandwerks und benachbarter Bereiche spezialisiert, wie z. B. den Ladenbau einschließlich der Schlosserei, Kühltechnik, Gastronomieausbau, Türen- und Fensterbau, Treppenbau, Einbruchsicherung, Feuerschutz. Sie bringen ihre jeweiligen Fachkenntnisse in die Kooperation mit ein und bewirken so eine Rationalisierung der betrieblichen Abläufe bei allen Beteiligten; die gemeinsame Gesellschaft eröffnet ihnen bessere Möglichkeiten zur Vermarktung ihres Angebots.

Syndikat

Ein **Syndikat** ist die Vereinbarung zwischen Wettbewerbern über die gemeinsame Vermarktung ihrer Produkte oder Dienstleistungen. Mit der Errichtung einer zentralen Vermarktungseinheit – i. d. R. in Form einer GmbH – können die Beteiligten beträchtliche Rationalisierungseinsparungen erzielen.

Syndikate sind insbesondere dann verboten, wenn damit eine Festlegung der Preise für die gemeinsam verkauften Produkte verbunden ist. Verkaufskooperationen sind daher nur in sehr seltenen Fällen freistellungsfähig. Erstrecken sich Vermarktungsvereinbarungen dagegen nicht auf die Festlegung von Preisen, sondern etwa nur auf den gegenseitigen Vertrieb der Produkte oder auf gemeinsame Werbung, kommt eine Freistellung vom Kartellverbot in Betracht. Voraussetzung für eine Freistellung ist allerdings, dass mit der gemeinsamen Vermarktung für die Parteien besondere Leistungsgewinne verbunden sind, die etwa darauf beruhen, dass bestimmte Tätigkeiten, wie z. B. das logistische System, zusammengelegt werden. Diese Leistungsgewinne müssen – etwa in Form niedrigerer Preise – an die Verbraucher weitergegeben werden.

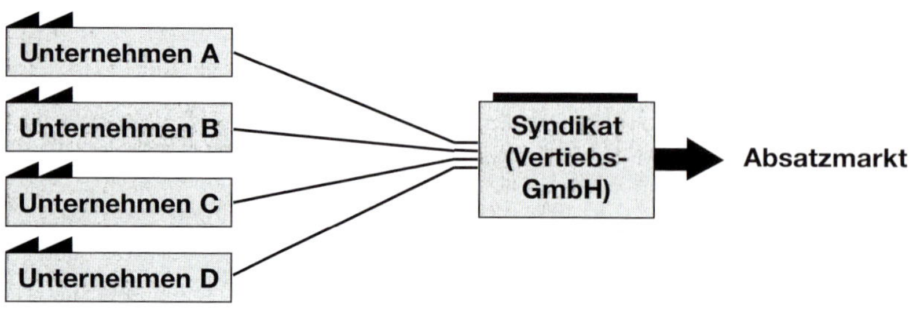

Beispiel

Vier Hersteller gründen ein Vertriebsunternehmen in der Rechtsform einer GmbH. Dieses soll die von den Gründern hergestellten Produkte auf dem Markt anbieten und die Preise dafür festlegen. Daneben wollen die Gründer ihre Kunden auch unabhängig von der Tätigkeit des Vertriebsunternehmens beliefern. Da mit der Gründung des Vertriebsunternehmens eine Preisfestsetzung verbunden ist und keine hinreichenden Leistungsgewinne erkennbar sind, verstößt die Vereinbarung gegen das Kartellverbot.

Abgestimmte Verhaltensweisen

Abgestimmte Verhaltensweisen sind informelle Absprachen bzw. stillschweigende Übereinkommen (Parallelverhalten) zwischen Unternehmen derselben Branche zum Zweck der Wettbewerbsbeschränkung.

Sie sind häufig in Oligopolmärkten zu beobachten: Preispolitische Entscheidungen eines Unternehmens *(Preisführer)* üben eine Signalwirkung aus und ziehen gleich gerichtete Preisänderungen bei Konkurrenzunternehmen nach sich. Abgestimmte Verhaltensweisen können in der Regel nur vermutet, letzten Endes aber nicht bewiesen werden.

EU-Kommission treibt Kartellverfahren gegen Eon und GDF voran

Brüssel. Die EU-Kommission treibt ihr Kartellverfahren gegen die Energiekonzerne Eon und Gaz de France (GDF) voran. Die Wettbewerbshüter hegen den Verdacht, dass sich Eon und GDF rechtswidrig über Gaslieferungen abgesprochen haben.
Die Brüsseler Behörde bestätigte am Donnerstag, dass sie den beiden führenden Gasanbietern in Deutschland und Frankreich ihre Beschwerdepunkte zur laufenden Untersuchung mitgeteilt habe.
Die beiden Marktführer sollen vereinbart haben, sich auch nach der Öffnung der europäischen Erdgasmärkte jeweils vom Heimatmarkt des Konkurrenten fernzuhalten. «Die Vereinbarungen und/oder abgestimmten Verhaltensweisen könnten vor allem Lieferungen von Erdgas über die MEGAL-Pipeline betreffen, die Eon und GDF gemeinsam gehört und durch die Erdgas von Tschechien durch Süddeutschland nach Österreich beziehungsweise Frankreich befördert wird», erläuterte die Behörde.
Die Unternehmen könnten nun auf die Beschwerdepunkte antworten, hieß es. Sie könnten auch eine Anhörung beantragen, um zu den Vorwürfen Stellung zu beziehen. Danach könne die Kommission entscheiden, ob das Verhalten der Konzerne gegen europäisches Wettbewerbsrecht verstieß oder nicht. (dpa)

Quelle: www.derwesten.de; Wirtschaft und Finanzen; dpa; 12.06.2008

4.6.1.4 Formen der Konzentration

Konzentration liegt vor, wenn die betreffenden Unternehmen aufgrund einer Kapitalbeteiligung ihre rechtliche und/oder wirtschaftliche Selbstständigkeit ganz oder teilweise verlieren.

Konzentrationsformen

- **Kapitalverflechtung**
- **Konzern**

→ Die jeweiligen Unternehmen verlieren ihre wirtschaftliche Selbstständigkeit ganz oder teilweise.

- **Fusion durch Aufnahme**
- **Fusion durch Neubildung**

→ Die jeweiligen Unternehmen verlieren ihre wirtschaftliche und rechtliche Selbstständigkeit.

Kapitalverflechtung

Kapitalverflechtungen entstehen dadurch, dass sich ein Unternehmen an einem anderen Unternehmen kapitalmäßig beteiligt.

- Minderheitsbeteiligungen
- Schachtelbeteiligungen (über 25 %)
- Mehrheitsbeteiligungen (über 50 %)
- indirekte Beteiligungen (mittelbar)

Die Beherrschung der Tochter erfolgt bei der Aktiengesellschaft in drei Stufen:

- Mit 25 % Kapitalanteil (plus 1 Stimme) können Hauptversammlungsbeschlüsse verhindert werden, die eine $^3/_4$-Mehrheit erfordern (Sperrminorität),
- mit 50 % Kapitalanteil (plus 1 Stimme) können die meisten Ziele eines Hauptaktionärs durchgesetzt werden (absolute Mehrheit) und
- mit 75 % Kapitalanteil können praktisch alle eigenen Vorstellungen in der Gesellschaft verwirklicht werden (satzungsändernde Mehrheit).

Konzern

Kapitalverflechtungen führen zur Entstehung eines **Konzerns,** wenn ein herrschendes Unternehmen *(Muttergesellschaft)* über ein oder mehrere abhängige Unternehmen *(Tochtergesellschaften)* die einheitliche Leitung ausübt.

Die einheitliche Leitung ermöglicht es, die wirtschaftlichen Interessen und Aufgaben der Konzernunternehmen aufeinander abzustimmen.
Man unterscheidet zwischen Unterordnungskonzern und Gleichordnungskonzern.

Unterordnungskonzern

Ein Unternehmen kauft die Kapitalmehrheit an einem oder mehreren anderen Unternehmen auf. Durch die Kapitalverflechtung entsteht ein sogenanntes **Mutter-Tochter-Verhältnis,** das oft mit einem **Beherrschungsvertrag** (Leitung der Tochterunternehmung wird der Mutterunternehmung unterstellt) oder **Gewinnabführungsvertrag** (Gewinn der Tochter wird an die Mutter abgeführt) verbunden ist.

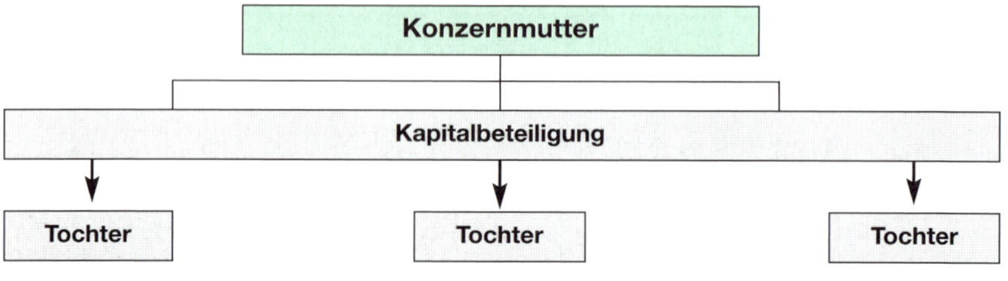

Gleichordnungskonzern

Die Konzernunternehmungen tauschen ihre Kapitalbeteiligungen gleichmäßig aus. Dazu müssen die Unternehmen kein neues Kapital aufbringen. Aufgrund der Ausgewogenheit der Beteiligung besteht ein gleichgewichtiger, gegenseitiger Einfluss. Man spricht dann von **Schwestergesellschaften.** Die einheitliche Leitung entsteht hier durch gegenseitige Abstimmung.

Holding

Als Dachgesellschaft stellt sie die Verwaltungsspitze eines Konzerns dar und beherrscht die angeschlossenen Gesellschaften. Sie ist in der Regel reine Verwaltungs- und Finanzierungsgesellschaft. Die beteiligten Unternehmen bleiben rechtlich selbstständig und eigenverantwortlich für das operative Geschäft.

Beispiele Douglas Holding AG, MD Bau Holding AG

Fusion

Bei einer **Fusion** (= Verschmelzung) wird ein Unternehmen unter Aufgabe seiner rechtlichen und wirtschaftlichen Selbstständigkeit mit dem gesamten Vermögen in ein anderes Unternehmen eingegliedert.

Die aufzunehmende Unternehmung erlischt durch Fusion (Fusion durch Aufnahme). Es ist auch möglich, dass alle fusionierenden Firmen gelöscht werden. Sie übertragen dann ihr gesamtes Vermögen auf eine gemeinsam von ihnen gegründete neue Gesellschaft (Fusion durch Neugründung).

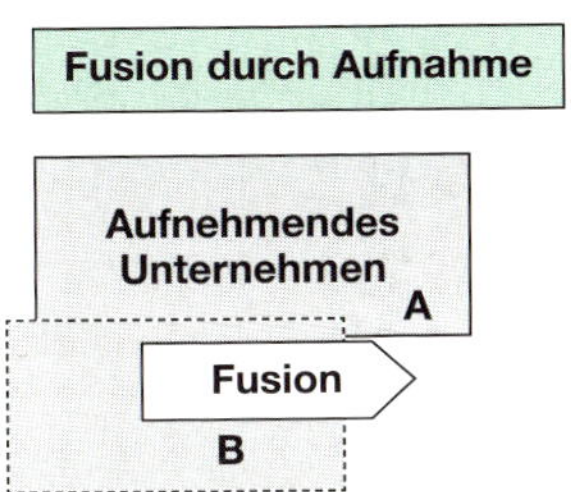

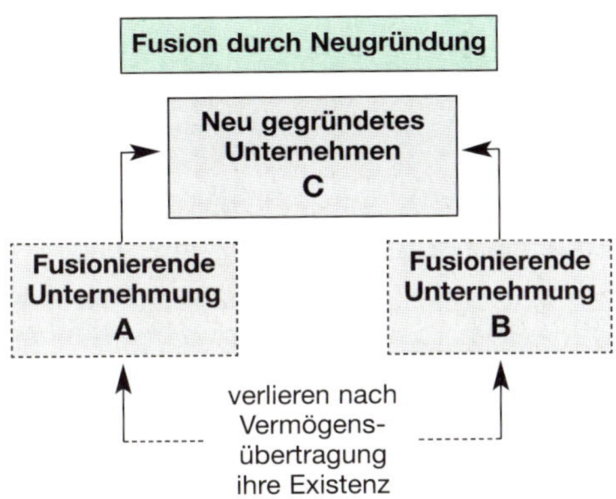

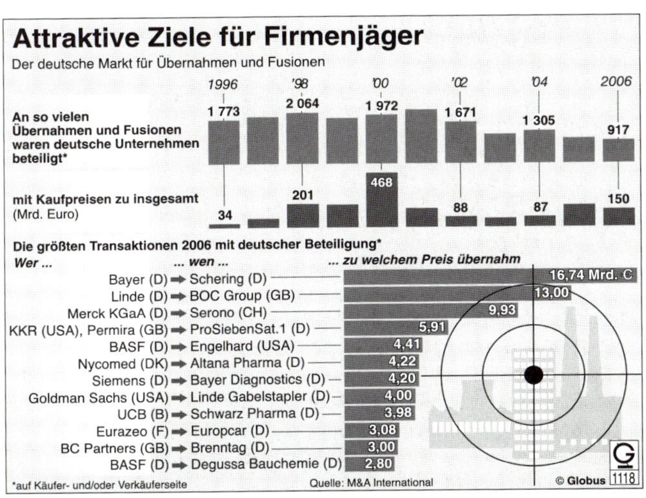

Kapitalbeteiligungen und beabsichtigte Fusionen müssen dem Bundeskartellamt, ggf. der EU-Kommission ab einer bestimmten Größenordnung angezeigt werden. *Fusionsverbote* können ausgesprochen werden, wenn durch den Zusammenschluss eine marktbeherrschende Stellung entstehen würde.

Statistische Angaben: Statistisches Bundesamt

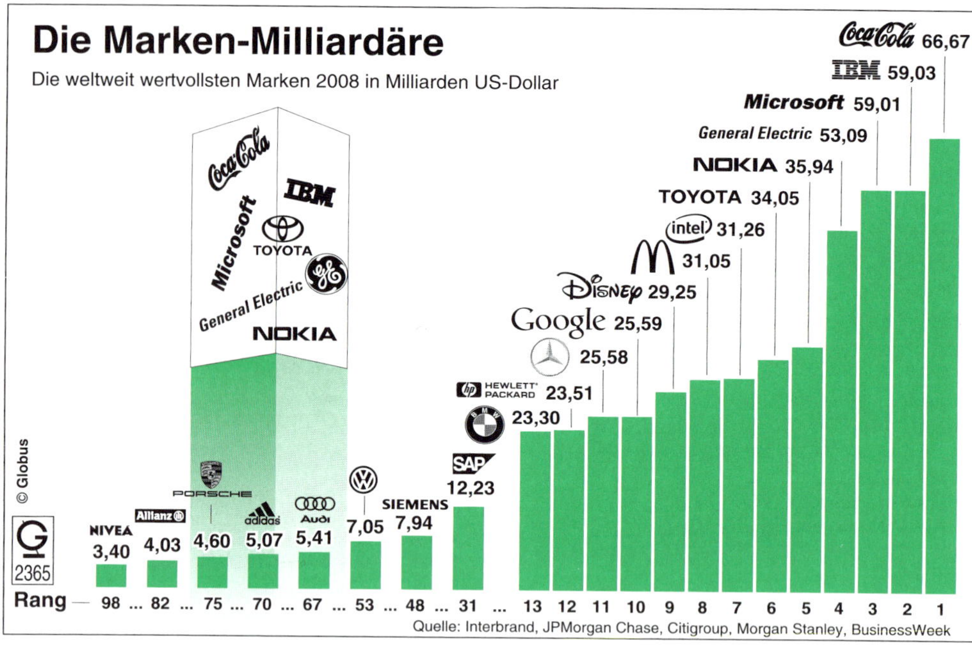

4.6.2 Ziele staatlicher Wettbewerbspolitik

Die **Wettbewerbspolitik** verfolgt zwei Zielrichtungen:

- Auf der einen Seite ist Aufgabe der Wettbewerbspolitik, einen **funktionsfähigen Wettbewerb zu erhalten** und den Konsumenten vor Wettbewerbsbeschränkungen zu schützen.
- Auf der anderen Seite ist Aufgabe der Wettbewerbspolitik, **unlautere Wettbewerbspraktiken zu verhindern,** d. h. für einen fairen Wettbewerb zu sorgen.

Beispiel

Man kann den marktwirtschaftlichen Wettbewerb durchaus mit einem sportlichen Wettkampf vergleichen:
Würde ein Fußballspieler im Kampf um den Ball seinen Gegenspieler mit einem Stoß seines Ellbogens ausschalten, so würde dies den Tatbestand des unlauteren Wettbewerbs erfüllen (= Foul).
Eine bereits vorher unter den beiden Mannschaften getroffene Absprache darüber, wer aus dem Spiel als Sieger hervorgeht, oder eine einseitige Begünstigung durch den Schiedsrichter wäre eine Wettbewerbsbeschränkung (= Schiebung).

Zielrichtungen der Wettbewerbspolitik

funktionsfähiger Wettbewerb + **fairer Wettbewerb**

Der **Wettbewerb** ist **funktionsfähig,** wenn die Innovations-, Ausschaltungs- und Lenkungsfunktion des Wettbewerbs gesichert und die Erzielung von „Machtgewinnen“ ausgeschlossen ist.

4.6.3 Maßnahmen staatlicher Wettbewerbspolitik

4.6.3.1 Gesetz gegen Wettbewerbsbeschränkungen

Das **Gesetz gegen Wettbewerbsbeschränkungen** (*GWB*, kurz *Kartellgesetz* genannt) kann als das „Grundgesetz" der Marktwirtschaft bezeichnet werden. Sein Kerngedanke ist, dass ein funktionsfähiger Wettbewerb den größten Nutzeffekt für die Gesamtwirtschaft, insbesondere aber für die Konsumenten gewährleistet. Das **Bundeskartellamt** mit Sitz in Bonn beobachtet die Wettbewerbssituation in Deutschland und kann mithilfe seiner wettbewerbspolitischen Instrumente gegen Wettbewerbsbeschränkungen vorgehen. Als *„Hüter des Wettbewerbs"* versucht das Bundeskartellamt, die künstliche Entstehung von Marktmacht und den Missbrauch bestehender Marktmacht zu verhindern.

Leitlinien des Gesetzes gegen Wettbewerbsbeschränkungen und Aufgaben des Bundeskartellamtes

Verhinderung der künstlichen Entstehung von Marktmacht

durch:
- Verbot abgestimmter Verhaltensweisen
- allgemeines Kartellverbot
- vorbeugende Fusionskontrolle bei Großunternehmen
- Fusionsverbot bei Entstehung einer marktbeherrschenden Stellung

Verhinderung des Missbrauchs bestehender Marktmacht

durch:
- Missbrauchsaufsicht über marktbeherrschende Unternehmen
- grundsätzliches Verbot der Preisbindung für gelieferte Produkte; gestattet sind lediglich unverbindliche Preisempfehlungen
- grundsätzliches Verbot von dauerhaftem Preisdumping (Verkauf von Waren unter Einstandspreisen)

Ziel: Erhaltung des funktionsfähigen Wettbewerbs als Ordnungsprinzip der freien Marktwirtschaft

Fusionskontrolle

Unternehmenszusammenschlüsse (Fusionen) sind vor ihrem Vollzug beim Bundeskartellamt anzumelden und unterliegen bis zur Freigabe durch das Bundeskartellamt dem Vollzugsverbot, wenn im letzten Geschäftsjahr vor dem Zusammenschluss die beteiligten Unternehmen

- weltweit Umsatzerlöse von mehr als 0,5 Mrd. EUR erzielt haben und
- mindestens ein beteiligtes Unternehmen im Inland Umsatzerlöse von mehr als 25 Mio. EUR erzielt hat *(§ 35 GWB)*.

Ist zu erwarten, dass durch den Zusammenschluss eine **marktbeherrschende Stellung** entsteht oder verstärkt wird, so kann das Kartellamt die Fusion untersagen oder gewisse Auflagen machen.

Beispiel

Als ein großes Versandhandelsunternehmen vor der Insolvenz stand, erklärte sich ein Warenhauskonzern bereit, sich zu beteiligen. Trotz des Entstehens einer marktbeherrschenden Stellung genehmigte das Kartellamt den Zusammenschluss im Interesse der Erhaltung der Arbeitsplätze, machte aber die Auflage, den Touristikbereich auszugliedern.

Als Unternehmenszusammenschluss gilt der Erwerb

- des gesamten oder eines wesentlichen Teils des Vermögens eines anderen Unternehmens,
- der unmittelbaren oder mittelbaren Kontrolle über ein anderes Unternehmen durch Rechte, Verträge oder andere Mittel,
- von Anteilen an einem anderen Unternehmen, wenn diese Anteile allein oder zusammen mit sonstigen, dem Unternehmen bereits gehörenden Anteilen 50 % oder 25 % des Gezeichneten Kapitals oder der Stimmrechte des anderen Unternehmens erreichen *(§ 37 GWB).*

Missbrauchsaufsicht über marktbeherrschende Unternehmen

Die Kartellbehörde kann marktbeherrschenden Unternehmen ein missbräuchliches Verhalten untersagen und Verträge für unwirksam erklären.
Der Verstoß gegen eine Missbrauchsverfügung wird als Ordnungswidrigkeit behandelt.
In Zusammenhang mit der Missbrauchsaufsicht steht auch das **Verbot der Preisbindung** (außer bei Verlagserzeugnissen). Lediglich *„unverbindliche Preisempfehlungen“* sind zugelassen. Überhöhte Preisempfehlungen *(„Mondpreise“)* gelten als Missbrauch und werden untersagt.
Ein missbräuchliches Verhalten liegt insbesondere vor, wenn marktbeherrschende Unternehmen

- die Wettbewerbsmöglichkeiten anderer Unternehmen erheblich und ohne sachlich gerechtfertigten Grund beeinträchtigen,
- Entgelte oder Geschäftsbedingungen fordern, die sie bei wirksamem Wettbewerb nicht fordern könnten,
- ungünstigere Entgelte oder Geschäftsbedingungen fordern, als sie selbst auf vergleichbaren Märkten von vergleichbaren Abnehmern fordern, es sei denn, dass der Unterschied sachlich gerechtfertigt ist.

In der Praxis erlässt das Bundeskartellamt kaum Missbrauchsverfügungen, da Missbrauch und Marktbeherrschung nur schwer nachweisbar sind.

4.6.3.2 Europäisches Wettbewerbsrecht

Aufgabe der Gemeinschaft ist es, durch die Errichtung eines **gemeinsamen Marktes** und die schrittweise **Annäherung der Wirtschaftspolitik** der Mitgliedsstaaten

- eine harmonische Entwicklung des Wirtschaftslebens innerhalb der Gemeinschaft,
- eine beständige und ausgewogene Wirtschaftsausweitung,
- eine größere Stabilität und eine beschleunigte Hebung der Lebenshaltung und
- engere Beziehungen zwischen den Staaten zu fördern, die in dieser Gemeinschaft zusammengeschlossen sind *(Art. 2 EGV).*

Der Wettbewerb ist tragendes Element des europäischen **Binnenmarktes.** Immer wieder beherrschen jedoch Nachrichten über neue Unternehmenszusammenschlüsse die Schlagzeilen der Wirtschaftspresse.
Vielfach wird befürchtet, dass der Wettbewerb als tragende Säule einer freiheitlichen Gesellschaftsordnung ausgehöhlt wird und multinationale Konzerne auf ihren Märkten die Preise bestimmen können.

Ursächlich für die Fusionswelle der jüngsten Vergangenheit ist die **Globalisierung,** das Zusammenwachsen der weltweiten Wirtschaft. Weil Entfernungen und die Informationsbeschaffung in einer computerisierten, vernetzten Welt immer schneller bewältigt werden können, schließen sich stets dort Unternehmen zusammen, wo durch größere Unternehmenseinheiten Marktpositionen behauptet, ausgenutzt und damit Kosten reduziert werden können.

Die weltweite Öffnung der Märkte hat die Wettbewerbspolitik zu einer internationalen Aufgabe gemacht. Sie hat zu verhindern, dass durch Unternehmenszusammenschlüsse der marktwirtschaftliche Wettbewerb beeinträchtigt oder sogar aufgehoben wird.

Im Verhältnis zwischen nationalem und europäischem Wettbewerbsrecht gilt das **Subsidiaritätsprinzip:** Die EU-Kommission als übergeordnete „Hüterin des Wettbewerbs" ist erst dann zuständig, wenn Konzentrationsvorgänge den gemeinschaftsweiten Wettbewerb beeinträchtigen.

Kartellverbot

Verboten sind alle Vereinbarungen zwischen Unternehmen und aufeinander abgestimmte Verhaltensweisen,
- die den zwischenstaatlichen Handel beeinträchtigen können,
- Wettbewerbsbeschränkungen bewirken oder bezwecken *(Art. 85 EGV).*

Das Kartellverbot umfasst insbesondere Vereinbarungen, die
- die Aufteilung von Märkten oder Versorgungsquellen bezwecken,
- unterschiedliche Bedingungen bei gleichwertigen Gegenleistungen des Vertragspartners festsetzen,
- die Einschränkung oder Kontrolle der Erzeugung oder des Absatzes zum Ziel haben.

Fusionskontrolle

Einerseits wird vom europäischen Binnenmarkt erwartet, dass die Unternehmen ihren Absatz gemeinschaftsweit ausweiten und aufgrund des erhöhten Wettbewerbsdrucks zum Vorteil der Verbraucher zu effizientem Handeln angeregt werden. Andererseits dürfen durch Unternehmenszusammenschlüsse keine Marktsituationen geschaffen werden, die den Wettbewerb dadurch entschärfen, dass ein Unternehmen zum Marktführer wird und dadurch der Wettbewerb beschränkt wird.

Der Fusionskontrolle unterliegen Zusammenschlüsse von gemeinschaftsweiter Bedeutung, wenn
- alle beteiligten Unternehmen zusammen einen weltweiten Umsatz von mehr als 5 Mrd. EUR *und*
- zumindest zwei Unternehmen einen gemeinschaftsweiten Umsatz von mehr als 250 Mio. EUR aufweisen *und*
- nicht jeweils mehr als 2/3 des gemeinschaftsweiten Umsatzes in einem EU-Mitgliedsstaat erzielt werden.

Ein Zusammenschluss darf nicht vollzogen werden, bis er von der EU-Kommission für vereinbar mit dem Gemeinsamen Markt erklärt worden ist *(Art. 7 EG-FusionskontrollVO).*

Marktmachtmissbrauch

Verboten ist der Missbrauch einer marktbeherrschenden Stellung *(Art. 82 EGV).*

Als Missbrauch wird betrachtet
- die Erzwingung unangemessener Geschäftsbedingungen,
- die Einschränkung der Erzeugung, des Absatzes oder der technischen Entwicklung zum Schaden der Verbraucher,
- die Anwendung unterschiedlicher Bedingungen bei gleichwertigen Leistungen gegenüber Handelspartnern,
- allen anderen Formen der missbräuchlichen Ausnutzung einer beherrschenden Stellung im EU-Raum oder einem wesentlichen Teil davon, soweit sie zu einer Beeinträchtigung des zwischenstaatlichen Handels führen können.

MISSBRAUCH VON MARKTMACHT

EU will Intel-Vertriebspraktiken verbieten

Rabatte für den PC-Hersteller, Werbekostenzuschüsse für den Händler – und im Gegenzug gibt's nur „Intel inside". Die EU hat den Vertrieb des Chip-Riesen schon lange im Visier. Nun wollen die Wettbewerbshüter einem Bericht zufolge die Praktiken verbieten. Dem Konzern droht eine Milliardenstrafe.

Berlin – Die EU plant einem Zeitungsbericht zufolge ein Verbot der Vertriebspraktiken des weltgrößten Computerchipherstellers Intel. Die EU werfe dem Konzern vor, seine Marktmacht zu missbrauchen, um Rivalen zu verdrängen, berichtet die "Financial Times Deutschland" unter Berufung auf Brüsseler EU-Kreise. (...)

Die EU-Kommission hatte bereits im Juli 2007 ein Verfahren gegen Intel eingeleitet. Die Wettbewerbshüter werfen Intel vor, den US-Konkurrenten AMD mit illegalen Praktiken vom Markt für Computer-Prozessoren ferngehalten zu haben. Derzeit habe Intel bei PC-Prozessoren einen Weltmarktanteil von fast 80 Prozent.

Intel müsse die bisherige Art, seine Prozessoren mit Rabatten an PC-Hersteller zu vermarkten, aufgeben, hieß es laut "FTD" in Brüssel. Zudem sollen dem Konzern Werbekostenzuschüsse an Händler untersagt werden, sofern Intel dafür Exklusivität im Sortiment verlangt. (...)

Quelle: Spiegel online, www.spiegel.de; phw/Reuters/dpa; 27.05.2008

4.6.3.3 Gesetz gegen den unlauteren Wettbewerb

Das **Gesetz gegen den unlauteren Wettbewerb** *(UWG)* soll dafür sorgen, dass der Wettbewerb unter den Anbietern fair, d. h. ausschließlich mit zulässigen Wettbewerbsinstrumenten (Preispolitik, Produktpolitik, Werbung, Vertriebspolitik) geführt wird. Es schützt Unternehmen und Verbraucher vor unlauteren (= unfairen) Wettbewerbspraktiken.

Unlauterer Wettbewerb ist eine Verhaltensweise, durch die ein Anbieter für sich Vorteile gegenüber seinem/seinen Konkurrenten erreichen will, die nicht auf seiner Leistung, sondern auf unfairen Wettbewerbspraktiken beruhen.

Wer im geschäftlichen Verkehr zu Zwecken des Wettbewerbs Handlungen vornimmt, die **gegen die guten Sitten verstoßen,** kann auf Unterlassung und Schadenersatz in Anspruch genommen werden *(§ 1 UWG).*

Irreführendes Verhalten

Irreführend können Angaben über Beschaffenheit, Ursprung, Herstellungsart, Preisbemessung einzelner Waren oder des gesamten Angebots, Preislisten, Bezugsart, Bezugsquellen, Besitz von Auszeichnungen, Anlass oder Zweck des Verkaufs oder Menge der Vorräte sein.

Beispiele

- Cadbury, britischer Schokoladenhersteller, musste wegen Irreführung seinen Schokoriegel „Swiss Chalet" umbenennen.
- Durch Herausstellen einzelner Niedrigpreisartikel (ohne Kennzeichnung als Sonderangebot) wird ein preisgünstiges Gesamtangebot vorgetäuscht („Lockvogelwerbung").
- Ein Kühlschrank ohne technische Spitzenausführung wird als „Luxusausführung" gekennzeichnet.

Sittenwidriges Verhalten

Sittenwidrig ist das „Anreißen", die Belästigung durch aufdringliche Werbung. Es verhindert eine ruhige und sachliche Prüfung des Angebotes.

Beispiele

- Firmen- und Markenzeichenmissbrauch
- Verleumdung (Diskriminierung) von Konkurrenten
- Bestechung von Geschäftspartnern durch Geschenke oder „Schmiergelder", um im Wettbewerb bevorzugt zu werden
- unerlaubte Benutzung anvertrauter Vorlagen, Vorschriften, Modelle usw. zu eigenen Zwecken

Vergleichende Werbung

Vergleichende Werbung ist nicht ausdrücklich gesetzlich verboten, ein Katalog von Bedingungen muss jedoch erfüllt sein *(EU-Richtlinie zur vergleichenden Werbung):*

- Sie darf nicht irreführend sein,
- sie muss sich auf gleiche Waren oder Dienstleistungen für den gleichen Bedarf beziehen,
- sie muss die Waren oder Dienstleistungen objektiv und nachprüfbar vergleichen,
- sie darf zu keiner Herabsetzung oder Verunglimpfung der Konkurrenz führen.

Beispiele

Erlaubte Slogans:

- Brillenhersteller: „Lieber besser aussehen als zu viel bezahlen"
- Betreiber von Autowaschanlagen: „Ja zur Autowäsche mit weichem Textil – Nein zu Kratzern im Lack"

Nicht erlaubt:

- Aufstellung eines Nachrichtenmagazins „Die 500 besten Ärzte Deutschlands"
- Gaststätte: „Unsere Preise sind unübertroffen: Bei uns kostet ein Glas Kölsch 1,00 EUR, in der Rathausschänke dagegen unverschämte 1,50 EUR."

4.6.4 Verbraucherschutz

Der **Verbraucherschutz** ist eine wichtige Ergänzung der Wettbewerbspolitik. Sie stärkt den Wettbewerb, indem sie die Verbraucher, die naturgemäß gegenüber den Unternehmen eine vergleichsweise schwache Position haben, schützt.

Ursachen für die schwache Wettbewerbsposition der Verbraucher sind:

- mangelnde Markttransparenz der Konsumenten,
- mangelnde Kenntnis der Verbraucherrechte,
- mangelnder Wettbewerb unter den Anbietern,
- Nachfrage nach Kleinstmengen,
- häufig irrationales Konsumverhalten.

Um trotzdem die richtigen Entscheidungen zu treffen, sollten Verbraucher folgende Grundregeln beachten:

Grundregeln für vernünftiges Verbraucherverhalten

Der Verbraucher sollte ...

zuerst planen

- seine Bedürfnisse erkennen und nach der Dringlichkeit ordnen
- das Einkommen berücksichtigen und einen monatlichen Haushaltsplan aufstellen
- einen Einkaufsplan (Einkaufszettel) aufstellen
- einen günstigen Einkaufszeitpunkt suchen *(z. B. Schlussverkauf)*
- auf spontane Käufe verzichten

dann informieren

- Preis, Qualität und Service vergleichen *(z. B. Garantie und Kundendienst)*
- Lieferbedingungen vergleichen *(z. B. Übernahme von Transport- oder Verpackungskosten durch den Lieferer)*
- die Kennzeichnung von Waren kennen *(z. B. Textilkennzeichnung, Handelsklassen, Gütezeichen, Prüf- und Sicherheitszeichen, Umweltzeichen)*
- Testzeitschriften lesen, Verbraucherberatung und -aufklärung in Anspruch nehmen

dann kaufen

- Sonderangebote ausnutzen
- größere Mengen kaufen und Rabatte ausnutzen
- sofort bezahlen und Skonto ausnutzen

Beim Kauf von hochwertigen, teuren Waren kann der Verbraucher durch geschicktes Verhandeln („Feilschen") häufig einen Preisnachlass erzielen.

- Treten Sie höflich, aber selbstsicher auf. Tun Sie so, als gehöre das Feilschen für Sie zum Alltag.
- Täuschen Sie die Zahlung mit Kreditkarte vor und lassen Sie sich dann doch auf ein Bargeldgeschäft ein. Bitten Sie den Verkäufer, Ihnen die Differenz – er muss bei Kreditkartenkäufen Gebühren zahlen – vom Preis nachzulassen.
- Nutzen Sie die Sparseiten im Internet (z. B. www.billiger.de und www.guenstiger.de). Suchen Sie dort das preiswerteste Angebot für ein Produkt Ihrer Wahl. Nehmen Sie den Ausdruck mit ins Geschäft, fordern Sie dort die gleichen Konditionen.
- Ausstellungsstücke oder Waren, bei denen die Originalverpackung fehlt, sind billiger. Verlangen Sie ruhig das Ausstellungsstück, auch wenn es die Ware noch verpackt gibt.
- Bei Geschäften mit mehreren Filialen in der Stadt gilt: In den Stadtvierteln lohnt sich das Feilschen eher als in der City. Dort ist man eher zu Preisnachlässen bereit, um Sie als Stammkunden zu gewinnen.
- Wenn der Händler partout keinen Preisnachlass gewähren will, fragen Sie nach kostenlosen Zugaben. Beim Fahrradkauf können das der Korb oder das Schloss sein, bei der Kamera Filme und Batterien, beim Anzug ein passender Schlips oder ein Paar Socken.

Verbraucherinformation und -beratung

Der Verbraucher sieht sich heute einer kaum überschaubaren Vielfalt an Angeboten gegenüber. Sie werden ihm – oft verlockend verpackt – meist zur Selbstbedienung angeboten. Dabei ist die Verbraucherinformation und -beratung oft unzureichend.

Verbraucherschutzverbände und **Verbraucherzeitschriften** stehen im Dienst der Verbraucher, indem sie

- Preis- und Leistungsvergleiche (Tests) durchführen, auswerten und veröffentlichen,
- über Verbraucherrechte und die „Tücken des Kleingedruckten" informieren,
- leichtgläubige Konsumenten vor „Verkäufertricks" und „Konsumentenfallen" warnen.

Nur ein gut informierter und kritischer Verbraucher ist ein gleichgewichtiger und vor einer Übervorteilung geschützter Marktpartner.

Verbraucherzentralen

Verbraucherzentralen sind eingetragene Vereine, die sich in den Bundesländern um Verbraucherschutz und Verbraucherinformation bemühen.

Beispiel Verbraucherzentrale NRW e. V., Neue Weyerstr. 2, 50676 Köln, Tel. 02 21/2 40 74 02

Mitglieder sind Verbände und Vereine ohne erwerbswirtschaftliche Ziele, aber auch einzelne Verbraucher. Die Verbraucherzentralen sind in der Arbeitsgemeinschaft der Verbraucherverbände (AGV), Bonn, zusammengeschlossen. Sie bemühen sich um eine verbraucherorientierte Gesetzgebung und klären den Verbraucher durch Informationsveranstaltungen, Broschüren, Testzeitschriften, Beratungen auf. Sie unterhalten in vielen Städten Beratungsstellen, beraten aber auch telefonisch und geben Tipps *(z. B. www.verbraucher.de)*. Sie sammeln Material, Reklamationen von ihren Mitgliedern, schreiben die betreffenden Firmen an und gewähren Rechtsschutz.

Stiftung Warentest (www.stiftung-warentest.de)

Auf Beschluss des Bundestages wurde 1964 die Stiftung Warentest mit Sitz in Berlin gegründet. Sie lässt aufgrund von Prüfprogrammen durch Fachinstitute vergleichende Tests von Waren und Dienstleistungen *(z. B. Versicherungen, Urlaubspauschalreisen)* durchführen oder testet selbst. Die Ergebnisse werden monatlich in der Zeitschrift „test" veröffentlicht und außerdem in Jahrbüchern zusammengefasst. Hinzu kommen zahlreiche Sonderpublikationen. Test-Kurzfassungen (test KOMPASS) werden vielfach in Zeitungen und Zeitschriften abgedruckt. Die Medien berichten über Testergebnisse.

Verbraucherschutzgesetze/BGB

Zahlreiche Gesetze und Verordnungen sollen die Anbieter an einem wettbewerbswidrigen Verhalten hindern und die Stellung der Verbraucher auf dem Markt verbessern. Auch das BGB enthält viele Schutzbestimmungen für Verbraucher.

Integration des Verbraucherschutzes in das BGB

- **Recht der AGB** *(§ 305 BGB)*
- **Haustürgeschäfte** *(§ 312 BGB)*
- **Fernabsatzvertrag** *(§ 312b BGB)*
- **Verbraucherdarlehensvertrag** *(§§ 491–498 BGB)*
- **Finanzierungsleasingvertrag** *(§ 500 BGB)*
- **Teilzahlungsgeschäfte** *(§ 501 BGB)*
- **Ratenlieferungsvertrag** *(§ 505 BGB)*

- Das **BGB** schützt den Verbraucher vor unangemessenen Benachteiligungen aufgrund **Allgemeiner Geschäftsbedingungen,** indem es bestimmte Klauseln verbietet.

Allgemeine Geschäftsbedingungen

Definition	Bedeutung	Inhalte
■ Alle für eine Vielzahl von Verträgen vorformulierten Vertragsbedingungen, ■ die eine Vertragspartei von der andern Vertragspartei einseitig verlangt, ■ ohne dass die Klauseln im Einzelnen vereinbart worden sind. **Beispiele:** ■ AGB der Banken ■ AGB der Versicherungen ■ AGB der Reiseveranstalter ■ AGB der Transportunternehmen	■ vereinfachen den Abschluss von Massenverträgen ■ begrenzen das Risiko des Unternehmens durch die Einschränkung seiner Vertragspflichten ■ stärken die Stellung des Unternehmens ■ schränken die Rechte des Kunden ein	**Beispiele:** ■ Zahlungsweise ■ Verpackungskosten ■ Beförderungskosten ■ Eigentumsvorbehalt ■ Erfüllungsort ■ Gerichtsstand ■ Gewährleistungsansprüche bei Mängeln Vorschriften des *BGB,* die den Verbraucher schützen, können *nicht* durch Bestimmungen der AGB umgangen werden.

Schutz des Verbrauchers durch Allgemeine Schutzbestimmungen und Klauselverbote bei Allgemeinen Geschäftsbedingungen
(§§ 305–310 BGB)

Allgemeine Schutzbestimmungen

- Das Unternehmen („der Verwender") muss ausdrücklich auf die Einbeziehung der AGB in den Vertrag hinweisen.
- Der Kunde („die andere Vertragspartei") muss die AGB leicht erreichen und mühelos lesen können.
- Der Kunde muss den AGB zustimmen.
- Individuelle Absprachen haben Vorrang vor abweichenden AGB.
- Überraschende und mehrdeutige Klauseln werden nicht Vertragsbestandteil.
- Die BGB-Bestimmungen finden auch Anwendung, wenn sie durch anderweitige Gestaltungen umgangen werden.

Klauselverbote bei Verbraucherverträgen

Unwirksam sind insbesondere …

- Bestimmungen, durch die sich der Unternehmer eine unangemessen lange Frist für die Annahme oder Ablehnung eines Angebotes oder die Erbringung einer Leistung vorbehält,
- eine Bestimmung, welche kurzfristige Preiserhöhungen für Waren oder Dienstleistungen vorsehen, die innerhalb von vier Monaten nach Vertragsschluss geliefert oder erbracht werden sollen,
- eine Bestimmung, die vorsieht, dass eine Erklärung des Unternehmers von besonderer Bedeutung dem Verbraucher als zugegangen gilt,
- Bestimmungen, durch die ein Leistungsverweigerungsrecht des Verbrauchers ausgeschlossen oder eingeschränkt wird,
- eine Bestimmung, durch die dem Verbraucher für den Fall der Nichtabnahme oder verspäteten Abnahme der Leistung, des Zahlungsverzugs oder für den Fall, dass er sich vom Vertrag löst, die Zahlung einer Vertragsstrafe auferlegt wird,
- Bestimmungen, durch die dem Verbraucher die Befugnis einer Aufrechnung genommen wird,
- Bestimmungen, durch die der Unternehmer von der gesetzlichen Verpflichtung freigestellt wird, den Verbraucher zu mahnen oder ihm eine Frist für die Leistung oder Nacherfüllung zu setzen,
- der Ausschluss oder die Begrenzung der Haftung für Schäden aus der Verletzung des Lebens, des Körpers oder der Gesundheit und für sonstige Schäden, die auf einer grob fahrlässigen Pflichtverletzung des Unternehmers beruhen,
- eine Bestimmung, durch die bei Verträgen über Lieferungen neu hergestellter Sachen oder Werkleistungen die Ansprüche des Verbrauchers wegen eines Mangels insgesamt oder bezüglich einzelner Teile ausgeschlossen wird oder von der vorherigen gerichtlichen Inanspruchnahme Dritter abhängig gemacht wird,
- Dauerschuldverhältnisse, die die regelmäßige Lieferung von Waren oder die regelmäßige Erbringung von Dienst- oder Werkleistungen zum Gegenstand haben oder eine länger als zwei Jahre bindende Laufzeit.

GRUNDSATZ
Der Verbraucher darf durch Allgemeine Geschäftsbedingungen nicht unangemessen benachteiligt werden.

- Die **BGB-Bestimmungen zum Verbraucherdarlehen** sollen sicherstellen, dass der Kreditnehmer umfassend über seine Kreditverpflichtungen informiert wird und vor einer übereilten Verschuldung geschützt wird.

Begriff *(§ 491 BGB)*	Verbraucherdarlehen sind Kredite an natürliche Personen (Verbraucher) für private Zwecke
Formvorschrift Pflichtangaben *(§ 492 BGB)*	Der Darlehensvertrag bedarf der Schriftform. Der Darlehensvertrag muss zwingend folgende Angaben enthalten: ■ Nettodarlehensbetrag (auszuzahlender Kreditbetrag) oder Höchstgrenze des Darlehens ■ Gesamtbetrag aller vom Verbraucher zu leistenden Teilzahlungen (Tilgungen, Zinsen und sämtliche Kosten) ■ Rückzahlungsmodalitäten oder Regelung der Vertragsbeendigung ■ Zinssatz und (anfänglicher) effektiver Jahreszins ■ bei variablen Zinsen die Bedingungen, unter welchen der Zinssatz von dem Kreditinstitut geändert werden kann ■ bei einem Disagio den Zeitraum, auf den die Verrechnung erfolgt ■ alle sonstigen Kosten im Detail *(z. B. Kosten der Sicherheitenbestellung)* ■ ggf. die vom Kunden zu tragende Vermittlungsprovision ■ die Kosten einer im Zusammenhang mit dem Kreditvertrag abgeschlossenen Versicherung *(z. B. Restschuldversicherung)* ■ die zu bestellenden Sicherheiten
Überziehungskredit *(§ 493 BGB)*	Die Pflichtangaben gelten nicht für Überziehungskredite, wenn außer den Zinsen keine weiteren Kosten entstehen und die Zinsen nicht in kürzeren Perioden als 3 Monaten belastet werden. Der Verbraucher muss allerdings vor Inanspruchnahme der Kreditlinie unterrichtet werden über: ■ das eingeräumte Kreditlimit ■ den geltenden Jahreszins ■ die Bedingungen, unter denen der Zinssatz verändert werden kann ■ die Regelung der Vertragsbeendigung
„Sanktionsmaßnahmen“ *(§ 494 BGB)*	Wurde der Kredit bereits bereitgestellt, obwohl im Kreditvertrag die Angaben ■ des Nominalzinssatzes, ■ des effektiven bzw. anfänglichen effektiven Jahreszinses, ■ des Gesamtbetrages aller vom Verbraucher zu entrichtenden Kosten fehlen, reduziert sich der Nominalzins auf den gesetzlichen Zinssatz von 4 % p. a. *(§ 246 BGB)*. Nicht angegebene Kosten werden vom Verbraucher nicht geschuldet.
Widerrufsrecht *(§§ 495, 355 BGB)*	Der Verbraucher kann seine Willenserklärung auf Abschluss eines Kreditvertrages innerhalb von zwei Wochen widerrufen. Die Widerrufsfrist beginnt mit Aushändigung der Widerrufsbelehrung. Diese muss drucktechnisch übersichtlich gestaltet sein. Das Widerrufsrecht kann nicht vertraglich ausgeschlossen werden. In der Bankpraxis wird ein Exemplar der Widerrufsbelehrung vom Kunden unterschrieben und der Kreditakte beigefügt.
Tilgungsrecht *(§§ 489, 498 BGB)*	Der Verbraucher hat das Recht, seine Verbindlichkeiten aus dem Kreditvertrag unter Einsparung von Zinsen und laufzeitabhängigen Kosten vorzeitig zu erfüllen. **Ordentliches Kündigungsrecht des Darlehensnehmers** ■ **Darlehen mit Festzinsvereinbarung** frühestens sechs Monate nach Auszahlung des Darlehens unter Einhaltung einer Kündigungsfrist von drei Monaten ■ Darlehen mit veränderlichem Zinssatz jederzeit unter Einhaltung einer Kündigungsfrist von drei Monaten **Außerordentliches Kündigungsrecht des Kreditinstituts** Fristlose Kündigung, wenn ■ in den Vermögensverhältnissen des Darlehensnehmers oder ■ in der Werthaltigkeit der bereitgestellten Sicherheiten eine wesentliche Verschlechterung eintritt oder einzutreten droht.

- Das **BGB** schützt den Verbraucher beim voreiligen Abschluss eines **Teilzahlungsgeschäftes** (Abzahlungsgeschäftes), bei dem der Verbraucher den Kaufpreis für eine Sache in mehreren Teilzahlungen (Raten) zu entrichten hat. Der Käufer kann ohne Begründung innerhalb von zwei Wochen nach Vertragsabschluss ein Teilzahlungsgeschäft widerrufen. Die gleichen Vorschriften gelten auch für **Haustürgeschäfte**[1] und für **Ratenlieferungsverträge,** welche die regelmäßige Lieferung von Sachen gleicher Art oder die Verpflichtung zum wiederkehrenden Erwerb oder Bezug von Sachen *(z. B. Mitgliedschaft in einem Buchclub, Zeitschriftenabonnement)* zum Gegenstand haben.
- Das **BGB** schützt den Verbraucher bei Verträgen, die unter Einschaltung von **Fernkommunikationsmitteln** *(z. B. Internet)* ohne gleichzeitige körperliche Anwesenheit der Vertragspartner zustande kommen. Es verpflichtet den Unternehmer zur Einhaltung besonderer Informationspflichten und räumt dem Verbraucher ein Widerrufsrecht bzw. Rückgaberecht bei **Fernabsatzverträgen** ein.[2]
- Die **Preisangabenverordnung** verpflichtet Unternehmen, die Waren oder Dienstleistungen Endverbrauchern anbieten, ihre Preise einschließlich Umsatzsteuer und sonstiger Preisbestandteile (Bruttopreise) anzugeben bzw. auszuzeichnen.
- Das **Produkthaftungsgesetz** gibt dem Verbraucher bei Schäden, die aufgrund eines fehlerhaften Produktes entstehen, einen Schadenersatzanspruch gegenüber dem Hersteller. Ein Produkt gilt nach dem Gesetz als fehlerhaft, wenn es nicht die Sicherheit bietet, die unter Berücksichtigung aller Umstände berechtigterweise erwartet werden kann.

Beispiele

- nicht tragfähige Haushaltsleiter aus Leichtmetall
- defekte Skibindung
- mangelhafter Kontaktkleber

Der Hersteller eines Produktes innerhalb der EU haftet für die Folgeschäden aus einem Produktfehler, unabhängig davon, ob ein Verschulden vorliegt *(Gefährdungshaftung).* Der Hersteller muss selbst den Beweis führen, dass der Schaden nicht durch das Produkt entstanden ist *(umgekehrte Beweislast).*
Sachschäden bis zu einer Höhe von 500,00 EUR muss der Geschädigte selbst tragen. Die Haftungshöchstgrenze für *Personenschäden* ist auf max. 85 Mio. EUR begrenzt *(EU-weit tätige Unternehmen überschreiten bei Serienschäden schnell diese Grenze).*

Beispiel

Frau Mahler bricht sich bei der Benutzung einer kürzlich gekauften Haushaltsleiter einen Arm, weil eine Leitersprosse sich aus der Verankerung löst. Frau Mahler entstehen 3.500,00 EUR Verdienstausfall und Arztkosten. Der Farbeimer, der auf der Plattform der Leiter stand, ergießt seinen Inhalt über Teppichboden und Wohnzimmerschrank. Der Sachschaden beträgt 4.500,00 EUR. Frau Mahler hat einen Schadenersatzanspruch in Höhe von 8.000,00 EUR abzüglich 500,00 EUR Selbstbeteiligung.

Eine vertragliche Einschränkung oder ein Ausschluss der Haftung ist nicht möglich.
Anstelle des Herstellers haftet auch:
- ein **Handelshaus,** das unter eigenem Markennamen Produkte vertreibt,
- ein **Drittlandsimporteur,** der Waren aus Nicht-EU-Ländern in die EU einführt.

Der Schaden aus Produkthaftung ist spätestens binnen 3 Jahre nach seinem Eintritt geltend zu machen (Verjährungsfrist). Der Schadenersatzanspruch erlischt spätestens zehn Jahre, nachdem der Hersteller (Händler, Importeur) das Produkt auf den Markt gebracht hat.

[1] Vgl. Seite 130 f.
[2] Vgl. Seite 141 f.

4.7 Bankmarketing

4.7.1 Grundzüge eines Marketingkonzeptes

> **Bankmarketing** ist **die Ausrichtung eines Kreditinstitutes am Markt.**
> Voraussetzung hierfür ist eine Strategie, in der **Marketingziele, Marketinginstrumente** und bestimmte **Kontrollmechanismen** festgelegt werden, die es ermöglichen, den Erfolg der durchgeführten Maßnahmen zu messen.

Bankleistungen sind Dienstleistungen und weisen gegenüber den Leistungen von Industrie- und Handelsunternehmen Besonderheiten auf.
Sie sind in der Regel

- **abstrakt,**
- aufgrund ihrer Abstraktheit besonders **erklärungsbedürftig,**
- nicht auf einmaligen Absatz, sondern auf eine **dauerhafte Beziehung zwischen Kreditinstitut und Kunde** ausgerichtet,
- **variabel**, d. h. mithilfe individueller Vertragsgestaltung veränderbar und
- durch die notwendige Offenlegung privater Daten zur Einkommens-, Vermögens- und Schuldenlage besonders **vertrauenssensibel.**

Es besteht also in großem Maße eine Notwendigkeit, die **Kunden des Kreditinstitutes** über Wesen, Art und Nutzwert einer anzubietenden Bankleistung **in gut verständlicher Form zu informieren.** Darüber hinaus **umfasst Bankmarketing** aufgrund der bilanzsystematischen Trennung von Aktiv- und Passivgeschäft sowohl **absatzpolitische** (Aktivgeschäft) als auch **beschaffungspolitische** (Passivgeschäft) Maßnahmen, die nicht streng voneinander getrennt werden können, da sie sich jeweils auf den gleichen Markt beziehen.

Beispiel

Bei einem Industrie- und Handelsunternehmen bezieht sich Marketing auf ein Sachgut, das mithilfe von Maschinen (Aktiva/Anlagevermögen) produziert bzw. aus einem Lagerbestand (Aktiva/Umlaufvermögen) verkauft wird. Für die Finanzierung (Passiva) hat das Unternehmen in der Regel keine eigenen Marketingüberlegungen anzustellen. In einem Kreditinstitut ziehen jedoch z. B. Marketingüberlegungen im Zusammenhang mit der Hereinnahme von Kundeneinlagen zwangsläufig Marketingüberlegungen zur Verwendung dieser Einlagen im Aktivgeschäft nach sich.

Moderne Marketingkonzeptionen in Kreditinstituten zeichnen sich vor allem dadurch aus, dass die dynamischen, d. h. sich dauernd ändernden **Kundenwünsche** und nicht – wie in den traditionellen Konzepten der Vergangenheit – die Bankleistungen als **Ausgangspunkt** von Marketingstrategien angesehen werden. Die Erfassung von Kundenwünschen ist jedoch nur durch eine **Analyse der Marktgegebenheiten,** eine **Marktforschung** also, möglich.

Modernes Bankmarketing-Konzept		
Ausgangspunkt: Kundenwünsche	**Mittel:** ■ Marktforschung ■ marketingpolitische Instrumente	**Ziele:** Gewinnerzielung über die nachhaltige Befriedigung der Kundenwünsche

Der **„Regelkreis“** einer modernen Marketingkonzeption (von der Marktforschung bis zur Marketingkontrolle) kann zusammenfassend wie folgt dargestellt werden:

Marktforschung →	**Marktanalyse/Marktbeobachtung** **Beispiel:** Kundenprofil im Kreditkartenmarkt
Marketingziele →	**Zielfestlegung** **Beispiel:** Steigerung des Absatzes institutseigener Kreditkarten um 20 % innerhalb des nächsten Jahres
Marketinginstrumente →	**Produkt-/Sortimentspolitik** **Preis-/Konditionenpolitik** **Vertriebspolitik (Distribution)** **Werbung/Kommunikation**
Marketingdurchführung →	Umsetzung der beschlossenen Einzelmaßnahmen
Marketingkontrolle →	Prüfung, ob die Ziele erreicht wurden, evtl. Feststellung der Gründe für die Nicht-Erreichung von Zielen

4.7.2 Marktforschung

Der Markt ist das Zusammentreffen von Angebot und Nachfrage. Da die Zahl der Anbieter von Bankleistungen (= Kreditinstitute) in einer bestimmten Region zumeist nicht sehr hoch ist, herrscht hier in der Regel eine **oligopolistische Angebotsstruktur** vor. Im **standardisierten Mengengeschäft** stehen auf der Nachfrageseite viele Personen, während im Firmenkundengeschäft und im Geschäft mit vermögenden Privatkunden nur wenige Personen den Anbietern gegenüberstehen. **Angebotsoligopol** und **zweiseitiges Oligopol** sind somit typische Konstellationen für den Bankdienstleistungsmarkt.

Zur gezielten Erfassung von Kundenbedürfnissen als Ausgangspunkt aller Marketingüberlegungen ist aufgrund der Komplexität der anzutreffenden Märkte eine **Segmentierung,** d. h. **Unterteilung in einzelne Teilmärkte** erforderlich. Ein Segmentierungsbeispiel wird durch die folgende Abbildung verdeutlicht. Hier ordnet man fünf Hauptzielgruppen des Bankgeschäftes ausgewählte Bankleistungen zu, die typischerweise von der jeweiligen Gruppe nachgefragt werden.

Privatkundschaft	
standardisiertes Privatkundengeschäft	**individuelles Privatkundengeschäft**
■ Zahlungs- und Giroverkehr ■ Führung von Lohn- und Gehaltskonten ■ Kreditkarten-Service ■ Betreuung von Spareinlagen/Sparpläne ■ Wertpapieranlagen ■ Termineinlagen ■ Dispositionskredite ■ Ratenkredite (Konsumentenkredite) ■ Baufinanzierungen	■ Beratung und Verwaltung im Hinblick auf: • Termineinlagen • festverzinsliche Wertpapiere • Aktien • Investmentfonds ■ Vermittlung nicht börsengehandelter Beteiligungen *(z. B. GmbH-Anteile)* ■ Vermögensverwaltung ■ Einrichtung und Verwaltung von Stiftungen ■ persönliche Darlehen

Firmenkundschaft	Öffentlich-rechtliche Kundschaft	Finanzdienstleister/ institutionelle Kunden
■ Kontokorrentkonto ■ Überweisungsverkehr ■ Scheckinkassoverkehr ■ Einzug von Lastschriften ■ kurz- bis mittelfristige Finanzierung über • Factoring • Leasing ■ langfristige (FK-) Finanzierung: • Emission von Anleihen • Investitionskredite ■ Beschaffung von EK über: • Emission von Aktien • Vermittlung sonstigen Beteiligungskapitals ■ EK-Beteiligung durch Kredit-institute	■ Zahlungsverkehr z.B. für Gemeinden ■ Kommunalkreditgeschäft durch: • Darlehen • Obligationen ■ Kreditvermittlung ■ Überbrückungskredite ■ Privatisierung öffentlicher Unternehmen	■ inländischer Zahlungsverkehr für ausländische Institute ■ Liquiditäts- und Refinanzierungskredite (z. B. Tages-/Termingelder) ■ Devisenhandelsgeschäfte ■ Kooperation bei der Emission von Aktien und Anleihen ■ Kapitalanlage in Aktien und Anleihen ■ Options und Futures (Derivatehandel)

Dem Segment **individuelles Privatkundengeschäft** („vermögende Privatkunden") werden vor allem Aktivitäten hinsichtlich der **Kapitalanlage und Vermögensberatung** zugeordnet. Es handelt sich hier um einen beratungs-, betreuungs- und verhandlungsintensiven Geschäftsbereich. Innerhalb der einzelnen Sektoren werden üblicherweise weitere Segmentierungen vorgenommen. So kann man im Privatkundenbereich eine **Kundentypologie** erstellen, in der unterschiedliche Charakteristika einzelner **Kundentypen** unterschieden werden, z. B.

- der **bequem-anspruchsvolle** Kunde, der sich mit „einfachen" Anlageformen begnügt oder
- der **konditionenbewusst-kritische** Kunde, der sehr sensibel auf Preisveränderungen reagiert.

ABC-Analyse: Häufig orientieren sich Kreditinstitute bei der Festlegung ihrer Zielgruppen an einer Unterteilung von A-, B- und C-Kunden.

Beispiel

ABC-Analyse – Firmenkredite/Filiale X-Stadt Umsatz = Zinserträge Firmenkredite

	Anteil an Firmenkundschaft (%)	**Umsatzanteil an Zinserträgen Firmenkredite (%)**
A-Kunden	20	60
B-Kunden	30	20
C-Kunden	50	20

Aus Marketingsicht ergibt sich die Notwendigkeit, bei den zahlenmäßig relativ geringen A-Kunden **komplexe**, auf die jeweiligen **Bedürfnisse zugeschnittene** und sich **ändernden Bedürfnissen flexibel** anzupassende Finanzierungsmöglichkeiten anzubieten. Für die (Mengen) C-Kundschaft sollte man dagegen **standardisierte, einfach zu handhabende** Kreditangebote bereitstellen.

Einen weiteren Ansatzpunkt für Marketingstrategien bildet die **Lebensphasen-Analyse.** Sie geht davon aus, dass in **bestimmten Lebensphasen** hinsichtlich der Inanspruchnahme von Bankdienstleistungen **spezifische Neigungen (Präferenzen)** eine Rolle spielen. Von der **Geburt bis etwa zum 17. Lebensjahr** spielt das **Ansparen** von Geldern durch das Kind/den Jugendlichen bzw. die Eltern oder Verwandte zur Absicherung einer Ausbildung eine große Rolle.

Mit dem **Berufseintritt** werden vielfach die ersten größeren **Anschaffungen** *(z. B. Auto, Wohnungseinrichtung)* getätigt, es liegt dann also ein **Kreditbedarf** vor. Dieser verstärkt sich meist im Alter von ca. **30 bis 40 Jahren,** wenn es um die Anschaffung einer **Immobilie** geht. Ab jetzt wird auch eine (zusätzliche) **Altersvorsorge** interessant.

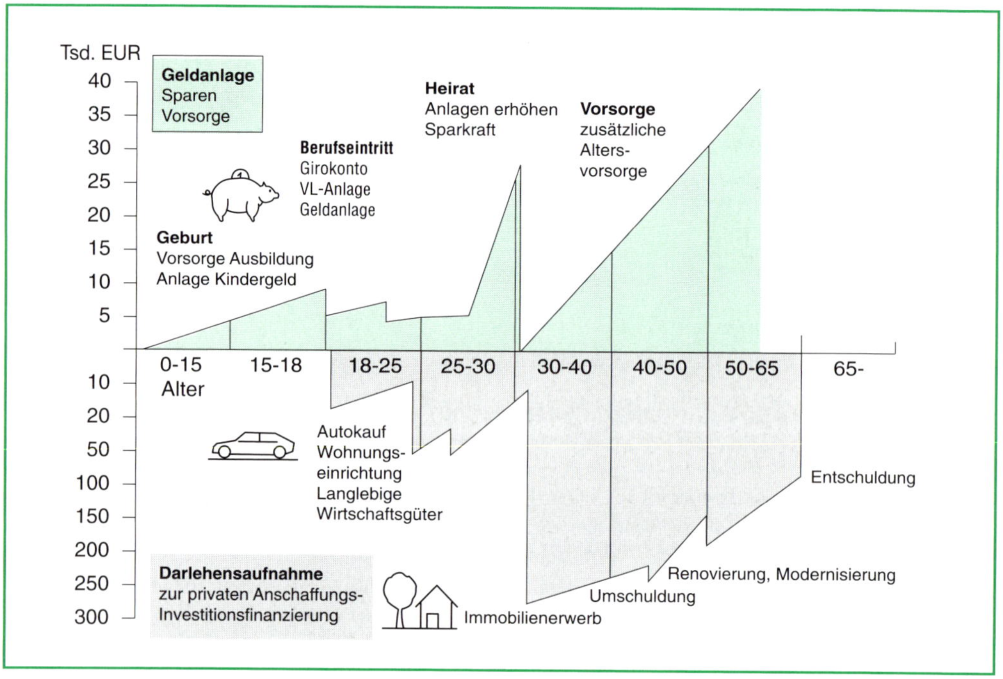

Als Marketingstrategie bietet sich an

- die Durchführung gezielter Aktionen für altersmäßig klassifizierte Kundengruppen oder
- die Erstellung von Maßnahmenbündeln zum Erreichen einer lebenslangen Kundenbindung durch ein dem jeweiligen Alter/der jeweiligen Lebensphase angepasstes Leistungsangebot.

Bei der Analyse der Marktgegebenheiten spielen **Marktgrößen** eine wichtige Rolle:

Marktgrößen

Marktpotenzial

Das Marktpotenzial gibt an, welche und wie viel Bankdienstleistungen am Markt abgesetzt werden können, wenn alle denkbaren Kunden mittels des Marketing-Instrumentariums angesprochen würden.

Marktvolumen

Das Marktvolumen kennzeichnet die realisierten Absatzmengen eines bestimmten Leistungsangebotes innerhalb eines gegebenen Zeitraumes.

Marktanteil

Unter dem Marktanteil versteht man den prozentualen Anteil der in Mengen- oder Wertgrößen gemessenen Absatzleistung einer Bank bzw. Bankgruppe am gesamten Marktvolumen.

Beispiel

Als Marktvolumen ist hier der gesamte Umlauf festverzinslicher Wertpapiere von 3,0 Billionen EUR anzusehen. Der Marktanteil wird durch die einzelnen Prozentwerte dargestellt. Das Marktpotenzial ergibt sich aus den zukünftigen Absatzmöglichkeiten für festverzinsliche Wertpapiere. Diese Absatzmöglichkeiten sind unter anderem abhängig von der

- Steigerung der verfügbaren Einkommen
- Entwicklung von Spar- bzw. Konsumquote
- Attraktivität der Anlage in festverzinsliche Wertpapiere (Zinsniveau etc.)

Umlauf festverzinslicher Wertpapiere
in Prozent, insgesamt 3,0 Billionen EUR

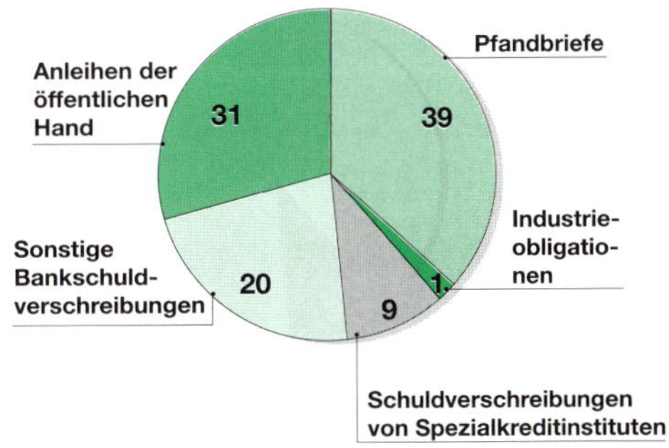

Quelle: Deutsche Bundesbank

Gegenstände der Marktforschung sind

- demoskopische Daten (z. B. Alter, Beruf der Nachfrager, Einstellungen der Nachfrager) sowie
- objektbezogene Daten (z. B. Preiselastizitäten, Produktimage).

Die Beschaffung der gewünschten Informationen für Zwecke der Marktforschung kann durch Sekundär- oder Primärforschung durchgeführt werden:

Verfahren der Informationsbeschaffung

Sekundärforschung

beruht auf bereits vorhandenen Unterlagen

Desk-Research (Schreibtischforschung)

Außerbetriebliche Informationsquellen
- Statistiken staatlicher Stellen
- Konjunktur- und Monatsberichte der Zentralbank
- Ergebnisse universitärer und sonstiger Forschungsinstitute
- Jahresabschlüsse

Innerbetriebliche Informationsquellen
- Umsatzstatistiken
- Daten des Rechnungswesens
- Konten und Kundenkalkulation
- Break-even-Analyse (Analyse der Nutzschwelle)

Primärforschung

Erhebungen müssen erst noch durchgeführt werden

Field-Research (Feldforschung)

Totalerhebungen

Stichprobenerhebungen
(Repräsentativerhebungen)

Methoden:
- Befragungen
- Beobachtungen
- Experimente

einmalig oder periodisch (Panel)

Ein Beispiel, das Elemente beider Marktforschungsverfahren enthält, ist die **Zweigstellenanalyse,** die in der Praxis als Grundlage für Einrichtung, Erweiterung oder auch Schließung von Zweigstellen fungiert.

Sie umfasst:

- **Analyse des Marktumfeldes der Zweigstelle** *(Bevölkerungsstruktur, Konkurrenzsituation, ökonomische Struktur)*
- **Kundenstammanalyse** *(Altersstruktur, Anlageverhalten der Zweigstellenkundschaft etc.)*

4.7.3 Marketinginstrumente

4.7.3.1 Produkt- und Sortimentspolitik

Produktpolitik befasst sich mit einer **Auswahl** der am Markt anzubietenden **Bankleistungen** (Produkte). Das **Sortiment** kann als **Gesamtheit aller Produkte** angesehen werden.

Es ist zu berücksichtigen, dass Produkte einem steten **Wandel** unterliegen. Auch ein erfolgreiches Produkt benötigt normalerweise einige Zeit, um sich fest am Markt zu etablieren, und nach einer mehr oder weniger langen Zeit wird es durch Gewöhnungseffekte, Geschmacksveränderungen usw. immer weniger attraktiv.

Produkt-Lebenszyklus

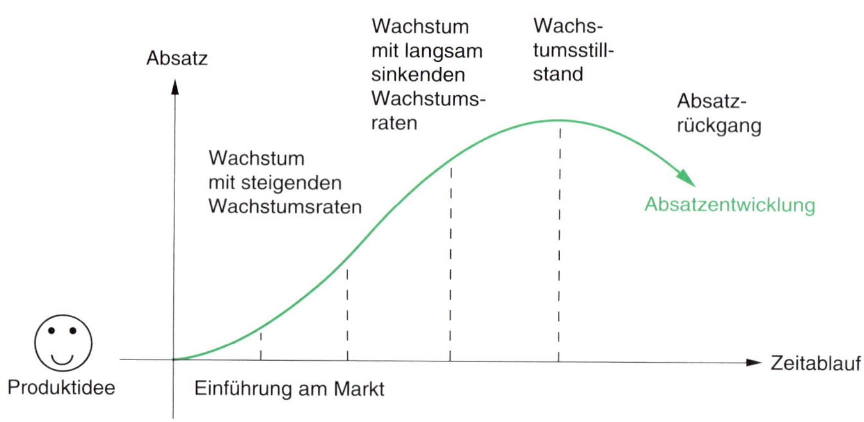

Produkte müssen also stets neu entwickelt, verfeinert und, falls nötig, auch wieder vom Markt genommen werden. Die Produktpolitik umfasst folgende Aufgabenbereiche:

- Produktinnovation
- Produktdifferenzierung/-diversifikation
- Produktvariation
- Produktgestaltung
- Produkteliminierung

Diese Aufgabenbereiche können am Beispiel der Finanzdienstleistung „Homebanking“ wie folgt beschrieben werden:

Produktinnovation	Produktdifferenzierung Produktdiversifikation	Produktvariation	Produktgestaltung	Produkteliminierung
Schaffung neuer Bankleistungen ↓	Festlegung der Breite (Diversifikation) und Tiefe (Differenzierung) einer Produktpalette ↓	Änderung von Nutzungskomponenten ↓	Festlegung von Design/Aussehen ↓	Entscheidung über die vom Markt zu nehmenden Produkte ↓
Einführung einer neuen Homebanking-Palette	Differenzierung durch „mehrgleisiges Angebot“: z. B. Abruf von Informationen und Erteilung von Aufträgen in verschiedenen Zahlungsverkehrsinstrumenten (Überweisungen, Lastschriften etc.)	Umstellung der Software auf ein benutzerfreundlicheres Betriebssystem	Verwendung gängiger und leicht verständlicher Symbole für die Arbeit mit der Software	teilweise oder völlige Ersetzung beleghafter Zahlungsverkehrsinstrumente durch entsprechende beleglose Verfahren

Maßnahmen der Produktpolitik können helfen, den Produkt-Lebenszyklus zu verlängern. So ist z. B. eine gelungene Produktvariation (Relaunch) in der Lage, wieder für einen „Aufschwung“ beim Absatz zu sorgen. Nach der Sättigungsphase würde wieder ein mehr oder weniger kurzer Aufschwung stattfinden.
Produktdifferenzierungen werden auch in Kooperation mit anderen Unternehmen vorgenommen. Die verschiedenen Anbieter nutzen hier jeweils das Know-how ihrer Partner und gelangen so zu firmenübergreifenden Produkten, die für Kunden den Vorteil zusätzlicher Nutzungseffekte mit sich bringen.

Beispiel Kreditkarten mit Zusatzleistungen wie Gepäckversicherung etc.

Eine besondere **Variante der Produktdiversifikation** am Markt für Bankleistungen stellt das **Allfinanzkonzept** dar. Hierbei geht es darum, den Kunden neben „klassischen“ Bankgeschäften auch spezielle Finanzdienstleistungen wie Leasing, Factoring, Bausparen, Versicherungen etc. **aus einer Hand** anzubieten. Dieses Konzept kann verwirklicht werden durch

- Gründung von Tochterunternehmen,
- Übernahme anderer Unternehmen,
- Kooperation mit anderen Unternehmen.

Beispiel Die Deutsche Postbank AG übernahm im Jahr 2005 von den Mehrheitseigentümern Beteiligungsgesellschaft der Gewerkschaften AG (BGAG) und Deutscher Beamtenwirtschaftsbund (BWB) deren Anteile an der BHW Holding AG in Höhe von insgesamt 76,4 %. Die Postbank schaffte mit der Übernahme des Vorsorgespezialisten BHW Deutschlands führenden Finanzdienstleister für Privatkunden.

4.7.3.2 Preis- und Konditionenpolitik

Die **Preis- und Konditionenpolitik** befasst sich mit allen **vertraglichen Vereinbarungen** über die Kosten des Bankleistungsangebots.
Sie umfasst Regelungen zu:

- **Zinsen** für
  - Dispositionskredite
  - Ratenkredite
  - Festgeldanlagen

- **Provisionen** für
  - Kontoführung
  - Ausführung von Wertpapiertransaktionen
  - Schließfachnutzung
- **Wertstellungsusancen** bei
  - Gutschrift von Schecks
  - Gutschrift von Lastschriften

Marktpreise für bestimmte Bankleistungen dienen zunächst zur **Deckung von Kosten,** die bei der „Herstellung" der entsprechenden Leistung anfallen. Darüber hinaus soll ein **Gewinn** erwirtschaftet werden.

Beispiel

Ein Kreditinstitut berechnet für die Auszahlung der Gegenwerte von effektiv vorgelegten Zinsscheinen fremder Emittenten einen Preis von 5,00 EUR je Vorgang. In der Controlling-Abteilung werden folgende Werte ermittelt:

- anteilige Fixkosten – Einlösung von Zinsscheinen: 1.500,00 EUR
- anteilige variable Kosten: 2,00 EUR je Einlösungsvorgang

Mit zunehmender Zahl von Einlösungsvorgängen werden die vergleichsweise hohen Fixkosten über die wachsenden Erlöse abgebaut. Bei 500 Vorgängen sind Kosten und Erlöse gleich hoch (Break-even-Point); sie betragen 2.500,00 EUR. Rechnerisch ergibt sich dies aus der Gleichsetzung von Kosten- und Erlösfunktion:

$1.500 + 2\,x = 5\,x$

$x = 500$

Kosten bei 500 Stück: 1.500 + 2 x 500 = 2.500,00 EUR
Erlöse bei 500 Stück: 5 x 500 = 2.500,00 EUR

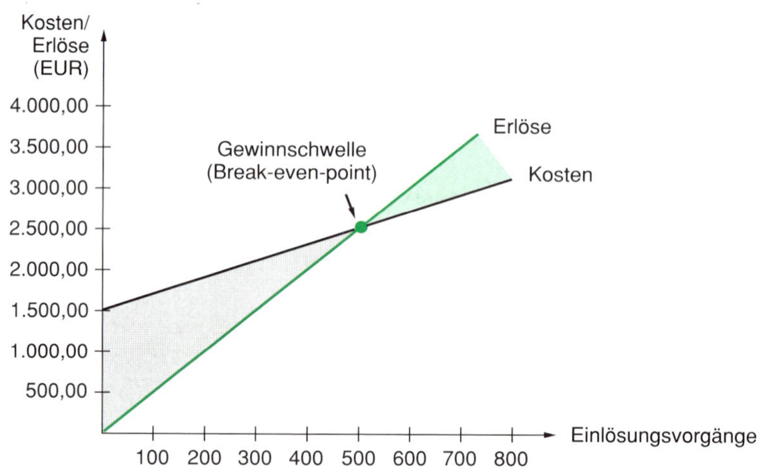

Es ist jedoch zu beachten, dass die Kreditinstitute ihre Preispolitik am Markt nicht völlig autonom festsetzen können, sondern vom Verhalten der anderen Marktteilnehmer, d.h. der Kunden und konkurrierenden Mitanbieter, abhängig sind[1]. Man unterscheidet demnach:

[1] Vgl. dazu auch Seite 322 ff.

kostenorientierte Preispolitik

Beispiel

Bei der Gewährung eines Kredites über 10.000,00 EUR (Laufzeit 6 Monate) sind folgende Werte zu beachten:
- anteilige Betriebskosten für die Bearbeitung des Kreditantrags 100,00 EUR
- Refinanzierungskosten 6 % p. a.

Es soll ein Gewinn von 150,00 EUR aus dem Engagement erwirtschaftet werden.

Den Betriebskosten sind somit 300,00 EUR Refinanzierungskosten hinzuzufügen (6 %/10.000,00 EUR/180 Tage). Zusammen mit dem kalkulierten Gewinn ergeben sich 550,00 EUR, die zu erlösen sind. Dies würde, über die Laufzeit des Kredites berechnet, einem Zinssatz von 11 % p. a. entsprechen.

$$p = \frac{550 \cdot 100 \cdot 360}{10.000 \cdot 180} = 11\,\%\,p.\,a.$$

kundenorientierte Preispolitik

Beispiel

Die Wertvorstellungen der Kunden (Preisbereitschaft) zur Vergütung von Leistungen im Zusammenhang mit Aktien-Transaktionen werden durch eine aggressive Berichterstattung in den Medien herabgesetzt. Die Kreditinstitute sehen sich daher gezwungen, geringere Provisionen zu kalkulieren.

wettbewerbsorientierte Preispolitik

Beispiel

Durch das Auftauchen von Direktbanken sehen sich „etablierte" Banken veranlasst, ihre Kalkulationen für das Mengengeschäft neu zu gestalten.

Preiskalkulationen sind sehr stark abhängig von der Art der zu kalkulierenden Leistung. Im **Mengengeschäft**, das sich vor allem durch ein **standardisiertes Leistungsangebot** an eine weitgehend **homogene Kundengruppe** auszeichnet, sind kostendeckende Preise häufig nicht durchsetzbar.

Beispiel

Führung von Gehaltskonten

Die Kreditinstitute nehmen eine solche Situation jedoch dann in Kauf, wenn sie Kontoinhaber über **Cross-Selling-Aktivitäten** an weitaus lukrativere Leistungen heranführen können. Da ein Konto die Basis nahezu aller Geschäfte mit einem Kreditinstitut ist, hat die Kontoführung als Cross-Selling-Vehikel einen hohen Stellenwert.

Beispiele

Verkauf von Reisezahlungsmitteln, Anbahnung von Kreditengagements

Auf der anderen Seite bietet die Preispolitik bei der Kontoführung ein anschauliches Beispiel dafür, wie Kreditinstitute auf unterschiedliche Zahlungsgewohnheiten ihrer Kunden reagiert haben, aber auch bestimmte Zahlungsgewohnheiten (vor allem diejenigen, bei denen Computer genutzt werden) besonders „belohnen".

Möglichkeiten sind hier
- Gewährung von Preisnachlässen für beleglose Aufträge

Beispiele

0,35 EUR Postengebühr für einen beleghaft erteilten Überweisungsauftrag und
0,15 EUR bei belegloser Erteilung per Homebanking oder über ein Kundenterminal.

- Erstattung von Kontoführungsprovisionen nach Abschluss der Rechnungsperiode, wenn der Kunde beleghafte Aufträge durch beleglose ersetzt.

Generell verfahren die Kreditinstitute bei ihrer Preisgestaltung für Privatgirokonten sehr unterschiedlich. Einige bieten nur ein einziges Preismodell an, bei dem für einen monatlichen Pauschalpreis *(z. B. 6,00 EUR)* die anfallenden Ein-/Auszahlungen, Lastschriften, Daueraufträge etc. abgegolten sind.

Beispiel „Komplett-Konto" der Dresdner Bank

Andere Kreditinstitute schneiden verschiedene Preismodelle auf die Zahlungsgewohnheiten ihrer Kunden zu. Hierbei ist es erforderlich, den einzelnen Kunden ausführlich zu beraten, um das für ihn günstigste Modell herauszufinden.

Suche nach dem richtigen Preismodell

Passt mein Girokonto zu mir?

Wenn es ums Geld geht, hat jeder ganz individuelle Vorstellungen. Deshalb haben Sie die Wahl: Sie entscheiden, welches Modell für Sie das richtige ist.

- Ich werde über mein Girokonto nur **wenige Buchungen** vornehmen und interessiere mich für ein **preisgünstiges Girokonto,** bei dem ich meine Bankgeschäfte in der Geschäftsstelle oder bequem von zu Hause aus per PC oder per Telefon abwickeln kann.
- Ich werde über mein Girokonto **viele Buchungen** vornehmen und interessiere mich für ein **preisgünstiges Girokonto,** bei dem die meisten Serviceleistungen in einem **Paketpreis** inbegriffen sind. Meine Bankgeschäfte kann ich in der Geschäftsstelle oder bequem von zu Hause aus per PC oder Telefon abwickeln.
- Ich werde über mein Girokonto **viele Buchungen** vornehmen und interessiere mich für ein **preisgünstiges Girokonto,** bei dem die meisten Serviceleistungen und **Kreditkarte** in einem **Paketpreis** inbegriffen sind. Meine Bankgeschäfte kann ich in der Geschäftsstelle oder bequem von zu Hause aus per PC oder Telefon abwickeln.

ec-Karte inklusive!

Sie interessieren sich für das Giro-Compact. Nutzen Sie folgende Leistungen für 6,00 EUR im Monat:

- Kostenlose ec-Karte plus Zusatzkarte für Kontobevollmächtigte mit PIN zur Geldautomatennutzung und zum Zahlen im Handel einschließlich GeldKarte-Chip
- kostenlose MASTERCARD oder VISA-CARD
- kostenloses Onlinebanking und Telefonbanking
- kostenlose Überweisungen am Selbstbedienungsterminal
- kostenlose Ein- und Auszahlungen
- kostenlose Nutzung von über 20.000 Geldautomaten der Sparkassen
- kostenlose beleglose Buchungen
- kostenlose Daueraufträge (Einrichtung, Änderung, Ausführung, Löschung)
- kostenlose Überweisungs- und Scheckvordrucke
- kostenlose Kontoauszugsdrucker-Nutzung
- Ausführung von Buchungen mit Beleg 0,50 EUR

Sie möchten eine zusätzliche Karte? Bitte wählen Sie:

MASTERCARD-Zusatzkarte (für nur 15,00 EUR pro Jahr)
oder
VISA-CARD-Zusatzkarte (für nur 5,00 EUR pro Jahr)
oder
MASTERCARD Gold-Zusatzkarte (für nur 45,00 EUR pro Jahr)

Dieses Angebot ist tagesaktuell, unverbindlich und freibleibend.

Beantragen

Preispolitik und Cross-Selling: Kostenloses Girokonto für junge Leute

WILLKOMMEN! WELCOME! BIENVENUE!

Ob zu Hause oder unterwegs – mit SCARD oder SecCARD erschließen Sie sich ganz neue Möglichkeiten. Die SCARD ist von Anfang an für Sie drin und wenn Sie 18 sind und regelmäßige Einkünfte haben, dann können Sie auf Wunsch einfach auf die SecCARD umrüsten.

Mit beiden können Sie überall da, wo Sie das GeldKarte-Zeichen sehen, bargeldlos mit Ihrer „elektronischen Geldbörse" einkaufen: einfach vorher den Chip aufladen und immer passend und ohne nervige Kleingeldsuche am Kiosk, bei vielen McDonald's-Restaurants, an Ticketautomaten und bei vielen weiteren Gelegenheiten ganz bequem bezahlen.

GeldKarte

Hier ist Ihre SecCARD als bargeldlose Geldbörse gefragt.

Und wenn Sie unterwegs mal Bargeld benötigen, können Sie sich mit der SCARD und der SecCARD in Deutschland und über 100 anderen Ländern an Geldautomaten mit Bargeld versorgen.

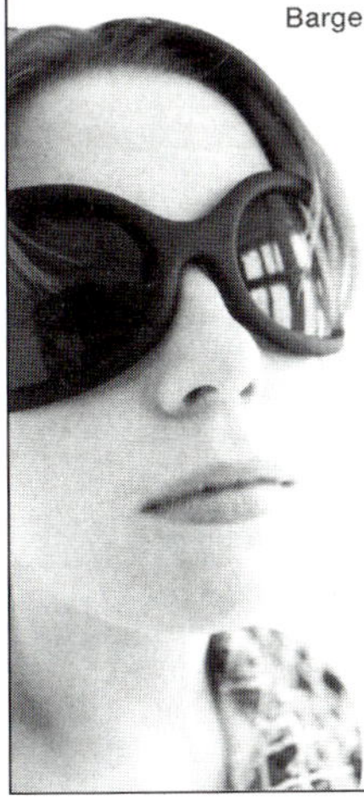

ALLES UNTER KONTROLLE.

Kontrolle ist wichtig – gerade, wenn es um die Finanzen geht. Deshalb gibt es den Kontoauszug.

Barabhebungen, Überweisungen, Lastschriften – alles läuft über Ihr Girokonto. Damit Sie dennoch nie den Überblick verlieren, erhalten Sie von uns regelmäßig Kontoauszüge.

BEQUEM ZUM EIGENEN SGIROKONTO.

Der Weg zum eigenen SGirokonto ist ganz einfach: Coupon ausfüllen und an uns schicken oder bei uns abgeben – das genügt. Und das Beste: Das SGirokonto kostet junge Leute keine müde Mark!*

*gilt für Schüler, Studenten und Auszubildende bis zum 26. Geburtstag

Na klar!
Ich möchte ein eigenes SGirokonto.
Bitte bereiten Sie alles vor. Ich komme dann bei Ihnen* vorbei und bringe meinen Personalausweis mit.

____
*gewünschte Geschäftsstelle, Ort bzw. Straße

Name ....
Straße ....
PLZ, Ort ....
Geburtsdatum ....

Datum, Unterschrift ....

Bitte den Coupon in der nächsten Geschäftsstelle abgeben oder einsenden an: Stadtsparkasse Düsseldorf, Postfach 10 10 30, 40001 Düsseldorf.

Stadtsparkasse Düsseldorf

Die Kreditinstitute sind zur Veröffentlichung ihrer Preise verpflichtet. In diesem Zusammenhang werden die Begriffe **Preisaushang** und **Preisverzeichnis** unterschieden.

- **Preisaushang**
  Dieser ist nach der **Preisangabenverordnung** für Kreditinstitute im Geschäftsverkehr mit Privatkunden aus Gründen des Verbraucherschutzes vorgeschrieben. Er enthält die Preise für „wesentliche Leistungen".
- **Preisverzeichnis**
  Dieses enthält weitere Preise für Leistungen im normalen Geschäftsverkehr mit Privatkunden. Auf das Preisverzeichnis wird am Ende des Preisaushangs hingewiesen.

Auszug aus einem Preisaushang

Sparkonten Zinssatz für Spareinlagen 1,00 % .... **Privatkonten** „Giropaket" 6,50 EUR pro Monat	**Privatkredite** 0,35 % Zinsen pro Monat (vom ursprünglichen Kreditbetrag) .... **Wertpapiere** An- und Verkauf: Aktien 1 % vom Kurswert, mindestens 25,00 EUR

Hinweis: Porti und sonstige Auslagen sind in den obigen Sätzen nicht enthalten. Preise für weitere Dienstleistungen und die Wertstellungsregelungen im normalen Geschäftsverkehr sind dem Preisverzeichnis am Schalter zu entnehmen. **gültig ab: 1. Sept. 20..**

4.7.3.3 Distributionspolitik

Bei der **Distributions-(Vertriebs-)politik** geht es darum, Bankleistungen am richtigen Ort und zur rechten Zeit anzubieten.
Als mögliche Vertriebswege kommen infrage:
- stationärer Vertrieb über Filialen/Zweigstellen,
- mobiler Vertrieb über Außendienstmitarbeiter/-innen oder fahrbare Zweigstellen,
- Vertrieb über technische Medien *(z. B. Computer, Telefonbanking).*

Der Vertrieb über den Einsatz technischer Hilfsmittel hat in der letzten Zeit zunehmend an Bedeutung gewonnen.

Beispiele
- Onlinebanking
- Geldautomatensysteme
- Electronic-Cash-Systeme

Eine besondere Form des technischen Vertriebs stellt der inzwischen eigenständige Direktbankenmarkt dar. **Direktbanken** bieten Leistungen des standardisierten Mengengeschäftes (in der Regel ohne Beratung) an. Durch die Art der Geschäfte und die Nutzung des wenig personalkostenintensiven Kundenkontaktes (über Telefon, Computer, Fax etc.) sind Direktbanken in der Lage, günstige Preise zu kalkulieren. Allerdings sind die Kosten in der Aufbauphase einer Direktbank (Schaffung der technischen Voraussetzungen) sehr hoch.
Die Analyse des Kundenverhaltens bei der Kontaktaufnahme spielt eine große Rolle für marketingpolitische Entscheidungen. In der folgenden Übersicht wird deutlich, dass aufgrund der hohen Zahl telefonischer Kontakte ein aktives Telefonmarketing notwendig ist.

Beispiel Spezielle Schulungen von Mitarbeiterinnen und Mitarbeitern, Vermeidung von Wartezeiten durch belegte Leitungen

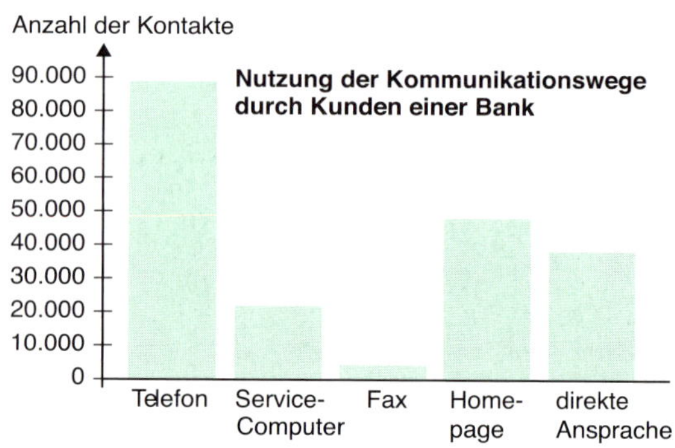

Fachleute erwarten eine sehr große Steigerung der Bedeutung technischer Vertriebsformen.

Beispiele In Untersuchungen zum Online-Brokering (Erteilung von Wertpapieraufträgen über telekommunikative Netze wie Internet) wird für Deutschland in den kommenden Jahren ein Marktpotenzial von 3 Mio. Online-Depots prognostiziert.

Kreditwirtschaft/Rechtzeitig im Internet Akzente setzen

Die Bank der Zukunft schreibt Service groß

Die technische Revolution im Bankgeschäft wird nach Ansicht des Innovationsexperten Prof. Hans Ambros immer noch unterschätzt. Zwei Drittel der Transaktionen dürften schon in etwa acht Jahren nicht mehr in den traditionellen Bankfilialen abgewickelt werden.

Frankfurt/Main „Gefahr ist im Verzug", warnte Prof. Hans Ambros in Frankfurt die Teilnehmer der 3. Handelsblatt-Jahrestagung Banken-Technologie. Sein Befund: „Werden von den Retail Banks keine eigenen Direktbank-Dienstleistungen angeboten, werden nicht rechtzeitig die Claims im Internet und in der entstehenden virtuellen Welt abgesteckt und wird versäumt, flächendeckend einfach handhabbare Produkte interaktiv, kassenstundenunabhängig und weltweit verfügbar anzubieten, so werden die Jugendlichen und mobile Kundenschichten den bestehenden Banken die Rentabilitätsbasis entziehen."

Der Direktor der Studiengesellschaft für Sparkassen-Innovation (Stusa) in Wien verdeutlichte den bereits laufenden Erneuerungsprozess mit Hinweisen auf die kosten- und preisgünstigen Autobanken und die Banken der Handelskonzerne. Sie hätten den traditionellen Kreditinstituten in mehreren europäischen Ländern im Privatkundenkreditgeschäft bereits Markteinbrüche von mehr als 30 % beschert. Wenn nicht rechtzeitig gegengesteuert wird, seien weitere Marktverluste nicht nur im Kredit-, sondern auch im Anlagengeschäft durch das weitere Vordringen von Einzelhandelskonzernen, aber auch durch Softwarehäuser und Netzbetreiber zu erwarten.

Bald nach der Jahrtausendwende werden nach Schätzungen von Ambros zwei Drittel der Banktransaktionen – ermöglicht durch Informationshighways, Multimedia und weitere Verbesserungen der Computertechnologie – vom Kunden selbst zu Hause, am Arbeitsplatz, am Einkaufsort bzw. am Ort der Nutzung einer Dienstleistung durchgeführt werden. Um in diesem verlagerten Wettbewerb erfolgreich zu bestehen, sollten die Banken jetzt ihre noch verfügbaren Investitionsmittel für marktsichernde, die Kunden begleitende Serviceleistungen in Form des Instore- und Telebanking einsetzen sowie in intensivere Kundenberatungen stecken, empfahl Ambros.

Die laufende Ausstattung der Filialen mit kassenstundenunabhängigen Selbstbedienungsautomaten begrüßte Ambros als Vorbereitung der Kunden auf die nachfolgende Nutzung des Home-Banking. Insgesamt sollte dabei das Zweigstellennetz „nicht unbedingt" reduziert werden, sondern sollten personalintensive „Zahlungsfabrikniederlassungen" einem dichteren Netz von personallosen bzw. mit Einzelberatern ausgestatteten Kleinstzweigstellen weichen, in denen SB-Full-Service und Videobanking angeboten wird. Geeignete Standorte wären Shopping-Center, Supermärkte, Bahnhöfe und große Verwaltungsgebäude.

Bevor jedoch organisatorische Änderungen oder neue Vertriebswegetechnologien ins Auge gefasst werden, wird Ambros zufolge noch stärker „die Rentabilität der Mitarbeiter auf Service und Verkauf hin ausgerichtet werden müssen". Der Innovationsexperte zitierte hier Untersuchungen, nach denen der Anteil der Beratung an den Kundenkontakten in den Kundenräumen österreichischer Kreditinstitute im ersten Halbjahr 20.. gerade einmal 5,3 % betragen hat. Dabei seien auch noch 73,2 % der Beratungsfälle auf Initiative der Kunden zustande gekommen. Ambros: „In den USA sprechen Bankmitarbeiter von sich aus potenzielle Kunden zwischen den Supermarktregalen auf ihre Produkte an."

Quelle: fk, in: Handelsblatt, Nr. 209 vom 30.10.1997, Seite 20

Entgegen diesem Trend erfährt der **stationäre Vertrieb** heutzutage in der Regel **keine Ausweitung** mehr; es ist häufig sogar eine **rückläufige Tendenz**, d. h. eine Schließung von Zweigstellen zu beobachten.
Der **Außendienstvertrieb** spielt besonders im Firmenkundengeschäft eine große Rolle.

4.7.3.4 Kommunikationspolitik

Ziel der **Kommunikationspolitik** ist es, die Öffentlichkeit über **Bankleistungen so zu informieren,** dass im Bewusstsein der Bevölkerung ein **positives Bild** von der Leistungsfähigkeit des jeweiligen Kreditinstitutes geschaffen wird.

Man stellt hierbei also eine Verbindung zwischen dem Kreditinstitut einerseits und dem Absatzmarkt her. Diese Verbindung ist nicht als einseitiger „Sende- und Empfangskanal", sondern als wechselseitiger **Austausch von Nachrichten** zwischen Kreditinstituten und (potenziellem) Kunden anzusehen. Als Instrumente der Kommunikationspolitik werden unterschieden:

Werbung	Verkaufsförderung (Sales Promotion)	Public Relations
Durch sie sollen **Botschaften übermittelt** und Kaufanreize geschaffen werden. Da es aufgrund der Komplexität vieler Bankleistungen mitunter schwierig ist, Informationen im Rahmen einer leicht verständlichen Werbung zu vermitteln, wird oft das Mittel der indirekten Veranschaulichung durch Verwendung repräsentativer Personen oder Sachen gewählt. Beispiele hierfür sind der „glückliche Hauseigentümer" oder die im Zusammenhang mit dem Begriff „Freiheit" abgebildete Kreditkarte.	Sie umfasst **Maßnahmen zur Erleichterung von Kaufentscheidungen:** ■ Bereitstellung eines effizienten Beratungspersonals durch • Verkaufstraining • Fortbildung • Mitarbeiterwettbewerbe etc. ■ überzeugende Leistungspräsentation durch • individuelle Beratung • Verwendung kundenfreundlicher und gut verständlicher Formulare • ansprechende Architektur ■ kundenfreundliche Ausstattung der Geschäftsräume • diskrete Beratungszone • bequeme Sitzmöbel usw.	Ihre Aufgabe ist es, **ein positives Bild** vom Kreditinstitut **zu vermitteln**. Die Kunden sollen nicht nur Vertrauen in ein bestimmtes Produkt, sondern in das Kreditinstitut als Ganzes gewinnen. Mittel hierzu sind: ■ Einheitliche Slogans *„Wir machen den Weg frei"* oder Maßnahmen, mit der ein Kreditinstitut sich für allgemein akzeptierte gesellschaftspolitische Ziele stark macht. ■ Nutzung von Pressekontakten für Informationskampagnen ■ Verwendung attraktiv aufgemachter Geschäftsberichte ■ Sportförderung/Sponsoring ■ Beteiligung an der Organisation und Finanzierung von kulturellen Ereignissen (vgl. auch das nebenstehende Beispiel)

Werbeslogans

„Wir wollen, dass Sie es Guthaben"
Sparda-Bank Nürnberg

„Man **least** viel Gutes über uns."
SüdLeasing

„Der Weg ist das Ziel"
Deutsche Verkehrsbank

„Wann fordern Sie uns heraus?"
Advance Bank

Werbung ist sehr stark abhängig von dem angebotenen Produkt bzw. der Zielgruppe, für die das Produkt gedacht ist. Im Beispiel 1 auf S. 380 wird deutlich, dass es sich um ein komplexes Produkt für eine gehobene Zielgruppe handelt. Der „Aufhänger" ist zunächst ein eingängiger Spruch. Dann folgen jedoch sehr spezielle und detaillierte Informationen. Im Beispiel 2 auf S. 381 werden Anleger des standardisierten Privatkundengeschäftes angesprochen. Dementsprechend sind die Informationen sehr eingängig und nicht auf ein Spezialwissen abgestellt.

Werbung mit indirekter Veranschaulichung

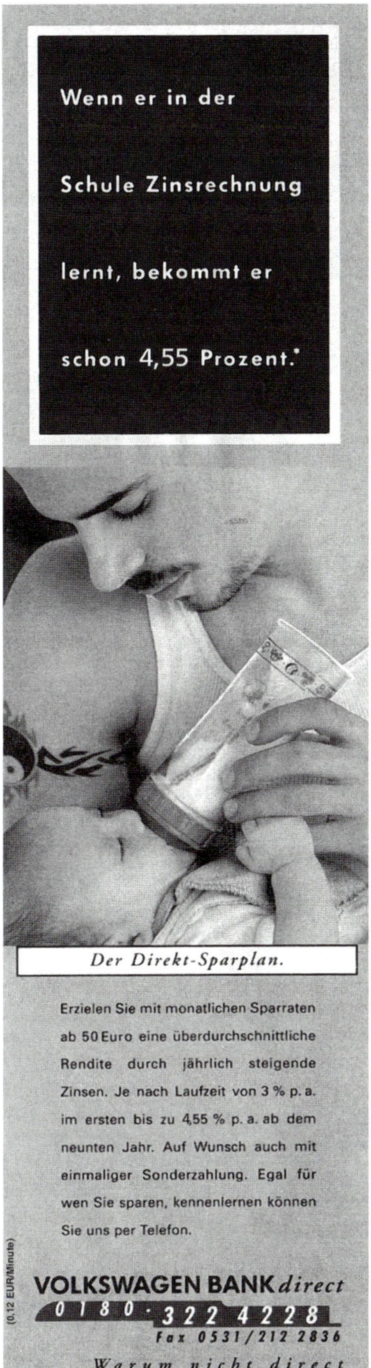

Public Relations-Maßnahme

TRINKAUS GALERIE

FIGURAL - FIGÜRLICH - FIGURATIV
BEI
TRINKAUS & BURKHARDT

Eine Ausstellung zeitgenössischer Kunst

7. Oktober bis 4. November

Das neue Kunstkonzept des Hauses, unsere traditionelle Ausstellung zeitgenössischer Kunst unter einem Thema zu präsentieren, wird zum zweitenmal vorgestellt. Vom 7. Oktober bis 4. November werden unsere Geschäftsräume für Sie geöffnet sein.

„FIGURAL – FIGÜRLICH – FIGURATIV“

sind die Schlagwörter über eine Zusammenstellung von Gemälden, Zeichnungen und Grafiken, die die Entwicklung der figurativen Malerei in den letzten vier Jahrzehnten mit Picasso angefangen, belegt. Bekannt oder noch unentdeckt, lassen sich zahlreiche Künstler von dem unerschöpflichen Thema inspirieren und weiterhin faszinieren.

Die Qualität und Auswahl der Werke, die wir wiederum Jeane Freifrau von Oppenheim zu verdanken haben, wird Sie hoffentlich überzeugen, und es wird Sie freuen, dass „Erkennbares“ noch immer in der zeitgenössischen Kunst zu entdecken ist.

Düsseldorf, im Oktober

TRINKAUS & BURKHARDT
Bank seit 1785

DIE PERSÖNLICH
HAFTENDEN GESELLSCHAFTER

Konzept und Organisation
TRANSART KUNSTBERATUNG GMBH
KÖLN
Jeane Freifrau von Oppenheim

Unterschiedliche Kundenansprache: 1. Beispiel

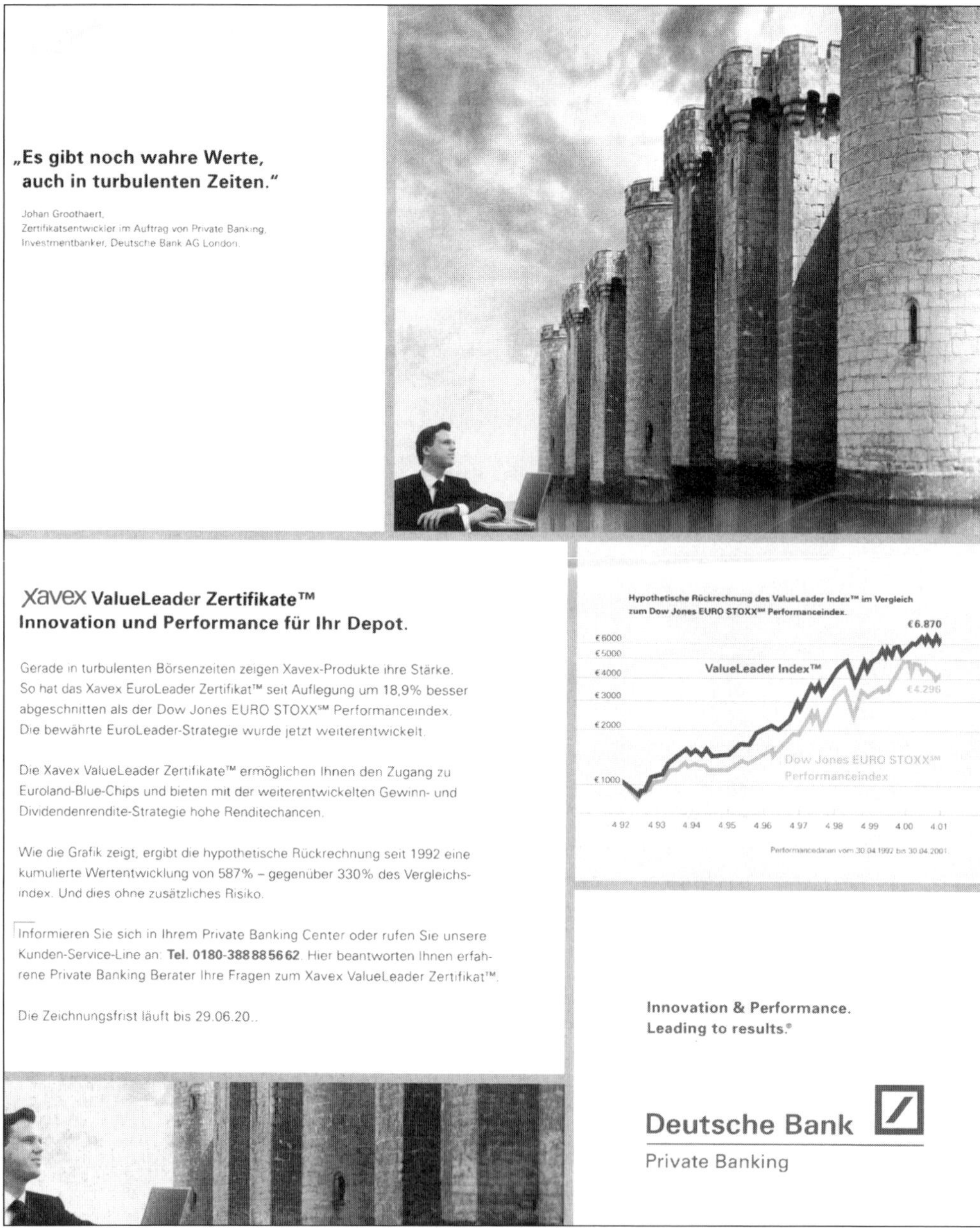

Unterschiedliche Kundenansprache: 2. Beispiel

Einen besonderen Stellenwert erhält die Kommunikationspolitik im Zusammenhang mit der **Corporate Identity**[1], deren Ziel die Schaffung eines **unverwechselbaren Bildes des Unternehmens in der Öffentlichkeit ist.**

Beispiele

Bei der **UmweltBank AG** geht es nicht nur um Werbung unter dem Aspekt der Umwelt, sondern vor allem darum, dass das gesamte **geschäftspolitische Konzept** dem Umweltgedanken verpflichtet ist.

4.7.4 Marketing-Mix

Marketingmaßnahmen sind nicht isoliert zu betrachten, sie **greifen,** wie aus den Ausführungen zu den einzelnen Marketinginstrumenten bereits hervorging, **ineinander**. Ziel des Marketing-Mix ist es, einzelne Instrumente des Marketing so zu einem Bündel von Maßnahmen zusammenzustellen, dass sich ein an dem Hauptziel, der Befriedigung von Kundenbedürfnissen, orientiertes Bild ergibt.

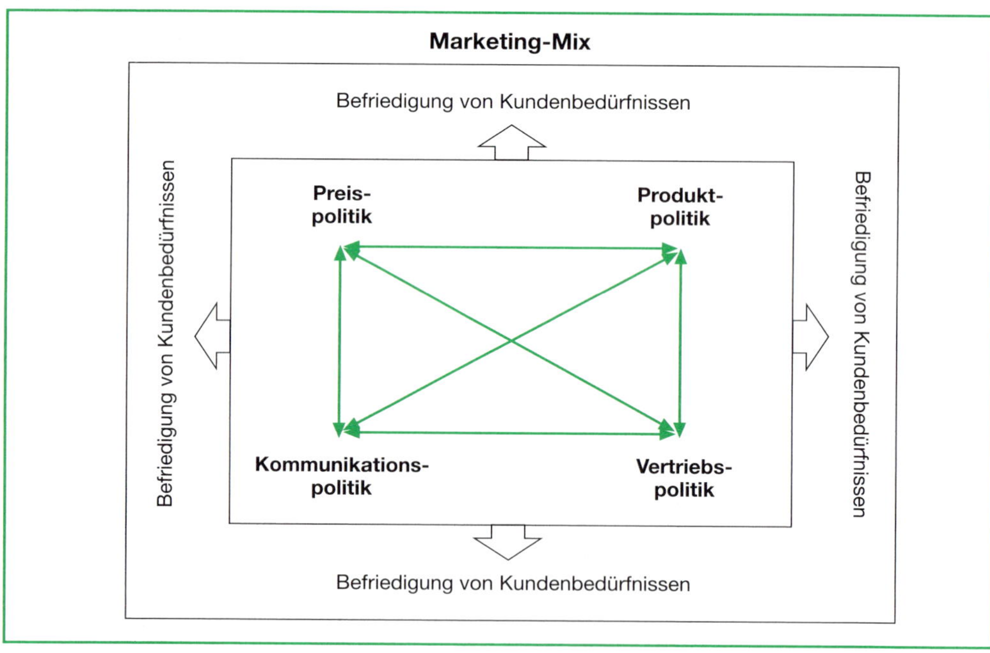

[1] Vgl. auch Seite 246

Beispiel Im folgenden (ausschnittweise wiedergegebenen) Zeitungsartikel wird deutlich, dass die Zielvorgabe des Kreditinstitutes durch eine Kombination verschiedener Marketinginstrumente erreicht werden soll.

Vertrieb

Girokonten: Für jeden Kunden das passende Modell anbieten

Marketingziel

Im Privatkundengeschäft nimmt der Markt- und Wettbewerbsdruck zu. Der Preissenkungsspielraum ist jedoch begrenzt. Kostenlose Girokonten sind kein Allheilmittel. Eine Anpassung von Girostrategien kann nur auf Basis einer ausführlichen Analyse der Zielgruppen individuellen Ausgangslage und Entwicklung institutsspezifischer Handlungsoptionen erfolgen.
Um die richtigen Kontenmodelle entwickeln zu können, müssen die Zielgruppen und ihre Bedürfnisse genau analysiert werden. Aus der Kundenanalyse können drei Normstrategien zur Optimierung der Girokontomodelle abgeleitet werden:

Marktforschung → **Marketinginstrumente**

1. QUALITÄTSSTRATEGIE
   Hohe Produkt- und Servicekomplexität:
   Differenzierung durch qualitativ hochwertige Girokonten mit Filialnutzung, intensivem persönlichen Betreuungsangebot sowie gegebenenfalls zusätzlich monetären Mehrwertleistungen (Mehrwertkonten). Die Kontenmodelle sind kostenpflichtig und richten sich an die Zielgruppen Preisignoranten sowie einen Teil der Preissensiblen.
   → **Distributionspolitik**
   → **Produktpolitik**

2. PREISSTRATEGIE
   Hoher Standardisierungsgrad und fokussierte Produktpalette: Differenzierung durch einfache, kostenlose Girokontenangebote ohne bzw. mit kostenpflichtigem persönlichen Betreuungsangebot, ohne Mehrwertleistungen. Zielgruppen: insbesondere die Preisentscheider und ein kleinerer Teil der Preissensiblen.
   → **Preispolitik**

3. MISCHSTRATEGIEN
   Kombination preisgünstiger Angebote mit attraktiven Produkten/Services: Simultane Berücksichtigung von Preis-/Qualitätsaspekten.
   → **Preis/-Produktpolitik**

Quelle: Oliver Mihm, Carsten C. Wendt, in: Bankmagazin, Juni 2008, verändert

5 Volkswirtschaftliche Gesamtrechnung

5.1 Wirtschaftskreislauf im Modell

5.1.1 Wirtschaftssubjekte

Gewirtschaftet wird überall dort, wo planvolle Entscheidungen zur Beschaffung und Verwendung knapper Güter getroffen werden. Es lassen sich vier Wirtschaftssektoren unterscheiden:

- die **privaten Haushalte** als Stätten des Konsums,
- die **Unternehmungen** als Stätten der Produktion,
- die **Einrichtungen des Staates** *(öffentliche Haushalte),*
- **Gebietskörperschaften** *(Bund, Länder, Gemeinden),*
- **Sozialversicherungsträger** *(z. B. Rentenversicherung, Krankenkassen),*
- das **Ausland** mit seinen Wirtschaftsbeziehungen zum Inland.

Private Haushalte, Unternehmungen und staatliche Einrichtungen sind die Träger selbstständiger wirtschaftlicher Entscheidungen. Sie werden daher auch als **Wirtschaftssubjekte** bezeichnet.

Beispiele

- Herr und Frau Lins treffen gemeinsam die Entscheidung, ein neues Auto zu kaufen.
- Die Unternehmungsleitung der Firma Eichholz fasst den Beschluss, eine zusätzliche Fabrikhalle zu errichten und zwei neue Mitarbeiter einzustellen.
- Der Rat der Stadt Köln beschließt die Schließung eines öffentlichen Hallenbades.

Die **Wirtschaftssubjekte** eines Landes bilden in ihrer **Gesamtheit** und mit ihren Beziehungen zueinander eine **Volkswirtschaft.**

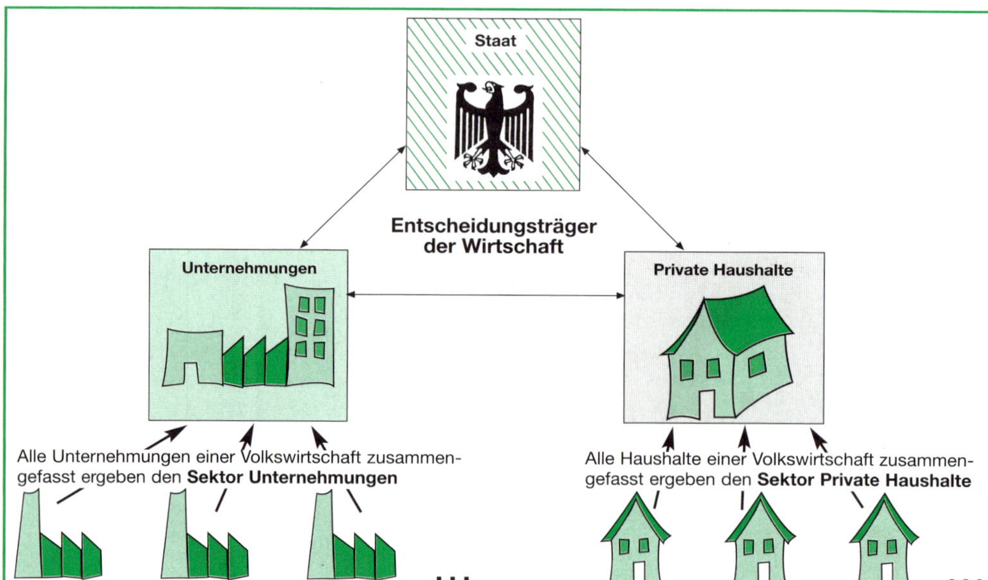

Eine Volkswirtschaft kann auch länderübergreifend sein, wenn in einem gemeinsamen Wirtschaftsraum

- für die Wirtschaftssubjekte weitgehend gleiche gesetzliche Rahmenbedingungen existieren,
- ein ungehinderter Austausch von Waren, Dienstleistungen, Geld und Kapital erfolgen kann,
- eine gemeinsame Währung installiert ist,
- die Wirtschaftspolitik aufeinander abgestimmt ist.

Es ist Ziel der **europäischen Integration,** einen solchen gemeinsamen Wirtschaftsraum zu schaffen.

5.1.2 Einfacher Wirtschaftskreislauf

Das wirtschaftliche Geschehen innerhalb der Bundesrepublik Deutschland bietet mit seinen ca. 82 Millionen Einwohnern, 39,5 Millionen privaten Haushalten, 2,8 Millionen Unternehmungen und 20.000 staatlichen Wirtschaftseinheiten das Bild einer kaum überschaubaren, verwirrenden Vielfalt. Um die komplizierten Vorgänge innerhalb der Volkswirtschaft überblicken und das reibungslose Funktionieren des Wirtschaftsablaufs verstehen zu können, bedient man sich einer vereinfachten Darstellung, eines **Modells.** In diesem Modell sind alle gleichartigen Wirtschaftssubjekte zu jeweils einer Gruppe zusammengefasst. Es werden im Folgenden zunächst die Verbindungen zwischen der Gruppe der Unternehmungen und der privaten Haushalte betrachtet. Die Beziehungen, die zwischen den verschiedenen Unternehmungen bestehen, werden dabei vernachlässigt.

Güterkreislauf

In den hoch entwickelten Volkswirtschaften der Gegenwart werden die zur Bedürfnisbefriedigung benötigten Güter nur in sehr geringem Umfang innerhalb des eigenen Haushalts produziert.

Beispiel Mit Do-it-yourself-Arbeiten, wie Anstreichen der Wohnung, Durchführung kleiner Reparaturen, Handarbeiten, Einkochen, Radieschen im eigenen Garten züchten usw. kann die Güterversorgung eines Haushaltes nur zu einem geringen Teil geregelt werden.

Das war nicht immer so: In der frühesten und einfachsten Wirtschaftsform, der geschlossenen Hauswirtschaft, wurde nahezu alles, was man zum Leben brauchte, durch die Familienangehörigen selbst hergestellt, angefangen von den Nahrungsmitteln bis zur Bekleidung und Unterkunft. Inzwischen hat sich eine weitgehende Trennung zwischen dem **Konsum in den privaten Haushalten** und der **Produktion in den Unternehmungen** vollzogen. Die meisten Güter, die in den Haushalten ge- und verbraucht werden, werden in den Unternehmungen hergestellt und gelangen anschließend als Güterangebot auf den Markt.

Private Haushalte sind Lebensgemeinschaften mit gemeinsamer Wirtschaftsführung. Die durchschnittliche Haushaltsgröße beträgt in Deutschland 2,1 Personen.

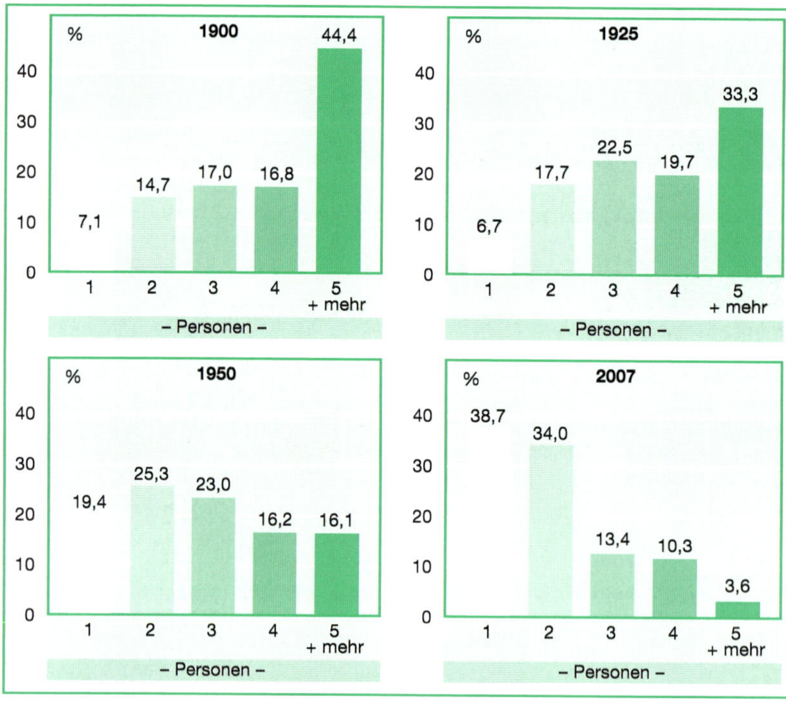

Haushaltsgrößen im früheren Bundesgebiet

in Prozent der Haushalte

Quelle: Statistisches Bundesamt – Datenreport

Die Unternehmungen und die privaten Haushalte stehen in einer ständigen Verbindung zueinander, denn Güterproduktion und -konsum sind Vorgänge, die sich laufend wiederholen.

Die Produktion der Güter in den Unternehmungen erfolgt durch **Kombination** (das Zusammenwirken) der **Produktionsfaktoren** Arbeit, Boden und Kapital[1]. Sie ist nur möglich, wenn die privaten Haushalte die hierzu notwendigen Produktionsfaktoren bereitstellen.

Im **Produktivgüterstrom** stellen die privaten Haushalte den Unternehmungen die Produktionsfaktoren zur Verfügung.

Beispiele

- Herr Schneider ist Angestellter in einem Großhandelsunternehmen. Er stellt wöchentlich 38 Stunden seine Arbeitskraft zur Verfügung.
- Herr Weintraut hat ein Grundstück geerbt, das er an ein Gartencenter-Unternehmen langfristig verpachtet hat.
- Frau Albert ist vermögend. Aufgrund ihres Besitzes von 3.500 Bayer-AG-Aktien ist sie Miteigentümerin dieser Unternehmung.

Die Produktion in den Unternehmungen ist in ihrer letzten Bestimmung auf den Konsum gerichtet. Die Unternehmungen stellen die Konsumgüter her, um diese anschließend an die Haushalte zu verkaufen.

[1] Vgl. hierzu Seite 278 ff.

Im **Konsumgüterstrom** fließen die von Unternehmungen produzierten Konsumgüter an die privaten Haushalte.

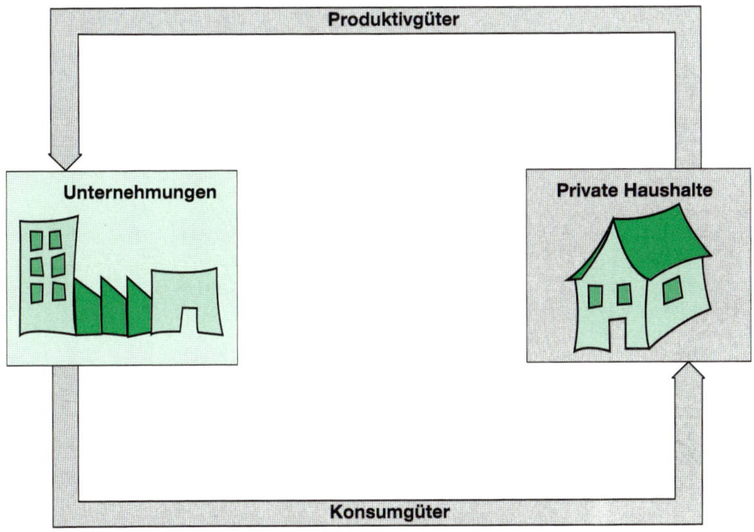

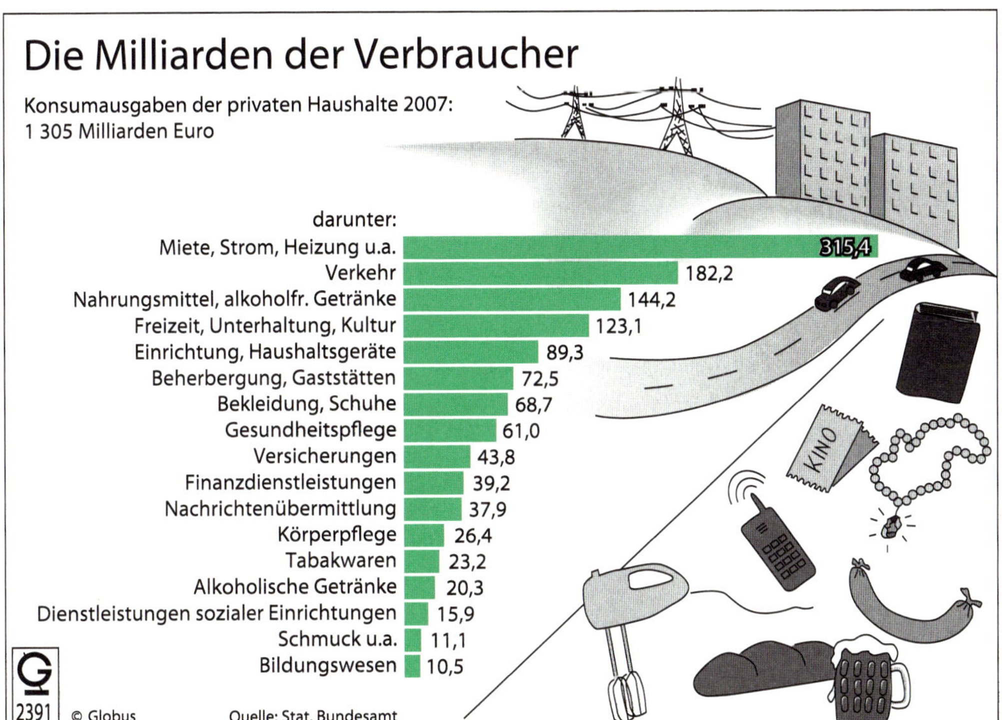

Der Produktivgüterstrom und der Konsumgüterstrom bilden zusammen den **Güterkreislauf**.

Der Güterkreislauf zwischen den Unternehmungen und den privaten Haushalten ist Grundmerkmal jeder arbeitsteiligen Volkswirtschaft. Es ist leicht zu erkennen, dass eine Unterbrechung des Produktivgüterstroms auch zu einer Unterbrechung des Konsumgüterstroms führen würde.

Beispiel

Die Haushalte verzichten darauf, den Unternehmungen ihre Arbeitskraft zur Verfügung zu stellen. Da in diesem Fall in den Unternehmungen nicht weiterproduziert werden könnte, müsste zwangsläufig auch der Konsumgüterstrom ausbleiben. Die Haushalte wären gezwungen, sich mit den Gütern, die sie zur Deckung ihres Bedarfs benötigen, selbst zu versorgen.

Geldkreislauf

Als Gegenleistung für die Bereitstellung der Produktionsfaktoren Arbeit, Boden und Kapital erzielen die Haushalte ein **Einkommen** in Form von Löhnen und Gehältern, Pachten, Mieten, Zinsen und Gewinnen.

Im **Einkommenstrom** erhalten die privaten Haushalte in Form von Geldzahlungen das Entgelt für die Bereitstellung der Produktionsfaktoren.

Während die Zahlungen für Löhne und Gehälter, Zinsen und Pacht für die privaten Haushalte Einkommensquelle sind, bedeuten sie für die Unternehmungen Aufwendungen. Auch der Unternehmensgewinn ist Einkommensquelle: Er wird an die Eigentümer der Unternehmung ausgeschüttet und fließt damit deren Privathaushalt zu.

Beispiele

- Herr Schneider bezieht als Angestellter ein Monatsgehalt von 3.700,00 EUR.
- Herr Weintraut erzielt aufgrund der Verpachtung seines Grundstücks an ein Gartencenter eine jährliche Pachteinnahme von 28.000,00 EUR.
- Frau Albert erhält als Aktionärin von der Bayer AG eine jährliche Gewinnausschüttung. Aufgrund der guten Ertragslage dieser Unternehmung werden für das zurückliegende Geschäftsjahr 1,35 EUR Dividende je Aktie ausgeschüttet.

Die Haushalte verwenden die erzielten Einkommen zum Kauf der **Konsumgüter**.

Im **Konsumausgabenstrom** leisten die privaten Haushalte Geldzahlungen an die Unternehmungen als Entgelt für die gekauften Konsumgüter.

Die Haushaltsausgaben für Konsumgüter sind daher aus der Sicht der Unternehmungen die Erlöse aus dem Verkauf ihrer Produkte.

Der **Geldkreislauf** setzt sich aus dem Einkommenstrom und dem Konsumausgabenstrom zusammen. Nicht zu Unrecht vergleicht man den Geldkreislauf mit dem Blutkreislauf eines Lebewesens. Das Geld ist der „Treibstoff“, der den Wirtschaftsablauf in Gang hält: Einerseits sind die Geldeinkommen Anreiz für die Haushalte, den Unternehmungen die zur Gütererzeugung erforderlichen Produktionsfaktoren zur Verfügung zu stellen. Andererseits sind die Erlöse mit den darin enthaltenen Gewinnen der Antrieb für die Unternehmungen, die zur Deckung des Bedarfs notwendigen Güter herzustellen und zu verkaufen.

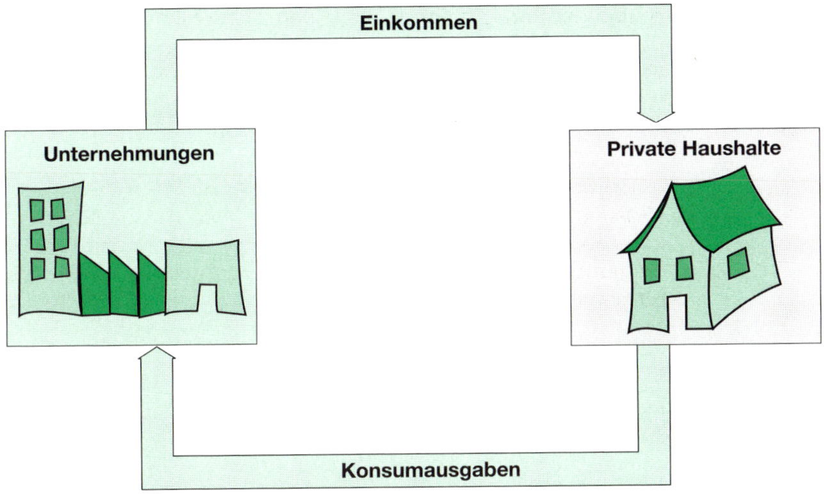

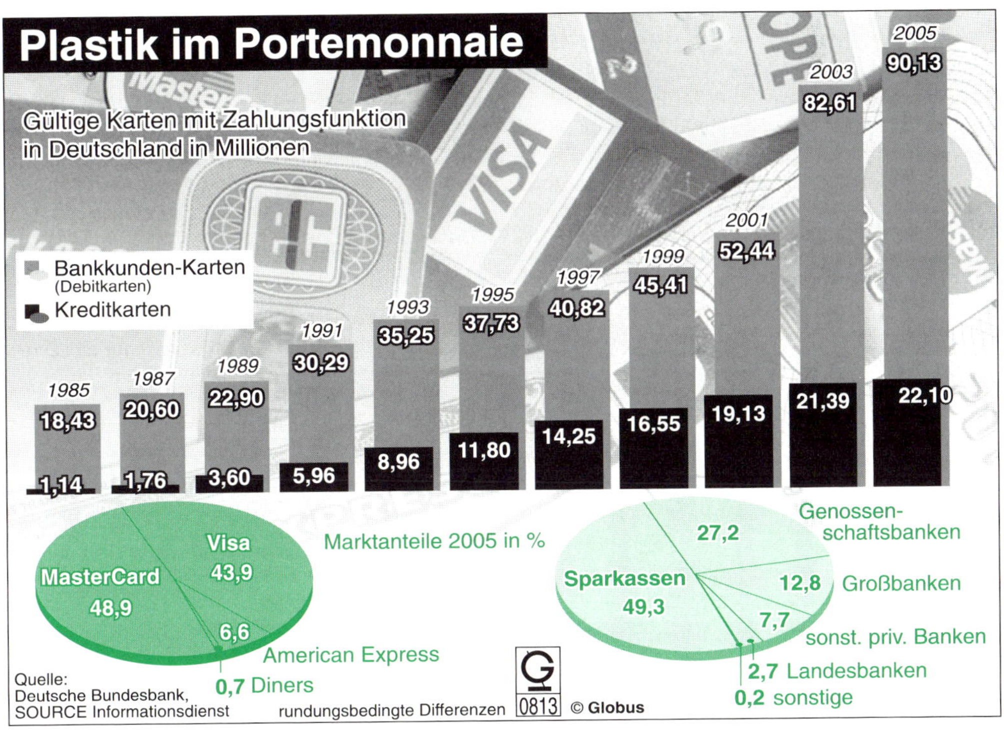

Geldkreislauf und **Güterkreislauf** bilden zusammen den **Wirtschaftskreislauf**, der den Wirtschaftsablauf innerhalb einer Volkswirtschaft in vereinfachter Form darstellt. Geldkreislauf und Güterkreislauf verlaufen in entgegengesetzter Richtung.

Dies ist einfach dadurch begründet, dass auf der einen Seite die Einkommen die Gegenleistung der Unternehmungen für die Bereitstellung der Produktionsfaktoren durch die Haushalte, und auf der anderen Seite die Konsumausgaben die Gegenleistung der Haushalte für die bezogenen Konsumgüter darstellen. Produktivgüterstrom und Einkommenstrom einerseits sowie Konsumgüterstrom und -ausgabenstrom andererseits stimmen folglich wertmäßig überein.

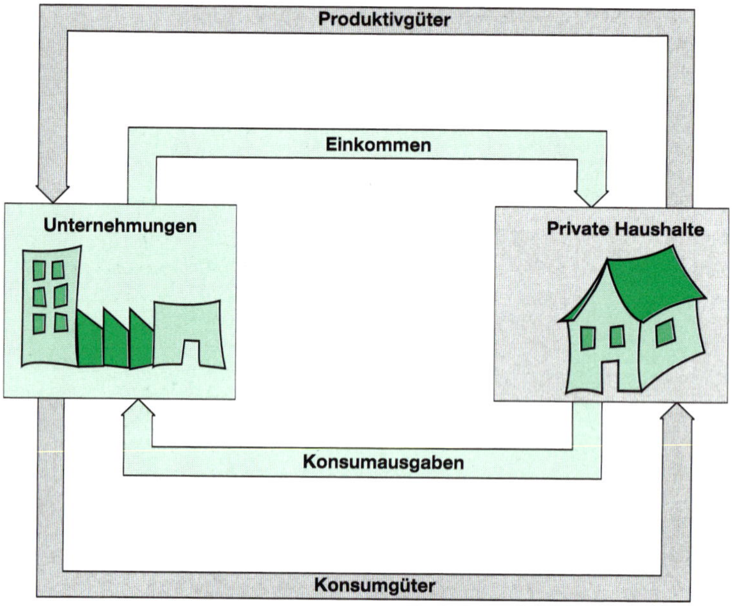

Da die Produktionsfaktoren in den Unternehmungen und die Konsumgüter in den Haushalten aufgebraucht, „verzehrt" werden, müssen sie immer wieder neu in den Güterkreislauf eingebracht werden.

Beispiele

- Die in den Unternehmungen benutzten Maschinen haben nur eine begrenzte Lebensdauer und müssen daher in bestimmten Zeitabständen ersetzt werden.
- Die Mitarbeiter der Unternehmungen müssen ihre Arbeitskraft jeden Tag neu zur Verfügung stellen.

Das Geld führt dagegen einen dauernden Kreislauf aus. Eine bestimmte Geldmenge reicht folglich aus, um den Wirtschaftskreislauf dauerhaft aufrechtzuerhalten.

5.1.3 Erweiterter Wirtschaftskreislauf

Im Modell des einfachen Wirtschaftskreislaufs ist unterstellt worden, dass die privaten Haushalte ihr gesamtes Einkommen für den Kauf von Konsumgütern ausgeben. Auch die Rolle des Staates wird in diesem Modell nicht berücksichtigt. Beides ist wirklichkeitsfremd.

5.1.3.1 Einbeziehung der Kreditinstitute

Sparen

Die privaten Haushalte können frei entscheiden, ob sie ihr Einkommen konsumieren, also zum Kauf von Konsumgütern verwenden, oder ob sie einen Teil davon zurücklegen und sparen.

Sparen ist der Verzicht darauf, einen Teil des Einkommens zu verbrauchen.

Dieser Konsumverzicht ist jedoch nur vorübergehend: Zu einem späteren Zeitpunkt, wenn das Sparziel erreicht ist, dienen die angesammelten Sparbeträge einem konsumtiven Zweck.

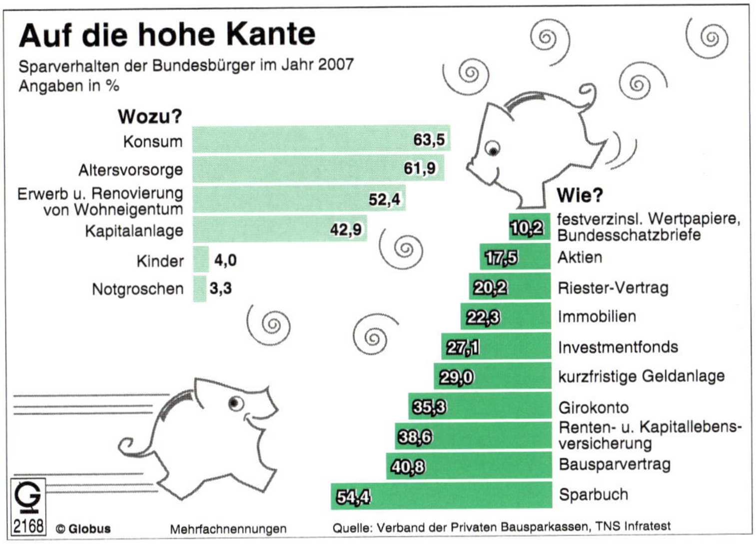

Wer einen Teil seines Einkommens sparen will, wird diesen Betrag möglichst sicher und verzinslich anlegen wollen. Die Geldanlage erfolgt bei den **Kapitalsammelstellen.** Hierzu zählen in erster Linie die Kreditinstitute, daneben auch die Lebensversicherungsgesellschaften.

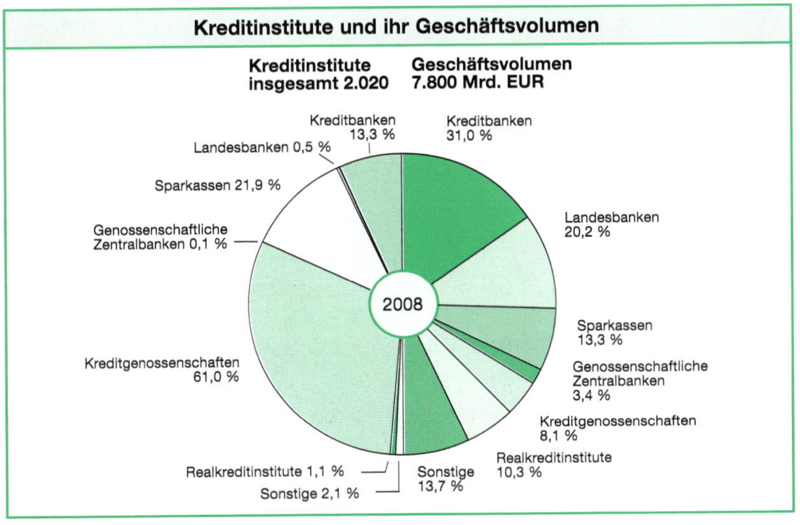

Quellen: Statistisches Bundesamt/Deutsche Bundesbank

Die **Kapitalsammelstellen** bieten ihren Kunden eine Vielzahl nach Betrag, Laufzeit, Rentabilität (Verzinsung) und Risiko unterschiedlicher Möglichkeiten der Geldanlage an.

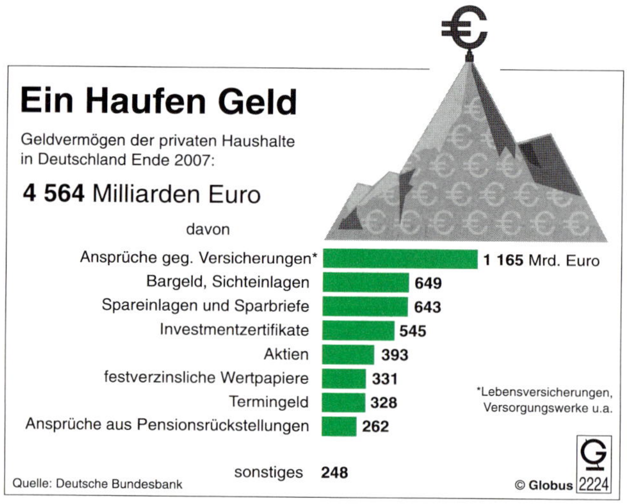

Die **Sparquote** gibt an, wie viel Prozent des verfügbaren Einkommens in einer Volkswirtschaft durchschnittlich gespart wird.

$$\textbf{Sparquote} = \frac{\text{private Ersparnis} \cdot 100}{\text{verfügbares Einkommen}^{1}}$$

Versicherungen, Fonds, Wohnungseigentum

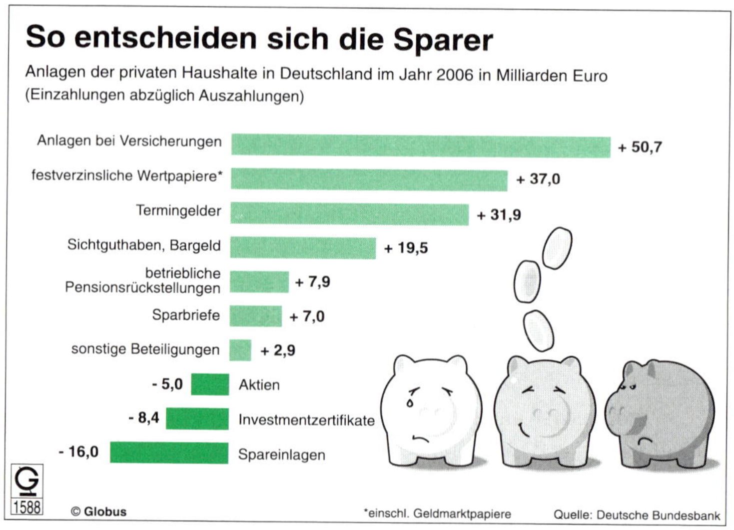

Die **Konsumquote** gibt an, wie viel Prozent des verfügbaren Einkommens für Konsumzwecke ausgegeben wird. Sparquote und Konsumquote addieren sich daher immer zu 100 %.

[1] Vgl. hierzu Seite 416 f.

Für den Fall, dass das laufende Einkommen zur Finanzierung der Ausgaben nicht ausreicht *(z. B. bei größeren Anschaffungen)*, können die privaten Haushalte bei den Kreditinstituten Konsumkredite erlangen.

Investitionen:
Was die Industrie plant

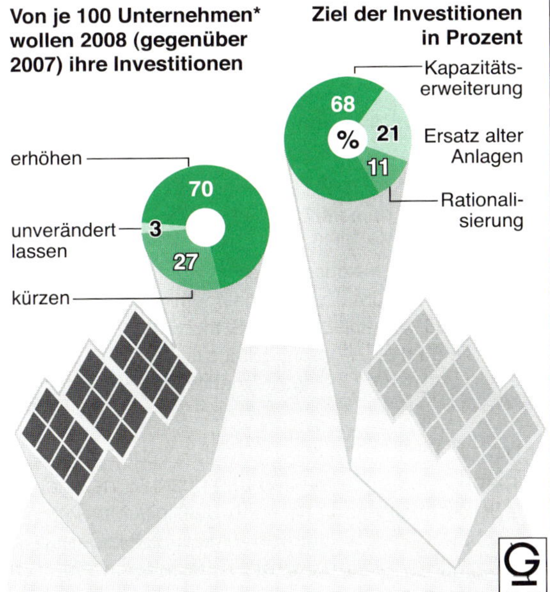

*Westdeutschland Quelle: ifo © Globus

Investieren

Die Kreditinstitute vermitteln die bei ihnen angelegten Geldbeträge an die Unternehmungen weiter. Diese Geldmittel geben den Unternehmungen die Möglichkeit, Investitionen vorzunehmen.

Investition ist die Mittelverwendung für Unternehmenszwecke.

Die Investitionsvorhaben können durch langfristige Kredite oder durch Bereitstellung von zusätzlichem Eigenkapital finanziert werden.
Vorübergehend nicht benötigte Geldmittel können auf der anderen Seite von den Unternehmungen bei Kreditinstituten *(z. B. in Form von Termineinlagen)* verzinslich angelegt werden.

Beispiel

Die WEKA Fertighaus AG stellt eine zunehmende Nachfrage nach ihrem neuesten Produkt „Wochenend 2003" fest. Die vorhandenen Produktionsanlagen reichen nicht mehr aus, um alle Kaufwünsche fristgerecht erfüllen zu können.
Für eine Erweiterungsinvestition werden 30.000.000,00 EUR benötigt.
Der Kapitalbedarf soll durch einen Investitionskredit und durch die Ausgabe zusätzlicher Aktien gedeckt werden.
Die Deutsche Bank AG gewährt den Investitionskredit und vermittelt die neuen WEKA-AG-Aktien an ihre Kunden.

Einkommens- und Kapazitätseffekt von Investitionen

Investitionen lassen sich in eine Phase der Durchführung und in eine Phase der Nutzung der Investition einteilen. Volkswirtschaftlich ergibt sich während der ersten Phase ein **Einkommenseffekt** und während der zweiten Phase ein **Kapazitätseffekt.**

> Investitionen haben einen **Einkommens-** und einen **Kapazitätseffekt.**

Beispiel

Der Bau einer Hochgeschwindigkeits-Zugstrecke zwischen zwei Großstädten erfordert eine Gesamtinvestition von 770 Mio. EUR.
Nach einer Bauzeit von 5 Jahren kann die Strecke erstmalig in Betrieb genommen werden.
Während der Bauzeit gibt die Deutsche Bahn AG folgende Beträge aus:
380 Mio. EUR an die Bauwirtschaft für die Streckenbauten
120 Mio. EUR an die Stahlindustrie für die Schienenstränge
70 Mio. EUR an die Elektroindustrie für die elektrotechnische Ausstattung
150 Mio. EUR an die Maschinenbauindustrie für Triebwagen und Waggons
50 Mio. EUR an Dienstleistungsunternehmen für Projektion, Marketing, Kreditbereitstellung usw.
In dieser Phase entstehen aus der Investitionssumme von 770 Mio. EUR Einkommen in Form von Löhnen und Gehältern, Zinsen und Gewinnen. Aufgrund ihrer Aufträge an die Zulieferbetriebe wird die Deutsche Bahn AG damit indirekt zum Arbeitgeber für ca. 5.000 Arbeitnehmer in den verschiedensten Branchen.

> Unter dem **Einkommenseffekt** einer Investition versteht man die Tatsache, dass das investierte Kapital in der ersten Phase ausschließlich neues Einkommen entstehen lässt, ohne dass die Investition selbst einen zusätzlichen Output an Gütern und Dienstleistungen erwirtschaftet.

Die sich aus den investierten Geldmitteln ergebende Nachfrage wirkt sich fördernd auf die Beschäftigungssituation innerhalb der Volkswirtschaft aus.
Nach Beendigung der reinen Investitionsphase verändert sich das Bild. Aufgrund der Investition kann die Unternehmung ihre Leistungen am Markt anbieten und entsprechende Erträge erzielen.

> Die Wirkung der Investition auf das Produktionsvolumen der Unternehmung bezeichnet man als **Kapazitätseffekt.**

Beispiel

Die Hochgeschwindigkeitsstrecke der Deutschen Bahn AG wird in Betrieb genommen. Aufgrund der günstigen Anbindung zweier Großstädte kann das Beförderungsvolumen verdoppelt werden. Nach kurzer Zeit erweist sich, dass die eingesetzten Züge zu 90 % ausgelastet sind.
Die Deutsche Bahn AG beschäftigt auf der neuen Strecke zusätzliche 500 Arbeitnehmer.

Einkommens- und Kapazitätseffekt treten in einem bestimmten zeitlichen Abstand voneinander auf. Wie groß der zeitliche Abstand ist, hängt von der Art der Investition ab.

Beispiele

- Wenn ein Handwerker seinen Betrieb erweitert, kann die Investition schon nach wenigen Wochen erste Früchte tragen.
- Der Neubau eines Gewerbeparks oder einer Industrieanlage kann dagegen mehrere Jahre in Anspruch nehmen.

Entscheiden sich viele Unternehmen zu etwa gleicher Zeit, in stärkerem Umfang zu investieren, so kurbelt dies die gesamtwirtschaftliche Nachfrage als Folge des Einkommenseffektes kräftig an und wirkt dadurch konjunkturbelebend.
Nach einiger Zeit erhöhen sich aufgrund der Investitionen die Produktionskapazitäten der Unternehmen. Aufgrund der Investition werden zusätzliche Arbeitskräfte benötigt, um die zusätzlichen Maschinen, Produktionsanlagen usw. zu bedienen und die zusätzlichen kaufmännischen Aufgaben in der Unternehmung wahrzunehmen. Um die Auslastung der Kapazitäten zu sichern, muss allerdings eine ausreichende zusätzliche Nachfrage nach den Produkten vorhanden sein, die jetzt auf den Markt gelangen. In einer stetig wachsenden Wirtschaft entstehen durch Investitionen immer wieder neue Einkommen und Kapazitäten.

Aus dem Einkommens- und Kapazitätseffekt erklärt sich, weshalb Bundesregierung, Zentralbank, Tarifparteien und die Wirtschaftspresse in Zeiten schlechter Konjunktur und dadurch verursachter Arbeitslosigkeit auf die Investitionsbereitschaft der Unternehmen blicken. Springt der „Motor der Investitionen“ an, so stehen die Aussichten auf konjunkturelle Erholung, wirtschaftliches Wachstum und Abbau der Arbeitslosigkeit nicht schlecht.

Gesamtwirtschaftliche Wirkungen von Investitionen

in der Phase der Durchführung:	in der Phase der Nutzung:
Einkommenseffekt	**Kapazitätseffekt**
■ zusätzliche Nachfrage aufgrund der Investitionsdurchführung ■ zusätzliches Einkommen (ohne zusätzliches Güterangebot)	■ zusätzliches Güterangebot aufgrund der erhöhten Kapazität ■ zusätzliches Einkommen aus dem Verkauf der produzierten Güter
↓	↓
Initialzündung für weiteres Wachstum →	Voraussetzung für weiteres Wachstum

Voraussetzung für die Durchführung von Investitionen in den Unternehmungen ist eine entsprechende Ersparnisbildung der privaten Haushalte.
Im Kreislaufmodell wird deutlich, dass nur solche Geldbeträge für Investitionen zur Verfügung stehen, die bei Kreditinstituten angelegt werden. Geldbeträge, die stattdessen gehortet werden („im Sparstrumpf verschwinden“), werden dem Geldkreislauf vorübergehend entzogen und können deshalb nicht produktiv verwendet werden.

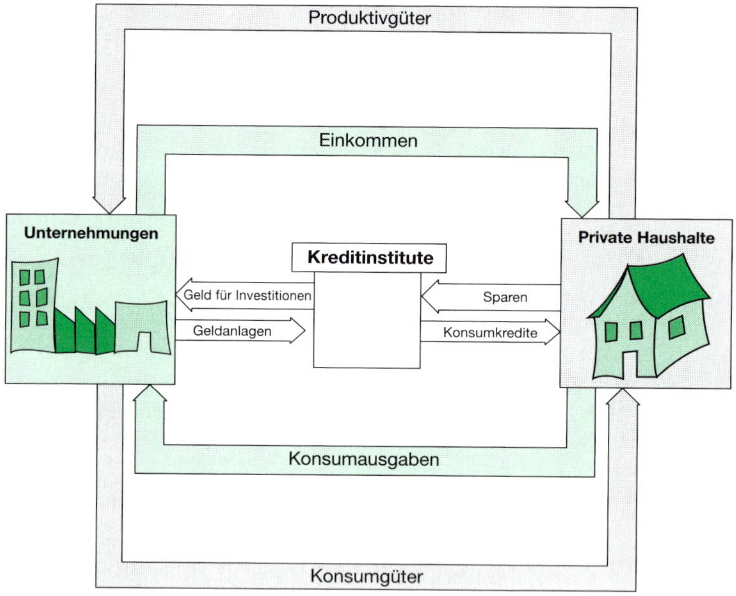

Gesamtwirtschaftliche Funktionen der Kreditinstitute		
Ballungs- und Größentransformationsfunktion	**Vertrauens- und Risikotransformationsfunktion**	**Fristentransformationsfunktion**
Im **Einlagengeschäft** erhalten die Kreditinstitute von ihren Kunden Sichteinlagen für den Zahlungsverkehr sowie Termin- und Spareinlagen zum Zweck der Geld- und Kapitalanlage. Diese vielen, vom jeweiligen Einzelvolumen relativ geringen Einlagenbeträge werden gebündelt und können im **Kreditgeschäft** in höheren Beträgen bereitgestellt werden. Durch das Sammeln kleiner Einlagenbeträge und deren Zusammenballung zu großen Kreditbeträgen erfolgt eine Größentransformation.	Die Kunden vertrauen auf die sichere Verwaltung der den Kreditinstituten anvertrauten Vermögenswerte. Die Kreditinstitute achten bei ihrer Kreditvergabe auf eine hinreichende Bonität der Kreditnehmer und berücksichtigen das Prinzip der **Risikostreuung,** indem sie ihr Kreditvolumen auf große Zahl nach Art, Kundenkreis, Höhe und Laufzeit unterschiedliche Kredite verteilen. Der einzelne Anleger wäre hierzu nicht in der Lage. Würde er sein Geld einem einzelnen Kreditnehmer zur Verfügung stellen, so würde dessen Zahlungsunfähigkeit für ihn zu einem Totalverlust führen. Durch die Darlehensvergabe an sehr viele unterschiedliche Kreditnehmer erfolgt eine Risikotransformation.	Die Kreditinstitute transformieren kurz- und mittelfristige Einlagen in langfristige Kredite: Ein Teil der Einlagen steht den Kreditinstituten langfristig zur Verfügung, da nicht alle Kunden im Rahmen der formal kurz- und mittelfristigen Kündigungsfristen über sie verfügen. Es verbleibt somit ein **Bodensatz** auf den Konten, der zu langfristigen Kreditgewährungen verwendet werden kann. Langfristige Kredite sind gesamtwirtschaftlich von großer Bedeutung, da Investitions- und Bauvorhaben einen langfristigen Kapitalbedarf verursachen. Ohne die langfristige Mittelbereitstellung durch Kreditinstitute wären wirtschaftliches Wachstum und privater Wohnungsbau nicht möglich.

Eine differenziertere Betrachtung macht deutlich, dass die Vermittlerfunktion der Kreditinstitute weitaus vielfältiger ist, als es sich zunächst im einfachen Modell darstellt.
Es ist offensichtlich, dass mit der zunehmenden **Entstofflichung des Geldes** die zentrale Stellung der Kreditinstitute zusätzlich betont wird. Bis auf die immer geringer werdenden Bargeld-

transaktionen des täglichen Lebens vollziehen sich sämtliche monetären Ströme unter Mitwirkung der Kreditinstitute. Der weitaus größte Teil des privaten Geldvermögens ist den Kreditinstituten anvertraut.
Funktionsstörungen innerhalb der Kreditwirtschaft und ein Vertrauensverlust gegenüber den Kreditinstituten können zu einer Krisensituation innerhalb der Volkswirtschaft führen. Dies macht eine vorbeugende und umfassende gesetzliche Reglementierung und **staatliche Beaufsichtigung der Kreditinstitute** erforderlich.

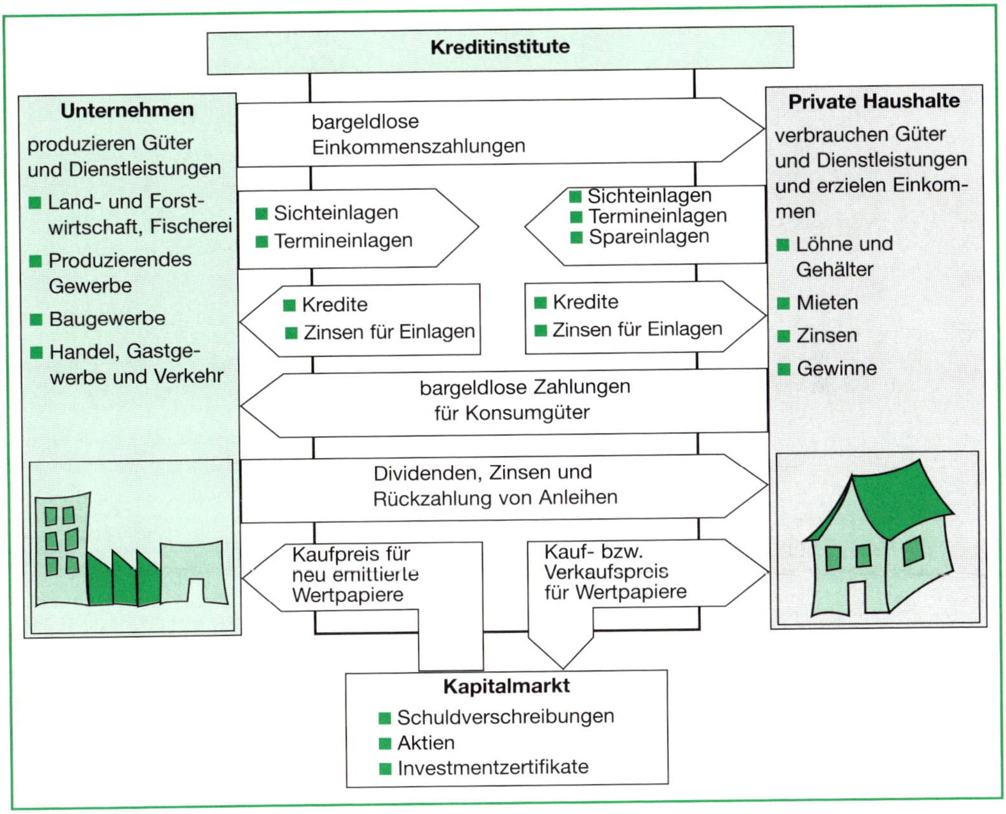

Bei den Kreditinstituten lässt die Bilanz besonders deutlich Umfang und Schwerpunkte der geschäftlichen Tätigkeit erkennen. Die Annahme von Einlagen einerseits und die Kreditvergabe andererseits sind die wesentlichen Aufgaben des Bankensystems, die entsprechend im Bild der konsolidierten (= zusammengefassten) Bilanz erscheinen (Werte in Mio EUR).

Aktiva der Kreditinstitute	2004	2006	2008
Barreserve	50.900	58.800	67.800
Kredite an Kreditinstitute	2.474.800	2.742.400	3.205.500
Kredite an Nichtbanken	3.617.000	3.773.800	3.998.200
Beteiligungen	147.000	149.600	160.700
Sonstige Aktiva	260.800	256.600	349.800
Bilanzsumme	6.550.500	6.981.200	7.782.000

Passiva der Kreditinstitute	2004	2006	2008
Einlagen und aufgenommene Kredite von Kreditinstituten	2.082.500	1.972.400	2.270.400
Einlagen und aufgenommene Kredite von Nichtbanken	2.294.500	2.625.200	2.955.000
Inhaberschuldverschreibungen im Umlauf	1.298.600	1.663.200	1.708.100
Eigenkapital (einschl. offener Rücklagen gem. § 10 KWG)	334.000	322.500	361.700
Sonstige Passiva	540.900	397.900	486.800
Bilanzsumme	6.550.500	6.981.200	7.782.000

5.1.3.2 Einbeziehung des Staates

Der Staat ist – neben den Unternehmen, den privaten Haushalten und dem Ausland – einer der vier großen Sektoren der Volkswirtschaft. In unserer Gesellschaftsordnung ist er kein zentral gesteuertes Gebilde, sondern er besteht aus einer Vielzahl einzelner Entscheidungseinheiten, die ihre speziellen Belange vertreten, dabei jedoch in den gemeinsamen Rahmen des Verfassungs-, Staats- und Haushaltsrechts eingebettet sind. **Öffentliche Unternehmen** *(z. B. Versorgungsbetriebe, Sparkassen)* werden in den Sektor Staat nicht einbezogen. Sie gehören in der Volkswirtschaftlichen Gesamtrechnung zum Unternehmenssektor.

Der Wirtschaftssektor **Staat** ist die Zusammenfassung aller öffentlichen Haushalte. Hierzu zählen die **Gebietskörperschaften** (Bund, Länder, Städte, Gemeinden), die Einrichtungen der **Sozialversicherung** und alle sonstigen staatlichen Institutionen, die gemeinnützige Aufgaben erfüllen.

Die Rolle des Staates ist aus den Volkswirtschaften der Gegenwart nicht mehr wegzudenken. Seine vielfältigen Aufgaben in den Bereichen der öffentlichen Verwaltung, der Rechtsprechung, der Landesverteidigung, des Zivilschutzes, des Umweltschutzes, im Gesundheits-, Bildungs- und Sozialwesen kann der Staat nur erfüllen, wenn er über entsprechende Einnahmen verfügt.
Nur über die finanziellen Anstrengungen der gesamten Bevölkerung können diese Aufgaben bewältigt werden.

Die Aufgaben des Staates

Wandlungen in der Auffassung vom Staat und seinen Aufgaben lassen sich besonders deutlich aus den Ansprüchen der Bürgerinnen und Bürger an das Leistungsangebot im öffentlichen Bereich ablesen. Lange Zeit hatte der Staat in erster Linie die allgemeinen Rahmenbedingungen für ein geordnetes Zusammenleben zu setzen und den Schutz nach außen zu sichern. Heute wird ihm eine Vielzahl zusätzlicher Leistungen abverlangt. Die Sorge für Bildung und Ausbildung, die soziale Sicherung, die Mitwirkung bei der Versorgung mit Wohnraum sind hierfür nur einige Beispiele.

Auch im wirtschaftlichen Bereich wird der Staat zunehmend in die Pflicht genommen. Über die traditionelle Aufgabe der Bereitstellung und Verbesserung der Infrastruktur hinaus hat er – entsprechend den allgemeinen Leitlinien der Wirtschaftspolitik – alles zu tun, um wirtschaftliche Stabilität und ein angemessenes Wachstum zu sichern und die Prinzipien des Sozialstaates zu verwirklichen. In vielen Bereichen von Wissenschaft und Forschung, bei der Förderung von Sport und Kultur usw. sind staatliche Hilfen inzwischen selbstverständlich geworden.

Alle diese Aufgaben erfordern den Einsatz erheblicher finanzieller Mittel, die von der Allgemeinheit bzw. der Wirtschaft über Steuern, Gebühren, Beiträge und durch Kredite aufgebracht werden müssen. Zur öffentlichen Haushaltswirtschaft gehören Einnahmen und Ausgaben von Bund, Ländern, Gemeinden, Gemeindeverbänden und kommunalen Zweckverbänden, ferner der Lastenausgleichsfonds und das ERP-Sondervermögen, das aus der Marshallplanhilfe der USA nach dem Zweiten Weltkrieg hervorgegangen ist, sowie die Etats der Sozialversicherungsträger und der Bundesanstalt für Arbeit.

Aufgaben ganz besonderer Art haben sich mit der deutschen Vereinigung ergeben. Die Deckung des großen Finanzbedarfs erfolgt in erster Linie durch spezielle Sonderfonds des Bundes. Die Finanzierung des Aufbaus einer modernen Infrastruktur der neuen Bundesländer erfolgte in den ersten Jahren durch den Fonds „Deutsche Einheit“.

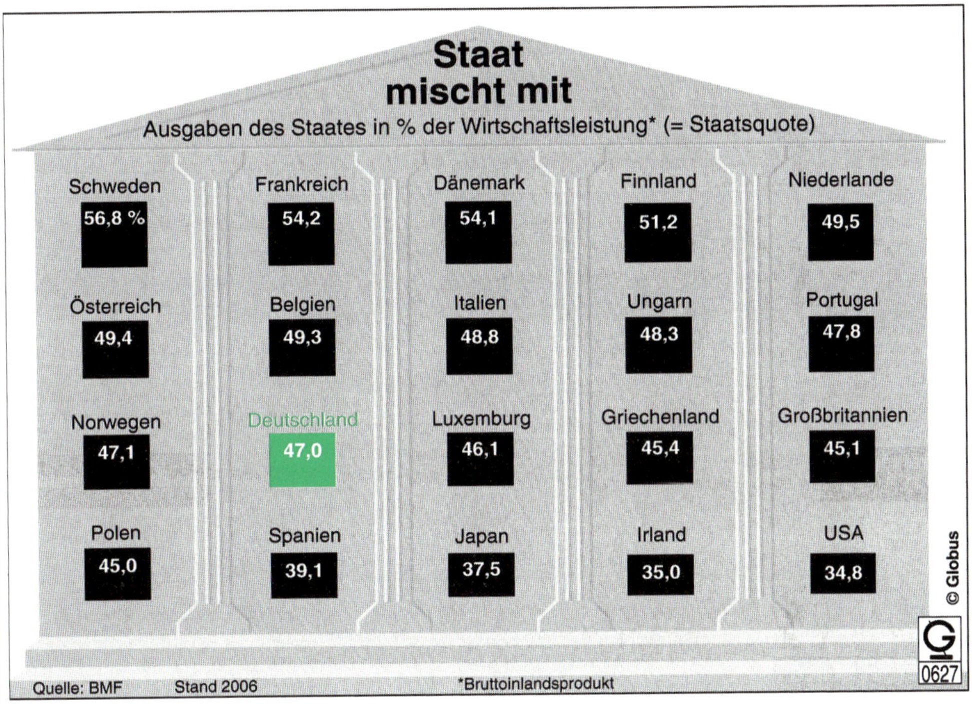

Staatseinnahmen

Die Staatseinnahmen setzen sich zum überwiegenden Teil aus den verschiedenen **Steuern** zusammen, die der Staat zwangsweise bei den privaten Haushalten und Unternehmungen erhebt. Daneben erzielt der Staat Einnahmen aufgrund von **Gebühren** und **Beiträgen,** die das Entgelt für die Inanspruchnahme staatlicher Leistungen darstellen.

Beispiele

- Beiträge zur gesetzlichen Renten-, Kranken-, Pflege- und Arbeitslosenversicherung
- Ausstellungsgebühr für einen neuen Reisepass

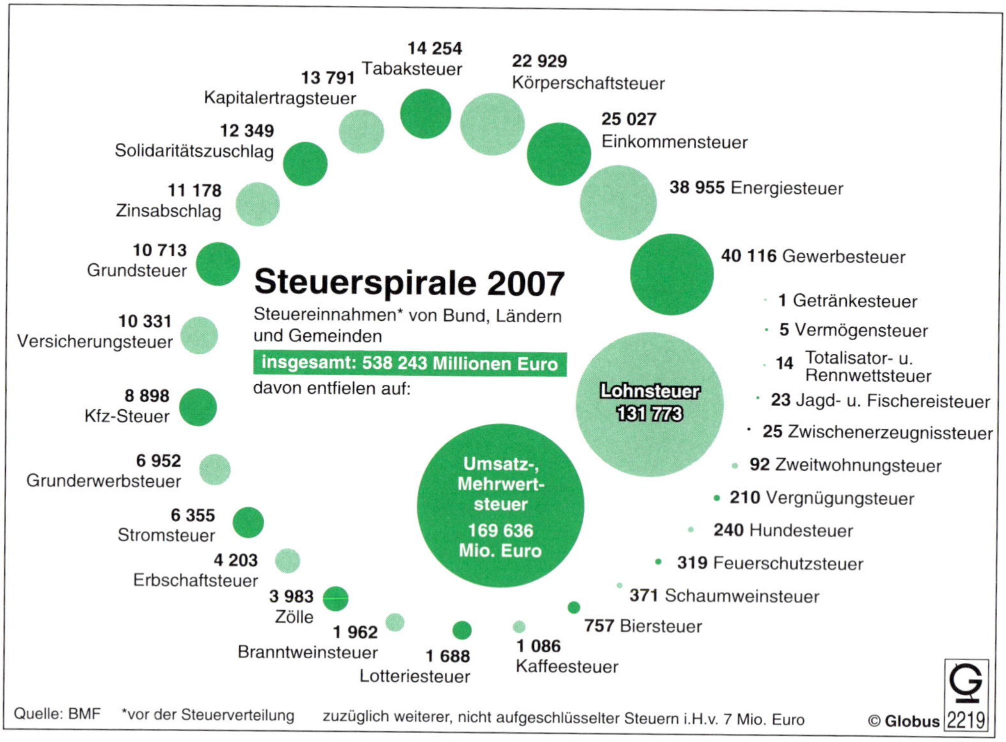

Soweit zur Finanzierung der Staatsausgaben die eigenen Einnahmen der öffentlichen Haushalte nicht ausreichen, greifen sie auf „angesparte“ Rücklagen zurück oder nehmen am Kreditmarkt Kredite auf. Dies hat zu einer wachsenden öffentlichen Verschuldung geführt. Der Schuldenstand der öffentlichen Haushalte betrug 2008 mehr als 1.550 Mrd. EUR.

Davon entfielen auf den Bund einschließlich seiner Sondervermögen ca. 957 Mrd. EUR, auf die Länder 478 Mrd. EUR und auf die Gemeinden und Gemeindeverbände (einschließlich Zweckverbände) 118 Mrd. EUR. Die öffentlichen Schulden entstehen zum größten Teil über den Kreditmarkt, d. h. durch die Ausgabe von Wertpapieren (Anleihen, Schatzbriefe usw.) oder durch die direkte Aufnahme von Darlehen bei inländischen Versicherungen, Kreditinstituten u. Ä. (einschließlich Sozialversicherungsträger) sowie im Ausland.

Der erhebliche Finanzbedarf infolge der deutschen Wiedervereinigung und aufgrund wachsender internationaler Verpflichtungen erfordert kurzfristig eine verstärkte Inanspruchnahme des Kreditmarktes durch die öffentlichen Haushalte. Die Diskussion über Auswirkungen und Grenzen der Staatsverschuldung gewinnt daher erneut an Aktualität. Nach dem Grundgesetz *(Art. 115)* darf die jährliche Kreditaufnahme des Bundes die Summe der im Haushaltsplan veranschlagten Ausgaben für Investitionen nicht überschreiten. Gleichwohl ist auch bei Einhaltung dieses Grundsatzes zu beachten, dass zunehmende Verschuldung zu steigenden Zinszahlungen führt, die den Spielraum der Haushalte künftiger Jahre einengen. Die Zinslast für die Staatsschulden lag z. B. 1975 bei 7,7 Mrd. EUR jährlich, war 1978 auf 11,2 Mrd. EUR gestiegen und betrug 1986 bereits knapp 29,7 Mrd. EUR. 2007 waren es 67,4 Mrd. EUR. Die Zinsen betragen damit 6,3 % aller öffentlichen Ausgaben und binden 11,7 % der Steuereinnahmen des Staates.

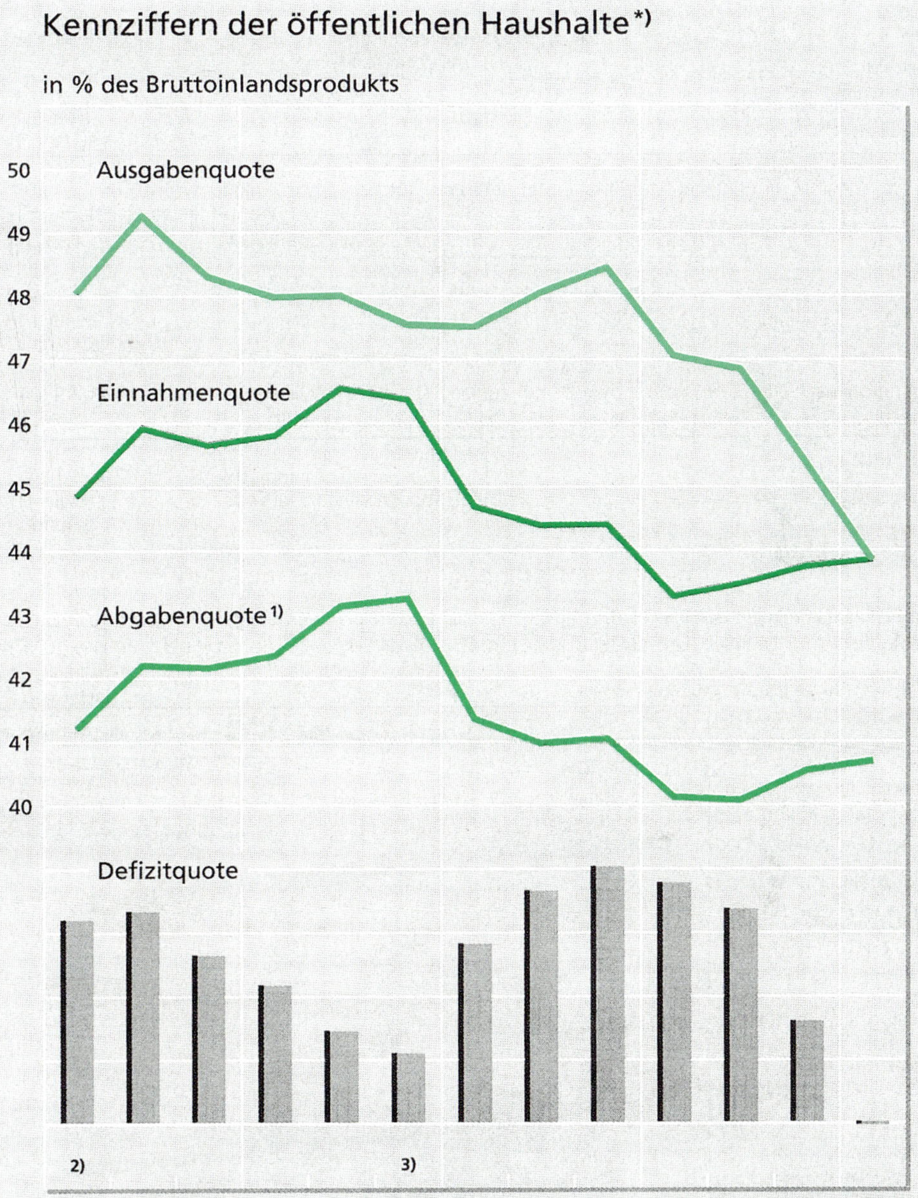

* In der Abgrenzung der Volkswirtschaftlichen Gesamtrechnungen. — **1** Steuern und Sozialbeiträge zzgl. Zöllen und Mehrwertsteueranteil der EU. — **2** Bereinigt um Transaktionen im Zusammenhang mit der Auflösung der Treuhandanstalt. — **3** Ohne Berücksichtigung der Erlöse aus der UMTS-Versteigerung.

Quelle: Deutsche Bundesbank, Geschäftsbericht 2007

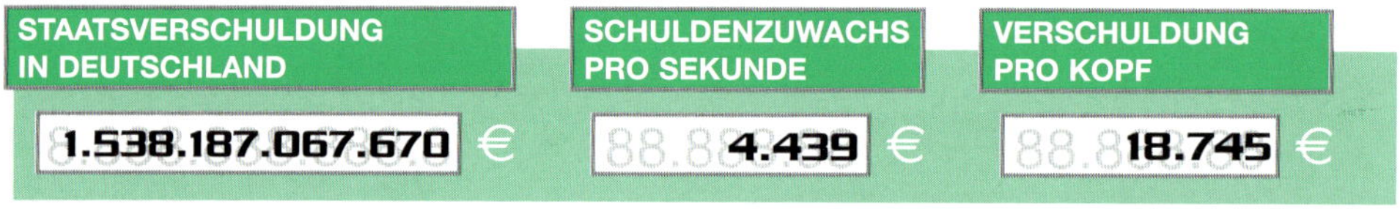

Quelle: www.steuerzahler.de vom 02.03.2009, 10:57 Uhr

Tendenz steigend

Und sekündlich wächst die Schuldensumme ... Unbarmherzig zeigt die Schuldenuhr des Bundes der Steuerzahler die Zunahme der öffentlichen Verschuldung, inzwischen eine Zahl mit 13 Stellen. Und da solche Summen wenig greifbar sind, wird auch die Zunahme pro Sekunde berechnet: Um 4.439,00 EUR exakt steigt die Schuldensumme. Auf jeden Einzelnen entfallen 18.745,00 EUR der öffentlichen Schulden. *(Bild: dpa)*

Staatsausgaben

Als Staatsausgaben fließen die vereinnahmten Geldmittel des Staates wieder an die Unternehmungen und die privaten Haushalte zurück.
Der Geldstrom an die privaten Haushalte umfasst:

- Arbeitsentgelte für die Bediensteten des Staates
- Transferzahlungen

Transferzahlungen sind unentgeltliche Leistungen des Staates an bestimmte Privatpersonen. Durch diese Ausgaben versucht der Staat, innerhalb der Volkswirtschaft für soziale Gerechtigkeit zu sorgen.

Beispiele

- Renten und Pensionen für aus dem Erwerbsleben ausgeschiedene Personen und deren Hinterbliebene
- Sozialleistungen wie Arbeitslosengeld, Wohngeld, Kindergeld usw.

Der Geldstrom an die Unternehmungen umfasst:

Entgelte für Sachleistungen der Unternehmungen an den Staat

Beispiele

- Das Land NRW plant die Errichtung der vierspurigen Rheinbrücke. Nach Ablauf des öffentlichen Ausschreibungsverfahrens erhält die REGO Hochbau AG aufgrund ihres Angebotes über 35.000.000,00 EUR den Zuschlag.
- Die Schulmöbelfabrik Löffert & Co. beliefert die Stadt Dresden mit 200 Schulbänken zur Ausstattung der städtischen Berufsschule zum Preis von 25.000,00 EUR.

Subventionen

Subventionen sind unentgeltliche Zuwendungen des Staates an bestimmte Unternehmungen zur Förderung gesamtwirtschaftlich wichtiger Forschungsvorhaben sowie zur Unterstützung einzelner Wirtschaftsregionen oder Wirtschaftsbranchen.
Die Gewährung von Subventionen kann auch in Form von Steuererleichterungen erfolgen.

Beispiele

- Förderung der Grundlagenforschung zur Nutzung der Sonnenenergie
- Unterstützung der Stahlindustrie zum Erhalt von Arbeitsplätzen

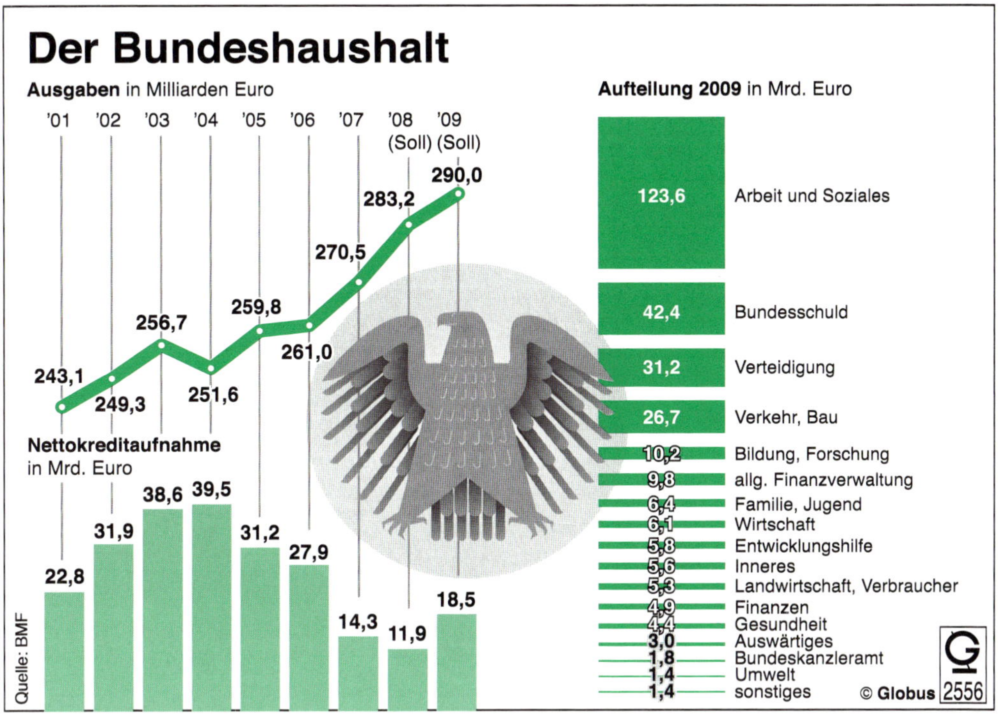

5.1.3.3 Einbeziehung des Auslandes

Der Wirtschaftssektor Ausland besteht aus der Zusammenfassung aller ausländischen Wirtschaftssubjekte.

Der **Außenwirtschaftsverkehr**[1] umfasst den Austausch von Waren, Dienstleistungen und Kapital mit fremden Volkswirtschaften.

Für Deutschland spielen die Beziehungen zum Ausland eine besondere Rolle:
Deutschland ist ein vergleichsweise rohstoffarmes Land und muss deshalb eine Vielzahl der zur Güterherstellung benötigten Produkte aus dem Ausland einführen. Auch können viele Dinge des täglichen Verbrauchs, die wir sehr schätzen *(z. B. bestimmte Lebensmittel)*, nur aus dem Ausland bezogen werden. Schließlich sind die Deutschen sehr reisefreudig und verbringen gerne ihren Urlaub im Ausland.
Das dazu benötigte Geld muss im Gegenzug durch entsprechende Wirtschaftsleistungen für das Ausland „verdient" werden.

Da ungefähr ein Drittel der bei uns erzeugten Produkte an das Ausland verkauft wird, ist eine Vielzahl von Arbeitsplätzen im Inland von der Nachfrage des Auslandes abhängig.

[1] Vgl. hierzu Seite 467 ff.

Ein freier Welthandel ermöglicht eine internationale Arbeitsteilung und dient damit den in den einzelnen Volkswirtschaften lebenden Menschen.

Voraussetzungen für möglichst ungehinderte Wirtschaftsbeziehungen mit ausländischen Volkswirtschaften sind:

- geordnete wirtschaftliche und politische Verhältnisse im In- und Ausland,
- vergleichbare Rechtsordnungen,
- stabile Wechselkurse zwischen den Währungen,
- keine Handelsbarrieren.

Außenwirtschaftsverkehr

Warenverkehr	Dienstleistungsverkehr	Kapitalverkehr	Übertragungen

Warenverkehr

Warenimport: Aus dem Ausland werden Güter importiert.

Beispiele Erdgas aus Russland, Textilien aus Indien, elektronische Geräte aus Korea, Fotokameras aus Japan

Warenexport: Aus dem Inland werden Güter exportiert.

Beispiele Maschinen, pharmazeutische Produkte, Kraftfahrzeuge

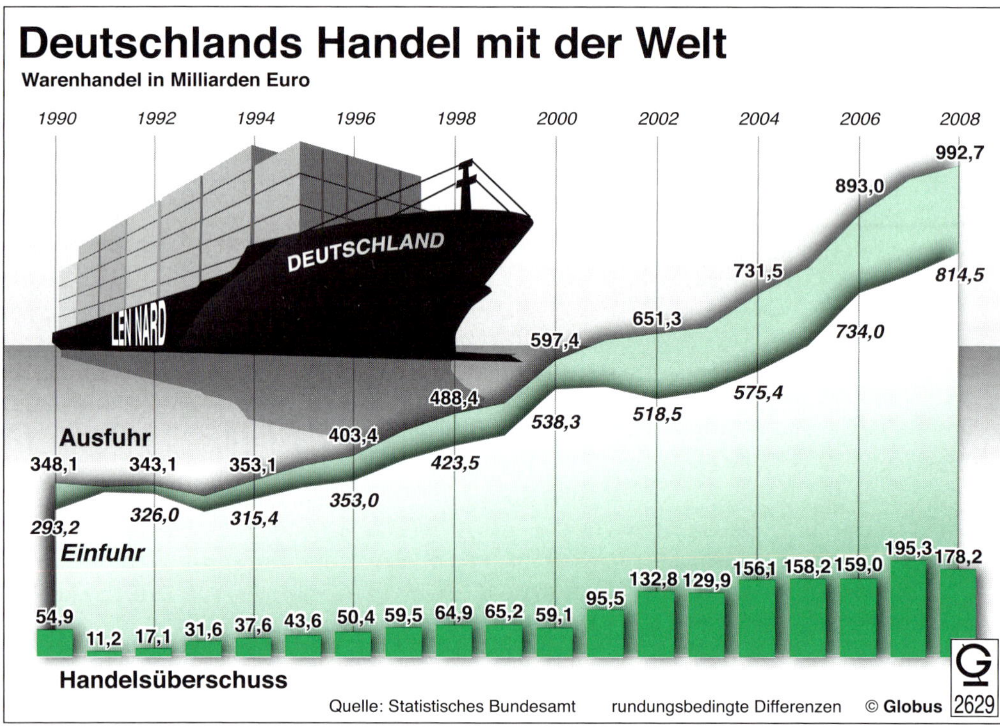

Dienstleistungsverkehr

Dienstleistungsimport: Inländische Wirtschaftssubjekte nehmen Dienstleistungen des Auslandes in Anspruch.

Beispiel Ein Auszubildender verbringt seinen Urlaub in Spanien.

Dienstleistungsexport: Ausländische Wirtschaftssubjekte nehmen Dienstleistungen des Inlandes in Anspruch.

Beispiel Ein Steuerberater berät einen Mandanten in Abu Dhabi.

Kapitalverkehr

Kapitalexport: Inländische Wirtschaftssubjekte legen Geld im Ausland an.

Beispiel Der vermögende Privatkunde Dr. Hamm erwirbt hochverzinsliche Auslandsanleihen.

Kapitalimport: Ausländische Wirtschaftssubjekte legen Geld im Inland an.

Beispiel Ein japanischer Computerhersteller investiert im Inland, indem er hier eine Zweigniederlassung errichtet.

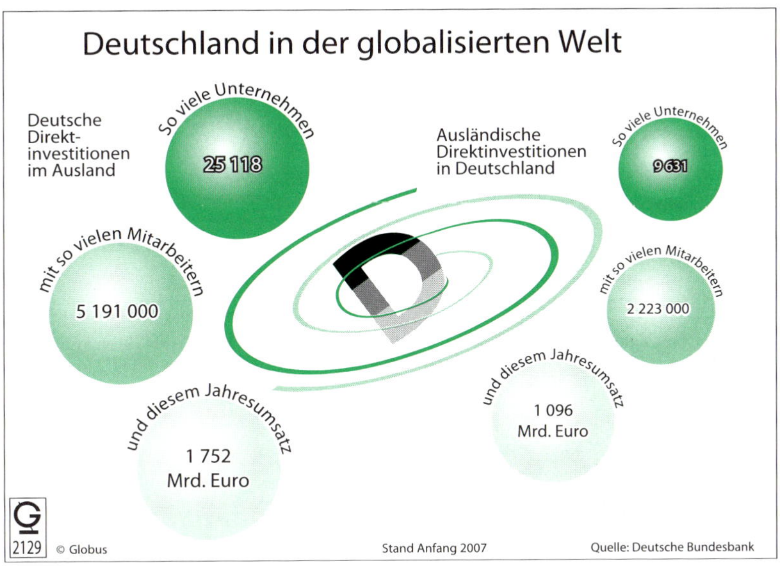

Deutschland in der globalisierten Welt

Die internationale Verflechtung der Wirtschaft nimmt immer stärker zu. So wächst nicht nur der weltweite Warenhandel mit großen Schritten, auch die Zahl und das Volumen der Direktinvestitionen legt kräftig zu. Exportweltmeister Deutschland mischt in diesem Globalisierungsspiel kräftig mit. Die deutsche Industrie benötigt aber nicht nur die Absatzmärkte im Ausland, sie investiert auch direkt in anderen Industrie-, Schwellen- und Entwicklungsländern, errichtet dort Produktionsstätten oder verlagert sogar den Firmensitz dorthin. Dabei wird die Standortfrage auch mit Blick auf die steuerlichen Gegebenheiten und das wirtschaftliche und soziale Umfeld beantwortet. Inzwischen sind mehr als 25.000 deutsche Unternehmen im Ausland mit Direktinvestitionen engagiert. (Globus)

Unentgeltliche Übertragungen

Ausländische Wirtschaftssubjekte erhalten Geld aus dem Inland ohne eine direkte Gegenleistung.

Beispiele

- Entwicklungshilfe an Länder der Dritten Welt
- Spenden im Rahmen der Welthungerhilfe
- Zahlungen von Gastarbeitern an im Ausland gebliebene Familienangehörige

Inländische Wirtschaftssubjekte erhalten unentgeltliche Zahlungen aus dem Ausland.

Beispiel

Ein Inländer erbt von einem ausländischen Verwandten Geld, das er sich hierher überweisen lässt.

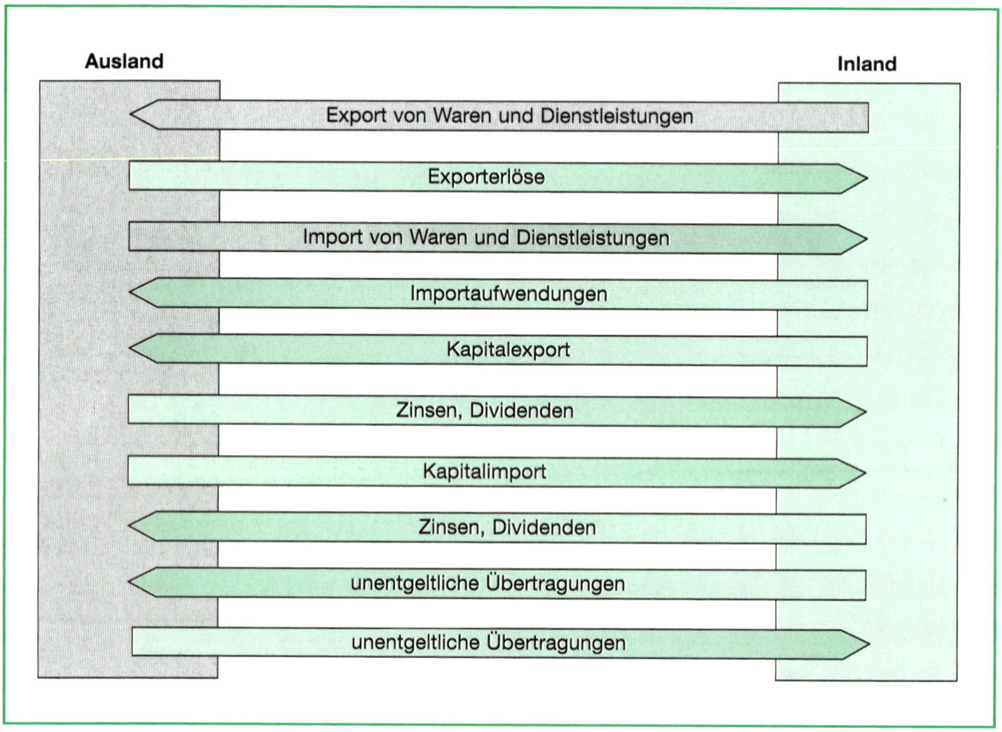

Unter Einbeziehung der Kreditinstitute, des Staates und des Auslandes ergibt sich der **erweiterte Wirtschaftskreislauf**.

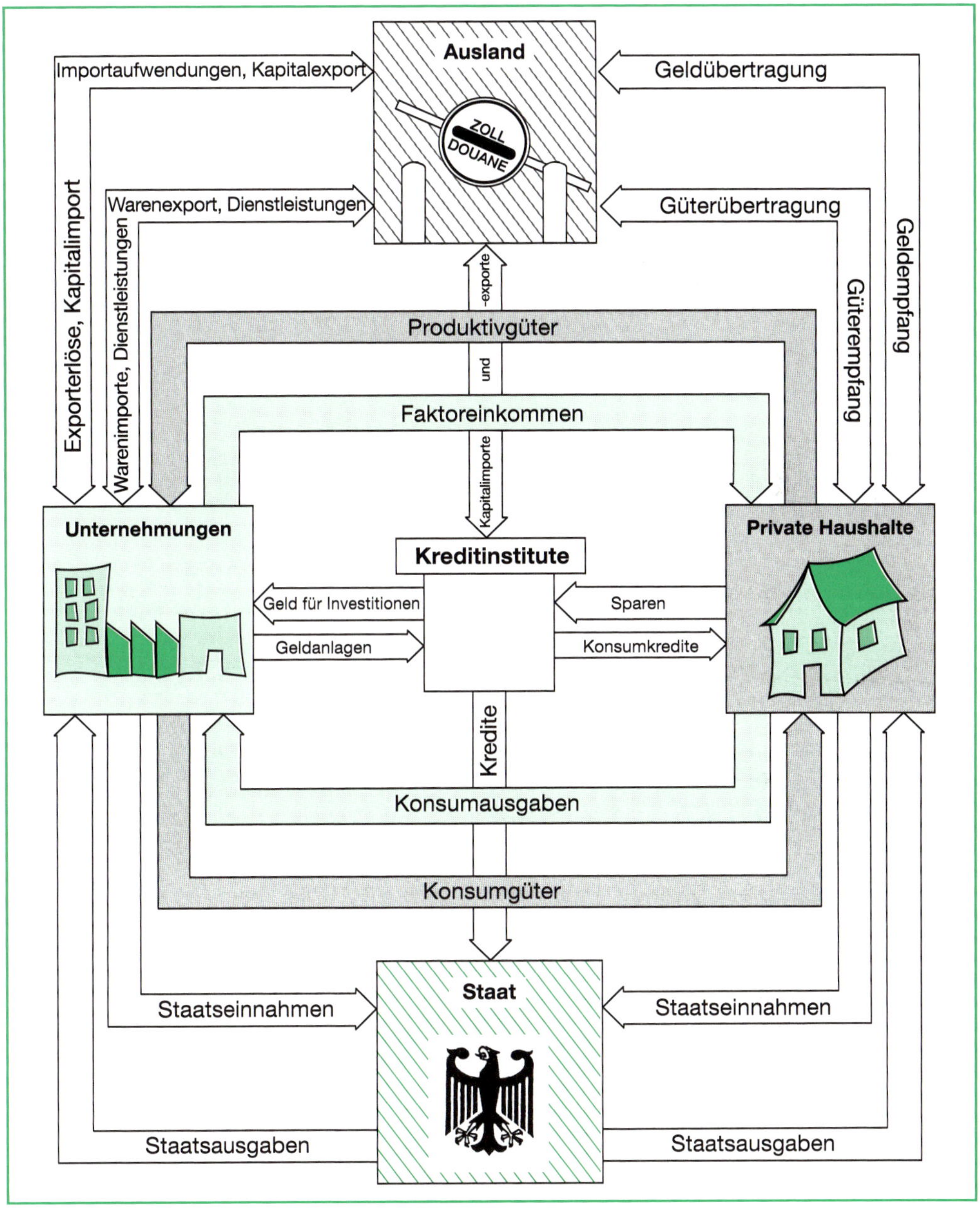

5.1.3.4 Modellkritik

Das Modell vermittelt den Eindruck, als sei der Wirtschaftsablauf stets störungsfrei und als sei das Handeln der verschiedenen Wirtschaftssubjekte völlig aufeinander abgestimmt.
Nicht immer sind in der Wirklichkeit die Annahmen erfüllt, dass

- die privaten Haushalte so viel sparen, wie die Unternehmungen für ihre Investitionen benötigen,
- die Unternehmungen so viele Konsumgüter produzieren, wie die privaten Haushalte kaufen wollen und können,
- der Staat in dem Umfang über Einnahmen verfügt, wie zur Bestreitung der Staatsausgaben erforderlich ist,
- der Austausch von Waren, Dienstleistungen und Kapital mit anderen Volkswirtschaften ausgeglichen ist.

In jeder dynamischen, d.h. im Zeitablauf sich verändernden und fortentwickelnden Volkswirtschaft entstehen Schwankungen und Störungen innerhalb des Wirtschaftsablaufs. Es sind zunächst die Kräfte des Marktes, die auf einen Ausgleich hinwirken. Daneben versucht der Staat, mithilfe seiner Wirtschaftspolitik lenkend und korrigierend auf das Wirtschaftsgeschehen Einfluss zu nehmen.[1]

5.2 Inlandsprodukt und Volkseinkommen

5.2.1 Das Inlandsprodukt – Maßstab des wirtschaftlichen Wohlstands

Um etwas über die wirtschaftliche Leistungsfähigkeit und Entwicklung einer Volkswirtschaft zu erfahren, muss man den gesamten Umfang der Produktion und seine Veränderung im Zeitablauf messen.

> Das **Inlandsprodukt** ist der Gesamtwert aller Sachgüter und Dienstleistungen, die während eines Jahres innerhalb einer Volkswirtschaft produziert werden.

Bildlich gesehen kann man sich das Inlandsprodukt als einen riesigen Berg von Gütern vorstellen, der all das umfasst, was in der Volkswirtschaft während eines Jahres hervorgebracht worden ist, einerlei, ob es sich um Sachgüter *(z. B. Autos)* oder Dienstleistungen *(z. B. Kinobesuche)* handelt.
Die Menge der verfügbaren Produktionsfaktoren und der Wirkungsgrad ihres Einsatzes bestimmen das mögliche Ausmaß des Inlandsprodukts einer Volkswirtschaft.
Um das Inlandsprodukt wertmäßig genau bestimmen zu können, werden die Güter mit ihren Herstellungskosten zuzüglich des Saldos aus Gütersteuern *(z. B. Mineralölsteuer)* und Gütersubventionen bewertet.

Beispiel Der Unterricht in der Schule stellt einen Beitrag des Staates zum Inlandsprodukt dar. Die Gehälter der Lehrer stellen die „Herstellungskosten" des Unterrichts dar.

Statistisch nicht erfasst im Inlandsprodukt sind solche Produktionsleistungen, die unentgeltlich in den privaten Haushalten erbracht werden.

[1] Vgl. hierzu Seite 424 ff.

Beispiele

- Do-it-yourself-Heimwerkerarbeiten
- Obst- und Gemüseanbau im eigenen Garten
- Dienstleistungen, die innerhalb der privaten Haushalte von Familienangehörigen erbracht werden (kochen, putzen, waschen)

Solche Tätigkeiten werden auch als „Schattenwirtschaft" bezeichnet. Dabei sind Do-it-yourself-Arbeiten, Haushaltstätigkeiten, Freiwilligenarbeit in Vereinen etc. Bestandteile der legalen Schattenwirtschaft. Als illegale Schattenwirtschaft ist hingegen die Schwarzarbeit zu bezeichnen. Obwohl eine statistische Erfassung der illegalen Schattenwirtschaft sehr schwierig ist, erfolgt eine Einbeziehung in die Volkswirtschaftliche Gesamtrechnung:

Schattenwirtschaft ist im Inlandsprodukt enthalten

Nach den Regeln des Europäischen Systems Volkswirtschaftlicher Gesamtrechnungen (ESVG) 1995 fallen schattenwirtschaftliche Aktivitäten unter den Produktionsbegriff und sind somit in das BIP einzubeziehen. Es sind also auch solche Produktionstätigkeiten im BIP zu erfassen, die illegal ausgeübt werden oder den Steuer-, Sozialversicherungs-, Statistik- oder anderen Behörden verborgen bleiben. Selbstverrichtete Hausarbeit zählt nach internationalen Konventionen in den Volkswirtschaftlichen Gesamtrechnungen (VGR) nicht zur Produktion.

Allerdings sind schattenwirtschaftliche Aktivitäten anders als „reguläre" Wirtschaftstätigkeiten statistisch schwieriger zu erfassen. In diesem Zusammenhang ergreift das Statistische Bundesamt verschiedene Maßnahmen, um ein möglichst vollständiges BIP zu ermitteln:

- Explizite Zuschläge für Untererfassungen werden vor allem in den Bereichen vorgenommen, für die kurzfristig keine umfassenden statistischen Informationen vorliegen. Auch für Eigenleistungen am Hausbau oder für Trinkgelder werden Sonderrechnungen durchgeführt. Derartige Zuschläge werden regelmäßig bei großen Revisionen überprüft und, falls erforderlich, an neue Erkenntnisse angepasst.
- Eine implizite Erfassung der schattenwirtschaftlichen Aktivitäten erfolgt vielfach durch die Berechnungsmethode selbst. So wird die landwirtschaftliche Produktion anhand der angebauten Flächen und den jeweiligen Durchschnittserträgen ermittelt. Ebenso werden die Wohnungsmieten anhand des Bestandes an Wohnungen – untergliedert nach Größe und anderen Merkmalen – sowie den jeweiligen Quadratmetermieten errechnet. Ob und inwieweit die so berechneten und in das BIP eingehenden Einnahmen steuerlich deklariert werden, entzieht sich der Kenntnis der amtlichen Statistik, ist aber für die vollständige Erfassung derartiger Produktionstätigkeiten ohne Belang.

Die immer wieder zu hörende Behauptung, das deutsche BIP würde die Schattenwirtschaft nicht umfassen, ist also falsch.

Quelle: Statistisches Bundesamt, Bruttoinlandsprodukt 2008 für Deutschland, S. 30

Das Inlandsprodukt wird traditionell als **Wohlstandsindikator,** als Maßstab für den materiellen Wohlstand einer Volkswirtschaft benutzt. Sein Wachstum wird als eine Verbesserung des Lebensstandards der Bevölkerung angesehen.

	2005	**2006**	**2007**
Inlandsprodukt[1]	*2.244,6*	*2.322,2*	*2.423,8*
Wachstum gegenüber dem Vorjahr *in Mrd. EUR* *in Prozent*	 *31,7* *+ 1,4*	 *77,6* *+ 3,5*	 *101,6* *+ 4,4*

Ausdruck für das **Wirtschaftswachstum** einer Volkswirtschaft ist im Allgemeinen der Anstieg des Inlandsprodukts. Ob ein quantitatives Wachstum jedoch *tatsächlich* die Lebensbedingungen der Bevölkerung verbessert, wird zunehmend kritisch betrachtet.

[1] In jeweiligen Preisen.

Die traditionelle Inlandsproduktsberechnung berücksichtigt nämlich nicht die Schäden und Nachteile, die durch die Mehrproduktion verursacht sind:

- Umweltbelastungen und -schäden durch Raubbau an der Natur *(„Waldsterben“)*,
- Klimabelastungen *(„Ozonloch“)*,
- Zivilisationskrankheiten,
- Verlust an Lebensqualität durch Lärm, Verkehrsdichte, Hektik und Stress im Alltag und Beruf.

Die Umweltsituation als Herausforderung – auch für die amtliche Statistik

Die Schädigung und die Schutzwürdigkeit der natürlichen Umwelt haben in den letzten Jahren im Bewusstsein der Allgemeinheit, in der Medienlandschaft und in den Parteiprogrammen wesentlich an Bedeutung gewonnen. Persönlich erfahrene Umweltbelastungen wie Lärm, Luft- und Wasserverschmutzung führten in weiten Bevölkerungskreisen zu einem geschärften Bewusstsein für die Gefährdung der natürlichen Lebensgrundlagen.

Zunehmend wird deutlich, dass Umwelt- und Wirtschaftspolitik aufeinander abgestimmt werden müssen, dass Manager und Umweltschützer ihre langfristigen Ziele nur in Zusammenarbeit und nicht über Konfrontation erreichen können: Spätestens seit der Konferenz der Vereinten Nationen über Umwelt und Entwicklung im Juni 1992 in Rio de Janeiro ist das Schlagwort **„sustainability“** oder nachhaltige, zukunftsfähige Entwicklung in aller Munde. Dahinter verbirgt sich die letztlich ökonomische Grundregel, dass ein Kapital, aus dem Einkommen bezogen wird, intakt gehalten werden muss, und zwar – das ist das entscheidend Neue an diesem Ziel – auch und gerade über die zeitlichen Grenzen der Gegenwart hinaus. Das Naturvermögen soll an unsere Kinder möglichst in dem Zustand und Wert übergeben werden, wie wir es von unseren Eltern erhalten haben; Verantwortung für die Zukunft als neues Prinzip. Auf dem Weg zur „sustainability“ sind Maßnahmen von Interesse und Bedeutung, die die Effizienz des Einsatzes natürlicher Ressourcen verbessern, die einen Strukturwandel zu umweltschonenden wirtschaftlichen Tätigkeiten fördern und die auch im Verhalten der Konsumenten die Inanspruchnahme von Umweltgütern auf das erforderliche Mindestmaß reduzieren.

International vergleichbares und anerkanntes Maß der Entwicklung eines Landes ist das Bruttoinlandsprodukt. Das Bruttoinlandsprodukt kann aber nicht als umfassender Wohlstandsindikator gelten – obwohl die Ergebnisse oft so aufgefasst werden –, da der wesentliche Faktor Natur und seine zunehmende Zerstörung ebensowenig einbezogen werden wie andere Tatbestände, die zwar im Zusammenhang mit wirtschaftlichen Aktivitäten stehen, aber nicht mit Geldströmen verbunden sind (Tätigkeit im Haushalt o. Ä.). Insgesamt hat sich das Bruttoinlandsprodukt in den letzten dreißig Jahren mehr als verdoppelt. Aus Umweltsicht ist dabei von Interesse, inwieweit dieses starke Wachstum der wirtschaftlichen Leistung mit einer erhöhten Inanspruchnahme natürlicher Ressourcen einherging. Der Entwicklung des Bruttoinlandsproduktes werden deshalb die Veränderungen der Bevölkerungszahl, des Flächenverbrauchs, des Energie- und Rohstoffverbrauchs und ausgewählter Luftschadstoffe gegenübergestellt.

Um den Bereich „Mensch – Wirtschaft – Umwelt“ statistisch besser erfassen zu können und den „Sustainability“-Ansatz empirisch umsetzen zu helfen, wurden im Statistischen Bundesamt die Umweltökonomischen Gesamtrechnungen (UGR) ins Leben gerufen. Die Schwerpunkte des Konzepts sind:

- Systematische Sammlung physischer Daten über die Entstehung von Belastungen
  - Stoffbilanzen von Produktion und Konsum (vom Rohstoff zum Abfall),
  - Flächenbilanzen (Umweltverträglichkeit der Siedlungsstruktur),
- Indikatoren des Umweltzustandes (Wirkungsseite),
- Umweltökonomische Aktivitäten (Kosten des Umweltschutzes).

Für noch tiefer gehende Aussagen sind Ergebnisse zu Stoffflüssen, Rohstoffbilanzen, Emissionen nach Wirtschaftssektoren in Verbindung mit deren Produktion sowie weiterer Felder der UGR erforderlich. Umfassende Ergebnisse zu diesen Schwerpunkten des UGR-Ansatzes sind noch in der Entwicklung.

Quelle: Statistisches Bundesamt

Datenerfassung im Rahmen einer Umweltökonomischen Gesamtrechnung

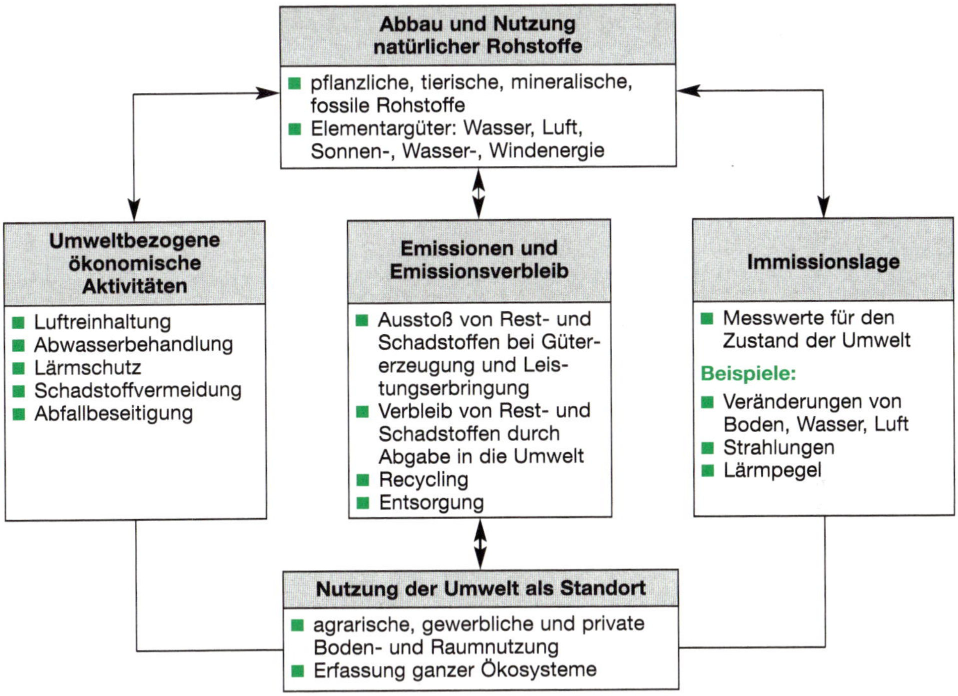

5.2.2 Wertschöpfung der Unternehmung

Um festzustellen, wie groß das Inlandsprodukt ist, muss man die einzelnen Produktionsleistungen am Ort ihrer Entstehung erfassen.

Beispiele

Ein forstwirtschaftliches Unternehmen verkauft Holz zum Preis von 10.000,00 EUR an ein Sägewerk.
Das Sägewerk schneidet das Holz zu Brettern und verkauft es zum Preis von 16.000,00 EUR an eine Möbelfabrik.
Die Möbelfabrik verarbeitet die Bretter zu Naturholzmöbeln und verkauft diese zum Preis von 25.000,00 EUR an eine Möbelhandlung.
Die Möbelhandlung verkauft die gelieferten Erzeugnisse als Bio-Möbel nach und nach zum Preis von 32.000,00 EUR an die Endverbraucher.
Es ist leicht zu erkennen, dass die beteiligten Unternehmen jeweils einen unterschiedlichen Beitrag zur Herstellung des Endproduktes geleistet haben:

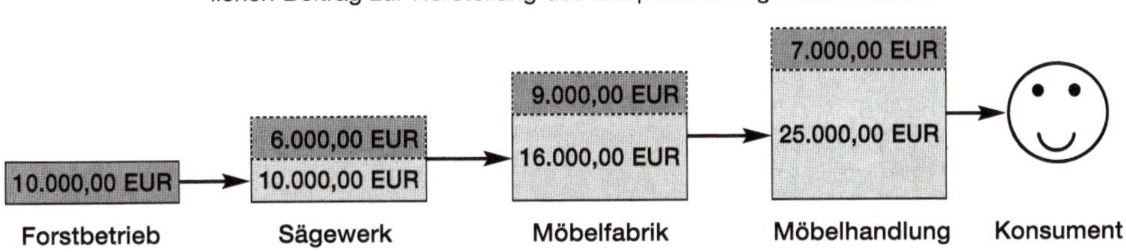

Beispiel

	Vorleistungen	Bruttowertschöpfung	Produktionswert
Forstbetrieb	–	10.000,00 EUR	10.000,00 EUR
Sägewerk	10.000,00 EUR	6.000,00 EUR	16.000,00 EUR
Möbelfabrik	16.000,00 EUR	9.000,00 EUR	25.000,00 EUR
Möbelhandlung	25.000,00 EUR	7.000,00 EUR	32.000,00 EUR
	51.000,00 EUR	32.000,00 EUR	83.000,00 EUR

Die Bruttowertschöpfung der Unternehmung ist die Differenz zwischen dem Verkaufserlös der eigenen Leistungen, dem sog. Produktionswert, und dem Kaufpreis der von anderen Unternehmen bezogenen Vorleistungen.

Die **Wertschöpfung** in der Unternehmung geschieht durch die **Kombination der Produktionsfaktoren Arbeit, Boden und Kapital**[1].

Die Besitzer der Produktionsfaktoren, also die Arbeitnehmer, Kapitalanleger, Grundstücksbesitzer und Unternehmer erhalten für ihre Leistungen ein Entgelt in Form von Löhnen und Gehältern, Zinsen, Mieten, Pachten, Gewinnausschüttungen. Diese Zahlungen stellen das Einkommen der privaten Haushalte dar.
Aufgrund des Produktionsprozesses werden die in der Unternehmung eingesetzten Produktionsanlagen und -mittel abgenutzt, sodass sie nach Ablauf ihrer Nutzungsdauer wieder erneuert werden müssen. Die entstandenen Wertminderungen des Sachkapitals stellen Aufwendungen dar und werden als Abschreibungen erfasst. Die Abschreibungsbeträge sind in die Verkaufspreise miteinkalkuliert und fließen damit beim Verkauf der Produkte in die Unternehmung zurück. Die Abschreibungsgegenwerte dienen später der Finanzierung der Ersatzinvestitionen.
Die **Nettowertschöpfung** ist somit identisch mit den Einkommen, die den privaten Haushalten zufließen.

<table>
<tr><th colspan="3">Produktionswert</th></tr>
<tr><td>Vorleistungen</td><td colspan="2">Bruttowertschöpfung</td></tr>
<tr><td></td><td>Abschreibungen</td><td>Nettowertschöpfung</td></tr>
</table>

Beispiele

Die Möbelfabrik aus dem obigen Beispiel hat an die Mitarbeiter Gehälter in Höhe von 5.500,00 EUR, an die Kreditgeber Zinsen in Höhe von 500,00 EUR und an die Eigentümer des Firmengrundstücks Miete in Höhe von 1.000,00 EUR zu zahlen. Die Abschreibungen für die eingesetzten Maschinen und Geräte betragen 800,00 EUR.

<table>
<tr><th colspan="4">Wertschöpfungsrechnung</th></tr>
<tr><td>Vorleistungen</td><td>16.000,00 EUR</td><td rowspan="3">Verkaufserlöse</td><td rowspan="3">25.000,00 EUR</td></tr>
<tr><td>Abschreibungen</td><td>800,00 EUR</td></tr>
<tr><td>Nettowertschöpfung
Gehälter 5.500,00 EUR
Zinsen 500,00 EUR
Miete 1.000,00 EUR
Gewinn 1.200,00 EUR</td><td>8.200,00 EUR</td></tr>
</table>

[1] Vgl. hierzu Seite 278 ff.

5.2.3 Wege der Inlandsproduktsberechnung

Das Inlandsprodukt kann auf drei verschiedenen Wegen ermittelt werden, wobei jeweils ein anderer Untersuchungsaspekt im Vordergrund steht:

- **Entstehungsrechnung:** Wo ist das Inlandsprodukt entstanden? Wieviel haben die einzelnen Wirtschaftsbereiche zum gesamtwirtschaftlichen Ergebnis beigetragen?
- **Verwendungsrechnung:** Wie wird das Inlandsprodukt verwendet? Wurde es konsumiert, investiert oder exportiert?
- **Verteilungsrechnung:** Wie werden die bei der Entstehung des Inlandsprodukts erzielten Einkommen verteilt?

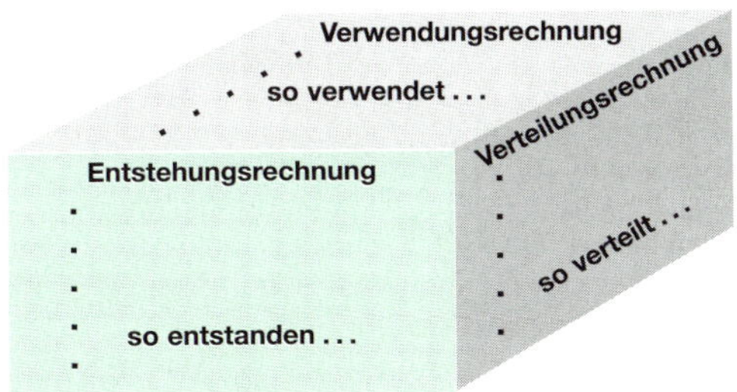

Entstehungsrechnung

Das Inlandsprodukt ist das Ergebnis der wirtschaftlichen Tätigkeit in den verschiedenen Wirtschaftsbereichen. Die Entstehungsrechnung weist die Beiträge der einzelnen Wirtschaftsbereiche zum Inlandsprodukt aus. Die Veränderung dieser Beiträge im langfristigen Zeitablauf spiegelt die strukturellen Veränderungen der Volkswirtschaft wider.
Im **Europäischen System Volkswirtschaftlicher Gesamtrechnungen (ESVG)** wird zwischen folgenden Wirtschaftsbereichen unterschieden:

Entstehung des Inlandsprodukts 2007	Index 2000 = 100	Veränderung gegenüber Vorjahr in %
Produzierendes Gewerbe (ohne Baugewerbe)	117,5	5,3
Baugewerbe	85,2	2,0
Handel, Gastgewerbe und Verkehr	110,7	2,1
Finanzierung, Vermietung und Unternehmensdienstleister	113,5	3,1
öffentliche und private Dienstleister	103,8	0,5
Bruttoinlandsprodukt[1]	108,5	2,5

Institutionell wird das Bruttoinlandsprodukt von den **volkswirtschaftlichen Sektoren**

- nicht finanzielle Kapitalgesellschaften
- finanzielle Kapitalgesellschaften
- Staat
- private Haushalte
- private Organisationen ohne Erwerbszweck

erwirtschaftet.

[1] Seit Mai 2005 werden die realen Größen des BIP (vgl. Seite 415) nicht mehr in festen Preisen eines Basisjahres (bis dahin 1995) ausgewiesen, sondern in den jeweiligen Durchschnittspreisen des Vorjahres. Die hierbei entstehenden Preisschwankungen werden durch ein besonderes statistisches Verfahren geglättet. Das Ergebnis der Berechnungen ist ein sogenannter „preisbereinigter, verketteter“ Index, der im zurzeit gültigen Referenzjahr 2000 mit dem Wert 100 angesetzt wird.

Wirtschaftsbereich	Nicht finanzielle Kapitalgesellschaften	Finanzielle Kapitalgesellschaften	Staat	Private Haushalte	Private Organisationen ohne Erwerbszweck
■ Land- und Forstwirtschaft, Fischerei ■ Produzierendes Gewerbe ohne Baugewerbe ■ Baugewerbe ■ Handel, Gastgewerbe, Verkehr	Kapitalgesellschaften: ■ Aktiengesellschaften (AG) ■ Gesellschaften mit beschränkter Haftung (GmbH) ■ Genossenschaften Quasi-Kapitalgesellschaften:		örtliche fachliche Einheiten bei: ■ Forstwirtschaft ■ Wasserversorgung ■ Hilfs- und Nebentätigkeiten im Verkehr	■ Selbstständige Landwirte ■ Einzelunternehmer im produzierenden Gewerbe ■ Handwerker (einschl. Eigenleistung beim Bau) ■ Händler ■ Gastwirte ■ Selbstständige Unternehmer	
■ Kredit- und Versicherungsgewerbe		■ Kreditinstitute ■ Versicherungen ■ Hilfsgewerbe			
■ Grundstückswesen, Vermietung, Dienstleistungen für Unternehmen	■ Offene Handelsgesellschaft (OHG) ■ Kommanditgesellschaft (KG)	Vermietung (örtliche fachliche Einheit bei Versicherungsgesellschaften)	■ Grundstückswesen ■ Forschung	■ Vermietung und Eigennutzung von Wohnraum ■ „Dienstleister“ als Einzelunternehmer	Wohnungsvermietung (örtliche fachliche Einheiten, Forschungseinrichtungen)
■ Öffentliche Verwaltung			**Bund, Länder, Gemeinden, Gemeindeverbände, Sozialversicherungsträger**		
■ Erziehung, Unterricht, Gesundheit, Sozialwesen, Erbringung sonstiger öffentlicher und privater Dienstleistungen ■ Häusliche Dienste	■ Rechtlich unselbstständige Eigenbetriebe des Staates und der Organisationen ohne Erwerbszweck ■ Wirtschaftsverbände		■ Erziehung ■ Gesundheit ■ Entsorgung ■ Kultur	■ Selbstständige ■ Freiberufler	■ Politische Parteien ■ Gewerkschaften ■ Kirchen ■ Wohlfahrtsverbände ■ Vereine

Verwendungsrechnung

Die Verwendung des Inlandsprodukts gibt Auskunft darüber, von welchen Wirtschaftsbereichen die produzierten Güter beansprucht werden bzw. für welche Zwecke sie hergestellt werden.

Verwendung des Inlandsprodukts 2007	Index 2000 = 100	Veränderung gegenüber Vorjahr in %
Private Konsumausgaben	101,8	– 0,4
Konsumausgaben des Staates	104,4	2,1
Ausrüstungen	117,1	8,2
Bauten	87,9	2,3
Sonstige Anlagen	134,1	6,6
Vorratsveränderungen	–	– 0,1
Inländische Verwendung	100,9	0,9
Exporte	162,6	7,8
Importe	140,2	4,8
Bruttoinlandsprodukt[1]	108,5	2,5

Die **privaten Konsumausgaben** umfassen alle Käufe von Sachgütern und Dienstleistungen durch die privaten Haushalte.

Die **Konsumausgaben des Staates** umfassen die Güterkäufe des Staates für seinen laufenden Bedarf sowie die Einkommensleistungen an die öffentlichen Bediensteten.

Ausrüstungen (Maschinen, Fahrzeuge, sonstige Produktionsmittel), **Bauten** (Häuser, Straßen, Brücken, Verwaltungsgebäude) und **sonstige Anlagen** (EDV-Software, Urheberrechte) bilden zusammen die *Bruttoanlageinvestitionen*. Addiert man hierzu die Vorratsveränderungen (Differenz zwischen den Anfangs- und Endbeständen bei den Vorräten (Halb-, und Fertigprodukte, Roh-, Hilfs-, Betriebsstoffe), so erhält man die *Bruttoinvestitionen*.

Bruttoinvestitionen abzüglich der **Abschreibungen** ergeben die **Nettoinvestitionen.**

Der **Außenbeitrag** ist die Differenz zwischen Exporten und Importen von Waren und Dienstleistungen.

Die Höhe und Entwicklung des Bruttoinlandsprodukts kann in **nominalen** und **realen** bzw. in **absoluten** und **relativen** Werten ausgedrückt werden.

Nominales BIP

Die einzelnen Positionen sind in den jeweiligen, also den aktuellen Preisen ausgedrückt (vgl. Seite 409). Die Veränderungen im Zeitablauf können somit auf Veränderungen der tatsächlichen Menge der erzeugten Güter und Dienstleistungen und auf Veränderungen der Preise zurückzuführen sein.

Reales BIP

Hierbei werden die Preissteigerungen teilweise herausgerechnet. Die einzelnen Positionen werden als Indexwerte (zurzeit auf der Basis des Jahres 2000) ausgewiesen. So geht aus den obigen Werten z. B. hervor, dass die privaten Konsumausgaben im Jahr 2007 real um 1,8 % höher waren als 2000, während die reale Bautätigkeit gegenüber 2000 um 12,1 % gesunken ist.

Veränderung in absoluten Werten

Gemessen wird lediglich die in Geldeinheiten ausgedrückte Differenz zwischen den betrachteten Jahren.

[1] Vgl. Fußnote auf Seite 413

■ Veränderung in relativen Werten

Gemessen wird lediglich die in Prozent ausgedrückte Differenz zwischen den betrachteten Jahren.

Beispiel

	Jahr 1 (Referenzjahr)	Jahr 2	Jahr 3
nominale Entwicklung des BIP (Mrd. EUR)	2.100	2.150	2.210
nominales Wachstum (Vorjahresvergleich)	–	$\frac{2.150 - 2.100}{2.100} \cdot 100$ = 2,4 %	$\frac{2.210 - 2.150}{2.150} \cdot 100$ = 2,8 %
nominales Wachstum gegenüber dem Referenzjahr	–	$\frac{2.150 - 2.100}{2.100} \cdot 100$ = 2,4 %	$\frac{2.210 - 2.100}{2.100} \cdot 100$ = 5,2 %
reale Entwicklung des BIP (Indexpunkte)	100	101,2	102,9
reales Wachstum (Vorjahresvergleich)	–	$\frac{101,2 - 100}{100} \cdot 100$ = 1,2 %	$\frac{102,9 - 101,2}{101,2} \cdot 100$ = 1,7 %
reales Wachstum gegenüber dem Referenzjahr	–	$\frac{101,2 - 100}{100} \cdot 100$ = 1,2 %	$\frac{102,9 - 100}{100} \cdot 100$ = 2,9 %

5.2.4 Vom Bruttoinlandsprodukt zum verfügbaren Einkommen

■ Bruttoinlandsprodukt

Das Bruttoinlandsprodukt (BIP) schließt nur die innerhalb des eigenen Wirtschaftsraumes erwirtschafteten Leistungen ein. Dabei spielt es keine Rolle, ob diese von Inländern oder Ausländern erzielt wurden.

Beispiele

- Ausländische Arbeitnehmer aus grenznahen Gebieten zu Deutschland sind häufig bei deutschen Unternehmen beschäftigt. Die von diesen Arbeitnehmern erzielten Einkommen sind im deutschen Bruttoinlandsprodukt enthalten.
- Auch das Gehalt eines Profi-Fußballspielers, der seinen Wohnsitz in Belgien hat, aber bei einem deutschen Bundesligaverein spielt, ist im deutschen Bruttoinlandsprodukt enthalten.

Das **Bruttoinlandsprodukt (BIP)** umfasst die während eines Jahres innerhalb des eigenen Wirtschaftsraumes, also im ***Inland,*** von Inländern **und** Ausländern erwirtschafteten Wertschöpfungen.

Nach dem Wohnort- oder Produktionsortprinzip gelten alle Wirtschaftssubjekte als Inländer, die ihren ständigen Sitz in Deutschland haben, also auch die hier lebenden Arbeitnehmer fremder Nationalitäten und die Tochtergesellschaften ausländischer Unternehmen.

■ Bruttonationaleinkommen

Wenn man jedoch das Volumen der nur von den Inländern erwirtschafteten Wertschöpfungen ermitteln möchte, muss man zum Bruttoinlandsprodukt den Saldo der Primäreinkommen aus der übrigen Welt addieren.

	Primäreinkommen der Inländer aus der übrigen Welt
–	Primäreinkommen der Ausländer aus dem Inland
=	**Saldo der Primäreinkommen aus der übrigen Welt**

Das **Bruttonationaleinkommen (BNE)** umfasst die wirtschaftlichen Leistungen aller ***Inländer,*** einerlei, ob diese im Inland oder Ausland erzielt werden.

Beispiele

- Die Zinseinkünfte, die ein deutscher Kapitalanleger aufgrund einer Kapitalanlage im Ausland erzielt, sind Vermögenseinkommen aus dem Ausland und im deutschen Bruttonationaleinkommen enthalten.
- Das Preisgeld jedoch, das ein ausländischer Tennisstar bei einem Tennisturnier in Deutschland gewinnt, ist nicht im deutschen Bruttonationaleinkommen enthalten.

Nettonationaleinkommen

Im Bruttonationaleinkommen enthalten sind die Produktionsleistungen, die zur Erhaltung des in der Volkswirtschaft vorhandenen Sachkapitals notwendig sind.
Die hierzu erforderlichen Geldmittel werden durch die Abschreibungen bereitgestellt. Somit sind die Abschreibungen wertgemäß identisch mit den Ersatzinvestitionen.
Ohne Ersatzinvestitionen würde die Leistungsfähigkeit der Volkswirtschaft ständig abnehmen.

Abschreibungen $\triangleq$ **Ersatzinvestitionen**

Während also das Bruttonationaleinkommen die gesamte Produktionsleistung der Inländer einschließlich der Ersatzinvestitionen erfasst, stellt das Nettonationaleinkommen nur die neu geschaffene Produktionsleistung dar, klammert also die durch die Abschreibungen erfassten Wertminderungen des vorhandenen Sachkapitals aus.

Bruttonationaleinkommen
– Abschreibungen
= **Nettonationaleinkommen (Primäreinkommen)**

Volkseinkommen

Werden die produzierten Güter ausschließlich mit den Kosten der zu ihrer Entstehung eingesetzten Produktionsfaktoren bewertet, erhält man das **Volkseinkommen.**
Der Unterschied zwischen dem Volkseinkommen und dem Nettonationaleinkommen ist zunächst dadurch begründet, dass der Staat den Verbrauch bestimmter Güter und den Verkauf von Waren und Dienstleistungen mit Produktions- und Importabgaben belastet.
Diese sind im Verkaufspreis enthalten und werden damit auf den Verbraucher abgewälzt.

Beispiele

- Mineralölsteuer
- Tabaksteuer
- Branntweinsteuer

Die Produktions- und Importabgaben machen ein Produkt also teurer, als es gemessen an seinen Entstehungskosten eigentlich ist.
Auf der anderen Seite gewährt der Staat manchen Unternehmen **Subventionen.** Dies führt dazu, dass die von diesen Unternehmen erzeugten Produkte billiger angeboten werden können, als sie es von ihren Entstehungskosten eigentlich sind.

Nettonationaleinkommen
– Produktions- und Importabgaben
+ Subventionen
= **Volkseinkommen**

Die Kosten für die Beschaffung der zur Produktion benötigten Produktionsfaktoren sind aus der Sicht der Empfängerseite, also der privaten Haushalte, Einkommenszahlungen.

Das **Volkseinkommen** ist demzufolge die Summe aller von den Inländern während eines Jahres erzielten Faktoreinkommen.

Bruttonationaleinkommen	*Abschreibungen*	
	Nettonationaleinkommen	– *Produktions- und Importabgaben* + *Subventionen*
		= **Volkseinkommen**

Verteilungsrechnung

Die **Verteilungsrechnung** gibt Auskunft über die Höhe und die Arten der Faktoreinkommen, die von den Inländern innerhalb eines Jahres aufgrund ihrer Wertschöpfungsbeiträge im In- und Ausland erzielt worden sind.

Aus Vereinfachungsgründen wird hierbei nur zwischen zwei Einkommensquellen unterschieden:

- Das **Arbeitnehmerentgelt** ist die Summe aller Arbeitnehmereinkommen; es beinhaltet die Bruttolöhne und -gehälter zuzüglich der *Lohnnebenkosten* in Form von Arbeitgeberbeiträgen zur Sozialversicherung und weiterer Sozialaufwendungen der Arbeitgeber.
- Das **Unternehmens- und Vermögenseinkommen** ist die Summe aller übrigen Faktoreinkommen:
  - Gewinne der Unternehmen
  - Zinsen und sonstige Kapitaleinkünfte
  - Mieten und Pachten

Die **Lohnquote** drückt den relativen Anteil der Arbeitnehmereinkommen am Volkseinkommen aus. Ziel der gewerkschaftlichen Tarifpolitik ist es u.a., die Lohnquote zu erhöhen.

Verteilung des Volkseinkommens (2007)	Mrd. EUR	Prozent
Arbeitnehmerentgelt	1.181,0	64,8
+ Unternehmens- und Vermögenseinkommen	643,2	35,2
= **Volkseinkommen**[1]	1.824,2	100,0

$$\textbf{Lohnquote} = \frac{\text{Arbeitnehmerentgelt}}{\text{Volkseinkommen}} \cdot 100$$

Die Lohnquote gibt keine Auskunft über die Höhe der Einkommen, die insgesamt von den Arbeitnehmerhaushalten erzielt werden, da in ihr weder die Transferleistungen des Staates noch die Nebeneinkünfte der Arbeitnehmerhaushalte *(z. B. Einkünfte aus Kapitalvermögen)* berücksichtigt sind.

[1] In jeweiligen Preisen.

Beispiel

Das Monatsgehalt der Bankangestellten Monika Gerz beträgt 2.500,00 EUR.
Sie hat eine Eigentumswohnung geerbt und für 1.200,00 EUR pro Monat vermietet.
Sie besitzt ein Wertpapiervermögen im Gesamtwert von 60.0000,00 EUR, das zu 6 % Zinsen p. a. angelegt ist und jährlich 3.600,00 EUR an Kapitaleinkünften erwirtschaftet.
Sie erzielt somit ein durchschnittliches Gesamteinkommen in Höhe von 4.000,00 EUR pro Monat.

Die Lohnquote gibt auch keine Auskunft über die Gerechtigkeit der Einkommensverteilung innerhalb der Volkswirtschaft, da in ihr nicht die Einkommensunterschiede und auch nicht die Anzahl der Selbstständigen berücksichtigt werden.

Beispiel

Das Jahresgehalt eines Top-Profifußballspielers in Höhe von 4.000.000,00 EUR wird ebenso in der Lohnquote erfasst wie das Monatsgehalt einer Verkäuferin in Höhe von 2.000,00 EUR.

Bezieht man das Unternehmens- und Vermögenseinkommen auf das Volkseinkommen, so erhält man die **Gewinnquote.**

$$\text{Gewinnquote} = \frac{\text{Unternehmens- und Vermögenseinkommen}}{\text{Volkseinkommen}} \cdot 100$$

Lohnquote und Gewinnquote addieren sich immer zu 100 %.

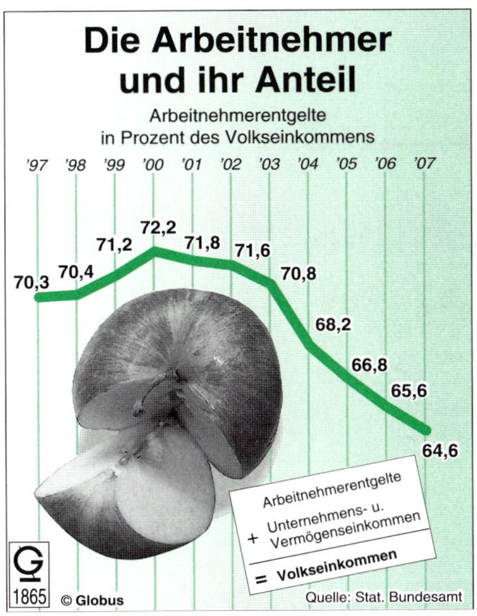

Verfügbares Einkommen

Das Volkseinkommen ist allerdings nicht identisch mit dem Einkommen, das den privaten Haushalten tatsächlich zur Verfügung steht.
Der Staat entzieht vielmehr den privaten Haushalten Einkommensteile in Form von direkten Steuern und Sozialabgaben.

Ein Teil dieser öffentlichen Einnahmen dient der Finanzierung öffentlicher Aufgaben, ein anderer Teil fließt jedoch an die privaten Haushalte in Form von Transferzahlungen an die privaten Haushalte zurück.

Der Staat bewirkt auf diese Weise einen Einkommensausgleich zwischen Beschäftigten und Arbeitslosen, zwischen Erwerbspersonen und Rentnern, Gesunden und Kranken, ganz allgemein eine Einkommensumverteilung von den finanziell besser gestellten und zu den weniger gut gestellten Bürgern.

Beispiele Renten, Pensionen, Kindergeld, Wohngeld, BAföG-Zahlungen.

Volkseinkommen
– Direkte Steuern (Lohn-/Einkommensteuer)
– Sozialabgaben
\+ Transferzahlungen
= **verfügbares Einkommen**

Verwendung des verfügbaren Einkommens der privaten Haushalte					
Jahr	**Verfügbares Einkommen** Mrd. EUR	**Privater Verbrauch** Mrd. EUR	Prozent	**Private Ersparnis** Mrd. EUR	Prozent
2005	1.482,6	1.326,4	89,5	156,2	10,5
2006	1.515,9	1.357,5	89,6	158,4	10,4
2007	1.542,4	1.374,4	89,1	168,0	10,9

Zusammenfassung:

Vom Bruttoinlandsprodukt zum verfügbaren Volkseinkommen	
	Bruttoinlandsprodukt
+	Primäreinkommen der Inländer aus der übrigen Welt
–	Primäreinkommen der Ausländer aus dem Inland
=	**Bruttonationaleinkommen**
–	Abschreibungen
=	**Nettonationaleinkommen (Primäreinkommen)**
–	Produktions- und Importabgaben
+	Subventionen an Unternehmen
=	**Volkseinkommen** *setzt sich zusammen aus:* ■ Arbeitnehmerentgelt ■ Unternehmens- und Vermögenseinkommen
–	direkte Steuern der privaten Haushalte
–	Sozialabgaben
+	Transferzahlungen an private Haushalte
=	**verfügbares Einkommen** *wird verwendet für:* ■ privater Verbrauch ■ private Ersparnis

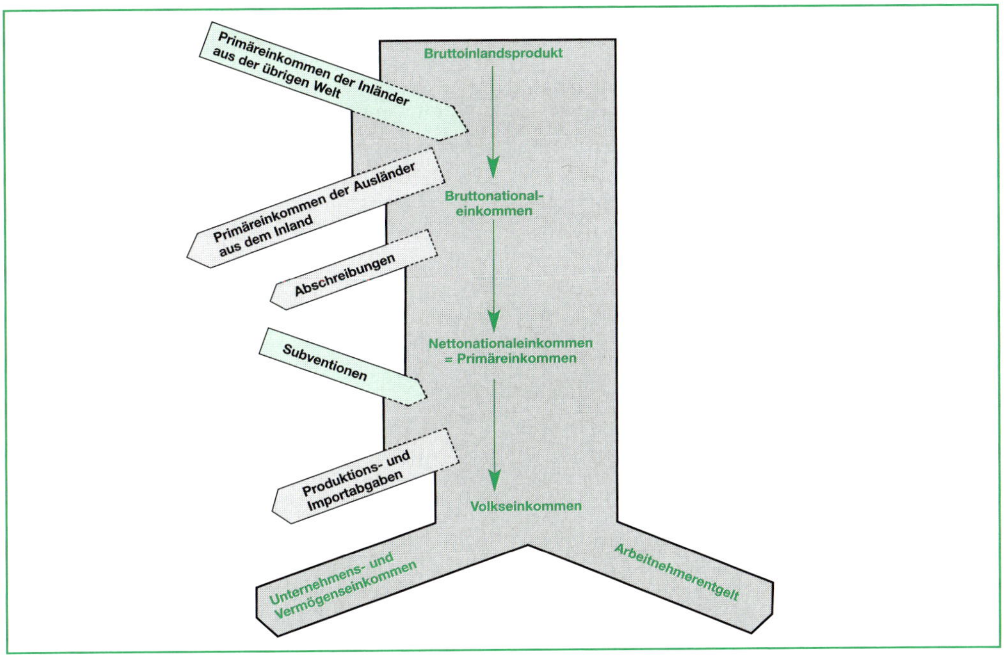

Bruttoinlandsprodukt
Primäreinkommen der Inländer aus der übrigen Welt
Primäreinkommen der Ausländer aus dem Inland
Bruttonational-einkommen
Abschreibungen
Nettonationaleinkommen = Primäreinkommen
Subventionen
Produktions- und Importabgaben
Volkseinkommen
Unternehmens- und Vermögenseinkommen
Arbeitnehmerentgelt

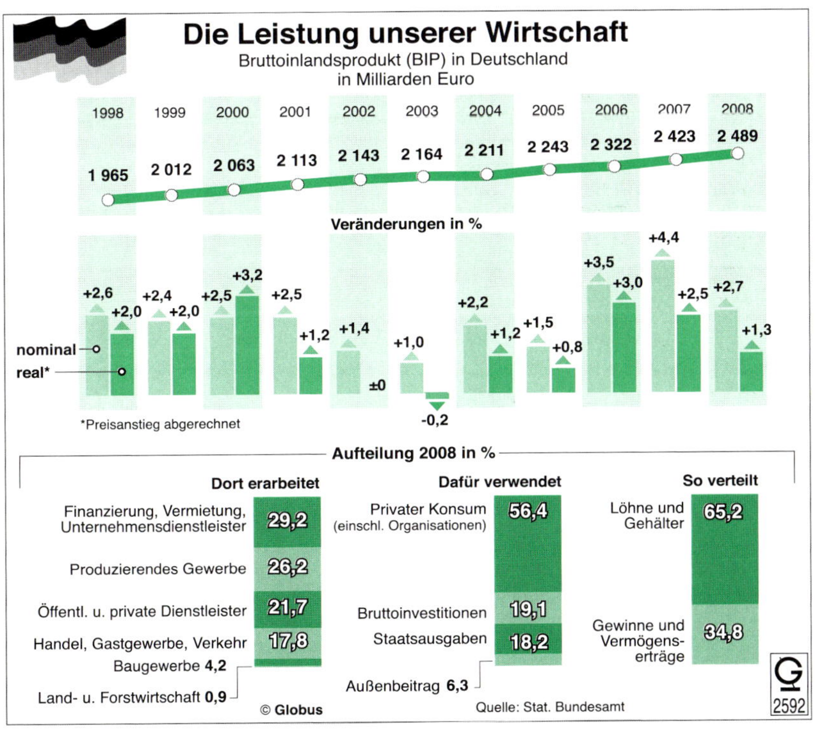

Die Leistung unserer Wirtschaft
Bruttoinlandsprodukt (BIP) in Deutschland in Milliarden Euro
1998 1999 2000 2001 2002 2003 2004 2005 2006 2007 2008
1 965 2 012 2 063 2 113 2 143 2 164 2 211 2 243 2 322 2 423 2 489
Veränderungen in %
nominal
real*
+2,6 +2,0 +2,4 +2,0 +2,5 +3,2 +2,5 +1,2 +1,4 ±0 +1,0 -0,2 +2,2 +1,2 +1,5 +0,8 +3,5 +3,0 +4,4 +2,5 +2,7 +1,3
*Preisanstieg abgerechnet
Aufteilung 2008 in %
Dort erarbeitet
Finanzierung, Vermietung, Unternehmensdienstleister 29,2
Produzierendes Gewerbe 26,2
Öffentl. u. private Dienstleister 21,7
Handel, Gastgewerbe, Verkehr 17,8
Baugewerbe 4,2
Land- u. Forstwirtschaft 0,9
Dafür verwendet
Privater Konsum (einschl. Organisationen) 56,4
Bruttoinvestitionen 19,1
Staatsausgaben 18,2
Außenbeitrag 6,3
So verteilt
Löhne und Gehälter 65,2
Gewinne und Vermögens-erträge 34,8
© Globus
Quelle: Stat. Bundesamt
2592

5.2.5 Die volkswirtschaftliche Gesamtrechnung in der Statistik der Deutschen Bundesbank

Entstehung und Verwendung des Inlandsprodukts, Verteilung des Volkseinkommens Deutschland

							2006			2007			
	2005	2006	2007	2005	2006	2007	2. Vj.	3. Vj.	4. Vj.	1. Vj.	2.Vj.	3. Vj.	4. Vj.
Position	Index 2000 = 100			Veränderung gegen Vorjahr in %									
Preisbereinigt, verkettet													
I. Entstehung des Inlandsprodukts													
Produzierendes Gewerbe (ohne Baugewerbe)	106,0	111,6	117,5	1,2	5,3	5,3	2,2	5,0	5,6	5,3	5,5	5,6	4,8
Baugewerbe	79,2	83,5	85,2	– 4,8	5,4	2,0	1,9	5,6	10,6	15,6	0,1	– 1,5	– 2,9
Handel, Gastgewerbe und Verkehr [1]	104,7	108,5	110,7	0,6	3,6	2,1	1,9	3,5	5,3	3,2	2,3	2,3	0,5
Finanzierung, Vermietung und Unternehmensdienstleister [2]	107,7	110,1	113,5	2,7	2,2	3,1	1,8	2,6	3,0	3,3	3,3	2,8	2,9
Öffentliche und private Dienstleister [3]	103,1	103,3	103,8	0,4	0,2	0,5	0,1	0,3	– 0,1	0,7	0,6	0,3	0,4
Bruttowertschöpfung	104,1	107,0	110,1	1,0	2,8	2,8	1,5	2,9	3,6	3,6	2,9	2,7	2,2
Bruttoinlandsprodukt [4]	102,9	105,8	108,5	0,8	2,9	2,5	1,6	2,7	3,7	3,4	2,5	2,4	1,6
II. Verwendung des Inlandsprodukts													
Private Konsumausgaben [5]	101,3	102,3	101,8	– 0,1	1,0	– 0,4	0,2	0,4	1,9	– 0,3	– 0,0	– 0,2	– 1,3
Konsumausgaben des Staates	101,4	102,2	104,4	0,5	0,9	2,1	0,1	0,9	0,7	2,1	2,3	2,3	1,7
Ausrüstungen	99,9	108,2	117,1	6,0	8,3	8,2	8,4	8,0	6,3	10,6	7,6	7,1	7,9
Bauten	82,4	85,9	87,9	– 3,1	4,3	2,3	1,9	4,7	7,8	14,4	0,5	– 0,5	– 2,2
Sonstige Anlagen [6]	117,9	125,8	134,1	4,8	6,7	6,6	6,1	6,9	8,3	4,3	6,2	7,1	8,4
Vorratsveränderungen [7] [8]	.	.	.	0,0	– 0,1	– 0,1	0,0	0,6	– 2,0	– 0,1	– 0,8	– 0,4	0,8
Inländische Verwendung	98,1	100,0	100,9	0,3	1,9	0,9	1,1	2,2	0,7	2,1	0,3	0,6	0,9
Außenbeitrag [8]	.	.	.	0,5	1,1	1,6	0,6	0,7	3,1	1,5	2,2	1,9	0,8
Exporte	134,1	150,9	162,6	7,1	12,5	7,8	9,0	10,7	15,6	9,9	9,3	8,4	4,0
Importe	120,3	133,7	140,2	6,7	11,2	4,8	8,9	10,3	9,2	7,6	4,9	4,6	2,6
Bruttoinlandsprodukt [4]	102,9	105,8	108,5	0,8	2,9	2,5	1,6	2,7	3,7	3,4	2,5	2,4	1,6
in jeweiligen Preisen (Mrd. EUR)													
III. Verwendung des Inlandsprodukts													
Private Konsumausgaben [5]	1.326,4	1.357,5	1.374,4	1,4	2,3	1,2	1,8	1,5	3,1	1,0	1,6	1,6	0,8
Konsumausgaben des Staates	421,5	425,9	436,1	1,4	1,0	2,4	0,6	0,4	0,5	2,2	2,5	2,7	2,1
Ausrüstungen	162,1	173,7	186,5	4,9	7,1	7,4	7,5	7,1	4,9	9,7	6,8	6,4	7,1
Bauten	203,4	217,2	235,9	– 2,2	6,8	8,6	3,5	7,9	11,9	22,2	7,5	5,4	3,2
Sonstige Anlagen [6]	25,3	26,3	27,1	2,1	3,7	3,3	4,1	3,6	4,4	2,6	2,8	3,5	4,1
Vorratsveränderungen [7]	– 7,5	– 4,7	– 7,1	.	.	.	.	.	.	.	.	.	.
Inländische Verwendung	2.131,3	2.195,8	2.253,0	1,5	3,0	2,6	2,6	3,3	1,5	3,5	2,1	2,3	2,6
Außenbeitrag	113,3	126,4	170,9	.	.	.	.	.	.	.	.	.	.
Exporte	918,0	1.046,5	1.133,0	8,3	14,0	8,3	10,9	12,3	16,3	10,4	10,0	8,6	4,5
Importe	804,7	920,1	962,2	9,2	14,3	4,6	13,1	13,2	10,8	7,4	4,6	3,8	2,7
Bruttoinlandsprodukt [4]	2.244,6	2.322,2	2.423,8	1,5	3,5	4,4	2,3	3,4	4,3	5,0	4,6	4,	3,5
IV. Preise (2000 = 100)													
Privater Konsum	107,8	109,3	111,2	1,5	1,4	1,7	1,5	1,1	1,2	1,3	1,6	1,8	2,1
Bruttoinlandsprodukt	105,8	106,4	108,3	0,7	0,6	1,8	0,6	0,6	0,5	1,5	2,0	2,0	1,9
Terms of Trade	101,3	99,8	100,5	– 1,3	– 1,5	0,7	– 2,1	– 1,2	– 0,7	0,6	0,9	1,0	0,5
V. Verteilung des Volkseinkommens													
Arbeitnehmerentgelt	1.129,9	1.149,4	1.181,0	– 0,6	1,7	2,8	1,6	2,3	2,3	3,0	3,1	2,5	2,4
Unternehmens- und Vermögenseinkommen	561,3	601,9	643,2	5,9	7,2	6,9	2,0	6,1	10,1	7,9	3,4	9,5	6,4
Volkseinkommen	1.691,2	1.751,2	1.824,2	1,4	3,6	4,2	1,8	3,7	4,6	4,8	3,2	5,0	3,7
Nachr.: Bruttonationaleinkommen	2.265,0	2.344,4	2.446,4	1,7	3,5	4,4	2,3	3,5	4,3	5,3	3,7	4,8	3,7

Quelle: Deutsche Bundesbank (Hrsg.): Monatsbericht April 2008, S. 61; basierend auf Daten des Statistischen Bundesamtes. – Rechenstand: Februar 2008. – **1** Einschl. Nachrichtenübermittlung. – **2** Kredit- und Versicherungsgewerbe, Grundstückswesen, Vermietung und Unternehmensdienstleister. – **3** Einschl. häusliche Dienste. – **4** Bruttowertschöpfung zuzüglich Gütersteuern (saldiert mit Gütersubventionen). – **5** Einschl. Private Organisationen ohne Erwerbszweck. – **6** Immaterielle Anlageinvestitionen (u. a. EDV-Software, Urheberrechte) sowie Nutztiere und -pflanzen. – **7** Einschl. Nettozugang an Wertsachen. – **8** Wachstumsbeitrag zum BIP.

Einkommen der privaten Haushalte*

Zeit	Bruttolöhne und -gehälter 1)		Nettolöhne und -gehälter 2)		Empfangene monetäre Sozialleistungen 3)		Masseneinkommen 4)		Verfügbares Einkommen 5)		Sparen 6)		Sparquote 7)
	Mrd EUR	Veränderung gegen Vorjahr %	Mrd EUR	Veränderung gegen Vorjahr %	Mrd EUR	Veränderung gegen Vorjahr %	Mrd EUR	Veränderung gegen Vorjahr %	Mrd EUR	Veränderung gegen Vorjahr %	Mrd EUR	Veränderung gegen Vorjahr %	%
2000	883,4	3,4	569,6	4,0	339,9	2,8	909,5	3,6	1.337,4	3,1	123,2	0,4	9,2
2001	902,0	2,1	590,0	3,6	353,8	4,1	943,9	3,8	1.389,5	3,9	130,9	6,2	9,4
2002	908,2	0,7	591,9	0,3	367,7	3,9	959,6	1,7	1.402,8	1,0	139,3	6,4	9,9
2003	908,3	0,0	589,0	- 0,5	378,3	2,9	967,2	0,8	1.431,8	2,1	147,2	5,6	10,3
2004	914,3	0,7	603,5	2,5	378,7	0,1	982,3	1,6	1.459,3	1,9	151,8	3,2	10,4
2005	911,9	- 0,3	602,8	- 0,1	378,9	0,0	981,7	- 0,1	1.482,6	1,6	156,2	2,9	10,5
2006	926,0	1,5	605,4	0,4	379,2	0,1	984,6	0,3	1.515,9	2,3	158,4	1,5	10,5
2007	957,0	3,4	623,2	2,9	374,5	- 1,2	997,7	1,3	1.542,1	1,7	167,7	5,9	10,9
2006 4. Vj.	257,3	2,0	166,5	1,1	93,5	- 1,0	260,0	0,3	391,1	2,9	35,0	1,1	9,0
2007 1. Vj.	221,8	3,5	145,0	3,2	94,7	- 1,4	239,8	1,3	384,0	1,6	55,3	5,2	14,4
2. Vj.	231,3	3,5	147,4	2,7	93,4	- 2,0	240,8	0,8	379,9	2,0	39,2	5,5	10,3
3. Vj.	237,9	3,1	158,7	2,5	93,3	- 1,0	252,0	1,1	381,2	1,8	35,1	4,2	9,2
4. Vj.	266,0	3,4	172,1	3,3	93,1	- 0,5	265,2	2,0	397,0	1,5	38,1	8,9	9,6
2008 1. Vj.	230,5	3,9	149,6	3,2	95,3	0,6	244,9	2,2	395,5	3,0	58,6	6,0	14,8

Quelle: Deutsche Bundesbank (Hrsg.): Monatsbericht Juli 2008, S. 67; basierend auf Daten des Statistischen Bundesamtes. – Rechenstand: Mai 2008. – * Private Haushalte einschl. private Organisationen ohne Erwerbszweck. – **1** Inländerkonzept. – **2** Nach Abzug der von den Bruttolöhnen und -gehältern zu entrichtenden Lohnsteuer sowie den Sozialbeiträgen der Arbeitnehmer. – **3** Geldleistungen der Sozialversicherungen, Gebietskörperschaften und des Auslands, Pensionen (netto), Sozialleistungen aus privaten Sicherungssystemen, abzüglich Sozialabgaben auf Sozialleistungen, verbrauchsnahe Steuern und staatliche Gebühren. – **4** Nettolöhne und -gehälter zuzüglich empfangene monetäre Sozialleistungen. – **5** Masseneinkommen zuzüglich Betriebsüberschuss, Selbstständigeneinkommen, Vermögenseinkommen (netto), übrige empfangene laufende Transfers, Einkommen der privaten Organisationen ohne Erwerbszweck, abzüglich Steuern (ohne Lohnsteuer und verbrauchsnahe Steuern) und übriger geleisteter laufender Transfers. Einschl. der Zunahme betrieblicher Versorgungsansprüche. – **6** Einschl. der Zunahme betrieblicher Versorgungsansprüche. – **7** Sparen in % des verfügbaren Einkommens.

6 Wirtschaftspolitik

6.1 Geld

Geld ist eine jener Selbstverständlichkeiten des Lebens, die man normalerweise nicht erklären muss. Es spielt die zentrale Rolle in einer modernen Volkswirtschaft und ist aus dem Wirtschaftsleben nicht mehr wegzudenken. Kaum jemand kann auf das Geldverdienen verzichten, um seinen Lebensunterhalt und seine Zukunft abzusichern.

6.1.1 Geschichte des Geldes

In den Anfängen der Menschheitsgeschichte kannte man das Geld nicht. In der ursprünglichen Wirtschaftsform, der **geschlossenen Hauswirtschaft**, wurden die lebensnotwendigen Güter von den Mitgliedern einer Großfamilie gemeinsam produziert und verbraucht. Handelsbeziehungen mit Außenstehenden existierten daher nicht.

Beispiel

Auch Robinson Crusoe war in seinem unfreiwilligen Inseldasein ganz auf sich allein gestellt und hatte niemanden, mit dem er in wirtschaftliche Beziehungen treten konnte. Er war daher gezwungen, sich mit den Gütern, die er zum Leben brauchte, selbst zu versorgen. Die Goldmünzen, die er aus dem Schiffswrack hatte bergen können, stellten sich für ihn als völlig wertlos heraus.

Schon bald erkannten die Menschen die Vorzüge der Arbeitsteilung und beruflichen Spezialisierung. Sie führte dazu, dass in kürzerer Zeit mehr und höherwertige Güter hergestellt werden konnten. Mit der Arbeitsteilung verbunden ist die Notwendigkeit des Handels: Die Menschen tauschten die Güter, die sie selbst hergestellt hatten und im Überfluss besaßen, gegen die zur Deckung ihres Bedarfs fehlenden Güter. Man bezeichnet diese Stufe der wirtschaftlichen Entwicklung als **Naturaltauschwirtschaft**. Die Güter wechselten im direkten Tausch Ware gegen Ware ihren Besitzer.

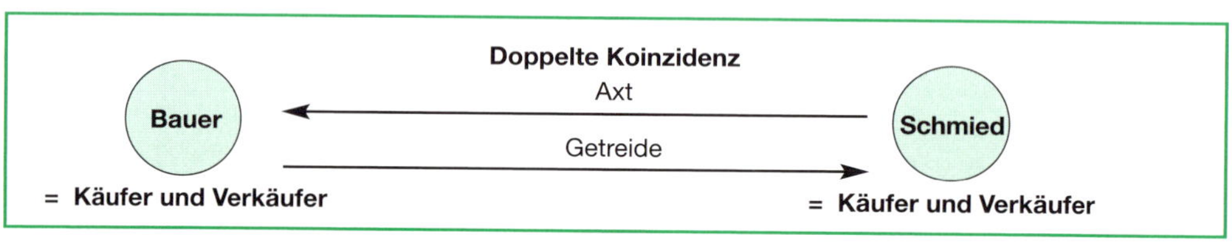

Mit dieser **Form des Tauschhandels** waren folgende Probleme verbunden:

- Es musste ein Tauschpartner gefunden werden, der einerseits das gesuchte Gut liefern konnte und wollte und andererseits bereit war, die angebotene Ware als Gegenleistung anzunehmen. Diese fehlende doppelte Übereinstimmung (doppelte Koinzidenz) machte häufig einen Tausch unmöglich oder erforderte mehr oder weniger umfangreiche Ringtausch-Verfahren.
- Es musste eine Einigung über das Wertverhältnis der beiden Tauschobjekte erzielt werden können. Der Handel konnte nur gelingen, wenn die angebotene und die nachgefragte Ware sich in ihrem Wert entsprachen.

Beispiele

- Wenn ein Schmied der Bronzezeit eine Axt gegossen hatte und Getreide für den Winter benötigte, musste er einen Bauern suchen, der die im Wert entsprechende Getreidemenge zum Tausch anbot. Der erste Bauer, den er aufsuchte, besaß vielleicht zwar im Überfluss Getreide, wollte dieses aber nur gegen Felle eintauschen. Der zweite Bauer suchte möglicherweise eine Axt, konnte jedoch nur eine Ziege zum Tausch anbieten.
- Der Handel zwischen einem Bauern und einem Töpfer musste zwangsläufig scheitern, wenn der Bauer nur einen Tonkrug benötigte, aber nur ein sehr viel wertvolleres Stück Vieh zum Tausch anbieten konnte.

Um einen Tausch erfolgreich durchzuführen, benötigen die Beteiligten ein hohes Maß an Informationen über Austauschverhältnis, Tauschort und Güterqualität.

Beispiel

Angenommen, in einer Tauschwirtschaft mit 1.000 verschiedenen Gütern sind die Preise nicht in Geld ausgedrückt, weil es diesen allgemein anerkannten Bewertungsmaßstab noch nicht gibt. Ein Wirtschaftssubjekt, das über sämtliche Austauschverhältnisse auf den Märkten informiert sein will, müsste demnach für jedes einzelne Gut das Tauschverhältnis zu jedem anderen Gut kennen. Es gäbe also bei 1.000 verschiedenen Gütern 499.500 Austauschrelationen [$\frac{n\,(n-1)}{2}$], deren Kenntnis erheblichen Zeit- und Kostenaufwand verursachen dürfte.

Warengeld

Diese Schwierigkeiten ließen den Wunsch nach einem allgemein anerkannten **Tauschmittel** entstehen. Man verständigte sich auf ein Gut, das von allen gleichermaßen geschätzt und begehrt war. Diese erste Form des Geldes besaß neben seinem Tauschwert noch einen eigenen Gebrauchswert und wird daher als Warengeld bezeichnet.

In der Frühzeit der Menschheit soll das Vieh das übliche Tauschmittel gewesen sein, obwohl es dafür schlecht geeignet ist. So finden wir in alter Zeit häufig den Wert der Dinge nach Stück Vieh gemessen, das man dafür im Tausch gab. Wie Homer berichtet, kostete die Rüstung Diomeds nur neun Ochsen, die des Glaukus dagegen hundert. In Abessinien soll Salz bevorzugtes Handels- und Tauschmittel gewesen sein, in einigen Küstengebieten Indiens eine Muschelsorte, in Neufundland Stockfisch, in Virginia Tabak, in einigen unserer westindischen Kolonien Zucker und schließlich in anderen Ländern Häute oder gegerbtes Leder. Und noch heute gibt es in Schottland ein Dorf, wo es, wie man mir sagte, nichts Ungewöhnliches sei, wenn ein Arbeiter beim Bäcker oder im Wirtshaus mit Nägeln statt Geld bezahlt.

Quelle: Adam Smith, 1775

Warum finden sich in der Aufzählung von Adam Smith neben Waren, die über einen hohen Tauschwert hauptsächlich aufgrund eines eigenen Gebrauchswertes verfügen, Muscheln aus „... einigen Küstengebieten Indiens ...“? Aus dem Warengeld entwickelte sich mit der Ausdifferenzierung der Arbeitsteilung und der Zunahme des Handels sogenanntes Schmuckgeld. Dieses besaß zwar keinen Gebrauchsnutzen, aber es war ein knappes und begehrtes Gut und verfügte über einen hohen Symbolwert.
Aus anderen Quellen ist bekannt, dass die Häuschen der Kauri-Schnecken aus dem Indischen Ozean, Perlen oder kunstvoll bearbeitete Pfeilspitzen, die für die Jagd aber nutzlos waren, als Geld dienten. Schmuckgeld hatte gegenüber vielen Arten des Gebrauchsgeldes vor allem den Vorteil der leichten Transportierbarkeit und war die Vorstufe zum Metallgeld.
Mithilfe des Geldes wurde der direkte Tausch Ware gegen Ware in zwei voneinander unabhängige Vorgänge, einen Kauf und einen Verkauf, zerlegt. Der Schritt zur Geldwirtschaft war vollzogen.

Beispiele

Der Schmied brauchte nicht mehr jemanden zu suchen, der seine Axt begehrte und zugleich die entsprechende Getreidemenge abgeben wollte. Stattdessen konnte er an jeden beliebigen Kaufinteressenten seine Axt veräußern und mit dem erzielten Gelderlös bei jedem beliebigen Bauern das gewünschte Getreide kaufen.

Zwar waren die Schwierigkeiten gemindert, die mit dem direkten Tausch verbunden sind, ungelöst blieben beim Warengeld jedoch die Probleme seiner

- geringen Teilbarkeit,
- mangelnden Wertbeständigkeit,
- vielfach schwierigen Transportierbarkeit und Lagerfähigkeit.

Geschlossene Hauswirtschaft

Die Haushalte versorgen sich selbst mit den lebensnotwendigen Gütern. Handelsbeziehungen existieren daher nicht.

↓

Naturaltauschwirtschaft

Es bestehen einfache Formen der Arbeitsteilung. Der Güteraustausch erfolgt im direkten Tausch Ware gegen Ware.

↓

Geldwirtschaft

Die Abwicklung der Geschäftsabschlüsse erfolgt mithilfe von Geld.

Metallgeld

Als erste Form des Metallgeldes gilt das sogenannte **Wägegeld.** Es handelte sich um unbearbeitetes Edelmetall, das bei jedem Kaufvorgang umständlich abgewogen werden musste. Der Vorzug lag darin, dass es sich fast beliebig teilen ließ, man es gut transportieren konnte und es eine hohe Wertbeständigkeit aufwies. Demgegenüber standen erhebliche Risiken in Bezug auf den Reinheitsgrad des Edelmetalls und die Gefahren beim praktischen Umgang mit dem Wägegeld.

Durch die Einschmelzung des Wägegeldes zu handlichen Stangen wurden die Risiken gemildert. Das jetzt entstandene **Barrengeld** wies aber einen gravierenden Nachteil auf: Es war nicht mehr ohne Weiteres teilbar.

Münzgeld

Kaufleute lösten dieses Problem, indem sie die Edelmetallstäbe in Metallscheiben zerlegten und den Feinheitsgehalt eingravierten. Um ca. 700 v. Chr. entstanden bei den Lydern unter König Krösus, dem ein sagenhafter Reichtum nachgesagt wird *(„Ich bin doch kein Krösus")*, die ersten **Kurantmünzen**, also gewichtsgleiche, einheitlich geformte Metallscheibchen mit obrigkeitlichem Stempel, mit dem die Gewähr für Reinheit und Gewicht übernommen wurde.
Zunächst in betrügerischer Absicht sind die **Scheidemünzen** entstanden, bei denen ein geringwertiges Metall mit einem Goldüberzug und den für Kurantmünzen üblichen Angaben versehen wurde.

Heute sind Scheidemünzen die typische Erscheinungsform des Metallgeldes, da sie

- relativ günstig produziert und
- den wachsenden Geldbedürfnissen einer modernen Volkswirtschaft problemlos angepasst werden können.

Papiergeld

Die Entstehung des ersten **Papiergeldes** im 15. Jahrhundert hat seine Wurzel in den Gefahren des Geldverlustes durch Raub und Überfall. Die Ausweitung des Fernhandels ließ den Transport und die nicht genügend sichere Aufbewahrung von Münzgeld risikoreicher werden. Wegen dieser Unsicherheiten waren die Kaufleute dazu übergegangen, ihre Münzgeldbestände bei Goldschmieden und Geldwechslern, den Vorläufern der heutigen Banken, zu hinterlegen. Diese stellten im Gegenzug als Quittung entsprechende **Hinterlegungsscheine** aus, die ihrem rechtmäßigen Inhaber den Anspruch auf Aushändigung des genannten Betrages bestätigten. Die jederzeit garantierte Einlösbarkeit bewirkte schließlich, dass diese Papiere selbst zum Tauschmittel wurden und als Geldscheine verwendet wurden.
Die Erfahrung lehrte, dass nicht alle ausgegebenen Hinterlegungsscheine zugleich zur Einlösung vorgelegt wurden, sondern ein Teil stets im Umlauf blieb. In den Tresoren der Bankiers befand sich daher immer ein ungenutzter Bestand an Münzgeld, solange die entsprechende Anzahl von Geldscheinen im Wirtschaftsleben als Zahlungsmittel verwendet wurde.
Diese Beobachtung veranlasste die Bankiers, zusätzlich solche Geldscheine im Wege der Kreditvergabe auszustellen. Dies führte schließlich dazu, dass bald mehr Geldscheine im Umlauf waren als Gold- und Silberreserven in den Tresoren lagerten. In diesem Vorgang der **Geldschöpfung** liegt der eigentliche Ursprung für die spätere Entstehung zentraler Währungs- und Notenbanken (Notenbank = Bank, die über das Recht zur Ausgabe von Banknoten verfügt).

Buchgeld

Die vorletzte Stufe der Entwicklung des Geldes bildet das **Buchgeld** (Giralgeld). Bei dieser Geldform handelt es sich um Guthaben auf einem Konto bei einem Kreditinstitut. Dieses Geld wird deswegen als Buchgeld bezeichnet, weil es bei den Kreditinstituten nur noch buchungsmäßig erfasst wird. Es ist daher stofflos.

> **Buchgeld** entsteht durch die Einzahlung von Bargeld auf ein Konto und die Kreditschöpfung der Kreditinstitute.

Wertmäßig wird heute der überwiegende Teil des Zahlungsvolumens innerhalb der Volkswirtschaft mithilfe des Buchgeldes, also durch Umbuchung von Konto zu Konto, abgewickelt.

Elektronisches Geld

Die neueste Entwicklung des Geldes ist das E-Geld. Die Formen des E-Geldes sind sehr vielfältig und reichen von der vorausbezahlten einfunktionalen Karte, bei der Kartenherausgeber (Emittent) und Händler (Akzeptant) identisch sind *(z. B. Telefonkarte)*, über kartengestütztes E-Geld in Form eines Mikroprozessorbausteins auf einer Chipkarte bis hin zu Netzgeld, das über Telekommunikationsnetze wie das Internet übertragen wird.
Wegen der Unübersichtlichkeit der E-Geld-Formen und der ungeklärten und unterschiedlichen Garantie-, Versicherungs- und Haftungsfragen strebt die EZB eine gesetzliche Beaufsichtigung von E-Geld-Betreibern an.

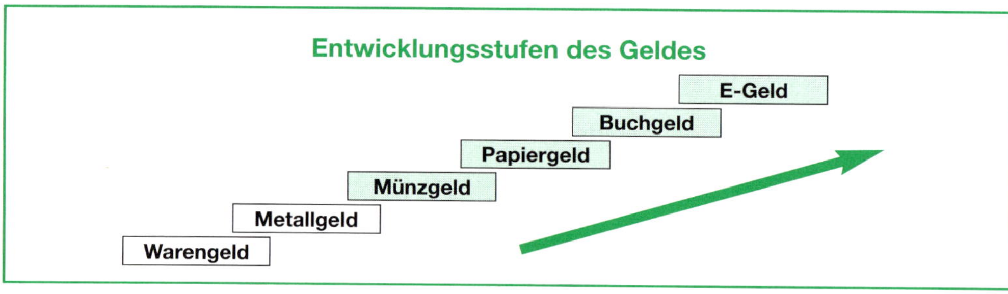

6.1.2 Eigenschaften und Funktionen des Geldes

Um als Geld fungieren zu können, muss ein Gut über folgende **Eigenschaften** verfügen:

Es muss

- knapp, allgemein anerkannt und begehrt sein,
- ohne Wertverlust teilbar sein,
- sich als Wertaufbewahrungsmittel eignen, d. h. bei seiner Lagerung darf nicht das Risiko des Verderbs, der Wertminderung oder der Vernichtung bestehen,
- leicht transportierbar sein.

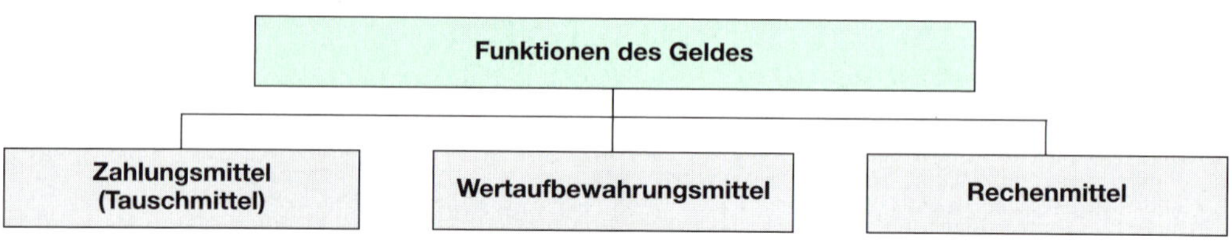

Geld ist Zahlungsmittel (Tauschmittel).
Geld kann zum Kauf von Gütern und zur Inanspruchnahme von Dienstleistungen benutzt werden. Diese Funktion ermöglicht die Arbeitsteilung innerhalb der Wirtschaft und die reibungslose Abwicklung der Tauschvorgänge auf den Märkten.

Geld ist Wertaufbewahrungsmittel.
Geld kann gespart werden und damit zur zeitlichen Verschiebung der Konsumausgaben und zur Geldvermögensbildung verwendet werden. Solange die Menschen auf den Wert des Geldes vertrauen, werden sie zum Sparen bereit sein. Auf diese Weise werden die für die Investitionstätigkeit innerhalb der Wirtschaft notwendigen Geldmittel bereitgestellt.

■ **Geld ist Rechenmittel**

Der Wert aller Güter lässt sich in Geldeinheiten ausdrücken, sodass die Güter in ihrem Wert gemessen und verglichen werden können. Geld ist dadurch Grundlage einer geordneten Wirtschaftsführung in den Unternehmungen sowie in den privaten und öffentlichen Haushalten. Die Bilanz und die Gewinn- und Verlustrechnung einer Unternehmung, die Rentabilität einer Kapitalanlage, der Einnahmen-/Ausgabenplan eines Haushaltes wird in Geldeinheiten ausgedrückt. Die Beachtung des ökonomischen Prinzips wird durch Geld erleichtert.

Das Geld kann seine Funktionen auf Dauer nur erfüllen, wenn der Wert des Geldes gesichert ist.

Geldarten

- **Bargeld** = gesetzliches Zahlungsmittel
  - **Münzgeld**
    - Cent-Münzen
    - Euro-Münzen
  - **Papiergeld**
    - Euro-Banknoten
- **Guthaben bei Kreditinstituten**
  - Sichteinlagen
  - Termineinlagen
  - Tagesgelder
  - Spareinlagen

6.1.3 Geldarten in Deutschland

Bargeld

Bei den Banknoten handelt es sich um Papiergeld ohne Edelmetalldeckung. Sie werden vom ESZB aufgrund seines **Notenprivilegs** emittiert und in Umlauf gebracht. Es ist dabei nicht an eine gesetzlich vorgeschriebene Höchstgrenze gebunden. Bei der Geldversorgung der Wirtschaft richtet es sich ausschließlich nach den Erfordernissen der Preisstabilität. Münzen werden vom Bund ausgegeben und über die Deutsche Bundesbank in Umlauf gebracht.

Münzen und **Banknoten** sind **gesetzliches Zahlungsmittel.**

Guthaben bei Kreditinstituten

Je nach Verfügbarkeit des Guthabens durch den Kontoinhaber sind verschiedene Erscheinungsformen zu unterscheiden:

Sichteinlagen sind Guthaben auf einem Kontokorrentkonto (laufendes Konto).

- Sie dienen der Abwicklung des bargeldlosen Zahlungsverkehrs,
- sind jederzeit verfügbar (= täglich fällig)
- und werden in der Regel vom Kreditinstitut nicht verzinst.

Termineinlagen sind Geldmittel, die vorübergehend für den Zahlungsverkehr nicht benötigt und als Festgeld bei einem Kreditinstitut angelegt werden.

- Sie dienen der kurzfristigen Geldanlage,
- sind erst nach Ablauf der vereinbarten Anlagedauer verfügbar
- und werden je nach Anlagedauer (ab 30 Tage), Anlagebetrag (i. d. R. ab 5.000,00 EUR) und der Höhe des aktuellen Geldmarkt-Zinsniveaus verzinst.

Tagesgelder sind Guthaben auf einem besonderen Konto. Sie sind

- verzinslich und
- jederzeit verfügbar.

Spareinlagen sind Guthaben auf einem Sparkonto mit vereinbarter Kündigungsfrist (3, 6, 12, 24 Monate u. a.).

- Sie dienen der Anlage und Ansammlung von Vermögen,
- sind durch Ausfertigung eines Sparbuches oder einer Sparkarte gekennzeichnet,
- sind erst nach Kündigung und Ablauf der Kündigungsfrist verfügbar, bei Spareinlagen mit dreimonatiger Kündigungsfrist sind bis zu 2.000,00 EUR innerhalb eines Kalendermonats frei verfügbar,
- und werden je nach Kündigungsfrist und der Höhe des aktuellen Kapitalmarkt-Zinsniveaus verzinst.

Geldsurrogate

Der **Scheck** ist ein wichtiges Geldersatzmittel. Er verfügt über die Funktionen des Geldes, obwohl sich seine Umwandlung in Geld erst bei der Einlösung vollzieht. Dagegen spielt beim **Wechsel** die Zahlungsmittelfunktion eine untergeordnete Rolle.

6.1.4 Geldproduktion

6.1.4.1 Münzregal

Das alleinige Recht zur Produktion von Münzen, das Münzregal, liegt als Relikt aus der Fürstenzeit seit 1950 beim Bund. Dies hat sich auch mit der Umstellung auf den EUR nicht geändert, denn das Münzregal wurde bei den einzelnen Mitgliedsstaaten des Eurosystems belassen. Die Bundesregierung lässt in fünf Münzstätten Münzen prägen und veräußert sie zum Nennwert an die Deutsche Bundesbank. Die Bundesregierung erhält dafür eine entsprechende Kontogutschrift. Die Münzstätten erhalten die prägefertigen Münzrohlinge – auch Ronden genannt – von Metallwerken, bei denen die Rohlinge im Auftrag des Bundes angefertigt werden.

Münzregal *(Art. 105 a, Abs. 2 EG-Vertrag)*

Die Mitgliedsstaaten haben das Recht zur Ausgabe von Münzen, wobei der Umfang dieser Ausgabe der Genehmigung durch die EZB bedarf. Der Rat kann nach dem Verfahren des Artikels 189 c und nach Anhörung der EZB Maßnahmen erlassen, um die Stückelung und die technischen Merkmale aller für den Umlauf bestimmten Münzen so weit zu harmonisieren, wie dies für deren reibungslosen Umlauf innerhalb der Gemeinschaft erforderlich ist.

Die Münzproduktion ist durch hohe Metallkosten für die Speziallegierungen *(z. B. ist das „Nordische Gold“ für die 10-, 20- und 50-Cent-Münzen eine Kupfer-Aluminium-Zink-Zinn-Legierung)* und teilweise aufwendige Produktionsverfahren *(z. B. Bimetall-Ausführung der 1- und 2-EUR-Münzen)* sehr teuer. Bei der 1- und 2-Cent-Münze liegen die Prägekosten sogar über dem Geldwert.

Im Wochenausweis des Eurosystems[1] ist der Münzbestand in der Position „Sonstige Aktiva“ enthalten. Aus Sicht der Zentralbank macht es keinen Unterschied, ob sie Grundstücke, Schreibtische oder Münzen ankauft, es handelt sich in allen Fällen um Aktiva. Auch aus historischer Sicht sind die Münzbestände auf der Aktivseite zu erfassen: Goldbestände sind Aktiva, daraus hergestellte Goldmünzen ebenso, und Scheidemünzen, die zu ihrem Nennwert angekauft werden, folglich auch. Die Teilnehmer des Eurosystems bringen die Münzen in den Geldkreislauf, indem sie aus ihrem Bestand Münzen an die Kreditinstitute veräußern.

- Wenn die Zahlung durch Überlassung von Aktiva wie Devisen oder Wertpapieren erfolgt, führt die Transaktion lediglich zu einem **Aktivtausch.**
- Sofern die Kreditinstitute die Münzen aus ihrem Zentralbankguthaben bezahlen, gibt es in der Bilanz des Eurosystems eine **Aktiv-Passiv-Minderung.**

[1] Vgl. Seite 560 f.

Beispiel

Aktiva	Wochenausweis des Eurosystems vom 8. Februar ...		**Passiva**
	Mio. EUR		Mio. EUR
Gold	10	Banknotenumlauf	20
Devisen	10	Einlagen inländischer Kreditinstitute	10
Scheidemünzen	10		

Am 15. Februar erwirbt ein Kreditinstitut für 1 Mio. EUR Münzen und bezahlt mit Devisen aus Exporterlösen seiner Kunden.

Aktiva	Wochenausweis des Eurosystems vom 15. Februar ...		**Passiva**
	Mio. EUR		Mio. EUR
Gold	10	Banknotenumlauf	20
Devisen	11	Einlagen inländischer Kreditinstitute	10
Scheidemünzen	9		

Am 22. Februar hebt ein Kreditinstitut zulasten seines Bbk-Girokontos 1 Mio. EUR in Münzen ab.

Aktiva	Wochenausweis des Eurosystems vom 22. Februar ...		**Passiva**
	Mio. EUR		Mio. EUR
Gold	10	Banknotenumlauf	20
Devisen	11	Einlagen inländischer Kreditinstitute	9
Scheidemünzen	8		

Aus der Bilanz des Eurosystems ist nicht ersichtlich, wie hoch der Wert der umlaufenden Münzen ist.

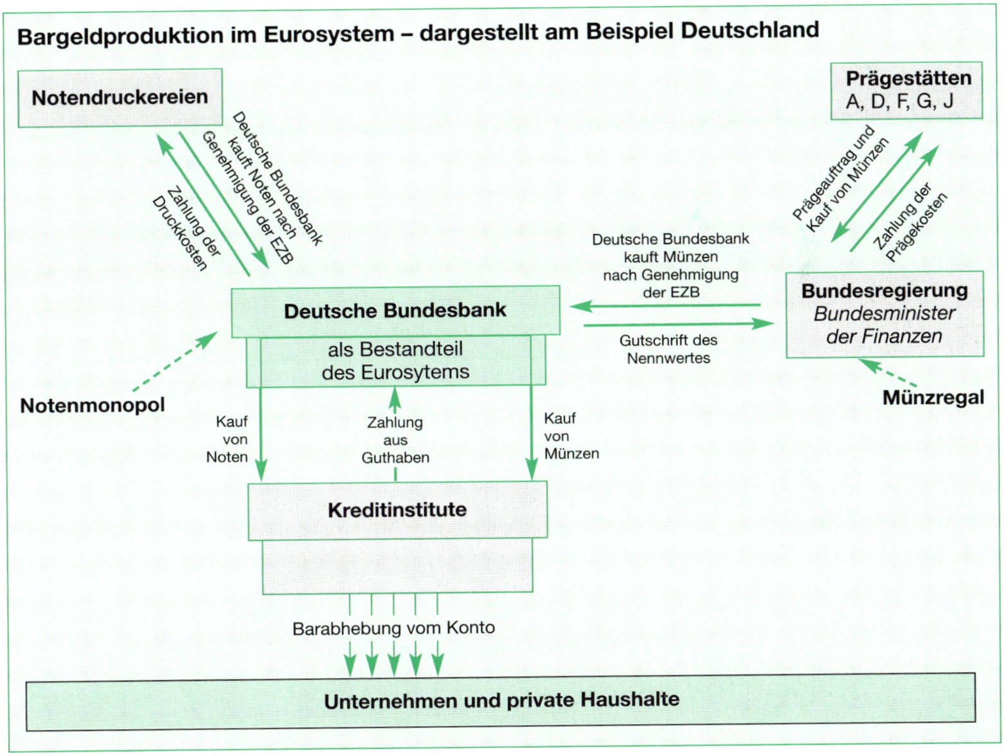

Sonderprägungen

Seit Beginn der Währungsunion wurden von den Mitgliedsstaaten verschiedene Euro-Sammlermünzen herausgegeben. Die 2-Euro-Sonderprägungen sind für den Umlauf gedacht und gelten in der gesamten Eurozone als gesetzliches Zahlungsmittel. Andere Euro-Sammlermünzen wie die 10-Euro-Sonderprägungen, die aus verschiedensten Anlässen (z. B. Fußballweltmeisterschaft 2006) emittiert werden, sind nur in den jeweiligen Ausgabestaaten gesetzliches Zahlungsmittel. Ein Teil der Sonderprägungen wird in Spiegelglanzausführung hergestellt und wandert dementsprechend in die Hände von Numismatikern, die auf erhebliche Steigerungen des Sammlerwertes in der Zukunft hoffen.

Begrenzter Annahmezwang

Für die Euro-Münzen besteht ein begrenzter Annahmezwang. Niemand ist dazu verpflichtet, mehr als fünfzig Münzen in einer Zahlung anzunehmen. Mit dieser Regelung ist keine Wertangabe verbunden. Die Annahmepflicht von deutschen, auf Euro lautenden Gedenkmünzen ist auf 100,00 EUR je Zahlung beschränkt. Ergänzend gilt die Beschränkung auf 50 Münzen auch für aus Umlauf- und Gedenkmünzen zusammengesetzte Zahlungen.

6.1.4.2 Notenmonopol

Notenausgabe *(Art. 105 a, Abs. 1 EG-Satzung)*

Die EZB hat das ausschließliche Recht, die Ausgabe von Banknoten innerhalb der Gemeinschaft zu genehmigen. Die EZB und die nationalen Zentralbanken sind zur Ausgabe von Banknoten berechtigt. Die von der EZB und den nationalen Zentralbanken ausgegebenen Banknoten sind die einzigen Banknoten, die in der Gemeinschaft als gesetzliches Zahlungsmittel gelten.

Euro-Banknoten werden in zwölf europäischen Staaten von den nationalen Zentralbanken selbst bzw. von privaten oder staatlichen Unternehmen hergestellt.

Die Deutsche Bundesbank lässt die Banknoten bei der Bundesdruckerei und bei einer privatwirtschaftlichen Druckerei in München herstellen und bezahlt die Herstellungskosten.

In Deutschland hergestellte Banknoten tragen auf der Rückseite den Buchstaben X vor der Seriennummer, und am ersten Buchstaben eines kleinen Codes auf der Vorderseite lässt sich die Druckerei erkennen (Bundesdruckerei = R, Giesecke und Devrient = P).

Im Gegensatz zu den Münzen können die Banknoten aber zunächst nicht bilanziert werden, da sie noch keinen Wert verkörpern. Ein Rückblick in die Entstehungsgeschichte des Geldes macht dies deutlich. Wenn ein Juwelier Depotscheine auf Vorrat produziert hätte, wären sie auch bis zur Ausgabe an einen Kunden wertlos geblieben.

Banknoten werden also erst dann bilanziert, wenn sie an ein Kreditinstitut weitergegeben werden. Vorher sind sie **Nonvaleurs** – wertlose Wertpapiere.

Ausgegebene Banknoten werden auf der Passivseite unter der Position Banknotenumlauf erfasst.

Für die Nationale Zentralbank (NZB) sind Banknoten eine Verbindlichkeit.

- Erhält die NZB für ausgegebene Banknoten Aktiva, kommt es zu einer Aktiv-Passiv-Mehrung.
- Wenn die „Bezahlung“ der Banknoten mit Zentralbankguthaben erfolgt, kommt es nur zu einem Passivtausch.

Beispiel

Aktiva — **Wochenausweis des Eurosystems vom 8. Februar ...** — **Passiva**

Aktiva	Mio. EUR	Passiva	Mio. EUR
Gold	10	Banknotenumlauf	20
Devisen	10	Einlagen inländischer Kreditinstitute	10
Sonstige Aktiva	10		

Am 15. Februar erwirbt ein Kreditinstitut für 1 Mio. EUR Banknoten und bezahlt mit Devisen aus Exporterlösen seiner Kunden.

Aktiva — **Wochenausweis des Eurosystems vom 15. Februar ...** — **Passiva**

Aktiva	Mio. EUR	Passiva	Mio. EUR
Gold	10	Banknotenumlauf	21
Devisen	11	Einlagen inländischer Kreditinstitute	10
Sonstige Aktiva	10		

Am 22. Februar hebt ein Kreditinstitut zulasten seines Bbk-Girokontos 1 Mio. EUR in Banknoten ab.

Aktiva — **Wochenausweis des Eurosystems vom 22. Februar ...** — **Passiva**

Aktiva	Mio. EUR	Passiva	Mio. EUR
Gold	10	Banknotenumlauf	22
Devisen	11	Einlagen inländischer Kreditinstitute	9
Sonstige Aktiva	10		

6.1.4.3 Von der Mark zum Euro – vom Pfennig zum Cent

In den Staaten des Eurosystems wurde am 1. Januar 2002 mit der Ausgabe von auf EUR lautenden Münzen und Banknoten begonnen. Seit dem 1. März 2002 hat die DM ihre Gültigkeit als gesetzliches Zahlungsmittel verloren.

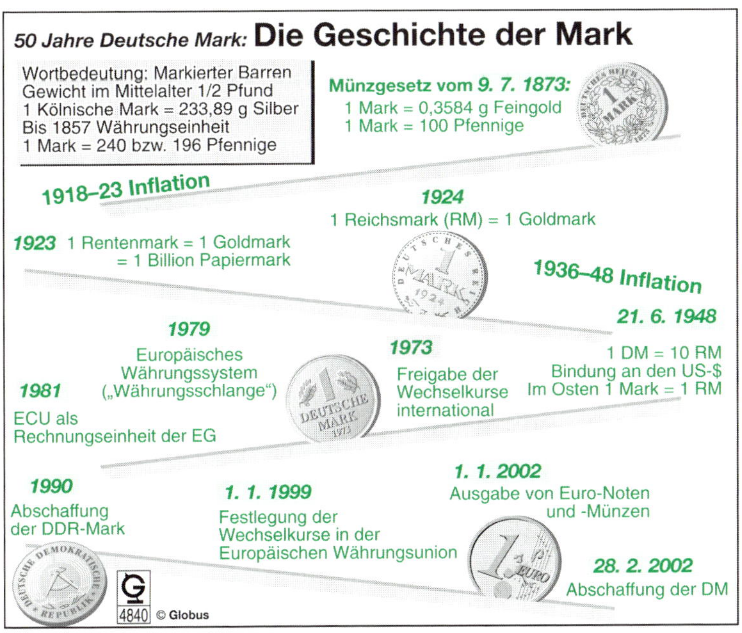

125 Jahre Mark – 50 Jahre DM

Die Mark als Währungseinheit gab es in Deutschland schon seit dem Mittelalter. Eine Mark (= markierter Barren) war ein halbes Pfund Silber, aus dem regional unterschiedlich 240 oder 196 Pfennige gemünzt wurden. Mark-Münzen gibt es aber erst seit 125 Jahren. Nach der deutschen Einigung 1871 wurde die Mark als deutsche Einheitswährung beschlossen. Das entsprechende Münzgesetz, das zugleich die Goldbindung beschloss, trat am 9. Juli 1873 in Kraft. Zweimal wurde die Mark in ihrer Geschichte abgewertet. Nach der Hyperinflation als Folge des 1. Weltkriegs wurde 1923/24 aus einer Billion Papiermark wieder eine Goldmark, und nach dem 2. Weltkrieg wurden aus zehn Reichsmark eine DM. Im Jahre 2002 wurden die Mark-Münzen und -Noten eingezogen und durch den Euro ersetzt.

Globus

Form und Legierung der neuen Euromünzen wurden nach Anhörung verschiedener Verwendergruppen, insbesondere der Blinden- und Sehbehindertenverbände sowie der Automatenwirtschaft, festgelegt. Das Münzregal verbleibt bei den Mitgliedsstaaten, die eine Seite ihrer EUR-Münzen mit nationalen Motiven versehen. In Deutschland liegt das Münzregal in Händen der Bundesregierung.

6.1.4.4 Zentralbankgeldschöpfung durch das Eurosystem

Neben der Ausgabe von Bargeld produziert das Eurosystem Buchgeld, in dem es Kredite gewährt. Um ihre Geschäfte im Aktivbereich ausdehnen zu können, sind die Kreditinstitute auf Geld aus dem Eurosystem angewiesen. Sie decken einen großen Teil ihres Refinanzierungsbedarfs, indem sie Wertpapiere oder Devisen an die nationalen Zentralbanken verkaufen und im Gegenzug Zentralbankgeld in entsprechender Höhe erhalten.

Zentralbankgeld ist Geld, das nur durch die Zentralbank geschaffen werden kann.

Zentralbankgeldschöpfung und Zentralbankgeldvernichtung

Zentralbankgeld existiert in der Form von Guthaben bei der nationalen Zentralbank (NZB) sowie von umlaufenden Banknoten und Münzen. Es entsteht durch Monetisierung von Aktiva bei der NZB. Umgekehrt kommt es zu einer Vernichtung von Zentralbankgeld, wenn die NZB Wertpapiere oder Devisen verkauft. Dabei fließt der NZB wieder Bargeld (Bargeldvernichtung) oder Sichtguthaben (Kreditvernichtung) zu.

Beispiel

Zentralbankgeldschöpfung

Die A-Bank verkauft USD im Wert von 1 Mio. EUR an die Deutsche Bundesbank.

Die A-Bank erhält dafür Sichtguthaben (Zentralbankgeldguthaben) bei der Deutschen Bundesbank.

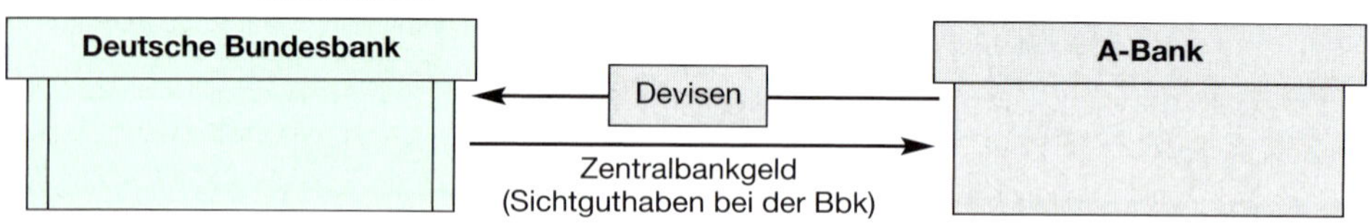

A	Wochenausweis des Eurosystems P	A	A-Bank P
....	....	....	
Devisen + 1	Einlagen von Kreditinstituten + 1	Bbk-Guthaben + 1 Devisen - 1	

Wenn die Bundesbank anstelle von Zentralbankguthaben Münzen oder Banknoten auszahlt, stellt sich die Situation im Wochenausweis analog dar: Es kommt entweder zu einem Aktivtausch (Münzbestand nimmt ab, Devisenbestand nimmt zu) oder ebenfalls zu einer Bilanzverlängerung (Notenumlauf nimmt zu, Devisenbestand nimmt zu).

Beispiel

Zentralbankgeldvernichtung

Die B-Bank erwirbt bei der Deutschen Bundesbank USD im Wert von 1 Mio. EUR.

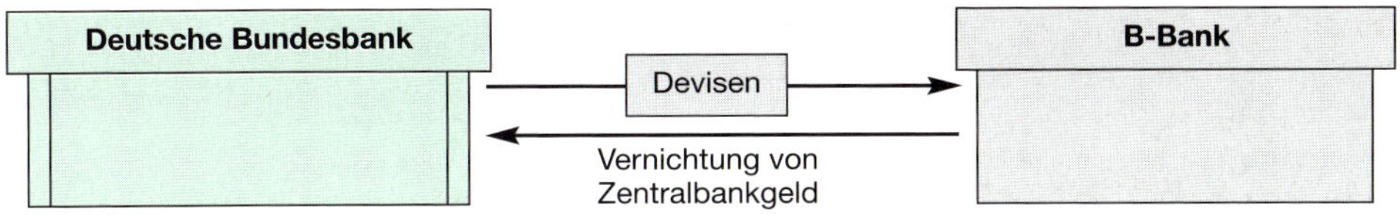

A	Wochenausweis des Eurosystems		P
...		...	
Devisen	– 1	Einlagen von Kreditinstituten	– 1

A	B-Bank		P
...		...	
Bbk-Guthaben	– 1		
Devisen	+ 1		

6.1.4.5 Giralgeldschöpfung durch die Kreditinstitute

Passive Giralgeldschöpfung

Die Bareinzahlung auf ein Girokonto bedeutet eine **passive Giralgeldschöpfung.**

Beispiel

- Wenn ein Kunde eine Bareinzahlung von 1.000,00 EUR zugunsten seines Girokontos vornimmt, ist es für ihn nur ein Tausch von Bargeld gegen Buchgeld. Über die Sichteinlage kann er jederzeit verfügen.
- Aus Sicht des Kreditinstitutes sieht es anders aus. Es „kauft" dem Kunden 1.000,00 EUR Bargeld ab und bezahlt mit **selbst geschaffenem** Buchgeld.
  Verbindlichkeiten von Kreditinstituten gegenüber Kunden werden in der Bilanz der Geschäftsbank als Sichteinlage auf der Passivseite erfasst.

A	Bilanz des Kreditinstituts		P
Kasse	1.000,00 EUR	Sichteinlagen	1.000,00 EUR

- Volkswirtschaftlich ist die umlaufende Geldmenge gleich geblieben, da 1.000,00 EUR Zentralbankgeld in Form von Bargeld dem Nichtbankensektor entzogen worden sind und im Gegenzug der gleiche Betrag durch Geldschöpfung des Kreditinstitutes dem Geldkreislauf hinzugefügt wurde.

Bei einer Barabhebung kommt es zu einer Vernichtung des zuvor geschaffenen Giralgeldes. Die Geldmenge bleibt jedoch gleich, da Zentralbankgeld in gleicher Höhe aus dem Bankensektor in den Nichtbankensektor gelangt.

Aktive Giralgeldschöpfung

Bei der **aktiven Giralgeldschöpfung** schaffen die Geschäftsbanken zusätzliches Geld in Form von Buchgeld.

Kreditinstitute möchten möglichst alles, was sie an Einlagen von der Kundschaft erhalten, ausleihen. Dies ist aber nicht hundertprozentig möglich, da immer damit gerechnet werden muss, dass Kunden über Sichteinlagen bar verfügen wollen. Folglich hat das Kreditinstitut eine **Kassenreserve** zu halten, um die Bargeldwünsche seiner Kunden erfüllen zu können.

Beispiel

Ein Kreditinstitut erhält 100.000,00 EUR Sichteinlagen und zahlt täglich im Durchschnitt 10.000,00 EUR aus. Es muss eine Kassenreserve von 10 % halten.

Die Kassenreserve ist bei den Kreditinstituten unterschiedlich hoch. Sie hängt wesentlich von den Zahlungsgewohnheiten der Kundschaft ab. Zusätzlich ist eine Mindestreserve bei der EZB zu unterhalten.

Mindestreserven[1]

> **Mindestreserven** *(Satzung ESZB, ESZB Art. 18)*
>
> Vorbehaltlich des Artikels 2 kann die EZB zur Verwirklichung der geldpolitischen Ziele verlangen, dass die in den Mitgliedsstaaten niedergelassenen Kreditinstitute Mindestreserven auf Konten bei der EZB und den nationalen Zentralbanken unterhalten. Verordnungen über die Berechnung und Bestimmung des Mindestreservesolls können vom EZB-Rat erlassen werden. Bei Nichteinhaltung kann die EZB Strafzinsen erheben und sonstige Sanktionen mit vergleichbarer Wirkung verhängen.
>
> Zum Zwecke der Anwendung dieses Artikels legt der Rat nach dem Verfahren des Artikels 42 die Basis für die Mindestreserven und die höchstzulässigen Relationen zwischen diesen Mindestreserven und ihrer Basis sowie die angemessenen Sanktionen fest, die bei Nichteinhaltung anzuwenden sind.

Ursprünglich war die Mindestreserve dazu gedacht, bei Bankenzusammenbrüchen die betroffenen Kunden zu entschädigen. Diese Bedeutung besteht nicht mehr, da die Kreditinstitute inzwischen eigene Hilfseinrichtungen geschaffen haben.

Die EU-Einlagensicherungsrichtlinie schreibt Einlagensicherungssysteme mit einer Mindestsumme von 20.000,00 EUR pro Einleger zwingend vor.

Beispiele

- Sparkassenstützungsfonds
- Einlagensicherungsfonds des Bundesverbandes deutscher Banken e.V.
- Sicherungseinrichtung des BVR

Heute ist die Mindestreserve ausschließlich ein geldpolitisches Instrument der EZB.

Kreditinstitute haben einen bestimmten prozentualen Anteil ihrer Verbindlichkeiten aus
- Sichteinlagen,
- Einlagen mit bis zu zwei Jahren Laufzeit,
- Einlagen mit zweijähriger Kündigungsfrist,
- Schuldverschreibungen mit vereinbarter Laufzeit bis zu zwei Jahren und
- Geldmarktpapieren

verzinslich bei der EZB zu halten. Je höher der Mindestreservesatz ist, desto geringer ist der Spielraum, der den Kreditinstituten für Ausleihungen verbleibt.

Beispiel

Ein Kreditinstitut erhält eine Bareinlage in Höhe von 1.000,00 EUR. Davon werden 10 % als Kassenbestand „reserviert“ und 2 % als Mindestreserve bei der EZB gehalten. Der Differenzbetrag von 880,00 EUR ist die erste Überschussreserve, die dem Kreditinstitut für Kredite zur Verfügung steht.

Die aktive Giralgeldschöpfung wurde im obigen Beispiel nur auf ein Kreditinstitut bezogen und betrug 880,00 EUR. Wenn man dieses Beispiel ausweitet und unterstellt, dass der Kreditnehmer das Geld ausgibt und der Empfänger des Geldes es bei seinem Kreditinstitut einzahlt, kann sich der Vorgang der aktiven Giralgeldschöpfung wiederholen. Allerdings stehen jetzt nicht 880,00 EUR für die Kreditvergabe zur Verfügung, sondern nur die um Kassen- und Mindestreserve

[1] Vgl. Seite 557 ff.

(Liquiditätsreserve) verminderte erste Überschussreserve. Theoretisch ließe sich dieser Vorgang unendlich oft wiederholen, wobei die mögliche Kreditvergabe von Mal zu Mal sinken würde. Diese Geldschöpfung unter Einschaltung nicht nur einer, sondern der Gesamtheit der Kreditinstitute nennt man **multiple Buchgeldschöpfung.**

Beispiel

Die A-Bank erhält eine Bareinzahlung in Höhe von 1.000,00 EUR und gewährt einem Kunden einen Kredit zum Kauf eines Möbelstücks in Höhe von 880,00 EUR. Das Geld wird bei der Hausbank (B-Bank) des Möbelhauses eingezahlt. Diese gewährt einem Kunden Kredit in Höhe von 774,40 EUR. Dieser Kunde kauft sich ein Fernsehgerät und zahlt das Geld bei der C-Bank des TV-Fachgeschäftes ein, welche wiederum einen Kredit von 681,47 EUR gewährt.

Kreditinstitut	Sichteinlage	Kassenreserve 10 % (Liquiditätsreserve)	Mindestreserve 2 %	Überschussreserve = Kreditvergabe
	EUR	EUR	EUR	EUR
A-Bank	1.000,00	100,00	20,00	880,00
B-Bank	880,00	88,00	17,60	774,40
C-Bank	774,40	77,44	15,49	681,47
D-Bank	681,47	68,15	13,63	599,69
Summe	3.335,87	333,59	66,72	2.935,56

Um zu berechnen, wie viele Kredite insgesamt geschöpft werden können, wenn sich die Kreditvergabe nach obigem Schema immer weiter fortsetzt, bedient man sich des **Geldschöpfungsmultiplikators**.

Der **Geldschöpfungsmultiplikator** ist der reziproke Liquiditätsreservesatz.

Beispiel

Kassenreservesatz	10 %	
Mindestreservesatz	2 %	
Liquiditätsreservesatz	12 %	$= \frac{12}{100}$
reziproker Liquiditätsreservesatz		$= \frac{100}{12}$
Geldschöpfungsmultiplikator		$= \frac{100}{12} = \underline{\underline{8\ 1/3}}$

Durch Veränderung des Mindestreservesatzes wird der Geldschöpfungsmultiplikator verändert.

- Je höher der Mindestreservesatz, desto geringer der Geldschöpfungsmultiplikator.
- Je geringer der Mindestreservesatz, desto höher der Geldschöpfungsmultiplikator.

Außerdem ist der Geldschöpfungsmultiplikator abhängig von den Zahlungsgewohnheiten in der Volkswirtschaft. Nimmt der bargeldlose Zahlungsverkehr zu, verringert sich die notwendige Kassenhaltung der Kreditinstitute und der Multiplikator wird größer.

Maximale Kreditschöpfung: Erste Überschussreserve · Geldschöpfungsmultiplikator

Beispiel

Aus einer ursprünglichen Bareinzahlung in Höhe von 1.000,00 EUR sind bei einem Geldschöpfungsmultiplikator von 8 ⅓ Kredite in Höhe von 7.333,33 EUR entstanden. Dabei wurde unterstellt, dass die Reservesätze konstant waren und alle beteiligten Kreditinstitute ihre maximalen Kreditmöglichkeiten ausgenutzt haben.

Eine Erhöhung der Mindestreserve und der Kassenreserve führt zu einer Verringerung der ersten Überschussreserve und wirkt damit wie ein **Geldvernichtungsmultiplikator**.

6.1.5 Geldmengenbegriffe der Europäischen Zentralbank

Wer sein Geldvermögen als Termingeld oder in Wertpapieren anlegt, hat zwar Geld, aber er kann nicht sofort darüber verfügen, denn es fehlt die Tauschmittelfunktion. So ist unter dem Gesichtspunkt seiner Funktionen Geld nicht immer gleich Geld.

Ähnlich verhält es sich mit Guthaben der Kreditinstitute untereinander, der nationalen Zentralbanken untereinander und der Guthaben von Nicht-EWWU-Ansässigen im EWWU-Bankensystem. Diese Gelder dienen normalerweise nicht zum Kauf von Gütern und Dienstleistungen im Währungsgebiet des Euro, sodass auch diesen Geldern die Tauschmittelfunktion fehlt.

Um Preisrisiken früh zu erkennen, stützt sich die EZB auf eine Beobachtung der Entwicklung des breiten Geldmengenaggregates M_3.

Geldmengenbegriffe der EZB

M_3
Repogeschäfte[1]
Geldmarktfondsanteile
Geldmarktpapiere und Schuldverschreibungen mit einer Ursprungslaufzeit von bis zu 2 Jahren

M_2
Einlagen mit vereinbarter Laufzeit von bis zu 2 Jahren
Einlagen mit vereinbarter Kündigungsfrist von bis zu 3 Monaten

M_1
Bargeldumlauf
Täglich fällige Einlagen

Die Geldmengenbegriffe umfassen die monetären Verbindlichkeiten der Kreditinstitute (Monetäre Finanzinstitute, Abk. MFIs) gegenüber im Euro-Währungsgebiet ansässigen Nicht-Banken (Nicht-MFIs). Bei den Repogeschäften aus M_3 handelt es sich um Pensionsgeschäfte zwischen MFIs (Pensionsgeber) und Nicht-MFIs (Pensionsnehmer). Das pensionsgebende MFI behält die Wertpapiere in seiner Bilanz. Der Geldbetrag, den das MFI für die Papiere erhält, wird in der Bilanz des MFI als Verbindlichkeit erfasst.

[1] **Repo: Rep**urchase **O**peration (Repurchase agreement = Rückkaufsvereinbarung): Vereinbarung über den Verkauf eines Vermögensgegenstandes, die den Verkäufer gleichzeitig berechtigt und verpflichtet, diesen Vermögensgegenstand zu einem späteren Zeitpunkt zurückzukaufen. Eine solche Vereinbarung gleicht wirtschaftlich einem besicherten Kredit. Vgl. Seite 547.

M_1
Nach der engsten Definition der EZB erfüllen neben dem Bargeldumlauf (Münzen und Noten) nur täglich fällige Einlagen (Sichtguthaben) die Geldfunktionen im ursprünglichen Sinn. Sie sind jederzeit fällig, d. h. die Kundschaft kann jederzeit per Überweisung, Scheck oder Lastschrift über die Sichteinlagen verfügen bzw. sich das Geld bar auszahlen lassen.

M_2
Bei der etwas weiteren Definition M_2 werden neben M_1 Termineinlagen mit vereinbarter Laufzeit bis zu zwei Jahren und Einlagen mit vereinbarter Kündigungsfrist bis zu drei Monaten einbezogen. Diese Einlagen dienen nicht dem Zahlungsverkehr, sondern der kurzfristigen Geldanlage. Sie können trotz teilweiser Einschränkungen wie Kündigungsfristen, Vorschusszinsen und Gebühren sehr schnell in Sichteinlagen oder Bargeld umgewandelt werden.

M_3
M_3 ist die am weitesten abgegrenzte Geldmenge. Zusätzlich zu M_2 bezieht die EZB in ihre Definition M_3 Repogeschäfte, Geldmarktfondsanteile und Geldmarktpapiere sowie Schuldverschreibungen mit einer Ursprungslaufzeit bis zu zwei Jahren ein. Diese Bestandteile haben einen hohen Liquiditätsgrad und eine hohe Kurssicherheit und sind deswegen enge Substitute für Einlagen.

Die EZB kann nur mittelbar Einfluss auf das „breite monetäre Aggregat M_3" nehmen, indem sie die Refinanzierungskosten der Kreditinstitute ändert. Die Zinssätze der Kreditinstitute und der Zentralbank bewegen sich – zumindest im kurzfristigen Bereich – normalerweise in eine Richtung. Eine Erhöhung der Notenbankzinsen führt zu einer Verteuerung der Bankkredite, und mit einer Senkung der Notenbankzinsen wird eine Verbilligung der Kredite für die Bankkundschaft angestrebt.

So kann die EZB über einen langen Hebel auf die nachfragewirksame Geldmenge Einfluss nehmen. Sie senkt oder erhöht die Refinanzierungskosten der Kreditinstitute, die wiederum mit fallenden oder steigenden Kreditzinsen und fallenden oder steigenden Einlagenzinsen gegenüber ihrer Kundschaft reagieren.

Anteile der Komponenten von M_3 in Prozent

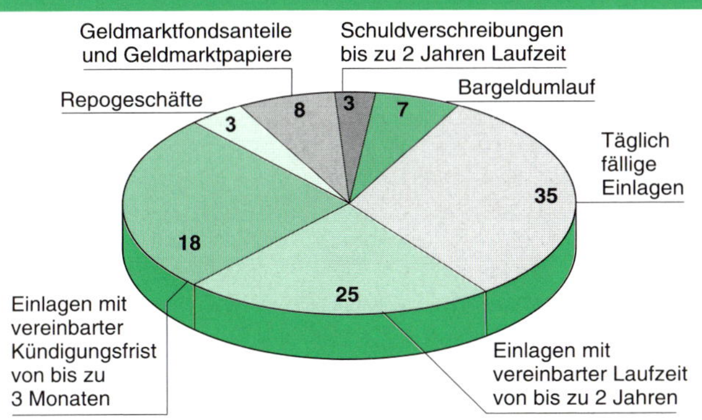

(Mai 2008) *(Differenzen rundungsbedingt)*

Die Auswirkung von Zinsänderungen der EZB auf die langfristigen Zinsen ist vor allem dann möglich, wenn sich mit der Aktion der EZB auch die Erwartungshorizonte der Marktteilnehmer ändern.
In einem Klima zukünftiger Inflationsrisiken und abnehmenden Wirtschaftswachstums werden die längerfristigen Zinsen am ehesten steigen und damit zu einer Verringerung der Geldmenge M_3 beitragen.

Quelle: EZB

6.1.6 Geldmengenziel und Geldmengenstrategie der Europäischen Zentralbank

Die EZB hat das vorrangige Ziel, die Preisstabilität zu gewährleisten *(Art. 105 Abs. 1 EG-Vertrag).*

„Preisstabilität wird definiert als Anstieg des Harmonisierten Verbraucherpreisindex (HVPI) für das Euro-Währungsgebiet von unter, aber nahe 2 % gegenüber dem Vorjahr." *(EZB)*

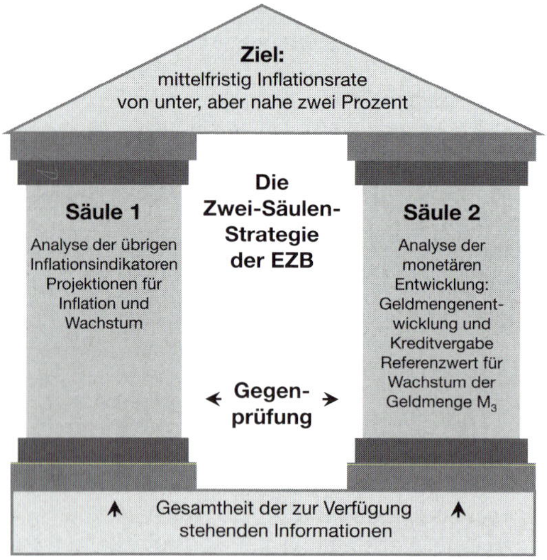

Zur Erreichung des Zieles Preisstabilität hat die EZB eine **Zwei-Säulen-Strategie** entwickelt. Die eine Säule ist eine auf breiter Grundlage erfolgende kurz- und mittelfristige wirtschaftliche Beurteilung der Aussichten und Risiken für die Preisentwicklung im Euro-Währungsgebiet und die zweite Säule ist eine mittel- bis langfristige Analyse der Inflationstrends, die in der Bekanntgabe einer Wachstumsrate von M_3 mündet.

Diese Strategie ist nicht unumstritten, denn für die Öffentlichkeit bleibt verborgen, ob längerfristige Über- oder Unterschreitungen von M_3 tatsächlich zu Zinsschritten führen, da sich die EZB einen Interpretationsspielraum vorbehält. Die EZB ist die letzte der großen Notenbanken, die eine breit gefasste Geldmenge als Schlüsselindikator nutzt.

6.1.6.1 Beurteilung der Aussichten für die Preisentwicklung – die erste Säule der geldpolitischen Strategie des Eurosystems

Die EZB stützt sich bei der Festlegung ihrer Geldpolitik auf die Analyse einer breiten Palette von Konjunkturindikatoren. Diese umfassen eine Reihe von Größen, die den Charakter von Frühindikatoren haben. Dazu gehören u. a. die Löhne, der Wechselkurs, die Anleihekurse, die Zinsstrukturkurve, verschiedene Messgrößen für die Wirtschaftstätigkeit, Preis- und Kostenindizes sowie Branchen- und Verbraucherumfragen. Durch eine vorsichtige Interpretation dieser Indikatoren, die Vorlaufindikatoreigenschaften für zukünftige Preisentwicklungen besitzen, möchte die EZB eine Stop-and-Go-Policy vermeiden.

Anstatt mechanistisch auf stabilitätsgefährdende Störungen zu reagieren, hat sich die EZB vorgenommen, eine breit fundierte Analyse der Ursachen der Störungen vorzunehmen. Die Analyseergebnisse aus den Säulen 1 und 2 werden abgeglichen, um dann über den Verlauf und über das Ergebnis die Öffentlichkeit zu unterrichten. Erst danach sollen gegebenenfalls Entscheidungen getroffen werden, die eine mittelfristige Preisstabilität gewährleisten.

6.1.6.2 Der Referenzwert der EZB – die zweite Säule der geldpolitischen Strategie des Eurosystems

Ende 1998 hat die EZB erstmalig ein Geldmengenziel bekannt gegeben. Sie bezeichnet es als **Referenzwert**. Der Referenzwert ist ausdrücklich als fester Satz und nicht als Zielkorridor konstruiert worden. Eine Bekanntgabe als Referenzkorridor könnte von der Öffentlichkeit dahingehend falsch verstanden werden, dass die Zinsen geändert würden, wenn das Geldmengenwachstum den Korridor verlässt. Das Geldmengenziel soll in erster Linie die Geldwertstabilität fördern. Daneben dient es als Orientierungshilfe für

- die Tarifparteien,
- den Staat als Träger der Wirtschaftspolitik,
- die öffentlichen und privaten Haushalte,
- die Unternehmen,
- die Kreditinstitute.

Durch die Vorgabe des Referenzwertes können die Wirtschaftssubjekte zwar nicht zu stabilitätsgerechtem Verhalten gezwungen werden, aber es können bei ihnen Erwartungshorizonte aufgebaut werden, die Einfluss auf gegenwärtige Entscheidungen haben und damit die Geldwertstabilität fördern. Bei erwarteten Zinserhöhungen werden Anleger von kurzfristigen auf längerfristige Anlageformen umsteigen und damit von sich aus zu einer Verringerung von M_3 beitragen.

Beispiel

Ende 2002 hat die EZB den Referenzwert für das Geldmengenwachstum, nämlich eine Jahreswachstumsrate von 4,5 % für M_3, folgendermaßen begründet:

> Dieser Beschluss wurde gefasst, weil die Annahmen, die der Ableitung des Referenzwerts im Dezember 2000 (und seiner Bestätigung im Dezember 2001) zugrunde lagen, nämlich dass auf mittlere Sicht die Einkommensumlaufgeschwindigkeit von M_3 trendmäßig um 1/2 % bis 1 % pro Jahr zurückgeht und das Produktionspotenzial trendmäßig um 2 % bis 2 1/2 % pro Jahr wächst, nach wie vor von den vorliegenden Daten gestützt werden. Überprüfungen des Referenzwertes sind vorgesehen, wenn sich Veränderungen des Potenzialwachstums ergeben.

Quelle: Monatsbericht EZB Dez. 2002

Abbildung 5 M3-Wachstum

(Veränderung in %; saison- und kalenderbereinigt)

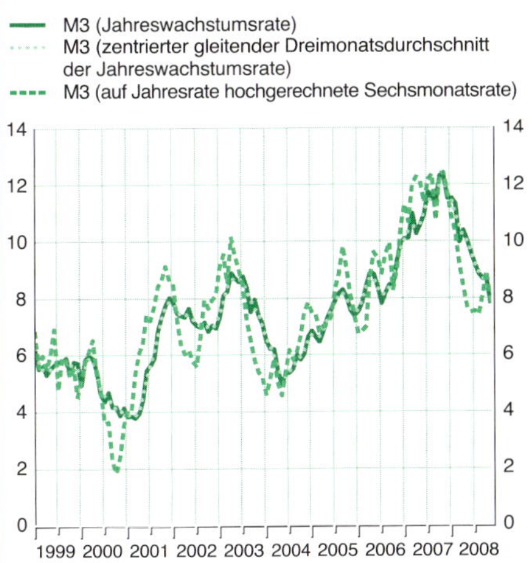

Quelle: EZB.

Festlegung des Referenzwertes

Bei der Zielfestlegung geht die EZB von drei Hauptkomponenten aus:

- Der Referenzwert für Preisstabilität beträgt 2 %. Diese Zahl wird begründet mit dem unvermeidlichen (normativen) Preisanstieg aufgrund natürlicher Ressourcenverknappung und statistischen Ungenauigkeiten.
- Trendmäßiges Potenzialwachstum, d. h. Zunahme der gesamtwirtschaftlichen Produktionsmöglichkeiten, die mit den verfügbaren Produktionsfaktoren Arbeit und Kapital erreicht werden kann.
- Trendmäßige Veränderung der Umlaufgeschwindigkeit von M_3, denn ein wachsender Bedarf für Finanztransaktionen erfordert einen Ausgleich für ausgabenwirksame Transaktionen.

6.2 Währungen

Das Geld ist – wie seine Entwicklungsgeschichte zeigt – aus dem Wunsch nach einem allgemein anerkannten Tauschmittel entstanden, das bei Geschäftsabschlüssen benutzt werden kann und den Warenhandel zwischen den Menschen erleichtern soll. Geld ist ursprünglich ein Gut, das sich als Tauschmittel bewährt hatte.

Die besondere Bedeutung des Geldes für das Wirtschaftsleben hat dazu geführt, dass schon bald die Träger politischer Macht (Könige, Regierungen) das Recht zur Regelung des Geldwesens für sich beanspruchten. Dies geschah ursprünglich zu dem Zweck, um verbindlich festzulegen, welche Münzen zur Bezahlung der Steuern verwendet werden mussten.
Es zeigte sich im Laufe der Zeit, dass das Vertrauen in das Geld und ein geordnetes Geldwesen die Grundvoraussetzungen für eine blühende Wirtschaft darstellen. Der Staat übernahm schließlich die Verantwortung und damit die Gewähr *(wortgeschichtlich: Werunge = Gewähr)* für die Funktionsfähigkeit des Geldwesens.

Die **Währungsordnung** (Geldverfassung) ist die gesetzlich geregelte Ordnung des Geldwesens eines Staates.

Durch die Währungsordnung sind festgelegt:

- die **Währungsbezeichnung** und **-einheiten,**
- das **Münzregal** (= das Recht zur Prägung von Münzen),
- das **Notenprivileg** (= das Recht zur Ausgabe von Banknoten),
- die Art des **Wechselkurssystems**, d. h. die Regeln, nach denen der Außenwert (= der Wechselkurs) der Landeswährung gegenüber den Auslandswährungen festgelegt wird,
- die Art des **Währungssystems**,

Währung im weitesten Sinne umfasst alle Gesetzesvorschriften, welche die Geschäftstätigkeit der Kreditinstitute sowie den Geld- und Kapitalverkehr regeln.

Mit der Festlegung des **Währungssystems** entscheidet der Staat,
- nach welchen Grundsätzen die Geldversorgung der Wirtschaft erfolgen soll,
- auf welche Weise das Vertrauen auf den Wert des Geldes gesichert werden soll.

Gebundene Währungen

Die **gebundenen Währungen** zeichnen sich durch eine feste Bindung des Geldwertes an den Wert eines bestimmten Edelmetalles aus.

Beispiel

Legt man fest, dass eine Reichsmark den Wert von 0,3584 g Feingold hat, so kann die umlaufende Geldmenge niemals den Wert der Goldreserven bei der Zentralbank übersteigen.
Bis 1914 bestand in Deutschland eine Goldwährung. Der Wert einer Reichsmark entsprach dem Wert einer bestimmten Gewichtsmenge Gold:

$$\textbf{1 Reichsmark} = \frac{1}{2790}\ \textbf{kg Feingold}$$

Aus 1 kg Gold konnte man Goldmünzen im Nennwert von 2.790 Reichsmark prägen lassen.
Das umlaufende Papiergeld stand stellvertretend für die Ware Gold. Die Deutsche Reichsbank war als damalige Zentralnotenbank dazu verpflichtet, die von ihr ausgegebenen Banknoten in die entsprechende Menge Gold umzutauschen.
Für 2.790 RM in Banknoten erhielt man somit 1 kg Gold.

Die gebundenen Währungen gehören der Vergangenheit an. Ihr schwerwiegender Nachteil ist, dass der Umfang der innerhalb einer Volkswirtschaft verfügbaren Geldmenge von dem jeweils vorhandenen Vorrat des zugrunde liegenden Währungsmetalls abhängig ist. Eine Anpassung der Geldmenge an den steigenden Geldbedarf einer wachsenden Wirtschaft ist damit nicht ohne Weiteres möglich.

Freie Währungen

> Die **freien Währungen** sind an keinen stofflichen Wert gebunden.
> Die Zentralnotenbank ist bei der Ausgabe der Banknoten frei, d. h. unabhängig von einer Beschränkung durch den vorhandenen Bestand an Edelmetall.

Eine Edelmetalldeckung der ausgegebenen Banknoten existiert daher nicht. Die Papierwährung ist somit eine stoffwertlose Währung. Der Metallwert der ausgegebenen Münzen liegt weit unter ihrem Nennwert. Der **Wert des Geldes** hängt allein von seinem **Tauschwert** ab, d. h. von den Gütern, die man mit einer bestimmten Geldmenge kaufen kann.
Die **freien Währungen** haben den Vorteil, dass die innerhalb einer Volkswirtschaft verfügbare Geldmenge mithilfe der Geldpolitik der Zentralnotenbank dem Bedarf der Wirtschaft an Zahlungsmitteln angepasst werden kann.
Wichtigste Bestimmungsgröße für die Geldversorgung der Volkswirtschaft ist die produzierte Menge an Gütern und Dienstleistungen, das **Inlandsprodukt**.[1]

Beispiele

- Nimmt die Güterproduktion innerhalb einer Volkswirtschaft zu, so wird eine größere Geldmenge zur Abwicklung des Zahlungsverkehrs benötigt.
- In einer wachsenden Wirtschaft benötigen die Unternehmungen zusätzliches Geldkapital, um ihre Investitionen finanzieren zu können.

Währungssysteme

Gebundene Währungen	Freie (manipulierbare) Währungen
■ Es besteht eine gesetzlich vorgeschriebene Wertbindung an ein Edelmetall.	■ Es besteht keine Bindung des Geldes an stoffliche Werte.
■ Die vorhandene Geldmenge richtet sich nach dem vorhandenen Bestand an Währungsmetall.	■ Die Geldmenge ist beliebig veränderbar und kann den jeweiligen wirtschaftlichen Gegebenheiten flexibel angepasst werden.
■ Das Vertrauen gegenüber dem Geld beruht auf der Wertbeständigkeit des Währungsmetalls.	■ Das Vertrauen gegenüber dem Geld beruht ausschließlich auf seinem Tauschwert.

6.3 Binnenwert des Geldes

> Unter dem **Binnenwert** des Geldes versteht man den Geldwert im Inland.

Da der **Stoffwert** des Geldes durch die Entwicklung der freien Währungen bedeutungslos geworden ist, stellt sich die Frage nach dem **Tauschwert** des Geldes.
Im Unterschied zum aufgedruckten Nennbetrag des Geldes, dem **Nominalwert**, gibt der Tauschwert des Geldes an, welche Gütermenge für eine Geldeinheit gekauft werden kann. Der Tauschwert des Geldes gegenüber den Gütern wird auch als **Realwert** bezeichnet.

[1] Vgl. hierzu Seite 408 ff.

6.3.1 Geldwerttheorie

Verschlechterungen des Geldwertes sind seit der Antike bekannt.

Beispiele

- Herrscher verringerten den Feingehalt ihrer Münzen, um so die Geldmenge zur Finanzierung ihrer Kriege zu vergrößern.
- Spanische und portugiesische Söldner brachten im 16. Jahrhundert von den Eroberungszügen in Südamerika riesige Gold- und Silbermengen mit und waren bereit, für die Güter des täglichen Bedarfs Preise zu zahlen, die der normale Bürger als Wucherpreise empfinden musste. Es hätte sich keine Verschlechterung des Geldwertes gezeigt, wenn die Söldner das Geld gespart hätten und es somit nicht nachfragewirksam geworden wäre.

Der **Wert des Geldes** hängt nicht von der absoluten, sondern von der **nachfragewirksamen Geldmenge** ab.

Die **nachfragewirksame Geldmenge** wird bestimmt durch die vorhandene **Menge an Zahlungsmitteln** – wobei das Hortgeld abzuziehen ist – und die **Umlaufgeschwindigkeit** des Geldes.

Beispiel

Wenn ein Hunderteuroschein im Laufe eines Jahres 20-mal seinen Besitzer wechselt, also 20-mal zur Bezahlung eines Kaufpreises verwendet wird, so können mit diesem Hunderteuroschein Güter im Wert von 2.000,00 EUR gekauft werden. Bei einer Umlaufgeschwindigkeit des Geldes von 20 und einer Geldmenge von 100,00 EUR ergibt sich folglich eine nachfragewirksame Geldmenge von 2.000,00 EUR.

Der **Wert der umgesetzten Gütermenge** ist die Menge der verkauften Güter, das **Handelsvolumen,** multipliziert mit den dazugehörigen Preisen.

Beispiel

Ein Personalcomputer wird vom Hersteller zum Preis von 500,00 EUR an den Großhändler, von diesem zum Preis von 800,00 EUR an den Einzelhändler verkauft. Der Einzelhändler verkauft den PC schließlich zum Preis von 1.200,00 EUR an den Endverbraucher. Der Wert der umgesetzten Gütermenge beträgt in diesem Fall 2.500,00 EUR.

Der Geldwert kann entweder als Preisniveau oder als Kaufkraft ausgedrückt werden.

- **Preisniveau:** Wie viele Geldeinheiten kostet eine Gütereinheit?
- **Kaufkraft:** Wie viele Gütereinheiten sind für eine Geldeinheit erhältlich?

Beispiel

Unter sonst gleichbleibenden Bedingungen erhöht sich die Geldmenge von 10 Geldeinheiten (GE) auf 14 GE und später auf 18 GE. Das Preisniveau steigt von 2 auf 4 und die Kaufkraft sinkt von 0,5 auf 0,25.

					Geldwert	
Geldmenge	Hortgeld –	Umlaufgeschwindigkeit x	nachfragewirksame Geldmenge =	Gütermenge	Preisniveau $\frac{\text{nachfragewirksame Geldmenge}}{\text{Gütermenge}}$	Kaufkraft $\frac{\text{Gütermenge}}{\text{nachfragewirksame Geldmenge}}$
10	2	4	32	16	2	0,50
14	2	4	48	16	3	0,33
18	2	4	64	16	4	0,25

Preisniveau und Kaufkraft verhalten sich zueinander umgekehrt proportional. Je höher das Preisniveau, desto geringer die Kaufkraft und umgekehrt.

Beispiel

1960 kostete ein Mohnbrötchen 5 Pfennig, also waren für eine Mark 20 Mohnbrötchen erhältlich. 40 Jahre später kostete ein Mohnbrötchen 50 Pfennig. Für eine Mark waren nur noch 2 Mohnbrötchen erhältlich. Das Preisniveau war von 5 Pfennig auf 50 Pfennig gestiegen, die Kaufkraft der Mark war von 20 Brötchen auf 2 Brötchen gesunken.

	1960	2000
Preisniveau	5	50
Kaufkraft	20	2

Ein Erklärungsmodell für den Geldwert ist die sogenannte **Quantitätstheorie**, die der amerikanische Volkswirt **Irving Fisher** (1867–1947) weiterentwickelte. Er stellte 1922 die **Verkehrsgleichung** (hier leicht gekürzt) auf:

$$\underbrace{G \cdot U}_{\text{Geldseite}} = \underbrace{H \cdot P}_{\text{Güterseite}}$$

G = Geldmenge	Bargeld und Sichteinlagen in Händen inländischer Nichtbanken
U = Umlaufgeschwindigkeit	durchschnittliche Anzahl der Zahlungstransaktionen, die mit der vorhandenen Geldmenge innerhalb des zugrunde liegenden Zeitraumes ausgeführt werden
H = Handelsvolumen	Menge der Güter und Dienstleistungen, die im zugrunde liegenden Zeitraum verkauft werden
P = Preisniveau	durchschnittliche Höhe der Preise der verkauften Güter und Dienstleistungen

Die Verkehrsgleichung verdeutlicht in vereinfachter Form wichtige Zusammenhänge zwischen der Geld- und der Güterseite in der Wirtschaft. Letztlich wird der Wert des Geldes durch die Menge der Güter und Dienstleistungen bestimmt, die der Geldmenge gegenübersteht. Die Deckung des Geldes durch das Inlandsprodukt macht seinen Wert aus und ist Grundlage des Vertrauens in das Geld.
Geldmenge und Gütermenge müssen immer in einem „richtigen" Verhältnis zueinander stehen. Steigt die Geldmenge schneller als das Handelsvolumen, besteht die Gefahr einer Inflation, übersteigt hingegen die Gütermenge die Geldmenge, sind deflatorische Wirkungen zu erwarten.

Mithilfe der Verkehrsgleichung lässt sich zeigen, dass das Preisniveau abhängig ist
- von der Geldmenge,
- der Umlaufgeschwindigkeit des Geldes
- und dem Handelsvolumen.

$$P = \frac{G \cdot U}{H}$$

Es bleibt allerdings fraglich, ob die Verkehrsgleichung geeignet ist, wirtschaftspolitischen Entscheidungsträgern Hilfestellung bei dem Bemühen um Erhalt der Geldwertstabilität zu geben, da mit Umlaufgeschwindigkeit und Handelsvolumen auf beiden Seiten der Gleichung mindestens eine Größe steht, die sich der staatlichen Einflussnahme weitgehend entzieht.

$$\textbf{Umlaufgeschwindigkeit} = \frac{\text{Bruttoinlandsprodukt in jeweiligen Preisen}}{M_3}$$

„Es hat nicht an Versuchen gefehlt, die Verkehrsgleichung mit konkreten Zahlen anzufüllen und sie zum Beweis volkswirtschaftlicher Interdependenzen ... heranzuziehen.
Dabei ist sie ... wenig mehr als eine Tautologie. Dass die wirksame Geldmenge, multipliziert mit ihrer Umlaufgeschwindigkeit, dem Durchschnitt aller Umsätze, multipliziert mit den dazugehörigen Preisen, entspricht, ist eine Aussage, die kaum mehr besagt, als dass alle Käufe zugleich Verkäufe, alle Zahlungen zugleich Geldeingänge bei den Empfängern und alle Umsätze von Waren gegen Geld zugleich solche von Geld gegen Waren sind." (G. Schmölders)

6.3.2 Verbraucherpreisindex für Deutschland

Für die Messung des Geldwertes ist in Deutschland das **Statistische Bundesamt** in Wiesbaden zuständig. Es beobachtet und dokumentiert arbeitsteilig mit den Statistischen Landesämtern ständig die Preisentwicklung wichtiger Güter und Wirtschaftsbereiche und veröffentlicht deren Entwicklung in Zeitreihen.

Verbraucherpreisindex für Deutschland
- ermöglicht Aussagen über die Veränderung der Kaufkraft der privaten Haushalte und damit des Lebensstandards der Bevölkerung,
- dient bei Tarifverhandlungen als wichtige Orientierungsgröße,
- dient als Indikator für wirtschaftspolitische Entscheidungen,
- leistet Hilfe bei Verträgen mit Wertsicherungsklauseln,
- dient als Indikator bei der Berechnung des realen Wirtschaftswachstums.

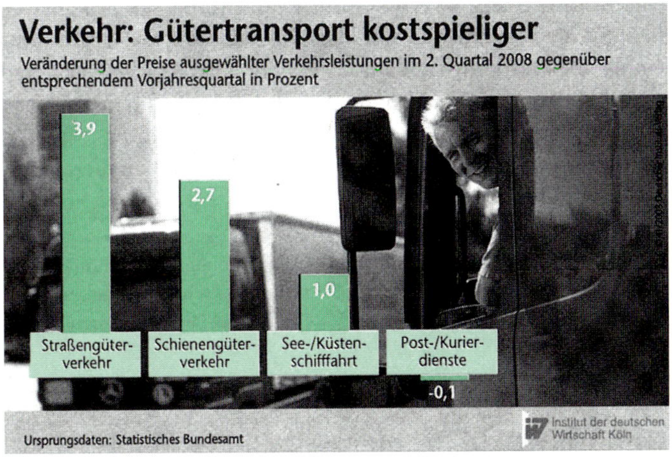
Verkehr: Gütertransport kostspieliger
Veränderung der Preise ausgewählter Verkehrsleistungen im 2. Quartal 2008 gegenüber entsprechendem Vorjahresquartal in Prozent
3,9
2,7
1,0
-0,1
Straßengüterverkehr
Schienengüterverkehr
See-/Küstenschifffahrt
Post-/Kurierdienste
Ursprungsdaten: Statistisches Bundesamt
Institut der deutschen Wirtschaft Köln

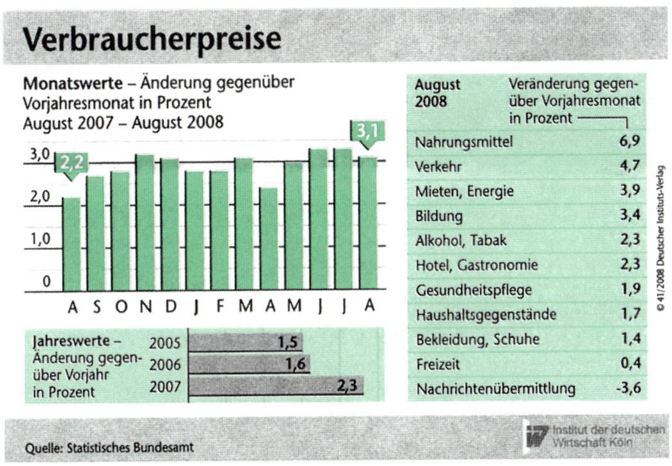
Verbraucherpreise
Monatswerte – Änderung gegenüber Vorjahresmonat in Prozent
August 2007 – August 2008
3,0
2,0
1,0
0
2,2
3,1
A S O N D J F M A M J J A
Jahreswerte – Änderung gegenüber Vorjahr in Prozent
2005 1,5
2006 1,6
2007 2,3
August 2008
Veränderung gegenüber Vorjahresmonat in Prozent
Nahrungsmittel 6,9
Verkehr 4,7
Mieten, Energie 3,9
Bildung 3,4
Alkohol, Tabak 2,3
Hotel, Gastronomie 2,3
Gesundheitspflege 1,9
Haushaltsgegenstände 1,7
Bekleidung, Schuhe 1,4
Freizeit 0,4
Nachrichtenübermittlung -3,6
Quelle: Statistisches Bundesamt
Institut der deutschen Wirtschaft Köln

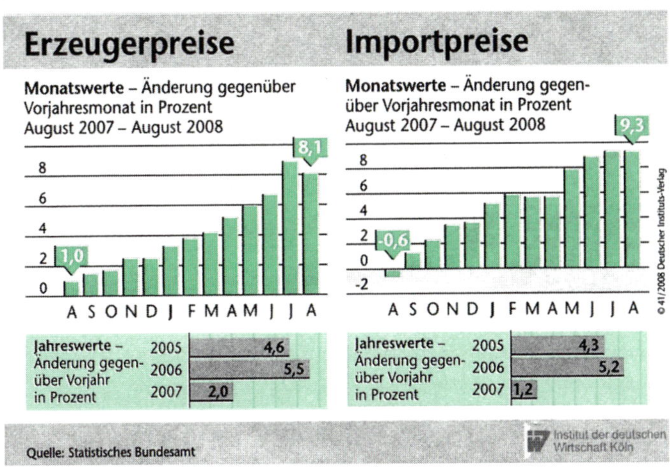
Erzeugerpreise
Monatswerte – Änderung gegenüber Vorjahresmonat in Prozent
August 2007 – August 2008
8
6
4
2
0
1,0
8,1
A S O N D J F M A M J J A
Jahreswerte – Änderung gegenüber Vorjahr in Prozent
2005 4,6
2006 5,5
2007 2,0
Importpreise
Monatswerte – Änderung gegenüber Vorjahresmonat in Prozent
August 2007 – August 2008
8
6
4
2
0
-2
-0,6
9,3
A S O N D J F M A M J J A
Jahreswerte – Änderung gegenüber Vorjahr in Prozent
2005 4,3
2006 5,2
2007 1,2
Quelle: Statistisches Bundesamt
Institut der deutschen Wirtschaft Köln

Zeit	Verbraucherpreisindex insgesamt	davon: Nahrungsmittel	andere Ver- u. Gebrauchsgüter ohne Energie [1] [2]	Energie [1]	Dienstleistungen ohne Wohnungsmieten [3]	Wohnungsmieten [3]	Baupreisindex [2]	Index der Erzeugerpreise gewerblicher Produkte im Inlandsabsatz [4]	Index der Erzeugerpreise landwirtschaftlicher Produkte [4]	Indizes der Preise im Außenhandel: Ausfuhr	Einfuhr	Index der Weltmarktpreise für Rohstoffe [5]: Energie [6]	sonstige Rohstoffe [7]
	Index 2005 = 100							2000 = 100					
2005	[8] 100,0	100,0	100,0	100,0	100,0	100,0	100,0	[8] 110,7	98,8	102,4	101,4	139,5	105,4
2006	[9] 101,6	101,9	100,3	108,5	101,0	101,1	102,4	[9] 116,8	107,1	104,8	106,7	163,9	131,5
2007	[10] [11] 103,9	105,9	101,7	112,8	103,9	102,2	109,3	119,1	118,2	106,7	108,0	166,6	143,7
2008	106,6	112,7	102,5	123,6	105,8	103,5	113,0	126,3	p) 121,6	108,9	113,6	217,1	150,3
2008 Jan.	105,3	112,1	101,9	118,4	104,3	103,0		121,7	130,9	107,7	110,9	201,2	153,3
Febr.	105,8	112,0	102,3	118,8	105,3	103,1	111,5	122,6	131,6	108,3	112,1	210,6	163,1
März	106,3	112,6	102,5	121,5	105,7	103,2		123,4	131,5	108,5	112,6	216,5	160,5
...													
Okt.	107,0	112,8	103,2	124,9	105,6	103,9		129,2	p) 115,3	109,1	112,5	180,2	133,3
Nov.	106,5	112,0	103,1	119,9	105,6	104,0	114,0	127,2	p) 114,5	108,1	108,7	142,7	126,9
Dez.	106,8	112,7	103,0	114,8	108,3	104,0		125,9	p) 107,9	107,0	104,4	107,3	114,6
2009 Jan.	106,3	113,3	102,7	117,4	106,0	104,1		...	...	...	...	112,8	121,6
	Veränderung gegenüber Vorjahr in %												
2005	[8] + 1,5	- 0,2	+ 0,5	+ 9,8	+ 0,7	+ 0,9	+ 1,2	[8] + 4,6	– 0,9	+ 1,3	+ 4,3	+ 37,6	+ 9,4
2006	[9] + 1,6	+ 1,9	+ 0,3	+ 8,5	+ 1,0	+ 1,1	+ 2,4	[9] + 5,5	+ 8,4	+ 2,3	+ 5,2	+ 17,5	+ 24,8
2007	[10] [11] + 2,3	+ 3,9	+ 1,4	+ 4,0	+ 2,9	+ 1,1	+ 6,7	+ 2,0	+ 10,4	+ 1,8	+ 1,2	+ 1,6	+ 9,3
2008	+ 2,6	+ 6,4	+ 0,8	+ 9,6	+ 1,8	+ 1,3	+ 3,4	+ 6,0	p) + 2,9	+ 2,1	+ 5,2	+ 30,3	+ 4,6
2008 Jan.	+ 2,8	+ 7,7	+ 0,7	+ 9,3	+ 2,5	+ 1,4		+ 3,3	+ 18,4	+ 1,8	+ 5,2	+ 51,1	+ 10,4
Febr.	+ 2,8	+ 7,8	+ 0,9	+ 8,9	+ 2,3	+ 1,4	+ 3,0	+ 3,8	+ 16,9	+ 2,2	+ 5,9	+ 48,1	+ 15,0
März	+ 3,1	+ 8,6	+ 0,8	+ 9,8	+ 2,8	+ 1,4		+ 4,2	+ 16,7	+ 2,2	+ 5,7	+ 46,6	+ 10,3
...													
Okt.	+ 2,4	+ 4,3	+ 1,0	+ 9,8	+ 1,5	+ 1,3		+ 7,8	p) – 10,8	+ 2,0	+ 2,9	– 3,4	– 7,4
Nov.	+ 1,4	+ 2,1	+ 0,7	+ 1,4	+ 1,7	+ 1,3	+ 3,4	+ 5,3	p) – 12,1	+ 1,0	– 1,3	– 29,4	– 7,7
Dez.	+ 1,1	+ 2,1	+ 0,8	– 0,9	+ 1,8	+ 1,2		+ 4,3	p) – 17,6	0,0	– 5,1	– 46,2	– 17,1
2009 Jan.	+ 0,9	+ 1,1	+ 0,8	– 0,8	+ 1,6	+ 1,1		...	...	...	...	– 43,9	– 20,7

Quelle: Statistisches Bundesamt; für den Index der Weltmarktpreise: HWWI. — **1** Strom, Gas und andere Brennstoffe sowie Kraftstoffe. — **2** Eigene Berechnung unter Verwendung von Angaben des Statistischen Bundesamtes. — **3** Nettomieten. — **4** Ohne Mehrwertsteuer. — **5** HWWI-Rohstoffpreisindex „Euroland" auf Euro-Basis. — **6** Kohle und Rohöl. — **7** Nahrungs- und Genussmittel sowie Industrierohstoffe. — **8** Ab September 2005 Anhebung der Tabaksteuer. — **9** Ab Oktober 2006 Erhöhung der Preise für Tabakwaren. — **10** Ab Januar 2007 Anhebung des Regelsatzes der Mehrwertsteuer und der Versicherungssteuer von 16 % auf 19 %. — **11** Einführung von Studiengebühren in einigen Bundesländern.

Quelle: Deutsche Bundesbank (Hrsg): Monatsbericht Februar 2009, 61. Jg., Nr. 2, Statistischer Teil, S. 66.

Für die Bevölkerung ist vor allem die Entwicklung der Lebenshaltungskosten interessant.

Der **Verbraucherpreisindex** soll zeigen, in welchem Maße sich die Lebenshaltung der Haushalte infolge von Preisänderungen, aber unbeeinflusst von Änderungen im Konsumverhalten sowie von Mengen- und Qualitätsänderungen, verteuert oder verbilligt hat.

Sie werden deshalb wie die übrigen amtlichen Indizes auf der Basis einer konstanten Verbrauchsstruktur berechnet. Dabei muss nicht nur die Zusammensetzung des für die laufende Preisbeobachtung ausgewählten Bündels von Waren und Dienstleistungen im Zeitablauf konstant gehalten werden, sondern auch die „Indexgewichte", mit denen die unterschiedliche Ausgabenbedeutung der einzelnen Güter im Warenkorb für die Budgets der Haushalte berücksichtigt werden. Die Indexberechnung unterstellt ein über mehrere Jahre hinweg konstantes Verbraucherverhalten.

Da der für das Basisjahr festgelegte Warenkorb und die Indexgewichte im Laufe der Zeit veralten, wird der Warenkorb jedes Jahr wirklichkeitsfremder. Dieser Mangel wird durch eine regelmäßige Änderung der Basisjahre behoben.

Statistisches Verfahren zur Ermittlung des Verbraucherpreisindexes

Etwa 62.000 freiwillige Haushalte führen über drei Monate gegen ein geringes Entgelt ein Haushaltsbuch, in dem sie alle Einnahmen und Ausgaben detailliert aufführen. Bei dieser Einkommens- und Verbrauchsstichprobe werden alle Sozialschichten sowie alle Haushalts- und Gemeindegrößen erfasst.

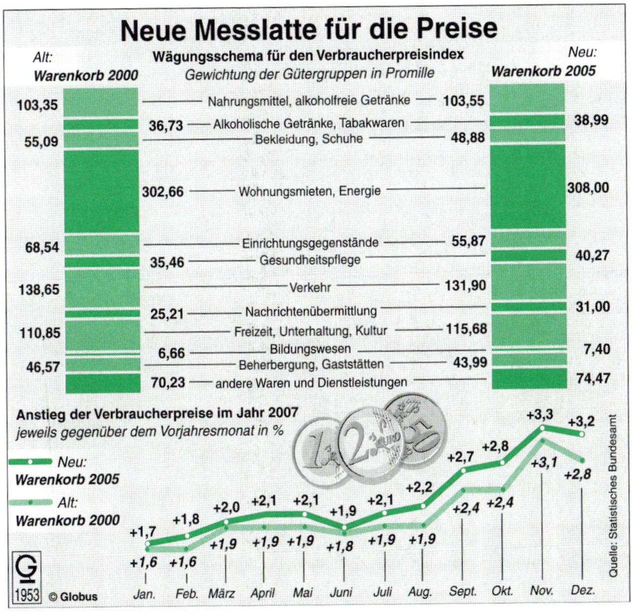

Durch ständige Beobachtung der Entwicklung von über 300.000 Einzelpreisen in ausgewählten Geschäften in über 190 Städten und Gemeinden kann Monat für Monat der Preis für den Warenkorb neu bestimmt werden.
Dabei werden auch die Geschäftstypen (z. B. Warenhaus, Supermarkt, Discounter, Fachgeschäft) nach ihrer Bedeutung für die Häufigkeit der Käufer explizit gewichtet. Es ist aber nicht möglich und auch nicht erforderlich, die Preise für alle angebotenen Güter und Dienstleistungen zu erheben. Es reicht aus, einige hundert Waren auszuwählen, die stellvertretend den gesamten Verbrauch repräsentieren. Die Gesamtheit dieser Preisrepräsentanten bildet den Warenkorb, der etwa 700 Güter enthält.

Indexberechnung

Der EUR-Wert des Warenkorbes im Basisjahr wird mit 100 Prozentpunkten gleichgesetzt, und die Preisänderungen der Folgejahre werden ebenfalls in Prozentpunkten ausgedrückt.

Beispiel

Wert des Warenkorbes 2005: 2.000 EUR = Preisindex 100 Prozentpunkte
Wert des Warenkorbes 2006: 2.200 EUR = Preisindex 110 Prozentpunkte
Wert des Warenkorbes 2007: 2.400 EUR = Preisindex 120 Prozentpunkte

Die prozentualen Preisänderungen werden nun berechnet, indem die Indexzahl des Vorjahres mit 100 % gleichgesetzt wird und auf dieser Basis der prozentuale Wert des aktuellen Jahres berechnet wird.

Auf oben genanntes Beispiel angewendet ergibt sich folgendes Bild:

2005	Preisindex 100 Prozentpunkte = 100 %	
2006	Preisindex 110 Prozentpunkte = 110 %	**Preisanstieg 10,00 %**
2006	Preisindex 110 Prozentpunkte = 100 %	
2007	Preisindex 120 Prozentpunkte = 109,09 %	**Preisanstieg 9,09 %**

Die Veränderung der Lebenshaltungskosten lässt sich nach folgender Formel errechnen:

$$\textbf{Änderungen des Preisniveaus} = \left(\frac{\text{Neuer Preisindex}}{\text{Alter Preisindex}} \cdot 100\right) - 100$$

Im Kapitel über die Geldwerttheorie wurde dargestellt, dass sich die Kaufkraft umgekehrt proportional zum Preisniveau entwickelt. Damit ergibt sich folgende Formel für die Kaufkraft:

$$\textbf{Änderungen der Kaufkraft} = \left(\frac{\text{Alter Preisindex}}{\text{Neuer Preisindex}} \cdot 100\right) - 100$$

Der Verbraucherpreisindex für Deutschland hat sich seit 2005 wie folgt entwickelt:

Jahr	**2005**	**2006**	**2007**	**2008**
Preisindex	100	101,6	103,9	106,6
Veränderung des Preisniveaus gegenüber dem Vorjahr in %	1,5	1,6	2,3	2,6
Veränderung der Kaufkraft gegenüber dem Vorjahr in %	– 1,50	– 1,58	– 2,21	– 2,53

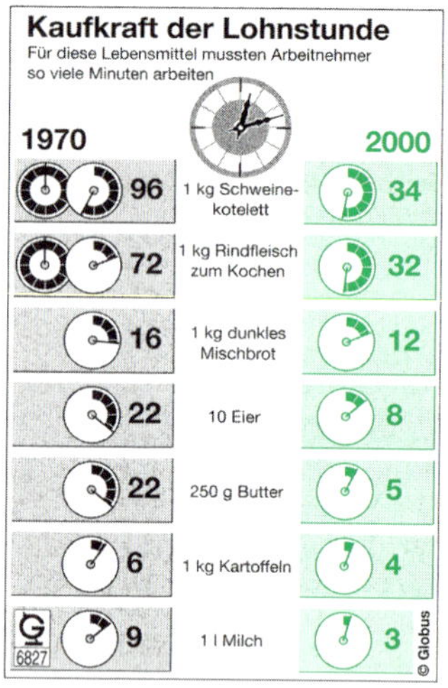

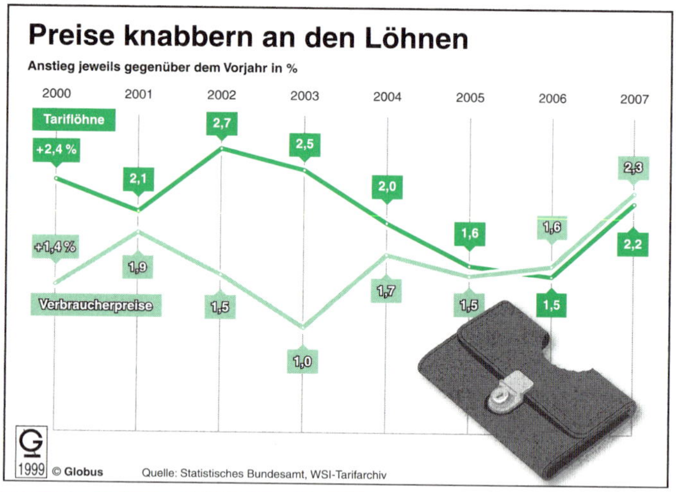

Beispiel

Ein Bankkaufmann verdient nach einer Gehaltserhöhung um 3,3 % 2.892,40 EUR, also 92,40 EUR mehr als im Vorjahr. Der Verbraucherpreisindex ist im gleichen Zeitraum von 107,7 Prozentpunkten auf 110,6 Prozentpunkte gestiegen. Nach der Formel **[(Neuer Index : Alter Index) x 100] – 100** ergibt sich daraus eine Steigerung des Preisniveaus um 2,7 %.

Die Kaufkraftformel **[(Alter Index : Neuer Index) x 100] – 100** zeigt dagegen, dass die Kaufkraft um 2,62 % gesunken ist.

Um zu ermitteln, wie sich nach der Gehaltserhöhung die **individuelle Kaufkraft** entwickelt hat, muss die Kaufkraft des alten Gehaltes mit der Kaufkraft des neuen Gehaltes verglichen werden.

	Jahr 1	**Jahr 2**
Gehalt	2.800,00 EUR	2.892,40 EUR
Kaufkraft des Gehaltes in %	100 %	97,38 %
Kaufkraft des Gehaltes in EUR	2.800,00 EUR	2.816,62 EUR

Eine Steigerung des Preisniveaus führt zu einer Abnahme der Kaufkraft, da sich die Konsumenten weniger als zuvor für ihr Geld kaufen können. Diese Situation wird als üblich für eine

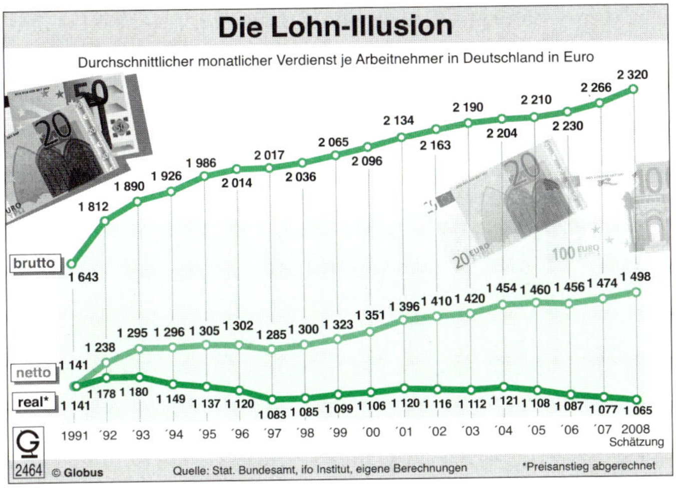

moderne Volkswirtschaft angesehen. Nur einmal (1986) gab es in der Bundesrepublik die umgekehrte Situation, als es durch den Zusammenbruch des OPEC-Kartells und den gleichzeitigen Verfall des Wechselkurses für den USD zu einem Rückgang des Preisniveaus und einer Erhöhung der Kaufkraft kam.

Das Index-Verfahren zur Ermittlung der Lebenshaltungskosten ist nicht unbestritten, denn

- der Warenkorb weist von vornherein statistische Ungenauigkeiten auf. Da der Wechsel des Basisjahres zeitaufwendig ist, sind die Basisdaten über die Konsumgewohnheiten bei Einführung des neuen Warenkorbes häufig schon überholt. So wurde die Umbasierung des Warenkorbes von 2005 im Jahre 2008 bekannt gegeben.

Neuer Warenkorb

Der Warenkorb aller privaten Haushalte enthält derzeit rund 700 Güter und Dienstleistungen, die sowohl den gesamten Verbrauch als auch die Preisentwicklung der von den privaten Haushalten nachgefragten Güter relativ genau repräsentieren. Dabei wird auch berücksichtigt, welchen Anteil die einzelnen Ausgabepositionen an den gesamten Verbrauchsausgaben haben (Wägungsschema). Um den sich verändernden Gewohnheiten Rechnung zu tragen, wird der deutsche Warenkorb etwa alle fünf Jahre neu bestückt. Dabei wird geprüft, welche Waren weiterhin als repräsentativ gelten können, welche neu aufgenommen oder gestrichen werden. So hat beispielsweise der technische Fortschritt viele Produkte für eine größere Käuferschicht erschwinglich gemacht. Flatrates, Espresso-Maschinen, Computer oder Handy entwickelten sich zu typischen Waren – und wurden damit auch statistisch relevant. Dass ein Gut auch wieder aus dem Index verschwinden kann, zeigt das Beispiel des Pelzmantels: In den 70ern hochaktuell wurde er 1980 in den Warenkorb aufgenommen. Inzwischen ist er mit Blick auf den Tierschutz in die Kritik geraten, die Verbraucher tragen Plüsch statt Pelz. Die statistische Folge: In den 90ern wurde der Pelzmantel aus dem Warenkorb gestrichen. Das Statistische Bundesamt in Wiesbaden hat zuletzt den alten Warenkorb, der auf den Verbrauchsgewohnheiten des Jahres 2000 beruhte, auf das Basisjahr 2005 umgestellt. Gleichzeitig wurde auch das Wägungsschema angepasst.

- die Zunahme des Preisniveaus weist nur indirekt und annähernd auf die Kaufkraftänderung hin, da die Berechnungen von Preisniveau und Kaufkraft zu prozentual unterschiedlichen Ergebnissen führen.
- Qualitätsverbesserungen und technischer Fortschritt bei den Gütern des Warenkorbs bleiben weitgehend unberücksichtigt. Noch in den Kinderschuhen steckt der Einsatz der sogenannten „hedonischen Methode“. Mit ihr sollen zukünftig Preisänderungen innovativer technischer Güter – z. B. Personalcomputer –, die nicht über einen längeren Zeitraum mit identischer Qua-

lität auf den Markt kommen, berechnet werden. Preisänderungen, die nur auf Qualtitätsänderungen beruhen, sollen eliminiert werden, sodass nur Gleiches mit Gleichem verglichen wird.
- sich ändernde Verbrauchergewohnheiten werden durch seltene Änderungen der Basisjahre unzureichend erfasst.
- da es sich nur um Durchschnittszahlen handelt, ist die Bedeutung für den Einzelnen recht unterschiedlich.

Beispiel

Haben außergewöhnliche Mietpreissteigerungen zu einer beträchtlichen Verteuerung des Warenkorbes geführt, ist die daraus resultierende Inflationsrate für eine Familie, die ihr Haus mit einer Festzinshypothek finanziert hat, nicht relevant.

- eine internationale Vergleichbarkeit der Ergebnisse ist nicht gegeben, da unterschiedliche Verfahren zur Ermittlung der Inflationsrate angewendet werden.

Im Hinblick auf die Europäische Wirtschafts- und Währungsunion wurde eine Harmonisierung der Preismessung für die Lebenshaltung auf europäischer Ebene entwickelt. Das **Statistische Amt der Europäischen Gemeinschaften (EUROSTAT)** veröffentlicht für den Zeitraum ab 1995 das Ergebnis dieser Preismessung als **Harmonisierten Verbraucherindex (HVPI).** Er beruht auf den nationalen HVPIs, die in allen Staaten des Euro-Währungsgebietes nach einer einheitlichen Methode erstellt werden.

Beispiel

Die nationalen HVPIs werden nach dem Inland-Konzept erstellt. Um die Preisentwicklung in den einzelnen Staaten zu messen, werden Tourismusausgaben von Inländern im Ausland nicht mehr erfasst, dafür aber Tourismusausgaben von Ausländern im Inland.

Die Teuerungsrate im Euro-Währungsgebiet nach dem HVPI und seinen Komponenten

(soweit nicht anders angegeben, Veränderung gegen Vorjahr in %)

	2005	2006	2007	2008
HVPI und seine Komponenten				
Gesamtindex	2,2	2,2	2,1	3,3
Energie	10,1	7,7	2,6	10,3
Unverarbeitete Nahrungsmittel	0,8	2,8	3,0	3,5
Verarbeitete Nahrungsmittel	2,0	2,1	2,8	6,1
Industrieerzeugnisse ohne Energie	0,3	0,6	1,0	0,8
Dienstleistungen	2,3	2,0	2,5	2,6
Weitere Preisindikatoren				
Industrielle Erzeugerpreise	4,1	5,1	2,8	–
Ölpreise (in EUR/Barrel)	44,6	52,9	52,8	65,9
Rohstoffpreise ohne Energie	9,4	24,8	9,2	4,4

Quelle: Europäische Zentralbank (Hrsg.): Monatsbericht Dezember 2007, S. 60; Monatsbericht Januar 2009, S. 39; Berechnungen basierend auf Angaben von Eurostat, HWWA und Thomson Financial Datastream.

6.4 Außenwert des Geldes

Wenn im Inland jemand etwas kaufen will, weiß er genau, dass der EUR als Zahlungsmittel akzeptiert wird. Er ist nicht nur gesetzliches Zahlungsmittel, sondern auch allgemein anerkannt und begehrt. Der Empfänger des Kaufpreises weiß ebenfalls genau, dass er seinerseits mit dem EUR bestimmte Mengen an Gütern und Dienstleistungen erwerben kann. Wie sieht es aber im Außenhandel aus?

Beispiel

- Ein japanischer Automobil-Importeur möchte deutsche Autos kaufen. Der deutsche Autohersteller wird nur dann bereit sein, japanische Yen anzunehmen, wenn er sich damit etwas kaufen kann. Allerdings dürfte das in Deutschland schwierig sein, da deutsche Arbeiter, deutsche Finanzämter, deutsche Kreditgeber und deutsche Vorlieferanten eine Bezahlung ihrer Forderungen mit Yen ablehnen werden. Damit bleiben dem deutschen Autohersteller zwei Möglichkeiten: Er erwirbt in Japan Waren und bezahlt mit Yen, oder er verkauft die Yen an ein deutsches Kreditinstitut und erhält dafür EUR.
- Eine andere Möglichkeit wäre, wenn der japanische Automobil-Importeur von vornherein bei einem japanischen Kreditinstitut die benötigte EUR-Menge gegen Yen erwerben würde. Dies würde aber voraussetzen, dass das japanische Kreditinstitut auf dem Devisenmarkt die benötigten EUR erwerben könnte.

Das Beispiel macht auf die verschiedenen Schwierigkeiten aufmerksam, die entstehen, wenn sich unterschiedliche Währungen berühren. Eine problemlose Zahlungsabwicklung ist nur dann möglich, wenn

- die Währungen **konvertibel**, d. h. untereinander frei austauschbar sind.

Beispiel

Der deutsche Autohersteller wird nur dann Yen annehmen, wenn er bei einem deutschen Kreditinstitut oder bei der EZB dafür EUR erhält.

Eine Währung ist nur dann **konvertibel,** wenn die nationale Zentralbank bereit ist, die eigene Währung gegen fremde Währungen anzukaufen.

- es eine **Leitwährung** gibt, die international als Tauschmittel anerkannt und begehrt ist und es so ermöglicht, jede gewünschte Währung der Welt zu erwerben.

Beispiel

Wenn die japanische Notenbank nicht genügend EUR hätte, könnte sie sich diese gegen Dollar bei der EZB beschaffen. Damit wäre es denkbar, das gesamte Geschäft sofort in Dollar zu fakturieren.

Wegen ihrer hohen Stabilität fungierten der US-Dollar und das britische Pfund nach dem Zweiten Weltkrieg als Leitwährungen. Für die DM galt von 1949 bis 1961 eine Relation von 4,20 DM für einen Dollar.

Unter dem **Außenwert** versteht man die Kaufkraft der inländischen Währung gegenüber ausländischen Währungen.

Zur besseren Vergleichbarkeit wird der Außenwert einer Währung häufig als Index dargestellt.

Beispiel

	Kurs USD/EUR	Index
Jan. 99	1,16	100,00
Jul. 99	1,04	89,66
Jan. 00	1,01	87,07
Juli. 00	0,93	80,17
Jan. 01	0,90	77,59
Jul. 01	0,86	74,14
Jan. 02	0,88	75,86
Jul. 02	0,99	85,34
Jan. 03	1,04	89,66
Jul. 03	1,16	100,00
Jan. 04	1,26	108,62
Jul. 04	1,22	105,17
Jan. 05	1,31	112,93
Jul. 05	1,20	103,45
Jan. 06	1,21	104,31
Jul. 06	1,26	108,62
Jan. 07	1,30	112,07
Jul. 07	1,37	118,10
Jan. 08	1,47	126,72
Jul. 08	1,55	133,62

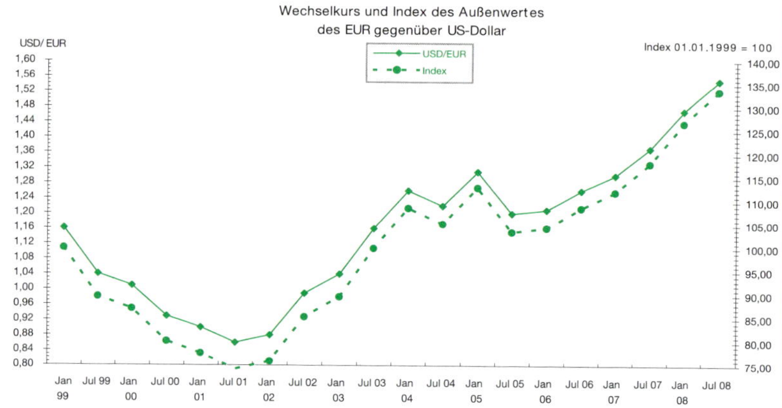

Effektiver (nominaler/realer) Wechselkurs

Eine Erhöhung des Außenwertes des EUR gegenüber dem USD muss nicht unbedingt bedeuten, dass wir mit dem EUR mehr Waren im Ausland kaufen können. Nur theoretisch gleichen sich über die Wechselkurse, die sich an den Devisenmärkten bilden (nominale Wechselkurse), Preis- und Kostendifferenzen der beteiligten Länder an.

Beispiel

Steigt das Preisniveau in den USA schneller als innerhalb des Euro-Währungsraumes, werden die Importe ins Euroland teurer und die Exporte aus dem Euroland werden begünstigt. Über den daraus folgenden zunehmenden Export bei gleichzeitig rückläufigem Import müsste sich der Wechselkurs ändern. Die zunehmenden Exporterlöse würden zu einer Erhöhung des Dollarangebotes ($A_1 \rightarrow A_2$) führen, und die verringerten Importe hätten eine Abschwächung der Dollarnachfrage ($N_1 \rightarrow N_2$) zur Folge. Der Dollar müsste schwächer, der Euro stärker werden.

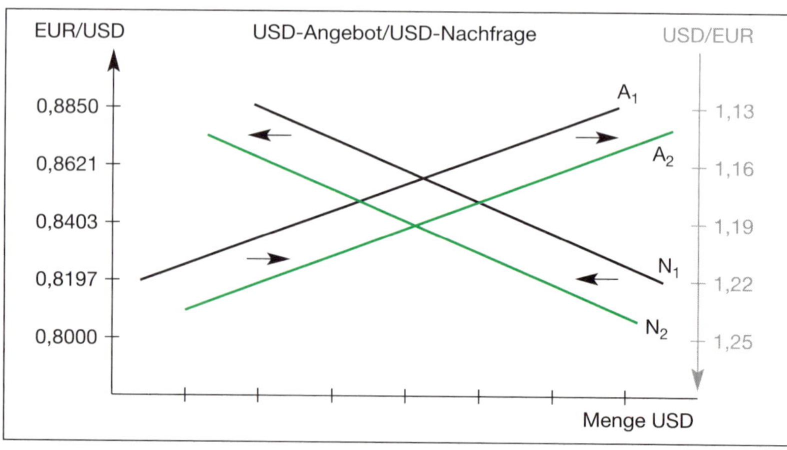

In der Wirklichkeit kommt es aber meistens nicht zu einer Wechselkursanpassung über die Kaufkraftparitäten, weil neben der Preis- und Kostenentwicklung eine Reihe anderer Faktoren die internationale Wettbewerbsfähigkeit und damit die Wechselkurse bestimmen. Hierzu zählen bei-

spielsweise Lieferpünktlichkeit, Service, Produktinnovation, Anpassungsfähigkeit auf veränderte Marktsituationen usw. Daraus folgt, dass im **effektiven nominalen Wechselkurs** die Preisdifferenzen zwischen beiden Ländern nicht unbedingt zum Ausdruck kommen müssen.
Um die preisliche und kostenmäßige Wettbewerbsfähigkeit eines Landes und damit den tatsächlichen Wert der eigenen Währung gegenüber einer ausländischen Währung zu bestimmen, werden **effektive reale Wechselkurse** errechnet.

Effektive reale Wechselkurse sind die um Preissteigerungen in den beteiligten Ländern bereinigten effektiven nominalen Wechselkurse.

Der reale Wechselkurs (R) berücksichtigt, wie sich die Verbraucherpreise im In- und Ausland entwickelt haben und wird nach der Formel $R = W(P_{eu} / P_i)$ berechnet.
Dabei gilt: W = nominaler Eurokurs, Mengennotierung
P_{eu} = Preisniveau in der Eurozone
P_i = Preisniveau im betreffenden Ausland
Der Kehrwert $(1/W)(P_i/P_{eu})$ des realen Wechselkurses wird als realer Außenwert (Q) bezeichnet.

Eine Zunahme von Q ist gleichbedeutend mit einer Aufwertung gegenüber dem Euro-Raum. Das kann dadurch geschehen, dass sich die betreffende Währung nominal gegenüber dem Euro aufwertet (d. h., W sinkt bzw. 1/W steigt), und/oder dadurch, dass die Inflation in diesem Land diejenige im Euro-Raum übersteigt.
Während der nominale Wechselkurs sowie ein entsprechender nominaler Außenwert den Relativpreis zweier Währungen wiedergibt, ist der reale Wechselkurs beziehungsweise der reale Außenwert der Relativpreis zwischen den Warenkörben in den zwei Währungsgebieten. Eine reale Aufwertung des Landes i gegenüber dem Euro-Gebiet kann daher auch als relativer Preisanstieg in diesem Land gegenüber den in der gleichen Währung ausgedrückten Preisen im Euro-Raum angesehen werden. Eine solche Änderung der relativen Preise verschlechtert damit die preisliche Wettbewerbsfähigkeit des betrachteten Landes.

Effektive Wechselkurse für den Euro und Indikatoren der preislichen Wettbewerbsfähigkeit der deutschen Wirtschaft *)

1. Vj. 1999 = 100

	Effektiver Wechselkurs für den Euro						Indikatoren der preislichen Wettbewerbsfähigkeit der deutschen Wirtschaft						
	EWK-22 [1]				EWK-42 [2]		auf Basis der Deflatoren des Gesamtabsatzes [3]				auf Basis der Verbraucherpreisindizes		
							22 ausgewählte Industrieländer [4]						
Zeit	Nominal	Real, auf Basis der Verbraucherpreisindizes	Real, auf Basis der Deflatoren des Bruttoinlandsprodukts [3]	Real auf Basis der Lohnstückkosten in der Gesamtwirtschaft [3]	Nominal	Real, auf Basis der Verbraucherpreisindizes	insgesamt	EWU-Länder	Länder außerhalb der EWU	36 Länder [5) 6)]	22 ausgewählte Industrieländer [4]	36 Länder [5]	56 Länder [7]
1999	96,2	96,0	95,7	96,4	96,5	95,8	97,7	99,4	95,6	97,7	98,1	98,0	97,6
2000	87,0	86,4	85,5	85,4	87,9	85,8	91,4	96,9	85,0	91,0	92,8	91,8	90,8
2001	87,7	87,1	86,3	85,0	90,4	87,1	91,2	95,7	85,8	90,4	92,9	91,3	90,8
2002	90,1	90,4	89,4	88,3	94,9	91,0	91,9	94,9	88,4	90,9	93,6	92,0	91,9
2003	100,6	101,4	100,1	99,4	106,8	101,9	95,4	93,9	97,4	94,6	97,3	96,6	96,9
2004	104,4	105,1	103,4	103,7	111,2	105,7	96,0	92,9	100,1	95,1	98,8	98,2	98,6
2005	103,3	104,2	102,2	101,9	109,7	103,7	94,8	91,5	99,3	93,4	98,9	97,4	97,3
2006	103,6	104,6	102,2	101,5	110,0	103,4	94,1	90,1	99,4	92,4	99,1	97,2	96,8
2007	107,7	108,3	106,0	104,7	114,2	106,6	95,5	89,4	103,9	p) 93,5	101,7	99,2	98,6

* Der effektive Wechselkurs entspricht dem gewogenen Außenwert der betreffenden Währung. Die Berechnung der Indikatoren der preislichen Wettbewerbsfähigkeit der deutschen Wirtschaft ist methodisch konsistent mit dem Verfahren der EZB zur Ermittlung des effektiven Wechselkurses des Euro (siehe Monatsbericht, November 2001, S. 54 ff., Mai 2007, S. 32 ff. Mai 2008, S. 41). Zur Erläuterung der Methode siehe EZB, Monatsbericht, September 2004, S. 78 ff. sowie Occasional Paper Nr. 2 der EZB, das von der Website der EZB (www.ecb.int) heruntergeladen werden kann. Ein Rückgang der Werte bedeutet eine Zunahme der Wettbewerbsfähigkeit. – **1** Berechnungen der EZB anhand der gewogenen Durchschnitte der Veränderungen der Euro-Wechselkurse gegenüber den Währungen folgender Länder: Australien, Bulgarien, China, Dänemark, Estland, Hongkong, Japan, Kanada, Lettland, Litauen, Norwegen, Polen, Rumänien, Schweden, Schweiz, Singapur, Slowakei, Südkorea, Tschechische Republik, Ungarn, Vereinigtes Königreich und Vereinigte Staaten. Die dabei verwendeten Gewichte beruhen für den ausgewiesenen Zeitraum auf dem Handel mit gewerblichen Erzeugnissen von 1999 bis 2001 und spiegeln auch Drittmarkteffekte wider. Soweit die Preis- bzw. Lohnindizes noch nicht vorlagen, sind Schätzungen berücksichtigt. – **2** Berechnungen der EZB. Zu dieser Gruppe gehören neben den Ländern der EWK-22-Gruppe (siehe Fußnote 1) zusätzlich folgende Länder: Algerien, Argentinien, Brasilien, Chile, Indien, Indonesien, Island, Israel, Kroatien, Malaysia, Marokko, Mexiko, Neuseeland, Philippinen, Russische Föderation, Südafrika, Taiwan, Thailand, Türkei und Venezuela. – **3** Jahres- bzw. Vierteljahresdurchschnitte. – **4** EWU-Länder (ab 2001 einschl. Griechenland, ab 2007 einschl. Slowenien, ab 2008 einschl. Malta und Zypern) sowie die Länder außerhalb der EWU (Dänemark, Japan, Kanada, Norwegen, Schweden, Schweiz, Vereinigtes Königreich und Vereinigte Staaten). – **5** EWU-Länder sowie EWK-22-Länder. – **6** Aufgrund fehlender Daten für die Deflatoren des Gesamtabsatzes sind die Länder China und Singapur in dieser Berechnung nicht berücksichtigt. – **7** EWU-Länder sowie EWK-42-Länder (siehe Fußnote 2).

Quelle: Deutsche Bundesbank (Hrsg.): Monatsbericht August 2008, S. 76.

Wechselkurse nach Art der Kursfeststellung

Referenzkurse der EZB

Die EZB legt täglich um 14:15 Uhr in einer Telefonkonferenz zwischen Zentralbanken innerhalb und außerhalb des Eurosystems einen Referenzkurs für die einzelnen Währungen fest (Konzertationsverfahren) und veröffentlicht ihn kurz danach unter Anwendung der Mengennotierung (1 EUR = X Fremdwährungseinheiten) als Mittelkurs mit einer i. d. R. fünfstelligen Ziffer auf der Website der EZB und über die elektronischen Informationsdienste.

Referenzkurse der Kreditinstitute

Die wichtigsten Kreditinstitute lassen ihre Referenzwechselkurse (EURO-FX) täglich um 13:00 Uhr auf Basis der vorliegenden Devisenkauf- und Verkaufsaufträge durch das Börseninformationssystem Reuters berechnen. Diese Mittelkurse dienen als Orientierung für das Kundengeschäft.

Freie Wechselkurse

Freie Wechselkurse werden im Telefonhandel zwischen den Kreditinstituten, nationalen Zentralbanken und internationalen Großunternehmen ausgehandelt.

Wechselkurse nach der Art der Kursnotierung

Mengennotierung		Preisnotierung	
Inlandswährung ↓ **feste Bezugseinheit**	**Auslandswährung** ↓ **variable Bezugsgröße**	**Inlandswährung** ↓ **variable Bezugsgröße**	**Auslandswährung** ↓ **feste Bezugseinheit**
Die EZB hat für den EUR die Mengennotierung als verbindlich erklärt. 1 EUR = … USD ↓ 0,8750 0,8700 0,8650 0,8600 *originärer Kurs* = $\frac{1}{\textit{Kurs der Preisnotierung}}$		… EUR = 1 USD 1,1429 1,1494 1,1561 1,1628 ↑ *inverser Kurs* = $\frac{1}{\textit{Kurs der Mengennotierung}}$	

Bei der Mengennotierung bedeutet:

- **Geldkurs aus Sicht der Kreditinstitute = Verkaufspreis der Fremdwährung**
- **Briefkurs aus Sicht der Kreditinstitute = Ankaufspreis der Fremdwährung**

Beispiel

USD/EUR	0,8470 – 0,830
Geldkurs	0,8470 USD
Briefkurs	0,8530 USD

Devisen sind Zahlungsmittel in Form von Buchgeld *(z. B. Guthaben bei ausländischen Banken, Schecks oder Wechsel, die auf ausländische Währungen lauten).*

Sorten sind ausländische Banknoten und Münzen. Kreditinstitute handeln in der Regel nur mit Banknoten.

6.4.1 Wechselkurssysteme

Wechselkurssysteme		
Feste (absolut starre) Wechselkurse	**Feste Wechselkurse mit Bandbreiten**	**Freie (flexible) Wechselkurse**
Der Staat legt den Wechselkurs fest.	Bi-/multilaterale Festlegung des Wechselkurses mit Interventionsverpflichtung zur Kursstützung.	Der Wechselkurs bildet sich durch Angebot und Nachfrage auf dem Devisenmarkt.

In modernen Volkswirtschaften wird der Wechselkurs bestimmt durch Devisenangebot und -nachfrage. Nur eine geringe Menge der auf den Devisenmärkten gehandelten Devisen resultiert aus Export- und Importgeschäften. Der überwiegende Teil des Devisenhandels ist auf Kapitaltransaktionen zurückzuführen.

Devisenmärkte funktionieren wie Güter- oder Geldmärkte durch das Zusammenspiel von Angebot und Nachfrage. Die Darstellung der Wechselkursentwicklung in diesem Buch erfolgt deswegen als Preisnotierung und damit gemäß den Ausführungen aus dem Kapitel Preisbildung (vgl. Seite 318 ff.). Diese Darstellungsweise ist in der deutschen und internationalen Fachliteratur üblich. Sie ist auch pädagogisch sinnvoll, denn bei der Mengennotierung ist zu beachten, dass Angebots- und Nachfragekurve genau entgegengesetzt zur konventionellen Darstellung von Angebot und Nachfrage verlaufen.

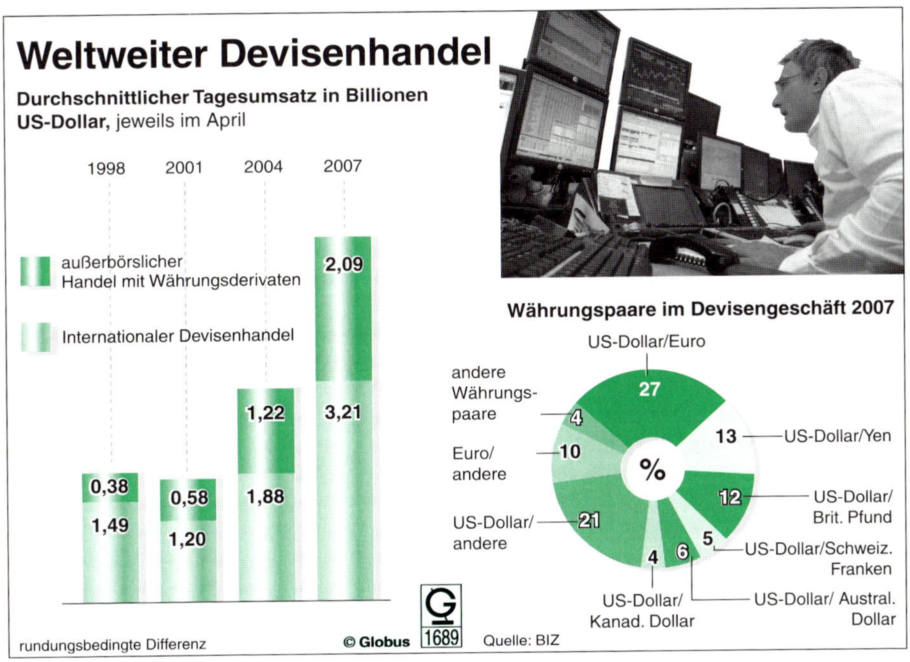

Devisengeschäfte lassen sich unterscheiden nach dem Zeitpunkt der Erfüllung.

- **Kassageschäfte** sind sofort (bzw. „over night") zum Kassakurs zu erfüllen.
- **Termingeschäfte** sind an einem bestimmten, in der Zukunft liegenden Termin *(z. B. 90 Tage)* zum Terminkurs zu erfüllen. Der Terminkurs wird am Tag des Geschäftsabschlusses vereinbart.

Abkommen von Bretton Woods

Schon kurz nach dem 2. Weltkrieg einigten sich in Bretton Woods im US-Staat New Hampshire Finanzminister und Notenbankgouverneure auf ein System fester Wechselkurse. Die Relation des USD zum Gold wurde auf 35 USD je Unze Feingold (eine Unze = 31,104 Gramm) festgesetzt. Die anderen Währungen wurden in ein festes Verhältnis zum Dollar gesetzt und waren damit indirekt an das Gold gebunden.

Deutschland trat dem System fester Wechselkurse im Jahr 1949 bei. Es galt die Relation

4,2000 DEM = 1,00 USD
35,00 USD = 31,104 g Feingold.

Ein deutscher Empfänger von Dollar hatte eine doppelte Sicherheit: Er konnte mit seinen Dollar entweder in den USA Waren im Gegenwert seiner Dollar erwerben oder sich Gold entsprechend der festgelegten Relation beschaffen.
Die Wechselkurse waren allerdings nicht vollkommen starr, sondern konnten nach oben und unten um 0,75 % schwanken.

Beispiel

Wenn durch sehr hohe Exporterlöse das Angebot an Dollar stieg und damit der Kurs zu sinken drohte, hatte die Notenbank zu intervenieren: Sie musste selbst als Käuferin der Dollar auftreten, um einen Rückgang auf unter 4,16 DM zu verhindern. Umgekehrt hatte die Notenbank bei einer hohen Nachfrage nach Dollar selbst als Anbieterin von Dollar aufzutreten, um den Knappheitsgrad der Dollar zu mildern und eine Überschreitung des Kurses von 4,24 DM zu verhindern.

Das Wechselkursabkommen von Bretton Woods bestand bis 1971.

Europäisches Währungssystem (EWS)

Der französische Staatspräsident **Valéry Giscard d'Estaing** und der deutsche Bundeskanzler **Helmut Schmidt** haben 1975 federführend an der Idee und Einführung des EWS mitgewirkt.
Hintergrund war die Überlegung, dass die Schwankungen freier Wechselkurse den Außenhandel hemmen, aber andererseits der Außenhandel den Wohlstand der Beteiligten mehrt und das Verständnis und den Frieden zwischen den Völkern fördert.
Grundidee des EWS ist ein System fester Wechselkurse mit einer Bandbreite von +2,25 %/ –2,25 % zwischen allen beteiligten Staaten und unbegrenzten Interventionsverpflichtungen. Bei Devisenknappheit aufgrund von Interventionen sollten Kredite von der Notenbank der Partnerwährung oder vom Europäischen Fonds für währungspolitische Zusammenarbeit (EFWZ) in Anspruch genommen werden.
Herzstück des EWS war die Europäische Währungseinheit (ECU = European Currency Unit). Der ECU war keine Währung im eigentlichen Sinn, sondern eine fiktive Rechengröße. Man konnte sie sich als Korb vorstellen, in dem Währungen der beteiligten Staaten liegen. Je nach Wirtschaftskraft durfte ein Staat mehr oder weniger Platz in dem Korb für seine Währung beanspruchen.

Beispiel

Land	Prozentuale Korbanteile	Währungsanteil	Währungseinheiten je ECU
Deutschland Frankreich Niederlande	30 % 20 % 10 %	0,60 DM 1,40 FRF 0,22 NLG	2,00 DM 7,00 FRF 2,20 NLG

Das Beispiel zeigt, dass jede Währung in ECU dargestellt werden konnte und auch die Paritäten der Währungen zueinander über den ECU berechnet werden konnten.

Beispiel

2,00 DEM = 1 ECU
7,00 FRF = 1 ECU

Wie viel DEM kosten 100,00 FRF?

$$\frac{100 \cdot 1 \cdot 2}{7 \cdot 1} = \underline{\underline{28{,}571 \text{ DEM/100 FRF}}}$$

Im Jahr 1993 kam es zur Krise im EWS. Wichtige Währungen wie das britische Pfund und der französische Franc verloren sehr stark an Wert, sodass sich die englische und die französische Notenbank außerstande sahen, ihre Währungen durch Interventionskäufe zu stabilisieren. Großbritannien verließ den Wechselkursmechanismus des EWS. Mit Blick auf die Pläne der europäischen Einigung verzichtete Frankreich auf diesen Schritt. Das Verbleiben im EWS wurde von den übrigen Teilnehmern jedoch mit einem weitreichenden Zugeständnis erkauft: Die Bandbreiten wurden auf +15 %/–15 % erweitert. Nur zwischen Deutschland und den Niederlanden blieb es bei der alten Regelung.

Damit war Europa de facto zu freien Wechselkursen zurückgekehrt, und der Hauptvorteil des EWS für den Außenhandel, nämlich das hohe Maß an Kalkulationssicherheit, war nicht mehr erkennbar.

Das neue Europäische Währungssystem (EWS II)

Mit der Einführung des Euro am 1. Januar 1999 ist zwischen den Teilnehmerländern die erwünschte Kalkulationssicherheit und Preistransparenz im Außenhandel erreicht. Gleichzeitig ist ein neuer europäischer **Wechselkursmechanismus (WKM II)** in Kraft getreten. Er bildet den Rahmen für die Währungskooperation zwischen den Staaten des Eurosystems („ins") und denjenigen EU-Staaten, die den Euro noch nicht eingeführt haben („outs"). Durch die Teilnahme am WKM II schaffen die Teilnehmerländer die Voraussetzung zur späteren Umstellung der eigenen Währung auf den Euro, denn bereits jetzt dient der Euro als Ankerwährung für die Partnerländer. Sie sind über **feste Wechselkurse mit Bandbreiten** an den Euro gebunden. Für die dänische Krone wurde eine Schwankungsbandbreite von ±2,25 % und für die griechische Drachme eine Bandbreite von ±15 % vereinbart. Schweden und Großbritannien nehmen nicht am WKM II teil. Ihre Währungen floaten unabhängig von anderen Währungen.

Griechenland ist dem Eurosystem am 01.01.2001 beigetreten und seitdem automatisch aus dem WKM II ausgeschieden. Von den 10 neuen EU-Mitgliedsstaaten wird erwartet, dass sie den Euro einführen. Für sie gilt nicht die Ausnahmeregelung für eine Nichtteilnahme wie für Großbritannien, Schweden und Dänemark.

Zu einer Belebung des WKM II kam es in den Jahren 2004 und 2005 mit der Aufnahme der Währungen von Estland (Estnische Krone EEK), Litauen (Litas LTL), Slowenien (Tolar SIT), Zypern (Zypern-Pfund CYP), Lettland (Lats LVL), Malta (Maltesische Lira MTL) und der Slowakei (Slowakische Krone SKK) in das EWS II. Diese Währungen durften mit einer Standardschwankungsbreite von ±15 % um ihren Leitkurs gegenüber dem Euro schwanken. Einige Staaten verzichten allerdings von sich aus auf die Schwankungsmöglichkeiten innerhalb des Wechselkursmechanismus II, indem sie sich verpflichtet haben, ihre Landeswährungen jederzeit zu einem festen Wechselkurs umzutauschen (Currency-Board-Regime).

Da Slowenien, Malta, Zypern und die Slowakei inzwischen auch den EUR eingeführt haben, gehören jetzt neben Dänemark noch die Länder Estland, Lettland und Litauen dem WKM II an. Vor einer Aufnahme in die Währungsunion müssen sie die Konvergenzkriterien, zu denen eine zweijährige spannungsarme Teilnahme am WKM II gehört, erfüllen.

6.4.1.1 Freie Wechselkurse

Bei **freien (flexiblen) Wechselkursen** bildet sich das Austauschverhältnis zwischen den Währungen durch Angebot und Nachfrage. Die Kurse floaten.

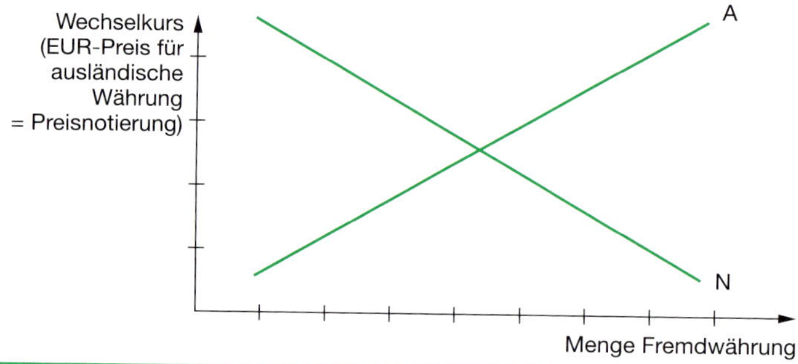

Änderungen von Devisenangebot und Devisennachfrage werden hervorgerufen durch

- grenzüberschreitende Kapitalanlagen und Investitionen,
- Devisenspekulationen,
- Exporte und Importe,
- Auslandsreiseverkehr,
- unentgeltliche Übertragungen.

Eine **Zunahme der Devisennachfrage** führt zu einem Kursanstieg der Fremdwährung bzw. einem Kursrückgang des Euro.

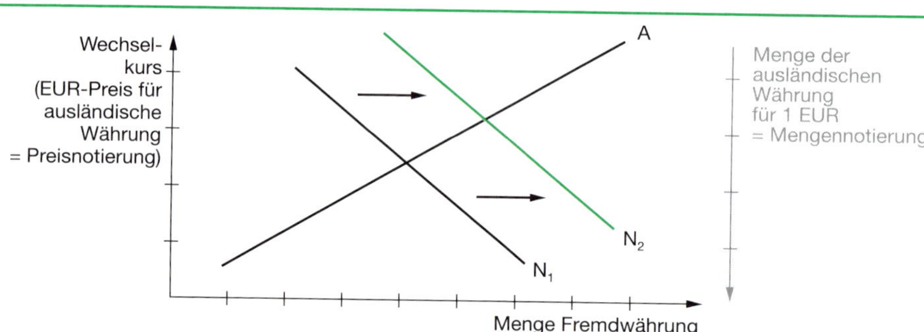

Eine Zunahme des Devisenangebots führt zu einer Kurssenkung der Fremdwährung bzw. einem Kursanstieg des Euro.

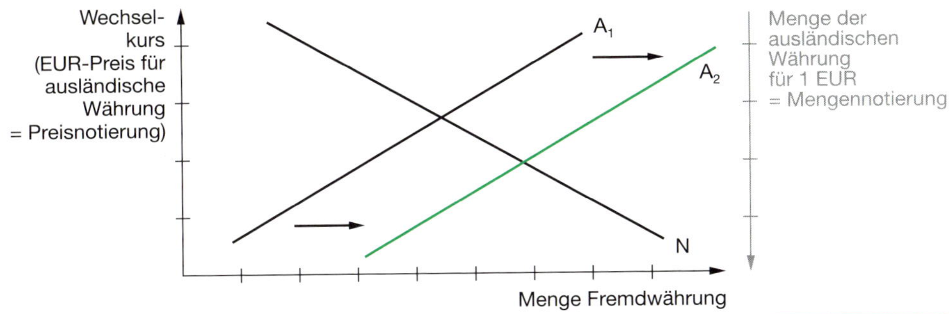

Vorteile freier Wechselkurse	Nachteile freier Wechselkurse
Freie Wechselkurse ... ■ begünstigen eine ausgeglichene Zahlungsbilanz, ■ fördern den internationalen Wettbewerb, ■ hemmen die Übertragung von Inflationstendenzen vom Ausland in das Inland und umgekehrt.	Freie Wechselkurse ... ■ erschweren die Kalkulation im Außenhandel, ■ behindern die internationale Integration.

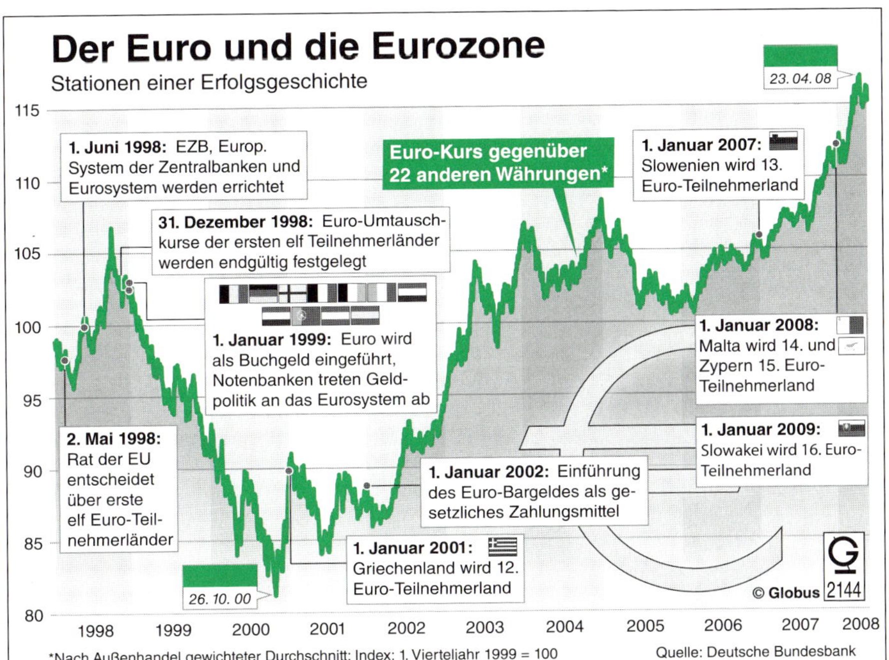

6.4.1.2 Feste Wechselkurse mit Bandbreiten

Feste Wechselkurse mit Bandbreiten basieren auf einer Übereinkunft zwischen den beteiligten Staaten. Sie vereinbaren einen Wechselkurs zwischen ihren Währungen, lassen aber Kursabweichungen durch die Kräfte des Marktes innerhalb definierter Bandbreiten zu.

Die beteiligten Notenbanken haben zu intervenieren, wenn der Wechselkurs den oberen oder unteren Rand der Bandbreite (Interventionspunkt) zu erreichen droht.

Interventionsverkäufe: Wenn bei einer beteiligten nationalen Zentralbank die starke Währung zum Interventionskurs nachgefragt wird, hat sie zu diesem Kurs zu verkaufen.
Interventionskäufe: Wenn bei einer beteiligten Zentralbank die schwache Währung zum Grenzkurs angeboten wird, so muss die Notenbank zur Kursstützung diese Fremdwährung kaufen.

Entwicklungen im Rahmen des WKM II

Währung	Beitrittsdatum	Oberer Interventionspunkt	Leitkurs	Unterer Interventionspunkt	Max. Abweichung in %	
					nach oben	nach unten
DKK	1. 1. 1999	7,62824	7,46038	7,29252	0,28	– 0,03
EEK	28. 6. 2004	17,9936	15,6466	13,2996	0,00	0,00
CYP	2. 5. 2005	0,673065	0,585274	0,497483	1,21	0,00
LVL	2. 5. 2005	0,808225	0,702804	0,597383	0,98	– 1,00
LTL	28. 6. 2004	3,97072	3,45280	2,93488	0,00	0,00
MTL	2. 5. 2005	0,493695	0,429300	0,364905	0,00	0,00
SKK	28. 11. 2005	44,2233	38,4550	32,6868	11,78	0,00
SKK (nach der Anhebung)		40,7588	35,4424	30,1260	8,22	0,00

Quelle: Europäische Zentralbank, Jahresbericht 2007.
Anmerkung: Eine Abweichung nach unten (oben) entspricht einer Annäherung an den unteren (oberen) Interventionspunkt und stellt eine Aufwertung (Abwertung) gegenüber dem Euro dar. Der Leitkurs der slowakischen Krone wurde am 16. März 2007 um 8,5 % angehoben. Der Referenzzeitraum für die ausgewiesenen maximalen Abweichungen vom jeweiligen WKM-II-Leitkurs erstreckt sich vom 2. Januar 2007 bis zum 29. Februar 2008.

Wechselkursentwicklung im WKM II (Tageswerte; Abweichung vom Leitkurs in Prozentpunkten)

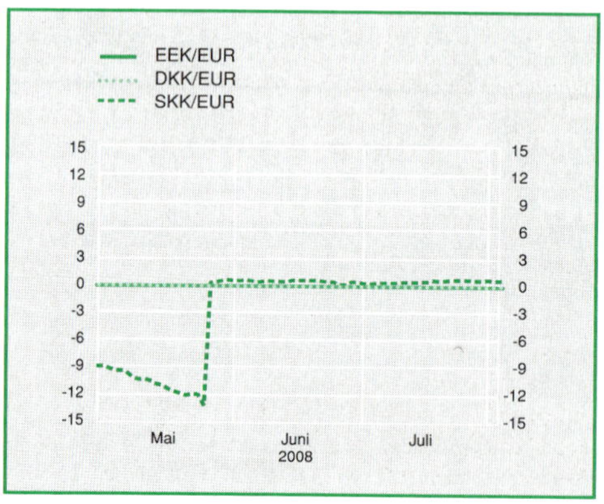

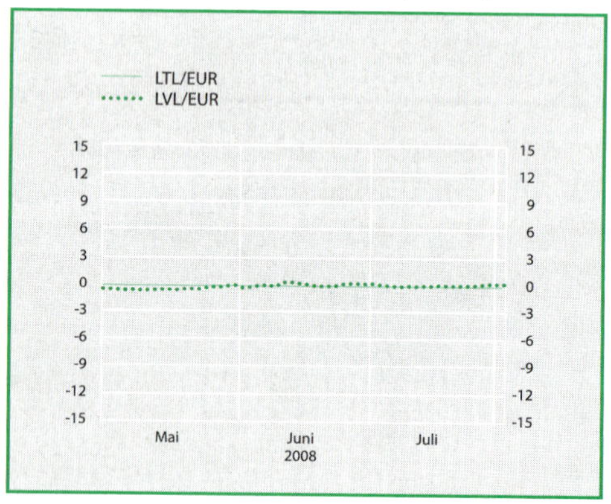

Quelle: Europäische Zentralbank, Monatsbericht August 2008.
Anmerkung: Eine positive (negative) Abweichung vom Euro-Leitkurs bedeutet, dass die Währung innerhalb des Kursbandes schwach (stark) notiert. Für die dänische Krone gilt eine Schwankungsbandbreite von ±2,25 %, für alle anderen Währungen die Standardschwankungsbreite von ±15 %. Der Leitkurs der slowakischen Krone im WKM II wurde mit Wirkung vom 29. Mai 2008 um 17,6472 % angehoben.

Im Euro-Währungsgebiet übernehmen normalerweise die nationalen Zentralbanken die Interventionen. Sie handeln dabei als Agenten der EZB. Die Notierung der Kurse im WKM II erfolgt nur als Mengennotierung. Auf die Definition der inversen Relation (Preisnotierung) wird hingegen verzichtet. Damit hat für die künftigen Teilnehmerländer nur noch die Relation der eigenen Währung zum Euro Bedeutung.

Beispiel

Der Kurs des Euro gegenüber der Dänischen Krone bewegt sich auf den oberen Interventionspunkt zu (gepunktete Linie). In diesem Fall sind alle nationalen Zentralbanken des Eurosystems verpflichtet, DKK gegen EUR zu kaufen. Der Kurs des EUR sinkt, die Situation entspannt sich und der Kurs bleibt innerhalb der vereinbarten Bandbreite.

NZBs kaufen DKK gegen EUR
Die EUR-Angebotskurve verschiebt sich nach rechts, der EUR-Kurs sinkt, die DKK wird gestützt.

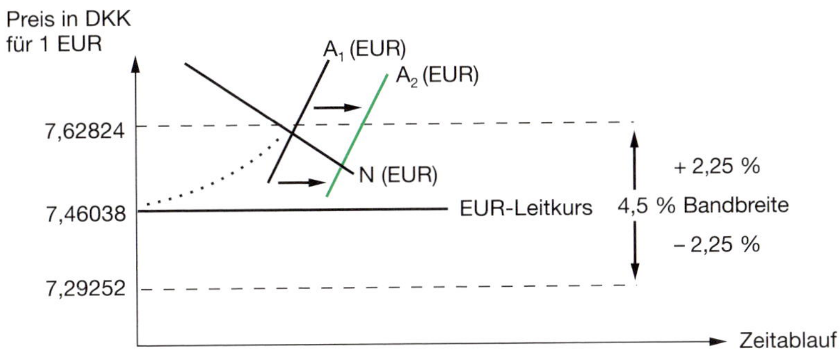

Der Kurs des Euro gegenüber der Dänischen Krone bewegt sich auf den unteren Interventionspunkt (gepunktete Linie) zu. In diesem Fall sind alle nationalen Zentralbanken des Eurosystems verpflichtet, DKK gegen EUR zu verkaufen. Der Kurs des EUR steigt, die Situation entspannt sich und der Kurs bleibt innerhalb der vereinbarten Bandbreite.

NZBs verkaufen DKK gegen EUR
Die EUR-Nachfragekurve verschiebt sich nach rechts, der EUR-Kurs steigt, die DKK wird schwächer.

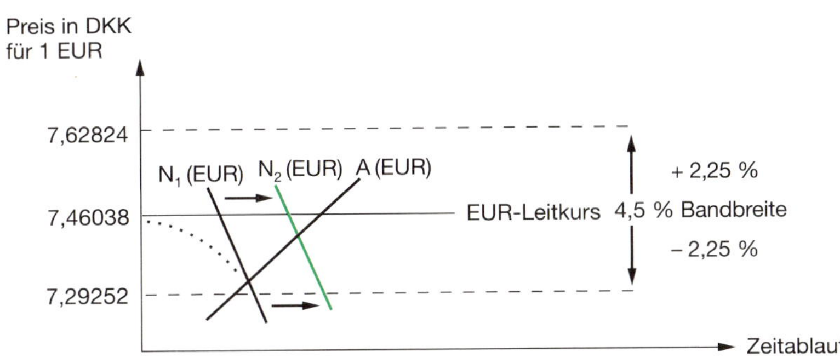

> Für die am Außenhandel beteiligten Unternehmen liegt der entscheidende Vorteil fester Wechselkurse in der erhöhten Kalkulationssicherheit.

Dies gilt allerdings nur, wenn die Bandbreiten relativ eng gezogen sind.

Beispiel

Ein deutscher Anlagenbauer bietet einem dänischen Kunden eine Fabrikanlage im Wert von 50 Mio. EUR an, Liefertermin in 12 Monaten. Der dänische Kunde verlangt zur Ausschaltung des Kursrisikos eine Fakturierung in DKK. Der Kurs (Mengennotierung) liegt zurzeit bei 7,50 DKK, sodass die Anlage für 375.000.000 DKK angeboten wird. Bei einer angenommenen Bandbreite von ± 2,25 % kann das deutsche Unternehmen unter normalen stabilen Verhältnissen von folgender Erlössituation ausgehen und sein Risiko kalkulieren:

Schwacher EUR/starke DKK
DKK/EUR-Kurs der DKK am unteren Interventionspunkt:
(7,46038 – 2,25 % = 7,29252)

7,29252 DKK	=	1 EUR
Verkaufserlös 375.000.000 DKK	=	51.422,55 EUR

Starker EUR/schwache DKK
Kurs der DKK am oberen Interventionspunkt:
(7,46038 + 2,25 % = 7,62824)

7,29252 DKK	=	1 EUR
Verkaufserlös 375.000.000 DKK	=	49.159,44 EUR

Probleme fester Wechselkurse mit Bandbreiten:

- **Förderung inflationärer Tendenzen**
  Bei Erreichen des oberen Interventionspunktes wird ausländische Währung gekauft und mit Zentralbankgeld bezahlt, sodass es zu einer Ausweitung der inländischen Geldmenge kommt („Wechselkursfalle").
- **Erschöpfung der eigenen Devisenvorräte**
  Bei Erreichen des unteren Interventionspunktes ist ausländische Währung zu verkaufen. Ein nachhaltiges Verharren des Kurses am unteren Interventionspunkt kann zu einer Erschöpfung der eigenen Devisenvorräte führen.

Wenn sich ein Wechselkurs (Parität) als nicht marktgerecht erweist, indem er von den Marktteilnehmern immer wieder an die Interventionsgrenze herangeführt wird und damit allen Interventionsversuchen trotzt, sollte auf Ebene der Regierungschefs eine Neufestlegung der Paritäten (Realignment) vereinbart werden. Dieser Vorgang kann entweder eine Heraufsetzung des EUR-Leitkurses (Abwertung) oder eine Herabsetzung des EUR-Leitkurses (Aufwertung) sein.

6.4.1.3 Absolut starre Wechselkurse

> **Absolut starre Wechselkurse** (feste Wechselkurse) werden administrativ festgelegt.

Dieses Wechselkurssystem gilt heute noch für eine große Anzahl Staaten Schwarzafrikas und Mittelamerikas. Früher waren starre Wechselkurse in den sogenannten Staatshandelsländern Osteuropas üblich. Die Wechselkurse wurden stets unterhalb des Kurses, der sich am freien Markt gebildet hätte, fixiert. Die eigene Währung war überbewertet.

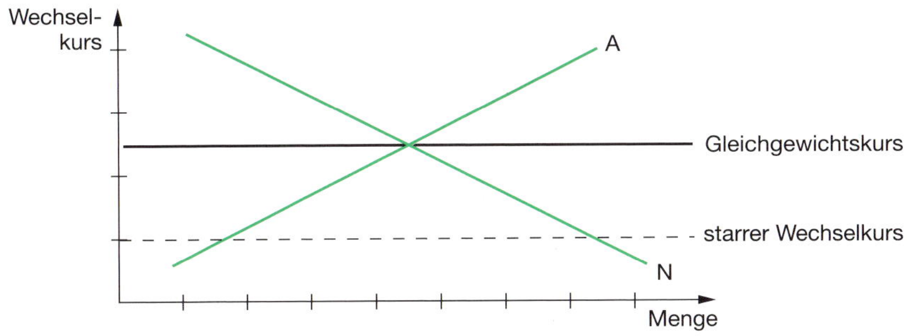

Da der Wechselkurs nicht den Marktverhältnissen entsprach, war die Währung für das Ausland uninteressant. Kein ausländischer Exporteur war bereit, für seine Güter und Dienstleistungen die Währung anzunehmen. Die daraus folgende Devisenknappheit macht in dem entsprechenden Land eine Devisenbewirtschaftung notwendig. Inländische Exporteure mussten ihre Exporterlöse bei einer staatlichen Stelle gegen Inlandswährung verkaufen, und inländische Importeure erhielten die benötigten Devisen von einer staatlichen Stelle zugeteilt. Diese Bewirtschaftung wurde flankiert durch das Verbot, die Landeswährung oberhalb bestimmter Freibeträge grenzüberschreitend zu transferieren.

Vorteile starrer Wechselkurse	Nachteile starrer Wechselkurse
■ Kalkulations- und Planungssicherheit durch staatliche Devisenzuteilung	■ Hoher Aufwand an Bürokratie und Kosten für die Devisenbewirtschaftung, ■ Inflexibilität bei Änderungen des Devisenbedarfs

6.4.2 Auf- und Abwertung

Änderungen der Wechselkurse bedeuten immer gleichzeitig eine Auf- und Abwertung, gleichgültig, ob es sich um feste, freie oder starre Wechselkurse handelt.

Beispiel

Der US-Dollar gewinnt gegenüber dem Euro an Wert.

Wechselkurs in Deutschland		Wechselkurs in den USA
1 EUR/1,2500 USD		1 USD/0,8000 EUR
↓	Wechselkursänderung	↓
1 EUR/1,1000 USD		1 USD/0,9090 EUR

Kursherabsetzung = Abwertung des EUR
Für die gleiche Menge der inländischen Währung erhält man nach der Wechselkursänderung weniger ausländische Währung.

Kursheraufsetzung = Aufwertung des USD
Für die gleiche Menge der inländischen Währung erhält man nach der Wechselkursänderung mehr ausländische Währung.

Die Aufwertung der einen Währung ist gleichzeitig eine Abwertung der anderen Währung.

Im WKM II werden Auf- oder Abwertungen (Realignments) durch die EZB und die Regierungen der beteiligten Länder vorgenommen, wenn sich der Wechselkurs langfristig und nachhaltig von der Parität (Leitkurs) entfernt. Der neue Leitkurs wird so gewählt, dass er den Marktverhältnissen entspricht und weitere Interventionen – zumindest kurzfristig gesehen – nicht erforderlich macht. Eine unterbewertete Währung ist aufzuwerten, eine überbewertete Währung ist abzuwerten.

Beispiel

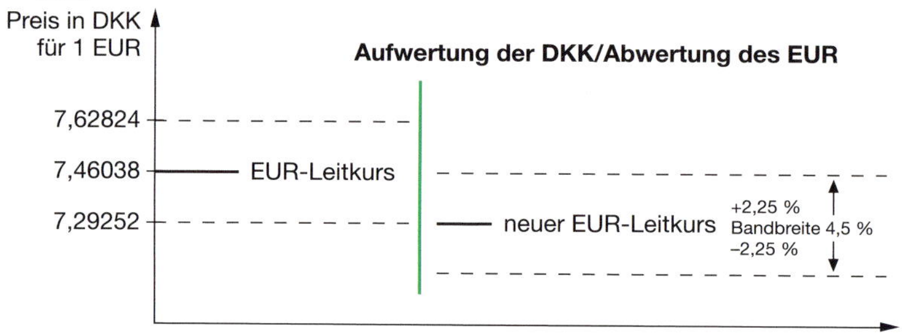

Beispiel

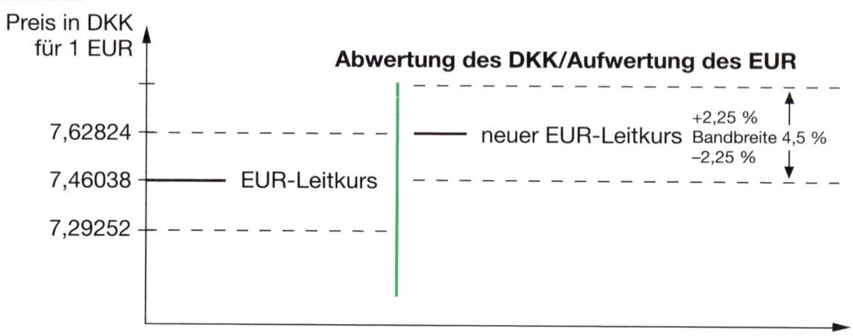

Die Folgen einer Aufwertung der eigenen Währung für den Außenhandel sind zweischneidig.

Der deutsche Importeur braucht zukünftig weniger EUR für die ausländische Währung bezahlen und kann somit günstiger einkaufen. Der deutsche Exporteur erhält weniger EUR bei Umtausch seiner auf Fremdwährung lautenden Exporterlöse.

Beispiel

Ein deutscher Luxusautomobilhersteller berechnet für einen Sportwagen, der nach Kalifornien exportiert wird, 100.000,00 USD. Bei einem Kurs von 0,8400 USD/EUR schreibt ihm sein Kreditinstitut beim Umtausch 119.047,62 EUR gut.

Nach einer Aufwertung des Euro auf 0,8800 USD/EUR beträgt der Exporterlös bei unverändertem Verkaufspreis nur noch 113.636,36 EUR.

Für den konkurrierenden amerikanischen Automobilhersteller, der ein vergleichbares Fahrzeug zu 119.047,62 EUR in Europa anbietet, stellt sich die Situation nach der Abwertung des USD von 1,1905 EUR/USD auf 1,1364 EUR/USD günstiger dar:

Vor der Wechselkursanpassung beträgt der Exporterlös 100.000,00 USD, nach der Abwertung des USD werden beim amerikanischen Exporteur 104.758,55 USD gutgeschrieben.

Da die exportierende Wirtschaft Aufwertungsverluste nur selten über Preiserhöhungen abwälzen kann, ziehen Aufwertungen tendenziell Rückgänge beim Export nach sich.

Bei Abwertungen verhält es sich umgekehrt. Eine Schwächung der eigenen Währung begünstigt den Export. Sie kann zu Preissenkungen und damit zu einer Stärkung der Position auf den Auslandsmärkten führen.
Gerüchte über bevorstehende Auf- oder Abwertungen können zu spekulationsbedingten Marktverzerrungen führen.

Beispiel

Bei einem Kurs von 0,8500 USD/EUR erwirbt ein Amerikaner EUR. Für 1.000.000,00 USD erhält er 1.176.470,60 EUR. Nach der Aufwertung des EUR auf 0,9500 USD/EUR (und Abwertung des USD von 1,1765 EUR/USD auf 1,0526 EUR/USD) verkauft er die erworbenen EUR und erhält 1.117.647,10 USD. Sein Spekulationsgewinn beträgt 117.647,10 USD.

Ein aufwertungsverdächtiges Land wird kurzfristiges ausländisches Geld anziehen. Dies hat eine Erhöhung des inländischen Geldumlaufs und einen Druck auf das inländische Zinsniveau zur Folge.

Aufwertung der Inlandswährung	Abwertung der Inlandswährung
Gründe: ■ Auslandspreisniveau höher als im Inland ■ Zins- und spekulationsbedingte Geldzuflüsse aus dem Ausland	**Gründe:** ■ Preisniveau im Inland höher als im Ausland ■ Zins- und spekulationsbedingte Geldabflüsse ins Ausland
Folgen: ■ Exportrückgang ■ Importzunahme	**Folgen:** ■ Exportzunahme ■ Importrückgang

6.5 Außenwirtschaft

6.5.1 Bedeutung der Außenwirtschaft

Überschüsse und Defizite im Außenhandel wirken auch auf die Binnenwirtschaft der beteiligten Staaten. Importüberschüsse haben z. B. bei den Entwicklungsländern die Devisenreserven zusammenschmelzen lassen und letztlich zur Verschuldung gegenüber dem Ausland geführt. Aber auch Länder mit Exportüberschüssen wie Deutschland können Probleme bekommen. Wenn ein Teil der im Inland produzierten Güter exportiert wird, aber im Gegenzug nicht importierte Güter, sondern Devisen ins Land fließen, kommt es zu einem Ungleichgewicht zwischen Geldmenge und realem Güterangebot und damit zur Inflationsgefahr.

Deutschland gehört zu den größten Handelsnationen der Welt.

Beispiel

Zusammen mit den USA und Japan bestreitet Deutschland 30 % des Welthandels. In den letzten Jahren war Deutschland fast immer „Exportweltmeister“. Als Importeur steht Deutschland an zweiter Stelle in der Welt hinter den USA.

Wegen der Knappheit an Bodenschätzen ist Deutschland auf den Bezug von Rohstoffen aus dem Ausland angewiesen. Die für die Bezahlung dieser Importwaren benötigten Devisen müssen über Exportgeschäfte verdient werden. Für Deutschland waren bisher die hohe Qualität, der hohe technische Standard und die breite Produktpalette Garanten für die Exporterfolge.

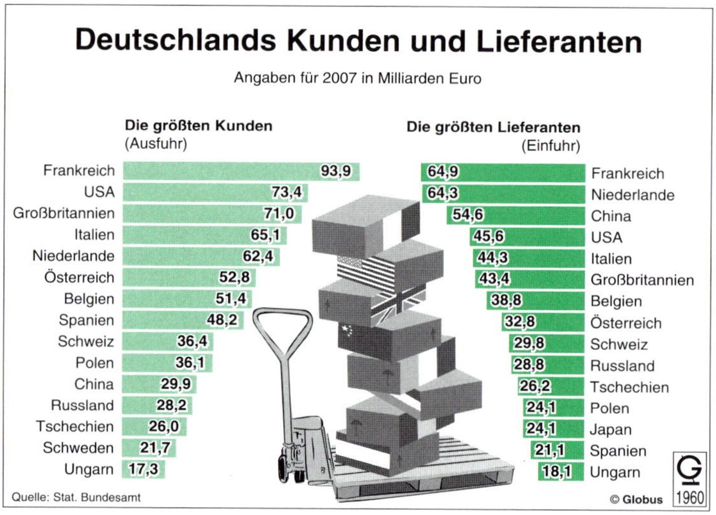

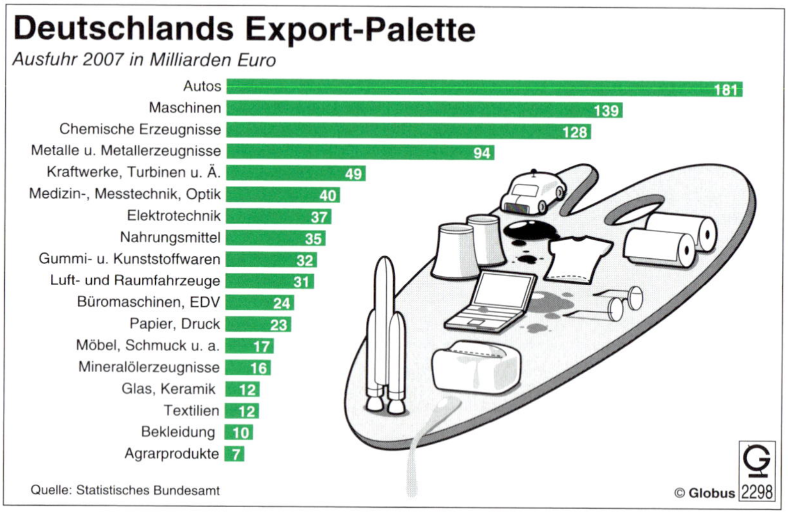

Allerdings zeigt sich seit Beginn der Neunzigerjahre ein erheblicher Wandel. Die **Globalisierung** der Märkte führt dazu, dass nicht mehr ausschließlich die Güter, sondern zunehmend der Produktionsfaktor Kapital zu den ausländischen Märkten strebt. Die Produktionsverlagerungen erfolgen dabei nicht nur aus Gründen der Marktnähe, sondern auch unter Kostenaspekten.

Hinzu kommt, dass fernöstliche Länder zu ernsthaften Konkurrenten auf den Weltmärkten gereift sind.

Bedrohlich für die traditionellen Industrieländer ist dabei, dass die Schwellenländer Asiens mehr und mehr qualitativ hochwertige und technologisch anspruchsvolle Investitions- und Konsumgüter liefern. Der immer härter werdende internationale Wettbewerb lässt vielfach den Nachweis der Außenwirtschaftstheorie[1] außer Acht, dass ein freier Außenhandel den Wohlstand der betei-

[1] Vgl. Kapitel Internationale Arbeitsteilung, Seite 255 ff.

ligten Länder fördert. In vielen Volkswirtschaften lassen sich Formen von Protektionismus (Handelsbeschränkungen) beobachten, die stets zum Ziel haben, die einheimischen Anbieter vor ausländischer Konkurrenz zu schützen. Mit sehr viel Energie und Phantasie wurde eine ganze Reihe **nichttarifärer Handelshemmnisse** aufgebaut. Zölle (tarifäre Handelshemmnisse) wurden dagegen nachhaltig verringert.

Zu den **protektionistischen Maßnahmen** zählen:

- Einfuhrkontingente, -lizenzen, -zölle, -monopole
- Zwang zu unverhältnismäßig umfangreicher Beibringung von Urkunden und anderen Bescheinigungen
- Besondere Vorschriften über Sicherheit, Verpackung, Etikettierung und Gewicht
- Bevorzugung bestimmter Ländergruppen zu Lasten anderer Länder
- Exportsubventionen

EU empört über US-Schutzzölle

Brüssel – Mit Schutzzöllen von bis zu 30 Prozent auf Stahlimporte hat US-Präsident Bush einen Handelskonflikt mit der Europäischen Union heraufbeschworen. Brüssel kündigte an, den Fall vor die Welthandelsorganisation zu bringen. Zugleich wird ein Schutz europäischer Hersteller vor wachsenden Einfuhren aus Drittländern vorbereitet, die verstärkt Absatzchancen in Europa suchen könnten. Bushs Schritt sorgte in der EU für Empörung. (dpa)

6.5.2 Europäische Währungsunion (EWU)

Kaum ein anderes europapolitisches Thema hat die Menschen in der letzten Zeit mehr bewegt als die **europäische Währungsunion (EWU)**. Zu Beginn des Jahres 2002 wurde die DM durch eine einheitliche neue Währung – den **Euro** – abgelöst.

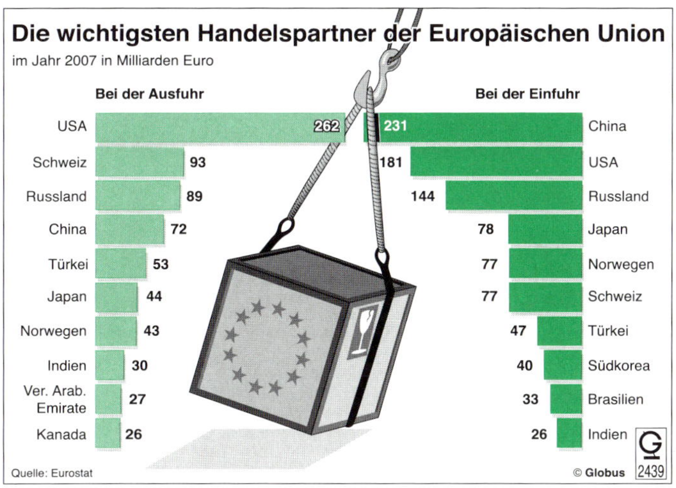

Die USA sind der mit Abstand wichtigste Kunde der Europäischen Union. Im vergangenen Jahr verkauften die 27 Mitgliedstaaten der EU Waren im Wert von 262 Milliarden Euro an US-amerikanische Abnehmer; das war ein Fünftel der gesamten EU-Exporte. Etwas weniger Gewicht haben die USA auf der Lieferantenseite. Die EU-Importe aus Amerika erreichten einen Wert von 181 Milliarden Euro. Das entsprach einem Anteil von rund 13 Prozent aller Einfuhren aus Nicht-EU-Ländern. Bedeutende Märkte für die Gemeinschaft der 27 liegen vor allem auch in Asien. So finden sich China und Japan bei den EU-Exporten an vierter und sechster Stelle wieder; bei den Importen liegen sie sogar auf den Plätzen eins und vier. (c) dpa-infografik

Maastrichter Vertrag

Grundlage der Währungsunion ist der 1992 von den damals 12 EU-Mitgliedsländern geschlossene Vertrag von Maastricht. Zu seinen Inhalten zählt nicht nur die Schaffung einer einheitlichen Währung in den EU-Mitgliedsländern, sondern auch die Förderung des politischen Zusammenwachsens der Länder in Europa. Durch eine verstärkte Kooperation in der Außen-, Innen- und Rechtspolitik soll langfristig eine politische Union aller Länder Europas erreicht werden.

Die europäische Währung wurde in einem **Dreistufenplan** verwirklicht.

Stufe 1: Vorbereitungsphase bis Ende 1998

- Gegenseitige Überwachung und Koordination der Wirtschaftspolitik zwischen den EU-Ländern
- Beschlussfassung über die Aufnahme in die EWU
- Errichtung der Europäischen Zentralbank (EZB)
- Vorbereitung der einheitlichen Geldpolitik

Stufe 2: Beginn der Endstufe ab 1. Januar 1999

- Unwiderrufliche Fixierung der Wechselkurse der „alten“ EU-Währungen untereinander und zum Euro
- Einführung des Euro als eigenständige Währung neben den in einer Übergangsphase noch weiterexistierenden alten Währungen
- Ausübung der europäischen Geldpolitik durch die EZB innerhalb der Union und gegenüber den Drittwährungen in Euro

Stufe 3: Vollendung der Währungsunion seit 2002

- Der Euro ist alleiniges gesetzliches Zahlungsmittel in den Mitgliedsländern. Die alten DM-Scheine und -Münzen wurden aus dem Verkehr gezogen.
- Alle anderen Zahlungsmittel (Überweisungen, Lastschriften, Schecks usw.) wurden auf den Euro umgestellt.

Konvergenzkriterien

Die Aufnahme in die Währungsunion ist abhängig von der Einhaltung bestimmter, im Maastrichter Vertrag vereinbarter Bedingungen, den sog. Konvergenzkriterien. Die Teilnehmerländer sollen einen bestimmten Gleichlauf ihrer wirtschaftlichen Entwicklung hinsichtlich Preisniveau, Zinsniveau, Haushaltsdisziplin und Wechselkursstabilität erreicht haben, um die Stabilität des Euro zu sichern und Spannungen in der Währungsunion zu vermeiden.
Die Konvergenzkriterien sind unter den Wirtschaftsprofessoren und Politikern zwar umstritten, ihre Einhaltung ist allerdings inzwischen zu einer Vertrauensmesslatte für eine stabile Währungsunion geworden.

Voraussetzungen für die Aufnahme in die europäische Währungsunion

- **Preisstabilität:** Der Anstieg der Verbraucherpreise, die Inflationsrate, darf den Durchschnitt der drei preisstabilsten Länder um nicht mehr als 1,5 Prozentpunkte übersteigen.
- **Wechselkursstabilität:** Die Währung eines Mitgliedslandes muss dem Europäischen Währungssystem angehören und darf in den letzten beiden Jahren nicht abgewertet worden sein.
- **Kapitalmarktzinsniveau:** Die durchschnittliche Rendite langfristiger Staatsanleihen, der Zinssatz für langfristiges Kapital, darf höchstens 2 Prozentpunkte über dem Durchschnitt der entsprechenden Zinsen in den drei Ländern mit der niedrigsten Inflationsrate liegen.
- **Haushaltsdisziplin:** Das jährliche Budgetdefizit, die Neuverschuldung der öffentlichen Haushalte, darf höchstens 3 % des Bruttoinlandsprodukts betragen, es sei denn, die Quote ist erheblich rückläufig und liegt in der Nähe des Höchstsatzes.

- **Staatsverschuldung:** Die Gesamtverschuldung der öffentlichen Haushalte darf nicht mehr als 60 % des Bruttoinlandsprodukts betragen, es sei denn, die Quote ist rückläufig und nähert sich rasch genug dem Höchstsatz.
- **Stabilitäts- und Wachstumspakt:** Der Europäische Rat hat 1997 den Stabilitäts- und Wachstumspakt beschlossen. Der Pakt bildet den Rahmen für die Budgetpolitik der Mitgliedstaaten und für deren Haushaltsdisziplin:
  - Die gesamtstaatliche Verschuldung darf 60 % des BIP und
  - das jährliche Defizit des Haushaltes darf 3 % des BIP nicht überschreiten.

Jeder Mitgliedsstaat, der den Euro eingeführt hat, legt Rat und Kommission ein jährlich zu aktualisierendes Stabilitätsprogramm vor. Darin sind mittelfristige Haushaltsziele, Anpassungspfade zur Erreichung dieser Ziele sowie die voraussichtliche Entwicklung der öffentlichen Schulden und der wirtschaftlichen Lage (Wachstum, Beschäftigung) niederzulegen. Verstöße gegen die Regeln sollen zur Einleitung eines Defizitverfahrens führen und können schließlich empfindliche Strafen durch die EU nach sich ziehen. 2005 hat der Ecofin-Rat eine Änderung des Paktes vereinbart, die der Europäische Rat gebilligt hat. Die Grenzwerte bleiben grundsätzlich unangetastet, aber deren Berücksichtigung wird stärker einzelfallbezogen beurteilt. Vor Einleitung eines Defizitverfahrens können die Mitgliedsstaaten viele länderspezifische Ausnahmetatbestände ins Feld führen (s. Kasten unten).

Stabilitäts- und Wachstumspakt	**Regelungen 2006**[1]
Mittelfristiges Haushaltsziel	
Definition	Länderspezifische Ziele zwischen -1 % des BIP (bei hohen Wachstumsraten und niedrigem Schuldenstand) und Haushaltsausgleich oder -überschuss
Abweichungen	Abweichungen bei bestimmten Strukturreformen
Anpassungspfad zum mittelfristigen Haushaltsziel	Haushaltskonsolidierung um 0,5 % des BIP, wenn mittelfristiges Ziel nicht erreicht ist. Stärkere Konsolidierung in „guten Zeiten", geringere in „schlechten Zeiten". Abweichungen bei bestimmten Strukturreformen. Keine Sanktionen bei Fehlentwicklungen.
Rechtfertigung einer Überschreitung des 3 %-Referenzwertes	
Außergewöhnliche und vorübergehende Einflüsse	■ Naturkatastrophen ■ negative Wachstumsraten ■ Wachstumsraten unter dem Potenzialwachstum mit erheblichen kumulativen Produktionsverlusten
Sonstige Faktoren	■ Entwicklung des Wachstumspotenzials ■ herrschende Konjunkturlage ■ Umsetzung der Lissabon-Strategie ■ Ausgaben für Forschung, Entwicklung und Innovation ■ frühere Haushaltskonsolidierung in „guten Zeiten" ■ Tragfähigkeit des Schuldenstandes ■ öffentliche Investitionen ■ Qualität der öffentlichen Finanzen ■ Belastungen aus Finanzbeiträgen zugunsten der internationalen Solidarität ■ Belastungen aus Verwirklichung der Ziele der europäischen Politik, insbesondere dem europäischen Einigungsprozess ■ Rentenreformen
Fristen für Defizitkorrektur	Grundsätzlich im Jahr nach Festlegung; bei Vorliegen „besonderer Umstände", die durch „sonstige Faktoren" definiert sind, zwei Jahre nach Festlegung. Anmerkung: Bei Korrekturempfehlungen nach In-Verzug-Setzen dürfte der Rat weiterhin frei sein bei der Fristsetzung
Fristen im Defizitverfahren	
Feststellung eines übermäßigen Defizits	Vier Monate nach halbjährlicher Haushaltsmeldung
Ergreifen wirksamer Maßnahmen	Sechs Monate
In-Verzug-Setzen nach Feststellen unzureichender Maßnahmen	Zwei Monate
Ergreifen wirksamer Maßnahmen nach In-Verzug-Setzen	Vier Monate
Prüfung der Korrekturfristen	Bei „unerwarteten Ereignissen" Verfahrensschleifen, das heißt Wiederholung der ersten Empfehlungen zur Defizitkorrektur sowie der Empfehlungen bei In-Verzug-Setzen

[1] In Anlehnung an: Deutsche Bundesbank, April 2005.

6.5.3 Weltbankgruppe

Zur Weltbankgruppe gehören fünf Organisationen mit jeweils eigener Rechtspersönlichkeit:

- Internationale Bank für Wiederaufbau und Entwicklung (IBRD),
- Internationale Entwicklungsorganisation (IDA),
- Internationale Finanz-Corporation (IFC),
- Multilaterale Investitions-Garantie-Agentur (MIGA),
- Internationales Zentrum zur Beilegung von Investitionsstreitigkeiten (ICSID).

Gemeinsames Ziel dieser Institutionen ist es, die wirtschaftliche Entwicklung in weniger entwickelten Ländern durch finanzielle und technische Hilfen sowie durch Beratung zu unterstützen.
Die Gründung der **Internationalen Bank für Wiederaufbau und Entwicklung (IBRD)** fällt zusammen mit der Errichtung des IWF in Bretton Woods[1]. Ihr Sitz ist Washington, D.C. Sie wurde im Hinblick auf den für die Nachkriegszeit erwarteten großen Bedarf an langfristigem Kapital für den Wiederaufbau und die wirtschaftliche Entwicklung ihrer Mitgliedsländer geschaffen. Anfänglich wurden die Mittel überwiegend für den Aufbau Europas eingesetzt. Heute konzentriert sich die Tätigkeit auf Entwicklungsländer in aller Welt.
Die **Internationale Finanz-Corporation (IFC**, gegründet 1956) fördert privatwirtschaftliche Initiativen in Entwicklungsländern. Ohne Inanspruchnahme staatlicher Rückzahlungsgarantien wird die Errichtung, Modernisierung und Erweiterung privater Unternehmen gefördert. Zu diesem Zweck werden in- und ausländisches privates Kapital sowie erfahrenes Management und technische Hilfe zusammengebracht. In bestimmten Situationen tritt die IFC selbst als Gesellschafterin bei privaten Unternehmen auf.
Maßgeblich für die Errichtung der **Internationalen Entwicklungsorganisation (IDA)** im Jahr 1960 war, dass die ärmsten Entwicklungsländer nicht mehr in der Lage waren, sich weiter zu marktüblichen Konditionen zu verschulden. Aufgabe der IDA ist es, den Entwicklungsländern Kredite zu Bedingungen bereitzustellen, die die Zahlungsbilanz wenig belasten. Die gewährten Kredite sind unverzinslich. Am Anfang stehen tilgungsfreie Jahre und die Laufzeiten sind wesentlich länger als üblich.
Erst 1988 wurde die **Multilaterale Investitions-Garantie-Agentur (MIGA)** gegründet. Ihr vorrangiges Ziel ist es, ausländische Direktinvestitionen gegen nichtkommerzielle Risiken abzusichern.
Voraussetzung für die Mitgliedschaft bei den Institutionen der Weltbank ist die Zugehörigkeit zum IWF. Die Mittelbeschaffung erfolgt hauptsächlich über

- Kapitalmarktanleihen,
- Rückflüsse aus gewährten Darlehen,
- Verkauf von Darlehensforderungen,
- Kapitalbeteiligung der Mitglieder,
- laufende Gewinne.

Beispiel

Die Bundesrepublik Deutschland ist mit ca. 21,4 Mrd. Dollar an der Weltbankgruppe beteiligt. Die Kredite der Deutschen Bundesbank an die Weltbank betragen zurzeit ca. 500 Mio. EUR.

6.5.4 Internationaler Währungsfonds

Die Gründung des IWF mit Sitz in Washington wurde 1944 auf der „Internationalen Währungs- und Finanzkonferenz“ von 45 Teilnehmerländern beschlossen. Heute gehören dem IWF 185 Staaten an. Deutschland trat dem IWF 1952 bei.

[1] Siehe Seite 458 „Abkommen von Bretton Woods“.

Ziele des IWF
- Förderung und Ausweitung des Welthandels
- Aufhebung der Devisenzwangswirtschaft
- Förderung der Währungsstabilität
- Internationale währungspolitische Zusammenarbeit
- Gewährung von Hilfestellung bei Zahlungsbilanzungleichgewichten

Gouverneursrat

Der **Gouverneursrat** (Board of Gouvernors) ist oberstes Organ des IWF.

Im Gouverneursrat ist jedes Land durch einen Gouverneur – im Allgemeinen durch den Finanzminister oder den Notenbankpräsidenten – vertreten. Zu den wichtigsten Aufgaben des Gouverneursrates gehören

- die Aufnahme neuer Mitglieder,
- die Festsetzung und Änderung der Anteile (Quoten) der Mitgliedsländer,
- die Neuzuteilung von Sonderziehungsrechten.

Der Gouverneursrat tritt zweimal jährlich zusammen. Ihm gehört als Vertreter der Bundesrepublik Deutschland der Präsident der Deutschen Bundesbank an.

Exekutivdirektorium

Das **Exekutivdirektorium** ist für die Geschäftsführung des IWF zuständig.

Der Gouverneursrat hat alle delegierbaren Befugnisse auf das 24-köpfige Exekutivdirektorium übertragen. Deutschland und die vier anderen quotenstärksten Länder stellen je einen Exekutivdirektor. Die anderen Direktoren werden von den Gouverneuren der übrigen Mitgliedsländer, die sich dazu gruppenweise zusammenschließen, gewählt.
Das Exekutivdirektorium wählt auf fünf Jahre den geschäftsführenden Direktor des IWF, der gleichzeitig Vorsitzender des Exekutivdirektoriums und oberster Dienstherr des internationalen Mitarbeiterstabes des IWF ist.

Mittelausstattung des IWF

Jedem Mitgliedsland wird eine bestimmte Quote zugewiesen, die sich nach den volkswirtschaftlichen Daten des Landes richtet. Nach der Quote bemessen sich

- die Einzahlungsverpflichtung (Subskription),
- das Recht zur Kreditinanspruchnahme (Ziehung) beim Fonds und
- das Stimmrecht.

Die Mitglieder zahlen in Höhe ihrer Quote beim IWF Fremdwährung, Sonderziehungsrechte und eigene Währung ein. Die Summe der Quoten erhöht die Reservetranche, die das Finanzierungspotenzial des IWF darstellt. So ist erklärbar, dass es in der Vergangenheit eine Reihe von Quotenaufstockungen gab. Der deutsche Quotenanteil erhöhte sich am 22. Januar 1999 – bei einer neuen Quote von 13 Mrd. SZR – von 5,56 % auf 6,11 %. Hierin spiegelt sich die Zunahme des weltwirtschaftlichen Gewichts Deutschlands seit der letzten Quotenüberprüfung wider.

IWF stärkt Schwellenländer

China und weitere drei boomende Schwellenländer erhalten beim Internationalen Währungsfonds (IWF) mehr Einfluss. Das beschlossen die 184 IWF-Mitgliedsländer am Montag in Singapur.

Singapur – Die IWF-Mitgliedsländer stimmten mit 90,6 Prozent der bis zuletzt umstrittenen Anhebung der Stimmanteile von China, Mexiko, Südkorea und der Türkei um insgesamt 1,8 Prozentpunkte zu. Nötig war eine Mehrheit von 85 Prozent. Um diese wurde wegen des Widerstands einiger Länder bis zuletzt heftig gerungen.

Damit wird die größte Reform in der 60-jährigen IWF-Geschichte eingeleitet. Sie sieht eine Neuordnung der Machtverhältnisse vor. Die vier Länder waren wegen ihrer gestiegenen Wirtschaftskraft besonders unterrepräsentiert und wurden daher bereits jetzt mit einer Sofort-Quotenerhöhung bedacht. Andere Boomländer wie Indien oder Brasilien waren gegen diesen ersten Reformschritt, durch den sich auch der deutsche Stimmanteil beim IWF minimal reduziert.

Die Bundesrepublik hat die Sofort-Erhöhung unterstützt, auch wenn sich der deutsche Quotenanteil dadurch um rund 0,1 Punkte auf 5,98 Prozent verringert. Die USA sind mit rund 17 Prozent der mit Abstand gewichtigste IWF-Eigner.

Bundesfinanzminister Peer Steinbrück (SPD) und Bundesbank-Präsident Axel Weber hatten klar gestellt, dass es nach der „Verzichtslösung“ künftig kein „Vorab-Entgegenkommen“ mehr geben werde. Deutschland sieht sich – wie andere Länder auch – beim IWF unterrepräsentiert. Steinbrück begrüßte das Votum als einen wichtigen Schritt bei der angestrebten IWF-Reform. Ein Scheitern wäre ein Rückschlag gewesen, sagte er auf Anfrage.

Die IWF-Quote ist maßgebend für den Einfluss eines Landes im Fonds. Die Ad-hoc-Erhöhung für die Vierergruppe ist nur ein erster Schritt für die bis Herbst 2008 angestrebte umfassende Reform der IWF-Mitspracherechte. Dazu soll die Quotenverteilung neu berechnet und die Kapital- sowie Stimmanteile dem tatsächlichen, wirtschaftlichen Gewicht eines Landes angepasst werden. Die „Quoten“ richten sich nach der jeweiligen Wirtschaftskraft. Auch die Währungsreserven werden berücksichtigt.

Parallel dazu haben die Mitglieder der Weltbank der Korruption am Montag den entschlossenen Kampf angesagt. Die Finanzierung von Entwicklungsprojekten soll in den schlimmsten Fällen ausgesetzt werden, wenn die Regierung eines Landes nicht genug tut, um das Versickern von Geldern zu stoppen.

Quelle: dpa, 18.09.2006

Ziehungsrechte

Bei Zahlungsbilanzproblemen gewährt der IWF seinen Mitgliedern verzinsliche Kredite aus der Reservetranche sowie aus einer Reihe weiterer Kreditprogramme (Kreditfazilitäten). Zahlungsbilanzschwache Länder erhalten gegen eigene Währung die gewünschten Devisen.

Sonderziehungsrechte (SZR)

Die Sonderziehungsrechte kann man als eine Art Kunstgeld bezeichnen. Der IWF teilt seinen Mitgliedern bestimmte Mengen dieser künstlichen Währung zu. Dies führt bei den Notenbanken der betreffenden Länder – nach Bildung eines Ausgleichspostens auf der Passivseite – zu einer Bilanzverlängerung. Bei einem Finanzierungsbedarf wendet sich der Teilnehmer an den IWF, der ihn an ein reservestarkes Land verweist. Dieses Land gibt die gewünschte Währung ab und erhält dafür SZR und eine Verzinsung für die abgegebenen Devisen.

Beispiel

vor der Zuteilung von SZR:

Aktiva	Mio. EUR	Passiva	Mio. EUR
	Notenbankbilanz		
Gold	2	Sonstige	20
Devisen	8		
Sonstige	10		
	20		20

nach der Zuteilung von SZR:

Aktiva	Mio. EUR	Passiva	Mio. EUR
	Notenbankbilanz		
Gold	2	Sonstige	20
Devisen	8	Ausgleichsposten für zugeteilte SZR	2
SZR	2		
Sonstige	10		
	22		22

nach dem Ankauf von SZR:

Aktiva	Mio. EUR	Passiva	Mio. EUR
	Notenbankbilanz		
Gold	2	Sonstige	20
Devisen	7	Ausgleichsposten für zugeteilte SZR	2
SZR	3		
Sonstige	10		
	22		22

Die Ankaufspflicht von SZR endet, wenn das Dreifache der eigenen Zuteilung erreicht ist.

Bewertung von Sonderziehungsrechten

Der **Wert des SZR** ergibt sich aus dem Marktwert eines Währungskorbs, der feste Beiträge der vier wichtigsten Währungen enthält.

Als Basis für die einzelnen Währungsbeträge dienen bestimmte volkswirtschaftliche Kennziffern (Außenhandel, Bedeutung der eigenen Währung für andere Währungen). Alle fünf Jahre findet eine Überprüfung der Währungen und ihrer Korbgewichte statt.
Börsentäglich ermittelt der IWF den Tageswert des SZR in US-Dollar, indem er die Währungsbeträge im Korb zu deren US-Dollarkursen am Devisenmarkt bewertet. Der SZR-Wert aller übrigen Währungen wird dann über die repräsentativen Kurse dieser Währungen zum US-Dollar errechnet. Durch diese Form der Bewertung wird gewährleistet, dass alle auf SZR lautenden Vermögenswerte nur geringen Wechselkursrisiken ausgesetzt sind.

SZR-Bewertung

Zusammensetzung des Währungskorbs		Ermittlung des SZR-Wertes vom 22. Januar 2008	
Währung	Betrag in jeweiliger Währung 1	Wechselkurs 2	Gegenwert in US-Dollar 3
US-Dollar	0,6320	1,00000	0,632000
Euro	0,4100	1,48410	0,608481
Japanischer Yen	18,4000	109,27000	0,168390
Pfund Sterling	0,0903	1,85890	0,167859
Insgesamt			1,576730

Hieraus ergibt sich für den 22.08.2008: 1 SZR = 1,576730 US-Dollar. Den Euro-Gegenwert für 1 SZR erhält man durch Division des US-Dollarwertes für 1 SZR durch den von der EZB festgelegten Euro-Referenzkurs zum US-Dollar: 1 SZR = 1,576730 : 1,4808 = 1,064783 Euro. – **1** Die genannten Währungsbeträge gelten seit dem 01.01.2006 und entsprachen bei ihrer Neufestsetzung den am 30.12.2005 den Korbbestandteilen zugrunde gelegten Gewichten: US-Dollar 44 %, Euro 34 %, Yen 11 %, Pfund Sterling 11 %. Die Zusammensetzung des Währungskorbs, das Gewicht und die Menge der einzelnen Währungsbeträge werden alle fünf Jahre überprüft und gegebenenfalls angepasst. – **2** Der Wechselkurs des japanischen Yen ist ausgedrückt in Yen pro US-Dollar; für die anderen Währungen (Euro und Pfund Sterling) ist der Dollarbetrag pro Währungseinheit angegeben. Maßgebend sind die Mittelkurse am Londoner Devisenmarkt um 12:00 Uhr mittags. – **3** Währungsbetrag in Spalte (1) dividiert durch den Wechselkurs in Spalte (2); im Falle des Euro und des Pfund Sterling werden beide Werte multipliziert.

Quelle: Deutsche Bundesbank, Weltweite Organisationen und Gremien im Bereich von Währung und Wirtschaft, März 2003; aktuelle Zahlen = eigene Berechnungen

6.5.5 Bank für Internationalen Zahlungsausgleich

Die **Bank für Internationalen Zahlungsausgleich** mit Sitz in Basel ist die älteste internationale Finanzorganisation. Sie wurde 1930 gegründet. Ihr gehören heute 50 Mitgliedsländer an.
Eine der Hauptaufgaben der BIZ ist die Verwaltung der Gold- und Devisenreserven von etwa 140 Zentralbanken. Die BIZ achtet auf eine hochliquide Anlage und legt die Mittel bei Geschäftsbanken erstklassiger Bonität sowie in kurzfristigen Schuldverschreibungen an. Für die beteiligten Zentralbanken besteht der Vorteil einer Einlage bei der BIZ darin, dass bei Devisenmarktoperationen die Anonymität gewahrt bleibt.

Kredite an Entwicklungsländer werden nur gewährt, wenn bereits eine Zusage zur Kreditablösung durch andere internationale Stellen wie IWF oder Weltbank vorliegt.

6.5.6 World Trade Organization

Hauptziel der WTO ist die Liberalisierung des Welthandels und die Sicherung und der Ausbau der Regeln für den ungestörten Austausch von Gütern.

Die Welthandelsorganisation WTO mit Sitz in Genf wurde 1995 gegründet. Vorläufer der WTO ist der **GATT-Vertrag** (GATT = **G**eneral **A**greement on **T**ariffs and **T**rade). Dieses internationale Zoll- und Handelsabkommen hatte sich vor allem die folgenden Prinzipien gegeben:

- **Liberalisierung:** Verzicht auf den Aufbau neuer Zollschranken und Abbau bestehender Zölle
- **Gegenseitigkeit:** Bei Zollverhandlungen sollen Leistungen und Gegenleistungen gleichwertig sein.
- **Nichtdiskriminierung/Meistbegünstigungsklausel:** Kein Mitgliedsland darf ein anderes Mitgliedsland unterschiedlich behandeln und insbesondere nicht gegenüber Drittländern schlechter stellen. Für jedes Mitgliedsland muss der günstigste Zollsatz gelten.

Insbesondere soll der Abbau von tarifären und nicht tarifären Handelshemmnissen vorangetrieben werden. Neben den Zielen des GATT, die vorwiegend auf die Förderung des internationalen Warenaustauschs zielen, überwacht die WTO auch das **Allgemeine Übereinkommen über den Handel mit Dienstleistungen (GATS)**. Das GATS hat sich die gleichen Prinzipien wie das GATT gegeben und beinhaltet Regelungen für Finanzdienstleistungen, Medien, Bau- und Konstruktionsleistungen, Tourismus und Verkehr sowie für jede andere Form des Handels mit Dienstleistungen.

Das dritte wichtige Abkommen im Aufgabenbereich der WTO ist das **Übereinkommen über handelsbezogene Aspekte der Rechte am geistigen Eigentum (TRIPS)**. Dieses Übereinkommen dient dazu, den internationalen Konventionen über den Schutz geistiger Eigentumsrechte zu größerer Wirkung zu verhelfen.

Die WTO hat den Fortschritt der Entwicklungsländer zu fördern und ihre Politik nach den Erfordernissen des Umweltschutzes auszurichten.

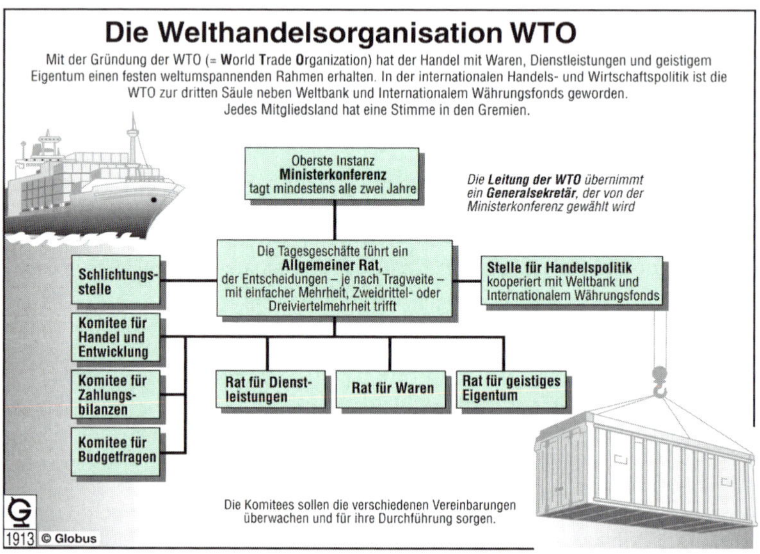

6.5.7 OECD (Organisation für wirtschaftliche Zusammenarbeit und Entwicklung)

Die OECD (Organisation for Economic Cooperation and Development) wurde 1961 gegründet und hat ihren Sitz in Paris. Sie ist ein ursprünglich rein europäisches Kooperationsgremium von Industriestaaten, dem inzwischen aber auch die USA, Japan und fünf weitere außereuropäische Staaten angehören. Im Prinzip nimmt die OECD nur Staaten auf, die

- marktwirtschaftlich orientiert sind,
- sich in einem fortgeschrittenen Entwicklungsstand befinden,
- die Menschenrechte beachten,
- die Grundsätze einer pluralistischen Demokratie beachten.

Ziel der OECD ist,

- in ihren Mitgliedsstaaten zu optimaler Wirtschaftsentwicklung und Beschäftigung sowie steigendem Lebensstandard und Wahrung der finanziellen Stabilität beizutragen,
- den Dienstleistungs- und Kapitalverkehr der Mitgliedsstaaten weitgehend von Beschränkungen zu befreien,
- das Wirtschaftswachstum in den Entwicklungsländern zu fördern,
- zu einer Ausweitung des Welthandels beizutragen.

Die praktische Arbeit der OECD leisten Fachausschüsse mit Delegierten aus den Mitgliedsländern. Die Besetzung dieser Ausschüsse reicht vom Referenten bis zum Staatssekretär.

Die Bundesrepublik Deutschland misst dem wirtschaftspolitischen Ausschuss (Ecomonic Policy Committee) eine besondere Bedeutung zu. Auf höchster Ebene der Ministerial- und Notenbankbürokratie werden die nationalen und internationalen Auswirkungen der Wirtschaftspolitik der Mitgliedsländer erörtert. Ziel ist eine internationale Übereinstimmung, um Zahlungsbilanz- und Devisenprobleme zu erkennen bzw. diesen vorzubeugen. An die Öffentlichkeit tritt der wirtschaftspolitische Ausschuss der OECD, wenn er zweimal jährlich die konjunkturelle Situation der Mitgliedsländer beurteilt und Entwicklungstendenzen prognostiziert.

6.5.8 UNCTAD (Konferenz der Vereinten Nationen für Handel und Entwicklung)

Die UN-Vollversammlung hat die UNCTAD (United Nation Conference on Trade and Development) im Jahr 1964 als ständige Konferenz mit Sitz in Genf eingerichtet. Damit erfüllten die Vereinten Nationen (UN) den Wunsch der Entwicklungsländer nach einer auf ihre Belange zugeschnittenen Vertretung, die ihre Interessen durch die bestehenden internationalen Organisationen wie Weltbankgruppe, IWF, GATT usw. nicht hinreichend berücksichtigt sahen.

Aufgabe der UNCTAD ist die

- Erstellung entwicklungspolitisch ausgerichteter Analysen der Weltwirtschaft unter besonderer Berücksichtigung der Auswirkungen von Handelsliberalisierung und Kapitalverkehrsbewegungen,
- praxisorientierte Beratung der Entwicklungs- und Transformationsländer auf dem Weg zur Integration in die Weltwirtschaft.

Der UNCTAD ist es trotz nachhaltigen Bemühens nicht gelungen, sich Kompetenzen auf dem Gebiet der internationalen Währungspolitik zu verschaffen. Dagegen hatten die Bemühungen zum Schuldenabbau der ärmsten Entwicklungsländer teilweise Erfolg.

Beispiel

Schuldenerleichterung für Ecuador

Am 2. Oktober 2001 wurde in Berlin das siebte Umschuldungsabkommen zwischen der Republik Ecuador und der Bundesrepublik Deutschland unterzeichnet. Das Abkommen regelt die Rückzahlungsbedingungen von rund 32 Mio. EUR (davon 20 Mio. EUR aus bundesverbürgten Handelsforderungen und rund 12 Mio. EUR aus Krediten der Entwicklungshilfe). Es basiert auf einer multilateralen Vereinbarung des Pariser Clubs vom 15. September 2000, dessen Grundlage das ecuadorianische Wirtschaftsreformprogramm und die Bereitschaftskreditvereinbarung des IWF vom 19. April 2000 ist. Durch die Umsetzung dieses Abkommens wird es Ecuador ermöglicht, Rückstände und laufende Fälligkeiten über einen Zeitraum von 18 Jahren bei 3 Freijahren (bei Handelsforderungen) bzw. über 20 Jahre bei 10 Freijahren (bei Forderungen aus finanzieller Zusammenarbeit) zurückzuzahlen.

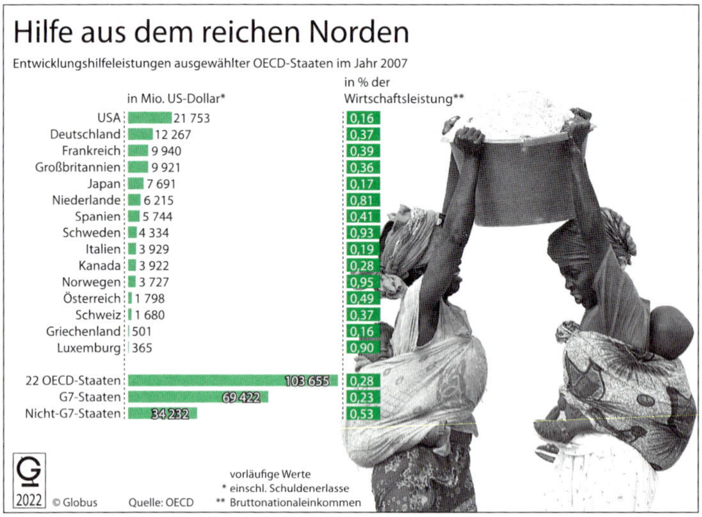

6.5.9 Nord-Süd-Konflikt

Eine der ungelösten und dringendsten Aufgaben der Menschheit ist die Lösung des Nord-Süd-Konfliktes. Zwischen Entwicklungsländern und Industrieländern besteht ein außenwirtschaftlicher und verteilungspolitischer Interessenkonflikt aufgrund der ungleichen Macht- und Einflusspotenziale.
Die Ursachen für dieses Ungleichgewicht sind vielfältig:

- Klima,
- Bevölkerungsexplosion,
- Tradition, Religion und Weltanschauung,
- Erziehung und Bildung,
- Unkenntnis moderner Anbau- und Produktionsmethoden,
- Korruption,
- Rohstoff- bzw. Kapitalmangel,
- fehlende Verkehrsmittel und -wege,
- Mängel in der Gesundheitsversorgung,
- fehlende Infrastruktur für Kommunikation und Nachrichtenübermittlung.

Beispiel

Auf der Nordhalbkugel leben zwar nur ca. 25 % der Weltbevölkerung, aber sie verfügen über zwei Drittel des Welteinkommens. Das Pro-Kopf-Einkommen beträgt im Norden 13.600,00 US-Dollar pro Jahr. In den ärmsten Ländern des Südens ist es nicht einmal ein halber Dollar pro Tag.

Mit der Ölkrise zu Beginn der 70er-Jahre trat der Nord-Süd-Konflikt erstmals in das Bewusstsein der Öffentlichkeit. Die ölfördernden Staaten hatten sich in der „Organisation Erdöl exportierender Staaten" (OPEC) zu einem Preis- und Quotenkartell zusammengeschlossen. Den Industrieländern wurde über Nacht ihre Rohstoffabhängigkeit deutlich. Die Dritte Welt erkannte, wie sie durch solidarisches Handeln ein Gegengewicht zu den etablierten Industrienationen aufstellen konnte. Von dem langen Forderungskatalog der Entwicklungsländer, der von einer neuen Weltwirtschaftsordnung über ein integriertes Rohstoffprogramm, eine neue Weltwährungsordnung, eine Neuregelung der Meeresnutzung bis zu einer neuen Weltinformationsordnung reichte, ist so gut wie keines erreicht worden.

Rohstoffe

Die Industriestaaten des Nordens *(z. B. die USA und Russland)* besitzen selbst eine große Menge an Rohstoffen. Bei vielen wichtigen Rohstoffen jedoch sind die Entwicklungsländer die „Reichen" und die Industriestaaten von ihnen abhängig. Dieser Reichtum hat auch seine Schattenseiten: Manche Entwicklungsländer sind von der Ausfuhr ihrer Produkte so abhängig geworden, dass sie in ernste wirtschaftliche Schwierigkeiten geraten, wenn die Preise für ihre Waren auf dem Weltmarkt plötzlich fallen oder die Nachfrage sinkt.

„Ist dir klar, dass ich dich in der Hand habe?"
Zeichnung: Horst Haitzinger

Die Gründe für den Rückfall der Entwicklungsländer in die alte Ohnmachtsposition liegen nicht nur in dem Mangel an Solidarität in den Entwicklungsländern, sondern auch in dem Verfall der Rohstoffpreise, der Ernährungs- und Schuldenkrise der Dritten Welt in den Achtzigerjahren und dem Protektionismus der Industrieländer.

Täglich sterben 24.000 Kinder an Mangelernährung und Krankheiten. Der Teufelskreis der Armut schließt sich immer wieder aufs Neue. Die bisherigen Formen der Entwicklungshilfe haben keine nachhaltige Verbesserung der Lebensverhältnisse herbeigeführt, sondern in vielen Ländern zu einem unbezwingbaren Schuldenberg geführt. Entgegen häufiger Annahmen wurde öffentliche Entwicklungshilfe in der Regel nicht als „Geschenk", sondern als verzinslicher Kredit gewährt. Dabei wurde der Kreditnehmer verpflichtet, mit dem Kredit im Gläubigerland Güter und Dienstleistungen zu erwerben. Somit blieb das Geld im Lande, wurde dort nachfragewirksam und trug zur Sicherung von Arbeitsplätzen bei. Die Tilgungs- und Zinsverpflichtungen der Empfängerländer stiegen aber in unermessliche Höhen.

Terms of Trade

Die Terms of Trade sind das Verhältnis zwischen Exportpreisindex und Importpreisindex. Sie zeigen aus Sicht der Entwicklungsländer an, wie sich die Preise importierter Fertigwaren und exportierter Rohstoffe entwickeln.

Beispiel

Die Deutsche Bundesbank berichtet, dass sich der Ausfuhrpreisindex von 100 auf 100,4 Punkte erhöht und sich der Einfuhrpreisindex von 100 auf 98,7 Punkte verringert hat.

$$\text{Terms of Trade: } \frac{100{,}4}{98{,}7} \cdot 100 = 101{,}722$$

Unsere Handelspartner müssen ca. 1,7 % mehr Waren ausführen, um die gleiche Gütermenge wie im Vorjahr einführen zu können.

Für einen ecuadorianischen Bananenanbaubetrieb bedeutet das: Um in Deutschland einen kleinen Traktor im Wert von 50.000,00 EUR zu kaufen, mussten im Vorjahr 100.000 kg Bananen exportiert werden. Durch die Preiserhöhung bei Traktoren um 0,4 % und den gleichzeitigen Preisrückgang bei Bananen um 1,3 % mussten in diesem Jahr 1.722 kg Bananen mehr als zuvor exportiert werden, um einen Traktor zu erwerben.

Die Verschuldungsspirale

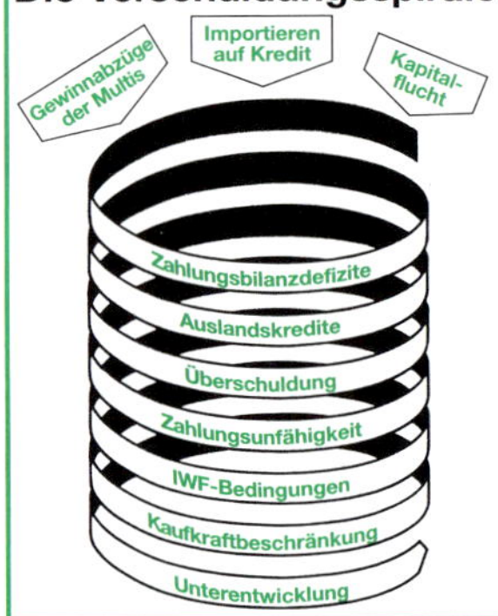

Erst seit der großen Schuldenkrise in den Achtzigerjahren haben die Industrieländer erkannt, dass viele ihrer Außenstände uneinbringlich sind. Seitdem laufen verschiedene Umschuldungs- und Schuldenerlassprogramme, an denen sich auch Deutschland beteiligt.

Beispiel

Auf Initiative Deutschlands wurde 1999 auf dem Weltwirtschaftsgipfel in Köln die **„Kölner Schuldeninitiative“** zugunsten der ärmsten Länder verabschiedet. Sie sieht eine weitgehende und schnelle Entschuldung ärmster Länder vor, wenn sie eine auf Wachstum und tragfähige Entwicklung ausgerichtete Politik verfolgen und sich der Beachtung der Menschenrechte verpflichtet fühlen.

Quelle: Rudolf Strahm: Warum sie so arm sind, Peter Hammer Verlag, 1985.

6.6 Konjunktur

Eine völlig gleichmäßige wirtschaftliche Entwicklung ist unter den Bedingungen der Marktwirtschaft nicht zu erreichen. Veränderte Wünsche der Konsumenten, technische Neuerungen, Kostensteigerungen, die außenwirtschaftliche Lage, aber auch die Zukunftserwartungen und das politische Klima beeinflussen die wirtschaftliche Aktivität innerhalb der Volkswirtschaft und lassen Auf- und Abwärtsbewegungen im Wirtschaftsablauf entstehen.

Unter **Konjunktur** versteht man die sich wiederholenden Schwankungen der wirtschaftlichen Aktivität einer Volkswirtschaft und die dadurch hervorgerufenen Veränderungen der Beschäftigungslage, der Preisniveauentwicklung und des Wirtschaftswachstums.

6.6.1 Konjunkturindikatoren

Um zu beurteilen, in welcher konjunkturellen Phase sich eine Volkswirtschaft befindet, bedient man sich bestimmter Messzahlen, der **Konjunkturindikatoren**. Sie sind Grundlage für die Einleitung konjunkturpolitischer Steuerungsmaßnahmen durch die Bundesregierung und die Zentralbank.

- **Frühindikatoren** zeigen die zukünftige Wirtschaftsentwicklung.
- **Präsensindikatoren** zeigen die aktuelle Konjunkturphase.
- **Spätindikatoren** beschreiben zeitverzögert die Konjunkturentwicklung.

6.6.1.1 Frühindikatoren

Konjunkturforscher versuchen seit langem, Messgrößen zu finden, mit denen der Konjunkturverlauf zuverlässig prognostiziert werden kann. Diese Frühindikatoren lassen sich in faktenbasierte und erwartungsbasierte (psychologische) Größen einteilen.

Auftragseingänge im verarbeitenden Gewerbe

Zu den wichtigsten Frühindikatoren gehören die Indizes der Auftragseingänge. Diese wertmäßige Erfassung eingegangener und akzeptierter Bestellungen bei Industrieunternehmen mit mehr als 20 Beschäftigten wird vom Statistischen Bundesamt monatlich veröffentlicht. Neben einem Gesamtindikator werden Indizes für einzelne Wirtschaftszweige sowie für den Außenhandel erstellt.

Auftragseingang in der Industrie *)

Arbeitstäglich bereinigt o)

	Industrie		davon:						davon:			
			Vorleistungsgüterproduzenten		Investitionsgüterproduzenten 1)		Konsumgüterproduzenten 2)		Gebrauchsgüterproduzenten		Verbrauchsgüterproduzenten 2)	
Zeit	2000=100	Veränderung gegen Vorjahr %	2000=100	Veränderung gegen Vorjahr %	2000=100	Veränderung gegen Vorjahr %	2000=100	Veränderung gegen Vorjahr %	2000=100	Veränderung gegen Vorjahr %	2000=100	Veränderung gegen Vorjahr %
	insgesamt											
2003	99,0	+ 0,8	97,8	+ 1,5	100,7	+ 1,2	95,6	− 3,4	90,4	− 5,5	98,8	− 2,2
2004	105,1	+ 6,2	105,0	+ 7,4	107,6	+ 6,9	95,1	− 0,5	89,3	− 1,2	98,7	− 0,1
2005	111,8	+ 6,4	110,0	+ 4,8	116,2	+ 8,0	99,7	+ 4,8	91,4	+ 2,4	104,9	+ 6,3
2006	123,8	+ 10,7	124,8	+ 13,5	127,5	+ 9,7	105,7	+ 6,0	98,9	+ 8,2	109,9	+ 4,8
2007	137,5	+ 11,1	135,9	+ 8,9	145,0	+ 13,7	111,6	+ 5,6	103,0	+ 4,1	116,9	+ 6,4

Quelle der Ursprungswerte: Statistisches Bundesamt. – * Wirtschaftszweige des Verarbeitenden Gewerbes, insbesondere ohne Ernährungsgewerbe, Tabakverarbeitung und Mineralölverarbeitung; Ergebnisse für fachliche Betriebsteile; Angaben ohne Mehrwertsteuer; ab Januar 2006 basierend auf Meldungen der Betriebe mit mindestens 50 Beschäftigten, davor auf Meldungen der Betriebe von Unternehmen mit mindestens 20 Beschäftigten. – **o** Mithilfe des Verfahrens Census X-12-ARIMA, Version 0.2.8. – **1** Einschl. Herstellung von Kraftwagen und Kraftwagenteilen. – **2** Einschl. Druckgewerbe.

Quelle: Deutsche Bundesbank, Monatsbericht August 2008.

Baugenehmigungen

Nachfrage nach Zeitarbeit

Ifo-Geschäftsklimaindex

Monatlich werden vom ifo-Institut ca. 7.000 Unternehmen zur gegenwärtigen Geschäftslage und ihren Zukunftserwartungen befragt.

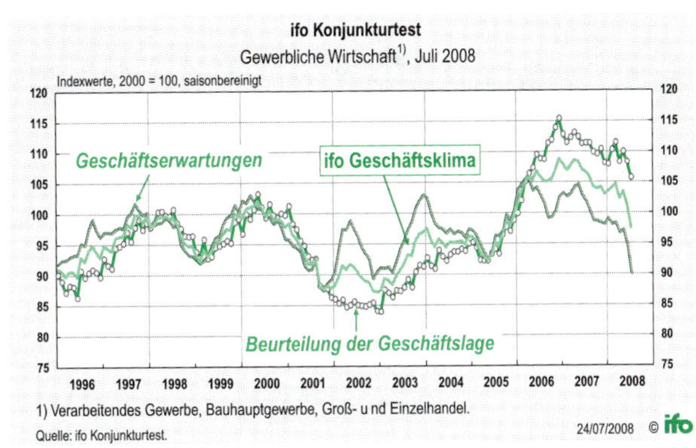

Einkaufsmanagerindex

Für diesen ursprünglich aus Amerika bekannten Indikator werden monatlich ca. 500 Einkäufer und Geschäftsführer aus repräsentativ ausgewählten Unternehmen des verarbeitenden Gewerbes befragt.

Ob im Einzelfall eine Messgröße als Frühindikator eingeordnet wird, hängt wesentlichen davon ab, welche Faktoren als maßgeblich für die gesamtwirtschaftliche Entwicklung betrachtet werden. Die Prognosequalität der Frühindikatoren ist nicht unumstritten, da der Wirtschaftsprozess keinen mechanistischen Gesetzen folgt und Ursache-Wirkungsketten nicht berechenbar sind.

Verschiedene überregionale Zeitungen lassen einen kumulierten „Frühindikator" berechnen, der auf gewichteten Einzelindikatoren basiert.

Der Handelsblatt-Barclays-Indikator unter der Lupe

Das Handelsblatt veröffentlicht seit Juni monatlich ein neues Konjunktur-Barometer: den Handelsblatt-Barclays-Indikator. Er quantifiziert das Wirtschaftswachstum in dem Quartal, für das noch keine offiziellen Wachstumszahlen vorliegen. Das neue Barometer löst den bisherigen Handelsblatt-Frühindikator und den Eurokonjunktur-Indikator ab.

Mit dem neuen Indikator versucht die britische Investmentbank Barclays Capital, die ihn exklusiv für das Handelsblatt berechnet, das aktuelle Wirtschaftswachstum deutlich vor der amtlichen Statistik zu beziffern.

Das Statistische Bundesamt veröffentlicht eine vorläufige Wachstumsrate rund sechs Wochen nach Ablauf eines Quartals. Der Handelsblatt-Barclays-Indikator hat sich obendrein das Ziel gesetzt, die endgültigen Quartalsergebnisse vorherzusehen – nicht die ersten Schätzungen. „Das ist ein bedeutender Unterschied, da es in Deutschland eine Tendenz zu Aufwärtsrevisionen gibt", sagt Julian Callow, Europa-Chefvolkswirt von Barclays Capital, der den Indikator mit seinem Team entwickelt hat.

Der bisherige Handelsblatt-Frühindikator hatte vor allem das Ziel, Wendepunkte frühzeitig zu erkennen. Die konkrete Prognose bezog sich nicht auf ein einzelnes Quartal, sondern auf einen gleitenden Durchschnitt über vier Quartale. Dieser Indikator wird – genauso wie der bisherige Eurokonjunktur-Indikator des Handelsblatts – nicht weiter fortgeführt.

Ähnlich wie andere synthetische Indikatoren, beispielsweise der bisherige Handelsblatt-Indikator, beruht das Grundprinzip des Handelsblatt-Barclays-Indikators darauf, aus bestimmten Einzelindikatoren, die früher verfügbar sind als das Bruttoinlandsprodukt (BIP) und idealerweise der Produktion vorauslaufen, einen Indikator für die gesamtwirtschaftliche Produktion zu erstellen. Derzeit veröffentlicht allein das DIW monatlich eine indikatorbasierte Vorausschätzung des vierteljährlichen Wirtschaftswachstums.

Für Prognosen des jährlichen Wirtschaftswachstums, das oft im Zentrum des Interesses steht, ist eine profunde Schätzung des Wirtschaftswachstums im laufenden sowie im letzten Quartal von großer Bedeutung. Denn wie stark die Wirtschaft etwa im ersten und zweiten Quartal wächst, bestimmt die Ausgangsbasis für die restlichen Quartale. (...)

Die Datengrundlage für diese Berechnungen bilden monatliche Indikatoren wie Auftragseingänge und Produktion der deutschen Industrie, Einzelhandelsumsätze und Bauproduktion sowie eine Anzahl weiterer Indikatoren zu den einzelnen Wirtschaftsbereichen. Um die Entwicklung des Dienstleistungsbereichs vorauszuschätzen, nutzen die Ökonomen von Barclays Capital ihren eigenen Konsumindikator, in den Einzelhandelsumsätze, Automobilabsatz sowie Arbeitsmarktindikatoren eingehen, und betrachten darüber hinaus den Index der EU-Kommission für die Nachfrageentwicklung.

Die Wirtschaftsleistung von Industrie, Bau und Dienstleistungssektor wird getrennt geschätzt und dann zum vierteljährlichen Bruttoinlandsprodukt summiert. Mit welchem Anteil die einzelnen Wirtschaftsbereiche einfließen, bemisst sich nach der jeweiligen Bruttowertschöpfung. Die Industrie fließt somit zu rund einem Viertel ein, der Servicesektor etwa zu zwei Dritteln, der Bausektor zu rund fünf Prozent.

Trotz dieser Detailarbeit ist das sehr schwankungsanfällige vierteljährliche BIP-Wachstum schwer schätzbar, sodass Punktlandungen nicht zu erwarten sind. Besonders problematisch ist, dass die monatlichen Konjunkturindikatoren ebenso wie das BIP nachträglich immer wieder revidiert werden, zum Teil erheblich. Das betrifft die Quartalsraten noch stärker als das jährliche Wirtschaftswachstum und die BIP-Zahlen stärker als die meisten Indikatoren. Da sich Erhebungsfehler der Statistiker kaum prognostizieren lassen, zielt der Handelsblatt-Barclays-Indikator darauf ab, den endgültigen offiziellen Wert zu treffen – nicht den als erstes veröffentlichten vorläufigen Wert. Gibt es Anzeichen, die auf Revisionsbedarf in den vorläufigen offiziellen Zahlen hindeuten, wird dies bei der Präsentation des Indikators jeweils vermerkt.

Der Indikator will Wirtschaft und Investoren eine frühzeitige und möglichst zuverlässige Schätzung bieten. Im Wettbewerb der entsprechenden Indikatoren wird sich zeigen, welche Schätzmethode sich der Realität am besten nähert.

Quelle: Norbert Häring, Dorit Heß: www.handelsblatt.com, 11.06.2007

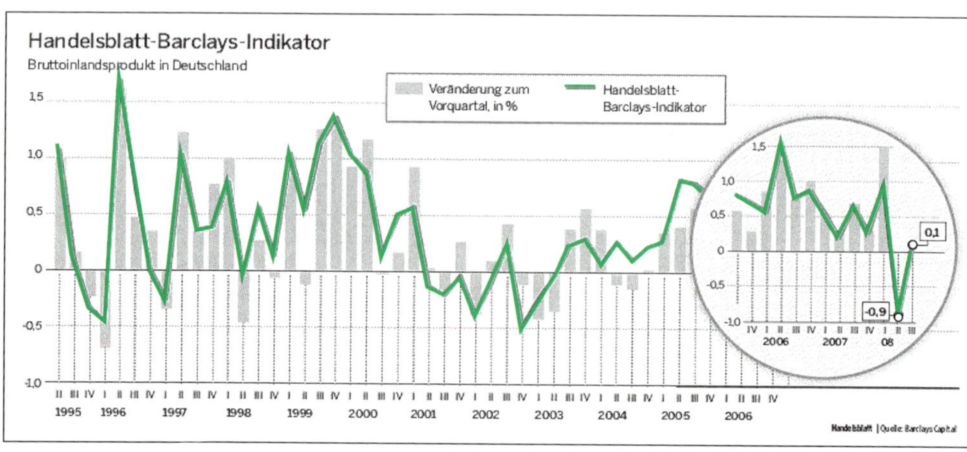

Quelle: www.handelsblatt.com, 08.08.2008

6.6.1.2 Präsensindikatoren

Die Präsensindikatoren informieren zeitnah über das gesamtwirtschaftliche Angebot und die gesamtwirtschaftliche Nachfrage.

Präsensindikatoren sind:
- reales BIP,
- Industrieproduktion,
- Kapazitätsauslastungsgrad,
- Im- und Export.

6.6.1.3 Spätindikatoren

Spätindikatoren sind:
- **Preise**
  Für das Nachhinken der Preise sind die time lags auf den verschiedenen Produktions- und Handelsstufen verantwortlich. Vom Anstieg der industriellen Erzeugerpreise bis zu einem Anstieg des Preisindexes für die privaten Lebenshaltungskosten ist mit einer Verzögerung von eineinhalb bis zu zwei Jahren zu rechnen.
- **Löhne**
  Tariflaufzeiten lassen die Löhne erst mit einer Anpassungsdauer von einem halben bis einem Jahr reagieren.
- **Arbeitslosigkeit**
  Durch die Kündigungsschutzregelungen kommt es auch bei der Beschäftigung zu zeitverzögerten Reaktionen.

Die verzögert wirkenden Indikatoren dienen hauptsächlich der Kontrolle des Mitteleinsatzes, wobei Preisniveauentwicklung und Beschäftigungsgrad zugleich Ziele der Konjunkturpolitik beschreiben.

Veränderung der Konjunkturindikatoren

konjunktureller Aufschwung	konjunktureller Abschwung
■ Anstieg der Wachstumsrate des Bruttoinlandsprodukts	■ Rückgang der Wachstumsrate des Bruttoinlandsprodukts
■ Anstieg des Preisniveaus	■ stabiles Preisniveau
■ steigende Kapazitätsauslastung	■ sinkende Kapazitätsauslastung
■ vermehrte Investitionen	■ verringerte Investitionen
■ steigende Steuereinnahmen des Staates	■ sinkende Steuereinnahmen des Staates
■ steigende Löhne	■ konstante bzw. nur schwach steigende Löhne

6.6.2 Darstellungsmöglichkeiten konjunktureller Schwankungen

In den Medien hat sich eine eindimensionale Darstellung des Konjunkturverlaufs durchgesetzt. Unter Außerachtlassung der übrigen Konjunkturindikatoren wird der Konjunkturverlauf auf die Wachstumsraten des Inlandsprodukts reduziert.

Von den Konjunkturschwankungen sind zu unterscheiden:

■ **Saisonale Schwankungen**
Saisonale Schwankungen sind jahreszeitlich bedingte Schwankungen der wirtschaftlichen Aktivität. Sie dauern wenige Wochen oder Monate und wirken sich oft nur auf einzelne Wirtschaftszweige aus.

Beispiele

- Der Einzelhandel erzielt im Dezember traditionsgemäß überdurchschnittlich hohe Umsätze.
- Im Sommer geht die Produktion durch die Werksferien in der Automobilindustrie zurück.

■ **Trend**
Der Trend ist eine langfristige Darstellung des Wirtschaftsverlaufs. Durch Glättung der Konjunkturschwankungen zeigt der Trend die Entwicklung einer Volkswirtschaft über mehrere Konjunkturzyklen. Dabei ist zu beachten, dass die Gründe für die Trendentwicklung von den spezifischen Konjunkturursachen abweichen. Sie liegen in wegweisenden Erfindungen, technologischen Umwälzungen sowie in gravierenden Veränderungen der politischen und wirtschaftlichen Ordnung.

6.6.3 Der Konjunkturzyklus und seine Merkmale

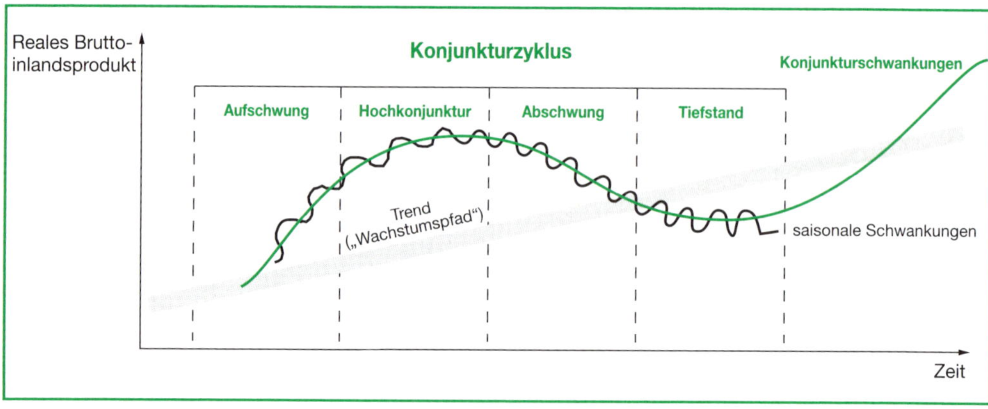

Der idealtypische Konjunkturzyklus verläuft über die Phasen

- **Aufschwung** (Prosperität)
- **Hochkonjunktur** (Boom)
- **Abschwung** (Rezession)
- **Talsohle** (Tiefstand, Depression)

Über die zeitliche Dauer eines Konjunkturzyklus lassen sich keine präzisen Aussagen treffen. Dies zeigen die Konjunkturzyklen der letzten 50 Jahre.
Bei einer Beschreibung der einzelnen Konjunkturphasen muss sehr vorsichtig verfahren werden, da die Phasen mit fließenden Übergängen versehen sind und innerhalb einer Phase durchaus widersprüchliche Daten erkennbar werden können.

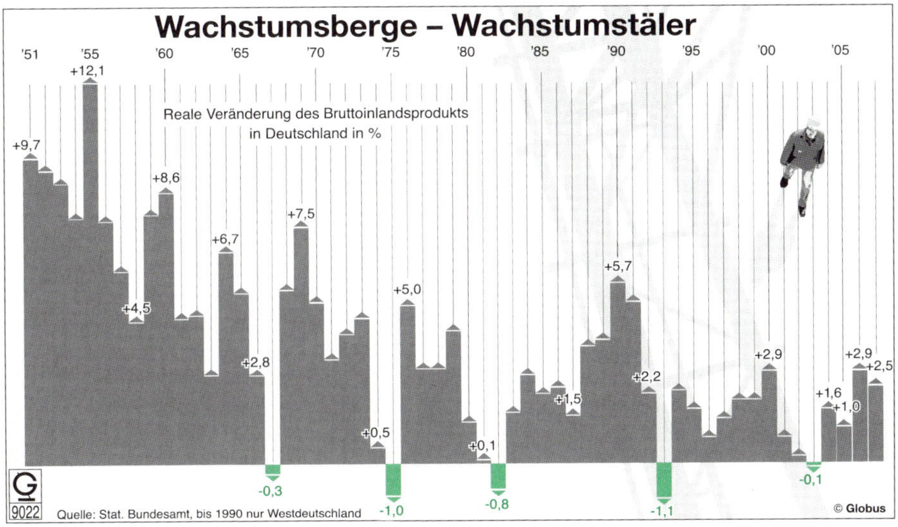

Aufschwung

Eine abwartend positive Grundhaltung setzt sich durch. Die gesamtwirtschaftliche Produktion wird ausgeweitet, und bei langsam zunehmender Kapazitätsauslastung steigen die Gewinne, obwohl die Preise zunächst noch stabil bleiben. Die Wachstumsrate des Bruttoinlandsprodukts steigt. Erst im späteren Aufschwung führen notwendige Erweiterungsinvestitionen zu Kostensteigerungen, die über die Preise abgewälzt werden. Falls der Staat nicht regulierend eingreift, kommt es gegen Ende der Aufschwungphase zu einer weiteren Steigerung der Nachfrage und zur Überhitzung. Ein klarer Zusammenhang zwischen Wirtschaftswachstum und Abbau der Arbeitslosigkeit ist in den letzten Konjunkturzyklen nicht erkennbar gewesen.

Hochkonjunktur

Es kommt zu einer Überhitzung an den Märkten. Die Nachfrage trifft auf ein unelastisches Angebot und ruft weitere Preissteigerungen hervor. Hohe Lohnforderungen werden mit den zurückliegenden Preissteigerungen und den gestiegenen Unternehmensgewinnen begründet. Die Lohnabschlüsse reichen jedoch nicht aus, um den Kaufkraftverlust auszugleichen. Die Beschäftigung in der Investitionsgüterindustrie geht zurück und führt zu stagnierenden oder sogar – bei Abbau von Überstunden – rückläufigen Einkommen. Die Konsumgüternachfrage ist zunächst noch ungebrochen, aber vonseiten der Unternehmer bestimmt allgemeine Skepsis das Bild.

Abschwung

Die auf den Beschäftigungsrückgang in der Investitionsgüterindustrie folgenden Einkommensrückgänge machen sich in der Nachfrage nach Konsumgütern bemerkbar. Eine rückläufige Kapazitätsauslastung zwingt die Unternehmen zur Kostensenkung. Die Wachstumsrate des Bruttoinlandsprodukts bleibt unter Vorjahresniveau. Die Arbeitslosenquote steigt. Schrumpfende Gewinne, Absatzprobleme, niedrige Lohnzuwächse und Preisdisziplin sind weitere Kennzeichen eines veränderten Nachfrageverhaltens. Die Stimmung der Wirtschaftssubjekte verschlechtert sich.
Umstritten ist, ob man bereits von einer Rezession sprechen kann, wenn das BIP in zwei aufeinanderfolgenden Quartalen schrumpft.

■ Tiefstand

Bei nachlassender Nachfrage, rückläufigem Kapazitätsauslastungsgrad und hohen Lagervorräten geraten Löhne und Preise unter Druck. Hohe Arbeitslosigkeit, sinkende Absatz- und Gewinnerwartungen und rückläufige Investitionstätigkeit führen zu einer Abwärtsspirale, die von zahlreichen Unternehmenszusammenbrüchen begleitet wird. Das Bruttoinlandsprodukt erreicht nicht die Höhe des Vorjahres.

Gegen die eher mittelfristige Annahme der Konjunkturzyklen steht die wiederentdeckte Theorie des russischen Nationalökonomen **Nicolai Kondratjew** (1892–1930). Sie besagt, dass sich die Weltwirtschaft in jeweils etwa 48–60 Jahre währenden **Innovationszyklen** entwickelt. Die Industrialisierung begann mit den Basisinnovationen Dampfmaschine und Baumwolle. Eisenbahn und Stahl schlossen sich an, danach Elektrotechnik und Chemie und zuletzt Petrochemie und Automobil. Der „Fünfte Kondratjew“ mit dem Schwerpunkt Informationstechnik sei zur Zeit im Gange, und als Kandidaten für den nächsten „Kondratjew“ werden Biotechnik, Umwelt und Gesundheit genannt.

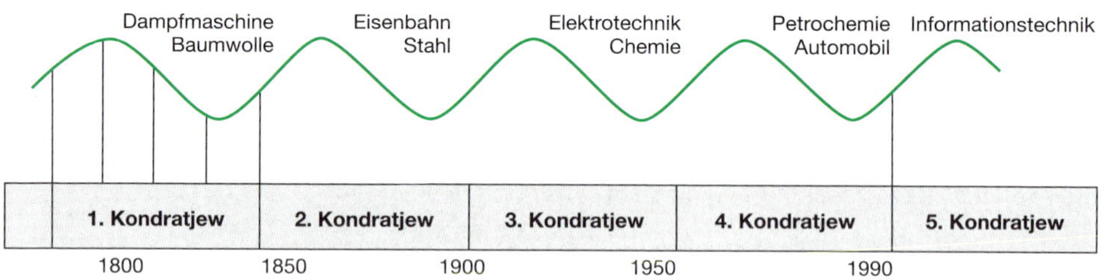

Die langen Wellen der Konjunktur und die jeweiligen Basisinnovationen zeigt diese Kurve.
Quelle: Leo A. Nefiodow, Der fünfte Kondratjew. Strategien zum Strukturwandel in Wirtschaft und Gesellschaft, Frankfurt/Wiesbaden

6.6.4 Ursachen konjunktureller Schwankungen

Die Konjunkturtheorie untersucht und beschreibt die Ursachen konjunktureller Schwankungen. Über 230 Theorien (!) lassen sich vereinfachend unterscheiden in die

- Überinvestitions- oder Überproduktionstheorien,
- Unterkonsumtheorien,
- monetären Theorien,
- psychologischen Theorien.

Hierbei gibt es häufig Überschneidungen. Eine streng monokausale Erklärung des Konjunkturbildes ist nicht ausreichend.

■ Überinvestitions- oder Überproduktionstheorien

Ausgangspunkt ist der Gedanke, dass sich die Investitions- und Konsumgütermärkte nicht gleichmäßig entwickeln. Es kommt zu ständigen Diskrepanzen zwischen Produktion und Nachfrage mit dem Trend zu einer gewissen Überproduktion, die sich über die einzelnen Sektoren hinweg zu einem gesamtwirtschaftlichen Produktionsüberhang kumuliert.
Als Ursache für die unterschiedliche Entwicklung wird das zu Beginn des Aufschwungs niedrige Zinsniveau angesehen, das die Investoren zur Kreditnachfrage anregt. Da die Ausdehnung der Investitionsgüterproduktion bei Vollbeschäftigung zulasten der Konsumgüterproduktion geht, kommt es im Konsumgüterbereich zu Preissteigerungen mit der Folge, dass die Verbraucher nicht alle Konsumwünsche realisieren können (Zwangssparen). Es entsteht eine scheinbar paradoxe Situation: Investitionsgüterüberproduktion und Konsumgüterdefizit. Überkapazitäten in der Investitionsgüterindustrie führen schließlich zu rückläufigen Investitionen, und die Einkommensrückgänge der dort Beschäftigten ziehen eine sinkende Konsumgüternachfrage nach sich.

Unterkonsumtionstheorien

Auch die Unterkonsumtionstheorien gehen von Ungleichgewichten zwischen Angebot und Nachfrage aus. Allerdings argumentieren sie, dass die ungleiche Einkommens- und Vermögensverteilung zentrale Ursache der konjunkturellen Schwankungen ist. Es wird die Hypothese aufgestellt, dass es an Kaufkraft fehlt. Ein Rückgang des Konsums führt zu einem Preisverfall und setzt auch hier die bekannte Abwärtsspirale in Gang.
Verschiedentlich wird betont, dass Löhne und Gehälter im Aufschwung hinter den Gewinnen zurückbleiben. Da aus Gewinnen aber mehr gespart werden kann als aus Masseneinkommen, ist letztlich die Ungleichheit der Einkommensverteilung verantwortlich für den Abschwung.

Monetäre Theorien

In den monetären Konjunkturtheorien werden die konjunkturellen Schwankungen mit Änderungen der Geldmenge erklärt. Sie gehen davon aus, dass ein enger Zusammenhang zwischen Güter- und Geldmenge besteht. Das Verhältnis zwischen Güter- und Geldmenge ist jedoch nicht stabil, da es im Aufschwung zu einer verstärkten Kreditnachfrage kommt. Weil sich die Geldmenge aber nicht beliebig ausdehnen lässt, führt die steigende Kreditnachfrage zu einer Erhöhung der Kreditzinsen. Damit wird der Übergang in die Rezession vollzogen.
Es folgen Einschränkungen der Nachfrage, die in einen Rückgang der Produktion münden. Erst in der Talsohle erreicht der Liquiditätsspielraum der Kreditinstitute wieder eine Dimension, der attraktive Zinssätze und damit einen neuen Aufschwung ermöglicht.

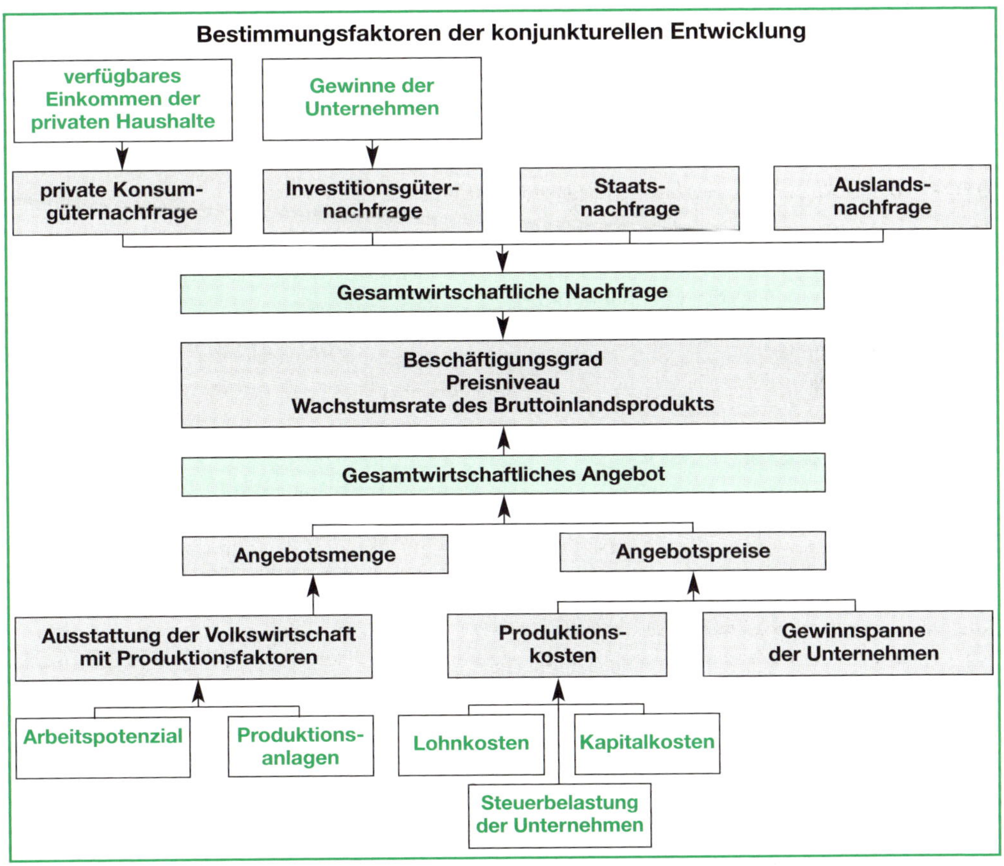

Psychologische Theorien

Die psychologischen Konjunkturtheorien erklären den Konjunkturverlauf mit den abwechselnd optimistischen und pessimistischen Zukunftserwartungen der Wirtschaftssubjekte. Investitionsentscheidungen werden immer unter Unsicherheit getroffen. Diese Unsicherheit ist umso größer, je weiter die Investitionsentscheidung in die Zukunft reicht. Dadurch besteht immer das Risiko einer negativen oder positiven Verstärkung des Auf- oder Abschwungs.
Obwohl der psychologische Faktor nur als einer unter vielen Ursachen von Konjunkturschwankungen angesehen werden kann, hat sich nicht nur in der Weltwirtschaftskrise von 1929 gezeigt, dass Panikstimmungen, Haussefieber usw. sich lawinenartig fortsetzen und die Konjunkturbewegungen verstärken können.

6.6.5 Konjunkturdiagnose und Konjunkturprognose

Die Regierung ist daran interessiert, die binnenwirtschaftlichen Schwankungen auszuschließen und den Aufschwung zu verstetigen. Um eine an langfristigen Zielen orientierte Wirtschaftspolitik durchzusetzen, werden exakte Informationen benötigt, die kurz- und mittelfristige Entwicklungsvorhersagen zulassen.
In Deutschland befassen sich neben der Deutschen Bundesbank, dem Bundeswirtschaftsministerium und dem Bundesfinanzministerium die Wirtschaftsforschungsinstitute und der Sachverständigenrat mit der Konjunkturdiagnose und -prognose.

Konjunkturdiagnose

Die Konjunkturdiagnose ist eine Darstellung der aktuellen gesamtwirtschaftlichen Situation. Sie dient vor allem der Kontrolle, inwieweit gesteckte Ziele erreicht worden sind.

Konjunkturprognose

Die Konjunkturprognose versucht eine Vorhersage konjunktureller Entwicklungen. Die Prognoseergebnisse dienen den wirtschaftspolitischen Entscheidungsinstanzen bei der Planung und Einleitung geeigneter Steuerungsmaßnahmen.
Halbjährlich lässt das Bundeswirtschaftsministerium von führenden Wirtschaftsforschungsinstituten ein sogenanntes Gemeinschaftsgutachten über die „Lage der Weltwirtschaft und der deutschen Wirtschaft“ erstellen und eine Konjunkturprognose für die nähere Zukunft abgeben. Die Vergabe des Gutachtens erfolgt über einen mehrjährigen Zeitraum auf dem Wege der Ausschreibung. Bis 2010 werden die lukrativen Gutachten von den untenstehenden Instituten – teilweise in Kooperation mit Instituten aus Österreich und der Schweiz – erstellt.
Die Institute sind unabhängig. Sie finanzieren sich über öffentliche Gelder, Honorare aus Forschungsaufträgen sowie Erlöse aus eigenen Publikationen.

ifo-Institut für Wirtschaftsforschung e.V. (1949)	ifo	München
Institut für Weltwirtschaft an der Universität Kiel (1914)	IfW	Kiel
Rheinisch-Westfälisches Institut für Wirtschaftsforschung (1926)	RWI	Essen
Institut für Wirtschaftsforschung Halle (1992)	IWH	Halle
Institut für Makroökonomie und Konjunkturforschung (2005)	IMK	Düsseldorf

ifo Institut
für Wirtschaftsforschung
Forschungsbereich Konjunktur und Befragungen
Postfach 86 04 60 81631 München
e-mail: weichselberger@ifo.de Internet:http://www.ifo.de
Telefon: (089) 9224-0 bei Rückfragen: Fr. Weichselberger App.1215
Telefax: (089) 9224-1463, -1235 Herr Jäckel App.1239

Investitionstest Industrie - Herbst 2008

Ihre Angaben werden **streng vertraulich** behandelt.
Der gesetzliche Datenschutz ist voll gewährleistet.

IT-Industrie West

Kenn-Nr. →

WZ03-Nr. →

Rücksendung des ifo Exemplars erbeten baldmöglichst

Angaben für Standorte in den alten Bundesländern

1. Allgemeine Angaben für das Geschäftsjahr (GJ) 2007

Beschäftigte (Stand 30.9.2007) .... Jahresumsatz 2007 .... (in 1000 Euro)

2. Brutto-Anlageinvestitionen (Ausrüstungen und Bauten) im GJ 2007, 2008 und 2009

2007 .... (in 1000 Euro) 2008 .... (in 1000 Euro) 2009 .... (in 1000 Euro) (geplant)

3. Einflußfaktoren der Investitionstätigkeit 2008 bzw. 2009

Unsere Investitionstätigkeit in den alten Bundesländern wurde bzw. wird 2008 bzw. 2009 durch folgende Faktoren in positiver/negativer Richtung beeinflußt:

	2008					2009				
Einflußfaktoren	deutliche Anregung	leichte Anregung	kein Einfluß	leichte Dämpfung	deutliche Dämpfung	deutliche Anregung	leichte Anregung	kein Einfluß	leichte Dämpfung	deutliche Dämpfung
Absatzlage/-erwartung	☐	☐	☐	☐	☐	☐	☐	☐	☐	☐
Finanzierungsmöglichkeiten	☐	☐	☐	☐	☐	☐	☐	☐	☐	☐
Ertragserwartungen	☐	☐	☐	☐	☐	☐	☐	☐	☐	☐
Technische Faktoren	☐	☐	☐	☐	☐	☐	☐	☐	☐	☐
wirtschaftspol. Rahmenbedingungen	☐	☐	☐	☐	☐	☐	☐	☐	☐	☐
Andere Faktoren	☐	☐	☐	☐	☐	☐	☐	☐	☐	☐

4. Struktur der Investitionen 2008 bzw. 2009

Unser Investitionsvolumen verteilt sich im Jahr........ anteilsmäßig auf folgende Kategorien:

Investitionskategorien:	Anteile in % (Schätzungen genügen) 2008	2009
Kapazitätserweiterung	______	______
Umstrukturierung	______	______
Rationalisierung	______	______
Ersatzbeschaffung	______	______
Andere Investitionsvorhaben	______	______
Gesamtinvestition	100 %	100 %

Wir danken für Ihre wertvolle Mitarbeit!

Für evtl. Rückfragen: Welche Stelle Ihres Hauses hat diesen Fragebogen bearbeitet ?

____
Abt., Sachbearbeiter(-in), Telefon, Telefax

____
e-mail Adresse

Bitte Erläuterungen auf der Rückseite beachten

Für ihre Vorausschätzungen greifen die Institute auf die amtliche Statistik zurück und führen eigene Befragungen durch.

Beispiele

- Das Ifo-Institut befragt regelmäßig über 10.000 Unternehmen und gewinnt damit detaillierte Informationen über Aktivitäten und Ziele der beteiligten Unternehmen.
- Der Ifo-Konjunkturtest, der in fast 500 Produktgruppen bzw. Märkte aufgeteilt ist, gibt Aufschluss über die konjunkturelle Lage und über die kurzfristige Planung in Industrie, Bauwirtschaft, Groß- und Einzelhandel. Obwohl das Ausfüllen der Fragebögen für die Unternehmen oft sehr zeitraubend ist, nehmen sie doch teil, weil ihnen bereits drei Wochen nach Ende des Berichtsmonats die Ergebnisse zur Verfügung stehen. Der vielbeachtete Geschäftsklima-Index ist ein Nebenprodukt der Umfrageergebnisse.

Andere Befragungen erfassen
- geplante und realisierte Investitionen,
- Motive für Investitionen,
- Einführung neuer Produkte,
- Einsatz neuer Produktionstechniken,
- Planungen in Bezug auf Umsatz, Produktion, Beschäftigtenzahlen,
- geplante und abgebrochene Innovationen,
- Bauplanungsvolumina bei Architekten,
- die Meinungen von leitenden Persönlichkeiten der Wirtschaft zu aktuellen unternehmens- und wirtschaftspolitischen Themen.

Die Wirtschaftsforschungsinstitute schonen in ihren Gutachten weder die Bundesregierung noch die Tarifparteien.

Die Tarifparteien besitzen eigene Forschungsinstitute. In Düsseldorf befindet sich das gewerkschaftseigene Institut für Makroökonomie und Konjunkturforschung (IMK) und in Köln das arbeitgebereigene Institut der deutschen Wirtschaft (IW).

Sachverständigenrat

Auf Betreiben des damaligen Bundeswirtschaftsministers Ludwig Erhard wurde 1963 das *„Gesetz über die Bildung eines Sachverständigenrates zur Begutachtung der gesamtwirtschaftlichen Entwicklung"* verabschiedet.
Der Sachverständigenrat soll in seinen Gutachten die jeweilige gesamtwirtschaftliche Lage und deren Entwicklung darstellen. Er besteht aus fünf Mitgliedern („fünf Weisen"), die über besondere wirtschaftswissenschaftliche Kenntnisse und volkswirtschaftliche Erfahrungen sowie über ein hohes Maß an Unabhängigkeit verfügen müssen. Die Mitglieder werden durch den Bundespräsidenten auf Vorschlag der Bundesregierung berufen. In der Regel handelt es sich um Hochschullehrer. Einige von ihnen sind oder waren gleichzeitig auch an den sechs führenden Wirtschaftsforschungsinstituten tätig.
Das Jahresgutachten ist bis zum 15. November zu veröffentlichen. Im Gegensatz zu den Gutachten der Wirtschaftsforschungsinstitute ist die Bundesregierung bei den Gutachten des Sachverständigenrates zu einer Stellungnahme verpflichtet. Das „Gesetz zur Förderung der Stabilität und des Wachstums der Wirtschaft" schreibt vor, dass die Bundesregierung im Januar eines jeden Jahres dem Bundestag einen Jahreswirtschaftsbericht vorzulegen hat. Dieser Bericht enthält
- die Stellungnahme zu dem Jahresgutachten des Sachverständigenrates,
- die für das laufende Jahr angestrebten wirtschafts- und finanzpolitischen Ziele (Jahresprojektion),
- eine Darlegung der für das laufende Jahr geplanten Wirtschafts- und Finanzpolitik.

Auszug aus dem Jahresgutachten 2005/06 des Sachverständigenrates zur Begutachtung der gesamtwirtschaftlichen Situation mit dem Titel

DIE CHANCEN NUTZEN – REFORMEN MUTIG VORANBRINGEN

Charakteristika der Arbeitslosigkeit in Deutschland

193. In Deutschland ist die Arbeitslosigkeit in jeder der vergangenen Rezessionen deutlich angestiegen, jedoch kam es in Zeiten einer guten Konjunkturlage nur in einem unzureichenden Ausmaß zu einem Abbau dieser neu entstandenen Arbeitslosigkeit; dies führte dann mit jedem Konjunkturzyklus zu einem immer höheren Sockel an Arbeitslosigkeit. Die Konsequenz ist ein markanter stufenweiser Anstieg der Arbeitslosigkeit (Schaubild). Dieses Phänomen kann vor allem im früheren Bundesgebiet beobachtet werden. Die ostdeutsche Beschäftigungsproblematik seit der Wiedervereinigung brachte zwar einen generellen und signifikanten Anstieg der Zahl der Arbeitslosen in Deutschland, aber das Phänomen des stufenweisen Anstiegs der Arbeitslosigkeit war schon vor der Wiedervereinigung beachtlich.

In den neunziger Jahren war der stufenweise Anstieg der Arbeitslosenquote im früheren Bundesgebiet nicht mehr so ausgeprägt wie noch in den achtziger Jahren. Allerdings muss berücksichtigt werden, dass die Arbeitslosenquote für das frühere Bundesgebiet ab dem Jahr 1991 nicht mehr das Gebiet von Berlin-West beinhaltet, was für die Folgejahre eine leicht dämpfende Wirkung auf den Verlauf der Arbeitslosenquote gehabt haben dürfte. Des Weiteren werden seit dem Jahr 2004 die Teilnehmer an Trainings- und Eignungsfeststellungsmaßnahmen nicht mehr als registriert arbeitslos gezählt.

Der Arbeitsmarkt in Deutschland ist mithin nicht nur durch eine sehr hohe Unterbeschäftigung gekennzeichnet. Zusätzlich hat sich das Niveau der Arbeitslosigkeit seit Anfang der siebziger Jahre schubweise und dauerhaft erhöht, das heißt, es ist zu einer Verfestigung der Arbeitslosigkeit gekommen.

194. Die beschriebene Verfestigung schlägt sich in der Entwicklung der Langzeitarbeitslosigkeit nieder, die Gruppe der Arbeitslosen, die seit mindestens einem Jahr arbeitslos sind. Der Anteil der Langzeitarbeitslosen an allen Arbeitslosen von 8,5 vH im Jahr 1973 auf zuletzt 36,8 vH im Jahr 2004 gestiegen. Der Anteil der Arbeitslosen mit einer Dauer von bis zu sechs Monaten ging im gleichen Zeitraum zurück, während der Anteil der Arbeitslosen mit einer mittleren Arbeitslosigkeitsdauer von sechs bis zu zwölf Monaten sich kaum veränderte. Ältere Arbeitnehmer sind in beiden Gebietsständen, verglichen mit der Gesamtheit der Arbeitslosen, unter den Langzeitarbeitslosen überrepräsentiert. Auffällig ist allerdings, dass sich die Langzeitarbeitslosen in ihrer formalen Qualifikation nur wenig von der aller Arbeitslosen unterscheiden.

195. Zusätzliche Erkenntnisse über die Verfestigung der Arbeitslosigkeit liefert die Betrachtung qualifikationsspezifischer Arbeitslosenquoten, die sich ergeben, indem man für jede einzelne Qualifikationsebene die Zahl der Arbeitslosen auf die Gesamtzahl der Erwerbspersonen dieser Qualifikation bezieht: Die Spreizung der Arbeitslosigkeit zwischen Personen ohne Berufsausbildung und denen mit Ausbildung vergrößert sich sowohl in den neuen als auch in den alten Bundesländern stark. Im früheren Bundesgebiet (mit Berlin-West) kam es zwischen den Jahren 1991 und 2004 zu einem Anstieg der Arbeitslosenquote von Personen ohne berufliche Qualifikation von 12,8 vH auf 21,7 vH. In Ostdeutschland nahm die entsprechende Quote sogar von 31,1 vH auf 51,1 vH zu. Die Arbeitslosenquote für das mittlere Qualifikationsniveau hingegen stieg vergleichsweise geringer. Vor allem bei den Arbeitslosen ohne berufliche Qualifikation ist der im Aggregat zu beobachtende stufenweise Anstieg der Arbeitslosigkeit zu erkennen. Die Arbeitslosenquote der Hochqualifizierten hingegen sank in den neuen Bundesländern sogar um 1,2 Prozentpunkte, während sie im Westen mit einer leichten Erhöhung um 0,4 Prozentpunkte im Wesentlichen unverändert blieb, und dies, obwohl der Anteil der Erwerbspersonen mit Fachhochschul- oder Hochschulabschluss an den gesamten Erwerbspersonen um 5,0 Prozentpunkte stieg. Offenbar hat sich die Aufnahmefähigkeit des Arbeitsmarktes an eine steigende Zahl hochqualifizierter Berufseinsteiger angepasst.

Arbeitslosigkeit in Deutschland: Registrierte Arbeitslose und Arbeitslosenquoten

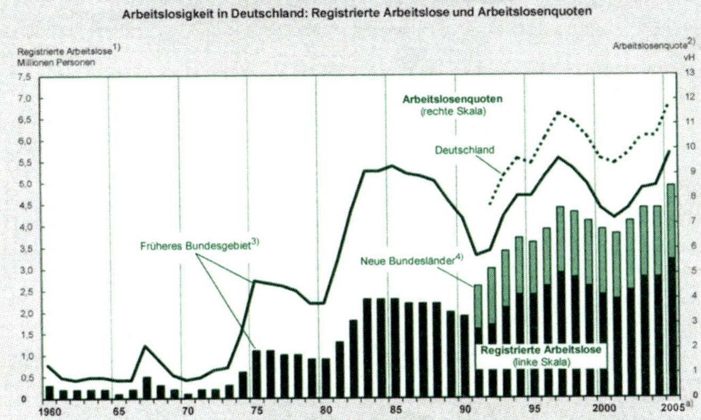

1) Personen ohne Arbeitsverhältnis - abgesehen von einer geringfügigen Beschäftigung –, die sich als Arbeitsuchende bei den Arbeitsagenturen oder den Trägern der Grundsicherung gemeldet haben, eine Beschäftigung von mindestens 15 und mehr Stunden suchen, für eine Arbeitsaufnahme sofort zur Verfügung stehen und das 65. Lebensjahr noch nicht vollendet haben.– 2) Bis 1990: registrierte Arbeitslose in vH der zivilen beschäftigten Arbeitnehmer und der Arbeitslosen; ab 1991: registrierte Arbeitslose in vH aller zivilen Erwerbstätigen und der Arbeitslosen.– 3) Bis 1990: einschließlich Berlin-West; ab 1991: ohne Berlin-West.– 4) Einschließlich Berlin.– a) Eigene Schätzung

Quelle: BA

© Sachverständigenrat

Quelle: © Statistisches Bundesamt, Wiesbaden; Sachverständigenrat zur Begutachtung der gesamtwirtschaftlichen Entwicklung: Jahresgutachten 2005/06, Ziffern 193 u. 194 verändert

Die Gutachten der Wirtschaftsforschungsinstitute und der „fünf Weisen" liefern Diagnose- und Prognosewerte. Häufig weichen die Prognosewerte erheblich von der tatsächlichen Entwicklung ab. Das beruht zum Teil darauf, dass

- die Prognosen bei den Wirtschaftssubjekten aufgrund des Selffulfilling-Prophecy-Phänomens sich selbst verstärkende Effekte hervorrufen,

Beispiel Wenn die Prognose einen Rückgang der Investitionstätigkeit vorhersagt, können potenzielle Investoren feste eingeplante Investitionen zurückstellen.

- bestimmte wirtschaftspolitische Entscheidungen nicht vorhersehbar waren,

Beispiel Erhöhung der Mineralölsteuer zur Stabilisierung der Rentenbeiträge

- politische Entwicklungen massiv auf die Entscheidungen der Wirtschaftssubjekte einwirken,

Beispiel Die deutsche Wiedervereinigung im Jahr 1989

- bestimmte außenwirtschaftliche Einflüsse nicht erwartet worden sind.

Beispiel Der Wert des EUR steigt gegenüber dem USD um 40 % und zieht einen scharfen Einbruch bei den Exporten nach sich.

Prognosen 2009

Erwartete Veränderungen in Deutschland gegenüber dem Vorjahr in Prozent

	Wirklichkeit ...	... und Prognosen							
	2009 ???	Gemeinschaftsdiagnose[1] Basisszenario	Gemeinschaftsdiagnose[1] Risikoszenario	SVR[2]	IfW[3]	RWI[4]	IWH[5]	HWWI[6]	ifo[7]
Verwendung des BIP (real)									
Private Konsumausgaben	?	0,4	0,0	0,4	-0,5	-0,3	0,0	-0,5	0,6
Konsumausgaben des Staates	?	2,0	-0,5	2,2	1,7	2,1	3,1	1,6	2,0
Ausrüstungsinvestitionen	?	-3,0	-6,5	-6,3	-6,0	-10,0	-9,0	-4,6	-10,0
Sonstige Anlagen	?	2,9	0,0	2,6	-1,2	3,0	0,3	-0,5	2,5
Bauten	?	-0,6	-2,4	-0,5	-1,4	-2,2	-1,5	-2,9	-1,6
Inländische Verwendung	?	0,2	-0,6	-0,1	-0,3	0,9	-0,8	-0,6	-0,1
Export	?	0,3	-0,7	0,4	-8,9	-1,6	-2,9	-2,5	-5,7
Import	?	0,4	-0,3	0,5	-4,5	1,0	-0,5	-1,4	-1,3
BIP	?			0,0	-2,7	-2,0	-1,9	-1,2	-2,2
Andere Indikatoren									
Erwerbstätige	?	-0,2	-1,2	-0,2	-1,0	-0,5	-0,8	-0,6	-0,8
Arbeitslosenquote[9]	?	7,5	8,3	7,9	8,8	7,9	8,1	7,9	8,0
Arbeitsvolumen	?	-0,5	-	-0,7	-	-	-1,7	-	-2,3
Produktivität	?	0,7	-	0,6	1,9	-	-	-	0,1
Verbraucherpreisindex	?	2,9	2,3	2,1	0,7	0,9	0,8	1,2	0,9

1 – Projektgruppe Gemeinschaftsdiagnose deutscher Wirtschaftsforschungsinstitute in Zusammenarbeit mit ausländischen Instituten; **2** – Gutachten des Sachverständigenrates; **3** – Institut für Weltwirtschaft Kiel; **4** – Rheinisch-Westfälisches Institut für Wirtschaftsforschung, Essen; **5** – Institut für Wirtschaftsforschung, Halle; **6** – Hamburger Weltwirtschaftsinstitut, Hamburg; **7** – ifo Institut für Wirtschaftsforschung, München; **8** – Reales BIP je Arbeitsstunde; **9** – bezogen auf alle zivilen Erwerbspersonen

Realität und Erwartungen 2008

Tatsächliche und erwartete Veränderungen in Deutschland gegenüber dem Vorjahr in Prozent

	Wirklichkeit …		… und Prognosen					
	2008	Gemeinschaftsgutachten[1]	SVR[2]	IfW[3]	RWI[4]	IWH[5]	HWWI[6]	ifo[7]
Verwendung des BIP (real)								
Private Konsumausgaben	2,2	1,9	1,7	2,2	1,4	1,3	1,4	1,5
Konsumausgaben des Staates	4,0	2,0	1,7	1,8	2,0	2,2	1,6	1,4
Ausrüstungsinvestitionen	4,4	5,0	3.4	2,5	3,3	3,0	3,8	4,3
Sonstige Anlagen	2,6	5,5	4,5	5,6	6,2	4,0	4,5	5,8
Bauten	6,2	1,5	1,7	0,7	2,1	0,3	1,0	1,8
Inländische Verwendung	3,5	2,1	1,9	2,0	1,6	1,7	1,8	1,9
Export	4,7	6,5	6,0	4,2	5,3	6,4	4,6	5,6
Import	6,9	6,9	5,6	4,7	5,6	7,2	5,2	6,3
BIP	1,3	2,2	1,9	0,9	1,7	1,7	1,7	1,8
Andere Indikatoren								
Erwerbstätige	1,5	0,8	0,8	2,2	0,7	0,5	0,7	0,7
Arbeitslosenquote[9]	7,8	7,9	8,3	7,7	8,0	8,2	8,0	8,0
Arbeitsvolumen	1,4	1,1	1,5	-	-	0,8	-	0,8
Produktivität	-0,1	1,1	0,4	0,8	-	0,9	-	1,0
Verbraucherpreisindex	2,6	2,0	2,0	2,2	2,4	2,3	2,2	2,3

1 – Gemeinschaftsgutachten der Arbeitsgemeinschaft deutscher und wirtschaftswissenschaftlicher Forschungsinstitute; **2** – Jahresgutachten des Sachverständigenrates; **3** – Institut für Weltwirtschaft Kiel; **4** – Rheinisch-Westfälisches Institut für Wirtschaftsforschung, Essen; **5** - Institut für Wirtschaftsforschung, Halle; **6** – Hamburger Weltwirtschaftsinstitut, Hamburg; **7** – ifo Institut für Wirtschaftsforschung, München; **8** – Reales BIP je Arbeitsstunde; **9** – bezogen auf alle zivilen Erwerbspersonen

6.7 Bereiche der Wirtschaftspolitik

Die verantwortliche Rolle des Staates innerhalb der sozialen Marktwirtschaft hat zur Folge, dass die wirtschaftliche Entwicklung neben den Selbststeuerungskräften des Marktes abhängig und beeinflusst ist von den Zielen und Maßnahmen der staatlichen Wirtschaftspolitik.

Wirtschaftspolitik

Sozial- und Einkommenspolitik	Wettbewerbs- und Ordnungspolitik	Konjunkturpolitik	Strukturpolitik
globale und spezielle Maßnahmen zur Verbesserung der sozialen Gerechtigkeit und zur Erhaltung des sozialen Friedens	globale Maßnahmen zur Aufrechterhaltung der marktwirtschaftlichen Ordnung durch Förderung des Wettbewerbs und Beseitigung von Wettbewerbsbeschränkungen	globale Maßnahmen zur Beeinflussung des Konjunkturverlaufs durch Stimulierung der gesamtwirtschaftlichen Nachfrage und des gesamtwirtschaftlichen Angebots	spezielle Maßnahmen zur wachstumssichernden Förderung struktureller Anpassungsprozesse und zur Unterstützung bestimmter Wirtschaftsregionen und -branchen, die aufgrund von Standortnachteilen oder aufgrund des wirtschaftlichen und technischen Wandels mit besonderen Anpassungsschwierigkeiten zu kämpfen haben

6.8 Hauptziele der Konjunkturpolitik – das Magische Viereck

Im **„Gesetz zur Förderung der Stabilität und des Wachstums der Wirtschaft"** von 1967 wurden die gesamtwirtschaftlichen Ziele für die Bundesrepublik Deutschland erstmals gesetzlich verankert.

Bund und Länder haben bei ihren wirtschafts- und finanzpolitischen Maßnahmen die Erfordernisse des **gesamtwirtschaftlichen Gleichgewichts** zu beachten. Die Maßnahmen sind so zu treffen, dass sie im Rahmen der marktwirtschaftlichen Ordnung gleichzeitig zur Stabilität des Preisniveaus, zu einem hohen Beschäftigungsstand und außenwirtschaftlichem Gleichgewicht bei stetigem und angemessenem Wirtschaftswachstum beitragen *(§ 1 StabG)*.

Die Lage in Deutschland 1966/67

Zur Zeit der Entstehung des Stabilitätsgesetzes befand sich die Bundesrepublik Deutschland in ihrer ersten Rezession. Im Jahr 1967 war die reale Wirtschaftsleistung nach 15 Jahren ständiger Wachstumsraten erstmalig gegenüber dem Vorjahr gesunken (– 0,2 %). Die Zahl der Arbeitslosen war von 161.000 im Jahr 1966, was einer Arbeitslosenquote von 0,7 % entsprach, auf 459.000 Personen (2,1 %) gestiegen.

Die Zahlen waren aus damaliger Sicht so dramatisch, dass es in Bonn zu einem Regierungswechsel kam. Nach nur drei Jahren musste Ludwig Erhard sein Amt als Bundeskanzler aufgeben. Er wurde von Kurt Georg Kiesinger abgelöst, der die SPD unter Willy Brandt mit in die Regierungsverantwortung hineinnahm und damit erstmalig eine große Koalition aus CDU/CSU und SPD bildete.

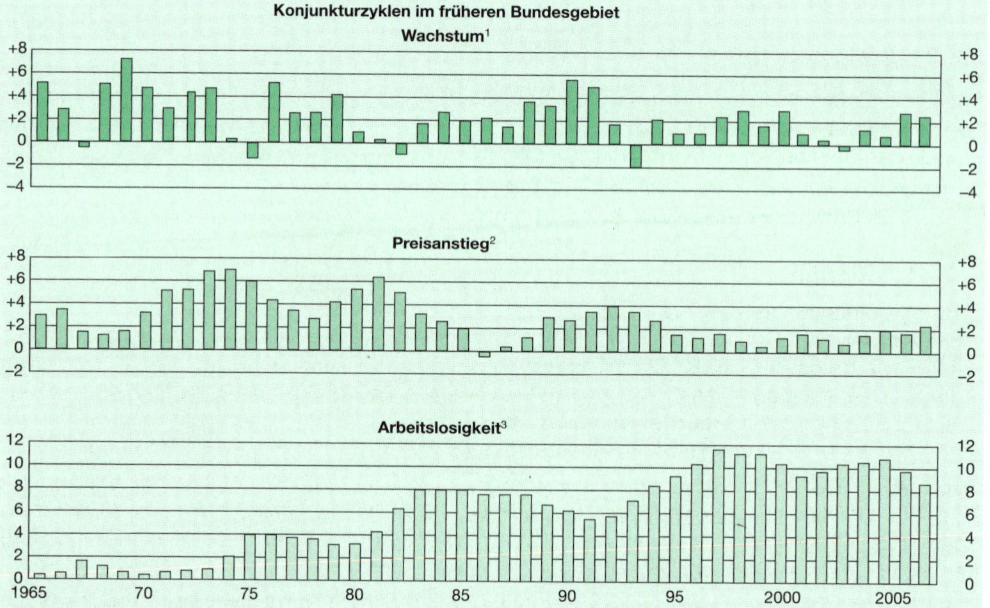

[1] Veränderung des Bruttoinlandsprodukts in Preisen von 1991 gegenüber dem Vorjahr
[2] Veränderung des Preisindexes für die Lebenshaltung aller privaten Haushalte gegenüber dem Vorjahr.
[3] Arbeitslose in % der Erwerbspersonen (Jahresdurchschnitt), ab 1995 Deutschland.

6.8.1 Gesamtwirtschaftliches Gleichgewicht

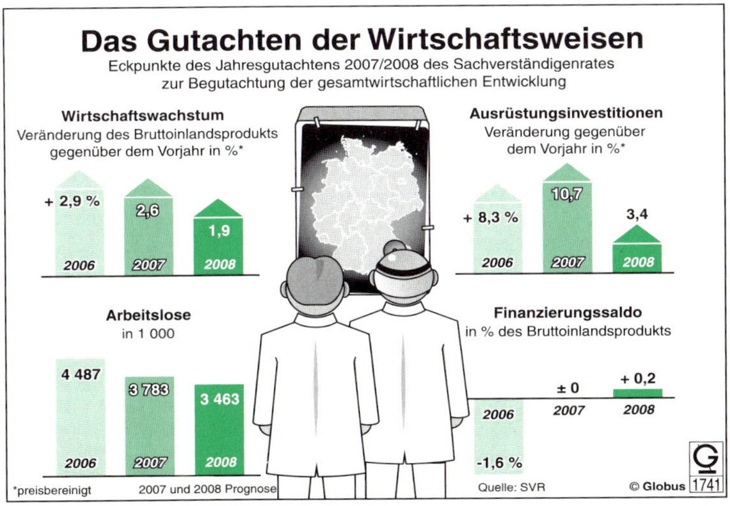

Der Begriff „gesamtwirtschaftliches Gleichgewicht“ ist bereits im Grundgesetz aufgeführt.

Bund und Länder sind verpflichtet, bei allen wirtschafts- und finanzpolitischen Maßnahmen das gesamtwirtschaftliche Gleichgewicht zu beachten *(Art. 109 GG)*.

Eine Konkretisierung des gesamtwirtschaftlichen Gleichgewichts erfolgt durch die vier im Stabilitätsgesetz genannten Ziele (angemessenes und stetiges Wachstum, hoher Beschäftigungsstand, Stabilität des Preisniveaus und außenwirtschaftliches Gleichgewicht), ohne aber zu definieren, ab wann die Ziele als erreicht gelten. Die Offenheit lässt den Entscheidungsinstanzen politische Spielräume bei der Festlegung der Zielgrößen.

6.8.2 Preisstabilität

In einem marktwirtschaftlichen System kommt es durch die Kräfte der Wirtschaft und die sich verändernden rechtlichen, politischen und sozialen Rahmenbedingungen zu ständigen Veränderungen des Geldwertes.

- Bei einer Verringerung des Geldwertes spricht man von **Inflation**.
- Bei einer Erhöhung des Geldwertes spricht man von **Deflation**.

6.8.2.1 Inflation

Der Begriff Inflation (lat. „inflare“ = aufblähen) lässt sich unterschiedlich definieren:

- Inflation ist ein fortgesetzter Anstieg des Preisniveaus für Güter und Dienstleistungen auf breiter Front, gemessen an der Erhöhung des Verbraucherpreisindexes.
- Inflation ist ein starker Anstieg weniger Preise mit der Folge, dass der Durchschnitt aller Preise, gemessen am Verbraucherpreisindex, steigt.
- Inflation ist eine Zunahme der Geldmenge bei weniger stark steigender Gütermenge.

Nach den beiden großen Inflationen von 1914 bis 1923 und 1936 bis 1948 herrscht in Deutschland eine tief verwurzelte Inflationsfurcht und eine nicht immer ganz emotionsfreie Diskussion über dieses Phänomen. Als Beleg lässt sich die Debatte um die „gefühlte Inflation“ im Gefolge der Umstellung von DM auf EUR anführen.

Die Arten der Inflation lassen sich unterscheiden nach der Erkennbarkeit, der Geschwindigkeit und den Ursachen des Geldentwertungsprozesses.

Inflation nach der äußeren Erscheinung der Geldentwertung

Offene Inflation

Die Preissteigerungen und damit der Kaufkraftverlust sind für jeden erkennbar.

Beispiel Eigene Wahrnehmung der Preiserhöhungen beim Kauf von Gütern oder durch die Veröffentlichung des Preisindexes für die Lebenshaltung.

Verdeckte Inflation

Durch einen allgemeinen Preis- und Lohnstopp (so in Deutschland ab 1936) oder durch Festsetzung von Höchstpreisen wird die Inflation zurückgestaut. Für breite Kreise der Bevölkerung erscheint dies als ein erfolgversprechender Weg zur Inflationsverhinderung. Bei genauerem Hinsehen werden jedoch gewichtige Einwände sichtbar:

- Der Marktpreis verliert seine Signal- und Lenkungsfunktion.
- Es entsteht die Gefahr von Schwarzmärkten.
- Ein umfangreicher und kostenintensiver Kontrollapparat mit Gesetzen, Sanktionsvorschriften, Behörden und Personal muss errichtet werden.
- Steigende Importpreise müssen entweder von der Vorschrift ausgenommen werden oder sie gefährden die importierenden Wirtschaftszweige.
- Je länger und wirksamer die administrativen Maßnahmen greifen, desto stärker wird sich der Inflationsstau bei Aufhebung der Maßnahmen in Preissteigerungen niederschlagen.

Beispiel In den neuen Bundesländern gab es Begrenzungen bei den Wohnungsmieten, die nach der Wiedervereinigung zu extremen Mietpreissteigerungen geführt haben.

Inflation nach der Geschwindigkeit der Geldentwertung

Der Umfang des jährlichen Preisanstiegs wird mit

- schleichender,
- trabender oder
- galoppierender Inflation oder Hyperinflation

umschrieben.

Eine Zuordnung von Prozentsätzen zur Kennzeichnung der Geschwindigkeit ist wegen der unterschiedlichen wirtschaftlichen Situation und Inflationsmentalität nicht möglich.

Ursachen der Inflation

Preissteigerungen können auf einer Vielzahl unterschiedlicher Ursachen beruhen. Da die Preissteigerungen an den Märkten entstehen, lässt sich die Inflation vom Markt und seinen Teilnehmern her erklären.

Ursachen der Inflation	
Nachfrageinduzierte Inflation	**Angebotsinduzierte Inflation**
■ Konsuminflation ■ Investitionsinflation ■ Staatsinflation (Fiskalinflation) ■ Importierte Inflation	■ Kosteninflation • Kosten inländischer Produktionsfaktoren • importierte Kosteninflation ■ Gewinninflation ■ Inflation durch staatlich administrierte Preise

Nachfrageinduzierte Inflation (demand-pull inflation)

Wenn die gesamtwirtschaftliche Nachfrage bei konstantem gesamtwirtschaftlichem Angebot zunimmt, entsteht ein Nachfragesog, der die Preise nach oben zieht.

Voraussetzung ist, dass das Angebot elastisch oder unelastisch reagiert und die Nachfrageerhöhung über eine zusätzliche Geldschöpfung finanziert wird. Wenn allerdings die Angebotsseite aufgrund unausgelasteter Kapazitäten vollkommen elastisch reagieren kann, bleiben die preissteigernden Effekte aus.

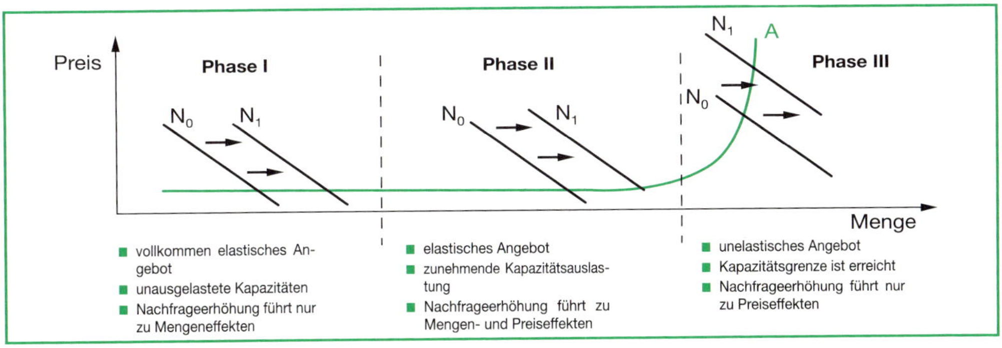

Konsuminflation

Die privaten Haushalte weiten ihre Nachfrage nach Konsumgütern aus und finanzieren ihre Nachfrageerhöhung aus Ersparnissen oder durch Kreditaufnahme. Wenn das Konsumgüterangebot nicht ausreicht, werden die Nachfrager bereit sein, höhere Preise zu bezahlen, und die Anbieter werden nicht nur mit steigenden Mengen, sondern auch mit Preiserhöhungen reagieren.

Investitionsinflation

Wenn die Unternehmen ihre über Kredite finanzierte Nachfrage nach Investitionsgütern erhöhen und auf ein nicht ausreichendes Investitionsgüterangebot treffen, kommt es ebenfalls zu einem Nachfragesog, der Preiserhöhungen nach sich zieht.

Staatsinflation

Wenn der Staat selbst als Nachfrager auftritt und dies über eine weitere, geldmengenwirksame Verschuldung finanziert, kann dies zu einem Nachfrageüberhang und damit zu inflatorischen Wirkungen führen.

Beispiel

Im Dritten Reich gründete die Regierung die Metallforschungs-GmbH. Diese Unternehmung hatte die Aufgabe, die vom Staat in Auftrag gegebenen Rüstungsgüter zu finanzieren. Die Zahlung erfolgte, indem die Metallforschungs-GmbH mit einer Reichsbankgarantie ausgestattete Drei-Monats-Wechsel der Rüstungsindustrie akzeptierte. Bei Fälligkeit wurde die Wechsellaufzeit auf fünf Jahre verlängert. Die Industrie wollte aber nicht so lange auf ihr Geld warten und verkaufte die Wechsel an die Geschäftsbanken, die wegen der Reichsbankgarantie die Wechsel hereinnahmen. Als die Wechsel schließlich fällig wurden, prolongierte der Staat noch einmal, da für die Einlösung der Wechsel kein Geld vorhanden war.
Erst später verzichtete der Staat auf den Finanzierungsumweg und nahm direkt bei der Reichsbank Kredite auf. Da nicht mehr auf die Geldmittel, die der Kapitalmarkt bereithielt, zurückgegriffen wurde, kam es damit zu einer zusätzlichen Geldschöpfung.
Der Geldmantel wurde immer weiter, während das Angebot an Investitionsgütern und Konsumgütern ständig zugunsten der volkswirtschaftlich nutzlosen Rüstungsgüterproduktion abnahm. Durch einen Lohn- und Preisstopp wurde der Geldentwertungsprozess verdeckt. Der Bargeldumlauf hatte 1935 6,3 Mrd. Reichsmark betragen, lag im

Mai 1945 bei 73 Mrd. Reichsmark und stieg schließlich bis 1948 auf ca. 100 Mrd. Reichsmark. Der Geldwert war somit vollends zerrüttet und veranlasste die Alliierten zur Einführung eines neuen Zahlungsmittels, der Deutschen Mark.

Importierte Inflation

Wenn bei festen Wechselkursen die Exporte die Importe übersteigen, kommt es im Inland zu einer Abnahme der Gütermenge. Gleichzeitig bläht sich die Geldmenge auf, da die Exporterlöse bei der Notenbank in Inlandswährung umgetauscht werden.
Es entsteht ein Ungleichgewicht zwischen Güter- und Geldmenge und damit die Gefahr einer importierten Inflation. Ursächlich für die Exportüberschüsse und die daraus resultierende inländische Güterlücke sind bei gegebenen Wechselkursen vor allem die unterschiedlichen Inflationsraten der beteiligten Länder und die Dringlichkeit der Importnachfrage.

Angebotsinduzierte Inflation

Bei der angebotsinduzierten Inflation versuchen die Anbieter, über Preiserhöhungen eine Verschlechterung ihrer Kostensituation auszugleichen oder eine Verbesserung ihrer Gewinnsituation herbeizuführen.

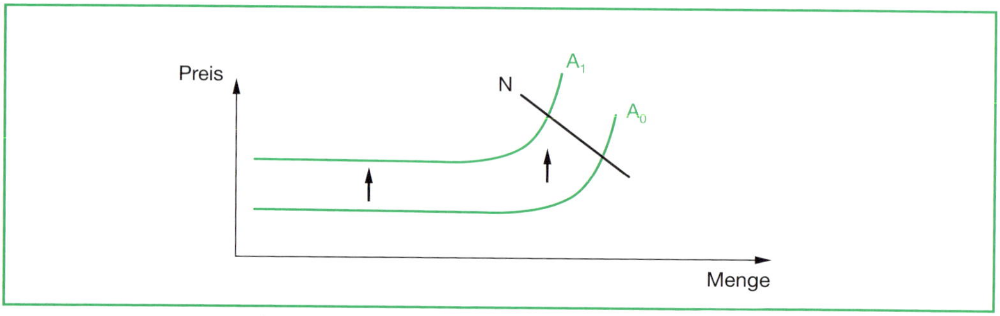

Kosteninflation (cost-push inflation)

Die Unternehmen geben gestiegene Kosten über die Preise weiter, sofern sie den Kostendruck nicht über Produktivitätssteigerungen kompensieren können oder bereit sind, Gewinneinbußen hinzunehmen.

Lohn-Preis-Spirale oder Preis-Lohn-Spirale

Wenn die Lohnstückkosten steigen – wofür nicht nur Tariferhöhungen, sondern auch Lohnnebenkosten verantwortlich sein können – kann es zu Preissteigerungen kommen. Bei der nächsten Tarifrunde werden die Gewerkschaften einen Lohnausgleich durchsetzen, der wiederum den Unternehmen als Motiv für weitere Preissteigerungen dient („Zweitrundeneffekt"). Je nach politischem Standpunkt wird dieser Prozess Lohn-Preis-Spirale oder Preis-Lohn-Spirale genannt.
In diesem Zusammenhang wird auch von einer Anspruchsinflation gesprochen, da hier die Ansprüche der gesellschaftlichen Gruppen an der Verteilung des Volkseinkommens zur Förderung der Inflation beitragen.

Importierte Inflation

Wenn die Kostensteigerungen aus dem Import ausländischer Produkte resultieren, erfolgt eine Abwälzung der gestiegenen Importkosten auf die Verkaufspreise im Inland. Weil diese Verteuerungen von Entwicklungen im Ausland ausgehen, wird auch hier von importierter Inflation gesprochen.

Gewinninflation

Wenn Unternehmen ohne ökonomische Notwendigkeit Preiserhöhungen durchsetzen, kann dies eine Gewinninflation verursachen. Diese Form des missbräuchlichen Ausnutzens von Marktmacht droht am häufigsten auf oligopolistischen Märkten und bei Angebotsmonopolen.

Inflation durch staatlich administrierte Preise

Bei vielen Gütern und Dienstleistungen bestimmt der Staat mittelbar oder unmittelbar den Preis und trägt durch Preiserhöhungen zur Inflation bei.
Auf den ersten Blick scheint es paradox, wenn der Staat, der Preisstabilität zum wirtschaftspolitischen Ziel erklärt, die Inflation anheizt, indem die staatlich administrierten Preise stärker als die anderen Preise ansteigen. Die Erklärung für diese Situation ist einfach: Wenn die Staatseinnahmen durch Steuerausfälle sinken, kann der Staat nicht im gleichen Maße seine Ausgaben kürzen, da ein Großteil seiner Aufgaben gesetzlich vorgeschrieben ist. Folglich erhöht er Steuern, Gebühren und Abgaben, um seinen Verpflichtungen weiter nachkommen zu können.
Rund 30 Prozent aller Preise für Güter und Dienstleistungen, die in den Preisindex für die Lebenshaltung eingehen, werden hierzulande von der staatlichen Administration mehr oder weniger stark beeinflusst.

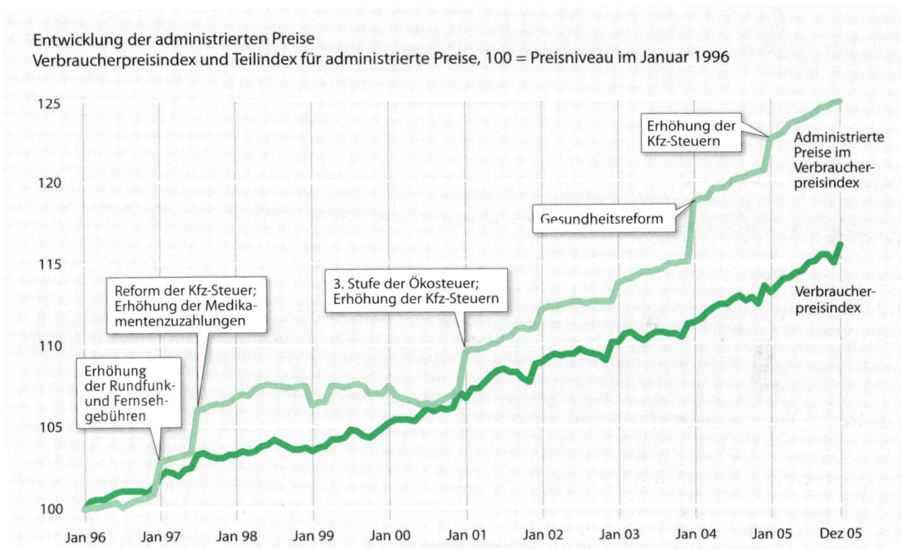

Quelle: Statistisches Bundesamt, in: Im Blickpunkt: Preise in Deutschland 2006, Wiesbaden 2006, S.47

Folgen der Inflation

Bei einer Inflation gibt es Gewinner und Verlierer.

Inflationsgewinner sind:

- **Schuldner**

Sie haben „gutes Geld" erhalten und zahlen schlechtes Geld zurück.

Beispiel

Bei Bauherren, die langfristige Darlehen mit Festzinsvereinbarung aufnehmen, verringert sich von Jahr zu Jahr der prozentuale Anteil ihrer Belastung am Einkommen, da das Einkommen inflationsbedingt steigt, aber die monatliche Belastung konstant bleibt. Außerdem haben Bauherren den Vorteil, dass der Wert ihrer kreditfinanzierten Immobilie steigt.

- **der Staat**

Einerseits entwerten sich die Staatsschulden, andererseits nehmen inflationsbedingt und strukturell bedingt (Steuerprogression) die Staatseinnahmen zu.

- **vermögende Personen**

Da sie ihr Vermögen häufig in Sachwerten angelegt haben, steigt der Nominalwert ihres Vermögens.

Inflationsverlierer sind:

- **Bezieher fester Einkommen** (Arbeiter, Angestellte, Beamte, Rentner)

Erst mit Verzögerung kommt es zu Einkommenserhöhungen und damit zum Kaufkraftausgleich. Bei Rentnern ist die Verzögerung durch das System der nettolohnbezogenen Rentenanpassungen noch ausgeprägter. Sie erhalten immer erst dann einen Kaufkraftausgleich, wenn die Inflation schon fortgeschritten ist.

- **Empfänger von Unterhaltsleistungen und Studenten**

Transferzahlungen und Freibeträge werden oft in sehr langem zeitlichen Abstand erhöht.

Beispiele

Kindergeld, Elternfreibeträge beim BAföG

- **Gläubiger, Sparer und andere Geldanleger**

Die Zinserträge werden durch die Geldentwertung real geschmälert, sodass die Kaufkraft des Gesparten nur wenig steigt oder gar abnimmt.

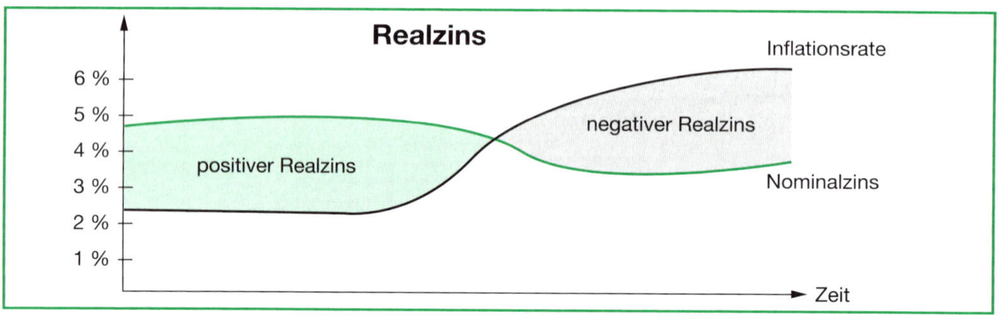

Personen mit erheblichem Geldvermögen erhalten meistens über den Anlageberater bei ihrem Kreditinstitut oder ihrem Steuerberater bei drohender Inflation Hinweise zur „Flucht in die Sachwerte“. Für Kleinanleger ergibt sich dieser Weg nicht, da ihnen häufig entsprechende Informationen fehlen und ihr Geldvermögen für die Flucht in die Sachwerte nicht ausreicht. Sie gehen in ihren Überlegungen vom **Nominalzins** aus und beachten nicht den **Realzins.**
Die Inflation hat negative Folgen für die soziale Symmetrie in der Bevölkerung. Es kommt zu einer Gefährdung der sozialen Sicherheit und zu Wohlstandseinbußen. Länder mit hohen Inflationsraten gefährden ihre internationale Wettbewerbsfähigkeit. Insbesondere in Ländern mit einer sehr exportorientierten Wirtschaft geraten Produktion und Beschäftigung unter Druck.

6.8.2.2 Deflation

Deflation ist eine fortgesetzte Senkung des Preisniveaus.

Das Preisniveau kann nicht im gleichen Maße sinken, wie es bei der Inflation steigen könnte, da den Unternehmen für Preissenkungen Grenzen gesetzt sind.

- Bei den Löhnen müssen die Unternehmen die Tarifvereinbarungen beachten.
- Für importierte Rohstoffe sind Preise zu zahlen, die mit deflatorischen Entwicklungen im Inland nichts zu tun haben.

Ursachen der Deflation

Rückgang der Nachfrage

- des Staates, wenn er seine Investitionstätigkeit stark drosselt,
- des Auslandes, wenn Exporte drastisch zurückgehen,
- der privaten Haushalte, die zulasten des Konsums vermehrt sparen und die Unternehmen zu Produktionseinschränkungen zwingen,
- der Verbraucher, die weitere Preissenkungen abwarten.

Preissenkungen durch die Unternehmen, weil

- ihre Kapazitäten nicht ausgelastet sind,
- die Märkte gesättigt sind,
- sie die Nachfrage anregen wollen.

Rückgang der nachfragewirksamen Geldmenge, weil

- die Wirtschaftssubjekte aus Gründen der Vorsicht und in Erwartung fallender Preise Kaufzurückhaltung üben und damit zu einer Senkung der Umlaufgeschwindigkeit des Geldes beitragen,
- die Zentralbank das Geldvolumen reduziert.

Beispiel

In den Jahren 1930 bis 1932 versuchte die Regierung, den Staatshaushalt mit untauglichen Mitteln zu sanieren. Öffentliche Investitionen wurden radikal zurückgefahren, und die Löhne und Gehälter der im öffentlichen Dienst Beschäftigten wurden gekürzt. Die Folge war eine Deflationsspirale, an deren Ende die Geldmenge um über 30 % gesunken und das Heer der Arbeitslosen auf 6 Millionen gestiegen war.

Folgen der Deflation

Die schrumpfende Geldmenge und der Preisverfall führen zu

- Nachfragesenkungen bei Konsum- und Investitionsgütern,
- Produktionseinschränkungen,
- Beschäftigungs- und Einkommensrückgang,
- Senkung des Steueraufkommens.

Begünstigte der Deflation sind Verbraucher, Bezieher fester Einkommen sowie Gläubiger und Geldanleger. Dagegen werden Unternehmer, Schuldner mit langfristigen Verbindlichkeiten von der Deflation hart getroffen.

Nach herrschender Meinung sind die Folgen der Deflation dramatischer als die der Inflation. Die Gefahr einer Deflation wird aber als beherrschbar eingeschätzt, wenn ihr mit einer Kombination von aggressiver Zinspolitik und entschlossener Fiskalpolitik begegnet wird.

6.8.2.3 Stagflation

Stagflation ist eine Wortschöpfung aus **Stag**nation und In**flation**. Damit ist eine Phase schleichender Inflation bei stagnierender wirtschaftlicher Tätigkeit gemeint. Die Bundesrepublik hat eine solche Phase in den Jahren 1973 und 1974 erlebt. Auf rückläufige Nachfrage reagieren die Unternehmen mit Produktionseinschränkungen und Beschäftigungsabbau. Entgegen der Theorie, wonach die Preise bei einem Nachfragerückgang sinken, kommt es aber zu Preisniveauerhöhungen, da die fixen Stückkosten zunehmen und die Unternehmen Verschlechterungen der Erlös-Kosten-Relation nicht hinnehmen wollen.

6.8.3 Hoher Beschäftigungsstand

Als 1967 das Ziel „hoher Beschäftigungsstand" gesetzlich verankert wurde, hielt man eine Arbeitslosenquote von 1 % für erreichbar. Inzwischen ist man bescheidener geworden und verzichtet auf Zahlenangaben. Die hohe Arbeitslosigkeit ist heute ein Problem, unter dem sehr viele Volkswirtschaften leiden.

Beispiel

Allein in der Europäischen Union sind ca. 36 Millionen Menschen arbeitslos.

■ Unterbeschäftigung

Der Produktionsfaktor Arbeit ist unzureichend ausgelastet, sodass ein Teil des gesamtwirtschaftlichen Potenzials brachliegt.

■ Vollbeschäftigung

Ziel ist Vollbeschäftigung, also die optimale Auslastung des Produktionsfaktors Arbeit. Optimal meint in diesem Zusammenhang, dass ein gewisses Arbeitskräftepotenzial als Reserve nicht beschäftigt ist und bei Engpässen Pufferfunktionen übernehmen kann.

■ Überbeschäftigung

Bei Überbeschäftigung gibt es diese Reserve nicht, sodass es zu Überhitzungen am Arbeitsmarkt kommt.

Beispiele

- Überzogene Lohnforderungen und Abwerbungen von Arbeitskräften sind typische Merkmale der Überbeschäftigung.
- Die Anwerbung ausländischer Gastarbeiter zu Beginn der 60er-Jahre war ebenfalls ein Ergebnis der Überbeschäftigung.

■ Ursachen und Typologien der Arbeitslosigkeit

Die Arbeitslosigkeit hat objektive und subjektive Gründe.

Objektive Ursachen der Arbeitslosigkeit Primär in sachlichen Gegebenheiten begründet	**Subjektive Ursachen der Arbeitslosigkeit** Primär in der Person des Arbeitnehmers begründet
■ Konjunkturelle Arbeitslosigkeit ■ Rationalisierungsarbeitslosigkeit/ Technologische Arbeitslosigkeit ■ Saisonale Arbeitslosigkeit ■ Strukturelle Arbeitslosigkeit • branchenspezifisch/sektoral • regional • demografisch • mismatch	■ Qualifikationsmängel ■ Alter ■ Nationalität ■ Krankheit/Behinderung ■ Geschlecht ■ Charakterliche Eigenschaften ■ Langzeitarbeitslosigkeit ■ Friktionelle Arbeitslosigkeit (fluktuationsbedingte Arbeitslosigkeit)

Objektive Ursachen der Arbeitslosigkeit

Die Ursachen der objektiven Arbeitslosigkeit liegen vorwiegend in gesamtwirtschaftlichen Gegebenheiten.

Konjunkturelle Arbeitslosigkeit

In Phasen eines Rückgangs der gesamtwirtschaftlichen Nachfrage sehen sich viele Unternehmen zu Entlassungen veranlasst.

Rationalisierungsarbeitslosigkeit/Technologische Arbeitslosigkeit

Um im Wettbewerb mithalten zu können, sehen sich die Unternehmen vor die Daueraufgabe „Kostensenkung“ gestellt. Dabei werden nicht nur betriebliche Abläufe optimiert, sondern menschliche Arbeit wird durch Einführung neuer Techniken ersetzt.

Beispiele Belegloser Zahlungsverkehr, Geldautomaten, Kontoauszugsdrucker, Internetbanking, elektronischer Zahlungsverkehr

Saisonale Arbeitslosigkeit

Beschäftigung erfolgt in Anlehnung an saisonale veränderliche Bedingungen.

Beispiel Service-Personal in Ferienzentren

Strukturelle Arbeitslosigkeit

Die Aufsplittung des Begriffs in **branchenspezifische** und in **regionale** Arbeitslosigkeit verdeutlicht, ob bestimmte Wirtschaftszweige Arbeitsplätze abbauen oder ob in gewissen Regionen aufgrund gegebener Standortfaktoren besonders wenig Wirtschaftsunternehmen angesiedelt sind.

Beispiele

- Branchenspezifische Arbeitslosigkeit: Im Bergbau, in der Stahlindustrie oder im Schiffbau kommt es zu Entlassungen.
- Regionale Arbeitslosigkeit: Wegen ungünstiger Standortfaktoren ist die Arbeitslosigkeit in Teilen Mecklenburg-Vorpommerns besonders hoch.
- Wenn das Arbeitsangebot und die Arbeitsnachfrage in regionaler oder qualifikatorischer Hinsicht voneinander abweichen und deswegen gleichzeitig Arbeitslosigkeit und Arbeitskräftemangel herrschen, wird von Mismatch-Arbeitslosigkeit gesprochen.

Verschiedentlich wird auch die Bevölkerungsstruktur für die hohe Arbeitslosigkeit verantwortlich gemacht. Diese Art struktureller Arbeitslosigkeit wird als **demografische** Arbeitslosigkeit bezeichnet.

Beispiel Geburtenstarke Jahrgänge strömen auf den Arbeitsmarkt, der aber nicht in der Lage ist, in kurzer Zeit diese Zugänge mit Arbeit zu versorgen.

In den letzten Jahren haben die Arbeitgeber und ihre Verbände die Diskussion über die Gründe der Arbeitslosigkeit auf die Kosten gelenkt.

Für die hohe Arbeitslosigkeit werden u. a. folgende Gründe mitverantwortlich gemacht:

- Die Lohnkosten, insbesondere in den unteren Lohngruppen, sind zu hoch.
- Die Lohnnebenkosten sind so hoch, dass sie die Arbeitgeber unangemessen stark belasten.
- Flächentarifverträge berücksichtigen regionale Gegebenheiten nur unzureichend und verhindern somit u. U. die Einstellung von Mitarbeitern.
- Die Umweltschutzregelungen und -kosten sind überzogen.
- Die Regelungen des sozialen Arbeitsschutzes machen Neueinstellungen letztlich zu teuer.

Die Bundesregierung hat inzwischen eine Reihe von Maßnahmen und Regelungen beschlossen, um auf der Kostenseite Entlastung zu schaffen. Anhand eines Vergleichs der Unternehmensumsätze und Unternehmensgewinne mit der Entwicklung von Erwerbstätigen- und Arbeitslosenzahlen im gleichen Zeitraum lässt sich erkennen, ob und in welcher Richtung die Maßnahmen der Bundesregierung gewirkt haben.

Subjektive Ursachen der Arbeitslosigkeit

Die Ursachen der Arbeitslosigkeit liegen in der Person des Arbeitnehmers, seiner persönlichen Disposition oder seinem Verhalten.
Drei Personengruppen haben besonders schlechte Chancen, wieder eine Beschäftigung zu finden, wenn sie erst einmal arbeitslos geworden sind.

Das sind Personen
- ohne berufliche Qualifikation,
- mit gesundheitlichen Beeinträchtigungen,
- die älter als 55 Jahre sind,
- die ein Jahr und länger ohne Arbeit sind.

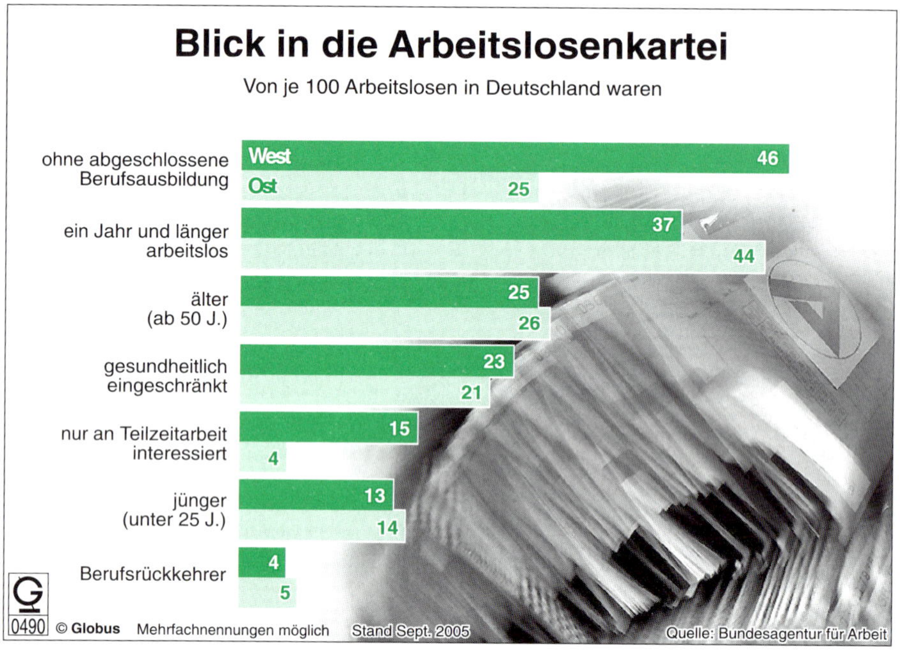

Blick in die Arbeitslosenkartei

Das Risiko, arbeitslos zu werden (und zu bleiben) ist breit gestreut. Im Westen haben viele Arbeitslose keine abgeschlossene Berufsausbildung, sind bereits seit längerem ohne Arbeit und über 50 Jahre alt. Im Osten spielt die Berufsqualifikation weniger eine Rolle. Die Mehrheit der Arbeitslosen dort ist gut ausgebildet. Besonders verbreitet ist hier jedoch die Langzeitarbeitslosigkeit. In Ost und West hat jeweils etwas mehr als ein Fünftel der Arbeitssuchenden gesundheitliche Probleme und kann deshalb nur mit Einschränkungen eine neue Stelle annehmen. Die Zahlen dieser Grafik können durch die Einführung des Arbeitslosengeldes II übrigens nicht mit denen der Vorjahre verglichen werden.

Langzeitarbeitslose ohne Chance

Die Zahl der Langzeitarbeitslosen in Deutschland ist nach einer Untersuchung des Soziologischen Forschungsinstitutes (SOFI) Göttingen deutlich höher als bisher angenommen. Die Studie kommt zu dem Schluss, dass rund 40 % aller arbeitslosen Männer seit mindestens zwei Jahren ohne Beschäftigung sind. Drei Viertel dieser Arbeitslosen hätten resigniert und alle eigenen Bemühungen um Arbeit eingestellt. Diese Dauerarbeitslosen bilden nach Auffassung der Autoren eine neue soziale Schicht.
Bevor sich Arbeitslose vom Arbeitsmarkt zurückziehen, haben sie in aller Regel viele vergebliche Versuche hinter sich, eine Stelle zu finden. Dabei werde ihnen „drastisch vor Augen geführt, dass sie am Arbeitsmarkt nicht mehr zählen". Weil sie die Kluft zwischen ihrer Hoffnung und der Realität nicht mehr ertragen können, hören sie auf, „der immer unwahrscheinlicher werdenden Restchance nachzujagen, die sie am Arbeitsmarkt noch haben mögen". Der Begriff Langzeitarbeitslose verharmlose die soziale Realität dieser Menschen. Es seien in Wirklichkeit Dauerarbeitslose, die wahrscheinlich für immer von Erwerbsarbeit ausgeschlossen seien. Die Existenz der neuen sozialen Schicht stellt nach Auffassung der Wissenschaftler die Gesellschaftsordnung infrage. Arbeitslosigkeit werde zum politischen Sprengstoff. Ohne eine „überzeugende gesellschaftspolitische Antwort" biete sich hier ein wachsendes Rekrutierungsfeld für politische Manipulation.

Missbrauch von Arbeitslosengeld

Bonn (NZ/AP). Durch Missbrauch von Arbeitslosengeld und illegale Beschäftigung gehen dem Staat nach Angaben des Bundesarbeitsministers jährlich bis zu 3,5 Milliarden EUR verloren. Der Politiker kündigte in einem Interview drastische Maßnahmen gegen Leistungsmissbrauch und Schwarzarbeit an und forderte zugleich eine Bekämpfung des Steuer- und Subventionsbetrugs, wofür Zöllner bei den Finanzämtern eingesetzt werden könnten, deren Stellen nach Öffnung der europäischen Grenzen frei geworden sind. Der Präsident der Bundesagentur für Arbeit, spricht von rund 190.000 Missbrauchsfällen, die aufgedeckt wurden. Über 100 Millionen EUR habe man zurückfordern können. Die Arbeits- und Sozialminister der Länder hatten sich bei ihrer jüngsten Tagung in München übereinstimmend gegen die Kürzungen von Sozialleistungen ausgesprochen. Die deutsche Einheit dürfe nicht mit einer Benachteiligung der sozial Schwachen erkauft werden, hieß es in einer Entschließung.

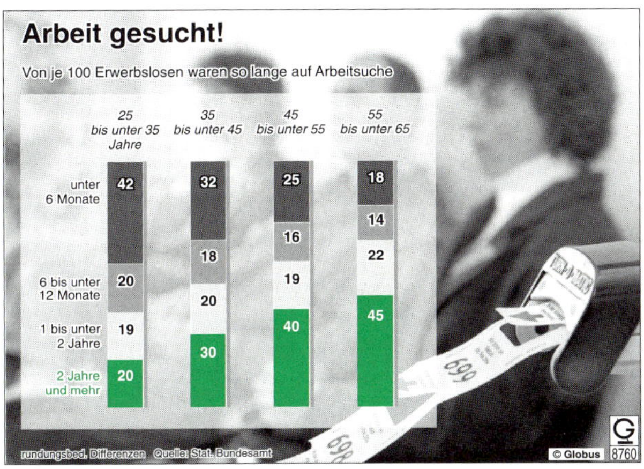

Friktionelle Arbeitslosigkeit (Sucharbeitslosigkeit) bezeichnet die Zeit, die der Arbeitslose braucht, um sich auf dem Arbeitsmarkt umzusehen, Vorstellungstermine zu vereinbaren und wahrzunehmen, Alternativen abzuwägen, eventuell einen Wohnungswechsel vorzubereiten und durchzuführen, um schließlich in ein neues Arbeitsverhältnis einzutreten. Arbeitnehmer können diese Art von Arbeitslosigkeit verhindern oder verkürzen, wenn sie sich bereits in ihrem alten Beschäftigungsverhältnis nach einer neuen Arbeit umsehen und dann nach ihrem Resturlaub nahtlos eine neue Stelle antreten.

Grenzen der Arbeitsmarktstatistik

Arbeitslosenquoten zeigen die prozentuale Unterauslastung des Arbeitskräfteangebots. International am gebräuchlichsten ist es, die Anzahl der registrierten Arbeitslosen in Beziehung zu allen zivilen Erwerbspersonen – abhängige zivile Erwerbstätige, Selbstständige, mithelfende Familienangehörige – zu setzen:

Arbeitslosenquote 1
(auf Basis aller zivilen Erwerbspersonen)

$$= \frac{\text{Arbeitslose}}{\text{alle ziv. Erwerbstätige + Arbeitslose}}$$

In Deutschland hat eine Arbeitslosenquote, bei der nur die abhängigen zivilen Erwerbstätigen und nicht die Selbstständigen im Nenner enthalten sind, die längere Tradition:

Arbeitslosenquote 2
(auf Basis der abhängigen zivilen Erwerbspersonen)

$$= \frac{\text{Arbeitslose}}{\text{abh. ziv. Erwerbstätige + Arbeitslose}}$$

Beispiel

In einer Volkswirtschaft gibt es 100 Erwerbspersonen, davon 15 Selbstständige und 5 Arbeitslose.

<table>
<tr><td colspan="3">100 Erwerbspersonen</td></tr>
<tr><td colspan="2">85 Abhängige Erwerbspersonen</td><td>15 Selbstständige</td></tr>
<tr><td>5 Arbeitslose</td><td>80 Abhängige Beschäftigte</td><td></td></tr>
<tr><td></td><td colspan="2">95 Erwerbstätige insgesamt</td></tr>
</table>

Nach der ersten Berechnungsart ergibt sich:

$$\frac{5 \cdot 100}{100} = \underline{\underline{5{,}00\ \%}}$$

Nach der zweiten Berechnungsart ergibt sich:

$$\frac{5 \cdot 100}{85} = \underline{\underline{5{,}88\ \%}}$$

Für die Arbeitslosenquote macht es einen deutlichen Unterschied, ob als Bezugsgröße die Anzahl der abhängigen Erwerbspersonen oder die Anzahl der Erwerbspersonen einschließlich der Selbstständigen gewählt wird. In vielen Veröffentlichungen sucht man vergebens nach einem Hinweis auf die Bezugsgröße. Im internationalen Vergleich der Arbeitslosigkeit taucht die Frage nach den unterschiedlichen Konzepten zur Messung der Arbeitslosigkeit noch deutlicher auf. Beispielsweise werden in Deutschland und Frankreich die Arbeitslosenzahlen der Arbeitsämter verwendet, wogegen in den USA und in Japan die Zahlen auf stichprobenartigen Befragungen in den Haushalten basieren. Auch bei den Teilzeitarbeitslosen werden die unterschiedlichen Abgrenzungen deutlich. Personen, die eine Teilzeitbeschäftigung von 18 Stunden suchen, werden in Deutschland als arbeitslos erfasst, in Frankreich jedoch nicht. Unabhängig von den nationalen Gesetzgebungen führen die Europäische Union und die OECD eigene Statistiken zur Beschäftigung durch, die auf Definitionen des internationalen Arbeitsamtes (ILO) beruhen und die wiederum zu anderen Ergebnissen führen.

Wodurch wird die Arbeitslosenzahl künstlich verkleinert?

Durch eine Reihe von Tatbeständen wird die Arbeitslosenzahl künstlich verkleinert. Dadurch kommt es zu einer **verdeckten Arbeitslosigkeit**. In erster Linie zählen dazu die arbeitsmarktpolitischen Maßnahmen der Bundesagentur für Arbeit.

Offene und verdeckte Arbeitslosigkeit in Deutschland[1]

Tausend Personen

Zeitraum[2]	Offen und verdeckt Arbeitslose (2) + (3)	Registriert (offen) Arbeitslose	zusammen (4), (8) bis (12)	Verdeckt Arbeitslose – davon: Subventioniert Beschäftigte: insgesamt (5) bis (7)	Subventioniert Beschäftigte – davon: Beschäftigung schaffende Maßnahmen[3]	Subventioniert Beschäftigte – davon: Arbeitsgelegenheiten § 16 Abs. 3 SGB II[4]	Subventioniert Beschäftigte – davon: Kurzarbeiter: Arbeitslosenäquivalent[5]	Teilnehmer an Qualifizierungsmaßnahmen: Eignungsfeststellungs- und Trainingsmaßnahmen[6]	Teilnehmer an Qualifizierungsmaßnahmen: sonstige Qualifizierungsmaßnahmen[7]	Personen in vorzeitigem Ruhestand: von der BA geförderte Personen[8]	Personen in vorzeitigem Ruhestand: Altersrente wegen Arbeitslosigkeit[9]	Leistungsempfänger nach §126 SGB III[10]
	(1)	(2)	(3)	(4)	(5)	(6)	(7)	(8)	(9)	(10)	(11)	(12)
2001	5.620	3.853	1.767	302	243	.	59	(60)	347	277	765	76
2002	5.820	4.061	1.759	281	193	.	88	(74)	331	355	707	85
2003	6.015	4.377	1.638	228	142	.	86	(93)	254	429	633	95
2004	6.006	4.381	1.625	234	160	.	74	99	183	473	542	94
2005	6.088	4.861	1.227	355	67	225	63	69	108	325	339	32
2006	5.787	4.487	1.300	411	51	324	35	76	107	358	320	29
2007	4.985	3.783	1.202	410	44	323	43	78	109	327	252	26

1) Durch die Einführung von Hartz IV zum 1. Januar 2005 sind die Ergebnisse ab 2005 mit den Jahren zuvor nicht unmittelbar vergleichbar. Sie enthalten die Daten über den Einsatz arbeitsmarktpolitischer Instrumente – für Personen im Rechtskreis SGB III und SGB II – mit Förderinformationen für die zugelassenen kommunalen Träger (ab Juli 2005). Ab 2005: Jahresdurchschnitte aus Monatsdurchschnitten, zuvor aus Monatsendständen berechnet. – 2) Abweichungen in den Summen durch Runden der Zahlen. Jahreswerte aus gerundeten Quartalswerten berechnet. 2007; eigene Schätzung. – 3) Teilnehmer an Arbeitsbeschaffungsmaßnahmen, Strukuranpassungsmaßnahmen (Restabwicklung), Beschäftigung schaffenden Infrastrukturmaßnahmen sowie an den befristeten Sondergrogrammen „Jump plus" und „Arbeit für Langzeitarbeitslose". – 4) Einschließlich der Personen in der bis zum 31.12.2004 befristeten Initiative „Arbeitsmarkt im Aufbruch". – 5) Ab 1. Dezember 2006 einschließlich Saison-Kurzarbeitergeld. – 6) Bis Ende 2003 registriert Arbeitslose; ab Januar 2004 aufgrund von Hartz III verdeckt Arbeitslose. – 7) Teilnehmer an beruflicher Weiterbildung in Vollzeit (Wohnortprinzip, ohne Einarbeitung und ohne Ergebnisse von zugelassenen kommunalen Trägern), Deutsch-Sprachlehrgängen (Restabwicklung). – 8) Personen nach § 428 SGB III und § 252 Absatz 8 SGB VI (ab 2005 nur Arbeitslosengeld-Empfänger nach SGB III), Personen in der Freistellungsphase der Altersteilzeit (nur von der BA geförderte Fälle), Bezieher von Altersübergangs-/ Vorruhestandsgeld. – 9) 60- bis unter 65-Jährige; eigene Schätzung. Quellen für Grundzahlen: BMAS, Deutsche Rentenversicherung und Bundesknappschaft Bahn See. – 10) Leistungsempfänger, die wegen Minderung ihrer Leistung oder vorübergehend arbeitsunfähig erkrankt sind, aber nicht als registriert Arbeitslose gezählt werden. Ab 2005 nur Arbeitslosengeld-Empfänger nach SGB III.

Quelle: Sachverständigenrat zur Begutachtung der gesamtwirtschaftlichen Entwicklung, in: Das Erreichte nicht verspielen, Jahresgutachten 2007/2008

Die Zahl der registrierten Arbeitslosen wird durch weitere Tatbestände gedrückt:

- Ausländische Arbeitnehmer erhalten Abfindungen zur vorzeitigen Auflösung ihrer Arbeitsverträge, um ins Ausland zurückzukehren,
- Schulabgänger suchen nach der Schulentlassung einen Ausbildungsplatz. Sie werden in der Statistik der Ausbildungsplatzsuchenden erfasst.

Zur **„stillen Reserve"** gehören diejenigen Personen, die nicht erwerbstätig sind und z. T. die Arbeitsuche entmutigt aufgegeben haben, aber unter bestimmten Voraussetzungen eine Arbeit aufnehmen würden. Insbesondere zählen hierzu Frauen, die in Zeiten des Aufschwungs eine Stellung annehmen und bei einer Verschlechterung der Arbeitsmarktsituation nach Erlöschen des Anspruchs auf Arbeitslosengeld in die stille Reserve zurückkehren. Die Bundesagentur für Arbeit schätzt die stille Reserve allein für die alten Bundesländer auf 2,5 Mio. Menschen.

Ab in die stille Reserve

Es geht voran in der Republik – zumindest bei der Bereinigung der Statistiken. 4.000 Arbeitslose weniger gibt es. Sie verabschiedeten sich allerdings größtenteils nicht in Jobs, sondern in die sogenannte „sonstige Nichterwerbstätigkeit". Darunter sind viele, die sich nicht mehr arbeitslos melden, weil sie keine Leistungen mehr bekommen. Seit Januar wird mehr Partnereinkommen auf die Arbeitslosenhilfe (heutiges Arbeitslosengeld II) angerechnet. Vor allem Frauen, deren Partner besser verdienen, fallen aus dem Leistungsbezug heraus. Und so sind mittlerweile mehr Männer als Frauen arbeitslos gemeldet – kein Wunder: Frauen wandern in die stille Reserve ab.

Quelle: Oestreich, Heide: Ab in die stille Reserve, in: die Tageszeitung, 06.06.2003, S. 12.

Wodurch wird die Arbeitslosenzahl künstlich vergrößert?

Man muss davon ausgehen, dass eine Reihe von Personen in Wirklichkeit gar nicht arbeitslos ist, sondern nur gemeldet ist, um finanzielle Ansprüche geltend machen zu können.
Im Einzelnen zählen dazu:

- Schüler, die sich nach dem Schulabschluss arbeitslos melden, um den Eltern bis zum Antritt von Wehr- oder Zivildienst das Kindergeld zu sichern,
- Personen, die sich zur Sicherung von Rentenausfallzeiten arbeitslos melden, obwohl sie wegen ihres hohen Alters keine neue Stelle antreten wollen,
- kaum vermittelbare Sozialhilfeempfänger, die aufgefordert werden, sich arbeitslos zu melden, um so Berechtigung zum Bezug von Arbeitslosengeld II zu erlangen,
- Personen, die an einer Arbeitsaufnahme uninteressiert sind,
- Personen, die im Rahmen der Zumutbarkeitsverordnung Stellenangebote ablehnen,
- Erwerbspersonen, die bis zu 15 Wochenstunden in einem kurzzeitigen Beschäftigungsverhältnis stehen und einen Full-time-Job suchen,
- Schwarzarbeiter.

Ca. 3,5 Millionen Arbeitslose im Februar 2009, doch ...

... eigentlich gibt es viel weniger Arbeitslose, denn die Zahl wird künstlich erhöht durch ...

- Schüler und Studenten zwischen zwei Ausbildungsabschnitten,
- leistungsberechtigte Frauen, die nach dem Mutterschutzurlaub zu Hause bleiben,
- ehemalige Sozialhilfeempfänger, die nicht vermittelbar sind,
- Rentenanwärter,
- Arbeitsunwillige,
- Personen, die im Rahmen der Zumutbarkeitsverordnung Arbeitsangebote ausschlagen,
- arbeitssuchende Erwerbstätige, die weniger als 15 Std. pro Woche arbeiten,
- Schwarzarbeiter.

... eigentlich gibt es viel mehr Arbeitslose, denn die Zahl wird künstlich gesenkt durch ...

- arbeitsmarktpolitische Instrumente,
  - Kurzarbeiter,
  - Teilnehmer an Arbeitsbeschaffungsmaßnahmen,
  - Teilnehmer an Eignungsfeststellungs- und Trainingsmaßnahmen
  - Ein-Euro-Jobber
  - Teilnehmer an Fortbildungs- und Umschulungsmaßnahmen,
  - Leiharbeiter bei Personal-Service-Agenturen (PSA)
  - Teilnehmer an Deutschlehrgängen,
- Empfänger von Vorruhestands- und Altersübergangsgeld,
- ausbildungsplatzsuchende Schulabgänger, die in einer anderen Statistik landen,
- arbeitslose Ausländer, die Rückkehrprämien erhalten,
- die stille Reserve.

Folgen der Arbeitslosigkeit

Soziale Folgen

Die Folgen für den Einzelnen liegen nicht nur in der Verschlechterung seiner materiellen Situation, sondern vor allem auch im psychischen Bereich. Der Arbeitslose gibt soziale Kontakte zu Arbeitskollegen auf und verliert an gesellschaftlicher Anerkennung und persönlicher Selbstverwirklichung. Nicht selten ist eine Stigmatisierung die Folge. Der Arbeitslose wird für die Entlassung selbst verantwortlich gemacht, seine Leistungsfähigkeit und Qualifikation scheinen nicht auszureichen. Bei der Suche nach einem neuen Arbeitsplatz muss begründet werden, warum man entlassen worden ist.

Volkswirtschaftliche Folgen

Arbeitslosigkeit bedeutet eine erhebliche Belastung der öffentlichen Hand, da Sozialversicherungsbeiträge ausfallen, aber Transferzahlungen gezahlt werden müssen. Eine hohe Arbeitslosigkeit kann zu einer spürbaren Senkung der Inlandsnachfrage führen und eine konjunkturelle Abwärtsbewegung hervorrufen.

Was Arbeitslosigkeit bedeutet

„Man ist ja doch irgendwie angeschlagen durch die ganze Geschichte.“ Richard Mayer sitzt in Strickjacke und Trainingshose in seinem einfachen Wohnzimmer. Der Kohleofen brennt auf der niedrigsten Stufe. Richard Mayer erzählt seine Geschichte. Er ist fünfzig Jahre alt, schlank, bärtig, freundlich, Junggeselle, arbeitslos. Er ist ein wenig aus dem Rhythmus: „Wenn man arbeitet, braucht man sich keine Gedanken zu machen. Der Wecker rappelt, man geht zum Betrieb. Dann nimmt man sich abends noch was vor. Und jetzt? Da weiß man morgens nix mit sich anzufangen, mittags nix und abends. Ich weiß nicht, ob die Jüngeren das leichter haben. Die haben diesen Rhythmus vielleicht noch nicht so drin.“

Seit früher Jugend hat Mayer im Saarland im Stahlwerk gearbeitet, als Walzwerker. Das ist eine angelernte Beschäftigung: 1500 Euro netto im Monat, Schichtdienst, nur dreizehn freie Sonntage. Dann kamen Stahlkrise und Massenentlassungen. „Demnächst bist du auch dran, habe ich gedacht.“ Er ließ sich beim Arbeitsamt beraten. „Die sagten: ‚Sie sollten einen Berufsabschluss nachholen, sonst sind Ihre Aussichten schlecht.‘“ Umzug nach Frankfurt, weil sich hier die Möglichkeit einer Umschulung ergab. Nach gut zwei Jahren schafft er die Prüfung als Elektromechaniker einschließlich Elektronik-Zusatzausbildung.

Dann war er zum ersten Mal arbeitslos. „Beim Alter haben die die Nase gerümpft.“ Er fand eine auf drei Monate befristete Anstellung. Danach musste er wieder eine Arbeit suchen. Er schrieb auf jede infrage kommende Stellenanzeige, wurde schließlich auch eingeladen und zu seiner eigenen Überraschung eingestellt. Zwei Jahre lang arbeitete Facharbeiter Mayer in einem Unternehmen für Mess- und Regeltechnik, prüfte Fehler und reparierte defekte Instrumente. Das hat ihm Spaß gemacht.

„Freitagmittag kommt der Meister. Ich soll mal ins Personalbüro kommen.“ Hundert Mitarbeitern soll gekündigt werden. Mayer ist am kürzesten in der Abteilung, hat keine Kinder, ihn trifft es also. Hatte er das Gefühl, dass dem Mann vom Personalbüro die Kündigung unter die Haut ging? „Nein“, sagt Mayer, „das geht bei denen ganz rechnerisch. Von Gefühl hat man da nichts gemerkt.“

Quelle: P. Lückemeier: „Das Schlimmste ist die Ungewissheit.“, FAZ

Arbeitsmarktpolitische Instrumente

Besonderheiten des Arbeitsmarktes

Für den Arbeitsmarkt gelten nur teilweise die gleichen Gesetzmäßigkeiten wie für Gütermärkte. Die Gemeinsamkeiten erschöpfen sich darin, dass Unternehmen Arbeit möglichst billig nachfragen und Arbeitnehmer ihre Arbeitskraft möglichst teuer anbieten. Es ist aber schon bei der Preisfindung (Lohn) zweifelhaft, ob hier ein echter Kompromiss nach den Gesetzen des Marktes gefunden wird, da Lohn- und Gehaltstarife in aller Regel nur in einer Richtung, nämlich nach oben, variabel sind.

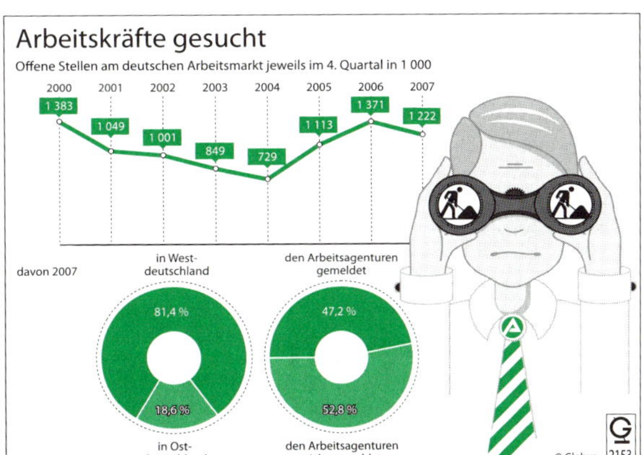

Vor allem aber verschließt sich der Arbeitsmarkt den üblichen Marktbedingungen, weil das Gut „Arbeitsleistung“ untrennbar mit dem Menschen verknüpft ist. Diese enge Verknüpfung hat eine Reihe von gesetzlichen Schutzregelungen zur Folge, die den Marktmechanismus überdecken oder sogar außer Kraft setzen.

Beispiele

Arbeitsschutzvorschriften; allgemeiner Kündigungsschutz und besonderer Kündigungsschutz für Betriebsräte, Mütter, Behinderte; Arbeitszeitvorschriften; Lohnfortzahlungsvorschriften; Jugendarbeitsschutzgesetz

Diese Vorschriften wirken zweischneidig: Sie schützen Arbeitnehmer, die in einem Arbeitsverhältnis stehen, stellen aber für Arbeitslose möglicherweise eine Erschwernis dar, weil Unternehmer das Risiko, besonders geschützte Personen einzustellen, zu vermeiden suchen.

Träger der Arbeitsmarktpolitik

Die **Bundesagentur für Arbeit** in Nürnberg hat ihre Aufgaben nach den Bestimmungen des Sozialgesetzbuches III *(SGB)* zu erfüllen. Die Maßnahmen nach diesem Gesetz sind im Rahmen der Sozial- und Wirtschaftspolitik der Bundesregierung darauf auszurichten, dass

- ein hoher Beschäftigungsstand erzielt und aufrechterhalten,
- die Beschäftigungsstruktur ständig verbessert und damit
- das Wachstum der Wirtschaft gefördert wird.

Berufsberatung

Die Berufsberatung, für die die Bundesagentur das Monopol besitzt, versucht sehr frühzeitig bei den Berufsanfängern oder Berufswechslern durch Beratung und Information Fehlentscheidungen vermeiden zu helfen.

Arbeitsberatung

Die Arbeitsberatung informiert Arbeitslose über Möglichkeiten des Arbeitsmarktes und spezielle Förderungskonzepte.

Arbeitsvermittlung

Mit der Arbeitsvermittlung sollen Arbeitnehmer und Arbeitgeber zum Abschluss eines Dienstvertrages geführt werden.
Neben der Bundesagentur für Arbeit beteiligen sich lizensierte Unternehmen entgeltlich an der Arbeitsvermittlung. Für Arbeitnehmer sind Vermittlungen über privatwirtschaftliche Agenturen kostenlos. Die Vermittlungsgebühr trägt der zukünftige Arbeitgeber.

Leistungen zur Erhaltung und Schaffung von Arbeitsplätzen

Hierzu gehört das Kurzarbeitergeld, das allen Beteiligten Vorteile bringt: Die Beschäftigten werden nicht arbeitslos, sondern erfahren nur eine überschaubare Einkommensminderung. Das Unternehmen kann seine Kosten entsprechend der Leistung reduzieren und spart Kosten für Neuanwerbung von Arbeitskräften bei Verbesserung der Auftragslage. Die Bundesagentur zahlt anstatt Arbeitslosengeld nur Kurzarbeitergeld. Es werden weiterhin Beiträge an die Sozialversicherung gezahlt.

Beispiel

Ein Unternehmen leidet unter Auftragsmangel und müsste 50 % seiner 500 Mitarbeiter entlassen. Es meldet deswegen bei der Agentur für Arbeit für eine bestimmte Zeit Kurzarbeit an. Während dieser Zeitdauer, für die gesetzliche Höchstgrenzen festgelegt sind, arbeiten die Beschäftigten nur 50 % der üblichen Arbeitszeit und erhalten einen entsprechend reduzierten Lohn. Die Agentur für Arbeit zahlt dazu Kurzarbeitergeld an die Arbeitnehmer, damit die Differenz zum Normaleinkommen nicht zu groß wird. Da ohne Kurzarbeitergeld 250 Beschäftigte entlassen werden müssten, beträgt das Arbeitslosenäquivalent 250 Personen.

Mit Maßnahmen zur Arbeitsbeschaffung (ABM) werden zeitlich befristet Arbeitsplätze geschaffen, wobei das Arbeitsamt einen Großteil der Lohnkosten übernimmt.
Zur aktiven Arbeitsmarktpolitik gehören ferner vielfältige finanzielle Hilfen.

Beispiele Hilfen zur beruflichen Rehabilitation oder zur Verbesserung der beruflichen Qualifikation der Arbeitssuchenden durch Umschulung und Fortbildung, Umzugskostenerstattungen, Einarbeitungszuschüsse.

Aktive Arbeitsmarktpolitik

Als **aktive Arbeitsmarktpolitik** bezeichnet die Nürnberger Bundesagentur für Arbeit (BA) alle Aktivitäten der Arbeitsämter, die über die bloße Zahlung von Arbeitslosengeld hinausgehen.

Förderung der beruflichen Ausbildung

- **Berufsvorbereitende Maßnahmen** beinhalten Lehrgänge, die Jugendliche und Berufseinsteiger an eine Berufsausbildung heranführen und ihre Berufswahl erleichtern sollen. Weiterhin gehören besondere Förderlehrgänge und Praktika für Behinderte dazu.
- Auszubildenden, die nicht mehr bei ihren Eltern wohnen, kann ab einem bestimmten Einkommen **Berufsausbildungshilfe** gewährt werden. Ebenso förderfähig sind Teilnehmer von berufsvorbereitenden Maßnahmen.
- Die Förderung der **Berufsausbildung benachteiligter Jugendlicher** hat zum Ziel, Jugendlichen mit körperlichen und/oder sozialen Problemen zu einem Ausbildungsabschluss zu verhelfen. Dazu wird ausbildungsbegleitender Förderunterricht angeboten. Jugendlichen, die keinen Ausbildungsplatz finden, kann darüber hinaus eine Ausbildung in einer außerbetrieblichen Einrichtung finanziert werden.

Förderung der beruflichen Weiterbildung und Trainingsmaßnahmen

Die Agentur für Arbeit fördert die Weiterbildung von Personen, die arbeitslos oder von Arbeitslosigkeit bedroht sind oder einen fehlenden Berufsabschluss nachholen wollen. Ziel ist es, ihre beruflichen Kenntnisse an die technologische Entwicklung anzupassen. Daher liegt ein Schwerpunkt der geförderten Weiterbildung auf der Vermittlung von IT- Kompetenzen (IT = Informationstechnik).
Die Leistungen, die im Rahmen der Förderung der Weiterbildung gezahlt werden, sind zum Beispiel:

- Unterhaltsgeld
- Lehrgangskosten, das heißt die Kosten für die Weiterbildung selbst einschließlich Lernmittel oder Arbeitskleidung
- Fahrtkosten
- Unterbringung
- Kinderbetreuung.

Die von der Bundesagentur für Arbeit finanzierten Trainingsmaßnahmen, die mit einem Praktikum vergleichbar sind, finden vorwiegend in Betrieben statt. Die Teilnehmer erhalten Arbeitslosengeld. Gegebenenfalls werden vom Arbeitsamt auch Lehrgangskosten, Fahrtkosten usw. bezahlt.

Berufliche Rehabilitation

Je nach Art und Schwere einer Behinderung übernimmt die Agentur für Arbeit die Kosten für verschiedene Maßnahmen der beruflichen Erst- und Wiedereingliederung Behinderter in das Erwerbsleben.

Lohnkostenzuschüsse für Arbeitgeber

Speziell für die neuen Länder sind die **„Strukturanpassungsmaßnahmen Ost für Wirtschaftsunternehmen“** (SAM OfW). Unternehmen in den neuen Ländern und Berlin erhalten bei der Einstellung eines durch das Arbeitsamt zugewiesenen Arbeitslosen eine Lohnsubvention.

Um Mitnahmeeffekte zu vermeiden, darf das Unternehmen sechs Monate vor und während der Förderung keine Entlassungen vornehmen. Die Förderungshöchstdauer beträgt ein Jahr, und die Zahl der förderungsfähigen Beschäftigten pro Betrieb ist jeweils begrenzt.
Eingliederungszuschüsse werden für verschiedene Zielgruppen von der Agentur für Arbeit bezahlt – so für die Einarbeitung von Personen, die schwer vermittelt werden können (vorwiegend Langzeitarbeitslose und Behinderte), und für ältere Arbeitnehmer.
Maximal trägt das Arbeitsamt 50 % des Lohns. Die Förderung ist im Höchstfall auf 24 Monate begrenzt.
Einstellungszuschüsse für Neugründungen werden an Existenzgründer gezahlt, die einen schwer vermittelbaren Arbeitslosen einstellen.
Das Unternehmen darf nicht älter als zwei Jahre alt sein und nicht mehr als fünf Mitarbeiter beschäftigen. Das Arbeitsamt trägt höchstens 50 % des Lohns für maximal ein Jahr.
Die **Beschäftigungshilfe für Langzeitarbeitslose** unterstützt Betriebe, die Langzeitarbeitslosen einen unbefristeten Vollzeitarbeitsplatz bieten.
Die Zuschüsse des Arbeitsamtes zum Lohn staffeln sich nach der Dauer, die der Teilnehmer vorher arbeitslos war, und betragen höchstens 80 % des Arbeitsentgeltes.
Die Förderung ist auf zwölf Monate begrenzt, und der Arbeitgeber ist verpflichtet, den Arbeitnehmer auch danach noch weiter zu beschäftigen.

Überbrückungsgeld und Arbeitnehmerhilfe

Mit dem **Überbrückungsgeld** werden Arbeitslose gefördert, sie sich selbstständig machen. Das Risiko, in den kritischen ersten Monaten der Selbstständigkeit den Lebensunterhalt nicht mehr bestreiten zu können, fällt somit weg.
Die **Arbeitnehmerhilfe** unterstützt Arbeitslose, die eine höchstens auf drei Monate befristete Tätigkeit annehmen. Sie sollen damit einen Anreiz bekommen, Saisontätigkeiten, die typischerweise gering entlohnt werden, aufzunehmen. Meist geht es dabei um Pflanzenbau (Erntearbeiter).

Sonstige Maßnahmen

Neben den genannten, im Sozialgesetzbuch verankerten Maßnahmen haben die Agenturen für Arbeit die Möglichkeit, einen Teil der Gelder nach eigenem Ermessen für aktive Arbeitsmarktpolitik zu vergeben.
Darüber hinaus legt die Bundesagentur für Arbeit diverse Sonderprogramme auf. Darunter sind zum Beispiel Maßnahmen zur Bekämpfung der Jugendarbeitslosigkeit, zur Bekämpfung der Langzeitarbeitslosigkeit, zur Verbesserung der Zusammenarbeit mit Zeitarbeitsfirmen und ein Modellprojekt zur Aufnahme gering entlohnter Tätigkeiten.
Darüber hinaus gibt es zahlreiche weitere Maßnahmen wie **Winterbauförderung** (für arbeitslose Bauarbeiter bei schlechter Witterung), **Mobilitätshilfen** (für Arbeitslose, die umziehen, um eine Stelle anzutreten) oder ein Modell zum **Abbau von Überstunden** bei gleichzeitiger Einstellung von Arbeitslosen.

Passive Arbeitsmarktpolitik

Mit den Mitteln der **passiven Arbeitsmarktpolitik** wird den Arbeitslosen finanzielle Unterstützung in ihrer Situation gewährt. Diese Lohnersatzleistungen sind hauptsächlich **Arbeitslosengeld I (ALG I)** und **Arbeitslosengeld II (ALG II).**

Alte Modelle und neue Ideen zur Bekämpfung der Arbeitslosigkeit

Die Bekämpfung der Arbeitslosigkeit ist ein zentrales Thema der Wirtschaftspolitik. Sie ist aber nicht nur Aufgabe der Regierung, sondern auch der Arbeitgeber und der Arbeitnehmer, der Tarifpartner und der Gesellschaft insgesamt.

Da jeder Vorschlag gegen die Arbeitslosigkeit Vor- und Nachteile aufweist und damit die Interessen bestimmter gesellschaftlicher Gruppen berührt, ist die Durchsetzung stets mit Hindernissen verbunden.

Wer bekämpft die Arbeitslosigkeit?	Mit welchen Mitteln wird der Arbeitslosigkeit begegnet?
Regierung	■ Beschäftigungsprogramme ■ Ankurbelung der Binnennachfrage aufgrund einer umfassenden Steuerreform ■ Senkung der gesetzlichen Lohnnebenkosten ■ Schaffung eines gesetzlichen Rahmens, um vermehrt Investivlohn zahlen zu können ■ Vermehrte Bildungs- und Forschungsinvestitionen ■ Förderung des Eintritts in die Selbstständigkeit ■ Verminderung der Lohnersatzleistungen (z. B. Arbeitslosengeld II) ■ Reformierung bestehender Ausbildungsgänge ■ Errichtung neuer Ausbildungsgänge *Beispiele: Medien-, IT- und andere Dienstleistungsberufe* ■ Kombilohn (Lohn besteht aus Arbeitseinkommen und staatlicher Unterstützung) ■ Verbot von Lohn-Dumping ■ Durchsetzung und Kontrolle des Gesetzes gegen Schwarzarbeit
Bundesagentur für Arbeit	■ Aktive Arbeitsmarktpolitik ■ Intensivierung der Vermittlung ■ Verbesserung der Winterbauförderung
Arbeitgeber	■ Vermehrung von Teilzeitarbeitsplätzen ■ Einrichtung von Job-sharing-Arbeitsplätzen ■ Abbau von Überstunden ■ Einrichtung von Arbeitszeitkonten
Arbeitnehmer	■ Erhöhung der beruflichen und regionalen Mobilität ■ Bereitschaft, sich im Zweifel für eine Arbeit und gegen öffentliche Unterstützung zu entscheiden ■ Bereitschaft, Arbeit unter Lohnverzicht mit anderen zu teilen
Tarifpartner	■ Tariföffnungsklauseln ■ Arbeitszeitverkürzung ohne Lohnausgleich ■ Rationalisierungsschutzabkommen

6.8.4 Außenwirtschaftliches Gleichgewicht

6.8.4.1 Gegenstände des Außenwirtschaftsverkehrs

Die außenwirtschaftlichen Beziehungen sind für die Bundesrepublik Deutschland von besonderer Bedeutung.

Beispiel 2008 wurden von den im Inland produzierten Gütern und Dienstleistungen über 30 % exportiert. Mehr als jeder 3. Arbeitsplatz in Deutschland ist vom Export abhängig.

Der **Außenwirtschaftsverkehr** umfasst den Waren-, Dienstleistungs-, Kapital- und Zahlungsverkehr mit anderen Volkswirtschaften *(§ 1 AWG)*.

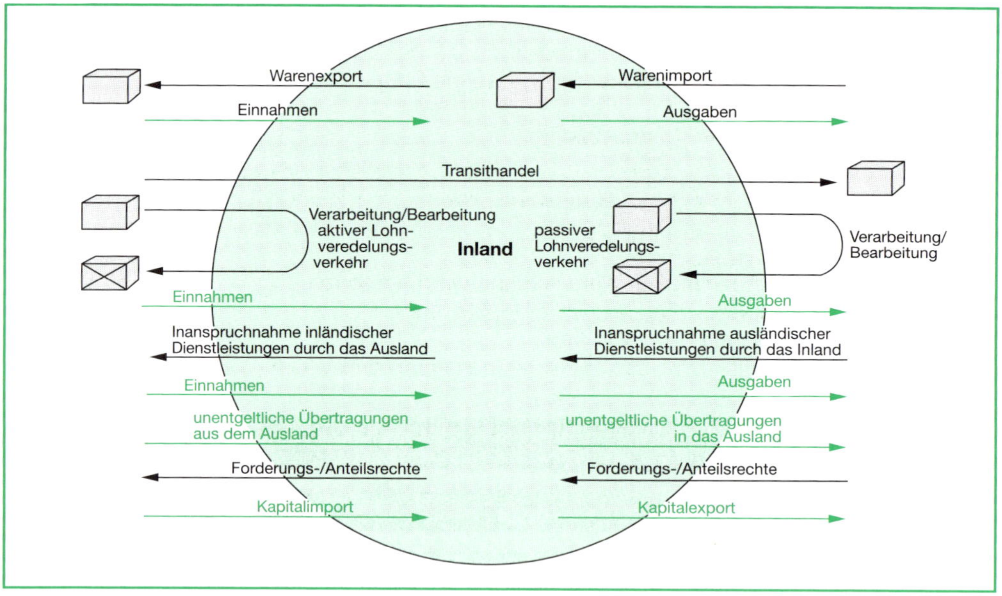

6.8.4.2 Zahlungsbilanz

Die **Zahlungsbilanz** ist eine systematische Darstellung aller ökonomischen Transaktionen zwischen Inländern und Ausländern[1] in einem Jahr.

Der Begriff „Bilanz" ist irreführend, da die Zahlungsbilanz keine zeitpunktbezogene Vermögensaufstellung ist, sondern eine in Teilbilanzen aufgegliederte Gegenüberstellung von Wertströmen zwischen im Inland ansässigen Wirtschaftseinheiten und im Ausland ansässigen Wirtschaftseinheiten.

Zahlungsbilanzschema der Deutschen Bundesbank								
Leistungsbilanz						Kapitalbilanz		
Außenhandel	Ergänzungen zum Warenverkehr	Dienstleistungen	Erwerbs- und Vermögens-einkommen	Laufende Über-tragungen	Vermögens-über-tragungen	insgesamt	darunter Veränderung der Währungsreserven zu Transaktions-werten	Saldo der statistisch nicht aufgliederbaren Transaktionen

Entsprechend dem System der doppelten Buchführung wird jede Transaktionen zweimal erfasst. Einem ausgehenden muss ein eingehender Wertstrom gegenüberstehen, damit die Bilanz ausgeglichen ist. Bei entgeltlichen Transaktionen ist das kein Problem; wird aber eine Leistung unentgeltlich empfangen oder abgegeben, muss eine fiktive Gegenposition (Übertragungsbilanz) gebildet werden, um einen Bilanzausgleich herbeizuführen. Die Erstellung der deutschen Zahlungsbilanz obliegt der Deutschen Bundesbank und folgt den gemeinsamen Empfehlungen von UNO, IWF, Weltbank, OECD und der Kommission der Europäischen Gemeinschaften.

Das Zahlenmaterial stammt überwiegend aus
- der Außenhandelsstatistik des Statistischen Bundesamtes und
- der Statistik des Auslandszahlungsverkehrs der Deutschen Bundesbank.

[1] Unterscheidung Inländer – Ausländer nach Wohnortprinzip (mind. 1 Jahr), nicht nach Staatsangehörigkeit.

Die wichtigsten Rechtsgrundlagen der Zahlungsbilanz sind

- Gesetz über die Statistik des grenzüberschreitenden Warenverkehrs
- Außenwirtschaftsgesetz und Außenwirtschaftsverordnung
- Bundesbankgesetz
- Gesetz über die Statistik für Bundeszwecke

Alle außenwirtschaftlichen Transaktionen von Gebietsansässigen (Unternehmen, Privatpersonen und öffentlichen Stellen) sind für Zahlungsbilanzzwecke zu melden. Von dieser Vorschrift des § 26 AWG in Verbindung mit der AWV sind

- Transaktionen bis 12.500,00 EUR,
- Zahlungen in Zusammenhang mit Warenexporten und -importen,
- kurzfristige Kapitalverkehrstransaktionen (> 12 Monate),
- Direktinvestitionsbestände bis 3 Mio. EUR,
- Forderungen und Verbindlichkeiten der Unternehmen bis 5 Mio. EUR

ausgenommen.

Kreditinstitute unterliegen besonderen Meldevorschriften für Transaktionen ihrer Kunden. Beispielsweise sind Wertpapiererträge und Zinsen mit den Formularen Z 11 und Z 14/15 zu melden.

Buchungsregeln der Zahlungsbilanz

Die Zahlungsbilanz kann in Staffel-, Konten- oder Spaltenform dargestellt werden. Die Bundesbank bevorzugt die Spaltenform.

Jeder Vorgang wird zweiseitig erfasst. Die Richtung der Wertströme wird durch Vorzeichen (+, –) kenntlich gemacht.

Plusvorzeichen +	**Minusvorzeichen –**
■ Lieferungen inländischer Waren, Dienstleistungen und Faktorleistungen (Ausfuhr) ■ Abgabe inländischer Eigentums- und Schuldtitel (Kapitalimport) an das Ausland ■ Unentgeltliche Leistungen des Auslandes an das Inland	■ Käufe ausländischer Waren, Dienstleistungen und Faktorleistungen (Einfuhr) ■ Erwerb von Eigentums- und Forderungstiteln gegen das Ausland (Kapitalexport) ■ Unentgeltliche Leistungen vom Inland an das Ausland

Leistungsbilanz

Die Leistungsbilanz besteht aus den Unterbilanzen

- Außenhandel,
- Ergänzungen zum Warenverkehr,
- Dienstleistungsbilanz,
- Erwerbs- und Vermögenseinkommen sowie
- laufende Übertragungen.

Der Saldo der Leistungsbilanz, der sich aus den Salden der einzelnen Unterbilanzen ergibt, soll die Transfers berücksichtigen, die Einfluss auf Verbrauch und Einkommen haben. Die Gegenbuchungen erfolgen in der Kapitalbilanz.

Außenhandel

Die **Handelsbilanz** umfasst alle **Warenausfuhren** (fob) und alle **Wareneinfuhren** (cif).

Beispiel Warenexport 500 Mio. EUR, Zahlungsziel 6 Monate, Warenimport 400 Mio. EUR, Zahlung unverzüglich

Leistungsbilanz						
Außenhandel	Ergänzungen zum Warenverkehr	Dienstleistungen	Erwerbs- und Vermögenseinkommen	laufende Übertragungen	Vermögensübertragungen	Kapitalbilanz
+ 500 – 400						– 500 + 400

Übersteigen die Exporte die Importe, wird von einer **aktiven Handelsbilanz** gesprochen. Die **Handelsbilanz ist passiv,** wenn die Importe größer sind.

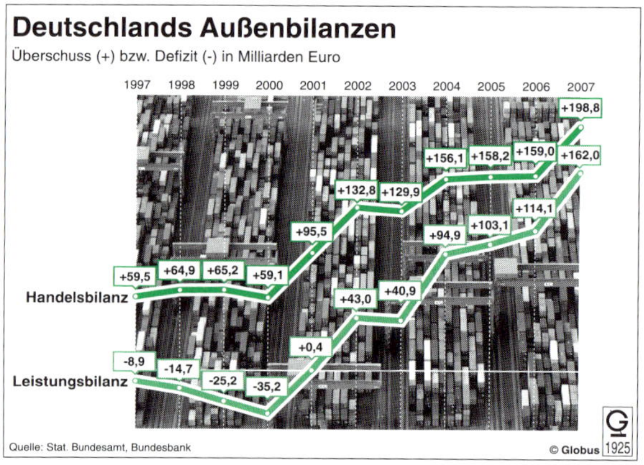

Ergänzungen zum Warenverkehr

Diese Bilanz ist vom Volumen her die unbedeutendste und umfasst hauptsächlich den Lagerverkehr auf inländische Rechnung. Darunter sind Waren zu verstehen, die vom Ausland in inländische Freihäfen oder Zollfreigebiete eingeführt und anschließend wieder ausgeführt werden.

Beispiel

Einfuhr von Teppichen und Lagerung im Zollfreigebiet im Wert von 2 Mio. EUR

Leistungsbilanz						
Außenhandel	Ergänzungen zum Warenverkehr	Dienstleistungen	Erwerbs- und Vermögenseinkommen	laufende Übertragungen	Vermögensübertragungen	Kapitalbilanz
+ 500 – 400	– 2					– 500 + 400 + 2

Dienstleistungen

Der Dienstleistungssektor hat eine im Außenhandel stark wachsende Bedeutung. Er umfasst die „unsichtbaren Ausfuhren und Einfuhren". Dazu gehören

- Finanzdienstleistungen,
- Transportdienstleistungen,
- Reiseverkehrsdienstleistungen,
- Lizenzen und Patente.

Beispiele

- Deutsche Urlauber geben für Auslandsreisen 60 Mio. EUR aus. Sie importieren Dienstleistungen.
- Ein deutsches Kreditinstitut erhält von einem ausländischen Konzern 25 Mio. EUR Honorar für die Beratung bei einer Übernahme.

Leistungsbilanz						
Außenhandel	Ergänzungen zum Warenverkehr	Dienstleistungen	Erwerbs- und Vermögenseinkommen	laufende Übertragungen	Vermögensübertragungen	Kapitalbilanz
+ 500 – 400	– 2	– 60 + 25				– 500 + 400 + 2 + 60 – 25

Das traditionelle Defizit in der deutschen Dienstleistungsbilanz ist vornehmlich auf den negativen Saldo im Reiseverkehr zurückzuführen.

Erwerbs- und Vermögenseinkommen

Die wichtigsten Komponenten der Erwerbs- und Vermögenseinkommen sind Kapitalerträge und Einkommen aus unselbstständiger Arbeit.

Beispiel Deutsche Anleger erhalten von dem Luxemburger Tochterinstitut ihrer Hausbank 30 Mio. EUR Zinsen auf ihre Konten in Deutschland überwiesen.

Leistungsbilanz						
Außenhandel	Ergänzungen zum Warenverkehr	Dienstleistungen	Erwerbs- und Vermögenseinkommen	laufende Übertragungen	Vermögensübertragungen	Kapitalbilanz
+ 500 – 400	– 2	– 60 + 25	+ 30			– 500 + 400 + 2 + 60 – 25 – 30

Laufende Übertragungen

Hierunter fallen Leistungen, denen keine unmittelbaren Gegenleistungen gegenüberstehen: Laufende Beiträge zu den Haushalten der internationalen Organisationen sowie Überweisungen der Gastarbeiter, bestimmte Zuwendungen an Entwicklungsländer, Renten, Pensionen sowie Nettoprämien der Versicherungen usw.

Beispiel Die Bundesrepublik zahlt in den Agrarfonds der Europäischen Gemeinschaft 80 Mio. EUR.

Leistungsbilanz						
Außenhandel	Ergänzungen zum Warenverkehr	Dienstleistungen	Erwerbs- und Vermögenseinkommen	laufende Übertragungen	Vermögensübertragungen	Kapitalbilanz
+ 500 – 400	– 2	– 60 + 25	+ 30	– 80		– 500 + 400 + 2 + 60 – 25 – 30 + 80

Beispiel Nach einer Saldierung ergibt sich folgendes Bild der Leistungsbilanz:

Leistungsbilanz						
Außenhandel	Ergänzungen zum Warenverkehr	Dienstleistungen	Erwerbs- und Vermögenseinkommen	laufende Übertragungen	Vermögensübertragungen	Kapitalbilanz
+ 500 – 400	– 2	– 60 + 25	+ 30	– 80		– 500 + 400 + 2 + 60 – 25 – 30 + 80
+ 100	– 2	– 35	+ 30	– 80		– 13

Der Saldo der Leistungsbilanz (+100 −2 −35 +30 −80) beträgt +13 Mio. EUR und entspricht damit dem Saldo der Kapitalbilanz in Höhe von −13 Mio. EUR.

Mit anderen Worten: Deutschland hat gegenüber dem Ausland einen Überschuss an Leistungen in Höhe von 13 Mio. EUR erbracht und damit Auslandsforderungen in gleicher Höhe aufgebaut.

Vermögensübertragungen

Für die Klassifizierung als Vermögensübertragung ist es ausreichend, wenn eine der beiden Seiten den Transfer als einmalig betrachtet.
Zu den Vermögensübertragungen gehören Schuldenerlasse, Erbschaften, Schenkungen, Vermögensmitnahmen von Aus- und Einwanderern sowie Zuschüsse zu Infrastrukturmaßnahmen von der EU.
Zahlungen an den EU-Haushalt gehören dagegen, wie oben gezeigt, zu den laufenden Übertragungen.

Beispiel Deutschland erlässt Jordanien Schulden in Höhe von 10 Mio. EUR.

Leistungsbilanz						
Außenhandel	Ergänzungen zum Warenverkehr	Dienstleistungen	Erwerbs- und Vermögens-einkommen	laufende Übertragungen	Vermögens-übertragungen	Kapitalbilanz
+ 500 − 400	− 2	− 60 + 25	+ 30	− 80	− 10	− 500 + 400 + 2 + 60 − 25 − 30 + 80 + 10
+ 100	− 2	− 35	+ 30	− 80	− 10	− 3

Der Saldo aus Leistungsbilanz (+13) und Vermögensübertragungen (−10) ist jetzt gleich dem Saldo der Kapitalbilanz (− 3).

Daraus folgt: Die transaktionsbedingten Veränderungen des Netto-Auslandsvermögens spiegeln sich in den Salden der Leistungsbilanz und der Vermögensübertragungen wider.

Kapitalbilanz

Die **Kapitalbilanz** erfasst Kapitalexporte und -importe.

Plusvorzeichen +	Minusvorzeichen −
■ Kapitalimporte ■ Forderungsabnahme ■ Verbindlichkeitenzunahme	■ Kapitalexporte ■ Forderungszunahme ■ Verbindlichkeitenabnahme

Diese Vorzeichenregelung ergibt sich zwingend aus der Vereinbarung, dass Leistungen, die zu einem Zahlungseingang führen, ein Plus erhalten. Analog muss die daraus resultierende Forderung ein Minus erhalten, und eine Forderungsabnahme ein Plus.

Warum wird aber die Forderungszunahme als „Kapitalexport" bezeichnet?

Die Kapitalbilanz nimmt, wie in den vorherigen Beispielen dargestellt wurde, die Gegenströme aus den Transfers der Leistungsbilanz und der Vermögensübertragungen auf.

Beispiel

Ein deutsches Maschinenbauunternehmen verkauft eine Werkzeugmaschine nach Kanada und vereinbart „Zahlung in 90 Tagen". Streng genommen hat der Exporteur sein Kapital solange im Ausland festliegen, bis der Kunde bezahlt. Er hat sein Kapital exportiert, bis die Forderung beglichen ist. Analog gilt, dass Kapital eines ausländischen Lieferanten solange in Deutschland festliegt, bis der deutsche Importeur bezahlt hat.

Im Einzelnen gilt für den Kapitalverkehr folgende Untergliederung:

Direktinvestitionen

Hierunter sind Transfers zu verstehen, in denen ein besonderes unternehmerisches Engagement zum Ausdruck kommt. Dazu gehören Beteiligungskapital, langfristige Darlehen und kurzfristige Finanzbeziehungen verbundener Unternehmen, reinvestierte Gewinne, grenzüberschreitender Erwerb und Veräußerung von Immobilien.

Beispiele

Ein deutscher Anleger nimmt in Japan einen langfristigen Kredit in Höhe von 5 Mio. EUR auf und kauft dafür ein Grundstück in Tokio. Mit dieser Transaktion nehmen die deutschen Auslandsverbindlichkeiten zu (Kapitalimport) und gleichzeitig steigen die deutschen Auslandsvermögen (Kapitalexport), sodass sich per Saldo keine Veränderung der Kapitalbilanz ergibt.

Leistungsbilanz						
Außenhandel	Ergänzungen zum Warenverkehr	Dienstleistungen	Erwerbs- und Vermögenseinkommen	laufende Übertragungen	Vermögensübertragungen	Kapitalbilanz
+ 500 – 400	– 2	– 60 + 25	+ 30	– 80	– 10	– 500 + 400 + 2 + 60 – 25 – 30 + 80 + 10 + 5 – 5
+ 100	– 2	– 35	+ 30	– 80	– 10	– 3

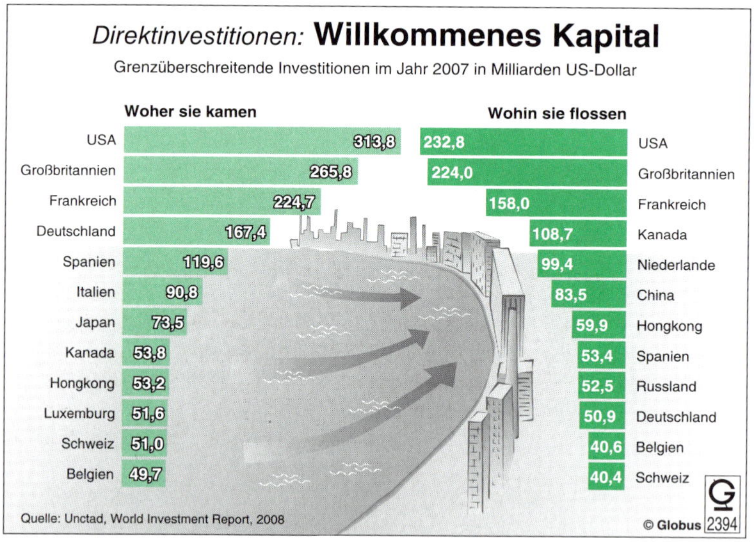

Wertpapiere
Hierzu zählen:

- Dividendenwerte,
- festverzinsliche Wertpapiere,
- Genussscheine,
- Investmentzertifikate,
- Geldmarktpapiere.

Finanzderivate
Verbriefte und nicht verbriefte Optionen sowie Finanztermingeschäfte.

Kredite
In diese Kategorie fallen lang- und kurzfristige Kredite von Kreditinstituten, Unternehmen und Privatpersonen, dem Staat und der Deutschen Bundesbank.

Übriger Kapitalverkehr

Hier werden insbesondere Kredite der MFIs erfasst.

Veränderung der Währungsreserven zu Transaktionswerten

Die „Veränderung der Währungsreserven zu Transaktionswerten“ erfasst nur transaktionsbedingte Veränderungen, nicht hingegen bewertungsbedingte Veränderungen der Währungsreserven der Notenbank. Sie bestehen aus den Goldbeständen, der IWF-Position (Ziehungsrechte und Sonderziehungsrechte) und liquiden Fremdwährungsforderungen gegenüber Ansässigen außerhalb des Euro-Währungsgebietes und sind der Kapitalbilanz zugeordnet. Um auf den ersten Blick Informationen über Veränderungen bei den von der Deutschen Bundesbank gehaltenen offiziellen Währungsreserven zu erhalten, kommt es zu einem separaten Ausweis innerhalb der Kapitalbilanz mit der Bezeichnung „Veränderung der Währungsreserven zu Transaktionswerten“.

Beispiele

Die Deutsche Bundesbank kauft Währungsreserven von Gebietsfremden, folglich nehmen ihre Forderungen ans Ausland zu. Andererseits aber steigen zugleich die Verbindlichkeiten der Bundesbank gegenüber dem Ausland, da – als Gegenleistung für die Überlassung der Währungsreserven – den Gebietsfremden der entsprechende Euro-Gegenwert auf deren Konten bei der Bundesbank gutzuschreiben ist. Die Transaktion findet also Niederschlag als Forderungszunahme (–) in der Rubrik „Veränderung der Währungsreserven zu Transaktionswerten“ bei gleichzeitiger Zunahme der Verbindlichkeiten (+) der Notenbank gegenüber Gebietsfremden in der Rubrik „Übriger Kapitalverkehr“, einem weiteren Unterkonto der Kapitalbilanz. Der Saldo der Kapitalbilanz bleibt in diesem Fall unverändert, da Buchung und Gegenbuchung sich saldentechnisch gegenseitig aufheben.

Formaler und inhaltlicher Zahlungsbilanzausgleich

Der Saldo von Leistungsbilanz und Vermögensübertragungen entspricht dem Saldo der Kapitalbilanz.

Unter Beachtung der Vorzeichen muss die Summe der Hauptsalden

- Leistungsbilanz,
- Vermögensübertragungen und
- Kapitalbilanz

null ergeben.

Rechnerische Differenzen aufgrund von Schätzfehlern, Meldelücken, Erfassungsfehlern, Bewertungsfehlern und Periodisierungsfehlern werden über den „Saldo der statistisch nicht aufgliederbaren Transaktionen“, auch „Restposten“ genannt, ausgeglichen.

Zahlungsbilanzschema der Deutschen Bundesbank

Leistungsbilanz							
Außenhandel	Ergänzungen zum Warenverkehr	Dienstleistungsbilanz	Erwerbs- und Vermögenseinkommen	Laufende Übertragungen	Vermögensübertragungen	Kapitalbilanz	Saldo der statistisch nicht aufgliederbaren Transaktionen
+ 100	– 2	– 35	+ 30	– 80	– 10	– 3	

Leistungsbilanz	Vermögensübertragungen	Kapitalbilanz
+ 13	– 10	– 3

Weil die Zahlungsbilanz nach den Regeln der doppelten Buchführung erstellt wird, ist sie stets ausgeglichen. Dieser Zahlungsbilanzausgleich ist aber nur von **formaler** Natur.

Wichtiger als der buchungstechnische Ausgleich ist der **inhaltliche** (materielle) **Zahlungsbilanzausgleich.**

Die **Zahlungsbilanz ist ausgeglichen,** wenn analytisch bedeutsame Salden innerhalb der Teilbilanzen mit dem Ziel „Außenwirtschaftliches Gleichgewicht“ vereinbar sind.

Wichtige Posten der Zahlungsbilanz der Bundesrepublik Deutschland (Salden)

Zeit	Leistungsbilanz						Vermögensübertragungen und Kauf/Verkauf von immateriellen nicht produzierten Vermögensgütern	Kapitalbilanz		Saldo der statistisch nicht aufgliederbaren Transaktionen
	Saldo der Leistungsbilanz	Außenhandel [1]	Ergänzungen zum Außenhandel [2]	Dienstleistungen [3]	Erwerbs- und Vermögenseinkommen	laufende Übertragungen		insgesamt [4]	darunter Veränderung der Währungsreserven zu Transaktionswerten [5]	
	Mio. EUR									
1999	– 25.177	+ 65.211	– 8.153	– 46.035	– 11.415	– 24.785	– 154	– 10.396	+ 12.535	+ 35.726
2000	– 35.235	+ 59.128	– 9.071	– 49.006	– 8.335	– 27.950	+ 6.823	+ 34.187	+ 5.844	– 5.775
2001	+ 424	+ 95.495	– 7.420	– 49.862	– 10.932	– 26.856	– 387	– 11.794	+ 6.032	+ 11.757
2002	+ 42.976	+ 132.788	– 8.552	– 35.728	– 18.019	– 27.514	– 212	– 38.448	+ 2.065	– 4.316
2003	+ 41.398	+ 129.921	– 11.142	– 34.497	– 15.067	– 27.817	+ 311	– 61.758	+ 445	+ 20.049
2004	+ 102.889	+ 156.096	– 16.447	– 29.341	+ 20.431	– 27.849	+ 435	– 122.984	+ 1.470	+ 19.660
2005	+ 116.606	+ 158.179	– 13.761	– 24.914	+ 25.687	– 28.585	– 1.248	– 130.725	+ 2.182	+ 15.367
2006	+ 141.490	+ 159.048	– 12.722	– 15.556	+ 37.616	– 26.895	– 175	– 151.113	+ 2.934	+ 9.798
2007	+ 184.071	+ 198.640	– 9.430	– 16.427	+ 41.966	– 30.678	+ 224	– 222.620	– 953	+ 38.325

1 Spezialhandel nach der amtlichen Außenhandelsstatistik: Einfuhr cif, Ausfuhr fob. Ab Januar 2007 ohne Warenlieferungen zur bzw. nach Reparatur/Wartung, die bis Dezember 2006 über die Ergänzungen zum Außenhandel abgesetzt wurden. – **2** Unter anderem Lagerverkehr auf inländische Rechnung und Absetzung der Rückwaren. – **3** Ohne die im cif-Wert der Einfuhr enthaltenen Ausgaben für Fracht- und Versicherungskosten. – **4** Saldo der Kapitalbilanz einschließlich Veränderung der Währungsreserven. Kapitalexport: – . – **5** Zunahme: – .

Störungen des Zahlungsbilanzgleichgewichtes

Die wichtigsten Gründe für Störungen des Zahlungsbilanzgleichgewichtes sind

- Strukturdifferenzen zwischen den Handelspartnern in Bezug auf
  - Ausstattung mit Ressourcen
  - Ausstattung mit den Produktionsfaktoren Arbeit und Kapital
- internationales Technologiegefälle
- einseitig verteilte wirtschaftliche Macht

Beispiel Kontingentierung der Bananeneinfuhr aus Staaten Südamerikas

- Internationales Preisniveaugefälle
- Internationales Zinsniveaugefälle
- Politische Entwicklungen
- Wechselkurse

Warum Zahlungsbilanzausgleich

Eine ausgeglichene Zahlungsbilanz („außenwirtschaftliches Gleichgewicht") ist ein Ziel des Magischen Vierecks, weil

- zu hohe Exportüberschüsse die inländische Beschäftigung zu einer starken Abhängigkeit vom Ausland führen,
- es zu außenpolitischem Druck kommt, wenn eigene Exporte beim Handelspartner konjunkturell unerwünscht sind,
- Exportüberschüsse den Protektionismus fördern können,
- Importüberschüsse zu Devisenknappheit führen,
- Importüberschüsse zu einer Verschuldung gegenüber dem Ausland bis hin zum Verlust der internationalen Kreditwürdigkeit führen können,
- die Gefahr importierter Inflation bei zu hohen Exporten eintritt.

Die Gefahr von Geldmengenstörungen und Wechselkursschwankungen aufgrund von Handelsbilanzungleichgewichten hat sich, wie die Struktur des deutschen Außenhandels zeigt, mit der Einführung des EUR auf die Handelsbeziehungen mit Staaten außerhalb des Euro-Währungsraumes reduziert.

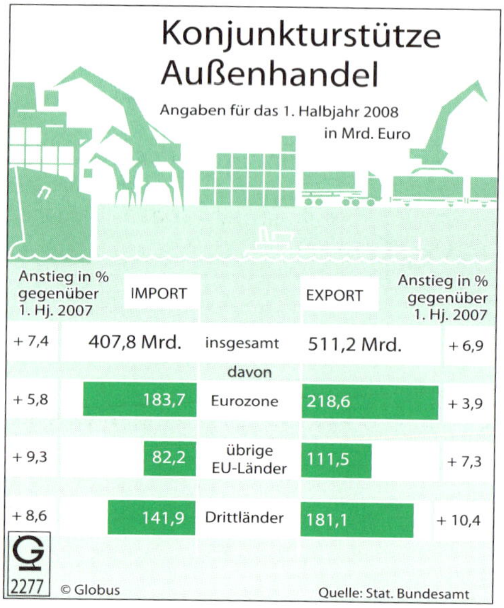

EWU-Zahlungsbilanz

Mit Beginn der Europäischen Währungsunion haben die nationalen Zahlungsbilanzen als Analyseinstrument für die Geldpolitik zunehmend an Bedeutung verloren.
Die Wirtschaftsentwicklung, insbesondere Wirtschaftswachstum, Arbeitsmarkt und Preise, weist weiterhin Unterschiede auf, aber

- Binnenzölle existieren nicht mehr,
- es gibt eine einheitliche Währung und damit keine Wechselkursrisiken mehr,
- das Zinsniveau in der Eurozone ist einheitlich.

Trotzdem ist die nationale Zahlungsbilanz nicht entbehrlich geworden. Die Volkswirtschaftliche Gesamtrechnung ist auf Daten aus der Zahlungsbilanz angewiesen. Außerdem erhält die deutsche Wirtschaftspolitik wichtige finanz- und standortpolitische Informationen aus der Zahlungsbilanz, und der IWF besteht weiterhin auf nationalen Zahlungsbilanzaufzeichnungen.

Zahlungsbilanz – Gesamtübersicht (in Mrd. EUR: Nettotransaktionen)

Mrd. EUR	Leistungsbilanz					Ver-mögens-über-tragungen	Finanzierungssaldo gegenüber der übrigen Welt (Spalte 1 + 6)	Kapitalbilanz						Restposten
	Insgesamt	Warenhandel	Dienstleistungen	Erwerbs- und Vermögens-einkommen	Laufende Übertragungen			Insgesamt	Direktinvestitionen	Wertpapieranlagen	Finanzderivate	Übriger Kapitalverkehr	Währungsreserven	
	1	2	3	4	5	6	7	8	9	10	11	12	13	14
2005	18,1	48,3	37,3	5,4	– 72,9	11,4	29,6	9,2	– 216,4	131,4	– 18,2	94,5	18,0	– 38,8
2006	– 1,3	19,2	42,3	15,1	– 77,9	9,2	7,9	112,4	– 144,7	266,3	2,4	– 10,3	– 1,3	– 120,3
2007	26,6	55,6	50,9	4,2	– 84,1	13,9	40,5	96,2	– 117,3	235,7	– 90,5	73,7	– 5,3	– 136,7
2007 Q1	3,7	8,6	9,4	6,9	– 21,3	4,6	8,4	29,4	– 14,3	142,4	– 15,2	– 81,9	– 1,6	– 37,8
Q2	– 2,0	20,1	14,0	– 19,4	– 16,7	2,1	0,1	49,8	– 57,9	90,4	– 19,7	41,2	– 4,2	– 50,0
Q3	13,6	17,1	17,2	5,0	– 25,6	1,6	15,2	97,5	– 40,9	65,1	– 26,8	104,4	– 4,4	– 112,7
Q4	11,1	9,7	10,3	11,6	– 20,5	5,6	16,7	– 80,5	– 4,3	– 62,3	– 28,8	10,0	4,9	63,8
2008 Jan.	– 18,0	– 9,1	3,1	– 1,3	– 10,8	2,4	– 15,6	22,9	– 51,9	53,0	– 19,2	47,4	– 6,4	– 7,2
Feb.	7,6	4,7	4,3	4,4	– 5,8	2,2	9,8	– 8,4	– 22,4	14,7	1,7	– 7,0	4,6	– 1,4
März	– 4,8	1,4	3,2	3,0	– 12,4	1,0	– 3,8	4,7	– 30,5	5,7	2,6	30,2	– 3,3	– 0,9
April	– 7,4	4,2	3,0	– 7,0	– 7,7	0,5	– 6,8	18,2	– 22,4	– 3,7	– 14,2	61,9	– 3,4	– 11,4
Mai	– 21,4	– 4,4	3,6	– 15,7	– 5,0	1,8	– 19,6	44,2	– 10,4	23,0	– 29,7	58,6	2,8	– 24,6

6.8.5 Angemessenes und stetiges Wirtschaftswachstum

Die Verbesserung der Lebensbedingungen ist seit jeher ein Ziel der Menschheit. Wirtschaftswachstum ist umso wichtiger, je niedriger das Versorgungsniveau und der Lebensstandard der Bevölkerung sind.
Wirtschaftswachstum führt jedoch nur dann zu einer Verbesserung der Lebensbedingungen des Einzelnen, wenn die Wachstumsrate des Inlandsprodukts größer ist als die Wachstumsrate der Bevölkerung.

Maßstab für das Wirtschaftswachstum ist die **jährliche Wachstumsrate des Bruttoinlandsprodukts[1].**

Das Stabilitätsgesetz fordert ein „stetiges" und „angemessenes" Wirtschaftswachstum:

- **„Stetig"** bedeutet, dass das Wirtschaftswachstum gleichmäßig, das heißt ohne hektische Ausschläge und ohne Wachtumsunterbrechungen erfolgen soll.
- **„Angemessen"** bedeutet, dass das Wirtschaftswachstum nur insoweit erfolgen soll, als es die übrigen Ziele des Stabilitätsgesetzes nach Möglichkeit unterstützt, zumindest aber nicht gefährdet. Das Ziel Wirtschaftswachstum soll also nicht um jeden Preis verfolgt werden.

Da der Wert des Bruttoinlandsprodukts bestimmt wird durch die Menge der produzierten Güter und Dienstleistungen und deren Preise, wird bei einem Anstieg des allgemeinen Preisniveaus das tatsächliche Wachstum des Bruttoinlandsprodukts nicht sichtbar. Man muss daher zwischen dem nominellen und dem realen Wirtschaftswachstum unterscheiden.

Das **reale Wirtschaftswachstum** ist Ausdruck für die um den Anstieg des Preisniveaus bereinigte Veränderung des Bruttoinlandsprodukts.

Die Knappheit der Rohstoff- und Energievorräte und steigende Umweltbelastungen führen zu einem **Spannungsverhältnis zwischen Ökonomie und Ökologie** und zeigen den Menschen zunehmend die Grenzen eines auf der Ausbeutung der Natur begründeten Wirtschaftswachstums auf.
Die Wachstumsrate des Bruttoinlandsproduktes ist eine rein **quantitative** Größe, die nur geringe Aussagefähigkeit für die Lebensqualität hat.

[1] Vgl. Seite 413 ff.

Man spricht von einem **qualitativen** Wachstum, wenn es darauf abzielt,

- nicht nur ökonomische, sondern auch ökologische Gesichtspunkte bei Investitionsentscheidungen zu berücksichtigen,
- energie- und ressourcenschonende/-sparende Produktionsverfahren zu praktizieren,
- die Produktion umweltbelastender Sachgüter einzuschränken bzw. aufzugeben,
- die Produktion ökologisch unbedenklicher Güter und Dienstleistungen zu begünstigen,
- bereits eingetretene Umweltschäden zu beseitigen,
- die Arbeitsbedingungen zu verbessern,
- bestehende soziale Ungerechtigkeiten abzubauen.

6.8.6 Zielerweiterungen

Sozialverträgliche Einkommens- und Vermögensverteilung

Das Ziel Wirtschaftswachstum gewinnt dann eine besondere Bedeutung, wenn das Ziel einer sozialverträglichen Einkommens- und Vermögensverteilung in den wirtschaftspolitischen Zielkatalog aufgenommen wird.

Das liegt daran, dass in einer wachsenden Wirtschaft eine Einkommensumverteilung leichter durchzuführen ist als in einer stagnierenden Wirtschaft. In einer wachsenden Wirtschaft nämlich könnten den Beziehern niedriger und mittlerer Einkommen gegenüber den bessergestellten Bevölkerungsgruppen höhere Zuwachsraten ihrer Einkommen zugebilligt werden. In einer stagnierenden Wirtschaft (Nullwachstum) dagegen müsste eine beabsichtigte Einkommensumverteilung zwangsläufig zu einer Einkommensminderung des reicheren Bevölkerungsteils führen, was bei diesem aufgrund des Besitzstandsverlustes zu Unsicherheit, Motivationsverlust und Widerständen führen könnte.

Was ist eine gerechte Einkommens- und Vermögensverteilung?

Ist eine ausschließlich an der individuellen Leistung orientierte Verteilung von Einkommen und Vermögen gerecht? Oder verspricht das Gleichheitsprinzip größtmögliche Gerechtigkeit?
Das sind die Extrempositionen bei der Beantwortung einer Frage, die die Menschen seit jeher bewegt und für die es noch keine gültige Antwort gibt. Denn einen objektiven Maßstab für Gerechtigkeit gibt es in diesem Zusammenhang nicht.
Für die Marktwirtschaft gilt: Wer qualifiziert, initiativ und tüchtig ist und bereit ist, Verantwortung und Risiko zu tragen, wird mit relativ hohem Einkommen und Vermögen belohnt. Wer jedoch wenig Initiative entfaltet, das Risiko scheut oder weniger qualifiziert ist, erzielt allenfalls ein durchschnittliches Einkommen. Und: Durch den marktwirtschaftlichen Verteilungsprozess wird nur solchen Personen Einkommen zugeteilt, die sich am Wirtschaftsleben als Erwerbstätige oder Kapitalgeber beteiligen.
Das verfassungsrechtlich verankerte **Sozialstaatsprinzip** verpflichtet den Staat, für soziale Sicherheit und Gerechtigkeit innerhalb der Gesellschaft zu sorgen. Seine Sozialpolitik zielt u. a. darauf ab, den Einzelnen bei Krankheit, Unfall, Invalidität und Arbeitslosigkeit zu schützen und wirtschaftlich benachteiligte oder schwache Bevölkerungskreise zu unterstützen.

Instrumente der sozialen Umverteilungspolitik sind u. a.:

- die progressive Besteuerung der Einkommen natürlicher Personen,
- die progressive Besteuerung ererbten Vermögens,
- die staatliche Förderung der Vermögensbildung und der Altersvorsorge,
- die staatliche Förderung des privaten Wohnungsbaus,
- Transferzahlungen: Renten, Pensionen, Arbeitslosengeld, Kindergeld, Wohngeld, BAföG-Zahlungen,
- Steuererleichterungen aufgrund der Abzugsfähigkeit von Sonderausgaben und außergewöhnlichen Belastungen bei natürlichen Personen.

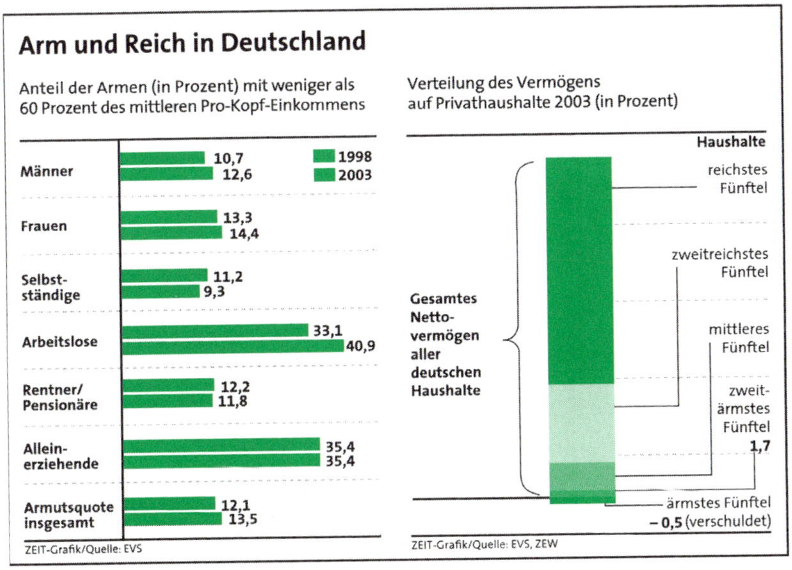

Quelle: Die Zeit, Nr. 43/2006

Umweltschutz[1]

Die Erhaltung einer lebenswerten Umwelt ist national und international zu einem erklärten Ziel der Wirtschaftspolitik geworden. Sie ist Bestandteil in den Programmen der politischen Parteien und findet sich auch in den Statuten internationaler Organisationen wie der UNO und der WTO wieder. Auf dem Umweltgipfel in Rio wurde 1992 eine weltweite Initiative zur Schonung der Umwelt vereinbart. Neben den völkerrechtlich verbindlichen Klimaschutz- und Artenschutzabkommen wurde der Aktionskatalog **„Agenda 21“** verabschiedet, der vier Schwerpunkte setzt:

- Veränderung der Konsumgewohnheiten der Industrieländer mit Blick auf die Armut und das Bevölkerungswachstum in der Dritten Welt,
- Schutz der Erdatmosphäre, Erhaltung der Artenvielfalt, Bekämpfung der Wüstenbildung,
- Verteilung der Aufgaben im Prozess der nachhaltigen Entwicklung auf staatliche Einrichtungen, Nichtregierungsorganisationen und andere Institutionen,
- Instrumente zur technischen Umsetzung und Finanzierung der „Agenda 21“.

Zur Überprüfung der Zielerreichung werden Umwelt-Informationssysteme aufgebaut. In der Bundesrepublik Deutschland ist hierfür das Statistische Bundesamt zuständig, das die **Umweltökonomische Gesamtrechnung** (UGR) aufstellt[2].

6.8.7 Zielkonflikte im Magischen Viereck

Der Gesetzgeber hat es bei der Formulierung des Stabilitätsgesetzes vermieden, zwischen den Zielen Preisniveaustabilität, hoher Beschäftigungsstand, außenwirtschaftliches Gleichgewicht und Wirtschaftswachstum eine Rangordnung aufzustellen.
Den verantwortlichen Politikern ist damit der gesetzliche Auftrag erteilt, die gleichzeitige Verwirklichung der genannten Ziele anzustreben, bzw. wenn dies nicht möglich ist, die Wirtschaftspolitik auf das am meisten gefährdete Ziel zu konzentrieren.

[1] Vgl. zur Umweltpolitik Seite 565 ff.
[2] Vgl. hierzu Seite 411

Die Erfahrungen der Gegenwart und der Vergangenheit zeigen, dass es in der Realität offensichtlich nur unter besonders günstigen Bedingungen möglich ist, alle vier Ziele gleichzeitig zu erreichen.
Grund hierfür ist, dass zwischen den Zielen Konflikte bestehen, d. h. es existieren Abhängigkeitsbeziehungen, die dazu führen können, dass die Verfolgung des einen Ziels gleichzeitig die Erreichung eines oder mehrerer der übrigen Ziele gefährdet. Man spricht auch von dem **„Magischen Viereck“**, weil es offensichtlich magischer Kräfte bedürfte, alle Ziele gleichzeitig zu erreichen.

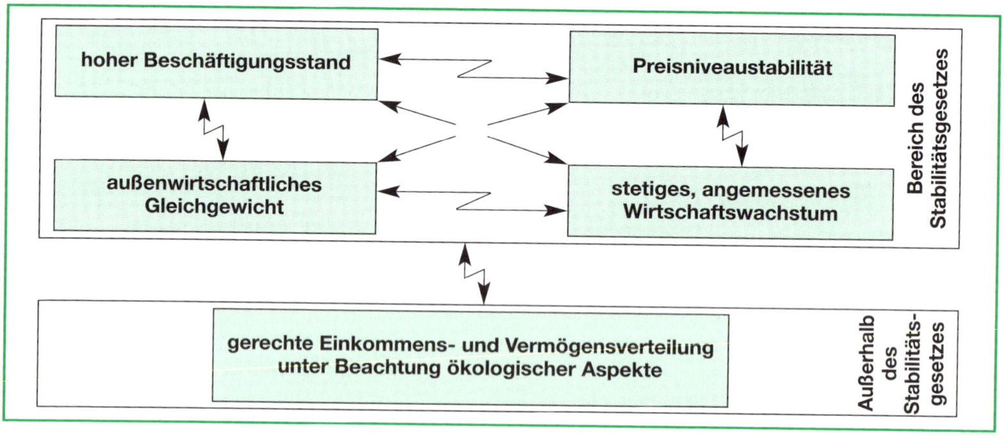

Beispiele

Ausgangssituation I

- Unterbeschäftigung
- stabile Preise
- ausgeglichene Leistungsbilanz
- geringes Wirtschaftswachstum

Maßnahme der Wirtschaftspolitik

- Investitionsförderungsprogramme

Mögliche Folgen

- Nachfrageerhöhung und Wachstum
- Preissteigerungen
- rückläufiger Export wegen Preissteigerungen

Ausgangssituation II

- hohe Preissteigerungsraten
- Vollbeschäftigung
- ausgeglichene Leistungsbilanz
- Wachstumsrate bei 3 %

Maßnahme der Wirtschaftspolitik

- Verringerung der Geldmenge durch die Notenbank

Mögliche Folgen

- Nachfragerückgang und rückläufige Beschäftigung
- Wachstumsrate sinkt
- Stabilisierung des Preisniveaus
- Belebung der Exporte durch günstige Inlandspreise

6.9 Staatshaushalt

Dreh- und Angelpunkt staatlicher Politik ist die finanzielle Situation der öffentlichen Haushalte. Nur wenige wirtschaftspolitische Maßnahmen des Staates bleiben ohne direkte oder indirekte Wirkung auf die staatlichen Einnahmen und Ausgaben.

Die **Einnahmen des Staates** resultieren aus

- Steuern,
- Abgaben, Gebühren und Beiträgen,
- öffentlichen Erwerbseinkünften,
- öffentlicher Kreditaufnahme.

Haupteinnahmequelle des Staates sind die Steuern.

Steuern sind „... Geldleistungen, die nicht eine Gegenleistung für eine besondere Leistung darstellen und von einem öffentlich-rechtlichen Gemeinwesen zur Erzielung von Einnahmen allen auferlegt werden, bei denen der Tatbestand zutrifft, an den das Gesetz die Leistungspflicht knüpft".

Eine Vielzahl von Steuergesetzen regelt, in welchen Fällen welche Steuern zu zahlen sind. Die **Abgabenordnung** *(AO)* enthält das allgemeine Steuerrecht.

Beispiele

- Steuergeheimnis
- Verfahrens-, Erhebungs- und Vollstreckungsgrundsätze
- Rechte und Pflichten von Finanzbehörden und Steuerpflichtigen

Der schottische Moralphilosoph und Nationalökonom **Adam Smith** hat **Steuergrundsätze** entwickelt, die teilweise heute noch gelten:

- **Gleichmäßigkeit:** Die Steuerpflicht des Einzelnen soll im Verhältnis zu seiner Leistungsfähigkeit stehen.
- **Bestimmtheit:** Die Steuerforderung soll gesetzlich klar fixiert sein und Willkür der Steuereintreiber verhindern.
- **Bequemlichkeit:** Durch eine günstige Termingestaltung und eine bequeme Erhebungsart soll der Steuerpflichtige bei seiner Steuerentrichtung unterstützt werden.
- **Billigkeit:** Die hohe Steuerlast soll nicht demotivieren; für die Steuererhebung ist die kostengünstigste Methode zu wählen.

Die etwa 40 Steuerarten lassen sich nach unterschiedlichen Kriterien kategorisieren.

Steuereinteilung nach der Steuerhoheit *(Art. 106 GG)*

Bundessteuern

Beispiele alle Verbrauchsteuern außer Biersteuer, Versicherungsteuer

Ländersteuern

Beispiele Kraftfahrzeugsteuer, Grunderwerbsteuer, Erbschaft- und Schenkungsteuer

Gemeindesteuern

Beispiele Grundsteuer, Gewerbesteuer (abzüglich Umlage für Bund und Länder), örtliche Verbrauch- und Aufwandsteuern wie Getränke- und Hundesteuer

Gemeinschaftsteuern

Beispiele Lohn- und Einkommensteuer gehen an Bund, Länder und Gemeinden, Umsatzsteuer und Körperschaftsteuer gehen an Bund und Länder.

Steuereinteilung nach dem Steuergegenstand

Besitzsteuern

Es werden Besitz, Einkommen und Vermögen besteuert.

Beispiele Lohn-, Einkommen- und Körperschaftsteuer, Erbschaft- und Schenkungsteuer, Grundsteuer

Verkehrsteuern

Es wird ein wirtschaftlich-rechtlicher Vorgang besteuert.

Beispiele Umsatzsteuer, Versicherungsteuer, Kraftfahrzeugsteuer

Verbrauchsteuern

Beispiele Mineralölsteuer, Tabaksteuer, Branntweinsteuer

Steuereinteilung nach der Art der Erhebung

Direkte Steuern

Steuerträger und Steuerzahler sind identisch.

Beispiel Ein Unternehmen trägt die Körperschaftsteuer und zahlt per Überweisung an das Finanzamt.

Indirekte Steuern

Steuerträger und Steuerzahler sind unterschiedliche Personen, d. h. die Steuerlast wird über den Verkaufspreis einer Ware auf den Konsumenten abgewälzt.

Beispiel Beim Tanken trägt der Kunde die Mineralöl- und Mehrwertsteuer, da sie im Kraftstoffpreis enthalten sind. Die Überweisung der Steuern an das Finanzamt nimmt jedoch der Mineralölkonzern vor.

Steuer- und Aufgabenverteilung auf einen Blick (vereinfachte Darstellung)

	Die wichtigsten Steuereinnahmen	Wichtige Aufgaben
Gemeinden	Gemeindeanteil an Lohn und Einkommensteuer (einschließlich Abgeltungsteuer), ab 1998: Gemeindeanteil an der Umsatzsteuer, Gewerbesteuer[1], kleinere eigene Steuern (u.a. Hundesteuer, Getränkesteuer, Vergnügungsteuer, Jagd- und Fischereisteuer), Grundsteuer	Müllabfuhr, Kanalisation, Sozialhilfe, Baugenehmigungen, Meldewesen, Kindergärten, Schulbau, Grünanlagen, öffentlicher Nahverkehr
Länder	Länderanteil an Lohn- und Einkommensteuer (einschließlich Abgeltungsteuer), nicht veranlagte Steuern vom Ertrag, Körperschaftsteuer, Umsatzsteuer, Erbschaftsteuer, Kraftfahrzeugsteuer, Grunderwerbsteuer, Biersteuer, Spielbankabgabe	Schulen, Universitäten, Polizei, Rechtspflege, Gesundheitswesen, Kultur, Wohnungsbauförderung, Steuerverwaltung
Bund	Bundesanteil an Lohn- und Einkommensteuer (einschließlich Abgeltungsteuer), Körperschaftsteuer, Umsatzsteuer, Mineralölsteuer, Tabaksteuer, Branntweinsteuer, Kaffeesteuer, Versicherungsteuer	Soziale Sicherung (Schwerpunkt Renten- und Arbeitslosenversicherung), Verteidigung, auswärtige Angelegenheiten, Verkehrswesen, Geldwesen, Wirtschaftsförderung, Forschung (Großforschungseinrichtungen)

[1] Die Gemeinden führen Teile ihres Gewerbesteueraufkommens in Form der Gewerbesteuerumlage an die Länder und den Bund ab.

Ziele der Besteuerung

In einer modernen Volkswirtschaft gehen die Ziele der Besteuerung über die Finanzierung der Aufgaben der öffentlichen Verwaltungseinrichtungen und Institutionen hinaus.

Fiskalische Gründe

Einnahmenerzielung zur Deckung der Aufgaben der öffentlichen Hand

Verteilungs- und sozialpolitische Gründe

Umverteilung von Einkommen und Vermögen im Sinne des Sozialstaatprinzips

Wirtschaftspolitische Gründe

Konjunkturpolitische Ziele

Beispiel Senkung der Körperschaftsteuer

Wettbewerbspolitische Ziele

Beispiel Einfuhrzölle für Importe aus Ländern außerhalb des EU-Einflussbereichs

Strukturpolitische Ziele

Beispiel Steuererleichterungen für Industrieansiedlungen in Mecklenburg-Vorpommern

Ökologische Lenkung

Beispiel Erhöhung der Mineralölsteuer

Länderfinanzausgleich

Um zu starke Wohlstandsunterschiede innerhalb Deutschlands zu vermeiden, wurde im Grundgesetz der Länderfinanzausgleich vorgesehen. Beim **vertikalen Länderfinanzausgleich** (Bundesergänzungszuweisungen) gibt der Bund in besonders gelagerten Fällen Hilfen an die Länder, und beim **horizontalen Länderfinanzausgleich** haben finanzstärkere Länder Ausgleichszahlungen an finanzschwächere Länder zu leisten.

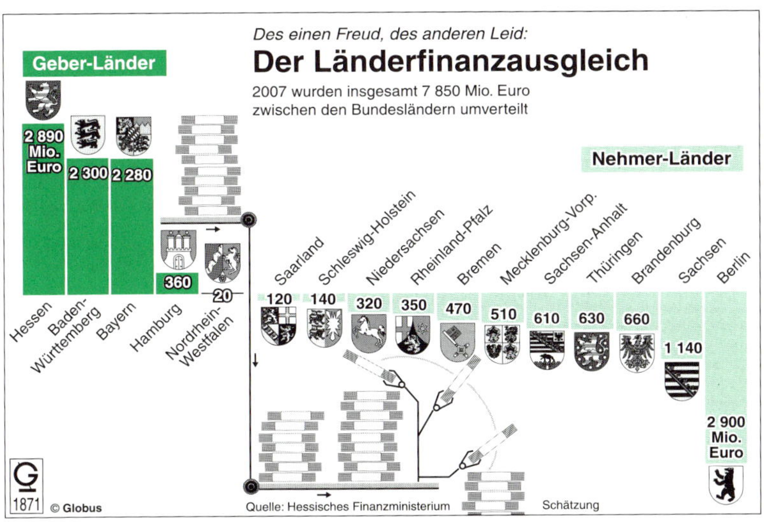

Haushaltsplanung

Die **Haushaltsplanung** geschieht nach den Vorschriften des **Grundgesetzes,** des **Haushaltsgrundsätzegesetzes** und der **Bundeshaushaltsordnung.**

Ablauf des Verfahrens:

- Die Bundesministerien melden ihren **Ausgabenbedarf** beim Bundesministerium der Finanzen an.
- Das Bundesfinanzministerium prüft die Voranschläge und nimmt gegebenenfalls Änderungen vor.
- Sachverständige (Arbeitskreis Steuerschätzung) schätzen die Höhe der zu erwartenden **Steuereinnahmen.** Das Finanzministerium muss dabei sicherstellen, dass die Ausgaben insgesamt nicht höher sind als die geschätzten Einnahmen und die aus gesamtwirtschaftlicher Sicht vertretbare Kreditaufnahme.
- Der vom Bundesministerium der Finanzen aufgestellte **Entwurf des Haushaltsplanes** wird von der Bundesregierung beschlossen.
- Der **Entwurf des Haushaltsgesetzes** wird gleichzeitig mit der Zuleitung an den Bundesrat im Bundestag eingebracht.
- Der Bundesrat nimmt innerhalb von sechs Wochen zu der Haushaltsvorlage Stellung.
- Parallel zu den Beratungen im Bundesrat findet im Bundestag die **erste Lesung** statt. Dabei trägt der Bundesminister der Finanzen in seiner Haushaltsrede die Überlegungen der Bundesregierung vor. Abgeordnete der im Bundestag vertretenen Parteien nehmen dazu zunächst in allgemeiner Form Stellung.
- Die **Gesetzesvorlage** wird an den Haushaltsausschuss des Deutschen Bundestages überwiesen, der alle Ansätze im Einzelnen prüft und gegebenenfalls Änderungsvorschläge beschließt.
- Wenn die Stellungnahme des Bundesrates vorliegt, kann die **zweite Lesung** im Bundestag stattfinden.
- Dabei wird das Ergebnis der Ausschussberatung dem Plenum vorgelegt und über alle Einzelpläne im Einzelnen entschieden.
- In der **dritten Lesung** wird nach Erledigung von Änderungsanträgen zu den Einzelplänen der Gesamthaushalt und das **Haushaltsgesetz** vom Bundestag verabschiedet.
- Das vom Bundestag beschlossene Haushaltsgesetz wird dann dem Bundesrat zugeleitet.
- Wenn der Bundesrat mit dem Gesetzesbeschluss nicht einverstanden ist, kann er den **Vermittlungsausschuss** anrufen. Schlägt dieser eine Änderung der Gesetzesvorlage vor, muss der Bundestag hierüber erneut beschließen. Danach steht dem Bundesrat noch der Einspruch zu, den der Bundestag allerdings mit entsprechender Stimmenzahl zurückweisen kann.
- Der **Bundeshaushaltsplan** wird Gesetz, wenn er nach der Behandlung im Bundestag und Bundesrat vom Bundesminister der Finanzen und vom Bundeskanzler gegengezeichnet, vom Bundespräsidenten ausgefertigt und im **Bundesgesetzblatt** verkündet ist.
- Nach Abschluss des Haushaltsjahres hat der Bundesminister der Finanzen dem Bundestag und dem Bundesrat über alle Einnahmen und Ausgaben zur Entlastung der Bundesregierung Rechnung zu legen.
- Der **Bundesrechnungshof,** dessen Mitglieder richterliche Unabhängigkeit besitzen, prüft diese Rechnungslegung sowie die gesamte Haushalts- und Wirtschaftsführung des Bundes. Dabei wird auch geprüft, ob die Haushaltsmittel wirtschaftlich und sparsam verwendet werden. Der Bundesrechnungshof legt über die Ergebnisse seiner Prüfung jährlich einen Bericht vor.
- Bundestag und Bundesrat beschließen anhand der Haushaltsrechnung sowie des Berichts des Bundesrechnungshofes über die **Entlastung der Bundesregierung.**

Quelle: Finanzen & Steuern, hrsg. von der Arbeitsgemeinschaft Jugend und Bildung e. V., in Zusammenarbeit mit dem Bundesministerium der Finanzen

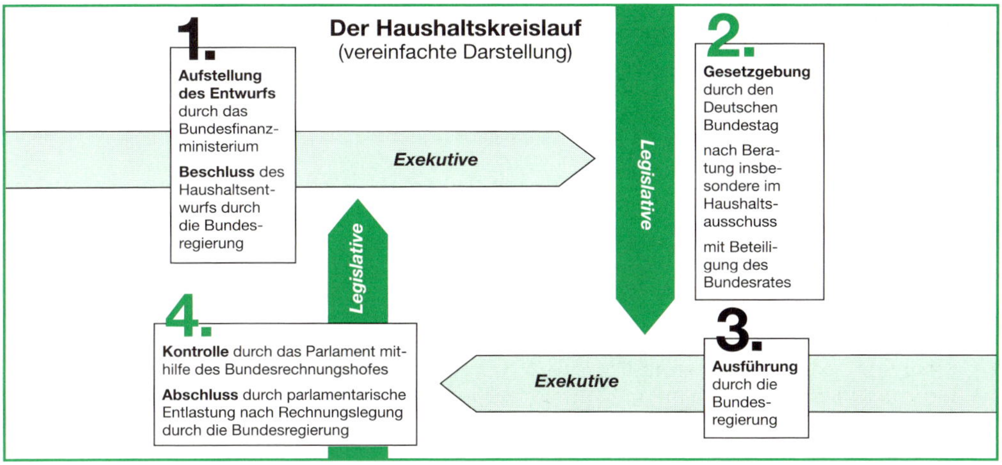

Grundsätze der Haushaltsaufstellung

Klarheit

Der Haushaltsplan muss klar gegliedert sein, sodass aus den Haushaltsansätzen erkennbar wird, für welche Zwecke und aus welchem Grund Haushaltsmittel benötigt werden.

Vollständigkeit

Es sind alle voraussichtlichen Einnahmen und Ausgaben aufzuführen.

Öffentlichkeit

Ein geheimer Etat wäre unzulässig. Jeder Staatsbürger hat das Recht auf Einblick in den Haushaltsplan.

Ausgleich

Der Haushaltsplan muss für den Gesamtbetrag der veranschlagten Ausgaben die erforderliche Deckung ausweisen.

Verschuldung der öffentlichen Haushalte[1] (Deutschland)

Jahresende	Mio EUR Insgesamt[2]	Nach den Kreditnehmern: Bund[3]	Länder	Gemeinden[4]	Ausgewählte Schuldarten: Anleihen[5]	Direktausleihungen der Kreditinstitute[6]	Darlehen von Nichtbanken: Sozialversicherungen	sonstige[6]	Nachrichtlich: Schuldenstandsquote[7] in vH
1999	1.199.987	770.342	327.407	102.237	578.670	450.111	281	10.201	*61,2*
2000	1.211.455	774.850	338.143	98.462	601.155	433.443	211	10.524	*60,2*
2001	1.223.966	760.199	364.559	99.209	604.588	422.440	174	13.110	*59,6*
2002	1.277.667	784.653	392.172	100.842	611.867	404.046	137	18.844	*60,3*
2003	1.358.137	826.542	423.737	107.857	637.536	396.832	341	34.164	*63,9*
2004	1.430.582	869.373	448.672	112.538	675.322	379.984	430	53.673	*65,7*
2005	1.489.029	901.620	471.375	116.033	707.279	366.978	488	62.766	*67,9*
2006	1.533.697	933.467	481.850	118.380	742.167	356.511	480	71.893	*67,9*

1) Berechnungen der Deutschen Bundesbank unter Verwendung von Angaben des Statistischen Bundesamtes. Ab 1991 ohne die kaufmännisch buchenden Krankenhäuser. – **2)** Ohne Verschuldung der Haushalte untereinander. – **3)** Einschließlich der Sondervermögen, wie zum Beispiel ERP-Sondervermögen, Lastenausgleichsfonds, Fonds „Deutsche Einheit“, Kreditabwicklungsfonds/Erblastentilgungsfonds, Bundeseisenbahnvermögen, Ausgleichsfonds Steinkohleneinsatz/Entschädigungsfonds. – **4)** Einschließlich Verschuldung der kommunalen Zweckverbände und der kommunalen Krankenhäuser. – **5)** Einschließlich Bundesschatzbriefe und Bundesobligationen; ohne den Eigenbestand der Emittenten. Ab 1981 ohne Kassenobligationen der Länder mit einer Laufzeit von über 4 Jahren. – **6)** Im Wesentlichen Schuldscheindarlehen, einschließlich der bei ausländischen Stellen aufgenommenen Darlehen. Sonstige Darlehen von Nichtbanken einschließlich Darlehen von öffentlichen Zusatzversorgungskassen und der Verbindlichkeiten aus der Investitionshilfeabgabe. – **7)** Verschuldung der öffentlichen Haushalte in Relation zum Bruttoinlandsprodukt in jeweiligen Preisen. Für das frühere Bundesgebiet bis 1989 nach dem ESVG 1979; Quelle: BMF.

Quelle: Sachverständigenrat zur Begutachtung der gesamtwirtschaftlichen Entwicklung, in: Das Erreichte nicht verspielen, Jahresgutachten 2007/2008

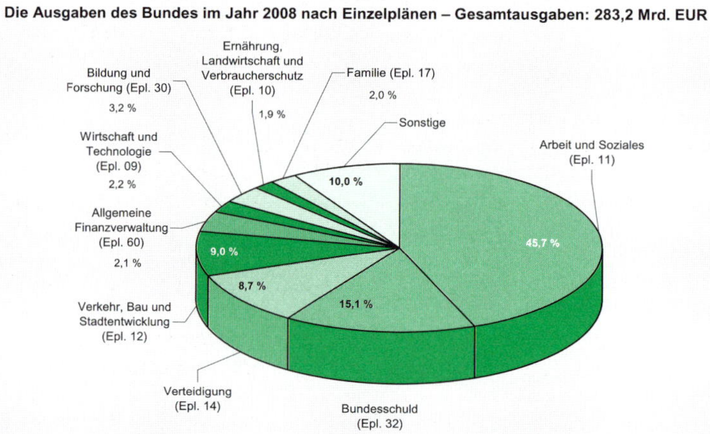

Quelle: Bundesministerium der Finanzen, www.bundesfinanzministerium.de, in: Finanzplan des Bundes 2007 bis 2011, abgerufen am 24.10.2008

Bundeshaushaltsplan 2008 – Ausgaben

Epl.	Bezeichnung	Personal-ausgaben 2008 1.000,00 EUR	Sächliche Verwaltungs-ausgaben 2008 1.000,00 EUR	Militärische Beschaffungen, Anlagen usw. 2008 1.000,00 EUR	Schulden-dienst 2008 1.000,00 EUR	Zuweisungen und Zuschüsse (ohne Investitionen) 2008 1.000,00 EUR
1	2	3	4	5	6	7
01	Bundespräsident und Bundespräsidialamt	13.916	6.705	-	-	3.398
02	Deutscher Bundestag	424.297	101.508	-	-	80.804
03	Bundesrat	13.040	8.173	-	-	183
04	Bundeskanzlerin und Bundeskanzleramt	229.116	525.060	-	-	773.610
05	Auswärtiges Amt	745.757	184.483	-	-	1.794.530
06	Bundesministerium des Innern	2.506.054	816.342	-	-	1.036.476
07	Bundesministerium der Justiz	354.270	84.029	-	-	17.180
08	Bundesministerium der Finanzen	2.399.775	580.631	-	-	1.261.972
09	Bundesministerium für Wirtschaft und Technologie	518.525	201.725	-	-	4.005.471
10	Bundesministerium für Ernährung, Landwirtschaft und Verbraucherschutz	288.264	100.831	-	-	4.343.389
11	Bundesministerium für Arbeit und Soziales	156.966	70.201	-	-	123.789.675
12	Bundesministerium für Verkehr, Bau und Stadtentwicklung	1.337.432	2.051.802	-	-	7.823.319
14	Bundesministerium der Verteidigung	15.661.736	3.230.665	9.531.371	-	864.203
15	Bundesministerium für Gesundheit	166.401	107.020	-	-	2.599.257
16	Bundesministerium für Umwelt, Naturschutz und Reaktorsicherheit	173.671	147.467	-	-	276.464
17	Bundesministerium für Familie, Senioren, Frauen und Jugend	585.222	33.111	-	-	5.573.999
19	Bundesverfassungsgericht	18.426	2.102	-	-	-
20	Bundesrechnungshof	98.699	11.086	-	-	288
23	Bundesministerium für wirtschaftliche Zusammenarbeit und Entwicklung	52.049	15.819	-	-	1.092.666
30	Bundesministerium für Bildung und Forschung	73.978	35.556	-	-	7.528.611
32	Bundesschuld	-	68.500	-	41.818.153	-
60	Allgemeine Finanzverwaltung	944.680	249.277	50.000	-	8.849.980
	Ausgaben	26.762.274	8.632.093	9.581.371	41.818.153	171.715.475

Quelle: Bundesministerium der Finanzen, www.bundesfinanzministerium.de, abgerufen am 24.10.2008

Problem der wachsenden Staatsverschuldung

Die Lücke zwischen geplanten Einnahmen und Ausgaben wird durch Kredite geschlossen. In Deutschland ist der Kreditbedarf in den letzten 20 Jahren fast ununterbrochen gewachsen.

Drei Ursachen sind hierfür verantwortlich:

- Das Wirtschaftswachstum in der langen Aufschwungphase von 1981 bis 1992 und seit 1994 wurde nicht durch Einrichtung neuer Arbeitsplätze, sondern durch Produktivitätsfortschritte erreicht. Dies führte zu verschärften Arbeitsmarktproblemen und einem rasanten Anstieg der Sozialausgaben bei gleichzeitig spärlicher sprudelnden Steuerquellen und scharfem Rückgang der Einzahlungen in die Kassen der Sozialversicherung.
- Die Deutsche Einheit machte seit 1991 Transferzahlungen in Höhe von über 500 Mrd. EUR in die neuen Länder erforderlich.
- Durch Ausnutzung steuerlicher Gestaltungsmöglichkeiten hat sich die Entwicklung der veranlagten Einkommensteuer und der Körperschaftsteuer vom Wirtschaftswachstum abgekoppelt.

Die Finanzierung der Staatsschuld wird zu einem immer größeren Problem, da im Haushalt zunehmend höhere Summen für die Zinsen einzustellen sind. Schon jetzt können die Zinsen nur über neue Kredite bedient werden. Unter diesen Umständen scheint der Einsatz des „deficit spending“ ein zweifelhaftes Unterfangen zu sein.
Über kurz oder lang wird der Schuldendienst zulasten allgemeiner staatlicher Aufgaben gehen und damit auch auf Kosten der allgemeinen Wohlfahrt und zukünftiger Generationen. Die Wirtschaftspolitik steht vor einem Dilemma: Die hohe Arbeitslosigkeit belastet nicht nur die Kasse der Bundesagentur für Arbeit (und damit die Kasse des Bundes), sondern führt auch die Rentenversicherung an den Rand der Zahlungsfähigkeit.

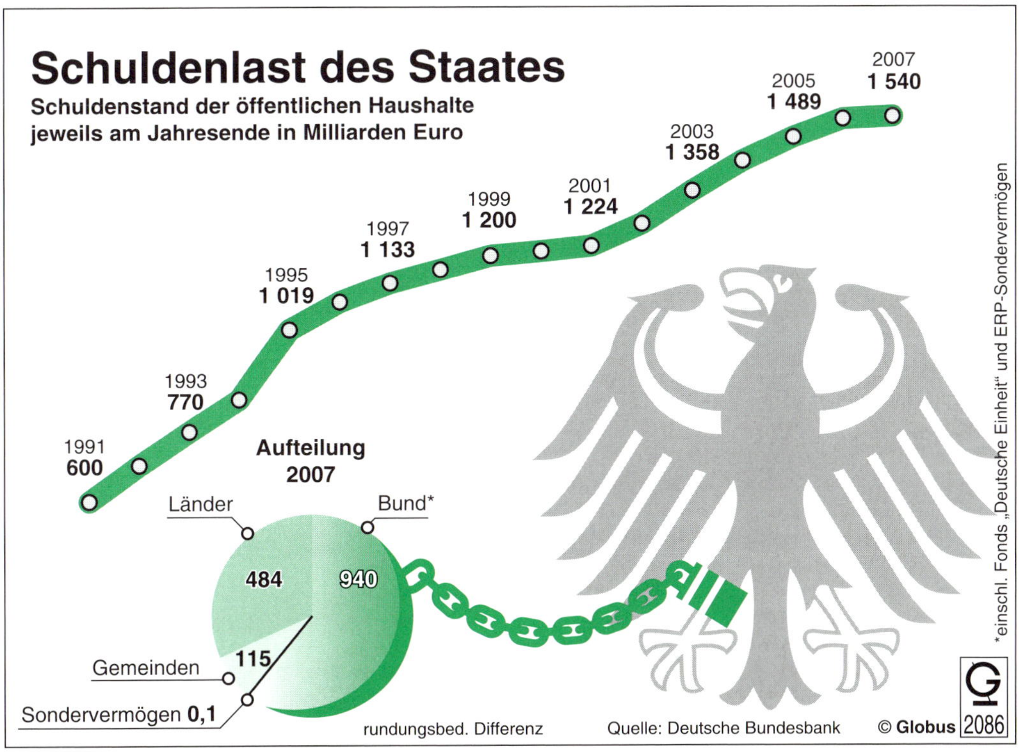

6.10 Wirtschaftspolitische Steuerungskonzepte

Nachfrageorientierte Wirtschaftspolitik	Angebotsorientierte Wirtschaftspolitik
Fiskalismus (John Maynard Keynes, Großbritannien)	**Monetarismus** (Milton Friedman, USA)
Grundannahmen: ■ Marktwirtschaftliche Systeme sind instabil; sie haben keine eigengesteuerte Tendenz zum Gleichgewicht der beiden Seiten des Marktes. Daher ist antizyklisches Gegensteuern durch den Staat erforderlich. ■ Arbeitslosigkeit baut sich wegen nach unten starrer Löhne nicht von selbst ab. ■ Bei nach unten starren Nominallöhnen bedeutet Inflation eine Reallohnsenkung. ■ Privater Konsum hängt vom laufenden Einkommen ab. ■ Private Sparneigung ist relativ konstant. Daher führen Einkommensänderungen zu Nachfrageänderungen. ■ „Globalsteuerung" der gesamtwirtschaftlichen Nachfrage ist möglich.	**Grundannahmen:** ■ Die private Wirtschaft ist stabil, tendiert zum Gleichgewicht, reguliert sich über Preis- und Mengeneffekte selbst. ■ Antizyklische staatliche Eingriffe („stop and go") sind nicht Reaktion auf, sondern Ursache für Konjunkturschwankungen; sie bedeuten Unsicherheit für den privaten Sektor und führen zu Fehlentscheidungen. ■ Notwendige Strukturanpassungen der Wirtschaft werden u. a. durch Subventionen und staatliche Reglementierungen behindert. ■ Arbeitslosigkeit ist vorrangig strukturell bedingt. ■ Für Investitionen erforderliche Unternehmergewinne werden durch hohe Löhne, Lohnnebenkosten, Steuern und Abgaben geschmälert. ■ Konsum hängt vom auf Dauer erwarteten Einkommen ab.
Hauptinstrumente zur Konjunktursteuerung ■ Staat soll in den Ablauf des Wirtschaftsgeschehens eingreifen (Ablaufpolitik) ■ Gezielte Veränderung von Staatseinnahmen und -ausgaben (Staatshaushalt); daher auch „Fiskalismus" ■ Finanzpolitik/Fiskalpolitik wirkt über Multiplikatorwirkungen auf die Nachfrage ■ Im Abschwung müssen zusätzliche Staatsausgaben (Konjunktur- bzw. Beschäftigungsprogramme) durch Verschuldung finanziert werden: sogenanntes „Deficit Spending".	**Hauptinstrumente zur Konjunktursteuerung** ■ Staat soll Rahmenbedingungen verbessern (Ordnungspolitik), anstatt in die Abläufe einzugreifen ■ Hauptsächliche Steuerungsgröße ist die Geldmenge; daher auch „Monetarismus", also insbesondere die Zinspolitik der EZB ■ Verstetigung der Geld- und Fiskalpolitik ■ Spreizung der Löhne und Gehälter nach Arbeitsproduktivität; Einzelvertragliche Entgeltvereinbarungen statt einheitlicher Tariflöhne ■ Reduzierung der Staatsquote und Abbau der Staatsverschuldung ■ Abbau staatlicher Vorschriften: Stichwort „Deregulierung", ■ Flexibilisierung der Arbeitszeit ■ Senkung der Unternehmensabgaben
Ziel: Erhöhung der Nachfrage nach Investitions- und Konsumgütern und dadurch Zunahme der Beschäftigung und des Wirtschaftswachstums	

6.10.1 Nachfrageorientierte Wirtschaftspolitik

Nachfrageorientierte Wirtschaftspolitik bedeutet, dass der Staat in den Wirtschaftsprozess eingreift, um Arbeitsplätze zu schaffen, Investitionen zu fördern und die Preise zu stabilisieren.

Steigerung/Senkung der gesamtwirtschaftlichen Nachfrage → Steigerung/Senkung der Produktion in den Unternehmungen → Beeinflussung
- der Beschäftigung
- des Preisniveaus
- des Wachstums

Fiskalpolitik bedeutet die Gestaltung der staatlichen Einnahmen und Ausgaben mit der Absicht, die gesamtwirtschaftliche Nachfrage im Sinne der wirtschaftlichen Zielgrößen zu beeinflussen.

Zur gesamtwirtschaftlichen Nachfrage zählt neben der Nachfrage des Staates auch die Investitionsgüternachfrage von Unternehmen und die Konsumgüternachfrage der privaten Haushalte.

Konjunkturbelebung	Konjunkturdämpfung
■ Verzicht auf Staatseinnahmen ■ Erhöhung der Staatsausgaben	■ Erhöhung der Staatseinnahmen ■ Verminderung der Staatsausgaben

Der Instrumenteneinsatz erfolgt **antizyklisch**, d.h. die Maßnahmen werden so getroffen, dass sie entgegengesetzt zu der jeweiligen Konjunkturphase wirken.

Beispiel In der Hochkonjunktur wird über Steuererhöhungen eine Verringerung der gesamtwirtschaftlichen Nachfrage angestrebt. In der Rezession werden Steuern gesenkt, um die gesamtwirtschaftliche Nachfrage anzukurbeln.

Zum Konzept der nachfrageorientierten Wirtschaftspolitik gehört die Idee des **„deficit spending“**. Notfalls soll der Staat seine Maßnahmen zur Ankurbelung der Konjunktur über Kreditaufnahmen finanzieren. Die Rückzahlung der Neuverschuldung soll über die Steuermehreinnahmen, die das erwartete zusätzliche Wirtschaftswachstum mit sich bringt, finanziert werden.

Gegen eine nachfrageorientierte Wirtschaftspolitik gibt es wichtige Einwände:

- Konjunkturprogramme führen nur zu Strohfeuereffekten.
- Die Steuereinnahmen steigen nicht im gewünschten Umfang, sodass die Staatsverschuldung steigt.
- Die staatliche Kreditaufnahme beansprucht den Kapitalmarkt so stark, dass Zinserhöhungen unausbleiblich sind.
- Es kommt zu Mitnahmeeffekten, sodass die Wirksamkeit einzelner Maßnahmen schwer überprüfbar ist.

Beispiel Die Bundesregierung kündigt eine befristete Investitionszulage in Höhe von 10 % ab dem 1. Januar des kommenden Jahres an. Unternehmen werden ihre geplanten Investitionen auf das Folgejahr verschieben, um in den Genuss der Investitionszulage zu kommen.

- Eine Wirtschaftspolitik, in der von Fall zu Fall bestimmte Instrumente eingesetzt werden (Stop-and-go-Policy), ist unberechenbar und kann bei den betroffenen Wirtschaftssubjekten unerwartete Reaktionen hervorrufen.
- Die erhofften Wirkungen treten mit zeitlicher Verzögerung ein und entfalten sich unter Umständen zum „falschen“ Zeitpunkt, sodass sie prozyklisch wirken.

6.10.2 Angebotsorientierte Wirtschaftspolitik

Grundüberlegung dieser Strategie ist, dass die Beschäftigungslage und die Höhe des Volkseinkommens bestimmt wird durch die Rentabilität der Produktion.
Der Staat versucht daher, die Antriebskräfte der Marktwirtschaft zu stärken und die Anreize zum Investieren, zu Innovationen, zur Leistung und zur Anpassung an neue Umweltbedingungen zu verbessern.

Staatliche Auflagen, Gesetze und Subventionen, aber auch die Steuerbelastung sollen hierbei auf das Notwendigste beschränkt werden, um die Eigeninitiative und die schöpferischen Kräfte der Menschen als Triebfeder der Marktwirtschaft zu fördern und damit die wirtschaftliche Dynamik zu erhalten.
Durch Stärkung der Angebotsseite und Erleichterung der Angebotsbedingungen sollen Beschäftigung und Nachfrage verbessert werden:

- Privatisierung öffentlicher Unternehmen,
- Senkung der Lohnnebenkosten,
- Rückverlagerung von gemeinschaftlichen Risiken auf den Einzelnen,
- Abbau von Arbeits- und Kündigungsschutzregelungen,
- Stärkung der Subsidiarität (Selbstvorsorge),
- Abbau von Subventionen,
- Öffnung öffentlicher Monopole,
- potenzialorientierte Geldpolitik[1].

Die **Angebotssteuerung** der Volkswirtschaft beruht auf der Überlegung, dass die Verbesserung der Investitionsbedingungen für die Unternehmungen zu erhöhter Beschäftigung und mehr Wirtschaftswachstum führt.

- Verbesserung des Investitionsklimas
- motivierendes Steuersystem
- weniger Staat, mehr Markt

→

- verbesserte Gewinnaussichten
- mehr Investitionen
- steigende Produktion

→

Steigerung
- des Wirtschaftswachstums
- der Beschäftigung

In Deutschland scheint sich in den letzten Jahren ein Trend zur angebotsorientierten Wirtschaftspolitik zu verstärken. In einem seiner letzten Gutachten rät der Sachverständigenrat,

- die Sozialversicherungssysteme umzustellen,
- den Standort Deutschland durch Kostensenkungen attraktiv zu erhalten,
- direkte Steuern zulasten von indirekten Steuern umzuschichten,
- bei Lohnerhöhungen unter dem Produktivitätsfortschritt zu bleiben und
- die Investitionsbedingungen zu verbessern.

6.11 Fiskalpolitik

Das Stabilitätsgesetz enthält ein seit 2009 teilweise wieder angewendetes reichhaltiges Instrumentarium, um den Wirtschaftsablauf zur bestmöglichen Verwirklichung des „Magischen Vierecks" zu beeinflussen. Die Maßnahmen und Instrumente des Stabilitätsgesetzes gehören in die Kategorie „nachfrageorientierte Wirtschaftspolitik".
Da sich die Kassen der öffentlichen Haushalte während eines konjunkturellen Aufschwungs aufgrund steigender Steuereinnahmen allmählich füllen, ist es für den Staat natürlich naheliegend (und verführerisch), diese Steuermehreinnahmen auch wieder auszugeben. Ein solches Verhalten würde allerdings die konjunkturelle Aufwärtsentwicklung noch verstärken, also prozyklisch wirken.

Das Konzept der **antizyklischen Fiskalpolitik** verlangt, dass der Staat seine Einnahmen- und Ausgabenpolitik in den einzelnen konjunkturellen Phasen genau entgegengesetzt zum Verhalten der übrigen Wirtschaftssubjekte (Unternehmen, private Haushalte), also antizyklisch, gestaltet.

[1] Vgl. Seite 546 ff.

Ziel der antizyklischen Fiskalpolitik ist es, durch geeignete Maßnahmen eine Verstetigung des Konjunkturverlaufs herbeizuführen.

- Im **Konjunkturaufschwung** sollte der Staat seine eigene Nachfrage senken, um die konjunkturelle Aufwärtsbewegung und den damit verbundenen Preisniveauanstieg nicht zu verstärken.
- Im **Konjunkturabschwung** sollte der Staat dagegen seine eigene Nachfrage erhöhen, um die konjunkturelle Abwärtsbewegung und den damit verbundenen Beschäftigungsrückgang zu bremsen.

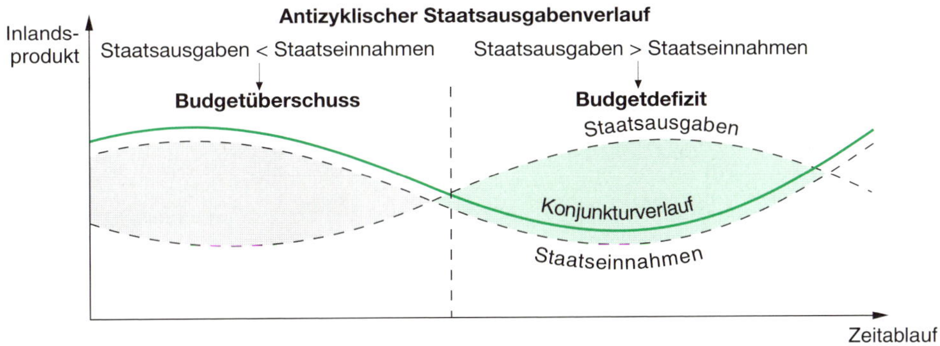

Fiskalpolitisches Instrumentarium gemäß Stabilitätsgesetz

Konjunkturdämpfung

- **Ausgabenkürzung bei Bund und Ländern**

  Wirkungen:

  Durch Reduzierung seiner eigenen Nachfrage, die Teil der gesamtwirtschaftlichen Nachfrage ist, bremst der Staat den konjunkturellen Auftrieb.
  Die frei werdenden Mittel sollen bei der Zentralbank als Konjunkturausgleichsrücklage stillgelegt und damit dem Geldkreislauf entzogen werden.
  Die damit verbundene Geldverknappung führt tendenziell zu einem Anstieg des Zinsniveaus und unterstützt damit den restriktiven Kurs der Zentralbank.
- **zeitlich befristete Erhöhung der Einkommen- und Körperschaftsteuer in Form eines sog. Konjunkturzuschlages**

  Wirkungen:

  Die Einkommensteuererhöhung führt zu einer Verringerung des verfügbaren Einkommens bei den privaten Haushalten.
  Bei konstanter Spar- bzw. Konsumquote stehen nunmehr weniger Mittel für konsumtive Zwecke zur Verfügung, d. h. die Konsumgüternachfrage sinkt.
  Die Körperschaftsteuererhöhung belastet die Unternehmen und übt damit einen dämpfenden Einfluss auf die Investitionsgüternachfrage aus. Gewerbesteuererhöhungen durch die Kommunen üben den gleichen Einfluss auf lokaler Ebene aus.
- **Aussetzung bzw. Verringerung der Möglichkeit degressiver Abschreibungen bzw. von Sonderabschreibungen in den Unternehmen**

  Wirkung:

  Durch diese Maßnahme werden die steuerlich abzugsfähigen Betriebsausgaben reduziert, was zu einer Erhöhung des zu versteuernden Gewinns bei den Unternehmen führt und damit die Möglichkeiten der stillen Selbstfinanzierung verringert.

Konjunkturbelebung

- **Ausgabenerhöhung bei Bund und Ländern**

  Wirkungen:

  Die Erhöhung der staatlichen Nachfrage soll die zu geringe Konsumgüter-/Investitionsgüternachfrage ausgleichen und so zu einer Ankurbelung der Wirtschaft führen.
  Die dazu benötigten Geldmittel sollen – falls vorhanden – zunächst durch Auflösung der Konjunkturausgleichsrücklage und ggf. durch vermehrte öffentliche Kreditaufnahme beschafft werden (deficit spending).
- **zeitlich befristete Senkung der Einkommen- und Körperschaftsteuer**

  Wirkungen:

  Die Einkommensteuersenkung führt zu einer Erhöhung des verfügbaren Einkommens bei den privaten Haushalten. Bei konstanter Konsum- bzw. Sparquote stehen jetzt mehr Geldmittel für konsumtive Zwecke zur Verfügung. Die Konsumgüternachfrage wird belebt.
  Die Körperschaftsteuersenkung entlastet die Unternehmen und verschafft ihnen Mittel für Investitionen.
- **Wiedereinsetzung der Möglichkeit degressiver Abschreibungen bzw. von Sonderabschreibungen in den Unternehmen**

  Wirkung:

  Durch diese Maßnahme werden die steuerlich abzugsfähigen Betriebsausgaben erhöht, was zu einer Minderung des zu versteuernden Gewinns bei den Unternehmen führt und die Möglichkeiten der verdeckten Selbstfinanzierung erhöht.

Fiskalpolitik

zur Konjunkturbelebung	**zur Konjunkturdämpfung**
■ Erhöhung der Staatsausgaben ■ Senkung der Steuern	■ Senkung der Staatsausgaben ■ Erhöhung der Steuern

Ziel: Gesamtwirtschaftliches Gleichgewicht

6.12 Geldpolitik im Europäischen System der Zentralbanken

Das Europäische System der Zentralbanken ist föderal aufgebaut und besteht aus der Europäischen Zentralbank (EZB) und den nationalen Notenbanken (NZBs) der Mitgliedsstaaten, d. h. es umfasst außer den Mitgliedern des Eurosystems auch die nationalen Zentralbanken, die den Euro nicht zu Beginn der dritten Stufe der EWU eingeführt haben.
Das **Eurosystem** umfasst die EZB und die nationalen Zentralbanken der Teilnehmerländer, die den Euro seit Beginn der dritten Stufe der EWU eingeführt haben. Das Gebiet der Mitgliedsstaaten ist die **Eurozone.**

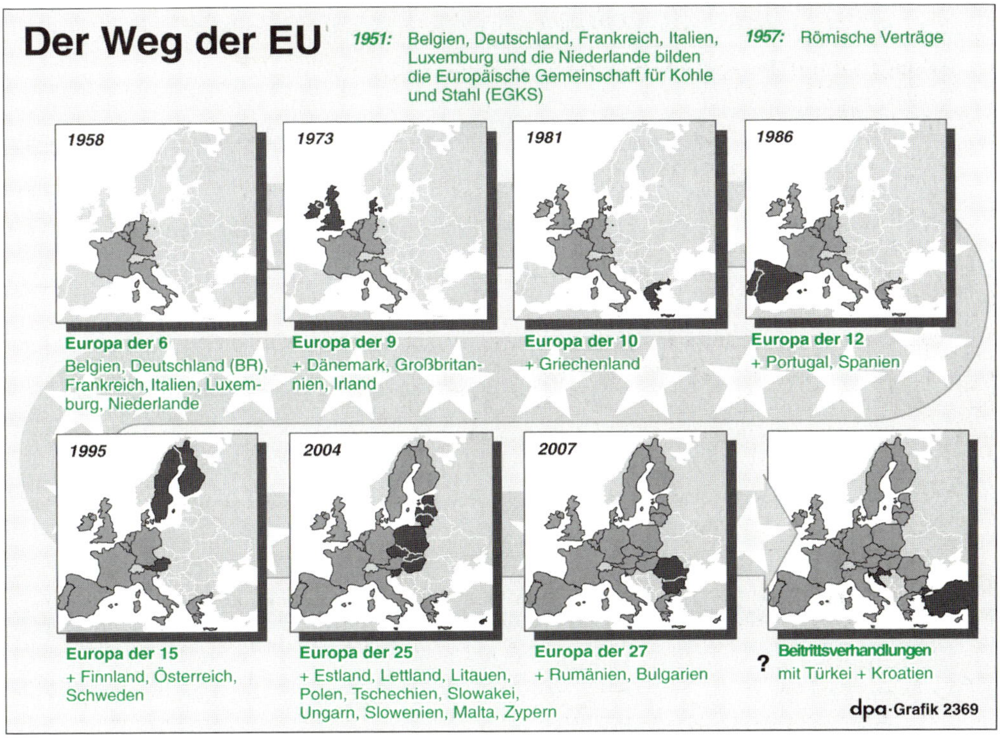

Autonomie (Weisungsunabhängigkeit) der Europäischen Zentralbank

Bei der Wahrnehmung ihrer Befugnisse, Aufgaben und Pflichten darf

- weder die EZB
- noch eine nationale Zentralbank
- noch ein Mitglied ihrer Beschlussorgane

Weisungen von Organen oder Einrichtungen der Gemeinschaft, Regierungen der Mitgliedsstaaten oder anderen Stellen einholen oder entgegennehmen *(Art. 107 EGV).*

Ziele und Aufgaben der Europäischen Zentralbank

Die Europäische Zentralbank hat mit Beginn ihrer Tätigkeit die währungs- und geldpolitischen Aufgaben der nationalen Zentralbanken übernommen. Diese werden von der Europäischen Zentralbank zur Durchführung von Geschäften aus dem Aufgabenbereich des Europäischen Systems der Zentralbanken in Anspruch genommen.

Die Europäische Zentralbank beeinflusst mit ihrer **Geldpolitik** das Wirtschaftsgeschehen innerhalb der Gemeinschaft und ist damit neben den Regierungen der Euro-Mitgliedsländer wichtigster Träger der Konjunkturpolitik.

> Die **Europäische Zentralbank** regelt mithilfe ihrer währungspolitischen Befugnisse den Geldumlauf und die Kreditversorgung innerhalb der Gemeinschaft. Als **„Hüterin der Währung“** verfolgt sie das Ziel, die **Preisstabilität** innerhalb der Gemeinschaft zu sichern *(Art. 105 Abs. 2 EGV).*

Aufgaben der Europäischen Zentralbank *(Art. 105 Abs. 1 EGV)*

- **Festlegung und Ausführung der Geldpolitik der Gemeinschaft**
- **Verwaltung der Währungsreserven der Mitgliedsstaaten**
- **Organisation des Zahlungsverkehrs innerhalb der Gemeinschaft**

Erfüllung dieser Aufgaben aufgrund besonderer währungspolitischer Befugnisse

↓

Ziel: Sicherung der Preisstabilität innerhalb der Europäischen Währungsunion

Die Europäische Zentralbank hat die allgemeine Wirtschaftspolitik in der Europäischen Währungsunion zu unterstützen, soweit dies ohne Beeinträchtigung der Preisstabilität möglich ist *(Art. 105 Abs. 1 EGV).*

Artikel 105 (1) EGV
Das vorrangige Ziel des ESZB ist es, die Preisstabilität zu gewährleisten. Soweit dies ohne Beeinträchtigung des Zieles der Preisstabilität möglich ist, unterstützt das ESZB die allgemeine Wirtschaftspolitik in der Gemeinschaft, um zur Verwirklichung der in Artikel 2 festgelegten Ziele der Gemeinschaft beizutragen.

Artikel 2 EGV
Aufgabe der Gemeinschaft ist es, ... eine harmonische und ausgewogene Entwicklung des Wirtschaftslebens innerhalb der Gemeinschaft, ein beständiges, nichtinflationäres und umweltverträgliches Wachstum, einen hohen Grad an Konvergenz der Wirtschaftsleistungen, ein hohes Beschäftigungsniveau, ein hohes Maß an sozialem Schutz, die Hebung der Lebenshaltung und der Lebensqualität, den wirtschaftlichen und sozialen Zusammenhalt und die Solidarität zwischen den Mitgliedsstaaten zu fördern.

Artikel 3 a EGV
Die Tätigkeit der Mitgliedsstaaten und der Gemeinschaft im Sinne des Artikels 2 umfasst ... die Festlegung und Durchführung einer einheitlichen Geld- sowie Wechselkurspolitik, die beide vorrangig das Ziel der Preisstabilität verfolgen und unbeschadet dieses Zieles die allgemeine Wirtschaftspolitik in der Gemeinschaft ... unterstützen sollen.

Notenmonopol und Münzregal

Die Europäische Zentralbank hat das ausschließliche Recht, die Ausgabe von Banknoten innerhalb der Gemeinschaft zu genehmigen. Die Europäische Zentralbank und die nationalen Zentralbanken sind zur Ausgabe von Banknoten berechtigt. Dies sind die einzigen Banknoten, die in der Gemeinschaft als gesetzliches Zahlungsmittel gelten.
Die Mitgliedsstaaten haben das Recht zur Ausgabe von Münzen, wobei der Umfang der Genehmigung durch die Europäische Zentralbank bedarf *(Art. 105 a Abs. 1 und 2 EGV).*

6.12.1 Europäische Zentralbank

Kernstück des Europäischen Systems der Zentralbanken ist die Europäische Zentralbank.

Rechtsform:	Gesellschaft *sui generis* nach internationalem Völkerrecht
Gezeichnetes Kapital:	5.760.652.403 EUR
Sitz:	Frankfurt/Main
Rechtsgrundlagen:	Vertrag zur Gründung der Europäischen Gemeinschaft (EGV); ESZB/EZB-Satzung
Beginn der Tätigkeit:	1. Januar 1999
Subsidiaritätsprinzip:	Die Europäische Zentralbank übernimmt die währungs- und geldpolitischen Aufgaben der nationalen Zentralbanken. Sie nimmt die nationalen Zentralbanken zur Durchführung von Geschäften aus dem Aufgabenbereich des ESZB in Anspruch, soweit dies möglich und sachgerecht erscheint. Damit bleibt der Deutschen Bundesbank die technische Umsetzung eines großen Teils der geldpolitischen Entscheidungen erhalten.

Gezeichnetes Kapital

Das Grundkapital der Europäischen Zentralbank in Höhe von 5.760.652.402,58 EUR wird von den nationalen Zentralbanken nach einem Schlüssel aufgebracht, der

- den Anteil der eigenen Bevölkerung an der Gesamtbevölkerung der Gemeinschaft und
- den Anteil des eigenen Bruttoinlandsprodukts am gesamten Bruttoinlandsprodukt der Gemeinschaft berücksichtigt.

NZBen des Euroraums (seit dem 1. Januar 2009)		
NZB	**Kapitalschlüssel %**	**Eingezahltes Kapital (€)**
Nationale Bank van België/Banque Nationale de Belgique	2,4256	139.730.384,68
Deutsche Bundesbank	18,9373	1.090.912.027,43
Central Bank and Financial Services Authority of Ireland	1,1107	63.983.566,24
Bank von Griechenland	1,9649	113.191.059,06
Banco de España	8,3040	478.364.575,51
Banque de France	14,2212	819.233.899,48
Banca d'Italia	12,4966	719.885.688,14
Zentralbank von Zypern	0,1369	7.886.333,14
Banque centrale du Luxembourg	0,1747	10.063.859,75
Bank Ċentrali ta' Malta/Central Bank of Malta	0,0632	3.640.732,32
De Nederlandsche Bank	3,9882	229.746.339,12
Oesterreichische Nationalbank	1,9417	111.854.587,70
Banco de Portugal	1,7504	100.834.459,65
Banka Slovenije	0,3288	18.941.025,10
Národná banka Slovenska	0,6934	39.944.363,76
Suomen Pankki – Finlands Bank	1,2539	72.232.820,48
Insgesamt	**69,7915**	**4.020.445.721,56**

Die NZBen der elf Länder der EU, die nicht dem Euro-Währungsgebiet angehören, müssen als Beitrag zu den Betriebskosten, die der EZB durch deren Teilnahme am Europäischen System der Zentralbanken (ESZB) entstehen, einen Mindestprozentsatz des von ihnen gezeichneten Kapitals einzahlen. Zuzahlungen haben diese Zentralbanken erst zu leisten, wenn sie dem Eurosystem beitreten. Bis dahin sind sie weder an den Gewinnen noch an den Verlusten beteiligt.
Seit dem 1. Januar 2009 entspricht dieser Beitrag 7 % ihres gezeichneten Kapitals, wobei sich der Gesamtwert auf 121.814.467,67 EUR beläuft und sich wie folgt zusammensetzt:

Nicht dem Euroraum angehörende NZBen (seit dem 1. Januar 2009)		
NZB	**Kapitalschlüssel %**	**Eingezahltes Kapital (€)**
Bulgarische Nationalbank (Българска народна банка)	0,8686	3.502.591,87
Česká národní banka	1,4472	5.835.771,31
Danmarks Nationalbank	1,4835	5.982.149,49
Eesti Pank	0,1790	721.809,75
Latvijas Banka	0,2837	1.144.007,96
Lietuvos bankas	0,4256	1.716.213,56
Magyar Nemzeti Bank	1,3856	5.587.371,98
Narodowy Bank Polski	4,8954	19.740.488,44
Banca Na_ional_ a României	2,4645	9.937.989,49
Sveriges Riksbank	2,2582	9.106.093,68
Bank of England	14,5172	58.539.980,14
Insgesamt	**30,2085**	**121.814.467,67**

Quelle: Europäische Zentralbank, Frankfurt a. M., Deutschland: Kapitalzeichnung, https://www.ecb.eu, abgerufen am 09.03.2009; Informationen der EZB-Website kostenfrei erhältlich.

Währungsreserven

Zur Erfüllung ihrer devisenpolitischen Aufgaben erhält die Europäische Zentralbank maximal 50 Mrd. EUR von den Mitgliedsstaaten. Die nationalen Zentralbanken übertragen dazu einen Teil ihrer Währungsreserven aus Drittwährungen an die Europäische Zentralbank.
Es gilt der gleiche Schlüssel wie bei der Aufbringung des gezeichneten Kapitals. In Höhe der übertragenen Währungsreserven erhalten die nationalen Zentralbanken Forderungen gegen die Europäische Zentralbank.

Gewinnverwendung

Gewinne der nationalen Zentralbanken

Die nationalen Zentralbanken erzielen Gewinne durch Erfüllung ihrer währungspolitischen Aufgaben des Europäischen Systems der Zentralbanken. Die Gewinne werden für alle beteiligten nationalen Zentralbanken zusammengeführt und gemäß der Kapitalanteile wieder verteilt *(Art. 32 ESZB/EZB-Satzung).*

Gewinne der Europäischen Zentralbank

Durch Devisenoperationen erzielt die Europäische Zentralbank Gewinne. Maximal 20 % des Gewinns werden der Rücklage zugeführt, bis 100 % des gezeichneten Kapitals erreicht sind. Der Rest wird im Verhältnis der eingezahlten Kapitalanteile an die nationalen Zentralbanken ausgeschüttet *(Art. 33 ESZB/EZB-Satzung).*

Europäisches System der Zentralbanken (ESZB)

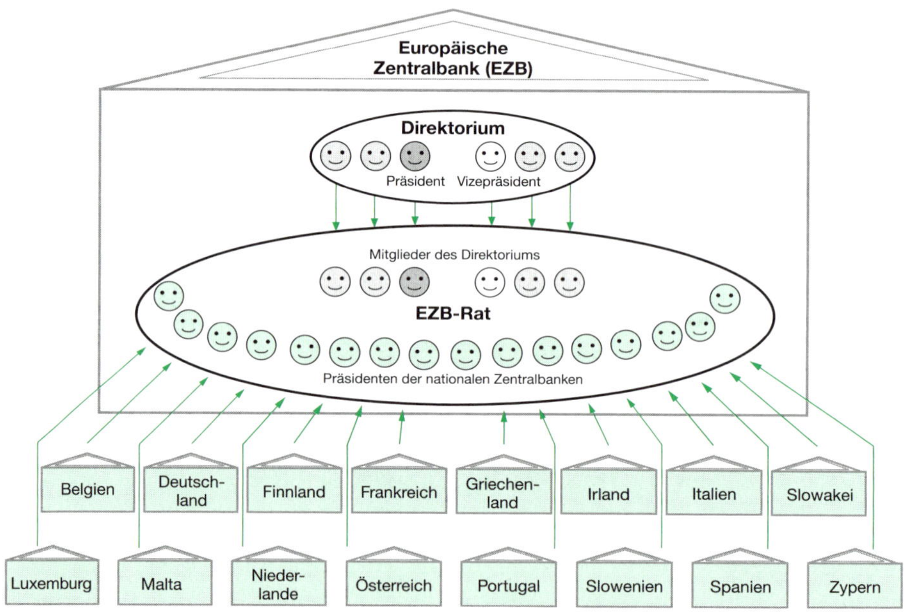

Nationale Zentralbanken (NZB)

Der **erweiterte EZB-Rat** umfasst die Vertreter der 16 Länder des EUR-Währungsgebiets sowie die Vertreter der 11 Länder, die den EUR noch nicht eingeführt haben.

6.12.2 Aufbau und Organe der Europäischen Zentralbank

Europäischer Zentralbankrat (EZB-Rat)

Mitglieder des Europäischen Zentralbankrates sind

- die Präsidenten der Nationalen Zentralbanken und
- die Mitglieder des Direktoriums.

Der **EZB-Rat** bestimmt die Geld- und Währungspolitik der Europäischen Zentralbank.

Die Beschlüsse werden grundsätzlich mit einfacher Mehrheit gefasst. Um eine effiziente Arbeit sicherzustellen, tritt bei Abstimmungen im EZB-Rat ein Rotationssystem in Kraft, sobald die Anzahl der Präsidenten mehr als 18 beträgt. Die Notenbankpräsidenten der fünf stärksten Volkswirtschaften bilden eine Gruppe mit vier stimmberechtigten Mitgliedern. Alle übrigen Notenbankpräsidenten bilden eine zweite Gruppe mit gemeinsam 11 Stimmen. Die Stimmrechte rotieren monatlich, sodass die Zeiträume ohne Stimmrecht für die einzelnen Präsidenten relativ kurz sind. Die Stimmrechte der Direktoriumsmitglieder bleiben hiervon unberührt. Nur bei Fragen der Kapitalausstattung, der Währungsreserven und der Gewinnverteilung verfügen die nationalen Zentralbanken über ein gewichtetes Stimmrecht, das sich nach der Höhe ihres Kapitalanteils richtet. Bei diesen Abstimmungen haben die Mitglieder des Direktoriums kein Stimmrecht.

Direktorium

Mitglieder des Direktoriums sind

- der EZB-Präsident,
- der Vizepräsident,
- bis zu vier weitere Mitglieder.

Wahlverfahren des Direktoriums

Die Mitglieder des Direktoriums werden von den Mitgliedsstaaten auf Ebene der Staats- und Regierungschefs auf Empfehlung des Wirtschafts- und Finanzausschusses (ECOFIN-Rat) ernannt. Dem ECOFIN-Rat gehören die Wirtschafts- und Finanzminister an. Vor seiner Empfehlung hört der ECOFIN-Rat den EZB-Rat und das Europäische Parlament.
Die Amtszeit der Präsidenten beträgt mindestens fünf Jahre, die Amtszeit der Mitglieder des Direktoriums beträgt acht Jahre. Eine Wiederwahl ist nicht zulässig. Zur Gewährleistung der Kontinuität hat die EZB-Satzung für das erste Direktorium unterschiedliche Amtszeiten vorgesehen.

Aufgaben des Direktoriums

Das Direktorium führt die Geldpolitik nach den Beschlüssen des EZB-Rates aus. Wenn die Beschlüsse von den nationalen Zentralbanken vollzogen werden, erteilt das Direktorium die entsprechenden Anweisungen.

Es gilt das **Subsidiaritätsprinzip**. Die Europäische Zentralbank führt nur diejenigen Aufgaben aus, die von den Nationalen Zentralbanken nicht in gewünschter Weise ausgeführt werden können.

Erweiterter EZB-Rat

Dem erweiterten EZB-Rat gehören neben dem Präsidenten und dem Vizepräsidenten der Europäischen Zentralbank die Notenbankpräsidenten aller EU-Mitglieder an. Auf diesem Weg werden auch diejenigen EU-Staaten, die noch nicht an der Währungsunion teilnehmen, in Beratungen einbezogen.

6.12.3 Deutsche Bundesbank

Die **Deutsche Bundesbank** ist die Zentralbank der Bundesrepublik Deutschland.

Rechtsform:	bundesunmittelbare juristische Person des öffentlichen Rechts
Sitz:	Frankfurt/Main
Rechtsgrundlage:	Gesetz über die Deutsche Bundesbank *(BBankG)*
Grundkapital:	2,5 Mrd. EUR Das Grundkapital steht dem Bund zu und damit auch der entstehende Bundesbankgewinn.

- Als **nationale Zentralbank** innerhalb des Europäischen Systems der Zentralbanken (ESZB) ist die Deutsche Bundesbank aufgrund einer Genehmigung der Europäischen Zentralbank zur Ausgabe von Banknoten berechtigt.
- Als **Mitglied des Europäischen Systems der Zentralbanken** führt die Deutsche Bundesbank die in ihren Zuständigkeitsbereich fallenden geldpolitischen Beschlüsse der Europäischen Zentralbank aus.
- Als **Hausbank des Bundes** und eingeschränkt auch der Länder
  - vertritt die Deutsche Bundesbank die Bundesrepublik Deutschland in internationalen Währungsbehörden *(z. B. Internationaler Währungsfonds),*
  - verwaltet sie die nationalen Währungsreserven, soweit sie nicht an die EZB übertragen sind,
  - wirkt sie mit bei der Bankenaufsicht,
  - wirkt sie mit bei der Kreditaufnahme des Bundes und der Länder auf den Geld- und Kapitalmärkten („fiscal agent"),
  - erfüllt sie statistische Aufgaben.

Aufgaben im Eurosystem/ESZB	Nationale und internationale Aufgaben
■ Mitwirkung bei der Erfüllung der Aufgaben des Eurosystems/ESZB mit dem vorrangigen Ziel der Preisstabilität ■ Mitentscheidung der gemeinsamen Geldpolitik im EZB-Rat durch den Präsidenten der Deutschen Bundesbank ■ Umsetzung der Geldpolitik des Eurosystems in Deutschland ■ Refinanzierung des deutschen Bankensystems ■ Versorgung mit Bargeld und Pflege des Bargeldumlaufs ■ Verwaltung der Währungsreserven der Deutschen Bundesbank ■ Sorge für die bankmäßige Abwicklung des Zahlungsverkehrs im Inland und mit dem Ausland, Systembetreiber RTGS^{Plus} ■ Information und Öffentlichkeitsarbeit über die Aufgaben und die Geldpolitik des Eurosystems	■ Mitwirkung bei der Bankenaufsicht ■ Erhebung, Aufbereitung und Veröffentlichung von Wirtschaftsstatistiken, Zahlungsbilanz (statistische Aufgaben) ■ Hausbank des Staates, Kontenführung für den Staat, Übernahme des Zahlungsverkehrs, Unterstützung beim Emissionsgeschäft, Beratung (Fiscal Agent) ■ Beratung der Bundesregierung in währungspolitischen Angelegenheiten ■ Portfoliomanagement: Versorgungsrücklage für Bundesbeamte, Vermögensverwaltung „Geld und Währung" ■ Schlichtungsstelle für den Überweisungsverkehr ■ Wahrnehmung der deutschen Mitgliedschaft im Internationalen Währungsfonds (IWF), Vertretung in internationalen Gremien (G7, G10, G20, OECD, BIZ, WFA) ■ technische Zentralkooperation ■ volkswirtschaftliches Forschungszentrum ■ allgemeine Information und Öffentlichkeitsarbeit

Aufbau und Organe der Deutschen Bundesbank

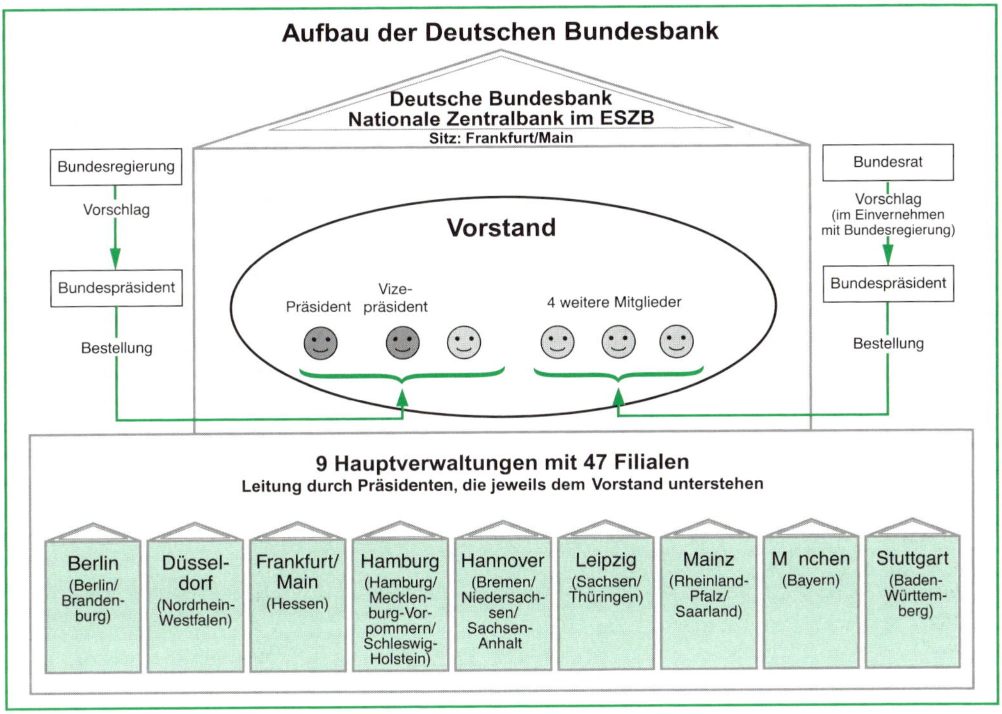

Organe der Deutschen Bundesbank

Vorstand
(§ 7 BBankG)

Der Vorstand verwaltet die Bundesbank.
Dem Vorstand der Bundesbank gehören an:

- der Präsident und der Vizepräsident sowie
- 4 weitere Mitglieder.

Die Mitglieder des Vorstands werden vom Bundespräsidenten bestellt. Die Bestellung des Präsidenten und des Vizepräsidenten sowie eines weiteren Mitglieds erfolgt auf Vorschlag der Bundesregierung, die der übrigen 3 Mitglieder auf Vorschlag des Bundesrates im Einvernehmen mit der Bundesregierung. Für die Bestellung des Vizepräsidenten kann der Bundesrat der Bundesregierung einen Vorschlag zuleiten.

Hauptverwaltungen
(§ 8 BBankG)

Die Hauptverwaltungen werden jeweils von einem Präsidenten geleitet, der dem Vorstand der Deutschen Bundesbank untersteht. Diese tragen die Bezeichnung Präsident der Hauptverwaltung.

6.12.4 Der Zentralbankgeldbedarf

Die Kreditinstitute beschaffen ihre Geldmittel hauptsächlich über Kundeneinlagen und Kredite bei anderen Banken. Darüber hinaus benötigen sie aber auch Zentralbankgeld zur Bargeldversorgung, zur Unterhaltung ihrer Mindestreserve und für die Abwicklung von Zahlungsverkehr. Zentralbankgeld sind Banknoten und Sichtguthaben der MFIs bei der Zentralbank, also Geld, das nur die Zentralbank schaffen kann. Auf dem Geldmarkt ist aber i. d. R. zu wenig Zentralbankgeld vorhanden, sodass die MFIs gezwungen sind, sich bei der EZB zu refinanzieren. Durch Gestaltung der Refinanzierungskosten für Zentralbankguthaben nimmt die EZB Einfluss auf den Geldmarkt. Niedrige Zinsen und ausreichende Mittelzuteilungen werden das Tagesgeld verbilligen und im umgekehrten Fall verteuern.

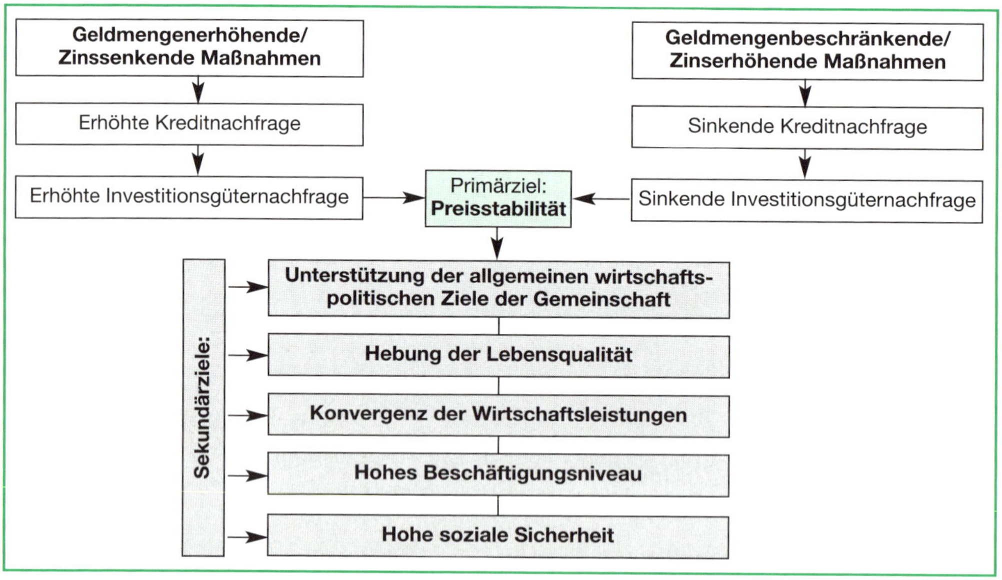

6.12.5 Geldpolitische Instrumente

Die geldpolitischen Instrumente lassen sich in zwei wesentliche Bereiche unterteilen: Der Schwerpunkt liegt bei den „geldpolitischen Operationen“ (**Offenmarktgeschäfte** und **Ständige Fazilitäten).** Daneben gibt es jetzt die **Mindestreservepflicht,** die es auch vor der Währungsumstellung schon in Deutschland gab, im gesamten Euro-Währungsgebiet.
Der Instrumenteneinsatz erfolgt grundsätzlich nach den allgemeinen Regelungen des Eurosystems, die auf den folgenden Seiten beschrieben werden. Die EZB behält sich jedoch vor, bezüglich der Laufzeiten, der Zuteilungsbeträge, der Tenderverfahren, der Sicherheiten, des Korridors der ständigen Fazilitäten usw. von den Regeln abzuweichen und situationsangemessen und flexibel zu verfahren.

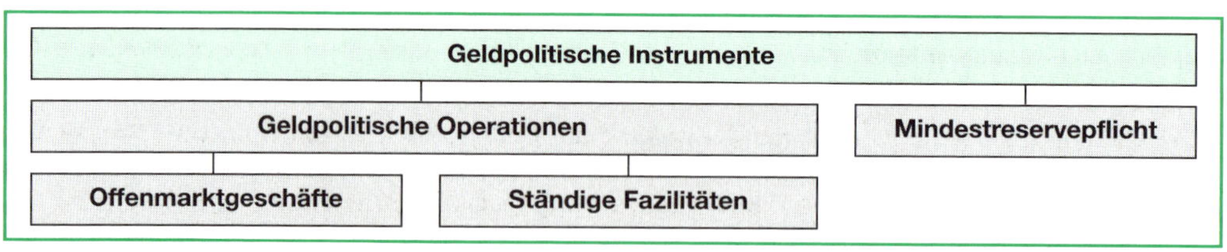

6.12.5.1 Offenmarktpolitik

Offenmarktgeschäfte spielen für die Geldpolitik des Europäischen Systems der Zentralbanken die zentrale Rolle. Sie werden eingesetzt, um die Zinsen und die Liquidität am Markt zu steuern und Signale bezüglich des geldpolitischen Kurses zu setzen. Hauptsächlich führt die EZB ihre Offenmarktgeschäfte in Form von befristeten Transaktionen durch.

Befristete Transaktionen

Befristete Transaktionen sind Geschäfte, bei denen das Europäische System der Zentralbanken refinanzierungsfähige Sicherheiten im Rahmen von Rückkaufsvereinbarungen kauft oder verkauft oder Kreditgeschäfte gegen Verpfändung oder Zedierung refinanzierungsfähiger Sicherheiten durchführt.

Die nationalen Zentralbanken können Kredite an die MFIs auf verschiedene Arten besichern:

- **Pfandkredite**
  Die NZB, hier die Deutsche Bundesbank, lässt sich für die Kreditlaufzeit ein Pfandrecht an einem Wertpapierpool einräumen, der für sie bei einer Wertpapiersammelbank (Clearstream) geführt wird. Der Vorteil dieser Besicherung liegt in der einfachen Handhabung (Eigentumsübertragung kann entfallen; zu verpfändende Wertpapiere brauchen nicht benannt werden, da ein wertmäßiger Anteil am Pool verpfändet wird).

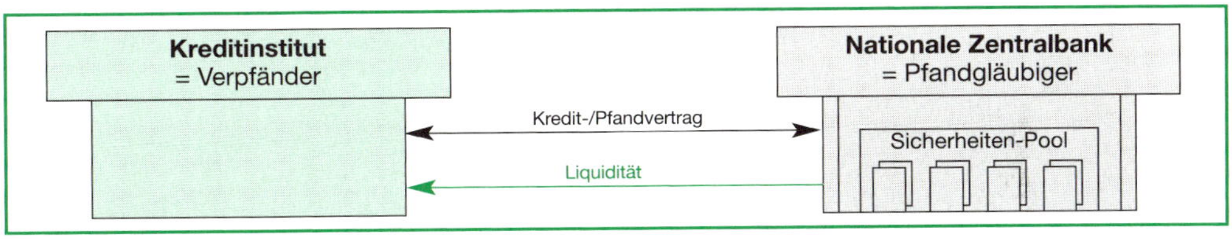

- **Stille Zession**
  Die Deutsche Bundesbank nimmt die von MFIs zur Refinanzierung genutzten Kreditforderungen im Wege der stillen Zession statt bisher der Verpfändung herein. Pflicht zur Schuldnerbenachrichtigung wie bei der Verpfändung von Kreditforderungen besteht bei der stillen Zession nicht.

- **Wertpapierpensionsgeschäfte** (Repogeschäfte)[1]
  Hierbei wird der nationalen Zentralbank das Sicherungseigentum an Offenmarktpapieren übertragen und gleichzeitig eine Rückabwicklung des Geschäftes zum Ende der Kreditlaufzeit vereinbart. Die Deutsche Bundesbank führt im Gegensatz zu ausländischen NZBs keine Wertpapierpensionsgeschäfte mehr durch, da Verpfändung von Wertpapieren und Zedierung von Kreditforderungen rechtlich einfacher sind und weniger Verwaltungsaufwand verursachen.

Die Kreditinstitute haben die von ihnen aufgenommenen Beträge zu verzinsen. Die Höhe der Verzinsung richtet sich nach den geldpolitischen Zielen der EZB und wird als „Pensionssatz“ oder als **„Repo-Satz“** bezeichnet. Die Berechnung erfolgt nach Eurozinsmethode (act/360).

- Pfandkredite und Zessionskredite werden nach dem festgesetzten Zinssatz, bezogen auf den ausstehenden Kreditbetrag und die Laufzeit, verzinst.
- Bei den Pensionsgeschäften entspricht die Differenz zwischen Kaufpreis und Rückkaufspreis den für die Laufzeit des Geschäftes anfallenden Zinsen.

Je nach Art und Laufzeit der Sicherheit werden Bewertungsabschläge zwischen 0,5 % und 25 % vorgenommen.

[1] Vgl. Seite 438.

Sicherheitenpool: Um eine rasche und flexible Refinanzierung zu ermöglichen, unterhalten die Kreditinstitute bei ihrer nationalen Zentralbank einen Pool mit refinanzierungsfähigen Sicherheiten (meist Wertpapiere). Diese können ohne aufwendige Depotumlegungen für Refinanzierungszwecke eingesetzt werden.

Für geldpolitische Geschäfte des Eurosystems zugelassene Sicherheiten

Zulassungskriterien	Marktfähige Sicherheiten	Nicht marktfähige Sicherheiten	
Art der Sicherheit	EZB-Schuldverschreibungen Sonstige marktfähige Schuldtitel	Kreditforderungen	RMBDs (Abk. für „Retail Mortgage-Backed Debt Instrument" = mit hypothekarischen Darlehen an Privatkunden besicherte Schuldtitel)
Bonitätsanforderungen	Die Sicherheit muss den hohen Bonitätsanforderungen genügen. Die hohen Bonitätsanforderungen werden anhand der ECAF-Regeln für marktfähige Sicherheiten beurteilt.[1]	Der Schuldner/Garant muss den hohen Bonitätsanforderungen genügen. Die Kreditwürdigkeit wird anhand der ECAF-Regeln für Kreditforderungen beurteilt.	Die Sicherheit muss den hohen Bonitätsanforderungen genügen. Die hohen Bonitätsanforderungen werden anhand der ECAF-Regeln für RMBDs beurteilt.
Emissionsort	EWR[1]	Nicht zutreffend	Nicht zutreffend
Abwicklungs-/ Beabeitungsverfahren	Abwicklungsort: Euro-Währungsgebiet Die Sicherheiten müssen zentral in girosammelverwahrfähiger Form bei nationalen Zentralbanken oder einem Wertpapierabwicklungssystem hinterlegt werden, das den EZB-Mindeststandards entspricht.	Verfahren des Eurosystems	Verfahren des Eurosystems
Art des Emittenten/Schuldner/Garanten	Zentralbanken Öffentliche Hand Privater Sektor Internationale und supranationale Organisationen	Öffentliche Hand Nichtfinanzielle Unternehmen Internationale und supranationale Organisationen	Kreditinstitute
Sitz des Emittenten/Schuldners oder Garanten	Emittent: EWR oder G-10-Länder außerhalb des EWR Garant: EWR	Euro-Währungsgebiet	Euro-Währungsgebiet
Zugelassene Märkte	Geregelte Märkte Von der EZB zugelassene nicht geregelte Märkte	Nicht zutreffend	Nicht zutreffend
Währung	Euro	Euro	Euro
Grenzüberschreitende Nutzung	Ja	Ja	Ja

[1] Die Bonität der von nichtfinanziellen Unternehmen begebenen oder garantierten marktfähigen Schuldtitel ohne Rating wird auf Basis der vom jeweiligen Geschäftspartner gemäß den ECAF-Regeln für Kreditanforderungen ausgewählten Bonitätsbeurteilungsquellen ermittelt. Bei diesen marktfähigen Schuldtiteln wurden folgende Zulassungskriterien für marktfähige Sicherheiten geändert: Sitz des Emittenten/Garanten: Euro-Währungsgebiet, Emissionsort: Euro-Währungsgebiet.

Quelle: EZB: Durchführung der Geldpolitik im Euro-Währungsgebiet, November 2008; verändert

Der Gesamtbetrag der mit dem ausmachenden Betrag bewerteten Sicherheiten darf den Gesamtbetrag der gleichzeitig in Anspruch genommenen Refinanzierungsinstrumente nicht unterschreiten.

Hauptrefinanzierungsoperationen (Haupttender)

Das wichtigste Offenmarktgeschäft des Europäischen Systems der Zentralbanken sind die Hauptrefinanzierungsoperationen. Dieser Name ist wörtlich zu verstehen, denn mit diesem Instrument gibt die EZB den größten Anteil des Geldvolumens in den Markt hinein.

Hauptrefinanzierungsoperationen	
Über sie	• werden Zinssätze gesteuert, • wird Liquidität zugeführt, • werden Signale bezüglich des geldpolitischen Kurses gesetzt.
Merkmale:	• wöchentliche Durchführung über Standardtender, • Laufzeit eine Woche, • dezentrale Durchführung auf Ebene der nationalen Zentralbanken,

Die Initiative zu diesen Geschäften geht von der EZB aus. Sie stellt den Kreditinstituten jede Woche gegen Stellung von Sicherheiten Kredite mit einer Laufzeit von 7 Tagen zur Verfügung, wobei die Durchführung dezentral bei den nationalen Zentralbanken liegt. Die Gebote müssen über einen Mindestbetrag von 1.000.000,00 EUR lauten. Darüber hinaus kann in Schritten von 100.000,00 EUR geboten werden. Als Orientierungshilfe für die Gebotserstellung gibt die EZB den Geschäftspartnern vorab eine Information über das geplante Zuteilungsvolumen. Sie teilt ihnen ihre Schätzung

- der autonomen Faktoren (darunter versteht man den Liquiditätsbedarf der MFIs, der nicht mit geldpolitischen Operationen zusammenhängt (u. a. die Nettofremdwährungsposition, der Banknotenumlauf und die Einlagen öffentlicher Haushalte beim Eurosystem),
- der Überschussreserven (das Mindestreserve-Soll überschreitende Einlagen),
- der Zahlen zur Liquidität des Bankensystems (Stand der Guthaben, Inanspruchnahme der ständigen Fazilitäten, Schätzung des Mindestreserve-Solls und der Tenderzuteilung)

mit und ermittelt daraus die Benchmark-Zuteilung. Es handelt sich um den Zuteilungsbetrag, der den MFIs eine reibungslose Erfüllung ihrer Mindestreservepflicht ermöglicht und der normalerweise erforderlich ist, um am kurzfristigen Geldmarkt ausgeglichene Bedingungen herzustellen, d. h. die kurzfristigen Geldmarktsätze in der Nähe des Mindestbietungssatzes der Hauptrefinanzierungsgeschäfte zu halten.

Längerfristige Refinanzierungsgeschäfte (Basistender)

Mit den längerfristigen Refinanzierungsgeschäften stellt das Europäische System der Zentralbanken nur einen Teil des gescannten Refinanzierungsvolumens bereits. Es folgt mit diesem Instrument nicht die Absicht, Signale zu setzen und tritt als Preisnehmer auf. Im Bereich der Bundesbank beträgt der Mindestbietungssatz derzeit 10.000,00 EUR.

Längerfristige Refinanzierungsgeschäfte	
Über sie	• werden längerfristige Refinanzierungsmittel zugeführt, • wird eine Verstetigung der Liquiditätsversorgung beabsichtigt.
Merkmale:	• monatliche Durchführung über Standardtender, • Laufzeit drei Monate, • dezentrale Durchführung auf Ebene der nationalen Zentralbanken, • Volumen 50 Mrd. EUR

Tenderverfahren

Die EZB bietet den Kreditinstituten die Teilnahme an Offenmarktgeschäften im Wege von Ausschreibungen an (engl.: tender). Über die eingehenden Gebote der Kreditinstitute und entsprechende Zuteilungen versucht die EZB, die zuzuführende Liquidität exakt zu bestimmen und zu einem marktgerechten Zinssatz abzusetzen. Zur Erleichterung der Planung und Organisation veröffentlicht die EZB im Voraus einen unverbindlichen Kalender für die Tenderoperationen des Folgejahres. Damit alle Geschäftspartner der Eurozone teilnehmen können, werden nationale Feiertage der Mitgliedsstaaten berücksichtigt.

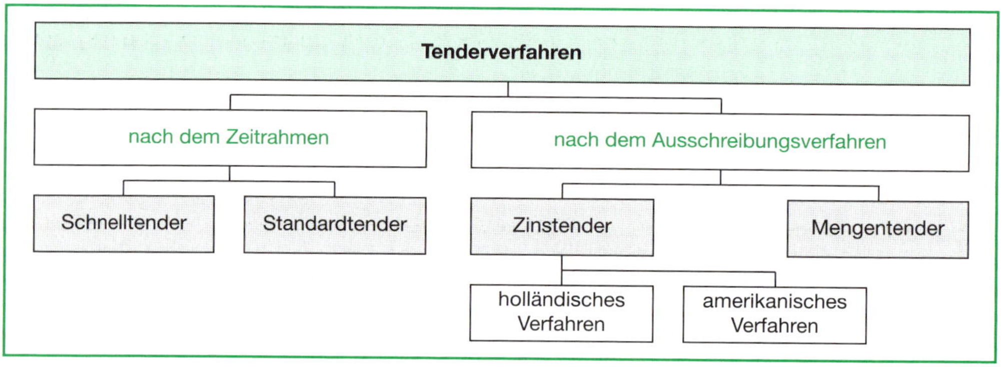

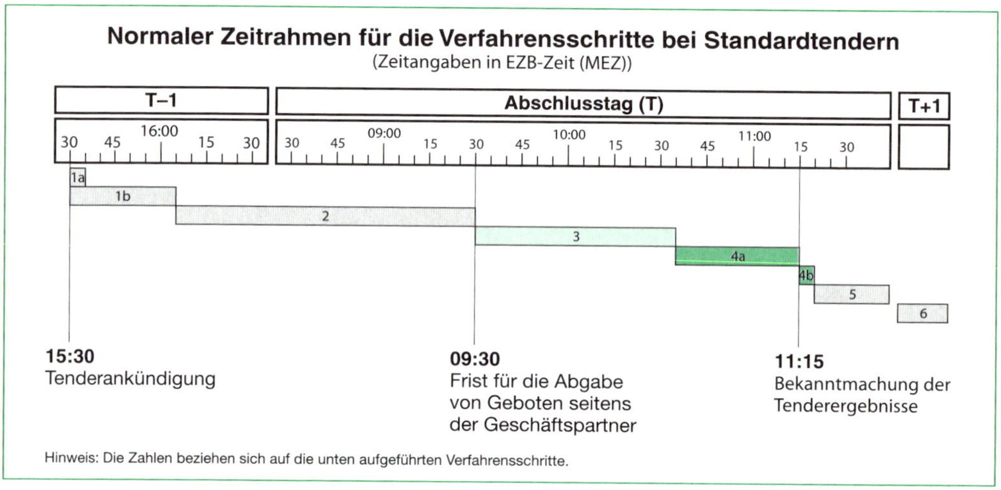

Die Tenderverfahren lassen sich hinsichtlich

- des Zeitrahmens von der Tenderankündigung bis zur Ausführung und hinsichtlich
- der Ausschreibung und des Bietverfahrens

unterscheiden.

Verfahrensschritte bei Tenderverfahren	
Schritt 1	**Tenderankündigung** 1a Ankündigung durch die EZB über Wirtschaftsinformationsdienste 1b Ankündigung durch die nationalen Zentralbanken über nationale Wirtschaftsinformationsdienste und direkt gegenüber einzelnen Geschäftspartnern (wenn es notwendig erscheint)
Schritt 2	**Vorbereitung und Abgabe von Geboten durch die Geschäftspartner**
Schritt 3	**Zusammenstellung der Gebote durch das ESZB**
Schritt 4	**Tenderzuteilung und Bekanntmachung der Tenderergebnisse** 4a Zuteilungsentscheidung der EZB 4b Bekanntmachung des Zuteilungsergebnisses
Schritt 5	**Bestätigung der einzelnen Zuteilungsergebnisse**
Schritt 6	**Abwicklung der Transaktionen (Valutierung)**

Bei **Schnelltendern** liegt zwischen der Ankündigung des Tenders und der Bekanntgabe der Ergebnisse ca. 1 Stunde. Schnelltender werden nur zur Durchführung von Feinsteuerungsoperationen verwendet.

Normaler Zeitrahmen für die Verfahrensschritte bei Schnelltendern
(Zeitangaben in EZB-Zeit (MEZ))

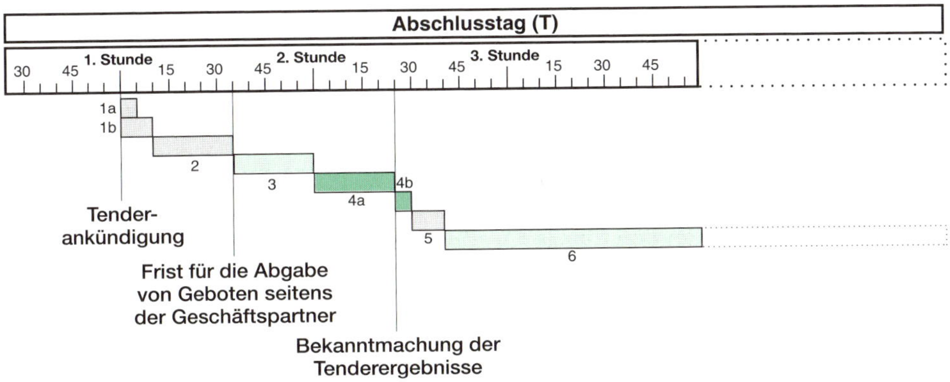

Hinweis: Die Zahlen beziehen sich auf die auf der Vorseite aufgeführten Verfahrensschritte.

Die EZB praktiziert zwei Ausschreibungs- und Bietverfahren und nutzt dazu eine spezielle Software namens **O**pen **M**arket **T**ender **O**perations **S**ystem (OMTOS).

Mengentender

Die EZB gibt in ihrer **Ausschreibung** einen bestimmten Zinssatz fest vor („Festsatz").

▼

Die Kreditinstitute nennen in ihren **Geboten** den gewünschten Betrag.

▼

Die **Zuteilung** des von der EZB vorgesehenen Ausschreibungsvolumens erfolgt gleichmäßig auf die vorliegenden Einzelgebote. Bei Überzeichnung des Ausschreibungsvolumens erhalten die Kreditinstitute Zuteilung entsprechend der sich ergebenden Zuteilungsquote.

Beispiel

Mengentender

Festsatz	2,7 % p. a.
Ausschreibungsvolumen	8.000 Mio. EUR
Gesamtsumme der vorliegenden Gebote	20.000 Mio. EUR
Zuteilungsquote	40 %

Alle an der Ausschreibung teilnehmenden Kreditinstitute erhalten Zuteilung in Höhe von 40 % ihres Gebotes.

Zinstender

Die EZB lässt in ihrer **Ausschreibung** den Zinssatz offen oder gibt einen Mindestbietungssatz („Mindestsatz") vor.

▼

Die Kreditinstitute nennen in ihren **Geboten** den gewünschten Betrag und den Zinssatz, den sie zu zahlen bereit sind.

▼

Die Zuteilung des von der EZB vorgesehenen Ausschreibungsvolumens erfolgt in der Reihenfolge der Höhe der Zinsgebote.

- Beim **„holländischen Verfahren“** erfolgt sie einheitlich zu dem Zinssatz, bei dem das von der EZB vorgesehene Ausschreibungsvolumen realisiert wird.
- Beim **„amerikanischen Verfahren“** erfolgt sie zu den jeweils von den Kreditinstituten tatsächlich genannten Zinsgeboten, bis das von der EZB vorgesehene Ausschreibungsvolumen realisiert ist.

Volle Zuteilung erhalten die Gebote, die über dem „Grenzzinssatz“ liegen; zu diesem Satz abgegebene Gebote werden ggf. repartiert, darunter liegende Gebote kommen nicht zum Zuge.

Beispiel

Zinstender

Mindestsatz	2 % p. a.
Ausschreibungsvolumen	15.000 Mio. EUR

Gebote der Kreditinstitute:

K_1	35 Mio. EUR; 2,50 % p. a.
K_2	50 Mio. EUR; 2,45 % p. a.
:	
K_{117}	12 Mio. EUR; 2,25 % p. a.
Zwischensumme	15.000 Mio. EUR
K_{118}	40 Mio. EUR; 2,20 % p. a.
:	
K_{382}	30 Mio. EUR; 2,00 % p. a.
Gesamtsumme	36.950 Mio. EUR

K_1 - K_{117} erhalten volle Zuteilung.

- Beim „holländischen Verfahren“ einheitlich zum Zuteilungssatz von 2,25 % p. a.
- beim „amerikanischen Verfahren“ zu den jeweils genannten Zinsgeboten.

Geldpolitische Steuerungsmöglichkeiten im Tenderverfahren

- **Festlegung des Zuteilungssatzes**
- **Festlegung des Zuteilungsvolumens**

Durch eine Veränderung der Refinanzierungssätze und des Refinanzierungsvolumens lassen sich die Kosten und das Volumen der Geldbeschaffung der Kreditinstitute beim Europäischen System der Zentralbanken und damit indirekt auch die Kreditkonditionen innerhalb des Bankensystems beeinflussen.

Die Zinssätze der Europäischen Zentralbank bei ihren **Hauptfinanzierungsoperationen** und **ständigen Fazilitäten** werden als **Leitzinsen** bezeichnet, weil durch sie letzten Endes die Entwicklung des Zinsniveaus auf den Geld- und Kapitalmärkten bestimmt wird.

- Erhöht die EZB ihre Leitzinsen, so kündigt sie eine Politik des „knappen“ Geldes an und leitet einen *kontraktiven* Kurs der Geldpolitik ein. In Erwartung steigender Kreditzinsen kommt es innerhalb der Wirtschaft zu einer *pessimistischen* Zukunftseinschätzung.
- Senkt die EZB ihre Leitzinsen, so kündigt sie eine Politik des „billigen“ Geldes an und leitet einen *expansiven* Kurs der Geldpolitik ein. In Erwartung fallender Kreditzinsen kommt es innerhalb der Wirtschaft zu einer *optimistischen* Zukunftseinschätzung.

Leitzinsänderungen üben folglich eine wichtige **Signalwirkung** für die Wirtschaft aus: Das Eurosystem gibt hierdurch zu erkennen, dass es eine bestimmte Zielrichtung der Geldpolitik verfolgt. In der Sprache der Zentralbanken bedeutet eine Änderung des Leitzinses um 100 Basispunkte eine tatsächliche Änderung um einen Prozentpunkt. Bereits die unmittelbare Bekanntgabe einer Zinsänderung führt zur psychologischen Beeinflussung der Wirtschaft und kann das Verhalten der Wirtschaftssubjekte in die gewünschte Richtung lenken.

Geldpolitische Geschäfte des Eurosystems (Tenderverfahren) [1), 2)] in Mio EUR; Zinssätze in % p.a.

1. Hauptrefinanzierungsgeschäfte und längerfristige Refinanzierungsgeschäfte [3)]

Abwicklungstag	Gebote (Betrag)	Anzahl der Teilnehmer	Zuteilung (Betrag)	Mengentender Festzinssatz	Zinstender Mindestbietungssatz	Zinstender Marginaler Zuteilungssatz [4)]	Zinstender Gewichteter Durchschnittssatz	Laufzeit (Tage)
	1	2	3	4	5	6	7	8
Hauptrefinanzierungsgeschäfte								
2008 8. Okt.	271.271	436	250.000	–	4,25	4,70	4,99	7
15.[5)]	310.412	604	310.412	3,75	–	–	–	7
22.	305.421	703	305.421	3,75	–	–	–	7
29.	325.112	736	325.112	3,75	–	–	–	7
5. Nov	311.991	756	311.991	3,75	–	–	–	7
12.	334.413	848	334.413	3,25	–	–	–	7
19.	338.018	851	338.018	3,25	–	–	–	7
26.	334.461	836	334.461	3,25	–	–	–	7
3. Dez	339.520	787	339.520	3,25	–	–	–	7
10.	217.856	783	217.856	2,50	–	–	–	7
17.	209.721	792	209.721	2,50	–	–	–	6
23.	223.694	640	223.694	2,50	–	–	–	7
30.	238.891	629	238.891	2,50	–	–	–	7
2009 6. Jan.	216.122	600	216.122	2,50	–	–	–	8
14.	203.792	614	203.792	2,50	–	–	–	7
21.	251.516	668	251.516	2,00	–	–	–	7
28.	214.150	544	214.150	2,00	–	–	–	7
4. Feb.	207.052	501	207.052	2,00	–	–	–	7
Längerfristige Refinanzierungsgeschäfte								
2008 30. Okt.	103.108	223	103.108	3,75	–	–	–	91
7. Nov.	20.416	55	20.416	3,75	–	–	–	33
13.	66.807	139	66.807	3,25	–	–	–	91
13.	41.558	127	41.558	3,25	–	–	–	182
27.	42.185	161	42.185	3,25	–	–	–	91
10. Dez.	134.949	139	134.949	2,50	–	–	–	42
11.	38.080	96	38.080	2,50	–	–	–	182
11.	55.924	105	55.924	2,50	–	–	–	91
18.	50.793	169	50.793	2,50	–	–	–	98
2009 8. Jan.	7.559	39	7.559	2,50	–	–	–	182
8.	9.454	45	9.454	2,50	–	–	–	98
21.	113.395	139	113.395	2,00	–	–	–	21
29.	43.239	133	43.239	2,00	–	–	–	91

2. Sonstige Tendergeschäfte

Abwicklungstag	Art des Geschäfts	Gebote (Betrag)	Anzahl der Teilnehmer	Zuteilung (Betrag)	Mengentender Festzinssatz	Zinstender Mindestbietungssatz	Zinstender Höchstbietungssatz	Zinstender Marginaler Zuteilungssatz [4)]	Zinstender Gewichteter Durchschnittssatz	Laufzeit (Tage)
	1	2	3	4	5	6	7	8	9	10
2008 12. Aug.	Hereinnahme von Termineinlagen	22.630	10	21.000	4,25	–	–	–	–	1
9. Sept.	Hereinnahme von Termineinlagen	20.145	17	20.145	4,25	–	–	–	–	1
15.	Befristete Transaktion	90.270	51	30.000	–	4,25	–	4,30	4,39	1
16.	Befristete Transaktion	102.480	56	70.000	–	4,25	–	4,32	4,40	1
18.	Befristete Transaktion	49.330	43	25.000	–	4,25	–	4,30	4,39	1
24.	Befristete Transaktion	50.335	36	40.000	–	4,25	–	4,25	4,35	1
1. Okt.	Hereinnahme von Termineinlagen	173.047	52	173.047	4,25	–	–	–	–	1
2.	Hereinnahme von Termineinlagen	216.051	65	200.000	4,25	–	–	–	–	1
3.	Hereinnahme von Termineinlagen	193.844	54	193.844	4,25	–	–	–	–	3
6.	Hereinnahme von Termineinlagen	171.947	111	171.947	4,25	–	–	–	–	1
7.	Hereinnahme von Termineinlagen	147.491	97	147.491	4,25	–	–	–	–	1
9.	Befristete Transaktion	24.682	99	24.682	3,75	–	–	–	–	6
11. Nov.	Hereinnahme von Termineinlagen	149.656	117	79.940	–	–	3,75	3,60	3,51	1
9. Dez.	Hereinnahme von Termineinlagen	152.655	95	137.456	–	–	3,25	3,05	2,94	1
2009 20. Jan.	Hereinnahme von Termineinlagen	143.835	103	140.013	–	–	2,50	2,30	2,15	1

Quelle: Europäische Zentralbank (Hrsg.): Monatsbericht Februar 2009, Statistik des Euro-Währungsgebiets, S. 8.

1) Geringfügige Abweichungen von den in Abschnitt 1.1 ausgewiesenen Beträgen sind aufgrund von zugeteilten, jedoch nicht abgewickelten Geschäften möglich.

2) Mit Wirkung vom April 2002 werden Ausgleichstender, d. h. Operationen mit einer Laufzeit von einer Woche, die parallel zu einem Hauptrefinanzierungsgeschäft als Standardtender durchgeführt werden, als Hauptrefinanzierungsgeschäfte klassifiziert. Angaben zu vor diesem Monat durchgeführten Ausgleichstendern sind in Tabelle 2 in Abschnitt 1.3 enthalten.

3) Am 8. Juni 2000 kündigte die EZB an, dass die Hauptrefinanzierungsgeschäfte des Eurosystems beginnend mit dem am 28. Juni 2000 abzuwickelnden Geschäft als Zinstender durchgeführt würden. Der Mindestbietungssatz bezieht sich auf den Mindestzinssatz, zu dem die Geschäftspartner ihre Gebote abgeben können.

4) Bei liquiditätszuführenden (-abschöpfenden) Geschäften bezieht sich der marginale Zuteilungssatz auf den niedrigsten (höchsten) Zinssatz, zu dem Gebote angenommen wurden.

5) Am 8. Oktober 2008 gab die EZB bekannt, dass die wöchentlichen Hauptrefinanzierungsgeschäfte beginnend mit dem am 15. Oktober abzuwickelnden Geschäft als Mengentender mit vollständiger Zuteilung zum Zinssatz für die Hauptrefinanzierungsgeschäfte durchgeführt werden.

Kein geldpolitisches Instrument der Zinssteuerung ist der Basiszinssatz. Der **Basiszinssatz** dient als abstrakte Bezugsgröße der Berechnung des Zinsschadens beim Verzug:

Eine Geldschuld ist während des Verzugs zu verzinsen. Der Verzugszins liegt 5 oder 8 Prozentpunkte über dem Basiszinssatz *(§ 288 BGB).*

Beispiel Basiszinssatz: 1,13 % p. a. + 5,00 Prozentpunkte = 6,13 % p. a. Verzugsszinssatz

Der Basiszinssatz gilt jeweils für einen Zeitraum von sechs Monaten und wird von der Deutschen Bundesbank im Bundesanzeiger bekannt gemacht. Er verändert sich zum 1. Januar und 1. Juli eines jeden Jahres um die Prozentpunkte, um die der Zinssatz für die jüngste Hauptrefinanzierungsoperation der EZB gestiegen oder gefallen ist *(§ 247 BGB).*

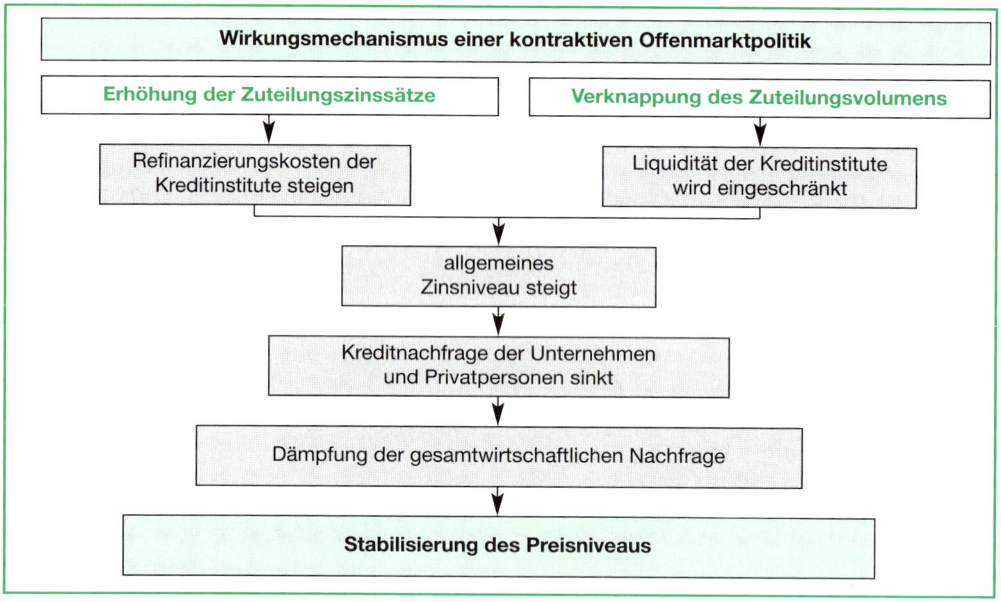

Feinsteuerungsoperationen

Feinsteuerungsoperationen in Form von befristeten Transaktionen

Durch Feinsteuerungsoperationen in Form von befristeten Transaktionen reagiert das Eurosystem auf unerwartete Markt- und Liquiditätsentwicklungen. Mit diesem Instrument sollen die Auswirkungen solcher Entwicklungen auf die Zinssätze ausgeglichen werden. Da je nach Situation rascher Handlungsbedarf besteht, ist das ESZB bei der Durchführung dieser Geschäfte hoch flexibel.

Merkmale:

- dezentrale Durchführung über die nationalen Zentralbanken,
- unregelmäßiger Einsatz,
- Laufzeit nicht standardisiert,
- Liquiditätszuführung über Schnelltender,
- Liquiditätsabsorption über bilaterale Geschäfte.

Feinsteuerungsoperationen in Form von Devisenswaps

Es handelt sich hierbei um Geschäfte, bei denen die EZB EUR per Kasse gegen eine Fremdwährung kauft (oder verkauft) und diese gleichzeitig per Termin verkauft (oder kauft). Diese gleichzeitige Vornahme einer Kassa- und einer Termintransaktion ist eine Feinsteuerungsmaßnahme zur Steuerung der Liquidität und der Zinssätze am Markt. Die Devisenswapgeschäfte werden in gängigen Währungen durchgeführt. Der zwischen dem ESZB und dem Geschäftspartner vereinbarte Swapsatz entspricht der Differenz zwischen dem Terminkurs und dem Kassakurs.

Merkmale:
- liquiditätszuführend oder -absorbierend
- unregelmäßige Durchführung
- nicht standardisierte Laufzeit
- Durchführung als Schnelltender über die nationalen Zentralbanken, nur in Ausnahmefällen bilateral über die EZB

Feinsteuerungsoperationen durch Hereinnahme von Termineinlagen

Zur Feinsteuerung kann das Europäische System der Zentralbanken die Hereinnahme von verzinslichen Termineinlagen bei der nationalen Notenbank des Mitgliedsstaates anbieten, um damit Liquidität abzuschöpfen. Die Zinsen werden, wie beim Europäischen System der Zentralbanken üblich, nach der Eurozinsmethode (act/360) berechnet und bei Fälligkeit der Einlage bezahlt.

Merkmale:
- Liquiditätsentzug
- unregelmäßige Hereinnahme
- keine standardisierte Laufzeit
- dezentrale Abwicklung über nationale Zentralbanken im Schnelltenderverfahren oder als bilaterales Geschäft

Strukturelle Operationen

Strukturelle Operationen in Form befristeter Transaktionen

Mit diesem Instrument kann das Europäische System der Zentralbanken auf die Liquidität des Finanzsektors einwirken. Zur Unterlegung der Kredite sind sowohl marktfähige wie auch nicht marktfähige Sicherheiten zugelassen.

Merkmale:
- regelmäßige und unregelmäßige Liquiditätszuführung
- Laufzeit ist nicht von vornherein standardisiert
- Durchführung als Standardtender
- dezentrale Durchführung über die nationalen Zentralbanken

Strukturelle Operation durch Emission von Schuldverschreibungen

Das Europäische System der Zentralbanken kann eigene Schuldverschreibungen begeben. Sie stellen eine Verbindlichkeit der Europäischen Zentralbank gegenüber dem Inhaber dar und werden in girosammelverwahrfähiger Form und/oder stückelos begeben. Die Schuldverschreibungen werden in abgezinster Form emittiert. Die Differenz zwischen dem Emissionsbetrag und dem Nennbetrag entspricht der Verzinsung zum vereinbarten Zinssatz über die Laufzeit.

Merkmale:
- Liquiditätsabschöpfung
- regelmäßige und unregelmäßige Emittierung
- Laufzeit unter 12 Monaten
- dezentrale Abwicklung über nationale Zentralbanken im Tenderverfahren

Definitive Käufe bzw. Verkäufe

Dieses Instrument bezeichnet Transaktionen, bei denen das Europäische System der Zentralbanken endgültig zentralbankfähige Aktiva kauft oder verkauft, also keine Rückkaufsvereinbarung getroffen wird. Das Geschäft wird zu den für diese Papiere marktüblichen Gepflogenheiten abgewickelt. Es dient nur zur Beeinflussung der **strukturellen Liquidität** und zur **Feinsteuerung.**

Merkmale:

- Liquiditätszuführung oder -absorbtion
- unregelmäßiger Einsatz
- Durchführung als bilaterales Geschäft auf Ebene der nationalen Zentralbanken

6.12.5.2 Ständige Fazilitäten

Die ständigen Fazilitäten (ständig angebotene Kreditlinien) dienen dazu, den Kreditinstituten Übernacht-Liquidität bereitzustellen oder kurzfristige Geldanlage-Möglichkeiten anzubieten.

Spitzenrefinanzierungsfazilität

Mit der Spitzenrefinanzierungsfazilität können sich die Geschäftspartner intraday zinslos zur Aufrechterhaltung des Zahlungsverkehrs und overnight Liquidität gegen refinanzierungsfähige Sicherheiten beschaffen. Eine Kredithöchstgrenze ist nicht vorgesehen. Somit limitieren die Sicherheiten die Höhe der Inanspruchnahme. Der Zinssatz der Spitzenrefinanzierungsfazilität bildet in der Regel die Obergrenze auf dem Markt für Tagesgeld.

Einlagefazilität

Die Einlagefazilität können die Geschäftspartner nutzen, um bis zum Beginn des nächsten Geschäftstages überschüssige Liquidität bei den nationalen Zentralbanken anzulegen. Die Höhe der Beträge ist unbeschränkt. Der Zinssatz der Einlagefazilität bildet in der Regel die Untergrenze des Tagesgeldsatzes.

Die Zinssätze für die ständigen Fazilitäten und die Offenmarktgeschäfte haben die Wirkung von **Leitzinsen.** Mit den Zinssätzen der ständigen Fazilitäten werden Signale bezüglich des Kurses der Geldmarktpolitik gesetzt. Der Satz für den Übernachtkredit bildet dabei die obere Grenze und der Zinssatz für die Einlagefazilität die untere Grenze eines Zinskanals für Tagesgelder. Einerseits würde sich kein Kreditinstitut am freien Markt zu einem Zinssatz, der über dem Zinssatz der Spitzenrefinanzierungsfazilität liegt, refinanzieren, und andererseits würde kein Kreditinstitut seine Übernacht-Liquidität zu einem Zinssatz anlegen, der unter dem Zinssatz des ESZB für die Einlagenfazilität liegt. Der Zinssatz für das bedeutendste Refinanzierungsinstrument des ESZB, des Hauptrefinanzierungsinstrumentes, liegt innerhalb des Zinskanals, den die ständigen Fazilitäten vorgeben.

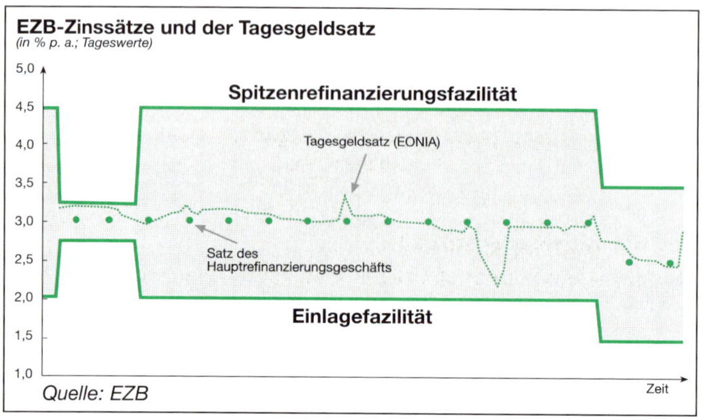

6.12.5.3 Mindestreserven

Die Kreditinstitute sind verpflichtet, einen bestimmten Prozentsatz ihrer Verbindlichkeiten als Guthaben auf ihrem Konto bei der nationalen Zentralbank zu unterhalten.

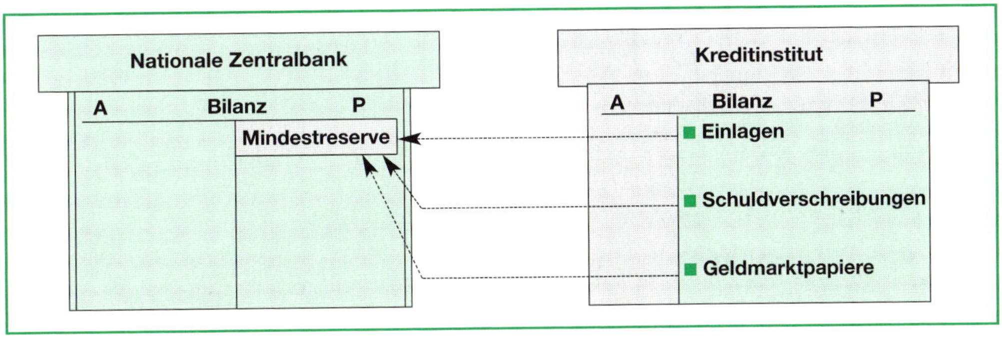

Mindestreservebasis

Die Mindestreservebasis eines Kreditinstituts wird aus einzelnen Bilanzpositionen ermittelt. Für die meisten in die Reservebasis einbezogenen Verbindlichkeiten schreibt die EZB einen einheitlichen Reservesatz von zurzeit 2 % vor. Für einige Verbindlichkeiten beträgt der Reservesatz 0 %, doch kann die EZB die Reservesätze jederzeit bis zu 10 % erhöhen.

Reservebasis und Mindestreservesätze
A. In die Mindestreserve einbezogene Verbindlichkeiten mit positivem Mindestreservesatz von 2 %
Einlagen ■ täglich fällige Einlagen ■ Einlagen mit vereinbarter Laufzeit von bis zu zwei Jahren ■ Einlagen mit vereinbarter Kündigungsfrist von bis zu zwei Jahren Ausgegebene Schuldverschreibungen ■ Schuldverschreibungen mit vereinbarter Laufzeit von bis zu zwei Jahren
B. In die Mindestreservebasis einbezogene Verbindlichkeiten mit einem Reservesatz von 0 %
Einlagen ■ Einlagen mit vereinbarter Laufzeit von über zwei Jahren ■ Einlagen mit vereinbarter Kündigungsfrist von über zwei Jahren ■ Repogeschäfte[1] Ausgegebene Schuldverschreibungen ■ Schuldverschreibungen mit vereinbarter Laufzeit von über zwei Jahren
C. Nicht in die Mindestreservebasis einbezogene Verbindlichkeiten
■ Verbindlichkeiten gegenüber Instituten, die selbst den ESZB-Mindestreservevorschriften unterliegen ■ Verbindlichkeiten gegenüber der EZB und den nationalen Zentralbanken

Ermittlung und Erfüllung der Mindestreserven

Aufgrund der Monatsbestände der mindestreservepflichtigen Verbindlichkeiten wird durch Multiplikation mit dem Mindestreservesatz das Mindestreserve-Soll ermittelt. Hiervon kann das Kreditinstitut einen Freibetrag von 100.000,00 EUR abziehen. Im Durchschnitt der Tagesendbestände eines Monats ab dem Abwicklungstag des Hauptrefinanzierungsgeschäftes, das auf die Sitzung des EZB-Rates mit der monatlichen Erörterung der Geldpolitik folgt (die geplanten Termine werden

[1] Vgl. Seite 438

von der EZB ein Jahr im Voraus veröffentlicht), ist die Mindestreserve auf einem Mindestreservekonto bei der nationalen Zentralbank zu halten. Mit dieser Durchschnittsregelung wird den Kreditinstituten die Möglichkeit gegeben, kurzfristige Zinsschwankungen auszunutzen und die Mindestreserve als Liquiditätspuffer zu nutzen.

Mindestreserve-Soll	Mindestreserve-Ist
Ermittlungsbasis: Reservepflichtige Verbindlichkeiten der Kreditinstitute.	**Ermittlungsbasis:** Tagesendguthaben auf den Reservekonten bei der jeweiligen EZB bzw. der Zentralinstitute.
Ermittlungsmethode: 1. Die Beträge der reservepflichtigen Verbindlichkeiten werden auf Basis der Monatsendbestände der Meldungen zur Geld- und Bankenstatistik durch die EZB ermittelt. Die Reservemeldung der Kreditinstitute entfällt. 2. Die reservepflichtigen Verbindlichkeiten werden mit den jeweiligen Mindestreserve-Sätzen multipliziert. Das Produkt entspricht dem Mindestreserve-Soll und gilt für die folgende Erfüllungsperiode.	**Ermittlungsmethode:** Einfacher Durchschnitt aller Tagesendbestände auf dem Reservekonto in der betreffenden Erfüllungsperiode. Unterschreitungen des Mindestreserve-Solls an bestimmten Tagen können durch höhere Tagesguthaben in derselben Periode ausgeglichen werden. Die NZBs melden auch weiterhin das Durchschnittsguthaben für die abgelaufene Erfüllungsperiode.
Ermittlungszeitpunkt: Zum Ultimo eines Monats für den Folgemonat.	**Ermittlungszeitpunkt: (Erfüllungsperiode)** Die Periode zur Erfüllung des Mindestreserve-Solls beginnt immer am Abwicklungstag des Hauptrefinanzierungsgeschäftes, das auf die Sitzung des EZB-Rates folgt, für die die monatliche Erörterung der Geldpolitik vorgesehen ist. Der EZB-Rat erörtert seine Geldpolitik i. d. R. nur in der ersten Sitzung jedes Monats.
Pauschaler Freibetrag: vom Mindestreserve-Soll kann jedes Kreditinstitut pauschal 100.000,00 EUR absetzen. Die Absetzung kann mehrfach für jede Niederlassung in einem Mitgliedsland vorgenommen werden.	

Sanktionen der EZB

Erfüllt ein Institut seine Reservepflicht ganz oder teilweise nicht, ist die EZB zu folgenden Sanktionen befugt:

- Zahlung von bis zu 5 Prozentpunkten über dem Satz der Spitzenrefinanzierungsfazilität oder dem doppelten Satz der Spitzenrefinanzierungsfazilität auf den Fehlbetrag
- Zwang zur Einlage bei der EZB in dreifacher Höhe des Fehlbetrages
- Ausschluss von den Refinanzierungsmöglichkeiten über das Eurosystem
- Verpflichtung zur täglichen Einhaltung des Reserve-Solls

Verzinsung der Mindestreserven

Um Wettbewerbsnachteile gegenüber Mitbewerbern aus den Staaten außerhalb des Euro-Währungsgebietes zu vermeiden, werden Mindestreserveguthaben zum durchschnittlichen Zinssatz der EZB für die Hauptrefinanzierungsgeschäfte über die Mindestreserve-Erfüllungsperiode (gewichtet nach der Anzahl der Kalendertage) verzinst. Guthaben, die die erforderliche Mindestreserve übersteigen, werden nicht verzinst.

Je höher die Mindestreservesätze von der EZB festgesetzt werden, desto geringer ist für die Kreditinstitute der Spielraum für die Gewährung von Krediten. Die Erhöhung der Mindestreservesätze führt darüber hinaus zu einer Verknappung des Geldangebotes und damit zu einer Erhöhung der Zinsen.

Beispiel

Der EZB-Rat beschließt eine Mindestreserve auf Spareinlagen in Höhe von 2 %. Bei der Sparkasse KölnBonn werden Spareinlagen in Höhe von 300 Mio. EUR unterhalten. Die Sparkasse KölnBonn muss 6 Mio. EUR auf ihrem Bbk-Konto als Mindestreserveguthaben unterhalten, sodass ihr nur 294 Mio. EUR für eine andere Verwendung (z. B. Kreditvergabe) zur Verfügung stehen.

Bei der Senkung der Mindestreservesätze treten die umgekehrten Wirkungen ein.

Instrumenteneinsatz der Geldpolitik

expansive Geldpolitik (konjunkturbelebend)	**kontraktive Geldpolitik** (konjunkturdämpfend)
■ Senkung der Zinsen im Offenmarktgeschäft und in der Spitzenrefinanzierungsfazilität ■ Senkung der Zinsen für die Einlagefazilität und Termineinlagen ■ Erhöhung des Refinanzierungsvolumens (der Zuteilung) im Tenderverfahren ■ Senkung der Mindestreservesätze ■ Definitive Käufe zentralbankfähiger Aktiva *(z. B. Devisen)*	■ Erhöhung der Zinsen im Offenmarktgeschäft und in der Spitzenrefinanzierungsfazilität ■ Erhöhung der Zinsen für die Einlagefazilität und Termineinlagen ■ Verringerung des Refinanzierungsvolumens (der Zuteilung) im Tenderverfahren ■ Erhöhung der Mindestreservesätze ■ Definitive Verkäufe zentralbankfähiger Aktiva ■ Emission eigener Schuldverschreibungen

Zusammenfassung: Geldpolitisches Instrumentarium der EZB

Geldpolitische Geschäfte	Transaktionsart		Laufzeit	Rhythmus	Verfahren
	Liquiditätsbereitstellung	Liquiditätsabschöpfung			
Offenmarktgeschäfte					
Hauptrefinanzierungsgeschäfte	Befristete Transaktionen	-	Eine Woche	Wöchentlich	Standardtender
Längerfristige Refinanzierungsgeschäfte	Befristete Transaktionen	-	Drei Monate	Monatlich	Standardtender
Feinsteuerungsoperationen	Befristete Transaktionen Devisenswaps	Befristete Transaktionen Hereinnahme von Termineinlagen Devisenswaps	Nicht standardisiert	Unregelmäßig	Schnelltender Bilaterale Geschäfte
Strukturelle Operationen	Befristete Transaktionen	Emission von Schuldverschreibungen	Standardisiert/nicht standardisiert	Regelmäßig und unregelmäßig	Standardtender
	Endgültige Käufe	Endgültige Verkäufe	-	Unregelmäßig	Bilaterale Geschäfte
Ständige Fazilitäten					
Spitzenrefinanzierungsfazilität	Befristete Transaktionen	-	Über Nacht	Inanspruchnahme auf Initiative der Geschäftspartner	
Einlagefazilität	-	Einlagenannahme	Über Nacht	Inanspruchnahme auf Initiative der Geschäftspartner	

Quelle: EZB: Die Durchführung der Geldpolitik im Euro-Währungsgebiet, November 2008.

Mindestreserve

Die Geschäftspartner der EZB müssen einen bestimmten Prozentsatz ihrer Verbindlichkeiten als Guthaben auf ihrem Girokonto bei ihrer nationalen Zentralbank haben.

Potenzielle Basis für die Mindestreservebemessung

Täglich fällige Einlagen, Einlagen mit vereinbarter Laufzeit bzw. Kündigungsfrist, Repogeschäfte, ausgegebene Schuldverschreibungen und Geldmarktpapiere

6.12.6 Wochenausweis des Eurosystems

Konsolidierter Wochenausweis des Eurosystems zum 27. Februar 2009
in Millionen EUR

Aktiva

	Stand zum 27. Februar 2009	Veränderungen zur Vorwoche aufgrund von Transaktionen
1 Gold und Goldforderungen	**217.779**	**– 214**
2 Forderungen in Fremdwährung an Ansässige außerhalb des Euro-Währungsgebiets	**155.684**	**– 3.641**
2.1 Forderungen an den IWF	13.119	– 10
2.2 Guthaben bei Banken, Wertpapieranlagen, Auslandskredite und sonstige Auslandsaktiva	142.565	– 3.631
3 Forderungen in Fremdwährung an Ansässige im Euro-Währungsgebiet	**134.654**	**– 32.286**
4 Forderungen in Euro an Ansässige außerhalb des Euro-Währungsgebiets	**21.591**	**– 143**
4.1 Guthaben bei Banken, Wertpapieranlagen und Kredite	21.591	– 143
4.2 Forderungen aus der Kreditfazilität im Rahmen des WKM II	0	0
5 Forderungen in Euro aus geldpolitischen Operationen an Kreditinstitute im Euro-Währungsgebiet	**700.877**	**1.150**
5.1 Hauptrefinanzierungsgeschäfte	238.423	22.516
5.2 Längerfr. Refinanzierungsgesch.	461.795	– 20.544
5.3 Feinsteuerungsoperationen in Form von befr. Transaktionen	0	0
5.4 Strukturelle Operationen in Form von befr. Transaktionen	0	0
5.5 Spitzenrefinanzierungsfazilität	652	– 746
5.6 Forderungen aus Margenausgleich	7	– 75
6 Sonstige Forderungen in Euro an Kreditinst. im Euro-Währungsgebiet	**27.497**	**– 3.244**
7 Wertpapiere in Euro von Ansässigen im Euro-Währungsgebiet	**285.256**	**150**
8 Forderungen in Euro an öffentliche Haushalte	**37.425**	**36**
9 Sonstige Aktiva	**239.506**	**84**
Aktiva insgesamt	**1.820.268**	**– 38.107**

Quelle: EZB: Konsolidierter Ausweis des Eurosystems zum 27. Februar 2009 (Stand: 3. März 2009), S. 3 f.

Differenzen in den Summen durch Runden der Zahlen.

Passiva

	Stand zum 27. Februar 2009	Veränderungen zur Vorwoche aufgrund von Transaktionen
1 Banknotenumlauf	**742.134**	**2.853**
2 Verbindlichkeiten in Euro aus geldpolitischen Operationen gegenüber Kreditinstituten im Euro-Währungsgebiet	**297.168**	**- 27.174**
2.1 Einlagen auf Girokonten (einschließlich Mindestreserveguthaben)	191.697	- 51.735
2.2 Einlagefazilität	104.911	24.861
2.3 Termineinlagen	0	0
2.4 Feinsteuerungsoperationen in Form von befrist. Transaktionen	0	0
2.5 Verbindlichkeiten aus Margenausgleich	561	- 300
3 Sonstige Verbindlichkeiten in Euro gegenüber Kreditinstituten im Euro-Währungsgebiet	**276**	**- 39**
4 Verbindlichkeiten aus der Begebung von Schuldverschreibungen	**0**	**0**
5 Verbindlichkeiten in Euro gegenüber sonstigen Ansässigen im Euro-Währungsgebiet	**136.906**	**22.850**
5.1 Einlagen von öffentl. Haushalten	128.912	23.234
5.2 Sonstige Verbindlichkeiten	7.994	-383
6 Verbindlichkeiten in Euro gegenüber Ansässigen außerhalb des Euro-Währungsgebiets	**202.561**	**- 33.879**
7 Verbindlichkeiten in Fremdwährung gegenüber Ansässigen im Euro-Währungsgebiet	**-279**	**26**
8 Verbindlichkeiten in Fremdwährung gegenüber Ansässigen außerhalb des Euro-Währungsgebiets	**9.810**	**- 900**
8.1 Einlagen, Guthaben und sonstige Verbindlichkeiten	9.810	- 900
8.2 Verbindlichkeiten aus der Kreditfazilität im Rahmen des WKM II	0	0
9 Ausgleichsposten für vom IWF zugeteilte Sonderziehungsrechte	**5.446**	**0**
10 Sonstige Passiva	**177.921**	**- 1.900**
11 Ausgleichsposten aus Neubewertung	**176.589**	**0**
12 Kapital und Rücklagen	**71.738**	**56**
Passiva insgesamt	**1.820.268**	**- 38.107**

Quelle: EZB: Konsolidierter Ausweis des Eurosystems zum 27. Februar 2009 (Stand: 3. März 2009), S. 3 f.

6.13 Strukturpolitik

Die Entwicklung einer Volkswirtschaft ist mittel- und langfristig gesehen durch Wandlungen ihrer Wirtschaftsstruktur gekennzeichnet.

Gesellschaftsstruktur

Wirtschaftsstruktur | **Sozialstruktur**

In einer dynamischen Wirtschaft entwickeln sich nicht alle Wirtschaftsbereiche gleichmäßig. Während einige Branchen hohe Wachstumsraten aufweisen, stagnieren andere oder verzeichnen eine rückläufige Tendenz. Auch in den einzelnen Regionen kann es zu einer unterschiedlichen Entwicklung kommen.

Beispiel Unterbeschäftigung in bestimmten Branchen oder Regionen

Unter **Strukturwandel** versteht man im Gegensatz zu den saisonalen und konjunkturellen Schwankungen die langfristigen Änderungen der Wirtschaftsstruktur.

Wesentliche **Strukturelemente** einer Volkswirtschaft sind:
- Produktionsschwerpunkte
- Bevölkerungs-/Bedarfsstruktur
- Stand des technischen Wissens
- vorhandene Infrastruktur
- Bildungsstand der Bevölkerung
- Standortverteilung der Unternehmungen
- Staatlicher Anteil am Bruttoinlandsprodukt
- Wirtschaftsordnung/Rechtsordnung/Steuersystem

Maßstab für den Strukturwandel ist die Veränderung der Anteile der verschiedenen *Wirtschaftsbereiche, -branchen, und -regionen* am Bruttoinlandsprodukt.

Sektoraler Strukturwandel in Deutschland
Anteile der Wirtschaftsbereiche am Bruttoinlandsprodukt in Prozent (Zehnjahresvergleich)

Sektor/Jahr	**1960**	**1970**	**1980**	**1990**	**2000**
primärer Bereich	2,8	2,0	1,8	1,8	1,2
sekundärer Bereich	47,8	49,0	44,2	40,2	30,3
tertiärer Bereich	49,4	49,0	54,0	58,0	68,5

Veränderungen der Wirtschaftsstruktur führen zunächst für die betroffenen Wirtschaftssubjekte zu Problemen.

Beispiele

- Arbeitnehmer verlieren ihre Arbeitsplätze in ihren angestammten Berufen und müssen sich umschulen lassen.
- Unternehmen müssen bestimmte Produktbereiche/Produktionsstandorte aufgeben.
- Kommunen verlieren durch Unternehmensschließungen Steuereinnahmen.

Aufgabe der **Strukturpolitik** ist es, den Strukturwandel vorausschauend so zu fördern, dass das Wirtschaftswachstum langfristig gesichert wird und ein störungsfreier, sozial ausgewogener und umweltverträglicher Ablauf der notwendigen strukturellen Anpassungsprozesse erfolgt.
Strukturpolitik bedeutet somit zugleich stets auch *Wachstums- bzw. Entwicklungspolitik.*

Arbeitsmarkt: Damals - heute - morgen

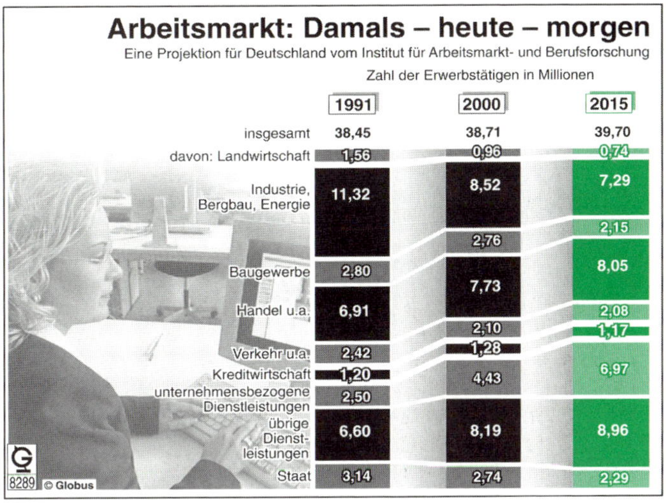

Das Industriezeitalter geht dem Ende zu – weniger Menschen arbeiten in der Produktion, mehr Menschen in Handels- und Dienstleistungsunternehmen. In Deutschland sind heute achteinhalb Millionen Arbeitnehmer in der Industrie beschäftigt (ein Rückgang von fast 25 Prozent gegenüber 1991). Und ihre Zahl wird weiter abnehmen auf 7,29 Millionen im Jahr 2015. Das schätzen die Wissenschaftler vom Institut für Arbeitsmarkt- und Berufsforschung. Die Zukunft gehört den Dienstleistungen, zum Beispiel denen für Unternehmen. In dieser Branche, die Beratung oder PR-Arbeit umfasst, aber auch Gebäudereinigung und Autovermietung, arbeiten heute bereits 4,43 Millionen Menschen, in 15 Jahren werden es fast sieben Millionen sein. Die übrigen Dienstleistungen kommen dann auf fast neun Millionen Beschäftigte, der Handel von heute 7,73 Millionen auf 8,05 Millionen. Die Landwirtschaft verliert an Bedeutung (nur noch 740 000 Beschäftige 2015), der Staatsdienst wird zurückgefahren von 2,74 Millionen auf 2,29 Millionen Mitarbeiter im Jahr 2015.

Aktionsbereiche der Strukturpolitik

Gesamtwirtschaft | **Wirtschaftsbereiche** | **Wirtschaftsregionen**

Wichtige **Förderziele** bzw. **Förderbereiche der Strukturpolitik** sind:

- Aufbau und Ausbau der Infrastruktur,
- Umweltschutz,
- Bildungssektor/Erhöhung der Produktivität des „human capital",
- Förderung von Forschung und Entwicklung (F & E)/Wissenschaftsförderung,
- Wohnungsbauförderung,
- Vermögensbildung/gerechte Einkommens- und Vermögensverteilung,
- Mittelstandsförderung/Hilfen bei Existenzgründungen,
- Sicherung eines freien und effizienten Kapitalmarktes,
- Regionalförderung in strukturschwachen bzw. monostrukturierten Gebieten.

Instrumente der Strukturpolitik

Subventionspolitik

Staatliche Einnahmenpolitik	**Staatliche Ausgabenpolitik**
■ Steuererleichterungen ■ Sonderabschreibungen	■ öffentliche Finanzhilfen – Eigenkapitalhilfen – zinsgünstige Darlehen – Investitionszulagen ■ öffentliche Aufträge

Ordnungspolitik

Möglichkeit 1: **Deregulierung** *(„weniger Staat")*

- Abbau von Verwaltungshemmnissen des Staates
- Privatisierung öffentlicher Einrichtungen und staatlicher Unternehmungen bzw. Unternehmensbeteiligungen

↑↓ *Gegensätzliche Positionen*

Möglichkeit 2: **Regulierung** *(„mehr Staat")*

- Staatliche Genehmigung und Beaufsichtigung für bestimmte Branchen
- Verbote und Auflagen für bestimmte Produkte bzw. Produktionsverfahren
- Verstaatlichung privater Unternehmungen bzw. Gründung staatlicher Regiebetriebe

6.13.1 Infrastrukturpolitik

Die optimale Ausnutzung der vorhandenen Ressourcen und damit die Verwirklichung eines größtmöglichen Wohlstandszuwachses ist entscheidend beeinflusst von der Infrastruktur. Sie stellt eine wichtige Vorbedingung für die wirtschaftliche Gesamtentwicklung der Volkswirtschaft dar.

Unter der **Infrastruktur** versteht man die Gesamtheit aller öffentlichen/halb öffentlichen Investitionen und Institutionen, deren Existenz die Grundlage für das Funktionieren und die Entfaltung einer arbeitsteiligen und sozial gesicherten Wirtschaft darstellt.

Hierzu zählen:

- Verkehrseinrichtungen,
- Energieversorgung,
- Telekommunikation,
- Bildungswesen,
- Gesundheitswesen,
- innere und äußere Sicherheit.

Infrastrukturinvestitionen des Staates sind oftmals erst die Voraussetzung für private Investitionen.

Beispiel Unzureichende Verkehrswege verursachen hohe Transportkosten, sodass private Investitionen nicht rentabel sind.

Besonders in den Entwicklungsländern wird diesem Teilbereich der Strukturpolitik zu Recht eine Priorität eingeräumt.
Eine besondere Schwierigkeit bei der Beurteilung von Infrastrukturinvestitionen besteht darin, dass ihre Nützlichkeit nicht wie bei privaten Investitionen über eine Rentabilitätskennziffer abzuschätzen ist. Die Art, das Ausmaß und die Prioritätenfolge der Infrastrukturinvestitionen sind daher in der Regel politisch umstritten.
Die Kosten der Infrastrukturinvestitionen werden überwiegend aus den Etats der einzelnen Gebietskörperschaften (Bund, Länder und Gemeinden) bestritten und – sofern das Steueraufkommen nicht ausreicht – über öffentliche Kreditaufnahmen auf dem Kapitalmarkt refinanziert.

Beispiel Emission von Bundesanleihen, -obligationen, Kommunalschuldverschreibungen usw.

6.13.2 Umweltpolitik

***Artikel 20 a GG* – natürliche Lebensgrundlagen**
Der Staat schützt auch in Verantwortung für die künftigen Generationen die natürlichen Lebensgrundlagen im Rahmen der verfassungsmäßigen Ordnung durch die Gesetzgebung und nach Maßgabe von Gesetz und Recht durch die vollziehende Gewalt und Rechtsprechung.

Die Eingriffe des Menschen in die Natur haben in den „modernen“ Gesellschaften so zugenommen, dass sie mehr und mehr zu einer globalen Bedrohung nicht nur für die zukünftigen Generationen, sondern auch für die lebenden Menschen geworden sind.
Die wirtschaftliche Entwicklung hat den Menschen in der Vergangenheit zwar einen hohen materiellen Wohlstand beschert, doch gleichzeitig zu einer globalen Umweltbelastung geführt, die die Regenerationsfähigkeit von Boden, Wasser und Luft überfordert.
Unser aller Aufgabe ist es, den gegenwärtigen und nachfolgenden Generationen eine lebenswerte Umwelt zu erhalten[1].

Umweltbewusstes Handeln beginnt in den Köpfen der Konsumenten und Produzenten!

*Der **Konsument** kann sich fragen:*
- *Wie kann ich die Entstehung von Müll vermeiden?*
- *Wie kann ich Energie und Wasser sparen?*
- *Bin ich bereit, auf umweltschädliche Produkte zu verzichten?*
- *Bin ich bereit, für ein umweltfreundliches Produkt einen ggf. höheren Preis zu zahlen?*
- *Nutze ich Mehrwegverpackungen und Recyclingcontainer?*
- *Bin ich bereit, Einkäufe und Besorgungen zu Fuß oder mit dem Rad zu erledigen?*
- *Bin ich bereit, wo es geht auf das Autofahren zu verzichten und öffentliche Verkehrsmittel zu benutzen?*

*Der **Produzent** kann sich fragen:*
- *Sind die verwendeten Materialien giftfrei und recyclingfähig?*
- *Sind die verwendeten Materialien ausreichend gekennzeichnet?*
- *Erfolgt die Produktion energiesparend und unter Vermeidung von umweltschädlichen Emissionen und Lärm?*
- *Sind die Arbeitsplätze in meinem Unternehmen frei von Gefährdungen für die Gesundheit meiner Mitarbeiter?*
- *Werden die von meinem Lieferanten bezogenen Produkte umweltverträglich hergestellt?*
- *Ist das Produkt reparaturfreundlich und langlebig?*
- *Ist die Verpackung des Endproduktes umweltgerecht?*
- *Ist für eine umweltgerechte Entsorgung von Abfallstoffen gesorgt?*

[1] Vgl. zum Thema Kreditinstitute und Umweltschutz Seite 247 ff.

Wer seine Pläne ohne die Umwelt macht, ist bald nicht mehr wettbewerbsfähig

Neue Ideen dürfen heute nicht allein daran gemessen werden, wie weit sie für den Einzelnen einen Nutzen haben oder auch für die Gesellschaft insgesamt von Vorteil sind.
Ebenso wichtig sind die Fragen: Stehen sie im Einklang mit der Umwelt? Werden kostbare Ressourcen geschont? Wird sparsam mit der Energie umgegangen, um zum Beispiel die Kohlendioxid-Emission in Grenzen zu halten?
Der Bau von Klär- und Filteranlagen bringt drastische Rückgänge bei den Emissionen. Jedoch ist es eine viel intelligentere Lösung, von vornherein neue Produktionsverfahren zu wählen, bei denen weniger Abfälle, Abwasser oder Emissionen entstehen, damit kostenintensive nachsorgende Maßnahmen überflüssig werden. Das gilt gleichermaßen auch für neue Produkte. Voraussetzung dazu ist allerdings, dass man sich schon bei der Forschung und Entwicklung Gedanken darüber macht, was mit dem Produkt nach dem Gebrauch passiert.
Deshalb ist der Aufbau von Kreisläufen für die stoffliche Wiederverwertung ein wichtiger Schwerpunkt unserer Arbeit. Oft sind es auch nur viele kleine Verfahrensverbesserungen, die in ihrer Summe für die Umwelt jedoch ein bedeutender Schritt nach vorn sind. Und damit sind sie auch ein wichtiger Beitrag im Sinne des Sustainable Development, also einer nachhaltigen und umweltgerechten Entwicklung.
Denn wir haben uns der kommenden Generation gegenüber verpflichtet, alles zu unternehmen, um ihre Entwicklungsmöglichkeiten nicht zu beeinträchtigen. Das verlangt in vielen Bereichen eine Neuorientierung. Und es erfordert Innovationen, die mehr sein müssen als nur ein technischer Fortschritt: Sie müssen ökonomischen, ökologischen und sozialen Zielsetzungen gleichermaßen gerecht werden.

Quelle: Frankfurter Allgemeine Zeitung

Die Erfahrung hat jedoch gezeigt, dass Privatinitiative und individuelles Umweltbewusstsein zur Bewahrung der Umwelt nicht ausreichend sind. Die Erhaltung des Ökosystems ist daher auch eine staatliche Aufgabe von besonderer Bedeutung.

Umweltschutz als wirtschaftliche Chance

Wirkungsvolle Umweltpolitik setzt umfassende Kenntnisse des umweltrelevanten Geschehens voraus – in der Politik ebenso wie in der Wirtschaft, in der Forschung genauso wie in den privaten Haushalten. Diesem öffentlichen Auftrag versucht das Statistische Bundesamt mit seiner Umweltökonomischen Gesamtrechnung zu entsprechen.
Welche gesamtwirtschaftliche Bedeutung bei uns heute dem Thema Umweltschutz zukommt, lässt sich auch aus der Tatsache ersehen, dass der Umweltschutz 1994 durch Aufnahme in das Grundgesetz zum ausdrücklichen Verfassungsziel erklärt und damit der gesellschaftliche Stellenwert der Umwelt noch höher angesiedelt wurde.
Dies sollte es Deutschland erlauben, weiter eine ökologische Spitzenstellung einzunehmen. Zwar klagen die deutschen Unternehmen – nicht zuletzt im Rahmen der Standortdebatte – über vielfältige internationale Wettbewerbsnachteile aufgrund umweltpolitischer Auflagen und Vorschriften; zugleich haben aber gerade diese bewirkt, dass deutsche Firmen in Sachen Umwelttechnologie heute eine weltweit führende Rolle spielen.
„Deutschland ist beim Umweltschutz internationaler Spitzenreiter. Das deutsche Wort vom ‚Waldsterben' haben die Amerikaner nicht von ungefähr in ihren Sprachschatz übernommen.
Umweltschutz ist unverzichtbar für Natur und Mensch. Zugleich aber ist Umweltschutz zu einem wichtigen wirtschaftlichen Faktor geworden. Die hohen deutschen Anforderungen an den Umweltschutz haben

bewirkt, dass der Öko-Markt zu einem bedeutenden Bestandteil der deutschen Industrie geworden ist. Bei der Entwicklung neuer Produkte und innovativer Prozesse sind deutsche Unternehmen führend: Nirgendwo sonst werden heute so viele Patente im Bereich Umweltschutz angemeldet wie in Deutschland. Längst ist die Umwelttechnik neben der Informations- und Kommunikationstechnologie ein wichtiger (und zudem noch weitgehend konjunkturunabhängiger) industrieller Schlüsselbereich. Sie gehört mit jährlichen Zuwachsraten zwischen 6 und 8 % zu Deutschlands jüngsten Wachstumsmärkten und wird dies über das Jahr 2000 hinaus bleiben. Das bedeutet eine wachsende Zahl neuer Arbeitsplätze.
Deutschland stand auf dem Öko-Zug von Beginn an mit im Führerhaus. Das Abfahrtszeichen gab Bonn mit strengen Umweltschutzgesetzen. Dazu gehören das Immissionsschutzgesetz, die ‚Technische Anleitung' (TA) zur Reinhaltung der Luft, die Großfeuerungsanlage-Verordnung, das Wasserhaushalts- und Abwasserabgabengesetz, das FCKW-Verbot, das Abfallgesetz und die Verpackungsverordnung. Die Industrie stellte sich darauf ein.
Deutsche Umwelttechnik hat heute einen Weltmarktanteil von 20 %. Sie führt damit vor den USA (16 %) und Japan (13 %). Der jährliche Exportwert der deutschen Umweltindustrie liegt bei rund 18 Mrd. EUR. Das sind sechs Prozent des deutschen Industrieexports."

Quelle: Journal für Deutschland, hrsg. vom Presse- und Informationsamt der Bundesregierung

Aufgabenbereiche der Umweltpolitik

Schutz der Natur vor nachteiligen Wirkungen menschlicher Eingriffe

Beseitigung bereits eingetretener Naturschäden

Handlungsbereiche der Umweltpolitik

- Luft- und Wasserreinhaltung
- Abfallwirtschaft/Recycling von Abfallstoffen
- Förderung umweltgerechter Energiequellen
- Lärmbekämpfung/Lärmschutz
- umweltgerechte Verkehrs- und Städteplanung
- Naturschutz und Landschaftspflege
- Altlastensanierung/Rekultivierung

Ziel: Sicherung einer lebenswerten Umwelt

Instrumente/Prinzipien der Umweltpolitik

Der Umweltpolitik steht ein breites Instrumentarium zur Verfügung. Diese Vielfalt ist notwendig, um die unterschiedlichen Aufgaben des Umweltschutzes erfüllen zu können. Die Auffassungen über die „richtigen" umweltpolitischen Konzepte sind kontrovers. Die einzelnen Instrumente können sich ergänzen. Einigkeit besteht allerdings darüber, dass Umweltpolitik nur im engen Zusammenwirken aller gesellschaftlicher Kräfte erfolgreich sein kann.

Vermeidungsprinzip

Das Vermeidungsprinzip zielt darauf ab, Umweltschäden vorbeugend zu vermeiden bzw. möglichst gering zu halten.

Voraussetzung hierfür ist, dass private Haushalte, Unternehmungen und staatliche Einrichtungen bei allen ihren Entscheidungen und Verhaltensweisen mögliche Umweltauswirkungen berücksichtigen. Dies wiederum setzt ein hohes Maß an Eigenverantwortung voraus und ist nur durch Schärfung des Umweltbewusstseins und Verankerung einer Umweltethik innerhalb der Bevölkerung zu erreichen.

Verursacherprinzip

Das Verursacherprinzip zielt darauf ab, die Kosten zur Beseitigung und Verhinderung von Umweltbelastungen und -schäden dem Verursacher aufzubürden.
Das bedeutet, dass diese Kosten in den Preis des Produktes eingerechnet werden müssen und auf diese Weise der jeweilige Verbraucher damit belastet wird.
Es ist jedoch häufig schwierig bzw. nahezu unmöglich, die tatsächlichen Kosten des Umweltschutzes und der Umweltschädigungen zu ermitteln.

Beispiel

Ein Autofahrer trägt tatsächlich nur den Kaufpreis für sein Auto, die Benzinkosten und die Kosten für die Kfz-Versicherung und Kfz-Steuer. Diese Kosten nennt man innere Kosten. Nicht abgedeckt sind die Kosten des Lärmschutzes, der Verpestung der Luft und der dadurch hervorgerufenen Gesundheitsschäden, des Waldsterbens, des Treibhauseffektes usw.

Voraussetzung einer verursachungsgerechten Umweltschutzpolitik ist die Sichtbarmachung und Erfassung der Umweltfolgen wirtschaftlichen Handelns, der sogenannten **externen Effekte,** ihre monetäre Bewertung und die Überwälzung der dadurch hervorgerufenen **externen Kosten.**

Externe Kosten sind solche Kosten, die der Allgemeinheit durch Umweltbelastungen entstehen, jedoch im betrieblichen Rechnungswesen bzw. in der Wirtschaftsrechnung der privaten und öffentlichen Haushalte nicht berücksichtigt werden.

Gemeinlastprinzip

Das Gemeinlastprinzip zielt darauf ab, die Kosten zur Beseitigung und Vermeidung von Umweltbelastungen und -schäden auf alle Bürger zu übertragen. Das bedeutet, dass diese Kosten in Form allgemeiner Steuern auf die Bevölkerung übergewälzt werden.

Staatliche Maßnahmen

Der Staat kann versuchen, durch finanzpolitische Maßnahmen in Form spezieller Umweltsteuern („Ökosteuern“) umweltschädliches Verhalten zu „bestrafen“ oder in Form von Subventionen umweltfreundliches Verhalten zu „belohnen“.

Umweltsteuern sollen umweltschädigende Produkte bzw. Produktionsverfahren verteuern, um entsprechende Marktreaktionen bei den Unternehmen und Konsumenten auszulösen und um dadurch wiederum umweltverträgliche Alternativen lohnend zu machen.

Die Festlegung der entsprechenden Steuersätze ist politisch festzulegen, da die externen Umweltkosten in der Regel nicht quantifiziert werden können.

Umwelt-Steuer

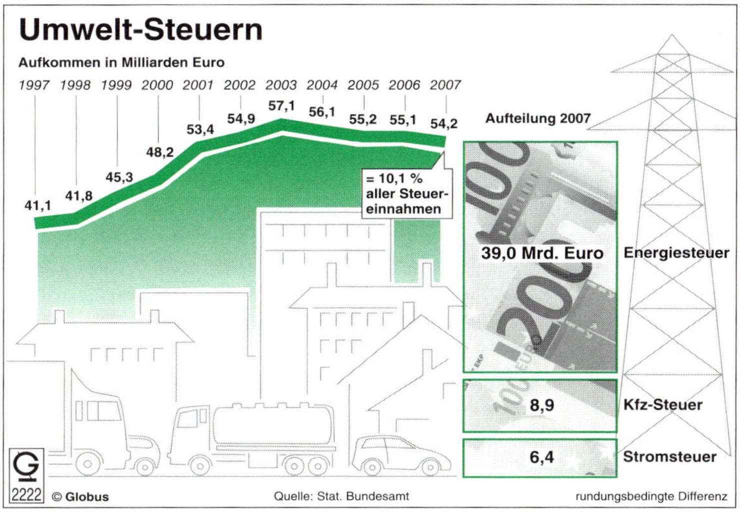

Über 54 Milliarden EUR umweltbezogene Steuern sind 2007 in die öffentlichen Kassen geflossen. Jeden zehnten Steuer-Euro verdankt der Staat den Umweltsteuern. Der größte Posten war mit 39,0 Milliarden EUR die Energiesteuer. 8,9 Milliarden EUR entfielen auf die Abgaben für Kraftfahrzeuge, 6,4 Milliarden auf die Stromsteuer. Unter den umweltbezogenen Steuern werden alle Steuern zusammengefasst, die den Energieverbrauch, die Emissionen, den Verkehr oder schädliche Stoffausbringungen (z. B. Pestizide) besteuern – unabhängig von den Beweggründen zur Einführung der Steuer und der Verwendung der Einnahmen. Gegenüber 1998, dem Jahr vor der Einführung der Ökosteuer, sind diese Einnahmen um rund 30 Prozent gestiegen. *(Globus)*

Ökosteuer und das Gerede von der „doppelten Dividende"

Ähnlich wie bei den Steuern auf bestimmte Genussmittel steht auch bei den Ökosteuern die Beeinflussung des Verhaltens von Bürgern und Betrieben im Vordergrund (Lenkungssteuer). Aber das viel zitierte Ziel der „doppelten Dividende" (Umweltschutz und niedrige Arbeitskosten, weil die Einnahmen zum Teil zur Senkung der Rentenbeiträge eingesetzt werden sollten) ist in Wirklichkeit nicht zu erreichen: Wenn die Autofahrer tatsächlich auf die ständig steigenden Benzinpreise reagieren und weniger tanken, sinkt das Aufkommen aus der Mineralölsteuer.

Das heißt: Eine Mineralölsteuer, die ökologisch tatsächlich lenkt, ist nicht zur dauerhaften Entlastung des Faktors Arbeit geeignet. An der „doppelten Dividende" zweifelte unter anderem Hubertus Schmoldt, Vorsitzender der IG Bergbau, Chemie, Energie (IG BCE): „Allen Staaten mit derartigen Steuern ist von Anfang an bewusst gewesen, dass ihre Wettbewerbsfähigkeit massiv leiden könnte." Deshalb gebe es überall Ausnahmeregelungen und erhebliche Korrekturen: „Kein Land war bereit, die eigene Industrie mit Energiesteuern zu belasten. Ich verstehe absolut nicht, warum wir uns im Zeitalter der Globalisierung aus freien Stücken eine Zusatzlast aufbürden."

Die Ökosteuer ist vom Sachverständigenrat der Bundesregierung zur Begutachtung der wirtschaftlichen Entwicklung kritisiert worden. „Wer den Kohlendioxid-Ausstoß senken will, muss den Kohlendioxid(CO_2)-Ausstoß besteuern und darf nicht die Energie verteuern." Die angeblich doppelte Dividende ist mittlerweile auch deshalb nicht erreichbar, weil immer größere Teile der Steuereinnahmen nicht wie ursprünglich zugesagt zur Senkung der Arbeitskosten eingesetzt werden, sondern zur Sanierung des Bundeshaushaltes.

Quelle: Wirtschaft und Unterricht – Informationen aus dem Institut der deutschen Wirtschaft Köln für Pädagogen, Nr. 7/2000 © Deutscher Instituts-Verlag, Köln, 31.08.2000

Allgemeine Verbote und Auflagen

Der Staat kann durch Verbote, Auflagen und Haftungsvorschriften versuchen, umweltverträgliches Verhalten zu erzwingen. Diese sind zwar schnell wirksam, haben jedoch den Nachteil, dass solche Produzenten bzw. Konsumenten, die keine Ausweichmöglichkeit haben, hart betroffen sind. Umweltschutzdirigismen müssen folglich ausgewogen eingesetzt werden, um die übrigen wirtschaftspolitischen Ziele nicht zu gefährden.

Beispiele

- Umweltverträglichkeitsprüfung
- Kohlendioxid-Grenzwertauflagen
- generelles FCKW-Verbot

Das **Bundesimmissionsschutzgesetz** schützt vor schädlichen Umwelteinwirkungen durch Luftverunreinigungen, Lärm, Erschütterungen und ähnlichen Vorgängen. Die betroffenen Unternehmen müssen sich einem Genehmigungsverfahren unterziehen.

Beispiele

- Chemieanlagen
- Müllverbrennungsanlagen
- Eisen- und Stahlgießereien
- Tankstellen/Autowaschanlagen
- tierwirtschaftliche Anlagen

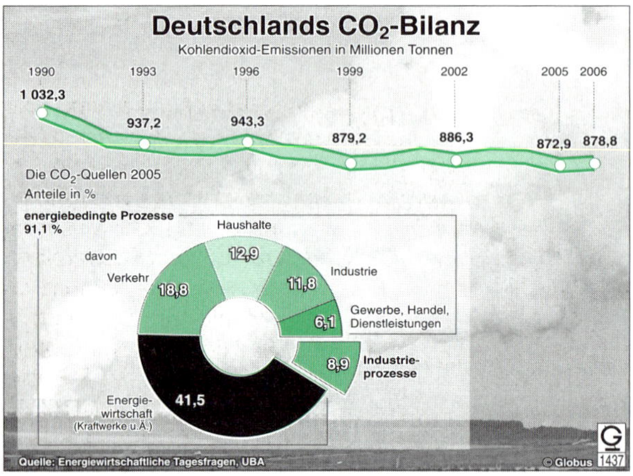

Das **Umwelthaftungsgesetz** regelt Schadenersatzansprüche bei Beeinträchtigungen von Luft und Boden durch den Betrieb einer gefahrgeneigten Anlage. Kerngedanke der Gefährdungshaftung im Umweltrecht ist, dass eine Schadenersatzpflicht des Verursachers auch dann eintritt, wenn ihm kein fahrlässiges oder vorsätzliches Verschulden nachzuweisen ist. Allein die Errichtung und Unterhaltung einer erhöhten Gefahrenquelle stellt eine Gefährdung dar, die zur Haftung führen kann.

6.13.3 Sektorale Strukturpolitik

Aufgabe der **sektoralen Strukturpolitik** ist die Unterstützung einzelner Wirtschaftszweige oder ganzer Wirtschaftsbereiche.

Beispiele

- Subventionen an Unternehmen, die energiesparende oder umweltfreundliche Technologien einsetzen oder entwickeln
- Unterstützung der Landwirtschaft

Ihr Anliegen ist es, auf der einen Seite die zukunftsträchtigen Bereiche der Wirtschaft zu fördern, ggf. auf der anderen Seite den zur Schrumpfung neigenden Branchen im Strukturwandel Anpassungshilfen für eine erfolgreiche Zukunftsbewältigung zu geben.
Bei der Gewährung von **Anpassungs-** oder **Erhaltungssubventionen** an vom Markt weniger begünstigte und zur Schrumpfung neigende Branchen/Produktionszweige ist zunächst deren Erhaltungsnotwendigkeit bzw. Anpassungsfähigkeit zu prüfen.

Dabei muss unterschieden werden zwischen strukturellen Marktveränderungen und nur temporären Marktkrisen, in denen durch Rationalisierung und Anpassung an neue Bedarfsstrukturen die Wettbewerbsfähigkeit der betroffenen Unternehmen wiederhergestellt werden kann.
Da es in einer Marktwirtschaft in erster Linie Aufgabe der Unternehmen selbst ist, sich am Markt zu behaupten sowie Änderungen des Marktes frühzeitig zu erkennen und darauf zu reagieren, wird der Staat mit seiner Strukturpolitik nur dann ausnahmsweise und in der Regel zeitlich begrenzt durch Gewährung von **Anpassungssubventionen** eingreifen, wenn ein tiefgreifender Strukturwandel von der Wirtschaft aus eigener Kraft nicht bewältigt werden kann.

Beispiel Unterstützung des Steinkohlebergbaus

Erhaltungssubventionen kommen nur dann in Betracht, wenn eine Branche innerhalb des marktwirtschaftlichen Wettbewerbsprozesses aus eigener Kraft nicht lebensfähig ist, jedoch aus übergeordneten gesamtgesellschaftlichen, insbesondere sozialen Erwägungen ihre Existenzsicherung angezeigt ist. Sie werden häufig aus Gründen der Beschäftigungs- und der Versorgungssicherheit gewährt. Sie belasten in erheblichem Maß die Etats der öffentlichen Haushalte. Schließlich führen sie in aller Regel zu Überkapazitäten und damit letztlich zur Verschwendung volkswirtschaftlicher Ressourcen.

Beispiel Erhaltung landwirtschaftlicher Betriebe

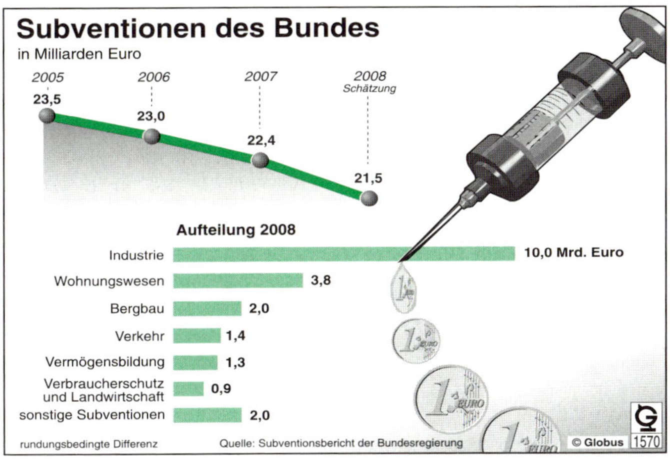

Die Subventionspraxis zeigt immer wieder, dass allen öffentlichen Finanzhilfen und sonstigen Vergünstigungen aufgrund des Gewöhnungseffektes bei den Subventionsempfängern eine Tendenz zur Dauerhaftigkeit innewohnt. In der Realität werden Subventionen daher häufig zum Hemmnis statt zum Motor des Strukturwandels, und nicht wenige Anpassungshilfen erweisen sich im nachhinein als reine „Konservierungsmittel". Subventionen verhindern marktgerechte Preise, da sie die Produktion von Gütern künstlich verbilligen. Es bedarf einer großen politischen Durchsetzungskraft, einmal bewilligte Subventionen wieder zu kürzen oder gar zu streichen.

6.13.4 Regionale Strukturpolitik

In jeder Volkswirtschaft gibt es Gebiete, die sich durch eine unterdurchschnittliche Wirtschaftsleistung auszeichnen.

Solche sogenannten **strukturschwachen Gebiete**

- sind häufig monostrukturiert *(Dominanz einer bestimmten Branche),*
- haben vielfach mit natürlichen Standortnachteilen *(Randlage)* zu kämpfen,
- weisen eine unzulängliche Infrastruktur *(unzulängliche Verkehrsanbindung)* auf,
- haben oftmals Imageprobleme.

Aufgabe der **regionalen Strukturpolitik** ist die Unterstützung einzelner Wirtschaftszonen.

Ziel der regionalen Strukturpolitik ist die optimale Nutzung des zur Verfügung stehenden Wirtschaftsraumes und die Erreichung einer geographisch ausgewogenen Wirtschaftsstruktur. Gleichzeitig soll ein binnenwirtschaftliches Wohlstands-/Einkommensgefälle vermieden werden.

Das Grundgesetz verpflichtet den Staat zur Wahrung der Einheitlichkeit der Lebensverhältnisse auf dem gesamten Bundesgebiet *(Art. 72 GG).*

Westfälisches Ruhrgebiet – strukturschwache Region im Wandel

„Das wirtschaftliche Umfeld im westfälischen Ruhrgebiet (IHK-Bezirk Dortmund, Hamm, Unna) wandelt sich weiter. Strukturen, die gestern für die Region von größter Bedeutung waren, nämlich die Montanindustrie, verlieren an Gewicht; andere Bereiche, vor allem der Dienstleistungssektor, expandieren. Gaben früher ganz überwiegend die Großbetriebe der Wirtschaft das entscheidende Gepräge, so fällt diese Rolle jetzt immer mehr den mittelständischen Unternehmen zu. Die Standortstruktur wird nicht mehr überwiegend durch Kohle und Stahl, so wichtig diese Bereiche nach wie vor sind, sondern vor allem durch die hervorragende Verkehrslage und die vielfältigen von der Hochschullandschaft ausgehenden Impulse bestimmt. Logistik, Technologie, Qualifizierung: Nicht zuletzt diese Bereiche sind es, die den Kurs der Region in das nächste Jahrtausend entscheidend bestimmen werden. Die Wertschöpfungsanteile der Industrie werden abnehmen. Der Dienstleistungssektor mit Großhandel, Einzelhandel, Kreditwirtschaft und Versicherungen, um diese Sparten besonders herauszustellen, geben der Region immer stärker den wirtschaftlichen Rückhalt.

Quelle: Die Zukunft gewinnen, IHK-Kursbuch für das westfälische Ruhrgebiet, hrsg. von der Industrie- und Handelskammer zu Dortmund

Zur Förderung benachteiligter Regionen gilt es zunächst, die Infrastruktur zu verbessern, um durch günstige Rahmenbedingungen Anreize für private Investoren zu schaffen.

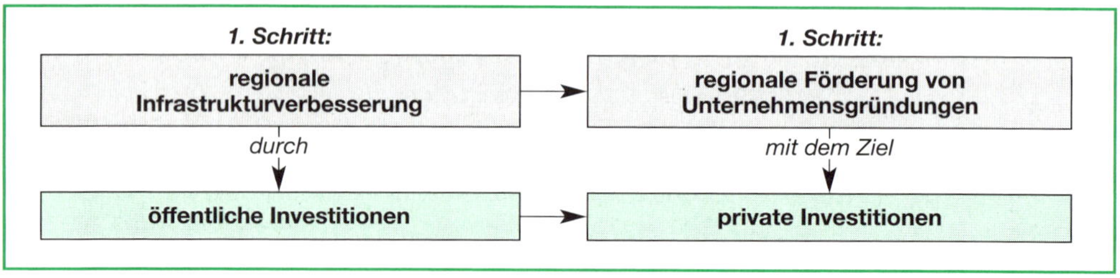

Neue Impulse erfährt die regionale Strukturpolitik aus den europäischen Gemeinschaftsaufgaben und Förderungsprogrammen, die die Entwicklung bestimmter Wirtschaftsräume innerhalb der Europäischen Union beeinflussen.

Sachwortverzeichnis

L

M

Bildquellenverzeichnis

AOK – Die Gesundheitskasse, Berlin: S. 65 oben

DekaBank Deutsche Girozentrale, Frankfurt a. M.: S. 381

Deutsche Bank AG, Frankfurt a. M.: S. 380

dpa-infografik GmbH, Hamburg: S. 19, 28, 40, 43, 50, 55, 56 rechts, 60, 61, 63, 64, 65 Mitte, 65 unten, 66, 70, 74, 75, 79, 81 unten, 82, 85, 163, 190, 206, 208, 234, 245, 255, 259, 265, 266, 267, 268, 270 beide, 282, 286, 329, 353, 354, 357, 387, 389, 391, 392 beide, 393, 399, 400, 403, 404, 405, 419, 421, 433, 449, 450 beide, 451, 457, 461, 468 beide, 469, 476, 478, 485, 495, 504, 505, 509, 516, 520, 522, 529, 533, 539, 563, 569, 570, 571

Erich Schmidt Verlag GmbH & Co., Berlin: S. 13, 36, 44, 56 links, 81 oben, 97, 98, 165

Horst Haitzinger, München: S. 479

Stadtsparkasse Düsseldorf, Düsseldorf: S. 375

Volkswagen Bank GmbH, Braunschweig: S. 379

Weitere Titel für Bankkaufleute

Möhlmeier, Skorzenski, Wierichs, Wurm

Allgemeine Wirtschaftslehre

für den Bankkaufmann/ die Bankkauffrau

Bestell-Nr. **8920**

- fasst die im Unterricht behandelten Inhalte zusammen und strukturiert die Themengebiete
- kann bei selbstständiger Arbeit auch als Wissensspeicher dienen
- stellt eine optimale Vorbereitung auf die IHK-Prüfung sicher
- inkl. CD-ROM mit Zusatz- und Vertiefungsfragen

Möhlmeier, Skorzenski, Wierichs, Wurm

Allgemeine Wirtschaftslehre

Arbeitsheft für den Bankkaufmann/die Bankkauffrau

Bestell-Nr. **8921**

- Arbeitsheft zum Titel „Allgemeine Wirtschaftslehre für den Bankkaufmann/ die Bankkauffrau" (Bestell-Nr. 8920)
- die Aufgaben orientieren sich am Anspruchsniveau der IHK-Abschlussprüfung
- geeignet zur Verwendung im Unterricht und zur selbstständigen Prüfungsvorbereitung

Lenders, Nöldner, Wierichs, Wurm

Prüfungspraxis Bankkaufmann/ Bankkauffrau

Ein Trainingsprogramm

Bestell-Nr. **8300**

- behandelt alle relevanten Themen der schriftlichen IHK-Prüfung
- enthält rund 350 programmierte Aufgaben aus den drei Themenbereichen
- inkl. der vollständigen Lösungen und mit Formelsammlung des Aufgabenerstellungsausschusses

Bildungsverlag EINS

Bestellungen und Anfragen: 02241 39 76 101
Inhaltliche Fragen: 02241 39 76 102
Telefax: 02241 39 76 191 · info@bv-1.de
www.bildungsverlag1.de

Prüfungsvorbereitung für Bankkaufleute

Heiring

Prüfungswissen Bankkaufleute

Zwischen- und Abschlussprüfung

Bestell-Nr. **01470**

- deckt die Prüfungsfächer der Zwischen- und Abschlussprüfung ab
- nach dem bewährten Doppelseitenprinzip: links Fachwissen, rechts multiple choice
- zusätzliche offene Aufgabenstellungen für das Fach Bankwirtschaft
- inkl. Lösungshinweisen

Heiring

Prüfungswissen kompakt – Bankkaufmann/Bankkauffrau

Arbeitsheft für den Bankkaufmann/die Bankkauffrau

Bestell-Nr. **27453**

- effizient: ausschließlich prüfungsrelevante Inhalte in komprimierter Form
- übersichtlich: mit Tabellen, Grafiken, Textboxen, Aufzählungen und Merksätzen
- inkl. CD-ROM mit digitaler Lernkartei

Heiring, Schuster

Normtest Bankkaufmann/ Bankkauffrau

Abschlussprüfung – handlungsorientiert

Bestell-Nr. **85962**

- handlungsorientiert: Erarbeitung des Prüfungsstoffes anhand von Arbeitsaufträgen
- inkl. Hinweisen zur Prüfungsvorbereitung und Lösungsvorschlägen zu den Aufgaben
- mit CD-ROM: Lightversion der Prüfungssoftware „4 Ever Clever“

Bildungsverlag EINS

Bestellungen und Anfragen: 02241 39 76 101
Inhaltliche Fragen: 02241 39 76 102
Telefax: 02241 39 76 191 · info@bv-1.de
www.bildungsverlag1.de